The Ultimate
BAR
BOOK

André Dominé

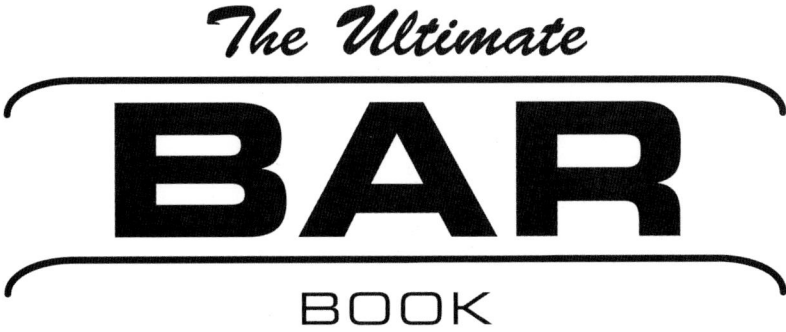

Die Welt der Spirituosen und Cocktails

Fotografie
Armin Faber
Thomas Pothmann

Texte
André Dominé
Barbara E. Euler
Wolfgang Faßbender
Matthias Stelzig

Lektorat
Martina Schlagenhaufer

Layout
Christian Heße

h.f.ullmann

Abkürzungen:

% vol	=	Volumenprozent
hl	=	Hektoliter
l	=	Liter
cl	=	Zentiliter
Bl	=	Barlöffel
El	=	Esslöffel
kg	=	Kilogramm
g	=	Gramm
Mio.	=	Million
Mrd.	=	Milliarde
AOC	=	Appellation d'Origine Contrôlée

Alle Texte von André Dominé; außer:
Barbara E. Euler: Liköre
Wolfgang Faßbender: Trester und Traubenbrände
Matthias Stelzig: Standort Bar; Hinter der Bar; Obstbrände außer
Calvados; Getreidebrände; Ouzo & Raki; Cocktails und andere Drinks

© 2008 Tandem Verlag GmbH
h.f.ullmann ist ein Imprint der Tandem Verlag GmbH

Grafisches Konzept: Martin Wellner
Layout: Christian Heße
Lektorat: Martina Schlagenhaufer
Redaktionelle Mitarbeit: Kathrin Jurgenowski, Ursula Münden
Kartografie: DuMont Reisekartografie GmbH
Projektleitung: Isabel Weiler

ISBN 978-3-8331-4802-6

Printed in China

10 9 8 7 6 5 4 3 2 1
X IX VIII VII VI V IV III II I

www.ullmann-publishing.com

Inhalt

Ausgewählte Spirituosen auf einen Blick

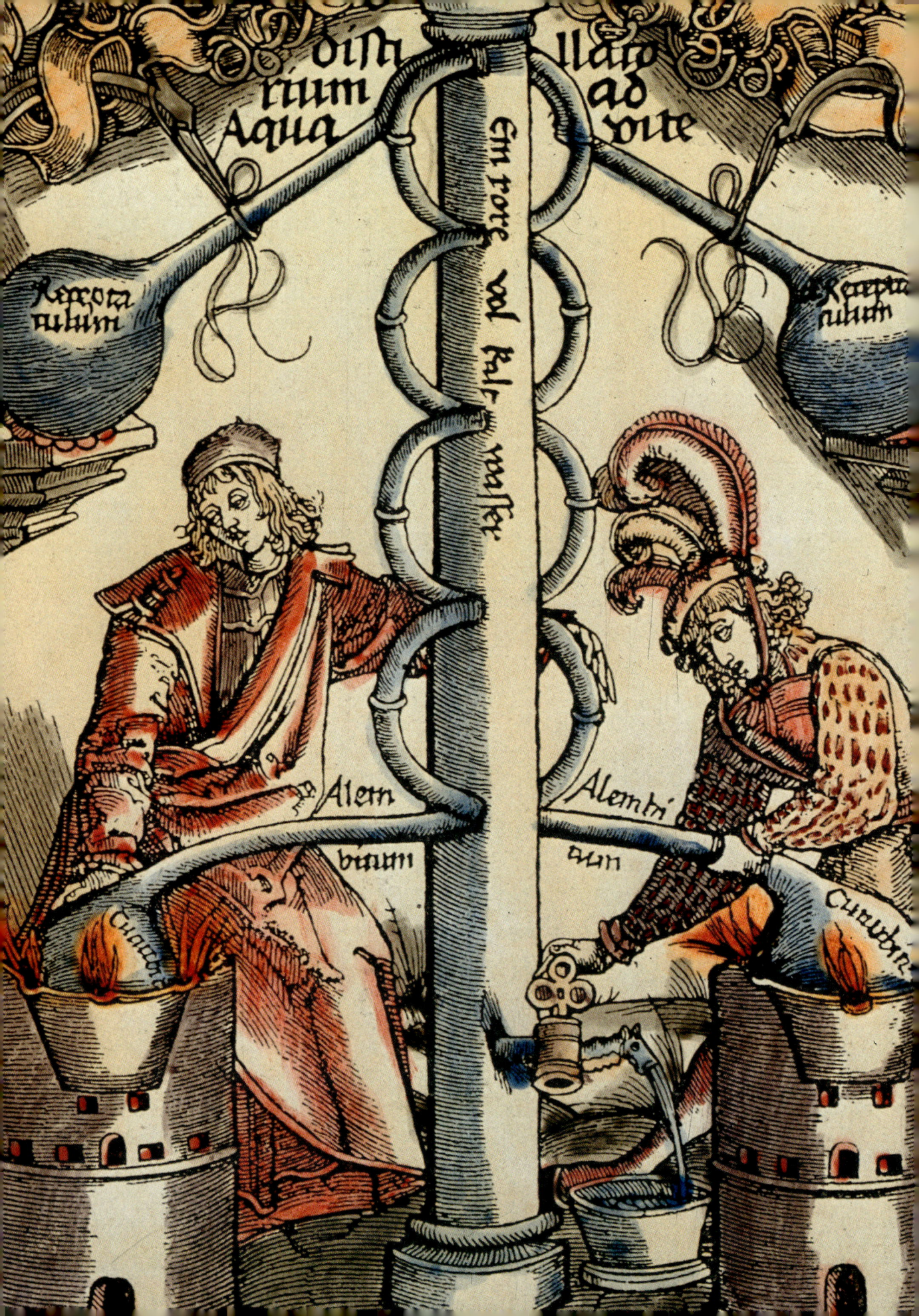

Vom

al-kuhl

zum

Cocktail

Ein kleiner Ausschnitt der Auswahl in der Münchner Bar Commercial, wo das Angebot an Spirituosen und Cocktails überaus reichlich ist.

Seite 12: Eine Destillieranlage, bestehend aus zwei beheizbaren Brennblasen, deren lange, gewundene Geistrohre durch eine Kühlung geführt werden. (Titelholzschnitt mit nachträglicher Kolorierung aus: Hieronymus Brunschwig, Das Buch zu Distilieren, Straßburg 1532)

Kondensierte Vielfalt

Niemals war die Welt der Spirituosen so bunt und abwechslungsreich wie heute, das Angebot in den Regalen der Fachgeschäfte und Supermärkte so reich und international, die Nachfrage nach alkoholischen Spitzenerzeugnissen so groß. Nie zuvor standen in Bars, Pubs, Cafés, Restaurants und Diskotheken so viele Cocktails und Longdrinks auf den Karten, verstanden sich so viele Bartender in so vielen Ländern auf die Kunst des Mixens und machten sich Privatleute so oft ein Vergnügen daraus, zu Hause Getränke aus dem Shaker zu servieren. Zugleich war es noch nie so mühsam, sich einen umfassenden Überblick zu verschaffen.

Zweifellos bietet das Internet ungezählte Seiten zu einzelnen Spirituosen wie zu ganzen Kategorien davon. Man kann sich mit Bergen von Büchern über Whisk(e)y, Rum, Port, Cognac oder Cocktails versorgen, ebenso mit Fachzeitschriften. Werke, die einen Überblick geben, sind dagegen selten – und selten umfassend. Gerade um diesen umfassenden Überblick geht es hier.

Natürlich sind auch in diesem Buch nicht alle Spirituosen und Cocktails der Welt verzeichnet, das ist weder möglich, noch wäre es sinnvoll. Denn hier werden die verschiedenen Kategorien dargestellt – bezogen auf Spirituosen einerseits und auf Cocktails andererseits –, wie sie entstehen, was sie ausmacht und worin sie sich unterscheiden. Dazu war es vorteilhaft, charakteristische Beispiele auszuwählen, um einen treffenden Eindruck von der jeweiligen Gruppe zu vermitteln, und zwar von der gängigen Marke zum Edeldestillat, vom klassischen Mixgetränk zur innovativen Kreation. Wenn es darum geht zu erfahren, worin der Reiz gesonderter Malt-Abfüllungen besteht oder wie weit die Tradition aromatisierter Wodkas zurückreicht, sind weder die letzte Single-Cask-Abfüllung von Macallan noch die neueste Geschmacksrichtung von Absolut wirklich hilfreich. Leider hätten auch viele regionale Spezialitäten den Rahmen gesprengt, wo die Darstellung einer Getränkekategorie im Vordergrund steht.

Wer außerdem mehr über ein hochprozentiges Geschenk erfahren möchte, wird hier dank detaillierter Register rasch fündig werden. Wen die Geschichte eines ganz besonderen ›Feuerwassers‹ interessiert, der findet darüber hinaus eine Menge spannenden Lesestoff.

In der Welt der Spirituosen, die sich in den vergangenen rund 700 Jahren herausgebildet hat, gibt es vieles zu entdecken, angefangen bei der Erkenntnis, dass die Entwicklung der Spirituosen nicht zu trennen ist von jener der Medizin und Kultur, der Staaten und Gesellschaften. Schließlich war das Interesse an Destillaten zunächst medizinisch motiviert, und selbst Vermouth, Bitter und Kräuterliköre dienten der Genesung, nicht dem Genuss.

Mit dem Genuss kommen auch die problematischen Seiten zur Sprache, sei es der berüchtigte Dreieckshandel zwischen Karibik, Afrika und Europa oder Amerika, sei es die gesundheitliche und soziale Zerrüttung durch Gin im England des 18. Jahrhunderts oder durch Absinth im Frankreich des *fin de siècle*. Heute engagieren sich alle großen Spirituosenunternehmen für »verantwortliches Trinken«, um ganz speziell der Jugendtrunksucht und dem Alkohol am Steuer effektiv entgegenzuwirken.

Dieses Buch erklärt, wie Whisk(e)y oder Cognac, Rum oder Tequila, Wodka oder Obstbrände destilliert werden und was ihre Qualität ausmacht, damit man beim nächsten Einkauf weiß, worauf man achten sollte. Manche Destillate, etwa Whisk(e)y oder Cognac, erreichen ihren optimalen Ausdruck erst durch langjährige Alterung, bei anderen – besonders bei den Obstbränden – geht es darum, das frische Aroma der gewählten Frucht in reinster Potenz einzufangen. In beiden Fällen steigt aus dem Glas ein ebenso intensiver wie komplexer Duft auf, der das eigentliche Wunder hochwertiger Brände darstellt, ein Wunder, dem sich Genießer erst in den letzten zwei Jahrzehnten wirklich zugewandt haben und das zu dem weit gefächerten Angebot beigetragen hat, aus dem man sich heute bedienen kann. Wenn auch mit der gebotenen Zurückhaltung.

André Dominé

Aus gegebenem Anlass

Anlässe zum Trinken haben Menschen immer gefunden. Frühen Kulturen diente der Alkoholrausch als Zugang zu den Göttern, man sagt es den alten Ägyptern, auch den alten Griechen nach, und man glaubt es von den alten Germanen zu wissen. Lässt man den Grund für das Trinken unberücksichtigt, ist der entscheidende Aspekt, dass in Gesellschaft – und sei sie noch so ausgesucht – getrunken wurde: bis heute gilt es als bedenklich, allein zu trinken. Da Trinken eine soziale Bedeutung hat, stellte man frühzeitig Regeln auf, wer mit wem was trinken durfte oder musste.

Zur Debatte stand dabei zunächst nur Bier, Wein und Met. Erst im 18. Jahrhundert wurden die Trinksitten auf Spirituosen ausgeweitet, speziell wenn man selbst brannte. So boten Bauern ihren Gästen als Begrüßung einen Selbstgebrannten an, der »auf die Gesundheit« getrunken wurde, schließlich lag es noch nicht lange zurück, dass Schnaps als Medizin verabreicht worden war.

Eine Veränderung dieser Bräuche ereignete sich im 19. Jahrhundert mit dem Aufblühen der Wirtschaft, der aufkommenden Industrialisierung und dem Anwachsen der Städte. Damit einher ging auch die Zunahme der Ausschänke: Kaffeehäuser und Kneipen, Gaststätten und schließlich auch Bars wurden eröffnet, Orte, wo man sich traf, um sich auszutauschen, um miteinander ein Glas zu trinken.

In den Ländern am Mittelmeer, wo man Wein immer schon eher als Lebensmittel ansah, dient er bis heute fast ausschließlich als Essensbegleiter, außerhalb der Mahlzeiten spricht man ihm eigentlich nicht zu. Trifft man sich vor dem Mittag- oder Abendessen, dann ist es die Zeit für einen Aperitif. Anfangs waren die Getränke, die sich dafür anboten, tatsächlich appetitanregend, viele davon enthielten Chinin und weitere anregende Pflanzen und Kräuter. Auch der vorwiegend nach Anis schmeckende Absinth wirkte in erster Linie anregend.

Pastis oder andere Anis-Spirituosen sind rund ums Mittelmeer immer noch der beliebteste Aperitif.

Eine Bar besucht man nicht nur nach der Arbeit auf einen Drink, sie kann auch Teil des Abendprogramms sein. (Edouard Manet, Eine Bar in den Folies-Bergère, 1881/82, London, Courtauld Institute Galleries)

Vor und nach den Mahlzeiten

Als die Anlässe sich eingebürgert hatten, gingen Produzenten dazu über, genau daraufhin Getränke zu entwickeln oder sogar Marken zu schaffen.

Der Aperitif oder Before Dinner Drink ist dabei heute der vielleicht häufigste Anlass, ausgehend von der im Mittelmeerraum unverzichtbaren Gewohnheit, vor dem Mittag- oder Abendessen im Stammlokal vorbeizuschauen und sich einen Drink zu gönnen. Hinzu kommt die weltweit gepflegte Sitte, jedes Zusammentreffen, jede Gesellschaft und jede Feier, die meist mit einem Essen verbunden ist, mit einem, wenn nicht mehreren einleitenden Getränken zu beginnen. Dabei kann man je nach Land, Stand, Vorliebe die verschiedensten Spirituosen als Cocktails oder Longdrinks ausschenken oder zum Beispiel Sherry, weißen Port, Vermouth oder Bitter. Nicht selten nimmt ein solcher Auftakt zwei Stunden in Anspruch. Bars, die vor dem Dinner weniger frequentiert werden, locken mit der Happy Hour zu ermäßigten Tarifen.

Dann folgt die Zeit nach dem Essen, vor allem dem am Abend. Zunächst bieten sich diverse Klassiker als Digestifs an, denn Alkohol fördert die Verdauung. Dies ist der beste Moment für große Destillate, besonders solche, die jahrelang in Eichenfässern reiften, ob Cognac, Armagnac, Brandy de Jerez, ob Calvados oder andere betagte Apfel- sowie Pflaumenbrände, ob alte Whisk(e)ys und Rums oder lange gereifte Tawnys, Madeiras, Sherrys und Banyuls.

Wenn die Nacht beginnt, dann ist die Bühne frei nicht nur für After Dinner Cocktails. Dann schlägt die Stunde der Bars, Clubs oder Diskotheken und damit der ganzen Vielfalt an gemixten Drinks.

Cocktails haben längst Eingang in die Literatur gefunden. (Szenenbild aus der Uraufführung des Theaterstücks »Die Cocktailparty« von T. S. Eliot 1949 in Edinburgh)

Zeitlich genießbar

In einer gut sortierten Bar verblüffen die Regalreihen voll unterschiedlichster Flaschen. Fallen zuerst die farbenfrohen Liköre ins Auge, die heute immer mehr Platz einnehmen, verweilt anschließend der Blick sicher dort, wo aufwändige Flaschen und Karaffen auf kostbare Destillate verweisen. Die Anordnung liegt im Ermessen jedes Barkeepers, doch wird er sie so treffen, dass ihm die meistgebrauchten Spirituosen am schnellsten zur Hand sind.

In den folgenden Kapiteln werden Spirituosen nach Kategorien vorgestellt, werden ihre Geschichten erzählt, ihre Herstellungsverfahren erläutert, ihre Qualitätsunterschiede begründet sowie ihre Verwendungsmöglichkeiten gezeigt und anhand von Rezepten zugänglich gemacht.

Die klassische Unterteilung der in der Gastronomie servierten Spirituosen und Cocktails besteht in Aperitifs und Digestifs bzw. Before Dinner und After Dinner Drinks. Spirituosen erscheinen selbst in einer Kategorie oft so unterschiedlich, dass ihre Zuordnung in die beiden traditionellen Gruppen der Aperitifs und Digestifs schwerfällt. Die heute meistkonsumierten Alkoholika Wodka und weißer Rum zeichnen sich dadurch aus, dass sie wenig Eigengeschmack besitzen, sodass sie sich hervorragend mixen und vielfältig einsetzen lassen, besonders zu erfrischenden und leichten Drinks.

Hochprozentiges pur hat vor dem Essen keinen Platz, weshalb unter die Aperitifs zunächst Getränke fallen, die auf Wein basieren, vorausgesetzt – Ausnahmen bestätigen

Dem Barkeeper – hier in der Berliner Green Door Bar – geht es bei der Ordnung weniger um die Kategorie einer Spirituose, sondern um ihre schnelle Greifbarkeit.

die Regel –, dass sie eher trocken sind. So finden Vermouth, trockene Sherrys, Madeiras, weiße Ports und Marsalas hier ihren Platz. Dazu gesellen sich aus der weitverzweigten Kategorie der Liköre jene, die mit Mineralwasser, Softdrinks oder Säften gemixt werden, wobei es sich vorwiegend um Bitterliköre handelt. Ihr Vorzug ist die schnelle und einfache Zubereitung.

Zutritt finden klassische Spirituosen wie Gin, Whisk(e)y und Cognac dann, wenn sie verdünnt auftreten, auf die einfachste Weise mit Soda oder raffinierter mit anderen Auffüllern abgestimmt als Highballs, während wie beim Gin die Zugabe von Zitronensaft für erfrischende Wirkung sorgt. Eine Sonderrolle nehmen die Anis-Spirituosen ein, die meist mit kühlem Wasser verdünnt werden und aufgrund ihres geringen Alkoholgehalts, ihres Charakters und der Wirkung des Anis als Aperitif par excellence gelten.

Sieht man den Aperitif als Vorspiel eines guten Essens, sollte man unbedingt Getränke wählen, die die Geschmacksnerven nicht durch zu ausgeprägte Aromen oder zu viel Alkohol beeinträchtigen, wenn nicht gar völlig betäuben.

Die Digestifs sollen – wie der Name anklingen lässt – die Verdauung fördern, was vor allem nach fettreichen Speisen dank des Alkohols der Fall ist. Klassische Größen in diesem Segment sind natürlich die Weinbrände wie überhaupt alle lange in Fässern gereiften braunen Spirituosen, ob Whisk(e)y, Rum, Calvados oder manche Marcs. Aber auch helle aromatische Destillate haben hier ihren Auftritt, in erster Linie Obstbrände, doch ebenso Grappa und Aquavit.

Kräuterliköre und Magenbitter behaupten einen festen Platz unter den Digestifs, doch auch viele andere Liköre fallen unter diese Rubrik, da sie ausgezeichnet zu einem nach dem Essen gereichten Kaffee harmonieren. Als Digestifs besonderer Art können lange gereifte Tawnys, Amontillados oder Banyuls gelten, deren überragende Aromatik nach besser als vor dem Essen ausgekostet werden kann. Unter den Digestifs findet sich etwas für jeden Geschmack.

Reizvolle Before Dinner Drinks, doch wer danach gut essen möchte, sollte weder zu alkoholhaltige noch zu aromatische Rezepte wählen.

Auf die Gesundheit?

Gegenüber: »Trinket keinen Branntwein, denn er ist Gift«. Kolorierte Kreidelithografie des Neuruppiner Bilderbogens, um 1850

Alkohol ist ein Gift, das bei einer Konzentration von 4 bis 5 Promille im Blut tödlich wirkt. Wie stark die Wirkung von Alkohol ist, kann man leicht an sich selbst beobachten, denn bereits ein kleines Glas von einer hochprozentigen Spirituose ruft eine wahrnehmbare Veränderung hervor. Man fühlt sich angeregt, entspannter und beginnt, redselig zu werden. Bei der doppelten Menge setzt eine gewisse Euphorie ein, die allgemein als angenehm empfunden wird. Doch bereits ab 0,5 Promille verlangsamt sich die Reaktionsfähigkeit, es kann zur Fehleinschätzung von Risiken kommen, was bereits in dieser Phase die Fahrtüchtigkeit beeinträchtigt. Steigt der Promillewert des Ethanols – so der wissenschaftliche Name von Alkohol – im Blut, sind mangelnde Koordinierung der Bewegungen, Gleichgewichtsstörungen, Aggressivität, zunehmender Verlust der Selbst-

Wer wie viel Alkohol verkraftet, hängt von vielen individuellen Faktoren ab.

kontrolle, damit stark verminderte körperliche und geistige Leistungsfähigkeit die Folge; ab 2 Promille Erbrechen, Trunkenheit und Erinnerungsverlust. Ab 3 Promille riskiert man Koma, wenn nicht den Tod.

Wie ein Organismus auf die Aufnahme von Ethanol reagiert, ist individuell verschieden und hängt von vielen Faktoren ab, darunter Körpergewicht, gesundheitliche Verfassung, Alter, Gene und Geschlecht. Asiaten vertragen Alkohol weniger gut als Westeuropäer, Frauen schlechter als Männer. Und wer gut und fett gegessen hat, darf sich wirklich ein Glas mehr genehmigen.

Aufnahme und Abbau

Sobald man einen Schluck Alkohol in den Mund nimmt, beginnt dessen Aufnahme durch den Körper, auch wenn es nur eine geringe Menge ist, die über die Mundschleim-

Was ist Alkohol?

Alkohol oder wissenschaftlich Ethanol ist eine farblose Flüssigkeit mit intensivem, stechendem Geruch, die aus zwei Kohlenstoffatomen, fünf Wasserstoffatomen und einer Hydroxylgruppe gebildet wird. Umgangssprachlich auch Weingeist, Sprit oder Spiritus genannt, hat Ethanol zwei markante Eigenschaften: erstens ist es leicht entzündlich und verbrennt mit schwach bläulicher Flamme an der Luft zu CO_2 und Wasserdampf; zweitens ist es stark Wasser anziehend, hygroskopisch, und deshalb ein starkes und bewährtes Lösungsmittel. Ethanol ist leichter als Wasser, denn es hat eine Dichte von 0,7913 g/cm^3 und verdampft früher mit einem Siedepunkt von knapp über 78,3 °C. Ethanol kommt natürlich vor, denn es entsteht durch Gärung, wenn Fruchtzucker durch Hefe in Alkohol und Kohlendioxid umgewandelt wird. Dies geschieht von allein in reifen Früchten, aber auch in anderen Nahrungsmitteln. So kann zum Beispiel Brot bis 0,3 % vol Ethanol enthalten, Sauerkraut um 0,5 % vol und eine reife Banane bis 1 % vol.

Trinket keinen Branntwein, denn er ist Gift.

Welch Ungethüm sperrt hier seinen Doppelrachen auf, ist es der Abgesandte Luzifers? Wahrlich es ist in der That so. Seht es nur ordentlich an, nicht bloß Getreide, Kartoffeln, Obst, Holz und dergleichen andere dem Menschen nützliche Gegenstände verschwinden spurlos in dieser Branntweinbrennerei, die der Teufel selbst erfunden zu haben scheint, sondern daß und daß und der Mensch selbst gehet darinnen unter. Mit welcher Thätigkeit arbeitet hier Alles, um die bestmögliche Ausbeute dieses giftigen Stoffes zu erzielen. Christ und Jude feilschen um den schnöden Gewinnes halber bei den Kornfäcken. Nicht weit davon steht ihr die Irren-Anstalt, wo Leute mit dem Transport eines vom Saufterwahnsinn Befallenen beschäftigt sind. Wie undankbar sind die Menschen, ward ihnen darum der Verstand um ihn durch diese Teufels-Elixir zu zerrütten? Hier ein Vater, der seinen letzten Rock verhandelt um sein Gelübde nach Branntwein zu nügen zu können. Unter dem Ungeheuer seht ihr eine Gesellschaft mit Weib und Kind tapfer der Flasche zusprechen. Hier ein Weib, ihrem Manne Schläge ertheilen. Dort hat einer den Tisch bestiegen um Mäßigkeit zu predigen, man hört ihn nicht, zerrt ihn vom Tische und schlägt nach ihm. Wehe euch ihr Säufer und Schlemmer, dort im Hintergründe euer Lohn, — das Zuchthaus.

haut aufgenommen wird. Neun Zehntel des Alkohols gelangen über den Dünndarm ins Blut und werden mit dem Blut der Leber zugeführt, die den Abbau vollzieht. Es dauert 30 Minuten bis zwei Stunden, ehe der Alkohol, den man trinkt, vom Körper aufgenommen wurde. Den Abbau erledigt das Enzym Alkoholdehydrogenase mit konstanter Geschwindigkeit. Sie beträgt mindestens 0,1 g Alkohol pro kg Körpergewicht. Bringt man 75 kg auf die Waage, sind dies 7,5 g Alkohol in einer Stunde, was etwa einem Schnaps entspricht. Leicht lässt sich ausrechnen, wie lange der Körper benötigt, um das Mehr an Alkohol auszuscheiden, das man getrunken hat.

Ein Kater stellt sich ein, wenn der Körper eine zu große Menge Alkohol abbauen muss, denn dieser bindet sehr viel Wasser, und Dehydration führt zu Kopfschmerzen. Die Symptome verstärken sich, wenn sich in den konsumierten Spirituosen Fuselöle befanden, die beim Abbau giftige Stoffe bilden. Vorbeugend sollte man deshalb immer wieder ein Glas Wasser zwischendurch und mehrere danach trinken.

Gefahren und Engagement

Auch wenn Alkohol von frühesten Zeiten an und bis heute eine Rolle in der Medizin gespielt hat, da man ihn dazu nutzte und nutzt, Pflanzen Wirkstoffe zu entziehen und dem Patienten zu verabreichen, führt sein Missbrauch zu Sucht und dadurch zu einer Vielzahl von Krankheiten, oft gefolgt von einem zu frühen Tod. Es gibt zwei Hauptgruppen von Erkrankungen: die einen sind psychischer und neurologischer Art wie Depression und Wahnvorstellungen, Demenz und Epilepsie; die anderen sind die Folgen von Stoffwechselproblemen, wozu Leberzirrhose, Impotenz, Herzschwäche, verschiedene Krebsarten und eine allgemeine Schwächung des Immunsystems zählen.

Nicht weniger gravierend sind soziale Probleme und unverantwortliche Verhaltensweisen, die ein übermäßiger Alkoholkonsum bewirkt, nicht zuletzt bei Jugendlichen und im Straßenverkehr.

Seit einigen Jahren engagieren sich die Erzeuger und Hersteller alkoholischer Getränke und ihre Verbände dafür, eine effektive Aufklärung der Konsumenten durchzuführen, besonders der gefährdeten Bevölkerungsgruppen und dabei speziell der Jugend. Inzwischen können sie erste konkrete Ergebnisse vorweisen.

Daneben hält die Diskussion darüber an, ob gemäßigter Alkoholkonsum gesundheitsfördernd ist. Interessant sind kürzlich vorgenommene Untersuchungen bei älteren Menschen, die zeigen, dass ein mäßiger Alkoholkonsum und ein guter Gesundheitszustand oft zusammenhängen.

Geist für Geist: Idee der Destillation

weit die physikalischen Gegebenheiten. Das Grundprinzip war wohl im 13. Jahrhundert v. Chr. den Sumerern vertraut. Wohlgemerkt: es geht um die Destillation an sich, nicht um die Destillation von Alkohol. Die ersten Einsätze dieser Technik standen im Dienst der Schönheit und der Körperpflege, denn es galt, ätherische Öle aus Pflanzen zu gewinnen. Zerkleinert man die Pflanzen und erhitzt den Brei in Wasser, ›reißt‹ der Wasserdampf die flüchtigen Stoffe mit sich. In dem aufgefangenen Kondensat – *destillare* bedeutet abtropfen – trennt sich das Öl vom Wasser dann allein. Rund tausend Jahre später nutzten griechische Seefahrer das Prinzip, um unterwegs aus Meer- Trinkwasser zu gewinnen, indem sie das Wasser verdampften und als Kondensat auffingen.

Die Gefäße, die man einsetzte, wurden ihrem Zweck immer gerechter, und schon die Ägypter entwarfen für den bauchigen unteren Teil einen Aufsatz, an dem ein Rohr befestigt wurde, aus dem das Destillat abtropfen konnte. Die Griechen übernahmen das Modell und nannten den Aufsatz *mastarion*, weil er die Form eines Busens hatte. Obwohl sie wussten, dass im Wein ein entflammbarer Stoff enthalten ist (was sie sich im Dionysos-Kult zunutze machten), gibt es keinen Beweis, dass sie Alkohol destillierten.

Der kühle Kopf

Der für effizientes Abtropfen so wichtige Aufsatz oder Helm wurde auf Arabisch *al-anbiq* genannt, was die Römer als *alambicus* übernahmen, ein heute in viele Sprachen eingegangener Begriff. Der *alambic* wurde zum charakteristischen Instrument der Alchemisten, die – angeregt durch die Lehren des Aristoteles – danach strebten, die Metalle zu vervollkommnen und sie in Gold umzuwandeln. Auch wenn ihnen das nicht gelang, machten sie doch zahlreiche Entde-

Matthaeus Platearius verfasste um 1150 in Salerno ein pharmazeutisches Hauptwerk des Mittelalters, das »Circa instans« oder »De medicinis simplicibus«. (Buchmalerei auf Pergament aus: Le Livre des simples médecines, um 1500, Russische Nationalbibliothek, St. Petersburg)

Man braucht nur Wasser in einem geschlossenen Topf auf dem Herd zum Kochen zu bringen und den Deckel abzuheben: schon hat man angesichts der Tropfen an der Deckelunterseite das Beispiel einer Destillation vor Augen. Das Wasser hat seinen Siedepunkt erreicht, steigt als Dampf auf, trifft auf den kälteren Topfdeckel und kondensiert wieder zu Wasser. Verdampft man ein Flüssigkeitsgemisch, verflüchtigen sich die verschiedenen Bestandteile der Mischung in der Reihenfolge ihrer Siedepunkte. So-

ckungen an chemischen Elementen, Stoffen und Verfahren. Die Technik der Destillation wurde eher für die Gewinnung von Rosenwasser perfektioniert, das nach 900 im Vorderen Orient zur lukrativen Handelsware aufstieg.

Um Alkohol zu brennen, fehlt noch eine entscheidende Voraussetzung: das Destillieren von Stoffen mit niedrigeren Siedepunkten als Wasser (Geraniol, Hauptbestandteil des Rosenöls, siedet bei 230 °C, Alkohol bei 78,3 °C). Um sie auffangen zu können, muss man behutsam heizen und die aufsteigenden Dämpfe abkühlen. Diese Erkenntnis wird dem persischen Alchemisten Abu Musar Dschabir Ibn Hajjan zugeschrieben, während der Arzt Al-Razi (Abu Bakr Mohammad Ibn Zakariya al-Razi, 865–925) als Erster aufzeichnete, wie man niedrig siedende Stoffe destilliert. Er soll auch Wein destilliert, das Ergebnis *al-kull,* das Ganze, genannt und es wegen seiner sterilisierenden Wirkung in medizinischen Behandlungen eingesetzt haben. Im Arabischen bezeichnete *al-kuhl* eine Augenschminke, erst in Spanien wurde die Vokabel uminterpretiert in Weingeist.

Durch die Mauren gelangte das alchemistische Wissen nach Europa, wo im 11. Jahrhundert Alchemie, Wissenschaft und Philosophie einen großen Aufschwung erfuhren. In Salerno entstand aus dem zum Kloster Monte Cassino gehörenden Hospital für Ordensbrüder eine der ersten medizinischen Hochschulen Europas. Dort wurde Mitte des 12. Jahrhunderts in das berühmte Medizinbuch »De medicinis simplicibus«, genannt »Circa instans« (nach den ersten Worten der Einleitung) des Matthaeus Platearius ein Rezept kopiert, das die Anleitung enthält, wie man *aqua ardens* erzeugt, brennendes Wasser, im gesamten Mittelalter der gebäuchliche Name für Weingeist. Die Alkoholdestillation in Europa hatte begonnen.

Alambics kamen mit den Mauren nach Andalusien, aber erst Jahrhunderte später setzte man sie zum Weinbrennen ein. Hier die neue Destillerie von Gonzalez Byass.

Heil- und Genussmittel

Zwei Ärzte stehen am Beginn der neuzeitlichen Destillierkunst: der Italiener Taddeo Alderotti und der Spanier Arnaldus de Villanova. Der in Florenz geborene Alderotti (in seinen Schriften Thaddaeus Florentinus; um 1223–1303) unterrichtete ab 1260 an der Universität von Bologna Medizin, wo er wenige Jahre später Wein zu destillieren begann. In seinem Werk »De virtutibus aquae vite et eius operationibus« beschreibt er ausführlich, wie man durch wiederholte Destillation hochprozentigen Weingeist erhält. Üblich waren drei bis vier Durchläufe, aber für ein besonders reines Destillat, das *aqua vitae perfectissima* oder *rectivicata,* waren mindestens zehn notwendig. Diese Rektifizierung war möglich geworden dank einer wichtigen Neuerung: das *canale serpentinum,* das in einem durch Wasser kalt gehaltenen Kühlgefäß untergebrachte Schlangenrohr, in dem die alkoholhaltigen Dämpfe kondensierten. Diese Technik verbreitete sich Ende des 13. Jahrhunderts unter Alchemisten und Apothekern, und Alderotti wie seine Kollegen erkannten, dass sich dieses Destillat vorzüglich für medizinische Zwecke eignete.

Einer der berühmtesten Ärzte dieser Zeit war der Tempelritter und Alchemist Arnaldus de Villanova (um 1235–1311), Leibarzt des Königs von Aragón. Auf dem Mas Deu, der Kommandantur der Tempelritter bei Perpignan, brannte er Wein und entdeckte 1285, dass man die Gärung von Wein durch Zugabe von Weingeist unterbrechen kann, was den Wein einerseits haltbar macht und ihm andererseits einen Anteil an Restzucker erhält. Auf diese Weise entstehen bis heute die Likörweine. Das *aqua vitae* galt ihm als ein Universalheilmittel, dessen Anwendung er in seinen zahlreichen Schriften ebenso empfahl wie diverse Würzweine, die er in seinem »Liber de vinis« beschrieb.

Wurde das mühsam hergestellte *aqua vitae* zunächst löffelweise an Kranke verabreicht, förderte in der zweiten Hälfte des 14. Jahrhunderts eine Seuche den hemmungsloseren Umgang mit dem Branntwein: hilflos der Pest und dem Tod ausgeliefert, vertrauten die Menschen nicht völlig zu Unrecht auf die Kraft des Lebenswassers – und kamen dabei zu sehr auf den Geschmack. Im darauffolgenden Jahrhundert wurden die ersten gewerblichen Brennereien eingerichtet, mit größeren Brennblasen. Bereits zu dieser Zeit wird man herausgefunden haben, dass sich nicht nur Wein als Ausgangsbasis eignet, sondern dass in allen vergorenen Früchten Alkohol entsteht.

Der Straßburger Arzt Hieronymus Brunschwig (um 1450–1513) stellte in seinen weit verbreiteten Büchern das Destillieren so eingehend vor, dass man es nachmachen konnte. Seit Mitte des 16. Jahrhunderts setzte sich die Verwendung von Kornmaische durch, damit wurde Alkohol preiswert

Altes handwerkliches Kolonnengerät bei Florio in Marsala

und in größeren Mengen verfügbar. Das Verfahren der Destillation blieb über mehrere Jahrhunderte im Wesentlichen unverändert: um so viel Wasser wie möglich vom Alkohol zu trennen, musste man mehrfach destillieren, und das konnte man nur nacheinander, der Ablauf vollzog sich in gleicher Richtung, die Flüssigkeit verdampft, der Dampf steigt auf, verflüssigt sich und tropft herunter. Eine erste bedeutende und 1801 patentierte Weiterentwicklung geht auf den französischen Chemiker und Physiker Jean-Edouard Adam (1768–1807) zurück, der mehrere Gefäße hintereinander anordnete, in denen die Alkoholdämpfe partiell kondensierten, wodurch ihm eine bessere Ausbeute gelang. Doch der entscheidende Schritt zu den heutigen Kolonnenanlagen kam 1808 von dem Franzosen Jean-Baptiste Cellier-Blumenthal (1768–1840), der in Belgien eine Rübenzuckerfabrik betrieb. Er setzte zum ersten Mal eine Kolonne mit mehreren Glockenböden übereinander ein, um den Alkohol zu konzentrieren. In Schottland tüftelte Robert Stein 1826 seine *patent still* aus, die von dem Iren Aeneas Coffey vervollkommnet und 1831 patentiert wurde. Sein Kolon-

nenapparat ließ mehrfaches Destillieren kontinuierlich, ohne Unterbrechung in einer Art Kreislauf zu und war dadurch kostengünstiger. Er wurde zum Grundmodell nicht nur industrieller Brennanlagen, sondern auch moderner Brennblasen mit Rektifizierungskolonne, wie sie heute von Edelbrennern verwendet werden.

Alte Brennblase aus der Historischen Kornbrennerei in Hilden, Fabry-Museum

Destillation: die klassische Methode

Berühmtes Modell für chargenweise Destillation ist der *alambic charentais* für Cognac. Seine Besonderheit besteht darin, dass zwischen der Brennblase, aus der die alkoholischen Dämpfe durch Helm und Schwanenhals aufsteigen und in der Kühlschlange kondensieren, ein Weinvorwärmer geschaltet ist. Darin gibt der Dampf Wärme ab, sodass der in die Brennblase fließende Wein bereits eine Temperatur von etwa 40 °C hat.

1 Brennblase
2 Helm
3 Schwanenhals
  (auch Geistrohr)
4 Weinvorwärmer
5 Kühlschlange

Bei der Destillation von Spirituosen wird einer leicht alkoholischen Flüssigkeit der Alkohol entzogen und separat aufgefangen. Dazu muss man die betreffende Flüssigkeit erhitzen, wobei der Alkohol, dessen Siedepunkt bei 78,3 °C liegt, eher verdampft als Wasser. Diesen Dampf fängt man auf und lässt ihn kondensieren: entweder mit Hilfe der chargenweisen bzw. Gleichstrom-Destillation oder mit der kontinuierlichen bzw. Gegenstrom-Destillation.

Das Prinzip der älteren, chargenweisen Methode, die bis heute eingesetzt wird, um so berühmte Brände wie Cognac und Malt Whisky zu erzeugen, wurde von den Ärzten und Alchemisten im 13. Jahrhundert entscheidend verbessert. Es beruht auf zwei Aspekten: einerseits muss man die aufsteigenden Alkoholdämpfe kühlen und dadurch zum Kondensieren bringen; andererseits ist

ein wiederholtes Brennen notwendig, um einen höheren Alkoholgehalt und ein sauberes Destillat zu erhalten. Während in früheren Jahrhunderten oft drei, vier, ja 10–15 Brenndurchläufe erforderlich waren, sind heute bei perfektionierter Handhabung zwei ausreichend.

Seit dem 13. Jahrhundert suchten Generationen von Brennern die Effizienz ihrer Destillieranlagen zu steigern. Die Anlage selbst besteht grundsätzlich aus einem Ofen, einer kürbisförmigen Brennblase und einem Rohr, durch das die aufsteigenden Alkoholdämpfe abgeleitet und gekühlt wurden. Wesentliche Verbesserungen brachte es, die gläserne Brennblase durch eine kupferne zu ersetzen, was eine Vergrößerung des Volumens ermöglichte. Als nächsten Schritt setzte man im 15. Jahrhundert auf die Brennblase einen Helm mit geschwungenem Geistrohr, den sogenannten Schwanenhals, durch den die Dämpfe leicht aufsteigen. Heute weiß man, dass die Form dieses Helms den Charakter des Destillats entscheidend beeinflusst.

Eine nach der anderen

Das Brennen beginnt mit dem Einfüllen der ersten Charge, die aus Wein, Bier oder der alkoholhaltigen Maische besteht, in die Brennblase, die heute gewöhnlich mit Gas befeuert wird. Im ersten Durchlauf destilliert man daraus den noch leicht trüben Raubrand, der zwischen 25 und 35 % vol Alkoholgehalt aufweist (je nach Ausgangsstoff). Der Raubrand enthält außerdem noch die Aromenstoffe wie Ester, Aldehyde, verschiedene Alkohole und Säuren sowie Terpene, Acetale und außerdem die berüchtigten Fuselöle. Dagegen sind alle unlöslichen und nicht flüchtigen Bestandteile in der Brennblase zurückgeblieben.

Für die zweite Charge sammelt der Brennmeister ausreichend Raubrand, um die Brennblase erneut zu füllen – nicht ohne sie zuvor gründlich gereinigt zu haben. Mit einer zweiten Anlage lässt sich die Arbeit ohne Zeitverlust fortsetzen. Bei der Gewinnung des Feinbrands muss der Brennmeister seine Erfahrung und sein Wissen einbringen. Er wird die Temperatur behutsam steigern, um zunächst die Möglichkeit zu nutzen, den Vorlauf abzusondern, den ersten Teil des kondensierenden Destillats mit unerwünschten, leicht flüchtigen Stoffen wie etwa Methanol. Dann folgt der Mittellauf oder das Herz: er beginnt mit einem Alkoholgehalt von bis zu 80 % vol, der im Verlauf der Destillation allmählich absinkt. Je nach Ausgangsmaterial lässt der Brennmeister ihn bis auf 55–45 % vol absinken, bevor er den Nachlauf abscheidet, in dem sich die Fuselöle befinden. Je früher er den Mittellauf beendet, umso reiner ist das Destillat, doch kann ein kleiner Anteil an Fuselölen bei Spirituosen, die lange Jahre im Fass altern, für größere Komplexität und mehr Charakter sorgen. Der Alkoholgehalt des Feinbrands, der etwa ein Drittel der Menge des Raubrands ausmacht, variiert zwischen 60 und 75% vol.

Moderne Version des *alambic charentais* bei Cognac Frapin, die deutlich zeigt, dass das Grundmuster erhalten geblieben ist.

Destillation: die modernen Methoden

Das chargenweise Brennen, die Gleichstrom-Destillation, ist eine aufwändige, zeit- und kostenintensive Methode, die aber hervorragende Resultate erbringt, weil sie eine präzise Abscheidung von Vor- und Nachlauf erlaubt. Dafür erhält man beim Doppelbrand Alkoholwerte von höchstens 75 % vol. Die kontinuierliche bzw. Gegenstrom-Destillation arbeitet schneller und günstiger, sie ergibt eine höhere Alkoholkonzentration, allerdings auf Kosten der Aromastoffe. In den ersten Jahrzehnten des 19. Jahrhunderts haben sich viele Erfinder in verschiedenen Ländern mit der technischen Verbesserung der Destillation befasst. Die wohl erste Konstruktion einer kontinuierlichen Brennanlage entwickelte der Franzose Jean-Baptiste Cellier-Blumenthal, sie wurde 1808 patentiert. Der deutsche Brenner Johann Heinrich Leberecht Pistorius ließ sich seinen Zwei-Blasen-Apparat mit Maischevorwärmer 1817 patentieren. Der Schotte Robert Stein experimentierte in den 1820er Jahren an seiner Idee der rationelleren Destillation, die der Ire Aeneas Coffey später perfektionierte zu der hochkomplexen kontinuierlichen *patent still,* die 1831 patentiert wurde und seinen Namen trägt.

Das Grundprinzip der kontinuierlichen bzw. Gegenstrom-Destillation besteht darin, dass die zu destillierende Flüssigkeit ständig nachfließt und der darin enthaltene Alkohol verdampft, kondensiert und fortwährend abgeleitet wird. Dies geschieht mittels einer oder mehrerer Rektifiziersäulen, die aus mehreren Etagen von Glocken- bzw. Trennböden besteht, die wie kleine Brennblasen funktionieren. Von oben wird die Flüssigkeit in die Kolonne hineingeleitet, und fließt durch die perforierten Trennböden nach unten. Dabei trifft sie auf den von unten in der Kolonne aufsteigenden Dampf, der sie erhitzt und den darin enthaltenen Alkohol verdampft, sodass er nach oben aufzusteigen beginnt. Von Trennboden zu Trennboden, wo jeweils ein Teil kondensiert und wieder nach unten tropft, lässt der Alkohol andere flüchtige Stoffe zurück und wird immer konzentrierter, bis er über das Geistrohr in den Kondensator gelangt. Die entgeistete Flüssigkeit wird schließlich unten aus der Kolonne abgeleitet.

Heute wird der größte Teil der Spirituosen auf kontinuierliche Weise destilliert, ob es sich um Wodka, Rum, Bourbon oder Grain Whisky handelt.

Links: Apparat von Cellier-Blumenthal (Patent 1808); der Wein wird oben rechts zugeleitet.

Rechts: Coffeys *patent still* (Patent 1831) (Grafiken nach: Meyers Großes Konversations-Lexikon, Leipzig 1905–09, Band 4)

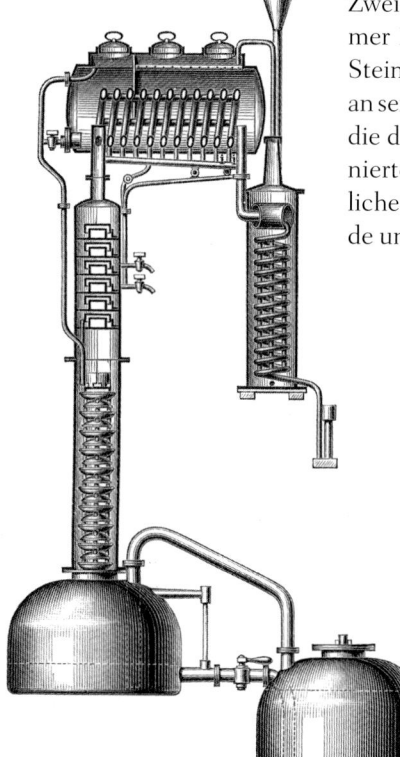

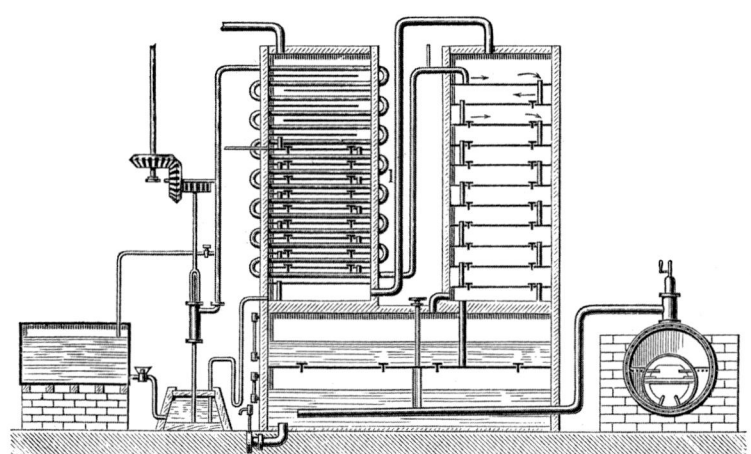

1 Katalysator
2 Dephlegmator
3 Kühlwassersammel-
behälter
4 Edeldestillat-Kolonne
5 Röhrenkühler
6 Rührwerk
7 Brennblase
8 Auslauf für Maische
und Trester
9 Feuerung
10 Wasserbad

Edelbrennanlage

Die Entwicklung der Kolonnengeräte brachte schließlich Schmiede auf den Gedanken, die herkömmliche Brennblase mit einer Kolonne zu verbinden und es damit Edelbrennern zu ermöglichen, bei der chargenweisen Destillation mit einem Brennvorgang auszukommen, bei dem das Destillat gleichzeitig rektifiziert bzw. gereinigt und konzentriert wird. (Das Beispiel stammt von Arnold Holstein, einem auf Destillationstechnik spezialisierten handwerklichen Hersteller vom Bodensee.)

Die **Brennblase** (7) aus gehärtetem Kupfer wird von der Seite befüllt. Geheizt wird sie im **Wasserbad** (10), was jedes Anbrennen vermeidet. Ein **Rührwerk** (6) für dickflüssigere Maischen ist integriert.

In der **Edeldestillat-Kolonne** (4) können verschiedene Böden einzeln zugeschaltet werden. Gemeinsam mit dem **Dephlegmator** (2), der Dämpfe durch gezielte Kühlung kondensiert und zurück in die Kolonne leitet, wird im Mittellauf eine sehr hohe Konzentration der Aromakomponenten erreicht. Der **Katalysator** (1) sorgt für die Reduzierung unerwünschter Säuren. An seiner Spitze werden die Dämpfe durch ein Rohr zum effektiven **Röhrenkühler** (5) geleitet, an dessen unterem Ende das Destillat austritt. Seitdem es diese perfektionierten Brennanlagen gibt und Edelbrenner sich auch mit dem Ausgangsmaterial auf höchste Qualität ausgerichtet haben, werden Destillate von einer aromatischen Klarheit und Finesse erzielt wie nie zuvor.

Wundermittel und Ware

Der alte Brunnen und ein uralter, nicht mehr verwendeter *alambic* (im Hintergrund) bezeugen auf einem Hof in Cognac die jahrhundertealte Tradition.

Die Alchemisten, die sich mit der Destillation befassten, waren eigentlich auf der Suche nach dem Stein der Weisen. Verstanden sie darunter anfangs das Wundermittel, mit dem sich unedle Metalle in Gold verwandeln lassen würden, interpretierten sie ihn bald zu einer Art Universalmedizin um, die dem Menschen Gesundheit, Kraft, ewige Jugend und Weisheit bescheren sollte. Als sich mit den ersten Publikationen über Destillation das Wissen um die Handhabung dieser Technik verbreitete und es immer mehr Ärzten, Apothekern und Alchemisten gelang, farblosen, leicht entzündlichen Spiritus zu erzeugen, erkannten sie darin zwar nicht den Stein der Weisen, aber die *quinta essentia,* die Quintessenz des Seins. Sie waren fasziniert von dieser flüssigen Substanz, die sich, sobald man sie entflammte, in Nichts auflöste und damit im Widerspruch zur Lehre der vier unveränderlichen Elemente stand, dem Fundament des aristotelischen Weltbilds.

Sie entdeckten, dass dieser Stoff über seine Entzündlichkeit hinaus erstaunliche Eigenschaften besaß, vor allem in medizinischer Hinsicht. Es war die Fäulnis unterbindende, desinfizierende Wirkung, die ihn schon unvermischt zum Segen werden ließ. Außerdem nahm er die Wirkstoffe anderer Pflanzen in bislang ungekannter Konzentration auf. Auch dass er wie Wein Auswirkungen auf die Psyche hatte – nur viel schneller –, dass er anregte, erheiterte und berauschte, blieb nicht verborgen.

Doch es erforderte immensen Aufwand, um auch nur eine kleine Menge dieses Lebenswassers zu erhalten, und so blieb es für lange Zeit das kostbare Allheilmittel. Vor allem in den Klöstern nahm man sich der Her-

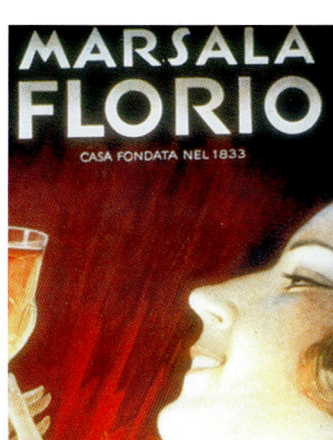

Oben: Die Spirituosen wurden zu Marken, die berühmte Plakatmaler beschäftigten (hier Giorgio Muggiani), um auf sich aufmerksam zu machen.

Unten: Ganz modern sprach man schon damals bevorzugt die Frauen an.

sentieren, und die aus diesem Anlass errungenen Goldmedaillen wurden natürlich als Verkaufsargumente eingesetzt.

Der größte Aufschwung fällt in die Zeit der Belle Epoque, denn gegen Ende 19. Jahrhunderts erlebte Europa nicht nur einen weiteren Schub der Industrialisierung, sondern auch eine vergleichsweise lange Friedensperiode. Cafés und Kaffeehäuser stiegen zu gesellschaftlichen Treffpunkten auf, ihr Besuch wurde als Ausdruck von Lebensstil verstanden. Die Lokale boten den Rahmen für ungezwungenen Austausch, gleichzeitig führten sie zu einem völlig neuen Konsumverhalten. Man traf sich, um gemeinsam etwas zu trinken, und die Branche reagierte mit einem ständig neuen Angebot an anregenden Getränken: *Apéritifs à base de vin*, Vermouth, Bitter, Absinth, Liköre – und wer angesichts der Fülle Schwierigkeiten haben sollte, sich zu entscheiden, konnte sich durch die neuen, doch bereits weit verbreiteten Werbemittel überzeugen lassen, ob Kalenderschilder, Wasserfontänen oder Plakate. Die Markengetränke hatten ihren Platz eingenommen.

Prohibition

Alkohol sorgt bis heute für heftige Auseinandersetzungen über seinen Nutzen und Schaden. Schon früh in der Geschichte seines Genusses sahen sich Städte, Regionen oder Länder mit den Folgen der Trunksucht konfrontiert und reagierten darauf mit Verboten oder anderen Maßnahmen. Als in mehrfacher Hinsicht geschickter Schachzug erwies sich die Verteuerung. Mit hoher Besteuerung bekamen im 18. Jahrhundert zum Beispiel die Engländer die Auswüchse des *Gin Craze* in den Griff, weil Gin für die Armen, die damit Vergessen suchten, unbezahlbar wurde.

Die Obrigkeit hatte schon sehr früh erkannt, dass das Verlangen der Bevölkerung nach Alkohol zu groß ist, um sich von Steuern wirklich abschrecken zu lassen, weshalb diese Einnahmequelle erfreulich zuverlässig ist. Seither ist ihr Verhältnis zu Alkoholika zwiespältig. Einerseits sieht sie die Schäden, die durch unmäßigen Konsum verursacht werden und möchte sie unterbinden, andererseits streicht sie ohne erkennbares Widerstreben die an den Konsum geknüpften Steuermillionen ein.

Wie wenig ein Verbot das Problem Trunksucht lösen kann, hat die Prohibition in den Vereinigten Staaten bewiesen. Seit der Bier- und Bourbon-Konsum wuchs und zu Beginn des 19. Jahrhunderts beträchtliche Ausmaße erreichte, regte sich besonders in pietistischen Kreisen der Widerstand gegen den teuflischen Alkohol. Bereits 1851 wurde im Bundesstaat Maine ein Alkoholverbot ausgesprochen, was Herstellung und Konsum einschloss. Es waren zunächst die konservativen Südstaaten, die es darauf anlegten, ›trocken‹ zu werden, während man sich im Norden von der Regierung kein moralisches Verhalten diktieren lassen wollte.

Vor allem die Frauen engagierten sich gegen den Alkohol, und eine der einflussreichsten Organisationen wurde die 1873 gegründete Women's Christian Temperance Union. Abgelöst wurden sie und die Prohibition Par-

Wie im 19. Jahrhundert: Atmosphäre bei Jack Daniel's in Tennessee

ty von der Anti Saloon League, die mit ausgefeilter Strategie und religiöser Inbrunst um ein landesweites Alkoholverbot kämpfte. Mit Erfolg, denn 1920 trat die vom Kongress verabschiedete Prohibition in Kraft.

Gesundheit und Unmoral

Ein Erfolg wurde die Prohibition insofern, als insgesamt gesehen der Alkoholkonsum deutlich sank und dies, jedenfalls was unmittelbar mit dem Alkoholismus verbundene Krankheiten wie Leberzirrhose betraf, eindeutig positive Resultate erbrachte. Gewiss gab es auch in vielen Familien weniger durch Trunkenheit verursachte Aggressivität als zuvor. Doch die Prohibition bedeutete nicht nur den Untergang von Tausenden zuvor legaler kleiner Brauereien, Winzer, Destillerien, Spirituosenhändler und Saloons, sondern sie schuf damit ein Vakuum, das vom organisierten Verbrechen ausgefüllt wurde. Denn mochte die Nachfrage nach Alkohol durch das Verbot auch gesunken sein, zu einem erheblichen Teil bestand sie weiter; nicht jeder Bürger wurde auf staatlichen Befehl zum Abstinenzler. Die heimlichen Kneipen, *speakeasies,* und der schwarzgebrannte *moonshine* florierten ebenso wie der Schmuggel aus Kanada, Kuba oder Mexiko. Al Capone oder Johnny Torrio kamen durch die Prohibition zu Reichtum und Macht. In den 13 Jahren des Alkoholverbots nahm die Kriminalität drastisch zu, und die amerikanische Mafia konnte sich dauerhaft etablieren.

Diese negativen Auswirkungen, der unverändert präsente Protest gegen das Alkoholverbot und die Wirtschaftskrise von 1929 führten schließlich zur Aufhebung der Prohibition im Jahr 1933. Die kleinen traditionellen Brennereien hatten diese Trockenperiode nicht überlebt. Wer wie Jim Beam den Mut und die Kenntnisse besaß, danach neu zu beginnen, konnte den Grundstein für ein Weltunternehmen legen.

Auch außerhalb der USA wurden Alkoholverbote ausgesprochenn, etwa in Russland (1914–1925), Norwegen (1916–1927) und Finnland (1919–1932). Seither konnte sich die Prohibition in westlichen Ländern aber nicht durchsetzen. Doch die Lobbys der Alkoholgegner gewinnen erneut an Einfluss.

New York um 1920: Die Beschlagnahmung von Destillierapparaten zum Schwarzbrennen ist schneller als der Ausverkauf

Modern Style

Gegenüber: Extravagant ist das Londoner Sketch, ein Potpourri von Bars, Restaurants und Kunstgalerie, zu dessen Ambiente auch die pfiffigen Cocktails passen.

Als Jerry Thomas 1862 mit seinem »Bar-Tender's Guide or How to Mix Drinks« das erste Cocktailbuch der Welt veröffentlichte, blickte er selbst bereits auf Jahre an Erfahrung in diversen Hotels und Saloons zurück und hatte sich nicht nur durch seine kunstvollen Drinks, sondern auch dank seiner Showeinlagen den Spitznamen Professor eingehandelt. Sein mehrfach erweitertes Buch stellte eine Fülle verschiedener Drinks vor und bewies damit, wie weit Mixgetränke in den USA damals bereits verbreitet und wie beliebt sie waren.

Mit der Prohibition nahm die Beliebtheit des Cocktails sogar noch zu, denn nun diente er einerseits der Tarnung, und andererseits halfen seine nicht-alkoholischen Zutaten den oft üblen Geschmack des schwarz gebrannten oder geschmuggelten Fusels zu überdecken. Diese erweiterte Inspirationsquelle bereicherte das Rezept-Repertoire der Barmixer nachhaltig.

In den 1950er Jahren blickte die Welt mit Neid auf die Amerikaner und ihren *american way of life,* wozu auch die Bar als Institution zählte, die sich daraufhin international verbreitete. Damit einher gingen die Kenntnis von und der kreative Umgang mit Spirituosen. Auch wenn ständig neue hinzukamen – noch standen Gin, Rum und Whiskey im Mittelpunkt der Rezepte, die wie der legendäre Martini oft vor alkoholischen Volumenprozenten strotzten. Als in den 1970er Jahren Wodka als nicht kommunistische, nach nichts schmeckende Spirituose auftrat, eroberte er den alkoholischen Anteil vieler Mixgetränke und in der Beliebtheit ein Jahrzehnt später Platz Nummer Eins, weit vor allen Konkurrenten.

Seither sind die Rezepte immer reicher an Zutaten geworden, und die Welt der Cocktails (inzwischen geläufiger Oberbegriff) ist bunter, exotischer, spielerischer. Moderne Barbesucher verfolgen Ideale wie ›schlank‹, ›sportlich‹ und ›gesund‹ und erwarten entsprechende Drinks. Mit dem Bewusstsein, dass zu viel Alkohol der Gesundheit schadet, hat sich der Trend ›weniger, aber besser‹ durchgesetzt und zur gestiegenen Nachfrage nach hochwertigen Spirituosen geführt. Plötzlich stehen Destillerien und Brenner im Mittelpunkt des Interesses, die echte Traditionen, eindeutige Herkünfte und begeisternde Qualitäten vorzuweisen haben. So faszinierend wie heute war die Welt der Spirituosen noch nie.

Geist-Bestimmungen

Es versteht sich von selbst, dass sich die Gesetzgeber eingehend um Herstellung und Verkauf von Spirituosen gekümmert haben. Abgesehen von dem Schutz, den sie vor allem Jugendlichen geben, geht es dabei in erster Linie um Begriffsbestimmung, Bezeichnung, Aufmachung und Etikettierung von Spirituosen sowie um den Schutz geografischer Angaben. In der Europäischen Union gilt seit Mai 2008 die Verordnung Nr. 110/2008 des Europäischen Parlaments und Rates, die man in allen Sprachen der Gemeinschaft im Internet einsehen kann. »Die den Spirituosensektor betreffenden Maßnahmen sollten zu einem hohen Grad an Verbraucherschutz, der Verhinderung betrügerischer Praktiken und der Verwirklichung von Markttransparenz und fairem Wettbewerb beitragen«, heißt es darin. Man stellt sich nicht gegen Innovationen, nur müssen sie »zur Verbesserung der Qualität beitragen, ohne die traditionelle Eigenart der betreffenden Spirituose zu beeinträchtigen«. Betont wird, dass die Erzeugung von Spirituosen eine wichtige Absatzmöglichkeit für landwirtschaftliche Erzeugnisse der Gemeinschaft darstelle. Um die Vielfalt zu sichern, haben die Mitgliedstaaten das Recht, auf ihrem eigenen Gebiet strengere Regeln zu erlassen. Ausführliche Anhänge an die Verordnung bringen technische Begriffsbestimmungen und Vorschriften, definieren die zahlreichen Kategorien und listen auf, welche Spirituose eine geografische Herkunft deklarieren darf.

In den USA kümmert sich das ATF, das Bureau of Alcohol, Tobacco and Firearms and Explosives um diese Belange und legt außerdem die Spielregeln für die Alkoholwerbung fest, wobei sich zusätzlich die Federal Trade Commission einschaltet.

Standort

Bar

- Einkehr und Umkehr
- Gerade zumutbar
- Halt-Bar in der Fremde
- Exotisch verführbar
- Unverkennbar kubanisch
- Offenbar berühmt
- Kost-Bar
- Jederzeit wandelbar
- Spürbar Frost
- Keineswegs unnahbar
- Philippe Starcks Bars

Im Embryo in Bukarest ist das Design von Formen und Strukturen des menschlichen Körpers inspiriert und präsentiert sich in warmen, weichen Tönen.

Gegenüber: Der Cuckoo Club in London erstrahlt in aufeinander abgestimmten violetten Farbtönen.

Seite 38: Im ehemaligen Kesselhaus einer Frankfurter Brauerei hat sich der King Kamehameha Club eingerichtet und ist mit Design und Corporate Identity berühmt geworden.

Einkehr und Umkehr

Menschen haben zu allen Zeiten beisammen gesessen, geredet, gefeiert und immer auch getrunken. Aber dazu allein hätten sie keine Schankstuben gebraucht. Doch Händler und Pilger, die für längere Zeiträume ihr Zuhause verließen, waren in der Fremde dankbar für einen Ort, wo sie im Idealfall nicht nur ihr müdes Haupt betten, sondern auch ihren Hunger stillen und ihren Durst löschen konnten. Bis zum ersten korrekt gerührten Martini war es allerdings noch ein weiter, wenn auch ein vorgezeichneter Weg. Denn der Verbindung aus Geselligkeit, Informationsaustausch und Gastronomie war ein weltweiter Erfolg bestimmt. Heute heißt sie ›Bar‹.

Handel in großem Stil und über weite Entfernungen beginnt nicht erst mit unserer Zeitrechnung, er ist nachweislich wenigstens 3000 Jahre älter. Und die ihn betrieben, bewegten auch größere Mengen, bald Wagenladungen von Gütern. Dieses Transportwesen bedurfte der Logistik, ausgeruhte Zugtiere, Essen, Schlafplätze waren gefragt. In Zeiten des Römischen Reiches entstanden an wichtigen Wegkreuzungen Relais, wo sich Reisende mit Proviant versorgen konnten. Getränke wurden anfangs als Serviceleistung ausgeschenkt.

Mit der Zeit fanden Tavernen und Schenken auch bei den Ortsansässigen Anklang, die dort einkehrten, ohne auf der Durchreise zu sein. Die Wirte verzichteten gern auf die unkalkulierbare reisende Kundschaft und bedienten stattdessen die Anwohner des Viertels. Diese Schankstuben blieben über Jahrhunderte Treffpunkte der einfachen Bevölkerung. Reiche Bürger und Besserverdienende – als es sie gab – verlangten ein anspruchsvolleres Angebot in gehobenem Ambiente und bekamen es. Der Adel unterhielt seinen persönlichen gastronomischen Betrieb unter dem eigenen Dach. Unterschiedliche soziale Schichten mischten sich nicht an einer Theke, die Art der Bewirtung spiegelte die gesellschaftliche Stellung. Bis zur Industriellen Revolution hatte sich die Gastronomie für verschiedene gesellschaftliche Gruppen etabliert. Arbeiter gingen in einen einfachen Ausschank mit ebensolchen Getränken. Wohlhabende stiegen in exklusiven Hotels mit entsprechender Gastronomie ab, wo man die Idee der Bar gern aufgriff und wo die hoteleigenen Bars Berühmtheit erlangten. Erst im 20. Jahrhundert kam es zu einer gewissen Demokratisierung. Viele Bars schlossen bestimmte Teile der Bevölkerung nicht länger kategorisch aus, sondern sprachen bewusst einzelne Interessengruppen an. Seit den 1960er Jahren öffneten Bars mit unterschiedlichster thematischer Ausrichtung. Es gibt Karibik-Bars, Kaffee-Bars, Single-Bars, Milchbars, Tanzbars, Zigarren-Bars, Wein-Bars – kaum eine Vorliebe, die nicht mit einer passenden gastronomischen Idee bedient wird.

Heutzutage kann fast jeder Mensch auf einen Drink in fast jede Bar einkehren, ausgenommen vielleicht die ganz exklusiven Bars, die sich nicht jeder leisten kann, oder die Clubs, die nicht jeder einfach betreten darf. Ob er sich darin wohlfühlt, ist eine andere Frage, denn in vielen Bars ist das Ambiente mit der Stammkundschaft, die sich darin inszeniert, zu einem eigenen Mikrokosmos verschmolzen. Man besucht die Western-Bar im Cowboy-Outfit, die Biker-Bar ganz in Leder, die Tango-Bar in leicht abgestandener Eleganz. Betritt man diese Erlebniswelten, bleibt der Alltag am Eingang zurück. Viele Besucher erkennen gerade darin den Reiz dieser schillernden Institution namens Bar.

Gerade zumutbar

Die frühen Siedler auf dem nordamerikanischen Kontinent hatten es nicht leicht. Sie arbeiteten hart von morgens bis abends, und viele Familien lebten auf ihren Farmen isoliert. Da wurde jede Einkaufsfahrt in die nächste ›Stadt‹ zu einer willkommenen Abwechslung. Im *store* gab es alles, was ein Siedler braucht und einiges, was er eigentlich nicht braucht, darunter auch Alkohol, wahrscheinlich Whiskey, im offenen Ausschank. Ob der in *general stores* oder in *drug stores* eingerichtet war, darüber ist viel spekuliert worden. Sicher ist, dass es noch keine Bars waren, wenn deren Name auch dort seinen Ursprung haben soll: geschädigte Ladenbesitzer sollen ihre zerbrechliche Ware durch hölzerne ›Barrieren‹ vor dem Vandalismus raufender Alkoholkonsumenten zu schützen versucht haben.

Alkohol im Ausschank war gefragt. Der schwedische Geistliche Israel Acrelius bereiste die englischen Kolonien Nordamerikas von 1749 bis 1756 und notierte 45 verschiedene Mixgetränke, die am Tresen erhältlich waren. Aufgefüllt wurde unter anderem mit Limonensaft, Nelkenwasser, Milch oder gesüßtem Essig.

Für den Ausschank ohne Krämerladen etablierte sich um 1800 die Bezeichnung *saloon,* die wohl zurückgeht auf italienisch *salone.* Je nach Standort waren es anfangs Zelte und Bretterbuden, wo Whiskey-Marken namens Tarantel-Saft oder Sarg-Lack ausgeschenkt wurden. Mit der Zeit baute man stabiler und investierte mehr in die Ausstattung, die sich von derb-rustikal zu bürgerlich-protzig entwickelte. Essen konnte man in *saloons* selten, dafür standen in manchen Etablissements Glücksspiele und musikalische Darbietungen auf dem Programm. Die Kundschaft war fast ausschließlich männlich, eine ›anständige Frau‹ hätte sich dort nicht blicken lassen.

Das ändert sich in den Bars des 19. Jahrhunderts. Eröffnet in der Umgebung oder sogar im Innern besserer Hotels prosperierender

Die Kundschaft im Wilden Westen war bisweilen etwas ungezügelt, sodass der Wirt eine Barriere errichten musste (die Bar ist also eigentlich ein Abstandhalter). Hier stehen Cowboys in Texas 1910 an einer Bar. Keine ›anständige‹ Frau hätte sich dazugestellt.

Städte, werden Bars rasch Ausdruck eines neuen Lebensgefühls. Gesellschaftliche Vorbehalte gegenüber der Darstellung von Wohlstand gab es kaum, so wurde die Bar zum öffentlichen Forum, wo man privaten Reichtum auslebte. William Grimes, Restaurantkritiker der »New York Times«, sieht in diesen Lokalen ein amerikanisches Phänomen. Der erfolgsorientierte US-Bürger suchte schnelle und vielfältige Kontakte, die ihn wirtschaftlich voranbringen sollten.

Das erste Barbuch veröffentlichte 1862 der amerikanische Barkeeper Jerry Thomas mit seinem »Bar-Tender's Guide«. Neben Verhaltensregeln für den Keeper im Umgang mit seinen Gästen enthält es eine recht überschaubare Anzahl an Rezepten. Doch schon 1869 maßen sich die besten Keeper der USA bei der »Championship of Mixing« in Chicago. Bis zur Jahrhundertwende war die Bar zum festen Bestandteil des *american way of life* geworden. Im »golden age of american drinking«, so der Gesellschaftskritiker Henry Louis Mencken, wurde die Basis geschaffen für den Ruhm von Manhattans, Martinis, Old Fashioneds und Cobblers, alle mit

Eis gekühlt, das damals der Eismann noch mit Pferdewagen bis an die Tür brachte.

Die Prohibition von 1920 bis 1933 behinderte den Alkoholkonsum in den USA erheblich. Bei der unerlaubten Herstellung von Spirituosen konnte selbst Haarwasser oder Frostschutz zum Einsatz kommen, und dieses ›Gift‹ war bestenfalls gemischt und verdünnt genießbar. Trotzdem war am Ende der Trockenzeit ein großer Teil an Cocktail-Kenntnissen verloren. Was für die amerikanische Trinkkultur ebenso verheerend gewesen sei wie der Brand der Bibliothek von Alexandria für die Antike, scherzte der amerikanische Journalist Wayne Curtis.

Heute ist ›die Bar‹ so fest in unseren Köpfen verankert, dass selbst fiktive Theken wie Humphrey Bogarts, pardon Rick Blaines Rick's Café Américain im Film »Casablanca« manchem von uns präsenter ist als ein beliebiges reales Gebäude in der übernächsten Querstraße. Und die Sitcom »Cheers«, die in ihrer elfjährigen Erfolgsgeschichte von 1982 bis 1993 mit einer Bar als einziger Kulisse auskam, spielte dennoch mehr als zwei Dutzend Emmy Awards ein.

Mata Hari (Greta Garbo) im Kreis ihrer Verehrer an der Bar des Pariser Spielsalons Andriani. Obwohl der Film 1914 spielt, ist die Bar eher in der Entstehungszeit des Films, 1931, anzusiedeln, was auch für die Garderobe der Besucherin im Vordergrund gilt.

Halt-Bar in der Fremde

Gegenüber oben: Harry's Bar in Venedig, eröffnet 1931, fand zahlreiche Nachahmer.

Gegenüber unten: Harrys New York Bar in Berlin ruft den Barstil der 1970er Jahre in Erinnerung.

Im Kärntner Durchgang in Wien gestaltete der Architekt Adolf Loos 1908 diese winzige American Bar.

Wie so oft gebührt den Römern das Verdienst der zündenden Idee: Sie waren es, die Europa mit einem Netz von Gasthäusern überzogen. Und überall in ihrem Einflussbereich, aber auch darüber hinaus, fand ihr Konzept ungezählte Nachahmer, die das erfolgversprechende Modell den landestypischen Gepflogenheiten anpassten. Doch weil ein Gasthaus noch keine Bar ist, kommt die Alte Welt nicht ohne Hilfestellung der Neuen aus. Viele der inzwischen legendär gewordenen ersten Bars in Europa sind amerikanisch inspiriert oder mit amerikanischer Unterstützung entstanden. Nur so ließ sich ein Stück vom Mythos Bar verpflanzen. Amerikaner, die es im 20. Jahrhundert aus welchen Gründen auch immer zeitweise in die ihnen fremde Heimat ihrer Vorfahren verschlug, fanden in den dort inzwischen eröffneten Bars ein Stück der eigenen Kultur vor und blieben nicht nur Gäste. Die von Auslandsamerikanern bevölkerten Cafés und die American Bars wurden zu *hot spots*. Harry's Bar in Venedig, die Bar Vendôme im Pariser Ritz oder die Wiener Loos American Bar, die der geniale Architekt und Künstler Adolf Loos nach einer USA-Reise schon 1908 baute, waren kleine Exklaven der amerikanischen Alltagskultur. Besatzungssoldaten und Exilliteraten, Versprengte und Geflüchtete, sie alle fanden darin Halt, ein Stück Heimat, ein Gefühl von Zuhause. Die Cafés von Paris etwa waren in den 1920er Jahren ständiger Treffpunkt von so vielen Autoren und Künstlern, dass die Auslandsamerikaner in Paris sogar eine eigene Literaturgattung schufen.

Wie wichtig Bars als Anlaufstelle waren, illustriert eine Anekdote aus der langen Geschichte von Harry's Bar in Venedig. Giuseppe Cipriani, der sein Lokal 1931 eröffnet und sich damit einen guten Namen gemacht hatte, konnte sich seine Gäste nicht immer aussuchen. 1942 soll es sogar zu einer Begegnung mit Joseph Goebbels gekommen sein, und Cipriani muss sich die Frage gestellt haben, ob es nicht besser sei, zu schließen. Seinen letzten Bellini stellte er auf die Theke, als die italienischen Faschisten die Bar als Mensa für Marinesoldaten in Beschlag nahmen. Als die Alliierten 1946 dem schwarz-braunen Spuk ein Ende bereitet hatten, betrieb Cipriani eine kleine Osteria auf der Venedig vorgelagerten Insel Torcello. Dort erreichte ihn eine Vorladung der amerikanischen Militärverwaltung, wo man ihn mit Vorwürfen überhäufte. Er sei kein guter Italiener, hielt ihm der Offizier in aller Schärfe vor, weil er Harry's Bar noch nicht wieder eröffnet habe. Cipriani ließ sich das nicht zweimal sagen. In aller Eile richtete er sein altes Lokal wieder her. Wenige Monate darauf war Harry's Bar, benannt nach Ciprianis einstigem Teilhaber Harold Pickering, wieder eine (fast) ständige Einrichtung in der Nähe des Markusplatzes.

Man kann in Harry's Bar noch heute einen Bellini trinken, wie man in der Pariser Hemingway Bar noch immer einen Daiquiri bekommt. Die alte Stammkundschaft aber, die dort ihr Fremdsein kurze Zeit vergessen wollte, wird man nicht mehr finden. Man trifft auf Touristen in bunten Shorts und mit Digitalkameras, die alle einem Mythos nachjagen, einer Erinnerung daran, was die American Bars einst für die europäische Kultur bedeuteten. Aber damit aus einem möblierten Raum mit Atmosphäre eine Bar wird, braucht man auch Menschen für die richtigen Gespräche.

Exotisch verführbar

Der Singapore Sling (oben) wurde in der Long Bar des Raffles Hotel (unten) erfunden.

Gegenüber: Exklusiv sind die Ara Bar im Taj Tashi Hotel in Bhutan (oben) und die Bar des Raffles in Dubai (unten).

Mit seinen Gewürzen, Stoffen und Tees war Südostasien lange Zeit ein wichtiges Fernhandelsziel für europäische Händler. Doch der Weg dorthin war weit und beschwerlich, der Alltag in den feuchtheißen Tropen fremd und anstrengend. Da war es eine Erholung, dem Gedränge hastender Menschen, durch das Rikschaführer sich geschickt ihre Wege bahnten, entfliehen zu können, um in gedämpfter Atmosphäre einen kühlen Drink zu genießen.

Bars von Indien bis China entstanden auch als tröstliche Refugien. Ihre Besucher waren Tausende Kilometer von ihrer Heimat entfernt inmitten einer Kultur, deren Sitten und Gebräuche ihnen zunächst ebenso unverständlich waren wie die Landessprachen. Lange blieben die Kolonisten und Kaufleute – manche von ihnen sicher auch ganz bewusst – in Asien fremd und führten das Leben einer privilegierten Randgruppe.

Dieser Abstand war ganz hilfreich bei der Bewältigung des Kulturschocks. Und wo hätte man ihn auf angenehmere Art gewinnen können als in einer Bar, die das Beste mehrerer Zivilisationen kombinierte: koloniale Gediegenheit britischer Prägung mit exotischen Speisen und Getränken. Der Kolonialstil mit Rattansesseln, geschnitzten Möbeln und Trophäen wie Elefantenzähnen fand kaum eine passendere Verwendung als in fernöstlichen Hotelbars.

Manche davon erwarben sich ihr Renommee für weit mehr als bloße Bewirtung. Als in Singapur das Raffles Hotel, benannt nach Sir Thomas Stamford Raffles, dem Gründer des neuen Singapur, am 1. Dezember 1887 seine Pforten öffnete, war 1, Beach Road sofort eine der ersten Adressen am Ort, und der Ruhm des Hauses stieg ebenso kontinuierlich wie die Zahl seiner Anbauten. Den Mythos, dass hier 1902 der letzte Tiger Singapurs erschossen worden sei, hatte das Haus gar nicht nötig. Sein Luxus und sein distinguierter Stil machten es berühmt.

Auch die Long Bar des Hauses brachte es zu Ehren, denn irgendwann zwischen 1910 und 1915, genau weiß man das selbst in dem traditionsbewussten Hotel nicht, wurde dort der erste Singapore Sling gemischt. Welche Zutaten sein Schöpfer Ngiam Tong Boon dafür wählte, bleibt sein Geheimnis, denn das Originalrezept ist verschollen. Trotz verschiedener Versionen, die sich heute weltweit auf Barkarten finden, stimmen Profis in der Verwendung von Gin, Cherry Brandy und Bénédictine überein. Um weitere Unklarheiten zu vermeiden, wird das Rezept heute bei der IBA, der International Bartenders Association, als »Official Drink« geführt.

Was auch immer der Singapore Sling enthält – und was er kostet –, das Bewusstsein, ihn in der Long Bar des Raffles am Ort seiner Entstehung zu genießen, mag seinen Reiz erhöhen. Viele illustre Gäste der Bar und des Hotels haben die Faszination ausgekostet, darunter Charlie Chaplin und Jean Harlow, die das frühe Hollywood repräsentieren. George Bush senior und Rudy Giuliani stehen für die Politik des späten 20. Jahrhunderts. Aber das Raffles ist nicht nur Schauplatz von Selbstinszenierungen, sondern auch von Inszenierungen. Short Stories und Spielfilme spielten im Raffles. Joseph Conrad und Rudyard Kipling, die beide große Teile ihres Lebens in Südostasien verbrachten, stiegen hier ab. Sie verarbeiteten ihre Erlebnisse im Raffles in ihren Werken, mitunter noch während des Aufenthalts im Hotel. Für Somerset Maugham, den einflussreichen Autor und Chronisten des ausgehenden Kolonialzeitalters in Südostasien, wurde das Raffles zum Symbol »allen Zaubers des exotischen Orients«.

Heute ist das Raffles als Nationaldenkmal anerkannt. Es ist eins der wenigen Hotels, in dem die Gäste einen zeitgemäßen Service und moderne Luxusausstattung genießen und dennoch in einem Seitenflügel ein Museum mit Reminiszenzen aus der Geschichte des Hauses besuchen können.

Unverkennbar kubanisch

Piraten, Schmuggler und Engländer haben Havanna in der Vergangenheit heftig zugesetzt. Alle hatten sie es auf die günstige Hafenlage und die sagenhaften Schätze der heutigen Hauptstadt Kubas abgesehen. Und alle tranken Rum. Viel Rum. Gemeinsam mit dem Sklavenhandel bildete Rum lange einen wichtigen Eckpunkt in dem berüchtigten Dreieckshandel zwischen der Karibik, Afrika, Europa und Nordamerika.

In Havannas Hafenvierteln brodelt seit Jahrhunderten das Leben. Seefahrer und Reisende dürsteten nach Unterhaltung, und die Wirte konnten stets mit genug Kundschaft rechnen. Auch als 1817 eine zunächst unscheinbare Neueröffnung hinzukam. Das La Piña de Plata nannte sich schon kurz darauf in La Florida und endlich in Floridita um. Die alte Hafenkneipe geht heute auf ihren 200. Geburtstag zu, unterhält eine eigene Homepage und erhielt im 20. Jahrhundert Auszeichnungen wie »Eine der sieben berühmtesten Bars der Welt«, »Best of Best Five Star Diamond Award« und »König des Daiquiri«.

Ihre dauerhafte Berühmtheit verdankt sie streng genommen einem Ärgernis. 1932 ging dem jungen Literaten Ernest Hemingway sein erster erworbener Ruhm ziemlich auf die Nerven. Nach dem Publikumserfolg »Tod am Nachmittag« konnte er sich in seinem Haus an der Whitehead Street in Key West, Florida, vor nett gemeinten Besuchen von Freunden und solchen, die es gern sein wollten, kaum retten. Die dringend notwendige Muße des Dichters war dahin. Kurzerhand nahm er die Fähre ins benachbarte Havanna und mietete sich dort in einer ruhigen Pension ein. Bei der schöpferischen Ruhe im vierten Stock des Ambos Mundos kam er mit seinem neuen Literaturprojekt zügig voran. So zügig, dass er an den Nachmittagen die Umgebung erkunden konnte. Außer zum Hochseefischen zog es ihn in die Bars.

Davon gab es in Havanna mehr als genug. Die schon zwölf Jahre während Prohibition im Nachbarland hatte der Stadt einen unablässig fließenden Touristenstrom beschert. Scharenweise landeten durstige *grin-*

Die Floridita nennt sich stolz Wiege des Daiquiri. Ihr Barkeeper Constante mixte einst ein hochprozentiges Special für Ernest Hemingway.

Zu den Bars von Havanna gehören unweigerlich Zigarren, von den Kubanerinnen nicht weniger geschätzt als von den *aficionados*.

gos auf der Insel und verlangten nach Drinks. Rum, der seit den alten Kolonialtagen in den USA ein Schattendasein gefristet hatte, wurde wieder gesellschaftsfähig.

Hemingway entdeckte in den gut geführten Bars der alten Hafenstadt seine Liebe zu Daiquiris, die ihm in der Floridita am besten schmeckten. Die Atmosphäre der Bar und die Sorgfalt, die sein bevorzugter Keeper Constante in seine Arbeit legte, faszinierten ihn. Hemingway, der später auch berühmt wurde für seine alkoholischen Eskapaden, hat seinen Lieblingsbars Floridita und La Bodeguita del Medio den Status von Pilgerstätten verliehen. Heute zahlen Literaturfreunde und Cocktail-Fans die hohen Preise dort nur zähneknirschend. Aber in den Gassen der neoklassischen alten Viertel Havannas, die zum Weltkulturerbe zählen, gibt es genügend weitere Bars und guten Rum, was im übrigen für die ganze Karibik gilt.

Der überragende Erfolg der Rumexporte geht auf das Unternehmen Bacardi zurück, das bereits 1910 in Barcelona einen Abfüllbetrieb eröffnete und gleich nach der Prohibition eine Filiale in New York einrichtete, bevor es nach der sozialistischen Revolution aus Kuba vertrieben wurde und seine

Zentrale schließlich 1965 auf die Bahamas verlegte. Doch auch wenn die Rums der anderen Karibik-Inseln quantitativ mit dem Großproduzenten nicht mithalten können, stellen doch viele herausragende Brände her. Jede pflegt ihren eigenen Stil, von den feinen Haiti-Rums, die in französischer Eiche reifen, bis zum üppigen Jamaika-Rum. Pur oder als Cocktail bekommt man Rum in jeder Bar. Und gerade in den letzten Jahren sind Karibik-Bars – nicht zuletzt dank der kubanischen Musik – zum Trend geworden.

Hemingway hatte seine Vorstellungen, wo ihm Mojito oder Daiquiri am besten schmeckten, was er im La Bodeguita del Medio hinterlegte.

Offenbar berühmt

Es gibt Bars, die seinen Namen tragen und Bars, in denen seine Büste steht. Andere hat er mit seinen Getränkevorlieben berühmt gemacht, die nächsten zu einem Rummelplatz, wie das Sloppy Joe's in Key West. Mindestens ein Cocktail seines Namens hat einen festen Platz in Barbüchern und auf Barlisten. Von allen prominenten Barbesuchern hat Ernest Hemingway den wohl größten Einfluss auf die Barkultur ausgeübt, war er doch ein ebenso begeisterter wie waghalsiger Trinker. Aber er war nicht der einzige. Vor allem Literaten der ersten Hälfte des 20. Jahrhunderts hielten sich ausgiebig in Bars auf, denn zu dieser Zeit waren Cafés und Bars wichtige Künstlertreffpunkte. Hier konnten sie sich mit ihresgleichen austauschen und von ihnen inspirieren lassen. Im Gegensatz zu Malern und Bildhauern waren Schriftsteller in der Lage, einen recht großen Teil ihrer Kunst sogar vor Ort am Tresen auszuüben, Stift und ausreichend Papier genügte schon. William Faulkner, F. Scott Fitzgerald, John Steinbeck, Jack Kerouac und Malcolm Lowry oder Dylan Thomas und Eugene O'Neill schrieben nicht nur über, sondern auch unter Alkohol.

Manche gaben dem Barleben Impulse zurück und propagierten mit ihren Ansichten einen bestimmten Typ oder eine ganz spezielle Sichtweise. Der surrealistische Filmemacher Luis Buñuel, der nach eigenen Angaben nie seinen Aperitif versäumte, sah einen klaren Unterschied zwischen den Bars und den Cafés seiner spanischen Heimat. Letztere waren für ihn eine Einrichtung, die man mit einem bestimmten Anliegen nutzt. In einer Bar aber sei es ein bestimmter Status, der dem Gast zukomme. Für Buñuel war die ideale Bar »eine Schule der Einsamkeit«, die vor allem ruhig, »möglichst düster und sehr bequem« zu sein hatte. »Jede Musik [...] ist verpönt [...] höchstens ein Dutzend Tische, möglichst nur Stammgäste und zwar wenig gesprächige.«

Viele tranken irgendwann zu viel und büßten dann doch etwas von ihrem Nimbus ein. Manche legten es geradezu darauf an. Allen

Links: Die quirlige Josephine Baker hatte ihren Spaß in Bars wie hier in Venedig.

Mitte: Hemingway 1954 mit Spencer Tracy, Frau und Freunden im La Floridita in Havanna

voran Charles Bukowski, der Alkohol als ein Mittel der Recherche betrachtete (das ihn an den Rand der Selbstauflösung brachte). Bukowskis kompromissloses Trinkverhalten wurde 1987 in dem Film »Barfly« verewigt, für das Bukowski selbst das Drehbuch verfasste. Die Rolle des Henri Chinaski verkörperte Mickey Rourke. Und Bukowski ›signierte‹ den Film: in einer Statistenrolle gibt er einen alternden Trinker.

Zahlreiche Musiker – und nicht nur gefällige Pianisten – sammelten in Bars ihre ersten Bühnenerfahrungen. Vielleicht fühlten sich manche von ihnen deshalb dort auch dann noch zu Hause, als sie längst berühmt waren und Konzertsäle füllten. Vielleicht ist es aber auch die Art von Musik, die in Bars gepflegt wird. Vor allem der Jazz ist so eng mit der Barkultur verbunden, dass die Grenze zwischen Bar und Jazz Club oft fließend ist. Selten aber haben Bars Leben und Werk eines Musikers so nachhaltig geprägt wie bei Tom Waits. Zu Beginn seiner Karriere hielt er sich mit Auftritten in schäbigen Bars über Wasser, und in seinen Liedern aus den 1970er Jahren geht es immer wieder um gesellschaftliche *outcasts,* deren Wege unweigerlich in Bars enden – nicht in den Szene-Bars des Jet-Set, sondern in den Sammelstellen der Hoffnungslosen.

Auch für Schauspieler werden Bars zur Bühne. Sind sie berühmt, müssen sie selbst in der schummrigsten Kneipe damit rechnen, dass jede ihrer Bewegungen von Presse und Fans registriert wird. Und meist sind es Peinlichkeiten, die dann die Seiten der Klatschblätter füllen. Dennoch stellt sich bei den Prominenten-Abstürzen von Liz Taylor bis Paris Hilton der Verdacht ein, dass sie sorgsam kalkulierter Teil des ziemlich würdelosen Schauspiels Publicity sind.

Humphrey Bogarts bekannteste Rolle spielt größtenteils in Rick's Café Américain in Casablanca. Die Darstellung eines Mannes, den eine Enttäuschung zum Zyniker werden lässt, der aber letztlich seine Ideale nicht verleugnet, machte ihn unsterblich. Auch im wirklichen Leben verbrachte Bogart viel Zeit in Restaurants und Bars, ohne je die äußere Abgeklärtheit des Rick Blaine zu erreichen. »Bis halb zwölf abends war er völlig normal«, beschrieb ihn einmal der Besitzer seiner Lieblingsbar, »aber dann bildete er sich ein, Humphrey Bogart zu sein.«

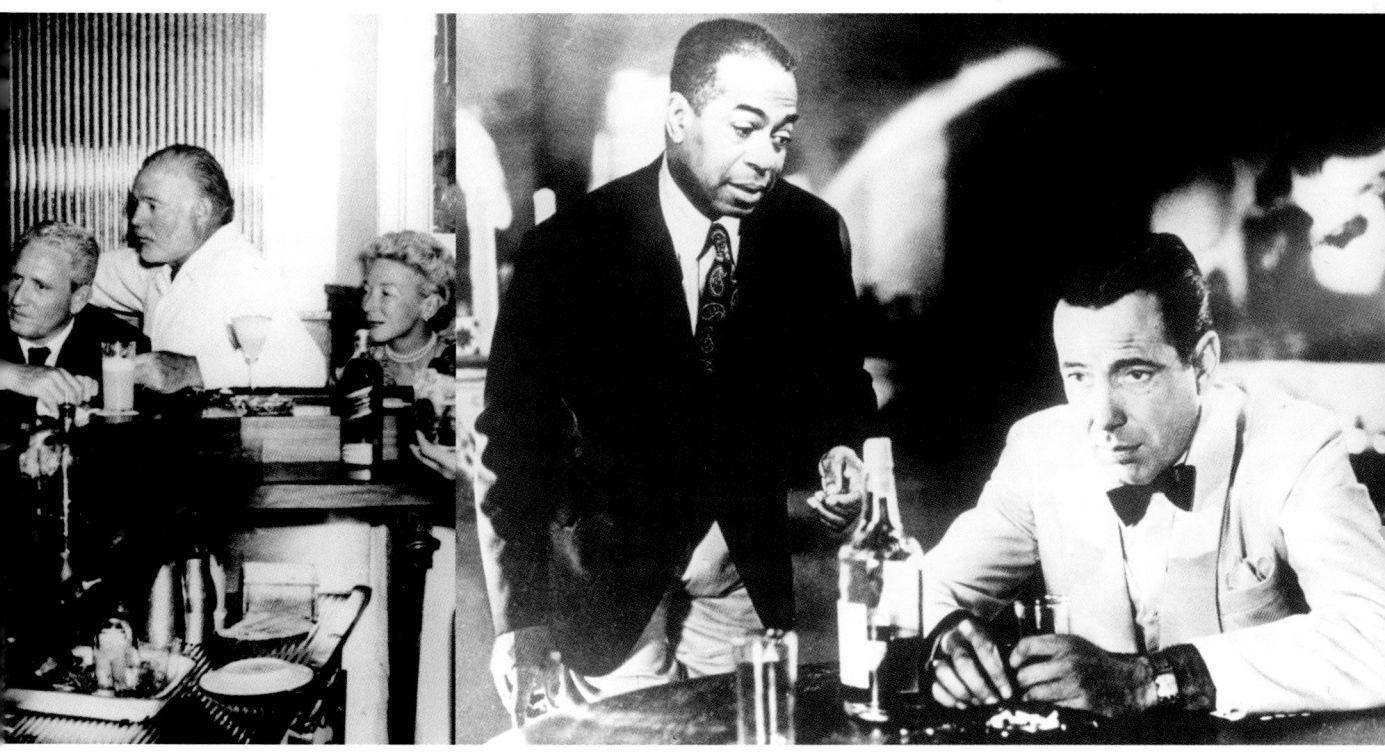

Im Film »Casablanca« spielt Humphrey Bogart den Besitzer von Rick's Café Américain, wo sich Vertriebene und Vertreibende begegnen. Auch privat war Bogart häufig in Bars anzutreffen.

Kost-Bar

Gegenüber: Perfekt um-
funktioniert – Campbell
Apartment, das frühere
Büro des Eisenbahn-Mag-
naten John W. Campbell in
New Yorks Grand Central
Terminal, ist eine der be-
sten Bars Amerikas.

In den ersten Bars ging es einzig um den Ausschank. Doch je mehr Muße der Gast mitbrachte, desto wichtiger wurde eine ansprechende Umgebung. Barbesitzer erkannten bald, dass Getränke allein als Attraktion selten ausreichten, um den Gast zum Wiederkommen zu motivieren. Dem Personal kam eine wesentliche Rolle zu, aber auch der Ausstattung, zumal wenn der nahe Konkurrent in Mobiliar, Dekoration und Ambiente investiert hatte. Letztlich mussten diese drei Aspekte ineinandergreifen, dem Gast mussten Unterhaltung, Atmosphäre und überzeugende Drinks Grund genug bieten zu wiederholtem Besuch. Denn die richtigen

Im Londoner Luxus-Hotel
The Berkeley gestaltete
Designer David Collins The
Blue Bar und machte das
atemberaubende Blau
zum tragenden Element.

Stammgäste sorgen in vielen Bars für zusätzlichen Reiz als lebendes Inventar.

Um die Gunst der Gäste dauerhaft zu gewinnen, strebten Barbesitzer zweigleisig nach Perfektion: die Barmänner boten immer bessere Drinks aus immer exotischeren Zutaten an, und die Interieurs wurden luxuriöser. Das gilt besonders für die glorreichen American Bars des 19. Jahrhunderts und ihre Nachfolgerinnen in der Alten Welt. In großen Hotels wird die prunkvolle Bar sogar zum Prestigeobjekt. Auch wenn der Höhepunkt hier inzwischen überschritten ist, unterhalten doch fast alle Hotels eine Bar, die dem Stil des Hauses entspricht.

Jederzeit wandelbar

Underground Bars der 1970er und 1980er Jahre kehrten sich ganz vom Gestaltungswahn ab. Berühmte Adressen wie das Studio 54 in New York, das Londoner Ministry of Sound und zahllose Punk-Clubs der späteren Jahre negierten die Ausstattungsfrage demonstrativ und setzten neue Trends. Die minimalistisch ausgestatteten modernen Bars führen dieses Erbe bis heute fort. Schon früh entstanden Bars, deren Angebot auf eine bestimmte Klientel ausgerichtet war. Die heute typische Form mit Musikunterhaltung ist dabei weitgehend ein Produkt der Prohibition, als den illegalen Flüsterkneipen sehr daran gelegen war, mit schönen Klängen verbotene Spirituosen zu übertönen. Besonders nach dem Zweiten Weltkrieg etablierten sich Clubs, in denen Musik ein Hauptbestandteil war, allerdings nicht live, sonders als Aufnahme. Die ersten nannten sich Diskothek.

Bars und Clubs – wobei die Abgrenzung schon immer fließend war – sind längst keine Aufenthaltsorte mehr, die nur einem Zweck dienen. Die klassische American Bar, die von ihrer Ruhe und den handwerklich aufwändigen Drinks lebt, ist so gut wie ausgestorben. Ersetzt wurden sie durch multifunktionale Lokale, die morgens Frühstück bieten, sich nachmittags in Lounges verwan-

Das Morimoto in New York vereint hypermodernes Design, cooles Barfeeling und einfallsreiche japanische Küche.

deln und am Abend in einen Club mit Tanzfläche. Im B 018 hat Bernard Khoury dieses Konzept perfektioniert. Die Tische dieses Beiruter Clubs können zu Tanzflächen werden. Und der unterirdische Bunker verwandelt sich durch ein einfahrbares Dach in einen Tanzboden unter freiem Himmel.

Die Bar, als Theke hervorgegangen aus der notwendig gewordenen Barriere zwischen Verkauf und Ausschank – ist immer dabei. Aber daran werden zuzeiten Cappuccinos geordert, später Aperitifs und kleine Gerichte und die ganze Nacht hindurch *tropical drinks*.

Die Hotelbar stellt heute eine Sonderform dar. Sie hatte ihre Bedeutung fast verloren, doch jetzt gibt es wieder bemerkenswerte Lokalitäten, weil Hoteliers sie als Teil ihres Gesamtkonzepts betrachten. Der Designer Philippe Starck hat hier mit seinen Arbeiten von Mexiko bis Moskau Zeichen gesetzt.

Bars stellen ein ausgewähltes Ambiente zur Verfügung, das in vielen Fällen einen Hauptaspekt hervorkehrt, der in manchen sogar zum Selbstzweck wird. Vom Design dominierte Bars streben nicht nach gastronomischen Werten wie Gemütlichkeit, schneller Bedienung oder privater Atmosphäre. Das Design steht oft über der Funktion. Und manche sind bewusst nur Design.

Die Ausstattung ist Rückzugsraum und Bühne zugleich. Philippe Starck nutzte diese Erkenntnis für sich, indem er die Gäste als Akteure verstand. Er schuf Hotels und Bars, die nicht nur eine Bleibe am Zielort, sondern die eigentliche Destination sind.

Im multifunktionalen B 018 in Beirut genießt und tanzt man mal abgeschottet, mal unter freiem Himmel.

Spürbar Frost

Oben: Alle sechs Monate wird auch die Absolute Ice Bar Tokyo neu designt, immer bei -5 °C. Das Eis kommt aus dem Fluss Torne in Schweden, damit man stilecht Wodka ›in the rocks‹ trinken kann.

Unten: Dramatische Beleuchtung und Stahlwände geben dem Club Camellia in Hiroshima eine fast sakrale Atmosphäre.

Gegenüber: Im Bed Supperclub, Bangkok, bekommt man in kühlem Interieur erstklassige Drinks.

Keineswegs unnahbar

Oben: Mit Weiß und Neon erzeugt die exklusive Bar NASA, Kopenhagen, ihre (Weltraum-)Atmosphäre.

Unten: Hinter der Bar des Pat Club, Bukarest, zieht die eigenwillige Getränkewand mit den im Licht versenkten Flaschen die Blicke auf sich.

Gegenüber: T-o 12, sprich Theo Zwölf, ein schwarzweißes Bar- und Party-Universum in Stuttgarts City mit Anspielungen auf den Ex-Bundespräsidenten Theodor Heuss.

Philippe Starcks Bars

Gegenüber oben:
Die Oysterbar im Lan,
Beijing (2006)

Gegenüber unten:
VOLAR, Shanghai (Dezember 2006)

Die S Bar in Los Angeles,
(2007)

Die Bar-Szene der Welt wäre ohne ihn um einige ihrer schillerndsten und originellsten Kreationen ärmer. Philippe Starck, Jahrgang 1949, der im Atelier des Vaters, eines Flugzeugerfinders, begann, Dinge auseinanderzunehmen und neu zusammenzufügen, ist der wohl einfluss- und einfallsreichste Designer unserer Zeit. Seine Kreativität, die nahezu allen Bereichen des Lebens zugute kommt – wobei das Spektrum von der Zitruspresse Juicy Salif bis zum Virgin Galactic Raumprojekt reicht, dessen Kreativ-Direktor er ist –, macht vor Bars nicht halt. Das begann schon 1976 mit La Main Bleue in Montreuil. Die theatralische Oyster Bar des Lan in Beijing mit der Meteoriten-Theke unterstreicht Starcks Auffassung, »keinen Stil [zu] beanspruche[n], außer dem, frei zu sein«. Das VOLAR in Shanghai mit seinem Dekor ›berauschter Adler‹ ist dafür ein vibrierendes Beispiel, wie auch die 2007 fertiggestellte S Bar in Los Angeles mit ihrem surrealistischen Ambiente und den verkehrt herum hängenden Lampen.

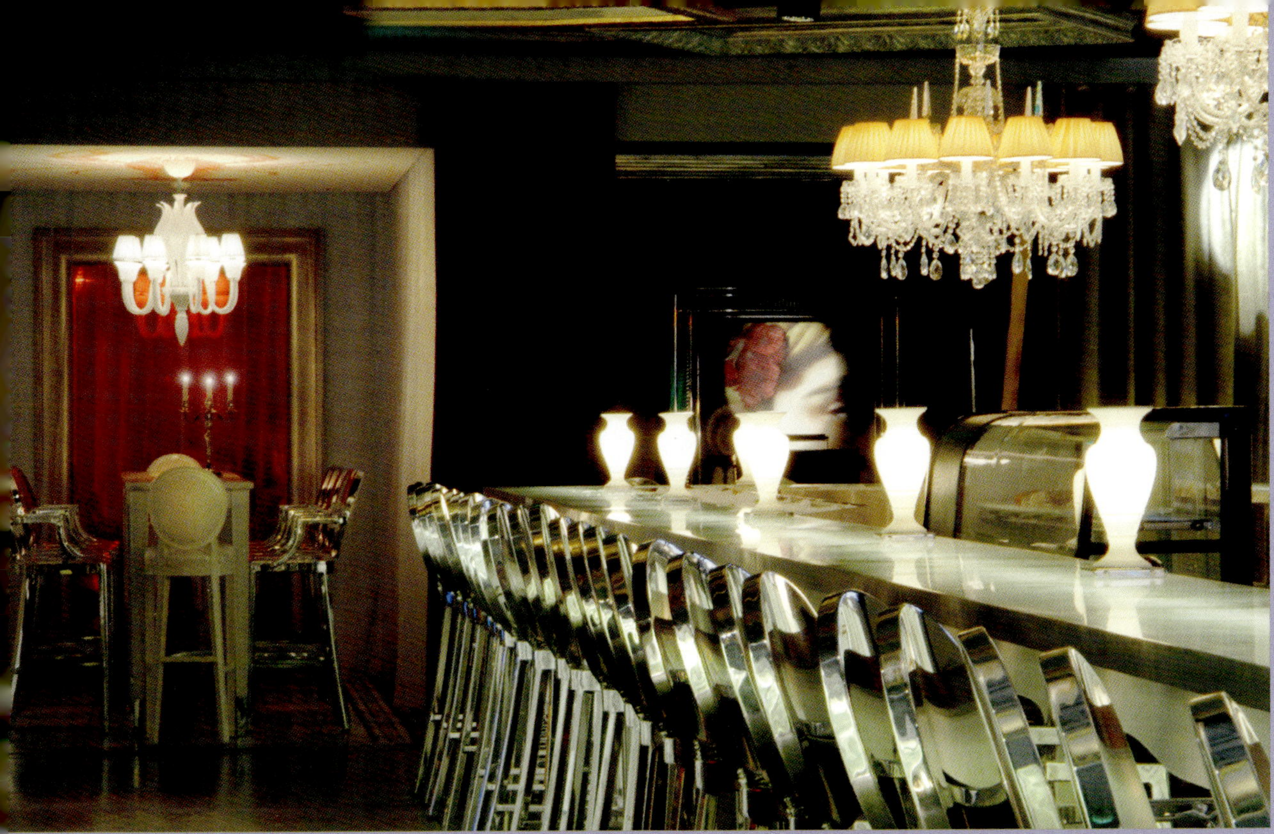

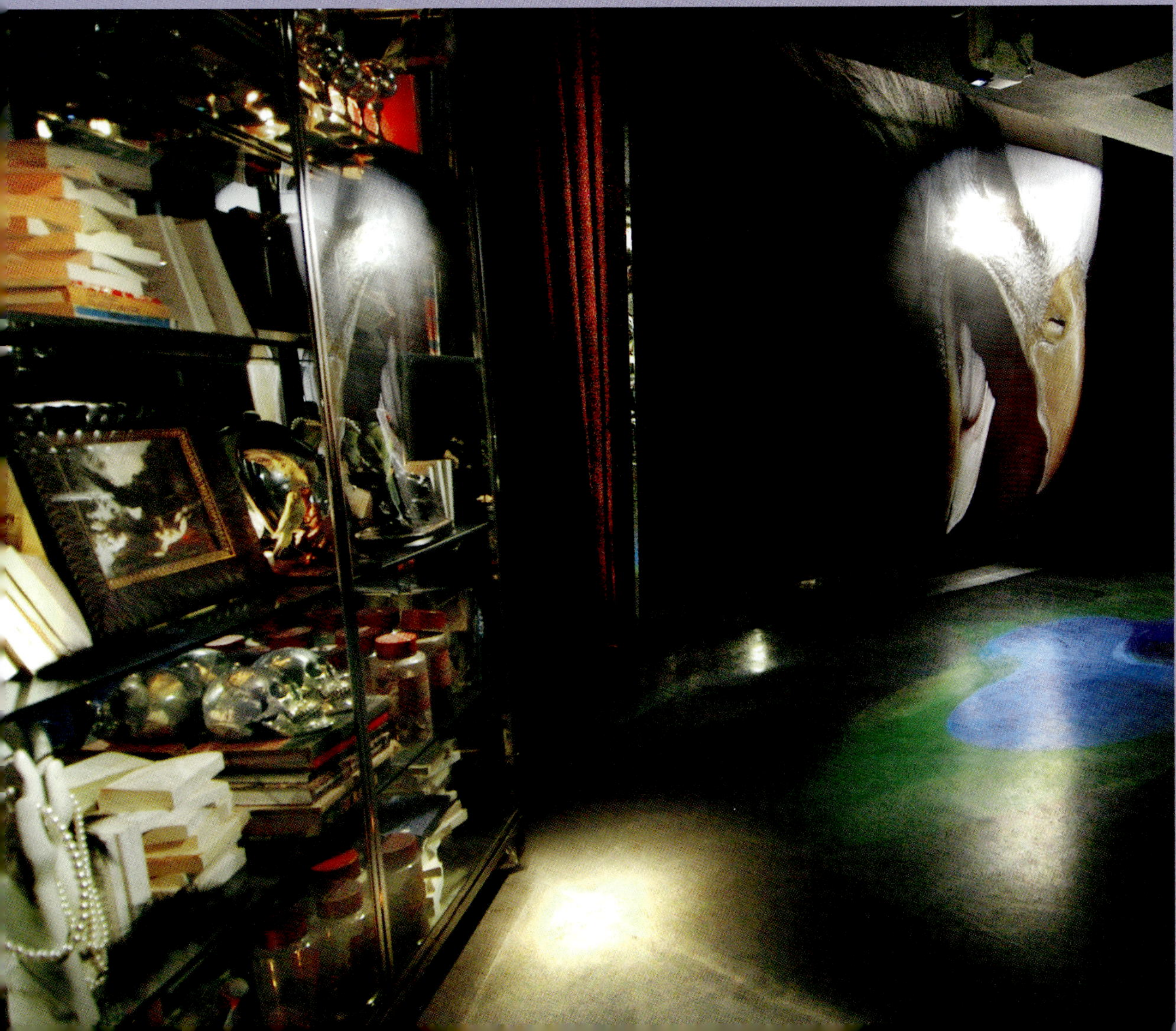

Hinter der Bar

Der Caribbean Blue aus weißem Rum und Blue Curaçao mit einem Tropfen Angostura ist immer ein optisches Highlight.
Gegenüber: Drei Varianten, die die Auswahl erschweren, sind Daiquiri, Mango Daiquiri und Strawberry Daiquiri (von links nach rechts).

Seite 62: Manhattan und Gin Fizz sind Klassiker an der Bar.

Mythos Barkeeper

Frauen finden ihn sexy. Männer beneiden ihn. Ein guter Keeper hat Hunderte von Cocktails im Kopf und den Laden lässig im Blick. Mit einem leisen Lächeln auf den Lippen zaubert er coole Drinks auf die Theke. Ein guter Keeper kennt die Wünsche seiner Gäste, er ist Illusionist in seinem Varieté, Dompteur in seinem Zirkus, alle wiegt er in der Sicherheit, gut aufgehoben zu sein. Im Idealfall serviert er jedem den passenden Drink: vielleicht einen Metropolitan dem gestressten Büromenschen, einen Fallen Angel – süß, aber melancholisch bitter – der reifen Blondine, einen Mojito dem Latin Lover auf dem Sprung in den Club-Abend.

Auch wenn das alles Klischees sind, die zum Thema Barkeeper kursieren – es hat seinen Reiz, auf die andere Seite der Bar zu wechseln. Selbst Tom Cruise erlag dieser Faszination und versuchte sich 1988 in »Cocktail« eigenhändig am Shaker. Und es dauerte viele mehr oder weniger trockene Trainingsrunden und schließlich einen ganzen Film lang, bis er die richtigen Kniffe beherrschte. Kein Wunder, denn hinter einem Barmann reihen sich die Flaschen meterweise. Profis haben nicht selten ein paar hundert Zutaten parat, um immer neue Drinks zu kreieren. Von exotischen Säften und frischen Früchten auf der Theke gar nicht zu reden. Perfektionisten würzen ihre Zubereitungen mit fast artistischen Einlagen und kommen im Früchte-Finish zum Stehen. Damit nicht genug. Ganze Nächte verbringt der Keeper damit, zuzuhören. Oft weiß er mehr über die Sorgen seiner Gäste als über diejenigen der eigenen Frau, und eher würde er sich die Zunge abbeißen, als selbst etwas Privates preiszugeben. Solange er dahinter steht, ist er für die Leute vor der Theke da, weiß, was sie brauchen und wann sie genug haben. Genug geredet und genug getrunken. Gerade in quirligen Karibik-Bars tummelt sich jede Menge zusammengewürfeltes Volk in Feierlaune. Doch die Party geht nur dann weiter, wenn alle noch stehen können. Kein Barmann, der zusieht, wie sich seine Gäste abfüllen, wird auf die Dauer erfolgreich sein. Langjährige Profis wissen: Keeper ist man mit Leib und Seele. Es ist eher eine Lebensform als ein Broterwerb. Bei so reiner Passion stellt sich die Frage, ob es davon eine praktikable Haushaltsversion überhaupt geben kann. Zumindest sieht es nach ebenso viel Arbeit wie Anfangskapital aus. Doch bei (Tages)Licht besehen, ist der Job des Keeper nicht mehr ganz so kompliziert, vorausgesetzt man beherrscht ein paar Grundbegriffe.

In den meisten Mixgetränken und speziell in den nach wie vor geschätzten Klassikern dominiert eine einzige Spirituose. Nach diesem Basisgetränk werden oftmals ganze Familien von Cocktails benannt. So verdanken zum Beispiel Red, White, Black oder Green Russian ihre ›Nationalität‹ allesamt dem Wodka. Zu jeder Spirituose passen darauf abgestimmte Liköre, Säfte und Limonaden. Von da an zählt einzig und allein der Geschmack, und man kann der eigenen Kreativität ungehemmt freien Lauf lassen.

Grundausstattung

Die mit Abstand wichtigsten hochprozentigen Basics sind Whisk(e)y, Gin, weißer Rum und Wodka. Während die beiden letzten seit Jahren auf der Beliebtheitsskala steigen, haben Whisk(e)y und Gin zunehmend gegen die Assoziation mit Kaminfeuer und grauen Schläfen zu kämpfen. Vielleicht, weil man sie überwiegend in trockenen Klassikern wie Manhattan oder Martini findet. Fast alle der heute populären exotischen Drinks mit hohem Fruchtsaftanteil basieren auf Wodka und Rum oder den nahen Verwandten Cachaça und Tequila.

Für den Anfang reichen also vier Hochprozenter aus. Wer bestimmte Vorlieben hat, wer vielleicht lieber fruchtige oder süße Cocktails mag, kann sogar ganz gut nur mit Rum und Wodka auskommen.

Fehlen noch die Geschmackswandler mit absteigendem Alkoholgehalt. Sogenannte *modifier* wie Vermouth variieren den Geschmack leicht, *flavoring parts* greifen schon deutlicher in das Geschmacksbild ein, selbst wenn sie wie Angostura oder Grenadine nur in kleinen Mengen zugegeben werden. Die Auswahl an Sirupen ist erstaunlich.

Auch der Rest des Sortiments ist alkoholfrei, dafür aber nicht immer lange haltbar. Deshalb lässt man am besten den eigenen Geschmack entscheiden. Ginger Ale, Bitter Lemon und Mineralwasser sind recht gut zu lagern. Viele Drinks stehen und fallen aber mit Säften aus Maracuja, Pfirsich oder Ananas. Hier gilt es, Prioritäten zu setzen. Immer im Haus haben sollte man Zitronen, Limetten und Orangen, die unbedingt frisch gepresst in den Shaker kommen.

So viel zur Software, nun noch etwas Hardware, ohne die selbst aus dem besten Canadian Whisky kein guter Manhattan wird. Das Hauptwerkzeug des Keeper ist der Shaker, ein zweiteiliger Schüttelbecher, in dem zusammenkommt, was zusammengehört. Flüssigkeiten misst man mit einem Barmaß ab. Intensivere Komponenten werden barlöffelweise portioniert, also mit einem langstieligen Teelöffel. Eine Zitruspresse ist fast immer im Einsatz und wird deswegen am besten elektrisch betrieben. Früchte und Schalen für die Garnitur werden mit scharfem Messer auf einem Kunststoffbrett zugeschnitten.

Mit dem Eis erhebt sich das nächste Logistikproblem. Zunächst die Menge: mit einer Eiswürfelschale im Gefrierfach kommt man nicht weit. Ein großzügig bemessener Vorrat sehr kaltes Eis muss immer zur Hand sein, deshalb ist ein komplettes Fach des Gefrierschranks nur für Eiswürfel das Minimum. Die ultimative, aber kostspielige Steigerung wäre eine Eismaschine.

Schockgekühlt durch gekonntes Schütteln fließt der fertige Drink durch ein spezielles Barsieb (engl. *strainer*) in das passende Glas. Ein paar Grundformen sollten vorhanden sein, lebt doch jeder Cocktail auch von seiner Optik. Ein Bronx macht in der schlichten Cocktail-Schale Figur. Und ein Sazerak schmeckt aus einem schönen Tumbler anders als aus einem leeren Senfglas.

Überhaupt: ein wenig Stil schadet nichts. Selbst der coolste Cocktail geht unter zwischen leeren Chipstüten und ungespülten Tellern. Dagegen kann ein edles Tablett den Cocktail-Schalen ihren angemessenen Auftritt verschaffen. Und wer alles auch noch im perfekten Bewegungsablauf vorführen will, muss nicht verzagen: Bar-Schulen bieten dem Selfmade-Keeper mittlerweile flächendeckend Trainingslager an.

Was hier so eindrucksvoll ausgebreitet ist, muss niemanden erschrecken, kann man es doch nach und nach anschaffen.

Hilfreiche Utensilien

Öffner

Ein Kronkorkenöffner (7) sollte entweder gut in der Hand liegen oder an der Wand befestigt sein, mit einem Auffangbehälter darunter. Das bringt in Spitzenzeiten wertvolle Sekunden Zeitvorteil. Auch ein Korkenzieher muss stets zur Hand sein. Viele Barleute schwören auf das Kellnermesser (2) mit Kapselschneider. Mit einem zweistufigen Modell wie dem abgebildeten lassen sich mühelos auch lange Korken ziehen. Praktisch ist ein zusätzlicher Kapselschneider (1). Die Sektzange (6) befreit Schaumweine erst von dem Drahtkorb, bevor sie mit Hebelkraft beim Herausdrehen des Korkens hilft. Keinesfalls fehlen darf ein Dosenöffner (5).

Verschlüsse

Angebrochene Wein- und Schaumweinflaschen verschließt man mit dichten Stopfen (8). Das Haltbarkeitsdatum von Stillweinen kann man mit einer Vakuumpumpe (4), die Luft aus der nicht geleerten Flasche zieht, weiter heraufsetzen. Schaumweine bekommen einen Druckverschluss (9), über den man Luft in die Flasche hineinpumpen kann, um die Kohlensäure im Wein zu halten. Das reicht für eine Nacht. Reste, mehrere Tage im Kühlschrank vergessen, eignen sich bestenfalls zum Kochen.

Ausgießer

Flaschen, nach denen der Keeper Abend für Abend Dutzende Male greift, um kleine Mengen zu bemessen, brauchen einen Ausgießer. Manche Modelle dosieren genau, zum Beispiel auf 2 cl, gelten aber als Zeichen von Geiz und Indiz dafür, dass es dem Mann hinter der Bar an Fingerspitzengefühl fehlt. Sirupflaschen mit Ausgießer (3) stehen unter der Theke griffbereit auf der Arbeitsfläche, unsichtbar für den Gast.

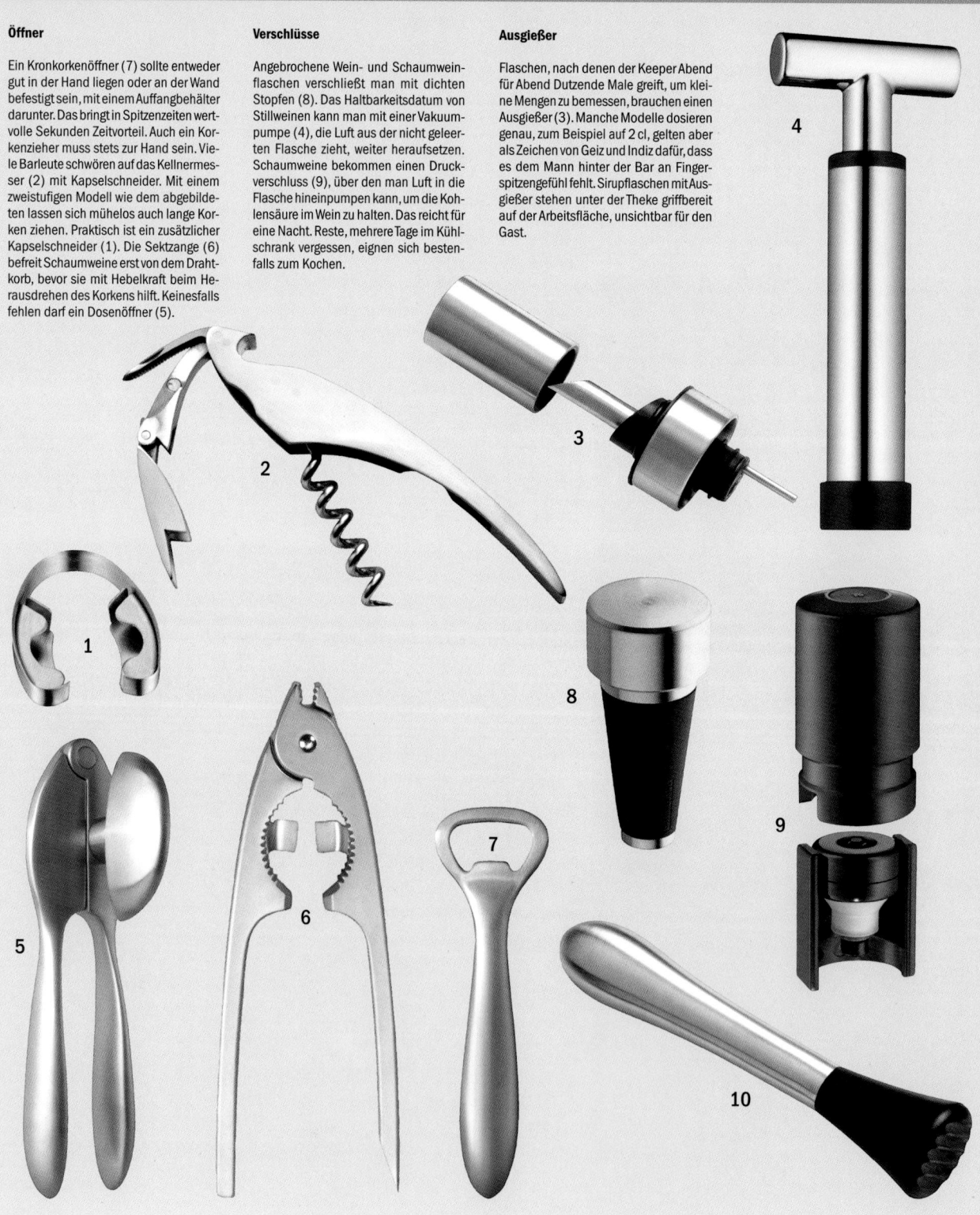

Zitruspresse und Stößel

Entscheidend für viele Drinks sind frische Zitrusfrüchte. Wer sie alle mit der Hand auspresst, hat viel zu tun – und viele unzufriedene Gäste. Eine elektrische Zitruspresse (15) ist Standard. Und zwar ein robustes Modell mit kräftigem Motor, der auf Dauerlasten ausgelegt ist. Zumindest die beweglichen Teile sollten aus Metall und leicht zu reinigen sein. Andernfalls sind Produktionsstaus vorprogrammiert. Wer nicht presst, muss quetschen. Das wichtigste Werkzeug für Caipirinhas ist der Stößel (10).

Quirle, Picker etc.

Für die letzten Handgriffe beim *finish* ist ein Satz kleinerer Helfer unerlässlich. Drinks, die direkt im Glas gemischt werden, kann man quirlen (14) oder auch rühren (12). Picker (11) und Cocktail-Gabeln (13) sind für den perfekten Sitz der Garnitur verantwortlich.

Messen und Dosieren

Messen

In der Bar gelten Maßeinheiten nicht nur kraft Gesetzes, auch die Verhältnisse müssen stimmen. Dazu dienen geeichte Barmaße in Zentilitern (cl; 8, 4) oder *fluid ounces* (fl oz; 9) für amerikanische Rezepte (1 fl oz am. = 29,6 cm³). Größere Mengen misst man im Glas des Shakers (5), kleinere dosiert der 0,5 cl fassende langstielige Barlöffel (10), sofern er nicht rührt, quirlt oder zerdrückt. Mit gedrehtem Stiel und einer Scheibe oben hilft er, hält man ihn umgekehrt, Spirituosen im Servierglas sauber zu schichten. Für Spritzer und Tropfen gibt es spezielle Barflaschen mit feinem Ausgießer (1, 3).

Kühlen und Rühren

Eis wird aus der Maschine oder aus einem isolierten Gefäß (7) geschaufelt (12). Größere Mengen Flüssigkeit mischt man im Messbecher mit Ausgießschnabel (2). Manche Drinks werden nur im Glas des Shakers (5) gerührt, zum Beispiel der klassische Wodka Martini, den sich Generationen von James Bonds bedauerlicherweise schütteln statt rühren ließen.

Schütteln

Unverzichtbares Utensil des Barmanns ist der Shaker mit separatem Sieb. Die Mehrheit der klassischen Drinks entsteht in diesem Behältnis. Und es ist zweifellos die eleganteste Art, einen *mixed drink* herzustellen. Der Boston Shaker (5, 6) besteht aus einem flexiblen Edelstahlbecher und einem Mixglas, möglichst mit Skala. Die Zutaten kommen in den Glasbecher, dann steckt man beide Hälften zu einem dichten Gefäß zusammen, das sich mit einem leichten Stoß gegen die Kante der Arbeitsfläche wieder öffnet. Aus dem Metallbecher fließt der fertige Drink durch das Barsieb (11), das sich verschieden großen Öffnungen gut anpasst, in das vorbereitete Glas. Alle Teile können (fast) mühelos gereinigt werden.

Mixen und Shaken

Elektro-Shaker

Der Messbecher kann im Mixer (1) fest-gehakt werden, und während Schlagvor-gang oder schnelle Rührfunktion laufen, erledigt der Barmann schon die nächsten Handgriffe. Das erleichtert ihm den Job enorm. Dickflüssige Drinks mit Milchan-teil, die auf Milk shake-Rezepten basieren, werden im Elektro-Shaker leicht aufgeschla-gen: ein Klassiker aus der amerikanischen Cocktail-Kultur.

Aufsatzmixer

Der elektrische Aufsatzmixer (2, 4) ist ei-ne Art Multifunktionswerkzeug des Bar-manns. Die speziell geformten Edelstahl-messer pürieren nicht nur jede Frucht, sie zerkleinern selbst Eis zu einer homogenen Masse. Smoothies und *frozen drinks* wie Strawberry Margarita mit ihrer püree-artigen Konsistenz wären ohne dieses Ge-rät undenkbar. Gute Mixer sind schwer, damit sie den heftigen Rührbewegungen standhalten. Ein solider Motor leistet über 20000 Umdrehungen in der Minute und muss einige Minuten bei hoher Drehzahl unbeschadet laufen können. Mehr als zwei unterschiedliche Geschwindigkeiten und eine Impulsschaltung, um den Motor immer wieder kurz anlaufen zu lassen, sind nicht sinnvoll. Profi-Geräte schalten sich ab, sobald sich der Deckel löst. Durch die spezielle Form der Kanne mit klee-blattförmigem Schnitt wird der Inhalt des Behälters gleichmäßig den Messern immer wieder zugeführt. Der Aufsatzmixer gehört zur Standardausstattung der Ame-rican Bar, macht sich mit seinem Styling aber auch in europäischem Ambiente gut.

Stabmixer

Grundsätzlich erledigt ein Stabmixer (3) die gleichen Arbeiten wie der Aufsatzmi-xer, noch dazu direkt im Glas. Moderne Geräte überzeugen mit starken Motoren, zerkleinern aber nie so perfekt wie das Schlagwerk des Aufsatzmixers.

1

2

Kombi-Mixer

Eine kostspielige, aber effiziente Lösung für kleine Bars und Privatleute ist der Kombi-Mixer (4). In einem Gehäuse zusammengefasst, sind Zitruspresse, Mixer und ›Shaver‹ (Schneidwerk für feine Scheiben und *shaved ice*) nicht nur platzsparend. Der Motor, der alle drei Geräte antreibt, ist äußerst leistungsstark. Seine Kraft sorgt für größere Ausbeute beim Orangenpressen, schneller hergestelltes *crushed ice* und seidig glatte *frozen drinks*. Die Metallstange neben dem Becher dient als Sicherung, damit der Mixer auch unbeaufsichtigt laufen kann. Verliert sie den elektrischen Kontakt zum Deckel, schaltet sich das Schlagwerk automatisch ab.

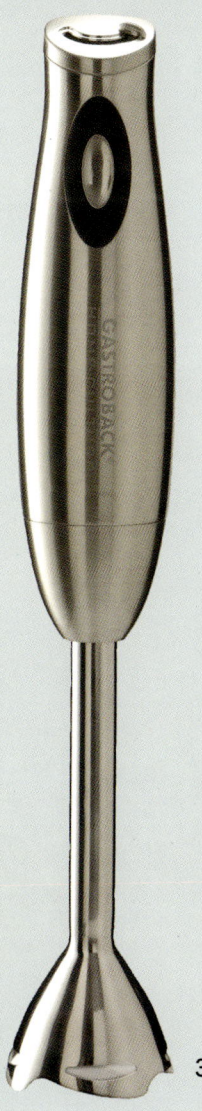

3

4

Gläser

Eine Bar benötigt eine Vielzahl unterschiedlicher Gläser, da fast jeder Drink mehr oder weniger deutlich einem Glastyp zugeordnet ist. Cocktails und viele der Shortdrinks werden in Stielgläser gefüllt (2, 3, 4, 8), Champagner Drinks in langstielige Sektgläser (6). Fancies brauchen ein verspieltes Glas (10), meist mit Fuß und bauchigem oder blütenförmigem Kelch. Einige Drinks machen sich gut in Rot- (5) und Weißweingläsern (7). Longdrinks treten in hohen zylinderförmigen Gläsern (11) oder im Old-Fashioned-Glas (12) auf. Tumbler (13) eignen sich für mittelgroße Drinks und für Bourbon auf Eis. Malt Whiskys und Spirituosen wie Cognac, Armagnac, andere Brandys und Calvados trinkt man gewöhnlich aus einem kleinen Kelchglas (1), etwas größer als ein Sherry-Glas (8). Hohe schlanke Gläser (9) sind die Klassiker für Bitter Aperitifs, hitzebeständige Glasbecher (14) für Heißgetränke. Mit dem Inhalt von Shot-Gläsern (15) macht man kurzen Prozess. Gläser sollten immer auch stilistisch zur Bar passen. In einer Karibik-Bar können solche mit bunten Stielen angesagt sein, die Bar eines exklusiven Hotels bevorzugt dagegen Kristall.

5   6   7   8   9

10

14   15   11

Eis in der Bar

Unverzichtbar in der Bar ist ein Kühler für Wein- oder Champagnerflaschen.

Schon die Griechen und Römer kühlten Getränke, vor allem ihren Wein, mit Schnee oder Eis. Von solchen Vorteilen eines großen Imperiums, das genügend Gletscher umfasste, profitierte allerdings nur eine kleine Oberschicht, die es sich leisten konnte, die kalte Ware kilometerweit bis zu ihren mediterranen Residenzen bringen zu lassen.

Seit dem 17. Jahrhundert gibt es Berichte über die sommerliche Nutzung von natürlich gefrorenem Wasser in speziell konstruierten Kühlkellern. Handlicher waren da im 19. Jahrhundert die Eisschränke in den bürgerlichen Küchen: gut isolierte Schränke für Stangeneis, das der Eismann in regelmäßigen Abständen mit dem Pferdefuhrwerk an der Haustür vorbeibrachte und das man, sobald es den Aggregatzustand gewechselt hatte, über einen kleinen Hahn auf den Küchenboden entsorgte. Der kalte Siegeszug, erst ohne, dann mit Strom, begann in den Vereinigten Staaten. Elektrisch betriebene Kühlschränke eroberten die Haushalte Anfang des 20. Jahrhunderts. Erste Eiswürfelformen für das Gefrierfach tauchten im folgenden Jahrzehnt auf, womit eisgekühlte Getränke fester Bestandteil des Lebensstils wurden und es bis heute sind.

Auch im Englischen spricht man von *cubes*, Würfeln, obwohl die ›Kühlelemente‹ selten mit identischer Kantenlänge im Glas landen. Quader, Kugelformen und Zylinder, meist an einer flachen Seite ausgehöhlt, sind am häufigsten anzutreffen. Die Becherform rührt von der industriellen Produktion her, bei der die Eiswürfel von innen nach außen über Kühlzapfen gefrieren. Am Ende werden die Stäbe kurz erhitzt, und das transparente Eisstück fällt ab. Relativ klares Eis entsteht auch aus abgekochtem Wasser bei langsamem Kühlen. Im Kühlschrank frieren Eiswürfel rasch von außen nach innen und schließen dabei mikroskopisch kleine Gasbläschen mit ein. Das macht die Würfel trüb, und wenn sie schmelzen, kann Kalkstein ausflocken. Harmlos, aber hässlich.

Chemisch betrachtet, kühlen Eiswürfel ihre Umgebung nicht, sie entziehen ihr Wärme. Die nutzen sie, um feste Wasserstoffbrücken zu lösen – und werden flüssig. Der Energiebedarf dazu hängt von der Temperatur des Eiswürfels ab. Mit -20 °C kühlt er effektiver als ein gleich großer, der bei -1 °C gerade noch fest ist.

Große Eiswürfel kühlen länger, weshalb man sie in Longdrinks findet. Je größer die Eisoberfläche, desto schneller wird die Flüssigkeit kalt. Zu *crushed ice* zerstoßenes Eis kühlt schneller als Eiswürfel. Noch feiner sind zerriebenes *cobbler* oder *shaved ice,* das maschinell geschabt wird. Industriell wird Wasser auch bei -1–0 °C zerstäubt und erzielt als Eisschnee den schnellsten, aber kurzlebigsten Kühleffekt.

Als Faustregel rechnet man mit 150–200 g Eiswürfel pro Drink, wobei man mit *crushed ice* an die obere Grenze kommt. Um größere Mengen Flaschen zu kühlen, rechnet man 30–60 kg Eis auf eine Badewanne.

Trockeneis ist das kälteste ›Eis‹ mit -78 °C, einer Temperatur, bei der Flaschen springen, weil der Inhalt sofort gefriert. Es ist reines verfestigtes Kohlendioxid und eignet sich nicht zum Kühlen an der Bar, dafür umso mehr für Kunstnebeleffekte.

Blöcke von Stangeneis, wie für die alten Eisschränke, geben ausgefallene Dekorationen als Wände und Theken ab. Auch farbige Eiswürfel kann man anfertigen lassen oder Eisgläser, Randerscheinungen mit Aha-Effekt. Früchte oder Blätter kann man in Würfel einfrieren, farbige Eiswürfel aus Fruchtsäften herstellen.

Für die professionelle Bar ist eine Eismaschine unverzichtbar. Der Barmann bedient sich daran mit der Eiszange oder der Eisschaufel. Niemals mit den Händen! Nach dem Gesetz sind Eiswürfel Lebensmittel, bei Untersuchungen in der Gastronomie fallen sie regelmäßig durch erhöhte Belastung mit Bakterien wie Escherichia coli und Streptokokken auf. In den USA werden deshalb gern vorgefüllte Einweg-Eisbehälter benutzt; in Indien gelten Eiswürfel als Gesundheitsrisiko.

Für zusammengefrorenes Eis gibt es Eispickel. So zerkleinert, wandert es in vakuumisolierte Eiskübel oder Champagnerkühler.

Eckig und massiv, rund und hohl, *crushed* oder *shaved*: Eis ist nicht gleich Eis. Eine Mühle wie im Bild rechts bedeutet echte Handarbeit, ist aber zuverlässig. Fertig gekauftes *crushed ice* ist dagegen oft zu fein, es kühlt schnell, aber zu kurz.

Fruchtsäfte

Fruchtsäfte, also Getränke der Kategorie *fillers*, stellen in vielen Mixgetränken die mengenmäßig größte Zutat. Neben ihrer fast allgegenwärtigen Süße geben sie dem Drink den fruchtigen Geschmacksanteil, der häufig die alkoholische Schärfe der Spirituosen einbindet. Ideal ist, wenn Saft und Alkohol so ausbalanciert sind, dass die Fruchtaromen durch den Alkohol verstärkt werden, der Alkoholgeschmack aber gemildert wird. Das kann man an einem Screwdriver anschaulich demonstrieren: perfekt gemischt, schmeckt der Wodka-Orange deutlich besser als jede Komponente für sich.

Bei ihrer Bedeutung ist es einleuchtend, dass Fruchtsäfte von bester Qualität sein sollten. Und die Unterschiede sind abenteuerlich. Bei Orangensaft schwankt die Qualität zwischen 100 % Fruchtgehalt und 6 % in einem ›Fruchtsaftgetränk‹ aus dem Tetrapak.

Reiner Fruchtsaft besteht zu 100 % aus Früchten, darf aber zum Teil zusätzlich gesüßt sein, außer bei ›naturreinem‹ Saft. Vielen Säften werden im Herkunftsland durch Vakuumverdampfung 50–80 % der Flüssigkeit entzogen, um die Transportkosten zu minimieren. Später wird das Konzentrat wieder mit Wasser verdünnt und heißt dann ›Fruchtsaft aus Fruchtsaftkonzentrat‹. ›Direktsaft‹ ist nach dem Pressen pasteurisiert, gefroren, getaut und abermals pasteurisiert worden, somit bestenfalls relativ frisch.

›Nektare‹ enthalten 25–50 % Fruchtanteil, je nach Obstsorte. Ganz unten auf der Anteilshalterliste tummeln sich ›Fruchtsaftgetränke‹, die aus Tafelwasser und Zucker bestehen, denen Fruchtsaft, -gemisch oder eingedickte Säfte zugefügt werden, und die es auf 6–30 % Fruchtanteil bringen.

Weil manche Obstsorten wenig Flüssigkeit enthalten, werden sie nur als gering konzentrierter Saft vermarktet und kommen als Nektar in den Handel. So müssen Extrakte von Bananen oder Maracujas großzügig mit Wasser aufgefüllt werden. Außerdem ist bei Nektaren ein Zusatz von bis zu 20 % Zucker erlaubt, was bei allzu billigen Säften die schwache Qualität nur notdürftig kaschiert und jeden Drink verfälscht. Gerade Säfte aus Früchten mit rassiger Säure wie etwa Ananas werden durch Zucker zum müden Bonbonwasser. Ananassaft kommt deshalb nur ungesüßt in die Bar.

Am vernünftigsten ist ein Besuch im Feinkostgeschäft, Reformhaus oder Bio-Laden. Dort gibt es Säfte zu entdecken, von denen manche nicht einmal Früchte enthalten. Tomatensaft ist die wiederbelebende Zutat im Kater-Killer Bloody Mary. Auch hier ist ein hoher Fruchtanteil wichtig. Vorgesalzene oder -gewürzte Gemüsesäfte maskieren fast immer schlechte Qualität. Puristen verwenden hochwertige Einmachtomaten in Flaschen und pürieren sie im Mixer.

Schon bei gängigen Früchten wie Orangen sind die Premium-Saftqualitäten berechtigterweise recht teuer. Der Keeper sollte stets den Preis mit 1 kg frischer Orangen vergleichen. Der Unterschied wird kleiner, je besser der Saft ist. Saisonal kann frisch gepresster Orangensaft sogar billiger sein. Besser ist er allemal.

Ein intensiver Fruchtgeschmack ist bei vielen *mixed drinks* der entscheidende Kick. Hochwertiger oder frisch gepresster Saft, besonders von exotischen Früchten, kann eine simple Mischung von Getränken in einen unvergesslichen Drink verwandeln. Zitrussäfte sind die wichtigsten an der Bar. Der Mehrzahl aller Mischungen verleihen sie mit ihrer Säure erst die entscheidende Frische. Der markante Eigengeschmack von Maracujasaft setzt bei Rezepten wie Hurricane den ›geschmackvollen‹ Akzent.

Fruchtsäfte

Exoten wie Ananas, Mango und Papaya sind intensiv fruchtig und für das komplexe Aroma zahlreicher *tropical drinks* verantwortlich. Da sie zu vielen Spirituosen, vor allem Rum, Tequila und Wodka passen, sind sie ein ideales Experimentierfeld für neue Mischungen. Dabei sollte man die mehr heimischen Früchte nicht vergessen. Pfirsiche und Aprikosen bringen neben ihrem Fruchtgeschmack eine samtige Konsistenz mit, die manchem Drink zu seiner eleganten Textur verhilft. Einige dieser Früchte lassen sich nur aufwändig mit Entsaftern auspressen. Bei Fertigprodukten ist der Fruchtanteil entscheidend.

Säfte von Beeren wie Schwarze Johannisbeeren geben vielen Drinks eine charakteristische Note. Weißer Traubensaft ersetzt in alkoholfreien Drinks den Wein, und auch in alkoholischen wäre er mit seinem vollen Traubenaroma nicht selten die bessere Wahl gewesen. Trauben vertragen sich ebenso gut mit tropischen wie mit heimischen Früchten, etwa Kirschen. Mit Tomaten sollte man sie nicht zusammenbringen, deren intensiver Saft findet sich kaum in süßen Mischungen. Er verlangt nach Salz, Pfeffer und Gewürzen und hilft mit seinen Vitaminen und Nährstoffen Kateropfern als Bloody Mary wieder auf die Beine.

Limonaden und Wässer

Limonaden und Wässer mit Kohlensäure zählen seit je zu den Zutaten eines *mixed drink*. Meist sind sie eine von zwei, maximal drei Komponenten wie beim Gin-Tonic, wo sie auch gleich im Namen des Drinks erscheinen, der durch sie zum Longdrink wird.

Fast alle Limonaden bestehen aus Wasser mit Aromaauszügen, viel Zucker und Kohlensäure, manchmal angereichert mit Drogen wie Chinin und Koffein.

Es war der Hesse Johann Jacob Schweppe, der 1783 ein Verfahren patentieren ließ, das

es ermöglichte, Wasser mit Kohlensäure zu versetzen. Wenig später startete Schweppes Soda Water eine unerwartet steile Karriere. Schweppes ist auch die geniale Idee zu verdanken, Chinin, die bittere Malaria-Medizin, mit Zucker, Zitronensaft und Sodawasser in ein angenehm zu trinkendes Tonic Water zu verwandeln, das britischen Soldaten in den 1870er Jahren in Indien verabreicht wurde, wo Chinin in dieser Konzentration als Malaria-Prophylaxe dienen sollte. Auch gegen die unvermeidliche Mangelernährung der Matrosen und die vielen Infektionskrankheiten in den tropischen Besatzungsgebieten musste das Militär tagtäglich antrinken.

Um zuverlässig vorbeugen zu können, hatten diese Getränke damals einen wesentlich höheren Chininanteil als heute. Entsprechend eindringlich war die Bitternote, und so empfahlen sich lindernde Zusätze. Wen wundert es da, wenn in Klassikern wie Highballs mit Ginger Ale oder Wodka-Lemon viele der einstigen Wirkstoffe verewigt sind. Ohnehin steht zu vermuten, dass die Cocktail-Kultur ihre Erprobungsphase überwiegend auf Kriegsschiffen absolvierte.

Etwa zeitgleich mit der Einführung des Tonic Water nahm Schweppes auch Ginger Ale in sein Sortiment auf, doch die Ingwerbrause erreichte erst Mitte des 20. Jahrhunderts ihren Höhepunkt auf der Beliebtheitsskala. Zu dieser Zeit war Coca Cola längst Teil des *american way of life,* auch wenn von dem Kokain des Urrezepts, das der Apotheker John Stith Pemberton 1886 in der Hoffnung zusammengebraut hatte, so seine Morphiumsucht zu besiegen, inzwischen nichts mehr enthalten war.

Im Gegensatz zu Limonaden sind Mineralwässer weitgehend geschmacksneutral und damit zeitlos. Häufig übernehmen sie die Rolle des dienstbaren Kohlensäureträgers. Cocktail-Familien wie Collinses, Fizzes und Highballs sind maßgeblich von Wasser bestimmt, und nicht umsonst heißt Mineralwasser auf Englisch bis heute auch Club Soda. Wasser hat sich aber auch als ernstzunehmender Softdrink etabliert, deshalb sollte jede gute Bar diverse Premium-Qualitäten mit und ohne Kohlensäure führen. Eine gut sortierte Wasserkarte kann verhindern, dass Alkoholabstinenzler zu früh am Abend als Spaßbremse auffallen.

In den letzten zehn Jahren erscheinen immer neue vorgefertigte Soft- und Saftdrinks auf dem Markt, um kurz darauf wieder zu verschwinden. Vielleicht hat es deshalb kaum einer davon auf die Zutatenliste eines angesagten *mixed drink* geschafft. Selbst die in den 1960ern entwickelte Sprite kann man in der Bar nur pur ordern.

Johann Jacob Schweppe (1740-1821)

John Stith Pemberton (1831-1888)

Wein und Bier in der Bar

Bier wird in Bars gewöhnlich als gängige Premium-Marke in Flaschen angeboten, falls einem Gast nicht nach einem *mixed drink* ist. Bars, die auch für ihre Biere berühmt sind, pflegen oft lokale Spezialitäten bereitzustellen.

Nachdem der Konsum von Bier in klassischen Biertrinkerländern seit Jahren sinkt, haben Biere mit Geschmackszusätzen und fertige Biermischgetränke in der Art von Alcopops vor allem in Clubs reines Bier abgelöst. Auf diesem Umweg ist Bier auch als *filler* in Cocktails populär geworden. Viele Barkeeper haben dazu Rezepte entwickelt.

Wein wird in der Bar überwiegend offen ausgeschenkt. Er soll zugänglich sein und allgemeinen internationalen Erwartungen entsprechen, darf aber auf keinen Fall banal schmecken. Es

empfiehlt sich ein ausgesuchtes, wohldurchdachtes Angebot, wobei zwei Weiß- und drei Rotweine ausreichen können. Von den Weißweinen sollte einer fruchtiger, der andere im *barrique* gereift und voller sein. Die Rotweine sollten allesamt trinkreif sein, einer leichtfruchtig im Stil eines Beaujolais, ein zweiter mit mittlerem Körper, etwa ein Sangiovese, und ein dritter voluminöser, nach Art des australischen Shiraz.

Die Nachfrage nach Degustationsweinen ist in der Bar gering, es sei denn, der Keeper hat sich einen speziellen Kundenkreis aufgebaut. Doch auch dann konzentriert man sich besser auf wenige erlesene, vielleicht themenorientierte Weine. Eine Sonderstellung behaupten die Champagner, die offen und in diversen Qualitäten auf der Karte geführt werden.

Zucker, Sirup, Sonstiges

Zucker ist in gemixten Drinks beinah allgegenwärtig. Einerseits dämpft er den harten Alkohol, andererseits mildert er die Säuren vieler Fruchtsäfte. Pur wird er oft als Puder- oder Kristallzucker verarbeitet, weil er sich natürlich schneller kalt auflöst, je feiner er ist. Für das traditionelle Ritual zu einem Absinth muss es unbedingt Würfelzucker sein. Roh-, Rohr- und Palmzucker steuern eine jeweils eigene Geschmacksnote bei, die vor allem zu tropischen Drinks gut passt. Meist wird Zucker jedoch vorab in Wasser gelöst und in flüssiger Form verarbeitet. Diesen ›Läuterzucker‹ stellen Barleute oft selbst her und können so Einfluss nehmen auf die Zuckerkonzentration.

Ob in der Bar oder zu Hause – besondere Bedeutung kommt den Sirupen zu, allen voran dem einfachen Zuckersirup aus Zuckerrohr, der bei Drinks mit jungem Rum die Süße einbringt, ohne das wasserklare Bild zu beeinträchtigen. Auch dort, wo man nicht mehr als einen schwachen Hauch zusätzlicher Süße braucht, ist er unentbehrlich.

Läuterzucker oder Invertzucker

Zucker, der mit Wasser auf 102 °C erhitzt und zwei Minuten gekocht wurde, nennt man auch heute noch Läuterzucker, obwohl es kaum etwas zu läutern, also zu reinigen gibt. Beim Erhitzen beginnt die Zuckerlösung zu schäumen, und mit dem Schaum lassen sich Unreinheiten abschöpfen. Gewöhnlich löst man Zucker in Wasser im Verhältnis 1:1, kann das Verhältnis aber auch zugunsten des Zuckers variieren. Je mehr Zucker die Lösung enthält, desto haltbarer ist sie, desto eher kristallisiert der Zucker beim Erkalten aber wieder aus. Um das zu verhindern, gibt man beim Erhitzen bis zu 1 g Zitronen- oder Ascorbinsäure hinzu. Sie bewirkt, dass sich die Saccharose in die Einfachzucker Glukose und Fruktose spaltet. Man erhitzt die Lösung auf 75 °C, hält die Temperatur bis zu 90 Minuten und seiht dann in Flaschen ab. Invertzucker kann überall dort eingesetzt werden, wo Zuckerkristalle aus sensorischen Gründen als störend empfunden werden.

Sirupe

Fruchtsirupe liefern eine Vielfalt zusätzlicher Geschmacksnoten. Einer der Klassiker ist Grenadine, der ursprünglich aus dem Saft von Granatäpfeln hergestellt wurde, heute aber nur noch Spuren der einstigen Hauptzutat enthält, dafür alle möglichen anderen Geschmacksstoffe. Überhaupt sind nicht alle Sirupe so rein wie sie scheinen, und ihr Fruchtgehalt schwankt zwischen 10–38 %. Zum Standardsortiment in der Bar gehören Erdbeer-, Himbeer-, Orgeatsirup aus Mandeln, Sirupe aus Kokosnuss, Rose's Lemon und Lime Juice.

Mit dem Trend zu aromatisierten Kaffees und der neuen Popularität von *tropical drinks* hat sich die Produktpalette der Sirupe erstaunlich erweitert. Der Markt bietet ausgefallene Geschmacksrichtungen an wie Sanddorn oder Holunderblüte, Haselnuss oder Sangría. Die Einsatzmöglichkeiten in Mixgetränken sind längst noch nicht ausgeschöpft, und man darf gespannt sein.

Milch, Sahne, Eier, Eiscreme

Flips, Eggnogs und Kaffee-Drinks kommen ohne Milchprodukte nicht aus. In modernen Versionen der Coladas wird der Kokosgeschmack mit Sahne verfeinert. Viele Sirupe passen gut zu Milch. Und natürlich bilden Milch, Sahne, Eier und Eiscreme in alkoholfreien Drinks wie *milk shakes* die Grundlage. Bis auf Speiseeis gelten diese Zutaten als relativ verderblich, weshalb man in vielen Bars H-Milch und H-Sahne findet. Schade um solche Cocktails. Hochwertige Frischmilch ist haltbarer als man denkt, Sahne ebenso, und sie können aus einem mittelmäßigen Milchmixgetränk eine beeindruckende Bar-Spezialität machen. Dass man seine Gäste nicht mit Eiern aus Lege-Batterien quält, sollte sich von selbst verstehen.

Aufwändig sind Milch-Mixes bestenfalls in der Herstellung, denn sie müssen lange und moderat geschüttelt und rasch serviert werden, weil die Zutaten sich absetzen können.

Garnituren

Frische Früchte sind für den Cocktail das, was die Emily für den Rolls Royce ist. In jeder gut sortierten Bar gibt es Zitronen, Limetten und Orangen, in erster Linie wegen des frisch gepressten Saftes. Die Betonung liegt dabei auf frisch. Säfte und Obstpürees sollten immer sofort verarbeitet werden, sonst ist es auch mit dem Nährwert nicht weit her. In einem frisch gepressten Orangensaft zerfallen die ersten Vitamine schon nach zehn Minuten.

Einen Teil der Zitrusfrüchte braucht man in Bio-Qualität, um die Schalen verwenden zu können. Die darin enthaltenen ätherischen Öle sind hocharomatisch und verleihen vielen Cocktails Eleganz. Außerdem liefern die Schalen passende Garnituren: ein langer, dünner Streifen davon, der sich am Glasrand wendelt, zieht die Blicke auf sich.

Manche Früchte gibt man als frische Pürees in die Drinks, wobei der Mixer behilflich ist. Pfirsichpüree (bitte ohne die Haut!) zeichnet zum Beispiel den Bellini aus. Und das pürierte Fruchtfleisch von Himbeeren oder Maracujas bildet eine geschmackvolle Basis für Champagner Cocktails. Im Profibereich bieten Gastro-Zulieferer diese Produkte frisch frei Haus.

Selbst wenn sie nur der Dekoration dienen, sollte man nicht an Früchten sparen. Gerade Exoten können einen Drink optisch wie geschmacklich aufwerten, vorausgesetzt, sie sind reif. Ein Stück Ananas sollte nicht sauer, sondern aromatisch sein, ebenso wie eine Erdbeere oder Bananenscheibe. Gäste werden zufriedener sein, wenn die appetitlich aussehende Garnitur auch im Mund hält, was sie dem Auge verspricht. Und die Auswahl ist groß: Beeren der Saison, Kapstachelbeeren, Melone, Mango, Papaya … Mehr optisch als geschmacklich wirken Scheiben von Zitrus- oder Sternfrüchten, weil natürlich niemand erwartet, dass sie essbar sind.

Für Mojito braucht man frische Minze, doch sie muss von der richtigen Sorte sein, ohne zu viel Menthol, das die Geschmacksnerven betäubt. Geeignet ist etwa die Wollminze (*Mentha nemorosa*) oder die berühmte Carmagnola Minze aus Norditalien.

Unproblematisch hinsichtlich der Frische sind kandierte Früchte. Während grellrote Maraschinokirschen mit der fast aufdringlichen Süße eine Hommage an die 1960er Jahre bleiben sollten, lässt sich mit kandier-

Ob als Zutat oder Dekoration – meist sind es Früchte, die zum Einsatz kommen. Aber nicht nur. Auch Gemüse, Gewürze und Kräuter können interessante Akzente setzen.

ten Ingwerstücken, Bananenscheiben oder Limetten erfolgreich experimentieren.

Trockene Klassiker wie Wodka Gibson oder Martini kommen gern mit eingelegtem Gemüse, Oliven (aus der Salzlake und nicht mit Paprika gefüllt), sauren Gurken oder Perlzwiebeln daher.

Dann gibt es noch Cayennepfeffer für Cocktails mit frischer Sahne, Muskatnuss für Flips, Nelken für Glühwein, Zimtstangen für Punsch. Salz, Pfeffer, Selleriesalz, Tabasco und Worcestersauce beleben *hang-over drinks* wie die Bloody Mary.

Wenn Drinks eine klassische Garnitur haben, etwa die Piña Colada mit dem Stück Ananas, sollte man sich überlegen, ob man unbedingt ändernd eingreifen muss: eine Verzierung, die mit den Zutaten korrespondiert, macht Sinn und genug her. Beim lockeren Zusammenspiel vieler Früchte wie in Cobblers, Fancies und Smoothies kann man dagegen der Phantasie freien Lauf lassen.

Grundtechniken

Auf welche Weise man einen Drink am besten mixt, hängt von der Art der Flüssigkeiten ab, die hineinkommen sollen. Das Ergebnis soll einfach die für jeden Drink technisch perfekte Mischung in der richtigen Temperatur sein. Und da unterschiedliche Drinks in dieser Hinsicht unterschiedliche Anforderungen stellen, unterscheidet man beim Mixen vier Grundtechniken.

Built in glass

Einen Drink in dem Glas zu mischen, aus dem er getrunken wird, ist wohl der ursprünglichste Weg, zu einem Cocktail zu gelangen. Die Methode ist einfach, aber effektiv. Man benutzt sie vor allem, wenn die Zutaten sich gut vermischen lassen, da ihr spezifisches Gewicht ähnlich und intensiveres Rühren oder Schütteln überflüssig ist. Gewöhnlich sind dies Rezepte, die aus zwei hochprozentigen Spirituosen oder aus einer Spirituose und Saft bestehen. Als Glas wählt man am besten ein weites Becherglas, in dem es sich gut rühren lässt. Die Ingredienzen werden mit Eis im Glas verrührt und können nun je nach Rezept noch mit Soda oder Champagner aufgegossen werden. Feste Zutaten wie Zucker, Limette und Minze stößt man im noch leeren Glas und füllt anschließend mit *crushed ice* und weißem Rum auf – im Falle eines Mojito. Eine Sonderstellung unter den Built-in-glass-Drinks nehmen geschichtete Cocktails ein, bei der Flüssigkeiten mit unterschiedlicher Dichte (und am besten in unterschiedlicher Farbe) sauber abgesetzt – und deshalb natürlich keinesfalls verrührt – übereinander liegen.

Rühren im Mixglas

Drinks, die eiskalt im vorzugsweise geeisten Glas oder auch mit Eis serviert werden, rührt man im Mixglas, das groß genug ist, um ausreichend Eiswürfel

aufzunehmen, die schnell kühlen, ohne zu sehr zu schmelzen. Auch ins Mixglas gehören leicht vermischbare Flüssigkeiten, speziell wenn sie klar sind und sich im Shaker kurzzeitig trüben würden. Man rührt mit dem Barlöffel 20–30 Sekunden in kreisenden Bewegungen von unten nach oben und seiht durch das Barsieb ins bereitgestellte Glas. Das Eis aus dem Mixglas wird selbstverständlich entsorgt.

Schütteln im Shaker

Brande, Sirupe, Liköre, Milch, Sahne haben unterschiedliche spezifische Gewichte und müssen zum Mischen energischer bewegt werden – sie gehören in den Shaker. Was auf keinen Fall hineingehört, sind Getränke mit Kohlensäure. Die Zutaten für maximal drei, im Boston Shaker zwei Drinks mit Eis in den (Glas)Becher geben, schließen bzw. den Metallbecher überstülpen und 10, bei dickflüssigen Säften oder Sahne besser 20 Sekunden freundlich, aber bestimmt schütteln. Ob waagerecht oder senkrecht ist nicht entscheidend, wichtig ist: auf keinen Fall mit dem Deckel zum Gast. Schließlich wird der gut gekühlte Drink durch das Barsieb in das vorbereitete Glas geseiht.

Mixen im Aufsatzmixer

Drinks mit Speiseeis, Eigelb, frischen Früchten sind am besten im Aufsatzmixer aufgehoben. Die abgemessenen Zutaten in den Aufsatz des Mixers über die Eiswürfel gießen. Auch hier gilt: mit kohlensäurehaltigen Getränken erst nach dem Mixen aufgießen. Man beginnt langsam und steigert dann die Geschwindigkeit, bis der Inhalt homogen vermischt ist, und füllt direkt in die vorbereiteten Gläser. Im Aufsatzmixer braucht man, speziell für *frozen drinks*, die hier die Konsistenz von Sorbet annehmen, meist etwas mehr Süße.

Verzieren und Servieren

Unten und gegenüber: Man sollte das finish weder über- noch unterschätzen. Ausstecher, scharfe Messer, Zesten- und Kanneliermesser sind hilfreiche Werkzeuge.

Jeder *mixed drink* ist ein kleines Gesamtkunstwerk. Der Inhalt des Glases sollte geschmacklich eine Überraschung sein und Inspiration verraten, denn wer in einer Bar einen Drink bestellt, erwartet nicht einfach ein Glas Irgendwas. Das Erscheinungsbild sollte Aufmerksamkeit erregen, nicht durch billige Effekte, sondern durch eine gekonnte Komposition seiner Einzelteile. Und dabei ist weniger meistens mehr. Ebenso wie bei Früchten als Zutaten sollten sich rein dekorative Elemente auf zwei bis drei Aspekte konzentrieren, die die Grundaussage des Drinks verstärken.

Für das *finish* braucht man die richtigen Werkzeuge. Zum Schneiden frischer Früchte muss im Gastrobereich ein Kunststoffbrett verwendet werden, obwohl es für die Schärfe der Messer nicht ideal ist. Messer mit gesägter Klinge leiden darunter weniger. Zesten- und Kanelierschneider reißen mehr oder weniger dicke Streifen aus den Schalen von Zitrusfrüchten, die sich dekorativ am oder im Glas rollen. Ausstecher tun ihr Werk in weichem Fruchtfleisch.

Sofern sie nicht eingeschnitten den Glasrand ver(un)ziert, bevölkert das Gros der Garnitur auf Holz- oder Kunststoffspießchen aufgereiht die Gläser selbst. Leer sind die Spießchen mitunter hilfreich bei der Jagd nach im Glas schwimmenden Oliven und Silberzwiebeln.

Garnituren sind nette Beigaben, die vor allem in den Proportionen stimmen müssen. Sie wirken zu klein ebenso unpassend wie zu groß. Trinkhalme gehören unbedingt in Drinks mit Brucheis, sie sollen dick, aber nicht zu lang und sie dürfen bunt sein. Ist ein Übermaß an Fruchtgarnitur schon bedenklich – das Unbehagen lässt sich leicht noch steigern mit Regenschirmchen, Nationalflaggen, Lametta oder Wunderkerzen. Was auf jedem Kindergeburtstag zu Recht bejubelt wird, kann einen Barbesuch bisweilen beeinträchtigen.

Crusta-Ränder, für einige Drinks Standard, sind reine Geschmacksache, denn Zucker- und Salzkristalle oder Kokosraspel am Glasrand beeinflussen jeden Schluck. Man feuchtet dazu den Glasrand mit einem Stück Zitrusfrucht an und taucht ihn in die jeweilige Zutat. Nimmt man stattdessen Blue Curaçao oder Cassis, wird es bunt am Rand.

Mise-en-place

Schmackhafte Getränke perfekt zu mixen ist eine anspruchsvolle Aufgabe, die nicht wenige Handgriffe erfordert. Umso notwendiger ist es, alles, was man braucht, vernünftig bereitzustellen, insbesondere wenn man mehrere Gäste zügig bedienen will. Kaum jemand wird alles, was auf den vorhergehenden Seiten aufgelistet ist, gleichzeitig benutzen. Ob Privatmann oder Profi, jeder trifft eine Auswahl dessen, was er anbieten will und notiert *alles,* was er dazu braucht, bevor er einkaufen geht.

Sind alle Zutaten und Werkzeuge vorhanden, müssen sie in eine sinnvolle Ordnung gebracht werden. Sie ist im Detail individuell, doch einige allgemeine Grundlagen sollte man berücksichtigen. Zunächst gilt es, unnötige Wege zu vermeiden und alles in Reichweite zu haben. Shaker, Messbecher und Schneidebrett hat man vor sich. Auch der Aufsatzmixer und die Zutaten für die Garnituren befinden sich hinter der Theke auf der Arbeitsfläche. Problematisch sind die Flaschen. Sie brauchen eine nachvollziehbare Ordnung, etwa nach Spirituosen- oder Drink-Gruppen. Auch hier wird jeder sein eigenes System entwickeln, Hauptsache, er kann nach kurzer Zeit alle wichtigen Flaschen blind greifen. Ebenfalls in Reichweite vom Arbeitsplatz steht das Eis, Fruchtsäfte und Limonaden befinden sich idealerweise in der Kühlung unter der Arbeitsfläche. Fehlen noch die Gläser. In vielen Bars hängen sie in einer Gläserschiene über dem Kopf des Barmanns. Zudem gehört eine Auswahl an Cocktail-Gläsern ins Eisfach, weil Shortdrinks darin länger kalt bleiben.

RON RESERVA SUPERIOR
BACARDI
RON **8** AÑOS
Facundo Bacardi
MEDALS AWARDED TO BACARDI

SMIRNOFF.
PENKA
The Finest Cut
IMPORTED PREMIUM
VODKA

ESTABLISHED **1820**
JOHNNIE WALKER
ESTABLISHED 1820
PREMIER
RARE OLD SCOTCH WHISKY
JOHN WALKER & SONS, KILMARNOCK, KA1 1HD, SCOTLAND
PRODUCT OF SCOTLAND

ABSOLU
Country of Swea
VODKA
*This superb vodka
was distilled from grain gro
the rich fields of southern S
It has been produced at the fa
old distilleries near J
in accordance with more th*

RICARD®
APÉRITIF **45** ANISÉ
DEPUIS 1932
PASTIS
de
MARSEILLE

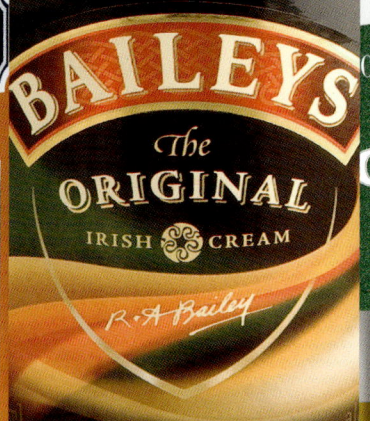

BAILEYS
The
ORIGINAL
IRISH CREAM
R.A Bailey
LIQUEUR

GREEN MARK
Glavspirttrest
40%
Vodka
GREEN MARK
ZELYONAYA MARKA
*Natural Cedar Nut
Flavor*®
MADE TO SPECIAL ORDER
Glavspirttrest®
Bot. №
THIS CHEQUE IS THAT THE HIGH LEVELS OF QUALITY AND PURITY DEMANDED OF THE VODKA, ARE CLOSELY MONITORED THROUGH THE DISTILLATION AND MANUFACTURING PROCESSES, AND THE QUALITY

und hegt sein Wild, weidmännisch
Daß er beschützt und
Jägermeister
Ehrenschild
PRODUCED AND BOTTLED BY
Mast-
Jägermeister AG

JACK DANIEL'S
Silver Select
SINGLE **JD** BARREL
**TENNESSEE
WHISKEY**
ALC. 50% BY VOLUME (100 PROOF) 750 ML

Stolichnaya

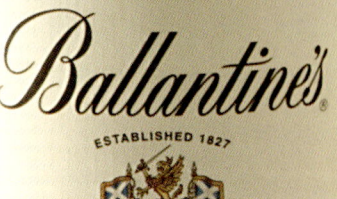

BY APPOINTMENT TO HER MAJESTY THE QUEEN
HANTS JUSTERINI & BROOKS, 61 ST. JAMES'S STREET, LO
Ballantine's
ESTABLISHED 1827
FULLY
MATURED
75cl
QUALITY
GUARANTEED
43% vol
**VERY OLD
SCOTCH WHISKY**
17 YEARS OLD
BLENDED & BOTTLED BY
George ... Limited

RARE
J&B
BLEND OF THE PU
LD SCOTCH WHIS
STERINI & BR
James's Street, London
J&B
TILLED, BLENDED AND BO
IN SCOTLAND
BY APPOINTMENT TO THEIR LATE MAJESTIES
KING GEORGE III
GORGE IV. | QUEEN VICTORIA | KING

**JIM BEAM
RYE**
B
BEAM FORMULA
AFTER-DINNER
STANDARD SINCE 1795
40% ALC/VOL (80 PROOF)
STRAIGHT RYE WHISKEY
NONE GENUINE WITHOUT MY SIGNATURE
by James B Beam
DISTILLED AND BOTTLED BY
JAMES B. BEAM DISTILLING CO

302-19 FONE: 0800 7030110 COMPOSIÇÃO: DESTILADO DO MOSTO FERMENTADO DE CANA
Ypióca
AGUARDENTE DE CANA
1846 - 1996
DISTILLED FROM SUGAR CANE
PRODUZIDA E ENGARRAFADA POR
YPIÓCA AGROINDUSTRIAL LTDA.
PRODUZIDA NO SÍTIO YPIÓCA - MARANGUAPE - CEARÁ - BRAS

THE ORIGINAL
GORDON'S
LONDON DRY GIN
DISTILLED IN GREAT BRITAIN

ESTD 1769

Crown Royal
*Fine De Luxe
Blended Canadian Whisky*
A PRODUCT OF
Joseph E Seagram & Sons Limited
WATERLOO · ONTARIO · CANADA
70 cl. Whisky **40% vol.**

Spirituosen

der Welt

Zuckerrohr ist in vielen Ländern Grundstoff der Alkoholproduktion, neben Brasilien und der Karibik vor allem auch in Asien.

Gegenüber: In vielen Ländern, wie hier in Brasilien, brennen kleine und kleinste Betriebe lokale Spirituosen.

Triumph der Nationalgetränke

Das vielfältige Angebot an Spirituosen in Kaufhäusern, Drugstores und Duty-Free-Shops ist nur das eine Gesicht hochprozentiger Alkoholika und täuscht darüber hinweg, dass Schnäpse gleich welcher Art auch heute noch in erster Linie ein ganz lokales Vergnügen sind. Die uns bekannten Markenspirituosen sind hinsichtlich ihres Konsums weltweit weniger bedeutend, als wir im Westen annehmen, wie bereits ein Blick auf die Hitliste der Spirituosen zeigt. Unter den zehn bedeutendsten Marken nimmt den ersten Platz ein den meisten Europäern und Amerikanern völlig unbekannter Name ein: Jinro. Mit rund 700 Millionen Litern im Jahr führt koreanischer Soju, ein Klarer, mit Abstand die Weltrangliste an.

Man schätzt, dass weltweit jährlich an die 50 Milliarden Liter Spirituosen erzeugt werden. Davon erscheinen aber nur rund 31 Milliarden in offiziellen Statistiken, denn in vielen Ländern werden alkoholische Getränke zu Hause oder in Dorfgemeinschaften fabriziert. In erster Linie gilt dies natürlich für fermentierte Getränke. Vor allem in wenig entwickelten Regionen Afrikas und Asiens, aber auch Südamerikas gibt es ungezählte Traditionen, aus Getreidearten oder anderen stärkehaltigen Pflanzen bierähnliche Gebräue zu gären oder auch Früchte als Grundstoff zu verwenden. Oft sind diese hausgemachten Getränke der einzige Alkohol, der im Umkreis erzeugt wird oder für große Teile der Bevölkerung erschwinglich ist. Die selbst durchgeführte Destillation dient in diesen Regionen nicht zuletzt dazu, die hausgemachten Gebräue haltbar zu machen. Mit rudimentären Mitteln durchgeführt, birgt sie die Gefahr, dass die Brände Methanol oder andere giftige Stoffe enthalten. Oft werden die hausgemachten Biere oder Schnäpse in den ländlichen Gegenden auch dazu genutzt, das Einkommen aufzubessern.

Weit verbreitet ist das private Brennen in Osteuropa und in Teilen Asiens. In den Balkanländern verwendet man dazu meist das reichlich vorhandene Obst, vor allem Pflaumen. Zu Hause gebrannter Wodka hat in der Russischen Föderation eine ebenso lange Tradition wie in Polen, Litauen, Lettland, Estland, Weißrussland und in der Ukraine. Doch auch in China und anderen asiatischen Ländern wird aus Reis oder Hirse *baijiu*, weißer Alkohol, privat und in 30 000 Kleinbrennereien gebrannt, deren Produktion selten offiziell erfasst wird. Ähnliches gilt für den aus Muskattrauben gewonnenen Pisco in Peru oder für einen beachtlichen Teil des bra-

silianischen Cachaça, der in primitiven häuslichen Destillierapparaten oft in nur einem Durchlauf gebrannt wird, was eher zweifelhafte Qualitäten ergibt.

Das Beispiel Brasiliens zeigt deutlich, dass die international bekannten Spirituosen nur die Spitze der eigentlichen Produktion darstellen. In Brasilien arbeiten etwa 30 000 Betriebe, die Cachaça brennen. Dabei handelt es sich überwiegend um kleine und kleinste Strukturen. Die Gesamtproduktion dürfte sich auf 1,3 Milliarden Liter belaufen. Obwohl es an die 5000 Marken gibt, wird davon nur ein geringer Teil landesweit vertrieben und nur ein winziger Teil der Produktion wird exportiert. Immerhin haben es drei Cachaça-Marken unter die 50 Top-Spirituosen der Welt geschafft. Ein Zeichen dafür, dass den einheimischen Spirituosen der bevölkerungsreichen Länder immer mehr Bedeutung zukommt.

Beaufort-
See

Ellemere Island

GRÖNLAND
(DÄNEMARK)

Franz-Josef-La

Spitzbergen

Barents-See

Norwegische See

ISLAND

NORWEGEN
Oslo

SCHWEDEN

FINNLAND
Helsinki

St. Petersburg

Moskau

R

Nova Zi

Great Bear
Lake

KANADA

Hudson Bay

Labrador-See

Schottland

DÄNE-
MARK   Åhus

Ostsee

WEISS-
RUSSLAND

KASACHS

Great Slave
Lake

British Columbia   Alberta

Lake
Winnipeg   Manitoba

Great Lakes

Montreal

Nova Scotia

IRLAND

London

GROSS-
BRITANNIEN

NIEDER-
LANDE

DEUTSCH-
LAND

POLEN

UKRAINE

Aral-
See

Oregon

Ontario

Appalachen

FRANKREICH

SCHWEIZ

ÖSTERREICH

UNGARN

RUMÄNIEN

Kaukasus

GEORGIEN

Kaspische
Meer

San Francisco
Kalifornien

USA

Kentucky
Missouri   Tennessee

Pont-
arlier   Turin

KROATIEN
ITALIEN

BULGARIEN

TÜRKEI

Lourinhā
PORTUGAL   SPANIEN

Rom

Sardinien

Sizilien
GRIECHEN-
LAND

Ägäis

LIBANON
ISRAEL

IRAK

IRAN

Madeira

MAROKKO

A

l

a

s

MALI

ALGERIEN

LIBYEN

ÄGYPTEN

Rotes Meer

SAUDI-
ARABIEN

OMAN

Atlantischer Ozean

Golf von
Mexiko

BAHAMAS

MEXIKO

Guadalajara/Puerto Vallata

Merida   KUBA   HAITI   Puerto Rico

Oaxaca   JAMAICA

GUATEMALA   NICARAGUA

Karibisches Meer

Martinique
BARBADOS

VENEZUELA   GUYANA

KOLUMBIEN

MAURETANIEN

SENEGAL

S   a   h   a   r   a

NIGER   TSCHAD

SUDAN

JEMEN

Arabis

NIGERIA

ÄTHIOPIEN

SOMALIA

Pazifischer Ozean

BRASILIEN

Ceará
Paraíba
Pernambuco

KAMERUN

GABUN

DEMOKRAT.
REPUBLIK
KONGO

KENIA

TANSANIA

PERU   BOLIVIEN

A

CHILE

São Paolo   Minas Gerais

ANGOLA   SAMBIA

Réu

Polynesien

ARGENTINIEN   URUGUAY

NAMIBIA

BOTSUANA

MOSAMBIK

MADAGASKAR

Straße von Madagaskar

SÜDAFRIKA
Kapstadt

Spirituosen in der Welt

- 🟨 Brandy
- 🟡 Trester
- 🟪 Obstbrände
- 🟧 Whisk(e)y
- 🟦 Korn
- 🟦 Wodka
- 🟥 Genever
- ⬜ Gin
- 🟩 Rum
- 🟩 Tequila
- 🟩 Mezcal
- 🟦 Absinth, Pastis, Anis
- 🟫 Vermouth
- 🟥 Liköre
- 🟧 Verstärkte Weine

Gebrannte Champions

Der Blick auf die Top Ten der Spirituosenbranche weltweit überrascht. Dort nehmen Marken und Getränke hervorragende Plätze ein, von denen Branchenfremde kaum je etwas hören, und es treten Länder in Erscheinung, von denen man nicht annahm, dass sie überhaupt eine nennenswerte, geschweige denn eine bedeutende Spirituosen-Produktion besitzen.

Doch diese Hitliste wird von den Nationalgetränken geschrieben. Das beweist Jinro, der seit Jahren unangefochten den ersten Platz behauptet und sein Volumen auf 694 Mio. l gesteigert hat und damit den zweitplatzierten Cachaça um 489 Mio. l übertrifft. Dabei handelt es sich um einen Soju, einen klaren südkoreanischen Getreideschnaps mit nur 20–25 % vol Alkoholgehalt. Die 49 Mio. Südkoreaner, die mit einem Pro-Kopf-Verbrauch von mehr als 25 l nach den Einwohnern der amerikanischen Jungferninseln den höchsten Spirituosenkonsum der Welt haben, trinken davon jährlich über 3 Mrd. Flaschen. So haben es auch Kyongwal und Kumbokju unter die ersten Zehn geschafft, während Daesun, Muhak und Bohae auf Rang 12, 13 und 20 folgen.

Eng verwandt mit dem Soju ist japanischer Shochu, bei dem Jun Legend von Takara Shuzo (Rang 7) führt, aber fünf weitere sich unter den ersten 50 finden, obwohl Japaner mit einem Pro-Kopf-Verbrauch von 9,6 l deutlich weniger als ihre Nachbarn trinken.

Philippinen und Indien

Wenn Pirassununga (Cachaça 51) in der Weltrangliste Platz Zwei erreicht hat, zeugt das von der Bedeutung des Cachaça, des brasilianischen Zuckerrohrschnapses, der mengenmäßig die drittgrößte Spirituose weltweit ist, denn er ist das Nationalgetränk von 182,5 Mio. Einwohnern. Pitú auf Rang 18 und Ypioca auf Rang 37 konnten ihren Absatz ebenfalls steigern.

Der nah verwandte Rum behauptet sich ebenfalls auf vorderen Plätzen, vor allem Bacardi, eine von nur drei international vertriebenen Spirituosen unter den zehn Besten. Die Bewohner der Karibik zählen zu den am meisten Alkohol trinkenden Zeitgenossen, doch mit Ausnahme von Captain Morgan auf Rang 25 kommen die anderen großen Rum-Marken mittlerweile aus Asien: Tanduay (Rang 11) von den Philippinen, Old Monk (Rang 24) und Celebration Rum (Rang 31) aus Indien sowie Sang Som aus Thailand (Rang 38).

Die philippinischen Destillerien zählen zu den größten der Branche, außer Tanduay vor allem San Miguel mit Gin (Rang 5) und Brandy Gran Matador (Rang 49) sowie die Consolidates Distillers mit Brandy Emperador (Rang 23). Nicht weniger augenfällig ist die Entwicklung in Indien, wo es vor allem die Gruppe United Breweries ist, die neben Rum mit dem Whisky Bagpiper (Rang 8) und dem McDowell Brandy (Rang 30) beachtliche Wachstumsraten verzeichnet.

Dass unter den Top Ten der Spirituosen mit Smirnoff nur ein amerikanischer, aber kein russischer Wodka vertreten ist, liegt an der Umstrukturierung der russischen Industrie, denn nach wie vor ist Wodka mit rund 4,6 Mrd. l die meistgetrunkene Spirituose der

Die 10 meistproduzierten Spirituosen der Welt
Stand 2006; Quelle: IWSR

Jinro	694 Mio. l
Pirassununga	205 Mio. l
Smirnoff	193 Mio. l
Bacardi	176 Mio. l
Ginebra San Miguel	162 Mio. l
Kyongwal	159 Mio. l
Jun Legend	131 Mio. l
Bagpiper	121 Mio. l
Johnnie Walker	119 Mio. l
Kumbokju	110 Mio. l

Spirituosenkonsum weltweit

Angaben in Litern Fertigware pro Kopf der Bevölkerung; Auswahl aus 118 untersuchten Ländern   Stand 2006; Quelle IWSR/BSI

1. Jungferninseln (USA)	27,1	31. Polen	7,2	61. Belgien/Luxemburg	3,5
2. Südkorea	25,3	33. Spanien	6,7	63. China	3,4
3. Russische Föderation	19,9	34. Ungarn	6,6	64. Dänemark	3,4
4. Jungferninseln (GB)	19,8	35. Finnland	6,3	68. Österreich	3,2
5. Estland	18,6	36. Zypern	6,3	71. Portugal	3,0
6. Aruba	15,3	43. Brasilien	5,6	72. Slowenien	3,0
7. St. Lucia	15,3	44. Deutschland	5,5	74. Norwegen	2,9
8. Grenada	14,0	45. Frankreich	5,5	76. Schweiz	2,8
9. St Kitts	14,0	46. Griechenland	5,4	77. Australien	2,7
10. Bermuda	13,8	47. Philippinen	5,4	81. Italien	2,6
15. Bulgarien	10,7	48. Serbien	5,4	83. Israel	2,5
18. Weißrussland	10,0	49. Irland	5,3	87. Südafrika	2,4
20. Japan	9,6	50. USA	5,1	90. Neuseeland	2,3
22. Tschechien	9,0	53. Kroatien	4,5	91. Schweden	2,3
24. Slowakei	8,2	54. Kanada	4,4	101. Argentinien	1,0
27. Litauen	7,9	56. Chile	4,2	105. Türkei	0,9
28. Rumänien	7,8	57. Großbritannien	4,1	106. Indien	0,8
29. Lettland	7,6	59. Niederlande	4,1	115. Marokko	0,1

Welt. Das beruht auf seiner doppelten Bedeutung als Nationalgetränk für Russen, Polen und andere Völker einerseits sowie als internationale Mix-Spirituose andererseits. Nach dem schwedischen Absolut (Rang 15) kommt zunächst der ukrainische Nemiroff (Rang 19) vor den Russen. Schwere Einbußen erlebte Stolichnaya, der 2002 noch Rang 2 einnahm, sich inzwischen auf Rang 47 befindet und weiter absinkt.

Wie Wodka ist Whisk(e)y mit 10 Produkten (darunter drei indischen) unter den 50 Spitzenreitern weiter gut im Geschäft. Unermüdlich läuft Johnny Walker allen internationalen Konkurrenten voraus (Rang 9), während Jack Daniel's es auf Rang 17 bringt. Insgesamt gesehen konnten die Spirituosenmarken ihr Volumen deutlich vergrößern, auch wenn 11 der 50 größten zum Teil herbe Verluste hinnehmen mussten.

Die 20 größten Spirituosenkonzerne der Welt

Jahresproduktion in Millionen Litern   *Stand 2006, Quelle IWSR*

Diageo	840 Mio. l	Kyongwal	159 Mio. l
Hite Brewery	694 Mio. l	Takara Shuzo	152 Mio. l
Pernod Ricard	677 Mio. l	V & S Group	143 Mio. l
U. B. India	547 Mio. l	Constellation Brands	138 Mio. l
Bacardi-Martini	314 Mio. l	Campari	115 Mio. l
Beam Global	247 Mio. l	Asahi	111 Mio. l
Muller De Bebidas	227 Mio. l	Kumbokju	110 Mio. l
San Miguel Group	206 Mio. l	Tanduay	108 Mio. l
Brown-Forman	170 Mio. l	Belvedere SA	101 Mio. l
Suntory	168 Mio. l	Daesun	95 Mio. l

Global Players

Unter den international vertriebenen Marken ist Baileys die Nummer Elf.

Bacardi, der gern als Mojito getrunken wird, ist eine der größten Spirituosenmarken der Welt.

In der Welt der Spirituosen zeigt sich eine zunehmende Globalisierung. Vertrieb ist alles. Welches Unternehmen es rechtzeitig verstand, seine Präsenz in den wichtigsten Verbraucherländern auf- und auszubauen, hat im großen Spiel ›Wer schluckt wen?‹ die besseren Karten. Dahinter steht ein fortschreitender Prozess, bei dem es zunächst in Krisenzeiten straff und visionär geführte Firmen verstanden, ihr Portfolio, ihre Kapazitäten und damit ihre Stellung zu stärken. In der zweiten Phase sahen es die Großen der Branche als strategisch besten Schachzug an, sich zusammenzuschließen. Es führt hier zu weit, dies im Einzelnen aufzuzeigen, zusätzliche Informationen dazu finden sich in den einzelnen Kapiteln.

Die anschließenden Kurzporträts sind westlichen Konzernen gewidmet, die, was ihren Umsatz betrifft, zu den Giganten der Spirituosenbranche gehören. Sie dienen hier als Beispiel, um zu illustrieren, wie weit fortgeschritten die Konzentration der international relevanten Marken ist – und es gibt ständig neue Fusionen oder Übernahmen. Dabei wurden längst nicht alle bedeutenden Gruppen erfasst, schließlich geht es hier nicht in erster Linie darum, wer zu wem gehört, sondern wie gut die Destillate sind.

Diageo

Der weltgrößte Getränkekonzern entstand 1997, als sich das britische Unternehmen Grand Metropolitan und Guinness zusammenschlossen. Die beiden brachten ein beachtliches Portfolio an Marken ein, zugleich verschmolzen ihre beiden Spirituosenfirmen International Distillers & Vintners IDV und United Distillers UD zur United Distillers & Vintners UDV, die wiederum 2002 in Diageo integriert wurden. Der Name, der sich aus *dia* = Tag und *geo* = Welt zusammensetzt, will darauf hinweisen, das Produkte von Diageo jeden Tag überall auf der Welt präsent sind.

Zu den berühmtesten ihrer Marken gehören: Smirnoff, Johnny Walker, Baileys, Captain Morgan, J&B, Gordon's Gin, Crown Royal, Bell's, Tanqueray und Cacique.

Pernod Ricard

Die großen Pastis-Konkurrenten vereinten sich 1975, um gemeinsam die Exportmärkte zu erobern, und schufen zwischen 1985 und 1993 ein weltweites Vertriebsnetz. Ab 1988 begannen mit Irish Distillers die bedeutenden Akquisitionen, die 2001 mit einem Teil von Seagram's und 2005 mit einem Teil von Allied Domecq ihren Höhepunkt fanden. Gleichzeitig konzentrierte sich der Konzern auf seine 15 Hauptmarken wie Ballantine's, Chivas Regal, Malibu, Havana Club, Beefeater, Kahlúa, Jameson, Martell und natürlich Ricard. 2008 setzte sich Patrick Ricard gegen drei Mitbewerber durch und übernahm für 5,6 Mrd. Euro die schwedische V & S Group, die auch Absolut Vodka herstellt (Rang 15 unter den meistproduzierten und Rang 4 unter den international vertriebenen Spirituosen). Zur Gruppe gehören zudem Aalborg und Malteserkreuz Aquavit, Gammel Dansk, Cruzan Rum und Plymouth Gin.

Bacardi-Martini

Der leichte, aromatische Rumstil, den der katalanische Firmengründer Facundo Bacardi Massó ab 1862 in Santiago de Cuba entwickelte, hat dem Privatunternehmen, das nach der kubanischen Revolution in die USA emigrierte, spätestens ab 1975 zu seinen sensationellen internationalen Erfolgen verholfen. 1992 zum umsatzstarken Konzern gebündelt, konnte Bacardi Martini & Rossi erwerben sowie verschiedene andere Marken, darunter auch Bombay Sapphire, Bénédictine, Tequila Cazadores, Eristoff und sieben Whisky-Marken, von denen Dewar's und William Lawson's die bekanntesten sind.

Beam Global

Ausgehend von Amerikas erfolgreichstem Bourbon ist die zu Fortune Brands gehörende Gruppe heute einer der größten Spirituosenkonzerne der Welt und hat seit 2005, seit der Übernahme von mehr als 25 Marken, die zu Allied Domecq gehörten, seine internationale Stellung beachtlich verstärkt. Außer Jim Beam gehören unter anderem Canadian Club, Courvoisier, Laphroaig, Sauza Tequila, Larios Gin, Maker's Mark, Whisky DYC und Teacher's dazu.

Brown-Forman

Dieses heute in 135 Ländern vertretene Unternehmen geht auf George Garvin Brown zurück, der 1870 in Louisville, Kentucky, als Erster seinen Old Forester Kentucky Straight Bourbon Whisky in Flaschen vermarktete. Heute zählen 35 Wein- und Spirituosenmarken zum Portfolio, darunter vor allem Jack Daniel's, Canadian Mist, Southern Comfort, Woodford Reserve und Finlandia.

LVMH

Louis Vuitton Moët Hennessy, weltweit führend in Sachen Luxus, besitzt mehr als 60 Spitzenmarken. Neben Champagner und Wein ist Cognac Hennessy, eine der einträglichsten Spirituosenmarken überhaupt, das Aushängeschild des Konzerns. Aber ihm gehören auch Glenmorangie und Ardbeg sowie die Wodkas Belvedere und Chopin.

Mit pfiffigem Marketing und modernem Design stieg Absolut Vodka zu einer der beliebtesten international vertriebenen Spirituosen auf.

William Grant & Sons

Von William Grant 1886 gegründet, befindet sich Schottlands drittgrößtes Whiskyunternehmen immer noch im Familienbesitz. Ist Glenfiddich mit Abstand die Nummer Eins der Malts, so ist Grant's einer der meistverkauften Blends weltweit. Balvenie, Hendrick's Gin und eine Reihe weiterer Whiskys, Rums und der Premium-Wodka Reyka gehören zu ihren Marken.

The Edrington Group

Dieses schottische Whisky-Unternehmen geht auf William A. Robertson und das Jahr 1860 zurück und wird heute von dem wohltätigen The Robertson Trust kontrolliert. Es lancierte 1936 den Blend Cutty Sark und übernahm 1999 die Highland Distillers. Der Gruppe gehören fünf Destillerien, und sie erzeugt unter anderem die berühmten Marken The Macallan, Highland Park und The Famous Grouse.

Rémy Cointreau

Die französische Gruppe geht einerseits auf das berühmte, 1724 gegründete Cognac-Haus Rémy Martin und andererseits auf den 1849 in Angers entwickelten Likör Cointreau zurück und formierte sich 1990/91. Ab 1965 hatte Rémy Martin beschlossen, seinen eigenen Vertrieb im Premium-Sektor aufzubauen. Um sein Angebot zu erweitern, wurden die Champagner-Häuser Charles Heidsieck und Piper-Heidsieck übernommen, aber auch internationale Spirituosen wie Galliano, Mount Gay Rum, Metaxa, Izarra und kürzlich Ponche Kuba.

Smirnoff nimmt mit Black 55 und der Matroschka teil am anhaltenden Trend der Edelwodkas.

Cognac, Armagnac und andere Brandys

Links: Hieronymus Brunschwig, Liber de arte distillandi de simplicibus, Straßburg 1505 (Ausschnitt)

Seite 102: Dem *alambic armagnacais*, einem Kolonnengerät zur kontinuierlichen Destillation, verdankt der Weinbrand der Gascogne seinen Charakter.

Wein und Geist

Von allen Spirituosen genießen die aus Wein gebrannten noch immer besonderes Renommee. Was nicht nur daran liegen kann, dass sie als Erste vom hochprozentigen Destillat im Dienst medizinischer Belange – wozu im weitesten Sinn auch zählte, andere Getränke halt- und somit genießbar zu machen – zu reinen Genussmitteln avancierten, konsumiert einzig um ihrer Selbst willen. Sie führten schon frühzeitig den Namen *brandewijn,* denn es waren niederländische Seefahrer und Händler, die sie erfolgreich in Europa und darüber hinaus verbreiteten. Wirklich steil entwickelte sich der Aufstieg der Brandys, als zwei wesentliche Faktoren mit ins Spiel kamen: Herkunft und Alterung. Bis heute bestimmen sie Qualität und Preis.

Die mengenmäßig führende Brandy-Marke der Welt heißt McDowell No 1 und wird in Indien, in Bangalore hergestellt. Ganz oben auf der Liste der überzeugten Brandy-Konsumenten erscheinen die Philippinen. Und in den Vereinigten Staaten von Amerika ist mehr als jede dritte geleerte Branntweinflasche aus der Cognac-Region eingereist. Brandy wird in sehr viel mehr Ländern der Welt geschätzt, als man denkt – und auch in sehr viel mehr Ländern der Welt produziert, als man erwarten würde. Doch obwohl man Brandy ohne Übertreibung eines der internationalsten Getränke überhaupt nennen kann, stammen seine berühmtesten und hochwertigsten Vertreter nach wie vor aus jenen Ländern, die in seiner Geschichte die bedeutendsten waren: aus Frankreich und Spanien. Diese Geschichte der Brände aus Wein lässt sich in vier Hauptabschnitte gliedern.

Um 800 taucht in diversen arabischen Quellen der Hinweis auf Destillationsapparate und den medizinischen Gebrauch von Alkohol auf, wobei Wein als Ausgangsprodukt nicht ausdrücklich erwähnt, aber naheliegend ist. In der zweiten Hälfte des 13. Jahrhunderts experimentierte der in Valencia und Katalonien wirkende, selbst Orient erfahrene Arzt und Gelehrte Arnaldus de Villanova mit Weingeist, während zur gleichen Zeit im italienischen Bologna Taddeo Alderotti (Thaddaeus Florentinus, 1223–1303) sein berühmtes Traktat »De virtutibus aque vite et eius operationibus« verfasste, das die Brennkunst erstmals detailliert genug beschrieb, um sich ein Bild davon machen zu können, womit er die Branntwein-Erzeugung verbreitete und förderte.

Mit dem Aufstieg als See- und Handelsmacht seit Ende des 16. Jahrhunderts steuerten niederländische Schiffe regelmäßig europäische Hafenstädte an. Eines der Handelsgüter, die ausreichend Profit versprachen und dann dank einer rasant steigenden Nachfrage vor allem im Jerez-Dreieck, im Armagnac- und im Cognac-Gebiet einen florierenden Erwerbszweig begründeten, waren Branntweine. Diese klaren, rauen, feurigen Weindestillate – zunächst aus transporttechnischen Überlegungen heraus hergestellt – waren keineswegs gedacht, pur konsumiert zu werden, man vermischte sie mit Wasser, Wein oder pflanzlichen Auszügen.

Die dritte Phase der Brandy-Geschichte setzt dann im 17. Jahrhundert ein, als man feststellte, vermutlich in vielen Kellern etwa zeitgleich, dass die Lagerung des jungen, farblosen Destillats ein völlig verwandeltes Produkt hervorbrachte: einen golden schimmernden, nach süßen Gewürzen, gedörrten Früchten und rauchigen Aromen duftenden, milderen Brandy. Der Erste, der sich durchsetzen konnte, war Cognac oder *coniack brandy,* ihm folgte der Armagnac und schließlich als Nachzügler Ende des 19. Jahrhunderts der Brandy de Jerez.

Nun stand dem Erfolg der drei einzigen Appellationen des Brandy, die dank der Eigenheiten ihrer jeweiligen Region einen ausgeprägten, wiedererkennbaren Charakter aufweisen, nichts mehr im Weg. Jede davon erlebte in der anschließenden und bis in die Gegenwart reichenden vierten Epoche der Brandy-Geschichte Höhenflüge und Rückschläge. Doch dabei sammelte sich ein fundiertes Wissen an um die Faktoren, die für Qualität verantwortlich sind. Während einfache Brandys in vielen Mode-Cocktails eine tragende Rolle im Ensemble spielen, stehen an der Spitze der Qualitätsskala die Solisten: Cognacs, Armagnacs und Solera Gran Reservas aus Jerez verhelfen dem Genießer zu raffinierten sinnlichen Erfahrungen auf ›hochgeistiger‹ Ebene.

Grundstoff Wein

»Branntwein« oder »Brandy« sind allgemeine Bezeichnungen, die keine Rückschlüsse auf das Ausgangsprodukt zulassen – ein Erbe aus den Anfangstagen der Destillation, als es in erster Linie um den Alkohol ging, den man als Lebenselixier nahezu mystifizierte. In unserem Zusammenhang bezeichnet »Brandy« ausschließlich jene Brände, die aus Wein, ganz präzise aus Traubenwein destilliert werden.

Gegen Ende des 17. Jahrhunderts waren es zunächst Londoner Gastwirte und ihre Kunden, die entdeckten, dass ihnen bestimmte Branntweine aus Cognac besser mundeten als die anderer Herkünfte. Händler vor Ort in der Charente bemerkten als Erste, dass sich die Brände einiger Gemeinden durch intensivere Aromen auszeichneten. Danach dauerte es nicht lange, bis man herausfand, dass die kalkreichsten Böden die besten Qualitäten ergaben. So entwickelte sich eine erste, noch inoffizielle Klassifizierung der Lagen. Auch die Lagerung und damit die Reifung der Brände im Holz wurde zum Gegenstand intensiver Beobachtung, die mit den Jahren verlässliche Kenntnisse über Qualitäten, Lagen und Gemeinden lieferte. Ganz ähnlich verlief die Entwicklung beim Armagnac.

Glanz der Glanzlosen

Wein war für die holländischen Handelsschiffe eine lukrative, aber keineswegs unproblematische Ware. Sie bezogen ihn aus dem Hinterland der von ihnen frequentierten Häfen wie La Rochelle oder Rochefort in der Charente, wo er meist schwach und sauer, statt süß und angenehm ausfiel und schnell, allzu schnell, in Essig umschlug. Leicht verderblich, wie er war, ließ der Wein sich sicherer und noch dazu platzsparender als Destillat verschiffen, das im Zielhafen mit Wasser wieder zu Wein verdünnt werden konnte. Dabei stellte sich schon bald heraus, dass die sauren Weißweine bestens zum Destillieren geeignet waren.

Vor der Reblaus-Katastrophe im 19. Jahrhundert war die meistangebaute Rebsorte

Die Stars unter den Rebsorten, die zum Brennen besonders geeignet sind: Die Hybride Baco (links), eine Spezialität des Armagnac, und der vor allem in der Neuen Welt geschätzte Colombard (rechts).

an der französischen Atlantikküste Folle Blanche, im Muscadet-Gebiet, wo ebenfalls viel destilliert wurde, Gros-Plant genannt. Als man neu pflanzen musste, entschied man sich in der Cognac-Region gegen die heikel zu kultivierende und schwer zu veredelnde Sorte und gab Ugni Blanc den Vorzug.

Ugni Blanc stammt aus Italien und gilt dort, Trebbiano genannt, als die am meisten angebaute Sorte und als eine, wenn nicht die ertragreichste der Welt. Spätestens zur Zeit der Avignoneser Päpste war die Rebe in die Provence, in der Folge in die Gascogne und an die Charente gekommen. Sie war leicht zu ziehen und lieferte hohe Erträge leichter, saurer Weine, die sich zum Brennen geradezu anboten.

Es sind also eher neutrale, glanzlose Weißweine mit niedrigem Alkoholgehalt und hohen Säurewerten, aus denen die überzeugendsten Weingeiste entstehen. So wie sie auch Palomino in Andalusien und Airén in La Mancha ergeben, auf die sich die Sherry-Häuser konzentrieren und die wohl weltweit die meistgepflanzte Rebsorte ist.

An der Charente und im Armagnacais trifft man vereinzelt auf eine weitere Rebsorte, deren Wein zum Brennen herangezogen wird: Colombard. Auch sie besitzt gute Säure und sogar, sofern sie sorgfältig vinifiziert wird, intensive Aromen, wenn sie auch manchem französischen Brenner zu viel Alkohol entwickelt. In den USA, in Südafrika und in Israel stört man sich daran weniger, dort hat sie sich durchaus bewährt.

Besonders in der Gascogne nimmt Baco Blanc eine Sonderrolle ein, ist sie doch die einzige in einer Appellation erlaubte Hybride. Auch sie hat sich als reblausresistent erwiesen, und ihre ungenießbaren Trinkweine ergeben ausgezeichnete, körperreiche und lange alternde *eaux-de-vie*.

In den letzten Jahrzehnten haben vor allem Winzer versucht, mit hochwertigen Rebsorten besondere Weinbrände zu erzielen, was ihnen durchaus gelungen ist, wie Beispiele mit Riesling und Grünem Veltliner beweisen. Dennoch bleibt das klassische Profil eines Cognac, Armagnac oder Brandy de Jerez von den Alterungsaromen geprägt, die ein im Vergleich dezenter, aber gut strukturierter Weingeist aus neutralem Wein über Jahre und Jahrzehnte erst im Zusammenspiel mit dem Fassausbau entwickelt.

Die früher dominierende Folle Blanche (links) kommt inzwischen erneut zu Ehren, was die Vorherrschaft des Ugni Blanc oder Trebbiano (rechts) in Frankreich und Italien nicht gefährdet.

Cognac ist hip

Er hat ein neues Gesicht bekommen. Er wird nicht länger nur im pompösen Schwenker kredenzt, er kommt heute großzügig bemessen in den Shaker, wo Barkeeper in Boston oder Chicago ihn mit Trendlikören wie Alizé oder Hpnotiq nach allen Regeln der Kunst durchschütteln, bevor sie ihn schwarzen Hip-Hop- oder Rap-Fans als Pink Love oder Incredible Hulk über die Theke schieben. Denn zum Mixen eignet sich der Branntwein aus Westfrankreich dank seiner unvergleichlichen Aromenvielfalt ganz ausgezeichnet. Kenner lassen sich dennoch nicht lange beirren: sie nähern ihre Nase weiterhin behutsam tulpenförmigen Gläsern, um ganz entspannt im Hier und Jetzt jahrzehntealte Cognacs zu nippen.

»Grape spirits against grain spirits.« So lautet offenbar die Devise der Afro-Amerikaner, die sich in den letzten Jahren zunehmend vom Whisky der ›bösen Weißen‹ abgewandt haben und stattdessen mit wachsender Begeisterung Cognac konsumieren. Ein vergleichsweise sanfter Protest. Hip-Hopper lieben es, mit Pomp in Szene zu setzen, wenn sie es geschafft haben. Die erforderlichen Statussymbole bereichern längst ihre Songtexte. Die Stunde des Cognac schlug 2001 im Song »Pass the Courvoisier« der Hip-Hopper P. Diddy und Busta Rhymes. »Give me the Henny, you can give me the Cris. You can pass me the Remy, but pass the Courvoisier«, sangen sie. Ob Hennessy, Rémy Martin oder Courvoisier – ab 2002 schnellten die Verkaufszahlen in den USA in die Höhe.

Dies geschah zu einem Zeitpunkt, als das Durchhaltevermögen der Charente-Winzer seinen Tiefststand erreicht hatte. Hauptursache war die Wirtschaftskrise in Asien 1997, die den drastischen Einbruch der Nachfrage zur Folge hatte. Auf anderen Märkten waren ›braune‹ Brände wie Cognac und Co ohnehin *out*, wasserklare Schnäpse mit hoher *mixability* angesagt. Erst die Hip-Hopper wendeten das Blatt.

Mit einem Mal hagelte es Markennamen in Rap-Songs geradezu. Die Website »American Brandstand« durchsuchte die Billboard Top Singles Charts und fand 2003 in 43 von 111 Top-Hits Markennamen, darunter Mercedes auf Platz 1, Champagner Cristal Roederer auf Platz 7, Hennessy auf Platz 8. Im Jahr darauf stand Cadillac an der Spitze, gefolgt von Hennessy, der 2005 immerhin noch Platz 6 einnahm. Inzwischen findet der *shout out* der Marken in immer mehr Songs statt, und der Virus ist auf Rhythm & Blues und Pop übergesprungen.

Dabei hat sich Hennessy in der Gunst der Afro-Amerikaner unbestreitbar den ersten Platz erobert. ›Henn‹ oder ›Henny‹, ›Henn-roc‹ oder ›Henn Dog‹, ob in Eminems »Just Lose It«, bei den Ying Yang Twins oder Lil John & the East Side Boyz, in mittlerweile mehr als 100 Titeln und Clips wird Hennessy verherrlicht. Eine bessere Publicity konnte sich das Haus gar nicht wünschen. Cognac ist Teil eines neuen Lifestyle geworden, man geht völlig unverkrampft und erfrischend einfallsreich damit um, mit Vorliebe auf V.S.- und V.S.O.P.-Niveau. Die Kluft zwischen Charente-Winzern und Rapper-Szene klafft kilometerweit, kann aber kaum weniger weit sein, als es damals im 18. Jahrhundert jene zu den Londoner Clubs war.

Inzwischen kommen ›braune‹ Spirituosen generell wieder *en vogue,* und auch die Zahl der Liebhaber von Premium-Qualitäten erreicht erneut erfreuliche Höhen. In Asien, in Russland und auch auf den europäischen Märkten haben Kenner mittlerweile verkosten gelernt, dank Wein oder Malt, und sie besinnen sich auf Cognac als ein Luxusprodukt mit einer vier Jahrhunderte alten Geschichte.

Einen Cognac genießen zu können, der gebrannt wurde, als man selbst noch Windeln trug, der dann über Jahrzehnte hinweg ungeachtet aller Wirren der Geschichte ruhig heranreifen konnte, immer komplexeren und raffinierten Ausdruck erfuhr, ist ein kostbares und nicht selten kostspieliges Erlebnis. Im Cognaçais sind sich Winzer und Kellermeister längst des Erbes bewusst und lagern heute Brände ein, die erst die nächste Generation kosten wird. »Es ist wichtig, den Geschmack zu bewahren«, betont ein junger Nachwuchs-Kellermeister, »sonst verliert man seine Seele.«

Ein Hoch dem Meersalz

STATISTIQUE
DIVISION ADMINISTRATION.

DEP.T DE LA CHARENTE INF.RE

Das Departement Charente Inférieur aus dem Atlas National illustré, Paris 1852

Seite 108: Juillac-le-Coq mit seiner romanischen Kirche Saint-Martin liegt nur sechs Kilometer südwestlich von Segonzac.

nächst nur für den Eigenbedarf vinifizierten, vielleicht nie in das Bewusstsein der kommerzbegeisterten Schiffseigner geraten.

Als ab dem 13. Jahrhundert die Niederländer mit Wein zu handeln begannen, erfuhr der Weinbau erfreulichen Aufschwung, und die Rebflächen breiteten sich ins Landesinnere aus. Die Weißweine, die auf den sanften, kreidereichen Hängen bei Cognac und Segonzac gediehen, erlangten bald einen guten Ruf, speziell die edelsüßen Tropfen der Borderies, die aus Colombard gekeltert wurden. Dagegen bot die steigende Weinproduktion im Aunis bei La Rochelle immer schlechtere Qualität. Der niedrigprozentige Inhalt vieler Fässer überstand die Reise gen Norden nicht ohne Essigstich. In den Niederlanden eingetroffen, konnten viele Ladungen nur noch in den neu entwickelten Brennblasen zu *brandewijn* destilliert werden. Bald ging der Charente-Wein, den die Niederländer erstanden, nur in Ausnahmefällen direkt in den Weinhandel, der weitaus größere Teil war von vornherein für die Brennereien bestimmt. Nun war es nur eine Frage der Zeit, bis die ersten Händler auf den lukrativen Gedanken kamen, Brennapparaturen in der Charente zu installieren und vor Ort zu destillieren. 1549 sind die ersten vier umgeschlagenen Fässer *eau-de-vie,* gebranntes Lebenswasser, in La Rochelle aktenkundig.

Coniack Brandy

Vom kaufmännischen Standpunkt aus betrachtet, lagen die Vorteile des Branntweins klar auf der Hand. Er beanspruchte nur einen Bruchteil an Laderaum, war unbegrenzt haltbar und ließ sich an seinem Bestimmungsort auf Trinkstärke verdünnen. Der Aufstieg des Cognac setzte ein, als sich herausstellte, dass man den Wein der Region nur zweimal zu brennen brauchte, um ein klares, sauberes Destillat zu bekommen. ›Weine‹ anderer Früchte und Provenienzen mussten damals mehrfach kostenintensiv destilliert werden. Zudem verliehen die bes-

So seltsam es klingt, im Grunde verdankt Cognac seine Entstehung ein wenig wohl auch dem Meersalz. Denn ohne die Salzschiffe der Hanse, die im 11. Jahrhundert in den Häfen der heutigen Charente-Maritime den lebens(mittel)notwendigen Konservierungsstoff luden und damit den Salzhandel anheizten, wäre der Wein, den die Bewohner der Region im Hinterland anbauten und zu-

tens geeigneten sauren Charente-Grundweine dem Cognac ein angenehm fruchtiges Aroma, das anderen Schnäpsen fehlte. Wie die meisten Flüssigkeiten wurde Alkohol damals in Fässern transportiert. Da es im Frachtversand immer wieder zu Verzögerungen kam, ließ die Entdeckung, dass sich *eau-de-vie* durch die Lagerung in Eichenfässern verbesserte und pur genossen werden konnte, nicht lange auf sich warten, und der Cognac war geboren. Seine Qualität begann sich herumzusprechen, sodass *coniack brandy* Ende des 17. Jahrhunderts in London schon genügend Liebhaber hatte, die bereit waren, mehr dafür zu zahlen als für jeden anderen Branntwein. Der Begriff erschien erstmals 1678 in der »London Gazette«.

Cognac wurde zum gefragten – und hoch besteuerten – Gut. Nachdem die Belagerung von La Rochelle 1628 mit der Niederlage der Hugenotten und ihrer britischen Verbünde-

ten geendet hatte, bauten die Niederländer ihre Stellung im Cognac-Export aus, und nach wie vor war es der englische Adel, den sie mit bestem Cognac belieferten.

Mit der Nachfrage entwickelte sich die Infrastruktur, die ihr gerecht zu werden wusste. In allen größeren Orten der Region entstanden Kontore, wo man Brände zum Versand sammelte. Junge Niederländer, Briten, Iren oder Skandinavier nahmen die Auslandskontakte und den Handel in die Hand und fassten durch Heirat in der lokalen Gesellschaft Fuß. Noch immer waren viele Familien im Cognaçais Hugenotten. Erst als Ludwig XIV. 1685 das Edikt von Nantes widerrief, wanderten die meisten aus, blieben aber oft geschäftlich mit der Heimat in Verbindung, was den Cognac-Handel weiter förderte. Denn Cognac war von Anfang an vor allem ein Exportartikel, und das ist er bis heute geblieben.

Am Quai in Cognac werden für den Export bestimmte Kisten auf eine *gabare* geladen, eins der typischen Frachtboote (um 1920).

Bejahrter Cognac

Das älteste auf Cognac spezialisierte Handelshaus wurde 1643 von Philippe Augier gegründet, der dank seiner Heirat mit einer Niederländerin über beste Beziehungen zu deren Heimat verfügte. Die älteste der großen Marken, Martell, geht auf das Jahr 1715 zurück, Rémy Martin folgte 1724. Louis Gautier, dessen Großvater 1644 eine Winzertochter geheiratet hatte, erhielt 1755 die Genehmigung, eine Cognac-Firma in Aigre zu gründen. Das bekannte Haus Delamain entstand im Jahr 1759, als sich der Ire James Delamain mit seinem späteren Charentaiser Schwiegervater Jean-Isaac Ranson zusammentat. Hennessy nahm seinen Anfang 1765.

Agierten bis zur Französischen Revolution mehrere Familien im Cognac-Handel, ohne dass eine die Oberhand gewann, sollte sich die Situation in deren Verlauf grundlegend ändern. In den 1790er Jahren wussten Martell und Hennessy die Gunst der Stunde unter der neuen Regierung zu nutzen, um sich weitere Märkte zu sichern. Über die nächsten 150 Jahre dominierten sie – sozusagen Hand in Hand, hatten sie doch wiederholt untereinander um Hände angehalten und sie auch bekommen – den Handel und bestimmten je nach Konjunktur die Zuliefererpreise. Zugleich entstanden im 19. Jahrhundert mehrere Dutzend kleinerer Handelsfirmen, die sich einen Teil des Geschäfts sichern konnten. England behauptete sich bis ins 20. Jahrhundert hinein als wichtigster Markt, der jahrzehntelang vier Fünftel des Cognac-Exports schluckte.

Richard Hennessy (1724 bis 1800) gründete das heute führende Cognac-Unternehmen 1765.

Junger, klarer Branntwein

In den ersten drei Jahrhunderten seiner Karriere hatte Cognac mit dem, was wir heute genießen, kaum mehr als die Herkunft gemein. Hauptsächlich wurde junger, klarer Branntwein an ein breites Publikum vermarktet, das ihn mit Wasser verdünnt konsumierte – nicht weil der Cognac pur unverträglich war, sondern das Wasser. Als alt galt ein Cognac, wenn er ein Jahr im Fass gelegen hatte. Auch wenn alter Cognac schon ab 1720 höhere Preise erzielte, waren Qualitäten im Alter von drei oder mehr Jahren eine Seltenheit.

Die Firmen selbst betrieben kaum Lagerhaltung und Ausbau, sie kauften Mengen nach Bedarf von den Winzern, die auf diese Weise die Hauptlast der teils recht empfindlichen Marktschwankungen trugen. Noch Mitte des 19. Jahrhunderts bestand das Lager der führenden Firmen hauptsächlich aus jungen, keine zwei Jahre alten Bränden, nur ge-

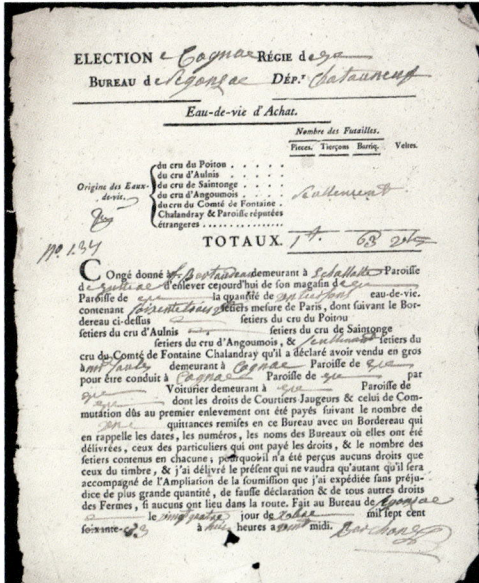

ringste Mengen ließ man fünf und mehr Jahre heranreifen. Mancher selbst destillierende Winzer spekulierte, indem er Fässer zurückhielt, wie es bis heute üblich ist. Damals befanden sich nahezu alle alten *eaux-de-vie* in den Kellern der Erzeuger.

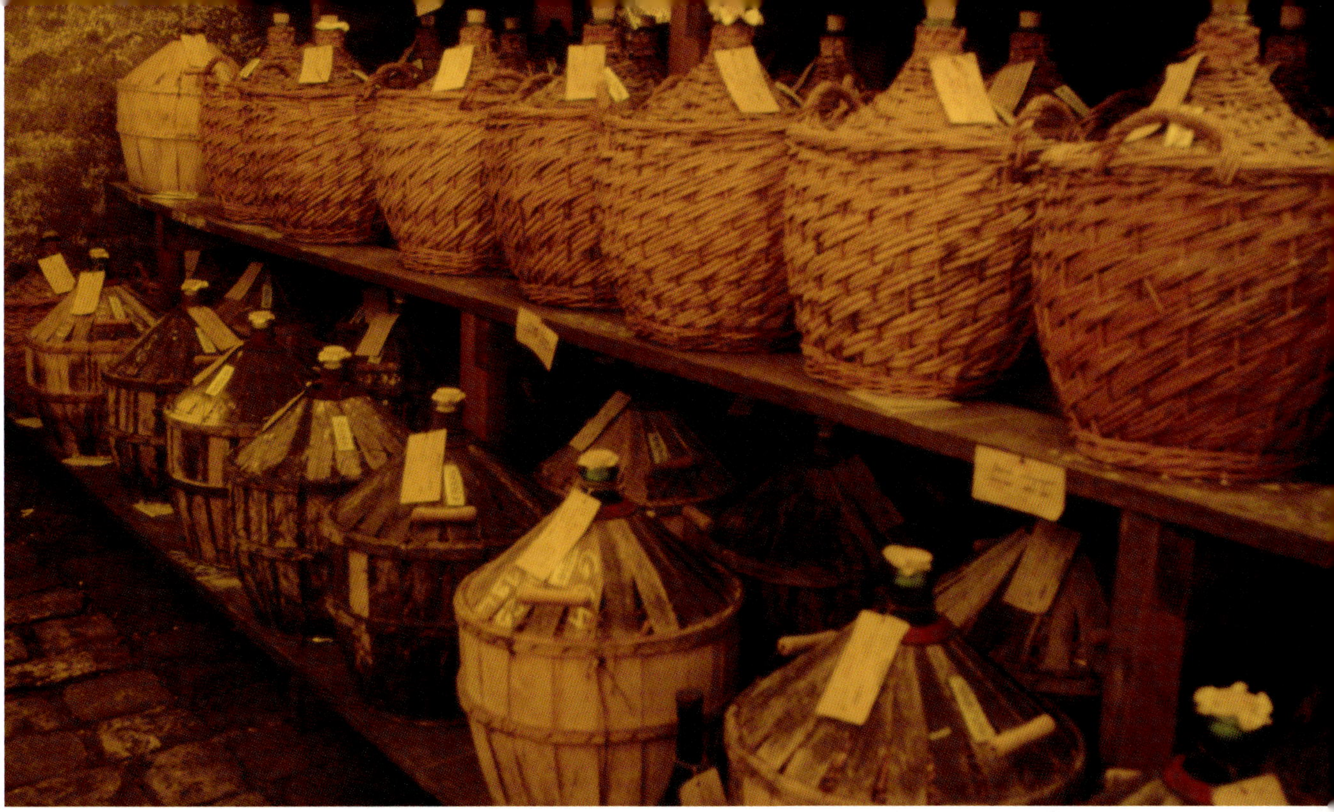

War Cognac ursprünglich ausnahmslos in Fässern vermarktet worden, gingen die Häuser nun dazu über, ihn in kleinere Einheiten abzufüllen, was eine breit gefächerte Zulieferindustrie ins Leben rief, die Flaschen, Korken, Kisten und Etiketten produzierte und bereitstellte.

Die steigende Nachfrage im 19. Jahrhundert verleitete die Bauern dazu, immer mehr Reben zu setzen – ein schwerwiegender Fehler, der in Überproduktion und als Folge davon in Preisverfall gipfelte. Der historische Höhe- oder Tiefpunkt wurde 1877 mit mehr als 280 000 Hektar registriert.

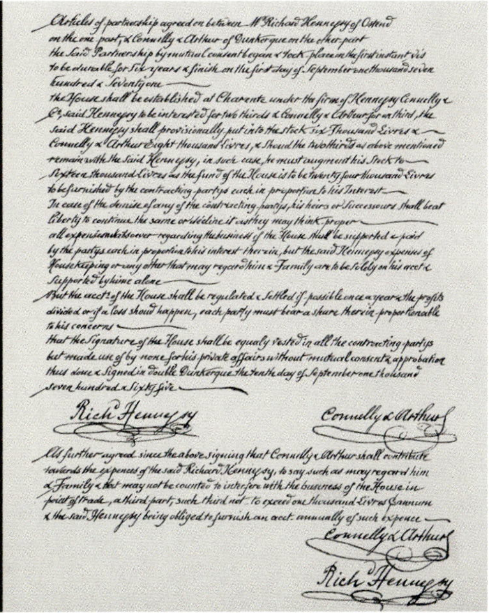

»Paradies« heißt die Schatzkammer, in der die ältesten Brände eines Cognac-Hauses in *demijohns* verwahrt werden.

ELECTION de Cognac RÉGIE de
BUREAU de Jegonzac DÉP.T Chateauneuf

Eau-de-vie d'Achat.

Nombre des Futailles.
Pieces. Tierçons Barriq. Veltes.

Origine des Eaux-de-vie.
du cru du Poitou
du cru d'Aulnis
du cru de Saintonge
du cru d'Angoumois
du cru du Comté de Fontaine Chalandray & Paroisse réputées étrangeres

TOTAUX. 1 63

N.º 134

Congé donné à demeurant à Paroisse de d'enlever cejourd'hui de son magasin de Paroisse de la quantité de eau-de-vie, contenant setiers mesure de Paris, dont suivant le Bordereau ci-dessus setiers du cru du Poitou setiers du cru d'Aulnis setiers du cru de Saintonge setiers du cru d'Angoumois, & setiers du cru du Comté de Fontaine Chalandray qu'il a déclaré avoir vendu en gros à demeurant à Cognac Paroisse de pour être conduit à Cognac Paroisse de par Voiturier demeurant à Paroisse de dont les droits de Courtiers Jaugeurs & celui de Commutation dûs au premier enlevement ont été payés suivant le nombre de quittances remises en ce Bureau avec un Bordereau qui en rappelle les dates, les numéros, les noms des Bureaux où elles ont été délivrées, ceux des particuliers qui ont payé les droits, & le nombre des setiers contenus en chacune; pourquoi il n'a été perçus aucuns droits que ceux du timbre, & j'ai délivré le présent qui ne vaudra qu'autant qu'il sera accompagné de l'Ampliation de la soumission que j'ai expédiée sans préjudice de plus grande quantité, de fausse déclaration & de tous autres droits des Fermes, si aucuns ont lieu dans la route. Fait au Bureau de le jour de mil sept cent soixante- à heures a midi.

Articles of partnership agreed on between Mr Richard Hennessy of Ostend on the one part, & Connelly & Arthur of Dunkerque on the other part
the said Partnership by mutual consent began & took place in the first instant & is to be durable for six years & finish on the first day of September one thousand seven hundred & seventy one
the House shall be established at Charente under the firm of Hennessy Connelly & Co, said Hennessy to be interested for two thirds & Connelly & Arthur for one third, the said Hennessy shall provisionally put into the stock six thousand Livres & Connelly & Arthur Eight thousand Livres, & should the two thirds as above mentioned remain with the said Hennessy, in such case he must augment his stock to sixteen thousand Livres as the fund of the House is to be twenty four thousand Livres to be furnished by the contracting partys each in proportion to his interest
In case of the demise of any of the contracting partys, his heirs or successours shall be at liberty to continue the same or decline it as they may think proper
all expenses whatsoever regarding the business of the House shall be supported & paid by the partys each in proportion to his interest therein, but the said Hennessy expenses of Housekeeping or any other that may regard him & Family are to be solely on his acct & supported by him alone
But the acct of the House shall be regulated & settled if possible once a year & the profits divided or if a loss should happen, each party must bear a share therein proportionable to his concerns
that the signature of the House shall be equaly vested in all the contracting partys but made use of by none for his private affairs without mutual consent & approbation
thus done & signed in double Dunkerque the tenth day of September one thousand seven hundred & sixty five

Rich Hennessy Connelly & Arthur

Its further agreed since the above signing that Connelly & Arthur shall contribute towards the expences of the said Richard Hennessy, to say such as may regard him & Family & that may not be counted to interfere with the business of the House in point of trade, a third part, such third not to exceed one thousand Livres p annum & the said Hennessy being obliged to furnish an acct annually of such expence

Connelly & Arthur

Rich Hennessy

Links: Begleitpapier aus Cognac von 1763, um ein Stückfass Schnaps abzuholen

Rechts: Vertrag zwischen Connelly und Hennessy vom 10.09.1765, Gründungsdokument des Unternehmens

Böses Erwachen

Im letzten Viertel des 19. Jahrhunderts ereilte sie auch das Cognac-Gebiet: die Reblausplage. Als sie die Weinberge der Charente befiel, hielt man sie anfangs angesichts der Überproduktion für eine Erlösung. Doch ihr Ausmaß war gigantisch. In den folgenden 16 Jahren vernichteten die Insekten mehr als 85 % der Anbauflächen. Über zwei Jahrzehnte brauchte die Region, um sich von den Folgen der Katastrophe zu erholen und ein Viertel des früheren Rebbestands auf resistenten amerikanischen Unterlagen neu zu pflanzen. Dabei konzentrierte man sich nun auf die besten Lagen im Umkreis der Stadt Cognac und bevorzugte die verlässliche, wenn auch neutralere Sorte Ugni Blanc gegenüber der ausdrucksstarken, doch zu anfälligen Folle Blanche.

Als die neuen Weinberge in Ertrag standen und Cognac wieder auf den Markt zurückkehrte, wurde den Handelshäusern erst bewusst, welchen Schaden in der Zwischenzeit Fälscher angerichtet hatten, die in vielen Ländern Fusel als Cognac vertrieben. Der Bedarf nach klaren Definitionen und schützenden Verordnungen war offensichtlich: sie wurden erstmals 1909 formuliert und 1936 als Appellation d'Origine Contrôlée ratifiziert. Vor dem Ersten Weltkrieg eroberte sich Cognac England als Hauptmarkt zurück, gefolgt von den französischen Kolonien und weiteren Ländern, darunter Argentinien, Indien und Ägypten.

Die Jahre zwischen den Kriegen erwiesen sich als schwierig. Wie in vielen Ländern, so erschwerten auch in Frankreich hohe Steu-

Sorgfältiges Probieren der Cognacs und deren Assemblage, wie hier in den 1930er Jahren, war schon immer eine vorrangige Aufgabe der Kellermeister.

ern den Absatz, und die Franzosen verlegten sich auf die preiswerteren *Apéritifs à base de vin* wie Byrrh oder Dubonnet.

Die deutsche Besatzung im Zweiten Weltkrieg tat sich an den inzwischen aufgebauten Vorräten der Handelshäuser gütlich, während die Winzer unbehelligt ihre Lager an *eaux-de-vie* erweitern und altern konnten, sodass Cognac bei der Befreiung für die Zukunft gut gerüstet war.

Goldene Zeiten

Mit dem Ende des Krieges setzte in Frankreich ein Aufschwung ein, der fast 30 Jahre anhielt und auch dem Cognac goldene Zeiten bescherte. Zu Beginn dieser Epoche wurde das Bureau National Interprofessionel du Cognac, das BNIC, von Winzern und Händlern gemeinsam gegründet, um Qualität und Ruf des Cognac zu sichern und zu mehren. Das BNIC definierte die verschiedenen Qualitätsstufen, wofür Erfassung, Kontrolle und Zertifikation von Alter und Herkunft unerlässlich sind, eine in der Welt der Spirituosen beispiellose Garantie.

Dank seines Erfolgs blieb Cognac von den Spielregeln der Marktwirtschaft nicht verschont. Der Aufbau des eigenen Stocks verlangte von den Händlern zunehmend finanzielles Talent und Gespür, das nicht jedem gegeben war. Gleichzeitig bekundeten ausländische Investoren steigendes Interesse. Als Folge haben nur wenige Handelshäuser im Familienbesitz überlebt.

Der Aufschwung verleitete die Winzer abermals zu überzogenen Anpflanzungen, und 1976 war die Rebfläche auf 110 000 Hektar angeschwollen, deutlich mehr, als der Markt verkraften konnte. Eine neue Krise bahnte sich an, die sich bis über die Jahrtausendwende hinaus erstreckte und Fachleuten zu düsteren Prognosen Anlass gab.

In dieser Halle wurden um 1920 die Cognacs des Hauses Hennessy abgefüllt und versandfertig gemacht.

Überlieferte Spielregeln

Mit dem Ende des 20. Jahrhunderts hat sich die Lage der Cognac-Produzenten verändert. Drei von vier Handelshäusern sind vom Markt verschwunden. Die großen vier, Hennessy, Rémy Martin, Martell und Courvoisier, sind Teil multinationaler Gruppen mit überaus effektiven internationalen Vertriebssystemen und vermarkten heute mehr als 70 Prozent der Gesamtproduktion von knapp 160 Millionen Flaschen, von denen 95 Prozent exportiert werden.

Hinsichtlich der Produktion hat sich dagegen kaum etwas verändert. Die den Markt bestimmenden Handelshäuser besitzen keine eigenen Weinberge. Sie müssen junge *eaux-de-vie* von 4500 selbst destillierenden Winzern, den *bouilleurs de cru,* kaufen oder von professionellen Brennern, die Weine der

1500 reinen Weinbaubetriebe verarbeiten. Diese seit eh und je bestehende Aufgabenteilung trennt die Winzer von Märkten, Verbrauchern und Trends. Gehen die Geschäfte gut, suchen die Handelshäuser durch Verträge – Rémy Martin hat eine Kooperative ins Leben gerufen, der 2000 Winzer angehören – ihren Bedarf zu sichern, in Krisenzeiten bleibt der Schwarze Peter immer bei den Erzeugern. Längst werden die Geschicke des Cognac nicht mehr in Cognac entschieden, die Führungsspitzen der vier regierenden Marken residieren nicht mehr an der Charente.

Was die vier Giganten übrig lassen, teilen sich, laut Liste des BNIC, 217 direkt verkaufende Winzerbetriebe, drei Kooperativen und weitere 141 Händler. Die Anzahl

Flaschenetikettierung und Vorbereitung für den Verkauf bei Hennessy, um 1920

der letzteren wird durch die etablierten Domainen aufgebläht, denen der Händlerstatus mehr Aktionsfreiheit lässt. An potenten Handelshäusern existieren kaum mehr als 30 Firmen.

Frischer Wind

Heute erhalten die selbst vermarktenden Güter, von denen die meisten den Schritt in die Selbstständigkeit erst nach 1945 wagten, Zuwachs von einer neuen, weltoffenen und kritischen Generation. Sie nutzt die Möglichkeiten moderner Kommunikation, um ihre Produkte ins rechte Licht zu setzen. In der Produktion zeichnet sie sich durch einen souveränen Umgang mit Traditionen aus und entwickelt einen eher modernen Stil, der das Terroir herausstellt, selbst wenn es sich nicht in der Grande Champagne befindet. Sie bearbeitet ihre Weinberge so gewissenhaft wie noch nie zuvor in der Geschichte der Region. Nicht selten bleiben ihre Cognacs unverschnitten, reine Jahrgangsbrände, und beim Ausbau zieht sie oft die feinporige Traubeneiche aus dem Allier der grobporigeren Stieleiche aus dem Limousin vor. So erhalten ihre Cognacs – bei geringerer Oxidation – eine elegantere, sü-

ßere Würze. Cognac, auch wenn es auf den ersten Blick nicht so aussehen mag, ist auch in der Charente in Bewegung geraten.

Und die Zeiten sehen wieder einmal rosig aus. Nachdem sich schon ihre Eltern seit den 1970ern dem Cognac zugewandt hatten, machte die schwarze Jugend der USA, allen voran Rapper und Hip-Hopper, *yak* zu ihrem Kultgetränk. Plötzlich boomt Cognac wieder. Zugleich steigt in letzter Zeit erneut die Nachfrage nach Premium-Qualitäten, vor allem in Asien, wo sich die Wirtschaft nach dem Crash von 1997 wieder im Aufwind befindet. Wie lange wird die Goldgräberstimmung diesmal anhalten?

Das Château de Beaulon in Saint-Dizant-du-Gua ist ein Beispiel für ein Gut, das sich mit persönlicher Initiative und eigener Vermarktung einen Namen gemacht hat.

Im Städtchen Cognac laden die großen Häuser zum Besuch ein.

Die Terroirs des Cognac

Die Charente entspringt im benachbarten Limousin, das für seine Eichen weithin bekannt ist, dann durchquert sie gemächlich die alten Provinzen des Angoumois und der Saintonge und mündet schließlich, nachdem sie südlich um Rochefort herum geflossen ist, gegenüber der Ile d'Oléron in den Atlantik. Sie ist die Lebensader der Cognac-Region, die ihr die geologische Gestaltung ebenso verdankt wie das eigenwillige Klima und die günstigen Transportwege. In der sanftgewellten Landschaft südlich ihrer Ufer zwischen Cognac und Jarnac ziehen sich Reben die Hänge hinauf, in langen akkuraten Reihen an Drahtrahmen erzogen. Sie wachsen auf bleichen Kreideböden, denn wie in der Champagne zeichnet Kreide die besten Lagen aus, die hier Grande und Petite Champagne heißen.

Zwei Departements verdanken dem Fluss ihren Namen: Charente und Charente-Maritime. Sie umfassen das gesamte Cognac-Gebiet mit Ausnahme zweier kleiner Enklaven in der Dordogne und in den Deux-Sèvres.

Insgesamt zählen 110 km² zu dem Anbaugebiet, in dem heute rund 80 000 ha Rebflächen in Ertrag stehen. Sie konzentrieren sich auf das annähernd rechteckige Kerngebiet, in dem Kalk und Kreide die Böden prägen.

Nicht weniger wichtig für die Qualität des Cognac ist das Klima. In der Region begegnen sich nördliche und südliche, atlantische und kontinentale Klimafaktoren und führen je nach Lage zu diversen Mikroklimata und dadurch zu einer Fülle von Nuancen in Weinen und Destillaten.

Sechs Terroirs werden unterschieden, die das Dekret von 1909 erstmals definierte und die dann von der 1936 erteilten Appellation d'Origine Contrôlée bestätigt wurden.

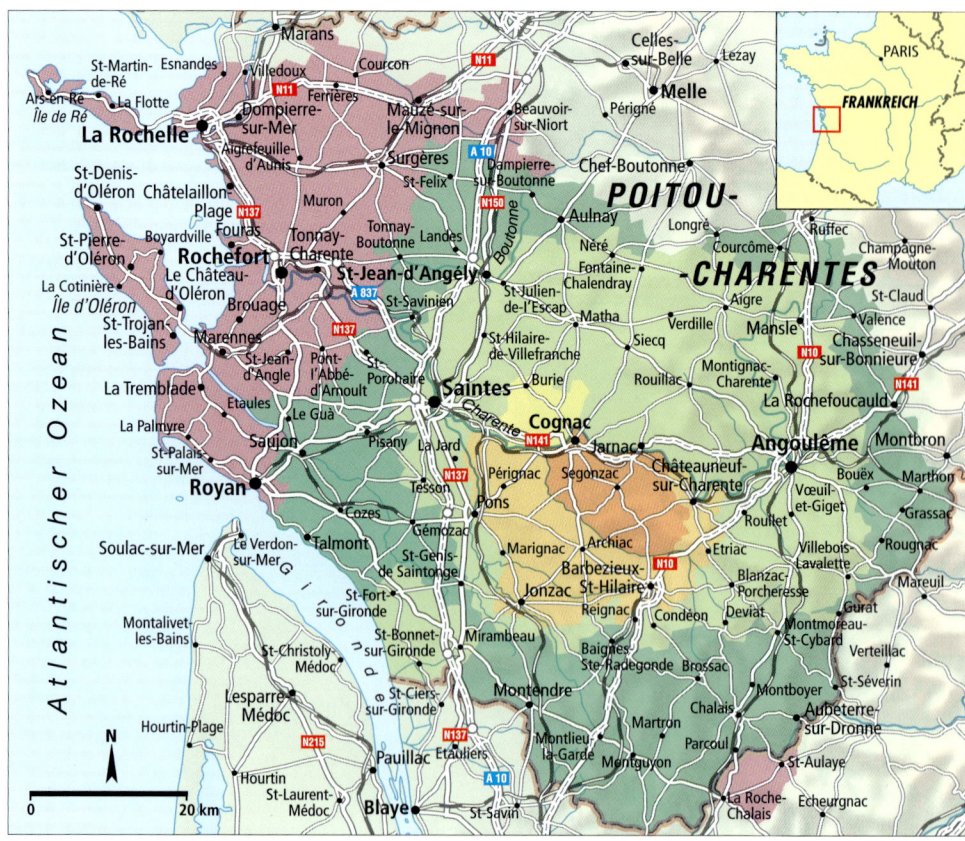

Die Anbauregionen der Appellation Cognac

- Grande Champagne
- Petite Champagne
- Borderies
- Fins Bois
- Bons Bois
- Bois Ordinaires

Grande Champagne

Um Segonzac bis zur Kleinstadt Cognac und nach Jarnac, wo das Klima am ausgewogensten ist, bestimmen Kreide und poröser Kalk die Böden, die bestens drainieren, aber zugleich wie ein Schwamm Wasser speichern. Hier besitzen Cognacs ein erstaunliches Alterungspotenzial und entwickeln das komplexeste Bukett, die größte Finesse. Rebfläche: 13 000 ha (die Angaben beziehen sich nur auf die Cognac-Produktion).

Petite Champagne

Sie umfasst die Grande Champagne wie ein Halbkreis, dessen nördliche Grenze von der Charente gebildet wird. Obwohl die Böden ähnlich sind, nur der Kalk etwas weniger porös und tiefgründig, das Klima nur ein wenig maritimer oder kontinentaler, zeigen die Cognacs leichteren Körper und verhaltenere Finesse. Rebfläche: 16 000 ha.
Fine Champagne ist eine *coupe* von maximal 50 % Petite und mindestens 50 % Grande Champagne.

Borderies

Das kleinste, geschlossenste Terroir, nördlich von Cognac, mit lehmhaltigen Kalkböden und stärkeren Einflüssen vom Atlantik schenkt sanfte, aromatische, interessante Branntweine mit charakteristischem Veilchenduft, die schneller altern. Meist für *coupages*. Rebfläche: 4000 ha.

Fins Bois

Dieses ausgedehnte, wald- und wiesenreiche Terroir schließt Grande Champagne, Petite Champagne und Borderies ein. Es ist bekannt für früh alternde, angenehme, zugängliche Cognacs. Die sogenannten Fins Bois de Jarnac und die Enklave an der Gironde bei Mirambeau können reizvolle Qualitäten ergeben, die ebenfalls gut altern. Rebfläche: 33 000 ha.

Bons Bois

Das größte Terroir umringt die vier ersten und weist sowohl von den Böden wie vom Klima ein heterogenes Profil auf, das sich in seinen schnell alternden Bränden widerspiegelt, die weniger Klasse aufweisen und oft für den Pineau des Charentes, den regionalen Likörwein, Verwendung finden. Rebfläche: 12 000 ha.

Bois Ordinaires

(inzwischen in Bois à Terroir umbenannt) Das ausgedehnte Anbaugebiet in der küstennahen Ebene nahm im 19. Jahrhundert seine heutige Gestalt an. In diesem wenig bemerkenswerten Terroir hat man sich überwiegend auf die Erzeugung von trockenen Weißweinen verlegt. Destillate mit eigenwilligerem Charakter sucht man besser in den Terroirs Ile d'Oléron und Ile de Ré mit ihrer maritimen Lage und ihren Kiesböden. Rebfläche: 1700 ha.

Die Weinlandschaften der Charente, die Terroirs mit ihren speziellen Bodeneigenschaften und Mikroklimata schaffen die Basis für die Qualität der Cognacs.

Charentaiser Destillation

Im November, sobald die ersten Weine vollständig durchgegoren sind, macht sich vor allem in den Dörfern der Grande und der Petite Champagne ein unverkennbarer Duft bemerkbar: das Parfüm frisch gebrannter *eaux-de-vie,* der zukünftigen Cognacs. Bis spätestens 31. März liegt es schwer in der Luft, obwohl die *bouilleurs de cru* (selbst destillierende Winzer), die *bouilleurs professionnels* (selbst destillierende Händler) und die professionellen Brennereien sowie die *cooperatives,* Genossenschaften, der Charente bemüht sind, schnell zu arbeiten: je frischer der Wein, desto sauberer das Destillat. Der Wein sollte 8–9 % vol Alkoholgehalt aufweisen, viel Säure enthalten, sauber, geradlinig und typisch sein und die biologische Säureumwandlung vollzogen haben. »Wir brauchen keine Extravaganz, sondern Korrektheit und Frucht«, gibt Jean-Pierre Vidal zu verstehen, Chef-Destillateur bei Hennessy. Die Konzentration der Aromen erfolgt erst durch die Destillation, es braucht 8–10 l Wein für eine Flasche Cognac.

Alambic charentais

Die Charentaiser Brennblase gilt als Modell der chargenweisen bzw. diskontinuierlichen Destillieranlage. Jahrhundertelang blieb das Prinzip gewahrt, nur die Kapazität änderte sich. Sind bei Winzern auch kleine Geräte noch in Betrieb, große Destillerien verfügen für den Feinbrand über Brennblasen, in denen 25 hl gebrannt werden können und dürfen. Wichtigster Teil der kupfernen Brennblase ist ihr Helm, worin die Konzentration stattfindet. Von dort gelangen die Dämpfe weiter in den Schwanenhals (Geistrohr) und in den Kondensator.

Der *alambic* muss mit offener Flamme beheizt werden. Geschah dies früher tagsüber mit Holz und nachts mit Kohle – eine ebenso anstrengende wie nervenaufreibende Tätigkeit –, erfolgt es heute mit Gas, sodass man die erforderlichen Temperaturen leicht regulieren kann. Meist ist an die Brennanlage ein energiesparender Weinvorwärmer angeschlossen, in dem der Grundwein auf 40 °C vorgewärmt wird, bevor er in die Blase fließt und über den Gasflammen erhitzt wird. Bei 78,3 °C steigen Alkohol und andere flüchtige Stoffe als Dampf auf, um beim Abkühlen zu kondensieren. Zwölf Stunden dauert ein solcher Brenndurchlauf.

Bei der ersten Destillation wird zunächst der *brouillis* aufgefangen, das ist ein leicht trüber, an Trester erinnernder Raubrand mit 28–30 % vol Alkoholgehalt, in dem bereits alle Qualitäten des späteren Destillats enthalten sind. Im zweiten Durchlauf, genannt *bonne chauffe,* findet eine weitere Konzentration auf maximal 70–72 % vol statt.

Das chargenweise Brennen erlaubt dem *destillateur* gezielten Zugriff auf Vor- und Nachlauf, *têtes* und *secondes*. Er weiß, wann er sie abscheidet, um nur *le cœur,* das Herz, aufzufangen. Es fließt aus dem Kondensator klar und intensiv duftend ins Fass.

Heikle Secondes

Der Vorlauf aus zu hochprozentigem Alkohol spielt eine eher untergeordnete Rolle, aber die *secondes* geben den Ausschlag. Es sind schwerere, aromareiche, doch mitunter auch schädliche Stoffe. Deshalb wird der Brennmeister sie bei Destillaten für jungen Cognac vollständig aussondern, aber bei solchen, die zur langen Alterung vorgesehen sind, zu einem Teil zulassen. Diese Entscheidungsfreiheit hebt das chargenweise vom kontinuierlichen Brennen ab. Vor- und Nachlauf destilliert der Brennmeister erneut. Geht es ihm um Aromen und Komplexität, gibt er die *secondes* zum nächsten *broullis,* möchte er einen neutraleren Brand erhalten, fügt er sie dem nächsten Grundwein hinzu.

Grundweine mit oder ohne Feinhefen sorgen für weitere Nuancen. »Die Destillation mit den Feinhefen ist die traditionellste Methode«, betont Pascal Fillioux, Besitzer von Cognac Jean Fillioux. »Besonders in der Grande Champagne drückt man so die Terroir-Aromen stärker aus und erhält weichere *eaux-de vie* voller Komplexität.«

Gegenüber: Der typische *alambic charentais* besteht aus Brenner samt Brennblase mit Schwanenhals (Geistrohr) und aus zylinderförmigem Kondensator (aus dem das Destillat in das Fass fließt). Das große bauchige Gefäß ist der Weinvorwärmer, durch den die heißen Dämpfe auf dem Weg zum Kondensator hindurchgeleitet werden. Aräometer oder Senkwaage messen den Alkoholgehalt.

Kein Cognac ohne Eiche

Cognac entstand eigentlich in dem Moment, als man entdeckte, dass Branntwein durch Alterung in Eichenfässern völlig andere, feinere Aromen entwickelt. Das Eichenholz, das man in der Charente von Anfang an dafür verwendet, stammt aus dem nahen Limousin. Dort gedeihen vorwiegend Stieleichen, und deren Holz eignet sich am besten für den langjährigen Ausbau von Cognac. Auf den fruchtbaren Böden des Limousin wachsen die Eichen im Frühjahr stärker als im Sommer. Dies führt zu weiteren Abständen der Jahresringe und zu entsprechend grobporiger Struktur, was einen hohen Phenolgehalt nach sich zieht. Das feinporige, undurchlässigere Holz der Traubeneiche aus dem Allier – die berühmteste Herkunft ist das Tronçais im Norden der Auvergne – wird wegen seines Reichtums an aromatischen Essenzen wie dem Vanillin für jüngere Cognacs benutzt oder von Erzeugern gewählt, denen es auf einen stärker ausgeprägten, unverkennbaren Terroir-Ausdruck ankommt.

Neben dem Holz der Eiche braucht der Küfer Hammer, Keil, Ziehmesser, Hobel, Hebel und Zirkel als Werkzeuge zum Fassmachen.

Die Geburt eines Barrique, links von oben nach unten:

Das Spaltholz wird durch die Bandsäge geschoben, um den Dauben von vornherein eine gleichmäßige Breite und Länge zu geben.

Die konisch zugeschnittenen Dauben fügt der Küfer mit Hilfe eines Metallrings, der für den Halt sorgt, aneinander.

Ist der Kreis des Fasses geschlossen, schlägt der Küfer einen zweiten und dann einen dritten Reifen darüber, um den Daubenkranz zu sichern.

Noch spreizen sich die Dauben am anderen Ende des Fasses ab und müssen über offenem Feuer durch Hitze biegsam gemacht werden.
Wie stark das Fass dabei erhitzt wird, nimmt einen entscheidenden Einfluss auf die Aromen, die es später an den Cognac abgibt.

Rechts von oben nach unten:

Eine Metallschlinge wird um das Fass gelegt, und mit Hebelwirkung zieht der Küfer sie immer stärker an, während er die Dauben von außen anfeuchtet.

Schließlich bilden die Dauben auch am zweiten Ende einen vollkommen geschlossenen Kreis, sodass man ihn mit einem Reifen einfassen kann.

Noch besitzt das Fass keine seitliche Öffnung, und der Küfer bohrt ein Spundloch ins Eichenholz, das er zur vorgeschriebenen Größe ausfräst.

Boden und Deckel müssen zwar noch eingesetzt werden, dennoch erhält das Fass außen bereits seinen letzten Schliff.

Mysterium der Chais

Cognac altert in Fässern aus französischer Eiche mit einem Fassungsvermögen um 400 l. Die Bottiche dienen der Assemblage (links: Camus). Manche Fässer werden jahrzehntelang benutzt (rechts: Ragnaud-Sabourin).

Jarnac, das zweitwichtigste Branntwein-Städtchen der Region, wirkt verschlafen. In den zur Charente führenden Gassen steigt immer wieder der typische Fassgeruch in die Nase, zeigen die Wände den charakteristischen schwarzen Schimmel *Torula cognaciensis*, der mit verdunstendem Alkohol gedeiht.

Wo Cognac lagert, ist der Fluss selten weit. War die Lage ursprünglich wegen des Transports gewählt, stellte sich heraus, dass die Luftfeuchtigkeit in Wassernähe sanftes Altern und natürliche Reduzierung des anfangs rund 70 % vol Alkohol enthaltenden Brandes fördert und zugleich dessen Verdunstung reduziert. In einem trockenen Chai erhöht sich die Verdunstung, das Destillat büßt wenig Alkoholgehalt ein, wohl aber mehr Wasser und somit Volumen. Wer über beide Lagermöglichkeiten verfügt, kann sie gezielt für die Erziehung seiner Cognacs einsetzen. Übrigens verbreitet sich in jedem Chai im Sommer ein eigener Duft als Kennzeichen der Verschiedenheit.

War die Destillation die erste Konzentration der Aromen des *eau-de-vie*, ist die Verdunstung die zweite. Ohne sie gäbe es keine Entwicklung und Alterung des Cognac. Je nach Struktur des Eichenholzes (aus dem Limousin stärker, aus dem Tronçais schwächer), je nach Beschaffenheit des Chai (im feuchten sanfter, im trockenen ausgeprägter), je nach Größe des Fasses (je größer, desto geringer) übt sie Einfluss aus. Jährlich verdunsten rund 23 Mio. Flaschen Cognac: der Anteil der Engel. Im Durchschnitt rechnet man mit 3 % pro Jahr, was bedeutet, dass sich von 100 l Cognac in zehn Jahren gut 26 l verflüchtigt haben!

Fass-Philosophien

Beim Umgang mit den Fässern – 350 l ist das beliebteste Maß – scheiden sich die Geister im Cognaçais. »Aber man wird keinen alten Cognac in neues Holz legen und keinen jungen in altes, da gibt es Regeln, die man respektieren muss«, betont Olivier Paultes, *maître de chai* von Frapin.

Man unterscheidet drei Arten von Fässern.
Fûts neufs: Bis zu fünf Jahre gelten Fässer als neu; sie enthalten viele Tannine, und Aromastoffe wie Vanillin; sie werden nur für frisch destillierte *eaux-de-vie* benutzt.
Fûts roux: Fässer, die 5–15, maximal 20 Jahre alt sind; sie enthalten nur noch wenige Tannine und werden für Cognacs benutzt, die vor allem weiter oxidieren sollen.
Vieux fût: 15–20 Jahre alt und älter; sie sind ohne Tannine, haben sich aber mit Cognac vollgesogen und sind für die Verfeinerung der ältesten Qualitäten geeignet.
Bevor sich der Kellermeister für das Fass entscheidet, beurteilt er das frische *eau-de-vie*. Welches Potenzial bietet das Destillat? Die aromatischsten Jungbrände sind für die jüngsten Qualitäten bestimmt, verschlossenere verlangen nach Erziehung und werden zu älteren Cognacs ausgebaut. Immer entscheidet die Verkostung über den weiteren Werdegang.
Der Ausbau beginnt in neuen – mehr oder weniger stark getoasteten, das heißt bei der Herstellung von innen erhitzten – Fässern, die unerlässlich sind für die Anreicherung mit Tanninen, Farb- und Aromastoffen. Entscheidend ist die Dauer. Bei Raymond Ragnaud bleibt man bei sechs bis acht, bei Frapin geht man bis maximal zwölf Monate. Bei edlen *eaux-de-vie* dürfe man nicht zu viel neues Holz geben, heißt es bei Hennessy geheimnisvoll. Dagegen bleiben bei Jean Fillioux Jungbrände 18–24 Monate in neuem Holz, und die Jahrgangs-Cognacs behalten ihr neues Fass die gesamte Ausbauzeit.
Einig sind sich alle Erzeuger darüber, dass die Holznoten zunächst hart und bitter sind und dass es Jahre der Oxidation braucht, bis sich die gesuchten Aromen von Vanille und später die von eingelegten Früchten wie Aprikose und Orange sowie die von Mandeln, Nüssen und schließlich *rancio* entwickeln. Nach 60, maximal 70 Jahren haben Cognacs ihr Optimum erreicht. Dann füllt man sie in *dames-jeannes,* in Korbflaschen, um weitere Oxidation und vor allem weitere Verdunstung zu vermeiden.

Der Kellermeister von Delamain (links) entnimmt einem alten Fass eine Probe. Spinnweben sind in den Chais gern gesehen als natürliche Fliegenfallen und Zeichen für ein gesundes Kellerklima.

Der letzte Schliff

Die große Kunst des Cognac liegt in der Assemblage. Erst in den letzten Jahren gibt es die, noch sehr seltenen, Jahrgangs- oder sogar Single-Cask-Abfüllungen. Ganz gleich auf welchem Niveau, ob beim V.S. oder V.S.O.P., beim X.O. oder bei wesentlich älteren Reserven, es kommt den Cognac-Häusern und Domainen auf ein ausgewogenes, harmonisches Produkt von stets gleichbleibender Qualität und unverändertem Stil an, von Abfüllung zu Abfüllung und über viele Jahre hinweg.

Dazu werden bei den jüngeren Qualitäten oftmals *eaux-de-vie* verschiedener Herkünfte miteinander kombiniert. Grundsätzlich wird niemals ein Fass einem anderen wirklich völlig gleichen. Und bei den oft großen Mengen, die es so zu assemblieren gilt, dass ihr Ausdruck tatsächlich gewahrt bleibt, kann man sich den Vorgang kaum heikel genug vorstellen. Gewöhnlich führen die Kellermeister alljährlich zwischen April und September eine sorgfältige Bestandsaufnahme in Form von ständigen Vorassemblagen durch, die schrittweise weiterreifen und sich im Idealfall mehr und mehr harmonisieren. Nach und nach nehmen sie weitere *coupes* vor, bei denen je nach Größe der Marke dutzende, zuweilen 100–150 unterschiedliche Brände ins Spiel kommen.

Cognac verändert sich mit dem Alter, er gewinnt immer komplexere Aromen, und seine Farbe verwandelt sich von Wasserklar bis zu einem dunklen Mahagoni.

Je hoher und älter die Qualität, umso reizvoller und raffinierter sind die unterschiedlich alten Bestandteile. »Hier ist der Kellermeister gefragt, hier kann er sich ausleben, kann seinem Talent und seiner Inspiration freien Lauf lassen – nur irren darf er sich nicht«, betont Patrick Peyrelongue von Delamain. »Ein Produkt zu komponieren, das eine vollkommene Ausgewogenheit an Finesse, Eleganz, Distinktion, Subtilität, Frische, Biss, sanfter Süße, Geradlinigkeit und Reinheit bei überwältigendem Ausdruck erzielt, ist kein Kinderspiel.« Dazu bedarf es eines bedeutenden Stocks mit der größtmöglichen Nuancenvielfalt.

Trinkstärke und Farbton

Außerdem wird von den Kellermeistern ein Höchstmaß an Fingerspitzengefühl erwartet, wenn es um die Reduktion geht. Junger Cognac fließt mit etwa 70 % vol Alkoholgehalt aus dem Kondensator, wohingegen er deutlich weniger aufweist, wenn er schließlich in den Handel kommt. Um ihn auf die vorgeschriebene Trinkstärke der maximal 45 % vol zu reduzieren, muss er mit demineralisiertem oder destilliertem Wasser verdünnt werden. Das ist keineswegs so einfach wie es klingt, denn geschieht es zu abrupt, riecht der Cognac später nach Seife, er schmeckt flach und verwässert. Also muss man in vorsichtigen Schritten vorgehen und sich selbst beim drei Jahre jungen V. S. genügend Zeit lassen. Spezialisten für alte Qualitäten reduzieren mit *faibles,* einer 15 % vol starken Mischung aus mit Wasser verdünntem altem Cognac, die bis zwei Jahre Fassreife absolviert hat.

Der Farbton wird mit Zusatz von Karamell abgestimmt, der Geschmack eventuell mit maximal 2 g/l Zucker oder Sirup. Vor der Abfüllung werden Cognacs gewöhnlich auf Minustemperatur stabilisiert und filtriert, um in allen Klimazonen brillant im Glas zu funkeln. Nur wenige Häuser und Winzer sperren sich gegen diese Prozedur, die aromatische Komponenten supprimiert.

Qualitäten

Das Alter des Cognac wird offiziell kontrolliert und gezählt:
00 steht für einen Cognac zwischen Weinlese und dem nachfolgenden 31. März, wenn der Zähler auf 0 wechselt. Am 1. April des dann jeweils folgenden Jahres erhöht sich der Zähler um 1. Die höchste offizielle Altersregistrierung ist compte 10.

V.S. (Very Special) oder ✳✳✳: Der jüngste Cognac, der in den Handel kommen darf, muss mindestens zweieinhalb Jahre alt sein, Stichtag ist der 1. Oktober des Jahres der Weinlese.
V.S.O.P. (Very Superior Old Pale), V.O. (Very Old) oder Réserve: Mindestalter viereinhalb Jahre
Napoléon, X.O. (Extra Old), Extra oder Hors d'Age: Mindestalter sechseinhalb Jahre

Oft verwenden Kellermeister für ihre Assemblagen Cognacs, die das Mindestalter weit überschritten haben.

Millésimé, Jahrgangs-Cognac, darf seit Jahrgang 1988 in Frankreich abgefüllt werden, bei älteren handelt es sich um in England gealterte und abgefüllte *Early landed* oder um ganz besondere – vom BNIC kontrollierte – unter Verschluss gehaltene Mengen.

Gigantisches Quartett

Hennessy

Hennessy ist das Schwergewicht im Quartett der Cognac-Giganten. Vier von zehn Flaschen Cognac stammen aus seinen Chais. Obwohl man Gründer Richard Hennessy noch immer als Helden herausstellt, erreichte die Firma erst während der Revolution unter dessen Sohn James ihre vorrangige Bedeutung, die sie bis heute – inzwischen als Teil von LVMH – erfolgreich verteidigt. Schon früh setzte man auf den Export nach England, später nach Amerika, Australien und Asien und behauptet sich in vielen Ländern als Nummer Eins. Dazu trugen Markenpolitik und Werbung gleichermaßen bei, deren Bedeutung Hennessy frühzeitig erkannte. Heute besitzt die Firma 180 ha Reben, bewirtschaftet weitere 220 ha und arbeitet mit rund 1700 Zulieferern. Ihr Grande Champagne wird vorwiegend in der eigenen Destillerie Le Peu gebrannt. Seit mehr als 200 Jahren bestimmen die Fillioux als *maîtres de chai* Stil und Qualität des Hauses. Der volle, runde, würzige X.O. mit süßlicher Frucht ist typisch für den Hausstil, der sehr komplexe Paradis überzeugt durch feinen *rancio* und außergewöhnliche Eleganz.

Rémy Martin

Rémy Martin, Winzer und Schwiegersohn eines Kaufmanns, gründete seine Cognac-Firma 1724. Sein Erfolg wurde über drei Generationen ausgebaut, bis Paul Rémy Martin sich unfähig zeigte, die Krisen der Zeit und den eigenen Größenwahn zu meistern. Gerettet wurde das Unternehmen 1910 von André Renaud, einem in der Grande Champagne aufgewachsenen promovierten Juristen. 1927 kreierte er den V.S.O.P. Fine Champagne, indem er den alten Begriff mit dem Spitzen-Terroir verknüpfte und dafür länger gealterte Brände zu einem würzigen, fruchtig-reifen Charakter assemblierte. Angeregt durch Schwiegersohn André Hériard Dubreuil vermarktete Rémy Martin ab 1948 ausschließlich Fine Champagne, und sein V.S.O.P. wurde zu einem der bis heute erfolgreichsten Cognacs. Er half, aus dem mittelständischen Betrieb den zweiten Giganten zu machen, der 1990 mit Cointreau fusionierte. Um seinen Bedarf zuverlässig zu sichern, schloss Rémy Martin bereits 1965 erste Verträge mit Winzern, die schließlich 2005 in die Alliance Fine Champagne mündeten, einer Genossenschaft mit 2000 Mitgliedern.

Martell

Martell gilt als die älteste Cognac-Firma innerhalb des Quartetts, als Gründungsjahr zählt 1715. Damals ließ sich der 21-jährige Jean Martell in Cognac nieder. Er kam von der Insel Jersey, einem zu dieser Zeit bedeutenden und nicht ganz legalen Warenumschlagplatz, wo seine Familie aktiv war. Sein erster Versuch mit Cognac scheiterte, doch dann heiratete er in eine der ersten Familien ein, die Lallemands, und von Stund an begann sein Cognac-Geschäft, vor allem mit London und Dublin, zu florieren. Schnell gelang Martell der Aufstieg zur Nummer Eins der Cognac-Firmen, eine Position, die er bis 1985 halten konnte. (Die verschwägerten Hennessys belegten Platz Zwei) Nach einem Jahrzehnt Niedergang unter der Regie von Seagrams hat Martell, das seit 2002 zu Pernod Ricard gehört, mit Rémy Martin gleichgezogen. Man verfügt über 283 ha Rebfläche (für 3 % der Produktion) und besitzt die größte Brennerei der Region. Flaggschiff ist bis heute der Cordon Bleu in seiner Flasche von 1912, der sein nussiges Aroma Bränden aus den Borderies verdankt, seine süße Würze und trockene Leichtigkeit dem Ausbau in Tronçais-Eiche.

Courvoisier

Unter den vier Giganten hat Courvoisier schon immer die Außenseiterrolle gespielt. Emmanuel Courvoisier war Weinhändler im Pariser Viertel Bercy und belieferte Napoleon I. mit Cognac. Sein Sohn Félix beschloss 1843, eine eigene Cognac-Firma in Jarnac zu gründen. Im Jahr 1909 wurde sie an die englische Familie Simon verkauft, die es verstand, Courvoisier zur Marke auszubauen. Bewusst knüpften sie an die alte Verbindung zum Kaiser an und boten ihren Cognac als »The Brandy of Napoleon« an. Bis heute ist der Napoleon, ein weicher, voller, würziger und recht langer Fine Champagne, das Aushängeschild der Firma. Sie kaufte Cognacs nach Bedarf, statt ein eigenes Lager aufzubauen – eine Politik, die sich zunächst als sehr einträglich erwies. Doch als Cognac nach dem Frost von 1956 rar wurde, fehlte das Kapital, um den Bedarf zu sichern. Hiram Walker sprang 1964 ein – als erste internationale Gruppe, die in Cognac investierte. Heute ist das Haus, das inzwischen ein Lager von 56 Mio. l und feste Lieferverträge mit 1100 Winzern besitzt, eine der Hauptmarken von Beam Global Spirits and Wine.

Stilvolle Häuser

Delamain

Delamain, einer der ganz großen Namen des Cognac, wurde von dem Iren James Delamain 1762 in Jarnac gegründet und stieg zur wohl größten Firma der damaligen Zeit auf. Seither arbeiten die Delamains und ihre Nachkommen nur mit der Grande Champagne und vermarkten nur alte Cognacs, die mit dem feinwürzigen Pale & Dry X.O. ihren überzeugenden Einstieg finden und schließlich in dem sehr eleganten, dezent trockenen Très Vénérable sowie in der ausgezeichneten Très Vieille Réserve de la Famille gipfeln.

Hine

Thomas Hine aus Dorset suchte 1791 sein Glück in Jarnac. Als Spezialisten der *Early landed,* in Bristol gealterter Cognacs, legten die Hines auch in Jarnac große Jahrgänge der Grande Champagne zurück und bieten eine exquisite Sammlung an, darunter den reifen, kräftigen, sehr langen 1957 oder den wunderbar eleganten, sphärischen 1960. Auch in Blends brilliert Hine, so mit dem sensationell komplexen Triomphe mit seiner feinen Rancio-Note und dem Antique, der vorführt, wie ein wahrer X.O. sein soll.

A. E. Dor

Dieses kleine Cognac-Haus in Jarnac wurde 1858 gegründet und 1981 von Jacques Rivière und seiner Frau Odile übernommen. Sein Ruhm gründet sich auf eine unverkäufliche Sammlung uralter *eaux-de-vie* von 1805 bis 1893 und auf die angebotene Reihe der von sechs bis elf nummerierten Cognacs, vorwiegend Grande Champagne wie den sehr eleganten No 7 mit dezenten Laub-, Leder- und Röstnoten oder den sehr komplexen, langen No 8 mit seinem exzellenten *rancio*. Außerdem steht ein feiner X.O. zur Wahl.

Camus

Das 1863 gegründete, heute von Cyril Camus geleitete Unternehmen behauptet sich auf Platz 5 der Cognac-Häuser. Hauptmarkt war einst das zaristische Russland, später Duty-free-Shops. Das Haus besitzt 125 ha Rebflächen in den Borderies, woher ein voller, nussiger X.O. stammt. In der Elégance-Reihe findet sich ein fruchtigherber V.S.O.P. Der innovative Fine Island Cognac von der Ile de Ré zeigt originelle jodig-salzige Noten mit delikater Würze. Der EXTRA bringt große Fülle, Sanftheit und Struktur mit starken Nuss- und Röstnoten.

Louis Royer

Kellermeister Louis Royer machte sich 1853 in Jarnac selbstständig und suchte engen Kontakt mit den Brennern in den Terroirs des Cognac, deren Cognacs ihm am meisten zusagten. Seit 1989 unter Suntory wurde das traditionelle Angebot insbesondere um die Distillers Collection ergänzt: fünf Cognacs aus fünf Brennereien in den fünf besten Terroirs. Im Stil sehr klar voneinander abgesetzt, gefallen speziell der rosinig-würzige Fins Bois und der samtige Grande Champagne mit seiner Rancio-Note.

Pierre Ferrand

Von Jean-Dominique Andreu und Alexandre Gabriel 1989 gegründet, ist das Herz der Cognacs Ferrand die Domaine du Logis d'Angeac inmitten der Grande Champagne. Dazu gehören mehr als75 ha Rebflächen, eine moderne Kellerei und zehn *alambics*. Die überzeugenden Premiers Crus reichen vom fruchtig-feinen Ambre, der floral-würzigen Reserve, dem sehr aromatischen L'Esprit des Dieux mit süßer Pflaumen-, Leder- und Tabaknote zu den superben Abel und Ancestrale sowie den raren großen Vintages.

H. Mounier

1858 stieg Kapitän Henri Mounier in den Großhandel mit Cognac ein. 1874 gründete er Henri Mounier & Co, später in H. Mounier umbenannt, und verlegte sich auf Flaschenabfüllung und Vertrieb im In- und Ausland. Von der 500 Winzer starken Unicoop übernommen, verkauft die Firma ihre Cognacs vorwiegend unter der Marke Prince Hubert de Polignac, wobei der sanft-süße Grande Champagne EXTRA mit intensiven Frucht-, Gewürz- und Röstnoten, Nuss, Leder, Tabak und *rancio* guten Charakter zeigt.

Leopold Gourmel

Von Olivier Blancs Schwiegervater 1961 lanciert, hat Gourmel einen erfrischend geradlinigen Stil eingeführt. Er basiert auf Grundweinen aus dem Premier Cru des Fins Bois, einer ›öligen‹ Destillation und dem Ausbau in feinporiger Allier-Eiche. Die Cognacs, nach Jahrgängen abgefüllt, heißen nach ihrem Charakter, etwa Age du fruit (elegant, Zitrusnoten), Age des fleurs (zunehmende Komplexität, reizvoll), Age des épices (sehr würzig und vielschichtig) und Quintessence (faszinierend komplex und ausdauernd). Ausgezeichnet.

Winzer-Cognacs

Pierre Frapin

Unter den seltenen Châteaux des Cognac spielt das Château de Fontpinot in Segonzac eine führende Rolle. Mit 315 ha stellt es das größte Weingut der gesamten Region dar und destilliert, altert und vertreibt seine eigene Ernte. Das Haus Frapin, dem es angehört, geht über Geneviève Renaud, die Gattin von Max Cointreau, in direkter Linie zurück bis zum Jahr 1270. Zu ihren Vorfahren gehört auch der berühmte Gargantua-Schöpfer François Rabelais. Der lange in einem trockenen Chai ausgereifte X.O. hat neben dem Vanilleton des Holzes vor allem Aromen von getrockneten Aprikosen und kandierten Orangen entwickelt, dazu eine feine Note von *rancio*.

Jean Fillioux

Pascal und Monique Fillioux leiten die Domaine de La Pouyade in der Gemeinde Juillac Le Coq seit 1982. Ihre 22 ha Weinberge befinden sich in den besten Lagen der Grande Champagne. Seit Gründung des Hauses 1894 stellt Pascal Fillioux die vierte Generation dar. Unter seinen unterschiedlich lange gereiften Cognacs vertritt der aus den vier Jahrgängen zwischen 1975 und 1979 assemblierte Très Vieux die Grande Champagne am repräsentativsten mit der intensiven, von Vanille dominierten Würze und dem ausgeprägten Aroma von Orangenkonfitüre, mit viel Sanftheit und Harmonie, in der süße Furcht gepaart mit Würze sowie ein Hauch von *rancio* anklingen.

Guy Lhéraud

Guy Lhéraud begann 1971 den Cognac des Familienguts selbst anzubieten, nachdem er zuvor die großen Firmen beliefert hatte. Schon 1680 besaß ein Alexandre Lhéraud im Weiler Lasdoux bei Angeac in der Petite Champagne einen Weinberg, inzwischen sind daraus 70 ha geworden. Guy Lhéraud und sein Sohn Laurent brennen ihre Weine selbst in zwei *alambics*. Weder verschneiden sie Cognacs verschiedenen Alters, noch geben sie Zucker oder Couleur hinzu. Die Cuvée 20 überzeugt mit intensiver Frucht und großer Samtigkeit, der 30 Jahre gealterte ausgezeichnete X.O. Eugénie stößt in eine weitere Dimension vor, die der Gewürze und Nussnoten.

Ragnaud Sabourin

Das Gut La Voûte nahe Ambleville wird seit drei Generationen von Frauen geleitet. Das hervorragende Renommee geht zum einen auf 46 ha Weinberge in der Grande Champagne zurück, vor allem aber auf die großen alten Cognacs, die von einer Generation zur nächsten weitergereicht wurden. Auch wenn man jüngere Cognacs anbietet – darunter die elegante, feinwürzige, 20 Jahre gealterte Réserve Spéciale –, die eigentliche Qualität offenbart sich ab der Grande Réserve Fontvieille, die 35 Jahre lang in Limousin-Fässern zur wunderbar komplexen Grande Champagne heranreifte, mit Noten von Pflaumen, Zigarrenkiste, *rancio* und einem reizvoll herben Abgang.

Daniel Boujou

Seit acht Generationen wird in Saint-Preuil im Herzen der Grande Champagne von Daniel Boujus Familie Wein angebaut. Er hat die Nachfolge angetreten mit einem Angebot von rund 20 verschiedenen Cognacs, deren Rohstoff von eigenen 25 ha Reben stammt. Den Unterschied der verschiedenen Füllungen definiert das Alter, bisweilen die Reduktion. Vom Napoléon an zeigen die alten *eaux-de-vie* eine wundervolle Konzentration von süßem Dörrobst, verbunden mit den Noten alter Eichenfässer. Direkt vom Fass abgezogen, besitzt der nicht reduzierte Très Vieux Brut du Füt wahrhaft große Intensität und dichte Komplexität, die in dezenten Tabaknoten gipfelt.

François Voyer

Auch wenn Voyer inzwischen von anderen Erzeugern zukauft, der Kern besteht aus 33 ha Weinbergen in den Gemeinden Verrières und Ambleville, in dem zu Recht berühmtesten Streifen der Grande Champagne. Bereits vom V.S.O.P. an zeigen die Cognacs Eleganz und Ausgewogenheit. Auf hohem Niveau befindet sich der sehr komplexe X.O., dessen Aromen von Vanille über Dörrobst hin zu Nüssen, Röstnoten und blondem Tabak reichen. Aber der äußerst rare – es wurden nur 222 Flaschen abgefüllt – Lot 6 Ancestral stellt mit seiner wundervollen Finesse und dem edelsten *rancio* einen der großartigsten zur Zeit angebotenen Cognacs überhaupt dar.

Louis Bouron

Seit 1832 stammen diese Cognacs vom Château de la Grange, einem prächtigen Schloss mit zwei mittelalterlichen Türmen, 30 km nordwestlich von Cognac. Dazu gehören 90 ha Reben, deren Flächen, was äußerst ungewöhnlich ist, sich auf drei der sechs Terroirs des Cognac-Gebiets verteilen: die Fins Bois, die Borderies und die Petite Champagne. Das Gut mit seinen 20 Winzern wird von Monique Parias geleitet, der Urenkelin des Gründers Louis Bouron. Sie bietet eine breite Palette verschieden alter Cognacs an, die sie aus den drei Crus assembliert, darunter auch die faszinierend vielschichtige, würzige und kraftvolle Très Vieille Réserve.

Château de Beaulon

Das eindrucksvolle Schloss aus dem Jahr 1480 steht in Saint-Dizant-du-Gua, unweit der Gironde. Der Einfluss von Bordeaux, dessen Erzbischöfe es im 17. Jahrhundert verwalteten, zeigt sich in seinen Rebsorten Sémillon, Sauvignon, Merlot und den Cabernets, die für die exzellenten Pineaus verwendet werden, während der Cognac vorwiegend aus Folle Blanche, Colombard und Montils gebrannt wird. Dafür stehen im benachbarten Lorignac vier kleine *alambics* bereit. Der X.O. Vintage 1971 überzeugt mit seiner intensiven, reifen Frucht, den Noten von Vanille, Curry, Nuss und Tabak und dem sehr lange anhaltenden, dezent süßen, floralen Nachklang.

Bernard Boutinet

Zu Brisonneau, das in den Fins Bois bei Bréville liegt, gehören 27 ha Weinberge, die erstmals vor gut einem Jahrhundert auf tiefgründigen, aber leichten Böden angelegt wurden. Sie ergeben – was typisch ist für den Cru der Fins Bois – fruchtbetonte *eaux-de-vie* mit einem ausgeprägten Aroma frischer und eingelegter Trauben, die sich im Vergleich schnell abrunden. Vor 30 Jahren entschloss sich Bernard Boutinet, die Produktion der Domaine unter seinem eigenen Namen zu vermarkten. Sein harmonischer X.O. mit den Aromen von Honig und Gewürzbrot ist eine Assemblage, die jeweils zur Hälfte aus einem 15-jährigen und einem 20-jährigen Cognac besteht.

Roland Seguin

Roland und Claudette Seguin betreiben seit 1982 auf ihrem Hof in der Gemeinde Villars-les-Bois, knapp 20 km nordöstlich von Cognac, Bioanbau und haben 3 ha mit Reben bestockt. Von den Trauben destillieren sie Cognac und erzeugen Pineau, Vin de Pays Charentais und einen Cassis-Likör. Ihre Weinberge liegen im Cru der Borderies, dessen tonhaltige Böden dafür berühmt sind, dass sie besonders aromatische und schneller reifende Cognacs ergeben. Dies sieht man an der schönen dunklen Farbe des V.S.O.P., dem die Seguins mehr als zehn Jahre Reife gönnten, man schmeckt es an seiner Rundheit, seiner Ausgewogenheit und an den Noten von Haselnuss.

Hitziger Armagnac

Der vermutlich älteste ›Franzbranntwein‹, der als Genussmittel konsumiert wurde, hat sich die feurige Seele bewahrt. Er ist tief verwurzelt in seiner Heimat, der Gascogne, die für ihre legendären Haudegen, die Musketiere, ebenso bekannt ist wie für ihre deftige Küche. Man schwelgt in Stopfleber und eingelegten Entenschlegeln, und das nicht selten über den hundertsten Geburtstag hinaus, wozu auch der Armagnac sein Teil beiträgt. Wer Ursprünglichkeit und unverfälschten Charakter sucht, findet in der Gascogne sein Eldorado und im Armagnac sein Lebenselixier.

Schon im 15. Jahrhundert belegen Dokumente die Existenz des Armagnac, der auf vielfältige Weise als Medizin genutzt wurde. In den »Recettes alchimiques«, einer um 1441 datierten Handschrift im Archiv der Stadt Auch, sind seine positiven Auswirkungen auf das Allgemeinbefinden beschrieben, stand er doch im Ruf, den Appetit anzuregen, das Erinnerungsvermögen zu stärken, jung zu halten sowie Fröhlichkeit und Freude zu schenken. Vom Medikament zum Genussmittel scheint es nicht mehr weit zu sein. Obwohl der Armagnac den niederländischen Handelsinteressen ebenso wenig entging wie der Cognac und in großen Mengen außer Landes verschifft wurde, ist er doch in erster Linie der Schnaps der Bauern geblieben, weshalb in vielen ländlichen Kellern das Eichenfass mit Armagnac fester Bestandteil häuslicher Vorratshaltung ist.

Als Ende der 1960er Jahre die Gastronomie allgemein einen ungeahnten Aufschwung nahm, erlebte auch der Armagnac seine Sternstunden. Auf einem gut sortierten Digestif-Wagen in einem Spitzenrestaurant thronten damals Reihen von Armagnacs verschiedener Jahrgänge und Erzeuger. Denn Jahrgangsbrände mauserten sich zur wahren Spezialität der Region.

Bei den Jahrgangs-Armagnacs scheiden sich jedoch die Geister. Die Handelshäuser, deren Marktrelevanz die der Domainen um das Vierfache übersteigt, heben ihre Erfahrung bei Alterung, Verschnitt und Reduktion hervor und unterstreichen die Bedeutung der Assemblagen. Schließlich seien sie es, die Armagnac durch Mengen und Vertrieb den Verbrauchern weltweit zugänglich machen und die Garantie einer wiedererkennbaren Qualität bieten. Die selbst abfüllenden *bouilleurs de cru,* besonders jene im Gebiet des berühmten Bas-Armagnac, heben die Einzigartigkeit ihrer naturbelassenen, nach Jahrgängen abgefüllten Destillate hervor und verstehen sich als die wahren Hüter von Tradition und Qualität.

Obwohl die Gascogner Dickköpfe beider Seiten lauthals argumentieren, existieren sie doch friedlich nebeneinander, wenn auch bescheiden, denn mengenmäßig bringt es Armagnac gerade auf ein Zwanzigstel des Cognac-Volumens. Fest steht, dass es in der Vergangenheit, als der Handel noch mehr Gewicht hatte, allen Armagnac-Winzern deutlich besser ging.

Doch die Gascogner geben so schnell nicht auf. So haben sie ihrer Blanche d'Armagnac die offizielle Weihe errungen, jenem floral-fruchtigen, brillanten Klaren für den *trou gascon,* den kalten Schnaps, der inmitten eines üppigen Mahls den Magen unterstützen hilft. Auch für Sorbets oder zum Mixen eignet er sich vorzüglich. Und ihren alten Bränden verhalfen sie zu einer aufsehenerregenden kubanischen Liaison, bei der Experten in Havanna alljährlich die gelungenste Verbindung zwischen Habanos und Armagnac prämieren. Mit dem wiedererwachenden Interesse an dunklen Bränden treten nun die charaktervollen Gascogner Branntweine erneut in den Mittelpunkt. Es ist an der Zeit.

Geistreiche Verstärkung

Seite 134: Ein altes Kellertor des Château de Laubade wurde durch Glas ersetzt und gewährt ungewöhnliche Einblicke.

Seite 135: Typische Landschaft des Bas-Armagnac, wo man gern Fässer aus eigenen Eichen zimmert.

Gegenüber: Ein Chai mit großen Holzbottichen für jüngere Brände und für die Assemblage sowie kleinen Fässern für längere Reifezeiten

Château Busca-Maniban, Heimstätte der ältesten Armagnac-Brennerei

Armagnac gilt als das älteste Feuer- und Lebenswasser Frankreichs. Ausgehend von der frühestüberlieferten urkundlichen Erwähnung 1411 in Toulouse, wurde Branntwein in der Gascogne rund ein Jahrhundert vor den Fruchtschnäpsen des Elsass und bereits zweihundert Jahre vor dem Cognac offiziell gebrannt. Obwohl das Gebiet im Südwesten von keinem der historischen Verkehrswege berührt wurde, gelangten die drei Grundvoraussetzungen der Branntweinherstellung frühzeitig dorthin: Weinreben mit den Römern, Brennblasen mit den Mauren und Fässer mit den Kelten. Die ersten *barriques* mit dem sogenannten *aygordent* wurden nachweislich 1461 auf dem Markt von Saint-Sever in den Landes angeboten. Von

da an verbreitete sich die Destillierkunst in der Gascogne, woran die Bürger von Bordeaux nicht ganz unschuldig waren.

Die Vorzüge des Brennens

Seit 1152 war Aquitanien mit England durch Heirat verbunden und der englische Markt Hauptabnehmer aquitanischer Weine. Von Bordeaux aus wurden nicht nur die gefragten hellroten Clarets, sondern alle Weine des Hinterlands verschifft, von Cahors bis Bergerac. Diese Konkurrenz missfiel den Bordelaisern, und sie erließen eine *police des vins*, die allen anderen Regionen erst nach dem wichtigen Wintermarkt Zugang zu ihren Quais erlaubte. Branntwein haben sie bei dieser Regelung offenbar übersehen.

Die Gascogner machten sich das zunutze. Sie konnten ihre Waren ohnehin nur mühsam mit Fuhrwerken und dann in flachen Barken auf der Garonne nach Bordeaux oder auf der Adour nach Bayonne bringen. Da bot ihnen die Weindestillation entscheidende Vorteile: sie reduzierte Volumen und Gewicht der Ladung und machte noch dazu das Endprodukt haltbar. Schon zu Beginn des 16. Jahrhunderts wurde ein noch namenloser Branntwein aus der Gascogne nach England, Nordfrankreich und in die Niederlande verschifft. Erst ein Jahrhundert später, nachdem der Name »Armagnac« 1595 erstmals auf einer Karte erschienen war, begann man den ›Weinbrand‹ nach seiner Herkunft zu nennen.

Im 17. Jahrhundert stieg die Nachfrage dank der Niederländer sprunghaft. Als führende Handelsmacht der Epoche versorgten sie ganz Nordeuropa mit Wein, den sie mit dem Destillat verstärkten und dadurch haltbar machten. Um ihren Bedarf zu sichern, überzeugten niederländische Kaufleute die Winzer um Eauze und Nogaro, ihre Weine zu destillieren.

Im Jahr 1649 ließ Thomas de Maniban, das Oberhaupt des Toulouser Parlaments, südlich von Condom nicht nur sein großartiges Château de Busca hochziehen, sondern auch die erste effiziente Brennerei der Region einrichten. Schnell machte sein Beispiel Schule, und die großen Güter rüsteten sich mit eigenen Brennanlagen aus.

Wie sehr sich Armagnac durch Lagerung in Fässern verbesserte, blieb nicht lange unentdeckt, und die Gascogner ließen keine Gelegenheit ungenutzt, ihre alten *eaux-de-vie* zu rühmen. Spätestens im 18. Jahrhundert waren sie bei Hof etabliert. Wie beim Cognac sorgte die Einführung der Flaschenabfüllung für weiteren Aufschwung. Der Handel mit Armagnac war für Winzer, Brenner und Händler eine lohnende Angelegenheit, und die Anbindung an das Eisenbahnnetz in den 1850er Jahren verhieß eine goldene Zukunft. Doch ab 1878 machte die Reblaus alle Erwartungen zunichte. Nie wieder konnte Armagnac an den Glanz seiner früheren Erfolge anknüpfen.

Kontinuierlicher Charakter

Ein alter Holztank für die Assemblage

Links: Ein typisches kupfernes Kolonnengerät
Rechts: Glockenböden, die zur Reinigung demontiert wurden.

Wahrer Armagnac sollte im *alambic armagnacais* gebrannt werden, betonen die selbst destillierenden Winzer wie auch die meisten der Händler, denn nur so entwickle er seinen typischen Charakter – was eine eher späte Erkenntnis ist. In den Anfangszeiten der Gascogner Brennkunst behalf man sich mit einfachen Brennblasen, in denen man den Wein so oft destillierte, bis ein akzeptables *eau-de-vie* entstand. Durch die Weiterentwicklung der Apparatur und mehr Erfahrung im Umgang damit reichte die *double chauffe* der Charente. Seit 1972 ist sie erneut für Armagnac zugelassen und wird vereinzelt für jüngere Brände eingesetzt.

Das einfachere, schnellere, Energie sparende und damit kostengünstigere Verfahren der kontinuierlichen Brennweise wurde von Antoine de Mellet, Marquis de Bonas, im Armagnac-Gebiet eingeführt. Der an Wissenschaft und Fortschritt interessierte Marquis besorgte sich einen von Jean-Edouard Adam 1801 in Montpellier konzipierten Brennapparat, der 1818 patentiert wurde. Er demonstrierte damit, dass man in einem Durchlauf ein Destillat mit 52–62 % vol Alkoholgehalt erzielen konnte und entwickelte selbst ein

System, das den *alambic* fortwährend mit neuem Grundwein versorgte.

In den 20er Jahren des 19. Jahrhunderts folgten seinem Beispiel immer mehr Gutsbesitzer und Brenner. Kleinere Weinbauern beschäftigten ambulante Brenner, die mit fahrbaren, holzbefeuerten Kolonnengeräten vor Ort destillierten. Heute sind sie selten geworden, denn inzwischen kann man Wein leicht transportieren, wohingegen man die fragilen Brennapparate besser an Ort und Stelle belässt. Die Destillationsperiode beginnt gewöhnlich Anfang November, und während sie früher offiziell am 31. März endete, erlöschen heute die Brennkessel mangels Menge oft schon am 31. Januar.

Längst sind sich die meisten Armagnac-Erzeuger darin einig, dass ihr *eau-de-vie* seinen ganz individuellen Charakter zu einem wichtigen Teil ihrem speziellen *alambic* verdankt. Schließlich ergibt er ein Destillat mit einem rund 20 % vol niedrigeren Alkoholgehalt als Cognac, das einen entsprechend höheren Anteil des Nachlaufs aus schweren, aromareichen Stoffen enthält und erst nach jahrelanger Alterung zu besonders komplexen und eigenständigen Bränden heranreift.

Kolonne

Kondensator

Nachfülltank

4

3

5

6

2

7

1

8

9

Alambic armagnacais

Der Brennapparat des Armagnac, der aus zwei Haupt-
elementen besteht – der Kolonne [links] und dem
Kondensator [rechts] – vollzieht eine kontinuierliche
Destillation in Form eines annähernden Kreislaufs.
Über der Feuerung [1] wird im Heizkessel [2] der Wein
[gelb] erhitzt, und seine Dämpfe [blau] steigen durch die
Glockenböden [3] der Kolonne auf, bis sie über das
Geistrohr [4] in den zweigeteilten Kondensator mit der
Kühlschlange [5] gelangen. Sie windet sich im oberen
Teil des Kondensators durch den Weinvorwärmer [6].
Indem die Alkoholdämpfe kondensieren, geben sie ihre
Wärme an den Wein ab, der hier und im unteren Teil des
Kondensators, im Kühltank [7], als Kühlmittel dient, das

ununterbrochen aus dem Nachlauftank nachfließt. Der
wärmste Wein steigt auf und gelangt hinüber in die Kolonne und durch die Glockenböden nach unten. Dabei
trifft er auf die ununterbrochen aufsteigenden Alkoholdämpfe, die ihn zum Wallen bringen und sich dabei mit
Aromastoffen aufladen. Sie kondensieren in der Kühlschlange, an deren Ende das farblose Destillat aufgefangen wird [8], das in der Regel 52–60 % vol Alkoholgehalt
aufweist. Es ist noch rau, besitzt aber eine aromatische
Intensität, die an Früchte wie Trauben und Pflaumen oder
an Wein- oder Lindenblüten erinnert. Erst der Ausbau in
Eichenfässern [9] verleiht ihm Sanftheit, Harmonie und
Komplexität.

Böden und Trauben

Das Anbaugebiet des Armagnac ist in drei sehr unterschiedliche Bereiche gegliedert, die 1909 laut Dekret definiert und 1936 als Appellation d'Origine Contrôlée anerkannt wurden. Das Bas-Armagnac mit der Hauptstadt Eauze besitzt lehmige, fahlrote Sandböden, die *sables fauves,* und erstreckt sich über Teile des Gers und der Landes. Die Ténarèze mit der Hauptstadt Condom reicht bis ins Lot-et-Garonne hinein und weist tonkalkhaltige Böden auf, während das Haut-Armagnac östlich und südlich der Stadt Auch aus kalkhaltigen Hügeln besteht. Klimatisch wird das Bas-Armagnac vom feuchtmilden Klima der Landes bestimmt, das Haut-Armagnac dagegen von trockenerem, mediterran beeinflusstem Klima, während beide Einflüsse in der Ténarèze aufeinandertreffen.

Die *eaux-de-vie* der drei Regionen lassen signifikante Unterschiede erkennen. Im Bas-Armagnac besitzen sie viel Frucht und Finesse, in der Ténarèze dafür mehr Kraft und Körper, aber auch etwas Rauheit, und im Haut-Armagnac, dessen Weine weniger gut für die Destillation geeignet sind, zeigen sie eine deutliche Härte.

Triumph des Baco

Von den zehn für Armagnac zugelassenen Rebsorten spielen nur vier eine Rolle: Ugni Blanc, Folle Blanche, Baco Blanc und Colombard. Letzterer ist bei der Mehrzahl der Brenner eher unbeliebt, ihnen ist der angenehm trockene Weißwein für die Destillation zu alkoholisch.

Wie beim Cognac ist Ugni Blanc die mengenmäßig führende Sorte, denn sie ergibt die geeigneten, etwas faden Grundweine mit wenig Alkohol und viel Säure. Eine Renaissance erlebt Folle Blanche, die vor der Reblaus-Katastrophe unter dem Namen Piquepoult dominierte und elegant-florale, lange nachklingende Brände schenkt, wobei sie als Blanche d'Armagnac oder nur wenige Jahre gealtert bereits überzeugt.

Die Anbauregionen der Appellation Armagnac

- Haut-Armagnac
- Ténarèze
- Bas-Armagnac

Armagnac in Zahlen

14000 ha Rebfläche

120 hl/ha Grundwein

6–8 Mio. Flaschen Armagnac jährlich

4000 Weinbauern

mehr als 1000 Besitzer von Armagnac-Fässern

250 Erzeuger, die Armagnac in Flaschen verkaufen

40 Handelshäuser

45 % Export

132 Armagnac importierende Länder

Baco Blanc, eigentlich Baco A 22, eine 1909 kreierte Hybride aus Folle Blanche und Noah, rettete das Bas-Armagnac nach der Reblaus-Katastrophe durch seine Phylloxera-Resistenz und die hohen Erträge. Es ist die einzige in einer AOC zugelassene Hybride, was an sich schon genug aussagt über die Qualitäten der Rebe. Auf den sandigen Böden des Bas-Armagnac ergibt sie volle, kräftige Brände, die erst nach langer Fassreife ihre Klasse mit großer Weichheit und den Aromen reifer Früchte offenbaren und in vielen Assemblagen das Rückgrat bilden.

Die Trauben für die Destillation werden im Oktober geerntet, gepresst und auf natürliche Weise ohne Zusatz von Schwefel vergoren. Die Grundweine weisen in der Regel viel Säure und nur 7–9 % vol Alkoholgehalt auf. Anders als früher legt man heute Wert auf tadellose, frische und aromatische Weine, die man so schnell wie möglich brennt. Denn Destillieren konzentriert – die guten wie die schlechten Eigenschaften.

Die Reben für den Armagnac werden an hohen Spalieren erzogen, was sie sowohl vor Frost wie vor Feuchtigkeit schützt und den Säuregehalt in den Trauben fördert.

Pierre Laberdolive setzt sich engagiert für den Baco ein und weiß meisterlich damit umzugehen.

Tränen der Reife

Abgesehen von der klaren Blanche, gewinnt Armagnac ebenso wie Cognac und alle anderen Brandys durch die Alterung in Eichenfässern an Aromen, Komplexität, Harmonie und Finesse. »Eine wirklich überzeugende Alterung findet nur in Fässern mit 400–420 l Fassungsvermögen statt«, betont Meisterbrenner Yvan Auban. »Das ist die ideale Kapazität. Holz ist wichtig, und am wichtigsten ist seine Behandlung, seine richtige Trocknung. Die Eiche muss auf natürlichem Weg drei bis fünf Jahre an der Luft altern können.« Junger Armagnac kommt in neue Fässer, bis der Kellermeister entscheidet, dass genug Tannine und Holzaromen aufgenommen wurden. Dann füllt er in ältere Fässer um, die bereits *brûlés* sind, in denen das Destillat langsam oxidiert, Alkohol einbüßt und sich durch Verdunstung konzentriert. »Die lange Alterung macht, dass der Armagnac ›fett‹ wird und am Glas Tränen zeigt«, weiß Bernard Domecq, *maître de chai* bei Ryst-Dupeyron in Condom. »Dann erhält man ein Maximum an Parfüms wie Backpflaume, Vanille, Quitte, Honig, Lindenblüten. Je mehr der Armagnac altert, desto mehr wird er zum *rancio* mit dem Aroma von gerösteten Nüssen, aber auch Lakritz, Schokolade und Tabak.«

Wertvolles Erbe

Seine Blütezeit erlebte der Armagnac im 19. Jahrhundert, als seine Rebfläche auf 108 000 ha anwuchs. Heute ist sie auf weniger als ein Achtel davon zurückgegangen, was die Banken mit verursachten, als sie 1992, noch immer unter dem Eindruck der Ölkrise, beschlossen, das riskante Geschäft mit dem Armagnac nicht länger zu finanzieren. Glücklicherweise leben die wenigsten Gascogner vom Armagnac allein, sie betreiben Landwirtschaft, speziell Geflügelzucht, oder verlegen sich auf Landweine. Trotzdem hüten sie das Erbe, das der Armagnac darstellt, mit Verantwortung. »Gute Armagnacs gibt es nun mal nicht ohne Alterung«, sagt Pierre Laberdolive, »man braucht Zeit und muss an die künftigen Generationen

Bernard Domecq, der Kellermeister von Ryst-Dupeyron in Condom, stellt die Alterungsphasen des Armagnac vor.

Im Chai des Château de Salles reifen die Armagnacs ihrer Vollendung entgegen.

Die Tränen am Glas sind ein Zeichen für den Reichtum an natürlichem Glycerol, Alkohol, Restzucker, aber auch an Aromen und Komplexität.

denken. Hätte nicht bereits mein Urgroßvater damit begonnen, jenen Stock aufzubauen, der heute etabliert ist, auf den wir uns stützen können, wären wir nicht in der Lage zu finanzieren, wie hier gearbeitet wird.

Es ist gewissermaßen eine dreifache Kontinuität: des Ortes, der Mittel und der Methode. Das Schlüsselwort ist für mich ›Erinnerung‹: an die Menschen, an die Chais und an die Arbeit.«

Etikett-Fragen

Die Qualität des Armagnac ist an die Zeit gebunden, die er in Eichenfässern reift. Sie beträgt beim jüngsten Armagnac, der in einer Assemblage benutzt wurde, jeweils mindestens:

drei Sterne	2 Jahre
V.S.O.P.	5 Jahre
X.O.	6 Jahre
Hors d'Age	10 Jahre
angegebenes Alter	z. B. 15, 21, 30 Jahre
Millésime	mindestens 10 Jahre

Bei den Millésimes, den Jahrgangsbränden, wird das Jahr ihrer Ernte genannt, aber entscheidend ist, wie viele Jahre der jeweilige Armagnac in Fässern vor der Abfüllung reifte. Seriöse Erzeuger geben deshalb dieses Datum heute zusätzlich an.

Vereinfachtes Etikett:

Armagnac	weniger als 6 Jahre im Fass
Vieil Armagnac	länger als 6 Jahre im Fass
Blanche d'Armagnac	ohne Fassausbau

Jahrgang oder Assemblage

Im Gegensatz zum Cognac, bei dem man erst vor knapp 20 Jahren damit begann, Jahrgänge gesondert abzufüllen – ausgenommen der in England gereiften *Early landed* mit hohem Seltenheitswert –, bringen die selbst destillierenden Domainen ihre Armagnacs vorwiegend als Millésimes heraus. Gern überlassen sie die Assemblagen den Handelshäusern, die ein nach Alterung gestaffeltes Angebot zusammenstellen, das manche von ihnen durch hochkarätige Blends wie zum Beispiel 21 Ans, aber auch durch selektierte Jahrgänge ergänzen. »Die Assemblage garantiert die gleichbleibende Qualität«, bekräftigt Arnaud Papelorey vom Handelshaus Larressingle. »Destillieren ist mechanisch, beim Altern kann man wenig tun, doch zum Assemblieren unterschiedlicher Crus, Terroirs, Gemeinden braucht man *savoir-faire*. Wir kaufen seit 1837 dieselben Terroirs, trotzdem gibt es keine Routine, nur Erfahrung.« Auch mit der Reduktion auf mindestens 40 % vol Alkoholgehalt, die behutsam mit *petites eaux* durchgeführt wird, einer Mischung aus destilliertem Wasser und Armagnac, die einige Monate reift, um jeden Fehlton zu vermeiden. Es gibt ausgezeichnet assemblierte Armagnacs mit großer Komplexität und Eleganz.

Eine Auswahl der besten, lange in Eichenfässern gereiften Armagnacs

Das gemachte Profil von Bränden unterschiedlicher Altersstufen lehnen zahlreiche renommierte Erzeuger des Bas-Armagnac ab. Sie schwören auf Jahrgänge. Doch ein Jahrgang beim Armagnac unterscheidet sich von einem Weinjahrgang. Bei einem Armagnac mit Jahrgangsangabe erwirbt man ein *eau-de-vie,* das zehn oder mehr Jahre gealtert wurde, vorausgesetzt das Abfülldatum wurde vermerkt, denn in der Flasche findet keine weitere Reife statt. »Wir destillieren *eau-de-vie* auf 52–53 % vol Alkoholgehalt und lassen es auf natürliche Weise altern, ohne den geringsten Zusatz«, erklärt Yvan Auban. »Unser *eau-de-vie* ist nicht auf Trinkstärke verdünnt, sein Alkoholgehalt ist proportional zur Zeit der Alterung. Es gibt meist zwei Arten, ein Produkt zu erzeugen: die kommerzielle und die handwerkliche. Wir haben die zweite gewählt.« Ohne künstliche Reduktion sinkt der Alkoholgehalt eines Armagnac nach 25 Jahren Fassausbau auf etwa 46 % vol, die dann meist gut integriert sind. In der Regel steigt die Qualität des Armagnac mit seinem Alter. Jede Abfüllung bietet nur eine stark begrenzte Anzahl charaktervoller und einzigartiger Armagnacs. Das mag nicht lukrativ sein, aber es ist wertvoll.

Ausgewählte Erzeuger

Domaine Boingnères

1953 heiratet Léon Lafitte in die 1807 als Domaine Labastide-d'Armagnac gegründete Domaine Boingnères ein. Er stockt die Rebflächen mit Ugni Blanc und Colombard neu auf, aber begeistert sich speziell für die heikle Folle Blanche. Tochter Martine hat die Fläche auf 22 ha erweitert und ihrer sortenreinen Folle Blanche zu Weltruhm verholfen. Der Jahrgang 1984 bietet ein eindrucksvolles Beispiel ausgeprägter Würze und Frucht, großer Ausgewogenheit und Länge. Der Jahrgang 1972 ist exzellent: floral, nussig, elegant.

Domaine de Jouanda

Das 1855 gegründete Familiengut des Baron de Poyferré de Cère im Grand Bas-Armagnac, der renommiertesten Region in den Landes, umfasst 160 ha. 70 km vom Atlantik sind 8,5 ha davon mit Reben bestockt. Seit der Übernahme von Jacques de Poyferré 1960 wird regelmäßig destilliert, die Jahrgänge reifen in drei unterschiedlichen Chais. Der älteste Armagnac stammt von 1893. Der 1979er Jahrgang (Mai 2006 abgefüllt) präsentiert sich sehr würzig und komplex mit feinem *rancio* und Tabak. Empfehlenswert: 1980, 1985, 1990.

Laberdolive

In vier Generationen haben die Laberdolives mehrere Domainen mit insgesamt 43 ha vereint, deren Trauben bestens zum Brennen geeignet sind. Vinifiziert wird nur die zu destillierende Menge. Für Pierre Laberdolive stehen Jahrgänge im Mittelpunkt, die vielfältige Armagnacs mit Individualität ergeben. Von dem großen Vorrat an alten *eaux-de-vie* steht ein Dutzend zum Verkauf. Das jüngste ist 15, das älteste 85 Jahre alt. Ausgezeichnet sind der kraftvolle 1976er mit ausgeprägtem *rancio* und der sanfte 1942er mit schöner Veilchennote.

Les Alambics du Bas-Armagnac

Yvan Auban, Brenner in der vierten Generation, erbaute 1990 seine neue Brennerei in Estang bei Labastide d'Armagnac. Neben den Erträgen der eigenen 9,5 ha Rebflächen destilliert die Familie auch für diverse Weinbauer im Bas-Armagnac. Sie vertreten eine puristische Arbeitsweise mit sorgsamem Ausbau bei häufigem Fasswechsel. Das große Angebot verschiedener Jahrgänge fasziniert, besonders der sensationelle 1964er mit feinstem *rancio* und großer Harmonie sowie der ausgezeichnete, sehr typische 1979er.

Château du Busca-Maniban

Mit dem Schloss ließ Thomas de Maniban, Parlamentarier in Toulouse, 1649 auch die erste Brennerei der Region errichten. 1802 ging beides an die Familie de Ferron. Heute leitet Floriane de Ferron das 200 ha große Gut mit den 6 ha Reben in der Ténarèze. Ugni Blanc destilliert sie zu *eaux-de-vie* mit 56,5–59 % vol Alkoholgehalt. Der gibt den Armagnacs die Intensität, etwa dem grandiosen 1974er, der in Havanna die Trofeo 2006 gewann. Voller Harmonie ist der rare 1946er; sehr ausgewogen, mit dezentem *rancio* erscheint der 1985er.

Château de Laubade

Das mit 105 ha größte Gut des Armagnacais ist seit drei Generationen im Besitz der Familie Lesgourgues. In einem der größten Lager an alten Armagnacs ruhen mehr als 70 Jahrgänge von 1888 bis 1991. Destilliert wird im eigenen Brennhaus, jede der vier Sorten für sich, und in sieben Chais altern rund 2800 400-Liter-Fässer. Ein Teil der Produktion wird assembliert, so die Reihe Intemporel No 3, No 5 und die komplexe No 7 mit elegantem *rancio*. Der 1969er ist stark von *rancio* geprägt, der 1941er zeigt sich sehr eigenwillig, aber reizvoll.

Château du Tariquet

Das Château bei Eauze, Hauptstadt des Bas-Armagnac, stammt von 1683. Pierre und Hélène Grassa machten dem Gut einen Namen mit ihren Armagnacs, ihre Kinder Maité und Yves mit Weißweinen der Côtes de Gascogne. Neben nicht-reduzierten Jahrgängen konzentrieren sie sich beim Armagnac auf vier, acht und 12 Jahre alte Folle Blanche mit 45 % vol Alkoholgehalt, auf Assemblagen mit 40 % vol und jüngst auf hochkarätige Abfüllungen wie den X.O. 54,9 % vol fût No 6 mit viel Röstnoten, Pflaume, Vanille und gut integriertem Alkohol.

Château de Ravignan

Der älteste Flügel des im Stil Louis-treize errichteten Schlosses stammt von 1663; seit 1732 befindet sich das Anwesen in Familienbesitz. Heute leitet Arnaud de Ravignan das 200 ha große Gut im Bas-Armagnac und kann auf bald 300 Jahre Destillation und Ausbau in Fässern aus eigenen Eichen zurückblicken. Jedes Jahr stehen ein halbes Dutzend Jahrgänge mit natürlich reduziertem Alkoholgehalt im Angebot, zwischen 12 und 30 Jahre alt. Ein sehr feiner 1978er empfiehlt sich mit ausgeprägtem Pflaumenaroma, eleganter Würze und Süße.

Spanischer Brandy mit Stier und Solera

Spanische Brandys – besonders Brandy de Jerez – feiern vor allem dort Triumphe, wo man Spanien mag oder begeistert von seinem letzten Urlaub an der Costa de la Luz, der Costa del Sol oder der Costa Brava schwärmt. Gaben sich Touristen in der Vergangenheit mit Literflaschen günstigstem Solera zufrieden, so ist seit einiger Zeit das Interesse der Spanienreisenden an den Premium-Qualitäten der Solera Gran Reservas deutlich gestiegen. Dabei ist der Brandy-Konsum im Inland seit Jahren rückläufig, und Cavalleros, die nach einem ausgiebigen Mittagmahl stillverdauend ihre großzügig gefüllten Brandy-Gläser schwenken, muss man fast schon suchen.

Wo immer man sich in Spanien bewegt, der Stier lässt grüßen. Im Mai 1957 erschien an der Fernstraße Madrid–Burgos sein erstes Konterfei – aus Holz und sieben Meter hoch. Inzwischen ragt der Stier an 93 Standorten in den Himmel, solide aus Metall geschweißt und mittlerweile auf 14 Meter Höhe und 200 Quadratmeter Größe angewachsen. Erfunden hat ihn der Designer Manolo Prieto als Werbung für Osbornes Brandy Veterano. Damals begann die Blütezeit des Brandy de Jerez, der sensationelle Erfolge im Inland feierte und über Jahrzehnte der Spanier liebste Spirituose blieb. Dem Stier war es zu verdanken, dass Osborne auch im Ausland punkten konnte. Als die spanische Regierung 1988 die Werbetafeln an den Fernstraßen verdammte, konnte nur ein nationales Aufbegehren den Stier retten. Von jeglichem Schriftzug befreit, erhebt er sich heute stolz als Sinnbild Spaniens, und das mit allerhöchster Billigung, denn seit 1997 ist er laut Begründung des obersten spanischen Gerichtshofs ein »wesensmäßiger Teil der spanischen Landschaft«.

Doch Werbewirkung liegt in den Köpfen der Betrachter, und dort wird der Stier, ungeachtet seiner für ein Markenzeichen einzigartigen Karriere, noch lange mit der Firma aus Puerto de Santa Maria verknüpft bleiben, zusammen mit Jerez de la Frontera und Sanlúcar de Barrameda einer der drei vorgeschriebenen Entstehungsorte des Brandy de Jerez. Neun von zehn Flaschen Brandy kommen aus dem Sherry-Dreieck, dessen Eckpunkte die drei genannten Städte definieren. Sherry selbst ist es auch, der dem Brandy seine Eigenheit verleiht und Brandy de Jerez neben Cognac und Armagnac die anerkannte Appellation und Herkunftsgarantie unter den

Weinbränden einbrachte. Im Gegensatz zu den beiden französischen Appellationen bezieht sich die des Brandy de Jerez nicht auf die Herkunft der Trauben, sondern auf den Ausbau. Der ist allerdings so besonders, dass die Ehre verdient ist. Denn der Brandy muss in Fässern reifen, die zuvor Sherry-Weine enthielten. Somit ist sein Charakter zu einem nicht unerheblichen Teil den Sherrys zu verdanken und hängt weiterhin davon ab, welche Art Sherry – Fino, Amontillado, Oloroso oder Pedro Ximénez – seine Fässer mit ihren Aromen imprägnierte. Das Ergebnis sind Weinbrände, die sich durch besondere Weichheit und Süße auszeichnen oder, wie man in Andalusien gern sagt, durch Feuer auf der Zunge, Samt in der Kehle und Wärme im Magen.

Urgroßvaters vergessene Holandas

Den Brandy hat Spanien, ebenso wie viele andere Dinge, den Mauren zu verdanken, die im Jahr 711 Andalusien eroberten. Sie waren mit dem Prinzip der Destillation vertraut und nutzten etwa ab 900 den in den besetzten Gebieten schon seit den Zeiten der Römer erzeugten Wein, um ihn zu Alkohol für medizinische und kosmetische Zwecke zu brennen. Die Spanier erhielten genügend Einblicke in diese Kunst, um spätestens seit 1254, nach der Reconquista von Jerez durch Alfonso X., die Weine der Region mit Destillaten zu verstärken und auf diese Weise haltbar zu machen, was dem Sherry zu bemerkenswertem Erfolg verhalf.

Ein Hinweis auf *aguardiente* findet sich jedoch erst in einem Dokument vom 16. Januar 1580, in dem der darauf erhobene Zoll zur Errichtung eines Kollegs der Jesuiten bestimmt wurde. Interesse am Branntwein zeigten auch in Andalusien die Holländer, die ihren Handel über die gesamte Atlantikküste und seit Ende des 16. Jahrhunderts auf das Mittelmeer ausdehnten. Der Handel mit jungen Weindestillaten florierte besonders im 18. und 19. Jahrhundert, sodass die Herstellung der *holandas* zum wichtigen Erwerbszweig gedieh.

Der Gründer-Brandy

Viele der Sherry-Häuser waren gleichzeitig im *holanda*-Handel aktiv, und auch hier wird man davon ausgehen können, dass so mancher Kellermeister Branntwein in Fässern ›vergaß‹, bevor daraus die begehrte Spezialität wurde. Das offizielle Debüt des Brandy de Jerez fand 1874 statt. Beltran Domecq erzählt die Legende: »Urgroßvater Pedro Domecq Loustau hatte eine Bestellung über 250 000 Liter *holandas,* wie wir unser Destillat nennen, von einem Holländer erhalten. Aus irgendwelchen Gründen konnte er diese Menge schließlich nicht abnehmen, und mein Urgroßvater wusste nicht, was er da-

mit beginnen sollte. Er hatte diese Bodega de la Luz, in der die Sherry-Fässer gerade geleert worden waren, so füllte er die *holandas* kurz entschlossen in die leeren Fässer. Als er einige Jahre später danach sah, stellte er fest, dass sich die *holandas* in einen sehr geschmacksintensiven Brandy verwandelt hatten. So beschloss er, den Fundador Brandy zu lancieren. Es war 1874, das Jahr des ersten spanischen Brandy.« In der folgenden Dekade zogen weitere Sherry-Firmen mit eigenen Brandys nach.

Der in Flaschen anfangs unter dem Namen *coñac* vermarktete Weinbrand verzeichnete sofort große Erfolge, was die Bodegas bald vor ein ernstes Problem stellte. Es mangel-te ihnen an Grundweinen, denn auch die Produktionskurve des Sherry stieg rapide, und die Kapazitäten der eigenen Palomino-Trauben waren erschöpft. Ein anderer, für die *holandas* geeigneter Grundwein musste her, und zwar unverzüglich. In Huelva, in der Extremadura, in Valencia und in La Mancha mit der Stadt Tomelloso als Handelsstützpunkt wurde man fündig. Die Wahl war auf Airén gefallen, Spaniens verbreitetste Rebe. Bis heute wird der Handel mit dem daraus destillierten wasserklaren Weinbrand über Tomelloso abgewickelt. Doch nur im Sherry-Gebiet, in Fässern, die zuvor Sherry enthielten, entsteht Brandy de Jerez im vorgeschriebenen traditionellen Solera-Verfahren.

Die populärsten Marken des Brandy de Jerez
Gegenüber oben: Gern möchte man die 20- bis 30-Jährigen für Brandy gewinnen.
Gegenüber unten: Auch Brandy de Jerez reift im berühmten Solera-System.

Seite 148: Ein Tor zu den Bodegas Barbardillo in Sanlúcar de Barrameda

Seite 149: Der Stier – einst Brandy-, heute National-Symbol – prägt Spaniens Landschaften.

Kunst mit Genuss

Im Jahr 1987 wurde der Consejo Regulador de la Denominacion Especifica del Brandy de Jerez ins Leben gerufen. Seine Aufgabe besteht darin, die Herstellung des Brandy de Jerez zu reglementieren, zu überwachen und zu schützen sowie seine Bekanntheit international zu steigern. Der Consejo hat das Produktiongebiet, die verwendeten Destillate, den Alterungsprozess und die drei Qualitätsstufen definiert und kontrolliert Hersteller, Lagerbestände, Marken und angebotene Produkte.

Unter den vielen Aktionen, die der Consejo dem Brandy de Jerez widmete, verdient eine besondere Aufmerksamkeit: der 1992 an zunächst zwölf spanische Künstler erteilte Auftrag, in einem Werk Brandy de Jerez zu thematisieren. Man zeigte sich künstlerisch aufgeschlossen und wandte sich an Künstler aus den Bereichen Malerei, Illustration, Grafik, Comic und Fotomontage. Als Thema wurde jedem Teilnehmer ein anderer Aspekt des Genusses von Brandy de Jerez zugewiesen. So entstanden im Spiegel der künstlerischen Vielfalt Spaniens zunächst zwölf, inzwischen weitere Arbeiten, die sich mit einem bedeutenden spanischen ›Geist‹ auseinandersetzen.

Der Betrachter begegnet dem Brandy de Jerez, der pur oder als Carajillo im Kaffee, mit Kaffee und Zigarre als Digestif, auf Eis oder in der Hand gewärmt genossen wird. Er würdigt seine Rolle in der Sangria, als Longdrink mit Orangensaft oder Cola und als Panthermilch mit frischer Milch und Zimt. Er sieht ihn raffiniert als Julep mit Minze, Zucker, Zitrone auf *crushed ice*, als Lumumba mit Schokoladen-Milch-Shake gemischt und immer wieder wechselnd, mit frischen Früchten und süßem Sherry auf Eis. Jeder Künstler hat dem Brandy de Jerez eine eigene Welt geschenkt, in die einzutauchen reines Vergnügen bereitet.

Rückkehr des Alambic

Als Gonzalez Byass 2005 seine neue Destillerie einweihte, begann in Jerez de la Frontera ein neues Kapitel in der Brandy-Geschichte. Ausgestattet mit *alambics,* mit Brennapparaten aus Cognac, dient sie ausschließlich dazu, Wein aus Palomino-Trauben in chargenweisem Brennverfahren zu feinen, sehr fruchtigen *holandas* mit bis zu 70 % vol Alkoholgehalt zu destillieren, die dem Solera Gran Reserva Lepanto vorbehalten sind. Bemerkenswert daran ist – abgesehen von der seit mehr als 100 Jahren ersten neuen Destillerie in Jerez –, dass der Wein des Sherry-Gebiets benutzt wird, der als Folge schwerer Absatzkrisen jetzt zum Brennen zur Verfügung steht.

Die vergleichsweise niedrigprozentigen *holandas* sind die beste Basis für Brandy, denn sie enthalten den größten Anteil an Aromastoffen und werden meist zu Solera Gran Reserva gereift. Für die weniger lange gelagerten Qualitäten Solera und Solera Reserva greift man auf *destilados* zurück, in Kolonnengeräten destillierter Weingeist, entweder von mittlerer Stärke mit 70–86 % vol Alkoholgehalt oder stark mit 86–94,8 % vol. Die Grundweine kommen auf einen Alkoholgehalt von 10,5–13 % vol.

Dynamische Alterung

Holandas und *destilados* erreichen die drei Brandy-Städte in Tanklastwagen. Für die jüngeren Qualitäten werden die hochprozentigen Destillate verdünnt, ehe sie in die Fässer zur Reifung gefüllt werden. Diese 500–600 l großen Fässer müssen zuvor mindestens vier Jahre lang Sherrys enthalten haben, das ist eine der Grundvoraussetzungen für den Brandy de Jerez. Viele Hersteller bevorzugen mit Oloroso Dulce oder Pedro Xi-

Unten links: Die neu eingerichtete Brandy-Destillerie von Gonzalez Byass in Jerez de la Frontera.

Unten rechts: Wasserklar rinnt das Destillat aus dem Kondensator.

Gegenüber: Beim Brandy werden mit einer *venencia* Proben entnommen (links), um Farbtöne und Aromen zu beurteilen (rechts).

ménez getränkte Fässer, weil sie die Süße schätzen, die so in den Brandy gelangt.

Je nach der gewünschten Qualität kommen die jungen Destillate in darauf abgestimmte *soleras*. Wie die Sherrys müssen auch die Brandys dieses spezielle System der dynamischen Alterung durchlaufen, eine weitere entscheidende Bestimmung. Jede *solera* besteht aus einer Anzahl *criaderas,* ursprünglich übereinandergestapelte Fassreihen, von denen jede Brandys einer zunehmenden Alterungsstufe enthält. Zur Abfüllung kommt ein Anteil aus der untersten, ältesten Reihe, der *solera.* Nachgefüllt wird aus der darüber befindlichen Reihe, und die oberste wird mit jungem Brandy ergänzt. Auf diese Weise gelingt es, den Charakter des jeweiligen Brandy von Abfüllung zu Abfüllung zu erhalten. Sie altern in den berühmten Kellerhallen der Region, die ideale Reifebedingungen bieten – dank ihrer Höhe und der vom Atlantik wehenden kühlenden Winde, die ungehindert durch die Fenster streichen.

Für die drei Qualitäten des Brandy de Jerez geltende Bestimmungen:

Solera	muss mindestens 6 Monate in Fässern reifen, altert aber meist 12 Monate.
Solera Reserva	muss mindestens 12 Monate in Fässern reifen, altert aber meist 30 Monate.
Solera Gran Reserva	muss mindestens 3 Jahre in Fässern reifen, altert aber meist 8 Jahre, oft 12 Jahre und länger.

Solera Gran Reserva

Die Spitze der Qualitätspyramide der Brandys de Jerez bilden die Solera Gran Reservas, für deren Erzeugung keine Mühe gescheut wird. Schon bei der Solera-Qualität, die 6–12 Monate in den diversen *soleras* altert, wird der Brandy aus bis zu 15 verschiedenen Anteilen komponiert. Von dieser hohen Kunst profitieren auch die Solera Gran Reservas, nur dass deren Anteile ungleich gereifter und komplexer sind. Jede Firma schwört auf ihr Hausrezept. Lepanto von Gonzalez Byass und Fernando de Castillo verwenden nur *holandas* aus chargen-

weiser Destillation und beginnen den Alterungsprozess in neuen Fässern aus amerikanischer und französischer Eiche. Allgemein zieht man im Jerez-Gebiet auch bei Brandys amerikanische Eiche vor. Bis zu zwei Jahre bleiben die jungen Destillate in den neuen Fässern, dann werden sie in die *soleras* eingeführt. Manche Häuser füllen die Jungbrände sofort in die *soleras,* viele haben zuvor den Alkoholgehalt auf 44–40 % vol reduziert. In den Verkauf kommen die Brandys mit 36–45 % vol Alkoholgehalt. Den größten Einfluss auf das zukünftige Ge-

Die besten Solera Gran Reservas auf einer Finca des Jerez-Gebiets mit den blendend hellen, kalkreichen Albariza-Böden

schmacksprofil des Solera Gran Reserva nehmen die für die Alterung benutzten Sherry-Fässer. Der traditionelle Lepanto, der trockenste unter den Besten, wird nur in Fässern ausgebaut, die früher den Fino Tio Pepe enthielten. Andere Häuser setzen Fässer ein, die mit verschiedenen Sherrys imprägniert wurden. Carlos I von Domecq wird in Amontillado-Fässern ausgebaut. Bei Cardenal Mendoza hält man es mit Pedro Ximénez. Nach zwei Jahren statischer Reife kommt der Brandy für 15 Jahre in eine siebenstufige *solera* mit P.X., was dem

dunklen Brandy seine süßen, raffiniert orientalisch anmutenden Aromen verleiht. Legal, aber im Verborgenen wird zusätzlich mit Trockenfrüchten und Nüssen mazeriert, um dem jeweiligen Brandy noch mehr Komplexität zu verleihen.

Jüngst zeichnen sich Tendenzen ab, die dem Trend nach Exklusivität und mehr handwerklicher Qualität Rechnung tragen. Es gibt erste Single-Cask-Abfüllungen oder Abfüllungen aus nur einer *solera*, ohne Verschneiden, Färben oder Nachsüßen, ohne Klärung oder Kältefiltration.

Jenseits von Jerez

Neun von zehn in Spanien verkaufte Weinbrandflaschen enthalten Brandy de Jerez. Der Inhalt der zehnten Flasche repräsentiert die rührige Brandy-Produktion im Rest des Landes. Die Bodegas des Sherry-Gebiets schufen selbst ihre eigene Konkurrenz, indem sie Weindestillate in anderen Regionen herstellen ließen. So ›infizierten‹ sie Condado de Huelva, Montilla-Moriles und Málaga, wo man auf eine eigene Tradition mit Weingeist verstärkter Süßweine zurückblicken kann und schon von daher Erfahrung im Umgang mit Destillaten besaß. Aber auch in La Mancha fassten einige Destillerien den Entschluss, nicht ihren ganzen Weingeist an die Jerezanos zu verkaufen,

und stattdessen selbst Brandys zu altern. Berühmt sind die Bodegas Centro Españolas, die mit dem Casajuana Solera Gran Reserva 1892 einen Brandy aus einer mehr als 100 Jahre alten *solera* anbieten.

Auch im katalanischen Penedès wuchs das Interesse am Brandy. Im Jahr 1928 richtete die Familie Torres dort eine Brennerei ein und stieg zu einem der bekanntesten Brandy-Erzeuger Spaniens auf. Ihrem Beispiel folgte 1945 Narcisco Mascaró, der sich mit einer Charantaiser Brennanlage ausrüstete. Und auf Mallorca verlegten sich einige der Bodegas auf die Destillation; unter ihnen ist die Bodegas Suau hervorzuheben, die sich mit ihrem Brandy einen guten Ruf erwarb.

Bei Torres im Penedès brennt man bereits seit 80 Jahren Wein und erzeugt einen der bekanntesten Brandys Spaniens.

Weitere spanische Brandys

Torres 20

Die Winzerfamilie Torres, deren Stammbaum bis ins 17. Jahrhundert zurückreicht, kann mit Recht auf ihren Imperial Brandy stolz sein. Zum ersten Mal wurde er 1977 auf dem Wettbewerb der Wine & Spirit Competition zum besten Brandy der Welt gewählt, eine Auszeichnung, die er anschließend noch 1997, 2006 und 2007 erringen konnte. Der Grundwein besteht aus einem Verschnitt der katalanischen Parellada-Sorte mit Ugni Blanc. Er wird in kupfernen Brennblasen doppelt gebrannt und in neue Fässer aus französischer Limousin-Eiche gefüllt. Nach einem Jahr umgelagert in älteres Holz, reifen seine ältesten Partien bis zu 20 Jahre lang. Sein Bukett wird von Trockenfrüchten, Nüssen und feinster Würze definiert, am Gaumen zeigt er sich elegant und ausgewogen, mit dezenter Süße und angenehmer Samtigkeit.

Antonio Mascaró Ego

Von seinem Vater übernahm Antonio Mascaró 1966 den Familienbetrieb in Villafranca de Penedès, zu dem die Weingüter Mas Miquel und El Castell gehören. Außer mit der Erzeugung von Wein und Cava hat sich das Unternehmen mit seinen Brandys profiliert. Sie basieren auf den katalanischen Rebsorten Macabeu, Parellada und Xarel.lo, die getreu dem Cognac-Verfahren doppelt gebrannt werden. Der Ausbau erfolgt in Fässern aus Limousin-Eiche, wobei der Ego als X.O.-Qualität mindestens acht Jahre lang reift. Erst dabei entwickelt er sein elegantes Vanille-Aroma und die sanfte Finesse im nachhaltigen Geschmack.

Bodegas Suau Reserva Privada

Auf Mallorca besteht eine Tradition des Brennens und Zubereitens von diversen Likören. Auch wenn Suau Bodegas y Destilerías de Mallorca daran anknüpfen, sind sie eine eher junge Gründung.
Frederic Suau, der zunächst zur See fuhr, gründete die Bodegas 1951 in Pont d'Inca, unweit von Palma. Die Produktion bleibt mit 30 000 Flaschen noch in handwerklichem Rahmen. Suau lässt seine Brandys in Fässern aus amerikanischer und französischer Eiche reifen, und zwar im Solera-System. Schon die jüngeren Brandys zeichnen sich durch ihre große Milde aus, aber der Reserva Privada, der nach 50 Jahren Ausbau abgefüllt wurde, ist der absolute Höhepunkt der Destillerie. Die fruchtigen Noten von Dörrobst verbinden sich vollkommen harmonisch mit den Noten der jahrzehntelangen Fassreife, die ausgewogene Röstaromen, Kaffee und Tabak beisteuern.

Pérez Barquero Monte Cristo Gran Reserva

1905 in Montilla, südlich von Córdoba, gegründet, hat sich Pérez Barquero auf die Herstellung von Weinen aus Pedro Ximénez spezialisiert. Daraus werden Finos, Amontillados und Olorosos entwickelt, die in *soleras* heranreifen. Damit verfügt Pérez Barquero über Fässer, die ganz ähnlich denen in Jerez mit aromatischen und im Fall des Oloroso süßen Weinen getränkt sind und sich vorzüglich für die Reifung von Brandy eignen. Die Brandy-*solera* hat man aus besonders alten Fässern aufgebaut, in denen der Gran Reserva in gut 35 Jahren seinen Mahagoni-Ton und die besonders reichen, süßen Aromen gewinnt, die an getrocknete Früchte und Nüsse erinnern und lang und süß nachklingen.

Esdor

Dieser Neuling unter Spaniens Brandys stammt aus dem Weingebiet der Ribera del Duero. Dort eröffnete die bekannte Bodega-Gruppe Matarromera in San Bernardo die Destilerías del Duero, um an die alte Tradition der Zisterzienser-Mönche anzuknüpfen, die im benachbarten Kloster Santa Maria de Valbuena Schnäpse und Liköre herstellten. Für ihren Brandy bezieht die einzige Brennerei der Ribera Wein aus Tinta del País, wie man hier den Tempranillo nennt. Der Grundwein destilliert in kupfernen Brennblasen mit 300 l bzw. 500 l Fassungsvermögen. Gealtert wird der Esdor 32 Monate lang in Fässern aus französischer und amerikanischer Eiche, die ihm beide ihre Aromen übertragen, die einen mehr Vanille und Kaffee, die anderen eher Zimt und Kokosnuss. Sie verbinden sich harmonisch mit Noten von reifen Beeren und Blüten und klingen lange nach.

Aguardentes in Portugal

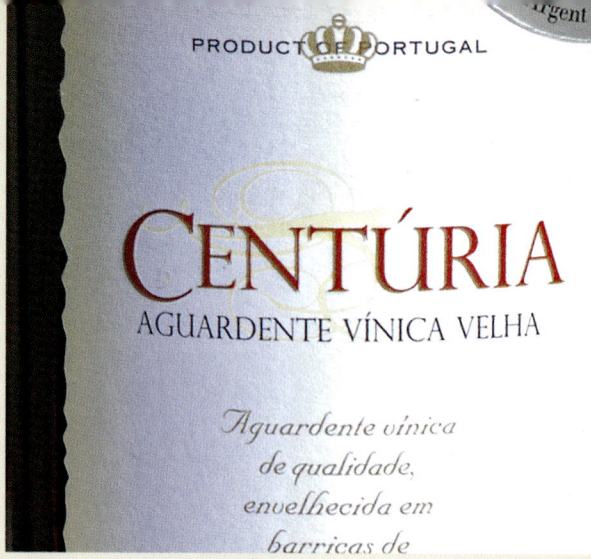

Der größte Teil des in Portugal erzeugten Weindestillats dient der Verstärkung der Portweine. Daneben haben sich einige Regionen, speziell die des Vinho Verde in Nordportugal und Lourinhã, nordwestlich von Lissabon, mit ihren Aguardente genannten Brandys einen Namen machen können.

In Lourinhã, seit mehr als 200 Jahren die von den Port-Häusern bevorzugte Herkunft der jungen Branntweine zur Verstärkung, traute man dem eigenen Erzeugnis mehr zu. Das Gebiet – es gehört zur portugiesischen Region Estremadura, jenem in der Vergangenheit schlicht Oeste (Westen) genannten Landstrich – zieht sich in einer Breite von etwa 30 km an der Atlantikküste entlang und ist für seine günstigen und leichten Weißweine bekannt, für die das atlantische Klima im Verein mit den stellenweise sandigen, doch heterogenen Böden verantwortlich ist. Die wenig alkoholhaltigen Weine – heute ist ihr Alkoholgehalt auf maximal 10 % vol gesetzlich begrenzt – eignen sich hervorragend für die Destillation. Wie überall in Portugal gedeiht auch in Lourinhã ein breites Sortenspektrum, doch man gibt den weißen Sorten Malvasia Rei (Seminário) und Tália (Douradinha) sowie der roten Cabinda in der Regel den Vorzug.

Wurde früher in kupfernen Brennblasen chargenweise doppelt gebrannt bis zu einem Alkoholgehalt von etwa 70 % vol, hat man in Lourinhã inzwischen überwiegend auf das kontinuierliche Brennverfahren umgestellt und dabei den Alkoholgehalt auf maximal 78 % vol festgesetzt. Selbstbewusst erwirkten Winzer und Destillateure 1992 für ihre Region den Rang als DOC (Denominação de Origem Controlada) und sind damit neben Cognac, Armagnac und Jerez das vierte für die Branntweinerzeugung anerkannte Weingebiet. Gealtert werden die Aguardentes in Eichen- oder Kastanienfässern von maximal 800 l Fassungsvermögen.

Im Vinho-Verde-Gebiet nutzen die Winzer Trauben aus besonders reichen Lesen zur Destillation ihres Brandy, der seit 1984 offiziell anerkannt ist. Die niedrigprozentigen weißen Grundweine erfüllen alle Voraussetzungen. Die besten Qualitäten werden doppelt gebrannt. Aguardente vínica altert mindestens sechs, Aguardente (vínica) velha mindestens zwölf Monate, die besseren Marken reifen noch weit länger.

Cavipor · Centúria

Die 1918 gegründete Kellerei Caves Monteiros in Penafiel, östlich der Stadt Porto, hat sich mit den Caves Vinicolas de Portugal unter dem Namen Cavipor zusammengeschlossen. Das Portfolio umfasst Weine aus dem ganzen Land. Unter den Brandys ist der 17 Jahre lang gealterte Centúria das Flaggschiff. Intensive Aromen von Trockenfrüchten wie Aprikose, Noten von Kakao, Tabak und Karamell sind harmonisch ausbalanciert und lang anhaltend.

Quinta do Tamariz
Aguardente velhissima X.O.

Das von der Familie Vinagre 1939 erworbene Gut gehört zu ihrer Firma Quinta de Santa Maria in Barcelos. Seit 1951 wird Aguardente aus den Sorten Loureiro, Arinto, Alvarinho und etwas Rotwein doppelt gebrannt. Der Ausbau findet in 250-Liter-Fässern aus Limousin-Eiche statt und währt bei ihrem herausragenden X.O. länger als 20 Jahre. Er zeigt sich komplex mit Noten von Blüten, Gewürzen und blondem Tabak, dabei fruchtig, ausgewogen und elegant mit feinem Rancio.

Ferreirinha · Aguardente velha

A. A. Ferreira, 1751 in Vila Nova de Gaia gegründet und heute Teil der Sogrape-Gruppe, wurde durch Dona Antónia Adelaide Ferreira berühmt, die im 19. Jahrhundert den Weinbau im Duoro-Tal entscheidend erweiterte und mit ihrem Reichtum soziale Einrichtungen unterstützte. ›Ferreirinha‹, kleine Ferreira, wurde zur inländischen Marke der Firma. Die Assemblage aus fünf bis 30 Jahre gealterten Aguardentes überzeugt mit Würze, Frucht und Röstnoten, viel Finesse und dezentem Rancio.

Casa d'Avelleda · Adega velha

Dieser exzellente Aguardente stammt von der Quinta da Aveleda, die mit der Weinmarke Casal Garcia führender Vinho-Verde-Erzeuger ist. Das historische Gut mit seinem wunderschönen Park gehört seit 1947 der Familie Guedes. Destilliert in einer Charentaiser Brennblase, reift dieser Brandy mindestens 12 Jahre im alten Weinkeller des Guts, daher der Name. Zum Bukett mit Aromen von Vanille, reifen Früchten und Kakao gesellen sich am Gaumen Noten von Rosinen und Nuss sowie eine gute, würzige, samtige Fülle.

Vinhos Campelo · Prestige X.O.

Der – nach der Farbe zu urteilen – lange gereifte Brandy wird als Aguardente Vínica Velhissima Fine Old & Rare angeboten. Mit intensiver Pflaumenfrucht und dezenter Karamellnote ist der Aguardente angenehm und weich. Die drei Brüder, die heute Vinhos Campelo leiten, setzen das Werk ihres Vaters Joaquim M. Campelo fort, der die Kellerei 1951 gründete. Sie ist hauptsächlich auf Vinhos Verdes und insbesondere auf Bagaceiras aus Trester ausgerichtet.

José Maria da Fonseca
Velha Reserva 1964

José Maria da Fonseca, 1804 im Dão-Gebiet geboren, war einer der großen Wegbereiter des portugiesischen Weinbaus und -handels. Seine Nachfahren haben den Pioniergeist bewahrt, sie bewirtschaften heute 650 ha Rebfläche und betreiben eine der modernsten Kelleranlagen des Landes bei Setúbal. Dieser altgoldene, aus Vinho Verde destillierte Aguardente reifte 34 Jahre in Eiche und empfiehlt sich mit eleganten Blüten- und Aprikosenaromen, reizvoller Würze und großer Finesse.

Arzente in Italien

Zu den Wegbereitern der Destillierkunst gehörte auch der italienische Arzt Taddeo Alderotti (1223–1303), besser bekannt unter dem Namen Thaddaeus Florentinus. Er war an der Universität zu Bologna tätig und beschreibt in dem vielbeachteten Traktat »De virtutibus aque vite et eius operationibus« (Von den Eigenschaften des Lebenswassers und seiner Verwendung; um 1280) die Apparatur und die ausgefeilten Brenntechniken, mit deren Hilfe er trinkbaren Branntwein, durch wiederholte Destillation aber auch annähernd reinen Alkohol herstellte. Beides wusste er als Mediziner vielfältig einzusetzen. Sein Werk beeinflusste die Brennkunst nicht nur Italiens, sondern auch der Nachbarländer und trug viel zur Verbreitung von Branntweinen bei.

Die eigentliche Zeit des *arzente,* wie die italienische Sammelbezeichnung cognac-ähnlicher Weinbrände lautet, wurde von dem Franzosen Jean Bouton eingeleutet, der 1820 in Bologna eine erste, mit Dampf betriebene Destillerie eröffnete. Als Giovanni Buton hatte er beachtlichen Erfolg mit seinen Erzeugnissen und inspirierte zahlreiche Nachahmer. Dabei kam Buton zugute, dass die Romagna seine Firma mit ausreichend Wein versorgen konnte. In den fruchtbaren Ebenen erbringt die vorwiegend angebaute Rebsorte Trebbiano, die im Cognac-Gebiet als Ugni Blanc heimisch wurde, hohe Erträge eines wenig alkoholischen, aber säuerlichen Weins, der ideal ist zum Destillieren.

Im Jahr 1939 vermochten Butons Nachfahren mit dem neu entwickelten Vecchia Romana genau den Publikumsgeschmack zu treffen. Da das umfangreiche Fasslager die Kriegswirren auf wunderbare Weise unbeschadet überstanden hatte, waren die Chancen günstig für die siegreiche Eroberung der internationalen Märkte zu Beginn der Nachkriegszeit. Nicht lange, und Vecchia Romana war auch außerhalb Italiens zu einer der führenden Brandy-Marken aufgestiegen.

Die andere große italienische Brandy-Marke nahm ihren Anfang, als der 18-jährige Lionello Stock im Hafen seiner Heimatstadt Triest die Verladung von Wein nach Frankreich beobachtete, wo es seit der Reblaus-Katastrophe an Grundweinen zur Destillation mangelte. Von dem Gedanken beseelt, italienischen Wein lieber in Italien zu brennen, gründete er mit seinem Freund Carlo Camis eine eigene, bald florierende Brandy-Produktion in dem Triester Vorort Barcola. Ab 1906 führte Stock das Unternehmen allein, und als ihm Zollbarrieren den Export erschwerten, entschloss er sich, ausländische Niederlassungen zu gründen. In den 1920er Jahren brachte er den Stock 84 heraus, der bis heute das Standbein des Unternehmens geblieben ist.

So sehr die Italiener ihren *arzente* schätzen, sie halten auf einfache Qualitäten. Die beiden Hauptmarken bestreiten mehr als zwei Drittel des Absatzes. Länger gereifte Weinbrände, oft von Grappa-Brennereien als Spezialität hergestellt, bilden die Ausnahme.

Der Stravecchio wird in Mailand im größten Brandy-Fass der Welt assembliert, das seit 1892 nur einmal völlig geleert wurde, und zwar beim Umzug.

Ausgewählte italienische Brandys

Vecchia Romana Riserva

Im Jahr 1830, zehn Jahre nach der Gründung, hatte Giovanni Butons Spirituosenherstellung solche Dimensionen erreicht, dass er eine größere, modernere Destillerie erbaute. In den folgenden Jahrzehnten etablierte sich die Firma als einer der führenden Hersteller in Italien. Dem Zeitgeist der Belle Epoque folgend, suchte sie ihrem Markennamen durch hochwertige Werbung mit Kunstplakaten zusätzliche Geltung zu verschaffen. Darauf konnte der Weinbrand Vecchia Romana vor und nach dem Zweiten Weltkrieg aufbauen. Auch die eigenwillige Flasche mit dem Emblem des jugendlichen Bacchus verhalf der Marke national und international zur einprägsamen Performance. Bald war sie eine der beliebtesten italienischen Spirituosen und blieb es bis heute. Während der Etichetta Nera drei Jahre in Fässern aus Limousin-Eiche reift, wird der Riserva mindestens zehn Jahre Zeit eingeräumt, was in Eleganz, Harmonie und Komplexität sehr gut zum Ausdruck kommt.

Villa Zarri Brandy 16 Anni di Vino Trebbiano Toscano e Romagnalo

Die Villa Zarri stammt zwar aus dem Jahr 1578, die heutige elegante Anlage inmitten des großen Parks ist jedoch das Resultat umfassender Renovierungen im 18. Jahrhundert. Leonida Zarri verhalf dem Besitz zu neuem Glanz. Für den Brandy werden nur Trebbiano-Trauben aus Hanglagen (150–700 m) in der Toskana und in der Emilia-Romagna auswählt, die den erforderlich leichten, säurebetonten Grundwein ergeben, der in der Charentaiser Anlage chargenweise doppelt destilliert wird. Der junge Weinbrand kommt in neue 350 l-Fässer aus französischer Eiche. Im Verlauf der Reife zieht man ihn auf ältere Fässer, wobei der Alkoholgehalt langsam auf die 42–44 % vol sinkt, die Guido Fini als ideal empfindet. Nur die allerbesten Weine eines Jahrgangs haben die Chance für diese hervorragende, 16 Jahre gealterte Spitzenqualität ausgewählt zu werden.

Mazzetti d'Altavilla Brandy Opera Prima

Filippo Mazzetti begann 1846 im piemontesischen Monferrato Grappe zu destillieren, zu einer Zeit, da Trester als reines Abfallprodukt des Kelterns angesehen wurde. Aber er und sein Sohn Luigi suchten im gesamten Monferrato nach den hochwertigsten Grundstoffen für ihre Brennerei, um sie dann in erstaunlich individuelle Destillate zu verwandeln. Vater und Sohn zogen mit ihrer Brennerei nach Altavilla um, wo im 20. Jahrhundert erst Felice, dann Franco Mazzetti ihr Handwerk immer weiter verfeinerten und ihren Grappe einen immer besseren Ruf erwarben. Brandy war und ist die zweite Leidenschaft der Mazzettis, die bis heute ein Familienbetrieb geblieben sind. Sie destillieren ihn in ihren kupfernen Brennblasen, bauen ihn 20 Jahre in slowenischer Eiche aus. Die besten Fässer selektieren sie dann für die beeindruckend samtige Opera Prima.

Jacopo Poli Arzente

In Schiavon, in der Nähe von Bassano del Grappa, im Herzen Venetiens, der für die Grappa-Produktion typischsten Region, begann Jacopo Polis Urgroßvater mit einem kleinen ambulanten Destillierapparat 1898 sein Handwerk als *grappaioli*. Jacopos Großvater war aus anderem Holz geschnitzt, ein für den Fortschritt aufgeschlossener Patriarch. Für seine stationäre Destillieranlage modifizierte er die mit Holz befeuerte Dampfmaschine einer Lokomotive. 1956 brachte Jacopos Vater Toni daran entscheidende Verbesserungen an, seitdem blieb die Anlage unverändert. Im Gegensatz zu den Produkten. Die Polis haben eine ganze Reihe Grappa-Klassiker geschaffen, aber auch den Arzente, einen aus Trebbiano di Soave destillierten, zehn Jahre in Eiche gereiften Brandy mit intensiven Aromen von Vanille, Tee und Nüssen, dabei im Geschmack voll, harmonisch und edel.

»Und ich selbst schließlich, in einem Kessel geboren, hoffe, meinen Vorgängern Ehre zu machen. Zusammen mit meinen Geschwistern Giampaolo, Barbara und Andrea führe ich eine Tradition weiter und habe dabei vor allem ein Ziel vor Augen: die Mühe und Ausdauer, besonders aber die Liebe zu vermitteln, die eine Flasche Grappa in sich birgt. Eine tiefe Liebe für die eigene Kunst, für die eigene Welt, eine Liebe, ohne die kein überzeugendes Ergebnis je möglich sein wird.«

Jacopo Poli

Griechischer Brandy

Metaxa ist kein reiner Weinbrand, auch wenn der seine Basis ausmacht. Die Alterung in großen Eichenfässern spielt bei seinem Werdegang dennoch eine wichtige Rolle.

Die Welt der Spirituosen kennt nur wenige solcher Spitzenpositionen, wie der Metaxa sie erreicht hat. Er gilt als der griechische Brandy schlechthin – und ist genau genommen nicht wirklich ein Brandy.

Spyros Metaxa, Winzer von der Insel Kefalonia, ließ sich 1880 mit seinen beiden Brüdern in Piräus nieder und erwarb im Süden Attikas ausgedehnte Rebflächen. Mit seinen Weinen begann er zu experimentieren, sie zu mischen und in der eigenen Brennerei zu destillieren, um dann weiterzutüfteln, bis er aus Weinbränden und Weinen ein Elixier komponiert hatte, das ihm zusagte. Er füllte es in Flaschen, verpasste ihm ein strahlendes Etikett, nannte es schlicht Metaxa

und brachte es 1888 auf den Markt. Beim Bau der ersten Fabrik fand man eine antike Münze mit dem Bild eines Kriegers der Seeschlacht von Salamis. Spyros Metaxa, der dies als gutes Omen verstand, wählte sie als Markenzeichen seines Unternehmens. Bis heute ist sie auf jedem Etikett zu sehen und hat Metaxa Glück gebracht.

Ausgefallene Rezeptur

Inzwischen wird Metaxa in einer hochmodernen Anlage in Kifissia, Athen, hergestellt, unverändert nach der bewährten Rezeptur. Die Grundweine bestehen aus den Rebsorten Savatiano, der Grundsorte für Retsina, Sultanina, die oft für Rosinen oder Tafeltrauben verwendet wird, und Korinthiaki, die man sonst meist zu Korinthen trocknet. Beim Metaxa werden die daraus vergorenen Grundweine getrennt weiterverarbeitet. Man verstärkt sie mit Weindestillat auf 18–24 % vol Alkoholgehalt. Diese Mischung wird destilliert, wobei man je nach Brennverfahren (kontinuierlich oder chargenweise) Weindestillate mit 52–86 % vol Alkoholgehalt erhält, die sehr unterschiedliche Bouquetstoffe aufweisen. Langjährige Erfahrung ist erforderlich, um die Destillate optimal verschneiden zu können, bevor sie in Fässer aus Limousin-Eiche gefüllt werden. Je nach der angestrebten Qualität müssen die Weinbrände zwischen fünf und 30 Jahre in den Holzfässern altern, wobei sie zunehmend dunkler werden und immer größere Sanftheit entwickeln.

Nach der ersten Alterungsphase kommt das von Spyros Metaxa entwickelte Verfahren zur Anwendung: sechs Monate vor der Abfüllung passieren die traditionellen Brandys auf dem Weg in Mischtanks eine in der Zusammensetzung geheime Filterschicht aus Kräutern und Gewürzen, darunter auch Rosenblätter. Dies verleiht ihnen zusätzliche Aromen und Komplexität, bevor sie mit reifen Muskatweinen aus Limnos und Samos eine Verbindung eingehen und bis zur Abfüllung in großen Holzfudern nachreifen.

Qualitätsstufen des Metaxa

3 Sterne	drei Jahre Alterung; wird nur in Griechenland vertrieben; leicht, fruchtig-süß
5 Sterne	fünf Jahre Alterung; der internationale, honiggelbe, milde Klassiker mit leichter Karamellnote, auch für Longdrinks geeignet
7 Sterne	sieben Jahre Alterung; Vertrieb in der Amphoren-Flasche; mittelgoldener Farbton, weich, rund, fruchtig und würzig; pur oder auf Eis
Grande Fine	mindestens 15 Jahre Alterung; Vertrieb in der Porzellan-Karaffe; Bernsteinton, samtig mit fruchtiger Süße und anhaltend; pur genießen
Private Reserve	bis zu 30 Jahre gealtert; in der Glas-Karaffe bis vor kurzem nur in Griechenland erhältlich; dunkles Ambré, sehr komplexe, würzig-süße Aromen, viel Körper und Nachhall

Der Brandy Georgiens

Armenien

Der armenische Brandy war und ist vor allem in der ehemaligen Sowjetunion beliebt. Gegenwärtig erfährt er auch international wieder stärkere Beachtung. Bedeutendster Erzeuger ist die Yerevan Brandy Company (gegründet 1887), die inzwischen zu Pernod Ricard gehört. Von dessen Marke Ararat verkauft das Unternehmen drei bis 18 Jahre alte Brandys. Nach dem Ende der Sowjetunion entschlossen sich einige der ehemaligen Traubenzulieferer eigene Brennereien einzurichten. Die Produktion unterliegt einer gewissen Kontrolle, so sind etwa nur Weine der fünf Rebsorten Rkatsiteli, Mskhali, Garan Dmak, Kangu und Voskehat erlaubt. Armenische Brandys altern in der Regel in Fässern aus Krasnojarsk-Eiche.

Älteste Funde, die vom Weinbau in Georgien zeugen, sind rund 7000 Jahre alt. Es sind im Weinbau verwendete Werkzeuge, später auch Schmuckstücke mit Trauben- und Weinlaubdekor. Die mit Abstand bedeutendste Weinregion des Landes ist Kachetien, wo über zwei Drittel der gesamten Wein- und Brandy-Produktion erzeugt werden. Sie liegt im Südosten des Landes und senkt sich in zwei Tälern hinab zur aserbaidschanischen Grenze. Hier gedeiht vor allem die äußerst widerstandsfähige weiße Rkatsiteli, eine der ältesten und meistangebauten Rebsorten der Welt. Es werden nicht nur leichte Tisch- und schwere Portweine daraus gekeltert, sondern auch die Grundweine für den Brandy. Letztere weisen neben der lebhaften Säure einen Alkoholgehalt von etwa 12 % vol auf.

Zu Gründungen größerer professioneller Brennereien kam es erst in der zweiten Hälfte des 19. Jahrhunderts. Als offizieller Ahnherr des georgischen Brandy gilt David Saradjishvili (1848–1911). Der promovierte Chemiker und Philosoph machte sich in Frankreich mit der Brenntechnik vertraut und gründete 1884 in der Hauptstadt Georgiens die Tbilisi Brandy Factory. Mit ihrer berühmtesten Marke Eniseli, einem aus Weinen der ostgeorgischen Regionen Shilda und Eniseli gebrannten, 17 Jahre gereiften Brandy, soll schon Stalin 1945 auf Jalta Winston Churchill beeindruckt haben. Firmengründer Saradjishvili wird bis in die Gegenwart wegen seiner sozial verträglichen Unternehmenspolitik verehrt.

Die heutige Brennerei wurde 1954 errichtet, aber im vergangenen Jahrzehnt modernisiert und auf internationalen Standard gebracht. Seit je nutzt man die Cognac-Methode der doppelten Brennweise, bei der man zunächst einen 34%igen Rohbrand erhält, der in einem zweiten Durchgang den klaren 70%igen Weinbrand ergibt. Dieses Destillat wird in neue 400-Liter-Fässer gefüllt, für die meist heimische Iberica-Eiche, aber auch Eichenholz aus Bulgarien und Zy-

Die Region Kachetien mit der am Fluss Ints'obi gelegenen Stadt Gremi ist das größte Weinbaugebiet Georgiens.

Gegenüber oben: Ein aus Österreich stammendes Fass des Brandy-Produzenten Saradjishvili

pern verwendet wird. Bei Saradjishvili lagern in 17 Kellern 18 000 Fässer, überall ist die Temperatur auf 17–18 °C geregelt, bei gleichbleibend 70 % Luftfeuchtigkeit. Insgesamt werden 15 verschiedene Qualitäten erzeugt. Man unterscheidet dabei Standard mit drei bis fünf Jahren Alterung, Jahrgangs-Brandys mit sechs bis acht Jahren und alte Jahrgänge, die mit dem neun Jahre gereiften Gremi einsetzen. Zudem destilliert man Grundweine aus weiteren Regionen Georgiens. Im Ausbau werden unterschied-

lich alte Destillate verschiedener Herkünfte assembliert, reduziert und pro Liter mit bis zu 15 g Zucker angereichert. Zu Recht stolz ist die Firma, die rund vier Fünftel der Brandy-Produktion Georgiens absetzt, auf ihre Sonderfüllungen XX Century, eine Assemblage aus 17 Brandys von 1905 bis 1993, und Saradjishvili 155 (aus Anlass des 155. Geburtstags des Firmengründers) aus Bränden, die David Saradjishvili selbst zwischen 1893 und 1905 destillierte. Beides sind Zeugnisse hoher georgischer Brandy-Kultur.

Porträt des Firmengründers David Saradjishvili

Deutscher Weinbrand

In der Wirtschaftswunderzeit der 1950er und 1960er Jahre erlebte auch der Deutsche Weinbrand sein Wunder und behauptete sich als der Deutschen liebste Spirituose. Diese Position konnte er bis nach der Wiedervereinigung mengenmäßig ausbauen, um schließlich beim Ansturm der Trend-Drinks, insbesondere Wodka und Whisky, reichlich Federn zu lassen. Dennoch spielt Deutscher Weinbrand weiterhin eine wichtige Rolle, und man ist intensiv bemüht, sein Image aufzufrischen.

Geschmacklich kommt er dem Brandy-Genießer entgegen, zeigt sich weich und samtig mit dezenter Süße und Aromen von Vanille und Karamell, Dörrobst und Nüssen, oft mit Röstnoten vom Holzausbau verbunden. Über die Jahrzehnte seines Erfolgs hinweg hat er ein durchaus typisches, ansprechendes und harmonisches Profil entwickelt. Doch wie deutsch ist eigentlich der Weinbrand?

Alle Brandys, die bislang vorgestellt wurden, ganz gleich aus welchem Land, basierten auf den landeseigenen Trauben. Dies ist in Deutschland – sieht man von einigen Ausnahmen ab – nicht der Fall. Alle größeren Marken kauften in den Jahren der Blüte im Ausland, hauptsächlich in Frankreich und Italien, ihre Brennweine. Dieser Begriff bezeichnet in Deutschland Grundweine, die mit Weindestillat auf 18–24 % vol Alkoholgehalt verstärkt sind. Sie werden im Inland ein zweites Mal gebrannt und altern schließlich in Eichenfässern, mindestens 12 Monate oder mindestens sechs in Fässern mit weniger als 1000 l Fassungsvermögen.

Mit sinkender Nachfrage lautete das Zauberwort immer vernehmlicher ›Kostenoptimierung‹. Man kaufte gleich doppelt gebrannte Weindestillate ein, wenn nicht gar bereits ausreichend gealterte, und behielt nur das Wesentliche bei: die Komposition des eigenen Weinbrands aus diversen Weindestillaten – unterschieden in Herkunft, Ausbau und Charakter – mit den traditionellen und gesetzlich erlaubten Zusatzstoffen. Außer Karamell werden dafür Dörrfrüchte, Nüsse und Nussschalen in Weingeist mazeriert. Dem fertigen Weinbrand lässt man anschließend noch einige Monate Zeit zur geschmacklichen Harmonisierung, bevor er dann abgefüllt wird.

Namentlich

Europaweit trugen aus Wein destillierte Brände bis weit ins 20. Jahrhundert hinein den Namen ›Cognac‹. (Daneben gibt es in Deutschland für ein alkoholisches Produkt, das in Apotheken gehandelt wird, die Bezeichnung ›Franzbranntwein‹.) Hugo Asbach, der das Destillieren in Frankreich erlernt hatte und 1892 in Rüdesheim seine eigene Brennerei eröffnete, gebrauchte schon seit 1896 parallel zu ›Cognac‹ die Bezeichnung ›Weinbrand‹ und verzichtete ab 1911 auf den französischen Namen ganz. Damit war er seiner Zeit voraus, denn acht Jahre später wurde deutschen Herstellern die Verwendung des Begriffs ›Cognac‹ untersagt, der Name ›Weinbrand‹ erfuhr dagegen erst 1971 gesetzlichen Schutz.

Wenn Deutscher Weinbrand auch vorwiegend durch große Marken existiert, die kleine handwerkliche Herstellung und Reifung von Spezialitäten – wie hier bei Gerhard Gutzler – weckt zunehmend Interesse und Begeisterung.

Asbach Uralt verfolgt bis heute eine besondere Politik: die Firma unterhält weit vom Rhein in Ottersweier ein Lager von 21 000 300-Liter-Fässern aus Limousin-Eiche, in denen bis zu 50 Jahre alte Weinbrände reifen. Das erlaubte ihr, neue hochwertige Produkte aus eigenen Beständen zu kreieren.

Als Nischenprodukte finden Weinbrände kleiner, auf Spitzenqualität ausgerichteter Destillerien Interesse oder von Winzern aus eigenen Trauben meist im Lohnauftrag gebrannte und viele Jahre gereifte Weinbrände. Darunter kann man echte Spezialitäten mit individuellem Charakter entdecken.

Oben links: Rheingau-Winzer Hans Lang lässt seinen X.O. aus Riesling sechs Jahre im Fass altern.

Oben rechts: Winzer Gerhard Gutzler in Rheinhessen zählt zu den besten deutschen Brennern.

Asbach Selection 21 Jahre alt

Dieser Spitzenweinbrand kam 1989 auf den Markt. Seine sehr komplexe Aromatik mit Noten von Blüten, Gewürzen, Nüssen in Verbindung mit markanten Rösttönen wie Kakao und Kaffee zeugt von der langen Fassreife.

Wilde Wasser 1999

Ein sechs Jahre im Fass gereifter Weinbrand, den die Brenner Thomas Helferich und Gerhard Gutzler für ihre Kollektion Wilde Wasser auswählten, in der sie exquisite Raritäten von kleinen, puristisch arbeitenden Brennereien anbieten.

Chantré Cuvée Rouge

Der Marktführer Chantré, der sich schon bald nach der Gründung 1953 mit seinem sehr milden Weinbrand an die Spitze in Deutschland setzte, bietet auch diese fruchtige, aus Rotweinen destillierte Spezialität an.

Südafrikas Brandys

Wollte man Südafrikas Nationalgetränk küren, hätte Brandy beste Aussichten auf den Spitzenplatz – gemeinsam mit Cola, aber immerhin. Mit seinen über 300 Jahre zurückreichenden Wurzeln und eigenen Produktionsregeln, die sich von denen anderer Brandys deutlich unterscheiden, verdient er gebührende Aufmerksamkeit. War er früher nur das Geschäft der Giganten, geben ihm kleine, handwerkliche Erzeuger in den letzten Jahren neue Impulse.

Jüngste Erhebungen brachten es in die Statistik: die rund 45 Millionen Einwohner Südafrikas konsumieren alljährlich rund 45 Millionen Liter Brandy. Das macht ihn mit komfortablem Abstand zur Spirituose Nummer Eins, entfällt auf ihn allein doch annähernd die Hälfte des Gesamtumsatzes an Alkoholika. Wodka und Whisky, die in anderen Ländern traditionelle Spirituosen weitgehend verdrängten, wurden auf hintere Plätze verwiesen. Südafrika ist stolz auf seinen führenden Branntwein, so wie es auch stolz ist auf seinen Wein. Wer am wirtschaftlichen Aufschwung teilhat, und das sind glücklicherweise immer mehr Menschen, wählt statt Whisky oder Bordeaux einen alten Brandy von KWV (Kooperatieve Wijnbouwers Vereniging van Zuid-Afrika), Van Ryn oder Oude Molen.

Schon Jan van Riebeeck, der 1652 Kapstadt gründete, soll Branntwein der Charente nach Südafrika gebracht haben. War doch Branntwein auch für die Vereinigte Ostindische Kompagnie ein lukratives Handelsgut, ganz abgesehen davon, dass holländische Seeleute ihn selbst schätzten. Mit dem am Kap florierenden Weinbau (1659 wurden die ersten Trauben gepresst) lag die Branntweinerzeugung nicht fern. Ob zum Eigenbedarf oder zu Demonstrationszwecken der mitgebrachten Brennblase – am 19. Mai 1672 brannte der Smutje des Schoners De Pijl den ersten südafrikanischen Brandy. Schon bald stand Brandy ziemlich weit oben auf den ›Einkaufszetteln‹ der Proviantmeister jener Schiffe, die auf der Route nach Indien und Indonesien am Kap Station machten. Zunächst soll der aus Trestern destillierte *dopbrandewijn* einem zwar den Atem geraubt, aber das auf den langen Seereisen abgestandene Wasser gesundheitlich unbedenklich gemacht haben. Bis heute meint *dop* auf Afrikaans ›ein Schnapsglas voll‹.

Mit dem Einzug der Briten 1806 verbesserte sich umgehend die Qualität des Brandy. Einer der Ersten, der sich mit Brandy einen Namen machte, war der Immigrant Philippus Bernardus Wolvaart, dem 1791 ein Gut im Paarl-Tal zugesprochen wurde. Auf Nederburg, wie er seinen Besitz taufte und wo er 63 000 Rebstöcke setzte, destillierte er jährlich rund 2600 Liter Brandy. Und er war keineswegs der Einzige.

Ein neues Kapitel Brandy-Geschichte schrieb 1918 die KWV, die als private Genossenschaft mit dem Auftrag gegründet wurde, die Weinindustrie zu stabilisieren und die Qualität von Wein und Brandy zu steigern. Brandy stieg zum Massenprodukt auf, das mit Vorliebe von der schwarzen Bevölkerung konsumiert wurde und nicht gerade zur Lösung sozialer Probleme beitrug. Alkoholmissbrauch ist zwar immer noch ein Thema, das aber vielleicht inzwischen weniger in der Verantwortung des Brandy liegt, da sich in Angebot und Kaufverhalten ein Wandel vollzieht. Seine Zuwachsraten verzeichnet südafrikanischer Brandy im Premium-Segment, und es sind gerade schwarze Bürger, denen es auf die angesehenen Marken ankommt wie Martell V.O., Klipdrift Premium, Oude Molen 100 oder KWV 10 Years Old.

Kap-Stil

Seite 170: Im KWV House of Brandy in Worcester kann der Besucher einer sehr guten Führung folgen.

Seite 171: Auf dem Louiesenhof bei Stellenbosch wird auf althergebrachte Weise gebrannt, in einer Brennanlage aus Stuttgart, anno 1930.

Gegenüber:
Im KWV House of Brandy, der größten Brandy-Destillerie der Welt, setzt man neben diesem *alambic charentais* (links) 120 kleine südafrikanische *pot stills* ein, deren Ablauf von Hand reguliert wird (rechts).

Die ausgedehnten Rebflächen Worcesters liefern einen großen Teil der Grundweine für die Brandy-Herstellung.

Von den Winzern in Stellenbosch wird man auf die andere Seite des Berges geschickt, wenn man nach den Trauben für Brandy fragt. Ihre eigenen Lagen seien zu gesucht und zu teuer. Man muss den Du-Toitskloof-Pass überqueren, will man in das Hauptgebiet der Brandy-Trauben vordringen, das sich in der Region des Breede River, in Worcester und Robertson befindet. Es werden überwiegend Colombard und Chenin Blanc dafür kultiviert, und die Weinbauern streben gesunde Trauben mit höheren Säurewerten an sowie mit 10–11 % vol Alkoholgehalt. Bei den in Frankreich üblichen 8–9 % vol hätten die Trauben in Südafrika nicht genügend Aromen. Die sehr hohen Erträge wirken sich nicht negativ aus, denn Destillation ist eine Konzentration, und man rechnet 5–6 l Wein für 1 l Brandy.

Übrigens waren 80 % der Rebsorten in Südafrika bis in die 1980er Jahre weiße Sorten, und der größte Teil ging in die Destillation. Die genannten Sorten haben sich bewährt, doch die Brenner nutzen auch andere, etwa Cinsault oder Pinotage, um dem Destillat mehr Frucht zu geben. Die meisten Grundweine für die Destillation werden von Winzergenossenschaften nach den Vorgaben der Brandy-Firmen gekeltert, insbesondere denen der KWV, die in Worcester die weltgrößte Pot-Still-Brennerei unterhält und einen durchschnittlichen Jahresbedarf von 35 Mio. kg Trauben hat.

Seit die Restriktionen für kleinere Betriebe 1990 und 1993 aufgehoben wurden, gibt es immer mehr Weingüter, die ihre eigenen Trauben selbst destillieren.

Brennen auf Südafrikanisch

»Wir suchen fruchtige Grundweine mit typischen Aromen von Bananen, Guaven und grünem Gras«, erklärt Kobus Gelderblom, Brandy-Meister bei KWV. »Wir stechen den Wein nur einmal ab, denn wir wollen die Feinhefen erhalten. Er enthält viele Fettsäuren, und das ist auch der Grund, warum wir Brennblasen aus Kupfer benutzen, denn dieses Material wird mit dem Alkohol, dem Ethanol reagieren, um die Ester mit ihren wundervollen Aromen zu bilden, auf die es uns ankommt.«

Der Brennsaal bei KWV ist beeindruckend. Dort stehen in zwei Reihen 120 *pot stills,* Brennblasen zum chargenweisen Destillieren, die 1925 von dem Kupferschmied David Benjamin Woudberg in Wellington hergestellt wurden. Jede der mit Dampf beheizten Brennblasen fasst 1000 l. »Im ersten Durchlauf brennen wir bis 31 % vol Alkoholgehalt«, erläutert Kobus, »beim zweiten dann bis 70 % vol, doch dabei entfernen wir *heads and tails* [Vor- und Nachlauf].«

Der klare Pot-Still-Brandy kommt in Fässer aus französischer Eiche, die laut Gesetz weniger als 340 l fassen müssen. Darin muss er mindestens drei Jahre zubringen. »Wir sind auf französische Eichen angewiesen, südafrikanische können wir nicht benutzen, denn unsere Sommer sind zu heiß, die Bäume wachsen zu schnell, so ist das Holz weich und porös. Man würde zu viel Brandy durch Verdunsten verlieren. Schon jetzt sind es 9 l pro Fass und Jahr.«

Die besten Brandys Südafrikas sind reine Pot-Still-Brandys, die mindestens drei, oft fünf, nicht selten zehn oder mehr Jahre gealtert sind. Bei der Einstiegs- wie bei der höherwertigen Vintage-Kategorie greifen die Brandy-Meister auf in Kolonnen destillierten und rektifizierten reinen Weingeist für ihre Blends zurück, eine Methode, die internationalen Gepflogenheiten widerspricht. Außerdem darf man Brandys bis maximal 15 g/l mit Zucker, Karamell, Dessertwein, Honig oder Mostkonzentrat süßen und ihnen natürliche Pflanzenaromen zusetzen.

Südafrikas Brandy-Typen

Standard oder Blended Brandy
Mindestens 30 % Pot-Still-Brandy, der wenigstens drei Jahre im Fass alterte, ergänzt mit neutralem, nicht gealtertem Weingeist; er muss mindestens 43 % vol Alkoholgehalt aufweisen (für den Export 40 % vol); zum Mixen.

Pot-Still-Brandy
Mindestens 90 % Pot-Still-Brandy, wenigstens drei Jahre im Fass gealtert und mit mindestens 38 % vol Alkoholgehalt abgefüllt; am besten pur.

Vintage Brandy
Ein Blend von mindestens 30 % Pot-Still-Brandy mit maximal 60 % Weingeist aus der Kolonne, wobei das Mindestalter im Fass für beide acht Jahre beträgt. Er wird ergänzt mit neutralem Weingeist und mit mindestens 38 % vol Alkoholgehalt abgefüllt; holzbetont; pur oder mit Soda.

Auf den Brandy-Routen

Die Brandy-Routen Südafrikas

— Western-Cape Brandy-Route
— R62-Brandy-Route

Die Western-Cape-Brandy-Route wurde am 19. Mai 1997, auf den Tag genau 325 Jahre, nachdem der erste Brandy in Südafrika gebrannt wurde, eröffnet und ist vermutlich die erste ihrer Art weltweit. Beginnt man sie im Süden, ist ihre erste Station im Elgin Valley, der aufstrebenden Weinregion mit dem kühlen Klima, eine Autostunde südwestlich von Kapstadt. Dort hat das Familienunternehmen Edward Snell & Company ihrer Marke Oude Molen in der 1942 errichteten und inzwischen völlig erneuerten Destillerie ein Zuhause gegeben. Damit wird auch Rene Santhagen, der Gründer der Marke, geehrt, den man den Vater des südafrikanischen Brandy nennt und der um 1900 für seine rauschenden Feste berühmt war.

Beeindruckend ist die Destillerie Van Ryn bei Vlottenberg, wo der Konzern Distell seine Topqualitäten brennt und reifen lässt. Auf dem Louiesenhof ist eine kleine Brennblase in Betrieb, die 1930 in Deutschland hergestellt wurde. Bei Backsberg, südlich von Paarl, hat sich Michael Back einen *alambic charentais* aus Cognac geleistet, während der Anwalt Johann Loubser und seine Gattin, die Afrikaans-Autorin Riana Scheepers, auf ihrem schmucken, 300 Jahre alten Gut De Compagnie bei Wellington ihren Brandy in einer Brennblase destillieren, die 1849 erstmals in Gang gesetzt wurde. In der Nähe brennt Edmund Oerttlé seine äußerst fruchtigen Brandys aus biologisch kultivierten Trauben.

In der Kleinstadt Worcester befindet sich mit dem House of Brandy des Großunternehmens KWV sozusagen das Epizentrum des südafrikanischen Brandy. Dort kann man an einer bestens kommentierten Führung teilnehmen. Hier endet offiziell die Western-Cape-Brandy-Route, wohingegen wir hier die zweite Brandy-Route starten, die der R 62 folgt. Sie durchquert die stille, großartige Landschaft der Klein Karoo mit dem netten Ort Barrydale, wo man in der Kooperative mit alten Woudberg *pot stills* arbeitet. Über Ladysmith – eine angenehme Zwischenstation – gelangt man nach Calitzdorp, der Hochburg der südafrikanischen Portweine. Zu deren Verstärkung

brauchte man seit je guten Brandy, weshalb der Familienbetrieb Boplaas schon 1880 seinen Brandy exportierte. Carel Nel brachte 1994 den ersten Estate Brandy heraus. Die letzte Station befindet sich im weitläufigen Städtchen Oudtshoorn in der Van der Riet Street, wo man im neuen Kango Wijnhuis den exzellenten, aus Muskattrauben, pardon Hanepoot destillierten Brandy probieren kann.

Auf dem Gut Avontuur vor der großartigen Kulisse des Helderbergs erzeugt man Wein sowie Brandy und züchtet Rennpferde.

Western-Cape Brandy-Route

Oude Molen Distillery
bei Grabouw
Tipp: Oude Moulen VOV

Avontuur Wine Estate
zwischen Somerset West und Stellenbosch
Tipp: 10 Years Old

Tokara
auf dem Helshoogte Pass (R 310), 5 km von Stellenbosch
Tipp: 5 Year Old Pot Still Brandy

Van Ryn Brandy Distillers
bei Vlottenberg, 8 km

von Stellenbosch
Tipp: 20 Years Old

Louiesenhof
an der Koelenhof Road (R304), 4 km von Stellenbosch
Tipp: Marbonne Pot Still Brandy

Uitkyk
bei der R 44 zwischen Stellenbosch und Paarl
Tipp: 10 Years Old Estate Brandy

Backsberg
in Suider Paarl bei Klapmuts
Tipp: 10 Years Old

Laborie Estate
Taillerfer Street in Paarl
Tipp: Laborie Alambic Brandy

Nederburg
bei Paarl
Tipp: Nederburg Potstilled Solera Brandy

De Compagnie
bei Wellington
Tipp: De Compagnie Pot Still Brandy

Oude Wellington Estate
an der R 301 zwischen Wellington und Bain's Kloof
Tipp: Dr. Schumachers Estate Brandy

Upland Organic Estate
an der Blouvlei Road außerhalb Wellingtons
Tipp: Upland Pure Pot Still Brandy

R 62-Brandy-Route

KWV House of Brandy
in Worcester
Tipp: Imoya VSOP

Rietriver Wine Cellar
an der R62 zwischen Montagu und Barrydale
Tipp: John Montagu 5 Year Brandy

Barrydale Wine and Brandy Cellar
in Barrydale
Tipp: Joseph Barry Cape Pot Still Brandy

Boplaas
in Calitzdorp
Tipp: Boplaas Pot Still Brandy 7 Years

Grundheim
vor Oudtshoorn an der R62
Tipp: Grundheim Pot Still Brandy

Kango Wijnhuis
in Oudtshoorn
Tipp: Kango Hanepoot Brandy

Feinste Brandys vom Kap

Vor dem alten Farmhaus von Oude Wellington steht eine repräsentative Auswahl der rund 50 südafrikanischen Brandy-Marken. Das Spektrum reicht von den ältesten und hochwertigsten Destillaten der großen Erzeuger KWV (4.v.r.) und Van Ryn (3.v.r.), die jeweils 20 Jahre lang im 300-Liter-Fass reifen, über den 16 Jahre alten Marbonne des Lou-iesenhofs (2.v.l.) zu jüngeren Estate Brandys. Savignac de Versailles – einziges nur auf Brandy spezialisiertes Gut Südafrikas – erzeugt handwerkliche Pot-Still-Brandys wie diesen 10 Years Old aus dem Jahr 1994 (1.v.l.), wohin-gegen Tokara (3.v.l.) vor allem mit Spitzenweinen glänzt. Die jüngeren Brandys von Oude Wellington (4.v.l.) und Upland (2.v.r.) überzeugen mit intensiver Frucht und feiner Vanillenote, während der 1996 destillierte und sieben Jahre gereifte Brandy von De Compagnie (1.v.r.) mit seiner Weichheit beeindruckt.

Estate Brandys

Die Liberalisierung der südafrikanischen Weinerzeugung wirkte sich auch auf Brandys aus und ermöglichte es unabhängigen Weingütern, selbst zu destillieren. Mit ihren handwerklichen, oft in historischen Brennblasen hergestellten Weinbränden weckten diese Newcomer neues Interesse an hochwertigen Qualitäten, wovon auch die großen Firmen profitieren, die überwiegend einfache Qualitäten produzieren. In den letzten Jahren verzeichnen anspruchsvolle Brände die größten Zuwachsraten.

Auf Oude Wellington pflegen Dr. Rolf und Vanessa Schumacher ihren alten *alambic* sorgfältig, auf dass er den Geist nicht aufgebe. Rolf Schumacher hat viel Erfahrung

dertes Geschmacksbild zu geben. Ein edler Cognac von einer der großen Marken wird in drei Jahren genauso schmecken wie heute. Dagegen sind unsere Brandys wandlungsfähig. Natürlich spielt meine Handschrift mit, aber das Wesentliche ist, dass einer unserer Brandys nach drei Jahren noch viele florale Geschmacks- und Geruchsnoten hat und erst später nussige Aromen hinzukommen. Je länger das Holz hineinspielt, die Holznoten kräftiger werden, umso mehr verliert sich die Frucht. Dann kommen mehr Geschmacks- und Geruchsnoten von Walnuss und Haselnuss hinein. Viele Häuser bemühen sich nun, die Fruchtnoten wiederzubeleben, indem sie verschiedene Alterungsstufen vermischen.«

mit der Alterung von Brandy. »Alter ist nicht immer gleichzusetzen mit Qualität, denn Brandy durchläuft in der Reife verschiedene Phasen. Trauben reagieren auf ihre Umgebung, und so schmeckt jeder Brandy jedes Jahr anders. Die großen kommerziellen Häuser sind bestrebt, ihren Brandys jahrzehntelang ein nach Möglichkeit unverän-

Jeder der kleinen Weinbrenner sucht seinem oder seinen Brandys einen individuellen Ausdruck zu geben, den die verwendeten Trauben ebenso beeinflussen wie die benutzte Brennblase. Doch ohne die persönliche Philosophie des Brenners wäre die Begegnung mit Südafrikas Brandys lange nicht so reizvoll und abwechslungsreich.

Links: In dieser alten *pot still* werden auf Oude Wellington pro Jahr 2000 l Brandy gebrannt.

Rechts: Probe des 16 Jahre alten Marbonne auf dem Louiesenhof

Brandys anderer Länder

Wo Trauben wachsen, wird immer auch Brandy destilliert, zumal wenn die Trauben günstig und das daraus vinifizierte Produkt wenig überzeugend ist. Ein Paradebeispiel ist die Tafel- und Rosinentraube Thompson Seedless, auch unter dem Namen Sultana bekannt. In Mexiko und in den USA werden daraus Grundweine für die Brandy-Herstellung gewonnen. Auf dem Weg über Brennblase und Kondensator verwandeln sie sich in die mexikanischen Massenmarken Presidente und Don Pedro, die gemeinsam einen Absatz von mehr als 110 Mio. Flaschen und damit weit mehr als Tequila erreichen. Ebenso werden die mengenmäßig führenden Brandy-Marken der USA wie Gallos E&J, Christian Brothers, P. Masson's Grande Amber oder Korbel daraus gebrannt. Doch weltweit zeichnet sich eine neue Tendenz ab. Gerade dort, wo man es inzwischen versteht, hochwertige Weine zu erzeugen, streben Winzer oder Brenner mit Spirituosen ein vergleichbares Qualitätsniveau an und stoßen erfolgreich in Nischenmärkte vor. Germain Robin in den USA destilliert Brandy aus Pinot-Noir-Rosé, der oft im Weißen Haus als Digestif serviert wird. Österreich liefert dafür ebenfalls eine Vielzahl überzeugender Beispiele, und auch in der Schweiz findet der Connaisseur exquisite Weinbrände. Hier ist eine kleine Auswahl an Marken anderer Länder zusammengestellt, die das erstaunliche Angebot der weiten Welt des Brandy illustrieren sollen.

Domäne Wachau
Cigar Reserve X.A. 25 Jahre

Unter dem Namen Domäne Wachau bieten die Freien Weingärtner Wachau ihre besten, von Terroir und Rebsorten geprägten Weine und Edelbrände an. Schon 1965 begann der langjährige Direktor Willi Schwengler damit, aus Grünem Veltliner Weinbrände zu destillieren und richtete eine der größten Brennanlagen Österreichs ein. Grüner Veltliner eignet sich bei früher Ernte ganz besonders für vielschichtige Brände, da aufgrund der niedrigen Zuckergradation extraktreiche Weinbrände mit konzentrierter Frucht und ausgeglichenem Alkohol entstehen. Über die Jahre wurde dabei ein großer Bestand aus gereiften Bränden aufgebaut – einzelne Chargen stammen noch aus den 1960er Jahren –, der einen unvergleichlichen Schatz darstellt. Daraus komponieren die Weingärtner jetzt ihre nicht-reduzierten, absolut reinen Veltliner-Brände, unter denen diese weiche, sehr vielschichtige Cigar Reserve mit ihren feinen Röstnoten und der reifen Würze die Spitze darstellt.

Donatsch
Malanser Weinbrand

Die Familie Donatsch betreibt in Malans, dem am südlichsten gelegenen Dorf der Bündner Herrschaft in der Ostschweiz die Winzerstube »Zum Ochsen« und ein 4,5 ha großes Weingut. Seit Jahrzehnten pflegen sie ihre Parzellen nach den Prinzipien des integrierten Anbaus und haben ihre Lagen inzwischen mit den Rebsorten bepflanzt, die sich darauf am besten entwickeln. Thomas Donatsch und sein Sohn Martin sind für ihre hochkarätigen Lagenweine bekannt und insbesondere für ihre verschiedenen Pinot Noirs. Auch ihr Weinbrand basiert auf Pinot Noir, und zwar aus der Nachlese der Trauben, die sofort abgepresst und vergoren wird. Nach dem Brennen reift das Destillat mindestens acht Jahre in gebrauchten Pinot-Noir-Fässern aus Allier-Eiche in den jahrhundertealten Gewölbekellern des »Ochsen«. Pinot Noir verleiht dem Weinbrand seine reizvolle Frucht und die schöne Rundheit, während die Eichenfässer die elegante Würze beisteuern.

Ausgewählte Brandys

McDowell's No. 1 Brandy

Dieser Brandy wird von der indischen UB Group hergestellt, deren Topmarke das in 52 Ländern vertriebene Bier Kingfisher ist, das allein in Indien 50 % der Marktanteile besitzt. Der Brandy von Mc Dowell's zählt zu den 13 Spirituosenmarken des Konzerns, der 1 Mio. und mehr Kisten pro Jahr absetzt, und gilt als der meistverkaufte Brandy der Welt. UBs Biotechniker entdeckten, dass blaue Trauben aus Westindien am besten dafür geeignet sind. Der daraus unter extrem hygienischen Bedingungen vergorene Wein wird in *pot stills* doppelt gebrannt und in Holzfässern gealtert. Für das fertige Produkt verschneidet man ihn mit extra neutralem Alkohol, der in einer kontinuierlichen Fünf-Säulen-Anlage gewonnen wird, sowie mit Karamell. Der nach Trauben, Honig und Toffee duftende Brandy ist angenehm leicht, weich und besitzt einen süßen, an Honig erinnernden Geschmack.

Carmel XO 100

Die Weinkellerei Carmel wurde 1882 von Baron Edmond de Rothschild gegründet, dem Besitzer des Château Lafite. 1898 erzeugte sie ihren ersten Brandy von überschüssigen Trauben. Die aktuelle Destillerie wurde 1930 in der Rishon Le Zion Kellerei, südlich von Tel Aviv, eingerichtet, wo Carmel vier *pot stills* und zwei kontinuierliche Brennanlagen betreibt. Die Basis der Brandys sind Grundweine größtenteils aus Colombard, das Destillat altert in kleinen französischen Fässern, in denen man zuvor Wein ausbaute. Sie lagern in dem 115 Jahre alten Fasskeller, der noch sein ursprüngliches Holzdach besitzt. Anlässlich des 100. Jubiläums wurde der Carmel 100 kreiert, ein neun Jahre alter Brandy mit höherem Anteil an Pot-Still-Destillat als der beliebte drei Jahre alte Carmel 777. Er ist ein After-Dinner-Brandy mit reichen Aromen von Dörrobst, dabei angenehm warm und lang am Gaumen. (Michael Ben-Joseph)

Germain Robin Mendocino County Brandy

Im Sommer 1981 nahm Ansley Coale einen Anhalter mit, bei dem es sich um einen Franzosen aus einer alten Cognac-Dynastie handelte. Ein Jahr später verschiffte Hubert Germain-Robin einen alten *alambic* nach Mendocino, wo sie auf Coales abgelegener Ranch gemeinsam zu destillieren begannen: mit Rosé-Wein aus Pinot-Noir-Trauben. Das Ergebnis konnte sich sehen lassen. 1987 brachten sie ihren ersten Brandy heraus, 1994 folgte der Select Barrel XO und 1999 Anno Domini, der sich dem Wettbewerb mit den besten Cognacs stellte. Sie erprobten 19 Rebsorten, aber Pinot Noir, Colombard und Sémillon erwiesen sich als die besten. Der Einstiegs-Brandy zeigt bereits den Stil der beiden mit intensiver, elegant-süßer Würze, ausgeprägten Frucht- und Röstnoten, ist dabei rund, lang und harmonisch.

Hardys XO

Thomas Hardy aus dem englischen Devon emigrierte 1850 nach Australien, wo er kaum drei Jahre später eine *winery* in Adelaide eröffnete. Erst gegen Ende des 19. Jahrhunderts verlegte er sich darauf, Wein zu brennen, um vor allem die gefragten Ports verstärken zu können. 1941 erzeugte Hardys, heute Teil von Constellation Brands mit einem Jahresumsatz von mehr als 100 Mio. Flaschen Wein in 80 Ländern, seinen ersten Premium-Brandy VSOP. Seit 1995 wird er als XO apostrophiert, und es handelt sich um einen Blend 15–30 Jahre alter Weinbrände. Man verwendet heute Trebbiano und Colombard für die Grundweine, die zweimal in kupfernen Brennblasen destilliert werden und anschließend in Fässern aus französischer Eiche reifen. Mit deutlichen Vanille- und Eichenholznoten zeigt sich der XO sehr weich und elegant am Gaumen und klingt auf einer Note von Kakao aus.

Gran Pisco Control

Weder in Chile noch in Peru vergeht kaum ein Tag ohne Pisco Sour, den Cocktail aus aromatischem hellem Weinbrand, Limettensaft und Eis. Der Name soll aus dem Quechua stammen und ›fliegender Vogel‹ bedeuten. Während man in Peru verschiedene Rebsorten verwendet, danach verschiedene Typen unterscheidet und meist nur einmal destilliert, benutzt man in Chile vorwiegend den äußerst aromatischen Muscat d'Alexandrie. Er wird in festgelegten Regionen und Hochtälern (das von Elqui ist das bedeutendste) 500 km nördlich von Santiago de Chile kultiviert. Nach dem Brennen gibt man dem Pisco Control Zeit, sich in Eichenfässern zu verfeinern. In Chile werden Piscos nach Alkoholgehalt unterschieden, der Gran Pisco muss mindestens 43 % vol aufweisen. Das unverwechselbare intensive Aroma reifer Muskattrauben prägt seinen Duft wie seinen milden Geschmack, dennoch wird er kaum je pur getrunken.

Brandys wahrhaft genießen

Seit dem 18. Jahrhundert hat sich Cognac als der Digestif schlechthin etablieren können, und für viele Cognac-Freunde gilt es als Frevel, ihn anders zu genießen. Was die Barkeeper nicht daran hinderte, sich seiner zu bedienen. Eine Anzahl inzwischen legendärer Cocktails wie Side Car, Alexander, Between the Sheets und Champagner Cocktail sind ohne Cognac undenkbar.

Zählten Cognac Soda oder Highball vor Jahrzehnten zu beliebten Drinks, bevor sie fast in Vergessenheit gerieten, so hat seit Kurzem die amerikanische Hip-Hop-Kultur zu einem unbefangenen Umgang mit dem Brandy aus der Charente zurückgefunden. Und zu Recht, zumindest was junge V.S. und die meisten V.S.O.P. angeht.

In anderen Ländern und Kulturen ließ man sich durch französisches *savoir vivre* wenig irritieren. In Skandinavien serviert man eisgekühlten Cognac zu Fisch. Auch in Asien wird er gern zum Essen getrunken, schließ-lich passt er vorzüglich zu süßsauren Gerichten. Inzwischen hat man auch anderswo reizvolle *tête-à-têtes* ausprobiert wie X.O. zu Parmesan, altem Gouda oder Stilton und empfiehlt zu ältesten Cognac-Qualitäten feinste Bitterschokolade. Letzter Clou: Cognac *givré* aus der Kühltruhe zu Sushi.

Wirklich alte Cognacs bereiten dennoch das größte Vergnügen, wenn man sich mit Hingabe auf ihre Verkostung einlässt. Dazu gehört das richtige Glas aus klarem, dünnwandigem Kristall in Tulpenform oder mit hohem, sich verengendem Kamin. Cognac braucht einen Moment Zeit, sich in seinem Glas zu entfalten.

Orgie der Düfte

Die Nase sollte man dem Glas behutsam nähern und es nicht schwenken, da sonst vorrangig der Alkohol aufsteigt. Cognac wird seine Aromen erst nach und nach entfalten, und es werden immer wieder andere sein.

Cognac bietet sich heute zu einem vielseitigen Genuss an, ob *on the rocks* oder im tulpenförmigen Nosing-Glas oder in einer atmosphärischen Bar als Bestandteil hinreißender Cocktails.

Was Malt-Experten *nosing* nennen, macht den größten Reiz aus. Die Palette der Aromen ist vielfältig und reicht von Blüten über frische zu getrockneten und kandierten Früchten, von Vanille, Zimt und anderen Gewürzen zu Karamell und Honig, von Nüssen über Röstaromen wie Kaffee und Tabak zu Noten von Holz, Wachs, Harz, Leder und schließlich zum legendären Rancio, dem unverkennbaren Duft uralter Cognacs. Um diesen Reichtum zu erfassen, braucht es Muße. Man trinkt nur kleine Schlucke hin und wieder, die wohlig wärmen, und entspannt im Gedanken an die Jahrzehnte, die vor einem wie Parfüm aufsteigen. Magisch.

Köstliche Erlebnisse

Was dem Cognac frommt, gefällt auch Armagnac und Brandy. Je älter ein Brand ist, desto mehr Muße und Aufmerksamkeit verdient er, desto mehr Komplexität hat er über die Jahre seiner Reifung im Eichenfass entwickelt; und jeder besitzt seinen eigenen Charakter, den zu ergründen sich lohnt. Hinsichtlich der jüngeren Brände muss man unterscheiden zwischen einfachen Qualitäten, die sich besser zum Mixen eignen als zu purem Genuss, weil sie eindimensionaler und oft auch härter sind, und den handwerklich hergestellten Destillaten. Letztere stammen meist von Weingütern, auf denen die Winzer mit besonderer Sorgfalt die Trauben auswählen, nicht selten von nur einer bestimmten Rebsorte. Es geht ihnen beim Destillieren darum, deren Essenz aufzufangen. Dabei können die jungen, intensiven Aromen ebenso spannend sein wie die gereifterer Brände. Jüngere Brände mit ihren primären Aromen, die man gut gekühlt servieren kann, eignen sich gut als Begleiter zum Essen, besonders zu geräuchertem Fisch, Schinken oder Wurstspezialitäten, aber auch zu Desserts mit Zitrusfrüchten. Im Gegensatz zu neutralen Spirituosen besitzen Cognac, Armagnac und andere Brandys immer ausgeprägte Aromen. Wenn man sie nicht für sich genießen möchte, verlangen sie etwas Gespür bei der Anwendung, ob in der Bar, am Esstisch oder in der Küche. Sie lohnen es – wohl dosiert – mit unvergleichlich köstlichen Erlebnissen. Zum Glück ist heute die verklemmte Ehrfurcht vergangener Jahrzehnte der unbefangenen Lust am Experimentieren gewichen, und da bieten die Weinbrände aller Breiten wirklich ungeahnte Möglichkeiten.

Trester und Trauben-brände

Den Trestern, den ausgepressten Weintrauben, haben zuerst die Italiener die gebührende Aufmerksamkeit entgegengebracht und erlesene Grappas daraus destilliert.

Gegenüber: Bei dem österreichischen Star-Brenner Alois Gölles reifen Obst- und Trester-Destillate im Gewölbekeller.

Seite 182: Grappa, Marc und Tresterbrände haben inzwischen auch zu den Edeldestillaten aufgeschlossen und werden oft in luxuriöser Ausstattung angeboten.

Veredelte Rückstände

Anders als zum Beispiel Cognac oder Armagnac musste Trester lange Zeit ohne den Status des Edelprodukts auskommen. Er galt vielmehr als anspruchsloser Schnaps der Landbevölkerung, der regionale Grenzen kaum überwinden konnte. Selbst die italienische Grappa fand erst vor wenigen Jahrzehnten Zugang zu den internationalen Märkten, wo sie jedoch bald die Aufmerksamkeit auf sich zog. Wer heute von Trester spricht, von Treber, Marc, Grappa oder Tsipouro, von spanischem Orujo oder portugiesischem Bagaceira, der schließt ganz selbstverständlich die Hefe- und Traubenbrände mit ein, denn auch sie haben inzwischen Karriere gemacht.

Manche Brandy-Hersteller mögen naserümpfend auf den Emporkömmling herabschauen, schließlich wird Tresterbrand aus dem Abfall der Weinbereitung hergestellt, doch qualitativ haben Grappa, Marc & Co zumindest in den letzten drei Jahrzehnten sehr gewonnen, sie konnten sogar hinsichtlich der Aromatik und Finesse neue Maßstäbe für Brände allgemein setzen.

Die Brände aus Wein (unter anderem Weinbrand, Cognac und Armagnac) und aus Traubentrester sind eng miteinander verwandt: beide beruhen auf dem gleichen Ausgangsprodukt, den Weintrauben, und beide verbindet eine ähnlich lange Geschichte. Wer Wein zu destillieren verstand, der wird auch bald begriffen haben, dass in den Rückständen der Weinbereitung noch genügend Zucker und Aromen vorhanden sind, die eine Destillation lohnen. Außerdem konnten sich die meisten Menschen früher nicht leisten, irgendetwas zu verschwenden. Tresterbrände waren im Mittelalter (und blieben es bis ins 20. Jahrhundert) ein preiswertes, bäuerliches Produkt. Sie wurden ebenso formlos hergestellt wie konsumiert. In fast allen Weinbaugebieten Europas kannte man diese Form der Resteverwertung, die als solche natürlich kaum je eine Chance hatte, auf die Tische des Adels, des reichen Bürgertums oder später in die Sterne-Restaurants zu gelangen. Diese Missachtung endete erst in den 1970er Jahren, als Zeitgeist und findige Erzeuger die italienische Grappa binnen weniger Jahre zum Kult machten. Abgefüllt in futuristische Designer-Flaschen, eroberten Grappas in den 1980er und 1990er Jahren die Gourmet-Tempel. Auch wenn diese Entwicklung ihren Zenit heute erreicht hat, bleibt Grappa populär. So richtete etwa der österreichische Starkoch Heinz Hanner noch 2004 in seinem Restaurant bei Wien die erste Grappa-Bar der Welt ein, die ganz dem Erzeuger Romano Levi gewidmet ist. Tresterbrand aus einer Destillerie mit altertümlichem Charme und Molekularküche scheinen gut miteinander auszukommen.

Das Bewusstsein für hochwertige Tresterbrände nahm in den letzten Jahren auch außerhalb Italiens zu. So ist Marc de Bourgogne aus der gastronomischen Kultur Frankreichs nicht wegzudenken, und für österreichische, deutsche oder Schweizer Edel-Trester schwärmt heute ein illustrer Kreis von Kennern. Dennoch haben es diese Produkte, ungeachtet ihrer oft herausragenden Qualität, noch nicht zu weltweiter Popularität gebracht. Auch die Gastronomie weiß mit dem Brand aus Stielen, Schalen und manchmal Stängeln bisweilen nicht so recht umzugehen. Einerseits rühmen sich Restaurants einer exklusiven Grappa-Auswahl, andererseits achten sie selten auf vorteilhafte Gläser. Und in Bars sind Trester kaum anzutreffen, Cocktail-Rezepte mit Grappa oder Marc gibt es zu wenig. Immerhin haben Köche das aromatische Potenzial von Marc & Co erkannt und nutzen es für Desserts, Pralinen, Fisch- und Fleischgerichte. Gebrannt werden auch die Rückstände der Obstwein- oder Obstmostkelterung, Trester beispielsweise von Birnen werden aber im Kapitel »Obstbrände« erwähnt.

Aufstieg eines abfälligen Brandes

Bei Romano Levi wird die Brennanlage mit getrockneten Tresterrückständen des Vorjahrs befeuert.

Niemand weiß genau, wann es die ersten Tresterbrände gab, aber eins gilt immerhin als sicher: es waren Winzer, die entdeckten, dass sich nicht nur Wein zu Weinbrand destillieren ließ, sondern dass sich auch noch die wenig attraktiv scheinenden Rückstände der Traubenpressung zur Schnapsproduktion eigneten. Da das Wissen um und die Fertigkeit mit Destillation (die nach allgemeiner Auffassung aus Arabien stammt, wo sie zunächst bei der Herstellung von Kosmetikartikeln und Duftessenzen zum Einsatz kam) frühestens kurz vor der ersten Jahrtausendwende in Europa anzunehmen ist, muss der Tresterbrand jünger sein.

Nachdem sich die Winzer aufs Brennen verstanden, fehlte nur noch wenig bis zum Tresterschnaps. Die Rückstände der Weinbereitung wurden seit Beginn der Weinkultur und bis weit ins 20. Jahrhundert hinein keineswegs als Abfall, sondern als immer noch wertvoller Grundstoff betrachtet. Tresterwein, also die leicht alkoholische Flüssigkeit, die aus dem mit Wasser angereicherten und dann ein zweites Mal abgepressten Trester gewonnen wurde, war lange Zeit so etwas wie der Haustrunk der Winzer, denn der Wein selbst war ausschließlich zum Verkauf bestimmt.

Von dem Alkohol, der aus den ganz zum Schluss übrig gebliebenen Stängeln, Schalen, Stielen und Kernen, einigen Fruchtfleisch- und Heferesten, gebrannt wurde, waren natürlich keine Wunderdinge zu erwarten. Es wird sich überwiegend um einen anspruchslosen, rauen, vermutlich von diversen Fehltönen beeinträchtigten Rachenputzer gehandelt haben, wie er in manchen Gegenden Europas noch immer anzutreffen ist. Grappa, Marc und Trester wurden nach

In der Distilleria Sibona bei Piobesi d'Alba erhitzt man die Trester im Wasserbad, damit sie nicht anbrennen.

dem Brennen in Glasballons oder Fässern aufbewahrt und von ihren Erzeugern weitgehend selbst konsumiert.

In Kälte brennt sich Trester besser

Damit ist es leicht nachzuvollziehen, dass solche bäuerlichen Schnäpse kaum je über die Grenzen ihrer Entstehungsgebiete hinausgelangten. Und im Fall des Tresters waren diese Gebiete im Wesentlichen identisch mit den Weinbauregionen. Was nun nicht bedeutet, dass alle Anbauregionen eine wirkliche Tradition des Brennens entwickelt hätten. Da die Traubenrückstände äußerst infektions- und oxidationsanfällig sind, waren vor allem jene Gegenden begünstigt, die ein kühles Herbstklima aufzuweisen hatten. Je nördlicher, desto sicherer konnten die Überreste der Trauben aufbewahrt werden, ohne dass ihnen kälteempfindliche Essigbakterien oder Schimmel zusetzten.

Auch die Kondensation des destillierten Alkohols war einfacher, je tiefer die Außentemperaturen und je kälter das zum Kühlen genutzte Wasser waren. Anders als bei Spirituosen wie Cognac, Calvados, bei Rum oder Whisky, haben sich bei Tresterbränden lange Zeit keine Marken herausbilden können. Marc und Grappa wurden jahrhundertelang zwar gelegentlich geschmuggelt, doch nur selten offiziell exportiert.

Wenn sich Grappa und andere Tresterbrände letztlich von ihrer bäuerlichen Herkunft emanzipieren konnten, so ist das auch den Verbesserungen der Destillationsmethoden zu verdanken – weg von der direkten Befeuerung der Brennblasen, wobei die Trester viel zu oft anbrannten – und einer Änderung der Trinkgewohnheiten in der zweiten Hälfte des 20. Jahrhunderts. Der Trend zur Verfeinerung, beim Wein und beim Essen unverkennbar, machte auch vor den Bränden aus Traubentrestern nicht halt.

In dem imposanten unterirdischen Fasskeller der Distilleria Berta bei Casalotto di Mombaruzzo reift Grappa zu erstaunlicher Komplexität heran.

Traubenwahl

Heute wird wohl niemand mehr behaupten, dass beim Tresterbrand die Traubensorte gleichgültig sei. Denn inzwischen hat es sich herumgesprochen, dass eine gut gemachte Grappa oder ein erstklassiger Marc sehr wohl seine Herkunft auszudrücken vermag und die verwendeten Rebsorten durchschmecken lässt. Je mehr Sorgfalt in die Verarbeitung investiert wird, desto mehr primäre Aromen finden sich im fertigen Brand. Wurden die Trester aber wochen- oder gar monatelang unter unzureichenden Bedingungen gelagert, werden sich im besten Fall diffuse oxidative Aromen herausdestillieren lassen, ein penetranter Rosinenton oder, noch schlimmer, unsaubere Noten aufgrund von Schimmel und Essigbakterien.

Die gewissenhafte Selektion der aromatischsten Sorten und das Brennen jeder für sich sind allerdings Innovationen der jüngsten Vergangenheit. Lange Zeit haben sich die Tresterbrenner keinerlei Gedanken über die verwendeten Rebsorten gemacht und als Grundlage ihres Brandes einfach genommen, was zur Verfügung stand. Bis zur Reblaus-Katastrophe im 19. Jahrhundert waren viele Weinberge ohnehin im Mischsatz bestockt, aber auch später noch schaufelten selbst qualitätsbewusste Brenner unbedarft alle nach der Weinbereitung verfügbaren Trester zusammen.

Dabei hat man auch in der Vergangenheit aromatische Sorten bevorzugt, sofern Material im Überfluss vorhanden war, vor allem in jenen Gegenden Europas, in denen die hellen, nicht fassgelagerten Brände populär waren. Traubensorten mit hohen Anteilen der für die Aromen verantwortlichen Terpe-

Für Tresterbrände bewährt haben sich die Südtiroler Rebsorten Lagrein (links), aber auch die Schiava Grossa alias Trollinger (Mitte) und Müller-Thurgau (rechts).

ne sind auch heute noch die erste Wahl, und seit einigen Jahrzehnten werden ihre Namen selbstbewusst auf den Etiketten vermerkt. Gewürztraminer sowie die verschiedenen Muskateller-Varianten zählen sowohl im Elsass als auch in Baden, in Südtirol und in Österreich zu den beliebtesten Tresterlieferanten.

Viele sind berufen …

Zu den bevorzugten Rebsorten gehören außerdem Müller-Thurgau oder Sauvignon Blanc, Kerner (Trester aus diesen Rebsorten sind in Deutschland, in Südtirol oder im Trentino erhältlich) und natürlich Riesling. Eher neutrale Brände liefern zum Beispiel Chardonnay, Silvaner und Weißburgunder (Pinot Blanc). Von den kräftig-würzigen roten Rebsorten werden im Piemont überwiegend Barbera und Nebbiolo verarbeitet, in der Toskana hauptsächlich Sangiovese und seine Spielarten.

Einige Spezialisten unter den Brennern suchen sich ganz gezielt seltene, autochthone Rebsorten: den aus Sizilien bekannten Nero d'Avola, den Südtiroler Lagrein oder kampanischen Aglianico. Besonders Trentino, Friaul, Veneto und Piemont haben sich in dieser Hinsicht einen Namen gemacht, indem sie etwa Schiava, Brachetto, Teroldego und Prosecco zu einem Grappa-Dasein verhalfen.

Eine Besonderheit stellen Tresterbrände aus überreifen, edelfaulen oder rosinierten Trauben dar. Schon beim Einschenken der Trester aus Trockenbeeren vom Weinlaubenhof Alois Kracher oder der toskanischen Grappe di Vin Santo steigt ein deutlicher Rosinenduft in die Nase. Ob die Experimentierfreude der Brenner, angestachelt durch die wachsende Nachfrage nach Edeltrestern, immer Sinn macht, sei dahingestellt, denn nicht jede Rebsorte erweist sich als ausdrucksstark genug zum Destillieren.

Beliebt bei Edelbrennern sind besonders aromatische Sorten wie Morio Muskat (links) oder Muskat Ottonel (Mitte), während der Prosecco (rechts) dank seiner natürlichen Säure sehr gut geeignet ist.

Grappa wird salonfähig

Wie man einen schlichten Schnaps zur Prestige-Spirituose stilisiert, haben die Italiener am Beispiel der Grappa gezeigt. So schnell wie sie hat es kaum ein Destillat vom No-Name-Produkt zur Zierde der weltweiten Spitzengastronomie gebracht. Waren Tresterbrände aus dem Trentino oder dem Piemont noch in den 1950er Jahren ein ausschließlich auf die jeweilige Herkunftsregion beschränktes Getränk, so zelebrierten Genießer rund 20 Jahre später bereits einen Grappa-Kult. Und obwohl sich der rasante Aufstieg in den 1980er Jahren verlangsamt hat, sind italienische Produzenten noch immer wegweisend, wenn es um gebrannte Trester geht.

Die Iren halten neben Guinness & Co den Whiskey als Nationalgetränk in Ehren, die Amerikaner begeistern sich für Bourbon, die Franzosen lassen nichts auf Cognac, Armagnac und Calvados kommen. Die Italiener waren da wohl immer schon etwas eigenwilliger: Jede Region kannte ihre eigenen traditionellen Spirituosen, Brandy wurde ebenso geschätzt wie Sambuca oder eben die Grappa. Keiner der regionalen Tresterbrände brachte es zu italienweiter Popularität, keine Stadt oder Provinz konnte ihren Namen mit einem auf bestimmte Art und Weise hergestellten Brand verbinden.

Angesichts der langen Geschichte der Grappa-Erzeugung ist das eigentlich erstaunlich. Immerhin stammt die erste Textquelle, in der ausdrücklich von Grappa die Rede ist, bereits aus dem Jahr 1451. Im Friaul listete der Notar Everardo da Cividale in einem Nachlassverzeichnis einen Destillierkolben zur Herstellung von »acquavitem« auf, das an anderer Stelle im Text als »grape« (von der Traube) definiert wird. In der Region nimmt man gern an, dass es sich dabei um Tresterbrand und nicht um destillierten Wein handelte.

Der Name Grappa, abgeleitet vom italienischen *grappolo,* Traube, setzte sich indes nur zögernd durch. Bis zum Ende des 19. Jahrhunderts sprach man überwiegend von *acquavite* oder präziser von *acquavite di vinaccia,* also dem Brand der Traubenreste. Als der italienische Schriftsteller Vittorio Imbrani in einem seiner Romane 1876 ausdrücklich von Grappa schrieb, war er einer der Ersten, die das eher umgangssprachliche Wort in die italienische Hochsprache einführten.

Lange verstand man unter Grappa einen in Norditalien erzeugten Tresterbrand. Vor allem die Bauern der abgelegenen Täler des Friaul, Trentino, Piemont, der Lombardei und des Veneto stellten aus den Kernen, Schalen und Stängeln der Trauben Schnaps her. Er wurde getauscht, über die Landesgrenzen geschmuggelt und natürlich selbst getrunken. Weil kaum jemand das nötige Equipment zum Brennen besaß, zogen von September bis Dezember ambulante Brenner mit Pferdefuhrwerken und einfachen Brennblasen über Land. In den primitiven Apparaturen, die über offenem Feuer standen, brannten die Feststoffe leicht an, und so waren Fehltöne im fertigen Schnaps an der Tagesordnung.

Kein einzelner Erzeuger kann sich rühmen, der erste in der Geschichte der modernen Grappa gewesen zu sein; der Prozess der Verfeinerung jenes starken, nach heutigen Maßstäben wohl kaum mit Genuss zu trinkenden Tresterbrandes zog sich über Jahrhunderte hin. Bortolo Nardini, Gründervater der heute noch existierenden Brennerei, bemühte sich schon Ende des 18. Jahrhunderts um eine Verbesserung der Qualität. Acquavite Nardini wurde damals zum Begriff, und heute gilt die legendäre Osteria sul Ponte am Ufer des Flusses Brenta Kennern als das Mekka der Grappa. Doch es sollten noch Jahrzehnte vergehen, bis 1973 der Durchbruch gelang. Die Familie Nonino stellte die erste sortenreine Grappa der Geschichte vor – und dem Aufstieg zum Kultgetränk stand nichts mehr im Weg.

Heute arbeiten industrielle Großbrennereien neben mittelständischen Unternehmen und handwerklichen Brennern. Manche Winzer brennen eigenhändig, andere übertragen diese Arbeit einer der großen Brennereien. Alle gemeinsam wachen darüber, dass ddie Bezeichnung »Grappa« geschützt bleibt und dieser Schutz durchgesetzt wird. Außerhalb Italiens existiert Grappa nur im Schweizer Kanton Tessin sowie in italienischsprachigen Regionen Graubündens – und in Übersee, etwa in Kalifornien oder Südafrika.

Italiens wichtigste Grappa-Regionen

Seite 190: Wie im Trentino nutzen viele Winzer Norditaliens die Trester ihrer Trauben zur Grappa-Erzeugung.

Gegenüber: Die beste Grappa der Toskana wird aus dem Trester der getrockneten Vin-Santo-Trauben gebrannt.

Italiens Grappa-Regionen

- Piemont
- Lombardei
- Trentino
- Südtirol
- Friaul · Julisch-Venetien
- Veneto
- Toskana
- Sizilien
- Sardinien

☐ Grappa-Zentren

Grappa wird heute in ganz Italien erzeugt. Auch wenn der Norden traditionell begünstigt ist und eine höhere Dichte an Brennereien aufweist, haben doch in den letzten Jahren immer mehr Weingüter, auch in der Mitte oder im Süden des Landes, eine Grappa von eigenen Trestern ins Programm genommen. Hochwertige Grappas kommen zum Beispiel aus den Marken, aus Umbrien, aber auch aus dem Aosta-Tal, aus der Lombardei, aus Ligurien oder von Sardinien. Nicht zu vergessen Sizilien, wo sich seit dem 10. Jahrhundert unter den Arabern eine Grappa-Kultur etablieren konnte.

Mittlerweile wurden geschützte Ursprungsbezeichnungen für die Grappas eingerichtet. Es sind gegenwärtig: Grappa lombarda (Grappa di Lombardia), Grappa di Barolo, Grappa piemontese (Grappa del Piemonte), Südtiroler Grappa (Grappa dell'Alto Adige), Grappa trentina (Grappa del Trentino), Grappa friulana (Grappa del Friuli), Grappa veneta (Grappa del Veneto), Grappa Sarda (Fil'e Ferru), Grappa siciliana (Grappa di Sicilia) sowie Grappa di Marsala.

Trentino – Südtirol (Alto Adige)

Das Trentin gilt als eine der traditionellsten Grappa-Regionen Italiens, und es ist zugleich eine der innovativsten. Unter den geschützten Ursprungsbezeichnungen hat es die Grappa trentina zu besonderem Renommee gebracht. Bertagnolli, Pilzer sowie Pojer & Sandri gehören zu den wichtigsten Erzeugern.

Friaul · Julisch-Venetien

Ohne die Erzeuger des Friaul wäre die italienische Grappa nicht das, was sie heute ist. Die Grappa di Picolit aus der Brennerei Nonino war die erste sortenreine Grappa Italiens, die rasch Nachfolgerinnen hatte. Bei den vielen autochthonen Rebsorten der Region finden Sammler hier eine außergewöhnliche Vielfalt an Geschmacksrichtungen, darunter die seltene Grappa di Ribolla Gialla.

Veneto

Die Grapperia Nardini in Bassano del Grappa gilt als Ausgangspunkt der modern-venetischen Kultur des Acquavite di Vinaccia. Heute haben hier große, namhafte Produzenten wie Piave oder Bolla ebenso ihren Sitz wie kleine handwerkliche Betriebe. Grappa di Amarone oder die von Jacopo Poli erzeugte Grappa di Torcolato werden als besonders typisch für die Region betrachtet.

Piemont

Die Piemonteser Grappa gilt als eine der ältesten, doch von wenigen Ausnahmen abgesehen blieb die Erzeugung hier bis weit in die zweite Hälfte des 20. Jahrhunderts rein bäuerlich geprägt. Heute werden Moscato-Trester (Gran Moscato von Bocchino) eben-

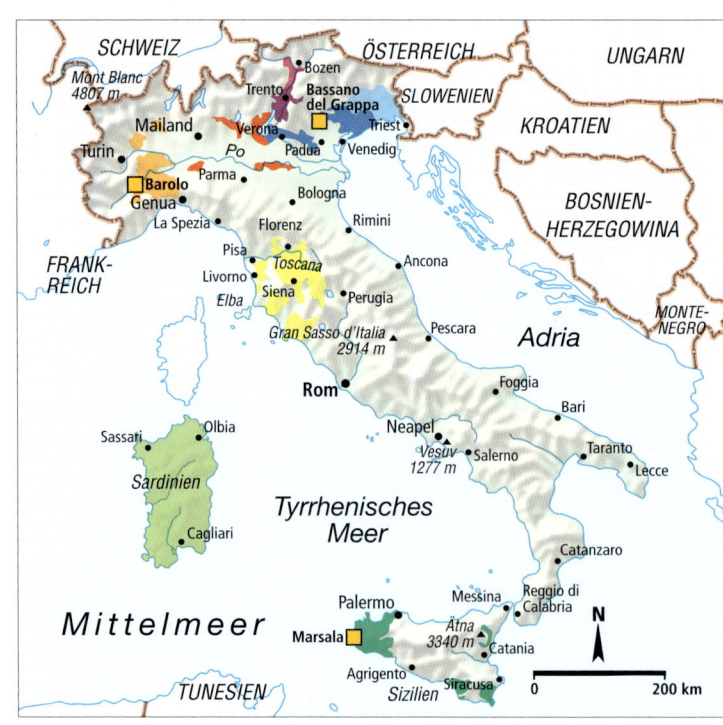

so verarbeitet wie die Trester von Nebbiolo (Grappa di Barolo) und Barbera. Wie keine andere Region ist das Piemont immer noch für Grappa-Entdeckungen gut.

Toskana

Die Grappa-Tradition der toskanischen Erzeuger kann zwar nicht ganz an jene der Kollegen aus dem Trentino oder dem Veneto heranreichen. Doch in den letzten drei Jahrzehnten verzeichnete die Trester-Szene ständigen Zulauf. Viele Weingüter sind dazu übergegangen, bei namhaften Destillerien brennen zu lassen. Die Grappa di Ornellaia etwa hat es auf diese Weise zu Kultstatus gebracht. Zu den Spezialitäten der Region gehört die Grappa di Vin Santo.

Aromatisierte und gesüßte Grappas

Wer heute von Grappa spricht, meint gewöhnlich die klare oder dank der Fasslagerung mehr oder weniger goldfarbene Variante des Tresterbrandes. Doch es existiert noch immer eine traditionelle Form der Grappa, die vor allem auf dem italienischen Markt zu finden ist: die *grappa aromatizzata*. In der Vergangenheit galten die mit Kräutern, Wacholderbeeren, Minze, Zimt oder anderen pflanzlichen Aromaten angesetzten Grappas als Heilmittel; eine Flasche davon gehörte früher in jeden guten italienischen Haushalt. Besonders die Grappa alla ruta, mit einem Zweig der bitteren Weinraute angereichert, war und ist beliebt. Nach dem Brennen geschmacklich verändert werden aber auch viele ›normale‹ Grappas, denn es ist erlaubt, sie mit maximal 20 g Zucker pro Liter Alkohol abzurunden. Die Praxis ist umstritten: immer mehr Konsumenten plädieren für die reine, unverfälschte Grappa.

Wie es Grappa wird

Mit der Weinlese beginnt auch die Zeit der Grappa-Herstellung. Dann sammeln die Brenner den Grundstoff für ihre Produktion ein, die Kelterrückstände. Für die Qualität der fertigen Grappa, wie für Tresterbrände allgemein, ist mitentscheidend, wie frisch diese Rückstände verarbeitet werden, denn sie sind zum Teil hochanfällig für Bakterienbefall und Schimmelbildung. Trester enthält gewöhnlich neben Schalen, Kernen, etwas Traubenmost, Fruchtfleischresten und Hefen auch Stiele und Stängel. Seit in der Weinbereitung immer häufiger die Trauben entrappt, das heißt ohne Stiele und Stängel verarbeitet werden, sind jene aus den Trestern und die vegetabilen Noten, für die sie verantwortlich sind, auch aus den Tresterbränden verschwunden.

Für Grappa dürfen nur die festen Bestandteile von in Italien gelesenen Trauben verwendet werden, das ist gesetzlich vorgeschrieben. Je aromatischer die Trauben sind, je qualitätvoller der daraus erzeugte Wein, desto hochwertiger sind die Trester, denn in diesem Fall sind die Trauben entrappt und schonend abgepresst worden. Zugelassen zur Grappa-Erzeugung sind nur Trester der ›ersten Pressung‹, wobei die Restfeuchtigkeit gesetzlich begrenzt ist. Auch das in einigen anderen Ländern übliche Auslaugen der Pressrückstände mit Wasser ist in Italien nicht gestattet, wenn sich das Endprodukt Grappa nennen will.

Man unterscheidet rohe, also nicht vergorene, halbvergorene und durchgegorene Trester. Letztere stammen von der Rotweinbereitung (denn die Farbe ist nur in den Schalen und löst sich recht langsam im Saft), enthalten bereits Alkohol und können so wie sie sind gebrannt werden (wobei sie die am wenigsten infektionsanfälligen und daher am besten lagerfähigen Trester sind).

Rohtrester sind Rückstände der Weißweinbereitung und enthalten Zucker, der mit Hefen erst zu Alkohol vergoren werden muss, bevor destilliert werden kann.

Halbvergorene Trester, wie sie etwa bei der Bereitung von Rosé-Weinen oder leichten

Rotweinen anfallen, enthalten sowohl Alkohol als auch Zucker, und es liegt beim Brenner, ob ihm der Alkoholgehalt genügt oder ob er den Restzucker noch vergären lässt. Wer die Trester nicht unmittelbar nach dem Pressen destillieren kann, muss sie unter Luftabschluss lagern und sollte auch dafür sorgen, dass keine Luftblasen eingeschlossen bleiben, indem er die wenig homogene Masse fest in die Lagerbehälter stampft.

Destillation und Lagerung

Die Ausbeute von 100 kg Trestern beträgt etwa 10 l reinen Alkohol, bei ambitionierten Brennern können es auch deutlich weniger sein, so behält man zum Beispiel bei Jacopo Poli gerade 2,7 l. Alle handwerklichen Brennereien arbeiten chargenweise, in kupfernen Brennblasen werden die Trester mittels Wasserdampf (wie bei Berta) oder im Wasserbad (*bagna vapore*) erhitzt, der entweichende Alkohol kondensiert und wird um Vor- bzw. Nachlauf beschnitten. Viele Grappas werden nur einmal, andere doppelt oder gar dreifach gebrannt.

Der Raubrand darf maximal 86 % vol Alkoholgehalt aufweisen, doch da diese Grenze von den besten Brennern ohnehin nicht in Anspruch genommen wird, sind es oft nur 80 % vol oder weniger. In den Handel kommt Grappa mit einem Mindestalkoholgehalt von 37,5 % vol.

Man unterscheidet die *grappa bianca* (ohne Fasslagerung, dafür mit Reifung in Edelstahl oder in Glasballons) und die mehr oder weniger lange in größeren Fässern oder *barriques* gereiften goldfarbenen Varianten. Berta verfügt über einen eindrucksvollen, natürlich isolierten Lagerkeller mit rund 1900 Fässern: teilweise neu, teilweise zuvor mit Madeira, Port, Sherry oder Moscato di Pantelleria gefüllt. Außer Eichenfässern nutzen manche Erzeuger auch Fässer aus Kastanie, Kirsche oder Akazie. Als *invecchiata* können Grappas mit zwölf Monaten Lagerung (davon sechs Monate im Holz) bezeichnet werden, als *riserva* oder *stravecchia* solche mit mindestens 18 Monaten Reife.

Die verbleibenden Reste der Grappa-Produktion finden übrigens ebenfalls Verwendung: entweder als Dünger für die Weinberge, als Tierfutter (Schalen) oder als Grundstoff für die Herstellung von Traubenkernöl (nur die Kerne).

Links: In modernen, mit Dampf erhitzten Kolonnen werden den Trestern Alkohol und Aromastoffe entzogen.

Rechts: Nach dem Ausbau folgt die Abfüllung. Diese Grappa reifte in Holzfässern, wie der goldene Farbton anzeigt.

Grappa ist menschlich

Grappa-Kenner behaupten gern, dass sich in keiner anderen Spirituose der Charakter des jeweiligen Erzeugers so deutlich auszudrücken vermag wie in dem italienischen Tresterbrand. In dieser Hinsicht unterscheide sich die Grappa aus dem Friaul, dem Piemont oder von Sizilien klar von Armagnac, Cognac oder Whisky. Denn in Frankreich oder Schottland ist es der Stil des Hauses, der seit vielen Jahrzehnten den Typ des jeweiligen Erzeugnisses prägt und der auf der kunstvollen Komposition verschiedener Elemente beruht, ausgeführt von in der Regel anonym bleibenden, bestenfalls Insidern bekannten Brennmeistern.

Ganz anders ist es dagegen bei den meist kleinen Grappa-Destillerien, wo die Brände verblüffend deutlich die Persönlichkeit des Brenners widerspiegeln. Zugegeben: ob eine Grappa mild schmeckt, kantig oder komplex, ob sie eine feine Säurestruktur aufweist oder harmonisch-rund daherkommt, hängt natürlich mit der Auswahl der Rohstoffe, mit der Art der Destillation, mit dem Feuchtigkeitsgehalt der Trester, mit der Filtrierung oder mit Art und Länge der Reifung zusammen. Aber jemand muss all diese Entscheidungen treffen. Und in den kleinen Grappa-Destillerien ist es der Besitzer, der sie nach bestem Wissen und persönlichem Geschmack trifft. Überdeutlich wird das etwa bei dem Grappa-Original Romano Levi: die urtümlichen, eigenwilligen, manchmal auch kantig-rustikalen Brände mit ihren handgeschriebenen Etiketten sind nicht von dem kauzigen *padrone* zu trennen. Bei dem eher feinsinnigen, weltgewandten Jacopo Poli wirken die Grappas dagegen völlig anders: sie sind zugänglich, elegant, duftig und gleichzeitig hoch komplex.

Unabhängig von den vielen verschiedenen Stilrichtungen lässt sich in den letzten Jahren die Tendenz zu früh trinkreifen, harmonischen Varianten feststellen. Die rauen Brände sind immer weniger gefragt und infolgedessen immer seltener anzutreffen, während Grappas in Mode kommen, die einem gut gemachten Obstbrand mehr ähneln als dem klassischen Tresterschnaps. Man mag das begrüßen oder als Trend zum schnell konsumierbaren, gelegentlich mit etwas Zucker gefällig gemachten Massenprodukt beklagen – kaum jemand wird fehlerhafte oder von zu langer Fasslagerung zu ›holzige‹ Brände ernsthaft vermissen.

Nonino

Kein anderer Brennerei-Betrieb Italiens hat so viel für die Entwicklung der Grappa getan. Bereits 1897 gegründet, machte er 1967 Furore mit Jahrgangs-Grappas, später mit Traubenbränden. Heute garantieren Giannola, Benito und ihre drei Töchter die Spitzenqualität. Mit chargenweiser Destillation in Brennblasen werden heute diverse Grappas erzeugt, eine klarer und feiner als die andere. Sortentypisch, weich und animierend schmecken etwa Müller-Thurgau oder Fragolino – deren Produktionsmenge je nach Qualität der Weinernte schwankt.

Marzadro

Was Attillio Marzadro vor fast 60 Jahren begann, führt Andrea Marzadro heute fort. Die besonders feuchten Trester werden gleich nach der Weinlese gebrannt. Nicht nur die sortenreine Grappa di Prosecco hat es in sich: der ursprünglich-würzige Sgnapa de Cësa ist der Einstieg in die Marzadro-Welt, die in Kirschholzfässchen gereifte Riserva Ciliego duftet herrlich nach Trockenfrüchten. Und die Grappa Stravecchia Diciotto Lune reift 18 Monate im Holz und besitzt neben feinem Vanilleduft außergewöhnliche Länge.

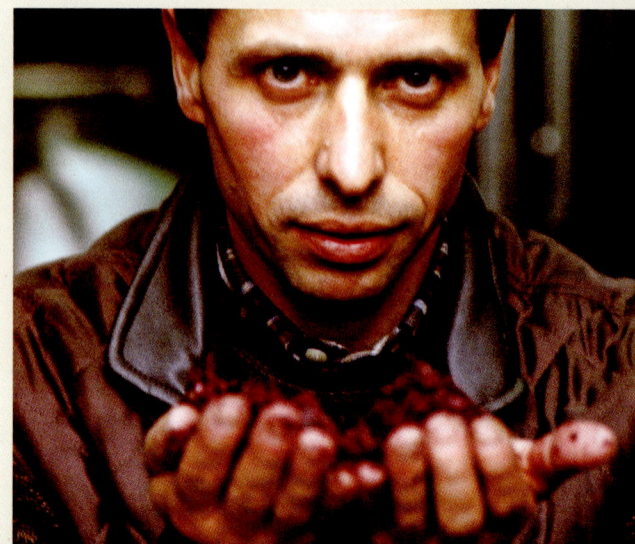

Berta

Berta brennt für Produzenten in ganz Italien, doch das Material für die unter eigenem Label gefüllten Brände stammt ausschließlich aus Piemonteser Rohstoffen. Entscheidend für die Qualität der Grappas sind frische, nicht zu stark abgepresste Trester, die in 225-Liter-Behältern luftdicht verschlossen lagern. Die Destillation erfolgt chargenweise in kupfernen Brennblasen, es werden rund 195 000 l Grappa jährlich erzeugt. Spitzenbrände reifen bis zu 20 Jahre lang im Fass und duften nach Kirschen, Salbei oder Vanille.

Jacopo Poli

Bei der Firmengründung 1898 hätte sich niemand träumen lassen, dass Poli hundert Jahre später die bekannteste Grappa-Destillerie im Veneto sein würde, und lange Zeit sah es auch nicht danach aus. Erst in den 1980er Jahren kam mit dünnwandigen, eleganten Flaschen und einer ambitionierten Qualitätsphilosophie der ganz große Erfolg. Die Trester werden heute so rasch wie möglich nach der Lese destilliert. Das Sortiment reicht von der jungen Grappa del Museo bis zu *barrique*-gereiften Spezialitäten wie der Sarpa Riserva.

Bertagnolli

Unter den vielen Grappa-Brennern des Trentino genießen Livia und Beppe Bertagnolli den wohl legendärsten Ruf, nicht zuletzt dank ihrer langen Geschichte. An deren Beginn 1870 steht die Hochzeit der österreichischen Grundbesitzerin Julia von Kreutzenberg mit dem aus Bozen stammenden Apotheker Edoardo Bertagnolli. Heute werden jährlich rund 600 000 Flaschen erzeugt. In dem beachtlichen Sortiment beeindrucken individuelle Brände wie die Grappa Puris (Teroldego, Traminer und Chardonnay) oder die Grappa di Marzemino.

Romano Levi

Er ist die unbestrittene, aber auch umstrittene Kultfigur der italienischen Brennerszene: Romano Levi, dessen Brennerei im piemontesischen Neive ein einziges Museum der Grappa-Geschichte ist, zu dem unablässig Bewunderer der dort produzierten Brände pilgern. Das Geheimnis liegt wohl in den historischen Produktionsanlagen. Gebrannt werden Nebbiolo-, Dolcetto- oder Barbera-Trester auf offenem Feuer, ganz wie im vorletzten Jahrhundert. Die handgemalten Etiketten machen aus den Flaschen teure Sammlerstücke.

Ausgewählte Grappas

Avignonesi
Grappa da vinacce di Vin Santo

Lediglich zwei Sorten Grappa stellt das Weingut im toskanischen Montepulciano her. Die Grappa di Vin Santo wird aus den Rebsorten Grechetto, Malvasia und Trebbiano gebrannt, wenige Tage nach Pressung der angetrockneten Trauben. Nach der Reifung im *barrique* entwickelt der Brand ein sehr komplexes Bouquet mit Noten von Mandeln, Trockenfrüchten und Gewürzen. Blumiger und leichter gibt sich die Grappa da Uve di Vino Nobile, die aus nur maßvoll gepressten, vergleichsweise feuchten Traubenresten der Sorte Sangiovese gebrannt wird; der Rotweincharakter ist dann auch gut herauszuschmecken.

Branca/Candolini
Sensèa
Monovitigno di Prosecco

Die modern wirkenden Grappas namens Sensèa werden von der Brennerei Candolini erzeugt, einem Tochterunternehmen des Giganten Branca. Eleganz steht im Vordergrund der Grappe di Moscato, di Chardonnay oder di Pinot, die sich sowohl mit der Flaschengestaltung als auch im Geschmack erkennbar an ein junges Publikum wenden. Alle Sorten wirken leicht, elegant, fruchtig, besitzen kaum Hefe-Trester-Aromen oder Rosinentöne, dafür klare Frucht. Das gilt auch für die Grappa di Prosecco, die mit zarten Fruchtaromen und leichtem Blütenduft beeindruckt und eine überraschend feine Säurestruktur aufweist.

Brancaia
Grappa 2005

Die Schweizer Brigitte und Bruno Widmer übernahmen das Weingut bei Castellina in Chianti 1981; heute wird es von Barbara und Martin Widmer-Kronenberg geführt. Die gutseigene Grappa ist seit 2002 im Programm. Sie entsteht in Zusammenarbeit mit der Piemonteser Edeldistillerie Berta. Gebrannt werden Merlot, Sangiovese und etwas Cabernet Sauvignon; die bereits vergorenen Trester kommen gleich nach dem Transport in die Brennblase. Die Lagerung in gebrauchten Brancaia-*barriques* trägt maßgeblich zum nussigen, leicht vanilligen und an Trockenkirschen erinnernden Charakter der Grappa bei.

Capovilla
Grappa di Torcolato

Obwohl sich Vittorio Capovilla dem Rentenalter nähert, denkt er gar nicht ans Aufhören. Der gebürtige Venezianer ist der Geheimtipp, wenn es um sortenreine Grappas geht. Als einer der wenigen Brenner Italiens ist er außerdem für seine Obstbrände und sogar für seinen Bierbrand bekannt geworden. Grappa di Cabernet Sauvignon oder Grappa di Recioto di Amarone werden nur aus hochwertigsten, bis an die Grenze des Erlaubten feuchten Trestern hergestellt, was sich in der überraschend feinen Frucht widerspiegelt. Die Grappa di Torcolato zeigt nussig-würzige Aromen, komplexe Struktur und viel süße Frucht.

Casimiro Poli
Casimiro Pica d'Oro
Trentino Grappa

Das von Sohn Bernardino Poli geführte Weingut ist heute fast bekannter für seine Grappas als für seine weniger alkoholischen Erzeugnisse. In der kleinen Destillerie in S. Massenza (es werden jährlich gerade 15 000 Flaschen produziert) hat man sich auf sortenreine Brände aus den typischen Rebsorten des Trentino spezialisiert. Mit einer Ausnahme: Pica d'Oro heißt die kurz nach der Weinlese gebrannte Cuvée aus mehreren Trester-Varianten. Mit dem offensiven Tresteraroma demonstriert sie den ursprünglichen Charakter einer Trentino-Grappa und ist im besten Sinn bäuerlich und kraftvoll, aber eben leicht kantig.

Domenis
Grappa Storica Nera

In dem alteingesessenen Familienunternehmen wurden bereits in der ersten Hälfte des 20. Jahrhunderts außer Grappas auch Traubenbrände erzeugt. Später überraschten Pietro und Emilio Domenis mit Tresterbränden, die deutlich mehr Alkohol aufwiesen als üblich. Chargenweise mit Dampf erzeugt man zum Beispiel die Storica Stravecchia, die sich durch 50 % vol Alkoholgehalt und fünf Jahre Reife im Eichenfass auszeichnet. Jährlich werden 500 000 Flaschen vermarktet, darunter Destillate aus Bio-Trestern oder koschere Grappas. Die wasserhelle Storica Nera zeigt saubere Frucht, hat aber eine etwas rustikale Art.

Giovanni Poli
Grappa Vecchia Riserva

Die Brennerei mit angeschlossenem Weingut in S. Massenza, Trentino, steht sehr zu Unrecht im Schatten des berühmten Namensvetters Jacopo Poli: Nosiola, Marzemino und Moscato werden chargenweise gebrannt und zeichnen sich durch eine weiche, harmonische Struktur aus. Das gilt auch für die kraftvolle, samtige Vecchia Riserva, die aus weißen und roten Trestern hergestellt wird und mehrere Jahre in französischen *barriques* altert. Im Gegensatz zu manchen anderen Grappas ist der Holzfasscharakter perfekt integriert, das Destillat wirkt zart fruchtig und überzeugt mit seiner Ausgewogenheit.

Nardini
Aquavite Riserva

Bortolo Nardini zog 1779 nach Bassano del Grappa und erwarb dort die heute berühmte Osteria sul Ponte an der Brücke über den Fluss Brenta. Prestige genießt vor allem die drei Jahre in slawonischen Eichenfässern gelagerte Riserva, eine goldfarbene, vollmundige, eher milde Grappa aus Rot- und Weißweintrestern. Die Grappa Nardini ist geradezu der Inbegriff der auf den ersten Schluck zugänglichen, alles andere als kantigen Grappa. Deutlich stärker (für manche Kenner zu stark) vom Holz geprägt ist die 15-jährige Grappa, die aus Anlass des 225-jährigen Firmenjubiläums kreiert wurde.

Pojer & Sandri
Grappa di Traminer

Seit Anfang der 1980er Jahre widmen die beiden Winzer Fiorentino Sandri und Mario Pojer der Grappa ebenso große Aufmerksamkeit wie den Weinen. Die zum Brennen vorgesehenen Trester sind hier oft feuchter als anderswo, man achtet besonders auf die Säurewerte, und nicht jede Grappa wird in jedem Jahr erzeugt. Legendär wurden der Brand aus Müller-Thurgau-Trestern, die seltenen Grappas aus Schiava oder Moscato Rosa sowie die Essenzia aus den Pressrückständen sehr spät gelesener Beeren. Ein Musterbeispiel für sortenreine Brände ist die Traminer-Grappa: rosenduftig, klar und mit milder Würze im Nachklang.

Stock
Grappa di Julia
Superiore

Wohl keine andere Grappa ist so weit verbreitet wie jenes Destillat aus dem Nordosten Italiens, das in der typischen bauchigen Flasche auf den Markt kommt. Man sagt, es gebe in jedem italienischen Haushalt wenigstens eine Flasche davon – und sei es als Notvorrat. Die Geschichte des Unternehmens begann, als Lionello Stock 1884 nach Triest kam. Heute befindet sich dort der Sitz eines der bedeutendsten Spirituosenkonzerne Italiens. Die Grappa di Julia, ob klar oder im Holz gereift, ist trotz der industrielleren kontinuierlichen Destillation von einer beachtlichen Qualität: geradlinig, trestertypisch, fruchtig und sehr zugänglich.

Marc aus Frankreich

Er gehört zu Frankreich wie Baguette und Camembert: der Marc, genauer gesagt, das Eau-de-vie de Marc de raisin, also das Lebenswasser aus den Überresten der Trauben. Seit Jahrhunderten wird es in nahezu allen Weinbau treibenden Regionen der Grande Nation erzeugt, in vielen Gegenden gehört es noch immer zur Alltagskultur. Vor allem Marc de Bourgogne und Marc de Champagne haben sich auch außerhalb der Landesgrenzen einen Namen gemacht, doch es sind oft die Raritäten aus der Provence, aus dem Languedoc oder sogar aus der Lorraine, welche die Entdeckungsreise zu den Tresterbränden Frankreichs so spannend machen.

Marc allein besagt nicht viel, denn in Frankreich heißen auch die Rückstände der Kaffeebereitung so (das geht vermutlich zurück auf das altfranzösische *marcher,* was zerkleinern bedeutet). Erst im Kontext gibt sich das geradezu legendäre Produkt zu erkennen. Marc, der französische Tresterschnaps, wurde schon vor der Französischen Revolution als Digestif serviert, meist aber von den Weinbauern selbst getrunken: nach der Arbeit, oft auch schon davor, im 19. Jahrhundert gern auch als stärkende Zutat zum Kaffee – eine Frühstückssitte, die in den letzten drei Jahrzehnten weitgehend in Vergessenheit geraten ist.

Die Herstellung des Marc, ähnlich wie jene der italienischen Grappa, ist untrennbar mit der Weinerzeugung verbunden, doch oft musste der Tresterbrand in Konkurrenz treten zum Weinbrand. Wo dieser populär wurde, wie es in der Charente mit dem Cognac geschah, verlor der Marc an Bedeutung. In bäuerlich strukturierten Weinlandschaften wie dem Burgund war der Tresterbrand besonders geschätzt, während er in eher feudal geprägten Regionen weniger Anklang fand.

Mit Ausnahme des Elsass und Lothringens, wo klarer Marc aus aromatischen Trestern beliebt ist, werden die meisten französischen Tresterbrände in Holzfässern gelagert und oft erst nach Jahren auf Flaschen gefüllt. Unabhängig von den gesetzlichen Bestimmungen sind Brände mit den Prädikaten *vieux* oder *très vieux* fast immer tatsächlich sehr alt. Viele Erzeuger lagern ihre besten Brände acht bis zehn, in ganz besonderen Fällen auch 40 Jahre oder länger in gebrauchten (selten neuen) *barriques* oder *tonneaux.* Ein weiterer Begriff, der häufig auf den Etiketten der Eaux-de-vie de Marc erscheint, ist *égrappé.* Er weist darauf hin, dass die Trauben von den Stängeln und dem Großteil der Stiele befreit wurden,

sodass die Trester beim Brennen nur noch Schalen, Kerne sowie Reste an Fruchtfleisch, Hefe und Wein enthalten. Das macht den Marc besonders weich.

Marc wird in Frankreich traditionell nicht nur pur getrunken, sondern auch weiterverarbeitet. Der Macvin du Jura ist ein nicht nur in der Umgebung von Arbois beliebter Aperitif, der aus Marc und Traubensaft gemischt wird und dem aus der Cognac-Region stammenden Pineau des Charentes entspricht. Der in der Champagne sowie in der Bourgogne erzeugte Ratafia gehört ebenfalls in diese Kategorie der Mistelles auf Marc-Basis. Sofern solche Aperitifs sorgfältig hergestellt und einige Jahre im Fass gelagert wurden, entsteht ein hochwertiges, deutlich eigenständiges Produkt. In der französischen Küche hat sich die aromatische Qualität des Marc ebenfalls herumgesprochen. Elsass-Besucher kommen nicht am Soufflé glacé au Marc de Gewurztraminer vorbei, anderswo im Land werden mit Marc Wildgerichte flambiert oder Terrinen aromatisiert. Und schließlich hat fast jeder französische Confiseur Schokoladentrüffel mit Marc de Champagne im Programm – und sei es nur des klingenden Namens wegen.

Frankreichs beste Marc-Regionen

Seite 200: Aus den Weinbergen von Vougeot und anderen Winzergemeinden der Côte d'Or stammen herausragende Crus, aber auch Marcs égrappés.

Seite 201: In der modernen Brennblase der elsässischen Distillerie Gilbert Miclo kommen die Trester in einen Einsatz.

Frankreichs Marc-Regionen

- ☐ Champagne
- ☐ Lothringen
- ☐ Elsass
- ☐ Bourgogne
- ☐ Jura
- ☐ Beaujolais
- ☐ Savoie & Bugey
- ☐ Auvergne
- ☐ Provence
- ☐ Languedoc
- ☐ Aquitaine

☐ Marc-Zentren

Im späten Mittelalter muss das Klima durchschnittlich deutlich milder gewesen sein als seit dem 16. bis zum 20. Jahrhundert, denn Reben konnten auch noch nördlich der Linie Nantes–Paris gedeihen. Es ist daher anzunehmen, dass Trester damals fast überall im Land gebrannt wurde, doch mit der Zeit haben sich unterschiedliche Gewohnheiten entwickelt. Während die Champagne heute als eine der prominentesten Marc-Regionen gilt, muss man Marc im Roussillon fast suchen. Dass die nördlichen Gegenden im Vorteil waren, liegt auf der Hand: Trester mit einer gewissen Säure und nicht allzu viel Alkohol liefern den eleganteren Marc (und in kühleren Gebieten werden die Trauben nicht so süß wie unter viel Sonne). Mit moderner Technik gelingt es heute auch Brennern im Languedoc oder in der Provence, geschmacklich eigenständige Destillate zu erzeugen. Kenner schätzen den Marc von der Rhône (Châteauneuf-du-Pape ist auch für Trester legendär) oder jenen des französischen Baskenlands. Zu den seltensten – und teuersten – französischen Marc gehört derjenige, der aus Trestern des Mouton Rothschild im Bordelais gebrannt wird und als Eau-de-vie de Marc d'Aquitaine in den Verkauf kommt.

Eine Vielzahl an Herkunftsbezeichnungen für Marc bzw. Eau-de-vie de Marc hat sich mittlerweile etablieren können und wird geschützt. Dazu gehören Marc originaire de Bugey, Marc d'Auvergne, Marc de Champagne, Marc de Bourgogne, Marc originaire de Provence, Marc de Lorraine, Marc de Savoie, Marc originaire de Franche-Comté, Marc d'Alsace de Gewurztraminer oder der Marc du Languedoc.

Bourgogne

Es ist die vielleicht traditionsreichste Marc-Region Frankreichs. Ließen die Weinbauern früher zu Zehntausenden für den Eigenbedarf brennen, so ist diese Kleinproduktion in den letzten Jahrzehnten deutlich zurückgegangen; die Marc-Erzeugung im großen Stil liegt heute in der Hand einiger weniger bedeutender Brenner. Dennoch lassen auch weiterhin viele Winzer Chardonnay- und Pinot-Noir-Trester brennen, die mehrjährige Lagerung der Brände in den Burgund-typischen *pièces* ist üblich. Marc de Beaujolais ist seltener zu finden, kann aber ausgezeichnet sein.

Champagne

Auch wenn viele große Champagner-Häuser ›ihren‹ Marc anbieten, stammt längst nicht jeder Tresterbrand aus der eigenen Produktion. Da die Rotweinerzeugung in der Region nahezu bedeutungslos ist, weshalb die Trauben sofort gepresst werden können, ist das Rohmaterial – aus den Traubensorten Pinot Noir, Pinot Meunier und Chardonnay – bei der Anlieferung in der

Brennerei noch unvergoren und muss vor dem Brennen eingemaischt werden.

Jura

Es ist der Geheimtipp unter den französischen Marc-Regionen. Gebrannt werden traditionell die Trester der Rebsorten Savagnin, Poulsard und Trousseau, aber auch jene von Chardonnay und Pinot Noir. Die Erzeugung ist wie vor Jahrhunderten kleinbäuerlich geprägt; oft werden die Marc mit 50 % vol Alkoholgehalt abgefüllt. Die meisten Erzeuger destillieren außerdem noch einen Fine, einen Cognac-ähnlichen Brand aus Wein, und stellen auf Marc-Basis den Macvin her.

Elsass und Lothringen

Vor allem der Marc de Gewurztraminer und der Marc de Muscat gelten als Inbegriff des Elsässer Tresterbrandes. Er wird in der Regel wasserhell abgefüllt. Geringere Bedeutung haben Marc de Riesling oder Marc de Pinot Noir. Erzeuger wie Metté, Miclo und Nusbaumer haben es zu überregionaler Bekanntheit gebracht, doch brennen auch einige Winzer ihre Trester selbst. Der schwer zu findende Marc de Lorraine kann ein Erlebnis sein – wie die seltenen Elsässer Brände aus überreifen Spätlese-Trestern.

Provence

Der Marc originaire de Provence ist zwar geschützt und hat eine bedeutende Tradition, wird heute aber nur noch von vergleichsweise wenigen Brennern hergestellt. Zu den Spezialisten zählen die Domaine Ott oder die Domaines Bunan. An der Rhône ist die Marc-Produktion kaum an die Öffentlichkeit getreten, dort spielt das Château Mont-Redon mit seinem Marc de Châteauneuf-du-Pape eine Sonderrolle.

Der exzellente Marc des Château de Mont-Redon stammt aus den extrem steinigen Weinbergen von Châteauneuf-du-Pape.

Bouilleurs de cru und ambulante Brenner

Schon von Weitem sieht – und hört – man sie im Einsatz, die fahrbaren Brennanlagen. Dampfend, fauchend und rauchend nehmen sie im Spätherbst ihre Arbeit auf in den Dörfern der Region Bourgogne. Am äußeren Erscheinungsbild hat sich in den letzten Jahrzehnten wenig verändert, und die Tradition des ambulanten Brenners reicht einige Generationen zurück. Ihre Arbeit begann schon im 19. Jahrhundert immer dann, wenn die Winzer die ihre zum Großteil beendet hatten. Zum Abschluss der Weinlese, aber oft noch bis in den Februar hinein, nehmen auch heute noch spezialisierte Destillateure den Traubenerzeugern den mühsamen, viel Erfahrung fordernden Prozess des Brennens ab. Eine eigene Anlage anzuschaffen lohnt sich für die wenigsten.

Eng verbunden mit der Tradition des *bouilleur ambulant* ist jene des *bouilleur de cru*. Napoléon I. war es, der einst für einen Aufschwung sorgte, denn der Kaiser der Franzosen dekretierte, dass der *bouilleur de cru,* also der Hausbrenner, eine kleine Menge Alkohol steuerfrei erzeugen konnte, sofern der Schnaps aus den eigenen Rohstoffen gebrannt wurde. Später wurde diese Regel modifiziert, die komplette Streichung ist geplant. Doch noch immer gelten mehr als 100 000 Franzosen als privilegierte Hausbrenner – und viele lassen sich die Arbeit von den ambulanten Experten abnehmen.

Feine, entrappte Pinot-Noir-Trester, die nur aus Schalen, restlichem Fruchtfleisch und Kernen der Trauben bestehen, rutschen in die Brennblase.

Die Kunst des bouilleur

Die in manchen Fällen durchaus betagten Brennanlagen bestehen meist aus drei *alambics,* kupfernen Brennblasen, mit denen eine fast kontinuierliche Destillation möglich ist. Während die eine Blase, schonend mit Dampf erhitzt, Alkohol liefert, können die anderen mit Trester befüllt oder vom ausgelaugten Material gereinigt werden. Man brennt die Rückstände von weißen Trauben (im Burgund neben Chardonnay auch Ali-

goté) sowie von roten (meist Pinot Noir). Während die weißen Trester noch keinen Alkohol enthalten und erst noch vergoren werden müssen, sind die roten bereits deutlich alkoholhaltig und können sofort verarbeitet werden. In der Bourgogne hat sich das Entrappen der Trauben durchgesetzt, sodass die Trester keine Stängel und Stiele enthalten; beliebt sind auch relativ feuchte Trester mit hohem Most- oder Weinanteil. Vor allem die Frische der Trester ist entscheidend für das fertige Produkt. Schlecht gelagertes, von Essigbakterien befallenes, faulendes oder schimmelndes Material liefert minderwertiges Destillat. Das ist ohnehin am Anfang und am Ende jeder Partie unbrauchbar, und der Brennmeister muss den genau richtigen Zeitpunkt für das Abscheiden von Vor- und Nachlauf bestimmen.

Der junge Marc wird entweder vom *bouilleur de cru* selbst gelagert, anschließend auf Trinkstärke eingestellt und vermarktet (oder selbst getrunken) oder an eins der großen Spirituosenhäuser verkauft. Zur Lagerung dienen bevorzugt gebrauchte Fässer, nur in Ausnahmefällen kommen neue zum Einsatz. Ein gut gebrannter traditioneller Marc de Bourgogne kann einen nostalgischen Reiz entfalten. Er ist meist stark – 50 % vol Alkoholgehalt sind die Regel –, schmeckt kraftvoll und ein wenig kantig. Ist der Hausbrenner fertig oder verlässt der ambulante Brenner nach Beendigung seiner rauchenden Arbeit den Hof, um anderswo seine Zelte aufzuschlagen, bleiben die ausgelaugten Trester, die *fumée,* übrig. Zusammen mit den Rappen, den Stielen und Stängeln der Trauben, dienen sie als Dünger im Weinberg: verloren geht hier so schnell nichts!

Das Förderband für Trester (links) speist die Brennblasen (Mitte links). Mit dem Aräometer wird der Alkoholgehalt überprüft (Mitte rechts). Nach dem Brennvorgang müssen die ausgelaugten Trester aus dem Gerät entfernt werden (rechts).

Ausgewählte Eaux-de-vie de Marc

Château Mont-Redon
Vieux Marc du Châteauneuf-du-Pape

Dieser *vieux* Marc aus Trauben der Appellation Châteauneuf-du-Pape ist zu einem Klassiker geworden und über Frankreich hinaus berühmt. Im Château Mont-Redon destilliert man die aus zahlreichen Traubensorten gewonnenen Trester behutsam im Teilvakuum. Der junge Marc reift zunächst acht Jahre in neuen *barriques* und anschließend weitere zwei bis vier Jahre in bereits mehrfach genutzten Fässern. Er präsentiert sich danach in kupfernem Farbton, weist milde Trester-, Fass- und Karamellaromen auf, ist komplex und zeigt eine dezente Holznote im Abgang.

Distillerie La Catalane
Marc de Muscat

Als Marc de Muscat vermarktet die 1975 gegründete Distillerie Cooperative Roussillon Alimentaire La Catalane nahe der Stadt Perpignan eine absolute Rarität, denn dieses früher sehr populäre Destillat ist mittlerweile nur noch höchst selten aufzutreiben. Das Eau de Vie de Marc du Languedoc – so die korrekte Bezeichnung – wird aus Rückständen von Muskatellertrauben destilliert. Es ist wasserhell, duftet ganz dezent muskatig, dafür cremig-hefig und leicht nach getrockneten Beeren. Der Marc ist fruchtig und besitzt eine pikante Säure.

Domaines Bunan
Vieux Marc Egrappé de Provence

Wie die weit über die Provence hinaus bekannten Weine der Domaines Bunan in Bandol profitieren auch die hochwertigen Tresterbrände von alten Mourvèdre-Reben. Die vergleichsweise feuchten entrappten Trester werden mit großer Sorgfalt in kleinen Portionen in einer altertümlich anmutenden Brennblase destilliert. Anschließend lagert das, was einmal *vieux* Marc werden soll, mehr als zehn Jahre in *barriques*. In der Farbe rotgolden, in der Nase leicht toastig und haselnussig, wirkt er im Mund feurig, kraftvoll und sehr eigenwillig.

Domaine Désiré Petit
Vieux Marc Egrappé

Désiré Petit gründete 1932 das Weingut in Pupillin, das heute von seinen Söhnen Gérard und Marcel geführt wird. Es umfasst 20 ha im Umkreis der Gemeinde und auf den Coteaux du Jura. Die Petits arbeiten ganz traditionell und nutzen die Vielzahl der Weinstile des Jura, brennen aber seit langem ihr Eau-de-vie de Marc de Franche-Comté, einen authentischen und feurigen Marc, den sie für mehrere Jahre in kleinen alten Fässern reifen lassen.

Domaine Virgile Joly
Eau de Vie de Marc du Languedoc

Im Languedoc gelten Tresterbrände als Rarität, und wirklich elegante, präzise gearbeitete Varianten sind besonders selten. Aus gemischten weißen und roten Traubentrestern destilliert Matthieu Frecon im Auftrag des biologisch arbeitenden Winzers Virgile Joly einen klaren, fruchtigen Eau de Vie de Marc du Languedoc. Der Brand lagert wenigstens drei Jahre im Edelstahl, begeistert mit Aromen von getrockneten Beeren, zeigt eine leicht rauchige Würze und hat einen etwas kantigen Charakter (45 % vol Alkoholgehalt).

Joseph Cartron
Très Vieux Marc de Bourgogne des Dames Huguette égrappé

Seit inzwischen mehr als 100 Jahren brennt das Haus Cartron in Nuits-Saint-Georges bereits Trester, und das nach allen Regeln der Kunst. Die Destillation erfolgt traditionell in kupfernen Brennblasen, für den Ausbau werden mehrfach gebrauchte Eichenfässer genutzt, in denen der Brand zehn Jahre oder länger reift. Der Holzeinfluss ist zwar deutlich spürbar, aber nie penetrant. Cartrons *très vieux* Marc *égrappé* duftet intensiv nach altem Armagnac und Pflaumen, er zeigt Würze, nur leichte Tresternoten, klingt reif und pflaumignussig nach.

Michel Goujot
Marc de Lorraine

Lothringer Weine sind heute eine Seltenheit, auch den einst so berühmten Marc de Lorraine findet man kaum noch. Bis zur Reblaus-Katastrophe im späten 19. Jahrhundert war das ganz anders, damals bedeckten Rebflächen weite Teile der Region. Bio-Winzer Michel Goujot ist einer der letzten Verfechter des heimischen Marc, er brennt ihn aus Trestern der Appellation Côtes de Toul, wobei er weiße wie rote Rebsorten verwendet. Das wasserhelle Destillat duftet eher zurückhaltend, leicht blumig, wirkt noch etwas ungestüm und zeigt eine pikante Säure.

Maison Védrenne
1992 Eau de Vie de Marc
Hospices de Beaune

Die in Nuits-Saint-Georges 1919 gegründete Destillerie hat sich einen Namen machen können für traditionelle Spirituosen, von Crème de Cassis über Fine de Bourgogne bis zum Marc. Geradezu legendär ist der 1992er Tresterbrand der Hospices de Beaune, der mehrere Jahre lang in gebrauchten Eichenfässern reifen kann. Er zeigt sich in deutlicher Bernsteinfarbe, besitzt einen klaren, aber unaufdringlichen Holzton, ein dezentes Walnussaroma, ist betont würzig, vielschichtig und äußerst präzise. Ein Terroir-Marc!

Metté
1990 Marc d'Alsace Gewurztraminer Vendanges Tardives

Die Firma Metté ist zum Inbegriff für Elsässer Tresterbrände geworden. In Ribeauvillé werden der eher seltene Marc de Sylvaner und die Marc von Riesling, Pinot Noir oder Pinot Gris doppelt gebrannt und reifen im Anschluss einige Monate in Edelstahltanks. Zu den besonderen Spezialitäten zählt Marc de Gewurztraminer 1990 Vendanges Tardives, der aus den Rückständen von sehr spät gelesenen Beeren destilliert wurde. Er ist blumig, reif und kann einen etwas kantigen Trestergeschmack nicht verleugnen.

Moutard-Diligent
Vieux Marc de Champagne
Derrière les Murs

Das Unternehmen Moutard-Diligent kann seine Geschichte bis ins 17. Jahrhundert zurückverfolgen. Es gilt heute als wohl bedeutendste handwerkliche Destillerie in der Champagne und stellt sehr individuelle Brände her. Außer der Eigenmarke werden entrappte Trester – in Portionen zu je 600 kg – in Auftragsarbeit für namhafte Champagner-Produzenten gebrannt. Danach sind drei Jahre Fassreife das Minimum. Der Marc mit 45 % vol Alkoholgehalt ist deutlich intensiver in den Aromen als der mit 40 % vol, der mit seinen klaren Traubennoten, der feinen Holzwürze und der treffenden Typik überzeugt.

Nusbaumer
Vieille Eau-de-Vie
Marc de Muscat

Seit 1947 wurde die Distillerie Artisanale in Steige im Villé-Tal wiederholt modernisiert, konnte jedoch dank der chargenweisen Destillation in Brennblasen (wenn sie auch auf dem neuesten Stand der Technik sind) ihren handwerklichen Charakter beibehalten. Im Gegensatz zu anderen Elsässer Brennern ist Nusbaumer nicht für den im gesamten Elsass bekannten Marc de Gewurztraminer, sondern für Marc de Muscat berühmt geworden. Dieser reift vor der Abfüllung in Eichenfässern, zeigt Muskat-Vanille-Würze und eine cremige, milde Struktur.

Louis Sipp
Eau-de-vie de Marc
Riesling d'Alsace égrappé

Das für die Weine bekannte Traditionshaus befindet sich mitten im malerischen Ribeauvillé. Für seinen Marc *égrappé* aus Rieslingtrestern verwendet der Elsässer Étienne Sipp Rohmaterial aus den Grand-Cru-Lagen Kirchberg und Osterberg. Nach dem Pressen werden die Trester luftdicht verschlossen aufbewahrt, aber noch während des Winters mit einem traditionellen *alambic* doppelt gebrannt. Der Marc ist duftig, blumig, begeistert mit seiner pikanten Säurestruktur und mit einem langem Nachhall.

Deutsches Trester-Interesse

Anders als bei Grappa wurde bislang kein internationaler Kult um die deutschen Bränd aus Traubenschalen und -kernen ausgelöst. Große Spirituosenfirmen behandeln diese Destillate eher stiefmütterlich, die Herstellung liegt fast ausschließlich in den Händen einer kleinen Schar von Spezialisten, von Winzern und Obstbrennern. Dennoch – oder gerade deshalb – ist in den letzten Jahren eine eindrucksvolle Vielfalt von erstklassigen Tresterbränden auf den Markt gekommen, die sich nicht hinter der Grappa verstecken müssen. Sie stehen in der Warteschleife: deutsche Tresterbränd harren noch der Anerkennung, die sie verdienen.

Es liegt bei den Winzern: Tresterbrand war (und ist) in Deutschland keine Sache großer Destillateure. Denn die konzentrierten sich schon im 19. Jahrhundert vor allem auf Weinbrand und ließen den bäuerlichen Verwandten links liegen. Den Weinbauern an Mosel, Rhein, Main und Neckar war es anfangs durchaus recht, denn sie verarbeiteten die Rückstände ohnehin für den Eigenbedarf. Der aus der Erstpressung gewonnene Wein ging in den Verkauf, die Zweitpressung der mit Wasser angesetzten Trester, der Tresterwein, und schließlich das Destillat aus den Trestern blieben auf den Höfen.

Der Name »Trester«, in Süddeutschland auch »Treber«, lässt keine große Qualität erwarten. Er leitet sich ab vom althochdeutschen *trestir,* was soviel wie Bodensatz bedeutet, assoziativ verbunden mit »trüb« und »schmutzig«. Bis weit ins 20. Jahrhundert war Tresterbrand ein ländliches Produkt ohne Ansprüche. Mochten deutsche Weine spätestens seit Ende des 19. Jahrhunderts ihren internationalen Siegeszug angetreten haben – um die Tresterbränd kümmerte sich niemand.

So konnten die deutschen Weinbauern und Winzer lange völlig unbehelligt von Vorschriften das brennen, was anfiel. Waren es an der Mosel vor allem Rieslingtrauben, die als Grundstoff dienten, so nahmen die Markgräfler Winzer ihren Gutedel und die Württemberger die Rückstände von Trollinger und Lemberger. Sortenangaben waren sogar noch in der zweiten Hälfte des 20. Jahrhunderts ungebräuchlich. Das Bewusstsein für Qualität setzte erst sehr spät ein. Beflügelt durch die Erfolge der italienischen Grappa-Brenner einerseits und die Verbesserung der heimischen Weine andererseits, begann in den 1980er Jahren ein Umdenken. Die ersten Jahrgangs- und Sortentrester kamen auf den Markt, und einige Winzer betrachteten die Brennerei nun nicht mehr

als Zubrot, sondern als eigenständigen Unternehmenszweig. Spitzenerzeuger brachten in den 1990er Jahren Tresterbränd in den Handel, die es durchaus mit den besten Grappas aufnehmen konnten. Bezeichnungen wie Mosel-Grappa werden heute jedoch nur noch gesprochen, auf Etiketten erscheinen sie nicht, denn Grappa nennen dürfen sich nur Tresterbränd aus Italien und aus italienischsprachigen Regionen. Auf den französischen Namen Marc wollen viele Erzeuger dagegen nicht verzichten.

Deutsche Trester werden überwiegend in kupfernen Brennblasen destilliert, in moderneren Anlagen einfach, in kleinen und älteren doppelt. Im Gegensatz zur italienischen Grappa ist die Restfeuchtigkeit der Trester nicht begrenzt, die Unterschiede zwischen Trauben- und Tresterbrand sind also theoretisch fließend. Im Gegensatz zu den industriell hergestellten Weinbränden werden Trester kaum je in so großem Stil destilliert, dass der Einsatz von Kolonnenapparaten lohnend ist. Die meisten deutschen Trester kommen heute erst nach längerer Reife auf den Markt – manche verbringen in den Eichenfässern zehn oder mehr Jahre. Nur wenige Erzeuger experimentieren mit anderen Holzarten wie Akazie, Kirsche oder Maulbeere.

Deutschlands beste Trester-Regionen

Seite 208: In der Pfalz, hier das Kirchenstück Forst in Deidesheim, stehen viele Winzer zur Trestertradition.

Seite 209: Frisch vergorene Rotweintrester – der Stoff, aus dem die (Brenner-) Träume sind.

Deutschlands Trester-Regionen

- 🟧 Ahr
- 🟧 Mosel
- 🟥 Rheingau
- 🟨 Nahe
- 🟩 Rheinhessen
- 🟩 Pfalz
- 🟪 Franken
- 🟦 Baden
- 🟦 Württemberg
- 🟪 Saale-Unstrut

🟧 Trester-Zentren

In nahezu allen Weinbauregionen Deutschlands brennen Winzer auch ihre Trester, sofern sie über ein Brennrecht verfügen. Besonders in Süddeutschland, vor allem in Baden, sind diese ›kleinen Brennrechte‹ häufig anzutreffen. Maximal 300 l Alkohol dürfen diese Kleinbrenner als sogenannte Abfindungsbrenner pro Jahr herstellen. Umgerechnet auf die übliche Trinkstärke ergibt das dennoch eine beachtliche Menge an Halbliter- oder kleineren Flaschen: für ein Weingut, das Tresterschnaps lediglich als Zusatzprodukt anbietet, ist das meist völlig ausreichend. Das Gesetz erlaubt außerdem die Übertragung des Brennrechts, wenn dessen Inhaber sein eigenes Kontingent nicht oder nur zu weniger als 10 % nutzt. Daneben werden Tresterbrände auch in Verschlussbrennereien, also in gewerblichen, branntweinsteuerpflichtigen Betrieben mit zollamtlich verplombten Anlagen erzeugt, allerdings längst nicht im gleichen Umfang

wie Wein- und Obstbrände. Gebrannt werden in Deutschland vor allem Trester aus aromatischen Rebsorten wie Gewürztraminer, Muskateller, Kerner oder der Neuzüchtung Morio Muskat; aus Burgundersorten (Weiß-, Grau-, Spätburgunder) sowie aus Chardonnay. Riesling hat vor allem an der Mosel Tradition. Experimente mit Sorten wie Sauvignon Blanc, Scheu- oder Siegerrebe sind noch die Ausnahme.

Baden

Zahlreiche Weingüter stellen ihren eigenen Tresterbrand her, in der Ortenau oder am Kaiserstuhl finden sich die meisten interessanten Destillate. Vor allem die Rückstände aus der Spätburgunderbereitung werden gern genutzt, sind sie doch bereits vergoren und können ohne Zeitverlust destilliert werden. Badens wohl teuerster Tresterbrand stammt vom Bodensee: Heiner Renn stellt dort sein legendäres Torkelwasser her.

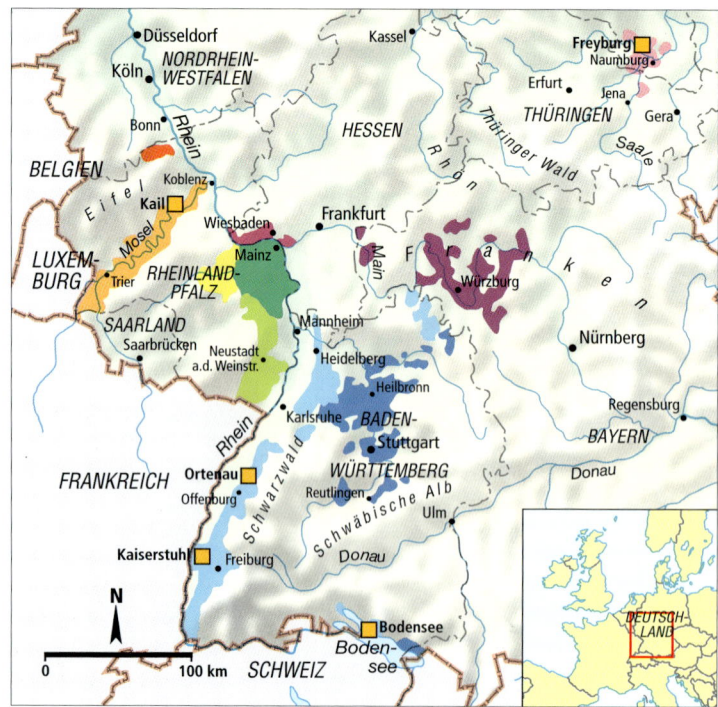

Franken

Die fränkische Trestertradition beschränkt sich nicht auf die Brände aus Spät-, Grau- und Weißburgunder. Auch aromatische Sorten oder Silvaner werden so veredelt, die Traditionssorte Rieslaner dagegen eher selten. Viele Winzer brennen Trester nur dann, wenn sich der Jahrgang eignet und der Vorrat verkauft ist. In kleinen Mengen sind auch Destillate aus Eiswein- und Trockenbeerenauslese-Trestern zu finden.

Mosel

Trester von der Mosel wurde lange fast ausschließlich aus Riesling gebrannt und oft ohne Fasslagerung verkauft. Erst in letzter Zeit haben sich hochwertige fassgereifte Brände auf dem Markt etabliert, sie stammen manchmal aus Riesling-Steillagen-Trestern und werden bis zu zehn Jahre in kleinen Fässern gealtert. Das wohl legendärste Destillat aus Saar-Trester wird in Österreich bei Hans Reisetbauer gebrannt.

Pfalz

Während viele Pfälzer Weingüter auf die Herstellung von Weinbrand verzichten, brennen sie ihren Trester selbst. Entsprechend vielfältig ist das Angebot zwischen Alsenztal und der elsässischen Grenze. Herausragend ist der Gewürztraminer, der in der Südpfalz sehr kraftvolle, würzige Trester ergibt, an der Mittelhaardt oft etwas elegantere, duftigere Brände.

Aus dem Wiltinger Scharzhofberg an der Saar stammen die überragendsten Weine von Egon Müller, und aus den besten Trestern entsteht ein ausgezeichneter Brand – in Oberösterreich.

Gegenüber: Auch Eisweinbeeren haben als Trester ihren Zweiteinsatz.

Hefebrand vom Feinsten

Es kommt vor, dass Besucher irritiert sind: Vallendar ist nicht nur der Name einer weltbekannten Destillerie in der Eifelgemeinde Kail, auch eine nur 50 km entfernt liegende Kleinstadt heißt so. Da kommt es auch heute noch dann und wann zu Irrungen und Wirrungen. Hubertus Vallendar kann darüber längst schmunzeln – schließlich finden Liebhaber hochwertiger Destillate doch fast immer noch den Weg in seine Schau- und Erlebnisbrennerei, inzwischen wohl die größte Attraktion des Ortes. Von Waldhimbeergeist über Bananenbrand bis zu Haselnussgeist können hier Dutzende von ausgetüftelten Destillaten riechend entdeckt werden. Obwohl die Trester- und Hefebrände im umfangreichen Sortiment erst auf den zweiten Blick auffallen, gehört ihnen Hubertus Vallendars ganze Leidenschaft. Vor allem der Hefeschnaps, der kleine Bruder des Tresterbrands aus den nach dem ersten Abstich des Weins verbleibenden Hefegelägern, hat eine lange Tradition an der nahen Mosel. Bereits Hubertus' Vater, der die Brennerei 1967 gründete, experimentierte mit Hefebrand, und der Sohn musste schon früh mit verkosten.

Spontan vergoren und kühl gebrannt

Doch erst Fortschritte in Brenntechnik und Weinbereitung boten die Möglichkeit, die Kunst des Hefedestillats zu vervollkommnen. Hubertus Vallendar feilte über Jahre hinweg an seinen Brennapparaten, um die Temperatur begrenzen zu können, denn bei zu großer Hitze werden die Brände hart und kantig. Dank modernster Technik kann Vallendar den Mittellauf heute schon bei 83 bis 84 °C beenden – ein Wert, bei dem viele an-

Links: Hefe wird in den Brennkolben gepumpt.

Rechts: In der kombinierten Brennanlage destilliert der Brand in nur einem Durchlauf.

dere Destillateure erst beginnen. Entsprechend sanft werden die aromatischen Bestandteile der Weinhefe in das Destillat überführt.

Doch ohne die richtige Herkunft der Hefegeläger würde auch das nur unbefriedigende Resultate liefern. Hubertus Vallendar hat verschiedene Arten von Weinhefe ausprobiert und längst aufgehört, beliebige Restprodukte der Weinbereitung zu verwenden. Der Brenner lässt sich die Mischung aus Wein und abgestorbenen Hefezellen heute von ausgesuchten, spontan vergärenden Winzern liefern. Vor allem Erzeuger, die ihre Weine bis zum Sommer oder sogar noch länger auf der Hefe liegen lassen, können aromatischen, komplexen Rohstoff für die Brennerei anbieten. So profitiert Vallendars zitrusfruchtiger, cremiger und unendlich finessenreicher Spitzen-Hefebrand von den 2003er Rieslinghefen aus dem Weingut Heymann-Löwenstein im Moselort Winningen. Er wurde bereits zum besten euro-päischen Vertreter seiner Art gekürt und erhielt bei den World Spirit Awards sagenhafte 96 von 100 Punkten. Dass ausgerechnet die nördlichen Anbaugebiete Deutschlands über besonders gute Weinhefe verfügen, ist übrigens leicht zu erklären. Säure ist nicht nur beim Wein wichtig für den Geschmack, sondern auch ein Aroma-Träger während der Destillation. Im besten Fall lassen sich dann sogar die Charakteristiken der einzelnen Lagen herausschmecken. Vorausgesetzt, man bringt Zeit mit: bis ein Hefebrand die richtige Trinkreife erlangt und mit Urgesteinsquellwasser auf 45 oder 40 % vol Alkoholgehalt Trinkstärke eingestellt wird, kann es geraume Zeit dauern. Denn im Gegensatz zu einem weitverbreiteten Vorurteil verändern sich Brände nicht nur im Holzfass, sondern auch bei der Reifung im Edelstahl. Hubertus Vallendar hat herausgefunden, dass der Genießer mitunter bis zu zehn Jahre warten muss, bis ein Destillat den geschmacklichen Höhepunkt erreicht hat.

Links: Hubertus Vallendar überprüft, ob der Alkoholgehalt stimmt.

Rechts: Edeldestillate aus Hefe sind Vallendars besonderes Steckenpferd.

Ausgewählte Trester

Bosch Edelbrand
Tresterbrand vom Kerner

Andreas Bosch führt die Brennerei im schwäbischen Lenningen in der dritten Generation. Er hat sich auf sortenreine Obstbrände und auf schwäbischen Whisky spezialisiert, seine Trester bezieht er von der nahe gelegenen Weingenossenschaft im württembergischen Neuffen. Sie werden noch am Tag der Anlieferung eingemaischt und unmittelbar nach Ende der Gärzeit gebrannt. Im Charakter ist der Brand erstaunlich fein, beinah Riesling-typisch, mit leicht aromatischem Beiklang und viel Frucht im Nachklang.

Burgunderhof
Torkelwasser zweijährig

Heiner Renn hat sich zum Tresterspezialisten am Bodensee und darüber hinaus entwickelt. Und obwohl er auch noch Sauerkirschen, Himbeeren und Holunder destilliert, stiehlt das aus sehr feuchten Trestern von Burgundertrauben gebrannte Torkelwasser allen die Schau. Die drei Varianten lagern zwei, drei oder sechs Jahre im Holzfass, die Top-Qualität darf sogar im *barrique* reifen. Bereits der zweijährige Brand duftet eindrucksvoll nach gerösteten Nüssen, Trockenfrüchten und Kräutern, ist feurig, aber gleichzeitig pflaumig-weich.

Destillerie Gutzler
Trester von Muskattrauben 1999

Es gibt kaum einen Winzer in Deutschland, der eine ähnliche Vielfalt an Trester- und Traubendestillaten im Sortiment hat. Gerhard Gutzler brennt bereits seit 1991 Rückstände von Gewürztraminer- oder Chardonnay-Trauben; erstklassige Rohstoffe, feuchte Trester und der Verzicht auf Zuckerzugabe sind selbstverständlich. Einen Ruf hat sich Gutzler auch durch den nach Kräutern und Datteln duftenden 1999er Trester von Muskattrauben und den zitrusduftigen Riesling-Trester erworben. Ein Teil der Produktion lagert im Fass aus Maulbeerholz.

Heinrich Männle
Weintresterbrand · Scheurebe Trauben Trester 1985

Das Ortenauer Weingut hat sich einen Namen gemacht für Rotweine aus Spätburgundertrauben und für Weißweine aus der Scheurebe. Es ist nahe liegend, dass Heinrich Männle und Tochter Sylvia die Rückstände dieser aromatischen Rebe auch brennen. Ihr handwerklich erzeugtes Destillat von der 1985er Scheurebe besitzt rauchige, an Cassis und reifen Pfirsich erinnernde Aromen. Der Brand wirkt reif, hat alle kantigen Bestandteile verloren und beeindruckt mit beinah seidiger Struktur.

Holger Räch
Marc vom Gewürztraminer

Für Trester vom Gewürztraminer und zahlreiche andere Brände hat sich die kleine Pfälzer Brennerei seit 1988 einen Namen gemacht, viele Auszeichnungen bei den World Spirit Awards beweisen das. Allerdings werden auch Weinhefe, Spätburgunder- und Chardonnay-Trester (zum Teil in Holzfässern gereift) sowie ganze Gewürztraminertrauben destilliert. Holger Rächs wasserheller Gewürztraminer-Tresterbrand duftet sehr sortentypisch, ganz leicht hefig, erinnert an Lychees, Nektarinen und Rosen.

Johanninger
Marc
Sauvignon Blanc

Die drei Inhaber der etwas anderen Weinmanufaktur besitzen Rebflächen in Rheinhessen, im Rheingau und an der Nahe. Bei ihren Tresterbränden legen sie größten Wert darauf, die Frucht der jeweiligen Rebsorte zu erhalten. Silvaner und Chardonnay oder die seltenen Tresterbrände von der Scheurebe Trockenbeerenauslese werden in einer kleinen Kupferbrennblase gebrannt und reifen in Glas oder Edelstahl. Eine Rarität ist der Sauvignon Blanc: sehr sortentypisch, mit Spargel- und Vanilleduft, frisch und spritzig.

Marder Fichtenhofbrennerei
Weintrester Gewürztraminer

Edmund Marder wurde für seine Brände – auf modernste und schonendste Art in der Kolonne im Wasserbad gebrannt – schon mehrfach ausgezeichnet. Dreimal hintereinander war er bei der Prämierung der Deutschen Landwirtschaftsgesellschaft erfolgreichster Kleinbrenner, auf der Destillata 2007 wurde Marder sogar mit Gold ausgezeichnet. Sein Weintrester vom Gewürztraminer, dessen Material aus dem pfälzischen Edesheim stammt, duftet deutlich sortentypisch, leicht erdig, er ist sehr würzig im Geschmack und bemerkenswert präsent.

Peter Lauer
Tresterbrand VXO

Der junge Florian Lauer aus Ayl (Saar) unterstützt seinen Vater Peter seit kurzem in der Weinbereitung wie in der Tresterbrandproduktion. Aus den Riesling-Trestern der besten Saarlagen wird der VXO ganz traditionell destilliert, anschließend lagert der Brand acht Jahre lang in gebrauchten Holzfässern in einem separaten Teil des Kellers. Der bereits mehrfach für seine Klasse ausgezeichnete Brand weist eine markante, aber sehr feine Frucht auf, duftet nussig, nach Trockenfrüchten und Pflaumen, ist wunderbar feingliedrig und hoch komplex.

Rosenhut · Martin Fischer
Tresterbrand vom fränkischen Spätburgunder

Joachim Fischer und seine Frau Elisabeth sind Mitglieder in der exklusiven Brennervereinigung Rosenhut, die sich strenge Regeln für ihre Erzeugnisse auferlegt hat: so ist zum Beispiel Zuckerzusatz als ein abrundendes Element, das in Deutschland im Prinzip erlaubt ist, hier tabu. Der Trester vom Spätburgunder wird aus eigenen Pressrückständen destilliert und altert in kleinen Fässern. Er besitzt eine elegante Tresteraromatik mit leichten Holznoten, das Holz ist auch am Gaumen perfekt integriert: ein fränkischer Muster-Trester.

Theo Künstel
Weintresterbrand
Im Holzfass gereift

Mitten im idyllischen Waldulm befindet sich die kleine Brennerei, in der vierten Generation von Theo Künstel betrieben. Da sich die Ortenauer Rebflächen nur wenige Meter entfernt ausbreiten, ist Frische bei der Tresteranlieferung garantiert. Längst wurde der alte, heute im Garten ausgestellte Brennkessel durch eine moderne Anlage ersetzt. Der doppelt destillierte Tresterbrand wird aus mehreren Sorten Trester hergestellt, reift in Holzfässern, duftet leicht haselnussig, ist würzig, dicht und überdurchschnittlich nachhaltig.

Weingut Bercher
1999er Burgunder Marc

Bis ins Jahr 1457 lässt sich die Weinbaugeschichte der Familie Bercher zurückverfolgen. Die beiden Brüder, die das Gut heute leiten, haben sich ihre Aufgaben aufgeteilt, für die Destillation ist Rainer Bercher zuständig. Er brennt allerdings nur alle paar Jahre Spätburgunder-Trester, nach 1996 auch 1999 und zuletzt 2003. Der derzeit angebotene 1999er ist doppelt destilliert und lagert zwischen drei und fünf Jahre in Eichenfässern; der Holzcharakter ist dennoch verhalten, der Brand wirkt würzig und ganz leicht rosinig.

Weingut Pawis
Tresterbrand vom Edelacker Riesling

Das kleine Anbaugebiet Saale-Unstrut ist nicht gerade für Tresterbrände bekannt, doch deren Qualität kann verblüffend sein. Aus sehr feuchten Riesling-Trestern der Spitzenlage Freyburger Edelacker brennt das Weingut Pawis, eines der führenden Unternehmen im Anbaugebiet, seine Top-Spirituose. Der Tresterbrand vom Riesling stammt aus Trauben des Jahrgangs 2005. Er ist wasserhell, besitzt die jahrgangstypischen Riesling-Aromen nach Blüten, reifen Früchten, etwas Steinobst und Zitrus, der Trestercharakter ist sehr fein.

Trester aus Österreich und der Schweiz

Gegenüber: Im Tessin, wie hier am Luganer See bei Morcote, dürfen Schweizer Brenner ihren Tresterbrand Grappa nennen.

Hans Reisetbauer weiß, im Wein liegt die Wahrheit, aber er ist überzeugt, dass Schnaps von der Ehrlichkeit lebt. Seine Brennerei in Axberg wird damit zum Lügendetektor.

Nicht nur die Italiener haben mit der Zeit eine bedeutende Grappa-Tradition aufgebaut, auch im Tessin gehört der Tresterbrand zum Alltag – selbst wenn diese Tatsache jenseits der schweizerisch-italienischen Grenze gern ignoriert wird. In Lugano, Mendrisio oder Curio brannten die Winzer schon vor Jahrhunderten die Rückstände der Trauben aus den eigenen Weinbergen. Autochthone Sorten wie Bonarda oder Freisa spielten zunächst die Hauptrolle beim Wein wie bei der Grappa, nach der Reblaus-Katastrophe wurden Merlot und sogenannte Amerikaner-Reben eingeführt. Letztere werden heute kaum noch vinifiziert, sind aus der Grappa-Produktion aber nicht wegzudenken. Und noch etwas kennzeichnet die Tessiner Grappa: Es war (und ist) hier traditionell üblich, die Trester mitsamt dem Hefegeläger zu brennen, das nach Abzug des Weins anfällt.

Vor allem in der Deutschschweiz hat man sich von der Tresterverarbeitung der Tessiner inspirieren lassen, während sich die Westschweizer eher an ihren französischen Nachbarn orientieren. In allen drei Landesteilen finden sich heute engagierte Klein- und Kleinstproduzenten, doch auch größere Erzeuger wie die Destillerie Humbel verfügen über bemerkenswerte Tresterbrände. Einzigartig sind Destillate aus autochthonen Rebsorten wie Heida oder Humagne Rouge. Gemäß einer Vereinbarung mit der Europäischen Union dürfen Schweizer Tresterbrände heute dann Grappa heißen, wenn sie im Tessin sowie in den italienischsprachigen Tälern Graubündens (also im Val Mesolcina, im Calancatal, in Bergell und im Val Poschiavo) aus dort gewachsenen Rohstoffen gebrannt werden. In der Deutschschweiz behilft man sich, da »Grappa« dort unzulässig ist, gern augenzwinkernd mit »Grappin«. Aus der Mode gekommen ist dagegen das traditionelle Schweizer Wort »Träsch«.

Auch in Österreich entstehen seit Ende der 1980er Jahre immer spannendere Brände. Wie die gesamte Weinbauproduktion, so erlebte auch die Tresterzeugung einen qualitativen Aufschwung. Viele Winzer brennen ihre Trester selbst, einige sind inzwischen bekannter für Brände als für Weine. Andere Erzeuger lassen die Destillation durch Spezialisten ausführen. Alois Kracher etwa hatte mit dem von Alois Gölles erzeugten Trester von Trockenbeeren Erfolg, der Brenner Hans Reisetbauer sucht das Material für seine Spitzendestillate sogar bei Winzern an der deutschen Saar oder in Südtirol. Österreichische Tresterbrände zeichnen sich durch eine besondere Klarheit und Sortentypik aus. Die Destillationstechnik ist fast überall auf dem neuesten Stand, und innovative Filtersysteme, wie sie etwa von dem Steirer Franz Tinnauer verwendet werden, tragen dazu bei, alle noch vorhandenen Vor- und Nachlaufbestandteile aus dem fertigen Destillat herauszufiltern.

Ausgewählte Trester

Österreich

Alois Gölles
Kracher Tresterbrand von Trockenbeeren
Viele Kenner betrachten Gölles als einen der Vorreiter des österreichischen Trestererfolgs. Seit 1979 werden hier hochwertige, doppelt gebrannte Destillate erzeugt. Mit dem Brand aus zugelieferten Trockenbeeren-Trestern des Burgenländer Weinguts Kracher (jodig, mit einer Prise geröstetem Sesam) startete Gölles einen Trend. Heute werden auch Sauvignon-Trester von Tement oder Veltliner-Trester von F. X. Pichler verarbeitet.

Österreich

Franz Tinnauer
Traminer Tresterbrand
Winzer Franz Tinnauer hat sich seit 1990 im steirischen Gamlitz immer mehr auf doppelt gebrannte Destillate spezialisiert. Die Tresterbrände von Zweigelt und Sauvignon Reserve werden fassgelagert, der Traminer aus der Klassik-Serie bleibt klar und wird mit feurigen 44,5 % vol Alkoholgehalt abgefüllt. Er duftet nach getrockneten Blüten und Rosenblättern, wirkt angenehm würzig, kraftvoll und klingt nur ganz leicht bitter nach.

Österreich

Grafenwald
Traubentrester Edelbrand
Gerd M. Jäger, Wolfgang Summer und Bruno Ammann destillieren im österreichischen Vorarlberg von jeder Sorte nur die kleinsten Mengen, diese allerdings mit ganz besonderer Sorgfalt. Nach einem Raubrand folgt der Feinbrand, der oft lediglich 60–67% vol Alkoholgehalt aufweist. Aufgezuckert wird in keinem Fall, zur Lagerung dienen zum Teil getoastete Stockinger-Fässer, die nicht öfter als zweimal Verwendung finden.

Österreich

Jöbstl
Tresterbrand vom Schilcher
Die Adresse der Brennerei, zu der auch ein kleines Weingut gehört, spricht für sich: Am Schilcherberg heißt diese Straße im weststeirischen Wernersdorf/Wies, und aus der eigenwilligen, sehr säurebetonten roten Sorte Schilcher destilliert Waltraud Jöbstl Trauben-, Wein- und Hefebrände sowie den angenehm feinwürzigen, frischen, von lebhafter Säure geprägten Schilcher-Tresterbrand. Bemerkenswert ist der im Destillat immer noch deutlich wahrnehmbare Weincharakter.

Österreich

Reisetbauer
2006 Rosenberg Reserve Tresterbrand
Hans Reisetbauer war längst für seine Obstbrände bekannt, als er sich aufmachte, beim Tresterbrand ebenfalls den Qualitätsgipfel zu erklimmen. Die hohe Kunst, die besten verfügbaren Rohstoffe aufzutreiben – er hat sie wahrhaftig auf die Spitze getrieben. Der deutsche Winzer Egon Müller liefert die Riesling-Trester, von Bernhard Ott aus dem Donauland kommt Grüner Veltliner der Spitzenlage Rosenberg. So präsentiert sich der Brand nach Hefe, Aprikose und Apfel duftend, reif, elegant und vielschichtig.

Österreich

Weutz
Arcana Rosso

Der steirische Arcana Rosso von Brigitte und Michael Weutz wird aus bereits vergorenen Trestern von Merlot und Zweigelt (das genaue Mischungsverhältnis ist Betriebsgeheimnis) gleich nach dem Abpressen doppelt destilliert. Das erlesene Rohmaterial stammt in diesem Fall von dem Winzer Hannes Harkamp. Zur Lagerung entschied sich Weutz für die Reife in 56-Liter-Fässern aus Limousin-Eiche. Der Brand dankt es mit Aromen von Leder, Hefe, Orangenöl sowie mit beachtlicher Länge.

Schweiz

Cave Engloutie · Jürg Biber
Humagne Rouge Marc et Lie

Jürg Biber brennt in seiner Destillerie im schweizerischen Kanton Wallis Trester (stets mit dem Hefegeläger) aus autochthonen Rebsorten wie Humagne Rouge und Heida. Er experimentiert mit der Zusammensetzung der Trester und hat auch schon die Kerne aus Beerenschalen gesiebt, was weichere Brände ergibt. Der Johannisberg (Silvaner) hat einen traubenfruchtigen, dezent brotigen Charakter, der Humagne Rouge ist deutlich würziger.

Schweiz

Kunz-Keller
Grappin Burgunder Marc und Lie

Der Ostschweizer Destillateur des Jahres 2007/2008 brennt in Maienfeld den preisgekrönten Grappin aus eigenen Blauburgunder-Trestern. Traditionell werden die Traubenschalen und -kerne zusammen mit der Weinhefe destilliert. Der Grappin ist klar, elegant, gerade nur einen Hauch rosinig und vollmundig. Sehr individuell im Geschmack zeigen sich auch der Marc aus Riesling x Sylvaner (Müller-Thurgau) und der Marc vom Blauburgunder, der drei Jahre im Eichenfass reift.

Schweiz

Sackmann
Grappa Classico
Roccolo alle Vigne

Diese kleine Brennerei im Tessiner Curio übernahmen Margrit und Rolf Sackmann von dem legendären Paul Schnell. Aus Truttikon im Zürcher Unterland fahren die beiden nun regelmäßig zum Roccolo alle Vigne, wo sie Wein keltern und Grappa Classico aus Amerikaner-Reben destillieren. Der klare Brand gilt als einer der renommiertesten und meistprämierten Trester des Ticino, er besitzt eine feine, neutrale Art und beeindruckt mit seinem Feuer.

Liechtenstein

2005er Marc
Liechtensteiner Edelbrand

So winzig wie das Fürstentum ist auch die Liechtensteiner Produktion von Wein und Grappa. Hansjörg Goop füllt pro Jahr nur einige wenige Flaschen, die alle nummeriert sind. Der 2005er Marc wurde aus Rückständen von Pinot Gris und Chardonnay gebrannt und nicht mit Zucker angereichert. Er duftet verhalten rosinig, ganz leicht nach Vanille und getrockneten Aprikosen, er ist überraschend weich und wunderbar vollmundig.

Orujo: Trester aus Spanien

Ohne *poteiro* kein Orujo, also ohne Brenner kein Tresterbrand, offiziell *aguardiente de orujo*. Wenn die goldene Regel der spanischen Tresterzeugung zunächst auch wie eine Binsenweisheit anmutet, sie macht doch Sinn, denn nicht die Apparate stehen im Vordergrund, sondern das Können derjenigen, die sie bedienen.

Besonders in der nordwestspanischen Region Galicien, in der vergleichsweise kühlen Gegend zwischen Atlantikküste und portugiesischer Grenze, hat die Verwertung der Traubentrester als Destillat eine lange Tradition. Man findet sie noch in den angrenzenden Provinzen, doch seltener in anderen Teilen Spaniens. Dass neuerdings auch im Ribera del Duero hochwertiger Orujo aus Tempranillo, Cabernet und Merlot gebrannt wird, hat weniger mit Tradition, dafür mit Experimentierlust und neuem Qualitätsstreben zu tun. Das gleiche gilt für Marc aus Cava-Trauben, den einige katalanische Erzeuger hauptsächlich aus den klassischen Cava-Traubensorten Xarel-Lo, Parellada und Macabeo brennen und professionell vermarkten. Das Nord-Süd-Gefälle beim Trester ist übrigens kein Zufall. Ähnlich wie in Italien oder Frankreich boten auch in Spanien die nördlicheren Weinbaugebiete die besseren klimatischen Voraussetzungen: die

Trester verdarben nicht so schnell wie im heißeren Süden. Ein anderer Grund war, dass in einer traditionell armen Gegend wie Galicien die Winzer mehr als anderswo auf jede Einnahmequelle angewiesen waren.

Poteiro & Pota

Das wichtigste Arbeitsmittel der Brenner, der *poteiros* Galiciens, ist natürlich die *pota*, der Kupferkessel, in den die Trester gefüllt werden. Mehr als anderswo gilt die Destillation in Galicien als Kunsthandwerk, als beinah magische Tätigkeit, die viel Erfahrung und Können sowie eine gehörige Portion Kreativität verlangt. Die in offenen Gärbottichen vergorenen Trester werden, angereichert mit etwas Wein, sorgfältig gebrannt, nicht selten über offenem Feuer. Ein Brennvorgang, die *porada,* dauert traditionell wenigstens sechs Stunden, häufig wird der Raubrand in einem zweiten Durchlauf verfeinert. Was schließlich, mit etwas Wasser auf immer noch beachtlich hohe Trinkstärke eingestellt, in Flaschen gefüllt wird, ist der ganze Stolz vieler Winzer des Landes. Mit 37–50 % vol Alkoholgehalt wirken die bäuerlichen Tresterbrände allerdings meist rau. Und bei aller Kunstfertigkeit des *poteiro* muss man unsaubere, angebrannt oder sonst fehlerhaft schmeckende Destillate

Eine breite Phalanx galicischer Tresterbrände, darunter rustikale, eher neutrale und handwerkliche Glanzleistungen. Manchmal muss die Flasche ausgleichen, was der Brand nicht bietet.

einkalkulieren. Industriell hergestellte Orujos sind oft klarer und fehlerfrei, doch fehlt ihnen vielfach das Besondere, die Individualität des Bauernschnapses. Denn kein Orujo trinkt sich wie der andere, was auch auf die Zusammensetzung der jeweiligen Trester zurückzuführen ist. Vor allem Albariño, Loureira, Torrontés oder Treixadura werden gebrannt, manchmal auch seltene autochthone Rotweinsorten. Der Orujo de Galicia wird im besten Fall mit einem offiziell vom Kontrollrat verliehenen Gütesiegel (D.E.: Denominación Específica) ausgeliefert. Anrecht auf die Appellation haben der wasserhelle Orujo und der seltener zu findende fassgereifte Orujo envejecido.

Frische, nicht entrappte Trester stehen zum Brennen bereit; oft werden in Galicien dafür sehr kleine *potas* eingesetzt.

Portugals Bagaceira

Wie überall wurde Tresterbrand, *aguardente de bagaceira*, auch in Portugal überwiegend im Land selbst konsumiert. Im Unterschied etwa zum Portwein hat es der auch als *destilação do bagaço* bezeichnete Brand aus Traubentrestern nie zu internationaler Bedeutung gebracht. Das ist bedauerlich, denn dank der unzähligen autochthonen Rebsorten des Landes kann portugiesischer Tresterbrand einen sehr eigenständigen Geschmack und Charakter aufweisen. Bagaceira hat im Norden Portugals einen höheren Stellenwert, doch er wird auch in anderen Landesteilen hergestellt. Bagaceira do Minho bzw. Bagaceira Vinho Verde gelten als vielleicht renommierteste Sorten, doch existiert Bagaceira auch im Ribatejo oder im Alentejo; in gut sortierten Bars von Lissabon und Porto finden sich zudem Bagaceira do Douro oder Bagaceira da Bairrada. Es ist üblich, das einfach oder doppelt gebrannte Destillat in Eichenfässern reifen zu lassen, die besten (und damit auch die kostspieligsten) Beispiele dürfen zwei Jahre oder länger ruhen, sogar 15 oder noch mehr Jahre sind keine Seltenheit. Der in diesen Fällen als *velha* bezeichnete Tresterbrand ist allerdings nicht grundsätzlich harmonischer und besser als die klare Variante und kann definitiv zu stark vom Holz geprägt sein.

Am Douro, für Portweine berühmt und immer mehr für große trockene Rotweine, werden auch einige gute Bagaceiras gebrannt.

Caves Primavera

Die Kellerei, etwa eine Autostunde südlich von Porto in der Bairrada, wurde 1947 von den Brüdern Vital und Lucénio de Almeida gegründet und hat sich einen Namen mit kraftvollen, langlebigen Rotweinen gemacht. Ihrem Prestige-Trester Bagaceira Velha Balseirinha merkt man die Verwendung von Rotweintrestern an. Er präsentiert sich im vollen Goldton mit deutlichen Pflaumen- und Crème-caramel-Noten. Im Geschmack milde und ausgewogen, wirkt er leicht pfeffrig, doch im Abgang dominiert die Pflaumenfrucht.

Cooperativa da Covilhã

Die fast 1200 Mitglieder zählende Genossenschaft befindet sich im Beiras Interior, wo das Klima recht rau ist und sowohl Weiß- wie Rotweine eine gute Säure besitzen. Deshalb eignen sich die Trester gut zum Brennen, und die Brände entwickeln hohes Alterungspotenzial. Das beweist auch der 15 Jahre im Fass gereifte Aguardente Bagaceira Velha Centum Cellars. Der bernsteinfarbene Tresterbrand duftet elegant nach Pflaume, Nuss und etwas Tabak, er besitzt einen süßen Anklang, aber auch eine eigenwillige, leicht trockene Holznote.

Casal de Valle Pradinhos

Inmitten unberührter Natur macht Rui Cunha auf dem abgelegenen Gut in der Region Minho aus den traditionellen Rebsorten Tinta Roriz und Touriga Naçional sowie aus 30 Jahre altem Cabernet Sauvignon Weine mit ausgeprägtem Charakter. Auch sein Aguardente Bagaceira Velha (50 % vol Alkoholgehalt) zeichnet sich durch eigene Persönlichkeit aus. Der dunkle Brand weist Vanille-, Gewürzbrot- und Apfelnoten auf, er besitzt süße Frucht und wäre noch einmal so gut, wenn er in einem besseren Fass gereift worden wäre.

Vinhos Campelo

Joaquim Miranda Campelo begann 1923 seinen eigenen Wein zu machen und gründete 1951 die heutige Weinfirma, die zu einem der bedeutendsten Erzeuger von Vinho Verde aufgestiegen ist. Von den drei Brüdern Campelo geleitet, bietet sie auch Douro-, Dao- und Beiras-Weine an sowie gleich vier verschiedene Bagaceiras. Ihr Morgadinha Aguardente Bagaceira Vinho Verde ist wasserklar, zeigt eine saubere süßliche Tresternase und eine verführerische Apfel-Birnen-Frucht; seiner Jugend entsprechend besitzt er feurigen Biss.

Griechenland:
Tsipouro und Tsikoudia

Trester zu brennen war in Griechenland immer ein Vorrecht der kleinen Winzer und Weinbauern. Das Endprodukt vermarkteten sie selbst, sofern sie es nicht selbst konsumierten. Der Name für den Tresterbrand ist unmittelbar abgeleitet von *tsipoura,* Trester, doch es gibt noch andere gängige Bezeichnungen. So spricht man auf Kreta von »Tsikoudia«; auch »Rakí« (nicht zu verwechseln mit dem türkischen Branntwein) oder »Apostagma« sind üblich. Meist versteht man unter Letzterem, besonders bei dem Zusatz *stafilis,* einen Traubenbrand, also das Destillat aus ganzen, vergorenen Trauben, samt Saft und Fruchtfleisch, der ebenfalls in Griechenland Tradition hat.

Die Erzeugung von Tsipouro war jahrhundertelang von altmodischen Geräten und mündlicher Überlieferung geprägt. Zwischen September und Dezember, nach der Weinlese, machten sich die Winzer ans Werk und schaufelten die Trester in kleine, oft von Hand gehämmerte Kupferbrennblasen. Das Destillat wurde nicht selten vor dem zweiten Brennen mit Anis aromatisiert und gilt als Vorläufer des modernen Ouzo. Den Schritt hin zum Qualitätsprodukt gingen große Erzeuger, allen voran Tsantali, erst vor wenigen Jahrzehnten. Die Technik wurde zuverlässiger, die Auswahl der Rohstoffe besser. Heute dominieren wenige Erzeuger die Sparte der hochwertigen Tresterbrände; aber gebrannt werden Tsipouros immer noch traditionell, wie bei Tsantali, in handgeschmiedeten kupfernen Brennblasen mit doppelter Destillation. Sie erfolgt unmittelbar im Anschluss an die Kelterung der Trauben und die Vergärung der Trester. Die längerfristige Lagerung des Rohmaterials ist unüblich, ebenso die Reife des Destillats in Holzfässern. Tsipouro wird meist in Edelstahl gelagert und rasch abgefüllt.

In der modernen Kellerei in Drama erhält Costa Lazaridi auch hochwertige Trester, um daraus überzeugenden Tsipouro zu destillieren.

Ausgewählte Tsipouros

Kooperative von Ioannina
Tsipouro Epirotiko Zitsa
Zitsa ist der Name einer Präfektur und zugleich eine Herkunftsbezeichnung in der Region Epirus im Nordwesten Griechenlands. Wie fast alle Tsipouros der Gegend wird auch dieser vor allem aus Trestern der autochthonen weißen Rebsorte Debina gebrannt. Sie werden unmittelbar nach der Kelterung vergoren und zeitnah destilliert. In der attraktiven Flasche verbirgt sich ein im Duft vergleichsweise neutrales, leicht blumiges Destillat; es besitzt einen süffigen, fruchtigen, fast süßlichen Charakter.

Lazaridi
Tsipouro Idoniko
Costa Lazaridi gilt als einer der innovativsten griechischen Erzeuger von Wein sowie von Trester- und Traubenbränden. Werden letztere sortenrein gebrannt, etwa aus Cabernet Sauvignon, handelt es sich beim Lazaridi-Tresterbrand um eine Mischung verschiedener Rebsorten. Die doppelte bzw. dreifache Destillation in hochmodernen Kupferbrennblasen sorgt für die bemerkenswerte Verfeinerung. Der Tsipouro verfügt über eine klare, leicht fruchtige Aromatik, ist mild und süffig, mit süßer Frucht im Abgang.

Lazaridi
Tsipouro Idoniko anisé
Nach den gleichen Kriterien, wie sie auch für die übrigen Destillate gelten, wird der aromatisierte Tsipouro hergestellt. Im Verlauf des Destillationsprozesses setzt man dann Anissamen zu. Man sollte diesen Brand, im Gegensatz zu seinem nicht aromatisierten Verwandten, kalt genießen, am besten bei 4–6 °C. Sein feines Anis-Lakritz-Aroma kann sich dann vorteilhaft entfalten. Ergänzt wird es von einem würzigen Geschmack und einem verblüffend weichen Charakter. Zu Recht wurde Tsipouro Idoniko anisé bereits auf der International Wine & Spirit Competition ausgezeichnet.

Tsantali
Tsipouro Alexander the Great
Die Firma gilt heute als der bedeutendste Weinerzeuger Griechenlands, und ihre Geschichte reicht zurück bis zum Jahr 1890. Neben der Herstellung von Rot- und Weißweinen hat sie sich der Produktion von sehr hochwertigen Tresterbränden verschrieben. Die Traubenrückstände für diesen Tsipouro mit 38 % vol Alkoholgehalt stammen vom Berg Athos, verwendet werden zum Beispiel die Rebsorten Asyrtiko oder Roditis. Anis spielt bei der Herstellung keine Rolle. In der Nase ist der Brand sehr klar und fruchtig, er zeigt leichte Tresternoten, am Gaumen wirkt er gefällig, weich, fruchtig und mild.

Tsantali
Makedoniko Tsipouro
Mit 44 % vol Alkoholgehalt ist dieser Tsipouro für nordgriechische Verhältnisse eher feurig. Aber etwas anderes ist typisch für den makedonischen Trester: das Anis-Aroma. Nach dem ersten Durchlauf werden dem Raubrand Anissamen zugefügt, anschließend destilliert man alles zusammen zum Feinbrand. Die entfernt an Lakritz erinnernde Note ist in der Nase deutlich zu merken, wirkt aber angenehm unaufdringlich. Durch die ätherischen Öle wird das Destillat nach Zugabe von Wasser leicht milchig – eine vor allem beim Aperitif geschätzte Reaktion.

Trester weltweit

In Alameda in der Bay Area steht die Destillieranlage von St. George Spirits wie auf einer Bühne und produziert Stars wie Marc de Zinfandel.

Tresterbrände gibt es heute fast überall dort, wo Reben wachsen, doch die Tradition ist unterschiedlich und kann zum Anlass genommen werden, die Erzeugerländer in zwei Gruppen zu gliedern. Während die einen über Jahrhunderte hinweg eine eigene Kultur des bäuerlichen Tresterschnapses entwickelt haben, nahmen sich andere die moderne Grappa zum Vorbild. Zu der ersten Gruppe gehören Tresterbrände, wie sie auf Zypern, in der Türkei, in Russland, in der Ukraine oder in Georgien erzeugt werden. Auch in Luxemburg, in Kroatien oder Slowenien wissen Winzer seit Generationen um die Aufbereitung der Traubenrückstände. Entsprechend vielfältig sind die Synonyme: Ungarn sprechen von Törkölypálinka, in Bolivien trinkt man Singani, georgische Brenner reden von Chacha.

Die zweite Gruppe von Tresterbränden wird in Übersee erzeugt und stellt eine Nachahmung der modernen italienischen Grappa oder der deutschen und österreichischen Spitzenbrände dar. Sie entstanden immer dort, wo ambitionierte Winzer, Kellereien oder spezialisierte Obstbrenner ein Destillat nach europäischen Vorbildern schaffen wollten – zum Beispiel in Südafrika oder in Kalifornien. Auch wenn einige Produzenten die Bezeichnung »Grappa« für den heimischen Markt unbehelligt verwenden können, sobald sie ihre Erzeugnisse im Bereich der Europäischen Union anbieten wollen, müssen die Flaschen ein anderes Etikett tragen. Der französische Name »Marc« ist dagegen unproblematisch. Er hat sich auch in englischsprachigen Staaten etabliert, vor allem wenn eine besondere Qualität gekennzeichnet werden soll.

Die Trester vom Pinotage ergeben einen überraschend kräuterwürzigen Edelbrand.

Ausgewählte Trester

Georgien

**Telavi Wine Cellar
Grape Chacha**
Im Jahr 1997 hat die Weinkellerei, die bereits 1915 gegründet wurde, ein neues Management bekommen. Hier werden Tresterbrände hergestellt, die die ganze Vielfalt autochthoner Rebsorten wie Saperavi und Rkatsiteli spiegeln und dennoch die internationalen Sorten Cabernet Sauvignon und Merlot nicht vernachlässigen. Der Trester ist klar, floral, duftet schwach nach feuchtem Keller und wirkt etwas oxidativ.

Israel

**Jonathan Tishbi
Alembic White Brandy**
Die Geschichte des Weingutes Tishbi lässt sich bis in das Jahr 1882 zurückverfolgen. Michael Chamiletzki, der Großvater von Jonathan Tishbi, wurde damals vom Edmond de Rothschild mit der Pflanzung von Reben beauftragt. Tishbis White Brandy wird aus Rückständen von French-Colombard-Trauben gebrannt, in einem bald 100 Jahre alten *alambic*. Der Tresterbrand duftet würzig-süß, hat einen leicht rauen, aber sehr individuellen Charakter.

Kanada

**Okanangan Spirits
Gewürztraminer Marc**
Frank Deiter spricht mit einem unverkennbar norddeutschen Akzent, nicht weniger deutsch ist das Rezept für den Tresterbrand aus seiner kleinen kanadischen Destillerie. Gebrannt werden hier die Rückstände von Pinot Gris, Riesling, Siegerrebe und sogar von Auxerrois. Der Gewürztraminer zeigt eine sehr klare Frucht, duftet nach Lychees und Teerosen, ist am Gaumen frisch und präzise.

Südafrika

**Wilderer
Edelbrand Pinotage**
Der Deutsche Helmut Wilderer hat sich in Südafrika einen Namen gemacht als Erzeuger von Obstbränden und Fynbos-Kräuterschnaps. Destilliert wird mit einer hochmodernen kupfernen Brennblase, chargenweise und nur einmal. Mit 70–75 % vol Alkoholgehalt verlässt der Brand die Anlage und wird auf Trinkstärke reduziert. Der Pinotage-Trester, den Wilderer neben seinem Trester von Muskateller und Gewürztraminer herstellt, ist eine absolute Rarität: sehr würzig, kräuterig, ganz leicht hefig und mit eigenständigem Charakter.

Vereinigte Staaten von Amerika

**St. George Spirits
Marc of Zinfandel**
Der im Elsass geborene Deutsche Jörg Rupf ist seit 1982 in Kalifornien zum Spezialisten für Obstdestillate aufgestiegen. Er brennt in einer hochmodernen Anlage, allerdings nur in kleinen Portionen von wenigen 100 kg. Der Rohstoff für den Marc of Zinfandel stammt von Rosenblum Cellars; erzeugt wird dieser nach getrockneten Blaubeeren duftende, weiche und sehr fruchtige Brand in kleinen Stückzahlen (rund 400 Kisten pro Jahr).

Aus ultimativen Trestern: Traubenbrände

In Italien konzentrierte man sich lange rein auf die Grappa und vernachlässigte darüber die Traubenbrände. Das ging so weit, dass *acquavite d'uve* zeitweise sogar gesetzlich verboten war. Gebrannt werden durfte für Jahrzehnte allein Wein bzw. Trester, dessen zulässige Restfeuchtigkeit begrenzt wurde. Es war dann die Familie Nonino im friulischen Percoto, die am 27. November 1984 erstmals offiziell einen Traubenbrand destillierte. Die Noninos maischten also nach der Ernte nicht nur die Schalen, die Kerne sowie die Hefereste ein, sondern verwendeten die ganzen entrappten Trauben, inklusive Most und Fruchtfleisch. Sie nannten ihr Produkt Ùe und füllten zunächst nur ein paar hundert Flaschen damit. Wie einige Jahre zuvor bei der ersten sortenreinen No-

nino-Grappa, war es auch diesmal die Picolit-Traube, die für diese Premiere herhalten musste.

Andere Erzeuger wie Poli, Pojer & Sandri oder Marzadro zogen schon bald nach, und inzwischen hat sich Acquavite d'Uve in Italien als eigenständige Spirituose etabliert. Dass Traubenbrände nicht bloß prestigeträchtige Spielerei sind, sondern einen individuellen Charakter aufweisen können, der weich, aromatisch, ohne die zuweilen rosinigen, hefigen Anklänge eines Tresterbrandes daherkommt, haben inzwischen auch Erzeuger in Deutschland, in der Schweiz und in Österreich erkannt. Dennoch werden von diesen Spezialitäten nur geringste Mengen destilliert. Die meisten davon kommen klar, also nicht fassgereift auf den Markt.

In diesen kleinen Brennkesseln bei Nonino wurde 1984 der erste Traubenbrand Italiens destilliert.

Ausgewählte Traubenbrände

Italien

Nonino
Üe Moscato Cru
Mit einem Traubenbrand aus Picolit fing alles an, später erweiterten die Noninos ihr Sortiment immer mehr, und heute wird der kostbare, in sehr edle Flaschen gefüllte Üe auch aus gemischten weißen bzw. roten Trauben gebrannt. Ganz besonders intensiv schmecken die Varianten aus Fragolino oder Traminer sowie die dunkelbernsteinfarbene, zwölf Jahre im *barrique* gereifte Riserva dei Cent'Anni. Der Üe aus Moscato-Trauben duftet intensiv nach frischen Beeren, ist sehr klar und anregend, deutlich floral und besitzt neben fast exotischer Frucht auch Fülle und Länge.

Deutschland

Dirker · Traubenbrand von Morio-Muskat-Trauben
Einst begann der Franke Arno Josef Dirker mit Apfelbrand von eigenen Streuobstwiesen, heute zählt sein Programm rund 50 Destillate, die Produktpalette erstreckt sich von Feldzwetschenbrand bis zu Haselnussgeist. Die Brennerei ist in der Zwischenzeit aus Bayern fort- und nach Hessen gezogen. Für den edlen Morio-Muskat-Brand aus Trauben des Jahrgangs von 2001 vergärte die Maische in kleinen Kunststofftonnen und wurde dann in Kupferkesseln gebrannt. Sortentypischer, milder Muskatduft und seidige Würze bestimmen das Destillat.

Deutschland

Hubert Gerhart
Gewürztraminer-Traubenwasser
Das kleine Jechtinger Unternehmen hat mit seinen Destillaten bereits zahlreiche Medaillen gewonnen. Neben Tresterbrand, Weinhefe- und Obstbränden erzeugt Hubert Gerhart in der traditionellen kupfernen Brennblase Traubenwasser aus Chardonnay und aus Muskateller. Das Gewürztraminer-Traubenwasser lagert im Eichenfass und begeistert mit seiner dunkelgoldenen Farbe und dem Duft von reifen Traminertrauben.

Deutschland

Weingut Göhring
Siegerrebe · Weintraubenbrand
Ausgerechnet mit einer ganz gewöhnlichen Rebsorte brachte es dieses Weingut im rheinhessischen Flörsheim-Dalsheim zu ungewöhnlichem Ruhm: die Siegerrebe ist bekannt für Weine, die nur bei extrem hohen Mostgewichten überzeugen. Doch in dem doppelt destillierten und mehrfach prämierten Brand finden sich keinerlei aufdringliche Aromen, sondern angenehme Noten von exotischen Früchten und milde Würze.

Schweiz

Humbel
Muscat Bleu
Die bereits 1918 gegründete Destillerie im deutschschweizerischen Stetten gilt als Spezialist für Obst- und Tresterbrände. Lorenz Humbel experimentiert sogar mit Sets, die einen Trauben-, einen Trester- und einen Weinbrand der gleichen Rebsorte enthalten. Sein Muscat Bleu, eine in der Schweiz vorwiegend als Tafeltraube angebotene Varietät der Muskateller-Familie, stammt aus den Trauben seines eigenen kleinen Weinbergs. Der Brand duftet nach getrockneten Blaubeeren, er ist schlank, geradlinig, mit pikanter Säure: ein Meisterwerk!

Tresterbrände mit Genuss

Eine Grappa zum Frühstück? Ein Schluck Marc in den Kaffee? Diese schöne Sitte, die noch vor ein paar Jahrzehnten bei der italienischen und der französischen Landbevölkerung verbreitet war, gehört inzwischen der Vergangenheit an. Der Brauch, am Morgen »den Wurm zu töten«, wie die Franzosen es formulieren, verschwand zusammen mit der 60-prozentigen, rauen, angebrannt schmeckenden Bauerngrappa von einst. Heute genießt man Tresterbrände als stilvollen Digestif – und leider nur sehr selten in Form von Mixgetränken.

Eine Verkostung von Grappas oder anderen Tresterbränden hat mehr mit einer Weindegustation gemein, als viele glauben. Bei einer guten, sauber gebrannten Grappa lassen sich mit etwas Erfahrung oft die verwendeten Traubensorten herausschmecken, Kennern bleibt auch die Herkunft der zur Reifung verwendeten Fassarten kein Geheimnis. Zur besseren Identifikation der Aromen reiben sie oft ein paar Tropfen Grappa in der Handfläche und ergründen auf diese Weise den Charakter eines Brandes. Natürlich ist auch der Geschmack aufschlussreich: Säure und Bitterstoffe verraten viel über die Traubensorten oder die Arbeit des Brenners, die Schärfe lässt Rückschlüsse zu auf Filtration, Lagerung und Art der Destillation. Ein Schluck Milch soll übrigens den Gaumen zwischen zwei Bränden wieder neutralisieren.

Wer Grappa & Co allerdings nicht professionell verkosten, sondern einfach genießen möchte, braucht dafür nur zwei Dinge: den idealen Brand und das richtige Glas. Namhafte Anbieter wie Schott-Zwiesel, Spiegelau oder Riedel haben nicht nur eine, sondern gleich mehrere Varianten im Sortiment. Wichtig ist bei allen Gläsern, dass ihr Volumen weder zu groß noch zu klein ist: im ersten Glas tritt der Alkohol zu stark hervor, im zweiten können sich die Aromen nicht entfalten. Gläser für aromatische Brände (Gewürztraminer, Moscato oder Scheurebe) dürfen etwas höher sein und sich ähnlich wie Weißweingläser nach oben hin zunächst

Links: Grappa aus einzelnen Rebsorten – hier aus Arneis – reizen zur vergleichenden Verkostung.

Mitte: Romano Levis Grappa mit Kamillenblüten greift eine alte Tradition auf.

verjüngen und dann wieder weiten. Für fassgereifte Grappas haben sich Gläser bewährt, die leicht bauchiger sind und oben in einen geraden Zylinder münden. Traditionelle zylindrige Schnapsgläser und Tumbler, aber auch sehr bauchige Schwenker haben sich für hochwertige Tresterbrände als völlig ungeeignet erwiesen.

Angenehm warm

In jedem Fall muss die Temperatur stimmen: unter 8–10 °C kann keine Grappa ihr Aroma richtig entfalten, für hochwertige, lange im Fass gereifte Marc oder Trester sind auch 14–16 °C angemessen. Höhere Temperaturen lassen den Alkohol sowie schwere Duftbestandteile zu stark hervortreten. Außerdem muss man berücksichtigen, dass sich die Flüssigkeit, einmal im Glas, schnell erwärmt.

Werden Grappas und ihre Verwandten zum Mixen in der Bar eingesetzt, sind die herkömmlichen Cocktail-Regeln zu beachten, natürlich auch hinsichtlich der Temperatur. Dass Trester- und Traubenbrände kaum je als Mixzutat Verwendung finden, ist sehr zu bedauern und durch ihre Qualität nicht zu

erklären. Zahlreiche Short Cocktails und Longdrinks würden von einer dezent fassgereiften Grappa anstelle von Brandy profitieren und sehr viel feiner, eleganter und aromatischer schmecken. Sogar Klassiker unter den Cocktails wie ein Side Car (vielleicht mit einem nicht allzu stark fassgeprägten Marc de Champagne) oder ein Alexander (mit einer betont würzigen Moscato-Grappa von Berta) lassen sich so variieren, während sich aromatische, klare Trester- oder Traubenbrände wie der Morio-Muskat von Dirker am besten als Sour eignen.

Nicht zu unterschätzen sind Tresterbrände auch als Zutat der gehobenen Küche. Ein Eisparfait mit einem Schuss Marc de Muscat, karamellisierte Grappatrauben (zu Gänse- bzw. Entenleber oder zu Wildterrinen) und das Riesling-Destillat in der Sauce zur Fasanenbrust können den Geschmack einer Speise entscheidend beeinflussen. Voraussetzung ist stets, dass die Flasche nicht bereits monate- oder gar jahrelang offen stand: vor allem klare Brände verlieren rasch alle feineren Aromabestandteile, bis dann am Schluss nur noch diffus oxidative Duftnoten übrig bleiben.

Jahre in Eichenfässern gereift, empfiehlt sich diese Grappa von Berta als vielschichtiger Digestif.

Obstbrände

Hochwertige Obstbrände werden heute oft in modernsten Kolonnengeräten destilliert.

Gegenüber: Manche Brände stammen von Obstsorten, die eigens dafür angebaut werden.

Seite 232: Nur voll ausgereifte Kirschen ergeben Edelbrände.

Die Seele der Früchte

Unter den Spirituosen vermitteln Brände den Geschmack der Ausgangsfrucht am reinsten. Jedenfalls die qualitativ hochwertigen tun es. Ein gutes Destillat ist nicht aufdringlich süß, sondern natürlich fruchtig, es kratzt nicht am Gaumen, sondern rinnt angenehm weich durch die Kehle. Für Obstbrände gibt es keine ›gute alte Zeit‹, deren unwiderrufliches Verflossensein man beklagen müsste, denn noch nie war die Qualität so hoch und die Produktpalette so weit wie heute, wo aus hochwertigem Ausgangsmaterial mit modernen Maschinen Destillate entstehen, wie es sie so noch nie zuvor gegeben hat. Edelbrände können derzeit das in jeder Hinsicht Machbare präsentieren – den Preis nicht ausgenommen.

Am 20. April 2007 traf sich in Stetten, im Schweizer Kanton Aargau, eine Schar Eingeschworener mit Wissenschaftlern der renommierten Forschungsanstalt Wädenswil zum »Ersten Schnapsologenkongress«. Was zunächst eher launig anmutet, war durchaus ernst gemeint. Auch der Untertitel »Kontrollierte Spontangärung« war weniger ein provokanter Widerspruch als die Aufforderung an die Teilnehmer, vorurteilsfrei die Möglichkeiten einer neuen Gärtechnik auszuloten.

Veranstaltungen wie diese spiegeln die gegenwärtige Stimmung unter den Spitzenbrennern: Sie sind begierig, ihre Kunstfertigkeit selbst in Details zu vervollkommnen, auch wenn sie dabei Neuland erforschen. Natürlich gibt es nach wie vor die bäuerlichen Resteverwerter, und noch immer stellen sie das Gros der Bauernbrände. Allein in Süddeutschland haben 30 000 Personen das Recht, Brände zu erzeugen. In Österreich und in der Schweiz sieht es ähnlich aus. Und auf dem gesamten Balkan sind Obstbrände ein Stück nationaler Identität. Sensorische Qualität steht da oft hinter dem Alkoholgehalt zurück.

In den 1980er Jahren begannen die ersten Brenner umzudenken, vor allem in Österreich. Meist waren es junge Leute, die elterliche Betriebe mit der wenig verlockenden Perspektive übernommen hatten, für den Rest ihrer Tage zu Billigpreisen Obst für Großabnehmer zu produzieren. Da boten sich geistreiche neue Lösungen an. Zu ersten klärenden Versuchen kam es in Waschküchen in Vorarlberg und in der Steiermark. Aus hervorragendem Obst entstanden in aufmerksam verfolgten Verarbeitungsprozessen reine Geschmackswunder. Einen Markt für Edelobstbrände gab es noch nicht, aber Digestifs kamen gerade in Mode. So eroberten viele der neuen Obstbrände in besseren Restaurants ihre erste Nische: statt der schlichten Obstler, gebrannt hauptsächlich zur Obstkonservierung, erschienen nun erstklassige Williams-, Apfel- und Zwetschgenbrände, die in ihrer aromatischen Klarheit einmalig waren und sind. Als die Vorgänge des Gärens und Brennens in all ihrer Problematik verstanden waren, zeigte sich, dass kleine Unterschiede große Wirkungen haben können. Ein Gravensteiner Apfel, sortenrein destilliert, kann ebenso wie ein Elstar oder ein Cox Orange seinen charakteristischen Geschmack bewahren. Und die eigenwillige Subirerbirne mit ihren kleinen, harten Früchten entwickelt eine ganz eigene Aromatik im Destillat. Viele Spitzenbrenner kultivieren heute nahezu ausgestorbene Obstsorten. Früchte, Blätter, Wurzeln und was sie am Wegrand entdecken, wandert in den Maischbottich, und seien es Pilze oder Geranien von der Fensterbank. Die Experimentierfreude erfasst inzwischen auch Destillateure in Amerika, Südafrika und Australien, wo Brände entstehen, die verdiente Anerkennung finden.

Obst-Brand-Wirtschaft

Offenbar ist der Obstbrand eine europäische Entwicklung und ursprünglich im alemannischen Raum beheimatet. In Regionen, in denen Wein nicht oder nur mit großem Aufwand kultiviert werden konnte, während die natürlichen Klima- und Bodenbedingungen den Obstbau erleichterten, setzte – Jahrhunderte später und nachdem Obstmoste vorwiegend aus Äpfeln längst etabliert waren – die Herstellung von Obstbränden ein. Dies galt insbesondere für den nördlichen Alpenrand und das Rheintal mit seinen angrenzenden Mittelgebirgen Vogesen und Schwarzwald. Lässt man die Zeit, da Destillate nur als Heilmittel von Bedeutung waren, unberücksichtigt, gewann das Brennen von Obst seit der ersten Hälfte des 16. Jahrhunderts zunehmend an Beliebtheit. Es war eine zusätzliche Einnahmequelle der Bauern (zumal, wenn sie keinen Wald besaßen), die sich in guten Jahren nicht länger die Preise für Frischobst durch Überfülle am Markt verderben mussten, da sie einen Teil ihrer leicht verderblichen Ware mit (damals noch) wenig Aufwand in ein gleichermaßen haltbares wie gefragtes Produkt umwandeln konnten. Und in schlechten Jahren, wenn vielleicht Unwetter vor der Ernte das Obst unverkäuflich gemacht hatten, ließ sich durch Einmaischen, Vergären und Destillieren des Fallobstes noch retten, was zu retten war.

Mit der Zeit und besonders, nachdem sich die verheerenden Auswirkungen des Dreißigjährigen Krieges auf die Landwirtschaft ausgewachsen hatten, wuchs der einstige Nebenerwerb zur lukrativen Einnahmequelle heran. Bezeichnend ist das Beispiel des Renchtals im Schwarzwald, wo die Zunft der Küfer im 18. Jahrhundert versuchte, sich das Brennrecht als Monopol zu sichern, ein Vorstoß, der das Überleben der Bauern gefährdete. Unerwartete Hilfe erhielten die Bauern von dem Straßburger Bischof Armand Gaston Maximilien de Rohan-Soubise, zugleich regierender Landesherr, der ihnen in einem Erlass von 1726 weiterhin das Recht zusicherte, Kirschen zu brennen und den Brand zu verkaufen – nicht ohne sie dafür zu Abgaben zu verpflichten.

Auch in anderen Regionen und Ländern wurde das Brennen fester Bestandteil der

Obstverwertung und im Anschluss daran das Anbieten beziehungsweise Trinken von Schnaps unverzichtbares Gebot der Gastfreundschaft. Dies gilt für die als Obstkammer bekannte österreichische Steiermark ebenso wie für die Länder Mittel- und Osteuropas sowie des Balkans, wo sich speziell die Pflaumenbrände als Volksgetränke etablierten. In Ungarn werden sie nachweislich seit dem 17. Jahrhundert erzeugt.

Noch heute gehört in diesen Ländern das Selbstbrennen von Obst gewissermaßen zum Alltag, wohingegen es in Deutschland, Österreich und in der Schweiz, abhängig von der Menge des (reinen) gebrannten Alkohols in Litern, zur Staatsaktion wird. In Deutschland, wo jährlich 26 Millionen Flaschen Obstbrand gekauft und damit wohl auch getrunken werden – was Deutschland zum weltweit größten Markt für Obstbrand macht –, unterscheidet das Branntweinmonopolrecht zwischen Verschlussbrennern, Abfindungsberechtigten und Stoffbesitzern. Erstere umfassen gewerbliche Alkoholerzeuger und bäuerliche Kleinverschlussbrenner bis zu 400 Liter reinem Alkohol jährlich. Da Alkohol grundsätzlich der Branntweinsteuer unterliegt, hält der Fiskus jene Teile der Destillieranlagen, wo der Alkohol entsteht, unter ›Verschluss‹, sie sind verplombt. Vom Hauptzollamt und vom Monopolamt zu bewilligende Ausnahmen gelten für Abfindungsberechtigte, die mit ihrem eigenen »einfachen Brenngerät« eine gesetzlich geregelte Menge Alkohol steuerfrei erzeugen dürfen. Abfindungsberechtigte ohne eigenes »einfaches Brenngerät« sind die sogenannten Stoffbesitzer: natürliche Personen, die ihre alkoholbildenden Stoffe selbst erzeugt haben. Die Menge des im Betriebsjahr gewonnenen Branntweins darf 50 Liter reinen Alkohol nicht überschreiten. Wie gesagt, Obstbrennen kann durchaus zur Staatsaktion werden.

Von den 26 Millionen Flaschen Obstbrand, die in Deutschland jährlich konsumiert werden, entfallen 60 Prozent auf Kernobstbrände aus Äpfeln und/oder Birnen (bevorzugt Williamsbirnen), aus Quitten und Speierlingen. Darauf folgen Steinobstbrände wie Kirsch- oder Zwetschgenwasser und Mirabell, Schlehengeist oder Marillen-, aber auch Holunderbrand. Den Schluss bilden die Beerenobstbrände oder -geiste von Himbeeren, Brombeeren, Johannisbeeren, Heidelbeeren oder Preiselbeeren, aber auch von Beeren, die eigentlich keine sind, etwa Hagebutten, Vogelbeeren oder Mispeln.

Höfe wie dieser im Allgäu, die den eigenen Rohstoff zum Brennen ernten, heißen im Amtsdeutsch Stoffbesitzer.

Vor dem Obstbrennen

Destillateur ist ein Lehrberuf mit einer drei-jährigen Ausbildungszeit. Wer sich einmal mit dem Obstbrennen beschäftigt hat, der versteht, warum. Früchte sind sensibel und verderblich, nicht zu vergleichen mit der robusten Gerste für Whisky, den unverwüstlichen Getreidesorten (oder anderen Rohstoffen) für Wodka oder der zähen Melasse für Rum. Und hochwertige Obstbrände entstehen nur aus hochwertigem Rohmaterial. Ob aus einem Obst ein Edelbrand wird, darüber entscheiden Zucker-, Säure- und Wassergehalt der Früchte ebenso wie ihre Mengen an natürlichen Hefen, an natürlichen Konservierungsstoffen und natürlich an Aromastoffen. Immer häufiger wählen Brenner Obst aus biologischem Anbau, weil sie dort Früchte finden mit unverfälschtem Sortencharakter und ohne Schadstoffe, die im Destillat zu Fehltönen führen können.

Makelloses Obst maischen?

Bei der Ernte werden dann die nächsten Weichen für die Qualität des Brandes gestellt, denn die Früchte müssen sie möglichst unverletzt überstehen. Je nach Obstart werden die Früchte von Hand geerntet oder in Netze geschüttelt bzw. geschlagen, die unter den Bäumen gespannt sind. Mit Fallobst, über das sich im Gras schon Millionen von Mikroorganismen hergemacht haben, steigt in der Maische das unkalkulierbare Risiko von Fehlgärungen.

Weil offenbar alles am Obst Geschmack in den Brand bringt, nur nicht immer den erwünschten, werden Stiele und Blätter vor dem Maischen aussortiert – sie hinterlassen zu viele grüne Noten –, Steinobst wird nicht selten komplett entsteint, sofern nicht ein Teil der Steine für die Mandelnoten gebraucht wird. In diesem Fall muss das Zerkleinern der Früchte schonend genug geschehen, damit die Steine nicht bröckeln, da Substanzen in ihrem Innern Giftstoffe enthalten (puristische Brenner entfernen selbst das Kerngehäuse von Kernobst). Es leuchtet ein, dass jede Obstart ein anderes Maß an mechanischer Manipulation erfordert, um eine Maische in idealer Konsistenz zu ergeben. Manche Früchte, zum Beispiel Quitten, sind in ihrem Zellaufbau so fest strukturiert, dass mechanische Einwirkungen allein dazu nicht ausreichen. Hier empfiehlt sich ein Zusatz von Pektin abbauenden En-

Links: Die Früchte werden mit einer Stange vom Baum geschüttelt und in Netzen aufgefangen.

Rechts: Anschließend werden sie sorgfältig von Blättern und Stielen befreit und sortiert.

zymen, um die Maische zu verflüssigen, verbunden zuweilen mit einer Zugabe von Wasser. In einer zu trockenen Maische entstehen Hohlräume, in denen sich Schimmel bilden kann. Sobald die Früchte zerkleinert sind, können die Hefen weiträumig in Kontakt treten mit dem im Saft enthaltenen Zucker. Ist die Zahl lebender Hefezellen auf mindestens 100 000/cm³ Maische angewachsen, setzt gewöhnlich die Gärung ein.

Was lange gärt …

Und hier erhebt sich ein weiteres Problem, denn von den Unmengen natürlicher Hefen an den Fruchtschalen, die eine Gärung hervorrufen, sind nur 3% erwünscht, die weitaus meisten können Fehltöne verursachen oder den Brand gänzlich ungenießbar machen. So gestalten sich die natürlichen Bedingungen im Maischbottich schnell zum Vabanquespiel. Um zu vermeiden, dass Obst und Zeit umsonst investiert werden, unterstützt man die ›guten‹ Hefen mit einer Zugabe von Reinzuchthefen, damit sie sofort die Oberhand gewinnen. Hat man dazu den richtigen Zeitpunkt verpasst, hat die Spontangärung bereits eingesetzt, schadet die zusätzliche Hefe: die Gärung wird zu stark, der damit verbundene Temperaturanstieg zu hoch, und ein Aromaverlust ist die Folge.

Damit die lebenden Hefezellen ihre Arbeit, den vorhandenen Zucker in Alkohol und Kohlendioxid umzuwandeln, optimal verrichten können, müssen sie ausreichend ernährt werden. Bei manchen Früchten, etwa bei Schlehen oder Hagebutten, ist das nicht immer gewährleistet, weshalb Nährsalze (stickstoffhaltige Verbindungen) zugesetzt werden – sofern dies nicht, wie in Deutschland, verboten ist.

Versorgt mit Zucker, Aminosäuren und Mineralstoffen in einer gesunden Maische, liegt die den Hefen angenehmste Gärtemperatur bei 18–20 °C. Unter den gleichen Bedingungen gedeihen auch unerwünschte Mikroorganismen wie Essig-, Milch- und Buttersäurebakterien prächtig. Nur gut, dass sie hinsichtlich der Säure heikler sind als Hefen und bei einem pH-Wert von 3,3 inaktiv werden. Sind Fruchtmaischen nicht sauer genug, müssen sie zusätzlich gesäuert werden, um sie vor möglichem Verderb zu schützen. Aus dem gleichen Grund wird der Maischbehälter luftdicht verschlossen, zumindest in einer Richtung: es darf nichts hinein, aber es muss etwas heraus. Bei der Gärung von 300 kg Obstmaische können bis zu 9000 l Kohlendioxid (bis zu 9 m³) entstehen, die durch die Sperrflüssigkeit in eigens konstruierten Gärspunden entweichen.

Links: Im nächsten Arbeitsschritt werden die Früchte entsteint.

Rechts: Nun sind die Früchte bereit zum Einmaischen.

Der Brand beginnt

Während der Gärdauer, die abhängig von der Obstart zehn Tage bis mehrere Wochen beträgt, sollte die optimale Temperatur möglichst konstant bleiben. Moderne Edelstahlbehälter können daher je nach Erfordernissen temperiert werden. Ebenfalls abhängig von der Obstart wird erst nach abgeschlossener oder schon in die abklingende Gärung destilliert, wenn noch aromawirksame Reaktionen stattfinden, die das fruchtspezifische Aroma stören können.

Es gehört viel Sachkenntnis dazu, bis man die Maische in den Brennkessel füllen kann, und die letzte Klippe besteht in der Prüfung auf die Vollständigkeit der Gärung. Wenn kein Gas mehr entweicht, besagt das nur, dass die Hefe nicht mehr arbeitet. Ob es sich dann um einen Gärstopp oder das Gärende handelt, kann man der Maische zuverlässig weder ansehen, noch schmeckt man es. Zur Klärung bedarf es handelsüblicher Testverfahren, hilfreich sind zusätzlich Tabellen, die auflisten, wie viel von welchen Substanzen in welcher Obstmaische nach abgeschlossener Gärung zu erwarten ist.

Ist wirklich alles bis zum Gärende zur Zufriedenheit verlaufen, darf man den Erfolg des Brandes nicht noch im Brennkessel ruinieren, indem die Maische zu rasch erhitzt wird. Die festen Bestandteile könnten dabei wie in einem Kochtopf ansetzen und anbrennen. Fruchtaromen gehen verloren oder werden von brenzlig-bitteren Noten überlagert. Zudem können einige Früchte, etwa Holunder oder Weichseln, so sehr schäumen, dass der Schaum bis in den Schwanenhals bzw. das Geistrohr steigt, das den flüchtigen Stoffen vorbehalten ist. Moderne Brenngeräte werden deshalb nicht mehr direkt mit Feuer beheizt, sondern mit Heizschlangen, vorzugsweise im Wasserbad. Sensoren messen die Temperatur kontinuierlich an vielen Stellen. Ein Rechner verarbeitet die Daten und steuert den Brennvorgang bei optimaler Temperatur.

Was sich verflüchtigt und kondensiert, bis die Maische auf etwa 78 °C erhitzt ist, gilt als ungenießbar und wird als Vorlauf abgetrennt. Dann folgt der Mittellauf, für den der Brenner alle bisherigen Mühen auf sich genommen hat, schließlich, wenn Alkohol- und Aromagehalt dramatisch sinken, der Nachlauf, der ebenfalls abgetrennt wird.

In einer traditionellen Brennblase geschieht die Destillation gewissermaßen bogenförmig in einer Richtung: die Dämpfe steigen

Diese hochmoderne, computergesteuerte Brennanlage bewahrt ein Optimum an Aromen in einem Brennvorgang. Sie steht in der Brennerei von Christoph Kössler in Tirol.

in dem erhitzten Gefäß auf, sie verlassen es über das Geistrohr, wobei sie abkühlen und in einem zweiten Gefäß wieder als Flüssigkeit ›niederschlagen‹. Dieser sogenannte Raubrand oder Lutter ist jedoch noch unbrauchbar und muss in einem zweiten Brennvorgang zum Feinbrand veredelt werden. Erst dabei scheidet der Brenner Vor-, Mittel- und Nachlauf ab. Die modernere Kolonnenanlage ist dagegen so konstruiert, dass ein Kreislauf entsteht, und erreicht deshalb in einem Brenngang einen vergleich-

baren Feinbrand. Beide Systeme haben ihre Vorteile. Eine Kolonnenanlage bewahrt viele frische Primäraromen der Maische. Die Aromen der Brände aus einer Brennblase wirken anfangs zurückhaltend, entfalten dann aber Tiefe und Nachhaltigkeit. Sie bleiben lange am Gaumen und noch länger im Glas. Ein geleertes Glas kann durch den Lufteinfluss intensivere Aromen verströmen als das volle. Dagegen sollten Brände aus der Kolonne nicht zu lange lagern, geschweige denn offen stehen.

Verkostungsrituale

Kenner sind sich einig: Die Form des Glases kann das Aroma seines Inhalts unterstützen oder unterdrücken. Uneinig sind sie sich nur, welche Form bei welchem Aroma wie wirkt. Bei Obstbränden wird die Beurteilung allerdings wirklich durch die ganz unterschiedlichen Eigenheiten der verarbeiteten Früchte erschwert. Zudem sind Obstbrände hochprozentig, und dieser aus dem Glas aufsteigende Alkohol schmerzt in der Nase, wenn er durch die Glasform unvorteilhaft konzentriert wird. Dagegen sollen die feinen Fruchtnoten möglichst gebündelt in die Atemwege gelangen. Weite Kelche wie der klassische Cognac-Schwenker verstärken den Alkoholeindruck zu Lasten der Fruchtnoten. Auch lange Kamine sammeln bei vielen Bränden eher den Alkohol als den Duft der Früchte.

Überraschenderweise bietet sich ein relativ kleiner Kelch etwa in der Form einer geschlossenen Tulpenblüte (Nr. 1) als Allround-Glas an. Alternativ kann der Rand leicht ausgestellt sein wie bei dem Quinta-Essentia-Glas (Nr. 2), das die gleichnamige Gruppe von fünf der besten österreichischen Obstbrenner entwickelt hat. Diese Form transportiert die Aromen auch bei sehr unterschiedlichen Obstbränden. Im Fass ausgebaute Brände profitieren meist von etwas größeren Kelchen wie dem Grappa-Glas (Nr. 3) oder dem Snifter (Nr. 4).

Wer ein Glas für einen bestimmten Brand sucht, den versorgt der Handel gern und großzügig. Es gibt Stein-, Kern- und Beerenobst-Gläser, Trester-, Kräuter- und andere Brände werden mit weiteren Kelchformen bedacht. Doch selbst bei professionellen Verkostungen punkten solche Gläser selten bei den Obstsorten, für die sie gedacht sind. Am Ende siegt das Kernobst-Glas bei den Trestern, und der Whisky-Kelch präsentiert am besten den Williamsbrand.

Statt auf eine Gläserpalette setzt man besser auf ein Allround-Glas. Was es unbedingt braucht, ist ein Stiel, denn so bleibt der

Links: Der Österreicher Wolfram Ortner, Initiator des World-Spirits-Festival, entwarf das World-Spirits-Glas WS 18.5.

Rechts: Ein typisches Calvados-Glas

Kelch frei von Fingerabdrücken, und man saugt nicht versehentlich Parfüm oder Eigengerüche mit ein. Die Länge des Stiels ist unerheblich, solange das Glas nicht unhandlich ist. Verzierungen und Farben sind an einem solchen Glas selbstredend unerwünscht. Als Material empfiehlt sich geschliffenes Pyrex-, Kali- oder Bleikristallglas. Letzteres ist hinsichtlich der Klarheit unübertroffen. Ein teures Glas muss nicht besser sein als ein preiswertes; es muss auch nicht notwendig mundgeblasen sein – auch wenn es sich angenehm anfühlt.

Geschmackvoll

Füllt der Brand wohltemperiert das Glas der Wahl (am besten etwas kälter als ein normal beheizter Raum), gilt es einige Dinge zu beachten, vor allem im Gegensatz zur Weinverkostung. Obstbrand sollte erst ein paar Minuten stehen, das vertreibt oft scharfe Noten. Das Schwenken entfällt, um den starken Alkohol nicht noch herauszukitzeln. Man nähert das Glas langsam der Nase und atmet bedächtig ein. Sticht der Alkohol in der Nase, kann man schnell wieder Abstand ge-

winnen. Bei einer erneuten Annäherung fallen jetzt vorhandene Fehler auf: ein Lösungsmittelton verweist auf Vorlaufanteile und ist ein Todesurteil; Töne wie fauliges Kraut stammen vom Nachlauf und sind mindestens ebenso ärgerlich wie stechender Alkoholgeruch. Ein guter Brand hat nichts davon, und in die Nase steigen nur üppig fruchtige Töne, zu denen man seine Assoziationen von einer Blumenwiese bis zu Großmutters Einmachgläsern schweifen lassen kann.

Natürlich verkostet man Brände in eher kleinen Schlucken, und wie lange man dem Destillat Kontakt mit Zunge und Mundhöhle einräumt, hängt von der Nachdrücklichkeit des Alkohols ab. Auch bei reinen Verkostungen sollte man ein wenig Flüssigkeit die Kehle hinab rinnen lassen, wie könnte man sonst wahrhaft vom Abgang sprechen. Es macht Sinn, Obstbrände nicht zu rasch in Folge zu probieren, weil die Schleimhäute bei der Alkoholattacke sehr ermüden. Besser, man kostet denselben Brand mit etwas Zeitabstand ein zweites Mal. Und nicht vergessen, auch an dem eben geleerten Glas noch zu riechen.

Links:
1 Allround-Glas für Obstbrände
2 Quinta-Essentia-Glas
3 Grappa-Glas
4 Snifter

Rechts: World-Spirits-Glas (siehe auch gegenüber links)

1   2   3   4

Äpfel

Was seit Jahrhunderten an Apfeldestillat durch die Kehlen trinkfester Vorfahren rann, würde bis heute zum Strom angeschwollen sein, denn Äpfel waren und sind fester Bestandteil derber Bauernschnäpse überall, wo dieses Kernobst gedeiht. Im deutschsprachigen Raum kennt man solche Schnäpse als Obstler, in dem sie sich den Ruhm auf jeden Fall mit Birnen, manchmal auch mit Pflaumen und letztendlich mit allem Obst geteilt haben, das gerade weg musste.

Äpfel stellen im gemäßigten Klimabereich das wichtigste Fruchtobst dar, Apfelbäume wachsen noch dort, wo es Birnbäumen zu ungemütlich wird. Sie sind genügsam, trotzen Regen und Kälte in der Normandie und in Norddeutschland, in Finnland und Asturien, in Michigan und Oregon, sie wachsen im Kaukasus – wo sie herkommen – und in China. Äpfel werden nachweislich seit 5000 Jahren kultiviert und gelagert, und bis auf den heutigen Tag haben sie es weltweit auf rund 20 000 Sorten gebracht (wobei die Zahl rückläufig ist, weil viele alte Sorten unrettbar verloren sind). Da wundert es nicht, dass Äpfel ganz oben auf der Liste destillierter Früchte stehen.

Urahnen aller gegenwärtigen (Tafel)Äpfel sind die kleinen, harten, an dornigen Ästen wachsenden Holzäpfel *(Malus silvestris)* und der strauchartige asiatische Paradiesapfel *(Malus domestica* ssp. *occidentali-europaea* var. *paradisiaca)*. Dieses Erbe brachte immer wieder Kreuzungen hervor, die roh eher ungenießbar waren, aber gute Eigenschaften zum Vergären und Destillieren aufwiesen. So fanden in der Geschichte des Apfelbrandes zwei Kategorien von Äpfeln ihren Weg in die Maischbottiche: wahllos jene, die zum Verzehr nicht mehr und bewusst solche, die zum Verzehr noch nie geeignet waren. Vielleicht erklärt sich so die Solokarriere des Ap-

Äpfel gibt es oft im Überfluss, und viele Sorten sind nur zum Brennen bestimmt.

fels in Form von zu Apfelbrand destilliertem Cidre (Apfelwein) als Calvados.

Mit Obstler und Calvados gab sich eine breite Konsumentenschicht – wenn auch vielleicht keine sich überschneidende – lange zufrieden. Erst allmählich finden Äpfel als sortenreine Edelbrände die Anerkennung, die sie zweifellos verdienen. Dabei sind Apfelbrände, besonders aus hochwertigen Sorten wie Gravensteiner, Cox Orange, McIntosh, feinfruchtige, filigrane Geschmackserlebnisse. Die Aromatik einzelner Sorten herauszuarbeiten, war eines der spannendsten Kapitel in der Entwicklung der Obstbrände seit Anfang der 1990er Jahre.

Viele profilierte Brenner in Deutschland, Österreich und in der Schweiz stellen sich der Herausforderung, halbvergessenen regionalen Apfelsorten zu neuem Ruhm zu verhelfen. Und Apfelsorten mit einem ausgeprägten sortentypischen Duft und Geschmack erweisen sich als dankbares Rohmaterial, sofern man einige Grundregeln beachtet. Der Bauer unterscheidet zwischen pflückreifen und baumreifen Äpfeln, und

der Brenner sollte Letztere wählen, weil sie ein Aroma entwickeln konnten, dass durch Nachreifen nicht erreicht wird. Außerdem enthalten unreife oder nicht ganz reife Äpfel noch mehr Gerbstoffe und Pektine, mehr Säure und weniger Zucker. Die Gerbstoffe beeinflussen den Geschmack des Brandes. Die Pektine, die den Zusammenhalt des Zellgewebes bewirken, erschweren und verlängern den Prozess des Verflüssigens der Maische (er kann bis zu zehn Tage in Anspruch nehmen, was das Risiko der Fäulnisbildung erhöht). Eine zu dickflüssige Maische birgt die Gefahr, dass sich andere notwendige Maischezusätze nicht gleichmäßig genug darin verteilen. Sie ist nicht oder schwer pumpbar und brennt im Kessel leichter an. Zu wenig Zucker und zu viel Säure können Gärstockungen verursachen.

Edle, elegante Apfelbrände präsentieren sich heute hell und klar, in Glas- oder Edelstahlbehältern gelagert. Mit ihrer Balance und Länge reagieren Apfelbrände aber auch hervorragend auf den charakteristischen Einfluss von Holzfässern.

An die 2000 verschiedene Apfelsorten soll es in der Normandie geben. Sie unterscheiden sich in Farbe, Form, Aroma, Geschmack und Reifezeit.

Apfelkonzert: Calvados

Die Normandie mit ihren sanften Hügeln und saftigen Tälern hat den Charme eines alten Bauernlandes bewahrt. Bäche schlängeln sich durch Obstwiesen mit hoch aufragenden Apfel- und Birnbäumen, unter denen Kühe weiden (deren Milch zu einigen der besten Käse Frankreichs gerinnt: Camembert und Neufchâtel, Livarot und Pont l'Evêque). Seit Jahrhunderten verstehen sich die Normannen auf den Umgang mit Äpfeln und Birnen, und die Sortenvielfalt, die hier gedeiht, ist legendär.

Doch bei vielen dieser Früchte sollte man sich hüten, allzu unbedarft hineinzubeißen: sie entfalten ihren einzigartigen Zauber erst trinkreif, als Cidre und Poiré, herb oder lieblich, zart prickelnd oder lebhaft perlend und schließlich verdichtet zu ihrer Essenz, dem Calvados. Wenn man weiß, dass in manchem Calvados zwei, drei, ja vier Dutzend verschiedene Apfelsorten – im Domfrontais auch Birnen – zusammenkommen, sind dessen wundervoll vielschichtiges Bukett und der runde Geschmack nicht mehr ganz so geheimnisvoll.

Lange bevor Calvados für wert befunden wurde, den Namen seiner Heimatregion zu führen, half der Apfelbrand schon der Landbevölkerung, Kälte und Nässe der Normandie zu ertragen. Während Cognac unangefochten zum Exportschlager aufgestiegen war, blieb Calvados der standorttreue Bauernschnaps, der bestenfalls das nahe Paris erobert hatte – nicht in den Nobelvierteln, sondern in den Arbeitergegenden. In ganz Frankreich wurde er nicht zuletzt auf dem Umweg über die Schützengräben des Ersten Weltkriegs bekannt. Wenn 1948 in der Verfilmung des Erich-Maria-Remarque-Romans »Arc de Triomphe« im Paris der späten 1930er Jahre sich Ingrid Bergman und Charles Boyer als illegale Flüchtlinge nachts in einer trostlosen Kneipe ausdrücklich mit Calvados statt mit Cognac aufwärmen, dann ist diese Klassenteilung sogar bis nach Hollywood gedrungen.

In den Pariser Arbeiter-Bistros bürgerte es sich ein, unmittelbar nach dem kurzen Kaffee aus den kleinen dickwandigen, noch warmen Tassen einen ebenso kurzen Apfelschnaps zu kippen: *café-calva*. Schon der Name dieses proletarischen Vergnügens ruft bei qualitätsbewussten Brennern heute akute Übelkeit hervor. Doch wer sich dem Ungeist mutig stellt und mittelaltem Calvados besten heißen Arabica vorangehen lässt, wird entdecken, dass die Verbindung ihre Reize hat.

Einige Höfe und Brennereien, die bereits um 1900 hochwertige Apfelbrände erzeugten, verfügen heute über Jahrzehnte gereifte Reserven. Calvados, auch lange gealterter, fand immer sein Clientel. Doch der eigentliche Aufstieg des Calvados – wie der des Cidre – setzte in den 1980er Jahren ein, als das Interesse an authentischen Produkten weltweit stieg.

An der Küste des Departement Calvados, in den Edelhotels und im Casino von Deauville, aber auch in Trouville und Honfleur, zählten die Barkeeper zu den Ersten, die aus Calvados, Pommeau und Cidre Cocktails und Longdrinks kreierten. Inzwischen gehört Calvados mit seinem betont fruchtigen Aroma zur Grundausstattung jeder besseren Bar. Köstlich ist mit gutem Cidre aufgefüllter Calvados, und wer es süßer mag, gibt einen Schuss Pommeau dazu. Doch viele Jahre im Fass gereifte Hors d'âge oder mit Jahrgang bezeichnete Calvados verdienen den gleichen Respekt und das gleiche tulpenförmige Glas wie edler alter Cognac. Man sollte ihnen einen Augenblick der Ruhe gönnen, damit sie ihre Aromen entfalten. Selbst wenn darin Röst- und Gewürznoten des Holzausbaus oder Fruchtnoten anklingen, die dem Einsatz von Port-, Sherry-, Cognac- oder Rum-Fässern zu danken sind – in einem guten Calvados, ob zwei Jahre jung oder 40 Jahre alt, geben Äpfel immer den Ton an.

Wahrer Cidre und ein zweifelhafter Vater

Seite 246: Auf dem Gut Château de Hauteville am Südrand der Normandie werden alte Sorten und alte Bäume in Ehren gehalten.

Seite 247: Einst diente dieser kleine *alambic* mit freigelegter Kühlschlange auf dem Château du Breuil, das zu einem der bedeutendsten Calvados-Erzeuger geworden ist.

Die Normandie ist stolz auf ihre Äpfel. Zwar sind die 1920er Jahre vorbei, als man in der großen Provinz zwischen Paris und dem Ärmelkanal weit über 20 Millionen Apfelbäume zählte, aber noch immer prägen sie das Gesicht einer ganzen Region, vor allem zur Apfelblüte.

Die eigentliche Geschichte des Calvados setzt spät ein, während sein Ausgangsstoff auf eine lange Tradition zurückblicken kann: der Cidre. Dessen Ursprung wird wohl der vergorene Apfelmost gewesen sein, dem die normannischen Wikinger gern und reichlich zusprachen. Bereits im 9. Jahrhundert machten Wikinger die Küsten und das Hinterland des Cotentin unsicher und setzten sich dort schließlich fest. Ihr Fürst Rollo handelte 911 einen Vertrag mit dem Frankenkönig Karl dem Einfältigen aus, der ihn zum ersten Herzog der Normandie und deren Einwohner zu Normannen machte. Apfel- und Birnbäume gab es dort bereits in großer Zahl, war ihr Anbau doch von Karl dem Großen befohlen worden. Der hauptstadtlose Kaiser hatte 812 in einer speziellen Verordnung zur Bewirtschaftung all jener Stützpunkte, die er mit seinem gesamten Hofstaat bei seinen Repräsentationsreisen in

seinem ausgedehnten Reich ›heimsuchte‹, auch eine 90 Posten zählende Pflanzliste zusammenstellen lassen. Sie verzeichnet nicht nur allgemein Apfel- und andere Obstbäume, sondern gibt mit Gosmaringer, Geroldinger, Krevedellen und Speieräpfeln sogar spezielle Apfelsorten vor.

Das normannische Apfelgebräu der Zeit vor der ersten Jahrtausendwende kann kaum sehr wohlschmeckend gewesen sein, denn man zog offenbar Bier und Wein vor. Die Bezeichnung *sidre* ist in der Normandie erstmals im 12. Jahrhundert überliefert. Sie wird zurückgeführt auf die im Vorderen Orient beheimatete Vokabel *shekar* oder *shakar,* die allgemein für ein vergorenes Getränk stand. In Spanien bezeichnete das latinisierte *sicera* vergorenen Apfelmost. Die Normannen lernten über Handelsbeziehungen zu den Basken, die sie ab dem 12. Jahrhundert unterhielten, auch deren *sicera* kennen.

Ein gewissenhafter Apfelfreund

Zweifellos hat der baskische Apfelwein die Normannen angespornt, die Produktion und den Geschmack ihres eigenen *sidre* zu verbessern. Außerdem ist überliefert, dass ein gewisser Guillaume d'Ursus, seiner Herkunft nach Baske, sich Ende des 15. Jahrhunderts im Cotentin niederließ, auf seiner Domaine de Lestres diverse als »würzig« bezeichnete Apfelsorten aus seiner spanischen Heimat kultivierte und daraus einen ausgezeichneten *sidre* kelterte. Die Bedeutung von *sidre* als Alltagsgetränk lässt sich auch dem Journal des »Gilles de Gouberville« entnehmen. In den erhaltenen Heften seiner »Mises et Receptes«, die von 1549 bis 1562 reichen, verzeichnete dieser für Gewässer und Forste zuständige königliche Beamte penibel, was sich auf seinem eigenen Gut zutrug, insbesondere wie seine Apfelbäume gediehen, von denen er mehr als 30 Sorten hatte anpflanzen lassen.

Zwei Jahre lang beherbergte Gilles Picot, der Herr von Gouberville, auf seinem Gut in Mesnil-au-Val einen jungen Mann aus Tours namens François, der sich offensichtlich für Alchemie interessierte und für

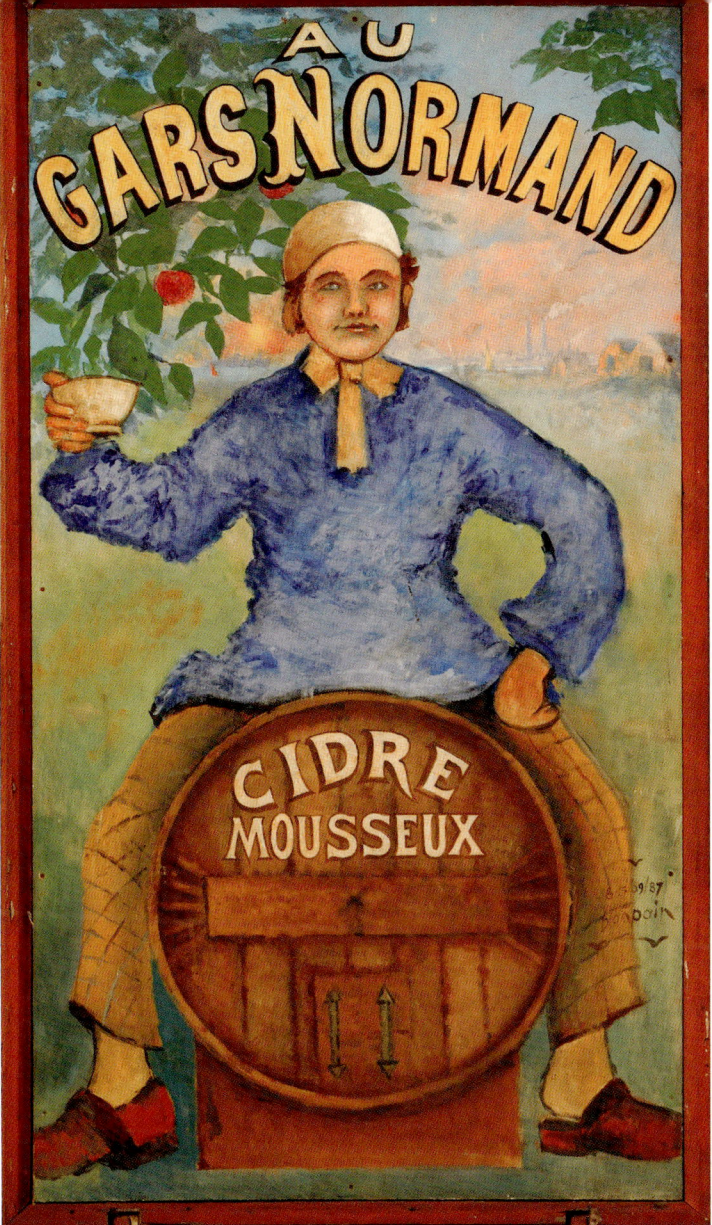

seinen Brotherrn 1553 eine Destillieranlage anfertigte, die er aus speziell hergerichteten Töpfen und Öfen zusammenfügte. Was darin mit welchem Erfolg destilliert wurde, erfährt man nicht, lediglich dass »das Gefäß, um eau-de-vie zu machen« 1554 bei einem Kupferschmied repariert werden musste, ist verzeichnet. Nur an einer Stelle in seinem Journal von 1561 erwähnt der Verfasser eine Flasche *eau-de-vie,* die ihm drei Besucher mitgebracht hatten. Ihm persönlich schien Cidre zu genügen. Von *eau-de-vie-de-cidre* ist zwar nirgends in den Aufzeichnungen die Rede, dennoch sehen zumindest die Normannen in dem akribischen Beamten den Vater des Calvados.

Reklameschild des Restaurants Au Gars Normand in Honfleur, Normandie

Gegenüber: Auf der Domaine Cœur de Lion mit ihrem Manoir aus dem 17. Jahrhundert (im Vordergrund) wird Calvados aus bewusst traditionell erzeugtem Cidre gebrannt.

Auf einmal war es Calvados

Offenbar ist es völlig ungeklärt, wann genau die ersten Liter Cidre in einer Brennblase in Dampf aufgingen. Wie schon erwähnt, helfen die Journale (1549–1562) des Gilles Picot, Herr von Gouberville, bei der Beantwortung dieser Frage nicht. Überliefert ist erst die Anerkennung der neu gegründeten Gilde der »Distillateurs d'eau-de-vie de cidre de Normandie« durch eine königliche Verfügung von 1606. Auch das immer wieder gern zitierte Traktat des Arztes Julien Le Paulmier »De vino et Pomaceo« (1588) stellt nur die Auswirkungen von Trauben- und Apfelwein auf den menschlichen Organismus gegenüber (wobei Paulmier für Gesunde Cidre bevorzugt, dessen ›Wärme‹ der des Menschen entspricht, während Wein zu ›warm‹ ist und krank macht), es bezieht sich nicht auf Destillate. Doch auch ohne eine beglaubigte ›Geburtsurkunde‹ hat sich der nor-

mannische Apfelbrand zur Zufriedenheit entwickelt. Der Apfelanbau, der sich so gut zusammen mit der Milchwirtschaft betreiben lässt, weitete sich aus und ist bis heute eine für die Normandie charakteristische Form der Landnutzung geblieben.

Doch wo immer eine Produktionsidee Erfolg hat, wird die Obrigkeit aufmerksam, in der Geschichte des Calvados ist es der Hochadel. Das von Jean-Baptiste Colbert, Finanzminister Ludwigs XIV., 1681 eingeführte Abgabensystem erfasste auch die Destillateure und verteuerte ihre Produkte. Damit nicht genug: ein Erlass von 1713 verfügte, dass einzig Weinbrände frei zirkulieren durften, andere Destillate konnten nur in der Region ihrer Herstellung transportiert und – als Folge davon – konsumiert werden. Erst die Französische Revolution setzte auch dieser Restriktion ein Ende.

Links: Jean-Pierre Groult neben dem Foto seines Urgroßvaters Pierre, der mit seinem Calvados 1893 eine erste Goldmedaille gewann.

Rechts: Fahrbare *alambics* sind bis heute in der Normandie im Einsatz.

Calvados explosiv

Von dem neuen Regime wurde ganz Frankreich in kleine Departements unterteilt, die sich einen Namen geben mussten. Aus einem Teil der Normandie wurde das Calvados, benannt nach einem Felsriff vor Asnelles. Obwohl sich der rustikale Apfelbrand nun ungehindert neue Märkte hätte erschließen können, bestand Nachfrage – vom nahen Paris abgesehen – nur in seiner Heimatregion. Die Folgen einer Katastrophe sollten Abhilfe schaffen: als 1863 der Reblausbefall ganze Weinberge zu vernichten begann, als seit 1870 die Wein- wie die Cognac-Produktion stark zurückging, machten notgedrungen auch Nicht-Normannen die Bekanntschaft von Cidre und Calvados.

Der Bedarf stieg, und in der Region beeilte man sich, ihn zu decken. Bauern, die keine eigene Destillieranlage besaßen, heuerten ambulante Brenner an, die mit ihren Apparaturen von Hof zu Hof zogen und ein gutes Einkommen hatten. Zwischenhändler etablierten sich, die Calvados aufkauften, assemblierten und vertrieben. Die Zukunft schien vielversprechend, als eine zweite,

weit ernstere Katastrophe in die Geschichte des Calvados eingriff.

Mit Ausbruch des Ersten Weltkriegs erhob die Regierung Anspruch auf immer mehr Alkohol, da sie ihn zur Herstellung von Sprengstoff und als Brennstoff benötigte. Zugleich machten die Soldaten das, was an Calvados noch erhältlich war, endgültig in ganz Frankreich und darüber hinaus populär.

Calvados, als Exportartikel ein Kriegskind, profitierte auch vom Zweiten Weltkrieg. Als Besatzer requirierten Hitlers Truppen die gesamte Produktion destillierten Alkohols, ausgenommen anerkannte Appellationen wie Cognac und Armagnac. Im Pays d'Auge begriff man die Chance und stellte den Antrag auf Anerkennung des Calvados als Appellation d'Origine Contrôlée. Dem wurde 1942 eilig stattgegeben, und auch die anderen Herstellungsgebiete des Calvados wurden als reglementierte Appellationen akzeptiert. Erfolgreich hatte man den Deutschen ein Schnippchen geschlagen und dem Rest der Welt jenen Edelbrand mit individuellem Charakter gesichert, zu dem sich Calvados seitdem entwickelt hat.

Den Dachstuhl des imposanten Fasslagers von Château du Breuil konstruierten Schiffszimmerleute nach dem Muster eines Bootsrumpfes.

Apfelschule

In der Normandie stehen gegenwärtig rund 7 Mio. Apfelbäume, deren Früchte nicht für den Tisch, sondern für den Maischbottich bestimmt sind. Sie bleiben deutlich kleiner als Tafeläpfel, und man schätzt, dass es annähernd 2000 verschiedene Sorten davon gibt. Ob der Cidre getrunken oder gebrannt werden soll, immer besteht er aus einer Assemblage mehrerer Sorten, deren Eigenschaften sich ergänzen. Davon werden im Dekret der Appellation 48 Sorten empfohlen, die sich in vier Gruppen gliedern.

Süß-bittere: Jeder zweite Apfelbaum gehört zu dieser Kategorie, denn diese Früchte liefern mit ihrem ausgeprägten Zusammenspiel von Süße und Tanninen die Basis des Cidre. Die Hauptsorten sind Bedan, Benet Rouge, Bisquet, Noël des Champs, Saint-Martin.

Bittere: Sie sind besonders tanninhaltig und kräftigen die Struktur des Cidre. Die Hauptsorten sind Domaine, Fréquin Rouge, Mettais, Moulin-à-Vent.

Säuerliche: Ihr erhöhter Säuregehalt verleiht dem Cidre zusätzliche Frische und Haltbarkeit. Die Hauptsorten sind Rambault, René Martin.

Süße: Sie entwickeln mehr Zucker, sind besonders aromatisch und erhöhen den Alkoholgehalt. Die Hauptsorten sind Germaine, Rouge Duret.

Hochstamm oder Spalier

Die traditionelle Form des Apfelbaums ist der Hochstamm, die Bäume stehen frei auf den Wiesen, zwischen 70 und 180 Stück pro Hektar. Die ersten Zweige befinden sich 2–2,5 m über dem Boden, damit die Kühe bequem darunter grasen können. Die Stämme werden mit Gittern vor ihnen geschützt. In dieser für die Normandie charakteristischen ›zweistöckigen‹ Form der Landnutzung gehen Milchwirtschaft und Obstbau Hand in Hand.

Hatte der französische Staat jahrzehntelang den Apfelanbau im Hinblick auf die Alkoholproduktion gefördert, wendete sich das Blatt in den 1950er Jahren. Damals trat die Milchwirtschaft in den Vordergrund, und für Apfelbäume wurden Rodungsprämien

Links: Wie ein fahrbarer Staubsauger sammelt diese Maschine die Äpfel von der Wiese auf und befördert sie in einen Kasten.

Rechts: Die Äpfel werden gewässert, damit sie sich leichter mahlen lassen.

gezahlt. Als rund 30 Jahre später das Interesse an Cidre und Calvados neu erwachte, fehlte es natürlich an Äpfeln. Um diese Lücke so rasch wie möglich zu schließen, propagierte man Niedrigstämme als zeitgemäße Anbauweise. Dabei werden 400–650 und mehr Stämme als Spalier auf den Hektar gepflanzt, mechanisch bearbeitet und beerntet. Bereits nach sieben Jahren haben die Bäume ihre volle Produktionskapazität erreicht, während ein Hochstamm wenigstens 15 Jahre dazu braucht. Darüber hinaus erbringen Niedrigstämme 30 t/ha Ertrag und mehr, von Hochstämmen kann man dagegen im Schnitt nicht mehr als 20 t/ha Ertrag erwarten.

Doch schnelleres Wachstum und höhere Erträge sind oft gleichbedeutend mit verminderter Qualität. Wo immer es möglich ist, bevorzugen deshalb renommierte Calvados-Brenner Äpfel von Hochstämmen, die ein aromatischeres und komplexeres Destillat ergeben.

Äpfelraffen und Reifeböden

Apfelsorten unterscheidet man nicht nur nach den vier genannten Geschmacksrichtungen, sondern auch nach Reifezeit. Man ignoriert die Sommersorten und konzentriert sich in der Normandie auf die Sorten der zweiten (Anfang Oktober), der dritten (im November) und der vierten Saison (Dezember und Januar). Jean-Pierre Vuilmet vom Clos d'Orval wartet, bis die Äpfel so reif sind, dass sie allein vom Baum fallen, weil sie erst dann die volle Süße entwickelt haben. So zieht sich die Ernte auf seinen Wiesen bis in den November, und aufgesammelt wird im Abstand von wenigen Tagen. Viele Obstbauern raffen die Äpfel nur zweimal auf, danach schlagen sie die noch an den Bämen hängenden Früchte mit Stangen herunter oder rütteln die Stämme. In hohen, luftigen Holzkisten reifen diese Früchte einige Wochen nach. In den alten Höfen der Normandie breitet man sie dazu immer noch auf dem Dachboden über der *cidrerie* aus. Die nachgereiften Äpfel werden dann mit einem Wasserstrahl in ein Becken gespült, aus dem sie mit einer Endlosschraube in die Mühle gelangen, die sie zu Mus zerkleinert. Das Mus fällt auf eine kontinuierliche Bandpresse, in eine effektive pneumatische Presse, oder es wird in traditionellen Tuchkeltern gepresst, sodass der Most, der Grundstoff für den Cidre, in Rinnsalen abläuft.

Links: Hier werden die Äpfel gemahlen und fallen direkt in die Kästen der althergebrachten Tuchkelter.

Rechts: Eine Tuchkelter in Aktion. Die Poren des Stoffes dienen als Filter und halten alle groben Partikel zurück.

Zeit, Cidre zu brennen

Natürlich ist Cidre nicht gleich Cidre, denn er unterscheidet sich je nach Apfelkombination, die sich ihrerseits nach der Bestimmung des Cidre richtet. *Cidre à consommation* wird vor dem Ende der Mostgärung mit einem Anteil von Restzucker auf Flaschen gefüllt, in denen dann die *prise de mousse* einsetzt, die dem fertigen Cidre dank der entstehenden Kohlensäure die charakteristische Lebhaftigkeit verleiht. Im Gegensatz dazu muss *cidre à distiller* vollständig durchgegoren sein, bevor man mit der Destillation zu Calvados beginnt.

Nicht selten kommen im Cidre 30–40 verschiedene Apfelsorten zusammen (und Birnensorten, sofern sie zugelassen sind). Die Früchte werden gemahlen, und gewöhnlich verbleibt der Most 1–4 Stunden auf den Feststoffen, bevor man ihn abpresst. Diese Zeit ist so lang wie möglich, um von bzw. aus den Schalen alle natürlichen Hefen und Aromastoffe ab- bzw. herauszulösen, die der Cidre und später der Calvados braucht. Sie ist so kurz wie nötig, um auszuschließen, dass zu viele Apfelaromen durch die Oxidation des Fruchtfleisches verloren gehen.

Während für *cidre à consommation* bei der zweiten Gärung in der Flasche der Zusatz von Reinzuchthefen erlaubt wurde, ist für *cidre à distiller* gesetzlich vorgeschrieben, dass er auf natürliche Weise nur mit den eigenen, auf den Apfelschalen mitgebrachten Hefen vergärt, die gerade 3 % der dort von der Natur unaufgefordert hinterlassenen Mikroorganismen ausmachen.

Das Abtrennen der Feststoffe, also das Pressen, sollte nicht allzu energisch geschehen, damit im Idealfall aus 1 t Äpfeln nicht mehr als rund 650 l Most gewonnen werden (erlaubt sind 800 l).

Um seine frischen Fruchtaromen zu bewahren, muss Cidre langsam vergären. In der Vergangenheit, als es noch keine Gärbehälter mit Temperaturregulierung gab, vollzog sich die Gärung des gerbstofffreien und säurehaltigen Apfelmosts dank der herbstlich niedrigen Außentemperaturen in den meisten Jahren ganz von selbst auf die erforderlich langsame Weise. Heute haben sich die meisten Erzeuger mit moderner Technik ausgerüstet, um den Gärverlauf jederzeit optimal steuern zu können, denn er

Dieser moderne, 2500 l fassende *alambic,* der in seiner Form – mit Kupfer und Ziegelsteinen aber auch in seinem Material – an alte Traditionen anknüpft, wird mit Gas beheizt. So ist die Temperatur exakt steuerbar.

entscheidet über Reinheit und Intensität der Aromen. Im Pays d'Auge ist heute eine Gärdauer von mindestens sechs, im Domfrontais von acht Wochen vorgeschrieben. Sie ergibt einen trockenen vollaromatischen Cidre mit 4,5–6% vol Alkoholgehalt.

Calvados übers Jahr

Auf den Höfen hatte sich eingebürgert, Calvados erst dann zu brennen, wenn die Cidre-Fässer für die neue Ernte geleert werden mussten, also im September. Die meisten Betriebe verfahren heute anders. Père Magloire macht alljährlich den Auftakt und heizt die Brennkolben schon für den frischen, jungen Cidre an. Kellermeister Michel Poulain hat diese Idee in Cognac abgeschaut, wo die Jungweine sehr feine, florale, süße Alkohole ergeben. Andere Betriebe mit eigenen *alambics* oder Kolonnengeräten beginnen erst im Januar und lassen sich monatelang Zeit. Höfe, die auf ambulante Destillateure warten müssen, um ihre kleinen Mengen zu brennen, sind abhängig von deren Termingestaltung.

Im Pays d'Auge, wo die doppelte Destillation vorgeschrieben ist, verfahren einige Erzeuger anders. »Wir brennen deutlich zeitversetzt«, erläutert Jean-Pierre Groult von Roger Groult. »Im September destillieren wir den Vorjahres-Cidre zum Raubrand mit etwa 30 % vol Alkoholgehalt. *Les petites eaux,* wie wir sagen, andernorts spricht man von *brouillé,* erlauben uns, die Tanks rechtzeitig vor der neuen Ernte im Oktober und November zu leeren und zu reinigen. Wenn die Arbeiten am neuen Most beendet sind, konzentrieren wir uns im Dezember, Januar und Feburar auf den Feinbrand der *petites eaux* vom September, der einen Calvados mit 70 % vol Alkoholgehalt ergibt. Wir arbeiten mit kleinen *alambics,* denn mit der von uns bevorzugten Holzfeuerung lassen sich große Volumen nicht gleichmäßig erhitzen. Außerdem ist die Konzentration des Alkohols in kleinen *alambics* überzeugender.«

Das Prestige des Calvados Pays d'Auge gründet sich, abgesehen vom Terroir, auf diese hingebungsvolle Art der Destillation, die Brände mit bestem Alterungspotenzial ergibt. Calvados und Calvados Domfrontais werden dagegen überwiegend kontinuierlich destilliert. Mit diesem günstigeren, da weniger aufwändigen Verfahren entstehen saubere, fruchtige Brände, die im Eichenfass vergleichsweise schnell reifen, aber nicht ganz so komplexe Aromen entwickeln wie ein Calvados Pays d'Auge.

Der kleine alte *alambic,* der weiterhin mit Holz befeuert wird, verlangt viel Erfahrung und ständige Überwachung.

Calvados hoch drei

Das Herstellungsgebiet des Calvados erstreckt sich über einen Großteil der Normandie. Es ist unterteilt in drei verschiedene Appellationen, wobei die Ernte der Äpfel, die Herstellung des Cidre und dessen Destillation in dem jeweiligen AOC-Gebiet erfolgen muss. Die Bestimmungen beziehen sich außerdem auf die zugelassenen Apfelsorten, auf Höchsterträge, auf die Pressung der Äpfel und die Vergärung des Cidre (speziell auch auf die Gärdauer) sowie auf das Destillierverfahren und die Ausbauzeit des Calvados in Eichenfässern.

Von den 15 000 Bauern, die Cidre-Äpfel und Birnen aus registrierten Obstgärten ernten, erzeugen heute nur 445 selbst Calvados, doch nur 45 von ihnen besitzen einen Vorrat von mehr als 50 hl reinem Alkohol, was

etwa 12 500 l Calvados entspricht. 55 Hersteller, Händler oder Genossenschaften verarbeiten die Ernte der übrigen Bauern und vermarkten rund 6 Mio. Flaschen Calvados, von denen etwas mehr als die Hälfte exportiert wird.

AOC Calvados Pays d'Auge

Die älteste, 1942 anerkannte und renommierteste AOC trägt den Namen einer historischen Landschaft, die zum größten Teil im Departement Calvados liegt und einige angrenzende Gemeinden in der Eure und der Orne einschließt. Die Apfelbäume stehen auf Hängen mit tonkalkigen, nicht sehr tiefen Böden. Vorgeschrieben sind mindestens 70 % bittere oder süß-bittere und mindestens 10 % säuerliche Sorten. Der Cidre

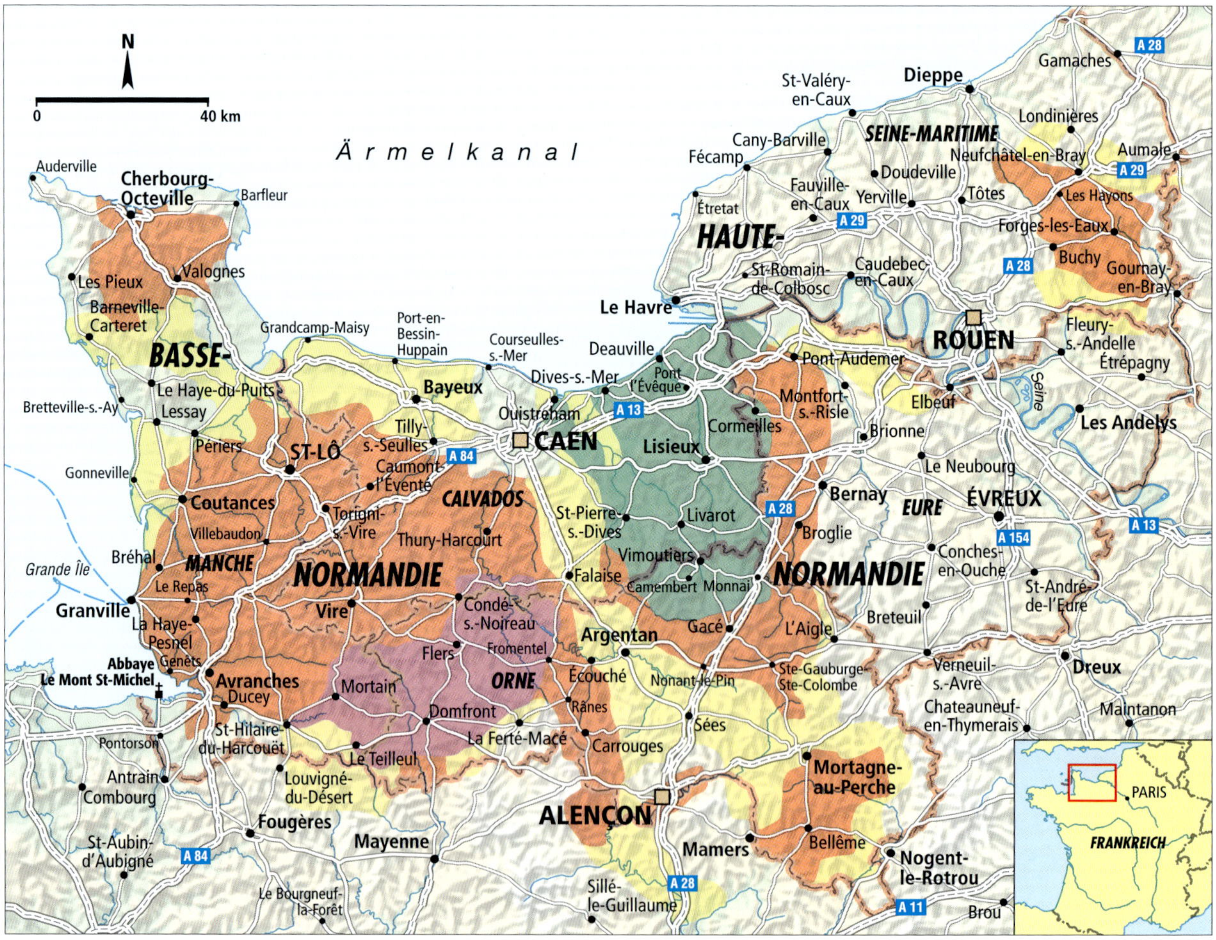

Die Anbauregionen der Appellation Calvados

- AOC Calvados zugerechnete Gebiete
- AOC Calvados
- AOC Calvados Domfrontais
- AOC Calvados Pays d'Auge

muss in doppelter Brennweise destilliert werden. Er muss eine analytische und organoleptische Kontrolle passieren und mindestens zwei Jahre in Eichenfässern altern, bevor er vermarktet werden darf.

AOC Calvados

Die größte Appellation, die weit über zwei Drittel der Produktion stellt, wurde 1984 zur AOC aufgewertet. Sie dehnt sich über einen großen Teil der Basse-Normandie, das heißt über die Departements Calvados, Orne und Manche aus, reicht aber auch in die Mayenne und die Sarthe hinein und betrifft außerdem das Pays de Bray in der Seine-Maritime, die Heimat des Neufchâtel-Käses. Vorwiegend hat man es hier mit Lehmböden zu tun, abgesehen vom Cotentin und der Bocage, wo Schiefer und anderes Gestein vorherrschen. Auch hier müssen 70 % bittere oder süß-bittere und mindestens 10 % säuerliche Sorten verwendet werden. Die Destillationsmethode ist nicht vorgeschrieben, aber die große Mehrheit arbeitet mit Kolonnenapparaten. Auch hier erfolgen analytische und organoleptische Kontrollen und das Mindestalter beträgt zwei Jahre.

AOC Calvados Domfrontais

Im Süden der Normandie liegt diese erst 1998 anerkannte Appellation im Umkreis des Städtchens Domfront. Die 112 Gemeinden befinden sich vorwiegend in der Orne, einige liegen auch in der Manche und in der Mayenne. In diesem Gebiet, wo die Böden aus Granit bestehen und feuchter sind als in den beiden anderen Appellationen, wurden vermutlich bereits von den Römern Birnbäume eingeführt und seither kultiviert. Folglich stellen seine Bewohner neben Cidre auch Poiré her, und ihr besonders fruchtiger Calvados enthielt immer einen gewissen Anteil an Birnen. Jetzt legt die Appellation fest, dass in den Obstgärten mindestens 15 % Birnbäume (vom 16. Jahr an 25 %) stehen müssen und dass der Calvados einen Mindestanteil von 30 % Birnen aufweisen muss. Er wird in Kolonnenapparaten destilliert und muss vor seiner Vermarktung drei Jahre in Eichenfässern reifen.

Eau-de-vie de cidre

Cidre, der außerhalb der Appellationen des Calvados destilliert wird, trägt die Bezeichnung »Eau-de-vie de cidre«. Dies betrifft hauptsächlich die traditionellen Apfelanbaugebiete der Bretagne, wo das Destillat den Zusatz »de Bretagne« tragen darf und als Appellation d'Origine Réglementée (AOR) anerkannt ist.

Wer in der Cornouaille Eau-de-vie de cidre de Bretagne meint, sagt Lambig. Wie für Calvados sind die Grundprinzipien der Herstellung detailliert festgehalten und gesetzlich geregelt worden. So ist nur Cidre zugelassen, der zu mindestens 15% von säuerlichen Apfelsorten stammt. Auch die Pflanzdichte der Bäume und ihre Höchsterträge sind festgesetzt worden. Destilliert werden darf sowohl mit Kolonnenapparaten als auch in doppelter Brennweise. Lambig darf nach drei Jahren Fassreife angeboten werden, aber die besten altern wesentlich länger, Raritäten sogar 30 Jahre.

Wird ein Apfelbrand in den Calvados-Gebieten nicht die vorgeschriebene Mindestzeit in Eichenfässern ausgebaut, sondern jung und hell abgefüllt, trägt er die Bezeichnung »Eau-de-vie de cidre de Normandie«.

Von jungem Pommeau und altem Calvados

Eichenholz spielt beim Ausbau des Calvados die Hauptrolle, ob neu oder als erneute Belegung, wobei frühere Sherry-, Port-, Cognac- oder andere Fässer zusätzliche Komplexität verleihen.

Das junge, farblose Apfeldestillat mit rund 70 % vol Alkoholgehalt hat noch einiges vor sich, und so mancher Liter wird nie zum gereiften Calvados, sondern gelangt anders zu Ehren, indem er in frisch gepresstem Apfelmost das Einsetzen der Gärung verhindert. So entsteht Pommeau, der sich durch volles Apfelaroma, Fruchtsüße und angenehme Säure auszeichnet. 1991 wurde der Pommeau de Normandie zur Appellation erhoben, für den 30 Apfelsorten verwendet

werden dürfen, deren Auswahl über das Aroma entscheidet. Vorgeschrieben ist eine mindestens 14 Monate dauernde Fasslagerung. 1997 erhielt Pommeau de Bretagne die AOC, und Pommeau de Maine dürfte bald nachfolgen. Der Alkoholgehalt beträgt 17 % vol. Getrunken wird Pommeau meist kühl als Aperitif, aber er passt auch ausgezeichnet zu Gerichten mit Äpfeln und besonders zu Apfeldesserts.

Junger Apfelbrand, der keine Mostverbindung eingeht, wird erst einmal in Ruhe gelassen – im Eichenfass. Nur dort wird er zum Calvados. Dabei ist die vorgeschriebene Reifezeit von zwei bzw. drei Jahren wirklich das Mindeste, denn wie beim Cognac entstehen die besten Qualitäten erst nach sehr viel mehr Jahren im Eichenfass. Wirklich ausruhen kann sich der Apfelbrand im Eichenfass allerdings nicht. »Wir beginnen die Alterung des jungen Calvados immer in neuen 400-Liter-Fässern, um ihm von Anfang an etwas Farbe und Holzgeschmack zu geben«, sagt Didier Bédu vom Château du Breuil. »Spätestens nach sechs Wochen wird er in größere und ältere Fässer umgefüllt, die Röstnoten würden sonst zu kräftig. Je öfter ein Fass benutzt wurde, desto länger kann der Calvados darin bleiben.« Natürlich hat jeder Erzeuger seine eigene Vorgehensweise, seine eigene Philosophie. Christian Drouin und sein Sohn Guillaume haben mit ihrer Methode, bei der sie ganz auf neues Holz verzichten, dafür aber Fässer anderer Provenienzen wie etwa Port, Sherry, Banyuls oder Cognac verwenden, nicht nur Anerkennung gefunden, sondern auch wichtige Inpulse gegeben. »Die Alterung besteht für mich aus drei verschiedenen Phänomenen«, erklärt Guillaume Drouin. »Da ist zunächst der Einfluss des Holzes: es gibt Farbe, Tannine und Aromen an den Calvados und damit Struktur und Materie. Gleichzeitig kommt der Calvados an seiner

Oberfläche und durch das Holz in Kontakt mit der Luft, was die Oxidation bewirkt. Dadurch verändern sich nicht nur die Aromen der Frucht, sondern auch die durch das Holz eingebrachten Aromen. Das Vanille-Aroma beispielsweise entsteht durch die Oxidation von Holzfasern. Zu allem kommt noch die Verdunstung hinzu, die man den Anteil der Engel nennt. Verdunstung bedeutet Konzentration. Wenn man einen großen Calvados machen möchte, wenn er kraftvoll, reich und komplex sein soll, dann gibt es keinen anderen Weg, als einen Teil davon verdunsten zu lassen, andernfalls wird er immer einem jungen Calvados ähneln.« Einig sind sich nahezu alle Erzeuger darin: Calvados ist am besten, wenn er 20 oder mehr Jahre Zeit erhielt, sich im Fass zu entwickeln.

Wie alle Destillate beginnt Calvados seinen Werdegang als wasserklarer Brand, um dann mit den Jahren immer tiefere Farbtöne anzunehmen.

Etikett-Fragen

Ein Calvados muss mindestens zwei bzw. drei Jahre in Eichenfässern ausgebaut worden sein.

Jahrgänge
Erscheint der Jahrgang auf dem Etikett, muss der Calvados ausschließlich aus diesem Jahr und aus einem einzigen Brenndurchgang stammen. **Wichtig:** Das Etikett sollte das Abfülldatum nennen, denn in der Flasche altert Calvados nicht.

Assemblagen
Erscheint eine Altersangabe auf dem Etikett, so bezieht sie sich auf den jüngsten Brand der Assemblage, die oft auch wesentlich ältere enthält.

Gängige Bezeichnungen
Trois étoiles / Trois pommes (oder ähnliches)
    zwei Jahre Alterung im Holzfass
Vieux / Réserve
    mindestens drei Jahre Alterung im Holzfass
V.O. / Vieille réserve / V.S.O.P.
    mindestens vier Jahre Alterung im Holzfass
Extra / X.O. / Napoléon / Hors d'âge / Age Inconnu
    mindestens sechs Jahre Alterung im Holzfass

Calvados fermier
So bezeichneter Calvados muss vom Baum bis in die Flasche auf einem Bauernhof erzeugt worden sein.

Ausgewählte Erzeuger

Eric Bordelet

Der Ex-Sommelier des Pariser Arpège übernahm 1992 das Familiengut Château de Hauteville in Charchigné in der sogenannten Normandie méridionale. Dort pflegt er seine auf Granit und Schiefer stehenden Obstgärten, in denen manche Birnbäume 300 Jahre alt sind, biodynamisch und erzeugt Poirés und Sidres in Spitzenqualität. Er bietet nur einen – nicht reduzierten – Jahrgangs-Calvados an, der mit sehr intensiven Aromen von reifen Äpfeln und süßem Cidre besticht, trotz der Stärke harmonisch wirkt und mineralisch nachklingt.

Château du Breuil

Château du Breuil ist ein architektonisches Juwel aus dem 16. Jahrhundert, wovon sich 40 000 Besucher jährlich überzeugen. Dazu gehören 42 ha mit 22 000 Apfelbäumen, deren Ernte man in zwei großen *alambics* destilliert und seit 1954 in den fünf Etagen einer alten Textilfabrik ausbaut. Reizvoll ist der X.O. Réserve des Seigneurs, der 20–25 Jahre reifte, viele süße Gewürznoten und gute Komplexität bietet. Spezialitäten: Calvados mit 52,3 % vol Alkohogehalt und Double maturation mit sechs Jahre langem Finish in Malt-Fässern.

Roger Groult

»Wer den Terroir-Ausdruck bewahren will, darf sich nur lokal mit Äpfeln versorgen«, betont Jean-Pierre Groult. Das eigene Gut Clos de la Hurvanière in Saint-Cyr-du-Ronceray liefert die Hälfte des Bedarfs, die andere kommt aus der direkten Nachbarschaft. Bei Groult kann man die Familiengeschichte an den Chais abschreiten – jede der vier Generationen fügte Fässer hinzu – und nachverkosten bis zur Réserve Ancestrale. Stets dominieren mit dem Alter immer vielschichtiger und raffinierter werdende Apfelaromen. Sehr gut: Age d'Or.

Christian Drouin

Seit 1980 hält Christian Drouin sein Calvados-Angebot auf höchstem Niveau. Nach ganz traditioneller Cidre-Herstellung und Destillation auf der (bildschönen) Domaine Le Cœur de Lion prägt der Ausbau in gebrauchten Fässern den Stil, wobei Sohn Guillaume, studierter Önologe, sein Wissen einbringt. Jeder Jahrgang entfaltet seinen eigenen Charakter, wobei mal Honig und weiße Blüten, mal Nüsse und Kakao, feines Holz und Tabak anklingen, immer über einem gemeinsamen Grundton von reifen Äpfeln, Bratäpfeln oder warmem Cidre.

Clos d'Orval

In der Region des Bocage, zwischen Caën und Vire, bewirtschaften Alain Aubrée und sein Schwager Jean-Paul Vuilmet den Familienhof mit Sinn für Tradition. Auf ihren 20 ha Obstwiesen grasen ihre Kühe, während dort 60 Apfelsorten wachsen. Sie erzeugen Jus de Pommeau, exzellenten Cidre Brut, Poiré, Pommeau Vinaigre de Cidre und selbstverständlich auch Calvados in verschiedenen Altersstufen, bis hin zu 35 Jahre gealtertem. Der Hors d'âge, über 10 Jahre gereift, gefällt mit intensivem Bratapfelaroma, guter Harmonie und Ausdauer.

Père Magloire

Hinter der führenden Calvados-Marke wirkt seit 1974 Kellermeister Michel Poulain. Er begann damit, Bauern zu überzeugen, ihre alten Apfelbäume zu erhalten. »Verlieren Sie nicht 15 Jahre auf einen Schlag«, war seine Devise, denn so lange braucht es, bis ein Apfelbaum gut trägt. Seit 1991 bestimmt er die Qualität im Hause. Im Mittelpunkt seiner Arbeit steht das Verkosten. Zu seinen großen Erfolgen zählt die Fine, der jüngste Calvados in der Altershierarchie. Den Pays d'Auge 20 ans kennzeichnet dichte Textur, süße Würze und viel Kraft.

Frédéric et Catherine Pacory

Auf der Ferme des Grimaux bei Mantilly betreibt die Familie Pacory seit 1939 auf 90 ha Landwirtschaft, hält Kühe und Hühner und pflegt 700 hochstämmige Birn- sowie 400 ebensolche Apfelbäume. Sie keltert mit ihrer modernen Presse Cidre fermier und Poiré, macht Pommeau de Normandie und sein Pendant Grim'de Poire und brennt Calvados Domfrontais mit hohem Birnenanteil. Der 20 ans kehrt deshalb kandierte Birne und Gewürze fein hervor und zeigt sich sanft ausgewogen mit Nuss- und Röstnoten und noch eleganten Tanninen im Finale.

Philippe Daufresne

Nur aus Spaß hatte er auf dem Hof seines Großvaters bei Ouilly-le-Vicomte die Äpfel in die alte Kelter geschichtet und dann den Most vergoren, aber in Paris wurde sein Cidre 1970 mit einer Goldmedaille bedacht. Dessen Qualität führt er auf den Südhang mit guten Lehmböden und auf die Hochstämme zurück sowie auf die sehr langsame, kühle Gärung, die seinem Cidre Brut de Normandie ein herrlich frisches Apfelaroma bewahrt. Diese klare, saubere und feine Frucht findet sich auch im Calvados Pays d'Auge Hors d'âge wieder.

AppleJack-Erbschaft

Der Schotte William Laird kam 1698 in die Vereinigten Staaten und ließ sich im Monmouth County in New Jersey nieder. Wie in seiner alten Heimat wollte er Whisky brennen, doch dazu fehlte es, so musste er feststellen, an Gerste. Stattdessen gab es zentnerweise Äpfel, also machte William Cider, den er zu »AppleJack« brannte. Einige seiner Konkurrenten, die mit der Brennblase nicht vertraut waren, ließen das Wasser im Cider mit Hilfe winterlicher Kälte gefrieren und konzentrierten auf diese Weise den Alkohol. Der ebenfalls AppleJack genannte Schnaps soll die fürchterlichsten Kater verursacht haben.

Seit 1717 betrieben die Lairds in Colts Neck ein Gasthaus, das als Kutschenstation diente. Als 1780 ein Robert Laird endlich mit Buchführung begann, verzeichnete er gleich den Preis für die Gallone *cider spirits,* was vermuten lässt, dass die Lairds noch immer Cider brannten. Apple Brandy war damals ein beliebtes, oft schon zum Frühstück kon-

Links: Die angelieferten Äpfel werden bei den Lairds in New Jersey zunächst gemahlen und dann zu Cider vergoren.

Mitte: Die Rückstände ergeben ein wertvolles Viehfutter und werden auf die umliegenden Farmen verteilt.

Gegenüber unten: Die altbewährte Destillierkolonne ist unverwüstlich.

sumiertes Getränk, das auch der spätere Präsident Abraham Lincoln in seiner Taverne in Illinois ausschenkte, wo das halbe Pint 1833 zwölf Cents kostete.

Nachdem 1849 die Brennerei in Colts Neck in Flammen aufgegangen war, starteten die Lairds nach einer zweijährigen Atempause in Scobeyville, eine halbe Meile von Colts Neck entfernt, erneut, doch diesmal gleich auf der Überholspur: von nun an destillierten sie Apfelbrand in größerem Umfang und bauten sich einen Kundenkreis in mehreren Bundesstaaten auf, speziell in den Zentren Denver und in Los Angeles.

Konzentration und Erleichterung

Während der Prohibition verstand es die Familie, ihre Äpfel auch in anderer Form zu vermarkten, erhielt aber schon vor Aufhebung des Verbots die Lizenz, Alkohol für medizinische Zwecke zu brennen. So war sie in der Lage, gleich nach dem Ende der Prohi-

bition wieder AppleJack anzubieten, der immer noch ein reiner Apfelbrand war – was man von den Erzeugnissen der ehemaligen Schwarzbrenner nicht guten Gewissens behaupten konnte. Da die Lairds nicht ohne Grund die Renommee-Einbuße für ihr Produkt fürchteten, falls sie mit diesen minderwertigen Qualitäten ›in ein Glas geschüttet‹ würden, kauften sie mit den Bootleg-Brennereien die Konkurrenz einfach auf und besitzen heute die einzige größere Destillerie, die in den USA AppleJack erzeugt.

Als sich in den 1970er Jahren die Verbraucher von den aromatischen dunklen Spirituosen abwandten, folgten die Lairds dem Trend und kreierten den heutigen, im Stil leichteren AppleJack, der zu einem Drittel aus Apfelbrand, zu zwei Dritteln aber aus neutralem Alkohol besteht. Die Nachfrage nach Premium-Spirituosen beantworten sie mit dem 7,5 Jahre fassgereiften reinen Old Apple Brandy und noch eindrucksvoller mit dem 12 Years Old Rare Apple Brandy.

Inzwischen arbeitet die neunte Generation im Familienunternehmen, und auch wenn AppleJack nur noch einen kleinen Teil der

Produktion der ältesten Brennerei der Vereinigten Staaten ausmacht, wäre es für die Lairds undenkbar, mit einer Tradition zu brechen, die ihr Vorfahr William 1698 aus einer Notlage heraus begründet hat.

Im AppleJack ist das Apfelaroma eher dezent, in den Apple Brandys tritt es dagegen kräftiger hervor.

Apfelbrände anderer Länder

Österreich

Weutz
Elstar Apfel
Michael Weutz aus der österreichischen Steiermark hält den Apfelbrand für noch immer viel zu oft unterschätzt. Nicht nur, weil Äpfel im Vergleich zu Himbeeren oder Mirabellen bei Konsumenten als zu alltägliche Früchte gelten. Von Brennern häufig unterschätzt werden die möglichen Jahrgangsschwankungen bei Äpfeln. Michael Weutz maischt die Früchte ohne Stiele und Kerne ein, um grüne Noten zu vermeiden. So bekommt der fertige Brand eine sehr frische, fruchtige Aromatik mit Tönen, die schwach an Schale erinnern. Dieses Zusammenspiel lässt sich im lang anhaltenden Abgang ruhig auskosten.

Österreich

Tinnauer
Gravensteiner Apfel
Gelernt hat Franz Tinnauer Weinbau. Noch heute gehören ihm 8 ha guter Lagen in der Steiermark, aber seine Trauben verkauft er an Winzer und baut stattdessen Obst an. Seit einigen Jahren muss er noch welches dazukaufen, sonst könnte er die kontinuierlich wachsende Nachfrage nach seinen Bränden nicht befriedigen. Bei der Reserve-Linie konzentriert er sich ganz bewusst auf Länge am Gaumen, ein opulentes Bukett ist für ihn zweitrangig. Dank der Fruchtigkeit wirkt der Gravensteiner trotz seiner 50 % vol Alkoholgehalt angenehm leicht. Außerdem gönnt Tinnauer dem Brand jahrelange Ruhe, damit der Alkohol und die Aromen sich harmonisch aufeinander einstellen können, bevor er ihn abfüllt.

Schweiz

Käser
Berner Rosen
Berner Rosen ist eine von vielen regionalen Apfelsorten, die engagierte Brenner wie Ruedi Käser aus Elfingen im Aargau aus der Vergessenheit gerettet haben. Der experimentierfreudige Schweizer Brenner mit solidem Bezug zur Tradition macht daraus einen Brand mit so duftig-intensivem Apfelbukett, dass darin tatsächlich etwas an Rosen oder zumindest an Blüten erinnert. Das Destillat von mittlerer Körperhaftigkeit klingt trotz seiner blumig-fruchtigen Feinheit lange am Gaumen nach.

Deutschland

Martin Fischer
Apfelbrand, im Holzfass gereift
Die Brenner-Gemeinschaft Rosenhut hat sich nach einer Helmform der Brennhäfen in Franken benannt. Ihre Mitglieder, darunter auch Martin Fischer, bemühen sich um einheimische Obstsorten und lehnen für ihre Erzeugnisse die Zugabe von Zucker sowie den Zusatz jeglicher Fremdstoffe ab. Streuobstwiesen sind ein Steckenpferd von Martin Fischer und so kommen in seinem Apfelbrand Früchte von verschiedenen alten Hochstammsorten zusammen und reifen in kleinen Fässern aus Maulbeerholz. Das schenkt dem Brand Noten von Birnen, etwas Vanille, Tannenhonig und die tiefe Färbung.

Deutschland

Marder · Gravensteiner Apfelbrand, im Holzfass gereift

Im Fass gelagerte Brände gehören zu den Spezialitäten des Schwarzwälder Brenners. Auch wenn Edmund Marder sich ab und zu mit Sohn Stefan, der kürzlich als dritte Generation in das Geschäft eingestiegen ist, darüber streitet – am Ende ist immer etwas Erlesenes herausgekommen. Der Gravensteiner Apfel ist angenehm säuerlich-fruchtig und kokettiert mit verspielten Noten von Sauerkirsche sowie einem Hauch Zitrusfrucht. Der Holzeinfluss sorgt dann für Bodenhaftung.

Spanien

L'Alquitara del Obispo Aguardente de Manzana

Die Casería San Juan del Obispo ist ein Landgut, nicht weit von Oviedo, der Hauptstadt Asturiens, das der Familie García Meana Menéndez-Fernández gehört. Auf ihren 20 ha Land kultivieren sie an 3500 Apfelbäumen 22 Apfelsorten. Die aus den Früchten gekelterte naturreine Sidra wird in sieben, mit Gas beheizten Brennkolben destilliert. Dabei entsteht einer der überzeugendsten Obstbrände des Landes mit klarem, intensivem und komplexem Apfelaroma, sanft und lang am Gaumen in bemerkenswerter Harmonie.

England

Somerset Cider Brandy Company Alchemy Fifteen Years Old

Burrow Hill in Somerset liegt inmitten eines der drei englischen Anbaugebiete für Cider-Äpfel. Julian Temperley, auf dessen Farm seit mehr als 150 Jahren Cider vergoren wird, erwarb 1989 die erste volle Lizenz zur Cider-Destillation, die in der Geschichte der englischen Schnapsbrennerei ausgestellt wurde. Auf seinen 60 ha Land gedeihen 100 Cider-Apfelsorten, 40 davon erbringen größere Erträge. Temperleys Cider und Cider Brandy sind das Ergebnis ausgefeilter Apfelkompositionen und beeindrucken mit ihrem reinen Apfelaroma, das sich vorteilhaft mit der feinen Holzwürze verbindet. Alchemy setzt dabei das Glanzlicht auf Temperleys Brennkunst.

Kanada

Michel Jodoin Calijo Apple Brandy

Bei einem Urgroßvater, der 1901 einen Obstgarten mit 100 Apfelbäumen ersteigert hatte, wundert es nicht, dass Michel Jodoin 1988 in Québec die erste Lizenz zur Herstellung von Cider erhielt. Damals besaß Cider in Kanada noch keinerlei wirtschaftliche Bedeutung, was sich inzwischen deutlich geändert hat. Michel Jodoin, der zu einem der größten Erzeuger aufstieg, eröffnete 1999 die erste kanadische Apfel-Mikrodestillerie, wo er aus Cider seinen Calijo brennt. Nach dreijähriger Reife in kleinen neuen Eichenfässern besitzt dieser angenehm süß-apfelfruchtige Brand intensive Aromen von Vanille und Karamell.

Birnen

Wer einmal mehrere Williamsbrände in einer Verkostung miteinander verglichen hat, weiß, wie deutlich sie sich unterscheiden können. Im besten Fall zeigt sich die Frucht mit feingliedrigen, weichen, zart-süßen Aromen und einer charakteristischen Fülle am Gaumen. Neben dem vollreifen Birnenaroma können Töne von Anis, Lebkuchen und Süßholz, aber auch von Südfrüchten und weißer Schokolade anklingen.

Doch nicht selten wird man enttäuscht. »Die feinen Fruchtaromen sind heikel«, warnt Hans Reisetbauer. »Schon ein kleiner Fehler in der Gärführung oder beim Brennen, und das war's.« Er weiß sehr gut, wovon er spricht, denn seit Mitte der 1990er Jahre, als besonders in Österreich ambitionierte Brenner die Qualitätsmaßstäbe von Obstdestillaten immer weiter anhoben, erzeugt Reisetbauer einen Williamsbrand mit so intensiven Aromen, wie man es bis dahin nicht gekannt hatte.

Ihr charakteristisches Aroma entwickeln Williams-Christ-Birnen, jene Sorte, die der Engländer Richard Williams im ersten Drittel des 19. Jahrhunderts bekannt machte, erst während der rund zehntägigen Nachreife, und bei einer Maischetemperatur von 17 °C beginnt es bereits, sich zu verflüchtigen – wenn man es riecht, ist es für den Brand verloren. Die Gärung sollte deshalb gekühlt stattfinden. Der geringe Fruchtsäuregehalt empfiehlt eine zusätzliche Ansäuerung der Maische als Infektionsschutz, und der relativ geringe Zuckergehalt der Williams Christ setzt dem Alkoholertrag Grenzen. Die delikaten Aromen der Williams Christ können ein Brennen bereits bei abklingender Gärung nahelegen. Im Raubrand neigt die Maische zu starker Schaumbildung, und der Feinbrand reagiert sehr empfindlich auf zu rasches Erwärmen. Die nicht zu lange Reifung sollte bei Temperaturen unter 15 °C, im Dunkeln und in vollen Behältern erfolgen, denn einige der typischen Williamsaromen vertragen weder Wärme noch Licht noch Luft. Die Williams Christ ist eine Diva, aber weil ihre Launenhaftig-

Zwei Birnenmeister Links: Der Tiroler Christoph Kössler Rechts: Stephen R. McCarthy von der Clear Creek Distillery in Portland, Oregon, zeigt, wie die Birne in die Flasche kommt.

Quitten

Auch sie machen es dem Brenner nicht leicht. Nach der Ernte müssen sie zur Aromaverstärkung nachreifen. Vor dem Maischen der sehr festen Früchte sollte ihr pelziger Flaum entfernt werden, der ein Öl enthält, das ranzig werden und noch den fertigen Brand beeinträchtigen kann. Das Fruchtmus ist sehr trocken, weshalb man Wasser oder besser Quittensaft zur Maische geben muss. Egal ob Apfel- oder Birnenquitten, die Früchte sind äußerst gerbstoffreich, und es mangelt ihnen an Zucker – alles Faktoren, die das Einsetzen und den reibungslosen Verlauf der Gärung behindern.

Und selbst im Idealfall sind von 100 kg Früchten kaum mehr als 3–4 l Brand zu erwarten. Doch die intensiven Fruchtdüfte, die aus dem Glas aufsteigen, die fruchtige Frische am Gaumen und das Aroma, das zwischen Äpfeln, Birnen und floralen Tönen changiert, lohnen den Aufwand allemal.

keit nur noch von ihrer Qualität – jedenfalls bei richtiger Behandlung – und ihrem Bekanntheitsgrad übertroffen wird, nehmen Brenner sie in Kauf.

Doch die Williams Christ hat Konkurrenz bekommen, denn unter den rund 1500 Kultursorten bieten auch andere Birnen mit ihren zugleich filigranen und intensiv fruchtigen Noten ein fast ideales Aromenspektrum für Brände. Von den Tafelbirnen werden Dr. Guyot, Gute Luise und Alexander Lucas als sortenreine Brände angeboten. Die letzteren sind durch einen anhaltenden Nusston im Abgang charakterisiert.

Besonders beliebt bei Brennern in Österreich, aber auch in der Pfalz und in Schwaben, sind die saftigen, geschmacksintensiven Mostbirnensorten. Sie lassen sich gut zu einer homogenen Maische verarbeiten, enthalten viel Zucker und intensive Aromen, chemisch gesehen oft sogar mehr als eine

Williams Christ. Der hohe Gerbstoff- bzw. Sorbinsäuregehalt mancher Sorten kann allerdings Gärstockungen verursachen.

Eine der bekanntesten regionalen Mostbirnensorten ist die Subirer aus Vorarlberg. Das war nicht immer so, und sie hat es nicht zuletzt dem Österreicher Alois Gölles zu verdanken, dass sie eine Renaissance erlebte. »Die roh kaum genießbaren Früchte fanden wenig Beachtung«, erinnert sich der Steirer. Sie kamen bestenfalls als Bestandteil von gemischten Maischen zum Einsatz. »Ihre aromatische Komplexität hat kaum jemand erkannt.« Einmal sortenrein destilliert, gewannen die Brände mit feiner Frucht und markanten Tönen von grünen Schalen bis Kamille und Tanne viele Preise.

Eine Rarität sind Brände aus Dörrbirnen, österreichisch Kletzenbirne. Der hohe Zuckergehalt dieser Früchte sorgt dabei für einen intensiv süßen Abgang.

Ausgewählte Birnenbrände

Lantenhammer (D)
Feiner Williamsbirnen Brand ungefiltert
»Die Kunst nichts zu tun.« So beschreibt man bei Lantenhammer die eigene Firmenphilosophie. Das klappt seit fast 80 Jahren. Aus der Region in Südbayern am Schliersee kommen hochwertige Brände, gelagert bis zu perfekter Harmonie. Jüngst hat Florian Stetter, Firmeninhaber der dritten Generation, seinen ungefilterten Williams vorgestellt. Auf die Filtration wurde verzichtet, um keine Geschmacksstoffe zu verlieren. Dadurch ist der Brand sehr konzentriert und intensiv sortentypisch.

Käser (CH)
Williams Birnenbrand, unfiltriert
Vor dem Schweizer Ruedi Käser ist nichts sicher, nicht mal die Blumen auf der Fensterbank. Sein Verkostungsgebäude heißt nicht nur »Castle«, es ist auch entsprechend weitläufig, da es sonst nicht genug Platz für das Sortiment böte. Dass Käser sein Handwerk nicht verlernt hat, beweist dieser ungefilterte Williams. Finden sich in der Nase noch einige grüne Töne, so kommt im Mund die glasklare Frucht an.

Metté (F)
Eau-de-Vie de Poire Williams
Die Williams Christ stammt aus einem französischen Kloster, glauben nicht wenige Franzosen. Zufällig hat sie ein englischer Lehrer namens Richard Williams vermarktet, sodass nun sein Name damit überdauert. Und die besten Williamsbrände kommen aus dem Elsass, da ist man sich auch einig. Die Distillerie Jean-Paul Metté in Ribeauvillé produziert einen kraftvollen Williams mit üppiger Fruchtsüße, der lang am Gaumen bleibt.

Hämmerle (A)
Subirer
Um die Mostbirnensorte Subirer war es schon fast geschehen, als findige Brenner sie wiederentdeckten. Frisch gepflückt duften die Früchte verlockend süß, sind aber wegen ihres körnigen Fruchtfleisches kaum genießbar. Der Brand, den Hämmerle im westlichsten Zipfel Österreichs von den kleinen Früchten macht, ist komplex und voller Fruchtsüße. Charakteristisch für die Subirer ist auch ein herber Ton, der ihr einen ganz eigenen Ausdruck verleiht.

Freihof (A)
Williamsbirne
Wie die Birne in die Flasche kommt, hat sich wohl schon mancher gefragt. Das ist auch nicht ganz so einfach. Sobald die Blütenblätter abfallen und noch bevor die kleine Frucht größer als ein Centstück ist, muss die Flasche darüber gestülpt werden, und zwar so, dass der Flaschenboden nach oben zeigt, sonst läuft das Gefäß voll Wasser. Trotz aller Sorgfalt gedeihen aber nur wenige der Birnen in ihrem gläsernen Gehäuse so gut, dass sie später mit edlem Williamsbrand aufgefüllt und verkauft werden können, wie hier von Hämmerles Stammfirma.

Holzapfel (A)
Williamsbirne 05
Wein wurde auf dem Prandtauerhof, der jetzt Karl Holzapfel gehört, schon vor 700 Jahren gemacht. Heute kommen von dort einige der besten österreichischen Obstbrände, mit modernsten Mitteln erzeugt. »Früchte auf dem Gipfel ihrer Genussreife ernten«, ist seine Devise. Jede Frucht ist handverlesen, »dann rasch und kühl eingemaischt«. So entsteht ein reintöniger Williams, dessen 45 % vol Alkohol die intensive Frucht verstärken, aber nie in den Vordergrund treten. Weich, fruchtig, lang.

Pfau (A)
Kärntner Mostbirne
Mehr als sein halbes Leben hat sich Valentin Latschen, Inhaber der Kärntner Destillerie Pfau, mit Schnaps befasst. Der 49-jährige war ein Gründungsmitglied der Qualitätsvereinigung Quinta Essentia und schwört auf die Bedeutung hochwertiger Früchte zum Brennen, so auch bei den Mostbirnen für seinen Brand. In der Nase zeigt er sich wenig fruchtig, bestimmt von grasigen, grünen Aromen. Im Mund aber entfaltet sich ungeahnte Süße. Filigran, nicht flach; lang und nachdrücklich.

Kössler (A)
Edelbrand Birnen-Cuvée aus dem Akazienfass
Stanz ist eines von vielen kleinen Dörfern in Tirol, wo mehr als ein Drittel der über die Berge verstreuten Haushalte eigenen Obstbrand erzeugt. Christoph Kössler benutzt dazu eine der modernsten computergesteuerten Brennanlagen. Mit seiner Birnen-Cuvée aus dem Akazienfass demonstriert er die Verbindung von Birnenaromen mit Fasstönen. In der Nase (noch) etwas schwer definierbar, folgt am Gaumen satte Fruchtsüße, die bestens mit dem eigenwilligen Holzton harmoniert.

Reisetbauer (A)
Williams Brand
»Mister Williams« wurde der Österreicher Hans Reisetbauer früher genannt, hatte ihm doch sein Williams zum Durchbruch verholfen. Bis heute pflanzte er 20 000 Bäume, die allmählich den hochwertigen Ertrag bringen, den er sich erhofft hat. Die Birnenfrucht wird in seinem Brand begleitet von deutlichen Tönen der Schale, die zusätzliche Komplexität und Würze geben. Lagerfähig.

Tinnauer (A)
Williams Brand
Auch für Obstbäume gibt es gute Lagen, glaubt Franz Tinnauer als gelernter Winzer. Deshalb stehen die Williams-Christ-Bäume exponiert am Steinbachtal, gleich neben den Weinstöcken. Bescheinigten Tester seinem Williams in der Vergangenheit zu viele grüne Noten, kommt er jetzt schon in der Nase deutlich süß an, mit einem Hauch überreifer Frucht. Am Gaumen bleibt die Intensität bestehen, die extrem konzentrierte Frucht tritt noch weiter in den Vordergrund.

Obstler und Obsttrester

Der Inntaler
Williams-Quitten-
Himbeeren-Brand
von Rochelt

Weithin gilt ein Obstler als eher anspruchsloser Schnaps, der im Obstbau gewissermaßen ›nebenbei‹ anfällt. Seit Jahrhunderten wird überreifes Fallobst eingemaischt, bevor die Früchte ganz verfaulen, vergoren und gebrannt. Lange fragte kaum jemand nach der Qualität dieser Resteverwertung. Verschnitte aus minderwertigem Brenngut und verdorbenem Most bestimmten den Markt, sie waren preiswert und damit leicht zugänglich. Und bis heute entsorgen Obstbauern alles, was sie an Tafelobst nicht verkaufen konnten, in schlichten Destillaten. Der niederösterreichische Brenner Reinhard Wetter und viele seiner Kollegen wollten es nicht dabei belassen, denn wenn das Ganze mehr ist als die Summe seiner Teile, dann musste es großartige Obstler geben, sofern Qualität und Technik stimmen. Es stellte sich heraus, dass durch die Kombination verschiedener Obstsorten, der Cuvée eines Weins vergleichbar, mehr Harmonie und Komplexität in die Flasche gelangte.

Reinhard Wetter verarbeitet nur handgepflücktes Obst von seinen eigenen Bäumen. Jede Obstsorte wird einzeln eingemaischt, vergoren und zum Raubrand destilliert. Erst als Raubrände werden die Obstsorten vermischt und dann feingebrannt. Das Ergebnis sind Spitzen-Obstler wie die Wetterhexe aus Äpfeln, Birnen und Holunder.

Vor allem Äpfel und Birnen geben im Obstler den Ton an, weil sich ihre Aromen gut ergänzen. Mit einer dritten Komponente Akzente setzen, das beherrscht auch der Tiroler Günther Rochelt perfekt. Sein Inntaler lässt keinen Zweifel daran, was eine Mischung von Williams-Birnen, Quitten und Himbeeren vermag. Rochelts Brände markieren die technische und finanzielle Obergrenze dessen, was mit Obstdestillation derzeit machbar ist. Da kann eine Flasche seiner Sortenbrände bis zu 400 € kosten.

Kein Fall-, dafür Streuobst

In der Vergangenheit stammte das Brenngut überwiegend von Streuobstwiesen – auch wenn sie nicht so hießen, denn der Begriff ist erst in den 1970er Jahren abgeleitet worden von »Streuobstbau« aus den 1950ern, als sich in Deutschland gerade das Gegenteil auszubreiten begann: der wirtschaftliche

Typische Landschaft im
Schwarzwald, hier bei
Emersbach, mit Streuobstwiese und weiter am
Hang einem Obstgarten.

Obstbau mit in Reih' und Glied gepflanzten Niedrigstämmen, möglichst 3000 Stück/ha. Da waren unterschiedliche Obstbäume jeglichen Alters, die mit hohen Stämmen und ausladenden Kronen wahllos auf Wiesen verteilt wuchsen, auf denen Blumen sprossen und Vieh graste, unvernünftig, unrentabel, unmodern. Erst später verstand man, dass der Wert dieser Biotope nicht nur in der Artenvielfalt an sich liegt, sondern auch in deren Auswirkung auf die Qualität der Früchte. Die Pflanzen gedeihen dort gut, sie sind weniger anfällig für Krankheiten, sodass sie ohne Mineraldünger und Pflanzenschutzmittel auskommen – paradiesische Zustände für Umweltschützer, Ökobauern und Brenner. Und deshalb wächst die Anzahl der Streuobstwiesen wieder.

Bauern, die den Saft der Früchte verkaufen, behalten den Presskuchen, den Obsttrester zurück. Darin sind noch etwa die Hälfte des Gewichtsanteils der Früchte, außerdem eine Vielzahl von Geschmacksstoffen enthalten, aber – und das schätzt Reinhard Wetter besonders – keine Kerne und Stängel wie beim Traubentrester. Denn gerade diese Bestandteile sind es, die bei den Bränden aus Traubentrester nicht selten für adstringierende, bittere Aromen verantwortlich sind.

Birnentrester

Als einer der Ersten hat Reinhard Wetter seinen Williams-Trester destilliert, in dessen Bukett erstaunlich viel Frucht von der Williams-Christ-Birne mit etwas Würze von grünen Blättern den Ton angibt. Am Gaumen mischen sich erdige Akzente dazu.

Jörg Geiger in Schlat bei Göppingen (Baden-Württemberg) hat sich (unter anderem) einer fast vergessenen Weinbirnensorte angenommen. Schon 1760 ist die Herstellung von Schaumwein aus der Champagner Bratbirne urkundlich erwähnt. Die kleinen, gedrungenen gelben Birnen werden hinsichtlich ihres Reifegrads verlesen, gewaschen und müssen dann in geschlossenen Behältern nachreifen, weil sie nur so ihr üppiges Aroma entwickeln. Anschließend werden sie gemahlen und mit geringem Druck gepresst. Der Saft, der fast klar von der Kelter

rinnt, wird nach traditioneller Methode zu Birnenschaumwein verarbeitet. Der übriggebliebene, dank der schonenden Pressung sehr feuchte Trester mit wertvollen Fruchtanteilen wird unverzüglich vergoren und dann ohne Feststoffe destilliert. So bleibt das Maximum reiner Birnenaromen erhalten und überzeugt im Duft ebenso wie am Gaumen und im Abgang.

Unten links: Tresterbrand aus der Champagner Bratbirne von Jörg Geiger

Unten rechts: Die Wetterhexe, ein Apfel-Birnen-Holunder-Brand von Reinhard Wetter

Steinobst

Alois Gölles hatte an alles gedacht. Er hatte nur vollreifes Obst von eigenen Bäumen geerntet, es vergoren nach allen Regeln der Kunst. Alten Profis hatte er über die Schulter geschaut, die Maische sorgsam destilliert und den Raubrand mit Fingerspitzengefühl feingebrannt. Schließlich konnte er ein sauberes, hochwertiges Destillat in Flaschen füllen. Doch als er es Anfang der 1980er Jahre erwartungsvoll präsentierte, wurde schnell klar, welchen Fehler er gemacht hatte: Er hatte keine Kirschen genommen! Sein Pflaumenbrand stieß auf ein Vorurteil, das Pflaumen unweigerlich mit Slibowitz, jenem schlichten Bauernschnaps aus dem damaligen Ostblock, assoziierte.

Heute ist Alte Zwetschge im Holzfass längst ein Klassiker des Spitzenbrenners. Und auch andere Steinobstsorten haben sich neben der Kirsche inzwischen behauptet und die Gunst des qualitätsorientierten Publikums erringen oder zurückerobern können: Renekloden, Mirabellen, Schlehen, Zibarten, Kriecherl, Aprikosen bzw. Marillen und Pfirsiche. Kornelkirschen, die bisweilen als Steinobst geführt werden, sind botanisch betrachtet eigentlich Nüsse, womit ihr nussiges Aroma nicht mehr so überrascht.

Die Mandelfrage

Für alle Steinobstarten gilt, dass sie dem Brenner viel Erfahrung abverlangen, denn beim Einmaischen sollten möglichst keine Steine aufgebrochen werden. Sie enthalten Amygdalin, das bei der Verarbeitung unter anderem zu Blausäure aufgespalten wird. Besonders hoch ist der Anteil in Aprikosen. Auch unverletzte Steine geben dem Brand einen unverwechselbaren Ton von Mandel bis Marzipan. Je nachdem wie deutlich er sein soll, werden mehr oder weniger Steine mit eingemaischt und sogar mit gebrannt. Es ist letztlich eine Frage des Geschmacks, und so kann das gruppenbildende Charakteristikum die Geister scheiden.

Wie kaum eine andere Obstsorte verleihen reife Pflaumen und Zwetschgen dem Destillat anhaltende Tiefe. Mit ihrem hohen Zuckergehalt erreichen sie gute Alkoholwerte. Ihr süßes Fleisch ist reich an aromatischen

Pflaumen (links) sind wegen ihres hohen Zuckergehalts ein beliebter Rohstoff bei Brennern, wobei Mirabellen (rechts) mit ihrer feinen Fruchtigkeit eine Sonderrolle zukommt.

Fruchtnoten. Die Brände duften außer nach Pflaumen auch nach Marzipan und Jasmin, Nougat und Birne, manchmal nach Hartkäse und Rosen. Vorfahrin der Pflaume ist die Schlehe, die von Nordafrika über Europa bis zum Kaukasus beheimatet ist. Ihre dunkelblauen, kirschgroßen Früchte mit dem vergleichsweise großen Stein schmecken roh sehr herb und sauer, ergeben aber charakteristische Brände bzw. Geiste.

Marillen, andernorts als Aprikosen bekannt, beeindrucken im Brand mit ihrer intensiven Frucht, die in billiger Massenware leider so oft mit Aromastoffen vorgegaukelt wurde, dass ihr Ruf Schaden nahm. Gute Brände sind ausdrucksstark, aber niemals schwer, sondern fein und elegant. Berühmt für ihre hochwertigen Marillenbrände ist die Wachau, weshalb ihr Name als Ursprungsbezeichnung geschützt ist. In Ungarn und in vielen anderen Balkanländern scheint Barack Pálinka unangefochtener Teil der nationalen Identität zu sein.

Eine vom übrigen Steinobst deutlich abweichende Charakteristik kennzeichnet die Kirschbrände bzw. Kirschwässer. Wenn süße wie saure Kirschen ohne Stiele und mit wenigen Steinen eingemaischt werden, tre-

ten die Mandeltöne zugunsten der primären Fruchtaromen zurück, helle, klare, oft saure Aspekte gewinnen an Raum. Besonders dunkelfleischige Sorten wie Weichseln und Schattenmorellen können komplexe Bränden ergeben, die neben der Frucht Nuancen von bitterer Schokolade, Zimt und Kamille zeigen. Spezialisten entlocken sogar kleinfruchtigen Wildformen wie der Vogelkirsche die schwer erschließbaren Aromen.

Steinobstbrände vertragen bis zur Genussreife mehr Zeit. Der Tiroler Spitzenbrenner Günther Rochelt räumt ihnen mindestens drei Jahre in großen, wegen des Luftkontakts nicht vollständig gefüllten Glasballons ein, je nach Obstart bei unterschiedlichen Kellertemperaturen. Gute Brände gewinnen auch in zehn Jahren noch dazu. Da lag der Gedanke an Fassausbau nahe, besonders als man merkte, wie die anhaltende Fruchtsüße einiger Pflaumensorten auf die intensiven Holznoten reagiert. So mancher Kritiker, der noch vor wenigen Jahren für viele Obstbrände den Fassausbau grundsätzlich ablehnte, ist inzwischen verstummt, denn immer mehr Brenner stellen mit ihren gealterten Fassausbauten eine neue Luxusklasse von Obstbränden vor.

Kirschen (links) sind ein Klassiker in den Destillerien vieler Regionen, wohingegen Pfirsiche den Koriphäen vorbehalten bleiben, denn ihre delikaten Aromen verflüchtigen sich leicht beim Brennen.

Kirschen

Mit der modernen Destillieranlage seiner Spezialitätenbrennerei entlockt Lorenz Humbel diversen Kirschsorten ihren Charakter.

Himmelrieder Herzkirsche und Bittere Brenzer, Ziesener Wilde und Werdersche Allerfrüheste, Schöne von Montreuil und Rheinfallkirsche … Wie soll man aus 800 verschiedenen Sorten, die allein ein Schweizer Register verzeichnet, die richtige Kirsche herausfinden? Für Lorenz Humbel, der die Brennerei seines Vaters in Stetten bei Zürich übernommen hat, müsste die Frage eher lauten, welche nimmt man nicht. Bei 126 Sorten hat er schon entdeckt, dass man eine »sehr eigene Charakteristik herausarbeiten kann«. Kleinfruchtige Kirschsorten sind süßer und aromatischer als Tafelkirschen, Sauerkirschen können einen höheren Zuckeranteil aufweisen als Süßkirschen, er ist nur von der Säure überdeckt, Frühkirschen sind im Brand weniger ausdrucksstark als Spätkirschen, ähnlich wie dunkle Kirschen intensiver sind als helle.

Nirgendwo sonst werden Kirschbrände so kultiviert und zelebriert wie in der Schweiz. Kaum eine Region oder größere Stadt, die nicht ihren eigenen hat: Zuger Kirsch, Basler Kirsch, Berner Kirsch und so weiter. Da reagierten Schweizer Brenner recht empfindlich, als 1994 erlaubt wurde, dass für Schweizer Kirschwasser auch ausländische Kirschen verwendet werden dürfen. Einige von ihnen schlossen sich zur Interessengemeinschaft »Schweizer Kirsch« zusammen, und verarbeiten nur Kirschen inländi-

scher Produktion. Der Schweizerische Obstverband hat die Anforderungen an Brennkirschen in den »Normen und Vorschriften für Kirschen« zusammengestellt. Danach kommen nur vollausgereifte Früchte in Frage, ohne Stiele, Blätter und Zweigteile; aufgesprungene und beschädigte Kirschen nur, solange sie weder gären noch faulen; eigentlicher Ausschuss von Tafel- und Konservenkirschen ist ebenso wenig geeignet wie stark madige Früchte.

Abfindung im Schwarzwald

Schwarzwälder Kirschwasser darf nur aus regionalem Obst am Ort hergestellt und nicht gezuckert werden. Trotz dieser qualitätssichernden Maßnahmen hat der Kirschbrand schon bessere Zeiten gesehen. Unmittelbar nach dem Zweiten Weltkrieg galt er noch als der bekannteste im deutschsprachigen Raum, auch im Ausland. Doch in den folgenden Jahrzehnten büßte er viel von seinem Nimbus ein. Vor dem Hintergrund von 31 000 Abfindungsbrennern und 800 000 Stoffbesitzern (Privatleuten, die bis zu 50 l reinen Alkohol im Jahr brennen dürfen), die in ganz Süddeutschland gemeinsam rund 200 000 t Obst verarbeiten, ist nicht auszuschließen, dass es »zu viel Mittelmaß gab«, wie Edmund Marder einräumt.

Mit seinem Sauerkirschbrand beweist er, dass es auch anders geht. Lebhafte Frucht paart sich darin mit einem eleganten Marzipanton.

Beim Kirschbrand stellt sich die Frage nach den Steinen in der Maische noch eindringlicher als bei anderem Steinobst. Neben den hellen säuerlichen Fruchtaromen setzt sich die Marzipanaromatik der Steine besonders deutlich durch und kann schnell dominant werden. Eine Ausnahme bildet der seltene Wildkirschbrand. Die Frucht wird darin harmonisch eingefasst mit Tönen von Kakao und Kaffee. »Er ist perfekt zu einem guten Espresso«, empfiehlt Hubertus Vallendar. Wildkirschen, auch Vogelkirschen genannt, gedeihen in Mischwäldern auf hohen Bäumen, die häufig nicht mehr als 20–30 kg Kirschen tragen. Die Früchte bestehen überwiegend aus einem großen Kern und wenig Fruchtfleisch und sind immens aufwändig in der Verarbeitung.

Für den Anbau in größerem Stil setzen sich daher immer mehr Kirschsorten durch, die maschinell mit einem elektrischen Rüttler geerntet werden können. Aufgefangen in einem Netz, bleiben die Früchte dabei unverletzt. Es bedarf allerdings moderner Sortenzüchtungen, die die elektrischen Vibrationen in ihren Feinwurzeln verkraften.

Links: Humbels Kirschbrände profitieren von dem Ausbau in großen Steingutgefäßen und selbst in Barriques.

Rechts: Kreativität und umfangreiches Angebot gehen Hand in Hand.

Ausgewählte Kirschbrände

Schweiz

Etter
Zuger Kirsch 1996

Die international bekannte Destillerie Etter gibt sich mit der Etikett-Aufschrift »Naturreine Fruchtbrände aus der Schweiz« bescheiden, aber selbstbewusst. Nicht nur für den Kirsch legt man Wert darauf, dass die Früchte »in der Umgebung der Destillerie gewachsen« sind. Sortenreiner Fruchtbrand der regionalen Bergkirschensorte Lauerzer wird nur in guten Erntejahren gebrannt. Erst nach mindestens 6–8 Jahren traditioneller Lagerung in 50-Liter-Korbflaschen werden die Brände auf Flaschen gezogen. Diese sortenreinen Kirschs destilliert Etter nunmehr seit mehr als 50 Jahren. Deshalb trägt der älteste noch im Verkauf befindliche Kirsch die Jahreszahl 1949.

Schweiz

Urs Hecht · Gunzwiler Destillate
Kirschbrand Lu Lauerzer

Seit Urs Hecht 1984 die alte Lohnbrennerei seines Vaters übernahm, hat er eine steile Karriere zurückgelegt und zahlreiche Wettbewerbe gewonnen. Dennoch hat er die Bauern, von denen schon sein Vater die Früchte kaufte, nicht vergessen. Während seine Edelbrände zu Hause reifen, ist er mit seiner mobilen Destillationsanlage unterwegs, um Schnäpse für seine Zulieferer zu brennen. »Dabei bekomme ich mit, was die Leute beschäftigt«, sagt Hecht, »etwa dass die Kleinbauern oft mit Dumpingpreisen geprellt werden.« Hecht kauft für seine Brände nur hochwertige Ware in der Schweiz, und er bezahlt sie anständig. Darin sieht er die beste Voraussetzung für Qualitätsbrände wie den Lu Lauerzer, der mit einer butterweichen Frucht am Gaumen einsetzt und sich mit einem feinen Abgang von reifer Kirsche verabschiedet.

Schweiz

Humbel
Cuvée Kirsch K126

Lorenz Humbel ist jemand, der es genau wissen will. Um sich über die Produktion von Cachaça zu informieren, nimmt er schon mal ein Frachtschiff nach Brasilien. Zu Hause ist sein erklärtes Ziel, die Tradition des Schweizer Kirsch als Qualitätssiegel zu bewahren. Dazu untersucht er jeden einzelnen Produktionsschritt auf mögliche Verbesserungen. Und er findet sie. Kein anderer Brenner experimentiert mit so vielen verschiedenen Sorten, keiner mit so viel Erfolg. Insgesamt produziert Humbel ein paar Dutzend verschiedene Kirschbrände, und jeder davon ist ein Solitär. Da brilliert eine Schattenmorelle mit glasklarer, reifer Frucht und Schmelz am Gaumen. Der weiße Traubenkirsch dagegen oszilliert in seiner vom Stein geprägten Aromatik zwischen Marzipan, Beerenfrucht und etwas Gemüse. Cuvée Kirsch steht für 126 Sorten, die in diesem fassausgebauten Brand mit ihrer weichen süßen Frucht erstaunlich harmonisch auf den Holzton reagieren.

Österreich

Mariell
Vogelkirsche vom Leithaberg

Lagen oder sogar Terroirs, kleine Bereiche mit all ihren Standortfaktoren vom Boden bis zum Wetter, die Weintrinker so schätzen, will man beim Obstbrand eigentlich nicht anerkennen. Winzer Richard Mariells Obstbäume stehen neben seiner Weinlage Leithagebirge im Burgenland. Die Kalk-Schiefer-Hänge speichern viel Wärme, die sie abends wieder abgeben. Die Vogelkirsche, die wegen ihrer schönen Blüten oft als Zierpflanze dient, trägt auf solchen Kalkböden die besten Früchte. Das merkt man auch der Vogelkirsche vom Leithaberg an. Ihre intensive Kirschfrucht ist mit kraftvollen, aber feinen Tönen vom Stein verwoben. Der Brand ist sehr rund und zeigt am Gaumen Länge, Süße und einen Hauch Vanille. Spricht da nicht das Terroir?

Deutschland

Marder
Sauerkirsch

In Albbruck-Unteralpfen, einen Steinwurf von der Grenze zur Schweiz entfernt, hat Edmund Marder sein Leben lang Brände gemacht. Genauso lange hat er versucht, immer nur die besten Früchte zu verwenden und jede Obstsorte immer wieder ein bisschen verbessert. Mit seiner Akribie feiert er auf internationalen Verkostungen sogar Riesenerfolge mit Früchten, die eigentlich ein reservierter Heimsieg für Österreicher sind, etwa Vogelbeeren. Deshalb findet man die Brände aus dem Südschwarzwald jetzt auch unter Adressen wie dem Louis C. Jakob in Hamburg, im Hotel Adlon, im Reichstag und an Bord von Lufthansaflugzeugen. Der Sauerkirsch ist anfänglich etwas verhalten im Glas, bevor er dann im Mund seine Frucht- und Bittermandel-Aromen entfaltet.

Deutschland

Ziegler
Wildkirsch Nr. 1

Seit 1865 brennt die Firma Ziegler Obst. Der Durchbruch kam aber, als ein Konzern das Familienunternehmen übernahm und Qualität wie Marketing verbesserte. Das Flaggschiff des Hauses ist seitdem der Wildkirsch Nr. 1, in dem laut Firmenangaben pro Flasche 3000 reife Kirschen enthalten sind. Mit seiner auffälligen Karaffe gehört Ziegler vor allem in der gehobenen Gastronomie heute zum Alltag. Der Brand ist weich und lebt vom Zusammenspiel der Aromen von Sauerkirschen und Kirschsteinen.

Deutschland

Vallendar
Dollenseppler Kirschbrand

Hubertus Vallendar hat 1998 in dem 300-Seelen-Dorf Kail auf dem Eifelrücken über der Mosel und nur einen hohen Katzensprung von seinem Heimatdorf Pommern entfernt eine hypermoderne Brennerei errichtet. Dort kreiert er ohne Unterlass die überraschendsten Brände. Um einen ersten Eindruck von der Qualität seiner Destillate zu gewinnen, sollte man mit Klassikern beginnen wie mit diesem Kirsch. Dafür wählte er eine besondere badische Süßkirschensorte, die Dollensepplerkirsche, die er aus dem Markgräferland bezieht. Die braunroten Herzkirschen entwickeln viel Zucker und Aroma, das Vallendar sehr rein und konzentriert einfängt.

Vereinigte Staaten von Amerika

St. Georges Spirits
Kirsch

Jörg Rupf eröffnete 1980 in Kalifornien seine eigene Destillerie. Begeistert von der Obstqualität, verlegte er sich zunächst auf das Destillieren von Obstbränden, bevor er sich auch mit Likören, Whisky und Wodka befasste. Noch heute kümmert er sich selbst um den Ankauf der Früchte, denn von deren Qualität hängt die seiner Brände ab. Die richtigen, sauren Kirschen der Sorte Montmorency findet er in Michigan. Um ihr Aroma zu unterstreichen, nutzt er Pinot-Hefe. »Verkoster werden oft von dem feinen Ansatz des Kirsch getäuscht«, sagt er, »der sanfte Mandelbeginn mündet in ein grandioses, anhaltendes Kirschfinale. Ich liebe die verblüffte Stille, die folgt.«

Frankreich

Distillerie Paul Devoille
Eau de Cérises, Kirsch Grande Réserve

Fougerolles, im Norden des Departement Haute-Saône, gilt als Tor zur Franche-Comté. Schon im Mittelalter wurden auf dem hügeligen Gebiet Obstbäume gepflanzt, vor allem verschiedene Herzkirschensorten. Speziell für die Destillation (aber auch für die Herstellung von Konfitüren) geeignet, verleihen sie dem Kirsch seinen besonderen Ruf. Heute stehen hier 40 000 Kirschbäume in Ertrag. Die 1859 gegründete Distillerie Paul Devoille, die sich seit 1985 im Besitz der Familie de Miscault befindet, bietet eine Grande Réserve an, die der Tradition entsprechend auf mehreren Sorten basiert, die vergoren und doppelt destilliert werden. Ausdrucksstarkes Kirscharoma mit feiner Mandelnote.

Pflaumen · Zwetschgen

Gegenüber: Der Bauer bringt die Früchte zur Brennerei (links oben), wo sie eingemaischt, vergoren (links Mitte) und dann in den Brennkessel gefüllt werden (links unten). Das Feuer unter dem Kessel wird entfacht (rechts oben), und die Destillation kann beginnen. Man kontrolliert den Alkoholgehalt (rechts Mitte) und fängt den klaren Brand in Eimern auf (rechts unten).

Den Unterschied zwischen Pflaumen und Zwetschgen zu erkennen ist nicht leicht, besonders wenn man im Alpenraum immer wieder hört, dass es nur ein mundartlicher, kein botanischer ist. Und Letzterer wird durch die vielen Kreuzungen immer undeutlicher. Anhaltspunkt oder besser -furche ist vielleicht der Blick auf die ›Naht‹: die länglich-ovalen Zwetschgen haben keine, im Gegensatz zu den rundlich-ovalen Pflaumen und den stark gerundeten Renekloden. Bei den kirschgroßen Mirabellen ist die ›Naht‹ schon jetzt Glückssache. Unter der Oberfläche finden sich weitere Indizien: Das Fruchtfleisch der Zwetschgen ist fest, süß, aromatisch und lässt sich gut von dem länglichen, flachen, beidseitig zugespitzten Stein lösen, während sich Pflaumen von ihrem bauchig-rundlichen Stein oft nur ungern trennen, da ihr Fleisch weniger fest ist. Die ›Steinhaftung‹ kann bei der Entscheidung des Brenners durchaus eine Rolle spielen, denn bei den meisten Pflaumen- und Zwetschgenarten ist der Alkoholertrag vergleichbar gut.

Steinreich

Mit eingemaischt und sogar mit gebrannt, machen sich die Steine mit deutlichen Mandel- und Marzipantönen bemerkbar und geben dem fülligen Brand eine zusätzliche aparte Komponente. Werden die Steine beim Zermahlen der Früchte verletzt, sind sie verantwortlich für unschöne und ungesunde Bittermandeltöne, die das Destillat verderben können. Brenner, die reine Frucht suchen, entsteinen das Brenngut komplett.

Die meisten finden ihren Stil dazwischen. So wandert ein meist kleiner Teil der Steine mit in die Maische und sorgt für zartes Marzipan in einem fruchtstarken Brand.

Neben Pflaumen und Zwetschgen eignen sich Löhrpflaumen gut zum Brennen. Diese Zufallskreuzung kommt ursprünglich aus der Schweiz. Die großen rotlila Früchte tragen ein intensives Aroma von Zimt und Mandel, sind aber auch etwas herb, was sich noch im Brand sehr stark ausdrückt. Brände von Bühler Zwetschgen und Fellenberg Zwetschgen sind von eher regionalem Interesse. Zibarte heißt eine Wildpflaumenform, deren kleine gelbgrüne Früchte mit hohem Gerbstoffgehalt ausschließlich in der Obstbrennerei verarbeitet werden. Zibärtle aus dem Schwarzwald gilt wegen der geringen Ausbeute, mitverursacht durch den niedrigen Zuckergehalt, als höherwertige Spezialität.

Slibowitz

Ein Gläschen Pflaumenschnaps zur Begrüßung gehört in den Balkanländern zum guten Ton. Allein in Serbien enden 70 % der geernteten Zwetschgen, rund 424 000 t, als Slibowitz. Noch immer brennen viele der Bauern ihren Schnaps selbst, wobei sie auf eine lange Tradition der Schwarzbrennerei zurückblicken können. Da die überwiegend verwendete Sorte Pocegaca (ein Synonym der auch als Basler, Bauernpflaume oder Hauspflaume bekannten Frucht) ausreichend zuckerhaltig ist, vollzieht sich die alkoholische Gärung meist ohne Probleme. Allerdings wird beim Einmaischen wohl

Auch von Zwetschgen und Pflaumen gibt es eine Fülle von Sorten, die sich in Farbe, Form und Aroma unterscheiden. Oft dominiert in einer Region eine bestimmte lokale Sorte.

nicht immer genügend Sorgfalt darauf verwendet, dass die Steine nicht aufbrechen. Das erklärt das eigenwillige Aroma mancher Brände und vielleicht auch, warum feuchtfröhliche Slibowitz-Abende so berüchtigt sind für ihre Spätfolgen.

Die Gärung erfolgt bei niedrigen Temperaturen, wodurch sie verlangsamt wird. Ist die Maische schließlich durchgegoren, wird entweder sofort oder mit zeitlicher Verzögerung gebrannt, wobei der sogenannte Spätbrand als die feinere Variante gilt. Ein Teil des Destillats wird wenig später abgefüllt, der Rest im Fass ausgebaut. Dafür kommen neben Eichenfässern auch Gebinde aus Robinien- und Maulbeerholz zum Einsatz, die die Brände mitunter gut verfeinern. Exportunternehmen wie Imperia, Stefan Nemanja und Stara Sokolova altern ihren Slibowitz bis zu zwölf Jahre.

Im Frühjahr 2007 verloren die Tschechen etwas von ihrer sprichwörtlich taubenhaften Langmut. Ein Formfehler in einer Novellierung von EU-Normen drohte ihr hochprozentiges Obstdestillat Slivovice zum namenlosen alkoholischen Pflaumensaftverschnitt zu degradieren. Es kam zu Protesten, in deren Verlauf insgesamt 200 Pflaumenbäume gesetzt und mit dem Brand des Anstoßes zu »Pflaumen der Freiheit« geweiht wurden. Im September 2007 erreichten diverse slawische Staaten EU-weiten Schutz für ihren Slibowitz, den sie mit dem Adjektiv ihres Namens als Gebietsschutz versehen können. Und der Pflaumenhain der Freiheit wächst und gedeiht.

Scharka-Katastrophe?

Pflaumen sind, wie alles Steinobst, von der Virusinfektion Scharka bedroht. Von Blattläusen übertragen, hinterlässt sie zunächst hellgrüne Flecken auf den Blättern. Später bekommen die Pflaumen kleine Dellen, das Fruchtfleisch verhärtet sich gummiartig und wird ungenießbar. Befallene Bäume müssen gerodet werden, die Stelle kann frühestens im zweiten Jahr und dann auch nicht mit Steinobst neu besetzt werden. Nach scharkaresistenten Sorten wird derzeit mit Hochdruck geforscht.

Tzuika

Der Schnaps, dessen Geschichte bis ins 15. Jahrhundert zurückreichen soll, ist bis heute so präsent, dass zumindest in ländlichen Gebieten kaum eine Mahlzeit ohne einen kurzen Tzuika begonnen wird, und bei Familienfesten bringt man Toasts damit statt mit Wein aus. Gebrannt wird diese rumänische Spirituose mit 45% vol Alkoholgehalt aus einer regionalen Pflaumensorte, die ausschließlich zu diesem Zweck angebaut wird. Nach einer Erhebung im Jahr 2003 betrug die Anbaufläche rund 55 000 ha, 75 % der Ernte wurde zur Tzuika-Herstellung verwendet. Nach sechs bis acht Wochen Gärdauer wird die Maische in Kupferblasen über offenem Holz- oder Kohlefeuer doppelt gebrannt und das Destillat dann sechs Monate bis zehn Jahre in Eichenfässern ausgebaut. Die bekanntesten Anbaugebiete sind Buzau, Cimpulung, das Mures-Tal und die Berge um Pitesti, wo Tzuika den Spitznamen »Ochii lui Dobrin« (Dobrins Augen) erhielt, nach dem Fußballspieler der 1970er Jahre, dessen Ballgefühl wohl nur von seiner Trinkfestigkeit übertroffen wurde. Der Tzuika ist als Produkt geschützter Herkunft in der EU anerkannt. Allerdings mussten sich die Rumänen verpflichten, die vielen privaten Brennereien zu registrieren und Hygienestandards einzuhalten.

Ausgewählte Pflaumenbrände

Deutschland

Dirker
Feldzwetschgenwasser

Mit zu vielen Pflaumen fing es an. Die Ernte auf den fränkischen Streuobstwiesen war 1986 so reichlich ausgefallen, dass der Eigenbedarf und der von Nachbarn und Freunden an Frischobst mehr als gedeckt war. Der gelernte Zimmermann Arno Dirker brachte den Überschuss zu einem Freund, der ihn destillierte. Das war der Beginn einer wunderbaren Freundschaft – zwischen dem Franken Dirker und dem Brennapparat. Das Feldzwetschgenwasser zeigt ganz reine Frucht, nur einen maßvollen Fasston und eine gute Länge. Ganz so soll die Zwetsche sein.

Schweiz

Urs Hecht
Vieille Prune im Barrique

Mit seiner Akribie ist der Luzerner Urs Hecht in kurzer Zeit zu einem der regsten Brenner der Schweiz aufgestiegen. Seine Destillate zeigen neben aller fruchtigen Intensität vor allem eine gekonnte Balance, hier zum Beispiel zwischen säuerlicher Frucht und neuem Holz. Am Gaumen lebhaft, saftig und zuckersüß.

Österreich

Alois Gölles
Alte Zwetschke, im Eichenfass gelagert

Früchte, die mit warmen Tagen, aber kalten Nächten konfrontiert werden, reifen später. Dafür haben sie in der längeren Vegetationsperiode mehr Geschmacksstoffe entwickelt. Das gilt jedenfalls für die Hauszwetschgen von alten Streuobstwiesen der Steiermark in diesem Brand. Sieben Jahre ruhte das Destillat dann in Eichenfässern, wobei es zu einer satten Cognacfarbe bräunte. Man riecht und schmeckt viel altes, feines Holz, das niemals aufdringlich ist, sondern die reife Frucht angenehm üppig untermalt.

Österreich

Christoph Kössler
Zwetschkenbrand
Eichenfass Reserve

»Je öfter das Brenngut erhitzt wird, desto mehr Qualität geht verloren.« So einfach beantwortet Christoph Kössler die grundsätzliche Frage nach Doppelt- oder Kolonnenbrennen. Einfach gemacht hat er es sich allerdings dabei nicht. Der Tiroler hat eine der modernsten computergesteuerten Brennanlagen im Haus. Entsprechend perfekt geraten seine Bände. Auch der Zwetschkenbrand von 2003 aus dem Eichenfass atmet Eleganz und kombiniert die lebhafte Frucht mit etwas Vanille und Pfefferminz.

Österreich

Tinnauer
Zwetschkenbrand
Reserve

»Die besten Brände entstehen im Kopf«, hat der Steirer Franz Tinnauer einmal einem Journalisten gesagt, und tatsächlich gilt er als der Denker unter den österreichischen Brennern. Vielleicht kommen seine Destillate deshalb bisweilen hochgeistig in die Flasche. 52,5 % vol Alkoholgehalt kennzeichnet seinen Zwetschkenbrand Reserve. Der setzt mit faszinierender Intensität am Gaumen an, die er bis in den langen Abgang beibehält. Darin oszillieren Pfefferminz, Zuckerguss und würzige Fassnoten. Kein Prozent Alkohol zu viel.

Österreich

Weutz
Zwetschke

In dem alten Streit zwischen doppelter und Kolonnendestillation hat sich Michael Weutz aus der Steiermark für die Mitte entschieden. Er hat sich eine Apparatur nach seinen Vorstellungen anfertigen lassen. Einzelheiten gibt er nicht bekannt. Weutz achtet akribisch auf jedes Detail. Nur Obst bester Qualität wird geerntet und wenn nötig von Hand entsteint. Das Ergebnis kann sich sehen lassen. Ein schöner Ton von altem Holz, dazu etwas Minze und Kräuter in der Nase. Am Gaumen volle Frucht, Dörrpflaumen, Süße und Länge.

Kroatien

Badel
Stara Sljivovica

Die Basis für diesen Slibowitz ist die rund um Zagreb angebaute Bistrica-Pflaume, darauf legt man bei Badel Wert. Und darauf, dass man schon seit 1862 das kroatische Nationalgetränk herstellt. In der Zagreber Destillerie wird der Pflaumenbrand doppelt destilliert. Dann folgt für den Stara Sljivovica (stara bedeutet alt) eine Reifeperiode in Fässern aus slawonischer Eiche, der er den hellen Bernsteinton und eine gewisse Milde verdankt. Gut gekühlt gilt ein Slibowitz in seiner Heimat als Aperitif, Begleiter und Abschluss eines Essens. Diese Vielseitigkeit hat ihn dort und auch in Deutschland zum Marktführer gemacht.

Serbien

Bogdanovic
Stara Sokolova

Dieser alte Pflaumenbrand wurde nach den Falken benannt, die seiner Herkunftsregion im mediterranen Teil Serbiens den Namen gaben. Dort, am Fluss Drina, sind Pflaumen das wichtigste landwirtschaftliche Erzeugnis. Sie werden unterschiedlich genutzt, aber der Löwenanteil ist für den Slibowitz bestimmt. Seit 1830 brennt die Familie Bogdanovic Pflaumen, heute in der siebten Generation. Die Qualität ihres wiederholt ausgezeichneten Destillats beruht auf der Mischung von alten und neuen Pflaumensorten und dem sorgsamen Ausbau, der ihm große Sanftheit und Harmonie verleiht.

Frankreich

Etienne Brana
Eau-de-Vie de Prune Vieille

In Saint-Jean-Pied-de-Port gründete der Baske Etienne Brana 1974 eine auf höchste Qualität ausgerichtete Brennerei und pflanzte Birnbäume für seinen inzwischen berühmten Poire William. Aber die Prune Vieille aus der Pflaumensorte d'Ente und aus Reneklöden steht nicht nach. Die selektierten Früchte werden in Edelstahltanks vergoren und in einem *alambic charentais* doppelt destilliert. Tochter Martine Brana, die ihrem Vater nachfolgte, altert einen Teil des *eau-de-vie* in Eichenfässern, bevor sie ihn mit frischem, fruchtigem Pflaumenbrand assembliert. Der Duft ist intensiv und komplex, fruchtig und würzig, der Geschmack am Gaumen sehr harmonisch, mit feiner Würznote und sehr lang anhaltend.

Schlehen und ihr Geist

Die kaum kirschgroßen, blauschwarzen Früchte des Schlehdorns, eines Vorfahren der Kulturpflaumen, stellen für den Brenner eine Herausforderung dar. Sie schmecken sauer, sehr herb, adstringierend und bitter. Allenfalls genießbar sind die Früchte erst nach dem Frost, der einen Teil der Gerbstoffe zerstört. Ihr weniges Fruchtfleisch lässt sich kaum vom Stein lösen, was das Einmaischen der Früchte erschwert. Die selbst nach dem Frost noch hohen Gerb- und Bitterstoffgehalte behindern die Gärung. Sie ist nicht unmöglich, man kann sie durch die Zugabe von Enzymen, Reinzuchthefe und warmem Wasser unterstützen, aber die Alkoholausbeute wird immer nur gering sein, es ist nur etwa halb so viel wie von Mirabellen. Viele Brenner entscheiden sich daher für das Geistverfahren, bei dem man unvergorene Früchte zum Destillieren mit Alkohol ansetzt.

In der Distillerie Moutard in der Champagne nimmt man dafür selbst gebrannten Weingeist – schließlich ist man Spezialist für Marc de Champagne – und lässt die Schlehen mindestens zwei Jahre darin mazerieren, wobei viele der Fruchtaromen in den Alkohol gelangen. Dann füllt man sie in kupferne *alambics,* die sehr vorsichtig erhitzt werden, da der Schlehengeist sonst unschöne Karamelltöne entwickelt. Moutards Eau-de-vie de Prunelle de Champagne besitzt ein sehr intensives Aroma von Mandeln und Marzipan. Vor allem am Gaumen tritt die Schlehe fruchtig hervor, begleitet von süßer Mandel und einer feinen Bitternote.

Schlehdorn wächst in vielen Regionen wild, so auch in der berühmten Champagne. Lohnpflücker liefern die Früchte an die Destillerie, wo sie zunächst in Weingeist mazerieren müssen.

Links (von oben nach unten)

In die zylinderförmigen *alambics* passen je zwei Korbsiebe übereinander. Das untere wird leer eingesetzt.

Erst im *alambic* werden die mazerierten Früchte eingefüllt, damit kein Tropfen des Alkohols, in dem sie zogen, verloren geht.

Nachdem das zweite Korbsieb daraufgesetzt wurde und gefüllt ist, werden die Früchte darin noch gleichmäßig verteilt. Der Alkohol sammelt sich im unteren Teil des *alambic*.

Dann wird der Deckel auf den *alambic* gesetzt und fest verschraubt.

Rechts (von oben nach unten)

In der Mitte des Deckels wird der Hut mit der charakteristischen Zwiebelform montiert. Dessen obere Öffnung wird mit dem Geistrohr, auch Schwanenhals genannt, verschlossen. Das andere Ende dieses Rohrs mündet in den Tank.

Der Raubrand beginnt: Wenn die *alambics* von unten befeuert werden, steigt der verdampfende Alkohol durch die mazerierten Schlehen auf, der Dampf sammelt sich im Hut und gelangt über das Geistrohr in den Tank, wo er kondensiert.

Nach dem Raubrand werden die Siebe voller ausgelaugter Früchte mit dem Flaschenzug aus den *alambics* gehoben. Die Apparatur lässt sich nun gut reinigen.

Die Früchte haben ausgedient und werden entsorgt, wenn die Möglichkeit besteht, als Düngemittel auf den Feldern.

Marillen · Aprikosen

Eine ihrer bemerkenswertesten Ausdrucksformen findet die Marille in der österreichischen Wachau mit ihrem trockenen Klima und den deutlichen Temperaturschwankungen zwischen Tag und Nacht, besonders in der Reifezeit bis Anfang August. So wurden Wachauer Marillen 1996 zu Recht eine EU-geschützte Markenbezeichnung. Im Anbaugebiet gedeihen gegenwärtig rund 100 000 Marillenbäume. Es sind überwiegend Niedrigstämme der Sorte Klosterneudorfer Marille, wobei Wert auf großzügig bemessene Standweite gelegt wird. Schließlich sollen die Früchte genug Licht, Luft und Sonne bekommen. Immer wieder wird gerade Brennern empfohlen, keine Schatten-, sondern Sonnenfrüchte zu verarbeiten, weil nur solche das besonders intensive Aprikosenaroma entwickeln. Da passt es doch gut, dass schon um 1600 der Name Aprikose mit lateinisch *apricus,* sonnig, in Verbindung gebracht und als *in aprico coctus,* sonnengereift, interpretiert wird – auch wenn die Herleitung fragwürdig ist.

Will man die voll sonnengereiften Aprikosen oder Marillen auf dem Höhepunkt ihrer Aromenentwicklung ernten, muss man genau wissen, was man tut, denn im Gegensatz zu Kernobstarten wie Birnen und Quitten reifen Marillen, speziell die aus der Wachau, nicht nach. Hat man die prallen orangegelben, rotwangigen Früchte aber zum exakt richtigen Zeitpunkt in den Maischbottich bekommen, dann verheißt die perfekte Balance von ebenso hohen Zuckergehalten wie Säurewerten – die den speziellen Klimabedingungen der Wachau zu danken ist – Brände mit sattsüßen Aromen von reifer Frucht und Mandeln (vorausgesetzt, beim Maischen sind nicht zu viele der großen Steine aufgebrochen). Die Ausbeute liegt bei etwa 7 l Brand auf 100 l Maische.

Marillen werden in Mittel- bis Osteuropa destilliert, von der Wallisischen Abricotine bis zum Barack Pálinka in Ungarn und seinen Varianten auf dem Balkan. In seiner besten Erscheinungsform ist Aprikosenbrand ein warmes Destillat mit tiefer Süße und lang anhaltend fruchtigem Charme. Bisweilen können verspielte Aromen wie Anis, Schokolade oder Jasmin hinzutreten.

Barack Pálinka

Auch östlich des Plattensees, der die politische Grenze zwischen Österreich und Ungarn bildet, sowie in weiten Teilen des Bal-

Aprikosen müssen am Baum optimal gereift sein, sollen sie einen überzeugenden Brand liefern.

kans sind Marillenbrände hoch geschätzt. Zur Zeit der Türkenherrschaft dehnten sich in der ungarischen Tiefebene seit Mitte des 16. Jahrhunderts weite Aprikosenhaine aus. Sie haben der wechselhaften ungarischen Geschichte zwar nicht standhalten können, sind aber zu Beginn des 19. Jahrhunderts neu angelegt worden. Bis heute berühmt für die Qualität der Aprikosen ebenso wie des Barack Pálinka ist die Region um die Stadt Kecskemét.

Es heißt, der hier gebrannte Aprikosenschnaps, nichts anderes heißt Barack Pálinka, habe sich allerhöchster Gunst erfreuen dürfen, seit ihn der Herzog von Windsor in den 1930er Jahren in einem Budapester Nobellokal erstmals kostete. Dennoch ist Barack Pálinka ein bodenständiges Getränk geblieben. Nicht selten wird der Feinbrand in einer Trinkstärke von 50 % vol Alkoholgehalt abgefüllt und so auf dem Etikett staatlich zertifiziert. Hohe Alkoholgehalte gelten als hochwertiger. Besonders kraftvolle *palinkás* werden in Ungarn anerkennend auch *kerítésszaggató* genannt. Das bedeutet Zaunreißer und spielt liebevoll auf die Effekte an, die einige Gläschen auf den menschlichen Gleichgewichtssinn haben können.

Wie fast überall auf dem Balkan werden die hochprozentigsten *házi pálinkák* (Hausbrände) oft in Heimarbeit hergestellt. In Ungarn ist es Privatleuten erlaubt, selbst produzierte Maische bei einem Brenner auf die gewünschte Stärke destillieren zu lassen. Die Hand des Fachmanns stellt dabei immerhin sicher, dass der giftige Methylalkohol und gesundheitsschädliche Fuselöle in Vor- und Nachlauf fachgerecht abgetrennt werden. So gesehen spricht also nichts gegen das tägliche Glas Aprikosenbrand.

Von links nach rechts: In Kecskemét arbeitet man mit einer modernen Destillieranlage. Durch die Bullaugen der Kolonnen lässt sich das Geschehen im Innern beobachten. Trotz computergesteuerter Technik wird auf das Entnehmen von Proben und deren Verkostung nicht verzichtet.

Ungarn bietet ein vielfältiges Angebot an Barack Pálinkas.

Seltene Steinobstbrände

Christoph Kössler (A)
Edelbrand aus Vinschgauer Marillen
Außergewöhnliche Wachstumsbedingungen genießen die Vinschgauer Marillen auf dem Nördersberg bei Schlanders in Tirol. Bei viel Sonne, kühlen Nächten und einer späten Ernte bilden die Früchte viele aromatische Säuren. Die unscheinbaren blass-grünlichen Früchte der eigenständigen Sorte sind frisch kaum genießbar und spielen ihre olfaktorischen Trümpfe erst im verarbeiteten Zustand aus. Die Vinschgauer wissen das und machen feinste Konfitüre daraus. Christoph Kössler weiß es auch. Sein Brand bringt die Marillenfrucht in ihrer ganzen Komplexität, duftig und reif mit satter Süße und einem Hauch Menthol.

Franz Tinnauer (A)
Weingartenpfirsich Brand
Dass Franz Tinnauer als ausgebildeter Winzer in der Nachbarschaft seiner Weinlagen Weingartenpfirsiche pflanzt, versteht sich fast von selbst. Aber es brennt sich nicht von selbst. Die feinen, komplexen Aromen des Pfirsichs, die so oft in Weinen wie dem Riesling zu finden sind, überstehen eine Destillation nur schlecht. Nicht selten ist ein fader Brand mit viel Marzipangeschmack vom Stein die Folge. Tinnauer hat die Bittermandeltöne ganz herausgelassen und einen weich-fruchtigen Brand gemacht, in dessen Nachhall man den Pfirsich ganz klar schmeckt.

Karl Holzapfel (A)
Marille 05
Zuerst müssen die Steine weichen. »Die schieben sich aromatisch zu sehr in den Vordergrund«, weiß Karl Holzapfel aus der Wachau. Dann wird sorgfältig gemaischt, und sofort kalt und ganz langsam vergoren. Nach der Destillation folgen zwei Jahre Ruhe im Glasballon. »Das konzentriert die Aromen besser.« Der Marillenbrand wird mit 45 % vol Alkoholgehalt abgefüllt »und reift noch etwas auf der Flasche.« In der Nase meldet sich eine feine, spielerisch leichte Fruchtaromatik, die sich am Gaumen nahtlos fortsetzt, bewundernswert intensiv und lang.

Georg Hiebl (A)
Schlehe Edelbrand
Viel Stein, wenig Fruchtfleisch, kaum Wassergehalt, ohne den die Gärung nicht in Gang kommt. Die Schlehe ist schwierig, aber manche Brenner lieben genau diese Herausforderung, selbst wenn sie hinterher einsehen müssen, dass sie ihr nicht gewachsen sind. Georg Hiebl im niederösterreichischen Mostviertel gelingt es, Leben in diese widerspenstige Frucht zu bringen. Sein Edelbrand von der Schlehe verströmt ein intensives Steinaroma, Marzipan, Pistazie und ganz viel Mandel. Voll und charmant in der Nase. Am Gaumen vielschichtig und lang, etwas Menthol und Kräuterbitter im Abgang.

Guglhof (A)
Marillen Brand
Der Guglhof aus dem Jahr 1641 ist die älteste Brennerei im Salzburger Land. Als Traditionalist bezeichnet sich auch Anton Vogl, führt seine Familie doch schon seit Generationen den Betrieb. Das schließt aber moderne Brenntechnik wie die Vergärung in temperaturregulierten Edelstahlbehältern nicht aus. Doch Vogl steht mit Überzeugung hinter der doppelten Brennweise, da sie den Schnäpsen ein längeres Leben verleihe. Die limitierten Editionen werden auf dem Guglhof von Hand abgefüllt. Die Marille ist saftig und reif mit etwas Minze und Trester, kraftvoll am Gaumen, mit Menthol im Abgang.

Franz Tinnauer (A)
Kriecherl Brand
Die gelben Mirabellen werden österreichisch auch Kriecherln genannt, aber unter gleichen Namen kennt man noch die Früchte der Haferschlehe, einer blauen Wildpflaumenart. Bei Franz Tinnauer in Gamlitz in der südlichen Steiermark, der zugleich auch ausgezeichnete Weine erzeugt, kann man die Wildpflaumenart in Höchstform verkosten. Sie zeigt einen weichen, von viel Frucht umhüllten Steinton. Am Gaumen erscheinen Noten von Kirsche, Zwetschge, Zimt, Menthol, die lange anhalten.

Jean-Paul Metté (F)
Eau-de-Vie de Vieille Mirabelle
In Ostfrankreich, speziell in Lothringen, findet die Mirabelle beste Anbaubedingungen. Die Früchte aus der Region erfreuen sich nicht nur einer geschützten Herkunftsbezeichnung, sondern auch der Wertschätzung der Lothringer, die einmal im Jahr in Metz die Fête de la Mirabelle feiern. Seit mehr als 100 Jahren erzeugt Metté im nahen Ribeauvillé Brände erster Güte, heute sind es Dutzende Sorten. Die Mirabelle war es aber, die den Brennmeister Jean-Paul Metté berühmt gemacht hat. Typisch für Steinfrüchte ist ein verhaltener Duft. Die Vorstellung am Gaumen ist aber kraftvoll mit süßer Frucht und langem Nachhall.

Martin Fischer (D)
Mirabellenbrand, im Holzfass gereift
Martin Fischer hat sich im fränkischen Wiesentheid auf Früchte der Region spezialisiert, vorzugsweise Sorten, die dort auch heimisch sind. Für die unscheinbare Mirabelle hat er eine besondere Vorliebe, auch wenn sie »äußerlich nur eine kleine Pflaume mit Leberflecken« darstellt. Sein Brand, den er im Holzfass veredelt hat, zeugt von seiner Begeisterung. Der ausgefallene Duft mit feinstem Marzipan und viel Vollmilchschokolade lässt an eine gut bestückte Confiserie denken. Im Mund verbreitet sich süße, reife Frucht, begleitet von etwas Schokolade, Marzipan und einer Spur Karamell.

Obst-Reisen

Die Steiermark, Österreichs südlichstes Bundesland, das an Slowenien angrenzt, besitzt ein schon mediterranes Klima, dazu aber ausreichend Niederschläge und gute, fruchtbare Böden. Die natürlichen Bedingungen kommen dem Obstbau (wie dem Weinbau) sehr entgegen, auch wenn in den Höhenlagen im Winter oft reichlich Schnee fällt. Während andere Obst-Regionen in Europa sich eher schwer tun, verstanden und verstehen es die Steirer ausgezeichnet, ihre Obstsorten gewinnbringend zu vermarkten, allen voran ihre Äpfel.

Schon zu Zeiten der österreichisch-ungarischen Monarchie waren steirische Äpfel für ihre Qualität weithin berühmt, sehr gefragt und selbst am russischen Zarenhof ein Begriff. Heute wiegen sie schwer in der Wirtschaft des Bundeslandes, denn sie sind das wichtigste Produkt der Ost-, West- und Süd-steiermark. Diese drei Regionen liefern 70 % des gesamten österreichischen Obstes, aber neun von zehn Äpfeln im Inland! Und die werden von 1600 Apfelbauern auf rund 5500 ha kultiviert.

Insgesamt werden in der Steiermark auf gut 7800 ha Obst angebaut, während der Weinbau jetzt rund 3300 ha erreicht. Obstbäume und Obstanlagen stellen damit ein prägendes Element der Landschaft dar, das vor allem zur Blütezeit ungeteilte Aufmerksamkeit auf sich zieht. So ist die Steiermark beinah zwangsläufig zum beliebten Reiseziel geworden. Zumal sich die Reize von Obst nicht nur auf die optischen beschränken. Gewiss spielen die frischen Früchte zur Saison eine Rolle, noch mehr aber lockt die Gelegenheit, auf zahlreichen Obsthöfen einkehren zu können, die Gäste gern willkommen heißen. Dort kann man seinen Durst

Die Steiermark ist Österreichs bedeutendste Obstregion und zugleich führend bei den Obstbränden.

mit einem Glas Saft, Most oder Nektar löschen, Konfitüren, Chutneys und Dörrobst erstehen und nicht zuletzt die vorzüglichen Edelbrände probieren, die es inzwischen in einer erstaunlichen Vielfalt gibt.

Destillierte Zukunft

In einem so fruchtbaren Obstland hat das Brennen eine alte Tradition. War es früher vorwiegend eine Möglichkeit, den Ernteüberschuss zu verarbeiten, haben gerade die Steirer Bauern es verstanden, ihre Brände auf ein völlig neues Qualitätsniveau anzuheben und erfolgreiche Nischenprodukte daraus zu gestalten. Dabei ist es ihnen gelungen, ihre über Generationen vererbten, in Traditionen verwurzelten Höfe in moderne, zukunftsorientierte Betriebe zu verwandeln, wo selbst angebaute Rohstoffe auf innovative Weise veredelt werden.

Natürlich standen und stehen zuerst die Sorten zur Verfügung, die im Steirer Obstbau den Ton angeben. Nach den Äpfeln, wo man bekannte Sorten wie Gravensteiner, Goldparmäne oder Idared, aber auch traditionelle wie den Maschanker getrennt destilliert, fiel das Augenmerk der Brenner schon bald auf den Holunder, die zweitwichtigste Obstsorte der Region, die aber vorwiegend wegen ihres Farbstoffs angebaut wird und beim Brennen viel technisches Geschick erfordert. In der Reihenfolge ihrer Bedeutung im Obstbau verwandeln die Brenner Birnen, Zwetschken, Ribiseln (Schwarze Johannisbeeren), Pfirsiche, Erdbeeren, Kirschen, Marillen, Walnüsse und Brombeeren in klare Duft- und Geschmacksessenzen, um sich darüber hinaus mit Wildfrüchten, allen voran der beliebten Vogelbeere, sowie exotischeren Grundstoffen zu befassen.

Der auf immer intensivere, aber auch feinere, klarere und ausgefallenere Aromen ausgerichtete Geist hat nicht nur die Brenner der Steiermark erfasst, sondern auch ihre Kollegen in allen Sparten der Ess- und Trinkkultur. Daraus ist eine Bewegung entstanden, die die Steiermark in eine Genussregion verwandelt hat, die sich als Kulinarium Steiermark europaweit an Genießer und qualitätsbewusste Kunden wendet und ihnen zahlreiche Möglichkeiten bietet, ihre Sensorik zu schulen und zu begeistern.

Sobald im Frühjahr die Obstblüte einsetzt, setzt auch der Strom der genussfreudigen Besucher ein.

Dank des Klapotetz können sich die Vögel nicht ungestört über das Obst hermachen.

Beerenobst

Brände aus Beeren zählen zu den gefragtesten und teuersten Obstbränden. Die kleinen Früchte sind frisch zwar intensiv im Geschmack, doch ihre Destillation erfordert großes handwerkliches Wissen und viel Geschick. Das beginnt mit der Ernte, wo man den Eindruck gewinnen kann, manche Beeren entzögen sich ihr geradezu, braucht es doch oftmals unerwartet lange, bis sie sich zu einer destillierbaren Menge summiert haben. Handelt es sich um Wildbeeren, ist der Aufwand noch größer, denn nicht selten müssen sie von unzugänglichen, bisweilen mit Dornen bewehrten Büschen gepflückt werden. Obendrein sind Wildformen, die deutlich konzentriertere Aromen aufweisen, in Mitteleuropa heute längst selten geworden. So wird schon die Ernte eine teure Investition. Steht man dann angesichts des umfangreichen Angebots an »Wald-« und »Wildhimbeeren« vor den Spirituosenregalen der Supermärkte, drängt sich der Verdacht auf, dass manche Namensgebung eher auf die Phantasie des Vermarktenden als auf die Herkunft der Beeren zurückgeht.

Verbraucher, deren Geschmacksempfinden vielleicht durch Fruchtjoghurt oder Marmelade so mit naturidentischen Aromastoffen manipuliert worden ist, dass sie an frischen Erdbeeren längst den gewohnten Erdbeergeschmack vermissen, können leicht der trügerischen Aromenfülle erliegen.

Fruchtmengenlehre

Bei vielen Beeren wie Brombeeren und Erdbeeren ist es allein die Menge, die den Brand teuer macht. »Aus 100 l Walderdbeermaische zieht man mit Glück 2 l Brand«, erklärt der Franke Arno Dirker, der eine ganze Reihe Wildbeerarten brennt. »Zusammen mit den Produktionskosten und der Steuer wird das schnell unbezahlbar.«

Fast noch schwieriger ist es, die feinen Aromen einzufangen. Selbst großzügige Mengen sorgfältig verarbeiteter Früchte ergeben oft nur faden Brand. Andere Beeren wie Waldheidelbeeren und Holunder weisen hohe pH-Werte auf, was bedeutet, sie sind nicht sauer genug, um das unerwünschte Wachstum von Essig-, Milch- und Butter-

Erst seit den 1990er Jahren gelingt es, mit neuem Qualitätsdenken und moderner Technik aus Beeren wie Roten Johannisbeeren und Brombeeren überzeugende Brände zu destillieren.

säurebakterien zu verhindern. In kundigen Händen kann dennoch aus Holunder ein dichter, würziger Brand entstehen. Die Beeren müssen dazu aufwändig von Stielen und Kämmen befreit und fein gerebelt werden, die Gärung kann vier Wochen dauern und die Destillation nicht mehr als 2–3 l reinen Alkohol auf 100 l Maische ergeben.

Deutlich leichter machen es Johannisbeeren, oder Ribiseln wie sie ab Süddeutschland heißen, vor allem weiße und schwarze. Die intensiven Aromen in den Schalen finden sich auch in den Bränden wieder, dazu leicht adstringierende Aspekte wie von Laub. Eine angenehme Spielart sind Weiße Johannisbeeren. Ihre Charakteristik ist fruchtiger mit eleganter Säure.

Hochwertige Beerenbrände sind oft nur mit viel Erfahrung und so moderner Technik beherrschbar, dass es sie eigentlich erst seit den 1990er Jahren gibt. Eine Ausnahme sind Himbeeren, die schon vorher überzeugende Resultate erbrachten, wenn man sie in Alkohol mazerierte und damit zusammen destillierte. Dies ist bis heute die verbreitetste Methode. Man rechnet etwa 6 kg Früchte auf 2 l 96%igen Alkohol, hat beim Brennen, bezogen auf den Alkoholgehalt, kaum Verlust und nach dem Einstellen auf Trinkstärke entsprechend mehr Himbeergeist. Anders beim Himbeerwasser, wo die Früchte vergären und ein vergleichbarer Alkoholertrag 100 kg Himbeeren erfordert. So mit Waldbrombeeren oder Blaubeeren zu verfahren, um reines Beerendestillat zu erhalten, schien noch vor einem Jahrzehnt aussichtslos. Heute bieten Beeren insgesamt eine große Palette tiefgründiger, komplexer Destillate mit jeweils eigenem Charakter.

Holunderbeeren stellen besondere technische Herausforderungen an Brenner und werden nur selten destilliert.

Um aus Beeren wie Himbeeren oder Schwarzen Johannisbeeren Edelbrände zu erzeugen, bedarf es großer Mengen der teuren Früchte.

Himbeeren

Der Grundstoff für einen Obstbrand kann zuweilen eine große finanzielle Belastung darstellen, besonders bei Himbeeren. Die sensiblen Früchte schlagen selbst für einen Großabnehmer wie einen Brenner oft hoch zu Buche. Erntemengen von Wild- oder Waldhimbeeren – zweifellos der edelste Grundstoff für das Destillat – sind so gering, dass die Tagesausbeute oft erst eingefroren werden muss. Die empfindlichen Beeren würden sonst verderben, bevor genügend Material für die Maische zusammenkommt. Setzt die Gärung dann nicht schnell genug ein, kann sich Schimmel bilden. Zudem haben die Früchte nur wenig Zucker, der zu Alkohol vergären kann. Das alles sind Risikofaktoren, die das Produkt verteuern.

Da lässt sich Geld sparen, wenn man die Früchte gleich in 96 %igen Alkohol einlegt. Der laugt einen Teil des Rheosmins und weiterer etwa 250 Substanzen aus, die den Geruchseindruck der Himbeere prägen. Wird dann gebrannt, reichen für 1 l Alkohol schon 3 kg Früchte. Im Vergleich dazu kommt ein Himbeerbrand (oder -wasser) nicht mit dem Fünfzehnfachen aus. Qualitätsbewusste Brenner wie Günther Rochelt aus Tirol maischen bis zu 50 kg Früchte ein, um nur 1 l Himbeerbrand zu destillieren. Wer Spaß an Rechenspielen hat, der kann beim Genuss eines solchen Gläschens mit einkalkulieren, dass schon im nächsten Schluck mindestens ein ganzes Pfund Himbeeren steckt. Würde nicht der größte Teil vor allem der Waldhimbeeren in Osteuropa geerntet, wären die Gestehungskosten wohl gänzlich unbezahlbar.

Geist oder Wasser?

Was bei vielen anderen Früchten letztlich auf eine Entscheidung zwischen erster und zweiter Wahl hinausläuft, ist bei Himbeeren nicht so eindeutig. Durch das Brennen des aus fruchteigenem Zucker entstandenen Alkohols gelangen die Geschmacksnoten der Himbeere wohl konserviert in die Flasche. Sie entwickeln dabei eine unerwartete Tiefe und Nachhaltigkeit. Waldhimbeeren können mit einer Transparenz beeindrucken, dass man sogar die vielen feinen Härchen der Frucht auf der Zunge zu spüren glaubt. Mit einiger Lagerzeit in der Flasche werden viele Himbeerbrände noch harmonischer und besser. Selbst in offenen Flaschen kann sich manches Destillat noch weiterentwickeln. Der erste Duft jedoch, der aus dem frisch eingeschenkten Glas aufsteigt, ist zuweilen verhalten, wenn nicht gar dünn. Auch wenn der Brand im Glas nach einiger Zeit ›erwacht‹, fehlt ihm oft vor allem eins: fruchtige Frische.

Die zauberhaft blumige Leichtigkeit der Himbeeren, die auf dem Flüssigkeitsspiegel zu tanzen scheint, fängt dagegen der Geist viel besser ein. Gute Geiste sind sofort präsent und tauchen die Geschmacksrezeptoren in frischen Himbeerduft, der manchmal dunkle Nuancen von Fruchtkompott, dann wieder geradezu betäubende Obertöne von Hyazinthen ausspielt.

Framboise von St. George aus Kalifornien/USA

Eine Schwarzwaldbäuerin beim Himbeerpflücken

Ausgewählte Himbeer-Destillate

Deutschland

Dirker
Waldhimbeergeist
Einem irischen Seefahrer des 17. Jahrhunderts ist es zu verdanken, wenn Arno Dirker diesen feinen Waldhimbeergeist macht. Wäre dieser Vorfahr von ihm nicht im Fränkischen ›gestrandet‹ und hätte dort keine Familie gegründet... Dirker will es ganz genau wissen. Mit unendlicher Akribie gelingt ihm aus rumänischen Waldhimbeeren ein Destillat, das die komplette Himbeerfrucht bewahrt hat. Dicht, süß und etwas Himbeerbonbon.

Deutschland

Marder
Waldhimbeerbrand
Edmund Marder hat sich mit zuverlässiger Qualität an die Spitze der Brenner in Europa vorgearbeitet. Inzwischen hat er auf dem Fichtenhof Unterstützung von seinem Sohn Stefan bekommen. Die ersten Gemeinschaftsproduktionen lassen erwarten, dass es am bisherigen Kurs keine wesentlichen Änderungen geben wird. Vollfruchtig und dicht am Gaumen, reif und cremig mit einer Spur Bonbon und Zitrone, die noch im Abgang erscheinen.

Schweiz

Käser
Waldhimbeerbrand
»Das bringt nichts«, behaupten manche Obstbrenner, sobald die Rede auf Himbeerbrand kommt. Viel zu viele Früchte seien da nötig, und sie enthielten viel zu wenig Zucker. Ein Himbeerbrand erfordert tatsächlich einen Profi. Der Schweizer Obstbrenner Ruedi Käser erarbeitet diesen Brand, indem er 30 kg Früchte pro Flasche destilliert und daraus die pure Frucht zaubert. Zarteste Aromen streichen über den Gaumen, unvergleichlich duftig, lebhaft und lang.

Österreich

Kössler
Edelbrand Waldhimbeere
Der Tiroler Christoph Kössler zählt zu den ständigen Gewinnern internationaler Wettbewerbe. Brände aus seinem Sortiment erringen reihenweise Auszeichnungen. Titel wie »Brenner des Jahres« hat er fast schon abonniert. Kössler betreibt eine der modernsten Brennanlagen und entlockt damit den Waldhimbeeren neben einer sehr klaren Fruchtstilistik einen ganz feinen Kernton.

Frankreich

Metté
Eau-de-Vie de Framboise Sauvage
Noch bis vor zehn Jahren fiel in jedem Gespräch über hochwertige Obstbrände früher oder später das Wort »Elsass«. Ideale Anbaubedingungen, lange Tradition und das französische Bewusstsein für den Erhalt jeder kulinarischen Errungenschaft waren die Voraussetzungen. Mit dem Aufstreben junger Brenner in den westlichen Nachbarländern ist es stiller geworden um die Elsässer. Die Firma Metté ist eine der wenigen verbliebenen Destillerien, die die Fahne hochhalten. Himbeeren galten immer schon als Aushängeschild der Region. Das Destillat zeigt reiche Frucht, schönen Körper, im Abgang eine kleine Bittersüße, aber Länge.

Essenzielles Vergnügen

»Wie eine Fuhre Heu im Wohnzimmer«, amüsiert sich Ruedi Käser angesichts der etwas ratlosen Gesichter seiner Gäste, die wie er ein Kelchglas in der Hand halten. Es scheint unmöglich, dennoch verströmt der Geist darin den intensiven Duft sonnengetrockneten Grases. Wie der dort hineingekommen ist? »Ausprobieren, aussortieren und wieder ausprobieren«, das ist alles, was ein staunendes Publikum aus ihm herausbekommt, denn natürlich lässt sich Ruedi Käser nicht auf die Finger schauen. Brände aus Heu und Zitronengras, Spargel und Rhabarber entstehen nach langen, hartnäckigen Versuchen, und ihre Rezepte bleiben Betriebsgeheimnis.

Ruedi Käser gehört zu einer Gruppe von innovativen Brennern, die das klassische Repertoire von Apfel bis Zwetschge beherrschen und sich damit nun nicht mehr zufrieden geben. »Da gibt es zwar immer noch Kleinigkeiten zu verbessern, doch der Reiz liegt darin, etwas Neues zu finden.«

Glasklare Ferien

Wenn sich jemand wie Georg Hiebl im Urlaub für Orangen begeistert, dann können zu Hause im österreichischen Mostviertel auf den vielen Streuobstwiesen der Region die besten Früchte für klassische Stein- und Kernobstbrände gedeihen, er wird trotzdem Mandarinen und Mangos destillieren. Und Maracujas. Und Wassermelonen. Und Datteln. »Urlaub aus dem Glas«, nennt er es, wenn jeder Brand intensive Exotik atmet. Mit Neugier, Begeisterung und alten Fachbüchern über Obstbau bewaffnet, machen sich die Ausnahmebrenner, von ihrer grundsoliden handwerklichen Basis ausgehend, heute auf den Weg, um Limetten, Tannen-

Zu den ungewöhnlichen Rohstoffen der Edelbrenner zählen auch Esskastanien (links) und Hagebutten (rechts), die Früchte der Wildrose.

zapfen und Topinambur zu Leibe zu rücken. Und wer einmal weiß, wie es geht, den hält anscheinend so leicht nichts mehr auf. Löwenzahnblüte gefällig? Oder Koriander? Steinpilz oder vielleicht lieber Stechpalme? Alles kein Problem. Ebenso wenig wie Blaumohn, Ingwer und Hagebutten.

Und was, bitteschön, ist Mahonie, Herr Dirker? »*Mahonia aquifolium* – eine Berberitze, die erbsengroße, stahlblau bereifte Beeren mit sauer-saftigem, dunkelrotem Fruchtfleisch hervorbringt.« Der Franke mit der Brennerei (noch) in Hessen macht daraus einen Brand voller erdiger Töne, »ein bisschen wie guter Enzian. Hatte ich als Kind mal probiert, da wollte ich wissen, wie sie im Brand schmecken.« Wie es scheint, destillieren Brenner vorzugsweise Kindheitserinnerungen: Mohn (»weil ich immer so gern Mohnstriezel mochte«) oder Grüne Sauce. Arno Dirker bereitet seine wasserklare Version des hessischen Nationalgerichts zu, indem er Auszüge der sieben vorgeschriebenen frischen Kräuter äußerst bedächtig länger als zwölf Stunden brennt, »un dann schmeckt des wie eh rischtische Griene Soos.«

Doch auch wenn man in der Lage ist, Gewächse zu destillieren, von denen kaum jemand mehr als den Namen kennt, muss das, was am Ende herausfließt, nicht notwendig genießbar sein. Versuche mit Knoblauch sollen schon zu so eigenwilligen Ergebnissen geführt haben, dass Brenner dieses Thema gern und schnell wechseln.

Leidensfähigkeit gehört deshalb zur Grundausstattung. In den ersten Probedestillationen für seinen Haselnussgeist konnte Dirker die Nüsse kaum noch ahnen. Mit gerösteten Nüssen ging es dann schon besser. Bis er den genau richtigen Röstgrad gefunden hatte, wanderten allerdings mehrere Gebinde in den Abfall. Unter Zusatz von echter Vanille und Kakao entstand schließlich ein Geist mit eleganter Nougatnote, den seine Kunden besonders lieben. Bis heute macht ihm den keiner nach.

Kopfzerbrechen bereiten die sauren Zitrusfrüchte (links) und die trockenen Haselnüsse (rechts) beim Destillieren, aber es kann gelingen.

Ausgewählte ›exotische‹ Brände

Deutschland

Arno Dirker
Haselnussgeist

Weil er in einem alten Buch gelesen hatte, Haselnüsse seien nicht destillierbar, versuchte er es selbst. Wohlgemerkt: »nicht destillierbar« hatte dort gestanden! Der alte Autor hatte nicht gelogen, aber Arno Dirker hatte einen Pâtissier zum Freund. Der gab ihm den entscheidenden Tipp: die Nüsse rösten. Noch etwas Vanille und Kakao dazu, beides streng entfettet, so kam der Dirkersche Haselnussgeist, es soll der erste seiner Art gewesen sein, zu seinem duftenden Bukett aus Haselnuss und Noisette. »Man muss das nicht trinken«, räumt Dirker selbst ein. Aber zu Vanilleeis, im Kuchen oder im Espresso entfaltet sich der Geist genial. Stammkunden trinken ihn dennoch pur.

Deutschland

Vallendar
Bananenbrand-Ruanda

Bananen sind Früchte, fast wie andere auch. Eben nur fast. Für einen ersten Versuch wählte Hubertus Vallendar solche von den Kanaren. Da aber seine Heimatregion Rheinland-Pfalz mit Ruanda eine Partnerschaft eingegangen ist, lag es nahe, die dortigen kleinen, schmackhaften Essbananen zu verwenden. Sein Edelbrand daraus duftet komplex nach reifen, fast überreifen Früchten und nach der grünen Schale. Am Gaumen tritt wieder die reife, fast gebratene Frucht mit karamellartiger Süße hervor. In Ruanda gefiel das Destillat derart, dass daraus ein Entwicklungsprojekt entstand, bei dem Vallendar hilft, Bananen vor Ort zu destillieren.

Deutschland

Vallendar
Spargelgeist

Mit seinem selbst konzipierten Brennkessel gelingt es dem Brenner in Kail, hoch über der Mosel, fast allen Rohstoffen ihre Aromen in überwältigender Konzentration zu entziehen, sogar Spargel vom Müdener Berg. Aus dem Glas duften die unterschiedlichen Gemüsenoten von erdig bis Kochwasser sowie von grünem Spargel bis Porree intensiver als aus jedem Spargelgericht, und im Geschmack brilliert Spargel würzig und mit Nachdruck. Eine Ausnahme für einen Edelbrand.

Österreich

Georg Hiebl
Kaffeegeist

Auf die Frage, wie er denn seinen Beruf verstehe, antwortete der Niederösterreicher Georg Hiebl: »Als kreativen Schaffensakt mit dem Ziel perfekter Harmonie.« Auf dem Weg zu diesem hochgesteckten Ziel hat er zumindest keine Berührungsängste. Außer Beeren-, Kern- und Steinobst brennt er Getreide, Bier, Gemüse, macht er einen Rum und einen Bourbon Whiskey. Aber für den Kaffeegeist hat selbst er noch keine Kategorie in seinem Prospekt gefunden. Mit den starken Rösttönen ist das Destillat auch schwer einzuordnen, könnte aber beim Einsatz am Herd oder beim Dessert beste Dienste leisten.

Österreich

Georg Hiebl
Rote Rüben Brand

»Schnapsidee« hat Georg Hiebl seine Destillerie genannt. Und alles, was die werte Konkurrenz an Obst-, Gemüse- und Getreidesorten in den Brennkessel füllt, weiß er noch zu übertreffen. Sich Rote Rüben, also Rote Bete, als Brand vorzustellen, ist kein wirklich nahe liegender Gedanke. Doch im Gegensatz zu vielen ›Exotenbränden‹, die man neugierig kostet, aber nicht unbedingt wieder trinken muss, ist der Rote Rüben Brand angenehm. Schon aus der Flasche steigt der erdig-warme Duft von gekochter Roter Bete auf. Am Gaumen ist der Brand überraschend weich und wirklich trinkbar, mit klarem Abgang.

Schweiz

Ruedi Käser
Thymiangeist

Es geht! Man kann Thymian zu Geist machen, zu einem hochintensiven sogar. Käser, der bekannt ist für seine extravaganten Brände, hat es bewiesen. Dieser Geist trägt den Duft eines ganzen Thymianstrauchs in die Nase. Die Blätter sind vielleicht etwas trocken, so als wären sie bereits vor ein paar Tagen gepflückt worden. Doch im Mund breiten sich die ätherischen Öle des Mittelmeergewürzes dann ganz plötzlich so heftig aus, dass man sogar die leicht betäubende Wirkung noch spürt. »Sie müssen ihn ja auch nicht trinken«, kontert der Aargauer Brenner. Die Aromenreserve ist vielmehr für die Küche gedacht. Für ein gegrilltes Steak, das unmittelbar vor dem Servieren flambiert wird. Mit 55 % vol Alkoholgehalt. Perfekt.

Italien

Domenico Sciucchetti
Kastanie

Die Kastanien für diesen Brand hat Domenico Sciucchetti ganz traditionell im Rauch getrocknet, bevor Gian Andrea Scartazzini sie dann in der Mühle von Promontogno mahlen konnte. Das war 2003 in Graubünden in den Schweizer Alpen, nur einen Steinwurf von der italienischen Grenze entfernt. So ehrlich, wie diese Geschichte klingt, ist auch das Ergebnis. Das Destillat duftet nach rauchigem Kastanienmehl, schwer, ein bisschen wie ein getorfter schottischer Whisky mit medizinalen Noten. Im Mund aber ist er weich, wieder mit dieser umwerfenden Rauchnote, die von einer feinen, gänzlich unaufdringlichen Süße begleitet wird.

Frankreich

Paul Devoille
Eau de Vie · Baies de Houx

Geschätzt wird die Stechpalme, die als Busch oder Baum in mitteleuropäischen Wäldern gedeiht, vor allem wegen ihrer dekorativen tiefgrünen, am Rande stacheligen Blätter und der roten, 8–10 mm großen Früchte. Sie gelten zwar als giftig, doch geröstet verwendete man sie als Kaffeeersatz. Im Elsass hat sich das Wissen von den guten Eigenschaften des *houx* ebenso bewahrt wie die Tradition, daraus einen Geist zu destillieren. Dazu lässt man 100 kg Früchte in 15 l 96%igem Alkohol mazerieren. Duft und Geschmack versetzen tief in den Wald, und man glaubt sich von den würzigen Gerüchen nach feuchtem Laub und Humus umgeben. Magisch.

Frankreich

Jean-Paul Metté
Spiritueux de Gingembre

»Den sollten Sie unbedingt probieren«, sagt Philippe Traber eindringlich. Der Chef der Traditionsbrennerei und Patensohn des legendären Gründers Jean-Paul Metté weiß, dass er deutlich werden muss. Wer möchte schon die blumig-seifigen Noten von Ingwer als alkoholisches Getränk? Man gibt vielleicht aus reiner Höflichkeit nach, bleibt aber skeptisch. Dann die Überraschung: wider Erwarten duftet der Gingembre allein nach dem fruchtigen Teil der Ingwerwurzel, sogar mit einem frischen Eindruck von Orange, gepaart mit einem Hauch Zitronengras. Am Gaumen tritt die florale Seite etwas hervor, aber authentisch und noch immer fruchtig. Ein Exot mit Unterhaltungswert.

Kanada

Okanagan Spirits
Saskatoon

Schon lange wissen die kanadischen Indianer um den Wert der *saskatoon berries*, der kleinen blauschwarzen Früchte dieser Felsenbirnenart (*Amelanchier alnifolia*), die botanisch betrachtet keine Beeren sind, sondern zum Kernobst zählen. Ihr hoher Vitamin-C- ist mit einem ebenfalls hohen Zuckergehalt gut ausbalanciert, sodass sie ähnlich wie Preiselbeeren eingesetzt werden können. 2004 verwirklichte sich der Deutsche Frank Deiter seinen Traum, die Früchte der Region um Vernon zu destillieren. Zu seinen Erzeugnissen gehört neben einem fassgelagerten Apfelbrand, der nicht zufällig den Namen Canados trägt, auch der Saskatoon, der die Charakteristik dieser in Deutschland noch weitgehend unbekannten Früchte mit ihren fruchtigsüßen und trockenen Aromen, unterlegt von einem ganz dezenten Kernton, gut herausarbeitet.

Enzian, Vogelbeeren & Co

Enzian ist nicht jedermanns Sache. Dazu gibt sich das hocharomatische, bitter-erdige, magenfreundliche Destillat allzu eigenwillig. Seine Noten rühren von ätherischen Ölen, Harzen, Alkaloiden, Bitterstoffen und Pektin her. Der Brand wird aus den bis zu 6 kg schweren Wurzeln des geschützten Gelben Enzian *(Gentiana lutea)*, einer bis zu 140 cm hohen Staude, gewonnen, und hat nichts mit dem blauen Namensvetter zu tun, wie so manches Etikett gern suggeriert. Im nichtblühenden Zustand kann man Gelben Enzian mit Weißem Germer verwechseln, einer der gefährlichsten Giftpflanzen Europas, zumal beide auf denselben Alpenwiesen gedeihen. Aber während 1 g getrocknete Germerwurzel tödlich sein kann, reicht 1 g Enzianwurzel ›nur‹ aus, um 10 l Wasser gerade noch bitter schmecken zu lassen. Wer über die Bitterstoffe im Enzianbrand klagt: der weitaus größte Teil ist gar nicht in das Destillat gelangt. Enzian-Herstellung ist mühsam. »Auch wenn die Maische sehr homogen ist, dauert die Gärung zwei bis drei Monate, denn von dem enthaltenen Zucker – in frischen Wurzeln bis zu 13 % – liegt der größte Teil als Trisaccharid Gentianose vor, das erst von hefeeigenen Enzymen in Glucose und Fructose gespalten werden muss, um vergären zu können«, erklärt Rudolf Walter. Nach dem Brand braucht Enzian noch mindestens zwei Jahre, um seine Ecken und Kanten ›abzuschleifen‹. Der Tiroler stammt aus Galtür, wo nachweislich schon um 1800 Enzian gebrannt wurde. Mittlerweile sind die Mengen reglementiert, da die Wurzeln nur nachhaltig geerntet werden können. Andere Produzenten beziehen Enzian aus Italien und Osteuropa. Nur der Bayerische Gebirgsenzian muss laut EU-Verordnung im Freistaat Bayern aus bayerischen Enzianwurzeln hergestellt werden.

Beeren, die keine sind

Lange im Alpenraum bekannt und heute sehr begehrt ist Vogelbeerbrand von den Früchten der Eberesche (franz. *alisier*). Die Wildform trägt im Herbst beerenartige Sammelbalgfrüchte, die so bitter sind, dass der erste Frost die Bitterstoffe erst mildern muss – ein Effekt, den man heute im Tiefkühler imitieren kann, wenn auch mit den gleichen minimalen Aromaeinbußen. Die Ernteerträge sind niedrig, die Früchte sehr trocken, arm an Zucker, dafür reich an dem natürlichen Konservierungsstoff Sorbinsäure. Die Maische sollte gewässert und die Gärung mit leistungsfähigen Reinzuchthefen (die dann auch ausreichend Nahrung brauchen) in Gang gebracht werden. Das kann Alois Gölles nicht abschrecken, denn wie viele seiner Kollegen schwärmt der Steirer von dem Brand mit dem eigenartigen Bukett und dem dichten Marzipanton, dessen eigenwillig herbe Aromen erst nach Jahren zu einem komplexen Brand zusammenfinden. Noten von Bittermandel, Süßholz, Muskat, Bananen und Anis sind dann der Lohn.

Ähnlichen Ruf genießen die verwandten Elsbeeren, auch Adlitzbeeren genannt. Die Brände mit dem Dörrbirnenaroma zählen mit zu den teuersten, weil die Früchte so selten zu bekommen sind. Aber gerade die Schwierigkeiten scheinen manche Brenner anzuziehen.

Dies gilt auch für Mispeln, Sammelnussfrüchte, die schon seit dem ausgehenden Mittelalter als Tafelobst bedeutungslos sind. Niedrige Erträge und trotz des hohen Zuckergehalts eine lange, schwierige Gärung spornen auch hier die Brennkunst an.

Links und Mitte: Der gelbe, hochwachsende Enzian bildet stärkehaltige Wurzeln aus, die im Alpenraum seit Jahrhunderten zu einem fast heilkräftigen Brand destilliert werden.

Rechts: Der Brand aus den schwer zu verarbeitenden Vogelbeeren gilt inzwischen auch außerhalb Österreichs als Delikatesse.

Ausgewählte Seltenheiten

Deutschland

Lantenhammer
Holzfass Enzian

Auf den Firmensitz in den Bayerischen Alpen ist Lantenhammer stolz. Deshalb darf auch ein Enzian im Sortiment nicht fehlen. Die Wurzeln des bis zu 140 cm hohen Gelben Enzian werden nach der traditionellen Methode vergoren und destilliert. Doch dann kommt der kleine Unterschied: Der Brand wird im Holzfass ausgebaut. Ist er später einmal mit dem Quellwasser der Bannwald-Quelle am Fuß der Schlierseer Berge auf Trinkstärke eingestellt, umschließen die Holznoten den erdig-kantigen Enzianton und verhelfen dem Brand zu seinem weichen Körper.

Österreich

Hämmerle
Enzian ›Vom ganz Guten‹

Eine Flasche ›Vom ganz Guten‹ wird mit Erntejahr, Flaschennummer und Chargencode ausgeliefert – kompromisslos kontrollierte Qualität. Die Wurzeln der geschützten Gebirgsstaude werden zur Verarbeitung meist getrocknet und dann vergeistet. Hämmerle dagegen ist stolz darauf, nur frische Wurzeln einzumaischen. Es braucht 12,5 kg davon, um eine Flasche Enzian zu brennen. Der immens hohe Aufwand führt zu einem hochkonzentrierten Brand. Das Destillat mit dem erdig-pilzigen Duft präsentiert sich im Mund überraschend weich und rund, mit einer kleinen fruchtigen Anspielung und dezenter Süße.

Österreich

Seyringer Schloss-Brände
Enzian

Ein ehemaliges Landgut der K.u.K.-Zeit liefert den Namen. Damit und mit ihren historisierenden Flaschen wollen die Seyringer Schloss-Brände auf ihre Altwiener Tradition verweisen. Diesem Geist unterliegt auch ihr Enzian: ein rustikaler Enzianton bestimmt das Geschmacksbild.

Österreich

Guglhof
Vogelbeer Brand Reserve

Seit Generationen wird auf dem Guglhof Obst gebrannt. Jetzt wurde der fast 500 Jahre alte Bau modernisiert. Durch Glaswände kann man die moderne Anlage bestaunen, mit der Anton Vogl Brände wie diesen Vogelbeer mit Aromen von Rosinen, dunklem Napfkuchen und süßen Beeren destilliert.

Österreich

Reisetbauer
Vogelbeer Brand

Wenn es sein muss, fährt Hans Reisetbauer sogar auf den Balkan. Der österreichische Brenner scheut keine Mühe, wenn es darum geht, das beste Rohmaterial für seine Obstbrände zu finden. Das Ergebnis sind solche Schätze wie dieser Vogelbeerbrand, der schon in der Nase durch einen tiefen Kernobstton mit leicht karamelliger Süße auffällt. In der Mundhöhle entfaltet sich ein wunderbar klares Geschmacksbild von Beerenobst, das immer wieder von Nuancen wie Marzipan, Kräutern und Noisette-Schokolade unterlegt ist.

Österreich

Alois Gölles
Vogelbeere

Nur von wildwachsenden Ebereschen aus steirischen Höhenlagen wird für diesen Brand geerntet. »Denn wilde Vogelbeeren haben zwar weniger Zucker, aber mehr Aromen, die sie an den Brand abgeben«, schwärmt der Steirer Alois Gölles. In seinen Flaschen finden sich besonders feine Aromen von Mandeln, Marzipan und Bittermandel, dabei kaum eine Spur von den adstringierenden, stumpfen Tönen, die so viele Vogelbeerbrände dominieren.

Holzgereifte und Zigarrenbrände

Holzausbau – für Cognac und Calvados unverzichtbarer Bestandteil ihrer Karriere – galt für die meisten Obstbrände als ungeeigneter Weg zur Reife. Im Kontakt mit dem Holz erwirbt das Destillat Süße, Dichte, Komplexität sowie typische Fassnoten, was Früchte nicht in der Lage seien zu verkraften. Doch auf Äpfel und Birnen trifft das ebenso wenig zu wie auf Zwetschgen und andere Steinfrüchte. Versuche mit Kirschen sind vergleichsweise jung. Manche dieser Brände haben mit 50 % vol und mehr üppige Alkoholgehalte. Diese Kraft und Intensität schätzen unter anderem Zigarrenraucher, wenn sie eine Spirituose suchen, die mit den intensiven Aromen ihrer Zigarre harmoniert. Sogenannte Zigarrenbrände müssen dann ganz individuell ›anprobiert‹ werden.

Ruedi Käser (CH)
Birnenbrand aus dem Kastanienfass
Mit 60 % vol Alkohol kommt der Birnenbrand ins Kastanienfass. Nach 16–20 Monaten sind davon 5–7 % verdunstet. Ohne Filterung wird er mit dieser Trinkstärke abgefüllt. Die reife Birne mit ihren Fruchtaromen geht mit den feinen Holztönen eine vorteilhafte Verbindung ein.

Urs Hecht (CH)
Kirsch Teresa im Barrique
Als Schweizer ist Urs Hecht nicht nur überzeugter Kirschbrenner, sondern auch Weinliebhaber, deshalb kann er mit dem Barrique umgehen und weiß, dass man die Frucht mit dem Holz nicht einschüchtern darf. In mehreren Jahren Lagerzeit reifen im Teresa die feinbitteren Aromen des Steins, von süßer Kirsche und etwas Eichenholz zu einer Einheit zusammen, in der mal Frucht, mal Marzipan, mal toastige Fassnoten den Ton angeben.

Lantenhammer (D)
Quitten Brand aus dem Apfelholzfass
Für die seltene Symbiose zwischen gealterter Quittenfrucht und Apfelholz braucht es einen gefühlvollen Spezialisten: so wie Lantenhammer aus Oberbayern. Da erinnert das leicht herbe Bukett sofort an Quitte. Am Gaumen streiten sich unter wohl dosiertem Holzeinfluss Nuancen von sauren Äpfeln, Kirschen, Birnen, Zitronen, befriedet in einem Abgang mit süßlichherber Würze und dezentem Kernton.

Guglhof (A)
Alter Zwetschgenbrand
Die Früchte für diesen Brand werden von alten Hauszwetschgenbäumen aus dem Salzburger Land mit der Hand geerntet. Zehn Jahre dauert es, bis der ›Alte‹ im Eichenfass herangereift ist und wieder mit der Hand in Flaschen gefüllt wird. Dann ist er eine Mischung aus Zuckerwatte und Zwetschge mit einem Hauch Zimt, Rosinen und Exotik. Im Abgang süß, weich, rund, lang.

Edmund Marder (D)
Zwetschgen Brand, im Eichenfass gereift
Edmung Marder setzt auf Nähe: Späte Hauszwetschgen von den Schwarzwälder Bergdörfern Unteralpfen, Birndorf, Birkingen und Eschbach werden in schwach getoasteten Fässern aus schwäbischer Eiche ausgebaut. Der Brand duftet süßlich nach Zimt. Ein milder Holzton mit etwas Vanille am Gaumen, sehr schmelzig.

Alois Gölles (A)
XA Alter Apfel, 1989
Alois Gölles war einer der ersten Obstbrenner, die kompromisslos auf Qualität setzten, weshalb er jetzt die ältesten Brände auf Lager hat. Von dem 1989er gibt es nur wenige hundert Flaschen. Nach so vielen Jahren im Eichenfass hat er in der Nase noch immer die frische Frucht, die sich auch im Mund nicht verliert, trotz edlem Holzton. Ein langer Abgang, im leeren Glas noch Noten von Tabak und Leder.

Alois Gölles (A)
Alter Apfel aus dem Eichenfass
Als einer der Vorreiter bekannte Alois Gölles sich konsequent zu hochwertigen Destillaten, und die Grundvoraussetzung dafür hat er vor der Tür: die gerade für Obstbäume idealen Vulkanfelsenböden der Steiermark. Der Alte Apfel ist aus Regionalsorten wie Maschansker und Bohnapfel gebrannt, um dann sieben Jahre im Eichenfass auf seinen Einsatz zu warten. Dazu setzt er mit lebhafter Säure vom Apfel ein und meldet sich dann am Gaumen mit einem weich schmelzenden Fruchtaroma, das von typischen Fasstönen unterstützt wird.

Arnold Dettling (CH)
Kirsch, holzfassgereift
Die Früchte für diesen fassgereiften Kirsch reiften an Hochstämmen an den Hängen des Rigi-Massivs. Klein, schwarz, aromatisch und zuckersüß sind die Bergkirschen. Bei Dettling betreibt man eine eigene Qualitätssicherung: dieser Brand, für den nur beste Früchte ausgesucht werden, verbringt einige Monate in Holzfässern. In dieser Zeit übernimmt er Noten wie Vanille und Butter aus dem Holz, die sich am Gaumen stützend um die glatte Frucht legen.

Christoph Kössler (A)
Apfelbrand aus dem Eichenfass
Kösslers Apfel-, Birnen- und Zwetschgenbrände sind längst über die Grenzen Österreichs hinaus bekannt. Denn das Spiel mit den Brenntemperaturen beherrscht er virtuos. Aber der Tiroler ist immer auf der Suche. Wie man einen Apfel im Holzfass quicklebendig und primärfruchtig hält, zeigt dieser Brand. Fruchtig, mit Grüner Minze und einigen herben Noten, ein paar Kerne und viel säuerlicher Apfel – all das gekonnt untermalt von feinstem Holz.

Whisk(e)y

und

Bourbon

Vom Ansatz der Maische bis zum Trinkgenuss gilt: ohne Wasser kein Whisk(e)y.

Seite 302: Strathisla bewahrt die Atmosphäre vergangener Zeiten.

Rauchig in Fülle

Whisky. Whiskey. Allein das Wort klingt rauchig. Und es entzündet Assoziationen. Unvermittelt steigen Bilder auf. Von markanten Pagodentürmen, den Wahrzeichen der Destillerien in den Highlands. Von irischen Pubs, in denen es hoch hergeht. Von der goldenen Weite Kentuckys und seinen Rassepferden. Jeder, der Whisky genießt, besitzt einen privaten Schatz an Vorstellungen und Erinnerungen, je nach Vorlieben und Reiseerfahrungen. Denn Whisk(e)y – wie schon die doppelte Schreibweise nahelegt – ist kein Einheitsprodukt. Im Gegenteil. Es ist die Fülle an Ausdrucksformen, die ihm seine Stellung in der Welt der Spirituosen erworben hat.

Gern sinnieren Iren und Schotten über dunkle Vorzeiten, als ihre Vorfahren noch von beherzten Mönchen bekehrt wurden, die in Brennblasen, mitgebracht aus fernen Ländern, wundersame Elixiere brodeln ließen. Mag das Wort »Whisky« von deren Name für »Lebenswasser« abstammen, heutiger Whisk(e)y hat mit damaligem bestenfalls den Alkoholgehalt gemein. Gewiss bilden die jahrhundertealten Wurzeln eine solide Basis für dessen erstaunliche Entwicklung, doch geschmacklich haben die aktuellen Versionen kaum etwas mit ihren historischen Vorläufern zu tun. Denn erst seit 1915 setzt sich (zumindest offiziell) in Schottland ein zusätzliches Element im Herstellungsverfahren durch, das den Whisky-Geschmack völlig veränderte: das Eichenfass. Es hat sicher schon vorher vereinzelt Brenner in Schottland, Irland oder in den Vereinigten Staaten gegeben, die ihren Getreideschnaps in Eichenfässern lagerten und dabei feststellten, dass dieser Ausbau wesentlich zur Qualitätssteigerung beitrug. Aber die konsequente Reifung in Fässern ist in den großen Whisk(e)y-Regionen eine Entwicklung des 20. Jahrhunderts. Erst damit haben die verschiedenen Whisk(e)ys die Aromenvielfalt entwickelt, die ihren Reiz darstellt, und die Sanftheit gewonnen, die ihren Genuss ausmacht.

Was in den traditionellen Whisk(e)y-Gebieten ursprünglich konsumiert wurde, war zunächst ein rauer, hochprozentiger Kornbrand, falls er nicht mit Honig und Kräutern als wohltuende Medizin verabreicht wurde. Erst als Brennereibesitzer und Spirituosenhändler zielstrebig alles daransetzten, seine Wildheit und Feurigkeit zu zähmen, stellten sie die Weichen für den weltweiten Erfolg. Das gelang nicht allein durch die Fassreife, auch der Verschnitt, der Blend, bei dem man aus milderen und kraftvolleren Bränden einen harmonischen Whisky mischt, trug entscheidend dazu bei. Obwohl dies besonders typisch ist für Schottland mit seinen Malt- und Getreide-Destillerien, hat es nicht weniger Gültigkeit für irischen Whiskey oder amerikanischen Bourbon, auch wenn die Brennereien dort nur auf eigene, aber verschiedene Brände zurückgreifen und man die Bezeichnung »Blend« nicht gern hört.

So wurden Whisk(e)ys kreiert, die einem breiten Publikum gefielen und gefallen und die sich bestens eignen, *on the rocks,* in Longdrinks oder als Cocktail konsumiert zu werden. Sie stellen mehr als 90 Prozent des Marktes, und die bekannten Marken präsentieren dabei in der Regel eine gute, absolut verlässliche Qualität.

Wir würden uns vermutlich heute mit Blended und Vatted Whisk(e)ys zufriedengeben, hätte sich nicht in den 1970er Jahren ein Teil der Verbraucher von den braunen Bränden ab- und den wasserklaren Spirituosen zugewandt. Die Folge war, dass die schottischen Destillerien auf einem Teil ihrer unvermischten Malts sitzen blieben. Faszinierten Whisky-Liebhabern bot das die Gelegenheit, ursprüngliche Whiskys neu zu entdecken. Zwar hatte Glenfiddich schon 1963 vorgeführt, wie reizvoll ein reiner Malt sein kann, doch der wirkliche Durchbruch fand gegen Ende der 1980er Jahre statt. Seither begeistert die Vielfalt und Verschiedenartigkeit der Malts auf der ganzen Welt. Und nicht nur das. Die Malt-Revolution weckte ein völlig neues Interesse an Whisk(e)y generell. Erst jetzt begann man den außerordentlichen Reichtum an Aromen und Nuancen zu entdecken, der hochwertige Whisk(e)ys kennzeichnet. Seitdem überraschen Whisk(e)y- und Bourbon-Erzeuger weltweit immer wieder aufs Neue mit faszinierenden Bränden, und längst haben sich talentierte Destillateure vieler Länder in der Whisky-Welt einen Namen gemacht.

Uisce Beatha aus der Whisky-Destillerie

Als Heinrich II. im 12. Jahrhundert Irland einnahm, sollen sich seine Soldaten schon am dortigen Lebenswasser gütlich getan haben. (Heinrich II., Detail aus einer englischen Buchmalerei der Reimchronik des Peter Langtoft, um 1300)

Für Iren und Schotten gehört Whisk(e)y zu ihrer Kultur, ihrem Lebensstil und ihrem Selbstverständnis. Da beide gern für sich beanspruchen würden, den Whisk(e)y erfunden zu haben, übertreffen sie sich im Erfinden von Geschichten.

Wann die Kunst des Destillierens auf den britischen Inseln Einzug hielt, ist unklar, vermutlich hatten sie noch vor dem 10. Jahrhundert christliche Mönche im Gepäck. Ein erster Hinweis auf *uisce beatha* (gesprochen *ish'ke-ba'ha'*, geschrieben oft auch *usquebaugh*) datiert von 1171, als Heinrich II. in Irland seinen Herrschaftsanspruch durchsetzte und seine Soldaten Gefallen an dem Getränk gefunden haben sollen. Der Ausdruck bedeutet auf Gälisch »Wasser des Lebens«, und aus dem ersten Teil soll sich das Wort »Whisky« entwickelt haben.

Nachgewiesen ist die Destillation als Verfahren der Alchemie in England im 13. Jahrhundert, als der in Oxford lehrende Franziskaner Roger Bacon (1214–1292) in seinen Schriften darauf anspielt. Das erste Rezept, in dem vom Brennen vergorenen Getreides die Rede ist, hat Geoffrey Chaucer (1340–1400) im Prolog zu seinen berühmten »Canterbury Tales« versteckt, wo er auf das Destillieren von *alewort* (Bierwürze aus gemälztem Getreide) verweist.

Der erste wirklich handfeste Beweis wurde 1494 in das Verzeichnis der schottischen Staatskasse eingetragen. »Acht Maße Malz an Mönchsbruder John Cor, um damit aquavitae zu machen.« Wörtlich ist von *boll* die Rede, einem alten Maß, bestehend aus sechs Scheffeln zu je 25,4 kg. Es waren also rund 1200 kg Getreide! Im September 1505, als sich der Schottenkönig James IV. in Inverness aufhielt, notierte sein Schatzmeister zwei Ankäufe von *aqua vitae* für den König – es sei dahingestellt, ob sie als Arznei gedacht waren.

Heil- und Zahlungsmittel

Mochte das Brennen in Schottland und Irland anfangs den Mönchen vorbehalten gewesen sein, die Apotheker folgten bald nach, denn das *aqua vitae* galt als Allheilmittel. Man verstand darunter nicht puren Brannt-

Links: Roger Bacon war im 13. Jahrhundert mit der Technik der Destillation vertraut. (Statue Roger Bacons im Oxford University Museum of Natural History)

Rechts: Geoffrey Chaucer veröffentlichte das erste Rezept zum Getreide-Brennen im 14. Jahrhundert. (Punktierstich von Charles Knight, 1780)

wein, sondern eine Zubereitung mit Heilkräutern, Mineralien und Honig. Die Herstellung verbreitete sich überall auf den Britischen Inseln, seit die Rezepte dafür in Büchern erschienen. Den Auftakt machte »The vertuose boke of the distyllacyon of all maner of waters of the herbes« (1527), eine Übersetzung des »Liber de arte distillandi de simplicibus« (1505) eines Straßburger Arztes namens Hieronymus Brunschwig.

Mit einfachen Brennblasen destillierte man das begehrte Lebenswasser selbst und reicherte es mit allerlei Zutaten zu einem *herbal water* an. Oft kümmerte sich die Hausfrau darum oder bei vornehmeren Haushalten die Dienerschaft. Die Bauern fanden bald heraus, dass ihnen das Brennen ermöglichte, überschüssige Gerste sicher zu lagern, gewissermaßen zu konservieren, wobei sich die zurückbleibende Maische bestens als Viehfutter eignete. Ihr klarer, unvermischter Whisky entwickelte sich zudem zu einem Zahlungsmittel, das die Gutsherren gern als Pacht entgegennahmen.

Mit Macht zur Legalität

Erste Lizenzen zur Whisky-Destillation wie die von 1608, ausgestellt auf Sir Thomas Philipps in Antrim County in Nordirland (die bis heute hier betriebene Old Bushmills Distillery feierte aus diesem Grund 2008 ihr 400-jähriges Jubiläum), waren zunächst die Ausnahmen. Sie zeugen aber vom äußerst regen Interesse der Obrigkeit an der Alkoholproduktion – was seinerseits Rückschlüsse auf die bereits konsumierte Alkoholmenge erlaubt. Das Schottische Parlament erhob bereits 1644 eine erste Steuer auf starke Destillate. Nach der Union of Parliaments, mit der die Königreiche von England und Schottland 1707 zu einem Staat verschmolzen, verschärften die Behörden die Abgaben auf Brände, die sich als lukrative Einnahmequelle erwiesen. Da sie mit dieser Maßnahme auf wenig Gegenliebe bei der Landbevölkerung stießen, prosperierten Schwarzbrennerei und Schmuggel zusehends. In Irland gab es Ende des 18. Jahrhunderts an die 2000 häusliche Destillerien, von denen die wenigsten Steuern entrichteten.

Die Regierung sann auf Abhilfe, um die Whisky-Produktion unter Kontrolle zu bekommen, und erließ 1823 neue Bestimmungen. Sie genehmigte ausschließlich Brennblasen mit einem Fassungsvermögen von mehr als 40 Gallonen (181,6 l), für die eine jährliche Lizenzgebühr von 10 Pfund entrichtet werden musste, zuzüglich einer Steuer für jede einzelne destillierte Gallone reinen Alkohol. Gleichzeitig förderte man – in Schottland wie in Irland – die Einrichtung neuer Großbrennereien und stellte das Schwarzbrennen unter empfindliche Strafen, die den Brenner, aber auch den Besitzer des Landes trafen, auf dem sich die Brennanlagen befanden. Es blieb nur die Alternative aufzugeben oder Whiskybrennen zum Beruf zu machen.

Bowmore auf Islay ist eine der ältesten amtlich anerkannten Whisky-Brennereien Schottlands.

Glaube, Freiheit, Whisky

Robert Burns, Dichter und Whisky-Trinker (Grisaillemalerei, um 1870; Ausschnitt)

John Jameson in Dublin war der erste, der die Whisky-Produktion in industriellem Ausmaß betrieb, wie diese Brennblasen veranschaulichen.

Angesichts der von Regierungsseite erhobenen Steuern konnte sich jeder Schwarzbrenner als Freiheitskämpfer fühlen. Mitten hinein in politische Wirren geriet dagegen die Ferintosh Distillery auf der Halbinsel Black Isle, nördlich von Inverness. Ihr gut anglikanischer Besitzer, Duncan Forbes of Culloden, hatte es 1688 durchaus begrüßt, dass der Stuart Jakob II., der den Katholiken immer mehr Rechte zugestand, von seinem Schwiegersohn, dem protestantischen Wilhelm III. von Oranien abgelöst wurde. Doch damit zog er sich den Zorn der Jakobiten zu, und es dauerte nicht lange, bis seine Destillerie in Flammen aufging. Es sollte sich herausstellen, dass ihm etwas Besseres gar nicht hätte passieren können, denn als Entschädigung erhielt der regierungstreue Ex-Destilleriebesitzer 1690 das Privileg zugestanden, auf seinem Gut weiterhin destillieren zu dürfen, ohne Abgaben entrichten zu müssen: Ferintosh war die erste legale Brennerei Schottlands und wurde so berühmt, dass der Name zeitweise sogar als Synonym für Whisky diente. Als das Privileg 1785 schließlich widerrufen wurde, zahlte das Parlament den Inhabern eine Entschädigung in Höhe von gut 20 000 Pfund. Woraufhin die Forbes of Culloden ihre Destillerie schlossen.

»Thee, Ferintosh! O sadly lost! / Scotland lament frae coast to coast! / Now colic grips, an' barkin' hoast / May kill us a'; / For loyal Forbes's charter'd boast / Is ta'en awa!« Mit diesen Worten voll düsterer Vorahnungen, eine ungesunde Zukunft ohne die desinfizierende Wirkung von Ferintosh heraufbeschwörend, nimmt der schottische Nationaldichter Robert Burns (1759–1796) in dem 21-Strophen-Epos »Scotch Drink« von seinem Lieblingswhisky Abschied. Burns, der seine zahlreichen Liebesaffären in Gedichten verewigte, liebte es, mit Freunden in einfachen Kneipen zu sitzen. »Freiheit und Whisky gehen zusammen«, rühmte er. Seit dem Umzug nach Kilmarnoch 1784 musste sich Robert Burns mit dem Whisky abfinden, den er in Poosie Nansie's Taverne

in Mauchline vorgesetzt bekam. Die damals von Bettlern, Vagabunden und leichten Mädchen frequentierte Kneipe, die heute noch besteht, inspirierte den Dichter zu der Kantate »The Jolly Beggars«. Hier in den Lowlands servierte man den rauen Whisky der Kilbagie Distillery. Die 1700 gegründete Brennerei gehörte der Familie Stein, die 1794 dafür die Lizenz erwarb. Einer der Söhne, Robert Stein, sollte knapp dreißig Jahre später (siehe rechts) noch von sich reden machen.

Doch was zunächst von sich reden machte, waren die verschärften Steuergesetze von 1823. Einige der Haus- und Schwarzbrenner schafften vorher noch ›freiwillig‹ den Sprung in die Legalität. In Dublin gründete John Jameson sein Unternehmen 1780, John Power folgte elf Jahre später. Dank der neuen Förderung von Großbetrieben erweiterten beide ihre Destillerien erheblich und begannen ihren Whiskey zu exportieren. Mit seinem leichteren, nicht oder nicht so stark getorften Charakter traf er auf Zuspruch im British Empire und in den – auch nach der Unabhängigkeit – damit eng liierten Vereinigten Staaten.

Grain-Whisky-Revolution

Der ausgeprägt rauchige schottische Whisky konnte da nicht mithalten und blieb vorläufig innerhalb der eigenen Grenzen. Um die aufwändige doppelte Brennweise in herkömmlichen *pot stills* zu rationieren, tüftelte Robert Stein in der Kilbagie Distillery um 1826 an einem kontinuierlichen und damit schnelleren und günstigeren Brennverfahren in *patent stills*.

Aeneas Coffey, irischer Steuerinspektor und Erfinder, der bei seiner Tätigkeit genügend Brennblasen erlebt hatte, verbesserte diesen Säulenapparat entscheidend. Erst bot er sein – später *Coffey still* genanntes – Gerät sowohl Jameson als auch Powers an, doch denen schmeckte der so erzeugte Whiskey zu neutral. In Schottland war Coffey erfolgreicher. Mit seiner Technik ließ sich weitgehend ungemälztes Getreide in großen Mengen preiswert zu reinerem Destillat verarbeiten: der Grain Whisky war geboren. Pur bringt er, von Ausnahmen abgesehen, kein überzeugendes Ergebnis und wird auch nur selten abgefüllt, aber er ermöglichte das, was bis heute den kommerziellen Erfolg des Scotch Whisky ausmacht: den Blend.

Irish Whiskey verbuchte in der zweiten Hälfte des 19. Jahrhunderts beachtliche Auslandserfolge und wurde ins Commonwealth und in die Vereinigten Staaten von Amerika exportiert.

Scotch flutet die Märkte

Der Schotte Andrew Usher senior, Weinhändler in Edinburg, soll im 19. Jahrhundert der Erste gewesen sein, der Malt Whiskys verschiedener Destillerien mischte, um seinen Kunden eine konstante Qualität anzubieten. Als dann der günstige und leichte Grain Whisky auf den Markt kam, ging Andrew Usher junior daran, ihn der Mischung aus Malts hinzuzufügen und entdeckte, dass der oft eindringliche Geschmack der reinen Malts auf diese Weise angenehm gemildert werden konnte. 1860 lancierte er den Old Vatted Glenlivet, übernahm die gesamte Produktion dieser Brennerei und begann als erster, Blended Whisky zu exportieren.

Verschnitte kräftiger Malts mit leichtem Grain Whisky lagen gewissermaßen in der Luft, Händler wie George Ballantine, James Chivas, John Dewar, Matthew Gloag, John Haig, William Sanderson und John Walker verlegten sich ebenfalls darauf, wiederholbare Blends mit eingängigem Charakter zu komponieren. Zugleich erfuhr die Produktion von Grain Whisky atemberaubende Zuwachsraten, besonders, nachdem sich die sechs bedeutendsten Lowlands-Brennereien 1877 zur Distillers Company Limited zusammengeschlossen hatten. Whisky war ein industrielles Produkt geworden.

Die Whisky-Frage

Ab 1890 sahen sich Verbraucher mit einem undurchschaubaren Dickicht aus Single Malts, diversen Blends und jungen Grain Whiskys konfrontiert – all das gern auch im Angebot einer einzigen Brennerei –, ohne dass auf den Etiketten zu erkennen war, was sich in den Flaschen befand. In Irland bezogen die bekanntesten Destillerien klare Position für reinen Pot Still Whiskey, doch auch in Schottland regte sich Widerstand, einige Brenner forderten, als echte Whiskys nur die in doppelter Brennweise destillierten Malts anzuerkennen. Schließlich wurde im Londoner Stadtteil Islington eine Klage eingereicht. Darauf setzte die Regierung

Lagerhäuser von Glenlivet, der Heimat des ersten Blended Scotch

seiner Majestät eine Kommission ein, die nach ausgiebiger Befragung von Experten beider Parteien 1909 entschied: auch das Destillat aus größtenteils ungemälztem Getreide ist Whisky. Damit waren die Blends von offizieller Seite abgesegnet.

Irish Whiskey in der Flaute

Im 19. Jahrhundert hatte Irish Whiskey eine Blütezeit erlebt, er war im gesamten British Empire verbreitet und wurde auch in Nordamerika geschätzt. Als das europäische Festland von der Reblaus-Katastrophe heimgesucht wurde und der Strom der Cognacs und anderen Brandys zu versiegen drohte, ›vertrockneten‹ die Märkte. Profiteure dieser Dürre waren Irish Whiskey und Blended Scotch, der damals im Export Fuß fasste.

Der erste Rückschlag traf den Irish Whiskey, als 1920 in den USA die Prohibition in Kraft trat. Nahezu zeitgleich brach durch die Gründung des Irischen Freistaats ein Handelskrieg mit England vom Zaun, wodurch die irischen Brennereien den Absatz im British Empire einbüßten. Obendrein erhöhte die finanzschwache neue Regierung die Steuern. All dies zusammen bedeutete für die meisten Kleinbrennereien unweigerlich das Aus. Die übrig gebliebenen Betriebe versuchten sich im Inland über Wasser zuhalten, für zukunftsorientierte Maßnahmen fehlte jede Energie.

So fehlte es nach dem Ende der Prohibiton 1933 an Irish Whiskey, während es Scotch im Überfluss gab. Das goldene Zeitalter des Blended Scotch Whisky brach an. Von nun an eroberte er die Weltmärkte, die Erfolgskurve stieg unablässig, bis sich in den 1970er Jahren die Konsumentengunst unvermittelt den farblosen Bränden wie weißem Rum und Wodka sowie den damit gemixten bunten Cocktails zuwandte. Die Whisky-Industrie versank in einem Überangebot, dem ›Loch Whisky‹. Viele Brennereien mussten schließen. Besonders verheerend war das Jahr 1983, als zwölf Destillerien für immer den Betrieb einstellten.

Einen Hoffnungsschimmer gab es allerdings noch: den Glenfiddich Pure Single Malt, den William Grant 1963 herausgebracht

Johnnie Walker »is walking on« und kehrt Besuchern der Destillerie Cardhu, die seine Blend-Grundlage liefert, den Rücken zu.

hatte. Was damals mehr Spott als Anerkennung geerntet hatte, sollte sich jetzt als letzte Chance für die Destillerien erweisen, die bis dahin ausschließlich von den Blends abhängig gewesen waren. Eine nach der anderen ging dazu über, eigene Malts abzufüllen. Und der Markt reagierte erst mit Neugier, dann mit einer bis in die Gegenwart anhaltenden Begeisterung, nicht nur für Scotch Whisky, sondern für hochwertige Whiskys allgemein. Daraus erwuchs ein weites Spektrum an Sonderabfüllungen wie *single cask* oder *cask strength,* aber auch das Interesse an anderen Herkünften: Bourbon aus den USA, Canadian Whisky, japanischer Whisky (Japan ist die viertgrößte Whisky-Nation) und erneut an Irish Whiskey.

Mittlerweile gibt es Whiskys aus vielen Ländern, und handwerkliche Brenner destillieren Qualitäten auf höchstem Niveau. Sie stehen in einem reizvollen Kontrast zur Produktion der straff organisierten und hierarchisch gegliederten Whisky-Industrie in den Mutterländern.

Nosing & Tasting

Wer Whisky, Whiskey und Bourbon wirklich kennen lernen möchte, weist Eis, Soda, Cola und andere ›Füllstoffe‹ mit Geschmack weit von sich. Er greift zum klassischen Degustationsglas in Tulpenform, das auch beim Weinprobieren zum Einsatz kommt. Denn die Verkostung von Whisk(e)y, wie Malt-Fans sie heute zelebrieren, hat ihre Technik dem Umgang mit Wein entliehen.

Dabei geht das professionelle *nosing* – und erst in zweiter Linie das *tasting* (wenn es überhaupt dazu kommt) – weit zurück. Es nahm seinen Anfang mit Whisky-Händlern wie Vater und Sohn Usher, die in der zweiten Hälfte des 19. Jahrhunderts den Blended Scotch zu kreierten. Im Vordergrund stand dabei, mehrere intensive und schwere Malt Whiskys mit leichtem und neutralem Grain Whisky zu verschneiden, um den einmal entworfenen Blend mit höchstmöglicher Kontinuität immer wieder zu komponieren. Dazu brauchte es die richtige Nase. Man musste die verschiedenen Malts voneinander unterscheiden lernen, um dann zu entscheiden, wie sie miteinander und mit dem Grain Whisky harmonieren: eine hohe und in ihrer Perfektion einzig ›nasale‹ Kunst.

Das private Vergnügen

Tatsächlich ist – wie beim Wein – die Nase des Whisk(e)y weitaus komplexer als der Geschmack, weshalb der Duft die meiste Beachtung verdient.

Wer nach allen Regeln der Kunst vorgehen möchte, wird jedoch zunächst die Farbe prüfen. Ein sehr heller Whiskey ist wahrscheinlich in Bourbon-Fässern gereift, ein dunkler vermutlich einige Zeit in Sherry-Fässern. Doch da bei allen Blends und vielen Malts der Farbton mit Zuckercouleur abgestimmt wird, ist der tatsächliche Informationswert gering. Aussagekräftiger sind die *legs,* die

Links: Bei Aberlour gibt man gern viel Wasser zum Malt und benutzt *nosing glasses* mit hohem Kamin.

Rechts: Die erfahrene Crew bei Bowmore weiß alte Malts zu schätzen.

›Kirchenfenster‹, die der Whisky an der Innenseite des Glases bildet, wenn man ihn darin schwenkt. Sind sie schmal und laufen schnell ab, hat man es mit einem jungen Brand zu tun. Ein alter Malt hat schöne Bogen, die lange anhalten. Das gleiche gilt, wenn der Whisky im *wood finish* Sherry oder Port aufnahm oder in *cask strength* mit hohem Alkoholgehalt abgefüllt wurde.

Wenn es ans *nosing* geht, ist Vorsicht geboten: lieber mit der Nase erst einmal Abstand zum Glas halten und es zügig vorbeiführen. Dann mit Bedacht eingehender riechen. Dies ist die erste Runde. Bei der zweiten fügt man dem Whisk(e)y etwas stilles, weiches, reines Wasser zu. Wie viel? Die typische Gretchenfrage. Manche mischen 1:1, ich persönlich halte es eher mit weniger Wasser, mit 1:4, maximal 1:3.

Es ist verblüffend, wie nur so wenig Wasser das Bukett öffnet und eine ganze Reihe anderer Aromen freisetzt. Es empfiehlt sich, dem Whisk(e)y dann etwas Zeit zu lassen, denn die Aromen wandeln und entfalten sich innerhalb einer weiteren Viertelstunde. Dieser Komplexität ›nachzuschnüffeln‹ gehört zu den größten Vergnügen der Whisky-Liebhaber (und führt zu langen Listen wahrgenommener Aromen). Keiner von ihnen würde auch nur einen winzigen Schluck aus dem Glas nehmen, bevor dieser ›Nasenrausch‹ nicht voll ausgekostet ist.

Im Mund entfaltet sich dann ein weiteres Spektakel an Aromen, wobei einige des Buketts anklingen, andere neue Nuancen und Noten einbringen. Begleitet wird es vom *mouthfeel,* dem allgemeinen Eindruck im Mund, der weich oder härter, süßlich oder trockener, kurz oder länger sein kann. Einige Whisk(e)ys faszinieren mit ihrer aromatischen Vielfalt, andere zeigen sich eher einseitig, manche verraten durch ihr Feuer, wie jung sie sind, die nächsten durch sanfte Wärme ihr Alter. Manche überzeugen so – verdünnt mit etwas Wasser – vollständig, andere scheint Wasser geschmacklich eher zu beeinträchtigen. Sie sollte man nächstes Mal pur probieren.

Links: Bei einem einfachen Blend bilden sich keine klaren Strukturen an der Wandung des Glases, die Schlieren verlaufen eng nebeneinander.

Rechts: Ein 18 Years Old zeigt dagegen schöne, weite Bogen.

Getreide und viel Wasser

Schottlands traditionelles Getreide ist die Gerste. Zwar liebt sie tiefgründige Böden, doch sie wächst auch auf kargerem Grund. Man baute und baut sie als Viehfutter an, dennoch kennt die schottische Küche diverse Zubereitungsformen, um Gerste zur Geltung zu bringen, zunächst als Grundnahrung wie *bannock,* ein über dem Feuer gebackenes Brot, oder *Scotch broth,* eine nahrhafte Suppe, in der gern auch ein Stück Lamm mitgekocht wird. Inzwischen gibt es Dutzende von Rezepten für die feinere Küche, die sich mit Vorliebe ein regionales Flair zulegt. Doch die größte Bedeutung kommt der Gerste bei der Herstellung von Whisky und Bier zu.

Reiner, aus nichts als gemälzter Gerste erzeugter Malt-Whisky ist jedoch die Ausnahme. Der wesentlich verbreitetere Blended Scotch beruht auf einer Mischung aus destillierter Malzmaische und anderem Getreidebrand, Grain Whisky genannt. Wurde zunächst dafür vorwiegend Mais verwendet, so trat Weizen an seine Stelle, sobald er billiger war. Denn für Grain Whisky gibt es hinsichtlich der zugelassenen Getreideart keinerlei Einschränkungen.

Anders gehen die irischen Nachbarn vor. Sie geben ebenfalls der Gerste den Vorzug, allerdings verwenden sie sowohl gemälztes wie ungemälztes Korn und fügen gern auch etwas Weizen dazu.

In Nordamerika dominieren Mais und Roggen. Die Blue Grass Region in Kentucky ist weltweit eines der Hauptanbaugebiete für Mais. Da lag es auf der Hand, damit die Maischbottiche zu füllen, zumal Mais besonders stärkereich ist. Beim Bourbon ist ein Mindestanteil von 51 % Mais vorgeschrieben. Roggen kam mit den europäischen Einwanderern nach Nordamerika. Er wird gemälzt und ungemälzt verwendet,

Speyside entwickelte sich nicht zuletzt deshalb zur Hauptregion der Malts, weil dort ausgezeichnete Gerste gedeiht.

Wasser im Verhältnis zur Whisky-Qualität

Ob und wie das Wasser die Qualität des trink-reifen Whisky bestimmt, wurde viel und heftig diskutiert. Die meisten Schotten schreiben die Klasse ihres Malt nicht zuletzt der Weichheit ihres Wassers zu, was aber zum Beispiel weder Glenmorangie noch Highland Park daran hindert, trotz harten Wassers vorzügliche Malts zu erzeugen. Dagegen setzt man die Qualität der Bourbons in direkten Bezug zum kalkreichen, harten und mineralarmen Wasser Kentuckys und Tennessees. Auf Islay, wo das Wasser deutlich torfig ist, hielt man es lange Zeit für hauptverantwortlich für den eigenständigen Geschmack seiner Malts. Inzwischen wird immer offensichtlicher, dass der Einfluss auf den Geschmack weidlich überschätzt wurde. Was nichts daran ändert, dass es ohne reines, hygienisch einwandfreies und ausreichendes Wasser keinen Whisky gäbe.

meist jedoch nur als kleinerer Zusatz. Die Ausnahme ist Straight Rye, der zu mindestens 51 % Roggen enthalten muss.

Ohne Wasser keinen Whisky

Eine Whisky-Destillerie braucht viel, sehr viel Wasser, weshalb man sie nur dort errichtete, wo davon reichlich vorhanden war. Früher, als jeder Brenner noch sein Malz selbst herstellte, fiel das erste Wasser schon an, wenn man die Gerste einweichte (was man *steeping* nennt). Dazu eignet sich weiches Wasser am besten, und viele der schottischen Brennereien schwören auf diese Weichheit, die besonders dann gewährleistet ist, wenn es sich um Wasser aus Granitschichten handelt oder wenn das Wasser durch Torf fließt. Als nächstes ist Wasser unerlässlich zum Ansetzen der Maische, und von da an ist das lokale Wasser Bestandteil des Whisky. Denn es macht den größten Teil der Würze aus, deren schwacher Alkoholanteil dann in den Brennvorgängen konzentriert wird, während der Wasseranteil abnimmt. Damit das Destillat kondensiert, ist

Kühlwasser erforderlich, wobei es auf eine ausreichend niedrige Temperatur ankommt. Manche Destillerien in Schottland schließen einige Wochen im Sommer, weil es ihnen an Wasser fehlt und /oder das Wasser zu warm ist.

Wenn der junge Whisky, der *new spirit,* kondensiert, macht Wasser immerhin noch fast 30 % aus. Nun wird er umgehend in Eichen-Fässer gefüllt, aber nicht bevor man seinen Alkoholgehalt durch Zufügen von Wasser auf eine gewünschte Stärke von in der Regel 63–64 % vol eingestellt hat. Hat dann der Whisky das richtige Alter erreicht, wird er (bis auf seltene Ausnahmen) auf Trinkstärke reduziert. Mit dem eigenen Wasser geschieht dies nur noch in den wenigen Destillerien, die vor Ort abfüllen. Dennoch ist jede Brennerei bestrebt, ihre Wasserversorgung zu sichern, nicht nur in Bezug auf die Menge, sondern auch auf die Reinheit. Wo es ihr möglich war, hat sie die entsprechende Quelle oder den Bach mit viel Umland erworben, das man nach ökologischen Gesichtspunkten pflegt.

Das weiche und reichliche Wasser der Campsie Fells versorgt Glengoyne, die südlichste Destillerie der Highlands.

Magisches Malz

Schottischer Whisky und Gerste sind ein unzertrennliches Paar, denn in allen Destillerien der Highlands und auf allen Inseln verwendet man für Whisky ausschließlich Gerstenmalz, so wollen es die gesetzlichen Vorschriften. Da Gerste in Schottland oft auf kargeren Böden wächst, denen es an Stickstoff mangelt, entwickelt sie im Verhältnis mehr Stärke, und das bedeutet höheren potenziellen Alkoholgehalt – was die Schotten nicht als Nachteil sehen.

Man unterscheidet zwei Arten von Gerste: die Winter- und die Sommergerste. Die erste wird im Herbst gesät und im Sommer des folgenden Jahres geerntet; sie dient vorwiegend als Tierfutter, wird aber auch – vor allem in Irland – für Whiskey verwendet. Die zweizeilige Sommergerste sät man möglichst zeitig im Frühjahr aus, also im März, spätestens im April. Sie benötigt nur rund vier Monate zum Ausreifen und ist gut zum Mälzen geeignet. Übrigens wird in Schottland über die Hälfte der eingebrachten Gerste für

Whisky verarbeitet, und manche Brennereien importieren noch zusätzliche Gerste aus anderen Ländern.

Malt Whisky muss ausschließlich aus gemälzter Gerste hergestellt werden. Aber bei fast allen Whiskys, ganz gleich, wo auf der Welt sie erzeugt werden und ob hauptsächlich aus Mais oder Roggen, spielt Gerstenmalz eine wichtige Rolle, setzt es doch die Verzuckerung der Stärke auf natürliche Weise in Gang, die man sonst nur durch die Zugabe von Enzymen erreichen kann, wie es etwa in Kanada geschieht.

Entscheidende Verwandlung

Sät man im Frühjahr Getreide aus, beginnt es mit Hilfe von etwas Feuchtigkeit und Sonnenwärme zu keimen. Im Innern des Korns bilden sich dabei Enzyme, die die gespeicherte Stärke in Zucker spalten. Dieser Zucker stellt die einzige brauchbare Energie für das Keimwachstum dar. Daneben ist er die einzige brauchbare Energie für die Hefe im

Links: Ein Berg frischer Gerste zum Mälzen

Rechts: Nach dem Einweichen wird die Gerste auf großen Malzböden ausgebreitet und muss regelmäßig gewendet werden: ein harter Job.

Gärungsprozess, die sich vom Zucker ernährt, dadurch genügend Kraft zur Fortpflanzung hat und den gewünschten Alkohol sowie Kohlendioxid als Stoffwechselprodukte hinterlässt. Um nun also der Hefe optimale Bedingungen zu schaffen, ist es erforderlich, das Getreide zum Keimen zu bringen. Und da nicht der Keim den Zucker, das Malz, verbrauchen soll, der eigentlich ja für ihn bestimmt ist, muss man ihn mit Wärme zum Absterben bringen. Dabei darf es nicht zu warm werden, weil sonst auch die Enzyme ihre gesuchte Tätigkeit einstellen. Gerste ist für diesen Trick überaus brauchbar, weil sie sehr viel Stärke bindet, doch man kann auch Roggen, Weizen und andere Getreidesorten mälzen.

Um den Keimprozess künstlich zu starten, wässert man die Gerste 2–5 Tage, bis sie sich voll Feuchtigkeit gesogen hat. Dann wird sie auf dem Malzboden in einer etwa 30 cm dünnen Schicht ausgebreitet. Mit dem Einsetzen des Keimens beginnt sie sich zu erwärmen und muss regelmäßig gewendet werden, damit sich keine zu starke Hitze entwickelt. Nach längstens sieben Tagen ist der optimale Zuckergehalt erreicht, und das *green malt* wird nun zum Abbruch des Keimvorgangs getrocknet bzw. gedarrt.

Die Wahrzeichen der Destillerien Schottlands, ihre Pagodentürme, sind nichts anderes als die Schornsteine ihrer Darröfen, der *kilns*. Das Grünmalz wird auf dem Trockenboden des *kiln* ausgebreitet. Er besteht meist aus Kacheln, die an der Oberseite winzige, an der Unterseite aber größere Löcher haben, durch die warme Luft aufsteigt. Darunter befindet sich der Ofen, der traditionell mit Torf beheizt wird, was beim Trocknen das Malz räuchert und ihm den charakteristischen Geschmack verleiht.

Es gibt nur noch wenige Destillerien, die Malz auf diese teure handwerkliche Weise herstellen: Balvenie, Bowmore, Glendronach, Highland Park, Laphroaig und Springbank. Meist wird Malz heute von industriellen Mälzereien bezogen, wo die Gerste in Trommeln keimt und trocknet. Während der Trocknungsphase wird – je nach Bestellung der jeweiligen Destillerie – mehr oder weniger lange Torfrauch über das Malz geleitet, um es entsprechend zu räuchern.

Links: Grünmalz mit seinem Keim

Rechts: Während oben das Malz auf dem Malzboden ausgebreitet ist, sorgt der Darrofen darunter für heiße Luft und je nach Zugabe von Torf für mehr oder weniger starken Rauch.

Von Maische und Bier

In den schottischen Highlands und auf den Inseln hat jede Whisky-Destillerie ihr spezielles Malz, das nach ihrer Tradition und ihrem Profil mehr oder weniger stark getorft wurde. Abgesehen davon ist der weitere Werdegang des Malt im Grunde gleich. In anderen Ländern wie in den USA, wo man nicht nur Gerstenmalz verwendet, arbeitet man mit einer Mischung verschiedener Getreidesorten, und diese mash bill hat jede Bourbon-Brennerei für sich selbst ausgetüftelt. Nach der Zusammensetzung richtet sich die Hitze der Maische, die beim Mais dem Siedepunkt am nächsten kommt.

Das Maischen beginnt mit einem für die Brennereien äußerst gefährlichen Vorgang: dem Schroten. Wenn sich dabei auch nur ein winziger Funke entzündet – was leicht geschieht, falls ein Stück Metall unter das Malz gerät –, steht die Mühle in Flammen. Wovor man sich heute mit starken Magneten schützt, war früher die Hauptursache, wenn eine Destillerie abbrannte.

Das Gerstenmalz wird in der Mühle grob geschrotet, und der grist muss nun im Maischbottich, mash tun, mit heißem Wasser gut verrührt werden (wobei die Maische nicht wärmer als 60 °C werden darf). Heute geschieht dies meist in großen Edelstahltanks, die geschlossen sind, damit die Hitze nicht entweicht, und die außerdem mit einem automatischen Rührwerk ausgerüstet sind. Durch Wärme und Feuchtigkeit werden die Enzyme wieder aktiviert (von denen eins empfindlich auf zu hohe Temperatur reagiert), die Stärke in Zucker aufspalten können, der sich im Wasser löst. Die bräunlich-trübe, zuckrige Flüssigkeit, die dabei entsteht, ist die Würze, englisch wort.

Der Maischbottich ist nicht selten bis zu 3 m tief und besitzt einen perforierten Boden, dessen Löcher klein genug sind, um gröbere Partikel aufzuhalten, und groß genug, um die Würze zügig in den underback abfließen zu lassen, einen sich darunter befindlichen zweiten Tank. Im Bottich bleibt

Links: Die Schrotmühle ist eines der Herzstücke jeder Destillerie.

Rechts: Die mash wird mit heißem Wasser in großen tuns angesetzt.

der *draff* zurück, das geschrotete und eingeweichte Korn, dem die Kohlehydrate entzogen wurden und das ein ausgezeichnetes Futtermittel darstellt. (Bei anderen Kornbränden findet diese Trennung erst während der Destillation statt, aber auch die dann zurückbleibende Schlempe ist noch ein hochwertiges Viehfutter.)

In Schottland führt man den Maischprozess in drei jeweils nicht länger als rund 20 Minuten dauernden Durchgängen durch, wobei man von Mal zu Mal die Temperatur erhöht. Der zweite Durchgang ergibt dabei die höchste Zuckerextraktion, während beim dritten die restlichen, nur noch etwa 4 % Zucker gelöst werden. Man benutzt ihn, um die nächste Maische anzusetzen.

Wort & Wash

Die im *underback* aufgefangene süße Würze lässt man auf 20–27 °C abkühlen, dann wird sie in Gärbottiche aus Kiefern- oder Lärchenholz, inzwischen auch aus Edelstahl, gepumpt, die in Schottland *washbacks* heißen. Ihre Größe variiert stark, während ältere Bottiche kaum 5000 l fassen, passen

in moderne Gärtanks mehr als 50 000 l, in Nordamerika sogar 80 000 l. In jedem Fall füllt man sie nicht vollständig, sondern lässt genügend Raum für die Schaumbildung.

Nun fügt man der Würze Hefe hinzu, wobei die meisten Destillerien kommerzielle Brau- oder Brennhefen verwenden, die sie nach eigenem Gusto mischen. Das Interesse an eigenen Hefen und deren gezielte Entwicklung ist in Schottland vergleichsweise jung, aber in Kentucky kümmern sich manche Brennereien seit Jahren um Entwicklung und Erhalt eigener Hefestämme.

Bei einer nur aus Malz gewonnenen Würze kann die alkoholische Gärung recht stürmisch – mit starkem Aufwallen und viel Schaum – verlaufen, was man durch (heute automatisches) Rühren und Propeller im Zaum zu halten sucht. Je nach der vorherrschenden Temperatur – und dem Anteil aus dem Torf stammender Phenole – vollzieht sich die Gärung in der Regel in 40–72 Stunden, wobei eine längere Dauer für mehr Aromen sorgt. Das Ergebnis ist der *wash*, ein um 8 % vol starkes Bier, in Schottland oft auch *ale* genannt.

Links: Das geschrotete Getreide wird gründlich mit Wasser verrührt, damit sich der aus der Stärke gespaltene Zucker löst.

Rechts: Kenner sind davon überzeugt, dass *wash* am besten in Holzbottichen vergärt.

Malt-Destillation

Links: Auch in Destillerien hat inzwischen Hightech Einzug gehalten.

Rechts: Die Form der *pot stills* prägt den *new make* entscheidend, je höher und enger sie sind, desto feiner wird das Destillat.

Laut Gesetz muss Malt Whisky in Schottland in *pot stills* destilliert werden. Diese traditionellen kupfernen Brennblasen verhelfen dem Malt zu einem Teil seiner Identität, denn jede Destillerie betreibt *pot stills* in ganz individueller Form, von breit und gedrungen bis schlank und hoch, mit graziös aufragenden Hauben. Und je höher darin der Dampf steigen muss, desto weniger der schwerer flüchtigen Aromastoffe schaffen den Weg hinüber in den Kondensator. So ist das Destillat ›leichter‹, sonst überdeckte florale Noten treten hervor.

Wurden die *pot stills* früher mit Kohle oder Gas direkt beheizt, liefert heute Dampf die nötige Hitze. Man könnte Whisky in einer einzigen Brennblase in zwei bis drei Durchläufen nacheinander destillieren, doch in der Praxis arbeiten die schottischen Destillerien mit Pot-Still-Paaren, wobei eine Blase dem *wash* vorbehalten ist (*wash still*), während in der *spirit still* der Feinbrand destilliert wird. Oft, aber nicht immer, ist die *wash still* deutlich voluminöser. Unterscheiden kann man sie auf den ersten Blick daran, dass die *spirit still* mit einer zusätzlichen Apparatur namens *spirit safe* ausgerüstet ist, die es dem *stillman* erlaubt, gezielt in das Geschehen einzugreifen.

Low Wine & New Spirit

Die traditionelle Malt-Destillation erfolgt in zwei Phasen. Das durchgegorene bräunliche, doch klare Bier, *wash,* wird in die erste Brennblase, die ein Volumen von bis zu 30 000 l besitzen kann, eingefüllt und erhitzt. Die alkoholhaltigen Dämpfe steigen auf und gelangen durch das Geistrohr in die Kühlspirale, wo kaltes, fließendes Wasser sie zum Kondensieren bringt. Man fängt den *low wine* auf, der hauptsächlich Wasser, aber auch bereits 21–23 % vol Alkohol enthält. Der Rückstand aus der Brennblase kann verfüttert werden.

Nun kommt die zweite, meist kleinere *pot still* zum Einsatz, in der die *low wines* erneut destilliert werden. Dabei läuft das wasserklare Destillat durch den *spirit safe,* einen Glaskasten, in dem es der *stillman* beobachten kann. Zugleich zeigen ihm Hydro-

meter das spezifische Gewicht und damit den Alkoholgehalt an. Mit Hilfe eines Hebels kann er den Fluss des Destillats entweder zurück zu den *low wines* leiten oder es im *spirit receiver* auffangen.

Zu Beginn des Feinbrands fließt der *foreshot* oder *head* mit etwa 80 % vol Alkoholgehalt, der aber noch unerwünschte Stoffe wie Aldehyde und Ester enthält. Diesen Vorlauf trennt der *stillman* ab. Destillat, das er als rein beurteilt (nach etwa 15 Minuten), fängt er gesondert auf: es ist der *middle cut, spirit cut* oder auch *heart of the run.*

Beginnt dieses Herzstück gewöhnlich mit einem Alkoholgehalt von rund 74 % vol, so sinkt dieser Gehalt im Verlauf des Brennvorgangs stetig ab, um 3–5 Stunden später nurmehr 65–62 % vol zu erreichen. Dann treten die *feints* oder *tails* auf, die gröberen Alkohole und Fuselöle, die der *stillman* abtrennt und zurück in die Brennblase leitet. Der *middle cut* variiert also zwischen 74 und 62 % vol Alkoholgehalt, was im *spirit receiver* einen Mittelwert von 70–72 % vol ergibt. Auch wenn heute das Abtrennen von *fore-*

shot und *feints* in den mit modernster Technik aufgerüsteten Destillerien am Schaltpult vollzogen werden kann: das, was der *stillman* oder *master distiller* wann entscheidet, ist für die Qualität des späteren Malt ausschlaggebend, beeinflusst es doch spürbar seinen Charakter.

Je größer der *middle cut,* umso mehr schwere und aromatische Komponenten gehen in das Destillat ein, je kleiner er ist, umso leichter und feiner ist der Ausgangsgeist. Lässt der *stillman* zu viele *feints* zu, besteht die Gefahr, dass der Whisky unangenehme Aromen entwickelt; hält er den *middle cut* dagegen zu eng, dann mangelt es dem Whisky später vielleicht an Charakter. In der Regel beträgt der *middle cut* etwa drei Fünftel des gesamten Durchlaufs. Mit Quellwasser auf die für den Fassausbau ideale Stärke von etwa 63 % vol Alkoholgehalt eingestellt, kann sich der *new spirit* nun in seinem Domizil für die kommenden Jahre niederlassen, im *warehouse,* und dort – nach inzwischen anerkannter Auffassung – die wichtigste Phase seiner Entwicklung antreten.

Links: *Pot stills* treten in der Regel als Paare auf: als *wash* und als *spirit still.*

Rechts: Das frische Destillat fließt durch den *spirit safe* in vom Zoll versiegelte Tanks, die *spirit receiver.*

Fassreife

Wenn der *new spirit* erstmals in ein Fass gefüllt wird, ist er wasserklar. Die Farbe des Bernsteintons und die zusätzlichen Aromen, die er nach Jahren der Reife angenommen haben wird, stehen in direktem Bezug zu den benutzten Fässern und der Dauer seines Aufenthalts darin. Während Schotten, Iren und die meisten anderen Whisky-Produzenten gebrauchte Fässer vorziehen, ist für Bourbon gesetzlich vorgeschrieben, dass er in neuen, ausgekohlten Fässern – meist aus amerikanischer Weißeiche (*Quercus albus*) – mindestens zwei Jahre reifen muss. Oft werden Bourbons nach vier Jahren im Fass abgefüllt, da sie dann ausreichend Aromen aus dem neuen Holz aufgenommen haben. Diese gebrauchten Fässer sind für andere Whisky-Hersteller ein Glücksfall.

Das Geschmacksprofil der Whiskys ist von dem Reifeprozess in Eichenfässern nicht zu trennen, ganz gleich welcher Herkunft sie sind. Das war nicht immer so. Noch bis 1915 wurde der meiste Whisky ›frisch‹ als rauer Kornbrand getrunken. Das erste Zeugnis von im Fass gereiftem Malt findet sich im »Diary of a Highland Lady«, in dem sich Elizabeth Grant erinnert, ihrem Vater 1822 für König Georg IV. »reinen Glenlivet Whisky« nach Edinburg geschickt zu haben. Es handelte sich dabei um ihr Lieblingsfass, »in dem Whisky seit langem im Holz war, dann lange in nicht verkorkten Flaschen, so mild wie Milch und mit einem wahren Geschmack von Konterbande«. Doch solche Whiskys blieben noch die Ausnahme.

Ruhe laut Gesetz

Heute muss Scotch Whisky mindestens drei Jahre in Fässern ausgebaut werden, was David Lloyd George (1863–1945) zu verdanken ist. Der Premierminister Großbritanniens hätte am liebsten jeden Trinkalkohol verboten, musste jedoch einsehen, dass eine solche Maßnahme seinem Ansehen in der Bevölkerung wenig förderlich wäre, und griff daher einen Vorschlag seines Mitarbeiters James Stevenson, des Direktors von Johnny Walker, auf: Man verbot den Verkauf von jungem Kornbrand (der sozial den meisten Schaden anrichtete) und schrieb 1915 im *Immature Spirits Act* die Mindestreifezeit für Whisky vor.

Whisky-Produzenten hatten zwar schon erste Erfahrungen im Umgang mit Fässern gesammelt, doch jetzt wurde es spannend, denn es gab viel zu entdecken. So zeigte sich etwa in den jungen Fässern des *first fill,* die zuvor nur Bourbon oder Sherry enthalten hatten, bereits nach drei Jahren eine deutliche Veränderung des Whisky. Durch den Austausch mit den im Holz vorhandenen Aromen und Geschmacksstoffen, durch die chemische Reaktion der Holzkohle an der Fassinnenseite sowie durch die schwache, aber stetige Sauerstoffzufuhr durch Holzporen und Spundloch büßte er Aggressivität ein zugunsten von Komplexität.

Als die Destillerien sich der Wirkung des *maturing* bewusst wurden, begannen sie mit ausgedehnteren Reifezeiten zu experimentieren und lernten die verschiedensten Einflussfaktoren einzuschätzen: die Wahl der Fässer, ob Bourbon, Sherry oder andere, ob *first fill* oder ein länger benutztes; sie erfuhren um die Bedeutung der Atmosphäre im Lagerhaus, ob es dort trocken oder feucht, kühl oder warm war; ob der Boden aus Stein oder aus gestampfter Erde bestand.

Sie verstanden, dass es keine allgemein gültige Regel geben konnte. Ist in einer Destillerie der ausdrucksvollste Malt ein 10 Years Old, kann es in einer anderen der 25 Jahre gereifte sein. Und es ist Geschmacksache.

Gegenüber: Ausgesonderte Fässer, in denen über Jahre Malt alterte

Die *warehouse men* notieren auf dem ersten Fass einer Reihe, welche Malts darin reifen und wie viel davon.

Schottische Whisky-Reise

Als roter, feuriger Faden weist Whisky einen Gang durch und einen Zugang zu Schottland. Jede Destillerie besitzt ihr persönliches Flair. Es setzt sich zusammen aus der Anlage ihrer Architektur, aus der Gestalt ihrer *pot stills* und nicht zuletzt aus der Verbindung ihres Standorts mit der Umgebung. Man muss diese Ausstrahlung vor Ort auf sich wirken lassen, am besten in Verbindung mit der Verkostung einiger dort destillierter Malts. Dann lernt man verstehen, wie eins ins andere greift, wie die äußeren Gegebenheiten den Charakter des Whisky tragen und modellieren. Und eh man es sich versieht, beginnt die Faszination der Malts zu wirken.

Unterhält man sich in einer Destillerie mit den Menschen, die dort arbeiten, erhält man eine Fülle von Informationen über den jeweiligen Malt, man erfährt, was dafür typisch ist, was ihn beeinflusst. Da kann einiges zusammenkommen, und alles scheint nur ein Ziel zu kennen: jedem Malt ein eigenes Profil zu verleihen, damit keiner wie der andere schmeckt. Da findet je nach der Form der *pot stills* in deren Innern eine andere Art von Aromenselektion statt, und je nach Aufenthalt in welchem Fass verändert sich das junge Malzdestillat. Danach kommt immer das Wasser zur Sprache, und oft sind Quelle oder Bach bei einer Destillerie reizvolle Orte, die man sich anschauen sollte. Wie man die einzelnen Brennorte ohnehin am besten zu Fuß erkundet. Dann begegnet man vielleicht dem Granit, der vielerorts zutage tritt und in den Highlands die wild zerklüftete Landschaft prägt. Oft spürt man auch das unterschiedliche Kleinklima, wenn ein Fluss wie der River Spey in der Nähe fließt oder das Meer die Grundmauern der Lagerhäuser umspült. Man hört von trockenen und feuchten *warehouses* und wie anders die Malts darin reifen, in den ersten mehr Volumen, in den zweiten mehr Alkoholgrade einbüßend.

Wer unter den Malts persönliche Vorlieben hat, kennt nichts Reizvolleres, als die Destillerien ihrer Herkunft aufzusuchen. Oft hat er dabei das Glück, auf spezielle Abfüllungen zu stoßen, die nur in kleiner Stückzahl existieren und die er vor Ort erstehen kann, während sie anderswo kaum je erhältlich sind. Oft bieten Destillerien nicht nur ein *dram* ihrer gängigsten Whiskys an, sondern darüber hinaus lehrreiche kommentierte *tastings*.

Man sollte den feurig-roten Faden der Whisky-Destillerien zum Anlass nehmen, verschiedene Regionen Schottlands zu entdecken. So kann man einen Eindruck von den Lowlands gewinnen, indem man südöstlich von Edinburg Glenkinchie am Rand der Lammermuir Hills besucht. Man sollte in die landschaftlich reizvollen Grampian Mountains vorstoßen und unbedingt Dalwhinnie ansteuern, die in dramatischer Umgebung höchstgelegene Destillerie Schottlands. Weiter geht es zur Speyside, der Hochburg der Malts.

Nördlich von Inverness warten Glenmorangie bei Tain und ein gutes Stück die Küste hinauf, wo das Land flach wird, Wick und die Pulteney Distillery, bekannt für den salzigen Nachklang ihrer Malts. Von Scrabster bei Turso setzt man mit der Fähre zu den Orkney Islands über, was sich vor allem wegen Highland Park, aber auch wegen der prähistorischen Siedlung Skara Brae mit ihren steinernen Möbeln lohnt.

Eine wunderschöne Strecke führt von Inverness, anfangs am Loch Ness entlang, nach Oban, dessen Destillerie mitten im Hafenort steht und von wo man die seltene Fähre nach Islay erwischen kann, um endlich ins Paradies der stark getorften Malts vorzudringen.

Lowlands, Highlands, Islands

Seite 324: Lagavulin auf Islay ist eine der Pilgerstätten für Freunde stark getorfter Malts.

Seite 325: *Bed & Breakfast*-Unterkünfte tragen viel zum Reiz einer Whisky-Reise bei.

Die Whisky-Regionen Schottlands unterteilt man grob in Lowlands, Highlands und Islands. Die erste beginnt an der Grenze nach England und reicht hinauf bis zu einer imaginären Linie zwischen dem bei Glasgow am Clyde gelegenen Greenock und Dundee. Landschaftlich haben auch die Lowlands ihren Reiz mit ›rollenden‹ Hügeln, ausgedehnten Wäldern, von Mauern eingefassten Feldern und Weiden und den zahlreichen glasklaren Bächen und Flüssen. Mitte des 19. Jahrhunderts gab es hier Dutzende von Brennereien, die mit *pot stills* arbeiteten, aber vor allem mit den *grain distilleries* zu wetteifern hatten, die hektoliterweise billigen Kornbrand produzierten. So haben heute nur noch drei Destillerien überlebt, die im Charakter leichtere, in den Aromen dezente, oft dreifach destillierte und in der Regel nicht oder kaum getorfte Malts liefern, die meist in einem – keineswegs unangenehmen – *dry finish* ausklingen.

Nördlich schließen sich die Highlands an, die als Whisky-Region bis zu den Orkney Islands hinaufreichen und Schottland bis auf Islay und Campbeltown abdecken. Meist gliedert man dieses Gebiet in die vier Teilbereiche Eastern, (Central &) Southern, Western und Northern Highlands und gewährt Speyside mit ihren zahlreichen Destillerien eine Sonderstellung.

Und die Islands? Man ist versucht, die Inseln zu einer eigenen Gruppe aus den Orkneys, aus Skye, Mull, Islay, der Isle of Jura und der Isle of Arran zusammenzufassen, in der Annahme, ihre Lage am Meer und der häufige Reichtum an Torf würden sie verbinden. Doch so einfach ist es nicht, und deshalb werden oft die Inseln an der Westküste den Western Highlands zugerechnet, während sich alle Malt-Freunde einig sind, dass es Islay (»ei-la« gesprochen) mit seinen acht arbeitenden Brennereien verdient, für sich betrachtet und geschätzt zu werden. Auch die Halbinsel Kintyre mit ihrem Zentrum Campbeltown hat sich einen Sonderstatus bewahrt, selbst wenn es heute dort nur noch drei Destillerien gibt, von denen die dritte ihren ersten Malt erst um 2014 herausbringen dürfte.

Die Zufahrt zum Glenmorangie House bei Tain, nördlich von Inverness

Whisky-Regionen Schottlands

- Highlands
- Lowlands
- Campbeltown
- Islay

Wichtige Destillerien der Unterregionen

- Northern Highlands
- Western Highlands
- Eastern Highlands
- Central & Southern Highlands
- Lowlands
- Campbeltown
- Islay
- zu Speyside gehörend

Die Blends

Wenn schottischer Whisky als Scotch weltweit zum Begriff wurde, ist das den Blends zu verdanken. Ebenso wie die heute noch etwa 90 Destillerien in Schottland, die ihren eigenen Single Malt vermarkten. Und die florierende Whisky-Industrie, die Tausenden Lohn und Brot gibt. Denn die Blends machen mehr als 90 % der gesamten schottischen Whisky-Produktion aus.

Als mit der Einführung der Kolonnendestillation reichlich preisgünstiger und eher geschmacksneutraler Whisky zur Verfügung stand, entschlossen sich immer mehr Händler dem Beispiel des 1853 vorgestellten Old Vatted Glenlivet von Andrew Usher zu folgen und ihren eigenen Blended Scotch zu kreieren. Männer wie Haig, Bell, Dewar, Walker, Sanderson und Buchanan zählten dazu. Dabei ging es darum, den leichten Grain Whisky mit intensiven, ausdrucksstarken Malts zu mischen – nichts anderes bedeutet *blending* –, um dadurch einen angenehmen, leicht zu trinkenden Whisky zu erhalten. Die Kunst, die nun erlernt werden musste, bestand darin, immer wieder und mit größtmöglicher Kontinuität diesen Blend zu wiederholen.

Dazu braucht es eine besonders geschulte Nase. Man muss verschiedene Malts voneinander unterscheiden, aber auch gedanklich addieren können, damit sie miteinander und mit den Grain Whiskys harmonieren. Wer das Glück hatte, einmal einem *master blender* in das Labor folgen zu dürfen, kann das *nosing* als Schnellkurs erleben. Dort stehen Dutzende, wenn nicht Hunderte von Proben aus den Destillerien der Lowlands, Highlands und Islands in kleinen Fläschchen auf Regalen, und im Handumdrehen weiß der Meister den Bogen zu spannen, von den leichten zu den blumigen und fruchtigen über die würzigen zu den schweren, wuchtigen, torfigen. Dabei ist nur die Nase im Einsatz, denn würde man probieren, wären die Sinnesorgane zu schnell betäubt. Experten vertrauen allein auf *nosing*.

Mischen mit Maß

Nur ein Zehntel der Malts, die in den zahlreichen Destillerien Schottlands gebrannt und gereift werden, kommt als Single Malt auf den Markt. Der Rest geht an die Marken, denn jede davon verwendet 15–50 verschiedene Malts und 3–4 Grain Whiskys für einen Blend, und oft bieten sie mehrere Blends an.

Jeder Blend hat sein eigenes Profil, das sich immer vorrangig auf eine kleinere Zahl bestimmter Grain und Malt Whiskys stützt, sowohl was deren Herkunft wie auch ihr Alter betrifft; sie bilden das Fundament. Dazu kommen weitere, eher austauschbare Malts in Betracht, die je nach ihrem Charakter gruppiert werden, nach Frucht, Süße, Rauchigkeit etwa. Denn ein Blend beruht nicht auf einem genau festgelegten Rezept, bei dem jede Zutat ihren immer gleichen Prozentsatz beisteuert. Der *master blender* weiß mit der Palette seiner Whiskys umzugehen, um immer wieder das gleiche Gesamtbild zu

Strathisla ist die eigentliche Heimat des berühmten Chivas Regal, denn sie liefert die Basis zu seinem Blend.

schaffen, selbst wenn er nicht immer identische Farbtupfer verwenden kann.

Blends sind echte Kreationen, die in der Regel auf den ersten Wurf ihrer Väter zurückgehen, aber in der Folge modifiziert wurden. Schon die Söhne, mit denen der internationale Erfolg einsetzte, vervollkommneten das Rezept nicht selten. Später waren dann äußere Umstände Ursachen für Anpassungen, wenn vielleicht eine Destillerie ausfiel, die bislang Hauptlieferant gewesen war. In manchen Fällen gab man dem Blend bewusst einen neuen, zeitgerechten *relaunch,* eine Maßnahme, sich sich auch in Zukunft im Abstand einiger Jahre wiederholen wird.

Wie Grain und Malt Whiskys miteinander kombiniert werden, ist Tradition des jeweiligen Hauses. Der Anteil der Letzteren kann gerade mal 10 % betragen oder mehr als die Hälfte, auch wenn meistens Grain Whisky in der Mischung volumenmäßig überwiegt. Gewöhnlich werden die Malts und die Grain Whiskys getrennt assembliert und erst dann miteinander verbunden, um sich anschließend noch einige Monate in Eichenfässern ›aneinander zu gewöhnen‹.

Je höher der Malt-Anteil und je älter die Whiskys, desto höher die Qualität, wobei auf dem Etikett immer der jüngste Bestandteil angegeben sein muss. Die gängigsten Blends verzichten oft auf eine Altersangabe, was jedoch nichts über ihre Qualität aussagt. Luxus-Blends zeigen dagegen stolz ihr hohes Alter auf dem Etikett, und meist handelt es sich wirklich um hervorragende, sehr komplexe Whiskys.

Die größte Herausforderung für alle Blended Scotch Whiskys ist die Planung ihres zukünftigen Absatzes. Denn heute müssen die verschiedenen jungen Destillate, die *new spirits, new makes* oder *Baby Whiskies* eingelagert werden, die in fünf, zehn, fünfzehn Jahren den Markt überzeugen sollen: ein kapitalträchtiges und riskantes Unterfangen.

Vor dem *stillhouse* von Strathisla posieren Chivas Regal und Ballantine's mit einigen Malts, die in ihren Blends mitwirken.

Ausgewählte Blended Scotchs

**Ballantine's
17 Years Old**

George Ballantine wagte 1827 den Sprung, verließ die elterliche Farm und eröffnete in Edinburg einen Gemischtwarenladen. 1865 gründete er zusätzlich eine größere, auf Wein und Spirituosen spezialisierte Firma in Glasgow. Unter Sohn George durfte sie sich seit 1903 »Offizieller Lieferant des Königshauses« nennen. 1910 wurde der bis heute erfolgreiche »Finest« lanciert, und 1920 veräußerte die Familie das Unternehmen. Seit 1937 im Besitz des kanadischen Hiram Walker, erlebte Ballantine's den Aufstieg zum führenden Whisky in Europa. Bereits 1930 war der hochkarätige 17 Years Old erschienen, der sich mit komplexen Aromen von Torf, Rauch und Backobst sowie vollem, kandiertem, süßlich-würzigem Geschmack behauptet, auch wenn er sehr gefällig wirkt. Heute gehört Ballantine's zu Pernod Ricard.

Black Bottle

Inzwischen hat der ungewöhnliche Blend mit Bunnahabhain auf Islay das passende Zuhause gefunden. Denn der Whisky im schwarzen Outfit und in einer Flasche, die an eine *pot still* erinnert, bringt alle sieben Islay Malts zusammen. Kreiert haben ihn 1879 der Teehändler Gordon Graham und sein Bruder, anfangs mehr für den Privatgebrauch, bevor der Blend zunehmend Anhänger gewann, vor allem in Schottland. In dem für einen Blend einzigartigen Charakter treten die rauchigen Torfnoten deutlich hervor – besonders wenn man etwas Wasser zufügt –, zusätzlich aber auch eine süße Kraft, die der herbere Grain-Anteil in Zaum hält. Und die salzige Inselluft hat er auch eingefangen.

**Buchanan's
Aged 18 Years
Special Reserve**

James Buchanan (1849 bis 1935), später Baron Woolavington, ist eine der großen Figuren der Whisky-Historie. Als der Vertreter einer Whisky-Firma 1879 nach London entsandt wurde, erkannte er bald, dass sich Whisky besser in Flaschen statt in Fässern verkauft, und schon fünf Jahre später machte er sich selbstständig. Seinen eigenen »Buchanan's Blend« füllte er in schwarze Flaschen mit weißem Etikett, doch als er merkte, dass die Leute nur den »black and white whisky« verlangten, taufte er ihn um und kreierte eine der erfolgreichsten Whisky-Marken überhaupt. Diese 18 Jahre alte Reserve ist auffallend samtig und vielfältig, mit Anklängen von Dörrobst, Nuss, Vanille und dezentem Rauch.

**Chivas Brothers
Royal Salute
Hundred Cask Selection**

Die Brüder James und John Chivas betrieben in Aberdeen einen Spezialitätenladen, der 1843, als Königin Viktoria das Schloss Balmoral erwarb, zum Hoflieferanten ernannt wurde. Schon früh brachten ihnen ihre ausgewogenen Blends einen blendenden Ruf ein. Der große Wurf gelang ihnen dann mit dem 1909 erstmals abgefüllten Chivas Regal 12 Years, vor allem auch im Export. Mit der Übernahme durch Seagram 1949 wurde Strathisla in Keith zur Basis des Chivas. Anlässlich der Krönung von Königin Elisabeth 1953 erschien Royal Salute. Auch neu abgestimmt blieb der Blend dem ursprünglich sehr reichen, süßen, komplexen Stil mit dichter, samtiger Textur treu, in dem alte Malts den Ton angeben.

**Cutty Sark
Scots Whisky
Aged 12 Years**

Am 20. März 1923 saßen Francis Berry und Hugh Rudd, Partner der 1698 in Saint-James Street, London, gegründeten Weinhandlung Berry Bros. & Rudd, zusammen und diskutierten darüber, dass die Zeit reif sei für einen leichteren und helleren Whisky, denn der damalige Markt war von dunklem, schwerem Blended Scotch bestimmt. So beschlossen sie, einen ungefärbten Blend aus eleganten Malts von Speyside zu schaffen. Als Paten wählten sie die Cutty Sark, einen im Teehandel verkehrenden Klipper, der 1869 in Dumbarton vom Stapel gelaufen war und als das schnellste Schiff seiner Zeit galt. Auch der Aged 12 Years zeigt Leichtigkeit und Frische, im Geschmack mit feiner Sherry-Note und mit angenehmer Würze.

Dewar's
Special Reserve
Aged 12 Years

Der Farmerssohn John Dewar machte sich 1846 in der High Street von Perth selbstständig und schuf damit die Basis zu einem Whisky-Unternehmen, das seine Söhne John Alexander und Thomas Robert weltweit bekannt machten. Es war speziell das Werk von Tommy Dewar, der durch Reisen und geniale Werbekampagnen dem 1899 lancierten White Label den Boden bereitete, der in den USA immer noch die Scotch Nummer Eins ist. Schon 1896 gründeten die Dewars, beide als erste Whiskybarone geadelt, für ihren Blend die Brennerei Aberfeldy. Die Special Reserve kehrt deutlich den Malt-Charakter hervor, mit gutem Volumen, angenehmer Würze sowie dem Anflug von Rauch und Honig.

William Grant's
Cask Selection
12 Years Old

Mit der Eröffnung von Glenfiddich 1886 legte William Grant das Fundament für das Unternehmen, das heute von seinen Nachkommen geleitet wird. Als der schottische Whisky Ende des 19. Jahrhunderts seine erste große Krise erlitt, sah er seine Chance und expandierte in den Handel. Dazu gehörte auch die Kreation eines Blend, der von Sohn John zuerst in Kanada vorgestellt wurde. Heute bilden die Grain Whiskys der Destillerie Girvan, die die Familie 1963 aufbaute, die Basis der Blends, vor allem der außerordentlich erfolgreichen Grant's Family Reserve, für die auch Malts von Glenfiddich und Balvenie Verwendung finden. Bei der neuen Reihe der Cask Selection wird zusätzlich mit einem speziellen *wood finishing* in Bourbon-Fässern gearbeitet, was dem Whisky einen stärkeren Akzent von Holzwürze und Rauch verleiht, dennoch bleibt er vollkommen ausgewogen, mit großer Finesse.

The Famous Grouse

Das schottische Moorhuhn auf dem Etikett machte den Blend zunächst im Umkreis von Perth so bekannt, dass er sich den Zusatz *famous* verdiente. Auch heute trägt er ihn zu Recht, denn der 1897 von Matthew Cloag geschaffene Blend ist den Schotten der liebste. Dieser Aufstieg gelang erst nach der Übernahme der Firma durch die Highland Distillers ab 1970. Heute gehört sie zur Edrington Group, die ihr als neue Heimat die berühmte Glenturret Distillery zugedacht haben, obwohl deren Malts in der »Grouse«, wie die Schotten sagen, nicht mitwirken. Sie gefällt mit ihrem vollen, fruchtigen Eindruck, der von einem Hauch mildem Rauch, von süßer Würze und sahnigem Toffee begleitet wird.

J & B Rare

Um eine berühmte Opernsängerin zu erobern (was ihm dann auch gelang), reiste Giacomo Justerini 1749 nach London und rief dort einen Spirituosenhandel ins Leben, dem Alfred Brooks, als er die Firma 1831 übernahm, seinen eigenen Namen beifügte. Der Durchbruch gelang mit J & B Rare, der unmittelbar nach Aufhebung der Prohibition in den USA lanciert wurde. Hell und leicht behauptet er sich weltweit als Nummer Zwei. Dahinter steht ein gelungener Blend, in dem vier Speyside Malts den Ton angeben, angeführt von Knockando. Insgesamt wirken aber 36 Malts und 6 Grain Whiskys zusammen, um diesen frischen, aber sanften Blend mit Gras- und Zitrus-, feinen Würz- und Nussnoten zu gestalten.

Johnnie Walker
Premier
Rare Old Scotch Whisky

Die bekannteste Whisky-Marke der Welt geht auf John Walker zurück, der 1820 im Alter von 15 Jahren einen Laden in Kilmarnock eröffnete, in dem er auch Whiskys verkaufte, mit Vorliebe kräftige von Islay. Sein Enkel Alexander Walker brachte 1909 die Blends Red Label und Black Label als Handelsmarken heraus, schon damals in der kantigen Flasche. Noch im selben Jahr wurde das Wahrzeichen entworfen, der *Striding Man*, der Dandy im roten Reitrock. Mit seinem süßlich würzig-rauchigen Aroma überzeugt der Red Label bis heute ebenso wie der intensive, komplexere Black Label. Der Premier ist ein Luxus-Blend, bei dem lange gereifte Malts für viel Volumen, Holzwürze, Nuss- und Toffee-Aromen sorgen.

Highlands Whiskys

Die Highlands zählen zu den großartigsten Landschaften Europas – und zu den am dünnsten besiedelten. Im Gegensatz zu den Lowlands sind sie erwartungsgemäß bergig. Ben Nevis, ihr höchster Gipfel – und der höchste Großbritanniens –, ragt 1343 m empor, aber 300 weitere Berge erreichen 900 m und mehr. Ihre parallel verlaufenden Bergketten wechseln mit malerischen Tälern und Schluchten, durchzogen von zahlreichen Flüssen und Lochs (Seen).

Die südlichen Highlands werden von den abwechslungsreichen Grampian Mountains bestimmt, auf deren einer Seite der Tay, auf der anderen der Spey fließt, die beide in die Nordsee münden. Von Inverness am Moray Firth verläuft der Great Glen südwestlich nach Fort Williams mit seiner Folge von Lochs, darunter das berühmte Loch Ness, und zieht eine Trennlinie zu den Northwest Highlands mit ihren zerklüfteten Bergen und den vorgelagerten Hebriden.

Während in den Lowlands der Einfluss Englands schon früh Boden gewann, bewahrten die Highlander ihre Sprache und Sitten weitaus länger. Dazu gehörte auch der Geschmack an Whiskys mit ausgeprägtem Charakter. Dieses Erbe hat sich nicht nur erhalten, trotz großer Konzentration in der Whisky-Industrie wird es heute besser gepflegt als jemals zuvor, dank dem weltweiten Interesse an Single Malt Whiskys.

Single Malt is back

In der Vergangenheit tranken die Highlander nur den Whisky aus vereinzelten Haus- und Schwarz-Brennereien, bevor Scotch Whisky durch die Blends zur internationalen Spirituose aufstieg. Der Single Malt hat die alte Tradition aufgegriffen und weiterentwickelt, denn unter seinem Namen wird Whisky aus jeweils einer einzigen Destillerie angeboten, der ausschließlich auf gemälzter Gerste basieren muss. Dem wegweisenden Beispiel von Glenfiddich 1963 folgten vor allem in den 1980er Jahren zahlreiche weitere Brennereien. Von den insgesamt mehr als 120 schottischen Destillerien befinden sich rund 30 in den Highlands, knapp 60 in Speyside. Ihre Zahl schwankt, denn je nach Marktlage werden sie zeitweise geschlossen oder auch wieder in Betrieb genommen. Seit dem Jahr 2000 sind fünf neue gegründet wurden, von denen aber noch keine Single Malts im Handel sind.

Single Malts werden oft in bestimmten Altersklassen angeboten (10, 12, 15, 18 oder 21 Jahre), wobei diese Qualitäten aus Fässern verschiedenen Alters und manchmal auch verschiedener Herkunft gemischt werden, um das aromatische Profil konstant zu halten. Wie beim Blended Scotch bezieht sich die Altersangabe immer auf den jüngsten Malt der Mischung, doch da alle Komponenten aus nur einer Brennerei stammen, spricht man nicht von »blended«. Dagegen gibt es – allerdings selten – Vatted Malts, die in der Regel auf dem Etikett als *pure malt* bezeichnet werden und aus der Mischung von Malts mehrerer Destillerien bestehen.

Der Gipfel der Malt-Individualität ist die *single cask,* die Einzelfassabfüllung, wobei der Inhalt eines einzigen Fasses getrennt in Flaschen gefüllt und etikettiert wird, sich mehr oder weniger deutlich von anderen Abfüllungen unterscheidet und das Herz jedes Whisky-Sammlers höher schlagen lässt.

Dalwhinnie in rund 350 m Höhe ist die höchstgelegene Brennerei in Schottland.

Speyside

Speyside (»spiessie« gesprochen) gilt als das Herz der Malt-Produktion in Schottland. Das Gebiet, durch das der River Spey fließt, liegt zwischen Inverness und Aberdeen. Im Süden reicht es in den Cairngorms National Park hinein, während es im Norden von der Küste zwischen den Flüssen Findhorn und Deveron begrenzt wird. Fast die Hälfte der heute arbeitenden Destillerien befindet sich dort. Die älteste und mit die schönste Destillerie von Speyside ist Strathisla, die auf 1786 zurückgeht und viel von ihrem Flair bewahrt hat. Von Dufftown, der World Capital of Malt Whisky, heißt es: »Rome was built on seven hills, Dufftown stands on seven stills.« Neben Glenfiddich, Balvenie, Glendullan und Mortlach zählen Dufftown, Kininvie und Pittyvaich dazu, Convalmore und Parkmore sind geschlossen. Weitere wichtige Whisky-Dörfer sind Rothes mit fünf und Keith mit vier Destillerien.

Bevor die Speyside zu Ruhm kam, war Glenlivet bereits ein Begriff. George Smith war der erste, der für seine in dem gleichnamigen Bachtal gelegene Brennerei 1823 eine offizielle Lizenz erwarb. Schon als Schwarzbrenner für seine Whiskys bekannt, schuf er sich mit Glenlivet einen so guten Ruf, dass sich auch andere Destillerien der Gegend, darunter Glenfarclas, Aberlour, Macallan und das entfernte Longmorn mit dem Beinamen Glenlivet schmückten. So wurde den Smiths noch im 19. Jahrhundert gerichtlich das Recht zugestanden, ihren Malt »The« Glenlivet zu nennen. Aus dem Tal des Livet stammen außerdem die Malts von der eingestellten Destillerie Braeval und vom fleißigen Tamnavulin.

Speyside bot den Brennern verschiedene Vorteile, darunter ausreichend Gerste, vor allem im Umkreis von Elgin, gutes Wasser im Überfluss und reichlich Torf. Immer wie-

Der River Spey zieht sich als Lebensader durch Speyside, wo die größte Konzentration an Destillerien auf der Welt anzutreffen ist.

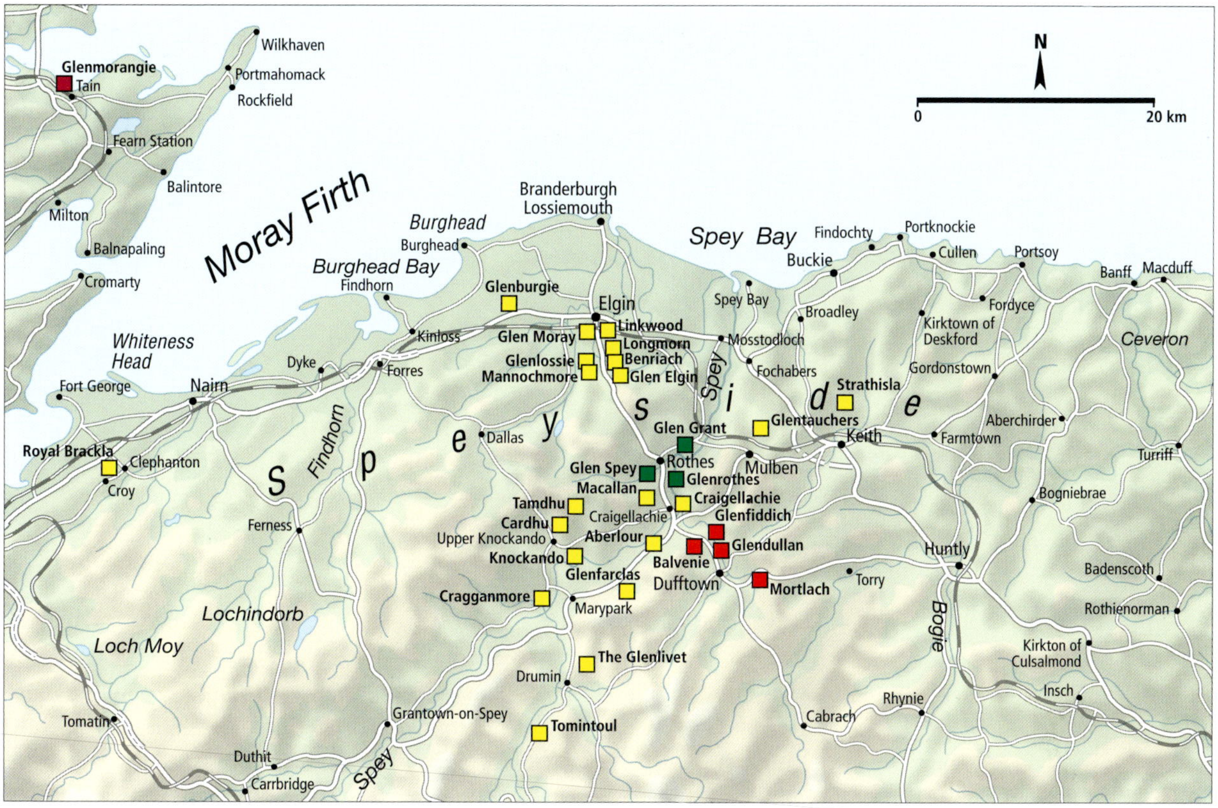
N
0
20 km
Wilkhaven
Portmahomack
Rockfield
Glenmorangie
Tain
Fearn Station
Balintore
Milton
Balnapaling
Cromarty
Moray Firth
Burghead
Burghead
Burghead Bay
Findhorn
Whiteness Head
Fort George
Nairn
Dyke
Kinloss
Forres
Branderburgh
Lossiemouth
Glenburgie
Elgin
Glen Moray
Linkwood
Longmorn
Benriach
Glenlossie
Mannochmore
Glen Elgin
Spey Bay
Spey Bay
Findochty
Portknockie
Buckie
Cullen
Portsoy
Banff
Macduff
Fordyce
Broadley
Mosstodloch
Fochabers
Kirktown of Deskford
Gordonstown
Ceveron
Strathisla
Glentauchers
Keith
Aberchirder
Farmtown
Turriff
S p e y s i d e
Findhorn
Spey
Dallas
Glen Grant
Glen Spey
Rothes
Glenrothes
Mulben
Macallan
Craigellachie
Craigellachie
Glenfiddich
Tamdhu
Cardhu
Upper Knockando
Aberlour
Knockando
Glendullan
Balvenie
Glenfarclas
Dufftown
Mortlach
Torry
Huntly
Bogniebrae
Badenscoth
Rothienorman
Cragganmore
Marypark
Lochindorb
Loch Moy
Royal Brackla
Clephanton
Croy
Ferness
The Glenlivet
Drumin
Bogie
Kirkton of Culsalmond
Insch
Rhynie
Cabrach
Tomatin
Grantown-on-Spey
Tomintoul
Duthil
Carrbridge
Spey

Brennerei-Zentren der Speyside

- Speyside
- Dufftown
- Rothes
- zu Northern Highlands

der wird Speyside auch ein eigener Whisky-Stil zu geschrieben, der als elegant, harmonisch, rund und reich an Finesse charakterisiert ist. Richtig ist, dass sich die Destillerien der Gegend beim Einsatz von Torf zurückhalten, doch auch für Speyside gilt, dass jeder Betrieb seinen eigenen Stil entwickelt hat, der allerdings stärker von Faktoren wie der Form der *pot stills* und von den verwendeten Fässern geprägt wird als von den natürlichen Bedingungen der Umgebung, die sie miteinander teilen.

The Malt Whisky Trail

Um einen Eindruck von Speyside zu vermitteln, haben sich sieben Destillerien und eine Küferei zusammengeschlossen und sich besonders auf den Empfang von Touristen ausgerichtet. Dadurch wird der Anreiz gegeben, die Region in ihrer Gesamtheit kennenzulernen und zu entdecken, wie unterschiedlich Brennereien und ihre Malts sein können. Doch auch die meisten anderen Destillerien stehen Besuchern offen, sodass man Speyside auch ganz individuell entdecken kann.
www.maltwhiskytrail.com

THE MALT WHISKY TRAIL
GLEN GRANT DISTILLERY
GLENFIDDICH DISTILLERY
DALLAS DHU DISTILLERY
The Glenlivet DISTILLERY
CARDHU DISTILLERY
STRATHISLA DISTILLERY
BENROMACH

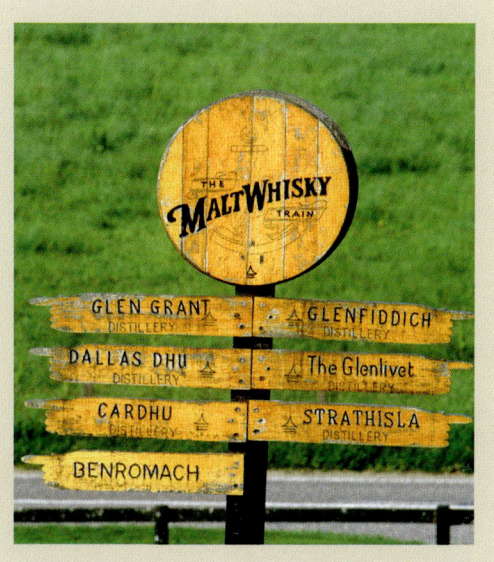

Die meisten Brennereien heißen Besucher gern willkommen.

Ausgewählte Erzeuger

Aberlour

Ihren Namen verdankt die Destillerie dem Standort an der Mündung des Lour in den River Spey, wo sie 1826 gegründet wurde. Sie zählte zu den ersten Destillerien, die Single Malt anboten, nachdem Pernod Ricard sie 1974 übernommen hatte. Man setzt mit Vorliebe Sherry-Fässer für die Alterung ein, da sie für eine gewisse Süße und für Aromen von Trockenfrüchten sorgen. Reizvoll ist A'bunadh, der in *cask strength* abgefüllt wird, mit Aromen von Weihnachtsgebäck, Rosinen, Zukkade, Honig und Rauch.

Glenfiddich

Der Clan der Grants, eine der letzten unabhängigen schottischen Whisky-Familien, kann seine Wurzeln bis ins 14. Jahrhundert zurückverfolgen. Da ist der Teil der Familiengeschichte, der mit Whisky zu tun hat, eher kurz: es war William, der nach 20 Jahren bei Mortlach 1886 seine eigene Destillerie Glenfiddich gründete, wo 1963 der erste Single Malt erschien – trotz seiner Banalität immer noch die Nummer Eins. Dagegen überzeugt der Aged 18 Years Ancient Reserve mit frischer Fruchtigkeit, dann herrlicher Sanftheit und Eleganz.

Glenrothes

Die Destillerie am Rand der Ortschaft Rothes nahm ihre Tätigkeit am 28.12.1879 auf. Ihre Malts fanden bald Anerkennung unter den *master blenders* und wurden fester Bestandteil von Famous Grouse und später Cutty Sark. Unter Kennern erwarb sich Glenrothes einen herausragenden Ruf aufgrund der Vintage Malts. Mit der Select Reserve hat man einen Vatted Malt geschaffen, der wunderbar den Hausstil wiedergibt, mit intensiver Pfirsichfrucht, einem Hauch Zitrus und Vanille, mit Röst- und Nussnoten sowie mit cremiger Textur.

Glenlivet

Im Tal des Livet gab es zu Beginn des 19. Jahrhunderts annähernd 200 Schwarzbrenner. 1823 war George Smith der erste, der seine Destillerie legal anmeldete. Sie arbeitet mit je vier *wash stills* und *pot stills* mit langen Geistrohren, die einen eher leichten Malt hervorbringen, zumal man mit wenig getorftem Malz arbeitet. Auf reizvolle Weise aus dem Rahmen fällt der Nàdurra 16 Year Old Cask Strength, ungefiltert mit sehr cremiger Textur, viel Vanille, dunkler Schokolade und süßer exotischer Würze, feinen Röstnoten, aber viel Kraft.

Glenmorangie

In der 1843 gegründeten Brennerei beeindrucken vor allem zwei Dinge: ihre acht *pot stills* mit den ungewöhnlich hohen Geistrohren und die niedrigen alten, nah am Meer stehenden *warehouses*. Hier wird der Schotten liebster Malt gebrannt, denn Glenmorangie (mit Betonung auf der zweiten Silbe), genauer der zehn Jahre alte Original, duftet wunderbar intensiv nach Blüten und Zitrusfrüchten und einem fernen Hauch von Rauch. Er schmeckt dezent süß, sanft, fruchtig mit etwas Vanille und gibt sich sehr harmonisch.

Macallan

Neben dem gut 300 Jahre alten Easter Elchies House über dem River Spey wird seit 1824 offiziell Malt gebrannt. Der Ruhm gründet sich seit 1892 zunächst auf Blends als Bestandteil etwa der Famous Grouse, dann auf den vollen, geschmeidigen Stil der Single Malts, der den verwendeten Oloroso-Fässern zu danken ist. Bemerkenswert sind die 21 verblüffend kleinen *pot stills*. Obendrein begrenzt man das Herzstück, den *spirit cut*, auf nur 16 % des Brenndurchlaufs. Hervorragend ist der wunderbar reichhaltige 18 Years Old Fine Oak.

Strathisla

Die wohl schönste Destillerie Schottlands nimmt mit dem Charme ihrer Natursteinbauten, den Pagoden und dem Wasserrad für sich ein. Ihre vier gedrungenen *pot stills* ergeben einen körperreichen Malt, der das Fundament des Chivas Regal bildet und nur in kleineren Mengen als Single Malt angeboten wird. Schon der 12 Year Old kehrt seine Kraft hervor und schwelgt in Aromen von Zitrusfrüchten, Backobst, Malz und Kakao. Am Gaumen ist er voll und lang, mit Noten von Kräutern, getrockneter Aprikose, Nuss und Honig.

Glenfarclas

Seit 1865 im Besitz der Familie Grant, hat diese Brennerei die sechs größten *pot stills* der Speyside in Betrieb. Mit Vorliebe benutzt sie Oloroso-Fässer für den Ausbau. Immerhin reifen in ihren *warehouses* 52 000 Fässer, von denen die ältesten 1952er Malt enthalten. Dies inspirierte John Grant 2007 dazu, die Family Casks herauszubringen, jeweils ein Fass Malt aus 43 Jahrgängen. Berühmt ist auch der 105 Cask Strength, ein jüngerer Malt mit deutlichen Sherry-, Malz- und Honignoten und viel Nachdruck.

Ausgewählte Highlands Malts

The Balvenie
Single Barrel · Aged 15 Years

Balvenie ist nicht nur die Nachbarin von Glenfiddich, sondern sozusagen die Schwester. Denn es war William Grant selbst, der sechs Jahre nach der Gründung seiner ersten eigenen Brennerei mit seinen Söhnen 1892 Balvenie in dem alten Gutshaus des nahen Castle einrichtete. Dazu gehört einer der letzten aktiven handwerklichen Malzböden in Schottland sowie die großen, gedrungenen Brennblasen. Obwohl die äußeren Bedingungen identisch sind und derselbe *malt master* hier wie dort am Werk ist, unterscheiden sich die Malts der Schwestern erheblich, und Kenner bevorzugen Balvenie, wie diesen 15-jährigen, bei dem jedes Bourbon-Fass einzeln abgefüllt wird und der mit seiner intensiven und komplexen Aromatik beeindruckt, in der Malz, Eichenwürze und Honig zusammenspielen.

Cardhu
Aged 12 Years

John und Helen Cummings begannen 1811 auf der Cardow Farm in Mannoch Hill kleinere Mengen Malt zu destillieren, wobei Helen über die *pot still* gewacht haben soll. Ihr folgte ihre Tochter Elizabeth 1872 nach, die die Brennerei 1885 an den jetzigen Standort verlagerte und die Produktion verdreifachte. Hauptabnehmer des anerkannten Malt wurde die Marke Johnnie Walker, die später dem Erben John Fleetwood Cummings einen Platz in der Firmenspitze anbot. Der Nachteil dieser Lösung besteht darin, dass ein viel zu kleiner Teil als Single Malt Aged 12 Years abgefüllt wird. Er ist ein leichter, sanfter, süßer Vertreter der Speyside mit dezenter Apfelfrucht und Vanillenote.

Cragganmore
12 Years Old

Zur Speyside gehörend, wurde die Destillerie 1869 von einem Experten eingerichtet. Ihr Gründer John Smith hatte zuvor für Macallan, Glenfarclas und auch für Glenlivet gearbeitet und verstand sein Handwerk so gut, dass sich alle *master blenders* um seine Brände rissen. Heute verwendet man Malz aus Elgin mit einem sehr niedrigen Phenolgehalt. Die Komplexität des 12 Jahre alten Aushängeschilds rührt vermutlich von dem seltsamen T-förmigen Aufsatz her, den die aufsteigenden Dämpfe der zwei flachen *spirit stills* passieren müssen, um zu kondensieren. Im Duft floral, mit einem Anflug von Gräsern und Rauch, schmeckt er weich, mild, leicht süßlich, mit zarten Malz- und Honignoten.

Dalmore
Aged 12 Years

Von Alexander Matheson 1839 direkt am Ufer des Cromarty Firth errichtet, erlebte die Brennerei unter der Familie Mackenzie, deren Clan-Zeichen, ein Zwölfender, bis heute die Flaschen ziert, ab 1867 einen Aufschwung. Sie unterhielt beste Beziehungen zu dem 1882 gegründeten Handelshaus Whyte & Mackay, das 1960 Dalmore übernahm. Zum Stil von Dalmore gehörte schon seit 1870, dass man den Malt in Oloroso-Fässern lagerte. Erst vor Kurzem wurde deren Anteil im Aged 12 Years erhöht, wodurch die schon früher charakteristische Fülle und nussige Süße noch ausgeprägter hervortreten. Typisch ist das Aroma von Bitterorangenmarmelade und der würzig-süße, lange Ausklang.

Dalwhinnie
15 Years Old

Auf 350 m Höhe in den Grampian Mountains gelegen, hält Dalwhinnie den Höhenrekord unter den schottischen Destillerien. Die Brennerei steht an einem uralten Treffpunkt, wo die Viehtreiber, die mit ihren Herden aus Norden oder Westen kamen, Rast machten und sich vermutlich schon früh gern mit Whisky wärmten. Reichlich mit gutem Wasser versorgt und an der Verkehrsachse nach Süden gelegen, wurde hier eine erste Destillerie 1898 errichtet. 1926 kam sie in den Besitz der Distillers Company Ltd., und ihr Malt wurde vorwiegend für den Black & White genutzt. Reizvolles Torfaroma und Heidehonig steigt in die Nase; sehr sanft am Gaumen mit Noten von Orangen, dezenter Würze, Wachs und Honig.

Glenfarclas
50 Years Old

Diese kostbare Flasche zelebriert den 200. Jahrestag von John Grants Geburtstag, der die 1836 gegründete Brennerei in Ballindalloch im Alter von 60 Jahren erwarb. Ganze 110 Flaschen wurden von dieser Rarität, die sein direkter Nachfahre George Grant selektierte, abgefüllt. Sie wurde 1955 destilliert und auf den Tag genau 50 Jahre später auf Flaschen gezogen: ein wunderbarer alter Malt mit einem sehr komplexem Bukett von Sherry, Nüssen und Gewürzen, in dessen sehr rundem Geschmack Toffee und Holzwürze überwiegen. Er steht in dieser Auswahl als Beispiel für die ungeheure Vielzahl an Abfüllungen, die dem Malt-Fan heute geboten wird, von jüngeren Single Casks über Vintage Malts bis hin zu Jahrzehnte gereiften Kostbarkeiten wie dieser.

Glengoyne
Aged 21 Years

Schnell von Glasgow aus zu erreichen und nah beim Loch Lomond, markiert diese 1833 offiziell in Betrieb genommene Brennerei die Grenze zwischen Low- und Highlands, darf sich aber zu Letzteren zählen. Der kleine Betrieb, der sich aus einer Farm entwickelt hat, verfügt über zwei nur 3500 l fassende *spirit stills*. Er konnte seine Produktion stets gut an die Whisky-Firmen der nahen Großstadt absetzen und wurde 1876 von den Brüdern Lang für ihr Handelshaus erworben. In den 1960ern kam er zur Edrington Group, wurde aber 2003 an die schottischen Macleod Distillers abgetreten. Neben dem weichen und leichten 10 Years Old ist man besonders stolz auf den Aged 21 Years, der deutlich den Einfluss der Sherry-Fässer hervorkehrt: mit Honignoten, getrockneten Früchten und süßer Würze.

Glenmorangie
The Quinta Ruban
Port Cask Extra Matured

Die Destillerie der Sixteen Men of Tain am Dornoch Firth, die für ihren sehr delikaten zehn Jahre alten Malt berühmt ist, gilt als Hochburg des *wood finishing*. Direktor Bill Lumsden experimentierte wie kein anderer mit der Auswirkung unterschiedlicher Fässer auf den Geschmack des Malt. Seinen großen Klassiker, den Port Wood Finish, gibt es seit Kurzem unter neuem Namen und neu interpretiert. Ohne Kältefiltrierung gelangt sein Ausdruck ganz unverfälscht in die neue Flasche. Sehr komplex duftet er nach Butterscotch, Kakao, Orangenrinde mit einem Hauch Sandelholz. Am Gaumen zeigt er sich angenehm samtig, voll und süß, mit Aromen von Kirschkonfitüre, Bitterschokolade, Minze, Nuss und leichtem Holz.

Loch Lomond
21 Years

Nicht direkt an dem berühmten See, sondern nur in seiner Nähe – und daher nur knapp zu den Highlands zählend – steht diese Destillerie, die einzige in Schottland, die sowohl Malt als auch Grain Whisky erzeugt. Sie wurde erst 1965 gegründet und 20 Jahre später von Alexander Bulloch erworben, um seine Ladenkette mit Whisky zu versorgen. Dies besorgte die eigene Abfüllfirma Glen Catrine Bonded Warehouses Company, heute eins der größten Abfüllunternehmen Schottlands, dem auch Glen Scotia in Campbeltown gehört. Eine weitere Besonderheit der Brennerei sind die vier *pot stills* mit Rektifizierungsköpfen sowie die beiden traditionellen Brennblasen, die es ihr erlauben, acht völlig unterschiedliche Malts zu destillieren, vom stark getorften bis zum ultraleichten. Für den 21 Years wurde kaum getorftes Malz verwendet, und er hat sich einen intensiven Gerstenduft erhalten, verbunden mit Noten von Rosinen, Orangen, Ingwer und Sahnetoffee. Am Gaumen präsentiert er sich angenehm trocken mit Rancio-Noten von Nuss- und Mandelschalen, Rosinen in Alkohol und dezent süßem Getreidegeschmack.

Old Pulteney
12 Years

Pulteney, die nördlichste Brennerei des Festlands, findet man in Wick, das früher als Heringshafen berühmt war. Benannt nach einem Politiker, der sich Anfang des 19. Jahrhunderts für die Fischer stark gemacht hatte, wurde sie 1826 von James Henderson gegründet und mit nur zwei *pot stills* ausgerüstet. Erst nach der Übernahme durch Inver House wurde eine eigene Abfüllung herausgebracht. Obwohl dieser Single Malt nur in alten Bourbon-Fässern reift, gilt er als der »Manzanilla des Nordens«, dank den salzigen Aromen, die die Nordsee beisteuert. Dazu treten Noten von Malz, Getreide und Kernobst, dann eine angenehme Süße, dezente Eiche und der Hauch von Meer.

Die Whisky-Inseln

Die Isle of Jura wird von kahlen Bergkegeln, den Paps, wörtlich Brüsten, überragt.

Die Inseln Schottlands bilden keine eigene Whisky-Region, abgesehen von Islay, dazu sind sie zu unterschiedlich, was ihre Natur und damit auch ihre Malts betrifft. Noch ist Highland Park auf den Orkney-Inseln die nördlichste schottische Whisky-Destillerie (und seit 1798 in legalem Betrieb), auch wenn Blackwood auf den Shetland-Inseln eine nördlichere plant. Dennoch wird Highland Park einzigartig bleiben mit den Malzböden und den beiden *kilns,* aus denen der Torfrauch steigt, und dem unvergleichlichen Stil seiner Malts. Scapa, die zweite Brennerei auf der Hauptinsel, liegt direkt am Meer, wirkt immer etwas düster und liefert jetzt eigene, vielversprechende 12 und 14 Years Old Single Malts aus nicht getorftem Malz. Während man zu den Orkney-Inseln übersetzen (oder hinfliegen) muss, erreicht man die Isle of Skye über eine – oft verfluchte, doch nicht unpraktische – Brücke vom Festland aus. Die größte Insel der Inneren Hebriden hat eine romantisch zerklüftete Küste und wird im Süden von den Black Cullins dominiert, deren höchster Gipfel 933 m erreicht. Unweit des Loch Haport steht an ihrer Westseite Talisker, die einzige Brennerei

der Insel und weithin bekannt für ihren eigenwilligen, rauchig-pfeffrigen Malt.

Auch zur Isle of Mull muss man mit der Fähre übersetzen, als Whisky-Freund am besten von Oban aus. Man legt im Hafen von Tobermory an, der mit seinen bunten Fassaden der schönste der Hebriden ist. Auch die einzige Brennerei befindet sich dort und bietet sowohl für Torf-Fans wie Gegner ein *dram*. Ebenso wie Highland Park produziert sie seit 1798 mit Lizenz, wenn zunächst auch keinen Whisky, sondern Bier.

Um die Isle of Jura zu erreichen, muss man erst Islay ansteuern, aber von Port Askaig braucht es dann nur Minuten, um überzusetzen. Juras Landschaft wird von den drei Paps bestimmt, bis zu 770 m hohe, kahle Bergkegel, und sie ist von über 5000 Rehen und Hirschen bevölkert, während die Einwohnerzahl auf 160 gesunken ist. Craighouse im Südosten beherbergt die einzige Brennerei. Ihre Lodge ist ein unwiderstehlicher Anziehungspunkt für Whisky-Fans.

Zu den Whisky-Inseln zählt auch die Isle of Arran, wo *master blender* Harold Currie 1995 eine eigene Destillerie eröffnete, die sich bereits einen sehr guten Ruf erwarb.

Mit den bunten Häuserfassaden ist der Hafen von Tobermory der schönste der Hebriden.

Ausgewählte Insel-Whiskys

Highland Park
Aged 18 Years

Die seit 1798 arbeitende Brennerei am Rand von Kirkwall, der Hauptstadt der Orkney-Inseln, hat sich einen hervorragenden Ruf mit ihren Single Malts erworben. Dahinter stehen ganz eigene natürliche Bedingungen wie hartes Wasser und besonders kühles Klima sowie eine bewusste Bewahrung der Traditionen, verbunden mit einer realistischen Aufgeschlossenheit Neuerungen gegenüber. Ein Fünftel der gebrauchten Gerste wird auf eigenen Malzböden zum Keimen gebracht und mit selbst gestochenem, besonders aromatischem Torf aus dem Hobbister Moor gedarrt; es hat dann 20 mal mehr Phenole als das zugekaufte Malz vom Festland. Für die Alterung bevorzugt man Sherry-Fässer sowohl aus amerikanischer wie spanischer Eiche. Typisch sind die Aromen von Heidekraut, dezentem Torfrauch, süßen Gewürzen, Orangenmarmelade und Honig, im Aged 12 Years sehr ausgewogen, im Aged 18 Years aber üppiger, süßer, würziger und rauchiger.

Talisker
Aged 10 Years

Als die Brüder MacAskill 1830 Talisker auf der Isle of Skye gründeten, wählten sie den Standort am Ufer von Loch Harport aus ökonomischen Gründen, denn alles, was sie an- und abtransportieren wollten, musste den Seeweg nehmen (es traf sich ideal, dass der verkehrstechnisch günstigste auch der landschaftlich reizvollste Platz war). Für die Transporte war man auf die Ebbe angewiesen, bis Thomas MacKenzie, Manager und Hauptanteileigner, 1900 einen Landesteg bauen ließ sowie eine Straßenbahn, auf der die Fässer von den *warehouses* transportiert werden konnten. Nach dem Brand des *stillhouse* 1960 wurden die fünf Brennblasen getreu nachgebaut. Sie liefern einen sehr markanten Malt, was auch an dem stark getorften Malz liegt, das man verwendet. So findet man den intensiven Duft von Torfrauch in der Nase, begleitet von Gewürzen und Meerluft; mit knapp 46 % vol Alkoholgehalt zeigt der Aged 10 Years viel Kraft am Gaumen, dann erneut Rauch, Salz und eine typische Pfeffernote.

Tobermory
Aged 10 Years

Tobermory, die Hauptstadt der Insel Mull mit ihren hübschen bunten Häusern, gab dieser Brennerei den Namen. Zwar schon 1798 als Ledaig – so benannt nach der Bucht, in der sie steht – und zunächst als Brauerei gegründet, begann sie ab 1823 Whisky zu brennen. In den folgenden 170 Jahren ihrer Existenz erlebte sie nur wenige und kurze Phasen des Erfolgs. Das Comeback begann, als sie 1993 von der Firma Burn Stewart gekauft wurde. Jetzt werden dort zwei verschiedene Malt-Reihen erzeugt, die eine aus getorftem Malz unter dem Namen Ledaig und Tobermory aus ungetorftem Malz. Der Aged 10 Years überzeugt mit seiner Frische, mit Zitrusfrucht, Minze, Seetang und gibt sich dann sehr ausgewogen mit etwas Rauch und einem Hauch Salz.

Isle of Jura
Superstition

Zur Insel muss man von Islay mit der Fähre übersetzen. Die Destillerie befindet sich im einzigen Dorf Craighouse. Sie besteht seit 1810, musste aber 1876 neu errichtet werden und schließlich im Ersten Weltkrieg den Betrieb einstellen. Über ein halbes Jahrhundert blieb sie geschlossen. Als die Destillation 1963 hier wieder aufgenommen wurde, entschied man sich für ungetorftes Malz, im Gegensatz zu den Nachbarn auf Islay. In den ungewöhnlich hohen, schlanken *stills* wird überwiegend ein leichter, sauberer Brand erzeugt, der seine Frucht über viele Jahre beibehält. Doch es gibt auch torfige Ausnahmen wie den Superstition, den verflüssigten Aberglauben der Insulaner. Darin begegnet man Honig und Gewürzen, einer zarten Cremigkeit, dem Hauch von Rauch und einer Spur Salz.

Mutprobe mit Torf und Jod

Ardbeg, fast schon untergegangen, feiert sein Revival mit dem überaus rauchigen und komplexen Malt.

Mit ziemlicher Sicherheit wird man nur erprobte Whisky-Fans auf der Fähre von Kennacraig zu den beiden Häfen der südlichsten Hebrideninsel, nach Port Askaig oder Port Ellen, antreffen. Denn Islay (»ei-la« gesprochen) ist ein Pilgerziel der besonderen Art. Berühmt – oder berüchtigt – ist die Insel, die als eigene Whisky-Region anerkannt ist, für den Malt-Stil mit extrem hohem Torfrauchgehalt, wie ihn Ardbeg, Laphroaig und Lagavulin vertreten.

Zur Blütezeit im 19. Jahrhundert waren auf der Insel 21 Destillerien im Einsatz. Seit die längst untergegangene Brennerei Killarow um 1760 ihre *pot still* beheizte, hat es insgesamt bis heute 26 oder 27 Betriebe gegeben, von denen der jüngste, Kilchoman, erst 2005 gegründet wurde. Heute arbeiten acht, ab 2009, wenn Port Charlotte wieder Whisky produzieren wird, neun Destillerien auf der Insel.

Das Aromenspektrum der Islay Malts ist für Whisky-Novizen sicher gewöhnungsbedürftig, denn es beinhaltet neben Torf und Rauch noch Teer, Jod, Salz, Seetang, Medizin, Autoreifen, im Extremfall Hafenbecken und Fischöl – in der Nase und am Gaumen. Doch damit nicht genug: zu den vom Darren im Torfrauch und von der Nähe des Meeres herrührenden rauchig-salzigen Noten treten die süßen und würzigen Aromen der Fassreife, die den Torf-Größen Samtigkeit und Fülle verleihen. Dann stößt man auf Aromen von Orangen- oder Zitronenschalen, Obstkompott, Backobst, Rumtopf, gerösteten Nüssen, Lakritz, Bitterschokolade, Kakao und Kaffee. Unter anderen.

Mit den Füßen im Meer

Geht man in Port Ellen an Land, ist es nicht weit zu den drei Superstars an der Südküste. Zuerst trifft man auf Laphroaig, wo unklar ist, wann die Anlage offiziell zu arbeiten begann, vermutlich um 1820. Davor war die Insel lange Zeit fest in Händen der Schwarzbrenner. Auf den Bauernhöfen wurde selbst angebaute Gerste gemälzt, mit selbst gestochenem Torf gedarrt, dann vergoren, ge-

brannt und aufs Festland geschmuggelt. Auch Laphroaig war, wie die Gebäude verraten, eine Farm, und noch heute wird ein Teil des eigenen Malzes selbst hergestellt.

Beim Nachbarn und Rivalen Lagavulin, was ›Talsenke mit Mühle‹ bedeutet, kann man die Ruinen des Dunevaig Castle besuchen, Sitz der Lords of the Isles, die im Mittelalter von hier aus über die Hebriden herrschten. Peter Mackie, einer der innovativen Whiskybarone, lernte in Lagavulin das Destillierhandwerk und erbte die Brennerei 1889, deren Malt er zum Bestandteil seiner Erfolgsmarke White Horse machte.

Die östlichste Destillerie im Torf-Trio ist Ardbeg, für die der Farmer John McDougall 1815 die zweite Lizenz der Insel erwarb (die erste ging an Bowmore) und die bis 1973 im Familienbesitz blieb. Hoch geschätzt wegen ihres extrem torfigen Malt, von dem geringe Mengen ausreichten, einem Blend Profil zu verleihen, wurde ihr die Qualität zum Verhängnis. Die Nachfrage war zu gering, und ab 1981 wurde Ardbeg nicht oder nur noch sporadisch betrieben, bis es 1997 von Glenmorangie übernommen wurde, das ein Comeback einleitete.

Die älteste Brennerei, 1779 gegründet, befindet sich in der Hauptstadt, mit der sie sich den Namen Bowmore teilt, und steht mit den Füßen – zeitweise – im Loch Indaal. Hier hält man die Tradition hoch und mälzt einen Teil der Gerste selbst, aber stiftet die überschüssige Wärme aus dem *stillhouse*, um das Schwimmbad der Gemeinde in einem ehemaligen *warehouse* zu beheizen.

Gegenüber auf der anderen Seite des Loch erlebt Bruichladdich, auf Islay wegen seines leichten Malt geschätzt, seit 2001 einen Aufschwung, der nun auch der Nachbarin Port Charlotte zuteil werden soll. Die nahe Kilchoman Distillery auf der Rockside Farm, die zusätzlich selbst angebaute Gerste verarbeitet, war 2005 die erste Insel-Neugründung nach 124 Jahren.

Im Nordosten, am Sound of Islay, werden Caol Ila (seit 1846) und Bunnahabhain (seit 1881) betrieben. Nachdem erstere überwiegend für Blends produzierte, tritt sie nun mit gefälligen, doch immer noch typischen Islay Malts hervor. Die zweite gab irgendwann den Torfcharakter ganz auf und produziert einen leichten Malt, dessen Salznote seine Herkunft aber noch ahnen lässt.

Laphroaig spaltet die Whisky-Gemeinde: während die einen den ›medizinischen‹ Malt brennend lieben, ergreifen die anderen davor die Flucht.

Geschmack nach Moor

Den einzigartigen Ruf verdankt der Malt von Islay dem Torf. Seine bekanntesten Destillerien verwenden Malz, das mehrere Stunden über Torfrauch trocknete, dessen markantes Aroma sich erst der Gerste, dann dem Whisky mitteilt. Der Torf fand Eingang in den Herstellungsprozess, weil er da war, nicht als bewusst gewähltes Würzmittel. Denn es braucht Wärme über einen längeren Zeitraum, um den künstlich ausgelösten Keimvorgang der Gerste wieder zu stoppen, nachdem sich in den Körnern die Enzyme zur Stärkeverzuckerung gebildet haben, die Gerste also zu Malz geworden ist, das sich getrocknet besser weiterverarbeiten lässt. Zur Wärmeerzeugung war man auf die lokalen Brennstoffe angewiesen. Das konnten Holz und Kohle sein, an vielen Orten und vor allem auf den Inseln war es Torf.

Torf entsteht, wenn Pflanzen, in erster Linie Torfmoose (*Sphagnum*), Heidekraut und Gräser, in Moor- oder anderen Feuchtgebieten absterben, zu Boden sinken, aber aufgrund zu hohen Säuregehalts und fehlenden Sauerstoffs nicht verrotten, sondern sich ansammeln und verdichten. So ›wächst‹ etwa 1 m Torf in 1000 Jahren.

Vor dem Torfstechen zieht man Entwässerungsgräben, dann hebt man die Moos- und Grasnarbe der Oberfläche ab. Der darunter befindliche Weißtorf lässt noch Pflanzenfasern erkennen, erst die folgende Schicht besteht aus dem gesuchten Brauntorf mit hohem Brennwert. Er wird zu *peats* gestochen und zu kleinen Pyramiden gestapelt, sodass das reichlich im Torf enthaltene Wasser abfließen und er trocknen kann. Auf Islay beginnt das Torfstechen im April, und bei ausreichend Wind und nicht zu viel Regen ist der Torf Ende des Sommers getrocknet.

Rauch an den Whisky

Große Teile Schottlands sind von einer Torfschicht bedeckt, und Torf wurde hier seit Urzeiten als Brennstoff benutzt. Vielerorts befeuerte man selbst die *pot stills* mit Torf, bis man sich Kohle leisten konnte. Wie Torf den

Geschmack des Whisky beeinflusst, brachte erst das über Torfrauch gedarrte Malz voll zum Ausdruck, denn die Getreidekörner nehmen beim Trocknen Phenole aus dem Torf auf, von denen ein großer Teil sogar die Destillation übersteht und bis in den fertigen Whisky gelangt.

Mit dem Aufschwung des Blended Scotch nach dem Zweiten Weltkrieg setzte eine Rationalisierung in der Whisky-Herstellung ein, die eine industrialisierte Malz-Produktion nach sich zog, bei der Torfrauch als unökonomisch galt. Stattdessen fügte man die gewünschten Torfnoten beim Blending zu. Das sicherte den Malts von Islay ihren Ruhm, denn hier hörte man nicht auf, Malz auf herkömmliche Weise zu darren: auf einer Insel, die zu einem Viertel aus Torf besteht, spart man nicht mit dessen Rauch. So reicht oft schon ein Zwanzigstel Islay Malt, um einem Blend zum Torf zu verhelfen.

Heute, wo das meiste Malz in Großmälzereien wie Port Ellen auf Islay hergestellt wird, versteht man es, die Gerste ganz nach Kundenwunsch zu torfen, denn seit man den Torfgehalt messen kann, weiß man auch, für welchen Messwert der Torfrauch wie lange dauern muss. Es geht um *ppm, phenol parts per million,* also um Teile Phenol in 1 Mio. Teile Malz. Traditionell benutzte Ardbeg immer das phenolreichste Malz mit gut 56 ppm, gefolgt von Laphroaig und Lagavulin mit 35–40 ppm und Caol Ila mit 30–35 ppm. Sie gelten als stark torfige Malts. Die mittlere Gruppe führt Bowmore mit 20 ppm, während es ein leichter Malt wie etwa Glenmorangie gerade auf 1 ppm bringt, denn so viel Phenol enthält selbst ungetorftes Malz. Im Whisky bleiben davon bestenfalls 60 % oder weniger übrig, die sich mit zunehmendem Alter weiter abbauen. Bruichladdich, die einen eigenen Torfrekord aufstellen wollten, erreichen mit dem Octomore II - Beast satte 167 ppm.

In Wirklichkeit ist der eigenwillig rauchige Torfcharakter eines Malt also nicht – und war niemals – abhängig vom Standort der Destillerie, sondern vom Phenolgehalt des verwendeten Malzes. Und natürlich von der Tradition, und die ist auf Islay torfig.

Heute sind die pagodenartigen Schornsteine oft nur noch Zierwerk, ursprünglich zog der Rauch der Darröfen dadurch ab.

Gegenüber: Um Torf 711 stechen werden zunächst Entwässerungsgräben gezogen, dann kann man den natürlichen Brennstoff mit dem Spaten abstechen und an der Luft trocknen lassen.

Islay Malts

Die Malts von Islay demonstrieren die Möglichkeiten des Single Malt. Jeder einzelne besitzt eigenen Charakter. Lagavulin ist Islays bekanntester Botschafter in der Welt, und der Aged 16 Years ist ein Monument. Er kehrt den rauchigen Torf hervor und den Jodgeruch seiner Bucht, doch beides wird von süßen Aromen der Sherry-Fässer getragen, von getrockneten Früchten und Gewürzen. Kraftvoll, trocken, zupackend.

Ardbeg hat eine Abfüllung Uigeadail – zu Deutsch »mystischer Ort« – gewidmet, der brennerei-eigenen Quelle. Im Gegensatz zum 10 Years Old, der die Aromen seiner Heimat mit Rauch, Torf, Teer, Heidekraut und Meeresluft einfängt, verführt Uigeadail mit einem Bukett von Früchtebrot, Kakao, würzigem Rauch und Leder, um sich im Mund als voll, süß und ölig zu erweisen. Dem Laphroaig 10 Years Old entsteigen die starken Düfte von Torf und Torffeuer, vermischt mit dem Geruch, der einem in die Nase dringt, wenn man bei der westlichsten Destillerie an Islays Südküste am Atlantik

steht: eine Mischung aus Seetang, Jod, Fisch und Salz, umhüllt von süßem Malz.

Seitenwechsel. Im Westen geht es dezenter zu, wie der Bruichladdich (»bruchládie« gesprochen) XVII Years Old belegt (auch wenn man dort inzwischen eine neue Linie mit extrem stark getorften Malts aufbaut). Ein wunderbar sanfter, eleganter, runder und feinwürziger Whisky.

Auch der 12 Years Old von Bunnahabhain (»bun-a-hawn« gesprochen) präsentiert sich von der leichten Seite, zunächst mit frischem Kick, dann folgen Noten von Rauch und Salz, von Zitrus, Ingwer und Toffee sowie ein sanfter, malziger Ausklang.

Nachbar Caol Ila (»cal iela« gesprochen), ein Stück die Sundküste nach Süden, zeigt beim 12 Years Old seine Meerverbundenheit mit Aromen von Seetang und Seife, er ist sehr ölig auch im Geschmack, mit einem Hauch von süßem Rauch und Karamell.

Während in Bowmores legendärem 17 Years Old alle Tendenzen von Islay harmonisch verschmelzen, stellt Legend eher einen Einstiegs- und Aperitif-Malt dar, sehr frisch, angenehm mit rauchigem Akzent.

Von der Nachbarinsel grüßt der Isle of Jura 16 Years Old mit Noten von Orangen, Honig und Toffee – weich und wie von einem anderen Stern …

Vor der Bucht von Port Ellen eine Auswahl aller Malts von Islay und Jura

Campbeltown

Gegenüber: Von Inverary blickt man das Loch Fyne hinauf, an dessen Ende sich die Halbinsel von Kintyre anschließt.

Campbeltown am Ostzipfel der schmalen Halbinsel von Kintyre, deren Spitze nur 15 km vom nordirischen Antrim entfernt ist, rühmte sich im 19. Jahrhundert, die Whisky-Kapitale der Welt zu sein und wird noch heute als eigene Whisky-Region anerkannt. Tatsächlich soll es zwischen 1880 und 1920 in der Kleinstadt 34 Destillerien gegeben haben. Aufgrund ihres geschützten Hafens war es einfach, den Whisky zu verschiffen, ob ins nahe Glasgow mit seinen Whisky-Firmen oder gleich in die USA. Was sich zunächst als Vorteil erwiesen hatte, wendete sich mit der Prohibition ins Gegenteil. Die Nachfrage brach zusammen, und viele Brennereien mussten schließen. Es überlebten nur zwei: Springbank und Glen Scotia.

Die Mitchells betreiben Springbank seit 1828, und zwar heute noch so wie damals, was der Marke eine Sonderstellung unter den Whiskys der Welt erobert hat. In den

Springbanks Malts sind Kostbarkeiten, die bei Whisky-Liebhabern hoch im Kurs stehen.

Originalgebäuden werden alle Phasen der Whisky-Herstellung selbst durchgeführt, vom Mälzen bis zur Flaschenabfüllung. Es wäre für die Nachfahren undenkbar, ihre Malts mit Karamell zu färben oder kalt zu filtern, sodass alle mit mindestens 46 % vol Alkoholgehalt abgefüllt werden. Ist das Malz für den Springbank verhalten getorft, leistet man sich beim Longrow das Vergnügen, kräftig zu torfen, während man beim dreifach destillierten – das nahe Irland lässt grüßen – Hazelburn ganz darauf verzichtet. Häufig kommt man bei Springbank in den Genuss des *finish* in Rum-, Port- oder Sherry-Fässern, und die Brennerei bietet eine großartige Sammlung lange, oft jahrzehntelang gealterter Malts an, wobei der besonders volle und komplexe Stil der Region mit der typischen Salznote hervortritt.

2004 hat die Familie im Stadtzentrum die alte Glengyle Distillery renoviert und wieder

in Betrieb genommen und beabsichtigt, deren ersten Malt 2012 herauszubringen. Die 1832 gegründete Brennerei Glen Scotia ist die zweite Überlebende in Campbeltown, obwohl sie im vergangenen Jahrhundert oft nur sporadisch oder gar nicht in Betrieb war. Dabei gelangen ihr mit nur einer *wash* und einer *spirit still* immer wieder durchaus überzeugende Malts. Jetzt scheint es kontinuierlich mit ihr bergauf zu gehen, wie der sehr gute, komplexe und feinwürzige 14 Years Old beweist.

Zeit für Single Grain

Es gibt glücklicherweise kein Gesetz, das es schottischen Destillerien, die Whisky etwa aus Mais oder Weizen brennen, verbietet, dieses Erzeugnis unvermischt reifen zu lassen und es ebenso abzufüllen. Was lange Zeit als ein Sakrileg galt, findet langsam immer mehr Anhänger. Im Stil nähern sich diese Single Grains den Bourbons oder Canadians und verblüffen vor allem nach 20, 30 oder mehr Jahren mit großer Milde und angenehmer Vanillewürze.

Lowlands Malts

Auch die Lowlands besaßen im 19. Jahrhundert zahlreiche Malt-Destillerien und entwickelten einen leichten, ansprechenden Whisky-Stil. In Konkurrenz mit den Großbrennereien, die Grain Whisky lieferten, konnten sie jedoch nicht mithalten. Heute haben nur noch drei davon überlebt: Glenkinchie bei Edinburg, Auchentoshan am Clyde und am Stadtrand von Glasgow sowie Bladnoch im Südwesten, unweit von Dumfries.

Kennzeichnend für den Stil der Lowlands Malts ist, dass sie in der Regel mit nicht getorftem Malz arbeiten und dreifach destillieren. Das bringt im Charakter leichtere, deutlich fruchtige Whiskys hervor mit eleganten Noten von frischen Kräutern, Gras und Zitrusfrüchten, die erstaunlich gut altern. Typisch und unbedingt empfehlenswert sind Auchentoshan Aged 12 Years sowie Bladnoch 10 Years Old.

Hölzernes Finale

Seit dem 19. Jahrhundert ist bekannt, dass sich Whisky bei der Lagerung in gebrauchten Spirituosenfässern positiv verändern kann. Doch erst mit der Vorschrift eines Mindestalters begann 1915 der Ausbau in Fässern zur gängigen Praxis zu werden. Da Sherry damals nicht nur ein beliebtes Getränk war, sondern überdies in Fässern nach Großbritannien kam, gab es leere *butts* für die *warehouses* im Überfluss. So reiften die ersten Generationen moderner Whiskys in Sherry-Fässern heran.

Nach dem Zweiten Weltkrieg sollte sich das ändern: die Spanier füllten nun ihre Weine selbst ab, Sherry-Fässer wurden rar und teuer. Zum Glück bot sich eine günstige Alternative: Bourbon-Fässer. Die Amerikaner durften für ihren Whisky nur neue Fässer verwenden und die auch nur ein einziges Mal. Folglich hatten sie große Mengen gebrauchter Fässer übrig. Die Schotten stiegen guten Gewissens auf die weitaus günstigeren *Bourbon barrels* um, zumal neue Fässer ihrem Malt ohnehin nicht bekommen. So stammen neun von zehn Scotch-Whisky-Fässern heute aus den USA.

Als sich der unabhängige Abfüller Gordon & MacPhail rühmte, Speyside Malts erst in Portwein-, dann in Brandy-Fässern zu verfeinern, dauerte es nicht lange, und Balvenie brachte 1992 den Double Wood heraus. Doch niemand erprobte diese Methode so eingehend wie Bill Lumsden von Glenmorangie. Mittlerweile haben sich viele Destillerien und Firmen darauf verlegt und damit das Angebot stark erweitert.

Zunächst erfahren die Malts ihre Grundreife in Bourbon-Fässern aus amerikanischer Weißeiche, dann schließt sich das *finishing* an, das ihnen zusätzliche Komplexität verleihen soll und sechs Monate bis zwei Jahre, in Ausnahmefällen sogar fünf Jahre dauert. Üblich – und meistens am Überzeugendsten – ist ein *finish* in Sherry- oder Port-Fässern, daneben werden heute aber auch Fässer aus Madeira, Malaga und Marsala, Cognac, Calvados und solche, die früher Rum enthielten, eingesetzt sowie Weinfässer aus berühmten Anbauregionen oder von großen Châteaux. Nicht immer, aber oft mit überragendem Erfolg.

Besitzer und Abfüller

Das Gefüge der schottischen Destillerien ist in Bewegung geraten. So gibt es heute nur noch wenige, die sich in Familienbesitz befinden wie Springbank oder Glenfarclas. Dagegen sind viele Familienbetriebe von Großunternehmen übernommen worden. Besonders hervorgetan hat sich Diageo, dem allein die Marken Johnnie Walker, J & B, Bell's, Buchanan's, Black & White, Dimple und Haig gehören, dazu Destillerien wie Caol Ila, Cardhu, Clynelish, Cragganmore, Dalwhinnie, Glen Elgin, Glen Ord, Glenkinchie, Knockando, Lagavulin, Oban, Roy-

Den letzten Schliff erhalten viele Malts heute durch die Reife in speziellen Fässern, was ihnen deutlich mehr Komplexität verleiht.

Scotch Whisky: Etikett-Fragen

Scotch Whisky muss in einer schottischen Destillerie aus Wasser und gemälzter Gerste oder auch aus anderem Getreide gebrannt werden, wobei der Alkoholgehalt nach dem letzten Brenndurchlauf 94,8 % vol nicht überschreiten darf. Er muss mindestens drei Jahre lang in Eichenfässern reifen und darf außer Wasser und Zuckercouleur keine weiteren Zusätze enthalten. Er muss mit mindestens 40 % vol Alkoholgehalt abgefüllt werden.

Grundsätzlich unterscheidet man zwei Arten von Scotch: single und blended. »Single« heißt, der Whisky stammt aus einer einzigen Destillerie. »Blended« bedeutet, er wurde aus Destillaten mehrerer Destillierien gemischt.

Single Malt Whisky: Whisky aus 100 % gemälzter Gerste einer einzigen Destillerie.

Single Grain Whisky: Whisky aus einer oder mehreren Getreidesorten aus einer einzigen Destillerie.

Vatted, Pure oder Blended Malt Whisky: Whisky aus mehreren Malts zweier oder mehrerer Destillerien.

Blended Grain Whisky: Whisky aus einer oder mehrerer Getreidesorten zweier oder mehrerer Destillerien.

Blended Scotch Whisky: Mischung aus Single Malts und Grain Whiskys, meist von diversen Destillerien.

Zusätzliche Bezeichnungen:
Cask Strength: nicht reduzierter Malt, der in der Regel 50–60 % vol Alkoholgehalt aufweist.

Single Cask: Malt eines einzigen Fasses (eventuell aber reduziert).

al Lochnager und Talisker. Ebenfalls zu den Big-Players zählt Pernod Ricard u. a. mit Chivas Regal, Ballantine's, Clan Campbell, Long John und den Single Malts The Glenlivet, Aberlour, Glendronach, Longmorn, Strathisla, Scapa und Tormore, aber auch die Edrington Group mit The Famous Grouse, Cutty Sark, The Macallan, Highland Park, The Glenrothes, Glenturret und Tamdhu, international von MaxXium vertrieben. An einigen dieser Marken ist das Familienunternehmen William Grant & Sons beteiligt, die mit den Destillerien Glenfiddich, Balvenie und Girvan der drittgrößte Whisky-Hersteller Schottlands sind.

Von jeher verkauften Malt-Brennereien Anteile ihrer Produktion fassweise, erst an unabhängige Abfüller, später auch an Blended-Scotch-Marken. So waren die unabhängigen Abfüller Vorreiter der Malt-Revolution und bewahren bis heute deren Dynamik, indem sie oft Single-Cask-Abfüllungen der Destillerien anbieten, die sich deutlich von den Eigentümer-Abfüllungen unterscheiden können. Große Namen darunter sind Gordon & MacPhail, David Laing, Murray McDavid, Cadenhead, The Bottlers, Signatory oder auch die Scotch Malt Whisky Society, um nur einige zu nennen. In letzter Zeit sind weitere hinzugekommen, die zum Teil nur bestimmte Länder beliefern.

Glenmorangie zählt zu den Wegbereitern des *wood finish,* eines seiner Highlights ist der 1988er, der seine Reifezeit in Madeira-Fässern abschloss.

Geheimnisvolles Graffiti auf einem Whisky-Fass

Irish Whiskey Revival

Galt der *pure pot still* aus Irland im 19. Jahrhundert noch als der beste Whiskey schlechthin, musste er nach dem Zweiten Weltkrieg praktisch neu erfunden werden. Sanft und leicht sind nun die charakteristischen Attribute des Irish Whiskey, zu denen florale Noten, ein Hauch von Zitrusfrucht, dann Vanille, auch Dörrobst und Nuss sowie eine besondere Harmonie im Geschmack treten. Mit diesem Profil hat er sich einen Platz neben Scotch und Bourbon gesichert. Noch ist es ein eher bescheidener Platz, aber Irish Whiskey ist wieder zu einem Begriff geworden.

Es stand bedenklich um den irischen Whiskey bei Kriegsende, die sechs überlebenden Brennereien produzierten wenig oder gar nicht. Da gab es nur einen Lichtblick, und zwar Joe Sheridans Erfindung. Joe war Barkeeper in Foynes bei Shannon, wo die *flying boats,* die großen Wasserflugzeuge wie die Boeing 314, auf ihren Transatlantikflügen auftankten. Joe wollte den Fluggästen eine spezielle Aufmunterung zukommen lassen, doch da Tee mit Whiskey den Nerv der Amerikaner nicht zu treffen schien, gab er zu heißem, gesüßtem Kaffee einen ordentlichen Schuss Whiskey und setzte einen Löffelvoll halbsteif geschlagene Sahne obenauf. Sein Irish Coffee kam an. Als der Reisejournalist Stanton Delaplane vom San Francisco Chronical ihn bei einer Zwischenlandung probierte, war er so begeistert davon, dass er das Rezept 1952 in seinem Stammlokal einführte, dem Buena Vista Café an der Fisherman's Wharf. Dort wurde Irish Coffee der Hit, bis zu 2000 Gläser wurden davon täglich ausgeschenkt und jährlich 2000 Kisten Whiskey nach San Francisco verkauft – für viele Jahre der einzig nennenswerte Export.

In der Republik Irland lieferten sich mit Jameson, John Power & Son und Cork Distilleries derweil drei der überlebenden Destillerien einen erbarmungslosen Konkurrenzkampf. »Mein Vater war damals geschäftsführender Direktor von John Power & Son, die ein paar Jahre zuvor schon Tullamore Dew übernommen hatte«, erinnert sich John Clement Ryan, Nachfahre von John Power und weltgewandter Botschafter des Irish Whiskey. »Er führte damals einige sehr geheime Gespräche mit Jameson und den Cork Distilleries, und 1966 gaben sie schließlich die Gründung der Irish Distillers Group bekannt. Damit war das Kriegsbeil begraben, doch nach Jahrzehnten der Konkurrenz gestaltete sich die gemeinsame Arbeit schwierig. Der Zusammenschluss hatte das Ziel, Irish Whiskey wieder einen Platz auf dem Weltmarkt zu verschaffen.« Durch einen geschickten Schachzug erwarb die Irish Distillers Group 1972 The Old Bushmills Distillery in Nordirland (zu der auch Coleraine gehörte) und hatte sich mit den fünf wichtigsten Marken das Monopol für irischen Whiskey gesichert.

Jameson war mit Abstand die international führende Marke, Power's dagegen die beliebteste in Irland. Paddy war in Südirland sehr bekannt, Bushmills in Nordirland verfügte zudem über ein hinreichendes Export-Profil. Tullamore war gut in Deutschland, Österreich, Dänemark und Frankreich eingeführt.

Mit diesem Pfund in sechs verschiedenen Brennereien zu wuchern, schien unökonomisch, zumal zwei davon beengt im Zentrum Dublins arbeiteten und drei in und um Cork. Die Gruppe traf eine revolutionäre Entscheidung, als sie beschloss, alle Betriebe bis auf Bushmills zu schließen und in Midleton eine neue hochmoderne Destillerie zu errichten, die 1975 eröffnet wurde. Dort war es möglich, sowohl Grain wie Pot Still Whiskeys zu brennen und alle Whiskey-Typen, die sie benötigten. Doch um den alten Markt zurückzuerobern, schien die Gruppe zu klein. So wurden Irish Distillers 1988 Teil der Pernod Ricard Gruppe. Inzwischen hat den Irish Whiskey eine neue Dynamik ergriffen, die ihn für Whiskey-Fans nur umso spannender macht.

Schwarzes Lebenswasser

Seite 352: Die größte *pot still* Irlands genießt ihren Ruhestand im Jameson Heritage Centre in Midleton.

Seite 353: Power's ist der beliebteste Whiskey auf der Grünen Insel.

Lässt man all die romantischen Entstehungslegenden mal beiseite, ist die erste urkundliche Erwähnung des *uisce beatha* in Irland die Nachricht eines Todesfalls. Die »Annalen von Loch Cé« berichten 1405 von einem gewissen Richard MacRaghnaill, der sich nach dem exzessiven Genuss von *uisce beatha* zur Ruhe legte, auf dass »es war ein Todeswasser für ihn«. Was ihm da im Schlaf zum Verhängnis wurde, wird wohl eher Weinbrand gewesen sein, denn für Getreidebrände ist bislang kein Schriftzeugnis aus dieser Zeit überliefert. Man kann nur vermuten, dass in den Überresten von Brennblasen, die ans Ende des 14. Jahrhunderts datiert werden, auch schon Getreide destillierte. Fundzusammenhänge machen jedenfalls deutlich, dass damals schon außerhalb von Klöstern gebrannt wurde.

Auch in Irland nahm der Alkoholkonsum rapide zu, und als das Parlament unter der Leitung Heinrichs VIII. 1556 nur dem Adel und den besser gestellten Städtern erlaubte, lizenzfrei zu destillieren, war diese Verordnung der wenig erfolgreiche Versuch, gegen den Missbrauch vorzugehen. Das Brennen von Lebenswasser – das inzwischen vorwiegend auf Getreide basierte – hatte sich überall im Land verbreitet, es war »ein Getränk, das täglich zu trinken und zu nutzen keinerlei Vorteil bringt […], wobei [aber] viel Hafer, Getreide und andere Dinge verbraucht werden.« Dies sollte fortan nur jenen erlaubt sein, die eine Lizenz erworben hatten, während illegales Brennen bestraft werden sollte. Was auf dem Papier ganz gut aussah, hatte im Irland des 16. Jahrhunderts keinerlei Aussicht auf Erfolg, denn es wurde von der Bevölkerung ignoriert.

Die Steuermoral: »Run like the devil from the excise man«

Die Tudors und nach ihnen die Stuarts, die über Irland herrschten, füllten auch dort ihre Kassen mit dem Verkauf sogenannter Patente, die ihren Besitzern das Recht gaben, in einer bestimmten Region ein Gewerbe als Monopol auszuüben. Was Whiskey anbelangt, wurden die ersten Patente 1608 erteilt, darunter auch an einen Sir Thomas Phillips in Bushmills, County Antrim, von dem man annimmt, dass er seine Brennerei gewerblich betrieb. Dies betrachtet die heutige Destillerie als ihren Ursprung, ungeachtet ihrer eigenen offiziellen Anmeldung 176 Jahre später.

Links: Heinrich VIII. versuchte vergeblich, dem irischen Volk das Brennen zu verbieten. (Ausschnitt aus einem Gemälde Heinrichs VIII. von Hans Holbein d. J. ,1497–1543)

Rechts: Karl II. bedachte seine irischen Untertanen mit einer Spirituosensteuer. (Gemälde der Werkstatt des Adriaen Hannemann, 1603–1671)

Old Bushmills Distillery in Nordirland rühmt sich einer 400-jährigen Vergangenheit.

Das lukrative System der Patente diente nach kurzer Zeit mehr den Staatsdienern als dem Staat, weshalb es 1644 zugunsten von Steuergesetzen abgeschafft wurde. Anlässlich der Krönung Karls II. 1661 empfing Irland als besonderes Weihnachtsgeschenk die Spirituosensteuer. Sie teilte das Land in zwei ungleiche Teile: in die wenigen legalen Brenner, die Abgaben zahlten, und in die Mehrheit der Bevölkerung, die es nicht tat. Denn das Volk war in mehr als einer Hinsicht auf das Brennen angewiesen: überschüssige Gerste konnte schädlingssicher konserviert werden, wobei noch hochwertiges Viehfutter anfiel; außerdem akzeptierten die Pächter den Alkohol als Pachtzins. Die goldene Zeit des *poitín* (englisch *poteen*), des Schwarzgebrannten, brach an, der Eingang fand in viele irische Folksongs.

Trotz immer neuer Gesetze und der recht handgreiflichen Verfolgung der Schwarzbrenner durch Steuerbeamte sah sich die Regierung in den folgenden 150 Jahren außerstande, Alkoholproduktion und -konsum unter Kontrolle zu bringen. Dies sollte auf ganz andere Weise geschehen.

The Rare Old Mountain Dew
(1916 erstmals gedruckt)

At the foot of the hill there's a neat little still
Where the smoke curls up to the sky.
By the whiff of the smell you can plainly tell
There's poitín boys nearby.
For it fills the air, with a perfume rare
That betwixt both me and you.
And as on we roll, we'll drink a bowl
Or a bucketfull of mountain dew.

The Hills of Connemara

Gather up the pots and the old tin cans
The mash, the corn, the barley and the bran.
Run like the devil from the excise man.
Keep the smoke from rising, Barney.
Keep your eyes well peeled today
The excise men are on their way
Searching for the mountain tay
In the hills of Connemara.

Aufstieg und Fall

Ende des 18. Jahrhunderts, als in Irland fast 2000 Brennapparate arbeiteten, erkannten vorausschauende Geschäftsleute wie John Jameson und John Power, dass die Industrielle Revolution erhebliche Veränderungen mit sich bringen würde, auch für den Absatz von Whiskey. Sie investierten, trotz der damaligen Besteuerung der *pot stills*. Die 1823 allgemein in Großbritannien vollzogene Gesetzesänderung gab ihnen Recht, fortan wurde der Ausstoß besteuert, größere Betriebe wurden begünstigt. Scharenweise nutzten Schwarzbrenner die Gunst der Stunde und vollzogen den Schritt in die Legalität, während die kleinen, nicht angemeldeten Brennereien auf dem Land zunehmend unter Druck gerieten.

Die sechs umsatzstärksten Destillerien der irischen Whiskey-Produktion befanden sich im Besitz von John Jameson und John Power, George Roe und William Jameson, alle in Dublin, sowie von Andrew Watt in Derry und den Murphy-Brüdern in Midleton. Die größte ihrer *pot stills* fasste 148 500 Liter und

stand in Midleton. Man verlegte sich auf einen dreifachen Destillationsdurchlauf, was volle, weiche Whiskeys ergab, den *pure pot still*. Er kam auf den Exportmärkten gut an, die Nachfrage im United Kingdom stieg. Gleichzeitig wurde das Leben in Irland immer schwerer. Das Land stehe kurz vor einer Hungersnot, warnten britische Beobachter, die Bevölkerungszahlen stiegen rapide, drei Viertel der Arbeiter seien arbeitslos, die Wohnbedingungen katastrophal, der Lebensstandard extrem niedrig. Alkoholmissbrauch sei an der Tagesordnung.

Einer zog dagegen zu Felde: Der Kapuzinermönch Father Matthew gründete 1838 The Total Abstinence Society. Unermüdlich reiste er durchs Land und forderte die Menschen, gleich welcher sozialen Stellung, auf, *the pledge,* das Gelübde zu leisten, niemals mehr Alkohol zu trinken. In den folgenden sechs Jahren leisteten rund drei Millionen Iren den Schwur, mehr als die Hälfte der erwachsenen Bevölkerung. Doch die Katastrophe ließ sich nicht abwenden. Der Gro-

Links: Malzböden bei Jameson in Dublin

Rechts: Füllen der Fässer mit *new make*

ße Hunger traf Irland 1845–1848, eine Million Menschen, ein Achtel der Bevölkerung verhungerte, eineinhalb Millionen Menschen wanderten aus, weitere verließen später ihre Heimat. 1841 hatte das Land acht Millionen Einwohner gehabt, 60 Jahre später war es nicht einmal mehr die Hälfte.

Der Niedergang

Während der Hungerkatastrophe mussten die Destillerien ihre Produktion drosseln, doch gleich im Anschluss florierte der Irish Whiskey wie nie zuvor, da die Reblaus seinen stärksten Konkurrenten, den Cognac, auf Jahre hinaus ausschaltete. Vor allem in Nordamerika, aber auch in England, wo dem Scotch Whisky der Durchbruch noch nicht gelungen war, und im Rest des Empire triumphierte der irische *pure pot still*. In Irland arbeiteten damals mehr als 160 Destillerien auf Hochtouren.

Doch dann trafen gleich mehrere Nackenschläge die irische Whiskey-Produktion. Mit der Prohibition waren die amerikanischen Märkte verschlossen, fast unmittelbar darauf sperrte der Handelsboykott Englands gegen das unabhängig gewordene Irland die Märkte im United Kingdom. Obendrein stiegen die Spirituosensteuern im Inland drastisch. Eine Destillerie nach der anderen gab auf. Während die Schotten die Prohibition mit allen Mitteln zu umgehen suchten, nahmen die Iren sie als von Gott gegeben. Als sie 1933 aufgehoben wurde, hatte sich Scotch eine blendende Ausgangsbasis geschaffen, den wenigen überlebenden irischen Destillerien fehlte es dagegen an Ware und Kapital. Auch im Zweiten Weltkrieg expandierte der Blended Scotch – getragen von Churchills Wohlwollen – vor allem in den USA, doch Irish Whiskey wurde durch Exportbeschränkungen behindert.

Als der Krieg vorbei war, gab es in der Republik Irland nur noch vier Destillerien: Jameson und John Power & Son in Dublin, die Cork Distilleries in Midleton sowie die bereits stillgelegte Tullamore Distillery in Offally, die 1953 endgültig schloss. In Nordirland hatten Bushmills, Coleraine und die Upper Comber Distillery überlebt, doch letztere stellte ihre Produktion ebenfalls 1953 ein. Von einer einst blühenden Industrie waren nur ein paar angeschlagene Veteranen übrig geblieben.

Links: Sorgsame Flaschenabpackung

Rechts: Verschiffen der Whiskey-Kartons im Hafen von Dublin

Märchenhafte Entfaltung

Die frühere Jameson Distillery in Dublin hat sich in ein attraktives Besucherzentrum verwandelt.

Nur drei Destillerien haben in Irland überlebt: Midleton, Cooley und Bushmills.

John Jamesons 1780 vor den Stadtmauern gegründete Destillerie in der Bow Street steht heute im Zentrum Dublins. Geschickt zum Besucherzentrum umgerüstet, vermittelt sie einen ersten Zugang zu Geschichte und Geschmack des irischen Whiskey. Gebrannt wird hier ebenso wenig wie in The Jameson Experience, dem früheren Jameson Heritage Centre in Midleton. Die 1825 in Betrieb genommene Brennerei der Brüder Murphy ist restauriert und zu besichtigen, auch die weltgrößte *wash still,* das Wasserrad und die imposante Kolbenmaschine. Hier arbeiteten einst 500 Menschen. Wenige Whiskey-Freunde wissen, dass sich hinter dem alten Brennereigelände eine der größten, modernsten und leistungsstärksten Whisk(e)y-Destillerien der Welt befindet, einschließlich riesiger *warehouses.* Als sie 1975 neu konstruiert wurde, konnten die Iren technisch mit allen Konkurrenten weltweit mithalten und blickten für ihren Whiskey zuversichtlich in die Zukunft. In Midleton kreierte man die bekannten Marken und die damit verbundenen Stile neu, in Zusammenarbeit mit den alten Brennmeistern, und die neuen *master distillers* genießen höchstes Ansehen für die hervorragende Palette an Whiskeys, die sie erzeugen.

Dennoch bedauerten nicht nur Iren, dass Irish Whiskey zu einem Monopol geworden war. Dazu gehörte auch die kleine Old Bushmills Distillery am anderen Ende der Insel, die noch ihren eigenen Stil pflegte, aber das Gros des Irish Whiskey, welchen Namen er auch trug, kam aus Midleton. Als 1988 die französische Gruppe Pernod Ricard Irish Distillers übernahm, eröffnete dies für den Export zwar neue Perspektiven, doch Whiskey-Freunde fragten sich besorgt, ob die Vielfalt weiter schrumpfen würde.

Cooley ganz cool

Gleichzeitig keimte eine schwache Hoffnung, von der damals (fast) niemand wusste. Bereits 1987 hatte der Ire Dr. John Teeling, ein international erfolgreicher Geschäftsmann, mehr oder weniger spontan die zum Verkauf stehende staatliche Kartoffeldestillerie mit ihren zehn Brennkolonnen auf der Cooley Halbinsel zu einem symbolischen Preis erworben mit der Absicht, dort Whiskey zu brennen.

Er fand Unterstützung bei seinem Studienfreund Willie McCarter, der Teile der früheren Watt-Brennerei in Derry besaß, bei Lee Mallagahan, dem ehemaligen Besitzer der berühmten Locke's Distillery, und bei dem Unternehmer Paul Power. Gemeinsam gründeten sie Cooley – und wären anfangs fast aus Kapitalmangel gescheitert und vom großen Gegenspieler einzig in der bösen Absicht aufgekauft worden, die aufstrebende Destillerie aus dem Verkehr zu ziehen.

Inzwischen haben sie sich als kleines, doch wirksames und inspirierendes Gegengewicht etabliert, dank ihres intelligenten Konzepts, in Irland Malt und nur doppelt destillierten Pot Still Whiskey zu brennen und alte Whiskey-Marken neu aufleben zu lassen. Dabei sind es nicht die alten Namen, die Whiskey-Freunde überzeugen, sondern

die Qualität, die von Jahr zu Jahr durch alternde Bestände wächst. Mit dem Connemara Single Malt schuf Cooley sogar den ersten getorften Malt Irlands.

Konkurrenz belebt tatsächlich das Geschäft, denn bei Jameson hat sich das Angebot seitdem deutlich erweitert, nicht zuletzt um hervorragende Pure Pot Still Whiskeys wie den Green Spot oder Jameson 15 Years Old, die dem traditionellen Redbreast zur Seite getreten sind. Aber auch die Blends, die Grain und Pot Still Whisky vermischen, erreichen Qualitätsspitzen wie den Jameson 12 Years Old.

In Zukunft darf man mit noch mehr Dynamik rechnen, denn eine dritte Kraft hat sich eingestellt. Bushmills wechselte das Lager und gehört nun zu Diageo, die kräftig investierten und die Produktion mehr als verdreifachten. Natürlich bleibt man den bewährten Blends treu wie dem ausgezeichneten, von Sherry-Fässern geprägten Black Bush, doch zum 400. Jubiläum erschien der nicht kaltfiltrierte »1608« mit 46 % vol Alkoholgehalt. Und da man damals nicht dran starb, überlebt man's auch noch heute …

Ausgediente *pot still* vor The Jameson Experience in Midleton

Locke's alte Kilbeggan Distillery dient heute Cooley zur Reifung von Whiskeys und als Besucherzentrum.

Whiskey irischer Machart

Es war alles so einfach, als die Irish Distillers das Monopol besaßen, denn da galt nur ihre Philosophie. Dann aber kam Cooley und tat alles das, was sie nicht taten und nicht als typisch irisch ansahen. Tatsache bleibt, dass Irish Distillers gewisse Traditionen aufrechterhalten und weiterentwickelt haben, die ihre Whiskeys von anderen und insbesondere vom Scotch unterscheiden, und das verdient Anerkennung.

Der Unterschied beginnt mit der Gerste. In Midleton verwendet man gemälzte und ungemälzte Gerste. Während gemälzte Gerste dem Destillat einen vollen, ausgeprägten Geschmack verleiht, bevorzugen die *master distillers* Barry Crocket und David Quinn eine Mischung zu etwa gleichen Teilen, wodurch sie »einen reineren, sanfteren und runderen Geschmack, fast eine Süße« erhalten. Bisweilen fügen sie auch etwas Weizen hinzu, aber unter keinen Umständen über Torffeuer gedarrte Gerste, denn Rauchgeschmack ist in Midleton tabu.

In der *mash tun* haben die erforderlichen Enzyme auch die Stärke der ungemälzten Gerste innerhalb von vier Stunden in Zucker gespalten. Das warme, süße Wasser wird dann in die *wash backs* gepumpt und bei herabgesenkter Temperatur in rund 80 Stunden zu einem trüben, starken Bier mit rund 9,5 % vol Alkoholgehalt vergoren.

Die vielseitigste Anlage

Obwohl schon 1975 konstruiert, ist die Destillerie in Midleton noch immer die einzige in der Welt, in der *pot stills* und Destillierkolonnen nebeneinander stehen und in unterschiedlichen Kombinationen miteinander verbunden werden können. Sie ist speziell darauf ausgerichtet, dreifach zu destillieren und in einer einzigen Anlage verschiedenste Whiskeys zu brennen. Sie verfügt über vier *pot stills,* von denen zwei *wash stills* sind, während die dritte Brennblase den zweiten, die vierte den dritten Destillationsdurchlauf vornimmt. Daneben stehen sieben Destillierkolonnen. Alle Whiskeys werden dreifach destilliert, aber wann und wie oft sie wo gebrannt werden, prägt ihr späteres Geschmacksprofil. So schickt man einen leichteren Grain Whiskey einmal duch eine *pot still* und zweimal durch eine Kolonne. Ginge er erst durch die Kolonne, dann durch die *pot still* und zum Schluss wieder durch die Kolonne, wäre das Ergebnis schon eine Spur charakterfester.

Links: Die eingemaischte Gerste wird gründlich verrührt.

Rechts: Diese beiden *pot stills* sind dem Brennen von *wash* vorbehalten.

Die dreifache Destillation wurde von den großen Brennereien um 1820 eingeführt, während es viele der kleineren Betriebe bei der doppelten Brennweise beließen. Obwohl alle großen Marken, die Irish Distillers vereinte, dreifach gebrannt wurden, wahrten sie individuelle Züge. Man errichtete die Groß-Destillerie in Midleton nur unter der Voraussetzung, dass sie in der Lage wäre, alle diese Whiskey-Stile zu liefern.

Mit den Brennmeistern der früheren Destillerien, die ihr Wissen einbrachten, gelang es tatsächlich, der neuen Anlage die alten Stile zu entlocken. Dabei sind die unterschiedlichen Formen der Brennblasen hilfreich, aber wichtig ist auch die Temperatur, auf der sie gefahren werden, weil sie darüber entscheidet, welcher Inhaltsstoff in Dampf übergeht und durch das Geistrohr ›mitkommt‹ und welcher zurückbleibt.

Wie in Schottland sind auch in Irland für Whiskey mindestens drei Jahre Reife in Eichenfässern vorgeschrieben. Und wie dort nimmt das Holz bedeutenden Einfluss auf den Geschmack des späteren Produkts. Etwa sieben von zehn Fässern in Midleton haben zuvor Bourbon enthalten und bestehen aus amerikanischer Weißeiche, aber man arbeitet auch sehr gezielt mit Sherry-Fässern. Seit vielen Jahren lässt man sie in Andalusien herstellen und in drei Bodegas mit Oloroso zwei Jahre lang ›tränken‹, bevor man ihnen *new make* anvertraut. Doch inzwischen setzt man auch Fässer aus Marsala, Malaga, Madeira und Oporto ein, um eine größere Vielfalt an Whiskeys zu entwickeln. Dabei geht es weniger um ein *wood finishing,* wie es heute Mode ist. »Den feinen Duft und Geschmack unserer dreifach destillierten Whiskeys wollen wir nicht verlieren«, erklärt *master distiller* David Quinn. »Viel zu schnell kann man in zu stark aromatisierten Fässern die Balance gefährden, auf die man im *stillhouse* solche Mühe aufwandte.«

Die Kunst der *master distillers* von Midleton zeigt sich im deutlich anderen Charakter ihrer Whiskeys.

Links: Hier wird *new make* destilliert, im Vordergrund in einer *pot still,* im Hintergrund in einer Kolonne.

Rechts: Im nüchternen *spirit safe* können die Brennmeister auf einen Blick die Stärke des Destillats erkennen.

Irish-Whiskey-Verkostung

Von 1975 bis 1992 kamen alle Irish Whiskeys von den Irish Distillers aus Midleton, wo noch heute die bekanntesten Marken destilliert und gealtert werden, darunter der internationale Marktführer Jameson. Er überzeugt bereits in der Normalversion mit feiner Gersten- und Vanillenote, dann mit einem weichen Ansatz, einem Hauch Sherry und mit reizvollem Biss im Finale. Wenn beim Jameson 1780 12 Years Old die Aromen von Trockenfrüchten, Nuss und Gewürzen ausgeprägter sind, liegt das am längeren Aufenthalt in Sherry-Fässern, der beim 18 Years Old noch weiter erhöht wurde und ihm mehr Intensität, süße Frucht und ein sehr langes Finale beschert.

Während in Schottland ein Blend aus vielen verschiedenen Grain und Malt Whiskys diverser Destillerien komponiert wird, besteht das Kunststück für die drei irischen Brennereien darin, alle benötigten Komponenten selbst zu erzeugen.

Das reizvolle Spektrum an Irish Whiskeys reicht heute vom leichten Tullamore Dew bis zum kräftigen Redbreast.

Wie exzellent sie dieses Kunststück beherrschen, zeigt nicht zuletzt der Redbreast 12 Years, ein *pure pot still* mit viel Kraft und Volumen, dennoch samtig und verführerisch süß. Hewitts präsentiert sich als spannende Mischung aus intensiven Frucht- und Malznoten mit beachtlicher Fülle. Der Iren liebster Whiskey, John Power's Gold Label, zeigt deutlichen Pot-Still-Charakter, verbunden mit viel Frucht, Würze und einer Spur knackiger Gerste. Tullamore Dew, in Midleton destilliert, aber von Cantrell & Cochrane vermarktet, ist ein leichter, angenehmer Ire, ausgewogen, mit dezenter Toffeenote.

Wenn es annähernd 100 verschiedene Irish Whiskeys gibt, ist dies nicht zuletzt der Cooley Distillery zu verdanken, die eine ganze Reihe von alten Marken und Etiketten wieder zum Leben erweckte. Cooley arbeitet sowohl mit Grain Whiskey wie mit doppelt destilliertem Malt. Ungemälzte Gerste wird man auf den *mash bills* nicht finden, und

kein Whiskey wird dreifach destilliert. Man bietet Blends an wie die ansprechende Wild Geese, aber die Stärke liegt bei den Single Malts. Zuerst brachte John Teeling The Tyrconnell heraus, die Neuauflage eines nach einem Rennpferd benannten Whiskey von Andrew A. Watt. Er duftet nach Orange, weißer Schokolade, Getreide, ist weich im Geschmack, mit Noten von Malz, Gewürzen und Eichenholz (inzwischen gibt es ihn auch als Aged 10 Years). Shanahans kehrt mehr Frische hervor, mit klarem Gerstenaroma, Vanille und Zitronennoten.

Hat das *finish* in Sherry-Fässern Magilligan zum Kuriosum gestempelt, ist Cooley mit Connemara ein Glanzstück gelungen. Es ist der erste irische Whiskey, der aus reichlich getorftem Malz destilliert wurde. Die Spezialfüllung in *cask strength* bringt ebenso wie der 12 Years Old große Komplexität, bei der Rauch, süße Würze, Röstaromen und Malz miteinander verwoben sind.

Bushmills – offiziell The Old Bushmills Distillery – hat schon immer eine Sonderrolle eingenommen, nicht nur wegen ihrer Lage

in County Antrim und ihrer Geschichte. Seit mehr als 100 Jahren wird hier Malt Whiskey dreifach destilliert. Inzwischen gibt es ihn in verschiedenen Altersstufen, aber auch in zahlreichen Single-Cask-Abfüllungen, darunter wahre Preziosen. Der Malt ist auch mitverantwortlich für die ausgezeichnete Qualität der Blends. So macht er vier Fünftel im berühmten Black Bush aus, der dank viel Sherry-Holz zu einem köstlich sanften Whiskey mit Aromen von süßen Trockenfrüchten, Nuss und Toffee heranreift.

The Old Bushmills Distillery behauptet ihre Sonderrolle mit diversen Single Malts und dem ausgezeichneten Black Bush.

Cooley trägt mit seiner Dynamik viel zur heutigen Vielfalt des Irish Whiskey bei, nicht zuletzt mit Connemara, dem ersten getorften Malt der Insel.

Bourbon und Tennessee

Jim Beam und Jack Daniel's sind gewohnte Anblicke in den Bars vieler Länder, doch der amerikanische Whiskey hatte es nicht leicht. Zu lange haftete ihm das zweifelhafte Flair von Saloon an, wo man Flaschen schwungvoll die Theke entlanggleiten ließ, damit sich der Revolverheld am anderen Ende becherweise davon eingoss. Dabei hat sich das Bild des Bourbon entscheidend gewandelt. Die vier großen Marken bieten neben gängigen Versionen auch spezielle Abfüllungen an. Kenner schätzen *small batch* oder *single barrel editions,* die Bourbon in seiner individuellen Vielfalt offenbaren und eine neue Generation amerikanischer Whiskeys ins Leben riefen.

Bourbon und Tennessee Whiskey erlebten ihr goldenes Zeitalter Anfang des 19. Jahrhunderts, als sie New Orleans und die großen Städte der Ostküste erreichten. Fünfzig Jahre später entwickelte sich der Mittlere Westen, und als Drinks der *tough guys* eroberte der Getreidebrand Arkansas und Missouri, Texas und Oklahoma. Doch die religiös stark aufgeheizte Abstinenz-Bewegung, die 1920 in der Prohibition gipfelte, rottete einerseits den amerikanischen Whiskey nahezu aus, während sie andererseits Alkoholmissbrauch und Kriminalität in die Höhe schnellen ließ.

Nach der Prohibition hatten die Amerikaner den Geschmack an ihrer eigenen Spirituose beinah verloren. Ursprünglich war Whiskey in Pennsylvania und Maryland aus Roggen destilliert worden, und der ergab einen kräftig würzigen, trockenen Brand. Blended Scotch, der unmittelbar mit dem Ende der Prohibition die USA überschwemmte, präsentierte sich besonders dezent und hell. Zwar begannen die Bourbons und Tennessees in den 1950er Jahren wieder an Boden zu gewinnen, und einige wenige schafften es auf die internationalen Märkte, doch als Bourbon 1964 erstmals vom amerikanischen Kongress offiziell als typisch amerikanisches Produkt anerkannt wurde, waren gerade farblose Spirituosen und Longdrinks angesagt. Von ehemals Tausenden sind ganze elf Destillerien geblieben. Und das einst ausgedehnte Bourbon County ist auf ein kleines Areal in Kentucky geschrumpft, wo schon lange kein Bourbon mehr gebrannt wird. Er kommt heute in Kentucky aus Francfort, Lawrenceburg, Clermont, Bardstown und Louisville sowie aus Loretto und Versailles, und in Tennessee aus Lynchburg und Tullahoma.

Heute hat ein neuerwachtes Interesse an besonderen Qualitäten für eine deutliche Bereicherung des Whiskey-Angebots gesorgt. Geschürt haben es nicht zuletzt Persönlichkeiten, die in den wenigen noch arbeitenden Destillerien und den angeschlossenen *rackhouses* tätig waren und sind. So brachte Booker Noe, Jim Beams Enkel, 1988 den unreduzierten, ungefilterten *small batch* Booker's Bourbon mit rund 63 % vol Alkoholgehalt heraus. Und löste damit eine Revolution aus.

Von da an war Bourbon-Genießern klar, dass sie wählerischer sein mussten. Hatte man ihnen vorher suggerieren können, Bourbon reife in neuen Fässern schneller und habe nach vier Jahren sein Optimum erreicht, unterstützten sie nun mit ihrer Nachfrage die Bemühungen nonkonformistischer Brenner, Whiskeys zu schaffen, die doppelt, dreimal, ja fünfmal so alt waren und die Vierjährigen weit übertrafen. War man vorher dem Durchschnittskonsumenten entgegengekommen und hatte ihm auf 40 % vol Alkoholgehalt reduzierte sanfte, aber im Grunde kastrierte Whiskeys serviert, ließ man die *master distillers* jetzt in den Lagerhäusern nach Gutdünken schalten und walten. Nun konnten sie die ihrer Ansicht nach optimalen Fässer füllen. So gibt es heute eine faszinierende Palette amerikanischer Whiskeys, aus den großen Destillerien, aber auch von einigen Individualisten an der Westküste gebrannt.

Rebellen und Verbote

Schon mit 14 Jahren im Whiskey-Geschäft, gründete Jack Daniel 1866 im Alter von 20 seine Destillerie und wurde zur Legende.

Seite 364: Wildwest-Romantik bei George Dickel in Tennessee.

Seite 365: Alle Fässer müssen sorgfältig beschriftet werden.

Es ist kein Geheimnis, dass die Kunst des Whiskeybrennens in den Vereinigten Staaten auf schottische und irische Einwanderer zurückgeht. Nach dem schottischen Aufstand von 1745 war es zu den berüchtigten Highland Clearances gekommen, bei denen Tausende von Kleinbauern von ihren Pachthöfen vertrieben und zum Auswandern gezwungen wurden. Ähnliches vollzog sich in Irland. Bevorzugtes Ziel der Auswanderer, von denen sich viele aufs Destillieren verstanden, war die Ostküste Nordamerikas. Dort gedieh zwar kaum Gerste, dafür umso mehr Roggen, vor allem in Pennsylvania und Maryland. So wird wohl der erste amerikanische Whiskey ein Rye Whiskey gewesen sein. In Schaeferstown wurde 1753 mit Michter's die erste bezeugte (und bis 1988 arbeitende) Destillerie gegründet.

Die Einwanderer zogen über die Allegheny Mountains weiter nach Westen, wo man ihnen Land versprach, sofern sie Getreide anbauten. Dort wurde 1785 Bourbon County, im heutigen Virginia und Kentucky, gegründet und nach der französischen Königsfamilie benannt, die die Befreiung Amerikas unterstützt hatte. Mais wuchs auf den weiten Ebenen im Überfluss und lud zum Brennen geradezu ein. Da sich der Whiskey gut verkaufte, machten ihn viele Farmer zu ihrer Haupteinnahmequelle. Sie beschrifteten die Fässer mit »Old Bourbon« und verschifften sie über die Flüsse Ohio und Mississippi bis nach New Orleans. Dort mochte man den ungewohnten Whiskey mit dem süßlich-runden Geschmack, und bald wurde er nur noch Bourbon genannt.

Federn lassen

Nach dem Unabhängigkeitskrieg gegen England brauchte der junge Staat dringend Geld, um seine Infrastruktur festigen, seine Armee halten und seine Schulden bezahlen zu können. Die leeren Kassen waren nur mit Steuern zu füllen, und 1791 entschied George Washington, erster Präsident der Vereinigten Staaten und selbst Whiskybrenner (seine Destillerie in Mount Vernon wurde wieder hergerichtet), Destillate zu besteuern. Bei den Siedlern, die nicht einsahen, den mageren Gewinn ihrer Getreideernten an den Staat abzutreten, kam das nicht gut an, sie bedrohten, ja teerten und federten die Steuereintreiber. 1794 schlossen sie sich zu-

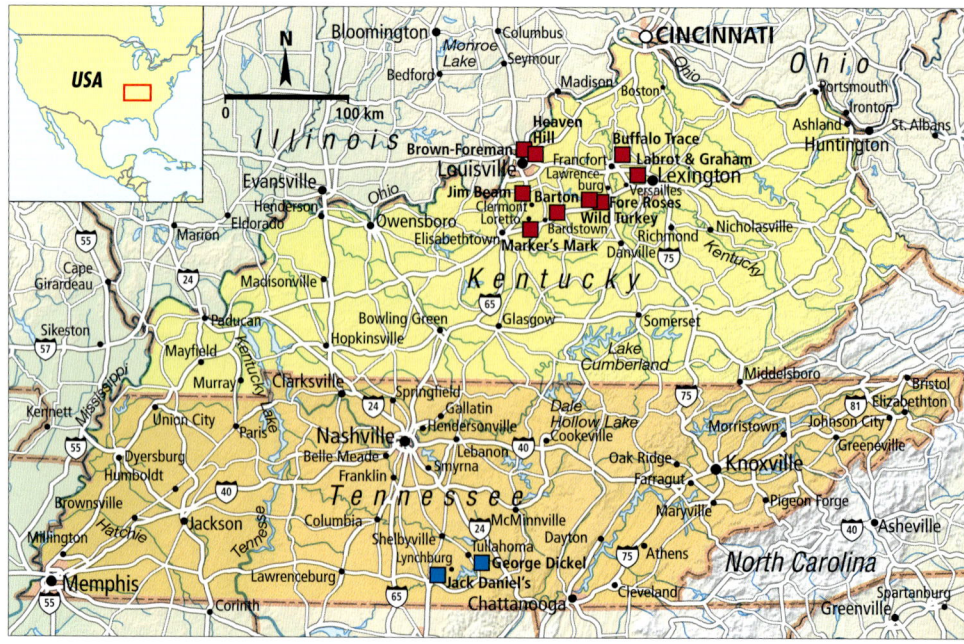

In Kentucky arbeiten heute noch neun Bourbon-Destillerien, in Tennessee nur noch zwei Betriebe.

sammen und leisteten offenen Widerstand, der als Whiskey-Rebellion bekannt wurde. Daraufhin mobilisierte Washington rund 13 000 Soldaten und rückte selbst in Pennsylvania gegen die Farmer vor, die angesichts so massiv demonstrierter Staatsmacht klein beigeben mussten.

Die Steuern hielten Farmer und erste kommerzielle Brenner wie Evan Williams und Jacob Beam nicht davon ab, weiterhin Whiskey zu machen. In Pennsylvania gab es in der ersten Hälfte des 19. Jahrhunderts mehr als 3500 *pot stills,* in Kentucky waren es rund 2000, und in Tennessee überstieg die Alkoholproduktion die Drei-Millionen Liter-Marke. Tüftler wie Eliah Craig und James Crow führten technische Verbesserungen ein, und als die Kolonnendestillation bekannt wurde, stellten die Bourbon-Brenner bereitwillig auf die neue Methode um.

Mit dem Anstieg der Produktion wuchsen die sozialen Probleme des Alkoholmissbrauchs und zugleich die Abstinenz-Bewegung. Bereits 1855 waren zwölf Staaten ›trocken‹, 1920 trat die Prohibition schließlich im ganzen Land per Gesetz in Kraft.

Den Neuanfang nach 1933 wagten nur wenige. Jim Beam war der Erste. Als hätte er mit seinen 70 Jahren nur darauf gewartet, die Familientradition fortsetzen zu können, startete er die neue Brennerei in Clermont 1934. Heaven Hill in Bardstown eröffnete im Jahr darauf. In den folgenden Jahrzehnten gelang es einigen Firmen, sich international einen Namen zu machen, neben Jim Beam waren es Wild Turkey, Four Roses und Jack Daniel's. Es sollte aber noch bis 1964 dauern, ehe der U.S. Congress Bourbon als ein »distinctive product of the United States« anerkannte und mit gesetzlichen Bestimmungen definierte und schützte.

Diese Maßnahme konnte kränkelnde Destillerien nicht mehr retten. Eine nach der anderen schloss: Weston, Missouri, 1985; Virginia Gentleman, Virginia, 1987; Michter's Distillery, Pennsylvania, 1988; Seagram's Distillery, Indiana, stellt heute vorwiegend Gin und Wodka her. So sind nur neun Bourbon-Destillerien in Kentucky übrig geblieben und zwei in Tennessee. Doch sie liefern inzwischen Bourbon von einer Qualität, wie es ihn kaum je zuvor gab.

Links: In Lynchburg ging es immer ländlich zu, damals wie heute.

Rechts: Fässer auf ihrem Weg zu einem turmhohen *rackhouse* von Jack Daniel's Distillery

Sour Mash & Beer Still

Wasser, *spent beer* oder *backset* und Mehl ergeben die Maische.

Links: Ein Gärtank, in dem *beer* entsteht.

Rechts: Destilliert wird überwiegend in Kolonnen, den *beer stills*.

Gegenüber: Frisch gebrannter *white dog* wird in *spirit receivers* geleitet.

Mais, das wichtigste Getreide in den Vereinigten Staaten, spielt auch im amerikanischen Whiskey die Hauptrolle. Sofern er zu mehr als 51 % daraus gewonnen wird, kann er sich Bourbon nennen; meist beträgt der Maisanteil 70 % oder mehr. Gemischt wird er mit *small grains*, mit Roggen oder seltener Weizen und mit 5–15 % Gerstenmalz, das für die Aufspaltung der Stärke in Zucker notwendig ist. Natürlich schwört jede Destillerie auf ihre eigene(n) *mash bill(s)*, wie das Getreiderezept heißt.

Mais lässt sich nicht so einfach maischen wie kleinere Körner, denn er muss nach dem

Mahlen zunächst gekocht werden, damit er seine Stärke freisetzt. Dann lässt man ihn auf etwa 60 °C abkühlen, bevor Roggen- und Malzschrot zugefügt werden. Das Wasser, das man zum Maischen reichlich braucht, ist in Kentucky und Tennessee hart, aber durch Kalkschichten bestens gefiltert.

In beiden Staaten arbeitet man mit dem Sour-Mash-Verfahren. Dazu benutzt man die zuckerfreien, flüssigen Rückstände der ersten Destillation aus der *beer still,* während die Feststoffe als Viehfutter dienen. Diese *thin stillage* oder auch *backset* setzt jeder *master distiller* nach eigener Erfahrung der Maische vor, bei oder nach dem Gärprozess zu. Sie macht ein Fünftel oder mehr des Volumens aus und bewirkt zweierlei: sie verhindert die Entstehung unerwünschter Bakterien, indem sie den pH-Wert ausgleicht, und sie hilft, den Charakter des *beer* konstant zu halten.

Im Gegensatz zu ihren schottischen Kollegen legen die Brenner in Kentucky und Tennessee besonderen Wert auf die Hefen und pflegen mit Sorgfalt eigene alte Hefestämme. Oft verwenden sie für unterschiedliche Bourbons jeweils andere Hefen, denn ihrer Ansicht nach gehen die Aromen zum großen Teil darauf zurück. Außerdem lassen sie mit 72–96 und mehr Stunden längere Gärzeiten zu als sonst bei Whisky üblich.

Doubler & Thumper

Mit Ausnahme von Woodford Reserve wird Bourbon in *beer stills* destilliert, in kontinuierlich arbeitenden Kolonnenapparaturen. Diese Kolonnen können sehr unterschiedlich groß sein, sie erreichen 5–20 m Höhe und haben 0,7–1,5 m Durchmesser. Sie liefern den *low wine* mit 45–60 % vol Alkoholgehalt, der dann gewöhnlich zu einer zweiten Destillation in den *doubler* kommt, eine Art *pot still,* aus der er mit rund 65 % vol Alkoholgehalt kondensiert. Manchmal wird der alkoholhaltige Dampf direkt weiter in den *thumper* geleitet, der dieselbe Funktion wie der *doubler* übernimmt, um den *white dog* hervorzubringen, das frische Destillat. In Tennessee, und das verleiht dem dortigen Whiskey seine Eigenart, filtert man es vor der Fasslagerung durch Holzkohle, die aus Ahornholz gewonnen wurde, was offiziell als Lincoln County Process bekannt ist.

American Whiskey

1964 bestimmte der amerikanische Kongress, dass

Bourbon
-   in den Vereinigten Staaten hergestellt werden muss;
-   aus einer Mischung von Getreide mit mindestens 51% Mais gewonnen werden muss;
-   auf nicht mehr als 80 % vol Alkoholgehalt destilliert werden darf;
-   100% natürlich sein muss (es darf nur Wasser zugefügt werden);
-   in neuen, ausgekohlten Fässern aus amerikanischer Weißeiche gealtert werden muss.

Straight Bourbon kann er sich nennen, wenn er diese Anforderungen erfüllt und mindestens zwei Jahre gealtert wurde; bei weniger als 4 Jahren Alterung muss das Alter auf dem Etikett angegeben sein.

Rye Whiskey hat die gleichen Anforderungen zu erfüllen und muss zu mindestens 51 % aus Roggen gewonnen werden.

Wheat Whiskey hat ebenfalls die gleichen Anforderungen zu erfüllen und muss zu mindestens 51% aus Weizen gewonnen werden.

Corn Whiskey muss zu mindestens 80 % aus Mais destilliert werden.

American Light Whiskey ist ein Verschnitt aus leichten Getreide-Whiskeys, die auf mehr als 80 % vol Alkoholgehalt gebrannt wurden.

Blended Whiskey muss zu mindestens 20 % aus Whiskey bestehen, verschnitten mit neutralem 95%igem Getreide-Alkohol.

Tennessee Whiskey ist im Prinzip ein Bourbon, nur dass er vor der Alterung mit Ahornholzkohle gefiltert wird und nur in dem benannten Bundestaat hergestellt werden darf.

Höhen und Tiefen der Reife

Jede Whisk(e)y-Destillerie braucht Lagerhäuser, in Kentucky und Tennessee *rackhouses* genannt. Oft sind es faszinierende, selten ansehnliche Holzbauten, zehn, zwölf Stockwerke hoch, und bis zum Dach aus Holzgestellen bestehend, die mit Eichenfässern gefüllt sind. Ein traditionelles *rackhouse* ist ein riesiger, Wind und Wetter ausgesetzter Schuppen, der Regen und Schnee von den kostbaren *barrels* fernhält.

Bourbon muss in neuen 180-Liter-Fässern aus amerikanischer Weißeiche gealtert werden, frisch ausgekohlt, im wörtlichen Sinn also brandneu. Küfer setzen ohnehin Feuer ein, um die Dauben zu biegen, aber der Grad des *toasting* – gezählt von I bis IV – hängt davon ab, wie lange sie es brennen lassen. Die oberste Holzschicht verkohlt, doch darunter bewirkt die Hitze ein Karamellisieren der im Holz enthaltenen Zucker und damit die Bildung wichtiger Geschmacksstoffe für den Bourbon.

Wird der neue Whiskey im neuen Fass ins Lagerhaus gestellt, vollzieht sich der Austausch zwischen beiden unter dem Einfluss von Temperatur und Feuchtigkeit. Die sind aber je nach Stockwerk unterschiedlich, und oben, wo es am wärmsten ist, sind sie am dynamischsten. Jedes Fass entwickelt sich deshalb anders. Um seinen Bourbon zu komponieren, nimmt der *master distiller* Fässer aus allen Etagen verschiedener Lagerhäuser. Doch wenn er eine Single-Barrel-Abfüllung braucht, greift er auf die ganz harmonisch gereiften Fässer zurück, und die lagern gewöhnlich auf mittlerer Höhe.

Sicher nimmt Whiskey in neuen Fässern schneller und stärker Aromen an, aber keineswegs hat er nach vier Jahren sein Optimum erreicht. Spitzenqualitäten, denen man sieben, acht oder mehr Jahre Zeit ließ, beweisen, wie sehr auch Bourbon von einem langen Reifeprozess profitieren kann. Im Gegensatz zu anderen Whisk(e)ys, deren Farbton meist mit Zuckercouleur korrigiert wird, ist die Farbe eines Bourbon immer das natürliche Ergebnis der Jahre, die er reifend in Holzfässern verbrachte.

Blick in ein *rackhouse* mit seinen hölzernen Fassgestellen

Steve McCarthy mit seinem überraschenden Oregon Single Malt

The American Dream

Steve McCarthy ist ein Paradebeispiel dafür, wie ein Amerikaner seinen Traum lebt. Er stammt aus einer Familie in Oregon, die seit 100 Jahren Obstbau betreibt, und gemeinsam mit seinen Brüdern bewirtschaftet er 250 ha Apfel- und Birnbäume nicht weit vom Columbia River. Aber so richtig zufrieden war er nicht damit, wie sie ihr Obst vermarkten konnten. Da kam ihm seine Vorliebe für *good old Europe* entgegen, das er schon zu Schulzeiten kennengelernt hatte und das er im Auftrag einer Firma, die Jagdausrüstungen verkaufte, später auch geschäftlich bereiste. So kam er Anfang der 1980er Jahre zu einer Messe nach Nürnberg und lernte bei dieser Gelegenheit Obstbrände kennen, die ihn bei seinem familiären Hintergrund in besonderer Weise begeisterten.

»Meine Frau und ich fuhren 1984 von Lissabon hinauf ins Elsass und weiter nach Deutschland«, erzählt er, »und überall verkosteten wir Obstwässer und informierten uns über die Gerätschaften, die man zu ihrer Herstellung braucht. Damals gab es noch keine *eaux-de-vie* in den USA – und man konnte auch noch nicht einfach ›googlen‹«, scherzt er.

Er war entschlossen, es zu versuchen und Eau-de-vie de poire zu brennen. Zurück in Amerika, hörte er von einem Deutschen namens Jörg Rupf, der gerade die St. George Spirits Distillery

in Oakland bei San Francisco aufgemacht und als Erster begonnen hatte, Obstwässer zu brennen. Steve engagierte den deutschen Pionier als seinen Lehrmeister und ließ sich die Grundkenntnisse beibringen, dann gründete er die Clear Creek Distillery und begann, sich die Feinheiten mit großer Ausdauer selbst zu erarbeiten.

Nicht nur das hat Steve McCarthy seither getan, er hat eine außerordentliche Palette an *eaux-de-vies,* aber auch Grappas und Brandys und zuletzt Likören zusammengestellt. Der Whiskey kam in den 1990er Jahren hinzu, nach den Erfahrungen einer Irlandreise. Aber Steve McCarthy wollte einen getorften Malt. Den Rohstoff bestellt er in Schottland, den *wash* bereiten ihm die Widmer Brothers in ihrer Brauerei in Portland, er braucht ihn in seiner Holstein-Anlage ›nur‹ zu brennen, bevor er das Destillat drei Jahre in Fässern aus Orgeon-Eiche ausbaut. Das ergibt einen komplexen, ausgewogenen Malt mit Noten von Torf und Räucherfisch, süßer Frucht und reizvollen Holznoten – und einen Meilenstein in der amerikanischen Whiskey-Geschichte.

Einen weiteren dieser Meilensteine hat die Anchor Distillery in San Francisco beigesteuert, als sie aus reinem Roggenmalz ihren Old Potrero Single Malt Straight Rye Whiskey kreierte.

Ausgewählte American Whiskeys

Booker's
Small Batch Aged 7 Years

Booker Noe, der 2004 im Alter von 75 Jahren verstorbene Enkel Jim Beams, arbeitete jahrzehntelang als *master distiller* und war Botschafter des Bourbon schlechthin. Mit seinem *small batch* gönnte er sich das Vergnügen, einen Whiskey ungefiltert in *cask strength* abzufüllen, wie es im 19. Jahrhundert üblich gewesen war. Von Abfüllung zu Abfüllung schwankt daher nicht nur die exakte Stärke, sie liegt bei etwa 63 % vol Alkoholgehalt, auch das Alter variiert leicht, ebenso wie der Ausdruck. Unverändert bleiben dagegen die außerordentliche Intensität und Komplexität im Duft sowie die beeindruckende Kraft und Länge im Geschmack. Ein Monument.

Elijah Craig
12 Years Old

Familie Shapiro, in deren Besitz sich die 1935 gegründete Heaven Hill Distillery in Bardstown befindet, bietet ihre Bourbons unter einer Vielzahl von Namen an, aber die besten hat sie großen Bourbon-Persönlichkeiten wie Evan Williams oder Elijah Craig gewidmet. Craig war Laienprediger, der selbst Whiskey brannte und zuweilen als Erfinder des Bourbon apostrophiert wird, wenn auch nicht von Heaven Hill und seinen *master distillers* Parker und Craig Beam, die über einige Ecken mit dem Gründer der führenden Bourbon-Marke verwandt sind. Pionierarbeit hat die Destillerie mit lange gereiften Bourbons geleistet und demonstriert damit die guten Seiten des Alters. Das unterstreicht dieser 12 Years Old auf eindrucksvolle Weise, hat er doch einen sehr komplexen und reizvollen Duft mit Noten von Orange, Birne, Vanille, Pfeffer und Rauch entwickelt, um sich dann mit süßer Frucht und Gewürzen, feinen Röstnoten und einem trockenen *finish* sehr anhaltend zu entfalten.

Elmer T. Lee
Single Barrel

Buffalo Trace nennt sich heute die Destillerie in Francfort, aus der dieser Bourbon stammt, benannt nach dem früheren *master distiller*. Der Betrieb geht zurück auf etwa 1860, als er von Benjamin Harrisson Blanton gegründet wurde. Dessen Sohn Albert B. Blanton stieg 1897 zum Geschäftsführer auf, Teilhaber war George T. Stagg, bekannt wurde die Firma als Ancient Age Distillery. Heute bietet sie eine Reihe von Marken an, darunter Old Charter, George T. Stagg, Blanton's Single Barrel, Eagle Rare und W. L. Weller. Der Bourbon gefällt mit süßen Röst- und Maisnoten, mit viel Toffee-Aroma und deutlicher Eichenwürze.

Four Roses
Single Barrel

Wenige Destillerien besitzen ein so stattliches Zuhause wie Four Roses in Lawrenceburg im Zentrum von Kentucky. Es gleicht einer spanischen Missionsstation und wurde 1910 errichtet. Ursprünglich hatte Joe Peyton, ein irischer Einwanderer, an dieser Stelle 1818 begonnen, seinen berühmten Old Joe zu brennen. Ende des 19. Jahrhunderts folgte ihm Paul Jones, der die Marke Four Roses kreierte, die nach der Übernahme von Seagram's 1943 weltweit bekannt wurde. Dafür produzierte man eine Anzahl Bourbons mit unterschiedlichen *mash bills* und Hefen, die miteinander verschnitten wurden. Die Einzelfass-Abfüllung, Ausdruck des neuen Trends, erstaunt mit deutlichen Noten von Roggen und Malz, viel fruchtiger Süße und Röstnoten.

Jack Daniel's
Silver Select Single Barrel

Jack Daniel's ist zu einem Synonym für amerikanischen Whiskey geworden und wird stets von einer süßen Rauch- und Rußnote charakterisiert. Sie ist einem zusätzlichen Fertigungsschritt zu danken, der Tennessee Whiskey von Bourbon unterscheidet: der Filterung durch eine bis zu 3 m dicke Schicht aus Ahornholzkohle, bevor der junge Whiskey in die Fässer kommt. Gründer Jack Daniel brannte bereits mit 14 Jahren Whiskey, und ab 1866 konnte er es in seiner eigenen Destillerie tun: in The Hollow at Cave Spring bei Lynchburg. Dieser reine Luxus-Whiskey geht aus einzelnen, speziell gereiften Fässern hervor, die ihm mehr Farbe, Fülle, Komplexität, aber auch Trockenheit verleihen.

Jim Beam
Straight Rye Whiskey

Der erste Whiskey in den USA wurde aus Roggen gebrannt, da die schottischen und irischen Einwanderer kaum Gerste vorfanden. Weit mehr als 51 % Roggen bilden mit etwas Mais und Gerstenmalz die *mash bill* dieses hervorragenden Klassikers. Heute, wo Rye Whiskeys rar geworden sind, kann man es nur begrüßen, dass die international bekannteste Bourbon-Marke diese Tradition aufrechterhält. Typisch für Rye Whiskey ist die Intensität, hier mit Zitronenschale und Fasswürze. Am Gaumen zeigt sich viel Zitrusfrucht und Minze, aber auch eine kräftige Roggennote, die von süßer Frucht und Kokosnuss ausgeglichen wird.

Knob Creek
Small Batch Aged 9 Years

Dieser mit 100 *proof* = 50 % vol Alkoholgehalt abgefüllte Knob Creek ist Teil einer Small-Batch-Reihe von Jim Beam, die auch Basil Hayden 8 Years Old 40 % vol, Baker's 7 Years Old und Booker's 7 Years Old umfasst. Sie ist gut geeignet, die Vielfalt zu demonstrieren, die Bourbons bieten können. Das Unternehmen geht auf den Deutschen Jakob Boehm zurück, der so um 1785 nach Kentucky kam, wo er später die Old Tub Distillery gründete. Sein direkter Nachkomme James »Jim« Beam lenkte deren Geschicke von 1892 bis zu ihrer Stilllegung 1919, startete sie aber 1933 im Alter von 70 Jahren erneut. Knob Creek trägt den Namen des Baches, wo Abraham Lincoln Jahre seiner Kindheit verbrachte. Es ist ein honigsüßer, vollfruchtiger Bourbon, angenehm rund und würzig im Geschmack, mit deutlicher Vanillenote.

Maker's Mark

Jede mit Wachs verschlossene Flasche aus dieser schönen alten Brennerei in Loretto wird mit dem Siegel ihres Machers versehen, und dieser persönliche Stil betrifft auch ihren Inhalt. Denn man gibt hier zu Mais und Malz noch Weizen dazu, um dem Bourbon mehr Sanftheit zu verleihen. Viel Wert legt man auch auf luftgetrocknetes Fassholz und erreicht so einen Bourbon mit komplexer süßer Würze und Honig im Duft, einem vollen Körper und Butterscotch, Nuss, Honig, Würze und markantem Biss am Gaumen. Hinter Maker's Mark steht (auch wenn sie nicht mehr der Eigentümer ist) die Familie Samuels, die ihre Whisky-(sic) Tradition bis 1780 zurückverfolgen kann.

Wild Turkey
Aged 12 Years

Austin, Nichols & Company war ein 1855 in New York gegründeter Feinkostgroßhandel. Nach der Aufhebung der Prohibition beschloss ihr Präsident Thomas McCarthy, zusätzlich mit Wein und Spirituosen zu handeln und ließ von bestehenden Brennereien Bourbon und Rye Whiskey herstellen. Erst 1970 weitete das Unternehmen diese Sparte aus, als es die von den Brüdern Ripy geführte Old Moore Distillery in Lawrenceburg erwarb, um dort ihre Marke Wild Turkey zu brennen. Die hohe Qualität ihrer Whiskeys ist *master distiller* Jimmy Russell zu verdanken, der bereits seit 1954 in der Brennerei arbeitet. Beim Aged 12 Years tritt reife Frucht von Pfirsichen und Orangen in den Vordergrund, gefolgt von süßem Mais, viel Nuss und Vanille sowie einem Hauch Lakritz.

Woodford Reserve

Dieser Bourbon ist aus mindestens zwei Gründen ungewöhnlich: Er ist der einzige, der dreifach in *pot stills* destilliert wird, und er stammt aus der ältesten arbeitenden Destillerie in Kentucky. Nachdem sie 1971 stillgelegt worden war, hatte sie dazu erst gründlich restauriert werden müssen, eine Aufgabe, der sich Brown-Forman annahm. 1996 konnte die Destillerie neu eröffnet werden. Auf ihrem Gelände hatte der Pionier Elijah Pepper bereits 1812 destilliert, und hier perfektionierte dessen Mitarbeiter James Crow etwa 20 Jahre später die Sour-Mash-Methode. 1878 kam die Brennerei in den Besitz von Labrot & Graham. Woodford Reserve ist sehr dunkel in der Farbe, mit Toffee-, Vanille- und Rauchnoten in der Nase, im Geschmack dann mit süßer Würze, Nüssen, Honig und einem angenehm trockenen Akzent vom Eichenfass.

Canadian Whisky

Hiram Walker war Getreidehändler und Whiskybrenner, aber auch Stadtgründer und Visionär.

Die Destillerie gab Hunderten von Menschen Arbeitsplätze, nicht zuletzt in der betriebseigenen Küferei.

Auch in Kanada wurde im 17. Jahrhundert von Einwanderern aus Schottland und Irland überschüssiges Getreide destilliert, wobei man natürlich Sorten nahm, die zur Verfügung standen. Zunächst war das Roggen, weshalb bis heute die irrtümliche Ansicht verbreitet ist, kanadischer Whisky bestehe vorwiegend daraus. Das Getreide als Rohstoff ebnete in Kanada besonders Müllern den Weg zur lukrativen flüssigen Verwertung. Die Pioniere waren William Gooderham und James Wort, die 1832 erst eine Mühle im heutigen Ontario errichteten und dort fünf Jahre später zu destillieren begannen. Es sollte die größte Destillerie des Landes werden, die gut hundert Jahre darauf mit Hiram Walker & Sons zusammenging. Walker selbst, ein 1816 in Massachussetts geborener Getreidehändler, eröffnete 1858 die Windsor Distillery and Flouring Mill gegenüber von Detroit auf kanadischer Seite, die zu Walkerville, einer eigenen Ortschaft, heranwuchs. Er rüstete die Destillerie mit einer Kolonnenanlage aus und begann einen sehr leichten, milden Whisky zu brennen, den er im Gegensatz zu seinen Konkurrenten in Flaschen vermarktete und »Club« nannte. Er setzte ihn hauptsächlich in den Vereinigten Staaten ab, wo die bis heute erfolgreiche Marke Canadian Club daraus hervorging.

Überflügelt wurde die Firma Hiram Walker & Sons später von dem Unternehmen Seagram's, das mit Joseph Emm Seagram begonnen hatte, der als Buchhalter 1864 in einer Schrotmühle anfing, deren Teilhaber er fünf Jahre später wurde, um sie 1883 zu übernehmen. Noch im selben Jahr brachte er seinen ersten Whisky heraus, zu dem er mehrere Brände vermischte, was den ersten kanadischen Blended Whisky ergab. Mit dem 1911 lancierten Seagram's V.O. (Very Own) schuf er einen der erfolgreichsten kanadischen Whiskys. Nach Joseph Seagrams Tod übernahm Samuel Bronfman 1928 den Betrieb und vereinte ihn mit der Distillers Corporation Limited, die seine Familie bereits 1924 gegründet hatte.

Grund zum Feiern gab es Ende der 1920er Jahre in Walkerville, als der dynamische Harry Hatch die Destillerie übernahm und die Umsätze beträchtlich zu steigern verstand.

Während der Prohibition in Amerika liefen kanadische Destillerien auf Hochtouren und brannten vor allem leichte Whiskys, die ins Nachbarland geschmuggelt wurden, wo sie sich eine solide Basis schufen. Als Bronfman das Ende des Alkoholverbots kommen sah, legte er zusätzliche Lagerbestände an. So war er 1933 bestens gerüstet und konnte die sprunghaft steigende Nachfrage im Nachbarland befriedigen. Auch sein Konkurrent Hiram Walker hatte sich darauf eingestellt. Die Umsätze und Gewinne beider Unternehmen schnellten in die Höhe, und beide waren vorausschauend genug, ihre Überschüsse in die Expansion zu reinvestieren, indem sie vor allem Whisky-Marken und Destillerien in Schottland übernahmen. Seagram's erwies sich dabei als besonders erfolgreich und war Ende der 1950er Jahre zum weltgrößten Spirituosenkonzern aufgestiegen. (2001 ist er zwischen Diageo und Pernod Ricard aufgeteilt worden.)

Die Liberaleren

Der Alkoholabsatz mag in Kanada strikt reguliert und vor allem hoch besteuert sein, bei der Herstellung des Canadian Whisky haben die Destillerien entschieden mehr Freiheiten als ihre Konkurrenten in den USA, in Schottland oder in Irland. Als Rohstoff dienen mit Roggen, Weizen, Gerste und Mais die üblichen Getreidesorten, aus denen man in Kolonnenanlagen einerseits ein Grunddestillat brennt, das einen Alkoholgehalt von bis zu 95 % vol aufweisen kann und sich damit von Neutralalkohol kaum unterscheidet. Andererseits destillieren die Betriebe eine Reihe von Komponenten, die sie für ihre Blends benötigen. Dafür brennen sie die verschiedenen Getreide in unterschiedlichen Mischungen oder auch pur, mal auf irische Weise mit ungemälzter und gemälzter Gerste, mal auf schottische Art nur aus Gerstenmalz oder im Bourbonstil mit hohem Maisanteil. Meist benutzt man Kolonnen, aber für kleine Partien werden auch *pot stills* eingesetzt.

Ist vom Gesetz auch ein Mindestalter von drei Jahren vorgeschrieben, bezüglich der Fässer sind die kanadischen Hersteller nicht gebunden. Vorwiegend verwenden sie gebrauchte Bourbon *barrels,* dann aber auch neue Fässer oder solche, die schon einmal mit Sherry gefüllt waren. Und als größte Besonderheit dürfen bis zu 9,09 % »non Canadinan whiskies« zugefügt werden, wobei es sich bei dieser zusätzlichen Aromatisierung keineswegs nur um Whiskys handelt, sondern auch um Süß- oder Fruchtweine oder andere Destillate.

Weniger ist doch nicht mehr

Im Anschluss an den Zweiten Weltkrieg erlebte der kanadische Whisky einen ähnlichen Aufschwung wie nach der Prohibiton durch seinen Absatz in den Vereinigten Staaten. Gleichzeitig kam es in Kanada zu einer Umstrukturierung des Marktes. Die Großbetriebe wie Hiram Walker & Sons und Seagram's legten immer mehr ihrer alten Destillerien still und konzentrierten die Produktion auf eine einzige moderne, rationalisierte Anlage. Kleinere Betriebe konnten da nicht mithalten und blieben auf der Strecke. Auch was das

Winemaker John Hall hat dem kanadischen Whisky neue Impulse verliehen.

Marketing betraf, entschloss man sich, weiterhin in die großen, bereits gut etablierten Marken wie Canadian Club, Crown Royal, Seagram's V.O. oder Canadian Mist zu investieren, statt eine umfangreiche Palette differenzierter Qualitäten zusammenzustellen. Doch als sich der Markt in eine andere Richtung zu entwickeln begann, verpassten die Kanadier den Anschluss. Obwohl einige klassische Marken wie Alberta, Century Reserve, Gibson's Finest, Gooderham & Worts, Potter's, Schenley und Wiser's eine gewisse Abwechslung in das Angebot bringen, ist es im Vergleich zu den Bourbons und den Irish Whiskeys – von den Schotten ganz zu schweigen – sehr überschaubar.

Endlich scheint sich das Blatt zu wenden. Ein erster Impuls ging von Glenora aus, einer 1990 in Glenville in Nova Scotia ins Leben gerufenen, stark schottisch inspirierten Brennerei, der »einzigen Single Malt Whisky Distillery in Nordamerika«, wie man stolz erklärt. Nach größeren Anfangsschwierigkeiten hat Glenora sich nicht nur zu einem reizvollen Ausflugsziel gemausert, auch der Malt beweist zunehmend Qualität.

Für weiteren frischen Wind in der kanadischen Whisky-Szene sorgt *winemaker* John Hall. Er übernahm 1992 die zwei Jahrzehnte zuvor von dem Schweizer Brennmeister Otto Rieder in Grimsby, Ontario, gegründete Destillerie, die er in Kittling Ridge umtaufte. Zehn Jahre später brachte er seinen ersten Forty Creek heraus, mit dem er bewusst die ersten kanadischen Whiskys zitiert. Dafür brennt er in den zwei kleinen *pot stills* Mais, Roggen und Gerste getrennt und lässt sie gesondert in gezielt ausgewählten Fässern reifen, um den Charakter des Getreidedestillats hervorzuheben. Nur braucht es beim Whisky Zeit, bis er die gewünschte Qualität erreicht. Inzwischen sind genug Jahre verstrichen, und die Forty Creek Whiskys beweisen, dass John Halls konsequente handwerkliche Arbeit Früchte trägt. Mehr noch, sie geben dem Canadian Whisky die dringend nötigen neuen Impulse.

Ausgewählte Canadian Whiskys

The Crown Royal Distilling Company
Crown Royal

Der erfolgreichste kanadische Whisky des ehemaligen Seagram-Imperiums hat nun auch der einzigen geretteten Destillerie den Namen gegeben. Sie befindet sich in Gimli, Manitoba, am westlichen Ufer des Lake Winnipeg und wurde 1968 gegründet. Dort reifen in 46 Lagerhäusern 1,25 Mio. Fässer, von denen 1000 Fässer pro Tag für den Crown Royal bestimmt sind. Sam Bronfman, der Seagram's Anfang der 1930er Jahre übernahm, schuf diesen Luxus-Whisky anlässlich des Besuchs von König Georg VI. und Königin Elisabeth 1939. Er wurde dem Prädikat »De Luxe« bis vor Kurzem völlig gerecht und galt als Inbegriff des kanadischen Stils, süß, ansprechend, sehr würzig mit viel Körper, dank der deutlichen Roggenzugabe. Mittlerweile wirkt er süßer und schlichter, und man muss zur teureren Special Reserve, zu Crown Royal XR oder zu Cask No 16 greifen, um königlichen Genuss zu finden.

Hiram Walker & Sons
Canadian Club

Der Whisky ist eine Institution, denn der Erfolg des Canadian Whisky ist zum großen Teil ihm zu verdanken. Bald nachdem Hiram Walker 1858 seine Destillerie am Detroit River errichtete, begann er seinen Whisky in Flaschen abzufüllen und als Walker's Club Whisky am anderen, dem amerikanischen Ufer zu vermarkten. Seine dortigen Konkurrenten konnten durchsetzen, dass er die Herkunft seines Whisky kennzeichnete, wodurch die Marke Canadian Club geboren wurde. Walker setzte früh auf Destillierkolonnen. Seit Langem brennt man den Roggen, der dem Blend das Aroma verleiht, getrennt. Ein dezenter Whisky mit einem Hauch frischer Frucht, Rauch und Vanille, sehr weich, mit einer leichten würzigen Roggennote. Er eignet sich gut zum Mixen.

Kittling Ridge Distillery
Forty Creek
Barrel Select

Indem er auf den Namen einer Siedlung anspielt, die um 1750 an jenem Wasserfall gegründet wurde, der die zur Destillerie gehörende Schrotmühle betrieb, stellt sich dieser Whisky in die Tradition von Erzeugnissen früher Farmer, die zu den Whisky-Pionieren Kanadas zählen. In zwei *pot stills* in kleinen Chargen gebrannt, bezieht das Destillat seine Vielfalt von fruchtig-würzigem Roggenbrand, der in nur schwach getoasteten Fässern altert, von nussigem Gerstenbrand aus Fässern mit einem mittleren Toastgrad und von süßem, vollem Maisbrand aus besonders stark gekohlten Fässern. Der Blend erhält den letzten Schliff in Sherry-Fässern, die ihm viel süße Frucht und eigenen Charakter verleihen, mit Aromen von Honig, Nuss, Gewürzen und Röstnoten.

McGuinness
Old Canada

Es ging der alteingesessenen Whisky-Firma L. J. McGuinness & Co aus Toronto wie vielen ihrer Mitbewerber. Mit der Konzentration in der kanadischen Whisky-Industrie kam sie 1988 zu Corby Distilleries. Corby selbst gehörte bereits seit 1935 mehrheitlich zu Hiram Walker & Sons, das zu der Zeit von dem legendären Harry Hatch geführt wurde. So stammt Old Canada heute aus der Destillerie in Windsor, Ontario, wo er in Kolonnen destilliert und mit aromatischeren Getreidebränden verschnitten wird. Sein Alter wird mit sechs bis acht Jahren angegeben. Eher dunkel im Farbton, zeigt er den typisch milden Stil der kanadischen Whiskys mit viel Weichheit, Süße und Karamellnoten.

Schenley
OFC
Original Fine Canadian

Dieser große Klassiker kommt aus der einzigen Whisky-Destillerie Kanadas, in der man Französisch spricht, denn die Schenley Distillery befindet sich in Valleyfield und damit in Québec. Sie wurde 1945 auf einem Industriegelände auf einer Insel im Sankt-Lorenz-Strom errichtet. Ihr berühmter OFC – überzeugend nur in seiner kanadischen, acht Jahre gereiften Originalversion – entstand 1955. Es ist ein Blend, der stark von würzigem Rye Whisky geprägt wird, den man in einer *pot still* brennt. Von hellgoldener Farbe, gefällt sein süßes Bukett, in dem Mais und Vanillenoten zusammenspielen. Den Geschmack kennzeichnet große Harmonie bei süßer, würziger Fülle mit feiner Honignote, begleitet von einem sehr angenehmen, trockenen Akzent.

Japan: Morgenröte des Whisky

Wenn Japan heute eines der bedeutendsten Whisky-Länder der Welt ist, so hat es das zwei Männern zu verdanken, Shinjiro Torii und Masataka Taketsuru. Torii war als junger Mann bei einem Onkel beschäftigt, der diverse alkoholische Getränke erzeugte und verkaufte, darunter vermutlich auch Whisky, der ab etwa 1870 in Japan bekannt geworden war. Torii schien in Whisky die Zukunft zu wittern, denn nachdem er sich mit einer Handelsfirma selbstständig gemacht hatte, brachte er 1919 seinen ersten »Finest Liqueur Old Scotch Whisky« heraus, der laut Etikett von »Torys Distillery« abgefüllt

In Yamazaki bei Kyoto werden die Whiskys in kupfernen *pot stills* gebrannt.

worden war, vier Jahre bevor er seine Destillerie Yamazaki tatsächlich eröffnete.

Taketsuru, Spross einer anerkannten Sake-Brauer-Familie, kam auf völlig anderem Weg zum Whisky. Er besuchte die Technische Hochschule in Osaka, wo er von dem Besitzer der Spirituosenfirma Settsu Shuzo angeworben und mit der Herstellung verschiedener Alkoholika betraut wurde. Offensichtlich bewährte er sich, denn die Firma entsandte ihn 1918 nach Schottland, wo er sich die Herstellungstechniken von Whisky aneignete. In Glasgow belegte er Kurse in Chemie an der Universität und sammelte im Frühjahr 1919 fünf Tage lang erste praktische Erfahrungen in der sehr entgegenkommenden Longmorn Distillery.

Einen tieferen Einblick erhielt er in einer Destillerie, die Grain Whisky herstellte, bevor ihn ein Chemieprofessor zur Hazelburn Distillery nach Campbeltown vermittelte. Taketsuru notierte dort fünf Monate lang gewissenhaft jede Einzelheit der Whisky-Herstellung und verfasste dann einen ausführlichen Bericht für seine Firma in Osaka. Als er 1920 – verheiratet mit einer Schottin – in seine Heimat zurückkehrte, war er der versierteste Whisky-Experte Japans und verfügte über einen Wissensschatz, der sein zukünftiges Leben prägen sollte.

Erste Whisky-Brennereien

Torii errichtete 1923 die erste Whisky-Destillerie Japans in Yamazaki, unweit von Kyoto, an einem Ort, der für seine hervorragende Wasserqualität bekannt war. Er engagierte Taketsuru als Manager, der in dieser Funktion die nächsten zehn Jahre für die damals noch Kotobukiya genannte Firma die ersten kommerziellen Whiskys Japans produzierte. Den Auftakt machte 1929 »Suntory Shirofuda«. Von Anfang an stark vom schottischen Vorbild inspiriert, blieben die japanischen Whiskys lange Zeit Blends, wobei jede Destillerie nur ihre eigenen Brände verwendete, nicht bei ihren Kollegen im Inland zukaufte, oft aber schottische Malts als Zutaten importierte.

Taketsuru gründete dann 1934 seine eigene Whisky-Firma sowie die Yoichi-Destillerie in Hokkaido, das ihn an Schottland erinnerte. Bei Ausbruch des Krieges begann er dort mit nur einer einzigen Brennblase den Bedarf der Armee zu decken – gemeinsam mit seinen Konkurrenten. Nach dem Krieg setzte er seine Arbeit fort, nun als Nikka Whisky Distilling. Während er in Yoichi in direkt befeuerten Brennblasen einen kräftigen, komplexen und getorften Malt erzeugte, gründete er 1969 die Miyagikyo Distillery, die milden, weichen Malt liefert.

Toriis Sohn Saji trat in seines Vaters Fußstapfen. Er taufte das Unternehmen 1963 in Suntory um und errichtete zehn Jahre später in Hakushu seine zweite und die größte Whisky-Destillerie der Welt. Er löste sich von der engen Vorgabe der japanischen Blends und kreierte eine Vielzahl unterschiedlicher Malt Whiskys. So ist Suntory heute die Heimat für Yamazaki, den ersten japanischen Single Malt, aber auch für den erstklassigen Blend Hibiki.

Seither hat sich der japanische Whisky bestens entwickelt. Die Brennereien bieten ein weites Spektrum an Stilen – von leichten und floralen Bränden über solche mit deutlichem Sherry-Fass-Einfluss bis zu stark getorften und rauchigen. Gleichzeitig überbieten sich die beiden Giganten Suntory und Nikka mit Premium-Qualitäten, seien es lange gereifte oder Single-Barrel-Abfüllungen. Seit 2001, als ein Yoichi Malt von einer Profi-Jury zum besten der Welt gewählt wurde, wächst das internationale Interesse an der Whisky-Kunst der Japaner. Zu Recht.

Ein Foto der *kilns* aus den Anfangsjahren der Destillerie in Yamazaki

Vier Whiskys von Suntory, darunter der elegante und sehr komplexe Blend Hibiki und der großartige Yamazaki Single Malt Aged 18 Years.

Whisky weltweit

Längst hat Whisky aufgehört, eine Domäne nur von Iren, Schotten, Amerikanern und Kanadiern zu sein. Heute gibt es Whisky-Produzenten in vielen Ländern. Sie teilen sich in zwei Gruppen. Die ältere ließ sich von den Erfolgen des Blended Scotch inspirie-

Die kleine *pot still* von Ruedi Käsers Whisky Castle im Schweizer Kanton Aargau

ren, im eigenen Land Whisky zu produzieren und abzusetzen, in der Hoffnung am Profit des Originals teilzuhaben. Einigen, die es mit ernsthafter Professionalität in Angriff nahmen, sind durchaus überzeugende Produkte gelungen, und manche haben damit beachtlichen Erfolg. Die jüngere Gruppe besteht aus engagierten Brennern, die nicht selten mit anderen Rohmaterialien bereits hochwertige Destillate erzeugt haben und sich ihre Vorbilder unter den herausragenden Malts suchten, um davon ausgehend ihre eigenen Versionen eines Whisky zu schaffen. Nicht jeder Versuch wurde dabei gleich ein Treffer, aber einige sind von großer Originalität und hoher Qualität.

Whisky in indischen Grenzen

Eine Sonderstellung kommt Indien zu. Wie schon beim Brandy, aber auch bei Gin und Wodka, sind die Inder Großproduzenten. Allein ihr Whisky-Konsum wird auf 570 Mio. Liter im Jahr beziffert. Eingeführt während der britischen Kolonialherrschaft, ist Whisky heute zur beliebtesten Spirituose der modernen Inder aufgestiegen. Hohe Importsteuern sichern indischen Erzeugnissen den Markt, von denen 90 % auf Melasse basieren und deshalb in Europa nicht als Whisky verkauft werden dürfen.

Die führende Marke in Indien ist Bagpiper von United Breweries, von dem jährlich mehr als 10 Mio. Kisten abgesetzt werden. Aber die Gruppe vertreibt 16 weitere große Whisky-Marken, darunter McDowell Nr. 1, deren Absatz 6 Mio. Kisten überschritten hat. Als Aushängeschild destilliert sie in Goa den McDowell's Single Malt Whisky, der auf einheimischem Gerstenmalz basiert und drei Jahre lang in Eichenfässern altert. Beim Malt machen ihr die Amrut Distilleries Konkurrenz, die aus der zu Füßen des Himalaya angebauten Gerste ihren Amrut Single Malt Whisky brennen, der dann in Bangalore auf 1000 m Höhe unter tropischen Bedingungen und mit extrem hoher Verdunstung altern kann.

Whiskys anderer Länder

Deutschland

Slyrs
Bavarian Single Malt Whisky
Aus Schliersee inmitten der bayrischen Berge stammt dieser Whisky, zu dem sich Brennmeister Florian Stetter im Anschluss an eine Schottlandreise 1994 inspiriert fühlte. Er brachte aber auch die besten Voraussetzungen dafür mit, denn als Leiter der Lantenhammer Destillerie versteht er sich nicht nur auf das Erzeugen von Edelbränden, er hat auch eine Brauerlehre absolviert. Seit 1999 brennt er den »Schlürs«, der auf Gerstenmalz basiert, das mit Buchenholz geräuchert wurde, und der danach drei Jahre lang in neuen 225-Liter-Fässern aus amerikanischer Weißeiche reift, bevor er dann mit Jahrgangsangabe abgefüllt wird. Leicht spritzig, sehr stark vom neuen Eichenholz geprägt, dazu florale Noten, klar zu jung, wenn auch mit deutlichem Potenzial.

Frankreich

Distillerie Guillon
Whisky 46 % vol, Single Malt de la Montagne de Reims
Önologe Thierry Guillon gründete 1997 seine Whisky-Destillerie in der Champagne, wo er am Saum eines Waldes das geeignete Grundstück mit einer vorzüglichen Quelle fand. Die Gerste bezieht er aus der Umgebung und räuchert einen Teil des Malzes mit Eichen- oder Buchenlaub statt mit Torf. Nach doppelter Destillation wird der Whisky in Eichenfässern gealtert, wobei Guillon einerseits neue *barriques* verwendet, andererseits solche, die zuvor Weine wie Sauternes, Meursault oder Maury enthielten. Sehr komplex mit süßlicher Würze, Kräutern, Malz und dezenter Rauchnote. Am Gaumen Pflaumen, außerdem Kirschen, Tabak, Kakao und etwas Rauch. Viel Charakter.

Österreich

Weutz
Flamberger Hot Stone
In der Südsteiermark haben sich Michael und Brigitte Weutz einen Namen mit feinen Obstdestillaten gemacht. In ihrer Gemeinde St. Nikolai im Sausal gab es aber noch die Hausbrauerei Löscher. Was lag da näher als eine Kooperation. Michael Löscher liefert die Würze, die Michael Weutz destilliert. Daraus sind bislang ein halbes Dutzend Single Malts entstanden wie Black Peat mit Torfrauch, White Smoke mit Buchenrauch oder Golden Wheat aus Weizen. Der als Zigarrenbrand empfohlene Hot Stone duftet nach Rauch, Malz, Vanille und Früchten und zeigt sich im Geschmack dezent bitter mit frischer Frucht, süßer Würze und edlen Holznoten.

Schweiz

Humbel Distillery
Ourbeer Single Malt Whisky Aged 36 Months
Schon seit 1918 wird bei den Humbels in Stetten destilliert. Großvater begann mit Kirschbränden, der Vater fügte weiteres Obst hinzu, Sohn Lorenz arbeitet mit Bio-Obst und destilliert gern Ungewöhnliches. Sein Malt ist ein Joint Venture mit der Basler Brauerei Unser Bier. Im Rahmen eines Whisky-Seminars liefert sie einmal jährlich Gerstenbierwürze ohne Hopfen an Humbel, der sie kunstgerecht brennt und ihr drei Jahre Fassreife verordnet, die letzten sechs Monate davon in Tokaj-Fässern. Das ergibt einen fruchtbetonten, nach Orange und Aprikose duftenden Whisky mit weichem Geschmack, dezentem Rauch, einem Hauch Kakao, Orangenschale und deutlicher Süße.

Schweiz

Whisky Castle
Single Malt Whisky Smoke Barley
Auf Käsers Schloss im Aargauer Fricktal hatte Edelbrenner Ruedi Käser längst bewiesen, dass man nicht nur Obst zu Destillaten verfeinern kann, bevor er 2005 sein Whisky Castle eröffnete. Darin brachte er eine eigene Mälzerei unter sowie eine schottische *pot still* mit 600 l Fassungsvermögen und damit die kleinste Whisky-Brennerei der Welt, wie er behauptet. Darin brennt er Hafer, Dinkel, Gerste, Roggen, Weizen und Mais und baut den Whisky mindestens drei Jahre in Fässern aus, von denen jedes einzeln abgefüllt wird. Sein Smoke Barley verbringt genau 1160 Tage in einem Sherry-Fass und gibt sich sehr intensiv, mit viel fermentiertem Korn, Rauch, Malzbonbon und Menthol, dann sehr voll mit Röst- und Rauchnoten, süßer Vanille und guter Dichte.

Sammeln und Genießen

Jeder Whisk(e)y hat seinen Charakter und natürlich seine Qualität. Inzwischen gibt es Tausende verschiedener Abfüllungen, und ein Ende ist nicht abzusehen. Das begeistert den Whisky-Freund und -Sammler, doch wie geht jemand damit um, der gern Whisky trinkt und auch verschiedene Marken probieren würde?

Will man sich ernsthaft mit der Thematik aueinandersetzen, braucht man einen soliden Einstieg, und das bedeutet eigene Erfahrung. Das muss nicht gleich kostspielig werden, denn viele Whisk(e)ys sind als Mi-

niaturen erhältlich. So kann man sich über Regionen und Länder herantasten und zunächst je einen Malt aus den Lowlands, den Highlands, von Speyside und von Islay wählen und mit einem der bekannten Blended Scotchs vergleichen. Will man über Schottland hinausgehen, sollte man Beispiele aus Irland, Kentucky, Tennessee und Kanada kosten. Damit ist das Fundament gelegt. Eine folgende Lektion kann sich mit dem Alter der Whisk(e)ys befassen und kann den Bogen von Blends oder Malts mit fünf oder sechs Jahren über acht, zehn, 12, 15, 18, 21

Whisk(e)y in Miniaturflaschen macht es möglich, sich einen Überblick über die Vielzahl der Stile zu verschaffen.

und mehr Jahre schlagen. Die jetzt so gefragten *wood finishes* mit Sherry, Port, Madeira, Marsala, Malaga, aber auch mit Rum oder verschiedenen trockenen Weinen sind ein weiterer spannender Aspekt.

Wer nun vielleicht eine Vorliebe für die Malts der Speyside entdeckt, hat dort mit über 40 arbeitenden Destillerien ein weites Feld vor sich. Wer die torfigen Malts von Islay vorzieht, mag sich einen Einblick in die unterschiedlichen Stile der dortigen Brennereien verschaffen. Wem Kentucky gefällt, der kann sich mit den bekanntesten Bourbons der dortigen neun Destillerien auseinandersetzen, oder Irish-Whiskey-Fans können sich zunächst durch die bekanntesten

Marken probieren. Und nach Möglichkeit sollte man seine neue Leidenschaft durch Erfahrungen vor Ort bereichern. Wahre Schatztruhen für Sammler sind die Spezialläden, die es inzwischen in vielen Ländern gibt und wo man nicht nur die gängigen Abfüllungen antrifft, sondern auch besondere, seltene und vielleicht sogar eigene des Inhabers aus ausgewählten *single casks*.

Keine Spielregeln?

Brennereien hüten sich in der Regel, ihren Kunden vorzuschreiben, wie Whisk(e)ys getrunken werden sollten. Dennoch sind gewisse Unterschiede ratsam. Die Qualität eines lange gereiften Malt oder Bourbon kann man nur genießen, wenn man dafür ein tulpenförmiges Verkostungsglas auswählt, ihn bei Zimmertemperatur (18–20 °C) serviert und nach Geschmack mit reinem Quellwasser verdünnt. Einige Bourbon-Destillerien haben dafür sogar ihr eigenes Wasser abgefüllt. Alte Whisk(e)ys sollte man also nie im Kühlschrank aufbewahren oder *on the rocks* verschrecken.

In Pubs und Bars, nicht selten auch zu Hause hat Whisk(e)y oft einen anderen Stellenwert, und man trinkt Blended Scotch oder gängige Qualitäten anderer Herkünfte meistens im Tumbler, nach Belieben mit Wasser oder Eiswürfeln, als Longdrink oder Cocktail. Mit Soda ergibt das einen Highball. Berühmt ist der Manhattan, der ab 1890 zunächst in New York für Furore sorgte und anfangs den – heute selten gewordenen – Rye Whiskey mit süßem Vermouth vereinte. Inzwischen gibt es eine Fülle von Variationen mit verschiedenen Whisk(e)ys, oft mit Tropfen von Angostura Bitters und trockenem Vermouth. Viele klassische Cocktails erscheinen in einer Whisk(e)y-Version, ob es nun Collinses oder Coolers, Slings oder Smashes sind. Berühmt ist Whisk(e)y Sour, der Whisk(e)y, Zitronensaft und Zucker zusammenbringt. Ein Highlight aus Kentucky ist der Old Fashioned, der deshalb mit Bourbon gemixt werden sollte, den er nur mit etwas Zucker, Angostura und einer Zitronenscheibe anreichert. Und für kalte Tage sind Eggnogs zu empfehlen oder Irish Coffee.

In Pubs und Bars wird Whisk(e)y oft im Tumbler serviert.

Getreide-
brände

Hochwertige Kornbrände werden heute oft in modernsten Kolonnengeräten destilliert.

Gegenüber: Getreidefelder vor allem in Nord- und Osteuropa liefern den Rohstoff zur Destillation.

Seite 384: Gerste ist der Star unter den Getreiden, sie ergibt die hochwertigsten Brände.

Brot oder Brand

Wer aus Getreide statt aus Obst Alkohol machen wollte, hatte es immer schon ein wenig schwerer. Nicht nur moralisch, denn ›unser täglich Brot‹ zu schmälern, kam nur gelegen, solange die Zeiten friedlich und die Ernten reichlich waren. Sondern auch brenntechnisch, denn anders als der Fruchtzucker im Obst lässt sich die Stärke im Korn so nicht vergären, sie muss erst in Zucker aufgespalten werden, was mehr Kenntnisse und außerdem mehr Arbeitsschritte erfordert. Doch abgehalten hat das niemanden, der weder Trauben noch anderes Obst zum Brennen übrig hatte. Und deshalb gibt es überall, wo Getreide reichlich wächst, auch Kornbrände.

Häufig wurden sie sogar zu einer Art Kennzeichnung ihrer Herkunftsländer. Und zwar so verbindlich, dass man auch dann Korn mit Deutschland, Wodka mit Russland und Polen, Genever mit Holland, Gin mit England oder Aquavit mit Dänemark und Norwegen zusammenbringt, wenn man vielleicht noch niemals ein Glas davon getrunken hat.

Schon die aufgezählten ›Schäpse‹ eint ein wesentliches Merkmal der Getreidebrände: handwerklich sauber gebrannt, sind sie sehr neutral im Geschmack. Das eröffnet ihnen viele Möglichkeiten. Mit aromatischen Zusätzen erhalten sie eine nationale Identität, so geschehen dank Wacholder im Genever und im Gin oder dank Kümmel im Aquavit. Rein und ›unverfälscht‹ belassen, wie es Korn und Wodka ursprünglich sind, passen sie zu vielen Speisen und ebenso vielen Gelegenheiten, was in der Heimat des Wodka auch nicht zur Debatte steht. Bei der Neutralität der Getreidebrände kommen natürlich Faktoren wie die Wasserqualität oder die Aromen, die der Fassausbau mit sich bringt, besonders gut zu Geltung, was man sich seit Langem bei einer großen Gruppe ihrer renommiertesten Vertreter zunutze macht: den Whisk(e)ys.

In den letzten Jahrzehnten ist das Gefüge der Getreidebrände, in dem die Rollen zuletzt recht klar verteilt gewesen waren, in Bewegung geraten. Der Anstoß dazu ging vom Wodka aus – inzwischen die international meistgetrunkene Spirituose –, allen voran der schwedische Absolut. Bis zu dessen Erscheinen am amerikanischen Markt Ende der 1970er Jahre hatten einige Marken sich zwar Marktanteile sichern können (weil man schätzte, dass Wodka in Mixgetränken wirklich nur den Alkoholgehalt beeinflusst), doch mit Absolut war der erste Star im Segment der Premium-Wodkas erschienen.

Und dass es chic wurde, eine bestimmte Marke zu trinken, hatte nicht zuletzt mit einer brillanten Werbestrategie und einem neuen Flaschendesign zu tun.

In den frühen 1990er Jahren stellten internationale Wodka-Marken wie Moskovskaya und Stolichnaya ihren Standardprodukten Edelvarianten zur Seite. Seit etwa zehn Jahren gesellen sich Wodkas hinzu, die man nur noch als ›Ultra-Premium‹ bezeichnen kann. Ausgehend von der Idee, dass nichts so luxuriös ist wie puristische Reinheit, entwickeln Fachleute ausgeklügelte Konzepte, um die Destillate immer sanfter, klarer, eleganter zu machen. Wasser von einem Gletscher oder aus einer hunderte Meter tiefen Quelle ist gerade gut genug, die sechs- oder achtmal gebrannten Edelschnäpse auf Trinkstärke einzustellen. Zum Filtern muss es Aktivkohle bei akkurat 0 °C sein, besser noch Silber oder Diamanten. Abgefüllt wird mindestens in Kristallglasflaschen.

Ein Produkt, dessen Herstellungsverfahren nach Expertenmeinung schon seit Jahren nicht mehr verbessert werden kann, wird bis an die Grenzen des Einfallsreichtums qualitativ aufgewertet. Und was purer Wodka vormachte, daran orientieren sich inzwischen auch die aromatisierten Kornbrände. Im Zuge der immer edleren Qualitäten darf man sicher noch manches erwarten.

Schlempe und Schweine

In Nord- und Osteuropa, der Heimat der bekanntesten Getreidebrände, haben sich einige Orte und Städte als Brennerei-Zentren herauskristallisiert. Einige büßten ihre Bedeutung inzwischen ein, andere florieren mehr denn je.

- ■ Korn
- ■ Wodka
- ■ Genever
- ■ Gin
- ■ Aquavit

Getreideanbau, Brot und Bier blicken gemeinsam auf eine wirklich lange Geschichte zurück. Ob diese Geschichte erst vor 7000 Jahren im Zweistromland begonnen hat oder doch früher, darf sich für den Augenblick im Dunkel der Anfänge menschlichen Siedlungswesens verlieren. Noch dazu, wo der Umgang mit Getreide hier im Licht der Brennöfen, nicht der Sudpfannen interessiert. Wenn auch die grundlegenden Kenntnisse zum Vergären von Getreide beim Bierbrauen gewonnen worden waren, Bier zu destillieren, hat sich für die beginnende Kornbrennerei sehr schnell als unrentabel erwiesen, denn seit ihren bäuerlichen Anfängen im ausgehenden 15. Jahrhundert rechnete sie sich lange Zeit nur unter Einbeziehung ihres Abfalls. Der wässrige Getreidebrei (die Schlempe), aus dem der Al-

kohol dank der Destillation entfernt war, erwies sich als so gutes Kraftfutter zur Schweinemast, dass sich für die Frühzeit des betrieblichen Kornbrennens die Frage aufdrängt, was nun nebenbei abfiel: der Alkohol oder das Viehfutter. Dass mit dem Nützlichen das Angenehme verbunden war, darüber geben Schriften Auskunft, die bald den übermäßigen Alkoholgenuss verteufelten. Seit Mitte des 16. Jahrhunderts lässt sich aus Korn Alkohol in größeren Mengen erzeugen, und überall dort, wo Trauben nicht, Getreide aber üppig gedeiht, wo genügend Wasser und Holz vorhanden ist, also im Norden Europas und Asiens, steigt die Produktion. Und das Interesse der Obrigkeit. Eine erste deutsche Branntweinsteuer ist 1507 in der Freien Reichsstadt Nordhausen, Thüringen, überliefert, der erste eindeutige ur-

kundliche Hinweis auf die Kornbrennerei stammt von 1545 und ist ihr Verbot, ausgesprochen ebenfalls in Nordhausen. An Ver- und Geboten ist die Geschichte der Kornbrennerei seitdem reich.

Schnaps grenzenlos

Ein polnisches Dokument von 1544 bezeugt die Herstellung einer klaren Getreidespirituose in größerem Rahmen, 1550 ist der wohl erste Genever (in Leyden) überliefert. Es braucht einige Zeit, bis der Wacholderschnaps den Ärmelkanal überwindet, doch auf den Inseln konnte man es abwarten, schließlich wusste man sich dort seit geraumer Zeit mit Whisk(e)y zu trösten.

Als mit dem Ausbruch des Dreißigjährigen Krieges 1618 die Zeiten unruhiger wurden, ergab sich – neben vielem anderen – zweierlei: Herrscher brauchten Söldner, und Söldner brauchten Alkohol. Ersteres wirkte sich direkt auf die Branntweinsteuer aus, und letzteres trieb etwa in Nordhausen so seltsame Blüten wie die Verordnung, dass jede Brennerei und Brauerei 30 Soldaten zu verpflegen hatte. Da sich Kriege für das ungestörte Wachstum von Kornfeldern in vielerlei Hinsicht als nicht förderlich erweisen, geriet dieses durchgeistigte Beziehungsgefüge zunehmend in Schieflage.

Nach dem Dreißigjährigen Krieg brauchten Herrscher und Obrigkeit immer noch vor allem eins: Geld. Friedrich Wilhelm, dem Großen Kurfürsten, gelang 1653 im Rezess der Brandenburgischen Stände auch diesbezüglich ein Geniestreich. In Paragraph 20 heißt es: »Das Branntweinbrennen wollen wir den Städten als ihre absonderliche Nahrung gönnen […] und haben sich die Dorfschaften desselben nicht anzumaßen.« Angesichts einer begrenzten Anzahl von Beamten war die fiskalische Kontrolle in den Städten sehr viel effizienter durchzuführen als auf dem Land, wo die Kornbrennerei einst zu Hause gewesen war.

Wie gern Schnaps und Geld zusammengehen, zeigt auch ein zweites Beispiel. In Russland war das Brennen von Wodka zunächst ein Privileg der adligen Großgrundbesitzer. Das änderte sich unter Peter dem Großen (1672–1725), der sich selbst in der Brennkunst auskannte und anlässlich seines Aufenthalts 1698 in den Niederlanden auch in dieser Hinsicht fortgebildet haben soll. Er machte Wodka mit Hilfe staatlich lizenzierter Manufakturen und Schänken zur sprudelnden Geldquelle für die Finanzierung seiner Flotte, entschied sich dann aber, die Produktion wieder freizugeben und sie stattdessen zu besteuern. Moskau entwickelte sich in Russland zur Hochburg der Wodka-Herstellung, in Polen waren es Danzig, Lemberg, Krakau und Posen (wo 1580 schon 500 Brennereien gezählt worden waren), die zu den wichtigsten Produktionsstätten heranwuchsen – und reich wurden.

Oben: Nordhausen in Thüringen, hier auf einem Stich aus dem 1650 erschienenen Band »Obersachsen« der »Topographia Germaniae« von Matthäus Merian, entwickelte sich im 16. Jahrhundert zur Hochburg der Kornbrennerei.

Unten: Peter der Große auf einem Gemälde von Jean-Henri Benner

Was man brennt

Grundsätzlich ist jedes Getreide zum Brennen geeignet, am besten aber die Sorten mit höherem Stärkegehalt, denn mehr Stärke bedeutet nach der Vorbehandlung mehr vergärbaren Zucker, was letztlich mehr Alkohol ergibt, der noch dazu im Ruf steht, weicher zu sein. Da heute, ausgehend von der Selbstdarstellung des Wodka, in der Geschmacksneutralität als Folge zusätzlicher Destillationen ein Qualitätsmerkmal gesehen wird, ist der Stärkelieferant austauschbarer geworden, seine Wahl kann guten Gewissens von der Rentabilität bestimmt werden. Das war nicht immer und nicht überall so. Die deutsche »Brennerei-Zeitung« vom 1. Januar 1886 reagiert auf die Anklage wegen Nahrungsmittelverfälschung, die einem Kornbrenner der Fuselölgehalt seines Brandes einbrachte, verteidigend: »Den spezifischen Korngeschmack erhält der Branntwein nur durch das Kornfuselöl. Nimmt man den Gehalt an Kornfuselöl ganz fort, so ist der Branntwein eben kein Kornbranntwein mehr, und der Brenner, der also soweit rektifizierte, daß das Fuselöl verschwände, würde für seine Ware als Kornbranntwein nicht einen einzigen Abnehmer mehr finden.«

Weizen (links), das anspruchsvollste, aber verbreitetste Getreide, wurde bislang viel zum Brennen genutzt, weil er günstig war. Roggen (rechts) gilt in Russland als beste Wodka-Basis.

Weizen

Er ist die Grundlage der meisten Kornbrände, denn Weizen ist das meistangebaute Getreide der Welt. Bislang war er ergiebig und preisgünstig, auch wenn er unter den Getreidearten die höchsten Ansprüche an Wärme und Wasser stellt. Zum Brennen am besten geeignet ist Weichweizen (*Triticum aestivum*), einige Sorten weisen allerdings einen höheren Eiweißgehalt auf, was zu erhöhter Schaumbildung führt. Die Alkoholausbeute beträgt 34–38 l reinen Alkohol auf 100 kg Rohstoff (diese Werte setzen die vollständige Verzuckerung der Stärke voraus und beinhalten den Gesamtalkohol aus Vor-, Mittel- und Nachlauf). Gin und Genever, Aquavit und deutscher Korn werden überwiegend aus Weizen hergestellt. Auch viele der skandinavischen Wodkas basieren darauf.

Roggen

Roggen ist die anspruchsloseste Getreideart, er trotzt Wassermangel und reduziertem Nährstoffangebot. Noch immer halten viele Russen Roggen für das beste Getreide, um ordentlichen Wodka zu brennen, auch wenn sie längst etwas anderes trinken. Die Alkoholausbeute beträgt 33–37 l/kg. Roggen hat einen hohen Anteil an Eigenamylase, das sind die Enzyme, die Stärke in Zucker spalten, damit die Hefe arbeiten kann.

Gerste

›Roh‹ ist sie selten Zutat, aber es gibt kaum ein alkoholisches Getränk auf Getreidebasis, das auf Gerste verzichten würde.

Malz

Es ist hauptsächlich Gerste, die gemälzt wird, und Malz bzw. seine Inhaltsstoffe sind unverzichtbar für die Gärung stärkehaltiger Ausgangsprodukte. Die im Getreidekorn gespeicherte Stärke ist die Vorratskammer für den Keim. Damit er sich davon ernähren kann (und was der Keim verarbeiten kann, das bekommt auch der Hefe in der Maischegärung), muss sie in Zucker aufgespalten werden, eine Aufgabe von Enzymen, die freigesetzt werden, sobald die Keimung beginnt. Dazu weicht man Getreidekörner etwa zwei Tage in Wasser, bevor man ihnen bei kontrollierten Temperaturbedingungen und gleichmäßiger Luftzufuhr ideale Verhältnisse zum Keimen schafft. Nach 4–5 Tagen sind die gesprossenen Wurzelkeime geteilt, etwa so lang wie das Korn und die Blattkeime unmittelbar vor dem Durchbrechen. Dieses Grünmalz wird nun schonend zunehmender Wärme ausgesetzt, gedarrt, um den Keimvorgang abzubrechen (schließlich ist man nicht an neuen Pflanzen interessiert), ohne dabei die zum Stärkeaufschluss erforderlichen Enzyme zu zerstören, die hitzeanfällig sind. In ihren Grundzügen bleibt die Zubereitung von Darrmalz gleich, ob es nun zum Brauen oder zum Brennen verwendet wird. Zahlreiche Unterschiede im fertigen Malz (die für Bier wesentlich sind) ergeben sich durch Hitzegrade und Hitzequellen während des Darrens. Anders als Braumalz wird Brennmalz aus besonders stärkehaltigen Getreidezüchtungen hergestellt: mehr Stärke wird zu mehr Zucker und ergibt mehr Alkohol. Neben Gerste wird auch Roggen, Weizen und Dinkel gemälzt.

Weitere Stärkelieferanten

Zusätzlich zu Roggen, Weizen und Gerste sind laut EU-Richtlinien zur Erzeugung von Getreidebränden auch Hafer und Buchweizen zugelassen. Die Brennerei Sasse im Münsterland hat Emmer, eine der ältesten Kulturweizenarten, für sich wiederentdeckt. Seit Obstbrenner mit Ackerfrüchten experimentieren, lassen sich auch Destillate von ›altem‹ Getreide wie Dinkel, Hirse, Quinoa, Amaranth und Kamut verkosten.

Je nach Klima werden in manchen Regionen und Ländern außerdem Mais und Kartoffeln destilliert. Besonders die Kartoffelbrennerei lieferte der Kornbrennerei (in Deutschland) zeitweise heftige Konkurrenzkämpfe und kann beim Wodka bis heute siegen.

Reis spielt als Stärkelieferant für alkoholische Getränke in Europa und Amerika keine Rolle, dafür umso mehr in Asien, man denke nur an Sake, dessen Bezeichnung »Reiswein« darüber hinwegtäuschen kann, dass es sich um eine Art Bier handelt. Doch auch Reisbrände haben eine lange Tradition. In Thailand wird ein Whisky aus Reis hergestellt. Arrak, besonders Batavia-Arrak, kann daraus produziert werden. Ruou heißt ein vietnamesischer Brand, Soju ein koreanischer, als Shochu ist er in Japan populär. Alle drei werden meist, müssen aber nicht grundsätzlich aus Reis gebrannt werden.

Emmer, eine der ältesten Kulturweizenarten

Gerste (links) wird nur selten ›wie von der Ähre‹ verwendet, meist lässt man sie erst keimen. Als süßes Malz (rechts) leistet sie in Getreidemischungen wertvolle Dienste dabei, Stärke in Zucker umzuwandeln.

Noch 'n Korn

Was Gin in England und Wodka in Russland war, das war Korn in Deutschland. Doch die Zeiten ändern sich, und was Wodka und Gin bereits gelungen ist, daran arbeitet Korn gegenwärtig: einem Einfache-Leute-Schnaps zu einem anspruchsvolleren Image zu verhelfen. Mit der Bauern-und-Arbeiter-Vergangenheit ist heute nicht wirklich Staat zu machen, und Eigenschaften von ›hart‹, ›rau‹ und ›kantig‹ bis ›ehrlich‹ haben sich schon besser verkauft. Mit seinem Traditionsbewusstsein hält Korn sich recht gut über Wasser, doch eine zündende Idee könnte nicht schaden.

Im florierenden Wirtschaftswunder war »ein Korn« die Standardbestellung in deutschen Kneipen, wenn es um Klaren ging. Dabei konnte dem ersten bald der nächste folgen. Den Faktor hoher Konsumfrequenz besang Heinz Erhardt, wortwitziger Humorist der 1960er Jahre, in einem Lied. Zeilen wie »Immer wenn ich traurig bin, trink ich einen Korn. Wenn ich dann noch traurig bin, trink ich noch 'n Korn. [...] Und wenn ich dann noch traurig bin, fang ich an von vorn.« hinterließen Spuren. Heute liebt die Nation Horst Schlämmer, aber seinetwegen trinkt sie keinen Doornkaat – oder Bommerlunder, nur weil die Toten Hosen ihn besingen.

Es ist nicht die erste Krise, die die nationale Spirituose meistert. Bis Anfang des 19. Jahrhunderts war die Welt der Kornbrenner, Kornkonsumenten und Branntweinsteuererheber im Großen und Ganzen in Ordnung, und alle wussten, was sie zu erwarten hatten. Die Gebiete Westfalen und Niedersachsen hatten sich dank des ertragreichen Getreidebaus zu Zentren der Kornbrennerei entwickelt. Brennereien wie Schwarze in Oelde können ihre Unternehmensgeschichte bis zum Beginn des 17. Jahrhunderts zurückverfolgen. Der Dreißigjährige Krieg – so schwer er sich auswirkte, als er tobte (1618 bis 1648) – hatte wenig nachhaltige Folgen auf die Kornbrennerei: sobald die Äcker wieder bestellt werden konnten, währte es gerade beim Getreide nicht länger als ein paar Fruchtfolgen, bis nahezu alles beim alten war. Rund 150 Jahre später berechnet ein gewisser Kommerzienrat Neuenhahn, seit 1778 Besitzer einer Nordhauser Brennerei, in seiner Schrift »Das Ganze der Branntweinbrennerei« die Erträge wie folgt: Bei der täglichen Verarbeitung von zwölf Scheffeln Roggenschrot (rund 400 Kilogramm) ergibt eine Brennblase jährlich 274 Fässer (à 206 Liter) Kornbrand sowie Futter zur Mast von 250 Schweinen (das Stück zu drei Talern Gewinn). Ein Scheffel Roggen kostet rund 26 Groschen, ein Liter Korn bringt etwa 33 Pfennig. Wenn ein Taler 30 Groschen oder 360 Pfennige sind, dann errechnet sich ein Gewinn vor Steuern von weniger als hundert Prozent (zumal Unkosten für Holz, Fässer und Arbeiter hier noch nicht berücksichtigt sind).

Im Jahr 1820 kommt es zu einer Entscheidung, die der Kornbrennerei in Deutschland schwer zu schaffen machen wird: Preußen führt für die Verarbeitung von mehligen Stoffen die Maischraumsteuer ein, die prinzipiell bis 1909 in Kraft bleibt. Während vorher die Abgaben auf der Grundlage der Rohstoffmenge oder der Kapazität der Brennblase errechnet wurden, ist nun also das Volumen des Maischbottichs entscheidend. Zum Zeitpunkt dieser Änderung existieren insgesamt rund 22 000 Kornbrennereien in Preußen. Fünfzig Jahre später hat sich an der Anzahl der Brennereien wenig geändert, aber nur noch ein Sechstel davon brennt Getreide. Der überwiegende Teil ist auf Kartoffelbrennerei umgestiegen, nicht zuletzt weil sich Kartoffeln sehr viel dickflüssiger maischen lassen als Getreide und die Füllung eines Maischbottichs bei gleicher Steuer schließlich mehr Liter Destillat ergibt. Noch immer trinken vornehmlich Arbeiter und Bauern (un)ziemlich regelmäßig ihren Klaren, doch nur das Wenigste davon ist Korn. Die Einnahmen aus der Branntweinsteuer sind zufriedenstellend, aber die Kornbrennerei steht kurz vor dem Ruin. Doch sie hält durch, ist mit der Aktualisierung des Reichsbranntweinsteuergesetzes von 1909 nicht länger steuerlich benachteiligt und kann mit der Formulierung eines Reinheitsgebots fortan auf Qualität pochen: Korn darf sich nur nennen, wo auch Korn drin ist. Kaum ist das verbrieft und besiegelt, wird es auch schon zum Problem, denn es darf kein Korn mehr hinein: erst 1954 wird das Verbot, Brotgetreide zu brennen, offiziell wieder aufgehoben. Die Kornbrennerei konzentriert sich fortan auf wenige Zentren und behauptet sich dennoch.

In Kübeln und Kesseln

Seite 392: Mit einer übergroßen Pipette entzieht
man in der Brennerei
Sasse dem Fass eine
großzügige Probe des
gealterten Korn.

Links: Für besten Korn-
brand wird heute nicht
selten Bio-Getreide ver-
wendet.

Rechts: Ein Maischbot-
tich, wie hier in der Historischen Kornbrennerei in
Hilden, Fabry-Museum,
mit speziell aufgehängter
Kühlschlange, um die
Temperatur den Hefen ge-
nehm zu machen, kommt
so heute nicht mehr zum
Einsatz.

»Anfänglich wird ein grosser Kessel vier oder fünff Eymer ohngefähr haltend / voll Wasser über ein Feuer gesetzt / daß es wohl erhitze / aber nicht siede; darnach thut man einen halben Metzen [das alte Hohlmaß entspricht etwa 40 l] Maltz in einen grossen Kübel oder Faß / gießt das heisse Wasser darüber / und rührt es (wie sonst zum Bierbrauen) wohl um / hernach thut man einen halben Metzen geschroten Waitzen oder Gersten zu dem Maltz in den Kübel / rührts auch unternander wohl um / daß nichts knollichts darinnen bleibe; auf dieses wird das im grossen Kessel verbliebene Wasser / so ungefähr zwey Eymer seyn solle / wol gesotten / und gießt mans auf das [Ge]Trayd und Maltz in den Kübel / deckts fest zu / lässets also drey oder vier Stunden stehen nach diesen eröffnet mans / und kühlts mit einem oder mehr Zubern kalten Wassers ab / rührt es nachmahl wohl um und was hart und zusammen gebacken ist / reibt man mit den Fingern voneinander / und stellt es als dann mit frischen Hefen oder Gärmen / sie sey gleich von Bier oder Weyn wie man sonst das Bier zu stellen pflegt / und lässts also drey oder vier Tage / biß es sich wieder setzet jeren / und fein zugedeckt stehen.«

So beginnt Wolff Helmhard von Hohberg 1701 in seinem Buch »Georgica curiosa aucta. Oder: Adelichen Land- und Feld-Lebens. Auf alle in Teutschland übliche Land- und Hauswirtschafften« die Beschreibung der Herstellung »Vom Brandwein / der aus dem Getrayd gebrennt wird«. Im Prinzip geht das Maischen und Gären in den mit Rührwerk, Kühlschlangen und Temperaturmessern ausgestatteten Maischkesseln von heute kaum anders vor sich. Malz und Getreide wird geschrotet, heute möglichst fein, alles wird gründlich mit Wasser vermischt, wobei es Klumpenbildung zu vermeiden gilt, weil die Vorgänge im Maischkessel nur bei Kontakt aller Zutaten bestmöglich funktionieren. Man wusste damals schon, wie wichtig die Temperaturen sind, wenn man auch noch nicht erklären konnte, warum. So brauchen die Enzyme im Malz – das eine zur Stärkeverflüssigung (auch Verkleistern) und das andere zur Stärkeverzuckerung – relativ

hohe, aber nicht die gleichen Temperaturen (und pH-Werte) zum optimalen Arbeiten: während die Alpha-Amylase bei 70° C erst richtig in Fahrt kommt, ist die Beta-Amylase bei 60° C bereits geschädigt, die Maischetemperatur muss also darunter liegen, auch wenn die Stärkeverflüssigung dann langsamer abläuft. Sobald die Verzuckerung abgeschlossen ist, was sich mit der Jodprobe durch eine Farbreaktion einfach feststellen lässt, muss die Maische auf rund 22°C heruntergekühlt werden, denn sie ist für die hinzukommende Hefe zu heiß. Das Maischen bzw. Verzuckern dauert etwa 90 Minuten, danach wird in den Gärbottich umgefüllt, die Gärung braucht noch 3–5 Tage.

Die vergorene Maische wird mit den Feststoffen gebrannt (im Gegensatz zu Wisk(e)y, wo sie vorher abgefiltert werden). Destilliert wird in der (fabrikmäßigen) Verschlussbrennerei hauptsächlich in Kolonnen (kontinuierlich), wobei 40 und mehr Glockenböden im Einsatz sein können, je mehr, desto reiner ist das Destillat. Ziel ist ein Feinbrand mit 85 % vol Alkoholgehalt. Privat-Destillerien, etwa von Rüdiger Sasse im münsterländischen Schöppingen, destillieren ihr Getreide, das nicht selten aus biologischem Anbau stammt, traditionell mit Brennblase, Schwanenhals bzw. Geistrohr und Kondensator und müssen Rau- und Feinbrand in getrennten Arbeitsschritten vornehmen.

Korn, Kornbrand, Doppelkorn

Der Feinbrand wird mit Wasser auf Trinkstärke eingestellt. Dieses Wasser muss vor allem ›weich‹ sein, Härtebildner wie Kalzium und Magnesium trüben Alkohollösungen. Der Alkoholgehalt entscheidet mit darüber, welche Bezeichnung auf dem Flaschenetikett erscheint: Korn hat mindestens 32 % vol, bei Kornbrand, Doppelkorn und Edelkorn sind es mindestens 38 % vol. »Korn« und »Kornbrand« als Bezeichnungen sind zugelassen in Ländern mit Deutsch als Amtsprache und solange das Destillat ausschließlich aus dem vollen Korn der Getreide Weizen, Roggen, Gerste, Hafer und Buchweizen erzeugt wurde, wobei der Anteil des gemälzten Getreides 25 % nicht überschreiten darf.

Die Fassreife von Kornbränden ist noch immer selten. Zu den wenigen, die jahrzehntelange Erfahrung damit haben, zählt Rüdiger Sasse, der Cognac-, Bourbon- und jüngst Muskateller-Fässer einsetzt.

Links: Nur selten werden Kornbrände in Brennkolben doppelt destilliert.

Rechts: Auch der Ausbau in Eichenfässern ist eine Ausnahme, obwohl er den Bränden ausgezeichnet bekommt.

Ausgewählte Korn

Berentzen
Edelkorn vom alten Fass
Bei Berentzen war man schon bereit zu akzeptieren, dass es für einen guten Kornbrand aus dem Fass keine Kunden mehr gebe. Man zog die Konsequenzen und stellte die Produktion ein. Kaum war der Korn vom Markt, kamen die Nachfragen. Und zwar genügend, um den Traditionskorn aus Weizen wiederzubeleben. Denn das in Eichenfässern ›vergoldete‹ Destillat hat seine Liebhaber. Seit 2001 wird in der größten deutschen Kornbrennerei wieder eine Spezialität erzeugt und meist an die regionale Gastronomie geliefert. Ein Weizenmärchen.

Doornkaat
Feine Kornspezialität
Jan ten Doornkaat Koolman wusste, was er tat, als er seinen Korn dreifach brannte. 1806 setzte er sich damit gegen eine Reihe von Mitbewerbern in der ostfriesischen Stadt Norden durch. Noch immer behauptet sich Doornkaat auf Platz Zwei der Hitliste des deutschen Doppelkorns, obwohl die viereckige Flasche schon lange nicht mehr aus einem Familienunternehmen kommt. Der Konkurrent Berentzen hat den Doornkaat gerettet. Ein unerwarteter und bei Berentzen auch nicht übermäßig freudig begrüßter Bekanntheitsschub kam von anderer Seite. Der Komiker Hape Kerkeling machte das Schnäpschen zum Lieblingselixier seiner genialen Kunstfigur Horst Schlämmer. An Popularität hat Doornkaat dadurch zweifellos gewonnen, doch der Absatz profitierte bislang davon nicht.

Fürst Bismarck
Original
Nein, der Kornbrand heißt nicht nur zu Ehren des ehemaligen deutschen Staatsoberhauptes so, die Brennerei gehörte tatsächlich dem Eisernen Kanzler. Und er machte sie sogar überregional erfolgreich. Den Aufschwung verdankte das Produkt nicht nur seinem Namen. Roggen, Weizen und Gerstenmalz waren die Ausgangsstoffe. Eine Harmonisierungsphase nach dem Brennen und weiches Wasser sorgten und sorgen für einen sauberen, schlanken Brand mit einem Hauch von Süße im Geschmack.

Hullmann's
Alter Korn
Seine Ahnentafel reicht bis ins Jahr 1469 zurück, als Hanneken Hullemann, Meier des Klosters Rastede, seine Tochter Tale von der Leibeigenschaft freikaufte. Die Familie erwies sich als fleißige und erfolgreiche Bauern im Oldenburger Land. Sie gründete 1807 eine Brennerei, mit deren Gewinnen sie ihren Landbesitz auf mehr als 300 ha vergrößerte. Auch wenn das Glück der Familie vergänglich war, ihr alter 36-prozentiger Korn lebt weiter, dank der Privatbrennerei H. Heydt in Haselünne. Inzwischen reift er in Fässern aus Limousin-Eiche, die ihm seine Milde und die feine Vanillenote geben, ohne dass er das Getreidearoma verliert.

Nordhäuser
Eiskorn
Vielleicht ist Nordhäuser der Urvater aller Kornbrände, jedenfalls aber stammt er aus der größten und ältesten Kornstadt Deutschlands. In 500 Jahren Firmengeschichte hat der Nordhäuser schon einiges er- und überlebt: den Dreißigjährigen Krieg, die napoleonische Besatzung, die Kriegswirtschaft der Nazionalsozialisten und ein Dasein als volkseigener Betrieb. Echter Nordhäuser wird nach wie vor nur aus Roggen und Malz gebrannt, was ihm viel Körper verleiht. Auf Trinkstärke eingestellt wird der Eiskorn mit Eiszeit-Quellwasser, das aus 100m tiefen Bohrungen Mecklenburg-Vorpommerns stammt und von außerordentlich hoher Reinheit sein soll.

Sasse
Münsterländer Lagerkorn

Wie bei vielen Destillerien waren die Produktionsanlagen von Sasse nach 1945 zerstört, die Vorräte vernichtet. Als der Betrieb weiterging, brauchte man die neue Ware zu rasch, um das junge Destillat lange ablagern zu können. »So haben wir es irgendwann verlernt«, gibt Rüdiger Sasse zu. Aber dieses Defizit ist längst ausgeglichen. Seit Anfang der 1980er Jahre konzentrieren sich die Münsteraner nur noch auf Lagerkorn. Brände, die mit hohem Warenablass, mit bis zu doppelt so viel Getreide wie in industriellen Brennereien gemacht sind, bilden den Grundstock, der in mazierten Cognac-Fässern reift.

Sasse
T. S. Privat

Fraglos bezeichnet der T. S. Privat einen der Höhepunkte des handwerklich Machbaren. Mindestens 20 Jahre, manchmal noch weit länger, reift jeder der Brände für diese Cuvée in Holzfässern, die zuvor mit Sherry oder Bourbon befüllt waren. Das Ergebnis ist ein Brand, der die süßlich-tanninigen Noten der jungen Fässer mit den oxidativen Aspekten der alten zu einem perfekten Destillat vereint. Der T.S. ist mild und komplex, voller Noten von Sherry, Karamell und Vanille.

Schneider
Ganz Alter Schneider

Solide Qualität sichert die Präsenz auch ohne effekthascherisches Marketing: Alter Schneider hat sich den Gesetzen des Preiskampfs im billigen Einzelhandel nicht gebeugt. Der Kornbrand mit 38 % vol Alkoholgehalt lagert mindestens zwei Jahre in alten Sherry-Fässern, die ihm einen Bernsteinton, Weichheit und eine komplexe Holznote verleihen. Seit über 130 Jahren beschäftigt sich die Firma H. & F. Schneider mit der Destillation ihrer Kornbrände in Bestwig-Nuttlar im Sauerland. So sehr, dass man anscheinend nicht an einen Nachfolger gedacht hatte. Mittlerweile ist das Unternehmen von Schwarze & Schlichte übernommen worden und die Produktion geht unverändert weiter.

Schwarze
Weizen Frühstückskorn

Der Name stammt noch aus der Zeit, als kräftige Spirituosen auf dem täglichen Ernährungsplan standen. Feldarbeiter, die bei ihrem harten Brot ein zweites Frühstück brauchten, bekamen dazu einen möglichst weichen Korn spendiert. Seit 1927 ist der Name als Marke geschützt. In der Nase zeigt der Schwarze Frühstückskorn merklichen Getreideduft. Das Bild am Gaumen ist klar. Dennoch lässt es sich nicht leugnen: die Feldarbeiter hatten es früher wahrlich nicht leicht.

Strothmann
Weizenkorn

Strothmann Korn steht in nahezu allen norddeutschen Supermärkten. In der eher unscheinbaren Flasche präsentiert sich der Marktführer im Segment Korn mit 32 % vol. als typischer Weizenkorn, technisch sauber, kurz genug im Holz gereift, um die neutrale Aromatik nicht zu gefährden. Eine Standardbestellung in Kneipen und häufigste Wahl für Konsumenten, die bei Zutaten für Mixgetränke aufs Geld sehen. Doch selbst all das zusammen garantiert keinen sicheren Umsatzbringer, wie der Berentzen-Konzern feststellen musste, als er 1996 die Marke erwarb und dann die Aktien auf Talfahrt gingen. Längst haben sie sich mehr als erholt, und Strohmann hat sich als Platzhirsch hartnäckig behauptet.

Klar wie Wodka

Leider ist die Herkunft dieses internationalsten Nationalgetränks alles andere als klar. Die Polen verweisen auf eine amtliche Urkunde aus Sandomierz von 1405, die Russen bemühten zur Klärung den Europäischen Gerichtshof und fühlen sich seitdem bestätigt. Die Chronologie gestaltet sich schon deshalb kontrovers, weil Zutaten und Zweck der aller-allererste ›Wässerchen‹ aus der schriftlichen Überlieferung kaum je eindeutig hervorgehen. Dabei scheint es nicht unerheblich, ob Mann sich damit gerade mal das Kinn einreibt oder emsig den Rachen putzt.

Wie andere Destillate war auch Wodka in seiner Frühzeit nicht als Genussmittel gedacht. Noch im ersten gedruckten polnischen Kräuterbuch, erschienen 1534 in Krakau, empfiehlt der Verfasser Stefan Falimirz seinen männlichen Lesern einen mit Kamille angereicherten ›Wodka‹, um sich nach der Rasur die gereizte Haut damit einzureiben. Das brennt zwar, aber es riecht angenehm. Und nach einem Bad schadet es nicht, die äußere Anwendung auf den ganzen Körper auszudehnen. Daneben nennt der Kräuterkundige mehr als 70 weitere Zusätze für und Anwendungsbereiche von Wodka.

Doch nicht die äußere Anwendung steht hier im Mittelpunkt. Wenn seit spätestens Anfang des 16. Jahrhunderts die Spirituose in Russland (und nicht nur dort) Wodka heißt, so bringt die Verkleinerungsform von *woda*, Wasser, das geänderte Verhältnis der ›Patienten‹ zu ihrer einstigen Medizin sehr schön auf den Punkt: was kann alltäglicher und harmloser sein als das Wässerchen? Der eingebürgerte Name erweist sich durch die Jahrhunderte auch in anderer Hinsicht als genial, denn da er keinerlei Bezug zum Inhalt nimmt, kann man eigentlich alles brennen, was Alkohol ergibt, und nehmen, was zur Verfügung steht (wohingegen eine Bezeichnung wie »Korn« der Zutatenliste Grenzen setzt, die sich je nach äußeren Gegebenheiten schmerzlich bemerkbar machen). Hat man gerade Roggen im Überfluss, destilliert man eben davon, wenn nicht, weicht man auf anderes Getreide, auf Kartoffeln oder selbst auf Melasse aus. Solange nicht der Geschmack der Rohstoffe, sondern der Alkohol im Vordergrund steht, der sich durch immer weiteres Destillieren auf Kosten des Geschmacks verstärkt, eröffnen sich dem Brenner viele Möglichkeiten. Mit Erkenntnissen, die er in seiner 1865 verfassten Dissertation »Die Verbindung von Alkohol mit Wasser« beschrieb, hat der russische Chemiker Dimitri Mendelejew die Wodka-Qualität noch weiter verbessern kön-

nen. Seine wissenschaftlichen Erfolge reichen von der Konzeption des Periodensystems der Elemente bis zur Erfindung der *stopka*, des traditionellen russischen Wodka-Glases, das 100 Milliliter fasst und neben dem ein deutsches Schnapsglas fast niedlich wirkt.

Doch nicht, woraus Wodka getrunken wird, ist wesentlich, solange er überhaupt getrunken wird. Und das wird er, reichlich und seit Jahrhunderten. Überall ist Alkohol als ideales Besteuerungsgut erkannt und genutzt worden, doch in Russland ist die Politik wie in kaum einem anderen Land von einer Spirituose geprägt. Es wurden Flotten, Kriege, Polizeiapparate damit finanziert. Wer über den Wodka bestimmte, in wessen Taschen die Steuern aus seinem Verbrauch flossen, der hatte die Macht, alles zu tun, bis auf eines: den Wodka-Konsum einzuschränken. Wer es in den letzten hundert Jahren versuchte, scheiterte unweigerlich, sei es Zar Nikolaus II., Leo Trotzki oder Michail Gorbatschow. Es lässt sich nicht leugnen, dass Wodka die wichtigste Einnahmequelle der weißen wie der roten Zaren darstellt, denn seit dem 18. Jahrhundert macht er ein Drittel der Staatseinnahmen aus. Die Abhängigkeit ist also umfassend.

Heimarbeit und Industrie

Seite 398: Nicht nur russische Gourmets schätzen Wodka, Kaviar und Blinis als Vorspeise.

Seite 399: In der Wodka-Fabrik von Kostroma wird eine frisch etikettierte Flasche geprüft.

Oben: Für die Herstellung von *samogon*, Selbstgebranntem, braucht man in jedem Fall viel Wasser und genug Hefe, darüber hinaus natürlich als Grundzutat Getreide, Kartoffeln oder Melasse.

Mitte: Niemand weiß genau, wie viele Liter *samogon* jährlich in Privatküchen entstehen. Mit ein paar Töpfen und Eimern sowie einigen Metern Schlauch lässt sich schon etwas basteln.

Unten: Einen Anhaltspunkt in der Alkoholprüfung gibt das Streichholz, denn der *samogon* brennt erst ab einem Alkoholgehalt von mehr als 50 % vol.

Wodka zu machen ist im Grunde nicht viel schwerer als Suppe zu kochen. Zunächst verrührt man geschrotetes ungekeimtes und gekeimtes Getreide in heißem, aber nicht kochendem Wasser, lässt es ziehen, gießt so viel kaltes Wasser zu, dass es der angesetzten Hefe nicht zu warm ist, mischt alles gut durch und lässt es vergären. So entsteht mit der Zeit ein leicht alkoholischer Brei, der unter Rühren langsam erhitzt wird, aber nicht aufkochen darf. Hat man Vorkehrungen getroffen, die verdunstende Flüssigkeit aufzufangen und in ein zweites Gefäß umzuleiten, ist das Gröbste getan. Man kann den letzten Schritt – die (kondensierte) Flüssigkeit erhitzen, den Dampf auffangen und umleiten – beliebig oft wiederholen. Mit etwas Übung wird dabei der Wodka immer hochprozentiger und reiner. Und viele Russen sind seit Generationen am heimischen Herd erstaunlich geübt. *Samogon*, Selbstgebrannter, gehört in Russland zum Selbstverständnis, und es gibt ebenso viele Rezepte hinsichtlich des Ausgangsstoffes und der eventuell später zugefügten Aromen, wie es *samogontschik* (Selbstbrenner) gibt.

Die professionellen Hersteller haben ihr Verfahren natürlich technisch weitestmöglich optimiert. Wenn sie das Brennen als abgeschlossen betrachten – schon Ende des 17. Jahrhunderts waren dazu vier Brenndurchläufe erforderlich –, unterziehen sie das Destillat noch diversen Filterdurchgängen mit Aktivkohle, Papier, Eiweiß und durch Gefrieren: jeder nach eigenem Rezept und mit eigenen Materialien, was zum Beispiel den Ausgangsstoff der Aktivkohle betrifft. Wichtig ist auch das Wasser, mit dem das fast klinisch reine Produkt ihrer Bemühungen auf Trinkstärke eingestellt wird. Ob dazu mineralienarmes oder -reiches Wasser besser geeignet ist und welcher pH-Wert sich am günstigsten auswirkt, darüber gehen die Meinungen auseinander. Tatsache ist, dass jede große Brennerei eine eigene Quelle, wenn nicht gar einen Gletscher besitzt, woher sie ihr Wasser bezieht. Die gleiche Sorgfalt, die etwa Obstbrenner darauf verwenden, spezifische Geschmacksnoten vielleicht einer bestimmten Apfelsorte ins Schnapsglas zu bringen, konzentrieren die Hersteller von Wodka auf die Reduktion alles Spezifischen. Zumindest scheint es dem Gelegenheits-Wodka-Trinker so. Wodka-Liebhaber sprechen dagegen von Charakter, wenn sie den Geschmack eines Wodka meinen, wobei es ihnen um Wesenszüge geht, die eher Empfindungen als Geschmackserlebnisse im Mundraum hervorrufen und je nach Ausgangsstoff des Wodka variieren.

Jüngst waren einige nordeuropäische Herstellerländer, wie Polen, Schweden und die baltischen Staaten, bestrebt, die Vielzahl dieser Ausgangsstoffe in der als »Wodka« bezeichneten Spirituose behördlicherseits begrenzen zu lassen auf Getreide und Kartoffeln. Der Versuch scheiterte, seit Dezember 2007 ist beschlossen, dass auch Destillate aus Trauben oder Melasse weiterhin als Wodka vermarktet werden dürfen. Wodka aus anderen als den traditionellen Rohstoffen wird fortan die Angabe »hergestellt aus« tragen, die durch die Bezeichnung des verwendeten Ausgangsstoffs ergänzt wird.

Völlig ungebunden ist der Name »Wodka« an das Herstellungsland. So kommt Gorbatschow aus Berlin und Eristoff aus Italien. Aslanov ist im belgischen Gent zu Hause und Smirnoff seit Langem in New York – auf abenteuerlichen Wegen. Piotr Smirnow hatte seine Destillerie 1860 in Moskau gegründet, 1886 wurde er zum Hoflieferanten ernannt, und um die Jahrhundertwende hatte sein Betrieb eine Kapazität von 3,5 Mio. Kisten jährlich erreicht (am Rand: um die Jahrtausendwende konsumieren etwa 80 % der russischen Männer im Schnitt 110 l Wodka im Jahr). Sein Sohn Wladimir übernahm die Brennerei 1910, kurz vor der Oktoberrevolution, an deren Ende die Fabrik verstaatlicht und ihr Eigentümer zum Tode verurteilt wurde. Er floh über Konstantinopel nach Paris, w o er 1925 eine neue Brennerei einrichtete, doch der Erfolg blieb aus. Im Gepäck eines ehemaligen Lieferanten gelangte 1934 nur »Smirnoff« (!) als Lizenz nach Amerika – und das hat schon gereicht.

Aromatisierte Wodkas

Zu ihrer Herstellung werden meist Früchte oder Gewürze in das gereinigte Destillat oder in den fertigen Wodka eingelegt, um ihre Aromen dort zu hinterlassen. Was wie ein westlicher Party-Gag anmutet, ist an Wolga und Don keineswegs unbekannt. Auch dort finden aromatisierte Wodkas ihren Kundenkreis. Der bittere Jubileynaja (Geburtstags-Wodka) und Pertsowka (Pfeffer-Wodka) sind Beispiele. In der Ukraine gibt es Wodka mit Johanniskraut, in Polen mit Bisongras und Honig (Krupnik). Und selbst Skandinavien pflegt die Tradition, zur Mittsommernacht *kryddat brännvin*, Wodka mit Geschmack zu servieren. Mindestens 40 Versionen soll es geben – eine Auskunft, die Russen schmunzeln lässt, wissen sie doch, dass es viel mehr sind. Die Palette reicht von Anis (An iso-vaya) bis Sesam (Staraja Skaska), von Brot (Artelnaja Chlebnaja) bis Hanf (Cannabiskaja), von Vanille (Stoli Vanil) bis Meerrettich (Jat s Chrenom) und von Moosbeere (Mjakow Kljukwa) bis Parliament Mandarin. Den man ja auch westlich der Wolga kennt.

Ausgewählte klassische Wodkas

Russland

Green Mark Traditional
Wurde in den 1950er Jahren ein Wodka einer staatlichen Behörde zur Begutachtung vorgestellt, erhielt er das begehrte *green mark* nur, wenn seine Qualität als herausragend beurteilt wurde. 2001 eingeführt, ist der in der Moskauer Topaz Distillery hergestellte Green Mark schon nach wenigen Jahren zur Nummer Eins auf dem russischen Markt aufgestiegen und erfreut mit traditionellen Weizen- und Roggenaromen den russischen Gaumen und die Seele. Seine besonderen Merkmale sind die mit Zeder-Nuss-Aromen aromatisierten Grundstoffe Weizen und Roggen sowie die Filterung über Aktivkohle und Silber. Am Gaumen zeigt er sich angenehm weich und leicht nussig.

Russland

Ruskij Standart Imperia
1998 gründete der Unternehmer Tariko Roustam die Marke Standart, die alles andere als Durchschnitt ist. In Russland gehört sie zu den teuersten, aber auch beliebtesten. Winterweizen aus der russischen Steppe, Gletscherwasser aus dem Ladoga-See im Norden, achtfache Destillation, dazu Silber- und Kristallquarz-Filter sind die Zutaten, die den Wodka nicht nur kristallklar, sondern völlig samtig machen.

Russland

Moskovskaya Cristall
Für Russen hat russischer Wodka grundsätzlich unschlagbare Vorteile: einheimische Roggensorten, die eine leichte Süße erzeugen und weiches Wasser aus Quellen und Waldflüssen rund um Moskau. Nach der Destillation wird der Cristall durch Holzkohle und Quarzsand gefiltert. Während der Standard-Moskovskaya in Lettland abgefüllt wird, kommt sein edler Bruder tatsächlich aus Moskau und verkauft sich trotz der in vielen Märkten ungewohnten Halbliterflasche dennoch international bestens.

Russland

Kauffman Private Collection
Der Private Collection Vintage Vodka ist teuer. Aber man bekommt auch einen leicht gezuckerten Kornbrand und den weltweit einzigen Jahrgangs-Wodka. In der Agentur stellt man gleich fest, dass der aktuelle annähernd ausverkauft ist. Danach müsse man auf den neuen Jahrgang warten. Warum ein Jahrgangs-Wodka? Weil Weizen nicht jedes Jahr gleich gut sei, bekommt man als Antwort. Dem Normalverbraucher ist das neu. Dennoch: der Kauffman in seinem schwungvollen Acrylflakon von Saint-Gobain ist auf 25 000 Flaschen limitiert. Wer eine bekommen kann, schmeckt einen überaus milden Brand mit Noten von Toast und einem Hauch Pfefferminz.

Russland

Kalashnikow
Wasser aus dem Ladoga-See, nordöstlich von Sankt Petersburg, verdünnt den Kalashnikow auf 41 % vol Alkoholgehalt. Diese ›Militärstärke‹ wurde in der Roten Armee eingeführt, um für das Militär bestimmten Wodka von gefälschtem oder billigem Wodka unterscheiden zu können. Die Offiziere brauchten bei der Qualitätskontrolle nur den Alkoholgehalt zu messen. Der Kalashnikow duftet recht klar und verhalten nach gedroschenem Getreide, während sich ein leichter Eukalyptuston im Abgang zeigt.

Russland

Stolichnaya Elit
Vor der Wende war der Standard-Stolichnaja der meistgetrunkene Wodka Russlands und damit der Welt. Für seinen edlen Bruder Elit wird der Winterweizen sehr viel langsamer destilliert. Nur der feinste Teil, der sogenannte Lux-Vodka, kommt in die Weiterverarbeitung. Nach der traditionellen Filterung mit Birkenholzkohle und Quarzsand wird das Destillat mehrmals auf -18 °C abgekühlt, wobei alle Verunreinigungen an den Fasswandungen einfrieren.

Polen

Chopin

Kartoffeln gelten nicht überall als ideales Rohmaterial für Wodka. Das Unternehmen Polmos Siedlce aus Polen stellt diesen feinen Tropfen aus der Maische von gekochten Stobrawa-Kartoffeln her. Er wird viermal destilliert, dann mehrmals gefiltert. So behält er nur noch eine Spur von der erdigen Würze, die andere Kartoffelbrände charakterisiert. Im Geschmack ist er mild mit mittlerem Körper und einem Hauch von Apfel.

Polen

Wyborowa Exquisite

Seit Wodka zur Trendspirituose avancierte, überbieten die Hersteller sich mit Verkaufsargumenten. Je ausgefallener, desto besser. Bei Wyborowa muss es eine Flasche sein, die Stararchitekt Frank Gehry gestaltet hat. Trotz des modernen Auftretens legen die Polen aber Wert darauf, dass in dem Glas traditionelle Wertarbeit steckt. Das Getreide für den reinen Roggenwodka kommt aus einem einzigen Anbaugebiet im Nordwesten des Landes, wo die Böden besonders fruchtbar sind. Dreimal destilliert, dreimal gefiltert, dreimal gereinigt – so entsteht ein Destillat, das in der Nase mit einer würzigen Roggennote und am Gaumen mit sahniger Textur beeindruckt.

Schweden

Absolut

Der Wodka, der in den 1980er Jahren die Wodka-Revolution anstieß, machte lediglich einen Umweg über die Schreibtische einer Werbeagentur. 1879 erzeugte Unternehmer Lars Olsson im südschwedischen Åhus erstmals einen Brand mit einem neuartigen Destillationsapparat, der reineren Sprit ergab. Seinen Absolut Renat Brännvin (Absolut reiner Branntwein) ließ er sich als Warenzeichen schützen. Die Flasche, in der Absolut 1979 erstmals auf den Markt kam, war einer Apothekenflasche nachempfunden und sieht heute noch zeitgemäß aus. Die Flasche wurde von Künstlern wie Andy Warhol, Keith Haring und Damien Hearst gemalt. Absolut ist heute die drittgrößte Spirituosenmarke der Welt. Die Schweden haben außerdem eine Reihe von Flavored Vodkas erfolgreich lanciert.

Schweden

Svedka

Der erste Wodka im Universum möchte Svedka einmal werden. Ein hohes Ziel. Nur der Weizen darf nicht knapp werden. Einstweilen ist Svedka Vodka die am schnellsten wachsende schwedische Wodka-Marke weltweit. Für eine Flasche werden 1,5 kg Getreide 40 Stunden destilliert. Um dem Zukunftsimage gerecht zu werden, destilliert man natürlich fünffach in einer modernen Kolonne.

Norwegen

VikingFjord

Rohstoff für den VikingFjord sind speziell ausgesuchte Kartoffeln der Region um den See Mjosu. Deren Stärke ist schwieriger freizusetzen als die von Getreide. Verlesen und gekocht, werden sie drei Tage gemaischt. Sechsmal muss der meistverkaufte norwegische Premium-Wodka durch den Brennkolben, bis das Destillat rein genug ist. Einzig das pure Josteldalsbreen-Gletscherwasser vermag ihn zu vollenden und auf Trinkstärke einzustellen.

Italien

Eristoff

Ursprünglich stammt Eristoff Wodka aus Georgien, wo er erstmals 1806 von Fürst Ivan Eristoff destilliert wurde. Die Techniken des dreifachen Brennens und der Holzkohlefilterung wurden damals in Russland verfeinert. Die Oktoberrevolution verschlug den Adligen nach Italien, und fortan stellte er seinen Wodka in Mailand her. Im Jahr 1991 starb das letzte Mitglied der Familie. Heute gehört die Destillerie Martini & Rossi. Der Wodka mit dem heulenden Wolf auf dem Etikett duftet zart nach unreifen Äpfeln, hat eine leicht cremige Textur und bringt eine Spur Lakritz auf die Zunge.

Wodkas anderer Länder

Frankreich

Cîroc

Für die einen war es ein stilvoller Premium-Wodka mit einem ganz neuen Verkaufsargument. Für die anderen das Hassobjekt. Als Diageo 2003 seinen Edel-Wodka aus Weintrauben destillierte, waren traditionsbewusste Hersteller aufgebracht, denn für sie darf Wodka nur aus Ackerfrüchten oder Melasse gebrannt werden. Die Auseinandersetzung wurde auf EU-Ebene geführt. Dabei klingt die Herstellung sehr verlockend: zwei verschiedene Rebsorten werden je viermal gebrannt, dann miteinander assembliert und noch einmal in einer Armagnac-Brennblase destilliert.

Frankreich

Jean Marc XO

Ein Wodka, dem man Lokalkolorit nachsagen kann: Im Département Cognac verarbeitet Jean-Marc Daucourt vier ausgesuchte Weizensorten (Ysengrain, Orvantis, Azteque, Chargeur), um jeden Bitterton in seinem Wodka auszuschließen. Neunmal destilliert er in traditionellen kupfernen *alambics*. Anschließend folgen eine Mikro-Oxidation und eine Filterung mit einer besonderen Holzkohle aus Limoges-Eiche. Das Ergebnis schmeckt seidenweich mit einem Hauch Zitrus.

Frankreich

Idôl Vodka

Aus kleinen, handverlesenen Pinot-Noir- und Chardonnay-Trauben wird der Idôl hergestellt. Für den Brand von optimaler Reinheit wird das Destillat nicht weniger als siebenmal destilliert und fünfmal gefiltert. Wie die Trauben, so kommt auch das Wasser aus einer der besten Weinregionen Frankreichs, dem Burgund, genauer gesagt von der Côte d'Or. Ein Wodka für Weinliebhaber.

Frankreich

Alpha Noble

Nach sechsfacher Destillation und einer weiteren im klassischen Pot-Still-Verfahren, nach doppelter Filtration und ganz bestimmt nach der Kühlung auf - 0 °C darf sich dieser Wodka als nach der »Alpha Ennobling Method« veredelt verstehen. Die Destillerie in Fougerolles produziert nur kleine Chargen, die mit Quellwasser aus den Vogesen auf Trinkstärke eingestellt werden.

Frankreich

Grey Goose

»Ich hab vor einer Stunde einen Grey Goose bestellt! Los, los, verdammt!« Nicht jede Reklamation ist für das Marketing Gold wert, doch wenn sie in einer TV-Serie wie »Sex And The City« fällt, sieht das schon anders aus. Grey Goose ist der Inbegriff eines szenigen Premium Wodka. Seine Herkunft aus dem Cognac-Weizen, aus dem die Franzosen sonst ihr berühmtes Gebäck zubereiten, muss man da ebenso wenig betonen wie das reine Quellwasser und die Filterung mittels Kalkstein aus der Champagne.

Österreich

Oval

»Ein unverschämt intelligenter Wodka-Genuss« lautet das Motto von Oval. Eine gute Auffassungsgabe schadet jedenfalls nicht: Nach einem Verfahren, dass der russische Professor Walery Sorokin sich patentieren ließ, werden reiner Weizenalkohol und Wasser molekular neu zusammengesetzt. Und zwar so, dass die Wassermoleküle den Alkohol umschließen. Protonenhaltige Substanzen sollen zudem alle unerwünschten Stoffe neutralisieren. *Na sdorowje*.

Österreich

Pfau Bramburus
Ganze 55 Stück heurigster Erdäpfel braucht es für einen halben Liter Brand. Das verkündet Destilleriebesitzer Valentin Latschen stolz. Die alte Kartoffelsorte ergibt einen Brand, der nach Erde duftet sowie nach Brot und frisch geschälten Kartoffeln. Bis zum langen Abgang schmeckt man einen Wodka, der mit seinem molligen Körper viel weicher als die modernen Pendants ist.

Deutschland

Puschkin
Auch wenn der russische Nationaldichter hier seinen Namen ausleihen musste, Puschkin ist ein deutscher Wodka und sogar die zweitgrößte Wodka-Marke Deutschlands. Seit einiger Zeit setzt das Mutterhaus Berentzen einen neuen Eisfiltrationsprozess bei der Produktion ein. Dabei kristallisieren unerwünschte Anteile aus.

Schweiz

Xellent
In einem Schweizer Edel-Wodka findet sich eins mit Sicherheit: ganz reines Schweizer Gletscherwasser. Es wird aus über 3000 m Höhe herangeschafft, während der Schweizer Roggen glücklicherweise etwas weiter talwärts wächst: in 500–800 m Höhe. Die vergorene Roggenmaische wird in traditionellen kleinen Kupferblasen sorgfältig destilliert, was dem Xellent eine gewisse Dichte gibt.

Schottland

Blackwood
Vor der Küste Norwegens liegt der nördlichste Teil Schottlands, die Shetland-Inseln. Wo lange Zeit lediglich ein paar Wikinger anlandeten, wird nun der Weizenbrand zunächst dreimal destilliert, dann erst über Holzkohle von nordischer Birke, später über Eis gefiltert. Sein Wasser stammt aus der Inselquelle. Natürlich. Das Etikett der Flasche verfärbt sich bläulich, sobald Premium Nordic Vodka im Kühlschrank die richtige Temperatur erreicht.

Niederlande

Ursus Classic
Es ist ein altes isländisches Rezept, das die Niederländer für diesen Premium-Wodka aufgetrieben haben. Reiner Weizen (wenn er auch in Island kaum angebaut wird) ist Ausgangsstoff der Maische, die nach fünfmaliger Destillation einen außergewöhnlich glatten Brand ergibt.

Vereinigte Staaten von Amerika

Smirnoff Penka
Aus bestem Roggen wird der Penka mehrfach nach dem Pot-Still-Verfahren destilliert. Nach jedem Durchlauf prüft der Meister das Destillat auf Unreinheiten. Eventuelle Restverunreinigungen werden anschließend durch wiederholte Filterungen entsorgt. Sehr klar, fast sahnig.

Karriere des Genever

So sicher seine Karriere ist, so unklar sind die Umstände seiner Geburt, oder genauer: wem die Ehre der Vaterschaft gebührt. Dabei wird gerade die Erfindung des Genever Mitte des 16. Jahrhunderts gern mit einem Namen in Verbindung gebracht. Hier liegt wohl auch die Schwachstelle, denn ohne diesen Namen ist die Geschichte so plausibel wie die vieler anderer Spirituosen auch: ein Arzt oder Apotheker (was oft noch nicht zu trennen war) sucht ein Heilmittel. In diesem Fall soll es bei Nierenleiden helfen, darum mazeriert er die für ihre harntreibende Wirkung geschätzten Wacholderbeeren in Alkohol – nicht ahnend, welchen Stein er ins Rollen bringt.

Wer durch das kleinstädtische Schiedam bummelt, begegnet auf Schritt und Tritt den Zeugen einer wohlhabenden Vergangenheit, und seien es die 225 Denkmäler, die sich nur eine betuchte Gemeinde hat leisten können. Stolz ist man auch auf die sechs höchsten Windmühlen der Welt. Aufgereiht am Nieuwe Waterweg fast bis hinunter zum Rheindelta scheinen sie nur darauf zu warten, in den Wind gedreht zu werden, damit sie ihre Arbeit aufnehmen können, um Malz und Getreide für Hollands wichtigste Spirituose zu schroten.

Ende des 19. Jahrhunderts waren in Schiedam rund 400 Brennereien in Betrieb. Heute ist davon weniger als eine Hand voll geblieben, darunter Nolet (Ketel 1) und De Kuyper. Längst wird der Genever nicht mehr mit Frachtkähnen über die Schie transportiert, doch auch die Tanklaster, die täglich aus den Brennereien rollen, lassen genügend Geld in die Kassen der Stadt fließen. Schiedam gilt in den Niederlanden als Synonym für guten Genever. Dem Schnaps verdankt die Stadt am Fluss ihre Rettung, wer weiß, ob sie ohne die Spirituosenproduktion überlebt hätte, die sich zu Beginn des 17. Jahrhunderts hier ansiedelte. Schließlich war der Hafen zuvor wiederholt versandet, die Konkurrenz von Rotterdam und Amsterdam erdrückend. So gesehen hatte ein gewisser Dirk Bokel um 1250 keine glückliche Hand gehabt, als er ausgerechnet hier sein Schloss errichtete und einen Damm baute. Doch mit dem Genever kam der Ruhm.

Den anhaltenden Erfolg verdankt der Brand seiner medizinischen Wirkung, davon sind viele seiner Anhänger überzeugt. Entwickelt haben soll ihn um 1550 Franz de le Boe, auch genannt Franciscus Sylvius, ein berühmter Mediziner mit Professur an der Universität von Leiden, der in diversen wissenschaftlichen Publikationen greifbar ist und als einer der ersten Mediziner in Holland das System des Blutkreislaufs anerkannte. Nach

ihm heißt die Furche zwischen Scheitel- und Schläfenlappen in der Großhirnrinde Fissura Sylvii. Also der beste Erfinder, den ein Schnaps sich wünschen kann. Er hat nur einen Fehler: den Nachteil der späten Geburt, und zwar 1614 (womit Genever aus dem Rennen und Gin womöglich Erster wäre). Um 1550 kann er also unmöglich Arzneien gerührt haben. Andererseits gibt man selbst bei Bols zu, dass man Ende des 16. Jahrhunderts (die Destillerie und Likörfabrikation wurde erst 1575 gegründet) für die eigene Genever-Herstellung bereits bestehende Rezepturen modifizierte. Dabei beruft man sich auf einen Sylvius de Bouve, Pharmazeut, Chemiker und Alchemist sowie Professor in Leyden, der eben zur fraglichen Zeit Wacholderbeeren einlegen konnte …

Genever fand also Anklang, profitierte in der Zusammensetzung seiner Aromaten – Wacholder blieb nicht die einzige Zutat – von dem reichen Angebot an exotischen Kräutern und Gewürzen, das niederländische Kaufleute in aller Welt zusammensuchten und fast bis vor Schiedams Stadttore segelten. Im Gegenzug wurde das fertige Produkt Gegenstand des verzweigten Handelssystems. Viele führende Spirituosenhersteller können ihren Ursprung bis ins 17. oder gar 16. Jahrhundert zurückverfolgen, darunter Lucas Bols und Petrus de Kuyper (1695). Mit den zur Verfügung stehenden Rohstoffen konnte jeder seinen eigenen Stil entwickeln.

Noch bevor der beliebte Wacholderbrand auf britischen Marineschiffen zur Weltreise aufbrach, versorgte er die Nachbarländer. Die Friesischen Inseln entlang machte er auf deutscher Seite als Korngenever Furore. Marken wie Schinkenhäger gehörten noch nach dem Zweiten Weltkrieg zum Standardangebot jeder Arbeiterkneipe im Ruhrgebiet. Auch die Belgier und die französischen Flamen liebten ihren Jenever oder Genièvre, der auf eine nicht weniger lange Tradition zurückblicken kann.

Jenever und Genièvre

Seite 406: Die Destillerie Persyn im nordfranzösischen Houlle brennt Genièvre nach altbewährter Methode.

Hasselt, wo heute das Jenevermuseum die Geschichte des Kornbrands nachzeichnet und in Szene setzt, sollte sich zum Zentrum der Jenever-Produktion in Belgien entwickeln. Den ersten Anstoß gab 1601 das Flandern regierende Erzherzogspaar Albrecht von Österreich und Isabella von Spanien, als es den Verkauf von Branntwein aus Getreide, Obst und Gemüse in den Südlichen Niederlanden verbot. Getreide sollte in der von Kriegen, Hungersnöten, Missernten und erstem Alkoholmissbrauch gebeutelten Zeit lieber zu Brot gebacken werden.

Hasselt war von dem Verbot nicht betroffen, denn es gehörte damals zum Prinzbistum Lüttich. Einen wirklichen Aufschwung erfuhr das Brennereigewerbe der Stadt jedoch von 1675 bis 1681 unter niederländischer Besatzung, als die Destillerien die Besatzer mit Schnaps versorgten, den sie nach deren Wunsch mit allerlei Aromaten würzten. Auch in der Folge blieben die Hasselter Destillateure dem stark aromatischen Stil treu.

Das Verbot der Erzherzöge wurde in den 1714 gebildeten Österreichischen Niederlanden außer Kraft gesetzt, mit dem Ziel, die Landwirtschaft zu fördern und die übliche Brache in der Dreifelderwirtschaft auszuschließen. Das ließ sich einrichten, indem man das Vieh mit der beim Kornbrennen anfallenden Schlempe über den Winter fütterte und den anfallenden Mist im Frühjahr als Dünger ausbrachte. Deshalb rüsteten sich die meisten Höfe mit einer Brennblase aus, um das eigene Getreide selbst destillieren zu können.

Belgischer Bauernschnaps

Nach der Bildung des belgischen Königreichs 1830 folgte ein wirtschaftlicher Aufschwung, nicht zuletzt in seinem flandrischen Teil. Die rasante industrielle Entwicklung machte auch vor den Brennereien nicht halt, die ihre Produktion mit Dampfgeneratoren und der von Jean-Baptiste Cellier-Blumenthal entwickelten Destillierko-

Zur Blütezeit des Jenever in Hasselt ging es in den zahlreichen Brennereien geschäftig zu.

lonne modernisierten und steigerten. Nun war es nicht nur möglich, kontinuierlich zu brennen, sondern auch die bislang nur schwer zu verarbeitenden Feldfrüchte wie Zuckerrüben, Mais oder Kartoffeln einzusetzen.

Der billige Jenever fand reißenden Absatz in der neuen Arbeiterklasse und verursachte bald gravierende soziale Probleme. Um dem Übel zu begegnen, wurden den destillierenden Landwirten, die ohnehin mit der Spirituosenindustrie nicht konkurrieren konnten, die Steuervergünstigungen gestrichen – womit die landwirtschaftliche Jeneverherstellung ein offizielles Ende fand.

Als die Deutschen im Ersten Weltkrieg Belgien überfielen, requirierten sie auch die wertvollen Kupferbrennblasen als kriegswichtige Rohstoffe und schmolzen sie zu Granathülsen um. Von dem Wegfall der Produktionsbasis erholte sich die Industrie nur schwer. Zugleich verbot das 1919 erlassene Vandervelde-Gesetz den öffentlichen Ausschank von Alkohol und verteuerte den Verkauf so sehr, dass Jenever für die Arbeiter unerschwinglich wurde.

Als Schnaps der Armen doch zu übel beleumundet, erlebte Jenever selbst im nächsten wirtschaftlichen Aufschwung keine Renaissance, obwohl der Absatz anderer Spirituosen stieg. Erst in den 1980er Jahren erwachte in Belgien neues Interesse für Jenever. Wie in den anderen Ländern Europas wuchs auch in Belgien die Aufmerksamkeit für regionale Spezialitäten und damit für den nationalen Schnaps. Nun wurde er mit Früchten neu präsentiert und fand einen neuen, auch weiblichen Kundenkreis.

Flüssige Kulturgeschichte

Mit einem Mal konnte man Jenever in besseren Lokalen und Läden finden, auch wenn es kaum hochwertige belgische Kornbrände gab. Man richtete Jeneverrouten ein, und 1987 wurde das Jenevermuseum in einer früheren Brennerei gegründet. Mit Wohnhaus, Brennerei, Ställen und Scheune bietet die Anlage Einblicke in die Produktion des Getreide-Jenever im 19. Jahrhundert. Einmal im Jahr erwacht die Brennerei für zehn Wochen zum Leben und erzeugt einen Jenever wie aus der ›guten alten Zeit‹.

Vor Erfindung der Abfüllanlagen wurden die Jenever-Flaschen von Kindern gefüllt und von Jugendlichen verkorkt.

Juniperus erscheine

Wacholder bestimmt die Gewürzmischung des Genever.

Gegenüber: Mit Einführung der Destillierkolonnen brach auch für den Genever die Neuzeit an.

Unten: Für zehn Wochen wird die Brennerei des Hasselter Museums alljährlich lebendig. Die alte Schrotmühle arbeitet (links), und die schmalen Kolonnen (rechts) werden erhitzt.

Ein in der Natur seltenes Phänomen trug dem Wacholder seinen botanischen Namen Juniperus ein (abgeleitet von *junior pario*, der Jüngere erscheine): noch während die schwarzen Früchte in ihrem zweiten Jahr am Strauch hängen, erscheinen die jungen, grünen. Eine andere Herleitung spricht dagegen von *juveni paros* im Sinn von (zu) früh gebärend und sieht darin eine Anspielung auf die abortive Wirkung, die einigen wenigen (in allen Teilen giftigen) Juniperus-Arten bereits im Altertum nachgesagt wurde. Wenn schon die Herleitung des Namens nicht eindeutig ist, so ist es wenigstens seine Hinführung: aus Juniperus wird Genever, dann Gin. *Jeneverbes (Juniperus communis)* gehört zum Genever, wenn auch andere Kräuter unterschiedlich lebhaft ins Spiel kommen, etwa Beifuß, Kümmel, Johanniskraut, Anis oder Koriander.

Genever-Stufen

Eine Mischung aus Roggen und / oder Weizen (seit 1878 auch Mais) sowie gemälzter Gerste zu gleichen Teilen wird in der *branderij* mit Wasser verrührt, dann mit Hefe vergoren, schließlich in kupfernen Brennblasen dreifach destilliert. Dabei wird der Alkoholgehalt zunächst im *ruwnat* (etwa 15 % vol), dann im *enkelnat* (ca. 25 % vol) und zuletzt im *bestnat* oder *moutwijn* auf mehr als 45 % vol erhöht. *Moutwijn* ist stark malzig und verleugnet seinen Anteil an Fuselölen nicht.

Dieses ›Zwischenprodukt‹ wurde und wird unterschiedlich weiterverarbeitet. In der *distilleerderij* werden darin entweder nur Wacholderbeeren, eine Mischung der anderen vorgesehenen Kräuter und Gewürze ohne Wacholderbeeren oder auch alle Aromate gemeinsam mazeriert und anschließend feingebrannt. Mit dem Abtrennen von Vor- und Nachlauf erhält man aromatisierte Brände mit rund 70 % vol Alkoholgehalt (*gestookte moutwijn*). Sie können beliebig miteinander verschnitten und auf Trinkstärke eingestellt werden. Sie sind im traditionellen (Schiedamer) Verfahren hergestellt worden und tragen deshalb die Bezeichnung Oude Genever. Sie können mit bis zu 20 g/l Zucker angereichert sein und müssen mindestens 15 % *moutwijn* enthalten. Ihr bisweilen altgoldener Farbton rührt vom Fasslager oder von Karamell her.

Reiner Kornbrand mit wenigstens 51 % *moutwijn* darf sich Korenwijn nennen. Er hat 38 %vol Mindestalkoholgehalt und ist mit bis zu 10 g/l Zucker angereichert. In der Fassreife verwandelt er sich in einen respektablen Digestif, doch damit noch nicht in einen Verkaufsschlager: Oude Genever und Korenwijn machen zusammen nur rund 1,1 % des holländischen Spirituosenkonsums aus.

Mit dem Einsatz von kontinuierlich destillierenden Kolonnen im 19. Jahrhundert ist es wirtschaftlicher geworden, den Ausgangs-*moutwijn* auch mit einem Alkoholgehalt von bis zu 92 %vol zu brennen. Mit vier ›Bausteinen‹ – *moutwijn* pur, *moutwijn* mit Aromaten, *moutwijn* nur mit Wacholder und fast neutraler hochprozentiger Alkohol – lassen sich sehr nuancierte Geschmacksbilder von Genever herausarbeiten, die dann noch auf Trinkstärke eingestellt werden müssen. Ist nur Korn und Malz verarbeitet worden, bezeichnet man sie heute ausdrücklich als *graanjenever*. In qualitätsorientierten Destillerien werden die Aromate auch mitdestilliert statt als Auszug zugesetzt.

Lieber jünger und leichter

Der leichte, *jonge* Genever-Stil ohne Malz- bzw. Korncharakter konnte sich im Zweiten Weltkrieg unangefochten etablieren, weil Korn zur *Moutwijn*-Produktion rationiert oder sogar davon ausgeschlossen war. Im Zuge des Preiskampfs in den 1970er Jahren, in dem nur die weitestgehend geschmacksneutralen Fabrikate eine Chance hatten, waren nach dem *oude* Rezept gemachte, kantigere Genever zeitweise vom Markt nahezu verschwunden. Jonge Genever macht in Holland gegenwärtig 24 % des Spirituosenkonsums aus und steht damit an erster Stelle. Er ist mit maximal 10 g/l Zucker angereichert und kann inzwischen wieder bis zu 15 % *moutwijn* enthalten.

Ausgewählte Wacholderbrände

Niederlande
Bokma
Oude Friesche Genever
Bokma zählt zu den bekanntesten Genever-Marken. Schon um 1890 reihten sich die markanten eckigen Flaschen in den Regalen von Spirituosenhändlern und Kneipenwirten. Heute ist die Firma ein Familienunternehmen in fünfter Generation. Der Oude Friesche Genever gehört zu den gefragtesten Produkten des Hauses, das gern auf das »wohlgehütete Geheimrezept« verweist. Die Seele dieses Genever bildet der *moutwijn*, den Bokma mit einer aromatischen Kräuterkomposition aus Angelika, Wacholderbeere, Süßholz, Sternanis, Gewürznelke, Dill und mehr versetzt.

Niederlande
De Kuyper · Jenever
Im eigenen Land offenbar kritischer beurteilt, ist De Kuyper in Deutschland Marktführer bei Genever, sein Image ist keineswegs angestaubt, was nicht viele der klaren Schnäpse hierzulande von sich behaupten können. Ein wachsames Auge auf die Entwicklung des Marktes und ein gutes Gespür für die richtige Menge Modernität im Erscheinungsbild haben den Niederländern den Erfolg gesichert. Nicht zuletzt die aromatisierten Varianten, schon seit Jahren als Bessen Genever populär, sorgen für befriedigende Absatzzahlen. De Kuyper ist zum weltgrößten Likörhersteller herangewachsen, wofür ihn Königin Beatrix zum »Royal Distiller« ernannte.

Niederlande
Nolet · Ketel 1 Graanjenever
Obwohl die Nolet-Familie 1691 schon erste Destillate brannte, sind die Niederländer heute weniger für bodenständigen Genever, sondern für ihre Wodkas bekannt, die beinah Kultstatus genießen. Dennoch verweist man immer wieder gern auf den »Kessel eins«, der beim Markennamen Pate stand. Traditionsbewusst wird das 3277-Liter-Behältnis mit Kohle befeuert, um später einen bemerkenswert milden Roggenbrand entstehen zu lassen. Die Rezeptur dafür will man aber nicht verraten. Laut Geschäftsleitung gehört sie zu den bestgehüteten Geheimnissen in der Geneverstadt Schiedam.

Niederlande
Zuidam · Rogge Genever
Dreifache Destillation – das aufwändigere, mühsamere Verfahren, verglichen mit der Kolonnendestillation – ist für Patrick und Fred Zuidam Teil ihrer Produktionsphilosophie, ebenso wie die handgearbeitete Kupferblase über Kohlefeuer. Der Brennmeister trennt in jedem der drei Durchläufe Vor- und Nachlauf ab. Roggen als Grundstoff garantiert einen gewissen Körper sowie den eigenwilligen Charakter. Mehr als 150 Kräuter kommen bei Zuidams in den Brennkessel, wenn auch nicht in jeden. Doch dem weichen Roggenbrand schmeckt man die ausgewogene Mischung an.

Niederlande
Zuidam · Zeer Oude Genever
Die Brüder Zuidam wollten es wohl ganz genau wissen, als sie diesen »zeer oude Genever« auf den Weg brachten. Im Schatten anderer großer Kornbrände wie alten Scotch Whiskys wird der Wacholderbrand zwar gewöhnlich jung und schnell getrunken. Doch weshalb sollte es nicht auch anders sein können? Die Zutaten: ein hoher Anteil *moutwijn* und drei Jahre absolute Abgeschiedenheit in kleinen französischen Eichenfässern. »Single Barrel« bedeutet, dass der Genever-Inhalt eines jeden Fasses darin ungestört reifen kann, keine Filterung erfährt und am Ende nicht verschnitten wird. Das Ergebnis ist ein komplexer Brand, der außer den Reifenoten noch subtile Kräuteraromen verströmt.

Frankreich
Persyn · Houlle · Genièvre de France

Seit 1812 erzeugt diese Familien-Brennerei ihren Genièvre ausschließlich aus Getreide des Nord-Pas de Calais. Dafür wird Roggen mit gemälzter Gerste und etwas Hafer gemischt, geschrotet und mit heißem Wasser eingemaischt. Wenig später wird Hefe eingesetzt, und wenn die Maische nach dreitägiger Gärung etwa 3 % vol Alkoholgehalt entwickelt hat, kann gebrannt werden, ebenfalls auf traditionelle Weise dreimal in einfachen, direkt vom Feuer beheizten Brennblasen, den *alambics à feu nu*. Nach dem Brennen gelangt der Genièvre zur Alterung in Holzfässer. Nach ein paar Jahren der Reife werden die *eaux-de-vie* unterschiedlichen Alters assembliert, um die Kraft der jüngeren mit dem Charme der älteren zu einem weichen, aromatischen Spitzenprodukt zu vereinen.

Deutschland
Heydt · Schinkenhäger

Korrekt heißt es die »Kruke«, für eingefleischte Schinkenhäger-Fans wird es immer die »Betonbuddel« bleiben. Jedenfalls ist die Steinzeugflasche ein inzwischen historisches Beispiel für eine gelungene Kombination von Herkunft (Steinhagen) und Markenauftritt (bodenständig). Das steinerne Behältnis wurde zum Markenzeichen mit hohem Wiedererkennungswert. Die Abwandlung mit »Schinken« und dem Stillleben auf dem Etikett sollte den Kornbrand wohl als Essensbegleiter etablieren und wurde ebenso selbstbewusst unter die Leute gebracht. »Den mit dem Schinken müssen Sie trinken!«, verkündete das Unternehmen in den 1960er Jahren. Und bis heute ist Schinkenhäger in Deutschland die führende Steinhäger-Marke.

Deutschland
Heydt · Urkönig · Steinhäger mit schwarzen Wacholderbeeren

Obwohl im westfälischen Steinhagen nicht mehr viel von der ehemaligen Brenntradition zu sehen ist und die wenigen überlebenden Betriebe längst auswärtigen Konzernen gehören, muss der echte Steinhäger vor Ort destilliert werden. Darüber wacht die EU. Die Firma König füllte in den 1960er Jahren ihren letzten Steinhäger »hausgebrannt nach dem uralten Rezept des Henrich Christoph König« in Eigenregie ab. Heute ist die Marke in Händen von Heydt. Für den Urkönig wird das Gewürz schon im Raubrand mit destilliert. Parallel dazu erzeugt der Brennmeister ein reines Korndestillat. Beides wird nochmals gebrannt und mit Wasser aus dem eigenen Brunnen auf Trinkstärke eingestellt. Die deutsche Version des Genever setzt ganz auf Wacholder, denn am Südhang des Teutoburger Waldes gedeiht das Nadelholzgewächs ausgezeichnet, was dem Steinhäger schon früh eine geschützte Herkunftsbezeichnung bescherte.

Deutschland
Heydt · Wacholder

Die private Kornbrennerei H. Heydt gehört zum alten Adel in Haselünne. In dem niedersächsischen Städtchen stellen die Spirituosenhersteller die wichtigsten Arbeitgeber, und Heydt zählt schon seit 1860 dazu, damals als noch vorrangig landwirtschaftlicher Betrieb mit Destillationsapparat. Doch über die Jahre hat sich der mittelständische Familienbetrieb eine kleine Marken-Kollektion zusammengekauft, zu der inzwischen auch Schinkenhäger gehört. Bodenständigkeit betonen die Emsländer gern als Kernkompetenz. Die Beeren für den Wacholder des Hauses kommen allerdings aus der Toskana.

Deutschland
Original Schlichte

1766 war H. W. Schlichte die erste Kornbrennerei in Steinhagen, das einmal zum Mekka der Wacholderbrände mit mehr als 20 Betrieben aufsteigen sollte. Um 1900 war die Destillerie offizieller Lieferant der deutschen Truppen, und noch heute wird Original Schlichte in »alle fünf Kontinente« verschifft, wie man stolz versichert. Der Tonkrug ist dazu eher unpraktisch, aber ein Markenzeichen. Ebenso wie die reine Wacholderwürze, die den Steinhägern einmal das Prädikat »besonders verträglich« eingebracht hat.

Gin den wenig Mutigen

Englische zogen mit niederländischen Söldnern im Spanisch-Niederländischen Krieg seit den 1590er Jahren in dieselben Gefechte, was liegt näher, als in ihren Bechern den gleichen Genever zu vermuten? Dessen Wirkung überzeugte die Gemeinen erst nach und bald auch vor dem Schlachtgetümmel. In Offizierskreisen errang die damit verbundene Bewusstseinserweiterung als ›Dutch courage‹ zweifelhaften Ruf, ein Ausdruck, der im Sinn von ›sich Mut antrinken‹ bis heute geläufig ist.

Als der Protestant Wilhelm III. von Oranien dann 1689 den englischen Thron bestieg, zählte es zu seinen ersten Amtshandlungen, Weinbrand mit hohen Steuern zu belegen und Genever – Gin, wie seine neuen Untertanen abkürzten – kraft Gesetz zu verordnen. So kurbelte er die Umsätze seiner Landsleute an und schlug gleichzeitig die katholischen Mitbewerber im Cognac aus dem Feld. Den Briten war's recht.

In den nächsten 20 Jahren stieg der Gin-Konsum auf rund 86 Millionen Liter. Die Regierung gab die Produktion frei, und bald erzeugten und verkauften geschätzte 25 Prozent der Haushalte Gin, zu dessen gängigen Zutaten auch Terpentin zählte, das zwar einen harzigen Kieferngeschmack beisteuerte, aber gesundheitsschädlich war. Auf dem Höhepunkt des *Gin Craze* wurde sechsmal mehr Gin produziert als Bier. In mehr als 7500 Londoner *gin shops* konsumierten vor allem arme Leute den billigen Schnaps, der nicht selten aus einer der 1500 illegalen Brennereien stammte. Als Folge davon erfasste die unteren Gesellschaftsschichten eine dramatische soziale Verwahrlosung, in der rasch wachsenden Bevölkerung stieg die Sterberate drastisch in die Höhe. Die Reaktion auf eine 1736 eilig beschlossene Steuererhöhung für Gin führte nur zu Ausschreitungen und noch mehr illegalen Destillen. In seiner Radierung »Gin Lane« (1751) treibt der Kupferstecher William Hogarth das Szenario noch einmal auf die Spitze. Mit dem dank der Industriellen Revolution aufkeimenden Wohlstand einer neuen Mittelschicht entspannte sich die Lage in der zweiten Hälfte des 18. Jahrhunderts zusehends: die alten *gin shops* waren nun schlicht zu schäbig, ebenso wie Gin selbst.

Erst die *roaring twenties* machten Gin gesellschaftsfähig. Diesseits des Atlantik mischte er sich in Cocktails, jenseits außerdem in Politik. Gin ist mit wenig Aufwand herzustellen und kurz darauf schon konsumierbar. In einer Wanne mit Wacholderöl und anderen intensiven Kräutern vermischt, unterwanderte wenig reinlicher *bathtub gin* auf breiter Front die Prohibition.

Nach dem Zweiten Weltkrieg setzte Gin seinen sozialen Höhenflug als Modespirituose fort: kein amerikanischer Star, der ihn nicht medienwirksam zum Lieblingsgetränk erkoren hätte. Doch nichts währt ewig, und so musste sich das aromatische, leicht süßliche Flair, das Gin in Cocktails so interessant gemacht hatte, der Neutralität beugen: spätestens in den 1980er Jahren war Wodka die erste Wahl für angesagte Drinks. Ganz klar, dass Gin sich nicht geschlagen gibt. Große Destillerien und kleine Spezialbrenner haben den Kornbrand mit Wacholdergeschmack für sich entdeckt und schaffen in handwerklicher Perfektion Aromenfeuerwerke.

Gin-Geheimnisse

Seite 414: Sean Harrison, der Brennmeister von Plymouth Gin, überprüft die Klarheit seines Produkts.

Seite 415: In seiner Radierung »Gin Lane« geißelte William Hogarth 1751 die Exzesse des Gin-Konsums.

Verbreitete Zutaten zum Gin (jeweils von links nach rechts)

Oben: Wacholder, Koriander, Angelika, Mandeln und Kassiarinde

Unten: Melegueta-Pfeffer, Veilchenwurzel, Kubebenpfeffer, Süßholz und Zitronenschale

Gin verdankt seinen Geschmack nicht dem Grundstoff Getreide. Auch Fasslagerung spielt kaum eine Rolle. Gin lebt von Gewürzen, allen voran natürlich Wacholder. Dennoch fallen Gins je nach Rezeptur recht verschieden aus.

Old Tom ist ein Gin im leicht süßen Stil des 18. Jahrhunderts. Gin-Historiker bezeichnen ihn gern als Missing Link zwischen dem originalen niederländischen Genever und dem englischen Stil. Old Tom Style Gins – zu den bekanntesten Marken zählen Booth's, Gilbey's und Boord's – sind selten geworden: vielleicht haben sie so das Interesse der Brenner wieder auf sich ziehen können.

Etwas trockener, aber körperreich kommt Plymouth Gin daher, der sich gern als »der weichste Gin der Welt« aufspielt. Aromatische Kräuter, wenige Bitterstoffe, weiches Wasser zum Abrunden kennzeichnen den Plymouth-Stil. Eigenlob hin oder her, der Brand aus dem alten Marinehafen präsentiert sich tatsächlich mit viel Körper, rundlicher Süße und ohne jede Schärfe.

Ungesüßte, aber oft aromatische Gins wurden charakteristisch für britische Produktionen und tragen die Bezeichnung »London Dry«. Außer Wacholder dominieren hier oft Zitronen- und Orangenschalen, zudem Anis, Zimt, Koriander, Veilchenwurzel, Süßholz und Angelika. Wie unterschiedlich intensiv die aromatischen Kräuter auch eingesetzt werden, immer bleibt der Brand frei von zuckriger Süße. London Dry Gins sind heute die verbreitetsten. Eine Marke wie Gordon's wird in Lizenz und nach Originalrezept sogar in Ozeanien hergestellt. Zu den ehemaligen Kolonien zählen auch die USA. American Dry Gins oder auch Soft Gins heißen dort einheimische Wacholder mit weniger Alkohol und Körper.

Feinarbeit mit Aromaten

Im Unterschied zu vielen anderen Erzeugern verzichten Gin-Produzenten gewöhnlich darauf, ihre Basisspirituose selbst zu brennen, sie lassen sich neutralen 96%igen Alkohol anliefern. Allerdings betonen alle

Markenproduzenten ihre Vorliebe für Getreide als die feinere, aromatischere Grundlage und lehnen Alkohol aus anderen Rohstoffen, insbesondere aus Melasse, ab.

Man konzentriert sich also in Gin-Brennereien von Vornherein auf die Feinarbeit der Aromatisierung. Jede Marke hat ihre eigene Rezeptur, in der jeweils unterschiedliche natürliche Aromastoffe in jeweils unterschiedlicher Zusammensetzung erscheinen. Oft pflegt man darüber hinaus – meist aus Tradition – auch eine eigene Methode.

In England, der Hochburg des Gin, findet diese zweite Destillation in kupfernen *pot stills* statt. Üblicherweise füllt man reinen Alkohol und Wasser, dessen Qualität eine nicht zu unterschätzende Rolle im Gesamteindruck des späteren Produkts spielt, in die Brennblase. Dann gibt man die Aromate-Mischung direkt zur Flüssigkeit und destilliert. Andere Brennereien sind dazu übergegangen, ihre Aromate in einem hitzebeständigen Netz oder Korb in der Brennblase aufzuhängen – es gibt Modelle, die eine entsprechende Vorrichtung enthalten –, sodass der aufsteigende Alkoholdampf sie durchzieht und die flüchtigen Aromastoffe aufnimmt. Einige traditionelle Hersteller legen Wert darauf, dass die Mischung aus verschiedenen Pflanzen und Pflanzenteilen zunächst eine gewisse Zeit in Alkohol maze-riert, sodass die Aroma spendenden Moleküle gründlicher daraus entzogen werden.

Das ultimative Rezept

Wichtiger als die Methode der Extraktion scheint die Rezeptur, und jeder schwört auf seine eigene. Darin tritt dem obligatorischen Wacholder eine Reihe weiterer intensiver Gewürze zur Seite, wie Koriander, Ingwer und Muskat, Zitronen- und Orangenschalen, aber auch Zutaten wie Melegueta-Pfeffer und Veilchenwurzel. Das strenge Veilchenparfüm dieser Irisart galt im Mittelalter als Brechmittel und mag verantwortlich sein für den angeblichen Seifengeschmack, den Gegner nicht müde werden im Gin auszumachen. Insgesamt können rund 120 verschiedene Pflanzenstoffe bei der Gin-Herstellung zum Einsatz kommen.

Als *compound gin* (im Gegensatz zu *distilled gin*) wird neutraler Kornbrand bezeichnet, dem das Aroma von Wacholderbeeren zum Beispiel in Form von Wacholderöl zugesetzt wurde. Er darf in Deutschland und anderen Ländern nicht als Gin gehandelt werden.

Bei ihrem geringen Zuckergehalt sind die *dry gins* ideal in Mixgetränken mit süßen Komponenten wie Gin Tonic: vielleicht ein weiterer Grund für den Siegeszug des Gin um die Welt im Gepäck der Soldaten des Britischen Empire.

Der Brennmeister von Bombay Sapphire wiegt die Zutaten präzise ab (links), um ihre Aromen anschließend in den *pot stills* (rechts) durch Destillation zu extrahieren.

Ausgewählte klassische Gins

England

Bombay Sapphire

Mitte der 1980er Jahre als geistiges Produkt einer Marketing-Agentur auf den Weg gebracht, konnte sich Bombay Sapphire gut etablieren. Die blautransparente Flasche wurde zum Blickfang und verwies zunächst auf die Popularität von Gin in Indien. Periodische Veranstaltungen wie die Bombay Sapphire Designer Glass Competition und der Bombay Sapphire Prize sollen das unterstreichen. Die Rezeptur des dreifach destillierten Brandes weist zehn verschiedene Zutaten aus: Kassiarinde, Melegueta-Pfeffer und indonesischer Kubebenpfeffer sind nur einige davon. Als Verdünnung dient Wasser aus dem walisischen Lake Vyrnwy. Das Ergebnis ist ein komplexes und weniger wacholderbetontes Aroma.

England

Beefeater Crown Jewel

Die Yeomen Warders, eine persönliche Leibgarde für den Palast, und mehrere Zweckbauten der englischen Königin prägen das Etikett des bekannten Beefeater Gin. Doch für die Edelvariante des Crown Jewel haben sie keine Dienstbefugnis. Die Kronjuwelen werden nur von einer getönten Designerflasche bewacht. Darin steckt ein dreifach destillierter Gin mit unerwartet viel Körper. Neben Wacholder fallen Noten von Pfeffer und kandierten Früchten auf.

England

Cadenhead's Old Raj

Die Firma William Cadenhead ist eigentlich dafür bekannt, in schottischen Whisky-Distillerien nach ausgefallenen Fässern zu stöbern, die sie dann aufkauft. Von diesen Traditionsunternehmen aus dem 19. Jahrhundert gibt es heute nur noch wenige. Wenn eine solche Firma einen Gin macht, dann ist es bestimmt kein alltäglicher. Duftig, aromatisch und weich zeigt er sich am Gaumen. Das Außergewöhnliche erschließt sich erst zum Schluss. Der Old Raj ist mit Safran gewürzt, der sich nicht nur in der hellgelben Farbe bemerkbar macht, sondern auch in einer charakteristischen Note beim Abgang.

England

Blackwood's Vintage Dry Gin

Blackwood-Chef Tom Jago hat im Spirituosengeschäft schon manches bewegt. Zum Beispiel erfand er Bailey's Irish Cream. Von seinem Vintage Gin gibt es jährlich nur so viele Flaschen wie die Shetland-Insel Einwohner hat. Wilde Wasserminze wird dort an den Ufern der Lochs geerntet, Angelika und Klippenrose, die im kurzen Inselsommer blüht, gesammelt. In speziellen Gewächshausröhren gedeiht Koriander, und der Wacholder kommt aus Umbrien. Äußerst aromatisch.

England

Gordon's London Dry Gin

Gordon's ist eine der bekanntesten Gin-Marken und hat dennoch zwei Gesichter. Nur in England ist die Flasche grün, im Rest der Welt wasserklar. Erstmals wurde der Gin 1769 von einem Schotten namens Alexander Gordon in dem Londoner Viertel Southwark destilliert. Seit damals sei das Rezept unverändert, beteuert man, doch im Vergleich zu früher wurde der Alkoholgehalt und damit die geschmackliche Intensität herabgesenkt. Der dreifach destillierte Gin darf sich mit dem Titel »Lieferant des englischen Hofes« schmücken und wurde Gegenstand einiger Musik-, Kunst- und Filmzitate. Sein Erscheinen in dem John-Houston-Spielfilm »The African Queen« (1951) gilt als frühes Product Placement, bei dem allerdings Dutzende Gordon's-Flaschen in den Fluss geschüttet werden, während die leeren Flaschen wie Perlen an einer Kette an der Wasseroberfläche schaukeln.

England

Hendrick's

Will man sich dezent von der Masse abheben, macht man einfach ein bisschen mehr als andere. So wie Hendrick's. Der Traditionsbrand, der noch vor einigen Jahren leicht angestaubt schien, wird nun fünfmal destilliert (»for purity and smoothness«, wie man mit unvergleichlichem Understatement versichert) und mit elf ausgesuchten Aromaten versetzt, darunter Rosenblätter und Gurken, die erst den rechten *British style* in die Flasche bringen. Der Fassausbau am Produktionsstandort Ayrshire in Schottland tut ein Übriges. Nachdem jüngst das Image zusätzlich mit einer neuen Verpackung aufgefrischt wurde, ist Hendrick's auf dem Weg zum Kult.

England

Miller's

Die schöne Angela mache einen der wichtigsten Jobs im Hause Miller, lässt man bereitwillig wissen. Zumindest sind die Brenner so auf ihren Gin fixiert, dass sie sogar der Brennblase einen Mädchennamen geben. Der Schriftzug »London Dry Gin« trifft beim Miller's nicht so ganz zu. Vom Produktionsstandort im Black Country, zwischen den alten Kohlegruben, wo einmal Englands Industrielle Revolution begann, tritt der junge Gin mit 92 % vol Alkoholgehalt seine Reise nach Island an. Dort angekommen, wird er mit dem angeblich saubersten Wasser, das es gibt, auf Trinkstärke eingestellt, um anschließend mit Kurs auf London wieder verschifft zu werden. Welchem der Produktionsschritte die auffällige geschmackliche Komplexität zu verdanken ist, bleibt ein Geheimnis. Jedenfalls schmeckt man Noten wie Grapefruit, Veilchenblüte und Gurke.

England

Plymouth Gin

Wer Churchill, Roosevelt und Mister Hitchcock zu seinen Kunden zählte, kann sicher sein, sich in der angelsächsischen Welt einen Namen gemacht zu haben. Und wer einst den Standardproviant der Royal Navy lieferte, darf das laut sagen. Plymouth Gin tat beides und steht für eine ganze Stilrichtung von Gins mit vielschichtigen Aromen, aber vor allem mit besonderer Weichheit. Bis heute wird der Plymouth in einem Kloster aus dem frühen 15. Jahrhundert destilliert. Seine leichte Süße transportiert einen ganzen Strauß Kräuteraromen, von Wacholder bis Zitrone und von Flieder bis feuchte Erde.

England

Tanqueray

Den hohen Alkoholgehalt von 47,3 % vol rechtfertigt Tanqueray auf dem Etikett mit dem Vermerk »Export Strength«. Auf den vielen Auslandsmärkten weiß wohl kaum jemand, dass die Flasche der Form eines Londoner Hydranten nachempfunden ist. Bei Tanqueray gibt es keine Berührungsängste. Die Wacholderbeeren lässt man im September in der Toskana von Hand ernten. Der Koriander kommt von der Krim und die Angelikawurzel aus Sachsen. Besonders beliebt ist der Gin in den USA, in Kanada, Japan und Spanien. Schlank und trocken, ist Tanqueray ein idealer Partner in Mixgetränken. Wer seinen Martini wirklich trocken liebt, sollte sich an Tanqueray halten.

England

Whitley Neill

Als Premium Gin muss man sich etwas Besonderes einfallen lassen. Whitley Neill London Dry Gin wurde von afrikanischen Aromen inspiriert, von der Kapstachelbeere und dem Baobab-Baum, auch bekannt als Baum des Lebens. Zusammen mit Wacholder, Zitronen- und Orangenschale, Koriander, Angelika und Kassiarinde werden die Aromate vor dem Destillieren einige Stunden in Alkohol eingelegt. Das Resultat ist ein außergewöhnlich fruchtiger Gin, in dem die Wacholderbeere von kandierten Früchten und Blumennoten begleitet wird.

Vereinigte Staaten von Amerika

Seagram's Gin

Die Geschichte des führenden amerikanischen Gin beginnt 1857 und reicht nahezu ohne Unterbrechung bis in die Gegenwart, lediglich die Prohibition verursacht eine Zäsur. In Lawrenceburg, Indiana, wurde die Destillerie 1939 wieder eröffnet, und der Extra Dry lebte wieder auf. In seinem Aroma spielen neben Wacholder hauptsächlich Kardamon, Koriander, Kassiarinde, Orangenschale, und Angelika eine Rolle. In einer ersten Destillation wird neutraler Alkohol aus amerikanischem Getreide gewonnen, damit werden die Pflanzen ein zweites Mal auf niedriger Temperatur im Vakuum destilliert, was ihnen ihre aromatischen Essenzen auf behutsame Weise entzieht. Ungewöhnlich ist der Ausbau in alten Whiskey-Fässern, der dem Gin seine deutliche Sanftheit und die blasse Tönung vermittelt.

Frankreich

Saffron Gin

Seit 1874 wird bei Gabriel Boudier der Burgunder-Likör Crème de Cassis de Dijon hergestellt. Von einem Traditionsunternehmen, das sein Etikett seitdem unverändert beibehielt, sind Trendgetränke kaum zu erwarten. So ist der Saffron Gin auch kein Szene-Drink, sondern ein aufwändig gefertigtes handwerkliches Produkt. Es wird in traditionellen Brennblasen nur in kleinen Chargen erzeugt. Die Grundlage ist ein Rezept aus der Kolonialzeit, dem Safran etwas Farbe und einen eleganten, würzigen Charakter verleiht.

Segen des Empire

Den Engländern, genauer den englischen Marinesoldaten, verdankt Gin seine weltweite Bekanntheit. Sie tranken ihren Wacholderschnaps, waren sie nun in Australien stationiert oder in Indien . Nicht einmal die Offiziersmesse war vor Gin sicher, was dem Getreidebrand seine gute Reputation einbrachte, wo immer er eine neue Heimat fand – und die konnte buchstäblich im letzten Winkel des Weltreichs liegen.

Der Vormarsch machte selbst vor einer winzigen Baleareninsel wie Menorca nicht halt. Anlässlich ihrer Herrschaft im 18. Jahrhundert etablierten die Briten dort Gin so gründlich, dass die Menorquines ihn bis in die Gegenwart als Teil ihrer kulturellen Identität ansehen – und auch so trinken.

Als die Brennerei im 18. Jahrhundert eingerichtet wurde, war die Kolonnendestillation noch nicht erfunden, die Ginebra de Mahón kommt aus *pot stills*. Da Getreide auf der warmen Mittelmeerinsel schwerer zu finden war als Weintrauben, basiert sie meist auf Weinalkohol. Auch die Ausbauphase in Fässern aus Weißeiche erinnert an die Winzertradition.

Die weiteren Zutaten waren schnell beschafft. Auf der Insel wächst der kiefernartige Wacholder noch in 800–1000 m Höhe, und die Beeren gelten als besonders extraktreich. Aromate wie Angelika, Zimt, Kümmel, Orangenschalen und Koriander kamen dazu, um zunächst die Nachfrage der englischen Soldaten zu befriedigen.

Der menorquinische Gin ist trocken, mit deutlichem Wacholderton, aber ebenso kräuterwürzig. Bis heute wird er über Holzfeuern doppelt destilliert, Zusätze und Extrakte sind nicht erlaubt. Seit 1997 ist Ginebra de Mahón als Herkunftsbezeichnung geschützt. Sogar den Landsleuten auf dem Festland gefällt das markante Aroma, denn die Spanier sind das Volk mit dem höchsten Gin-Pro-Kopf-Konsum der Welt.

Wie zu Zeiten des Empire wird auf Menorca Gin in diesen alten Brennblasen destilliert und in Eichenfässern abgerundet.

Ungewöhnliche Gins

Deutschland

Noordkorn

Ein Edelobstbrenner, der mit seinen Destillaten auf internationalen Wettbewerben und in der Spitzengastronomie Erfolge feiert, sucht gewöhnlich nach immer exotischeren Zutaten für seine Destillate. Hubertus Vallendar stellt sich jedoch einer anderen Herausforderung. Der Moselaner liefert einen Wacholderbrand in der Tradition eines deutschen Korn ab, der Maßstäbe setzt. Vallendars Hommage an die frühere friesische Kornmetropole Norden überzeugt mit dem leichten Duft von Wacholder und Saunakräutern, dazu lebhafte Zitrusfrüchte wie Orangen und Kumquats.

Österreich

Blue Gin

Was kommt einem Österreicher in den Sinn, einen Gin zu machen. Hans Reisetbauer hat für solche Fragen keine Zeit. Der erfolgreiche Obstbrenner sucht immer neue Erfahrungen an seinem Destillierapparat. Dass er Wacholderbeeren beherrscht, zeigt er hier. Der Aufwand war groß. Die Zutaten stammen aus zehn Ländern, darunter Ägypten, Vietnam, China. Der Brand verströmt einen feinen Duft von Wacholder und Zitrone, wirkt am Gaumen weich und elegant. Jedes Jahr wird nur einmal destilliert. Ist alles verkauft, muss man sich halt bis zum nächsten Jahr gedulden.

Spanien

Gin Xoriguer

Intensive Kräuternoten, vor allem ein starkes Wacholderaroma kennzeichnen die Ginebra de Mahón, dazu etwas Holz. Ihre Basis ist ein Weinbrand, so ist es Tradition auf Menorca. Xoriguer ist ein Familienbetrieb, und man beteuert, dass man auch nie etwas anderes machen will. Nur die Erben kennen das Geheimrezept, und nur sie geben hinter verschlossenen Türen eigenhändig die Kräutermixtur in den Kessel. Gin hat auf Menorca eine lange Tradition, und Xoriguer ist einer der wenigen größeren Betriebe, deren Erzeugnisse auch auf dem Festland erhältlich sind.

Schweiz

Humbel Gin

Im dem ländlichen Schweizer Kanton Aargau hat sich Lorenz Humbel mit viel Fleiß zu einem der besten Obstbrenner des Landes gemausert. Dabei hat er auch herausgefunden, dass es in seinem Heimatland mehr als 800 Kirschsorten gibt. Daneben interessieren ihn aber auch andere Früchte. Es gehört zu seinen Grundsätzen, dass alles pur sein muss. Deshalb kann es für den Gin auch nur ein Destillat aus Bio-Getreide sein. Darin ziehen die Kräuter einige Wochen, bevor sie destilliert werden. So entsteht ein besonders delikater, klarer, weicher Wacholderbrand.

Frankreich

Citadelle

Ursprünglich soll dieser Gin im Jahr 1771 in einer Brennerei in Dünkirchen hergestellt worden sein, das damals ein wichtiger Gewürzhafen war. So nennt das Rezept 19 verschiedene Pflanzen und Gewürze, mehr als bei jedem anderen Gin, heißt es. Außer Wacholder braucht man Süßholz, Kardamon, Muskatnuss, Sternanis, Zimt und vieles mehr. Die Grundlage bildet französischer Weizen, mit Quellwasser vergoren und dreimal destilliert. In diesem Brand lässt man dann die Aromate mazerieren, bevor sie zum Gin gebrannt werden. Dominieren im Bukett Wacholder und Zitrusfrüchte, kommt die Vielfalt im runden, eleganten Geschmack zum Ausdruck.

Niederlande

Van Gogh

Eigentlich sollten die Niederländer ihren Gin ja Genever nennen, aber sei's drum. Die Zutatenliste liest sich wie das Sortiment einer Kräuterhandlung: Wacholderbeeren aus Italien, Koriander aus Marokko, indonesischer Kubebenpfeffer, Süßholz, Melegueta-Pfeffer, Mandeln, Angelika und Veilchenwurzel. So schmeckt der Van Gogh wie ein Strauß feiner Kräuteraromen, ein weicher, gar nicht alkoholischer Gin, am Gaumen lang und komplex.

Reine Geschmacksache

Am Kümmel scheiden sich die Geister recht deutlich: Man trinkt Aquavit gern oder gar nicht, eine Grauzone der Unentschlossenheit scheint es nicht zu geben, dazu bleibt die Kümmelnote stets zu bewusst. Weltweite Verbreitung wie Wodka oder weißer Rum, die mit ihrem leichten, zurückhaltenden Stil die Auslandsmärkte im Sturm eroberten, war ihm wohl auch deshalb nicht vergönnt. Doch Aquavit hat eine treue Anhängerschaft. Man kann sie geografisch recht genau eingrenzen, ihr ›Revier‹ reicht von Norwegen bis Niedersachsen und von Island bis dahin, wo sich die Finnen früher mit dem Eisernen Vorhang konfrontiert sahen.

Am 13. April 1531 sandte ein Herr Eske Bille, wohnhaft im dänischen Schloss Bergenshus, dem letzten Erzbischof von Norwegen, Olav Engelbretsson, eine ganz besondere Flasche. Das darin enthaltene »Aqua Vite« sei ein Heilmittel »für alle Arten von Leiden, die ein Mann haben kann, äußerlich wie innerlich«, schwärmte der edle Spender im Begleitschreiben und hinterließ damit zugleich das älteste bekannte Schriftzeugnis für den Aquavit. Welche Kräutermischung das Destillat so überaus wirksam machte, ob Kümmel darin enthalten war, bleibt unklar, ebenso wie der Gesundheitszustand des Adressaten im Anschluss an die Zustellung.

Was immer ihm zugestoßen sein mag – falls es von Übel war, gab es wohl keinen Grund, es mit der Flasche in Verbindung zu bringen. Der Empfänger schien zufrieden, offenbar sah er keine Veranlassung, den weiteren Siegeszug des Aquavit, dessen Gesundheitsbonus ungeschmälert blieb, zu behindern. Also wurde die kommenden Jahrhunderte hindurch geschrotetes Getreide eingemaischt, vergoren, mit lokalen Kräutern und Gewürzen angereichert und doppelt gebrannt. Zur Würzmischung gehörten auch Dill und Wacholder, doch letztendlich liebten die Dänen ihren Aquavit für den Kümmelgeschmack.

Erst ein Zugereister brachte Bewegung in die eingespielte Brennerszene. Im Jahr 1846 ließ sich Isidor Henius, Branntweinbrenner aus dem westpreußischen Thorn, in Aalborg nieder, dessen Aquavit bereits damals hohes Ansehen genoss und von einer Hundertschaft kleiner handwerklicher Brenner erzeugt wurde. Henius errichtete seine Destillerie am Südufer des Limfjord und rüstete sie mit einem der neuen Kolonnengeräte aus. Damit hatte, wenn auch noch unerkannt, die industrielle Spirituosenfabrikation in Aalborg Einzug gehalten. Der Aquavit, von dem Henius mit seiner Kolonne sehr viel mehr in kürzerer Zeit brennen konnte, überzeugte zudem mit höherer Reinheit und ausgeprägterem Kümmelaroma.

In den kommenden Jahrzehnten verdrängte Henius die meisten der kleinen Destillateure. 1881 wurde seine Firma übernommen und in Danske Spritfabrikker umbenannt. Diesem Unternehmen, das selbst auf 20 Hektar Kümmel anbaute, wurde 1923 das dänische Sprit- und Aquavitmonopol übertragen. Noch heute – inzwischen in schwedischem Besitz – ist es der einzige Spirituosenhersteller Dänemarks. Aalborg ist die unumstrittene Hauptstadt des Aquavit, hier sind inzwischen insgesamt 15 Sorten entstanden, darunter Dild, Jule und Jubilæums Akvavit.

Die skandinavischen Nachbarn ließen sich vom Aquavit inspirieren und entwickelten eigene Rezepte, sodass jedes Land heute seinen eigenständigen Stil reklamiert. In Norwegen verordnet man dem fertigen Brand gern etwas Fassreife, was ihm bestens bekommt.

Im Deutschland der frühen 1920er Jahre war Aquavit so erfolgreich, dass Aalborg, als die Exporte durch erhöhte Zölle und Beschränkungen unrentabel wurden, in die Offensive ging und 1924 Berlin zum Produktionsstandort machte, dem später Buxtehude folgte. Da die Bezeichnung »Aalborg« im Namen nicht erscheinen durfte, benannten die Erzeuger ihren nach dänischem Originalrezept gebrannten Aquavit nach ihrem eingeführten Logo »Malteserkreuz«. Die Flaschen mit dem weißen Kreuz sind seither fester Bestandteil der Spirituosenkultur Norddeutschlands. Noch heute ist jeder zweite Aquavit, der in der Gastronomie geordert wird, ein Malteser – immer wieder gern begleitet von dem Werbe-Dauerbrenner: »Man gönnt sich ja sonst nichts.«

Rundum Aquavit

Heute basiert Aquavit auf 96%igem Alkohol landwirtschaftlichen Ursprungs, das heißt er darf nur aus Ackerfrüchten destilliert sein. Die ersten Aquavits waren aus Getreide gebrannt. Doch als im 18. Jahrhundert die Kartoffel in Skandinavien heimisch wurde, stellte sich heraus, dass die stärkereiche Knolle in der Schnapserzeugung einen deutlich höheren Ertrag bringt als Korn. Viele Brenner entschieden sich deshalb gegen Getreide. Im Geschmack des fertigen Aquavit ist der Rohstoff unerheblich, seit die Verwendung von so hochprozentigem Alkohol vorgeschrieben ist, denn mit allen Unreinheiten werden auch die meisten Aromastoffe bereinigt. Umso größere Bedeutung hat die Würzmischung, die im zweiten Durchlauf zusammen mit dem Alkohol und Wasser gebrannt wird. Der Kümmelgeschmack ist wesentlich und muss bei einem Aquavit deutlich wahrnehmbar sein, so will es eine EU-Verordnung. Dill, Fenchel, Zimt, Koriander

und andere Zutaten können nur entsprechend zurückhaltend eingesetzt werden. Der Zusatz ätherischer Öle ist nicht erlaubt, doch natürliche und naturidentische Aromastoffe sind geduldet, solange der größte Teil des Aromas wie vorgeschrieben aus der Destillation von Kümmel- und/oder Dillsamen hervorgeht.

Eine an den zweiten Brand anschließende Ruhephase des Destillats von einigen Wochen bis mehreren Monaten erlaubt einem geringen Teil der Inhaltsstoffe, Esterverbindungen zu bilden. Durch diesen chemischen Prozess wird der Geschmack des noch jungen Aquavit runder, harmonischer. Zum Fassausbau, sofern er vorgesehen ist, dienen meist alte 500-Liter-Sherry-Fässer, deren Wein- und Holznoten sich mit den Kräuteraromen des Aquavit zu einem komplexen Ensemble verbinden. Die edelsten Qualitäten verbringen zehn Jahre und mehr im Holz und bekommen dabei auch eine angenehm

warme Farbe. Zu helle Aquavits dürfen stattdessen mit Zuckercouleur getönt werden.

Kümmel auf Abwegen

Was Fassreife mit einer unzustellbaren Lieferung zu tun hat? Nichts. Es sei denn, das Frachtgut sind Sherry-Fässer voll Aquavit, und der Bestimmungshafen liegt in Übersee, zum Beispiel in Australien. Dann wird es ärgerlich, wenn einem der Schwung Fässer, den man auf der anderen Erdhalbkugel nicht loswerden konnte, auf der Rückfahrt unerwartet immer noch den Frachtraum verstopft. Die nette Geschichte, die sich mit anderen Vorzeichen auch um so manchen Wein rankt, geht immer gut aus: Nach zweifacher Äquatorquerung wieder heil im Heimathafen zurück, bemerkt der erboste Kapitän die wundersame Wandlung des in diesem Fall weit gereisten Aquavit.

Mit Linie Aquavit fällt Norwegen aus dem Rahmen der Kümmel-Spirituosen. Nach der einst glücklich missglückten Zustellung hat sich die Firma entschlossen, diesen positiven Effekt sozusagen zu abonnieren und schickt seitdem ihre Aquavit-Fässer grundsätzlich auf Weltreise.

Skeptikern, die diese Harmonisierung an Bord bezweifeln, kann der Hersteller Arcus die Ergebnisse eines Experiments mit Aquavit-Fässern präsentieren. Dabei wurden die Bedingungen der Seereise an Land simuliert: fortgesetzte Schwankungen von Temperatur und Luftfeuchtigkeit, zum Teil mit Extremwerten, sowie die fortwährende Bewegung des Aquavit. Das Ergebnis sei überzeugend, aber weit entfernt von der Qualität eines echten Linie Aquavit gewesen, ließ Arcus abschließend verlauten.

So fährt bis heute jeder Tropfen Linie Aquavit 19 Wochen lang zur See – einmal Australien und zurück. Bei der gegenwärtigen Marktabdeckung sind nach Firmenangaben ständig über tausend Fässer Aquavit auf den Weltmeeren unterwegs, um ihrem Geschmacksbild ein positives Reiseerlebnis zu gönnen. Und die Reisedaten werden penibel auf der Rückseite des Etiketts vermerkt.

Links: Zurück von der langen Seereise absolviert der veredelte Linie Aquavit die moderne Abfüllanlage von Arcus in Oslo.

Rechts: Der ›Reisepass‹ einer Flasche Linie Aquavit

Wohltemperiert

Es ist vermutlich weniger eine Schnaps-als eine Charakterfrage. Die Dynamischen, Schnellentschlossenen trinken ihren Aquavit wohl eher kalt, am liebsten eiskalt und aus einem Shot-Glas oder aus einem Y-förmigen Kelch. Das dünne Glas, oft in der Tiefkühltruhe vorgeeist, entzieht der Flüssigkeit wenig Kälte. Greift man es am Stiel, bleibt der Aquavit umso eisiger. Die Gelassenen, Bedächtigen trinken vielleicht nur gelegentlich einen Aquavit, dafür auch Malt

Aquavit hat sich einen festen Platz als Essensbegleiter erobert. Skandinavischer Tradition verpflichtet, trinkt man ihn zu Krabben, Fischpastete und jedem Räucherfisch.

Whisky, Armagnac und Rum. Sie genießen bewusst. Deshalb gießen sie ihren Aquavit in einen Snifter oder ähnlichen kleinen Schwenker. Dort können sich die Aromen des zimmerwarmen Brands gut entfalten. Denn wahrscheinlich handelt es sich um eine längere Zeit fassgelagerte Qualität.

Hier von richtig oder falsch zu sprechen, täte beiden unrecht. Der Genießer vertieft sich in die komplexen Aromenschleifen, die das Sherry-Fass im kräftig gewürzten Aquavit hinterlassen hat. Die Kräuteraromen wurden mit den Jahren mild, zurückhaltend und deutlich subtiler. Der Sherry- und Holzton sorgt für Körper. Wie eindrucksvoll so heterogene Aromen zusammenspielen.

Daten zum Anstoßen

Traditionell ist der Aquavit in Dänemark und Skandinavien ein Gesellschaftsgetränk. In Norwegen wird er am Nationalfeiertag, dem 17. Mai, gereicht. In Schweden gehört er zum Abendessen an Mittsommernacht, gern von dem einen oder anderen Trinklied flankiert. Beim Dinner bieten sich schon Vorspeisen wie Hering, Krabben und Räucherfisch als Aquavit-Begleitung an, wobei der Hinweis nicht fehlen darf, dass ein Fisch schwimmen muss. Die Dillwürze in vielen Aquavits gilt hier als weiteres Argument.

Dänen trinken Aquavit an Weihnachten. Aber eigentlich auch zu jeder anderen sich bietenden Gelegenheit. Bemerkenswert oft werden die Gläser dabei auf ex geleert. Man führt das Glas zunächst zum Mund, hält inne, sieht der Reihe nach jedem Gegenüber in die Augen und prostet ihm gestisch zu. Nach einverständlichem »Skål« leeren die meisten ihr Glas in einem Zug und nehmen wie zur Bestätigung noch einmal Augenkontakt auf. Oft folgt dieser Aromenattacke am Gaumen ein Karlsborg oder Tuborg, was auch jene freut, die den Geschmack von Kümmel nicht zu lang verweilen lassen möchten. Das Bier jedenfalls neutralisiert den Gaumen. Oder bereitet ihn auf den nächsten Aquavit vor.

Ausgewählte Aquavits

Dänemark

Aalborg · Jubilæums Akvavit
»Lieferant des königlichen Hofs« wurden die Aalborg-Hersteller mit ihren Aquavits. Viel mehr kann eine einfache Spirituose kaum erreichen. Seit es Aquavit gibt, ist das norddänische Aalborg unangefochten zu seiner Hauptstadt aufgestiegen. Der Jubilæums Akvavit wurde 1946 zum 100. Geburtstag der Firma aufgelegt und ist seitdem einer der meistexportierten Aquavits. Am Gaumen zeigen sich Noten von Koriander, Anis und Zitrone. Auch ein Grund für den Exporterfolg ist das beim ›Jubi‹ besonders gelungene Zusammenspiel von Kümmel und Dill.

Norwegen

Linie Aquavit
Ein Verkaufsargument wie das des Linie Aquavit hätte die Konkurrenz auch gern. Vor seiner Abfüllung fährt jeder Liter mit dem Schiff bis nach Australien und zurück. Auf der langen Reise lagert er in alten Sherry-Fässern und nimmt deren Aromen auf. Das soll den Brand weicher und milder machen. Sein Erfinder Jørgen B. Lysholm war eigentlich Kaufmann und verschiffte Mitte des 19. Jahrhunderts einiges, darunter auch Kabeljau, nach Südamerika. Doch der Linie wurde schnell die erfolgreichste Marke des Unternehmens und bringt bis heute gute Umsätze. Deshalb hält man an der zweifachen Äquatorüberquerung fest. Linie Aquavit ist in seinem Charakter und seinem Ausdruck den meisten anderen Aquavits um einiges voraus.

Deutschland

Malteser Aquavit
Eigentlich wollte die Firma Aalborg nur die überhohen Importsteuern umgehen, als sie 1924 begann, den Malteser Aquavit in Berlin zu produzieren. Doch die schnell entschlossen geschaffene Auslandsmarke entpuppte sich als Langzeiterfolg. In den 1970er Jahren musste man eine zweite Produktionsstätte in Buxtehude errichten. Vielleicht ist es das angenehm zarte Zusammenspiel von Kümmel und viel Dill, das den Deutschen bei -18 °C so zusagt. Der Malteser kam, anders als viele vergleichbare Spirituosen, nie völlig aus der Mode. Der Anblick eines geeisten schlanken Malteser-Glases wirkt auf genügend Konsumenten einladend.

Deutschland

Bommerlunder
Um nicht abwaschen zu müssen bot ein französischer Reiter, der seine Rechnung nicht begleichen konnte, dem Wirt das Rezept für einen Schnaps an. Peter Schwennesen akzeptierte und wurde reich. Die Legende lokalisiert die Geschichte in das Dorf Bommerlund bei Flensburg und ins 18. Jahrhundert. Der Bommerlunder hat sich jedenfalls millionenfach verkauft. Ein aromatischer, etwas rustikaler Schnaps mit 38 % vol Alkoholgehalt, der es in seiner Kantigkeit schon zu Schlagerehren gebracht hat. Etwa als ihn die Düsseldorfer Toten Hosen in den 1980er Jahren zum Schinkenbrot empfahlen. Neben Kümmel wandern noch weitere Gewürze in die Destillation. Laut Herstellerangaben lässt sich das Ergebnis am besten kalt genießen. Eisgekühlter Bommi eben.

Deutschland

Helbing · Hamburgs Kümmel
Dieser 1836 von Johann Peter Hinrich Helbing geschaffene Kümmelschnaps ist die älteste Spirituose Hamburgs, einer Stadt, der es an Brauereien und Destillerien wahrlich nicht fehlt. Um 1900 standen mehr als 400 Mitarbeiter bei der »Helbingschen Dampf-Kornbrennerei und Presshefefabrik AG« in Lohn und Brot und nach dem verdienten Fabrikanten wurden sogar Straßen benannt. Zur Herstellung des Destillats werden »feinste Kümmelsamen« und »reinster Getreidealkohol« verwendet, und die gegenwärtigen Besitzer, die Familie Matthiesen, folgen dabei der – seit der Gründung vor mehr als 170 Jahren unveränderten – selbstverständlich geheimen Rezeptur.

Deutschland

Gilka · Kaiser-Kümmel
»Der Kurze von Berlin« ist ein frühes Beispiel für den Aufbau eines flotten Marken-Images. Als es der 38%ige aus dem in Berlin gegründeten Unternehmen 1836 dann irgendwie bis auf die Tafel des deutschen Kaisers geschafft hatte, war fast augenblicklich der Name »Gilka Kaiser-Kümmel« gefunden. Das Gespür für Hauptstadt-Marketing blieb bis heute wach. Auf dem Etikett zitiert ein Pinguin mit Pickelhaube und Monokel humorig die Hohenzollern-Zeit. Bei Werbeaktionen bekommt man auch schon mal Bröckchen der Berliner Mauer geschenkt. Kaiser-Kümmel wird doppelt destilliert und leicht gesüßt, wie man es in Berlin mag.

Klares aus Fernost

Pulver, Papier, Porzellan – die Chinesen waren den Europäern oft einige Schritte voraus. Und Wein aus Reis oder Früchten sollen sie schon vor 9000 Jahren getrunken haben. Spirituosen sind in China seit Jahrhunderten populär, kaum ein Kaiser oder Feldherr, der nicht auch für seine Trinkfestigkeit gerühmt wurde. Zwar behauptet sich die Erfindung des Brennapparats noch als arabisch-europäische Leistung, doch es sind chinesische Aufzeichnungen über Destillate aus der Yuan-Dynastie im frühen 14. Jahrhundert erhalten. Seither ist der Konsum kontinuierlich gestiegen und übersteigt den von Reiswein heute um das Sechsfache.

In Shanghai kann man im Museum einen bronzenen Brennapparat bestaunen, der in die Han-Dynastie um die Zeitenwende datiert wird. Unklar bleibt, ob damit auch Alkohol destilliert wurde. Ganz sicher wird Alkohol mit den Apparaturen und dem Wissen der Niederländer seit Beginn des 17. Jahrhunderts in China gebrannt. Von der Reisweinherstellung übernahmen die Brenner die Gärungstechniken. Mikrobiologische Vorgänge des Gärungsprozesses wurden erst nach Gründung der Volksrepublik China erforscht, sodass heute Temperaturkontrolle und der Ausbau einzelner Gebinde die Ergebnisse der Destillation verbessern konnten. Grundzutaten der Brände sind Kleie, auf verschiedene Weise vergorenes Getreide und natürlich Reis. Ihr Alkoholgehalt liegt bei mindestens 30, meist zwischen 55 und 60, selten bei 80 Volumenprozent.

Die meisten Brände werden einmal destilliert und wenig gefiltert. Daher sind sie für europäische Gaumen oft recht rau, wie zum Beispiel der Hirseschnaps Kao Liang Chiew. Rosenblätter gehören zu den typischen Aromaten beim Mei Kuei Lu Chiew, dessen Flaschen auf der Rückseite ein Rosenrelief als Qualitätsmerkmal zieren. Zu den beliebtesten Bränden gehört außerdem Luzhou. Hauptsächlich aus chinesischer Hirse, Weizen, Gerste und Reis gemacht, zeigt er ein duftiges Bukett. Die Zutaten werden teils vergoren, teils unvergoren zugesetzt und mitdestilliert. Fen, der zunächst in halb in die Erde eingelassenen Keramikgefäßen vergoren wird, ist ein eher neutraler Brand, am Gaumen süßlich und weich, im besten Fall mit einem aromatischen Nachhall. Dem Maotai gebührt der zumindest inoffizielle Rang des hochprozentigen Nationalgetränks. Es wird aus Hirse und einem weiteren Getreideanteil mit Wasser aus Bergbächen destilliert. Seine Aromen erinnern an Reis und manchmal an Zuckerguss. Premium-Brände reifen jahrelang in eingegrabenen Tongefäßen nach, die zu besonderen Anlässen wie Hochzeiten geöffnet werden.

Ein alkoholisches Getränk mit dem Namen Maotai lässt sich 2000 Jahre zurückverfolgen. Obwohl es seinen Ursprung tief in der feudalen Vergangenheit des Landes hat, wurde es zum Lieblingsgetränk von Generationen chinesischer Kommunisten und Bestandteil chinesischer Staatsbankette.

Mit Kweichow Maotai prosteten so illustre Gäste wie Margaret Thatcher und Kim Il Sung. Als einer der besten Tropfen gilt der Brand mit dem Wasser des Chishui-Flusses der südwestlichen Provinz Guizhou. Staatsgründer Zhou Enlai stieß damit 1949 auf die Gründung der Volksrepublik an und verbot höchstpersönlich jegliche Industrieansiedlung im Umkreis von 100 Kilometern.

Als sich dort im Zuge des ständig steigenden Maotai-Bedarfs der aufstrebenden Wirtschaftsnation Anfang des Jahrhunderts immer mehr, teils illegale Destillerien ansiedelten, meldete selbst die sonst so unbeteiligte offizielle Nachrichtenagentur Xinhua mit tiefer Besorgnis, dass die »Produktionsbasis bedroht« sei.

Shochu ist alles

Seite 428: Fernöstliche Klare genießt man pur oder gemischt, eisgekühlt oder gewärmt, Shochu auch mit salzigen Pflaumen oder in Cocktails.

Seite 429: Erste Wahl chinesischer Staatschefs ist Maotai (1. u. 2. v. l.); Fen Chiew (2. v. r.) aus Hirse und Chu Yeh Ching Chiew (1. v. r.) aus Bambus sind regionale Produkte.

Kein guter Brand ohne ansprechendes Äußeres. Das gilt für japanischen Iichiko, den Standard Shochu (2. v. r.), wie für Edelversionen mit Fassausbau. Abbildungen von Kalligrafien und Tuschzeichnungen betonen die aufwändige Herstellung.

Pur oder auf Eis? Das ist nicht die einzige Entscheidung, die einem Shochu-Trinker abverlangt wird. Japaner mixen ihren Lieblingsbrand ebenso gern mit Wasser – heißem oder kaltem – wie mit Sake, Jasmintee oder Campari. So modern, läuft der schon im 16. Jahrhundert destillierte Shochu in Japan dem Sake, der im eigenen Land als altmodisch gilt, den Rang ab – man findet in gutsortierten japanischen Spirituosengeschäften hunderte Marken – und weiß sich auch in westlichen Metropolen wie New York und London zu behaupten. Dort trifft vor allem sein viel gerühmter gesundheitlicher Nutzen auf Interesse.

Nachdem Shochu vor noch nicht allzu langer Zeit mit ernsten Imageproblemen zu kämpfen hatte, konnte er den unangenehmen Beigeschmack des Unterschichtengetränks erfolgreich überdecken. Der Drink der *oyaji,* der alten Männer, spricht heute vor allem Frauen mit urbanem Hintergrund an. Nach der Jahrtausendwende hat der Konsum von Shochu in Japan den von Sake übertroffen. Verschiedene gesundheitlich positive Aspekte wurden dem enthaltenen Enzym Urokinase zugeschrieben und verhalfen dem kalorienarmen Shochu auch in den USA zum Erfolg. Zudem hatte der 120 Jahre alte Japaner Shigechiyo Izumi im »Guinness' Buch der Rekorde« verlauten lassen, dass er täglich Shochu trinke.

Zur Herstellung von Shochu lässt man zunächst verschiedene Getreide mit Hilfe des Schimmelpilzes *koji (Aspergillus oryzae)* vergären. *Koji,* dessen Varietäten das Endprodukt geschmacklich beeinflussen, wird auch bei der Fermentierung von Reis zu Sake sowie von Soja eingesetzt. In erster Linie sind natürlich die verarbeiteten Grundzutaten für den Geschmack des Destillats verantwortlich. Gerste ergibt klare, schlanke Brän-

de, die auch im Fass gealtert werden. Süßkartoffeln bringen leicht erdig-torfige Aromen mit sich, die im besten Fall an Mandeln erinnern (die sprunghaft gestiegene Shochu-Nachfrage hatte Engpässe in der Süßkartoffelversorgung zur Folge). Brände aus Reis zeichnen sich dagegen durch eine süßliche Fülle aus. Die japanische Gesetzgebung erlaubt darüber hinaus Grundstoffe wie Sesam, Kastanien, Möhren oder Perilla bzw. Sesamblatt, einen ausgefallenen Lippenblütler, der das süßlich-minzige Perilla-Aldehyd enthält.

Shochu wird heute vorwiegend in kupfernen Brennblasen einfach gebrannt und dann auf etwa 25 % vol Alkoholgehalt reduziert. Abfüllungen mit 40 % vol und mehr sind ebenso selten wie doppelt destillierte Shochus, die eher neutral schmecken und aus diesem Grund weniger geschätzt werden.

Als bester Shochu gilt Awamori, der nur auf Okinawa und zwar aus zerstoßenem thailändischem Langkornreis gebrannt wird. Auch der schwarze *koji,* der die Gärung be-

sorgt, findet sich nur auf den südlichen Inseln. Im Verlauf der Gärung entstehen große Mengen Zitronensäure, weshalb die Maische auch bei feuchtem Tropenklima stabil bleibt. Gute Awamoris werden mehrere Jahre in unterirdischen Tongefäßen gelagert. Die berühmten, bis zu 300 Jahre alten Shochu-Vorräte sind 1945 bei der Schlacht von Okinawa restlos zerstört worden.

In Korea heißt das dem Shochu verwandte Nationalgetränk Soju und wird wohl seit den Mongolenkriegen um 1300 gebrannt. Im besseren Fall aus Reis, Weizen, Gerste oder Süßkartoffeln, kann Soju auch schlicht auf aromatisiertem Neutralalkohol beruhen und darf nicht mehr als 35 % vol Alkohol enthalten. Außerhalb der Landesgrenzen eher unbekannt, kann er sich mengenmäßig dennoch mit den Großen der Branche messen. In einer globalen Statistik von 2006 rangiert Jinro Soju vor Weltmarken wie Smirnoff und Bacardi auf dem ersten Platz. Insgesamt konsumieren 49 Mio. Südkoreaner sagenhafte drei Mrd. Flaschen Soju jährlich.

Irdene Flaschen verweisen nicht auf rustikale, sondern auf besonders wertvolle Abfüllungen. Chinesische Brände wie die Hirsebrände Kao Liang Chiew und Mei Kuei Lu Chiew (4. u. 5. v. l.) werden mit Auszügen von Rosenblättern aromatisiert.

Rum, Cachaça und Tequila

Auch bei Zuckerrohr kennt man verschiedene Sorten.

Gegenüber: Die Distillerie Fonds Préville bei Macouba auf Martinique, Heimat des Rhum J. M.

Seite 432: Ausgedehnte Zuckerrohrfelder liefern den Rohstoff für den Rum der Karibik und Südamerikas.

Kräftiges aus der Karibik

Mojitos, Daiquiris, Caipirinhas und Margaritas gehören heute zu den beliebtesten Drinks in den angesagten Bars der Welt. Ihr Siegeszug, der Anfang des 20. Jahrhunderts begonnen hatte, gewann in den letzten Jahrzehnten deutlich an Dynamik, nicht zuletzt dank der wachsenden Beliebtheit ihrer Herkunftsländer Kuba, Brasilien, Mexiko und der Karibischen Inseln als Reiseziele. Mit Salsa, Samba, Tango und Bossa nova eroberten heiße Rhythmen von dort Bars und Diskotheken, wo sie eine Stimmung schürten, die unwillkürlich den Wunsch weckte nach Drinks mit Rum, Cachaça oder Tequila.

Die Spanier und Portugiesen siedelten Zuckerrohr in Mittel- und Südamerika an, wo es beste klimatische Bedingungen vorfand und bald ein in Europa und in den USA begehrtes Handelsgut lieferte: den Zucker. Erst zu Beginn des 19. Jahrhunderts verschaffte die neue Entdeckung, Zucker aus Rüben herzustellen, europäischen Politikern die Möglichkeit, ihre Länder aus der Abhängigkeit vom kolonialen Zucker zu lösen, und die Rohrzuckermärkte erlitten Einbußen. Damit verlagerten die Plantagenbesitzer ihr Interesse noch stärker auf einen ehemaligen Nebenerwerbszweig, der schon seit Jahrhunderten Zuwachsraten verzeichnete: den Rum.

Beim Zuckersieden fällt ein süßes, zähflüssiges, sich im Tropenklima rasch zersetzendes ›Abfallprodukt‹ an: die Melasse. Vergoren und destilliert, wurde sie zum hochprozentigen Rauschmittel, das den Kolonialalltag ertragen half. Seit damals hat Rum einen weiten Weg zurückgelegt. Mit den ab dem 17. Jahrhundert wechselnden Besitzern der Karibik-Inseln erschlossen sich die Märkte Englands, Hollands, Frankreichs, Dänemarks und der USA. Von dort breitete sich das neue Getränk unaufhaltsam aus. Aber auch vom Festland Mittel- und Südamerikas ergriff es Besitz. In Mexiko ist Rum vermutlich noch vor Tequila gebrannt worden, Guatemala, Nicaragua, Venezuela und Guayana folgten.

In Brasilien konnte sich neben der Rumproduktion aus vergorener Melasse die Herstellung auf der Grundlage von Zuckerrohrsaft durchsetzen. Das daraus gewonnene *aguardente de cana* wurde als Cachaça bekannt und avancierte als Caipirinha, vermischt mit Limettensaft und Zucker, zum Nationalgetränk. Auch auf den französischen Inseln Martinique, Guadeloupe und Haiti destillierte man Zuckerrohrwein, nannte ihn weiterhin Rum und genoss ihn vor allem als Ti'Punch.

Wo immer Zuckerrohr gedeiht, wird daraus früher oder später Rum gebrannt, sei es in Indien und Nepal, auf den Philippinen und den Kanarischen Inseln, in Australien oder in China. Doch erst seit sich der raue Rachenputzer zum klaren, weichen, dezenten Alkohol zähmen ließ, der sich hervorragend zum Mixen eignet, kennt seine Beliebtheit buchstäblich keine Grenzen mehr. In den letzten Jahren wächst zudem das Interesse an lange im Fass gereiften, komplexen und charaktervollen Edelbränden mit intensivem Geschmack.

In Mexiko wurde Rum von dem aus Agaven gebrannten Tequila auf den zweiten Platz verwiesen. Auch das mexikanische Nationalgetränk feierte international Erfolge, und mittlerweile sind hier vergleichbare Tendenzen zu beobachten: neben Marken, die einen erheblichen Anteil an weißem Rum enthalten, finden hochwertige, hundert Prozent reine Agavenbrände immer mehr Anhänger. Qualität geht vor Quantität.

Map callouts:
- 1555: Pirat Jacques de Sores plündert Havanna.
- 1492: Kolumbus landet auf San Salvador.
- 1680: Henry Morgan brennt Rum auf Jamaika.

Abenteuer Karibik

1492 Christoph Kolumbus entdeckt die Antillen, er landet auf San Salvador.

1493 Kolumbus führt das Zuckerrohr ein.

1536 Pedro Campo entdeckt Barbados.

1555 Jacques de Sores plündert Havanna.

1572 Francis Drake attackiert zwei Häfen bei Panama.

1586 Francis Drake greift Cartagena an.

1625 Die Briten nehmen Barbados in Besitz.

1628 Die Niederländer in Tobago nach dem Überfall auf einen spanischen Silbertransport

1634 Die Niederländer übernehmen Curaçao.

1636 Die Franzosen übernehmen Martinique und Guadeloupe.

1642 Peter Stuyvesant wird Gouverneur von Curaçao und den Nachbarinseln.

1655 Den Matrosen der Royal Navy wird eine Tagesration von einem Pint Rum zugestanden.

1670 Henry Morgan überfällt Kuba.

1671 Die Dänen besetzen St. Thomas.

1674 Henry Morgan wird begnadigt, geadelt und Lieutenant Gouverneur von Jamaika, wo er ab 1680 Rum brennt.

1694 Père Labat, Vater des guten *rhum,* kommt nach Martinique.

1703 Gründung der Mount Gay Distillery auf Barbados

1718 Der britische Gouverneur auf den Bahamas bekämpft die Piraten; Tod des Piraten Blackbeard.

1733 Die Britische Krone besteuert Melasse-Importe in Neu-England.

1739 Admiral Edward Vernon erobert Puerto Bello.

1740 Vernon verordnet mit Wasser vermischte Rumrationen in der Royal Navy.

1767 Erster Rumexport von St. Thomas nach Flensburg

1797 Die Briten übernehmen Trinidad.

1850 Die Rumration in der Royal Navy wird auf ein achtel Pint pro Tag reduziert.

1862 Bacardi gründet eine Destillerie in Santiago de Cuba.

1865 Die Sklaverei in den USA wird abgeschafft.

1880 Kuba schafft die Sklaverei ab.

1899 Die Spanier müssen Kuba aufgeben.

1902 Ausbruch des Mont Pelée auf Martinique, 26 000 Menschen finden den Tod.

1929 Ernest Hemingway besucht erstmals Havanna.

1934 Bacardi errichtet die Destillerie auf Puerto Rico.

1944 Die Rum-Marke Captain Morgan wird in Jamaika gegründet.

1959 Fidel Castro wird Staatschef von Kuba.

1993 Pernod Ricard und eine kubanische Staatsfirma vermarkten die Rum-Marke Havana Club.

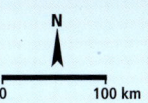

N
0   100 km

Atlantischer

Ozean

Karibische

See

1934: Bacardi errichtet die Destillerie auf Puerto Rico.

1767: Erster Rumexport von St. Thomas nach Flensburg

1703: Gründung der Mount Gay Distillery auf Barbados

1642: Stuyvesant wird Gouverneur von Curaçao.

DOMINIKANISCHE REPUBLIK

to Plata
Cabarete
Santiago de los Cabelleros
La Vega
Cotui
Samaná
Sábana de la Mar
Miches
El Seibo
Villa Altagracia
Higüey
La Romana
Punta Cana
Azua
Santo Domingo
San Pedro de Macorís
Boca de Yuma
Bani
rahona
Isla Mona

PUERTO RICO (USA)
Aguadilla
Arecibo
San Juan
Bayamón
Mayagüez
Utuado
Caguas
San Germán
Ponce
Fajardo
Isla de Vieque
Cabo Rojo

BRITISH VIRGIN ISLANDS (GB)
Charlotte Amalie
St. Thomas
Tortola
St. John
Virgin Gorda
Anegada
St. Croix
VIRGIN ISLANDS (USA)
Virgin Passage
Anegada Passage

Sombrero
ANGUILLA (GB)
Anguilla
St-Martin (F)
Sint Maarten (NL)
St-Barthélemy
NIEDERL. ANTILLEN (NL)
Saba
Sint Eustatius
Barbuda
St. Kitts
ST. KITTS & NEVIS
Basseterre
Nevis
Redonda
ANTIGUA & BARBUDA
St. John's
Antigua
MONTSERRAT (GB)
Guadeloupe Passage
Grande Terre
La Désirade
GUADELOUPE (F)
Basse Terre
Basse-Terre
Pointe-à-Pitre
Marie-Galante
Les Saintes
Dominica Passage
Portsmouth
Roseau
DOMINICA
Martinique Passage
Ste-Marie
Fort-de-France
MARTINIQUE (F)
St. Lucia Channel
Castries
ST. LUCIA
Vieux Fort
St. Vincent Channel
Kingstown
Georgetown
ST. VINCENT
BARBADOS
Speightstown
Bridgetown
Bequia
Mustique
ST. VINCENT & THE GRENADINES
Mayreau
Canouan
Union Island
Petit St. Vincent
Carriacou
Petite Martinique
GRENADA
St. George's

Kleine Antillen

ARUBA
Oranjestad
Aruba
NIEDERL. ANTILLEN (NL)
Noordpunt
Curaçao
Bonaire
La Macolla
Peninsula de Paraguana
Willemstad
Kralendijk
Adicora
Punta Manzanillo
Islas los Roques
Isla Orchilla
Isla Blanquilla
Los Testigos
Punto Fijo
Coro
Dabajuro
Churuguara
S. Luis
R. Pedregal
R. Tocuyo
Tucacas
Golfo Triste
Puerto Cabello
Mirimire
Catia la Mar
Cabo Codero
La Asuncion
Isla Margarita
Porlamar
Peninsule de Araya
Cumaná
San Juan de los Galdonas
Carúpano
Casanay
Caripito
Maturín

olf von enezuela
Urumaco
San Felipe
Caracas
Guarenas
Guenas
Maracay
Sta. Teresa del Tuy
Puerto La Cruz
Barcelona
Valencia
San Juan
Cua
Altagarcia de Orituco

Tobago
Charlotteville
Scarborough
TRINIDAD & TOBAGO
Port of Spain
Sangre Grande
Trinidad
Golfo de Paria
Rio Claro
Bonasse
San Fernando
Boca de la Serpiente

Carora
Barquisimeto
Yaritagua
Tinaco

V E N E Z U E L A

Isla de Tortuga
Puerto La Cruz

and Turk Island
ckburn Town
ks Islands
ouchoir Passage

Piraten und Teufelstöter

Christoph Kolumbus (1451–1506), der Entdecker Amerikas, bei seiner ersten Landung auf Guanahani am 12.10.1492; Kupferstich von Theodor de Bry (1528–1598); aus: H. Benzoni, Historien, America pars quarta, Frankfurt a. M. 1594

Als Kolumbus 1492 seinen Fuß auf die Antillen-Insel San Salvador setzte, begann dort ein Zeitalter, in dem Zucker und Rum eine bedeutende Rolle spielen sollten, denn Kolumbus ebnete dem Zuckerrohr den Weg in die Karibik. Schon im 16. Jahrhundert entdeckte man auf den Zuckerrohrplantagen, dass sich aus der Melasse, einem Abfallprodukt, Schnaps brennen ließ. Diesen rauen, ruppigen Brand verabreichte man anfangs nur Sklaven und Vorarbeitern als betäubenden Lohn für ihre Schwerstarbeit, während sich die begüterten Kolonialherren lieber an Importe aus Europa hielten.

Zu den ersten, die einen Markt für feineren Rum sahen, gehörten die Niederländer, die unter Gouverneur Johann Moritz ihre Position im Norden Brasiliens ab 1636 ausweiteten und das Land unter ihre Kontrolle zu bringen suchten. In der Herstellung von Branntweinen und deren Handel erfahren,

erkannten sie den Profit, den der Schnaps aus Zuckerrohr versprach. Als sie 1654 von den Portugiesen vertrieben wurden und in anderen Kolonien in der Karibik Zuflucht suchten, hatten sie das Wissen um die Brenntechnik im Gepäck …

In seiner rustikal destillierten Urform war Rum bald als Teufelstöter verschrien, als *kill-devil* oder *guildive*. Auf Kreolisch sprach man von *rumbullion*, was sich sowohl auf die gekochten Stengel als auch auf eine Verballhornung des Wortes *rébellion* – wörtlich Tumult – und damit auf den Rumrausch beziehen kann. Letztlich bleibt der Ursprung des Namens Rum ungeklärt, doch um 1660 bürgerte er sich überall in der Karibik ein, ganz gleich welcher Nation die Kolonialherren angehörten.

Rum und Meuterei

Die Spanier hatten sich im Vertrag von Tordesilla 1494 Süd- und Lateinamerika gesichert – mit Ausnahme des portugiesischen Brasilien. Die Ausbeutung der Silberminen in Peru und Mexiko lieferte der Spanischen Krone den größten Gewinn, doch die mit Barren hoch beladenen Segelschiffe weckten schnell die Begehrlichkeit der Seeräuber. Ab 1560 wurden daher große Konvois organisiert, die – von Kriegsschiffen eskortiert – den Rückweg nach Europa gemeinsam antraten. Sie sammelten sich bei den Kleinen Antillen, steuerten durch den Kanal von Yucatán zwischen Mexiko und Kuba hindurch, um dann an den Bahamas vorbei Kurs auf Sevilla, später auf Cadiz zu nehmen. Piraten und Freibeuter ließen sich davon nicht abschrecken. Im Gegenteil.

Die Vormachtstellung des katholischen Spanien in Lateinamerika und in der Karibik konnten die protestantischen Königreiche England und die Niederlande nicht widerspruchslos hinnehmen, doch selbst Frankreich tat sich damit schwer. Da keines dieser Königreiche im 16. und 17. Jahrhundert über genügend Schiffe gebot, um dagegen anzugehen, verfielen sie auf eine üble Notlösung: Sie verteilten Freibriefe, mit denen Kapitäne jegliche Beute behalten konnten, sofern dem spanischen Gegner nur genug Schaden zugefügt wurde. Geschäftsleute und Adlige spekulierten auf atemberaubende Schätze und finanzierten die Freibeuter. Einer der gefürchtetsten war Francis Drake, dessen erste Überfälle auf spanische Posten und Häfen 1572 bei Panama stattfanden. Matrosen waren damals wenig mehr als Sklaven, sie waren eiserner Disziplin und brutalen Strafen ausgesetzt, während Schiffseigner und Händler oft sagenhafte Reichtümer einstrichen. Einziger Trost unter Deck war der Rum, der seit dem 17. Jahrhundert zum unverzichtbaren Proviant gehörte, zumal alles andere an Bord ohnehin nur mit äußerster Vorsicht zu genießen war.

Vielleicht machte Rum den Matrosen Mut, denn die Blütezeit der Piraterie fällt in die Jahrzehnte von 1640 bis 1680. In der Karibik, fern von den regierenden Mächten, erlagen nicht wenige Mannschaften der Versuchung, sich von der Knechtschaft zu befreien, um auf eigene Faust zu plündern. Dabei waren die Piraten erstaunlich oft demokratisch organisiert und wählten ihren Anführer selbst, der im Kampf beispielhaft aufzutreten und anschließend die Beute gerecht zu verteilen hatte.

Zu Ruhm und Adel gelangte der um 1635 in Wales geborene Henry Morgan, der nach eigenem Gusto mal Freibeuter, mal Pirat war. Vom Gouverneur Jamaikas erhielt er 1668 einen ersten offiziellen Auftrag, die Lage auf Kuba zu erkunden. Obendrein plünderte er die Häfen Puerto Principe auf Kuba und Puerto Bello in Panama, wobei sowohl der Gouverneur als auch die Englische Krone seine grausamen Eskapaden ignorierten. Als Befehlshaber der Flotte Jamaikas überfiel er 1670 Kuba, setzte Segel nach Panama, eroberte die Hauptstadt und erbeutete dabei 100 000 Pfund Sterling. 1672 fiel er in Ungnade, wurde gefangen und nach England gebracht, wo ihn Charles II. zwei Jahre später in den Ritterstand erhob und als Lieutenant Gouverneur zurück nach Jamaika sandte. Angeblich begann er dort 1680, acht Jahre vor seinem Tod, Rum zu brennen. Ihm zu Ehren taufte man 1944 einen Rum »Captain Morgan«, der allerdings heute auf Puerto Rico erzeugt wird.

Robert Louis Stevenson soll für den 1883 erschienenen Roman »Die Schatzinsel« auf Edward Teach zurückgegriffen haben, der als Blackbeard ab etwa 1700 sein Unwesen von Nassau aus trieb. Vor jedem Überfall soll er Lunten in seinen schwarzen Bart gesteckt haben, damit sie darin glühten und qualmten. Vielen Händlern flößte der Anblick solche Furcht ein, dass sie sich sofort ergaben. Als Blackbeard 1718 vor der Küste Virginias gestellt wurde, prostete er seinem Gegner mit einem Krug Rum zu, bevor er sich in den Kampf stürzte. Er erlitt fünf Schuss- und zwanzig Säbelwunden, ehe er starb.

Der Pirat Blackbeard, eigentlich Edward Teach, getötet am 03.12.1718; Kupferstich von B. Cole, aus: Daniel Defoe, A general history of the robberies and murderers of the most notorious pirates, 1725

Der zechende Sir Henry Morgan, Piratenführer und Vizegouverneur von Jamaika (um 1635 bis 1688); Stahlstich nach einer Zeichnung von Alexander Debelle (1805 bis 1897), aus: P. Christian, Histoire des Pirates, Paris 1846-1852

Fifteen men on a dead man's chest
Yo ho ho and a bottle of rum
Drink and the devil had done for the rest
Yo ho ho and a bottle of rum.

Fünfzehn Mann auf des Toten Truh,
jo ho ho und 'n Buddel voll Rum.
Versoffen und beim Deubel ist die ganze Crew,
jo ho ho und 'n Buddel voll Rum!

Robert Louis Stevenson behauptete, die Idee zu seinem Abenteuerroman »Die Schatzinsel« sei ihm beim Lesen von »At Last: A Christmas in the West Indies« (Charles Kingsley, 1871) gekommen, wo eine Pirateninsel in der Karibik namens Dead Man's Chest erwähnt wird.

Sklavenhandel und Unabhängigkeit

Zuckerrohrernte auf Kuba; französischer kolorierter Holzstich aus der zweiten Hälfte des 19. Jahrhunderts

Keine andere Spirituose ist mit so viel Grausamkeit verbunden wie der Rum. Die Sucht der Europäer nach Süßem, gesteigert durch die neuen Getränke Schokolade, Kaffee und Tee, machte den Zuckerexport im 18. Jahrhundert zur Goldgrube. Die Zuckerrohrplantagen der Karibik florierten, nicht zuletzt dank billiger Arbeitskräfte: Sklaven. Nach der Entdeckung der Neuen Welt inszenierten die Europäer den berüchtigten transatlantischen Dreieckshandel, wo an je-

dem Umschlagplatz neuer Profit wartete. Bezogen auf den Rum lief er folgendermaßen ab: Aus der Karibik wurde Rum, vor allem aber Melasse nach Neu-England verschifft, wo man sie destillierte. Mit Rumfässern beladen segelten die Schiffe weiter nach Westafrika, wo man den Schnaps teuer verkaufte und als neue Fracht Sklaven an Bord nahm. Nun setzte man Kurs auf die Karibik, um die überlebenden Sklaven an Plantagenbesitzer zu verkaufen. Millionen von

Afrikanern verloren ihre Heimat, gingen erbärmlich zugrunde oder fristeten ein menschenunwürdiges Dasein, bis endlich im 19. Jahrhundert die Sklavenhaltung abgeschafft wurde. Heute stellen die Nachkommen der Sklaven die Mehrheit der karibischen Bevölkerung.

Rum als Politikum

In den englischen Kolonien der amerikanischen Ostküste war Rum nicht nur ein geschätztes Getränk. Da die französischen Inseln Martinique und Guadeloupe nur begrenzt Rum nach Frankreich verschiffen durften, damit Wein und Cognac keine Konkurrenz erwuchs, kam Neu-England als neuer Absatzmarkt für die Melasse, direkt oder über holländische Zwischenhändler, wie gerufen. Die Brennereien dort produzierten so reichlich Rum, dass damit nicht nur die Indianer ›überschwemmt‹ wurden, sondern auch die Glieder des Sklavenhandels, in dem die Neu-Engländer führend waren, perfekt ineinandergriffen.

Dieses Geschäft mit dem französischen Erzfeind war der Britischen Krone ein Dorn im Auge. Bereits 1733 versuchte sie, es durch Zölle zu sabotieren. Als dies nicht den gewünschten Erfolg hatte, verschärfte sie 1763 mit dem Sugar Act Kontrollen und Abgaben und weckte Protest in den ostamerikanischen Kolonien. Noch vor dem Tee war es also der Rum, der das Verlangen der Amerikaner nach Unabhängigkeit schürte!

Ausgabe der täglichen Rumration auf dem britischen Marinekreuzer HMS Endymion im Jahr 1905

Tot und Grog

Den Schiffsbesatzungen wurden im 17. Jahrhundert tägliche Rumrationen zugestanden. Die Matrosen der Royal Navy erhielten von 1655 an zweimal pro Tag ihr *tot,* ein halbes Pint Rum (einen guten Viertelliter). Der Zahlmeister, *purser,* schenkte einen dunklen, schweren Rum aus, der als Pusser's bekannt wurde. Er ersetzte die tägliche Gallone Bier, das in der karibischen Hitze zu schnell verdarb. Bis 1740 wurde der Rum pur verteilt und pur getrunken. Dann befahl Admiral Edward Vernon, der im Jahr zuvor in Puerto Bello bei Panama einen sensationellen Sieg errungen hatte, Rum dürfe nur noch mit Wasser vermischt ausgegeben werden. Er war davon überzeugt, dass die gleiche Menge Schnaps verdünnt konsumiert weniger Trunkenheit bewirke. Außerdem ordnete er an, dass jene, »die gute Arbeiter sind, extra Zitronensaft und Zucker erhalten, die ihn angenehmer für sie machen.« Weil Vernon bei schlechtem Wetter einen Umhang aus *grogram,* einem groben Tuch, trug, nannten ihn seine Seeleute »Old Grog«, entsprechend hieß die befohlene Mischung missfällig *grog.* Ein Grog war also ursprünglich kalt und bestand aus Pusser's Rum, Wasser, Zitronensaft und Zucker. Über 300 Jahre, bis 1970, blieb die tägliche Rumration in der Royal Navy Usus, auch wenn sie von 1850 an auf $1/8$ Pint pro Tag, also einen guten Dreifachen reduziert worden war.

Zuckerrohrverarbeitung auf Kuba; Lithografie von Justos Cantera, in: Vistas de los principales ingenios de Cuba, 1857

Aufstieg der Carta Blanca

Das 19. Jahrhundert bescherte dem Zuckerrohranbau und der Rumproduktion drastische Krisen. Napoleon I. verhängte 1806 die Kontinentalsperre gegen England und blockierte mit den Kolonialwaren auch die Zuckerlieferungen aus der Karibik. Doch eine Alternative stand schon bereit: 1747 hatte Andreas Sigismund Marggraf den hohen Zuckergehalt der Runkelrübe entdeckt, aus der sein Schüler Franz Carl Achard die Zuckerrübe züchtete. Die erste Rübenzuckerfabrik wurde 1801 in Schlesien errichtet. Schnell bereitete der Rüben- dem Rohrzucker ernsthafte Konkurrenz. Den karibischen Zuckererzeugern wurden strikte Quoten auferlegt, was für die Antillen eine wirtschaftliche Katastrophe bedeutete. Viele Zuckerrohrplantagen samt Brennereien waren ruiniert.

Parallel dazu wurde im 19. Jahrhundert der Rum gesellschaftsfähig. In den Vereinigten Staaten erwuchs ihm zwar im Bourbon ein heftiger Widersacher, doch in Europa galt es als schick, einen kalten oder heißen Rum-Punsch zu trinken. Vor allem englische, holländische und dänische Händler, die oft eigene Brennereien auf den Inseln betrieben, boten einen Rum an, den sie selbst alterten, verfeinerten, färbten oder verschnitten. Lamb, Old Holborn oder Pusser's kannte man in England, Pott der Gute und Der alte Hansen kamen aus dem damals dänischen Flensburg. In Frankreich bestellte man mit Vorliebe Negrita.

Bald hatten es nicht nur Händler und Seeleute heraus, dass und wie sich Rum in Holzfässern verbesserte. Auch auf den Inseln ging man daran, zwischen frisch gebranntem Schnaps und gealtertem, mit Karamell gefärbtem zu unterscheiden. Der Sklavenbefreier und Abgeordnete Victor Schoelcher

Im 19. Jahrhundert erleichterten Dampfmaschinen die Zerkleinerung des Zuckerrohrs. Hier ein Blick in die Distillerie Dillon, Fort-de-France.

definierte 1842 auf Martinique den ersten als Tafia und nur den zweiten als Rum.

Mit der Abschaffung der Sklaverei zwischen 1833 und 1888 brach für die Karibik eine neue Epoche an, in der die Großplantagen verschwanden. Was Zuckergewinnung und Rum betraf, sorgten Dampfmaschinen und -destillerien in den 1860er Jahren für eine Revolution. Die Zuckerkrise führte dazu, dass Rum ökonomisch an Wert gewann und zum Ende des Jahrhunderts auf manchen Inseln den Zucker als Exportschlager abgelöst hatte.

Auf Martinique, Guadeloupe und Marie-Galante gingen die kleinen Pflanzer auf ihre Weise mit der Krise um, indem sie begannen, den Zuckerrohrsaft direkt zu vergären und zu brennen: der *Rhum agricole* war geboren. Über Jahrzehnte gelangte er nicht in den Handel, sondern wurde nur von den Einheimischen getrunken. Erst in letzter Zeit findet seine besondere Qualität die verdiente Anerkennung.

Seit den 1870er Jahren wurde Europa von der Reblaus heimgesucht, die fast alle Weinstöcke vernichtete. Die Folge war nicht nur weniger Wein, sondern auch weniger Alkohol, ein Bedarf, den die Rum-Destillerien nur zu gern decken halfen. Kaum begannen resistente Rebstöcke wieder normal zu tragen, brach der Erste Weltkrieg aus, und so mancher Soldat versuchte mit Rum seinen Mut zu finden. Nach dem Krieg litt auch der Rum an den Wirtschaftskrisen, und als es im Zweiten Weltkrieg zu radikalen Umstrukturierungen kam, waren Hunderte kleiner Destillerien zur Aufgabe gezwungen.

Stilwandel

Zuvor hatte abermals ein Stilwandel stattgefunden. Der aus Katalonien nach Kuba ausgewanderte Weinhändler Don Facundo Bacardi Massó suchte das Herstellungsverfahren von Rum weiter zu optimieren, bis es ihm gelang – vor allem dank einer Coffey-Destillier-Kolonne und durch das Filtrieren mittels Holzkohle –, statt des schweren, derben Destillats einen hellen, leichten und weichen Geist zu erzeugen. Dieser Ron Superior, wegen seines weißen Etiketts Carta Blanca ge-

Die alte Bacardi-Brennerei in Santiago de Cuba

nannt, fand in Spanien und in den spanischen Kolonien schnell begeisterte Nachahmer. Infolge des Befreiungskrieges der Kubaner gegen die spanische Kolonialmacht kam es 1898 zum Krieg zwischen den USA und Spanien. Während ihrer Stationierung auf der Insel fanden die amerikanischen Soldaten Geschmack an dem leichten kubanischen Rum, besonders, wenn er mit Cola, Zitrone und Eis gemischt war. Als Toast riefen sie beim Zuprosten den Kampfruf ›Cuba libre!‹, womit der populärste Longdrink der Welt seinen Namen hatte.

Als Ende 1920 in den USA die Prohibition in Kraft trat, florierte der Schmuggel von Kuba aus, auf Schiffen, die als Rum-Row-Flotte in die Geschichte eingingen. Rum wurde zur Basis vieler neuer, ›unverdächtiger‹ Cocktail-Rezepte. Nach Aufhebung der Prohibition 1933 konnte die Lust am Cocktail und Longdrink ungehindert wachsen. Als gut zu mixende helle Spirituose gewann Rum internationale Bedeutung, während es dunkle Brände oft schwer hatten. Daiquiri, Mojito und der auf Cachaça basierende Caipirinha halten bis heute die Nachfrage hoch. Jüngst zeigt sich ein zunehmendes Interesse an aromatisch reizvolleren, komplexeren und dunkleren Qualitäten. Mit Gewürzen aromatisierte und gereifte goldene Rums verzeichnen vielversprechende Zuwachsraten. Zugleich wächst die Zahl der *aficionados,* die erkannt haben, dass alte und Jahrgangsrums zu den komplexesten und raffiniertesten Destillaten der Welt zählen. Das raue Feuerwasser der Sklaven und Piraten hat einen weiten Weg zurückgelegt!

Don Facundo Bacardi jr. verfeinerte den von seinem Vater entwickelten sanften, weißen Rum.

La Habana

Wenn man nur eine Stunde Zeit in Havanna hätte, am Malécon sollte man sie verbringen! Promenade und Deich zugleich, spannt sich die sieben Kilometer lange Uferstraße wie ein Bogen an der Bucht von Havanna um Altstadt, Zentrum und Vedado. Hier ist der zwanglose Treff für Jung oder Alt, Singles oder Paare. Hier kann man Beine und Seele baumeln lassen, fischen und schwimmen, plaudern, Musik machen oder ihr lauschen, hier gehört man dazu. Am Abend ist dies der schönste Platz der Stadt, um die Sonne untergehen zu sehen.

Nur wenige Schritte weiter befindet man sich mitten in Habana Vieja, mitten in dem Gemisch von alten Festungen und Kirchen, Palästen und Herrenhäusern, weiten Plätzen, *avenidas* und engen Gassen, wo Luxus auf Armut, glanzvolle Erneuerung auf trostlosen Verfall trifft.

Auch wenn viele herrschaftliche Gebäude aus der Kolonialzeit inzwischen in kulturelle Zentren verwandelt wurden, ist Havanna doch alles andere als ein Museum. In den verwinkelten Gassen pulsiert das Leben genau so, wie man es sich immer vorstellt: überall hört man lateinamerikanische und karibische Rhythmen, und abends ziehen sich die Gruppen in Clubs und Bars zurück, wo die Nacht noch lange nicht zu Ende ist.

Bedrohliche Blüte

Im letzten Jahr des 19. Jahrhunderts gelang es den Kubanern, sich von den spanischen Kolonialherren zu befreien, allerdings mussten sie dazu die Hilfe der Amerikaner in Kauf nehmen, die daraufhin für die nächsten 60 Jahre den Ton in Politik und Wirtschaft angaben. Als in den USA ab 1929 die Prohibition keineswegs den gewünschten Erfolg zeitigte, wurde Havanna zu einem beliebten Reiseziel, wo der Alkohol nicht das einzige Laster war, dem man ungehemmt frönen konnte. Ab den 1930er Jahren begannen Luxushotels und protzige Casinos das Stadtbild zu prägen, zugleich bestach die Mafia hinter den Kulissen die führende politische Clique und machte Havanna zur Hochburg

Der Malécon ist der beliebteste Treffpunkt in Kubas Hauptstadt.

von Glamour, Glücksspiel, Drogen und Prostitution. Diesen zweifelhaften Ruf bewahrte die Stadt auch nach dem Zweiten Weltkrieg, womit sie eine verhängnisvolle Anziehungskraft auf die Reichen, die Schönen und die Blender ausübte. Außerhalb der nicht enden wollenden Party verarmte die einheimische Bevölkerung unaufhaltsam, Korruption und soziale Missstände blühten. Nach anfänglichen Fehlschlägen gelang es 1959 einem jungen Rechtsgelehrten und seinen Guerilleros, nicht nur den Diktator Batista zu vertreiben: Fidel Castro fegte auch das marode System beiseite. Ein Umsturzversuch der USA scheiterte 1961, das Handelsembargo, das sie daraufhin gegen Kuba verhängten, besteht bis heute.

Papas Daiquiri

Ernest Hemingway kam 1929 zum ersten Mal nach Havanna und war sofort von der Stadt fasziniert. Als er drei Jahre später zum Schwertfischfang nach Kuba zurückkehrte, ließ ihn La Habana nicht mehr los. Er quartierte sich im Zimmer 511 des eleganten Hotels Ambos Mundos ein, von wo er den traumhaften Blick an der Kathedrale vorbei aufs Meer genoss. Über Jahre blieb er Hotel und Zimmer treu und gab dort seinem Roman »Wem die Stunde schlägt« den letzten Schliff.

An der lebendigsten Altstadtgasse, der Calle Obispo, logierend, hatte es Hemingway nicht weit zu seinen beiden Lieblingsbars.

Er bevorzugte seinen Rum auf zweierlei Art. In La Bodeguita del Medio an der Empedrado, die über die Jahre ihren Charme eingebüßt hat, bestellte er Mojito. Stand ihm der Sinn nach Daiquiri, ging er nur die Obispo zur Floridita hinauf, wo dieser Drink schon damals als Spezialität galt. Als er den Cocktail aus weißem Rum, Limettensaft, Zuckersirup und zerstoßenem Eis dort zum ersten Mal probierte, meinte er: »Nicht übel, doch ich würde ihn ohne Zucker und mit doppelt so viel Rum vorziehen.« Cantinero Constante kam seinem Wunsch nach und servierte mit den Worten: »Da ist er, Papa!« – und Papas Daiquiri war geboren. Mit etwas Grapefruitsaft und einem Schuss Maraschino abgerundet, wird er bis heute als Hemingway Special in der noch immer reizvollen Floridita serviert.

Heiße Rhythmen scheinen die Kubaner Tag und Nacht zu begleiten.

In der Floridita, der Wiege des Daiquiri, hat schon Ernest Hemingway gern getrunken.

Grundstoff Zuckerrohr

Ohne dieses tropische Gras gäbe es keinen Rum. Heute pflanzt man Züchtungen aus dem ertragreichen *Saccharum officinarum*, dem Echten Zuckerrohr, und den widerstandsfähigeren Wildsorten *Saccharum robustum* und *Saccharum spontaneum*, die alle positiven Eigenschaften der Ausgangspflanzen in sich vereinen. Wenn Zuckerrohr reift, bildet sich im Innern der stabilen Halme ein weiches Mark, in dem die Pflanze ungewöhnlich viel des in der Fotosynthese erzeugten Zuckers speichern kann.

Die ursprüngliche Heimat des Zuckerrohrs ist das tropische Neu-Guinea, von wo es sich über die Philippinen bis nach Indien und China verbreitete. Von Indien gelangte es nach Persien, wo man schon 600 n. Chr. ein Verfahren entwickelte, um den eingedickten Rohsaft von vielen unerwünschten Stoffen zu reinigen, den Zucker also zu raffinieren, und ihn zu konischen Formen zu pressen: die ersten – und noch lange gebräuchlichen – Zuckerhüte. Vom 7. Jahrhundert an wurde Zuckerrohr mit der Verbreitung des Islam im Vorderen Orient, in Nordafrika und in Spanien bekannt. Im Gepäck der Kreuzritter kam Zucker im 12. Jahrhundert an die Höfe Mittel- und Nordeuropas. Kolumbus brachte 1493 das Zuckerrohr auf die Antillen, denn Zucker war eine der begehrtesten Waren der Zeit. Bereits ein Jahrzehnt später verkaufte man erste Sklaven auf die rasch wachsenden Plantagen in der Karibik. Zucker ersetzte bald das so oft vergeblich gesuchte Gold.

Zuckerrohr wird durch Stecklinge vermehrt, was über die Jahrhunderte zur Schwächung des Erbguts führte, auch wenn im 19. Jahrhundert neue Pflanzen aus Java und Tahiti eingeführt wurden. Anfang des 20. Jahrhunderts setzten auf den Inseln Züchtungen von Sorten ein, die den jeweiligen natürlichen Bedingungen von Böden und Klima möglichst gut angepasst sein sollten. Inzwischen liefern diverse Versuchsanstalten – die von Barbados genießt einen besonders guten Ruf – Klone, die auf den einzelnen Inseln selektiert werden. Bei den neuen Hybriden geht es um reiche Erträge, hohen Saccharose-Gehalt, aber auch um die Resistenz gegen Krankheiten und Schädlinge sowie um gute Extraktionsfähigkeit des Saftes.

Neun Monate nach dem Austrieb kann das Zuckerrohr geerntet werden.

Nutzpflanze Nummer Eins

Zuckerrohr wird in den Tropen der ganzen Welt angebaut, je nach Sorte und Wachstumsbedingungen mit einem Hektarertrag von rund 100 t Rohr jährlich. Die Zuckerausbeute daraus beträgt im Schnitt 10 %, das ergibt weltweit knapp 110 Mio. t Zucker jährlich (was etwa 74 % der Gesamtzuckerproduktion ausmacht). Bei der Erzeugung von 10 t Zucker aus 100 t Rohr fallen 5 t Melasse an, die immer noch fast 50 % des in den Halmen vorhandenen Zuckers enthält. Der größte Teil der Produktionsrückstände, die *bagasse,* besteht fast vollständig aus Zellulose. Sie wird in den Zuckerfabriken verheizt, zu Papier, Karton oder Pressholzplatten verarbeitet, und in immer größerem Stil entsteht daraus Ethanol (Biosprit). Dieses Energiekonzept aus nachwachsenden Rohstoffen (neben Zuckerrohr auch Ölpalmen) ist dabei, immer mehr Regenwald in Anbauflächen zu verwandeln und immer mehr Nahrungsmittel zur Energiegewinnung zu verbrennen.

Hochprozentige Halme

Sprossstücke von 30–50 cm Länge werden flach in Setzrillen gelegt. Nach etwa vier Monaten haben sie Wurzeln geschlagen, ausgetrieben und mehrere Halme gebildet. Eine ausgewachsene Pflanze treibt ein Büschel von fünf bis 20 Halmen, die je nach Sorte 2,5–5 m hoch und 1,5–6 cm dick werden können. Die Halme sind in 10–15 cm lange Internodien unterteilt, aus denen die maisähnlichen, bis zu 1 m langen, wechselständigen Blätter sprießen. Als Tropenpflanze verlangt das Zuckerrohr ausreichend Wärme (dabei darf das Jahresmittel 18° C nicht unterschreiten) und hohe Niederschlagsmengen. Mit der Reife trocknen die unteren Blätter und fallen ab, der untere, von einer dünnen Wachsschicht bedeckte Teil der Halme wird kahl und glatt. Manche Sorten bilden hohe, fedrige, silbrig schimmernde Blütenstände. Das mehrjährige Gras liefert über fünf bis acht Jahre gute Erträge, dann nimmt sein Zuckergehalt ab, und es muss erneuert werden.

Machete contra Maschine

Der vegetative Zyklus des Zuckerrohrs beträgt zwölf Monate. Neun Monate nach dem Austrieb der Halme setzt gewöhnlich die Reife ein, der Rohrzuckergehalt hat sein Optimum erreicht. In der Karibik findet die Ernte zwischen Januar und Juli statt. Die tägliche Erntemenge wird bestimmt von der Kapazität der weiterverarbeitenden Fabriken, denn die geschlagenen Halme dürfen nicht länger als 24 Stunden lagern, da in der Tropenhitze Mikroorganismen den Zuckergehalt drastisch vermindern.

Traditionell wird das Rohr mit der Machete kurz über dem Boden geschlagen, der obere Teil der Halme mit den grünen Blättern wird gekappt und bleibt auf dem Feld als Mulch zurück. Vor allem in kleinen Betrieben oder auf Steillagen wird so verfahren. Manche Bauern stecken auch heute noch vor der Ernte die Felder in Brand, um Schlangen und Insekten daraus zu vertreiben und die trockenen, unangenehm scharfkantigen Blätter zu entfernen. Die Halme werden dadurch auch leichter.

Bei großen Feldern lädt ein maschineller Greifer – der sogenannte *cane-loader* – das geschnittene Zuckerrohr auf bereitstehende Anhänger. Auf Feldern in flachen Lagen kann man die Ernte gänzlich mit Maschinen einbringen, die den oberen Teil der Halme mit den grünen Blättern abtrennen, den Rest sofort in 20–30 cm große Stücke zerteilen und gleichzeitig trockene Blätter mit einem Gebläse entfernen.

Zuckerrohr wird – oft nach Abbrennen der trockenen Blätter – von Hand geschlagen oder mit Maschinen eingebracht.

Rum aus Melasse

Melasse, der zähflüssige Rückstand der Zuckerherstellung, wird mit Wasser und Hefe vergoren.

Rum ist ein Nebenprodukt der Zuckerherstellung geblieben, auch wenn er auf den Französischen Antillen und auf etlichen anderen Inseln den Haushaltszucker an wirtschaftlicher Bedeutung überflügelt hat. Für die Zuckergewinnung wird das Zuckerrohr zunächst in Stücke geschnitten, geschreddert und gemahlen, um seinen Saft zu extrahieren. Der noch trübe Saft durchläuft mehrere Reinigungsverfahren, so wird er mit gelöschtem Kalk erhitzt, um die Nichtzuckerstoffe auszufällen. Nach dem Ausfiltern können sie als Dünger verwendet werden. Der sogenannte Dünnsaft wird nun durch Einkochen in Siedepfannen konzentriert, bis der Zucker aufgrund der Übersättigung der Lösung zu kristallisieren beginnt, ein Prozess, der durch Zugabe von Zuckerkristallen beschleunigt wird. Er ist beendet, wenn die Kochmasse zur Hälfte aus Kristallen und aus Sirup besteht. In Zentrifugen werden die Zuckerkristalle mittels Wasser und Dampf aus dem Sirup herausgewaschen. Dieser Rohzucker ist hell, aber noch nicht weiß und wird noch wenigstens ein

mal raffiniert. Der dunkle, zähe Sirup, der nach der letzten Kristallisation zurückbleibt, ist die Melasse.

Stürmische Resteverwertung

Melasse enthält fast 50% des ursprünglichen Zuckergehalts der Pflanze. Zur Gärung wird sie mit Wasser verdünnt, zudem kommen der beim Sieden des Zuckerrohrsafts abgeschöpfte Schaum *(skimming)* sowie die säurehaltigen Heferückstände *(dunder)* der letzten Destillation hinzu. Zusätzlich werden weitere Hefen – aus eigenen Hefestämmen gezüchtete oder handelsübliche – untergerührt. All diese Zusätze nehmen ebenso wie die Gärführung selbst Einfluss auf die Aromen des gereiften Rum. Für die leichten Rumsorten genügt eine kurze, stürmische Gärung von zwei bis drei Tagen. Wird wie auf Jamaika ein reicherer und schwererer Stil gewünscht, lässt sich die Gärdauer durch Temperaturkontrolle auf eine Woche oder mehr ausdehnen. Die dabei entstehenden komplexeren Aromen sucht man später bei der Destillation im Rum zu

Brennender Fortschritt

erhalten. Der aus der Melasse gewonnene ›Brennwein‹, die Maische, enthält nicht mehr als 5–9 % vol Alkohol.

Ursprünglich waren es aus Europa importierte Brennblasen (*pot stills*), in denen die zur Maische vergorene Melasse doppelt destilliert wurde – in Schuppen abseits der Zuckersiedereien. Die beiden unabhängig voneinander durchgeführten Brenndurchläufe ergaben eine Spirituose mit mehr als 80 % vol Alkoholgehalt. Um sich die zweite Destillation zu sparen, ging man auch in der Karibik schon bald dazu über, den aufsteigenden Dampf der ersten Destillation nicht sofort kondensieren zu lassen, sondern ihn zu nutzen, um den Raubrand des vorangegangenen Brenndurchlaufs damit wieder aufzuheizen. Man destillierte also gewissermaßen in einem Durchlauf doppelt. Dazu fügte man ein zweites Gefäß hinzu, und erst den daraus aufsteigenden Dampf ließ man kondensieren. Eine solche Brennanlage wird Retorte genannt. Sie kann über bis zu drei zusätzliche Blasen verfügen, wobei in jeder davon Aromen und Alkohol weiter konzentriert werden. So brennt man auch die sehr hochprozentigen und intensiven Jamaika-Rums, die in Deutschland, Holland und Österreich die Grundlage für Rum-Verschnitt oder Inländer-Rum bilden.

Die heute besonders bei größeren Erzeugern üblichen Kolonnenapparate, die in Irland und Schottland Ende der 1820er Jahre entwickelt wurden, kann man sich als vertikale Anordnung von Retorten vorstellen. In einem kontinuierlichen Verfahren wird darin ununterbrochen Maische erhitzt, wobei Flüssigkeiten mit unterschiedlichen Siedepunkten verdampfen, kondensieren und gezielt abgeleitet werden können. Die modernsten Anlagen bestehen aus mehreren untereinander verbundenen Brennsäulen, die es dem Brennmeister erlauben, Destillate mit unterschiedlicher Stärke und verschiedenen Aromastoffen aufzufangen. So hat er später die Möglichkeit, Blends zu komponieren, die sich stilistisch deutlich voneinander unterscheiden.

Oben links: Rum wird heute überwiegend in modernen Kolonnenapparaten kontinuierlich destilliert wie hier bei Bacardi auf den Bermudas.

Oben rechts: Alte kupferne *pot stills* für die doppelte, diskontinuierliche Brennweise bei Mount Gay auf Barbados

Rum aus Zuckerrohrsaft

Auf einigen Antillen-Inseln führten die Absatzkrisen des Zuckers im 19. Jahrhundert dazu, dass Besitzer von Zuckerrohrplantagen und Brennereien Rum nicht länger aus Melasse, dem Abfallprodukt der Zuckerherstellung, sondern gleich aus hochwertigem Zuckerrohrsaft fertigten. Damit war Rum zum Hauptprodukt aufgestiegen.

Es schnauft und faucht, zischt und schnattert, rattert und pufft – damals wie heute: die alte Dampfmaschine auf Martinique, wo jede der sieben noch aktiven Brennereien auf ein vergleichbares Ungetüm vertraut, setzt noch immer Schredder und Mahlwerke in Bewegung, die das zähe Zuckerrohr entfasern und zerkleinern. In der Regel handelt es sich um drei aufeinanderfolgende Walzen, die die Stengel zermalmen. Dabei fließt Quellwasser zu, um den Zucker besser extrahieren zu können. Dieser *vesou* genannte Saft wird gefiltert und in offene Tanks gepumpt, mit Hefe versetzt und aufgesäuert.

Er vergärt in 24 bis 72 Stunden zum *vin de canne*, dem Zuckerrohrwein mit 3,5–6% vol Alkoholgehalt, der destilliert werden kann. Mit der *bagasse,* den ausgequetschten Fasern, wird der Ofen gefüllt, der nicht nur die Dampfmaschine mit Energie versorgt, sondern auch die Destillierkolonnen beheizt und eine Turbine für Elektrizität betreibt. Perfektes Recycling. Und sollte *bagasse* übrig bleiben, dient sie als Viehfutter oder wird zu Papier oder Karton verarbeitet.

Begeisternde Kolonne

Auf den französischen Inseln Martinique, Guadeloupe und Marie-Galante wurden die Brennblasen oder *alambics* oft zugunsten von Kolonnenapparaten aufgegeben, die nicht aus zwei Säulen bestehen, wie die sogenannten Coffey- oder *patent stills,* sondern nur eine einzige Säule aufweisen, aber dennoch kontinuierlich und damit ebenso zeitsparend wie kostengünstig arbeiten.

Dampfmaschinen treiben Schredder und Mahlwerke an, die das zähe Zuckerrohr zerkleinern.

Wenn *rhumiers* von den Vorzügen ihrer Kolonnen sprechen, geraten sie unweigerlich ins Schwärmen. Zunächst einmal betonen sie, dass jede Kolonne – wie auch jede Brennblase – ein handwerklich hergestelltes Einzelstück ist. Daher liefert jede einen Rum von ganz eigenem Charakter und prägt dessen Qualität zu einem erheblichen Teil. Wo mittlerweile der Trend dahin geht, aus Kostengründen immer mehr der ursprünglich unabhängigen Brennereien zu größeren Gruppen zusammenzufassen, bleibt der individuelle Charakter der traditionellen Marken hauptsächlich dadurch geschützt, dass man ihre Destillationsapparate transferiert und weiterhin benutzt.

Die für die Antillen typische, aus Kupfer gefertigte Kolonne besteht aus einer mehrere Meter hohen Säule, die in 15 bis 20 Ebenen unterteilt ist. Der Zuckerrohrwein wird im *chauffe-vin* auf 65–75 °C vorgeheizt und mit dieser Temperatur oben in die Kolonne eingeleitet. Auf dem Weg von oben nach unten durchläuft er die einzelnen Ebenen, wobei er auf jeder durch eine Metallglocke ver-

sprüht wird. Unten wird Dampf in die Kolonne geleitet, der von dort Etage um Etage nach oben steigt. Wo Wein und Dampf aufeinandertreffen, kommt es zu einem fortwährenden heftigen Aufwallen, das man durch Bullaugen beobachten kann, die auch zur Reinigung dienen. Nach und nach lädt sich der Dampf mit den flüchtigen Bestandteilen – Alkohol, Ester, Aldehyde – auf. Damit angereichert, dringt er bis zur Spitze der Kolonne empor, von wo er durch das Geistrohr und den *chauffe-vin*, den er aufheizt, in den Kondensator geleitet wird. Darin kühlt er ab und verflüssigt sich, um als wasserklarer Rum mit einem Alkoholgehalt von 65–75 % vol aufgefangen zu werden. Die alkoholfreien Rückstände, die Schlempe, können nun unten aus der Kolonne abgezogen werden.

Aus 1 t Zuckerrohr, dessen Saft unmittelbar zu Wein vergoren wird, erhält die Destillerie rund 100 l starken weißen Rum mit einem Alkoholgehalt von 55% vol; oder anders gerechnet: 10 000 l Zuckerrohrwein ergeben schließlich etwa 730 l Rum.

Der Saft vergärt zum schwachen Zuckerrohrwein, der in Kolonnen (kontinuierlichen Destillieranlagen) zu Rum gebrannt wird.

Ausbau in den Tropen

Was bei der Destillation kondensiert, ist noch lange nicht trinkreif. Je nach Verfahrensweise enthält dieser Rum 65–90 % vol Alkohol. Soll er als weißer Rum schnell auf den Markt kommen, füllt man ihn gewöhnlich in Edelstahltanks, wo er über einen Zeitraum von drei Monaten regelmäßig aufgerührt wird, um ihn zu belüften. Der Sauerstoffkontakt fördert die Verflüchtigung der volatilen Bitterstoffe und rundet den anfangs noch sehr aggressiven Brand ab. Nur selten wird Rum mit Originalstärke als *overproof* abgefüllt, meistens stellt man ihn mit destilliertem Wasser auf eine Trinkstärke ein, die bei internationalen Marken zwischen 37,5 und 43 % vol, bei den Rums der französischen Inseln jedoch bei 50, 55 oder auch 62 % vol Alkoholgehalt liegt.

Manche Marken in der kubanischen Tradition reifen bis zu drei Jahre in alten Eichenfässern, um einen leichten, weichen, harmonischen Charakter zu garantieren, ohne dabei zu viel Farbe anzunehmen. Vor der Abfüllung wird der Rum dann mit Holzkohle gefiltert, um ihm auch diese Farbstoffe zu entziehen. Der Zusatz *añejo* auf dem Etikett verweist darauf, dass es sich um einen gealterten Rum handelt. Generell verwendet man für den *blanco* besonders leichte und aromatische Destillate, während der *maestro ronero* kräftigere Brände für eine längere Alterung bestimmt.

Es hat sich bewährt, Rum in ausgedienten Bourbon-Fässern zu reifen, erst in den letzten Jahren werden auch neue Eichenholzfässer eingesetzt oder Fässer, die anderen Whisky, Cognac oder Wein enthielten. Der Ausbau im Holz verleiht dem Rum zunehmend Farbe, anfangs einen hellen Goldton, später Bernstein- oder Mahagonitöne, denen einige Kellermeister mit Karamell etwas nachhelfen.

Das Besondere bei der Alterung des Rum in der Karibik besteht in den Auswirkungen des heißen, tropischen Klimas. Wer eine Lagerhalle voller Fässer betritt, wird von dem intensiven Duft überwältigt, denn der Anteil an Destillat, der bei den hohen Temperaturen verdunstet, wird auf 7–8 % jährlich beziffert. Immer mehr Erzeuger sind dazu übergegangen, ihre Hallen zu klimatisieren, um den ›Anteil der Engel‹ zu reduzieren, doch selbst mit dieser Maßnahme liegt er über dem Wert gemäßigter oder kühler Klimazonen. In der Hitze entzieht der Alkohol dem Holz Tannine und Aromen sehr viel schneller, weshalb man nur selten und mit großer Vorsicht neue Fässer einsetzt, die dem Rum allzu rasch unangenehme Bittertöne verleihen können.

Dank der beschleunigten Alterung kann Rum bereits nach drei Jahren als alt eingestuft werden. Er weist dann, je nachdem ob neuere oder alte Fässer eingesetzt wurden, mehr oder weniger deutliche Gewürz- und Röstnoten auf. Doch um vielschichtige Aromen entwickeln zu können, die Noten von tropischen Früchten, Gewürzen, Kakao und Tabak miteinander verschmelzen, braucht auch Rum eine deutlich längere Reifezeit. Eine nächste Stufe erreicht er nach sechs bis acht Jahren, während die herausragendsten alten Rums länger als zehn, 15 oder 20 Jahre reifen.

Die Kunst des *maestro ronero* besteht darin, die bekannten Blends seines Hauses auf jeder Altersstufe immer wieder aufs Neue zu komponieren und dabei ihren Stil und ihre Qualität beizubehalten. Jeder hat sein eige-

Unten links: Entscheidend für den Stil des Rum ist das Können des *maestro ronero*.

Unten rechts: Der älteste erhaltene Jahrgangsrum der Destillerie von Saint-James stammt aus dem Jahr 1885.

nes Rezept, das er oft schon von seinem Vorgänger übernahm, denn die Lehrzeit dauert nicht selten zehn Jahre. Für einen Blend werden immer Rums verschiedenen Alters miteinander assembliert, wobei das auf dem Etikett angegebene Alter dem der jüngsten Zutat entspricht.

Auf Kuba hat sich eine spezielle Alterungsmethode herausgebildet, die aus zwei getrennten Vorgängen besteht. Um die Basis für künftige Blends zu erhalten, wird frisch destillierter *aguardiente* einer jahrelangen Reifung unterzogen, wobei der Blendmeister durch Verschneiden und Selektieren, durch Passagen in älterem oder neuerem Holz den angestrebten Charakter der sogenannten *madre* erreicht. Will er einen bestimmten Blend seines Hauses herstellen, verschneidet er eine genau festgelegte Menge der *madre* mit frischem Destillat zum *ron fresco,* den er erneut altern lässt und durch abermaliges Verschneiden bis zum Aromen- und Geschmacksprofil des angestrebten Blend weiterentwickelt.

Mögen weiße Rums, je nach ihrer Herkunft, feine Unterschiede in Aromen und Charakter aufweisen, bei alten Rums sind diese Profile wesentlich ausgeprägter. Dabei spielt der Standort der Destillerie eine eher untergeordnete Rolle, prägender sind lokale Traditionen, mehr aber noch der Stil des Hauses und die Handschrift des Blendmeisters. Rum hat dabei eine außerordentlich reiche Palette unterschiedlicher Ausdrucksformen zu bieten.

Eine verhältnismäßig junge Entwicklung sind Jahrgangsrums, selbst wenn es einige alte Abfüllungen gibt, die bis zum Jahr 1885 zurückgehen. In der Vergangenheit legten Destillerien diese Brände selten mit der Absicht zurück, sie getrennt abzufüllen, sie waren vielmehr für Blends vorgesehen. Erst in den 1980er Jahren begannen einige Häuser mit der konsequenten Einlagerung und Reifung von Jahrgängen, sodass inzwischen ein Angebot aus verschiedenen Ländern und Inseln zeigt, wie erstaunlich anders sich jedes Jahr präsentiert.

Oben links: Für kürzere Reifung werden auch große Eichenbottiche verwendet.

Oben rechts: Meist wird Rum in kleinen Bourbon-Fässern ausgebaut.

Bahamas

Bacardi Ron 8 Años – Reserva Superior

Unter der kommunistischen Regierung Fidel Castros wurde die Destillerie der Bacardis in Santiago de Cuba verstaatlicht. Zu diesem Zeitpunkt hatte das Unternehmen bereits Brennereien auf anderen Inseln gegründet, so auch auf Puerto Rico, das für leichten und trockenen Rum bekannt ist. 1965 verlegte Bacardi den Hauptsitz nach New Providence auf die Bahamas und errichtete dort eine der modernsten Brennereien der Welt, die ständig auf dem neuesten Stand der Technik gehalten wird. In dem fünf Stockwerke hohen Destillierturm stehen fünf Kolonnen mit einer Jahreskapazität von 27 Mio. l Destillat. Für die Alterung stehen sieben Lagerhäuser zur Verfügung, mit jeweils 44 000 Fässern. Der gereifte Rum wird von der eigenen Flotte in Tanks zu den verschiedenen Abfüllfabriken verschifft, die das Unternehmen weltweit unterhält. Der acht Jahre alte Reserva Superior ist ein weicher, harmonischer Rum mit dezenter Vanillenote in kubanischem Stil.

Kuba

Havana Club Añejo 7 Años

Auf Kuba blieb die Regierung dem Rum verpflichtet und schuf in Santa Cruz del Norte, in der Provinz von Havanna, eine leistungsfähige Destillerie. Sie erweckte die auf das Jahr 1878 zurückgehende Marke Havana Club zu neuem Leben und ging 1993 mit Pernod Ricard ein Joint Venture ein, bei dem die französische Gruppe den internationalen Vertrieb übernahm. Inzwischen ist Havana Club, die als kubanisches Produkt vom führenden US-Markt verbannt ist, zur drittgrößten Rum-Marke der Welt aufgestiegen. Die Qualität ihrer Rums und die Kunst ihrer Blendmeister stellt das Flaggschiff, der 7 Años, unter Beweis, ein sehr sanfter, voller, vielfältiger Rum mit süßer Würze.

Außerdem:
Arecha; Caney; Legendario; Liberación; Mulata de Cuba; Santa Cruz; Varadero

Jamaika

Appleton Estate Extra 12 Años

Jamaika war für dunkle, schwere, sehr geschmackvolle Rums berühmt, von denen viele in England als Navy Rum abgefüllt wurden, andere in Deutschland, Holland und Österreich für Verschnitte herhalten mussten. Trotz Anpassung an den leichteren Stil gibt es auch heute noch herrlich gereifte, würzige und volle Rums wie den mehr als zwölf Jahre gealterten Extra von der ältesten, 1825 gegründeten Rumfirma der Insel, dem Appleton Estate.

Außerdem:
Captain Morgan; Coruba; Alfred Lamb's; Lemon Hart; Myers's; Sangster's; Southard's; Wray & Nephew

Haiti

Barbancourt Réserve Especial 8

Als Dupré Barbancourt aus der Charente 1862 die Brennerei gründete, führte er die doppelte Destillation aus seiner Heimat ein. Dabei ist das Familienunternehmen bis heute geblieben. Zuckerrohr von 600 ha Plantagen – davon ein Fünftel in Eigenbesitz, der Rest befindet sich im Besitz von 200 Bauern – liefern den jährlichen Bedarf. Wie auf Martinique gewinnt man direkt aus dem Zuckerrohr den *vesou*, der dann doppelt destilliert und anschließend nur in französischer Eiche – eine Ausnahme in der Karibik – ausgebaut wird. Die Topqualität fasziniert mit Aromen von Sukkade, *rancio* und Rauch bei samtig-vollem Ansatz, viel Frucht- und Zimtnoten und großer Länge.

Außerdem:
Marie Colas; Nazon; Tesserot

Dominikanische Republik

Brugal Siglo de Oro

In der Dominikanischen Republik – wie beim Nachbarn Haiti – stellt Zucker noch immer eines der wichtigsten Produkte des Landes dar, doch Rum hat in der Republik den höheren Stellenwert. Seit Mitte der 1970er Jahre werden gezielt ältere Qualitäten entwickelt, und der sehr intensive, schwere, dabei sanfte Siglo de Oro von Brugal, einem vor rund 120 Jahren von einem Spanier gegründeten Rum-Haus, ist eines der Spitzenprodukte.

Außerdem:
Barceló; Bermúdez; Caribe Azul; Cubaney; Matusalem

Puerto Rico

Bacardi; Captain Morgan; Don Q; Palo Viejo; Ron del Barrilito; Ronrico

Virgin Islands of the USA

Cruzan Estate Single Barrel

Schon im Jahr 1760 wurde auf der Insel St. Croix die Zuckerrohrplantage gegründet, aus der sich diese Brennerei entwickelte. Ihre Rums basieren auf Melasse, die mit Regenwasser verdünnt und mit eigenen Hefekulturen unter Temperaturkontrolle vergoren wird. Die Destillation findet in einer modernen Fünf-Kolonnen-Anlage statt. Die Topqualität reift bis zu zwölf Jahre in amerikanischer Eiche, wird dann verschnitten und erfährt ein zusätzliches *finish* in Fässern, die einzeln abgefüllt werden. Das Ergebnis ist ein heller, leichter, harmonischer Rum mit dezentem Frucht- und Toffee-Aroma.

Außerdem:
Conch

British Virgin Islands

Pusser's British Navy Rum

Mehr als 300 Jahre lang wurde Pusser's auf den Schiffen der Royal Navy täglich an die Besatzung ausgegeben: es handelte sich um einen speziellen Blend aus fünf westindischen Rums. Nachdem dieser Brauch 1970 aufgegeben wurde, übernahm der Unternehmer und Weltumsegler Charles Tobias 1979 Rechte und Rezept. Er erhob Tortola zum Sitz von Pusser's und wiederbelebte den kräftigen, komplexen Blend, der im Wesentlichen aus hölzernen *pot stills* stammt.

Außerdem:
Calwood

Anguilla
Pyrat

Antigua und Barbuda
Cavalier; English Harbour

Guadeloupe

Damoiseau Vieux 8 Ans d'Age

Auf Guadeloupe lässt man Zuckerrohrsaft vergären und destilliert den Wein, was ein besonders aromatisches *eau-de-vie* ergibt. Die Ende des 19. Jahrhunderts gegründete Domaine Bellevue de Moule mit ihrer Destillerie wurde 1942 von der Familie Damoiseau übernommen. Die mehr als acht Jahre in Cognac-Fässern gereifte Cuvée vermag mit süßen Frucht- und Gewürznoten, Ausgewogenheit und Finesse den Stil der Insel ausdrucksvoll zu illustrieren.

Außerdem:
Bourdon; Domaine de Séverin; Longueteau; Montebello; auf Marie-Galante: Bielle; Père Labat

Martinique
Rum-Marken: siehe Kapitel »Die alten Rums von Martinique«;
Bally; Clement; Depaz; Dillon; Habitation St. Etienne; La Favorite; La Mauny; Neisson; Negrita; Old Nick; Rhum J.M; Trois Rivière; St. James.

Barbados

Mount Gay Eclipse

Auf Barbados, bei Mount Gay, wurde vermutlich bereits 1663 Rum gebrannt. Der sehr fruchtige, weiche, oft leicht rauchige Rum der Insel, den man zum Teil in Brennblasen destilliert, genießt einen ausgezeichneten Ruf. Großen Anteil hat daran Mount Gay. Bereits der kaum mehr als zwei Jahre gealterte Eclipse überzeugt. Spitze ist der Extra Old.

Außerdem:
Cockspur; Doorly's; E.S.A: Field; Foursquare; Kaniche; Malibu Rum; R. L. Seale

Trinidad und Tobago

Angostura 1824 Limited Reserve

Trinidad ist als Heimat des Angostura Bitters bekannt. Doch das von dem deutschen Arzt Johann Siegert in den 1820er Jahren gegründete Unternehmen hat sich zu einem der größten Rum-Erzeuger der Welt entwickelt und verfügt über eine der modernsten Destillieranlagen. Früher überwiegend im Bulk-Sektor aktiv, vermarktet es inzwischen mit Nachdruck Premium-Rums unter eigenem Namen sowie unter der dem lokalen Rum-Legende Joseph Bento Fernandes – wie den zwölf Jahre gereiften, sehr intensiven, vollen und sanften 1824, mit Aromen kandierter Orange und Papaya, Rosinen, Honig, Zimt und Tabak.

Außerdem:
Fernandes Vat 19; Forres Park; Kairi; Old Oak

Rum aus Mittel- und Südamerika

Guatemala

Ron Zacapa Centenario 23 Años
Die Industrias Licoreras de Guatemala, die 1944 aus der Verbindung von vier Destillerien entstandene führende Spirituosengruppe des Landes, liefert Rums hoher Qualität. Ihr Aushängeschild geht auf den spanischen Arzt und Chemiker Alejandro Burdaleta zurück, der Rum aus Zuckerrohrsirup destillierte und nach dem Solera-System reifen ließ. Zum ersten Mal wurde der Ron Zacapa 1976 zum 100-jährigen Jubiläum der Stadt Zacapa vorgestellt. Der 23 Años, der auf dem Wettbewerb des Caribbean Weeks' Rum Festival fünfmal hintereinander zum besten Premium-Rum der Welt gekürt wurde, erfährt seine Alterung zunächst in Bourbon-Fässern, bevor er die letzten Jahre erst in Sherry-, dann in Malaga-Fässern seinen letzten Schliff erhält. So erklären sich seine angenehme Weichheit und die Aromen von gerösteten Nüssen, Kakao, Toffee und Kaffee.

Außerdem:
Botran; Malteco

Mexiko

In Mexiko spielt Rum oder *aguardiente de caña* eine bedeutende Rolle, auch wenn er selten pur abgefüllt, sondern meist zum Verschnitt einfacherer Tequilas verwendet wird.

Außerdem:
Cabeza; Porfidio Sugar Cane; Xtabentun D'Aristi

Nicaragua

Flor de Caña Centenario 18 Años
Der Rum aus Chichigalpa geht auf eine 1890 gegründete Zuckerrohrplantage zurück, wo man 1937 beschloss, sich auf Rum zu konzentrieren. Erste Exporte in Nachbarländer erfolgten 1959, aber erst seit 1994 wird die Marke international vertrieben. Nach zwölf Jahren hat der Centenario viel Samtigkeit und Noten von Butter, Bratapfel, Kakao und Toffee gewonnen. Inzwischen werden auch 15 und 18 Jahre alte Füllungen angeboten.

Außerdem:
Cerro Negro; Concepcion; King Managua; Masaya; Mombacho; Momotombo; Ron Plata; San Cristobal; Zapatera

Panama

Malecon Reserva Imperial 21 Años
Nach der Abspaltung Panamas von Großkolumbien im Jahr 1903 gründete José Varelo Blanco, ein junger spanischer Einwanderer, in Pese die erste neue Zuckerfabrik der Republik. Es waren seine Söhne Manuel, Plinio und Julio, die 1936 mit der Rum-Herstellung begannen und Varela Hermanos mit der Marke Abuela ins Leben riefen. Die Firma Caribbean Spirits, die Malecon erzeugt, erwarb sich mit den lange gelagerten Rums ihrer Reihe Imperial besondere Anerkennung, etwa mit dem sehr weichen, feinwürzigen, 21-jährigen, der deutliche Röstnoten und Aprikosenaromen zeigt. Rum gewinnt als Exportartikel Panamas in den letzten Jahren zunehmend an Bedeutung.

Außerdem:
Cortez, La Cruz Anejo, Portobelo und Panama Jack

Kolumbien

Hemingway 7 Años
Die Santana Liquors beziehen junges Zuckerrohrdestillat aus der Karibik, das sie dann in Bourbon-Fässern sieben Jahre lang zu ihrer Topmarke Hemingway ausbauen, einem weichen, ausgewogenen Rum mit angenehm dezenten Vanillenoten. Auch die Marke Relicardo wird von ihnen abgefüllt.

Außerdem:
Caldos; Juan de la Cruz; Medellin; Trapiche; Tres Equinas

Venezuela

Pampero Aniversario
Auch Venezuela hat gealterte Rums zu seiner Spezialität gemacht und sogar gesetzlich vorgeschrieben, dass Rum mindestens zwei Jahre altern muss. Die 1938 in Caracas gegründete Destillerie Pampero brachte zu ihrem 25-jährigen Bestehen 1963 diesen zwölf Jahre in Bourbon-Fässern gereiften Aniversario heraus. Seither hat er sich als einer der beliebtesten Premium-Rums etabliert. Er gefällt mit Vanille- und Röstnoten, kandierten Zitrusfrüchten und Honig, großer Fülle, Rundheit und Harmonie.

Außerdem:
Aruka; Cacique; Carupano; Diplomático; El Descubrimiento; El Muco; Libertador; Ocumare; Santa Teresa

Cartavio Aniversario 12 Años
Das Nationalgetränk Perus ist wie in Chile der Pisco. Doch in den Andentälern wird auch Zuckerrohr angebaut, aus dessen Melasse die Destilerias Unidas Peruano hochwertigen Rum brennen. Das 2005 zum 75-jährigen Jubiläum modernisierte Unternehmen verzeichnet wachsende Exporterfolge. Die Jubiläumsfüllung wurde nach dem Solera-System mindestens zwölf Jahre in Fässern aus slowenischer Eiche gealtert. Sehr weich und rund, gefällt der dunkle Rum mit Aromen von Gewürzen, Nüssen, Dörrobst, Kakao, Kaffee und einem sehr dezenten Hauch von Tabak.

Guayana

El Dorado 21 Years Old
Guayana ist die Heimat des Demerara Rum, die heute einzige Destillerie steht am Ostufer des gleichnamigen Flusses. Bekannt ist die ehemalige Kolonie für die kräftigen Export-Rums im britischen Stil, die im Tank verschifft werden, sowie für die gewürzten Rums, die man im Land selbst bevorzugt, inzwischen aber ebenfalls exportiert. Die Demerara Distillers verfügen über die einzige erhaltene hölzerne Coffey-Kolonne der Welt sowie über eine zusätzliche hölzerne Brennblase, die besonders reiche, schwere Rums ergeben und in 50 000 Bourbon-Fässern gealtert werden. Unter der eigenen Marke El Dorado werden auch hochwertige dunkle, alte Rums angeboten wie der ausgezeichnete 15 Years Old oder der 21 Years Old, der zu den intensiven würzig-süßen Aromen und den ausgeprägten Röstnoten eine zusätzliche Samtigkeit addiert.

Außerdem:
Courantin; Lemon Hart; Royal; Sea Wynde; Wood's Old Navy Rum

Suriname

Borgoe 82 Gold
Dieser angenehme Rum mit deutlichem Toffee-Aroma wurde zum 100. Jubiläum der Marienburg Estate auf den Markt gebracht, die heute zu Suriname Alcoholic Beverages gehört, an dem sich Angostura beteiligt hat. Das Unternehmen verfügt über eine eigene Destillerie, in der Rum in einer Drei-Kolonnen-Anlage gebrannt und anschließend in Eichenfässern ausgebaut wird. Interessant ist auch die acht Jahre gealterte, vergleichsweise helle Black Cat Reserve.

Außerdem:
Black Cat, Borgoe, Mariënburg

Französisch-Guayana

Cœur de Chauffe, La Cayennaise, La Belle Cabresse

Ecuador

Azuaya, Estelar, Ron Royale, San Miguel, Zhumir

Bolivien

Kayana

Brasilien

Muraro
Brasilien führt weltweit im Zuckerrohranbau. Daraus wird zum Teil Cachaça gebrannt, der als meistgetrunkene Spirituose der Welt gelten kann. Sonst füllt man eher *aguardente de cana* als Rum, von dem es Dutzende von Marken gibt. Neben Ypiócas Rum ist Muraro aus Flores da Cunha mit seinem Bird's Rum bekannt geworden. Die Keramikflasche ziert ein Tukan, das Firmenlogo, das auf Brasiliens Vogelreichtum verweist. Der dunkle Rum wurde aus Melasse destilliert und lange in Eiche ausgebaut, um diesen besonders weichen und süßen Charakter auszubilden. Einige internationale Firmen wie Ron Montilla nutzen die Fülle an brasilianischem Zuckerrohr für ihre eigenen Rums.

Die alten Rums von Martinique

Martinique zeigt sich sehr französisch. Hoher Lebensstandard, wenig Engagement, viele Beamte und ebenso viele Arbeitslose, tägliches Verkehrschaos in der Hauptstadt Fort-de-France und eine AOC – eine Appellation d'Origine Contrôlée. Sonst vor allem Wein oder Käsesorten vorbehalten, aber auch Cognac, Armagnac und Calvados, ist sie endlich verliehen worden, die einzige Rum-Appellation der Welt. Nach 20 Jahren Hartnäckigkeit hatten es die Rum-Erzeuger der Antillen-Insel 1996 geschafft, sie zu erhalten.

Man hat festgelegt, welche Felder mit Zuckerrohr bepflanzt werden dürfen, mit welchen Sorten und wie man sie zu kultivieren hat. Der zugelassene Höchstertrag liegt bei 120 t/ha. Dann muss das Zuckerrohr kalt ge-

presst werden und sein Saft, der *vesou,* in offenen Gärtanks zum *vin de canne,* dem Zuckerrohrwein, vergären, der mindestens 3,5 % vol Alkoholgehalt und außerdem einen pH-Wert von 4,7 zeigen muss. Destilliert werden darf ausschließlich mit amtlich abgenommenen Kolonnenapparaten, und der aufgefangene Rum muss einen Alkoholgehalt von mindestens 65 % vol und maximal 75 % vol aufweisen.

Wird er zum *Rhum blanc* erklärt, kann er frühestens nach drei Monaten auf den Markt gebracht werden. Wird er in großen Fudern ausgebaut, *élevé sous bois,* muss er darin ein Minimum von zwölf Monaten verbringen, wobei er eine hellgoldene Farbe annimmt. *Rhum vieux* darf auf dem Etikett stehen, wenn das Des-

Eine Auswahl der besten, lange in Eichenfässern gereiften Rums der Insel

tillat mindestens drei Jahre lang in Fässern gealtert wurde, die weniger als 650 l fassen. Meist verwendet man kleine Eichenfässer mit einem Volumen von etwas mehr als 200 l, gern solche, die zuvor Bourbon enthielten. Bezeichnungen wie *très vieux*, *hors d'âge*, *X.O.* oder Jahrgangsangaben bezeugen eine längere Alterung. Bevor einem Rum die AOC zuerkannt wird, muss er eine organoleptische Kontrolle passieren.

Typische Aromen des *Rhum blanc* sind: florale Noten wie Zuckerrohr, Orangenblüte, Honig; fruchtige wie Zitrusfrüchte, Banane, Ananas und andere exotische Früchte; vegetative wie Kräutertee, getrocknete Blätter; würzige wie Pfeffer, Anis sowie balsamische Aromen wie Teebaum oder Eukalyptus.

Für *Rhum vieux* gelten folgende Aromen als charakteristisch: Röstnoten wie Kaffee, Mokka, Kakao, Schokolade, Zigarre; Gewürze und Aromen wie Vanille, Zimt, Muskatnuss; fruchtige Noten wie Konfitüre, Fruchtpasten, getrocknete Feigen, Datteln, Backpflaumen, Früchte in Alkohol sowie die balsamischen Aromen von Teebaum und Eukalyptus.

Der aus Zuckerrohrsaft hergestellte Rum wird mit dem Zusatz *Rhum agricole* versehen, während man den aus Melasse erzeugten Rum auf den Französischen Antillen *Rhum industriel* nennt. Die oben abgebildeten Flaschen gehören zu den besten erhältlichen Rums der Appellation d'Origine Contrôlée Martinique – und können den Aufenthalt auf der Insel unvergesslich machen.

Rum aus anderen Breiten

In vielen Ländern der Welt wird Rum abgefüllt und vertrieben. Unmöglich, selbst im Rahmen dieses Buches, alle Marken und Firmen zu erfassen. Die folgende Auswahl aus dem Angebot der Rum-Erzeuger in verschiedenen Ländern der Erde unterstreicht, dass Rum längst zu einer globalen Spirituose geworden ist. Übrigens finden den jüngst die dunklen und gewürzten Rums immer mehr Anhänger, und die edelsten, lange in Eichenfässern gereiften Qualitäten stehen hoch im Kurs.

Spanien

Arehucas 12 Años

Auf den subtropischen Inseln vor der Westküste Afrikas, die 1479 von den Spaniern in Besitz genommen wurden, begann man ab 1489 Zuckerrohr anzubauen. Heute befinden sich Plantagen nur noch auf Gran Canaria, nördlich von Las Palmas und in Arucas, wobei die Destilerías Arehucas für ihren Rum berühmt sind, der mit dem Alter deutlich an Harmonie gewinnt, ohne dabei seinen kräftigen Geschmack einzubüßen.

Außerdem:
Amazona Ron Dulce, Artemi, Guajro Ron Miel Canario

Mauritius

Green Island

Die ersten Zuckerfabriken wurden hier im 18. Jahrhundert eingerichtet, als die Franzosen über die Insel bestimmten. Bis heute ist Zucker eines der Hauptprodukte des seit 1968 unabhängigen Mauritius geblieben, doch nun wird immer mehr Zuckerrohr zur Erzeugung von Ethanol verwendet. Die bekanntesten Rum-Marken der Insel stammen von der International Distillers Ltd, es sind Green Island, White Diamond, Power's No 1 und Flamboyant. Neue Ansätze gibt es auf den restaurierten Domaines Les Pailles und bei Saint-Aubin, die 2003 den ersten *Rhum agricole* der Insel destillierten.

Nepal

Khukri

In Nepal führt die Marke Khukri, die in Kathmandu hergestellt wird, wo kühleres Wetter und Quellwasser günstige Bedingungen für Alterung und Reduktion bieten. Die Nepal Distillery, die 1960 mit einer altertümlichen *pot still* begann, ist heute mit einer leistungsstarken Drei-Kolonnen-Anlage ausgerüstet, in der sie die Brände rektifiziert. Der Rum wird anschließend mindestens acht Monate in Holzfässern ausgebaut.
Khukri, ein Krummmesser, dem die Flasche nachempfunden wurde, ist der Stolz der Nepalesen.

La Réunion

Isautier 5 Ans

Auf La Réunion wurde die erste Destillerie 1815 eröffnet, gut 30 Jahre später errichteten die Brüder Isautier die erste Großbrennerei. Zu dieser Zeit gab es an die 40 Destillerien, die zusammen rund 2 Mio. l Rum erzeugten. Dass der einheimische Rum nur aus Melasse – *Rhum de sucrerie* – oder aus Zuckerrohrsaft – *Rhum agricole* – hergestellt werden darf, wurde 1921 festgeschrieben. Während Isautier damals bereits Rum und Punsch in Flaschen verkaufte, setzten die kleineren Brennereien ihn offen ab. Deshalb gründeten sie 1972 die Marke Charrette, die sich seither um Abfüllung und Vermarktung kümmert. Heute gibt es folgende Marken auf La Réunion: Isautier, Chatel, Charrette, Rivière du Mât und Savanna. Das Gros der Produktion besteht aus jungem, fruchtigem *Rhum blanc*, doch mit Fassalter gewinnt er viel Harmonie und gute Länge, ohne den fruchtigen Charakter einzubüßen.

Madagaskar

Dzama 10 Years

Auch auf den Inseln vor der Ostküste Afrikas gibt es eine Rum-Tradition. So wird in den tropischen Ebenen der dem Indischen Ozean zugewandten Küste Madagaskars Zuckerrohr angebaut, Zucker gewonnen und Rum destilliert. Bei Dzamandar erreicht man nach zehn und mehr Jahren der Reifung in Fässern aus französischer Eiche einen hochwertigen Rum mit reizvollen Röst- und Nussaromen bei würziger Sanftheit.

Indien

Old Monk Rum

In der westlichen Welt konzentriert man sich gern auf eigene bekannte Marken und übersieht dabei, dass auch andere Kontinente Traditionen und Spitzenreiter pflegen. Der indische Old Monk zählt heute zu den meistverkauften Rums der Welt. Zudem hält Indien den zweiten Platz in der Zuckerproduktion und besitzt als Markt ein großes Zukunftspotenzial.

Die Marke geht auf den Engländer Edward Dyer zurück, der in den 1820er Jahren im Himalaja, nicht weit von Shimla, Lion, Indiens erstes Bier zu brauen begann und wenig später eine Brennerei gründete. Das stark expandierende Unternehmen kam nach der Unabhängigkeit unter indische Führung und stellt heute als Mohan Meakins Ltd u. a. auch Indiens beliebtesten Whisky Solan her. Sein sieben Jahre gealterter, sehr milder Rum mit feinen süßen Gewürzaromen besitzt im eigenen Land in McDowell's Celebration Rum der United Breweries den schärfsten Konkurrenten.

Philippinen

Tanduay, die dominierende philippinische Rum-Marke, geht auf das Familienunternehmen der Elizaldes zurück, das 1854 mit der Reederei Manila Steamship Company begann, aber bereits wenige Jahre später über eine erste Brennerei verfügte. Die Familie investierte in Zuckerrohrplantagen in Panay und West-Negros, deren Ernte sie mit ihren Dampfschiffen zur Brennerei bei Manila transportierte, wo sie Rum und andere Spirituosen destillierte. Als 1988 die Lucio Tan Gruppe Tanduay erwarb, folgte eine Modernisierung und Erweiterung der Destillerie, die ihre Kapazität fast verfünfzigfachte. Heute bezieht Tanduay Destillat aus Melasse, das man zwei Jahre oder länger in Eichenfässern altert, mit Zucker, Aromaten und demineralisiertem Wasser mischt und dann abfüllt. Tanduay, der auf den Philippinen preiswert zu haben ist, gilt nach Bacardi als meistgetrunkene Rum-Marke der Welt.

Tahiti
Französisch-Polynesien

Noa Noa

Auch auf kleinen Inseln im Pazifischen Ozean, in relativer Nähe der ursprünglichen Heimat des Zuckerrohrs, wird Rum erzeugt, so zum Beispiel auf Tahiti. Der nach Paul Gauguins Buch (1897), der Beschreibung seines Lebens auf Tahiti, getaufte würzige Noa Noa wird von Marc Jones' Tahitian Import Export seit den 1980er Jahren hergestellt. Jones verbuchte erste Erfolge mit dem Export von Vanille aus Tahiti. Schnell dehnte er sein Angebot auf andere Naturprodukte von der Insel aus und verlegte sich dann zusätzlich auf die Herstellung von Rum, Kokosnuss-Schokolade, Bier und Saft.

Fidschi-Inseln

Die 1980 gegründeten South Pacific Distillers haben sich mit ihrer Marke Bounty einen Namen gemacht und wiederholt internationale Auszeichnungen für ihre Rums gewonnen. Schon 1890 hatte die Colonial Sugar Refinery, späterer Hersteller des Inner Circle Rums, eine Brennerei bei Nausori errichtet.

Australien

Bundaberg Black

In Australiens Geschichte spielt Rum eine Sonderrolle. Rum, dessen Handel das Monopol der britischen Offiziere war, ersetzte Ende des 18. Jahrhunderts in New South Wales die Währung. Als William Bligh dieses Offiziersprivileg abschaffen wollte, kam es 1808 zur Rum-Rebellion, und Bligh fand sich im Gefängnis wieder. Dennoch wurde erst 1884 in Beenleigh, südlich von Brisbane, die erste Rum-Destillerie errichtet, nachdem sich ihre Eigner einige Jahre mit einer auf dem Schiff »Walrus« installierten schwimmenden Brennerei beholfen hatten. 2004 von dem durch Stuart Gilbert wiederbelebten Inner Circle Rum erworben, ist Beenleigh mit seinen *pot stills* die älteste arbeitende australische Destillerie.

Nummer Eins unter den Spirituosen Australiens ist der Bundaberg Rum. In der Kleinstadt gleichen Namens, nördlich von Brisbane an der Küste gelegen, schlossen sich 1888 vier Zuckermüller zusammen, um Melasse zu brennen. Ab 1942 vermarktete die Firma außerdem Ready-to-drink-Mixturen, die seit 2001 in Australien auch vom Fass ausgeschenkt werden. Ab 2004 erweiterte die Bundaberg Distilling Company ihre Kapazitäten beträchtlich. Zunächst destilliert man den *wash* in Kolonnen, um die *low wines* dann ein zweites Mal in *pot stills* zu verfeinern. Anschließend findet eine mindestens zwei Jahre währende Reifung in 200 Holztanks von jeweils 75 000 l Fassungsvermögen statt. Der über acht Jahre gereifte Bundaberg Black ist das Spitzenprodukt der Firma.

Außerdem:
Inner Circle, Beenleigh, Stubbs

Flensburg und der Rum

Der deutsche Rum hat seine eigene Geschichte, die in Dänemark beginnt, genauer gesagt in Flensburg. Die Stadt im Norden Schleswig-Holsteins gehörte vom 15. Jahrhundert bis 1864 zum Königreich Dänemark, dessen zweitwichtigster Hafen nach Kopenhagen sie war. Den Auftakt zum goldenen Zeitalter der Stadt machte die »Neptunus«, die 1755 nach Dänisch-Westindien segelte, um eines der damals gefragtesten Güter zurückzubringen: Rohzucker, der in Flensburg raffiniert wurde.

Der Westindienhandel – Dänemark gehörten die Inseln Saint Croix, Saint John und Saint Thomas, die heute die Amerikanischen Jungferninseln bilden – bescherte der Stadt einen erheblichen Aufschwung. Ihre Handelsflotte verdreifachte sich, der Hafen wurde erweitert, neue Speicher und Werkstätten wurden errichtet, die Bevölkerung wuchs. Flensburg wurde zu einem bedeutenden Warenumschlagplatz, von dem Importgüter aus der Karibik und vom Mittelmeer an die Ostsee-Anrainer und nach Norwegen verschifft wurden.

Neben Kaffee, Kakao, Tabak, Reis, Indigo, Baumwolle und Edelhölzern interessierten sich die Flensburger Kaufleute zunehmend für Rum. Die ersten Fässer mit dem hochprozentigen Melassebrand, der sich auf der monatelangen Seereise – im Gegensatz zu manch anderen Gütern – verbesserte, wurden 1767 importiert. Damals war Flensburg eine Hochburg der Branntweinbrenner und exportierte 1 Mio. l Hochprozentiges, vorwiegend nach Norwegen. Waren die Ernten schlecht oder gab es andere Krisen, war das Brennen jedoch verboten. In solchen Fällen konnten die Betriebe nun auf Rum zurückgreifen. So begannen sie mit all ihrem Fachwissen, importierten Pure-Rum zu altern und zu reduzieren und in eine trinkbare Spirituose umzuwandeln.

Es waren Branntweinbrennereien wie O. C. Balle (gegründet 1717), Hermann G. Dethleffsen (1738) oder Thomas Nissen (1748), die mit dem Rumhandel begannen. Als Erster spezialisierte sich Hans Christian Henningsen (später Sonnberg), der selbst in die Karibik gesegelt war, 1781 auf Rum. 1848 verlegte sich Kapitän Hans Hinrich Pott auf den Erfolg versprechenden Rum-Handel, und Weinhändler Hans Hansen tat es ihm 20 Jahre später gleich. In den fast 100 Jahren, in denen Flensburger Schiffe unter der Daneborg, der dänischen Flagge, Pure-Rum von den Westindischen Inseln holten, verstanden sich die Handelshäuser darauf, ihn zu verfeinern und gewinnbringend zu vermarkten. Als dann 1867 die Herzogtümer Schleswig und Holstein von Preußen annektiert wurden, brach eine neue Rum-Epoche an, die des Verschnitts.

Werbetafel der Firma Hermann G. Dethleffsen

Rum-Verschnitt

Die Handelshäuser überstanden den Fahnenwechsel weitgehend unbeschadet, sie mussten sich allerdings nach einer neuen Rum-Quelle umsehen. Sie floss – wie sich bald herausstellte – auf Jamaika, wo unter englischer Regie besonders schwere Qualitäten hergestellt wurden. Gezielt wählten die Flensburger die aromatischsten Brände mit hohem Estergehalt, die bald als *German flavoured Rum* bekannt und mit 75–80 % vol Alkoholgehalt verschifft wurden.

Nun den deutschen Bestimmungen unterworfen, sahen sich die Rum-Häuser mit einem Monopolgesetz konfrontiert, das verlangte, Alkoholimporte nach Gewicht zu verzollen. So lag es auf der Hand, Rum nicht nur zu reduzieren, sondern ihn mit anderem, neutralem Alkohol zu verschneiden, der in Flensburg gebrannt wurde. Dank der überragenden aromatischen Intensität der Original-Rums aus Jamaika waren davon nur gringe Mengen erforderlich, um dem Verschnitt dennoch ein markantes Profil zu verleihen.

In den 1920er Jahren entwickelte sich der Rum-Verschnitt zu einer bekannten und geschätzten Spirituose, und die verschiedenen Marken wie Hansen, Pott, Balle, Nissen, Asmussen, Andresen, Sonnberg, J.C. Schmidt und andere erlangten an Bedeutung. Nach dem Zweiten Weltkrieg nahmen rund 30 Firmen die Produktion wieder auf, aber schon in den 1960er Jahren kam es zu ersten Übernahmen, und 1974 schlossen sich die Familien Grün und Dethleffsen zusammen, womit fortan die renommierten Marken Hansen, Balle und fünf weitere aus einem Haus kamen.

Von den Berentzen Brennereien im Jahr 1998 übernommen, konzentriert sich das Unternehmen inzwischen ausschließlich auf die Marke Hansen mit ihrer – nach Hindenburg benannten – Erfolgsqualität Hansen-Präsident. Der gute Pott, Der milde Balle, Boddel 40, Asmussen und diverse kleinere Marken bedienen auch weiterhin den deutschen Markt. In Flensburg hat nur die Familienfirma A. H. Johannsen (gegründet 1878) überlebt.

Im Hof einer der bekannten Flensburger Rum-Firmen Anfang des 20. Jahrhunderts, als man noch rund 30 Hersteller in der Stadt zählte.

Rum-Qualitäten in Deutschland

Original Rum wird als weißer oder gealterter Rum aus dem Herstellungsland importiert und muss unverändert in Orginalstärke mit 72–74 % vol Alkoholgehalt abgefüllt werden. Die Bezeichnung »Original« darf nur gemeinsam mit dem Herkunftsgebiet auf dem Etikett erscheinen, etwa »Original Jamaica-Rum«. Echter Rum ist ein Original Rum, der in Deutschland auf eine Trinkstärke von mindestens 37,5 % vol Alkoholgehalt eingestellt wurde, meist aber 40–54 % vol Alkohol behält. Die Bezeichnung »Echter« darf nur gemeinsam mit dem Herkunftsgebiet auf dem Etikett erscheinen, bei Blends mit einer Sammelbezeichnung wie »Echter Westindien-Rum«.

Rum-Verschnitt darf innerhalb der Europäischen Union nur in Deutschland hergestellt werden. Er besteht aus einer Mischung von Original Rum, Neutralalkohol, Wasser und Zuckerkulör, wobei der Rum mindestens 5% des Gesamtalkohols stellen muss.

Original STROH

Österreichs bekannteste Spirituose basiert auf mehreren Sorten Übersee-Rum, die miteinander verschnitten und mit Essenzen und Aromen veredelt werden. Die Firma begann mit Sebastian Stroh 1832, 1997 fusionierte die Klagenfurter Firma mit Stock in Linz, wo sich der Hauptsitz befindet. STROH wird in 30 Länder exportiert. Beim österreichischen Original STROH, früher Inländer-Rum (erhältlich in den Stärken 80, 60, 40 % vol Alkoholgehalt) handelt es sich um eine im Land hergestellte Spirituose, die vorwiegend zur Aromatisierung von Kuchen und Gebäck, Rumtopf sowie für Mixgetränke eingesetzt wird. Der 80%ige STROH eignet sich auch besonders gut für eine Feuerzangenbowle.

Eiswürfel in Kuba

Kaum vorstellbar, doch als amerikanische Soldaten um 1900 den Cuba libre erfanden, mussten sie ihn lauwarm trinken. Erst in den 1920er Jahren traten Kühlschränke, in denen sich Eiswürfel herstellen ließen, ihren Siegeszug an. Und schon wenige Jahre später waren sie auf Kuba, das damals unter amerikanischem Einfluss stand, nicht mehr wegzudenken. Heute sind Eiswürfel oder *crushed ice* unverzichtbare Zutaten der bekanntesten Rum-Cocktails und -Longdrinks.

Mojito und Planter's Punch

Die Kreolen haben ihre Vorliebe für Rum bewahrt. Auf allen Inseln ist er das Lieblingsgetränk der Einheimischen, und ein beachtlicher Prozentsatz der Produktion wird an Ort und Stelle konsumiert, wobei inzwischen Touristen eifrig behilflich sind. Bereits im 18. Jahrhundert, als die Sklaverei noch lange nicht beendet war, wurden erste Trinkbuden eingerichtet. Zum Beispiel zählte man auf Martinique 1763 in Fort Royal, dem heutigen Fort-de-France, ein Dutzend solcher Kneipen, während es in der damaligen Hauptstadt Saint-Pierre mit ihrem geschäftigen Hafen schon 40 waren.

Längst ist Rum nicht mehr Betäubungsmittel für Schwerstarbeiter, sondern Bestandteil des Lebensstils. Auf den Antillen trinkt man ihn kaum je pur, man serviert ihn als Punch, was mit dem Heißgetränk nördlicher Länder nur den Rum gemein hat. »Punch« soll von einem Sanskritwort stammen – auch Inder wurden als billige Arbeitskräfte auf den Zuckerrohrplantagen eingesetzt – und sich auf die fünf Hauptzutaten beziehen.

Auch Kubas Mojito ist ein traditioneller Punch. Mag sein, dass sein Name auf die Verniedlichung von *mojo* zurückgeht, eine Würzmischung, die man mit Limettensaft anrührt. Die Zutat, die dem Mojito seine ganz individuelle Note verleiht, ist *hierbabuena* (das gute Kraut, *Mentha nemorosa*), eine kubanische Minzsorte, die aber sanfter und süßer ist als die herkömmliche Pfefferminze und ihren festen Platz in der Volksmedizin Kubas behauptet.

Ti' Punch und Edel-Rums

Auf den Kleinen Antillen, zu denen Guadeloupe und Martinique zählen, prostet man sich mit Ti' Punch zu, einer Variante, die mit einem Schuss Zuckersirup und etwas Limette zum Rum auskommt. Gewöhnlich verwendet man dazu den klaren, fruchtigen, jungen Rum, doch nicht wenige Kreolen bevorzugen inzwischen den drei Jahre gealterten, goldenen oder bernsteinfarbenen Rum dafür, so wie man auch auf den anderen Inseln oft drei- bis fünfjährigen Rum für den Punch nimmt.

Nicht nur auf jeder Insel schwört man auf die regionale Rezeptur des Punch, jede Familie kultiviert ihr eigenes Rezept, und obendrein hat jeder seine bevorzugte Rum-Marke. Besucht man eine traditionelle Bar und nennt seine Marke, stellt die Bedienung davon eine ganze Flasche auf den Tisch. Da auf den Antillen auch köstliche Früchte gedeihen, liegt es auf der Hand, deren Säfte mit Rum zum Planter's Punch zu mischen. Nur in Hotels und gepflegten Bars wird er mit hübscher Garnierung serviert, meist geht er im großen Becherglas über den Tresen. Den eigentlichen Unterschied machen die Qualität des Rum und frisch gepresste Säfte.

Cachaça

Cachaça wird häufig in kleineren Betrieben produziert, wo man wie hier im Vale Uruguai das Zuckerrohr von Hand erntet.

Pur oder als Caipirinha mit Limetten, Rohrzucker und Eis vermischt – Cachaça ist unangefochten Brasiliens Nationalgetränk. Rund 30 000 Betriebe decken den Bedarf, darunter auch einige industriell arbeitende Großunternehmen, doch die annähernd 5000 Marken auf dem Markt stammen überwiegend aus Klein- und Kleinstdestillerien. Jährlich werden über 1,3 Mrd. l produziert, womit Cachaça mengenmäßig als drittgrößte Spirituose der Welt gelten kann, nach Wodka und Soju. Nur 1 % davon, kümmerliche 13 Mio. l, werden exportiert. Die Brasilianer trinken ihren Cachaça selbst, ihr Volksgetränk hat eine lange Tradition, auch wenn es erst seit den 1990er Jahren salonfähig ist.

Cachaça – man spricht Kaschassa – ist ein Destillat aus Zuckerrohrsaft, und im Zuckerrohranbau ist Brasilien weltweit führend. Wie auf den Inseln der Karibik kam das süße Gras mit den Kolonialherren ins Land. Um die Mitte des 16. Jahrhunderts hatten sich Zuckerrohranbau und Sklavenwirtschaft in den küstennahen Ebenen etabliert. Bereits damals dürfte bekannt gewesen sein, wie schnell Zuckerrohrsaft vergärt. Erste Zeugnisse der Schnapsbrennerei reichen zum Anfang des 17. Jahrhunderts zurück, als

der raue Alkohol afrikanischen Sklaven zugeteilt wurde, um sie zur Zwangsarbeit auf den Plantagen und in den Minen zu motivieren. Bald entwickelte sich auch von Brasilien aus der berüchtigte Dreieckshandel, bei dem *aguardente de cana* als Zahlungsmittel für neue Sklaven eingesetzt wurde und sich mit den Zuckerrohrplantagen auch die Destillerien ausweiteten.

Sehr rasch gewann die Spirituose auch in der brasilianischen Bevölkerung an Popularität. Portugal, das im Cachaça ernste Konkurrenz für den eigenen Wein und Bagaceira, seinen Tresterbrand, erkannte, suchte vergeblich die Produktion zu unterbinden. »Schließlich beschloss Portugal, eine Steuer auf die Herstellung zu erheben«, weiß Cachaça-Expertin Marlene Elvira Seitz. »Mit den zusätzlichen Einnahmen wurde etwa der Wiederaufbau des 1756 vom Erdbeben zerstörten Lissabon finanziert. Im Unabhängigkeitskampf von Portugal im ausgehenden 18. Jahrhundert, in dem die Steuern ein Hauptthema darstellten, nahm auch die Cachaça-Steuer einen wichtigen Platz ein. Bald war es ein Zeichen von Patriotismus, Cachaça zu trinken, und umgekehrt demonstrierte man seine Treue zu Portugal, indem man Wein trank. Cachaça wurde zu einem Symbol der Unabhängigkeitsbewegung.« Nach der Abschaffung der Sklaverei, die in Brasilien erst 1888 erfolgte, blieb Cachaça das Getränk des einfachen Volks.

Saft des grünen Zuckerrohrs

Im Nordosten und in der Mitte Brasiliens erreichten die Zuckerrohrplantagen die größte Ausdehnung. Noch heute erstrecken sich einige davon in kaum vorstellbaren Ausmaßen, so bewirtschaftet die bekannte, in Familienbesitz befindliche Marke Ypióca zum Beispiel Anpflanzungen in der Größe Belgiens. Von der Capitanie São Vincente (heute São Paulo) und der Provinz Pernambuco verbreitete sich die Herstellung des Cachaça über das ganze Land, mit einer zweiten Hochburg in Minas Gerais, nördlich von Rio de Janeiro. Heute ist der Bundesstaat São Paulo in der Produktion führend, mit großem Abstand gefolgt von Pernambuco, Ceará, Minas Gerais und Paraiba.

Cachaça basiert im Gegensatz zu der Mehrheit der Rums nicht auf Melasse, sondern auf frisch gepresstem und sofort vergorenem Zuckerrohrsaft. Je nach Region wird zwischen Mai und November geerntet, indem man das grüne Zuckerrohr knapp über dem Boden kappt und die Blätter entfernt, da sie keinen Zucker enthalten.

In den letzten Jahren wurden in Brasilien mehrere Projekte ins Leben gerufen, die den biologischen Anbau von Zuckerrohr fördern. Es nehmen Kooperativen daran teil, deren angeschlossene Kleinbauern auf diese Weise die Fruchtbarkeit ihrer Felder erhalten und zugleich ein besseres Einkommen erzielen. Bei der Ernte von Hand verzichten sie auf das übliche Abbrennen der Felder, um den Boden und die Fauna zu schonen. Außerdem kompostieren sie die Schnittreste oder lassen sie auf dem Feld als Mulch zurück.

Meist befinden sich die Destillerien in der Nähe der Felder, und das geerntete Zuckerrohr kann noch am selben Tag verarbeitet werden. Für den handwerklich erzeugten Cachaça Artesanal muss das Zuckerrohr zunächst gewaschen werden. Dann führt man es in die Walze ein, wo es gehäckselt und gemahlen wird, bevor man *garapa,* den Saft, auspresst, wobei man auch in Brasilien etwas Wasser zur besseren Extraktion des Zuckers zusetzt.

Gefiltert kommt der *garapa* in Gärtanks. Während einige kleine Hersteller auf Naturhefen vertrauen, setzt man in der Regel Zuchthefen zu, außerdem natürliche Zusatzstoffe, die die Hefeentwicklung fördern. Üblich ist *fubá,* das traditionelle Maismehl, doch heute greift man auch zu anderen Getreidesorten, vor allem zu Reismehl. Manchmal sorgt frisch gepresster Zitronensaft für einen besseren pH-Wert, größere Betriebe verwenden dagegen chemische Säuerungsmittel. Jeder Betrieb hat sein spezielles Gär-Rezept, das dem *vinho,* der in einem bis maximal drei Tagen durchgegoren ist, zusätzliche Aromen verleiht.

Zunächst wird das Zuckerrohr zerkleinert, mit etwas Wasser verdünnt und gepresst. Der Saft vergärt und kann dann gebrannt werden.

Von Alambiques und exotischen Hölzern

Die Brennerei des Bio-Betriebs Terra Vermelha ist vorbildhaft.

Unterscheiden sich schon die Qualitäten des Zuckerrohrweins (er wird schlicht *vinho* genannt, hat etwa 8 % vol Alkoholgehalt und ist die Grundlage aller Cachaças) – der Brennprozess und die weitere Behandlung sorgen schließlich für ein breites Spektrum unterschiedlichster Qualitäten. Größere Destillerien sind mit schnell und günstig arbeitenden kontinuierlichen Destillieranlagen (Säulen- oder Kolonnendestillation) ausgerüstet und liefern das Gros an einfachen Cachaças, die sowohl den heimischen wie den Exportmarkt dominieren.

Kleinere und auf höhere Qualitäten ausgerichtete Betriebe arbeiten mit *alambiques*, traditionellen Brennöfen, die oft noch mit Holz befeuert werden und chargenweise destillieren. Es ist eine Kunst für sich, dabei die gleichbleibende Temperatur zu gewährleisten, die notwendig ist für eine einwandfreie Destillation. Der Brennmeister scheidet natürlich auch beim Cachaça den Vorlauf oder Kopf (*cabeça*) und den Nachlauf oder Schwanz (*cauda*) aus und verwendet nur das Mittelstück oder Herz (*coração*) des Destillats. Bei vielen einfachen, handwerklichen Cachaças handelt es sich oft um nicht oder nur wenig reduzierte Raubrände. Sie werden dann für die besseren Qualitäten ein zweites Mal destilliert. Bei hoher Qualität des Zuckerrohrs, insbesondere wenn es aus Bio-Anbau stammt, ist dies nicht erforderlich. Hochwertige Cachaça Artesanal werden in mehrstufigen *alambiques* gebrannt. In den auf Qualität ausgerichteten Betrieben werden Vorlauf und Nachlauf nicht erneut destilliert, sondern zur Erzeugung von Bio-Treibstoff (Ethanol) weiterverwendet, in dessen Produktion Brasilien weltweit führend ist, für den aber auch immer mehr Regenwaldflächen abgeholzt und Kleinbauern enteignet werden.

Das wasserhelle Destillat, das aus dem Kondensator läuft, ist zumeist kratzig rau und kaum zu trinken. Während immer auch klare Brände auf den Markt kommen, erfahren anspruchsvollere eine Alterungsphase in Holzfässern. Um als im Fass gealtert bezeichnet werden zu dürfen – *envelhecida em barril* –, muss Cachaça mindestens ein Jahr im Fass verbracht haben. Das Besondere bei der Alterung besteht in den exotischen Holzarten, die dabei Verwendung finden (siehe Kasten), die dem Brand, abgesehen von der mit dem Alter zunehmenden Sanftheit und Harmonie, ein hohes Maß an ganz individueller Komplexität verleihen können.

Grobe und feine Unterschiede

In Brasilien spricht man nicht allein von Cachaça, man sagt auch *aguardente,* was einerseits die allgemeine portugiesische Bezeichnung für Schnaps, in Brasilien aber zugleich ein Synonym für Zuckerrohrschnaps ist, wenn auch für eher minderwertigen. Zugelassen und gesetzlich reglementiert sind beide Namen, wobei Cachaça 38–48 % vol Alkoholgehalt aufweisen muss, *aguardente* bis zu 54 % vol besitzen darf. Gern spricht man auch von *pinga,* was Tropfen oder Fusel bedeutet und sich meist auf billigen *aguardente* bezieht.

Da Cachaça auf frischem Zuckerrohr basiert, kennzeichnen dessen an Blüten, exotische Früchte und Honig erinnernde Aromen auch sein Profil – je besser er destilliert wurde, umso feiner ist der Ausdruck. Dabei ergibt 1 t Zuckerrohr etwa 100 l Destillat mit 40 % vol Alkoholgehalt. 1 ha liefert einen durchschnittlichen Ertrag von 75 t. Sehr gu-

ten Ruf genießen Cachaças aus den bekannten Regionen Pernambuco und Minas Gerais. Goldener, bernsteinfarbener oder goldbrauner Cachaça wurde in Holz gereift und besitzt inzwischen Kultstatus. Besonders edel sind auch klare Cachaças, die in Hölzern gereift werden, die keine Farbe abgeben, etwa in Jequitibá rosa. Dabei handelt es sich oft um teure und selten international vertriebene Raritäten, die nur pur getrunken werden.

Aus dem Kondensator rinnt der wasserklare, frisch gebrannte Cachaça.

Exotische Hölzer

Welche Holzarten im Cachaça-Ausbau für die Fässer verwendet werden und was sie bewirken:

· Balsamo *(Myroxylon balsamum,* Tolubalsam); goldgelber Farbton, starke Geschmacksprägung

· Ipê Amarelo *(Tabebuia serratifolia,* Trompetenbaumgewächs); orangefarbener Ton, weicher Geschmack

· Vinhático *(Platymenia reticulata,* Gelbholz); gelber Farbton, erzeugt den ›typischen‹ Cachaça-Geschmack

· Imburana *(Amburana cearensis);* verringert den Säure- und Alkoholgehalt, der Geschmack wird weicher und runder

· Jequitibá rosa *(Cariniana legalis);* reinigt den Cachaça, erhält dabei dessen Geschmack und verändert dessen Farbe nicht; der Cachaça wird weicher; das edelste Holz für den Ausbau

· Carvalho (Eiche); der klassische Barrique-Ausbau mit goldenem Ton, Gewürz- und Röstnoten.

Marlene Elvira Seitz

Caipirinha und edle Cachaças

Caipirinha ist das Medium, das dem Cachaça zu internationalem Ruhm verhalf. Doch der erfrischende Shortdrink konnte seinen Siegeszug erst antreten, als die zweite unverzichtbare Zutat dauerhaft Eingang fand in die Auslagen der Obst- und Gemüsetheken: die Limette. Dieses kaum beachtete und schwer zu datierende Ereignis fand in den 1990er Jahren statt, und seitdem behauptet Cachaça seinen Platz in jeder Bar und jeder Diskothek, wenn auch nur als Bestandteil des Caipirinha und deshalb nur in den einfachsten Qualitäten.

Ein brasilianisches Sprichwort besagt: *quanto pior a cachaça, melhor a caipirinha* – je schlechter der Cachaça, desto besser der Caipirinha. Wer einen Caipirinha schon einmal mit einem sehr guten Cachaça probiert hat, zweifelt an Spruchweisheiten. Mag sein, dass der Ursprung der Redensart in der Herkunft des Getränks zu suchen ist, dessen Name auf *caipira* zurückgeht, was so viel wie Bauerntölpel bedeutet, versüßt mit der angehängten Verniedlichungsform ›inha‹. Bis heute wird Cachaça überwiegend in ländlichen Kleinbetrieben erzeugt, deren meist derbe Raubrände ihren Absatz in der eigenen Region finden. Brasilianer schwören auf diese individuellen Cachaça-Lieferanten und betonen, dass die gröberen Brände der Mixtur mehr Geschmack verleihen. Ein wirklich überzeugender Caipirinha basiert immer auf einem guten, einwandfrei gebrannten Cachaça mit klarer, sauberer und intensiver Aromatik, in der man das Zuckerrohr wiedererkennt, aus dem er hergestellt wird. In Brasilien wird der Caipirinha übrigens nie mit braunem Zucker angesetzt, wie in Europa üblich, sondern ausschließlich mit weißem, feinkörnigem Rohrzucker. Zudem mag man ihn eher süß. Die Limetten, die sich am besten eignen, sind klein, haben eine dünne Schale und sollten ungespritzt sein. Man schneidet sie in Scheiben und drückt sie nur leicht aus, um dann ihren Saft mit dem Zucker zu verrühren. Während man anderswo *crushed ice* nimmt, was den Caipirinha leichter macht, zieht man in Brasilien Eiswürfel vor, da sie mehr Platz für den Cachaça lassen. Auch Batidas basieren auf Cachaça, den man mit Früchten, Fruchtsaft oder Milch, Zucker und Eis mischt.

Caipirinha

2 BL Rohrzucker	in ein einfaches Becherglas geben. Stücke
1 unbehandelten Limette	daraufgeben und mit dem Stößel leicht ausdrücken. Den Saft mit dem Zucker mischen, dann
6 cl Cachaça	dazugießen und gut verrühren, bis der Zucker ganz aufgelöst ist. Mit
crushed ice oder Eiswürfeln	auffüllen und umrühren. Eventuell 1 Prise Zimt darüberstreuen. Man kann auch geschälte Limetten verwenden.

Ausgewählte Cachaças

Außerhalb Brasiliens haben Cachaça-Marken und -Qualitäten bislang nur eine untergeordnete Rolle gespielt, worauf es in den einschlägigen Bars ankam, war ein preisgünstiger Cachaça, womit sich Caipirinha zubereiten ließ. Allmählich vollzieht sich ein Wandel, nicht zuletzt durch engagierte Importeure. Zugleich zeigt auch der Staat Brasilien Interesse an einem erweiterten Export. Das Angebot wächst in Europa und in Amerika und damit auch das Bewusstsein für die beträchtlichen Unterschiede beim Cachaça. Neben den nur zum Mixen bestimmten Marktführern Pirassunga (im Export als Cachaça 51 angeboten), Pitú und Velho Barreiro sowie der großen Phalanx konkurrierender einfacher Qualitäten finden edlere Produkte zunehmend den Weg ins Ausland, etwa Sagatiba, Rochinha, Beluza Pura, Fabulosa, Fazenda Mãe de Ouro oder Leblon.

Terra Vermelha

Die nur 50 ha große Engenho Terra Vermelha liegt mit ihren Zuckerrohrplantagen mitten im Gebiet der roten Erden im südlichen, für Kaffee- und Sojaplantagen bekannten Bundesstaat Paraná und arbeitet biologisch. Ihr feiner Cachaça wird am besten pur getrunken. Er reift sechs bis zwölf Monate in Fässern aus dem Holz der Jequitibá rosa, was ihm große Ausgewogenheit verleiht, ohne ihn des köstlichen Zuckerrohr-Aromas zu berauben.

Iguaçu

Biologisches Gemeinschaftsprojekt in Capanema, im Süden Brasiliens, nicht weit von den berühmten Iguaçu-Wasserfällen. Agronom César Colussi stellt den Cachaça durch doppeltes Brennen her, was dem feinen Destillat sehr intensive Aromen exotischer Früchte erhält, wodurch es sich sehr gut für Caipirinha eignet, aber auch pur schmeckt.

Colônia Nova

Zusammenschluss kleiner Zuckerrohrbauern im Vale do Rio Uruguai im südlichen Bundesstaat Rio Grande do Sul, nahe der Grenze zu Argentinien, auf ökologischen Anbau und handwerkliche Cachaça-Herstellung ausgerichtet. Seine Marke Tropical Brazilis bietet sowohl eine klare, deutlich nach Zuckerrohr schmeckende Qualität zum Mixen als auch einen vier Jahre in Eichenfässern gereiften, würzig-rauchigen Brand.

Ypióca

1846 gegründetes Familienunternehmen mit Zuckerrohrplantagen von der Größe Belgiens. Auch die zum Mixen bestimmten Standardversionen Crystal und Oro werden zwölf Monate in Fässern aus Balsamo- oder anderem exotischem Holz gealtert. Der 150, zum 150-jährigen Firmenjubiläum herausgebracht, reift sechs Jahre im Holz und wird pur getrunken.

Nêga Fulô

Die Destillerie Fazenda Soledade, 1827 im Bundesstaat Rio gegründet, brennt ihren Cachaça chargenweise und gewährt ihm drei Jahre Reife in Eichenfässern, was ihm den weichen, runden Geschmack verleiht. Pur empfohlen, ergibt er auch einen überzeugenden Caipirinha.

Cachaça 51

Um 1900 von der deutschen Familie Müller gegründet, hat sich diese in der Stadt Pirassununga im Bundesstaat São Paulo hergestellte Marke zur Nummer Eins in Brasilien gemausert. Mit ihrem jährlichen Absatz von rund 250 Mio. l zählt sie außerdem zu den führenden Spirituosen der Welt. Für Caipirinha.

Cachaça do Box 32

Der Name geht auf eine bekannte Bar im südbrasilianischen Bundesstaat Santa Catarina zurück, die Box 32, die 1984 in der Markthalle der Stadt Florianópolis eröffnete. Seit 1990 stellt man eigenen Cachaça auf handwerkliche Weise her, der in kupfernen Brennblasen doppelt destilliert wird und anschließend zwei Jahre lang in Eichenfässern reift, was ihm seine goldene Farbe, die Sanftheit und das dezente Vanille-Aroma verleiht.

Tequila und Mezcal

Seit mehr als 8000 Jahren werden sie in Mittelamerika angebaut: Agaven sind vielseitig, ihr süßes Fleisch wurde verzehrt, aus den Fasern wurden Stoffe und Teppiche geknüpft, Fäden und Seile geflochten und Papier geschöpft. Die Blätter deckten Dächer, die Dornen dienten als Nähnadeln. Agaven galten als Heilpflanzen, ihr vergorener Saft, Pulque, spielte in der Religion der Azteken als Rauschmittel wie als Opfertrank eine wichtige Rolle. Nach der Einweihung in die Brennkunst durch die spanischen Eroberer wurden Agaven zu Mezcal, später zu Tequila destilliert. Inzwischen haben sich beide als mexikanische Nationalgetränke etabliert, sie sind Teil der Kulturgeschichte Mexikos geworden.

Schon die Olmeken sollen vor rund 3000 Jahren den Saft der Agave getrunken haben, den man gewinnt, indem man den Strunk oder poetischer das Herz anritzt. Da die Flüssigkeit rasch zu gären beginnt, ist anzunehmen, dass sie auch den milchigen Pulque bereits kannten. Aztekischen Legenden zufolge verdanken Agaven ihre Entstehung, Form, bläuliche Farbe und ihren dem Himmel entgegenstrebenden Wuchs gefallenen Sternen. Aber auch Pulque galt als vom Himmel gesandt. Es wird erzählt, ein Blitz habe eine Agave getroffen und ihr Herz entzündet, von dem ein wundersamer Nektar geblieben sei, den die staunenden Indios als Geschenk der Götter erkannten. Daher tranken sie ihn mit Ehrfurcht, erfreuten sich seines Geschmacks und sahen sich beseligt in einen Zustand versetzt, der sie ihren Göttern näher brachte. Sicherheitshalber behielten die Priester, Krieger und Weisen den Pulque weitgehend für sich, denn zu viel Rausch für alle ist auch nicht gut. Dem einfachen Volk war der rauschhafte Schwebezustand nur zum Ende des Kalenderjahrs gestattet, wenn man der toten Ahnen gedachte.

Nicht lange nach der Eroberung Mexikos durch Hernando Cortés 1521 brachten die Spanier die ersten Brennblasen ins Land. Anfängliche Versuche, den wenig alkoholischen, fünf- bis siebenprozentigen Pulque zu destillieren, um einen stärkeren Geist zu erhalten, schlugen fehl, das milchige Agavengebräu eignete sich nicht dazu. Schuld daran ist die langkettige Molekülstruktur der Stärke, wie man später entdeckte. Erst die Methode, das Agavenherz über Holzfeuer zu garen, bevor man den Saft auspresste und vergor, brachte den gewünschten Erfolg, und die Flüssigkeit ließ sich brennen.

So gewann man jenen Brand mit dem charakteristischen Raucharoma, den man schlicht bei seinem Namen nannte: »Mezcal« ist in der einheimischen Nahuátl-Sprache das Wort für Agavenherz.

Die Herstellung von *vino mezcal* verbreitete sich zügig in ganz Mexiko, konzentrierte sich aber speziell im Westen, in einem Gebiet namens Jalisco, das die Spanier, die es 1530 eroberten, in Nueva Galicia umgetauft hatten und dank der reichen Silberminen schätzten. Heute trägt die Region wieder den alten Namen, aber ihre Bedeutung verdankt sie den Spaniern. Als Don Pedro Sanches de Tagle, Marqués von Altamira, 1600 auf seiner Hacienda de Cuisillos in Nueva Galicia Agaven kultivierte, einzig um sie zu destillieren, konnte er nicht ahnen, was er da ins Leben rief. Gouverneur Nuno de Guzmán hatte schon eher eine Vorstellung davon, als er 1608 die erste Steuer auf den Mezcal-Wein erhob. Nicht lange danach wurde die Destillation offiziell genehmigt, um die Produktion besser kontrollieren und effizienter besteuern zu können.

Mit der steigenden Popularität des Mezcal erhöhten sich die nicht unerheblichen Steuereinnahmen. Dennoch war der Spanischen Krone das Schnapsbrennen in Mexiko ein Dorn im Auge. Sie glaubte mit dem Absatz spanischer Weine und Brände in den Kolonien mehr Geld zu machen, weshalb sie 1785 die Herstellung von Mezcal verbot. Doch die Rechnung ging nicht auf, und 1792 musste der neue König Ferdinand IV. das Brennen wieder gestatten. Drei Jahre später unterzeichnete er eine Lizenz, die es José Maria Guadaloupe Cuervo aus Tequila erlaubte, Mezcal zu destillieren. Damit beginnt die moderne Geschichte von Mezcal und Tequila.

Die Heimat des Tequila

Mexiko und die Hauptproduktionsgebiete von

▮ Tequila
▮ Mezcal

Seite 472: Agaven sind das Geheimnis sowohl des Tequila wie des Mezcal.

Tequila ist Mexikos Aushängeschild. Wie alle mexikanischen Erzeugnisse ist er NORMA unterworfen, einem Kontrollsystem, das jede einzelne Flasche mit einer Nummer versieht. Diese NOM (Norma Oficial Mexicana) ermöglicht es, jede Flasche Tequila zu ihrem Hersteller zurückzuverfolgen. Das Gesetz hat präzise Auflagen zur Herstellung von Tequila festgelegt, die vorschreiben, wo und wie er erzeugt werden darf.

Sein Hauptproduktionsgebiet, das zur Denominación de Origen erklärt wurde, ist der Bundesstaat Jalisco auf der pazifischen Seite Mexikos, hinzu kommen 56 weitere Gemeinden in den Nachbarstaaten Guanajuato, Nayarit und Michoacán. Außerdem gehört Tamaulipas am Golf von Mexiko dazu. Allerdings gibt es nur zwei Destillerien in Guanajuato und eine in Tamaulipas, während sich die übrigen 117 Betriebe in Jalisco konzentrieren. Alle anderen Agavenbrände werden als Mezcal bezeichnet, der ebenfalls eine Denominación de Origen besitzt und hauptsächlich im Umkreis der Stadt Oaxaca gebrannt wird, auch wenn seine Herstellung offiziell in den Bundesstaaten Guerrero, Durango, San Luis Potosi und Zacatecas zugelassen ist.

Jalisco ist einer der faszinierendsten Bundesstaaten Mexikos und verfügt über eine weitgefächerte, florierende Wirtschaft, die industrielle, handwerkliche, speziell kunsthandwerkliche, und landwirtschaftliche Erzeugnisse hervorbringt. Darüber hinaus hat Jalisco herrlich abwechslungsreiche Landschaften zu bieten, weshalb der Tourismus eine stetig wachsende Einnahmequelle darstellt. Von der beeindruckenden, teils noch unberührten Pazifikküste steigt das Land zur Sierra Madre auf. Jaliscos spanisch gegründete Hauptstadt Guadalajara, mit ihren 1,7 Millionen Einwohnern die zweitgrößte Stadt Mexikos, war früher der wichtigste Absatzmarkt des Tequila und besitzt selbst zwei Destillerien. Die Stadt liegt in einer Senke auf 1700 Meter Höhe. Sie wird von Bergen und im Osten und Norden von einem 800 Meter höheren Hochplateau umgeben, das sich zum bedeutendsten Agavenanbaugebiet entwickelt hat.

So weit das Auge reicht

Bis zur Kleinstadt Tequila sind es 80 Kilometer nach Nordwesten. Sie liegt am Fuß des erloschenen Vulkans Cerro de Tequila, von dessen Kegel sie um rund 1200 Meter überragt wird, inmitten einer sanften Hügellandschaft mit engen Tälern, wo meist Agaven angepflanzt werden. Die UNESCO hat das Agavengebiet samt historischen Tequilaproduktionsstätten zwischen Tequila und dem Rio Grande 2006 zum Welterbe erklärt. Beides verleihe der Landschaft seit dem 16. Jahrhundert ihr Gesicht und sei ein wesentlicher Bestandteil der nationalen Identität Mexikos, begründete die Organisation ihre Entscheidung.

Die 6000 Felder, auf denen die für Tequila vorgeschriebene blaue *Agave tequilana F.A.C. Weber* angebaut wird, summieren sich auf insgesamt 43 000 Hektar, auf denen 150 Millionen Agaven in Lagen zwischen 700 und 2900 Metern gedeihen. Nicht selten dehnen sich einzelne Felder über eine Fläche von 200 Hektar aus.

Im Jahr 1944 verfügte die mexikanische Regierung, dass nur Agavendestillat aus dem Bundesstaat Jalisco als Tequila bezeichnet werden darf. Die ersten offiziellen Richtlinien zu dessen Herstellung sind drei Jahre jünger. 1977 erhoben die Behörden Tequila zur anerkannten Ursprungsbezeichnung, aber erst seit 1994 gibt es den Consejo Regulador del Tequila, der strikt über dessen Herstellung wacht. Auch international ist die Marke inzwischen geschützt, ein Versäumnis in der Vergangenheit wurde korrigiert. Das war notwendig, denn von der Jahresproduktion von 195 Millionen Litern werden heute mehr als vier Fünftel exportiert. Die USA sind die Hauptabnehmer, aber Tequila geht in rund 100 weitere Länder. Die gestiegene Nachfrage hat die Preise in die Höhe getrieben, sodass sich viele Mexikaner Tequila mittlerweile nicht mehr leisten können – und das, obwohl die aus dem vergorenen Saft der Agave gebrannte Spirituose Teil der mexikanischen Lebensart ist.

Nur eine bestimmte blaue Agavensorte ist für Tequila zugelassen und wird auf weitläufigen Feldern angebaut.

Blaue Agaven und trunkene Helden

Don José Antonio de Cuervo erhielt 1758 vom spanischen König ein Stück Land in der Region von Jalisco, und damit begann die Erfolgsgeschichte des Tequila.

Als José Maria Guadaloupe Cuervo, Sohn von José Antonio, 1795 die erste Brennerei im Städtchen Tequila eröffnete, fand er bald Nachahmer. Doch für die *tabernos,* wie man die Brenner nannte, brachen unsichere Zeiten an. Nicht nur während des mexikanischen Unabhängigkeitskampfes, der 1810 begann und elf Jahre tobte, auch in den Jahrzehnten danach blieb die politische Situation instabil. Truppen und Banden deckten ihren gleichermaßen hohen Bedarf an Mezcal gewöhnlich, indem sie ihn konfiszierten. Die Unabhängigkeit 1821 ließ zwar die Nachfrage nach einheimischen Bränden ansteigen, da es kaum Importe gab, aber erst unter Porfirio Diaz setzte ab 1876 eine Zeit wirtschaftlichen Aufschwungs ein, der auch den Destillerien zugute kam.

Kaum eine Brennerei der Gründerzeit hatte überlebt. Eine davon war die 1805 gegründete Taberna La Cruz, die 1873 von Cenobio Sauza erworben wurde und als La Perseverancia noch heute besteht. Damals brannte man Mezcal auch in Tequila aus unterschiedlichen Agavensorten, jede Brennerei machte eigene Erfahrungen und wählte ihre Favoriten. Es soll Sauza gewesen sein, der sich schon Ende des 19. Jahrhunderts ausschließlich auf die blaue Agave (*maguey azul*) konzentrierte, die dann 1902 von dem französischen Militärarzt und Botaniker Frédéric Albert Constantin Weber klassifiziert und später nach ihm benannt wurde.

Nach und nach folgten andere *tabernos* Sauzas Beispiel. Viele stellten die Produktion von *aguardiente* aus Zuckerrohr ein und verlegten sich ebenfalls auf die Erfolg versprechende Weber-Agave, deren vergorenen Saft sie doppelt brannten. Nicht lange, und ihre Produkte unterschieden sich deutlich von den Mezcals anderer Regionen. Selbst in Mexiko-Stadt waren die Bränden aus Tequila bald ein Begriff.

Nationales Symbol

Cuervo behauptete sich von Anfang an als größter Erzeuger, eine Position, die er bis heute verteidigen konnte. In den 1880er

Der mexikanische Revolutionsführer Pancho Villa (1878–1923) zu Pferd; Fotografie, 01.01.1911.

Jahren lieferte er allein 10 000 Fässer *vino mezcal* pro Jahr nach Guadalajara. Bis 1910 wuchs die Zahl der *tabernas* in Jalisco auf fast 90 an. Die Einführung der Flaschenabfüllung ab 1906 trug zu diesem Erfolg entscheidend bei. Die mexikanische Revolution stürzte das Land erneut in eine Phase politischer und wirtschaftlicher Unsicherheit, der auch die meisten Brennereien erlagen. Doch der Schnaps der blauen Agave verdankt seinen legendären Ruf gerade jener unruhigen Zeit, er ›begeisterte‹ die Helden der Revolution nachhaltig. Wenn von 1930 bis 1960 mexikanische Filme die harten Heroen glorifizieren, spielt Tequila in der Regel in mindestens einer Szene der Verbrüderung und Kameraderie eine signifikante Rolle, was sich als äußerst verkaufsfördernd erwies.

Nach der Wirtschaftskrise von 1929 profitierte Tequila, ebenso wie kubanischer Rum, von der Prohibition in den benachbarten Vereinigten Staaten, es kam zu einer stark gestiegenen Nachfrage in den 1930er Jahren, die einen Versorgungsengpass mit blauen Agaven nach sich zog. War Tequila ursprünglich zu hundert Prozent aus blauer Agave destilliert worden, gestattete der Staat in dieser Notlage die Streckung der für den Alkoholgehalt erforderlichen Menge an Zucker durch den Zusatz anderer Pflanzen. Der Mixto war geboren, und obwohl er weniger authentisch und von minderer Qualität war, entwickelte er sich überraschend zum Exportschlager. Folglich startete die Produktion in großem Stil.

Als im Lauf des Zweiten Weltkriegs in den USA Spirituosen-Importe aus Europa Mangelware wurden, konnte Tequila dort weiter Fuß fassen. Ende der 1940er Jahre eroberte der Cocktail Margarita von Kalifornien aus die Vereinigten Staaten und erlangte in kurzer Zeit eine so große Popularität, dass der Export von Tequila, genauer gesagt von Mixto deutlich anstieg.

Ein Jahrzehnt später war es das Beispiel der Beatnik-Generation Jack Kerouacs und William S. Burroughs, die den Tequila-Konsum ankurbelte. 1968 verhalfen die Olympischen Spiele Mexiko im Allgemeinen und Tequila im Besonderen zu bis dahin ungekannter Berühmtheit. Tequila avancierte zum Kult-Drink der Jugend, den man mit Salz und Zitrone oder beidhändig mit Sangrita, immer aber auf ex trank. Erst der in den 1980er Jahren stark anwachsende Tourismus vor allem aus den USA führte zur Entdeckung hochwertiger Qualitäten aus hundert Prozent Agave und entfachte ein neues Interesse an Tequila als Premium-Geist.

Gewöhnlich wird Tequila aus kleineren Schnapsgläsern und gern auch auf ex getrunken.

Tequilas Erfolge und Einbußen

Die Stadt Tequila ist ein reizvolles Reiseziel – nicht nur für Liebhaber des Agavenschnapses.

Tequila ist zu einer rührigen Kleinstadt mit 20 000 Einwohnern angewachsen, hat sich aber in Teilen eine sympathische dörfliche Atmosphäre bewahrt, ungeachtet des Weltruhms, den der feurige Schnaps ihr verlieh. Nun will sie sich gezielt dem Tourismus zuwenden. Nach dem bereits an den Wochenenden von Guadalajara aus verkehrenden Tequila Express führt inzwischen auch eine »Tequila-Route« ausländische Gäste zu den wichtigen Adressen. Denn Tequila, seinen Geburtsort und seine Kultur müsse man erleben, wolle man die mexikanische Seele verstehen, behaupten die Mexikaner.

Tequila ist vor allem zu einem bedeutenden Wirtschaftsfaktor aufgestiegen. In den letzten 25 Jahren hat sich die Anzahl der *fábricas*, wie man die modernen Tequila-Brennereien schlicht nennt, auf rund 100 Betriebe verdreifacht. Doch die jüngste Erfolgsgeschichte des Tequila verläuft nicht ohne Einbrüche und Unwägbarkeiten. Ein Teil davon ist auf die lange, acht bis zwölf Jahre dauernde Reifezeit der Agaven zurückzuführen, die ›Rohstoffproduktion‹ kann deshalb nur schwerfällig auf Angebot und Nachfrage des Tequila reagieren. Für die Bauern war es oft sicherer, Mais oder Bohnen anzupflanzen, zumal die Tequila-Erzeuger die Preise zeitweilig diktieren konnten. Noch 1996 errichteten aufgebrachte Bauern vor Tequila-Fabriken Barrikaden, um dagegen zu protestieren, dass die Unternehmen die Preise für Agavenherzen von 1000 Pesos pro Tonne (ca. 70 €, Stand Ende 1980er Jahre) auf 600 Pesos gedrückt hatten. Erst als eine Anhebung des Preises um 30 % zugesichert wurde, gaben die Bauern sich zufrieden. Drei Jahre später war der Preis auf 3500, 2001 auf 5000 Pesos geklettert, und heute berechnet man ihn nicht mehr nach Tonnen, sondern nach Kilos, wo er 2006 zwischen 18 und 20 Pesos notierte, also bis zu 1400 € die Tonne!

Krisen und Kontrollen

Der Preisanstieg hatte ernste Konsequenzen. Die bekanntesten Einstiegsmarken mit 100 % blauen Agaven gerieten unter Druck. Die Kosten an die Verbraucher weitergeben wollten sie nicht, sie entschieden sich dafür, ihren Tequilas Zucker aus anderen Pflanzen zuzusetzen, sie in Mixtos zu verwandeln. Dies löste den Protest einer Gruppe kleiner, qualitätsorientierter Tequila-Häuser aus, die offen für eine Verschärfung der Produktionsregeln und für eine obligatorische Abfüllung in Mexiko plädierte. Ihr Wortführer Don Jesus Lopez Roman, Besitzer der 1884 gegründeten Brennerei San Matías, wurde 1997 in übelster Ganovenmanier vor seiner Destillerie erschossen.

Im selben Jahr setzte der Kontrollrat auf internationaler Ebene durch, dass ein Mixto mindestens 51 % blaue Agave enthalten muss, und führte im Folgejahr strenge Kontrollen durch, die zur vorübergehenden Schließung einiger Brennereien führten sowie zum Verkaufsverbot von 67 abgefüllten Marken. Seither unternimmt der Consejo Regulador del Tequila große Anstrengungen, um auch den als Tankware exportierten und außerhalb Mexikos abgefüllten Tequila zu kontrollieren und so sicherzustellen, dass er den Bestimmungen der ersten Denominación de Origen des Landes entspricht.

Kurz vor dem Jahrtausendwechsel sahen sich die Agavenbauern mit einem neuen Problem konfrontiert. Geschwächt durch die Vermehrung mit Stecklingen, wurde die *Agave tequilana F.A.C. Weber* anfällig für Krankheiten wie TMA (Tristeza y Muerte de Agave, Welken und Tod der Agave), deren Ursache ein Pilz ist. Sie hat sich zu einer Katastrophe ausgeweitet, denn inzwischen sind etwa 40 % aller blauen Agaven Mexikos befallen: betroffene Pflanzen sterben innerhalb weniger Monate. Die stark gestiegenen Preise für *piñas,* die Agavenherzen, sind die Folge dieser akuten Bedrohung, von der 50 000 Bauernfamilien betroffen sind. Während sie ein staatliches Mega-Projekt fordern, das die Plantagen sanieren soll, versuchen die großen Tequila-Firmen, von denen einige bereits mit Lieferschwierigkeiten zu kämpfen haben, Druck auszuüben, um den Pflichtanteil der blauen Agave im Mixto senken zu können. Viele kleine Tequila-Erzeuger sehen darin einen Identitätsverlust, den sie nicht hinnehmen wollen.

Trotz der schwerwiegenden Probleme befindet sich Tequila im Aufwind. Während die großen Mixto-Marken international weiter an Boden gewinnen, floriert die Nachfrage nach Premium- und Super-Premium-Tequilas. Die Palette der 100 %-Agaven-Tequilas, die im Gegensatz zum Mixto in Mexiko abgefüllt werden müssen, ist groß wie nie zuvor und findet zu ständig steigenden Preisen Absatz. Etwa die Hälfte der Gesamtproduktion geht in die USA, doch auch die Europäer zeigen zunehmend Interesse. Dabei heizt die Abfüllung in extravagante, oft mundgeblasene Flaschen den Markt zusätzlich an. So brachte 2006 Tequila Ley.925 seinen sechs Jahre gealterten Pasión Azteca in einer limitierten Edition von 33 Flaschen heraus, einige davon aus reinem Platin. Zum Preis von 225 000 US $ bekommt man sie auch persönlich vorbeigebracht. Die Firma plant inzwischen die 1-Million-Dollar-Flasche. Es gibt wohl keine Spirituose, bei der Produktionskosten und Endpreis so auseinanderstreben wie beim Tequila.

Immer schlechtere Basisqualität auf der einen, immer teurere Luxusabfüllungen auf der anderen Seite sind das aktuelle Erscheinungsbild des Tequila, von dem mittlerweile rund 1000 Marken vertrieben werden.

Unten links: Weltrekord-Flasche mit Pasión Azteca

Unten rechts: Mit resistenten Neuzüchtungen hofft man, dem Agavensterben entgegenzuwirken.

Reichtum der Agaven

Agaven wachsen in Süd- und Mittelamerika wild. Es sind keine Kakteen, sondern Sukkulenten, die man zu den Lilien- und Amaryllisgewächsen zählte, bevor man ihnen die eigene Gattung Agavaceae zubilligte, unter der mehr als 400 Arten klassifiziert sind. Der Wert der Agave als Nutzpflanze ist in Mexiko seit mindestens 8000 Jahren bekannt. Hier, wo man sie *maguey, mezcal* oder *agave* nennt, gibt es rund 140 unterschiedliche Arten, von denen heute allein die schlankwüchsige, grünlich-blaue *Agave tequilana F.A.C. Weber* für die Herstellung von Tequila zugelassen ist. Aus anderen Agavenarten darf Mezcal gebrannt werden, oder ihr Saft kommt zu Pulque vergoren auf den Markt.

Agaven werden acht bis fünfzehn Jahre alt, ihre lanzettförmigen und dornigen Blätter erreichen 1,5–1,8 m Länge, ihr Durchmesser kann mehr als 3 m betragen. Erst gegen Ende ihres Lebens entwickeln sie einen hohen Blüten- und Fruchtstand, den *quiote,* anschließend sterben sie ab.

Agaven vermehren sich weniger durch Samen, sie erscheinen viel zu selten, sondern durch Schösslinge aus den Achseln abgestorbener Blätter. Die sich daraus entwickelnden Jungpflanzen vereinzelt man in der Regenzeit zwischen Juni und Oktober.

Die Ernte

Der Erntearbeiter, *jimador,* achtet darauf, ob die Pflanze ihren Blütenstand auszutreiben beginnt, den er sofort kappt. Dadurch schwillt das Herz der Agave immer mehr an. Wenn die Blätter nahe ihres Zentrums rostfarbene Flecken zeigen und es aussieht, als wäre die Pflanze geschrumpft, hat sie ihre optimale Reife erlangt, es ist Zeit, sie zu ernten. Die Pflanze ist nun acht bis zwölf Jahre alt, und sie wird bei der Ernte zerstört. Umso wichtiger ist eine langfristige, weiträumige Organisation, um kontinuierliche Erträge zu gewährleisten.

Der *jimador* greift zur *coa,* einer speziellen, runden, rasiermesserscharfen Axt mit langem Stiel. Zunächst trennt er die Agave von

Bei der Ernte werden die Agaven zunächst von ihren Wurzeln getrennt, dann entfernt der *jimador* die Blätter mit einer messerscharfen Axt, der *coa.*

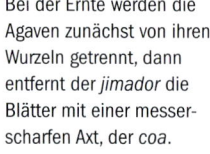

ihren Wurzeln, indem er die Pflanze mit einem Fuß zur Seite drückt und dann die *coa* ansetzt. Darauf schneidet er mit präzisen Schlägen die langen, fleischigen und scharfen Blätter ab, bis die *piña* übrig bleibt, das Herz der Agave, das auf den ersten Blick einer übergroßen Ananas ähnelt – *piña* ist das spanische Wort für Ananas oder Tannenzapfen. Etwa vier Minuten braucht ein geübter *jimador,* um eine Agave zu ernten und für den Abtransport zurechtzustutzen.

Die Verarbeitung

In tiefer gelegenen Tälern wiegen *piñas* rund 35–75 kg, auf dem Hochplateau um die Stadt Tequila sogar 50–90 kg. Auf Lastwagen werden sie zur Destillerie transportiert, wo man sie zunächst halbiert oder viertelt und dann in gewaltige Öfen oder Druckkessel, sogenannte Autoklaven, schichtet.

Das langsame Garen der Agaven bei etwa 60 °C ist erforderlich, damit sich die in ihrem faserigen Fleisch enthaltene Stärke in Zucker verwandelt. In den mit Dampf beheizten Steinöfen dauert dieser Vorgang je nach Größe der Herzen 36–48 Stunden, wobei eine süße Flüssigkeit aus dem Agavenfleisch austritt, die aufgefangen wird, der sogenannte Koch-Honig. Anschließend kühlen die Agaven 24 Stunden aus.

Werden die Agaven in Autoklaven, überdimensionalen Druckkesseln, gekocht, lässt sich die Garzeit um die Hälfte oder drei Viertel reduzieren. Allerdings wirkt sich dieses Verfahren negativ auf die Qualität des späteren Destillats aus, meinen zumindest die Traditionalisten.

Die gegarten, nun dunkelbraun gewordenen Agaven werden geschreddert und zermahlen, wozu man früher schwere Mahlsteine benutzte, heute jedoch ähnliche Maschinen wie beim Zuckerrohr einsetzt. Auch bei den Agaven setzt man Wasser zu, damit der Zucker besser gelöst wird. Auf diese Weise erhält man *aguamiel,* Honigwasser, und die ausgepressten Fasern. Vergor und destillierte man früher Honigwasser, Koch-Honig und Fasern gemeinsam, was mit hohem Arbeitsaufwand verbunden war, sind die Brennereien bis auf wenige Ausnahmen heute dazu übergegangen, den Saft von den Fasern zu trennen und die Gärung mit einem vergleichsweise klaren Saft durchzuführen, der leicht umzupumpen ist.

Piñas nennt man die Agavenherzen, die in großen Öfen gebacken werden, um ihre Stärke in Zucker zu spalten.

Hundertpro und Mixto

Die *fábricas* schwören bei Tequila, der zu 100 % aus blauer Agave besteht, auf Naturhefen, die in den über Jahre genutzten Gärbottichen auf natürliche Weise vorhanden sind, aus denen sie aber oft eigene Hefestämme gezüchtet haben. Je nach Hefeart und Temperatur dauert die Gärung zwischen fünf und zwölf Tage und prägt die Aromen des *mosto* und späteren Tequila deutlich. Auch andere Faktoren wirken sich auf den Charakter des *mosto* und des späteren Destillats aus. Es sind die Böden, die Höhenlage, das Klima, wo die Agaven gewachsen sind, aber auch Reifegrad und Erntezeitpunkt sowie die Garmethode.

Sobald der Agavenmost durchgegoren ist, wird er gefiltert und in die Brennblase gepumpt. Man brennt in zwei Durchläufen, wobei zunächst der sogenannte *ordinario* kondensiert, der zwischen 20 und 30 % vol Alkoholgehalt aufweist. Er wird ein zweites Mal zum Tequila destilliert. Wie bei allen chargenweisen Brenndurchläufen scheidet der Brennmeister Kopf und Schwanz ab (*cabeza* und *cola*) und fängt nur das Herz auf (*corazon*). Traditionell wird Tequila mit einem Alkoholgehalt von 55 % vol gebrannt, also ein eher großes Herzstück behalten, was dem Destillat mehr Biss und Aromen, aber auch mehr Fuselöle beschert. Moderne Erzeuger brennen mit mehr Alkoholgehalt, oft sogar dreifach, um größere Weichheit (und mehr Neutralität) zu erreichen, und stellen das Destillat anschließend auf Trinkstärke ein. Besonders der amerikanische Markt bevorzugt weichere Qualitäten. Übrigens braucht es im Schnitt 7 kg Agavenherzen für 1 l Tequila.

Erheblichen Einfluss auf den späteren Duft und Geschmack hat auch beim Tequila der Ausbau. Manche *aficionados* schwören auf die junge weiße, nicht gealterte Qualität, weil sie die Agavenaromen am reinsten vermittelt. Bereits nach wenigen Monaten im kleinen Fass aus amerikanischer, seltener französischer Eiche nimmt der Tequila Röst- und Gewürznoten an, die mit zunehmender Ausbauzeit immer dominanter werden, zugleich aber gewinnt er an Weichheit und Eleganz. Nur selten wird der Ausbau auf mehr als drei Jahre ausgedehnt.

Werdegang eines Mixto

Der Mixto entstand, als die Nachfrage nach Tequila den Vorrat an Agaven überstieg. In den 1970er Jahren erlaubte die mexikanische Regierung, dass im Tequila zu 49 % Zucker aus anderen Pflanzen vergoren werden konnte. Seither gibt es verschiedene Wege der Herstellung und Vermarktung.

Beim Mixto geht es darum, die Kosten so gering wie möglich zu halten, was zu Veränderungen in der Herstellung führte. Hier die kostengünstigste Produktionsweise:

Die angelieferten *piñas* werden in großen Autoklaven im Schnellverfahren gegart und das *aguamiel* nach der Abkühlung extrahiert. Man pumpt es in Gärtanks und fügt 49 % andere, in Wasser gelöste Zucker zu. Am günstigsten sind industrieller Flüssigzucker und Maissirup, aber am häufigsten verwendet man granulierten Rohrzucker. Man verdünnt die ganze Mischung, bis die Zuckerkonzentration 6–10 % beträgt, was den Hefen die Arbeit zu erleichtern.

Für die Gärung setzt man kommerzielle Hefen ein und fügt Beschleuniger aus Nitratverbindungen zu, die für eine schnelle Entwicklung der Hefebakterien sorgen, womit es gelingt, die Gärdauer auf 24 Stunden oder weniger zu reduzieren. Den so erhaltenen *mosto* destilliert man anschließend kontinuierlich in modernen Kolonnenapparaten und füllt ihn schnellstmöglich ab. Von dem, was die ursprüngliche Qualität eines Tequila ausmacht, bleibt bei diesem Verfahren, das weit über die Hälfte der Herstellungskosten eines traditionellen Agavenbrandes einspart, nur wenig erhalten.

Viele Firmen füllen einfachen, preiswerten, gemischten Tequila ab, bieten aber auch hochwertigere Tequilas aus 100 % Agave an; einige erzeugen nur billige Mixtos, andere nur teure reine Agavenbrände.

Gegenüber (von oben nach unten): Wenn der *mosto,* dessen Alkoholgehalt hier überprüft wird, durchgegoren ist, kommt er zum Destillieren in die Brennblasen. Die Alterung eines Añejo muss in kleinen Eichenfässern erfolgen. Solche hochwertigen Qualitäten werden nicht selten von Hand etikettiert.

Tequila-Qualitäten und -Kategorien

Es gibt offiziell zwei Qualitäten von Tequila:
Die bessere und ursprüngliche Qualität wird ausschließlich aus blauen
Agaven gebrannt, was deutlich auf dem Etikett ausgewiesen ist:
100 % Agave.
Die gängigere Qualität, im Fachjargon Mixto genannt – eine Bezeichnung,
die nie auf dem Etikett erscheint –, muss zu mindestens 51% aus blauen
Agaven destilliert sein und darf maximal 49 % anderen Zucker enthalten.
Bei den meisten international verbreiteten Tequila-Marken handelt es
sich um Mixtos. Das ist auch darauf zurückzuführen, dass nicht gealterter
Mixto tankweise exportiert, im Ausland abgefüllt und auf Trinkstärke her-
abgesetzt werden darf, während alle anderen Tequila-Sorten im Land
selbst abgefüllt werden müssen.

Nach Alterung und Behandlung gibt es fünf verschiedene, vom Kontrollrat
überwachte Tequila-Kategorien:

Plata, Blanco, White oder Silver
Klarer, nicht gealterter, ungefärbter Tequila, nach der Destillation auf Trinkstärke eingestellt und schnell abgefüllt.

Joven, Abocado, Oro oder Gold
Nicht gealterter, meist mit Karamell und/oder anderen Zusätzen gefärbter
und aromatisierter Tequila, nicht mit gealtertem zu verwechseln.

Reposado oder Rested
Mindestens zwei, höchstens zwölf Monate in großen oder kleineren
Fässern aus amerikanischer oder französischer Eiche abgelagerter Tequila
mit blassgoldenem Ton, weicherem Charakter, verfeinertem Agaven-
geschmack.

Añejo oder Aged
Mindestens ein Jahr in maximal 600 l großen Eichenfässern – meist früheren Bourbon-, seltener Cognac-Fässern – gereift, etwas tieferer Goldton, ausgewogener, weicher Charakter, komplexe Aromen mit Vanille- und
Gewürznoten.

Extra Añejo oder Ultra-Aged
Neueste Kategorie, mindestens drei Jahre in maximal 600 l großen
Eichenfässern gealtert, entsprechend dunkel, komplex und anhaltend,
früher oft als Reserva angeboten.

Sowohl 100 %-Agaven-Brände wie auch Mixtos gibt es als Blanco, Reposado und Añejo, doch nur Mixtos gibt es als Oro. Ein Reposado Mixto
wird in der Regel einen deutlich höheren Anteil blauer Agave als 51 %
enthalten, während es sich bei Añejo praktisch ausschließlich um Brände
aus 100 % blauer Agave handelt. Der Alkoholgehalt von Tequila, der mit
destilliertem Wasser auf Trinkstärke eingestellt wird, muss zwischen
38 und 55 % vol liegen, doch in der Regel übersteigt er 40 % vol nicht.

Ausgewählte Tequilas

Dies kann nur eine kleine Auswahl der rund 100 Destillerien, etwa 800 Einzelmarken und rund 200 Marken sein, die außerhalb Mexikos abgefüllt werden. Aufgrund der weltweit steigenden Nachfrage nach Premium- und Ultra-Premium-Qualitäten bietet manche Handelsfirma ausschließlich 100%-Agaven-Brände in aufwändigen Designerflaschen an. Die Destillate selbst stammen von alteingesessenen *fábricas*, wobei es nicht selten zu Fluktuationen unter den Lieferanten kommt.

El Conquistador
El Conquistador Añejo

Dieser sehr würzige, 18 Monate gealterte Añejo mit leicht süßlichem Finale wird von El Viejito in Atotonilco el Alto erzeugt. Das seit 1937 bestehende Familienunternehmen wuchs unter Antonio Nuñez ab 1973 vor allem im Export erheblich. Es liefert eine Reihe von Marken wie El Viejito, Hussong's, Distinct, Don Quijote und die in Deutschland führende Marke Sierra. Mit den 100%-Agaven-Bränden Aguila und El Conquistador stellt die Familie ihr Können unter Beweis.

Casa Herradura
Herradura Selección Suprema

Feliciano Romo gründete seine Destillerie 1870 im Amatitan-Tal, am Fuß des Vulkans Tequila, auf der Hacienda San José del Refugio, die heute als Museum dient. Herradura, das über 4500 eigene und weitere 3500 gepachtete Hektar mit insgesamt 25 Mio. blauen Agaven verfügt, machte sich einen Namen mit 100%-Agaven-Tequilas, die von Bing Crosby und Bandleader Phil Harris bereits in den 1950er Jahren geschätzt wurden. Der drittgrößte Hersteller sah sich jedoch gezwungen, seine in Mexiko führende Zweitmarke El Jimador auf Mixto umzustellen, unter dem eigenen Namen blieb es bislang bei reinen Agavenbränden. Mit der fünf Jahre in Eiche gereiften, sehr komplexen und eleganten Selección Suprema lancierte Herradura 1995 den ersten Super-Premium-Tequila, der den heutigen Luxusfüllungen den Weg bereitete.

Casa Noble
Casa Noble Blanco

Von La Cofradia destilliert, verdient diese Marke einen eigenen Eintrag. Sie bietet nur 100%-Agaven-Brände, für die ausgewählte, zehn Jahre alte Pflanzen verwendet werden, deren Herzen 38 Stunden in Steinöfen garen. Die Gärung erfolgt ohne Zusätze, dann wird dreifach destilliert. Crystal ist ein außerordentlich weicher Tequila mit klarem, intensivem Agavenaroma und gilt als einer der besten in der Blanco-Kategorie. Ebenfalls hervorragend sind der zwölf Monate in französischer Eiche gealterte Reposado und der fünf Jahre gereifte Añejo, beide in teure, farbige Porzellandekanter abgefüllt.

Cabo Wabo

Diese mit den höchsten Auszeichnungen bewertete Marke wurde von dem Rockmusiker Sammy Hagar für seine Cabo Wabo Cantina in Cabo San Lucas kreiert. Dafür tat er sich mit der Familie Rivera zusammen, einem kleinen Tequila-Hersteller, der seit 1937 destilliert. 2007 übernahm die Gruppo Campari die Mehrheit. Ein sehr sanfter und sauberer 100%-Agaven-Brand.

Jose Cuervo
1800 Reserva Antigua Añejo

Als Erster erhielt José Maria Guadaloupe Cuervo 1795 eine Lizenz zum Destillieren seines Agavenbrands. 1812 gründete er die besucherfreundliche Fábrica La Rojeña, wo bis heute ein Teil von Cuervos Tequila hergestellt wird; die größeren Mengen aber kommen aus einer zweiten Anlage in Guadalajara. Der Nummer Eins unter den Mixto-Produzenten (jede dritte Flasche Tequila stammt von Cuervo) gehört auch die Fábrica Agavera Camichines, die inzwischen auf 100%-Agaven-Tequilas umgestellt wurde. Hier werden Gran Centenario und der äußerst komplexe, würzige und harmonische 1800 erzeugt, auf dessen Etikett Cuervo nicht mehr erscheint.

La Cofradía
La Cofradía Reposado

Die moderne, 1992 in Tequila gegründete Brennerei, deren Besitzer, die Cousins Hernandez, auf eine über 50-jährige Familientradition zurückblicken, hat sich als Lieferant überzeugender Destillate etabliert, die unter verschiedenen Marken wie zum Beispiel Amate, Los Dorados, oder Cava de Villano angeboten werden. Der 100% Reposado gefällt mit dem Aroma gekochter Agaven und guter Präsenz am Gaumen. Siehe auch Casa Noble.

Milagro
Leyendra de Milagro Añejo
Milagro ist eine Tequila-Firma, die nicht nur weiß, was sie will, sondern auch weiß, woher sie es bekommt. Sie hat in wenigen Jahren mit 100 %-Agaven-Destillaten eine beeindruckende Reputation aufgebaut, ob mit ihrem dreifach destillierten Blanco, dem Reposado oder dem Leyendra de Milagro Añejo Barrel Select, der 18 Monate in amerikanischer Eiche ruht und mit großer Weichheit, feiner Würze und reifen Fruchtnoten überzeugt. Destilliert werden die Brände in Tepatitlan von der Industrializadora de Agave San Isidro.

Porfidio
Porfidio Plato
Diese extravagante Marke wurde von dem damals 30 Jahre alten Österreicher Martin Grassl kreiert, der 1990 nach Mexiko kam. Er begann damit, Brennereien für eine gewisse Zeit zu mieten und dort mit eigenem Team Tequila so zu destillieren, wie es ihm vorschwebte, sozusagen als reinen Agavengeist. Er erfand den urigen Namen Poncino Porfidio, füllte seine exquisiten Destillate in die nun berühmte symbolträchtige Kaktusflasche und erregte mit Qualität, Ausstattung und hohen Preisen Aufsehen, Anerkennung und Anfeindungen. Inzwischen hat Grassl in Puerto Vallarta die Destilería Poncino Porfidio y Hijos gegründet, die neueste Technologie mit höchstem Anspruch verbindet (dort brennt er auch einen exzellenten Rum). Oft prämierter, sehr komplexer, fruchtig-würziger Añejo Single Barrel mit deutlichem Agavenaroma und intensiver Honignote.

Sauza
Hornitos Reposado
Don Cenobia Sauza erwarb 1873 eine alte Mezcal-Destillerie in Tequila, die er in La Perseverancia umbenannte. Heute ist sie eine moderne Produktionsstätte, in der die Agavenherzen in nur acht Stunden gegart und dann in großen Edelstahltanks vergoren werden. Der zweitgrößte Tequila-Hersteller destilliert in 4000-Liter-Anlagen. Neben den dominierenden Mixtos erzeugt das Unternehmen mit dem Hornitos einen weitverbreiteten, typischen 100 %-Agaven-Reposado mit deutlichem Agavenaroma. Als Spitzenprodukt füllt man den drei Jahre ausgebauten Tres Generaciónes Añejo 100 % Agave ab. Sehenswert ist die Agavenplantage Rancho El Indio mit ihrer netten Bar.

Tequila 1921
1921 Blanco
Der Fund einer Schatzkammer auf der Hacienda La Colorado, in der sich auch sensationelle, jahrzehntealte Tequilas fanden, inspirierte den Schweizer Beat Aerne und eine Gruppe Tequila-aficionados, im Staat Guanajuato eine handwerkliche Tequila-Herstellung aufzunehmen, die sich alter überlieferter Methoden und Werkzeuge bedient. Auch bei der verwendeten Flasche handelt es sich um eine Replik. Bei den nur aus 100 % blauer Agave bereiteten drei Qualitäten der Corporación Licorera in Léon steht grundsätzlich der Agavencharakter im Mittelpunkt, der beim Reposado und dem acht bis zwölf Monate in Fässern ausgebauten Reserva Especial mit feinen Röst- und Würznoten assoziiert ist.

Tequila Esperantó
Esperantó Blanco
Die 2002 in Coyoacán, dem berühmten Stadtteil von Mexico City, gegründete Filiale der Pastrana-Gruppe bezieht ihre ausgezeichneten 100 %-Agaven-Tequilas von verschiedenen Brennereien, insbesondere aber von der Destiladora Azteca in Tequila. Die als El Llano bekannte *fábrica* wird seit 1900 von der Familie Orendain betrieben (die sie 1976–78 restaurierte). Der Name ihrer renommierten Marke Arette geht auf das gleichnamige Pferd zurück, das bei den Olympischen Spielen in London 1948 die Goldmedaille im Springreiten gewann.

Sierra
Milenario Extra Añejo
Destilerías Sierra Unidas, im Zentrum von Guadalajara, exportieren ihren Tequila in 90 Länder der Welt und sind die Nummer Eins in Europa. Sie brennen in modernen Kupferkesseln doppelt. Nach dem Antiguo bieten sie nun mit dem Milenario einen Super-Premium-Brand von selektierten Agavenfeldern an, der vier Jahre in Bourbon-Fässern reift. Er überzeugt mit komplexem Duft nach süßen Agaven und feiner Holzwürze, ist weich und würzig im Geschmack, mit Noten von Schokolade und Tabak.

Ungezähmter Mezcal

Wie der Scorpion kommt dieser sehr rauchige Mezcal mit intensiven Zitrus-, Erd- und Salzaromen von der Firma Caballeros.

Mezcal und Tequila blicken auf eine gemeinsame Geschichte zurück – jedenfalls bis zu dem Moment, wo sich die Destillerien in Tequila auf die ausschließliche Verwendung der blauen Weber-Agave festlegten und sich damit einen eigenen Namen machten. Mezcal blieb dem einfachen Volk näher, denn in nahezu allen Dörfern und Städten seines Gebiets wurde und wird er oft auf eine noch fast urtümliche Art hergestellt, die ihm seinen deutlich anderen Charakter verleiht. Seit Mezcal 2005 zur Denominación de Origen aufstieg, dürfen 18 Agavenarten, in Mexiko allgemein *maguey* genannt, zum Brand verwendet werden. Am verbreitetsten ist die Espadin, am berühmtesten die wilde Tobalá, die einen ausgezeichneten Mezcal ergibt. Sein Hauptgebiet ist der Staat Oaxaca, wo sich in Santiago Matatlán del Mezcal mehr als 50 Destillerien konzentrieren, die annähernd 60 % des gesamten Mezcal-Bedarfs erzeugen.

Bewahrte Seele

Entscheidend für die Aromen des Mezcal ist das Garen der *piñas* in einem konischen, zweieinhalb Meter tiefen Grubenofen, dem *palenque,* der in der Regel einen Durchmesser von 3,5 m besitzt. Darin werden Steine erhitzt, auf denen man die Agavenherzen aufschichtet. Dann deckt man sie mit Agavenblättern, Palmmatten und Erde ab. Drei bis fünf Tage garen sie auf diese Weise und nehmen die Aromen von Rauch und Erde auf. Eine Woche lang lässt man sie dann mit Palmmatten bedeckt auskühlen, wobei die Gärung bereits einsetzt. Danach kommen die Herzen in eine steinerne Mühle, wo sie von einem Mahlstein, den ein Pferd oder Esel zieht, zerquetscht werden, ganz so, wie es früher auch beim Tequila üblich war. Der Brei wird mit etwas Wasser vermischt und in großen Tonnen vergoren. Nach Abschluss der Gärung füllt man den Inhalt in die Brennhäfen, die entweder aus Kupfer oder aus Keramik gefertigt sind und selten mehr als 100 l Fassungsvermögen aufweisen. Sie bekommen ein kupfernes Geistrohr aufgesetzt, den *sombrero,* und werden mit Holzfeuer beheizt. Der erste Brenndurchlauf dauert etwa 24 Stunden und bringt die klare *punta* hervor. Der *palenquero* unterzieht sie einem zweiten Brand und erhält schließlich den Mezcal.

Ein Mezcal, der auf diese traditionsreiche, handwerkliche Weise gewonnen wurde, hat seine Seele bewahrt und besitzt einen individuellen, rauchig-erdigen Charakter, der ihn vom Tequila deutlich unterscheidet. Ebenso deutlich hebt er ihn von der zunehmenden Produktion kommerzieller Mezcals ab, die nicht anders als Tequilas mit modernen Öfen, Gärtanks und Destillerien erzeugt werden und bei denen auch nicht mehr als 51 % des für den Alkoholgehalt erforderlichen Zuckers von Agaven stammen müssen. Die gesetzlich vorgegebenen Altersstufen des Mezcal – Blanco, Reposado und Añejo – entsprechen jenen des Tequila.

Der berüchtigte Wurm

Aufsehen erregten Anfang der 1950er Jahre Mezcalflaschen, die einen roten oder goldenen Wurm enthielten, ein Marketing-Gag von Jacobo Lozano Páez, der in Mexico City eine Getränkefirma betrieb. Es handelt sich dabei um die Raupe eines Dickkopffalters, die sich entweder durch das Herz der Agave frisst und dabei zum besonders geschätzten *gusano rojo* wird, oder sich von den Blättern ernährt, was sie zum *gusano de oro* macht. Beide Raupen gelten als große Delikatesse und werden auf Zapotec-Märkten angeboten. Besondere Wirkungen aphrodisischer oder psychedelischer Art lösen sie nicht aus, doch sie haben sich als Verkaufshilfe gängiger Mezcals – niemals aber Tequilas – ebenso bewährt wie ein angebundenes Säckchen mit Gusano-Salz. Während hochwertige Mezcals nie eine Raupe enthalten, werden manche Füllungen der durch beste Qualität überzeugenden Marke Scorpion mit ihrem wenig nahrhaften Namenspatron angereichert.

Ausgewählte Mezcals

Del Maguey

Die von dem amerikanischen Künstler Ron Cooper in Oaxaca gegründete Firma hat sich ganz und gar auf Mezcals ausgerichtet, die in bestimmten Dörfern von Familien in mehr als 400 Jahre alter Tradition in Handarbeit hergestellt werden. Mit den Dörfern Chichicapa und San Luis del Rio hat sie 1995 begonnen, heute bietet sie sieben klar voneinander unterschiedene Single Village Mezcals an, selbstverständlich zu 100 % aus Agaven. Sie sind alle nur in kleinen Mengen verfügbar, doch die größten Raritäten sind Tobola, aus einer kleinen, breitblättrigen Wildagave gewonnen, und Pechuga (Hühnerbrust), eine dritte Destillation, bei der doppelt destilliertem Mezcal nicht nur Bergäpfel und Pflaumen zugefügt werden, sondern der *palenquero* auch eine von der Haut befreite Hühnerbrust in die Brennblase hängt, damit die Fruchtnoten nicht überwiegen. Flüssiges Kulturerbe.

Caballeros Inc.
Mezcal Añejo 5 Years

Roberta French und ihr Sohn Douglas begannen 1985 in Oaxaca eine Textilfirma aufzubauen. Zehn Jahre später starteten sie mit dem Export kleiner Mengen ausgesuchter, handwerklich erzeugter Brände unter der Marke Scorpion und zählen zu den Pionieren hochwertiger Mezcals. Vor allem die sieben und fünf Jahre in Eichenfässern gealterten Super-Premium-Qualitäten erlangten höchste Auszeichnungen bei den Wettbewerben des amerikanischen Beverage Testing Institute. Caballeros Inc. vertreibt auch weitere Mezcal-Marken, darunter Mistique, Tobalá, La Reliquia, Embajador.

Sociedad de Productores del Sur

Don Luís Mezcal mit seinem zwölf Monate in Eiche gealterten, leicht rauchigen, fruchtigen und cremigen Añejo stammt aus dieser rührigen Genossenschaft, die gut 300 Dörfler aus dem Umkreis von San Luis Amatlán vereint. Wie für die Marke Armados stammen die Agaven aus biologischem Anbau und werden ohne Zusätze vergoren. Die Sociedad hat im Zentrum von Oaxaca die nette Plaza del Mezcal mit kleinem Museum und gut bestücktem Laden eröffnet.

Hacienda de Chihuahua

Der Sotol ist eine Spezialität, die aus der Chihuahua-Wüste im Norden Mexikos stammt, in der die wilde *Agavacea dasylirion* wächst, die seit Jahrhunderten von den einheimischen Indianerstämmen kultiviert wird. Diese Agavenart braucht zur Reife 15 Jahre, erst dann können die Herzen drei Tage lang in Keramiköfen gegart werden. Der in Frankreich geschulte Önologe José Daumas Gil de Partearroyo vergärt den Most mit Champagner-Hefe und destilliert zwei-, für den Añejo dreifach. Für den Ausbau nutzt er Fässer aus französischer Eiche. Der sechs Monate gereifte, angenehm weiche Sotol Reposado Wild Agave zeigt ein herrlich kräftiges, würziges Agavenaroma mit dezenten Röstnoten.

So trinkt sich Tequila

Den Handrücken leicht anfeuchten, etwas Meersalz daraufstreuen, das Salz ablecken, dann in ein Stück Limette beißen und den Tequila hinunterstürzen oder umgekehrt. So hat sich der Tequila als *shot* in Kneipen und Discos eine Fangemeinde erobert, aber ein striktes Ritual gibt es höchstens in Freundes-Cliquen. Manche nehmen auch Orangen und Zimt und versenken eine Kaffeebohne im Glas, die sie zum Abschluss zerkauen. Typischer geht es beidhändig zu, in der einen Tequila, in der anderen Sangrita, den scharfen mexikanischen Saft-Cocktail. Tequila-*aficionados,* die ihre größten Gemeinden in den USA und Mexiko selbst haben, stehen diesen Trinkweisen ablehnend gegenüber. Sie nippen ihre 100%-Agaven-Brände aus Sherry-Gläsern oder Cognac-Schwenkern, ob es sich nun um Platos, Reposados oder Añejos handelt und begeistern sich an den vielschichtigen Aromen.

Das Reich der Aromen

Der meist wasserklare Plato duftet vorrangig nach Fruchtaromen, zuerst nach Agave, dann auch nach Zitrus, Birne, Aprikose, Banane; dazu nach Pfeffer und Paprika und bisweilen nach Sauerrahm, nassen Steinen und Erde. Er schmeckt vor allem nach Aga-

ven und tropischen Früchten, nach Wildblütenhonig, Vanille und Zimt, oft nach schwarzem Pfeffer und Meersalz, manchmal auch nach grünen Kräutern und Pfefferminze. Während einfache Qualitäten heftig im Hals brennen können, geben sich die besseren warm und sanft.

Ein Reposado schimmert meist in hellem Gold. In die Nase dringen oft die Aromen von gebackenen Agaven, getrockneten gelben Früchten und Bratäpfeln, von Honig und gerösteten Nüssen, von Karamell, Vanille, Zimt, Nelken und Pfeffer, selten auch von Käse oder Schweiß. Im Mund breiten sich häufig die Aromen reifer Agaven, getrockneter oder gegrillter tropischer Früchte und gerösteter Nüsse aus, dann folgen süße Gewürze, Honig sowie geröstete Paprika, Pfeffer, Meersalz, aber auch Leder, Erde, Sauerrahm oder rauchige Holznoten. Oftmals sehr intensiv und präsent am Gaumen, besitzt er nicht selten einen würzigen, trockenen Abgang.

Bei dem bernsteinfarbenen oder kupfernen Añejo tritt der lange Ausbau im Eichenfass hervor, und zwar mit betonten Röstnoten, die an Nüsse, Schokolade, Mokka oder Toffee erinnern, zu denen sich gegrillte Ananas, gelbe Trockenfrüchte, aber auch reifer Käse, Leder oder Olivenöl gesellen können. Im Mund dominieren süße Gewürze und Honig, reife, gekochte und gegrillte tropische Früchte, gegarte Agaven, geröstete Nüsse und andere ausgeprägte Röst- und Holznoten. Oft ist er sehr weich, ölig, voll und lang. In jedem Fall schmeckt ein guter Tequila immer (auch) nach Agaven.

Mezcals weisen ähnliche Aromen auf, sind aber etwas rauchiger und erdiger, manchmal auch floraler oder mineralischer und können bisweilen eigenwilligere Aromen aus der sehr handwerklichen Herstellung besitzen, die Paraffin und Asche anklingen lassen.

Seine weltweite Popularität verdankt Tequila nicht zuletzt zwei Cocktails: Margarita und Tequila Sunrise, für die in der Regel Mixtos verwendet werden.

Tequila ist wandlungsfähig. Mit etwas Salz und Zitronensaft wird er oft an der Theke getrunken, zu braunem Tequila passt auch Orange und Zimt. Besonders bei den einfachen Qualitäten sind deftige *modifyer* gefragt, vielleicht ein paar Kaffeebohnen im Glas oder ein Schluck scharfe Sangrita dazu. Für gealterte 100%-Agaven-Tequilas gibt es nur eine Form: aus einem Kelchglas, das alle Aromen optimal freigibt.

Absinth, Pastis und Anis

ANISETTA
MELETTI

Werbeplakat der italienischen Likörfirma
Meletti in Ascoli Piceno (Detail)

Gegenüber: Der Hof der Destillerien
Lemercier Frères in Fougerolles, von dem
aus *eaux-de-vie* und Absinth verschickt
wurden.

Seite 490: Auch Absinth der neuen Welle
wird nach dem bekannten Ritual gesüßt.

Das Gefühl auf der Zunge

Wer schon in der Türkei oder in Griechenland Urlaub gemacht hat, kennt die spannende Vielfalt der Aperitif-Häppchen oder Vorspeisen namens *meze* oder *mezédes*. Und er kennt Raki oder Ouzo im Windschatten dieses verlockenden kulinarischen Angebots. Finden die Ferien stattdessen in Frankreich statt, kann man gegen Mittag oder am frühen Abend in einem beliebigen Bistro Gäste ihren Pastis zelebrieren sehen, den sie mit geradezu rituellem Ernst nach persönlichem Geschmack verdünnen. In einem Italienurlaub kommt man dagegen nach dem Essen an einer Sambuca oder Anisetta kaum vorbei. Anis ist einfach überall.

Auch in Spanien schätzt man das markante Aroma, das neben dem Anís noch den Schlehenlikör Pacharán prägt, während die Portugiesen ihre eigene Anis-Version genießen. Wem in Bulgarien der Sinn nach den ›beißenden‹ Samen steht, bestellt Mastika-Likör. Anis weht als würzige Brise rund ums Mittelmeer, wobei die Samen vorwiegend Getränke und erst in zweiter Linie Speisen aromatisieren. Vermischt mit frischem, kaltem Wasser, sind Anisgetränke durstlöschend, im Vergleich mit anderen Spirituosen niedrigprozentig und bekömmlich.

Schon im 6. Jahrhundert v. Chr. haben die Samen von *Pimpinella anisum* ihren festen Platz in der griechischen Pharmazie. Sie bekämpfen Blähungen, lindern Schmerzen und helfen bei Asthma. In der indischen und chinesischen Heilkunde des 5. Jahrhunderts v. Chr. verabreicht man sie Wöchnerinnen als milchtreibendes Mittel. Von da bis zum Aphrodisiakum in der Volksmedizin ist es nur ein kleiner Schritt. Man(n) kann sich aussuchen, warum man seinen Anisschnaps trinkt …

Die Heimat des einjährigen Doldenblütlers ist das östliche Mittelmeer, von dort breitete sich Anis in Asien und Europa aus. Doch nur dort, wo die Pflanze genügend Licht, Wärme und ausreichend fruchtbare Böden vorfindet, reifen die Samen voll aus und lohnen den Anbau, so im Süden der italienischen Marken oder im Umkreis von Chinchón, südlich von Madrid. Die Qualität der dortigen Anisliköre basiert auf dem lokalen Anbau.

Anderswo erwies sich Anis als kostspieliger Rohstoff, weshalb Spirituosenfabrikanten gern chinesischem Sternanis, der seit dem 16. Jahrhundert Abnehmer in Europa gefunden hatte, den Vorzug gaben, sobald er in größeren Mengen verfügbar war. Obwohl nicht verwandt, enthält auch er den gesuchten Aromastoff Anethol, der in unserem Geschmack Anis zu Anis macht.

Aber es ist nicht Anis allein: eingedenk der Elixiere, die im Mittelalter in Klöstern hergestellt wurden, mischte man Blüten, Früchte, Rinden und Wurzeln anderer Pflanzen hinzu. Natürlich hütet jeder Hersteller sein eigenes, streng geheimes Rezept.

Häufig zählte Wermut, *Artemisia absinthium,* zu den Zutaten, doch im französischen Jura kehrte man das Verhältnis um, mischte Alkohol, Wasser und Zucker zum Absinth und verfeinerte den Geschmack mit Anis und allerhand anderen Aromaten. Was einst als Heilmittel begonnen hatte, brachte vor allem in Frankreich zum *fin de siècle* eher Unheil, denn Absinth-Trinken wurde Mode, und die ausdauerndsten Absinth-Trinker wurden krank, was man auf ein im Wermut enthaltenes Nervengift zurückführte. Erst Verbote (und Kriege) setzten dem Absinth-Missbrauch ein notwendiges Ende.

Doch die Franzosen verzichteten ungern auf den geliebten Anisgeschmack, weshalb sich der Pastis in den 1950er Jahren in Rekordgeschwindigkeit zur Nationalspirituose entwickelte und alle traditionsreichen Brände hinter sich ließ. Seit Ende der 1990er Jahre kommt auch ein ›entschärfter‹ Absinth zu neuen Ehren und hat bereits eine kleine treue Anhängerschaft gefunden.

Im Bann der grünen Fee

Man traf sich zur »grünen Stunde«, am späteren Nachmittag und vor dem reichhaltigen Abendessen in den großen Cafés der Boulevards auf einen Absinth. »Man«, das war die französische Bourgeosie, die in der zweiten Hälfte des 19. Jahrhunderts mit Vergnügen vorführte, wie gut es ihr ging. Absinth zu trinken galt als chic und war ein relativ kostspieliges Vergnügen. Man trank ihn mit Wasser verdünnt, wobei er sich milchig-grün färbte: der »grünen Fee« huldigten weite Kreise des Bürgertums – Herren wie Damen –, Dichter wie Baudelaire und Apollinaire, Verlaine und Rimbaud und nicht zuletzt zahlreiche Offiziere.

Damals hatte Absinth schon einiges hinter sich. Aus der Anonymität des Hausmittels

Degas malte das Absinth trinkende Paar Ellen Andrée und Marcellin Desboutin 1876 in einem Pariser Café. (Edgar Degas, In einem Café oder Der Absinth, 1876, Öl auf Leinwand, Paris, Musée d'Orsay)

rettete ihn im Val-de-Travers im Schweizer Kanton Neuenburg der französische Arzt Pierre Ordinaire (1741–1821), der seinen Patienten ein selbstgebrautes *élixir d'absinthe* verabreichte. Was (oder wer) ihn zu seinem Rezept inspirierte, bleibt von spekulativen Nebeln verschleiert, die sich nach Ordinaires Tod erst wieder in der Kräuterküche der Schwestern Henriod in der Ortschaft Couvet lichten. Die unverheirateten Damen stellten einen *liqueur d'absinthe* her, den sie mit bescheidenem Erfolg vertrieben. Nicht nur aus medizinischen Erwägungen hatten die Bewohner des Jura Gefallen daran gefunden. Jedenfalls versprach sich Major Daniel-Henri Dubied größere geschäftliche Erfolge, als er sich das Rezept um 1798 sicherte, in dem Städtchen eine Destillerie einrichtete und seinen *extrait d'absinthe* als Spirituose anbot.

Sein Schwiegersohn Henri-Louis Pernod kümmerte sich sehr erfolgreich um den Absatz im französischen Jura. Als Napoleon III. die Zölle auf Spirituosen drastisch erhöhte, beschloss Pernod 1805 eine Absinth-Fabrik in Frankreich zu eröffnen, nur eben über die Grenze in Pontarlier. Die Fabrikation begann mit einer Leistung von 16 Litern täglich und hatte 100 Jahre später eine Tagesproduktion von 20 000 Litern erreicht.

Pernod profitierte ab 1830 von der Algerienkrise, denn die Moral – und die Darmflora – der dort stationierten Soldaten hatten ein Stärkungsmittel bitter nötig. Mit den heimkehrenden Offizieren stieg dann ab 1860 die Nachfrage in Frankreich, zunächst in den gehobenen Kreisen, aber schon im letzten Viertel des 19. Jahrhunderts waren die sozialen Schranken gefallen: Freiheit, Gleichheit, Trunkenheit.

Übermäßiger, chronischer Absinth-Genuss löste Wahnvorstellungen aus und führte zu physischem wie psychischem Verfall. Man machte das im Wermut enthaltene Nervengift Thujon dafür verantwortlich. Viele der Symptome lassen sich aber auch auf minderwertigen Alkohol zurückführen. Verun-

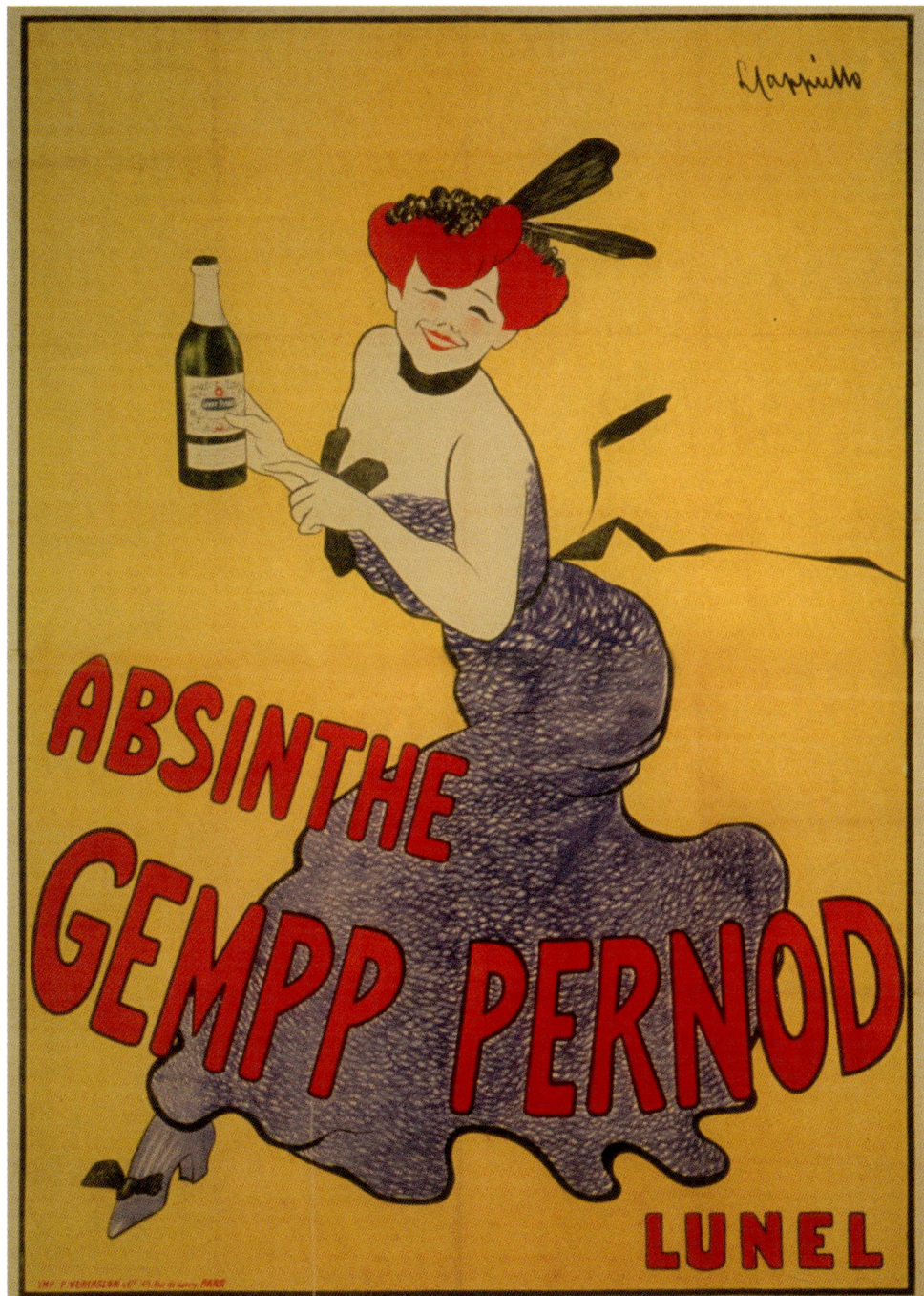

klärend wirkt zudem, dass zu viel Alkohol die Thujonaufnahme blockiert, Nikotin dagegen die Wirkung des Thujons verstärkt.
Das Geschäft florierte. In Pontarlier war Pernod das führende Unternehmen, aber inzwischen gab es 21 weitere Destillerien. Für den französischen Staat war der hoch besteuerte Absinth eine höchst willkommene Einnahmequelle, wurden doch mehr als 220 Millionen Liter jährlich davon konsumiert! Warnungen von Medizinern kamen da ungelegen. Während man in Belgien und in den USA schneller reagierte, untersagte man in Frankreich den Absinth-Verkauf erst mit Ausbruch des Ersten Weltkriegs, das Verbot folgte dann 1915.

Ritual und Renaissance

Gegenüber oben: Anlässlich der *Fête de l'Absinthe* wird die gefangene grüne Fee natürlich befreit.

Gegenüber unten: Der hochwertige Absinth des Val-de-Travers lässt sich nur mit kaltem Wasser verdünnt und ohne Zucker genießen.

Links: Im Val-de-Travers gedeiht der Große Wermut ausgezeichnet.

Rechts: Das imposante Trockenhaus von Boveresse stammt noch aus dem Jahr 1893.

Absinth – *Artemisia absinthium,* Echter oder Großer Wermut, Wurmtod oder Bitterer Beifuss – ist eine uralte Heilpflanze, die in der Volksmedizin vielfach Verwendung findet, vor allem bei Magen- und Darmbeschwerden. Schon als Hausmittel oft mit Wein angesetzt, bot diese Tinktur in Turin Ende des 18. Jahrhunderts die Grundlage des Vermouth. Gerade in den Alpen und im Jura kannte man die Wirkung der Pflanze seit Langem, und so war der Arzt Pierre Ordinaire nicht der Erste, der Wermut einsetzte. Gesicherter als die personelle Urheberschaft am *élixir d'absinthe* ist dagegen die geografische: es stammt aus dem Schweizer Val-de-Travers.

Der Erfolg des Absinth als Getränk des *fin de siècle* lag nicht zuletzt an seinem unge-wöhnlichen Geschmack. Man kannte zwar bereits Vermouths und die ersten Quinquinas, doch der mit Anis gewürzte Absinth war geschmacklich völlig neuartig. Hinzu kam, dass man ihn nicht allein, sondern in Gesellschaft in den Cafés trank. Außerdem verlangte der Genuss nach einem besonderen Ritual, das seine Attraktivität nur noch steigerte.

Denn Absinth, eine sehr hochprozentige und herbe Kräuterspirituose, musste mit Wasser verdünnt und gezuckert werden, um überhaupt genießbar zu sein. In den Cafés stellte man dafür Wassergefäße, *fontaines,* auf die Tische, die kleine Hähne besaßen, sodass sich mehrere Gäste gleichzeitig bedienen konnten. Man legte spezielle, flache, mit Löchern versehene Löffel quer über

die kelchförmigen Gläser und gab jeweils ein bis zwei Zuckerwürfel darauf. Nun ließ man das Wasser über den Zucker ins Glas tropfen, was den Absinth ›opalisierte‹. Denn das darin enthaltene ätherische Öl Anethol ist zwar in Alkohol, aber so gut wie nicht in Wasser löslich. Die winzigen Öltröpfchen werden im Alkohol vom Wasser umschlossen, dieser Wassermantel bricht das Licht, und das bislang klare Getränk wird trüb.

Nicht nur Schriftsteller und Literaten, auch Künstler wie van Gogh, Gauguin oder Toulouse-Lautrec wussten die Animationen der grünen Fee zu schätzen. Das letztlich doch verhängte Absinth-Verbot verstärkte dieses Flair des Geheimnisvollen, den anrüchigen Reiz der Bohème. Ohne Verbot waren Spanien und Portugal ausgekommen, und im Val-de-Travers, wo Absinth seinen Ursprung genommen hatte, wurde es ignoriert. Im Verborgenen hielten dort einige Schwarzbrenner die Tradition lebendig und brannten La Bleue heimlich in kleinsten Mengen, nur für Eingeweihte erhältlich. Als sich 2004 abzeichnete, dass Absinth in der Schweiz erneut zugelassen würde – und zwar abgesehen vom Thujongehalt ohne schmerzhaft einschränkende Auflagen –, formierten sich seine aktiven und passiven Anhänger. Sie forderten eine anerkannte Appellation, um die besondere Stellung des Val-de-Travers als Wiege des Absinth offiziell sichern zu lassen. Da eine AOC zu viele Auflagen mit sich gebracht hätte, ist nun einen IGP, eine Indication Géographique Protégée daraus geworden. Davon erhofft man sich einen Aufschwung für das Tal und darüber hinaus für den Jura und träumt davon, dass der Absinth zur international vertriebenen Schweizer Spezialität wird.

In der Liberalisierung der Absinth-Herstellung in den EU-Ländern sah das Val-de-Travers den Auftakt zu einer Renaissance seiner verehrten Bleue und einen Anlass zu feiern. Seit 1998 hat sich die jeweils Mitte Juni stattfindende *Fête de l'Absinthe* in dem kleinen Boveresse zu einer echten Institution entwickelt, bei der man nun ganz unverhohlen die jahrelang eingesperrte grüne Fee befreit und ihr ›opalisierend‹ huldigt.

Kultische Handlungen

Sagenhafte Rauschzustände, halluzinogene und erotisierende Wirkungen – all das hielt das Interesse am Absinth wach, um so mehr als es weitgehend unbefriedigt blieb. Das änderte sich, als Hill's Liquere Anfang der 1990er Jahre einen in Tschechien erzeugten, giftgrün gefärbten Absinth mit 70 % vol Alkoholgehalt zu vermarkten begann. Etwa zur selben Zeit erschien Absinth in Francis Ford Coppolas »Bram Stoker's Dracula« (1992). Kurz darauf sprach Rockstar Marilyn Manson Absinth demonstrativ zu und noch effektiver Johnny Depp als Inspektor Frederick Abberline in »From Hell« (2001) auf der Jagd nach Jack the Ripper.

Die 1991 geänderte Aromenverordnung der EU hatte bereits den zulässigen Höchstwert für Thujon in Bitterspirituosen mit 35mg/l festgeschrieben. Doch erst mit einer Lockerung der Produktionsvorschriften 1998 standen Herstellung und Vertrieb nichts mehr im Weg. Nur eins bleibt verboten: in Frankreich darf sich die grüne Fee nicht offen Absinth nennen, sondern muss sich hinter Bezeichnungen wie »Extrait (de plantes) d'Absinthe« oder »à base des plantes d'absinthe« verstecken.

Während diverse Spirituosenfirmen eilig fabrizierte Absinth-Marken zu lancieren versuchen, wurde es in den alten Hochburgen im Val-de-Travers, in Pontarlier und in Fougerolles interessant.

Im Schweizer Jura-Tal hatte eine einzige gewerbliche Destillerie überlebt, geleitet von Yves Kübler, dessen Vorfahren eine der größten Absinth-Brennereien der Schweiz betrieben hatten. Kübler brachte 1992 mit La Rincette ein Kräuterdestillat auf den Markt, das zwar keinen Wermut enthielt, im Geschmack dem Absinth aber sehr nahe kam.

Links: Der Große Wermut wird mit der Sichel von Hand geerntet.

Rechts: In Trockenhäusern oder Dachböden hängt man die Pflanzen zum Trocknen auf.

Nach der europaweiten Liberalisierung lenkte auch der Schweizer Bundesrat ein und gestattete Kübler im Oktober 2001 unter Auflagen die Destillation eines Absinth. Auch im nur 25 km entfernten Pontarlier nahm Pierre Guy die Familientradition wieder auf, auch er brannte den ersten Absinth bereits 2001. Seitdem wurden im französischen Jura alte Brennblasen wieder in Betrieb genommen, oder traditionelle Betriebe legten ihr altes Absinth-Rezept neu auf. Das zweite wichtige Datum der neuen Geschichte des Absinth ist der 1. März 2005, als seine Herstellung in der Schweiz wieder legalisiert wurde. Einige Schwarzbrenner stellten daraufhin ihre Untergrundaktivitäten ein und brennen nun offiziell. Heute zählt der Verband im Val-de-Travers neun Destillerien, darunter eine Kooperative.

Das Jura bietet auf der Schweizer wie der französischen Seite gute Voraussetzungen, da dort der Große Wermut und eine Vielzahl weiterer Kräuter vorzüglich gedeihen. Man ist inzwischen dazu übergegangen, diese Rohstoffe wieder selbst anzupflanzen und biologisch zu pflegen. Die Pflanzen werden geerntet, wenn sie den höchsten Gehalt an ätherischen Ölen aufweisen, also meist vor der vollen Blüte, und dann getrocknet. Für die Herstellung werden Wermut und andere Kräuter zunächst in hochprozentigem Alkohol mazeriert. Dann zieht man den aromatisierten Alkohol ab, der bei allen hochwertigen Absinths erneut destilliert wird, während sich kommerzielle Marken mit der Mazeration zufrieden geben. Das Resultat ist ein wasserklarer ›weißer‹ Absinth, während chlorophyllhaltige Pflanzen für eine ›grüne‹ Version sorgen. Je weniger er reduziert wird, umso aromatischer ist er. Dann muss man ihn verdünnen und kann, braucht ihn aber nicht zu süßen. Das alte Absinth-Ritual lebt plötzlich wieder auf, die grüne Fee ist zurückgekehrt. Bleibt nur zu hoffen, dass man sie diesmal zuvorkommender zu behandeln weiß.

Links: In kleinen Brennkesseln wie diesem von Claude-Alain Bugnon (und oben) wurde früher heimlich gebrannt.

Rechts: Nach der offiziellen Anmeldung hat sich La Clandestine vergrößert, doch die Destillation bleibt reines Handwerk.

Ausgewählte Absinthe

Frankreich

Doubs Mystique Carte d'Or Aux Extraits de Plantes d'Absinthe 65 %

Hinter diesem neuzeitlichen Absinth steht die in England heimische Firma Oxygénée Ltd, einer der führenden Absinth-Spezialisten, sowohl mit The Virtual Absinthe Museum im Internet wie mit dem Verkauf von alten, seltenen Absinthen. Sie erwarb zwei historische Egrot-Brennblasen, eine mit 900 l, die andere mit 200 l Volumen, und destilliert in Pontarlier. Das Geheimnis ist die Vielzahl an verwendeten Pflanzen, von denen alle einheimischen aus dem Umkreis von Pontarlier stammen. Die jüngsten Destillate für den Doubs Mystique altern ein halbes, die ältesten länger als ein Jahr. Sehr attraktiver grüngelber Farbton und im Bukett deutlich von Wermut bestimmt, überrascht er im Geschmack mit beißender Frische, bevor er sanft ausklingt.

Frankreich

François Guy Plantes d'Absinthe 45 %

Gegründet 1890, erlebte diese Destillerie die Blütezeit des Absinth in Pontarlier und brachte 1921 mit dem Pontarlier-Anis den einzigen Aperitif auf der Basis von destilliertem Grünem Anis heraus. Im April des Jahres 2001 setzte der Betrieb 55 000 Wermutpflanzen wie anno dazumal auf dasselbe Feld bei Pontarlier. Sie wurden im September geerntet, den Oktober über getrocknet und anschließend destilliert. Dabei hält man sich genau an das Rezept des Hauses, nach dem der Absinth bis 1914 zubereitet wurde, achtet auf das gleiche Verhältnis von Wermut zu Anis und benutzt zudem die alten Brennblasen von damals. So ist das besondere Aroma des Wermut deutlich, doch angenehm neben dem des Anis zu erkennen.

Frankreich

Libertine Spiritueux aux Plantes d'Absinthe 55 %

Neben Pontarlier war Fougerolles die zweite Kapitale des Absinth. 1859 wurde dort die Destillerie Paul Devoille gegründet, die mit Kirsch und Absinth hervortrat. René de Miscault übernahm den Betrieb 1985, weil er dort gemeinsam mit Sohn Hugues an die frühere Tradition anknüpfen wollte. Auf der Grundlage eines Rezepts von 1894, das de Miscault in seinem Musée des Eaux de Vie de Lapoutroie verwahrt, kreierten sie den Absinth Libertine. Mehr noch, wie vor Zeiten pflanzten sie Wermut auf den Höhen von Fougerolles an. Jede einzelne pflanzliche Zutat, neben Wermut auch Grüner Anis, Sternanis, Fenchel, Koriander, Melisse, Süßholz und Ysop, wird getrennt destilliert, was man dem fein abgestimmten Absinth anmerkt. Es gibt ihn auch mit 72 % vol Alkoholgehalt.

Frankreich

Lemercier Absinthe Amer 72 %

Das Unternehmen Lemercier in Fougerolles geht zurück auf eine Bauernfamilie, die anfänglich nur Kirsch brannte. Um ihn abzusetzen, entwickelte Desle Nicolas Lemercier einen Tauschhandel mit Burgunder Winzern und vertrieb deren Weine in der Franche-Comté. Seine Nachfolger Constant und Isidor Lemercier errichteten 1881 eine neue Brennerei am Bahnhof, die eine gesonderte Destillieranlage für Absinth enthielt, ihre damalige Hauptproduktion. Mit der Herstellung von *eaux-de-vie*, Likören, Essig und mit ihrer Fassmacherei trotzte der Familienbetrieb Krisen und Kriegen und konnte nach 1998 mit dem Absinthe, den es mit 45 % vol Alkoholgehalt, aber auch in zwei besonders intensiven Versionen mit 72 % vol gibt, sehr überzeugend an die eigene Tradition anknüpfen.

Frankreich

Pernod Aux Extraits de Plantes d'Absinthe 68 %

Henri-Louis Pernod war der Pionier der fabrikmäßigen Absinth-Herstellung, als er 1805 in Pontarlier begann. In seinen besten Zeiten erreichte der Betrieb eine Produktionsrate von mehr als 25 000 l täglich. Das Absinth-Verbot setzte dem ein Ende, mit der Firma ging es rapide bergab. Erst nach 1951 konnte Pernod 45 an frühere Höhenflüge anknüpfen. 2001 ließ man sich von der neuen Welle tragen. Das Originalrezept habe als Inspiration gedient, heißt es. Doch abgesehen von dem Absinth gerechten Alkoholgehalt und dem Verzicht auf Zucker erinnert das Ergebnis eher an den hauseigenen Pastis, denn das Anisaroma steht deutlich im Vordergrund und nur am Gaumen sorgt Wermut für eine dezente, wenn auch typische Bitternote.

Frankreich

Roquette 1797
Aux Extraits de Plantes
d'Absinthe 75 %

David Nathan-Maister von Oxy-génée und Peter Schaf haben sich zusammengetan, um unter der Marke Archive Spirits alte Absinth-Rezepte wieder zum Leben zu erwecken. Sie werden in der Distillerie Emile Pernot in Pontarlier mit zwei alten Brennblasen realisiert. Dieser erste Wurf aus dem genannten Jahr und auf den Namen des Pferds von Dr. Pierre Ordinaire getauft, verwendet außer Wermut, Fenchel und Anis auch andere lokale Kräuter, die sonst nicht üblich sind. Sie verleihen diesem Absinth einen grünen Farbton und vermischt mit Wasser eine grünliche Trübung. Im Aroma schön komplex und würzig, tritt im Geschmack der Wermut mit feiner Bitternote vor die anderen Kräuter und den Hauch Zitrone.

Deutschland

Eichelberger
Absinth 70 verte 70 %

In Taxöldern, inmitten des Oberpfälzer Seenlandes, betreiben Lili und Rudi Wild eine Spezialitätenbrennerei und Imkerei. In der kleinen, modernen Brennanlage entstehen bei niedrigstmöglichen Temperaturen in bewusst langsamen Durchläufen hochwertige Obstgeiste. Angeregt durch das Forum www.absinth-guide.de entstand 2005 dieser Absinth, der ausschließlich auf erst mazerierten, dann destillierten Naturkräutern beruht und sofort zu den besten Wermut-Destillaten gezählt wurde. Auffallend ist sein schöner grüner Farbton, gefolgt von einem langsamen, ausgeprägten Opalisieren. In der Nase überwiegen komplexe Kräuternoten, während sich im Mund nach einem weichen Ansatz die klassischen Aromen von Wermut und Fenchel mit einer reizvoll frischen Zitrusnote entfalten.

Schweiz

La Clandestine
Absinthe du Val-de-Travers
53 %

Dieser Absinth stammt von der 2005 neu zugelassenen Destillerie Artemisia, der ersten nach dem Absinth-Verbot von 1910 im Schweizer Val-de-Travers. Ihr Besitzer Claude-Alain Bugnon, fing 2000 damit an, schwarzzubrennen, was er im Jahr darauf noch tat, nun jedoch nach dem Rezept, das schon der Schwarzbrennerin Charlotte Vaucher seit 1935 zu bestem Bleue verholfen hatte. Nach diesem Rezept arbeitet Bugnon bis heute, wobei er nur Pflanzen aus dem Tal verwendet und seinen kleinen Brennkessel direkt befeuert. Mit dem frischen, intensiven Aroma nach Wermut, Anis, Wildblumen und Kräutern, mit der wundervollen Rundheit und Länge gilt La Clandestine als einer der besten Absinthe überhaupt und wird ohne Zucker getrunken.

Schweiz

Kübler
Absinthe Véritable Fée Verte
53 %

Zur großen Zeit der Absinthe, als das Schweizer Kreuz überall für beste Qualität stand, war Kübler in der Schweiz die Nummer Zwei. Yves Kübler träumte daher schon früh davon, die Tradition seiner Familie fortzusetzen. Mit der Übernahme der Destillerie Blackmint, der einzigen gewerblichen Brennerei im Val-de-Travers, und 1990 mit La Rincette, einem Pastis ganz dicht am Absinth, war Yves Kübler auf dem besten Weg, seinen Traum wahr werden zu lassen. Nach der Liberalisierung 1998 war er der Erste, der in der Schweiz wieder Absinth destillierte. Seine Fée Verte ist Küblers bislang bestes Destillat, makellos klar, mit intensivem, vom Anis bestimmten Duft, einem unvergleichlich weichen Mundgefühl und mit herrlich frischem Charakter.

Tschechien

Cami
Absinthe Toulouse-Lautrec
68 %

Tschechien ist das Erzeugerland diverser Absinthe, die vielleicht zur Renaissance dieser Spirituose beitrugen, sich mit den Konkurrenten aus der Schweiz und aus Frankreich bislang jedoch nicht messen konnten. Mit diesem Absinthe, der dem berühmten Maler und glühenden Verehrer der grünen Fee gewidmet ist, hat die Destillerie Cami sich selbst übertroffen. Entwickelt in Zusammenarbeit mit dem Versender www. absinthe-oase.de, zeichnet sich dieser Absinth aus durch die Beschränkung auf natürliche Zutaten (bis auf die Farbe), auf zum Teil frische Kräuter und Grünen Anis. Es sind insgesamt 14 Aromate, die in kleinen Chargen gebrannt werden. Mit Wasser verdünnt, ergibt sich ein optisch reizvoller Trübungseffekt. Das Wermutaroma liegt dezent, Anis- und Kräuteraromen überwiegen sowie eine eigene Würze.

Pastis-Premiere

In den Bistros und Cafés von Marseille bestellten in den 1920er Jahren immer mehr Gäste verstohlen »Tigermilch«. Jeder Wirt in der Kapitale der Provence rührte damals unter der Theke eine eigene Mischung – auf provenzalisch *pastis* – aus Alkohol, Anis und etwas Süßholz, diversen anderen Kräutern und Gewürzen sowie etwas Zucker als Absinth-Ersatz. Denn seit dem Verbot von 1915 vermissten die Franzosen ihre grüne Fee, und die ebenso einfallsreichen wie aufmüpfigen Provenzalen nahmen das nicht widerstandslos hin. Zwar hatte sich der Gesetzgeber auf Drängen der Likörfabrikanten von der Harmlosigkeit des Anis überzeugen lassen und 1922 einen Anislikör erlaubt, doch die damit verbundenen Auflagen von maximal 40 % vol Alkoholgehalt und mindestens 150 g Zucker pro Liter ergaben einen sehr süßen Likör, aber keinen neuen Absinth. Sehr zum Leidwesen der Hersteller und Verbraucher, denn nicht überall in Frankreich kamen die Wirte ihren Kunden so bereitwillig entgegen wie in Marseille. Nur – dort schmeckte der Pastis in jeder Kneipe anders: mal besser, mal schlechter.

Ein junger Mann beschäftigte sich damals besonders aufmerksam mit diesen Unterschieden: Paul Ricard besuchte in seiner Eigenschaft als Lieferant für die väterliche Weinhandlung regelmäßig Bars und Bistros, wobei er die Gelegenheit nutzte, Werbung für seinen eigenen Tafelwein zu machen. Das Etikett mit den Rebstöcken, den Olivenbäumen und der strahlenden Sonne als Sinnbilder seiner provenzalischen Heimat hatte er selbst entworfen, denn am liebsten hätte er Malerei studiert, doch davon wollte sein Vater nichts wissen. Also war er unermüdlich auf der Suche nach einem wirtschaftlichen Erfolg, der ihm die finanzielle Unabhängigkeit geschenkt hätte, das zu tun, was er wollte. Bis dahin arbeitete er im väterlichen Weinhandel, erlernte Buchhaltung und zerbrach sich den Kopf, was ihn seinem Ziel näher bringen könnte. *Vin ordinaire* jedenfalls nicht. Dann vielleicht der Pastis? Die Bistro-Besucher schienen jedenfalls begeistert davon.

Paul Ricard wäre gern Künstler geworden und widmete jede freie Minute seinem Hobby: er malte Bilder, aber auch Plakate und verband das Angenehme mit dem für seine Firma Nützlichen.

Provence macht sich besser

Er machte sich daran, eine eigene Pastis-Version zu entwickeln und komponierte allabendlich neue Variationen. »Ich hatte mir angewöhnt, am Morgen nach meinen Destillierungen, Mazerationen und Filtrierungen eine Probe mit auf meine Touren zu nehmen«, erinnert er sich in seiner Autobiografie »La passion de créer«. »Ermutigt von den Bemerkungen meiner Verkoster und angeregt von ihren Wünschen, feilte ich weiter an der Mischung, um am nächsten Morgen meine kleine Befragung in einem anderen Lokal fortzusetzen.« So vergingen einige Monate, doch dann war er sich seiner Sache völlig sicher.

Schließlich gab es nur noch ein Hindernis: das Verbot. Als es 1932 aufgehoben wurde, begann der 23-Jährige im Hof seines Elternhauses im Marseiller Vorort Saint-Marthe mit der Produktion des Ricard. Mit Verve engagierte er sich für den Verkauf und konnte bereits im ersten Jahr 250 000 Liter absetzen. Seit 1938 durfte der Anisaperitif mit den für die Absorption des Anethols idealen 45 % vol Alkoholgehalt hergestellt werden, und Paul Ricard machte sich an die Eroberung der Pariser Bistros. Dafür schickte er seinen »vrai Pastis de Marseille« mit deutlich mediterraner Anmutung ins Rennen, personifiziert in dem Sänger Darcelys, einem verschmitzten Provenzalen mit offenem Hemd und mit keckem Charme. Die Werbefigur des Konkurrenten Pernod, der mittlerweile ebenfalls einen Pastis herausbrachte, schien dagegen eher die schlechten Trinksitten der Absinth-Zeit zu verkörpern, was der Vichy-Regierung 1940 als willkommener Vorwand diente für das ohnehin unumgängliche Alkoholverbot.

Als in der ersten Nachkriegszeit Werbung für alkoholische Getränke untersagt war, fehlte der Name Ricard auf keiner größeren Veranstaltung als Sponsor und ließ denn auch im Pastis-Absatz alle Konkurrenten weit hinter sich, mochten sie ab 1951 mit ihren Etiketten noch so unverhohlen an verbotene Vorläufer erinnern. Paul Ricard wusste, dass er diesen außerordentlichen Erfolg nicht nur seinem eigenen, sondern ebenso

dem Einsatz seiner Mitarbeiter zu verdanken hatte. Bereits 1938 hatte er zum ersten Mal Aktien des Unternehmens an seine Mitarbeiter verteilt, und mit den sozialen Leistungen war er immer dem Gesetz voraus. Obendrein schuf er für seine Angestellten Wohnungen und Feriendomizile. Nebenbei kreierte er unter anderem die internationale Rennstrecke von Castillet und gründete das meeresbiologische Institut auf der Insel Embriêz. Heute, unter seinem Sohn Patrick Ricard, ist Pernod Ricard zur zweitgrößten Spirituosengruppe der Welt aufgestiegen.

Mit ästhetisch ansprechender Werbung und cleverem Marketing war Ricard von Anfang an seinen Konkurrenten um Längen voraus.

Anis, Fenchel, Lakritz

Anis hatte den Geschmack des Absinth, wie er von Pernod und anderen Destillerien vertrieben worden war, geprägt, und zum ersten Mal waren die Nordfranzosen mit dem markanten Aroma konfrontiert worden. Offensichtlich hatten sie Gefallen gefunden an den Samen des Doldenblütlers, die in der Provence seit je zu den beliebten Gewürzen zählten. Schließlich wächst dort auch der gern zubereitete und verwendete Fenchel wild, der das gleiche ätherische Öl enthält. So gesehen war die Provence prädestiniert, den Nachfolger des Absinth zu liefern.

Doch wie schon das Beispiel der Marseiller Bistro-Wirte zeigte, von denen jeder seine eigene Version zubereitete, konzentrierte man sich beim Pastis in der Provence mehr auf das Resultat als auf die Zubereitung. Beim typischen Pastis de Marseille handelt es sich um eine Mischung aus neutralem Alkohol, Wasser, Zucker und Aromen. Letztere werden als Destillate und als Mazerationen, sprich Infusionen zugefügt.

Wichtigster Bestandteil ist das Anethol, ein ätherisches Öl, das im Grünen Anis enthalten ist. *Pimpinella anisum* ist eine im Anbau eher heikle Pflanze, die viel Licht, aber auch eine gewisse Feuchtigkeit benötigt und die bei unzureichenden klimatischen Bedingungen unzuverlässig reift. Folglich sind die

Was alles im Pastis sein kann:

1 Minze
2 Birkenblätter
3 Eisenkraut
4 Bitterholz
5 Süßholz
6 Safranfäden
7 Cassisblätter
8 Kamille
9 Mohnsamen
10 Thymian
11 Koriander
12 Kardamom
13 Zimt
14 Sternanis
15 Fenchel
16 Pfefferkraut
17 Kurkuma
18 Anissamen

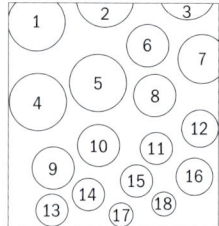

Samen teuer und oft nicht einmal in ausreichender Menge erhältlich. Abhilfe kam aus Südchina, aus der Region Guangxi, wo der Echte Sternanis (*Illicium verum*) wächst, eine Magnolienart mit lorbeerähnlichen Blättern. Der bis zu 20 m hohe Baum braucht 25 Jahre, bis er ausgewachsen ist und zweimal jährlich durchschnittlich 45 kg der markanten, meist achtzackigen Früchte trägt. Obwohl nicht mit dem Grünen Anis verwandt, enthalten auch sie Anethol (das bereits in China extrahiert wird). Zusätzliches Anethol steuert französischer Fenchel bei oder auch Estragon.

Die zweite wichtige Zutat des Pastis ist Süßholz (*Glycyrrhiza glabra*), eine ausdauernde Staude, beheimatet am Mittelmeer und in Westasien. Verwendet werden die getrockneten Wurzeln, die man zerkleinert und einweicht, um den nach Lakritz schmeckenden Saft zu gewinnen, der dem Pastis seine gelbliche Farbe verleiht.

Bis zu 72 weitere Zutaten, darunter Kräuter und Gewürze wie Thymian, Rosmarin, Salbei, Melisse, Minze, Koriander, Kamille, Nelken und Zimt, können Bestandteile der Rezeptur sein.

Anwendung

Die Herstellung des Pastis folgt immer dem gleichen Prinzip. Die getrockneten Pflanzen und Gewürze werden in einer Alkohol-Wasser-Mischung angesetzt, wobei der Alkoholgehalt – er beträgt 30–96 % vol – auf die jeweilige Zutat abgestimmt sein muss. Diese Mazeration dauert manchmal nicht länger als 24–72 Stunden, in der Regel aber zwei bis acht Wochen. Dann wird die Flüssigkeit abgezogen, die Pflanzen werden gepresst, um den Extrakt vollständig aufzufangen. Große Marken arbeiten ausschließlich auf der Basis der Mazeration.

Handwerkliche Betriebe lassen es dabei jedoch nicht bewenden. Da die Pflanzen weitere Aromen enthalten, destilliert man sie nach der Pressung. Darüber hinaus verfeinert und konzentriert man auch einige der Mazerationen durch Destillation, während das bei anderen – zum Beispiel beim Süßholz – nicht erforderlich ist.

Die heikelste Phase ist die Assemblage der Mazerationen und Destillate mit dem Anethol und Zucker zur Essenz. Sie ist verantwortlich für Aroma und Geschmack des Pastis und wird mit Wasser und Alkohol meist auf eine Stärke von 45 % vol gebracht. Filtrierungen sorgen schließlich dafür, dass der Pastis klar ins Glas fließt.

Nachdem Pastis nur von großen Firmen hergestellt wurde, die ihre Fabrikation immer weiter rationalisierten, haben ab Ende der 1980er Jahre kleine Betriebe handwerkliche Pastis vorgestellt, die ein reizvolles Spektrum an unterschiedlichen Stilen bieten, je nachdem welche Kräuter und Gewürze in der Rezeptur den Ton angeben. Meist ungefiltert, ungefärbt und teils ungesüßt abgefüllt, bieten sie wesentlich mehr Finesse. Eins ist aber allen Pastis gemeinsam: man trinkt sie verdünnt. Der Kenner gibt nur eisgekühltes Wasser, nie Eiswürfel hinzu, die eine Absonderung des Anethols bewirken.

Henri Bardouin in Fourcalquier war einer der Pioniere des neuen handwerklichen Pastis.

Ausgewählte Pastis

Casanis
Pastis de Marseille
Halb Korse, halb Provenzale, ist dieser Pastis schon 1925 auf Korsika hergestellt worden. Nachdem die Destillerie 1942 zerstört wurde, wagte ihr Besitzer Emmanuel Casabianca 1951 einen Neuanfang bei Marseille unter dem neuen Markennamen. Doch er blieb bei seinem erprobten Rezept und mazerierte Süßholz, aber destillierte Grünen Anis und Sternanis gemeinsam für die Assemblage. Das verleiht dem Casanis seine aromatische Finesse, wobei er als Pastis de Marseille außerdem die vorgeschriebenen 2 g Anethol pro Liter enthält, statt der sonst üblichen 1,5 g. Noch immer der liebste Pastis der Korsen, profiliert er sich – seit 2000 im Besitz der Burgunder Familie Boisset, der auch der bekannte Pastis Duval gehört – als Apéritif du Terroir.

Distilleries et Domaines de Provence
Pastis HB Henri Bardouin
Seit Jahrhunderten sammeln die Anwohner Heilkräuter in Fourcalquier, Haute Provence, in der Montagne de Lure, und bereits im Mittelalter haben sie sie auch destilliert. Aus dieser Tradition sind Drogisten und Apotheker, Pharmazeuten und Destillateure hervorgegangen. Der Betrieb wurde 1898 gegründet und arbeitet seither mit Wein und Alkohol, Mazeration und Destillation, um den Pflanzen alle ihre Aromen und Wirkstoffe zu entlocken. In Erinnerung an den früheren Besitzer Henri Bardouin, der ein leidenschaftlicher Kräuter- und Pilzsammler war, komponierte man einen andersartigen, einen handwerklichen Pastis, zu dessen komplexem Aroma 65 Pflanzen und Gewürze beitragen, darunter Melegueta-Pfeffer und Muskatnuss, aber auch etwas Enzian.

Ferme des Homs
Pastis des Homs
Auf der Ferme des Homs, dem Hof der Ulmen, im Nordosten des kargen Hochplateau Larzac bei Millau bauen Pierre-Yves de Boissieu und Maria Möller Kräuter wie Thymian, Rosmarin, Oregano, Fenchel biologisch an, oder aber sie sammeln Kräuter und Wildfrüchte im Parc Naturel Régional des Grands Causses. Sie trocknen die Pflanzen und aromatisieren damit ihre Vinaigres de Vin Vieux oder Gewürzsalze, aber auch ihren handwerklichen Pastis. Zu der aromatischen Basis von Anis und Süßholz fügen sie insgesamt 15 verschiedene Kräuter und Wildpflanzen hinzu, verzichten aber auf Farbstoffe. So bewahrt ihr Pastis einen hellen Ton und entfaltet ein intensives Aroma nach Kräutern.

Jean Boyer
Pastis Eméraude
Der 1992 verstorbene Jean Boyer war ein Geistlicher, der 1957 in den Landes eine Gemeinschaft gründete, die für ihren Unterhalt zwei Restaurants betrieb. Nachdem sich ein Kunde über den dort ausgeschenkten Whisky beschwert hatte, begann Boyer beste schottische Whiskys zu importieren, woraus die Firma Auxil, heute Le Palais des Alcools, entstand, Spezialist erstklassiger Spirituosen. Da lag es auf der Hand, auch selbst etwas herzustellen. So entstanden die vier Pastis Jean Boyer. Man lässt dafür ausgewählte Pflanzen bis zu 96 Stunden in Alkohol mazerieren. Die so gewonnene *teinture* reift mehrere Monate, bis die Aromen miteinander harmonieren. Der beliebte Pastis Eméraude gefällt mit Vielfalt, Länge, feiner Herbheit und deutlichen Kräuteraromen.

Jules Girard
Pastis de Provence

In Jonquières, seiner Heimatstadt am Fuß des Mont Ventoux, zwischen Orange und Avignon, gründete Jules Girard 1924 ein kleines Atelier zur Herstellung von Pastis, Likören und *eaux-de-vie*. Er bediente sich für seine aus der lokalen Tradition hervorgegangenen Rezepte aus der provenzalischen Umgebung, die von jeher für ihren Reichtum an Küchen- und Heilkräutern bekannt war. Diese heimischen Kräuter werden um Gewürze Asiens und des Fernen Ostens wie Vanille, Koriander, Zimt, Kardamom und natürlich Sternanis erweitert. Vincent Méry, der Leiter der Destillerie, mazeriert sie wochenlang, bevor er sie presst, einiges davon zusätzlich destilliert, um schließlich das Beste von allem zu Pastis zu mischen, der durch seinen Goldton, seine süßwürzigen Aromen und die feine Bitternote angenehm aus dem Rahmen fällt.

Lemercier
La Bleue

Absinth, den man in der Schweiz »une bleue« (eine Blaue) nannte, verdankt dieser Pastis seinen Namen. Bereits in den 1920er Jahren experimentierte man in der Destillerie in Fougerolles an einem Pastis-Rezept herum, in dem Sternanis, Beifuß, Fenchel und andere Aromate den Ton angeben. Als man sich seiner Sache ganz sicher war, ließ man sich 1939 »La Bleue« als Marke sichern. Schließlich hatte man zuvor schon viel Erfahrung bei der Herstellung von Absinth gesammelt. So entschied man sich auch beim Pastis für die Kombination von Mazeration und Destillation, was in der Intensität und Ausdauer der Aromen deutlich zum Ausdruck kommt. In dem vergleichsweise süßen Pastis dominiert klar das Anisaroma, verbunden mit Noten von Fenchel und diversen anderen Kräutern.

Ricard
Pastis de Marseille

Der Marktführer im Bereich Pastis hat sein Hauptquartier noch immer in Marseille, wo Paul Ricard 1932 begann – lässt man außer Acht, dass Sohn Patrick daraus ein multinationales Unternehmen entwickelte, das er von Paris aus dirigiert. Aber in Bessan im Languedoc wird die *crème de Ricard* erzeugt, die aromatische Essenz, die dem Ricard sein gewisses Etwas gibt. Das Unternehmen kontrolliert die Zutaten vom Anbau an, ob es sich um Sternanis aus China, Süßholz aus Syrien oder Kräuter aus der Provence handelt, die zum Rezept gehören. Die daraus gewonnene Essenz schickt man an die eigenen Abfüllkellereien, wo sie die Basis aus Alkohol, Zucker und Wasser aromatisieren. Nach drei Wochen Harmonisierung kommt der Ricard auf den Markt.

Pernod
Pernod

Die größte Marke des Absinth lancierte 1938 den Pernod 45, um sich mit Pastis neu zu erfinden. Anfangs konnte man sich von der großen, aber angestaubten Vergangenheit nur schwer lösen. Das änderte sich 1951, als der Gesetzgeber für den Verkauf von Anis-Aperitifs erneut grünes Licht gab und Pernod seinen Ableger Pastis 51 herausbrachte, mit überragendem Erfolg. Pernod selbst eroberte beachtliche Marktanteile zurück und genoss auf manchen Exportmärkten das, was ihm in der Heimat versagt blieb, den Platz Nummer Eins. Als man sich 1975 mit dem Erz-Rivalen Ricard zusammenschloss, wurde das Fundament für den heute zweitgrößten Spirituosenkonzern der Welt geschaffen.

Raki: Trauben mit Anis

Es sollen griechische Winzer in Kleinasien gewesen sein, die im 15. Jahrhundert Raki aus Traubentrestern herstellten. Um 1700 trank man Raki im gesamten Osmanischen Reich. Er war populär genug, um 1792 ein Schatzamt eigens für die Besteuerung von alkoholischen Getränken einzurichten. Religiös motivierte Verbote haben die Raki-Produktion niemals ernsthaft beeinträchtigen können, denn auf lokaler Ebene tolerierten viele der Behörden stillschweigend seine Herstellung. Raki wurde zum wichtigsten alkoholischen Getränk der Türkei, die seine Herstellung nach der Proklamation der Republik 1923 monopolisierte. Ein ausgiebiges türkisches Essen am Abend ist ohne Raki kaum denkbar. So beträgt der Raki-Konsum in der Türkei derzeit rund 60 Mio. l jährlich, das ist mehr als alle anderen Alkoholika zusammengenommen.

Seit 1931 produzierte das Unternehmen Tekel (was auf Türkisch Monopol bedeutet) alle alkoholischen Getränke. Zur Herstellung wurde ab 1947 auch Zuckerrüben-Melasse verwendet, die im Yeni Rakı (Neuer Raki) früher für einen gewissen Bitterton sorgte.

Rosinen und Feigen

Grundlage des heutigen Raki sind jedoch vorwiegend Trauben, meist als Rosinen, oder, vor allem in den südlichen Regionen der Türkei, getrocknete Feigen. Die Früchte werden gemahlen und im Verhältnis 1:4 mit Wasser eingemaischt. Ist die Gärung bei 28–32 °C angelaufen, wird schubweise gekühlte Maische zugegeben, um die Temperatur konstant zu halten. Der übliche Temperaturanstieg im Verlauf der Gärung würde sonst die Hefekulturen gefährden.

In der Kolonnendestillation entsteht dann der sogenannte *suma* mit 93,4–94 % vol Alkoholgehalt. Er wird auf 45 % vol Alkoholgehalt verdünnt, und pro Liter davon rechnet man 100 g Anis- oder auch Fenchelsamen, die in Wasser eingeweicht werden. Alles zusammen wird ein zweites Mal sehr

Links: In dieser modernen Destillerie in Izmir wird *suma* in Kolonnen gebrannt.

Rechts: Beim zweiten Durchlauf mit Anissamen kommen Kupferbrennblasen zum Einsatz.

langsam in einer kupfernen Brennblase mit bis zu 5000 l Fassungsvermögen destilliert. Dabei wird der Mittellauf mit 75–84 % vol Alkoholgehalt abgeschieden.

Der frisch gebrannte Raki reift noch einige Zeit in Holzfässern oder Edelstahltanks, bevor er auf 43–50 % vol Trinkstärke eingestellt wird. Hinzu kommen 4–6 g/l Zucker und schließlich eine weitere Reifeperiode von bis zu drei Monaten.

Wie die meisten Qualitätsprodukte hat auch Raki seinen Mythos. So gilt *dip rakısı,* der Rest, der bei der Produktion im Tank bleibt, als besonders aromatisch. Er kommt nicht in den Handel, kaum jemand hat ihn je gekostet, denn er wird von den Herstellern besonderen Kunden und herausragenden Persönlichkeiten des öffentlichen Lebens als Geschenk überreicht, weshalb man ihn als *özel rakı* (exklusiver Raki) bezeichnet.

Am 27. Februar 2004 endete die Monopol-Ära endgültig, was den Raki-Markt merklich in Bewegung brachte. Eine Anzahl neuer Marken ist entstanden, von denen einige auch höherwertige reine Trauben-Rakis anbieten, erste sogar sortenrein.

Arak statt Arrak

Von der Türkei bis Jordanien wird als Arak ein destillierter, ungezuckerter Anisschnaps auf der Grundlage von Traubenbrand angeboten. Er wird ebenfalls mit eisgekühltem Wasser verdünnt (wobei er milchig-weiß opalisiert) und gewöhnlich mit diversen Appetithäppchen gereicht. Man mischt ihn auch mit Tee oder Fruchtsäften. Über die Herleitung des Namens kursieren verschiedene Theorien: da bietet sich die iranische Stadt Arak ebenso an wie der Irak oder die Razaki (Regina)-Traube.

Arak ist nicht zu verwechseln mit Arrak, einer Spirituose, die weit über den ost- und südostasiatischen Raum verbreitet ist und keine einheitliche Kategorie bildet. Der erste Arrak gelangte 1596 nach Europa und stammte aus Java. Arrak ähnelt dem Rum, ist aber neutraler und weist oft hohe Alkoholgehalte auf. Grundlage des verwendeten Alkohols kann neben Melasse auch Palmzuckersaft oder Reis sein.

Links: Das Anis-Destillat wird in Edelstahltanks geleitet.

Rechts: Eine Laborantin prüft die Klarheit des Raki am Mikroskop.

Ausgewählte Rakis

Elda
Enfes Rakı Fresh Grapes (Yas üzüm)
Izmir, Sitz des Mutterhauses Elda, war bereits in der Antike ein Handels- und Kulturzentrum. Im Hinterland an der türkischen Ägäis liegen hochwertige Traubenanbaugebiete. Enfes – türkisch für köstlich – wird aus Trauben, nicht aus Rosinen erzeugt. Im Vergleich zur Standardabfüllung wirkt er etwas leichter und runder. Der Rest der Rezeptur ist identisch. Trotz seines intensiven Anisaromas, das den Charakter des Grundalkohols teilweise überdeckt, genießen Rakis aus frischen Trauben in der Türkei derzeit eine besondere Beliebtheit. Yas üzüm wird in limitierter Auflage abgefüllt, um seine Exklusivität noch zu unterstreichen.

Elda
Enfes Rakı
Noch während der staatlichen Umstrukturierung errichtete die Unternehmensgruppe Elda die modernste Raki-Brennerei der Türkei in Tekeli bei Izmir. Trauben und Rosinen aus der Region genießen einen guten Ruf. Seit dem Fall des Monopols wird hier ein hochwertiger Raki hergestellt, der in der Türkei den bekannten Markennamen Efes trägt, in Deutschland aber aus rechtlichen Gründen als Enfes firmiert. Seine Anissamen kommen aus der Gegend des Nobelferienorts Çeşme, der außerdem für die hohe Qualität seines Trinkwassers bekannt ist. Der doppelt destillierte Brand zeichnet sich durch seinen besonders hohen Anisanteil aus.

Mey
Altınbas Rakı
Altınbas ist einer der renommiertesten Rakis der Türkei und wird wie Yeni von der Firma Mey hergestellt. Im Gegensatz zu Marken wie Yeni, die an mehreren der fünf Destilleriestandorte gebrannt werden, stammt der Altınbas immer aus Istanbul. Auch ohne moderne Ausstattung gilt er als besonders angenehm zu trinken. Und das mit Recht. Trotz eines hohen Anisanteils und eines mit 50 % vol relativ hohen Alkoholgehalts zeigt er sich schon in der Nase eine angenehm dezente Charakteristik. Seit 1967 wird er im doppelten Destillationsverfahren hergestellt.

Mey
Club Raki · Kulüp rakısı
Ähnlich Altınbas Raki, der ebenfalls aus dem Haus Mey stammt, setzt Club Raki (türkisch *kulüp rakısı*) auf die milderen Töne. Um die allgegenwärtige Anisnote ranken sich einige Minzetöne, was den Brand sowohl pur als auch mit Wasser verdünnt harmonisch und trotz seiner 50 % vol Alkoholgehalt weich macht. Club ist die älteste der Marken von Mey, dieser Raki wird bereits seit 1932 in Istanbul hergestellt, und seitdem blieb die Rezeptur unverändert. Obwohl die Aktienmehrheit des Mutterhauses Mey längst bei der amerikanischen Investmentfirma Texas Pacific Group liegt, hat sich Kulüp Rakısı einen betont traditionellen Auftritt bewahrt.

Mey
Tekirdag Rakısı Gold Serie

Im Gegensatz zu den meisten seiner Konkurrenten ist der Tekirdag aus der Gold-Serie braun eingefärbt. Diese Farbgebung unterstreicht seinen Ausbau im *barrique*. Das Flaggschiff der Marke präsentiert sich milder und öliger als der Rest der Flotte. Neben den frischen Weintrauben zeichnet sich dieser Raki durch seinen hohen Anteil an ätherischen Anisölen (1,7 g/l) aus. Der Brand in der auffälligen Flasche und mit dem intensiven Aroma gilt als nobles Geschenk unter Freunden. Die Destillerie dieser berühmten Marke befindet sich in der Stadt Tekirdag in unmittelbarer Nähe des örtlichen Gefängnisses. Angeblich kann man den Anisduft in der Haftanstalt gut wahrnehmen, was die Haftbedingungen besonders erschwere.

Mey
Yeni Rakı

Yeni feiert sich als als den bekanntesten Raki der Welt und wird von Mey, dem Nachfolgeunternehmen des Monopolisten Tekel, hergestellt. Den Lebensart-Anspruch unterstreicht der Hersteller mit einer modern gestylten Flasche, die Yeni von vielen seiner Konkurrenten abhebt. Die genaue Rezeptur und die Art des Brennvorgangs sind laut Firmenangaben ein »über Jahrhunderte überliefertes Geheimnis«, das »sorgfältig bewahrt wird«. Basis der doppelten Destillation ist eine Mischung aus Rosinen und Trauben. Zur Abrundung lagert der Brand mehrere Monate in Eichenholzfässern. Der hohe Anisanteil intensiviert das Anis-Lakritz-Aroma, das als Markenzeichen des Yeni gilt.

Nevsehir Distillery
Mest Rakı

Mest ist einer der ersten Rakis, die sortenrein destilliert werden. Es werden ausschließlich Trauben der weißen Rebsorte Sultaniye verwendet, die im Deutschen als Sultana weite Verbreitung als Tafeltraube genießt. Das Lesegut stammt aus der geschichtsträchtigen Provinz Denizli mit ihren Zeugnissen aus dem Urchristentum und der griechischen Antike sowie mit den berühmten Kalksinterterrassen, die zum UNESCO Weltkulturerbe gehören. In der westanatolischen Region wird seit Jahrhunderten Wein angebaut. Das Klima ist mild, allerdings mit Temperaturspitzen von -10 bis 45 °Celsius. Das Ergebnis ist ein besonders weicher Raki.

Sarper
Beylerbeyi Rakı

Mit seinem Erscheinen im Sommer 2007 ist Beylerbeyi eine der jüngsten Marken der aufblühenden türkischen Raki-Szene. Das Mutterhaus Sarper, das ihn in der Gegend der Städte Izmir und Manisa, einem Zentrum des Rosinenhandels, produziert, hat kräftig investiert. Nach eigenen Angaben kosteten die neuen Produktionsanlagen 18 Mio. Dollar, dafür zählen sie aber auch zu den modernsten in Europa. Beylerbeyi Rakı wird als einer der wenigen auf dem Markt dreifach destilliert, was ihm eine gewisse Milde verleiht. Sarper preist außerdem seine Bekömmlichkeit.

Ouzo im freien Griechenland

Gemeinsam mit Feta ist Ouzo wohl die bekannteste Spezialität Griechenlands. Dabei reicht seine Tradition weder am Peleponnes noch in anderen Regionen weit zurück, ganz im Gegensatz zum jahrtausendealten Weinbau oder der immerhin seit einigen Jahrhunderten praktizierten Destillation von Tsipouro aus Traubentrestern. Man geht davon aus, dass es Griechen Kleinasiens waren, die Tresterbrand mit Anis aromatisierten.

In größerem Umfang unter dem Namen Ouzo begann die Produktion des Anisschnapses aber erst nach der griechischen Unabhängigkeit von 1830. Dabei bleibt die Herkunft des griechischen Wortes Ouzo unklar. Gern wird die These herangezogen, die Bezeichnung gehe zurück auf den Schriftzug »uso di Marsiglia« (zum Gebrauch in Marseille bestimmt) auf Frachtkisten. Sprachgeschichtlich könnte es vom türkischen *üzüm* für Traubensud stammen.

Mit der ›Kleinasiatischen Katastrophe‹ stiegen die Verkaufszahlen des Ouzo letztlich rapide an, denn als Folge der Niederlage Griechenlands gegen die Armee Mustafa Kemals 1922 wurden mehr als 1,5 Mio. Griechen aus der Türkei vertrieben (aus Griechenland 360 000 Türken), darunter viele Winzer, die bereits mit Anisbränden vertraut waren. Die Insel Lesbos, für einen besonders intensiven Anis bekannt, entwickelte sich zu einem Zentrum des Ouzo und gilt bis heute in Griechenland als beste Herkunft.

Als Hauptzutat wird für Ouzo reiner Alkohol landwirtschaftlichen Ursprungs verwendet, wobei nicht vorgeschrieben ist, welcher Art dieser landwirtschaftliche Ursprung sein muss. Der Alkohol wird mit Wasser verdünnt in Brennblasen gefüllt, dann kommt eine Mischung von Anis und anderen Kräutern hinzu, deren Zusammensetzung für Geschmack und Qualität des Ouzo entscheidend ist. Besonderen Wert legen viele der kleineren Hersteller auf Qualität und Verarbeitung des Anis. Arbeitsschritte wie die *drimonisma*, das Ablösen der Samen, erledi-

Links: Die wichtigsten Ouzo-Aromate sind (von unten Mitte im Uhrzeigersinn) Kardamom, Anis, Koriander, Lindenblüten, Fenchel, Angelikawurzel und in der Mitte Sternanis.

Rechts: Es gibt auch ganz kleine Ouzo-Flaschen, hier bezeichnet Mini allerdings die Marke.

Mastika

Der Pinienstrauch Mastika wird schon seit Jahrtausenden genutzt, denn *Pistacia lentiscus* enthält ein vielseitig verwendbares Harz, das sowohl den Lack für Geigen festigt als auch Ölfarben stabilisiert. Ursprünglich auf der Insel Chios beheimatet, riecht es intensiv und wird gemeinsam mit Anis und anderen Gewürzen, die im Ouzo Verwendung finden, destilliert. Der bis zu 80%ige – meist aus Feigen oder Pflaumen gewonnene – Mastika wird auf Trinkstärke eingestellt. In Bulgarien und Mazedonien, wo es ebenfalls eine Mastika-Tradition gibt, werden Versionen mit deutlich mehr als 40%vol Alkoholgehalt angeboten. Einige davon werden mit bis zu 180 g/l Zucker versetzt und haben Likörcharakter. Getrunken wird Mastika meist gekühlt und mit Wasser wie Raki und Ouzo.

gen einige noch heute in Handarbeit. Neben Anissamen oder -öl finden Sternanis, Fenchelsamen, Koriander, Kardamom, Muskat, Zimt, Ingwer, Angelikawurzeln, Kamille und Mastika Verwendung. In eine Brennblasenfüllung kommen 10–30 kg Aromate.

Für die Destillation des Anis- und Kräuterauszugs sind herkömmliche Kupferbrennblasen mit maximal 1000 l Fassungsvermögen vorgeschrieben, was zur Folge hat, dass große Hersteller ganze Batterien davon brauchen, um die erforderlichen Mengen realisieren zu können.

Bei der ersten Destillation trennt man *kefáli* (Vorlauf) und *urá* (Nachlauf) ab und fängt *kardiá* (Mittellauf) auf. Dieser Mittellauf wird ein zweites Mal, manchmal mit zusätzlichen Aromaten, und von einigen Herstellern noch ein drittes Mal gebrannt. Auf diese Weise erhält man den *adoloto*, die Essenz des Ouzo, der man einige Zeit in Tanks gibt, sich zu setzen.

Die besten Hersteller fügen diesem *adoloto* nichts weiter zu als reines Wasser und Zucker, obwohl im Endprodukt gerade 20 % davon sind vorgeschrieben sind, und es ist erlaubt, mit Neutralalkohol zu ergänzen, wobei die endgültige Trinkstärke mindestens 37,5 %vol Alkoholgehalt aufweisen muss.

Ouzo ist in der EU als Getränk mit geschützter Herkunft anerkannt, er darf nur in Griechenland und auf dem griechischen Teil Zyperns produziert werden und nicht mehr als 50 g/l Zucker enthalten. Dieses großzügige

Aufzuckern und der relativ niedrige Alkoholgehalt machen Ouzo süß und weich. In Griechenland wird er oft mit Wasser getrunken, wobei der bekannte Trübungseffekt entsteht. Mit der wieder erwachten Cocktail-Kultur versuchen viele Erzeuger ihn auch als Teil von Mixgetränken zu empfehlen. Mischungen mit Tomaten- oder Orangensaft haben ihren Reiz. In *ouzeries* wird Ouzo gern mit *mezédes* (Vorspeisen) serviert.

Probieren gehört zu den ständigen Qualitätskontrollen, denen Ouzo unterzogen wird.

Ausgewählte Ouzos

Barbayannis
Aphrodite

Wer seinen Ouzo nach der griechischen Göttin der Liebe und der Schönheit nennt, muss von seinem Werk schon sehr überzeugt sein. Und so ist es auch: laut Firmenangaben bietet das Aushängeschild der Destillerie »perfekten Geschmack« kombiniert mit dem »Eindruck klassischer Schönheit und zeitloser Eleganz«. Der Anspruch ist hoch, aber hoch ist auch die Qualität des Aphrodite. Dreifach destilliert, verströmt dieser Ouzo süßlich-kraftvolle Aromen. Mit den 48 % vol Alkoholgehalt übertrifft er zahlreiche Konkurrenten und erzeugt ein angenehm warmes Gefühl am Gaumen – und nicht nur dort. Das komplexe Anisaroma, das er dann entfaltet, ist besonders eindrucksvoll.

Barbayannis
Ouzo

Fruchtbar und sonnig sei Lesbos gewesen, als Efstathios J. Barbayannis im Jahr 1860 dort ankam, das kann man in der Firmengeschichte nachlesen. Die Hafenstadt Plomari erreichte er per Schiff vom russischen Odessa, wo er bis dahin reichlich Erfahrungen im Destillieren hatte sammeln können. Barbayannis gründete seine eigene Brennerei und nutzte den Reichtum der aromatischen Kräuter aus dem Umland für seinen Ouzo. Heute ist Barbayannis bereits in der fünften Generation in Familienbesitz, und noch immer wird der Ouzo unverändert ohne Zusatz von neutralem Alkohol produziert. Das Wasser kommt laut Firmenangaben aus den Bergen bei Plomari und enthält Salze und Mineralien.

Giokarinis
Giokarinis Ouzo

Man fühlt sich entfernt an die Champagne erinnert, wenn man erfährt, dass für diesen Ouzo eine Witwe verantwortlich zeichnet. Doch er stammt von der Insel Samos. Im Jahr 1910 stellte Eleni Giokarinis diesen Brand vor, der schon bald darauf als »Ouzo der Witwe« bekannt wurde. Giokarinis ist recht mild mit einem angenehmen Lakritzton. Von den Zutaten gibt der Hersteller lediglich Anis, Fenchel, Kardamom sowie die Samen des Mastix-Baumes preis. Der Ouzo wird in handgefertigten Kupferblasen mit viel Sorgfalt destilliert, wobei alle Fehlaromen gewissenhaft abgeschieden werden. Der Mittellauf, *kardiá*, wird dann ein zweites Mal gebrannt. Giokarinis Ouzo entsteht nun schon in der dritten Generation unverändert.

Kaloyiannis
Ouzo 12

Die Brennerei Kaloyiannis stellt den Ouzo seit 1880 aus neun verschiedenen Kräutern her und gewährt ihm eine veredelnde Fassreife. Bis in die 1920er Jahre betrieb die Familie eine Taverne in Konstantinopel, wo der Brand direkt aus großen Holzfässern ausgeschenkt wurde. Mit der Zeit wollten alle Stammkunden aus dem zwölften Fass bedient werden – so geht die Legende –, weil sie überzeugt waren, es enthalte den besten Ouzo. 1925 musste der Unternehmenssitz nach Griechenland verlegt werden. Der Name Ouzo 12 blieb. Fakt oder Fiktion? Jedenfalls ist Ouzo 12 heute der bekannteste Ouzo der Welt.

Katsarou
Ouzo Tirnavou

In der Antike war die Stadt Tirnavou in Thessalien schon berühmt für Seidenspinnerraupen und Weintrauben. 1850 erhielt Nikos Katsarou eine Brennblase als Mitgift, und seitdem gehört auch Ouzo zu den Aushängeschildern der Stadt. Katsarou experimentierte noch geraume Zeit mit Kräuterauszügen in der Destillation, und 1856 erlaubte der Staat schließlich der Familie die Herstellung von »Apostagma os uso Typnaboy« (Destillat wie in Tirnavou üblich), das bald zum Nationalgetränk der Griechen werden sollte. Heute nennt Katsarou seinen Tirnavou den »ältesten Ouzo der Welt«. Das Label »Worlds Finest Ouzo« beansprucht das Unternehmen gleich mit. Der Beweis dafür ist ungleich schwerer, auch wenn das Rezept unverändert blieb.

Pilavas
Ouzo Nektar

Die Familie Pilavas erzeugte 1940 ihren ersten Ouzo. Mehr noch als Weinbrand und Likör ist er bis heute das Hauptprodukt des Unternehmens, mittlerweile in der dritten Generation. Die Rezeptur charakterisiert das Mutterhaus gern als aus »erstklassigen Rohstoffen«. Ouzo-Brenner hüten Art und Menge ihrer Zutaten wie Staatsgeheimnisse. Nach einer doppelten Destillation in einer modernen Anlage gibt es nach dem überlieferten Rezept von Nikolas Pilavas eine dreimonatige Ruhepause. Am Ende steht ein recht milder Ouzo. Ungeachtet des ausgeprägten Traditionsbewusstseins erscheint Pilavas in 37 verschiedenen Verpackungen.

Plomari
Ouzo of Plomari

Es ist der meistgetrunkene Ouzo in Griechenland. Plomari auf Lesbos gilt als eine der besten Herkünfte, weil die Anissträucher dort so ausgezeichnet gedeihen. Plomari preist sie als die besten der Welt. Der griechische Marktführer wird seit 1894 hergestellt. Seinem Schöpfer Isidoros Arvanitis gelang es, in seiner Brennblase eine wirklich stimmige Mischung zu destillieren. Zur Kräutermischung des Rezepts gehört auch Mastixharz. Doch wie bei so vielen Herstellern bleibt das genaue Rezept geheim und unverändert. Die Firmenleitung betont gern, dass selbst die alte Brennblase, in der Arvanitis seine elegante Mischung komponierte, noch dieselbe ist. Die einzige ist es bestimmt nicht. Sonst könnte Plomari nicht den Weltmarkt bedienen.

Sans Rival
Ouzo Sans Rival

Die meisten Ouzo-Hersteller werben damit, dass gerade ihr Ouzo schon sehr lange nach einem unveränderten Geheimrezept zubereitet wird und belegen das auch gern mit Jahreszahlen, die bis ins 19. Jahrhundert zurückreichen. Doch Sans Rival ist tatsächlich einer der ältesten Ouzos. Er wird doppelt destilliert, hat aromatische Fülle und einen angenehmen, weichen Geschmack. Das gewisse Etwas verdankt er einer Kräuter-Mixtur und etwas Mastixharz, was ihn komplexer macht als manch andere Ouzos, die vornehmlich auf Anisaromen setzen. Sans Rival besteht aus reinem aromatisiertem Brand ohne Zusatz von Neutralalkohol.

Tsantali
Tsantali Ouzo

Georgios Tsantali leitet die Geschicke der Marke nun schon in der dritten Generation. Darauf ist man bei Tsantali stolz. Seit der Firmengründung 1890 wird der Ouzo nach dem alten Familienrezept hergestellt: Anissamen, Fenchel, Nelken, Zimt, Koriander und eine Reihe weiterer Zutaten mazerieren in einer Mischung von Wasser und reinem Alkohol 24 Stunden. Das Outfit ist dagegen etwas überarbeitet worden. Modernisiert und mit antiken Versatzstücken den Anforderungen des aktualisierten Image angepasst, gefällt die als antike Säule gestaltete Flasche auch im Inland. Tsantali betreibt nach eigenen Angaben die größte Ouzo-Destillerie der Welt. Das Produkt besteht zu 100 % aus Brand, der mit Gewürzen destilliert wurde.

Tsilili
Ouzo

Seit Kostas Tsililis sein Weingut 1989 gründete, versucht er nur Spitzenqualitäten zu erzeugen. Für seine Weine und Weinbrände hat er in der Nähe des thessalischen Ortes Raxa die optimalen Rebsorten zusammengestellt. Um seinem edlen Ouzo das gewünschte Aroma zu geben, wählte er Anis aus Euböa. Dort kauft er immer bei denselben Bauern ein, um einen unveränderten Stil zu gewährleisten. Zuammen mit dem Alkohol werden die Gewürze in kleinen kupfernen Brennblasen doppelt destilliert. Das Nationalgetränk, das gern mit griechischem Lebensgefühl gleichgesetzt wird, schmeckt bei Tsilili besonders duftig nach Anis und dabei ganz leicht nach Zimt.

Raki und Ouzo mit Genuss

Türken wie Griechen schätzen Anisbrände für ihre Vielseitigkeit, denn sie passen nicht nur zu jeder Gelegenheit, sie sind auch noch gesund. Jedenfalls sind davon Raki- wie Ouzo-Freunde überzeugt. Deshalb kommen sie als Aperitif, Essensbegleiter, Digestif oder einfach zwischendurch auf den Tisch. Auf dem Peleponnes wie am Bosporus verkörpern sie Alltagskultur im besten Sinn. Gesellige Runden mit Anisschnaps und köstlichen Häppchen lassen sich immer ungezwungen an, doch es kann geschehen, dass sie zu wahren Gelagen mutieren.

Raki und Ouzo muss man bedächtig genießen und sich Zeit dazu nehmen. Das beginnt schon beim Einschenken. Im Restaurant bringt der Kellner ein zylindrisches Glas von rund 0,2 l Größe und füllt es etwa zu einem Drittel oder halb mit glasklarem Brand. In einem besseren Restaurant signalisieren es die Gäste mit »tamam«, wenn ihnen die Menge ausreicht. Die meisten Cafés oder

Türkische Fischer im Hafen von Antalya genehmigen sich einen Imbiss am Morgen und ein Glas Raki.

ouzeries schenken glasweise aus oder in halben bzw. ganzen Flaschen. Die Bestellung richtet sich nach Größe und Stimmung der Gesellschaft.

Dazu gibt es gekühltes Wasser – auch Mineralwasser ist erlaubt – und mitunter Eiswürfel, die der Gast meist selbst dosiert. Die Reihenfolge steht fest. Gibt man Eis in puren Raki, kann er Kristalle ausfällen, die vom enthaltenen Anis herrühren. Durch dieses Ausfrieren leidet die Qualität des Brandes, sein Geschmack wird beeinträchtigt. Treffen dagegen Wasser und Spirituose aufeinander, bildet sich ein opalfarbener Nebel, der sich im ganzen Glas ausbreitet.

So mancher Kenner zieht den markanten Anisgeschmack pur vor, doch dann braucht er ein Glas kaltes Wasser separat. Alternativ wird Raki mit *ayran,* dem gesalzenen Joghurtgetränk, und, besonders zum *kebab,* mit *salgam,* einem fermentierten und gesalzenen Saft aus Rüben und Möhren gereicht.

In kleinen Schlucken

Ouzo wie Raki werden stets langsam und schlückchenweise getrunken, wobei der intensive Anisgeschmack erst richtig zur Geltung kommt. Trotz des mitunter recht hohen Alkoholgehalts von bis zu 50 % vol lässt sich so der Anisbrand auch lange ohne größere Nebenwirkungen trinken. Das gilt selbst am Tag, wenn es heiß ist. Wem der Alkohol dennoch zu viel wird, der verdünnt mit mehr Wasser, was doppelt hilft: auch in größeren Raki-Runden schenkt man erst nach, wenn der Letzte sein Glas ausgetrunken hat.

Mit ihrem Anisanteil gelten Raki und Ouzo als Heilmittel gegen eine Vielzahl von Beschwerden, besonders aber als bekömmlich für den Magen. Und das ist auch gut so, denn sobald sie eingeschenkt sind, erscheinen die ersten Leckerbissen. Kalte und warme Vorspeisen, die *meze* oder *mezédes,* für die beide Länder berühmt sind, bilden oft den Anfang.

Typische Vorspeisen sind Schafskäse und Honigmelone. Außerdem können gesalzene Mandeln, Tomaten, Gurken, Salat, Sardellen und Kichererbsen auf den Tisch kommen. Auch kleine gegarte Speisen sind beliebt, etwa rote Linsenbällchen, Tintenfisch und andere Meeresfrüchte, gefüllte Auberginen, gebratenes Gemüse mit der Joghurtsauce *cacık.* Zum zweiten Gang kann man die Gläser oft behalten, besonders wenn er aus Fisch besteht. Doch auch *köfte, shish kebab* und anderes gegrilltes Fleisch verträgt die Begleitung von Ouzo und Raki, ja sogar der zuckersüße Nachtisch aus Gebäck reagiert gelassen. Die charakteristischen Aromen der türkischen Küche wie Dill, Minze, Petersilie, Knoblauch, Kümmel und Zitrone vertragen sich eigentlich immer mit Anis.

Wenn schon ein normales Abendessen alle Kräfte des Anis in Anspruch nehmen kann, dann umso mehr ein *rakı sofrası.* Bei dieser Raki-Tafel setzt der Gastgeber seinen Ehrgeiz darein, immer neue kleine Leckerbissen auf den Tisch zu bringen, während die Gäste locker stundenlang plaudern und dazu ihren Raki nippen.

Bei der Osterfeier in Krasi auf Kreta darf der Ouzo nicht fehlen.

Anís de Chinchón

Unter der spanischen Sonne entwickeln Anissamen eine besonders intensive Würze. Deshalb wird Anís im ganzen Land hergestellt, doch der berühmteste kommt aus Chinchón, südlich von Madrid.

Ein Vertrag von 1777 ist die älteste Urkunde, die auf den Anisschnaps von Chinchón verweist, auch wenn er damals längst etabliert gewesen sein muss. Denn Gegenstand des Vertrags war eine Bestellung von nicht weniger als 100 000 l pro Jahr vom spanischen Königshof. Zu jener Zeit begann man in Zentralspanien großflächig Anis anzupflanzen und setzte nachhaltig auf Qualität. Im 19. Jahrhundert ernannte Königin María Cristina die Brenner aus Chinchón zu ih-

ren Hoflieferanten. Auf den Weltausstellungen in Chicago 1893 und in Paris 1900 wurde der Anis aus dem Städtchen südlich von Madrid mit Goldmedaillen bedacht. Der Anbau von Anis ist vergleichsweise aufwändig, doch in der Stadt bleibt man der Tradition treu. Bis heute kommt in den Anís de Chinchón nichts anderes als das, was auf dem Etikett steht, obwohl Gewürze mit ähnlichem Geschmacksbild deutlich preiswerter zu haben wären. Früher bildete Wein die Basis des Destillats, doch die zunehmend preiswerteren Getreidealkohole aus Kolonnen besiegelten auch hier den Wandel. Nur wenige Anisschnäpse auf Weinbasis haben überlebt. Wie bei französischen oder griechischen Anisschnäpsen ist auch die Basis des Chinchón heute neutraler Alkohol. Zusammen mit mazeriertem Anis wird diese Mischung ein weiteres Mal in kupfernen Brennblasen destilliert. Der Alkoholgehalt des Endprodukts schwankt dann zwischen 35 % vol beim Chinchón dulce bis über 70 % vol beim Chinchón seco especial. Eine Herkunftsbezeichnung der EU garantiert, dass sich nur Anisbrand aus dem gleichnamigen Gemeindebezirk südöstlich von Madrid »Chinchón« nennen darf.

Hergestellt wird Anisschnaps jedoch fast überall in Spanien. Neben *Pimpinella anisum* sind dazu aber auch Sternanis, Fenchel oder andere Pflanzen, die ähnliche Aromen entwickeln, üblich. Verschiedene Verfahren sind erlaubt, etwa der mehrmalige Zusatz von Samen oder anderen Teilen von Pflanzen mit anisähnlichen Aromen. Bedingung ist, dass der Anisgeschmack vorherrschend bleibt. Doch die bekanntesten Anis-Spirituosen wie Chinchón bleiben bei Anis und sind mit dem Anbau der Pflanze in ihrer Gemeinde verbunden wie die Destilerías de Rute mit dem Anis-Museum oder der Anís seco aus Cazalla de la Sierra in der Provinz Sevilla. Bekannte Anis-Marken sind Miura, Castellana, Tunel, Machaquito und Anis del Mono, der zum Haus Osborne gehört.

Anis-Spirituosen sind seit Jahrhunderten Bestandteil der spanischen Trinkkultur. Es haben sich dafür sogar geschlechtsspezifische Trinkrituale eingebürgert. Zu Kaffee und Zigarre bestellen ihn meist Männer, ebenso gemischt mit Brandy als »sol y sombra«. Ältere Damen nippen ihn süß zum Kaffeekränzchen und preisen neben der verdauungsfördernden Wirkung den Schutz vor Alterserscheinungen. Ein Schutz, der bei Anis selbst nicht zu wirken scheint. Viele spezialisierte Brennereien haben schließen müssen, und in Chinchón hat nur die Sociedad Alcoholera überlebt, unter den Fittichen des Sherry-Giganten Gonzalez Byass.

Chinchón ist die Hauptstadt des spanischen Anís. Auf der Plaza (im Hintergrund) werden religiöse Theaterstücke aufgeführt.

Anis ganz süß

Mit genügend Zucker wandelt sich Anis vom Medikament zum reinen Genuss, was Likörmacher – nach den Mönchen – bald begriffen. Das erste Rezept für einen Anislikör stammte von einem westindischen Matrosen. Marie Brizard, Tochter eines Fassmachers und Weinbrenners in Bordeaux, pflegte den kranken Seemann gesund. Aus Dank überließ er ihr das Rezept für einen Kordial, der auf Anis und elf weiteren Aromaten beruhte. 1755, im Alter von 41 Jahren, beschloss sie, den Likör herzustellen und zu vermarkten. Damals wurden über den Hafen von Bordeaux unzählige Gewürze, vor allem aber Rohrzucker importiert, der für die Herstellung von Likör unerlässlich ist. Und so war die Firma der wohltätigen Dame nur einer von mehr als drei Dutzend Kleinbetrieben, die in der Hafenstadt süße Alkoholika fabrizierten.

Die Italiener gesellten sich – zumindest offiziell – wesentlich später hinzu. Der Unternehmer Luigi Manzi (1809–1873), der ein Thermalbad in Casamicciola und das erste Elektrizitätswerk schuf, gilt als Erfinder der Sambuca, für die er chinesischen Sternanis verwendete und die in Civitavecchia hergestellt und abgefüllt wurde. Von dort aus trat Sambuca, die laut Gesetz wasserklar sein muss, ihren Erfolgszug an und inspirierte Likörfabrikanten in ganz Italien.

Sambuca Manzi gibt es bis heute, doch das blieb nicht der einzige italienische Anislikör. Silvio Meletti zum Beispiel kreierte seine Anisetta 1870 in Ascoli Piceno im südlichen Teil der Marken, weil er den teuren Importprodukten Konkurrenz machen wollte. Sein Vorteil bestand in der Qualität der Anissamen, die man in seiner Heimatprovinz von Lehmböden erntet. 1904 konnte sich die Firma eine neue Destillerie nahe dem Bahnhof leisten. Mistrà heißt eine Variante des Anislikörs in den Marken, und der Sassolino stammt aus der Emilia-Romagna.

Meist werden Anisette, Anisetta, Mistrà, Sambuca und ihre nahen Verwandten aus anderen Ländern pur getrunken, oft dekoriert man das Glas mit drei Kaffeebohnen, manchmal trinkt man ihn auf Eis oder gibt einen Schuss Wasser dazu. Man kann ihn auch in Flammen setzen, die man löscht, bevor man ihn warm trinkt.

Links: Die wohltätige Marie Brizard bewies mit ihrer Anisette viel Geschäftssinn.

Rechts: Bei Meletti in Ascoli Piceno wurden in den 1950er Jahren alle Flaschen Anisetta in Seidenpapier gewickelt.

Ausgewählte Anisliköre

Destilerías de Cazalla
Miura Anis Dulce

Cazalla de la Sierra, gut 80 km nördlich von Sevilla, liegt inmitten des Nationalparks der dicht bewaldeten Sierra Norte. In der Umgebung der Kleinstadt mit ihren eindrucksvollen Bauwerken entwickelte sich ab dem 16. Jahrhundert der Weinbau und damit die Destillierkunst. Zwei Jahrhunderte später befassten sich die Einwohner hauptsächlich mit *aguardientes,* und im 19. Jahrhundert gab es rund 40 Destillerien. Zu ihrer Spezialität entwickelte sich der Anís. Nach 1945 schlossen sich einige kleine Betriebe zu den Destilerías de Cazalla zusammen, die seit 1995 zu Caballero gehören. Aus den Anissamen wird in alten *alambiques* eine Essenz destilliert, aus der man diesen intensiven Likör mischt.

Marie Brizard
Anisette

Marie Brizard, Tochter eines Küfers aus Bordeau, erhielt die Rezeptur im Jahr 1755 von einem westindischen Seemann, den sie todkrank in den Straßen der Stadt aufgelesen und wieder gesund gepflegt hatte. Über Generationen wurde das Rezept weitergereicht und bei Bedarf vorsichtig modernisiert. Dieser klare Likör basiert auf Grünem Anis aus dem Mittelmeerraum. Daneben gehören zehn weitere Pflanzen, Früchte und Gewürze zur Rezeptur. Diesen nur aus natürlichen Zutaten bestehenden Likör mit 25 % vol Alkoholgehalt genießt man pur auf Eis. Auch als Zutat zahlreicher Cocktails erfreut sich die Anisette großer Beliebtheit. Als Anisette Limón ist sie mit Zitronensaft aromatisiert.

Molinari
Sambuca extra

Zu den bekanntesten Marken gehört Sambuca aus dem Haus Molinari. Hergestellt wird sie auf der Basis von Sternanis, neutralem Alkohol aus Weizen, Zucker sowie etwas Asche. Alle weiteren Zutaten bleiben geheim. Wie alle Sambucas genießt man sie pur oder »con la mosca« mit drei Kaffeebohnen – gern auch flambiert. Sie wird außerdem mit Eis oder auf 0 °C gekühlt getrunken, mit Grapefruitsaft gemischt und natürlich als »espresso corretto«. Eine besondere Variante stellt Sambuca Molinari al Cafè dar. Angereichert mit diversen Kaffeesorten und weiteren Zutaten, bietet es eine sehr reizvolle Geschmackskombination. Getrunken wird sie pur bei einer Temperatur von 8 °C.

Silvio Meletti
Anisetta

Melettis Anisetta ist eine Institution. Zuerst von der Mutter für den eigenen Laden in Ascoli Piceno hergestellt, wurde daraus 1870 eine Likörmarke. Der Firmengründer entwarf seine im Wasserbad erhitzte Brennblase selbst, um ein möglichst aromatisches Destillat zu erzielen, wozu er den lokal angebauten qualitativ hochwertigen Anis verarbeitete. Noch heute folgt man in dem Familienunternehmen der überlieferten Prozedur, bei der man zunächst eine Anisessenz, das *aniciato* destilliert. Weitere Gewürze werden ebenfalls destilliert, um daraus den Anisetta zu komponieren, der sich vor dem Abfüllen einige Zeit in großen Stahltanks absetzen muss, und der sich durch sein feines, reines, süßes Anisaroma auszeichnet.

Wenneker
Anisette

Der klare Anislikör kommt von Wenneker, einem der größten niederländischen Likörhersteller. Sein Aroma basiert auf Anissamen, im Geschmack ist er süß und zeigt viel frische Süßholznote. Mit dem runden und weichen Geschmackseindruck lässt er sich sehr gut pur genießen, eignet sich aber auch für zahlreiche Mixgetränke. Wenneker Anisette hat einen Alkoholgehalt von 25 % vol. Dieser Likör ist ein Beispiel aus dem gut sortierten Angebot, das verschiedene Basisliköre zu bieten hat. Alle Produkte werden ohne chemische Zusätze hergestellt und enthalten nur natürliche Geschmacks- und Farbstoffe.

Vermouth und Wein-aperitifs

Eine Vielzahl unterschiedlicher Aromate verleiht jedem Vermouth seinen Charakter, wie diese Gewürze, Blüten, Samen und Rinden dem Noilly Prat.

Gegenüber: In Turiner Bars ist ein Aperitif unverzichtbar.

Seite 522: Die Vermouth-Firmen gehörten zu den Pionieren der Werbung und gaben bei den bekanntesten Lithografen Plakate in Auftrag, so Martini 1918 bei Marcello Dudovich (1878–1962).

Die gewisse Würze

Ein Glas Champagner oder trockener Weißwein, ein Malt oder ein Before Dinner Cocktail – der Aperitif ist in Europa und rund um die Welt längst zur lieben Gewohnheit geworden. Doch der Ruhm, den Zeitraum vor dem Essen erobert und den Weg in den Magen geebnet zu haben, gebührt jenen Getränken, die vom mediterranen Raum ausgehend ihren Siegeszug antraten: Vermouth und andere Aperitifs auf Weinbasis. Wer Anspruch darauf erheben kann, den Aperitif erfunden zu haben? An Bewerbern fehlt es nicht: Franzosen und Italiener glauben es jeweils von sich, die Spanier zweifeln an beiden, und die Griechen wissen, nur sie können es gewesen sein.

In Turin ist man sich vollkommen sicher: hier und nirgendwo sonst ist die Kapitale des Aperitif, heute wie vor hundert und mehr Jahren. Aperitifs gehören für den Turiner so untrennbar zu den Mahlzeiten, dass man inzwischen zusammen mit dem Glas einen Teller mit etwas Essbarem gereicht bekommt, ungefragt und im Preis inbegriffen. Bars buhlen häppchenweise um die Gunst der Gäste. Manche stellen schon in ihren Fenstern zur Schau, welche festen Beilagen den Besucher erwarten. Natürlich wird auch in Turiner Bars das, was man unter Aperitif versteht, mittlerweile großzügiger ausgelegt, doch Vermouth ohne und mit bitterem Schuss hat sich behauptet, wenngleich längst Americano genannt und als fertige Mischung in Flaschen erhältlich.

Mit einem Glas Vermouth in der Hand kann man sich angenehm rund hundert Jahre zurückversetzen lassen in die Zeit, als die großen italienischen Marken in der Öffentlichkeit präsent waren mit hervorragenden Werbekampagnen, die längst zu Zeitgeistdokumenten geworden sind. Ihre französischen Konkurrenten, die mit ähnlichen Produkten die gleiche Nische ansteuerten, standen ihnen darin nicht nach, und die Plakatkunst übertraf sich selbst. Damals erlebten die sogenannten Apéritifs à base de vin wie Byrrh, Dubonnet, Saint-Raphaël und Compagnie ihre Blüte. Was die Wartezeit vor dem Essen wohlig ausfüllen sollte, war dicht, süß, voller Aromen. Heute hat sich der Geschmack geändert, und viele der Anbieter von einst haben nicht mithalten können, geblieben sind – bis auf wenige Ausnahmen – nur die großen Namen. Doch auch sie sind längst in weltweite Konzerne integriert, haben im globalen Reigen ihren Nimbus eingebüßt, sind im Gegenteil heute nicht selten ein Zuschussgeschäft.

Man sollte sie dennoch nicht vergessen, nicht nur wegen ihrer Tradition, sondern wegen der Qualität ihrer Zubereitung und der oft erstaunlichen Komplexität ihres Geschmacks. Dahinter steckt die bewundernswerte Fähigkeit, aus Dutzenden von natürlichen Zutaten wie Blüten, Blättern, Früchten, Samen, Wurzeln und Rinden gemeinsam mit dem Basiswein ein harmonisches Duft- und Geschmacksbild zu komponieren.

Wenigstens den Vermouth-Marken ist es gelungen, sich mit ihrer aromatischen Prägnanz einen festen Platz in den Bars der Welt zu erobern, in der Martini nun einmal nicht fehlen darf. Dabei ist damit nicht der international bekannteste Vermouth gemeint, sondern der Cocktail-Klassiker, der in seiner Urform aus einem Teil trockenem Vermouth und vier Teilen Gin besteht. Zusätzlich gibt es Dutzende Rezepte, die trockene und süße Vermouth-Varianten (seltener Apéritifs à base de vin) integrieren, darunter Cocktails wie Americano, Negroni, American Beauty, Claridge, Devil's, Duchesse, Miami Beach, Queen's, Shamrock oder Tipperary.

Wermutige Lösung

Absintium.

»Der Name des Sterns ist ›Wermut‹. Ein Drittel des Wassers wurde bitter…« In der Offenbarung des Johannes (8,11) bläst der dritte Engel die Posaune, und ein Stern fällt vom Himmel herab auf ein Drittel der Flüsse und Quellen. Und auch außerhalb der Bibel ist der ›Wermutstropfen‹ sprichwörtlich. Echter Wermut (*Artemisia absinthium*) verdankt seine jahrhundertealte Wertschätzung als Heilkraut wohl nicht zuletzt seinen berüchtigten Bitterstoffen. Krankheit bedeutete das Ungleichgewicht der vier Körpersäfte, daher musste zur Genesung das Gleichgewicht wiederhergestellt werden. War etwa ein Mangel an gelber Galle für die Störung verantwortlich, dann sollte die ausgleichende Medizin auch bitter sein. Hippokrates, der diese Lehre im 5./4. Jahrhundert v. Chr. entwickelte, soll selbst Wermut zusammen mit Oregano in Süßwein eingelegt haben. Das so gewonnene anregende und verdauungsfördernde Tonikum, dessen Rezeptur auf alles, nur nie auf Wermut verzichten konnte, gedieh jedenfalls in den folgenden Jahrhunderten zum Standardmedikament europäischer Heilkunst und war als *vinum absinthiatum* oder Hippokratischer Wein bekannt und geschätzt.

Bei einem Anwendungsbereich für Wermut, der mit den Jahrhunderten von Wurmbefall, Wundmittel bei Pest, Wehenförderung bis hin zum sexuellen Sedativum (des Klerus) reicht, ist es naheliegend, dass das Tonikum nie wirklich in Vergessenheit geriet. In Italien bürgerte sich dafür im 16. Jahrhundert die Bezeichnung »Vermut« oder »Vermouth« ein. Doch auf einen eindeutigen Nachweis des Wermutweins muss man bis 1773 warten, als ihn Cosimo Villifranchi in seiner »Oenologia toscana« erwähnt.

Heilsames Genussmittel

Turin entwickelte sich – zunächst gemeinsam mit Florenz und Venedig – zum Zentrum der Wermutwein-Produktion. Es war seit Ende des 15. Jahrhunderts der Sitz der Herzöge von Savoyen, die ihrer Hauptstadt

auch treu blieben, als sie um 1720 zugleich Könige von Sardinien wurden. In den Hauptprovinzen des Königreichs Sardinien, im Piemont und in Savoyen, existierten früh aromatisierte Weine, wurde dort der Weinbau doch ebenso wie das Kräutersammeln schon lange gepflegt. So besaß Turin alle Voraussetzungen, um zur Hochburg des Vermouth aufzusteigen.

Im Herzen Turins, an der heutigen Piazza Castello (Ecke Via Viotti), gegenüber vom Königspalast, hatte ein Signor Marendazzo ein vornehmes Lokal eröffnet, eine Kombination aus Spirituosenhandlung und Kaffeehaus (es wurde 1943 zerstört). Sein Assistent und späterer Nachfolger Antonio Benedetto Carpano kreierte 1786 ein neues Getränk namens Vermuth, in dem das Wermutkraut aber nur eine von vielen Zutaten darstellte. Carpano hatte als Erster diverse alte Hausrezepte zu einem geschmacklich ausgefeilten aromatisierten Wein vereint, der eine wohltuende Wirkung besaß und auch den Damen mundete. Mit seinem Luxuswein, wie ihn die »Enciclopedia Italiana Treccani« beschreibt, betörte Carpano bald die gehobenen Kreise Turins.

Erst sein Neffe und Erbe trug den Markennamen ein und gründete eine Firma. Guiseppe Bernardino Carpano führte den Vermouth seines Onkels zu Ruhm und machte das Lokal zum Treffpunkt von Politikern und Künstlern. So sehr liebten die Turiner den Vermouth und die Atmosphäre, dass Carpano rund um die Uhr geöffnet hatte.

Damals trank man den süßen Vermouth selten pur. Nach persönlichem Geschmack ließ man ihn sich süßer oder herber servieren. Vanille und Bitteressenz waren die beliebtesten zusätzlichen Noten. An einem Vormittag im Jahr 1870 traf sich eine Gruppe von Börsenmaklern und Spekulanten bei Carpano zum Aperitif. Heftig diskutierte man die Kurse einiger Wertpapiere, die um eineinhalb Punkte gestiegen waren. Ganz in die Debatte verstrickt, bestellte einer von ihnen seine bevorzugte Vermouth-Bitter-Mischung mit den Worten »punt e mes«, piemontesisch für ›eins und halb‹, ein Teil Vermouth und einen halben Teil Bitter. Die Mischung bürgerte sich ebenso ein wie der Ausdruck, sodass Carpano beschloss, sie als Punt e Mes fertig abzufüllen – heute der erfolgreichste Aperitif der Marke.

Oben: Mit den alten Bars und Cafés in der Turiner Altstadt hat auch der Vermouth zum Aperitif überlebt.

Gegenüber oben: Die Illustration aus der lateinischen Fassung einer arabischen Gesundheitslehre, dem »Hausbuch der Cerruti« (1390), zeigt einen Mediziner beim Pflücken von Wermut.

Gegenüber unten: Das Labor von Carpano, dessen Fabrik in Turin zum Gourmetzentrum Eataly mit Vermouth-Museum umgestaltet wurde.

Marken formieren sich

In Turin genossen Patissiers und Weinbrenner hohes Ansehen. Ebenso wie andere Handwerkszweige waren sie in Zünften organisiert, die Meister und Gesellen an vereinbarte Regeln banden. Im Protokoll einer Sitzung von 1757 werden die Brüder Cinzano genannt. Eine Lizenz erlaubte ihnen, ihre Produkte in ihrem Heimatort Pecetto und in Turin zu verkaufen. Als sachkundige Likörfabrikanten und gewiefte Kaufleute brauchten die Cinzanos nicht lange, bis sie ihren eigenen Vermouth kreiert hatten, zumal sie Erfahrung im Umgang mit aromatisierten Weinen besaßen.

Francesco Cinzano gehörte zu den angesehenen Bürgern Turins, wurde 1816 in der Rolle der Branntweinfabrikanten der sardischen Regierung geführt und bekleidete 20 Jahre später öffentliche Ämter. Längst stellte er eigenen Vermouth her, den er in seinem Geschäft in der Dora Grossa anbot (heute Via Garibaldi). Sein Sohn reiste 1862 zur Weltausstellung nach London, um die Produkte der Firma Cinzano zu präsentieren. Er war dort sehr erfolgreich und brachte zwei Goldmedaillen nach Hause.

Vermouth verspricht Gewinn

Die Erfolge der Carpanos und Cinzanos machten Schule. Alle Likörmacher der Stadt und manche Winzer aus dem Piemont schufen eigene Versionen des Luxusweins. Zu ihnen gehörte der Winzersohn Carlo Gancia, der seine Firma 1850 in Canelli gründete, bevor er 1865 – nach einem Besuch in Reims – den ersten Schaumwein Italiens herstellte und die Welle des Asti Spumante aufbranden ließ. Berühmt wurden sein 1920 vorgestellter weißer Wermutwein und ein aus rotem Vermouth und Bitter gemischter Americano. Die Liste der Turiner Vermouth-Hersteller ist zu diesem Zeitpunkt schon lang und beginnt mit: Anselmo, Arlorio, Ballar, Bianchi & Cie, Calissano, Chazalettes und Cora. Doch auch im übrigen Italien wittern Likörerzeuger das Geschäft: Bosca,

In den Fußstapfen seines Vaters Luigi führte Ernesto Rossi im Labor in Pessione Qualitätskontrollen, Analysen und Forschungen durch (um 1920).

Cyrano, Gambarotta, Pio Cesare, Ramazotti, Riccadonna, Soldi, Venici sind nur einige der neuen Marken, von denen viele inzwischen längst wieder vergessen sind.

Die erfolgreichste Vermouth-Marke besteht seit 1863, als Alessandro Martini und Teofilo Sola eine Getränkefirma übernahmen und deren Likör-Experten Luigi Rossi als dritten Teilhaber gewannen. Schon im folgenden Jahr wurde die Fabrikation auf Rossis Rat nach Pessione, gut 20 Kilometer südöstlich von Turin, verlegt, an die Bahnlinie Turin–Asti–Genua. Damit waren die Exportwege ebenso erschlossen wie das Weingebiet des Monferrato. In dem imposanten Gutshaus, das die Partner dort erwarben, befindet sich das Hauptwerk des Unternehmens bis heute.

In der Folge entwickelte sich die Firma, nach dem Tod Solas in Martini & Rossi umbenannt, überaus zufriedenstellend, nicht zuletzt dank des Engagements der vier Rossi-Söhne. Ende des 19. Jahrhunderts hatten sie Vermouth Martini & Rossi zu einem der größten italienischen Exportschlager gemacht und Filialen in Buenos Aires (1884), Genf (1886) und Barcelona (1893) eröffnet. Teofilo Rossi, der Älteste, hatte wichtige politische Ämter inne, vom Turiner Bürgermeister bis hin zum italienischen Wirtschafts- und Industrieminister, und entwarf die weltweite Kommunikations- und Verkaufspolitik des Unternehmens. Als Bürgermeister organisierte er 1911 die Internationale Ausstellung in Turin, die der Stadt anhaltende Erfolge bescherte. Ihre sozialen und politischen Verdienste nahm König Viktor Emmanuel III. 1911 zum Anlass, die Rossis in den Grafenstand zu erheben.

Im Zweiten Weltkrieg erlitt das Unternehmen in vielen Ländern Verluste, doch die vier Cousins, die es 1930 bis 1970 leiteten, vermochten ihm nach Friedensschluss neue Dynamik zu verleihen. Eine wichtige Entscheidung traf das Unternehmen 1977, als es alle seine internationalen Zweigfirmen unter einer Dachorganisation, der General Beverage Corporation, gruppierte, die sich 1993 mit Bacardi zur Bacardi-Martini-Gruppe zusammenschloss. Bis heute ist Martini eines der bekanntesten italienischen Markenprodukte.

Welche Bedeutung der Werbung zukam, zeigt diese Ansicht des Lagerraums von Martini & Rossi (um 1920).

Werbung und Marketing

Wirksames Mäzenatentum: Jeanne Moreau, Monica Vitti, Maria Pia Luzi und Marcello Mastroianni mit dem Regisseur Michelangelo Antonioni bei der Premiere des Films »La Notte« (1960).

Rechts: D. Lubatti entwarf dieses Plakat in Tempera-Technik 1936.

Gegenüber: Leonetto Cappiello (1875–1942), der gefragteste Plakatmaler der damaligen Zeit, realisierte dieses Plakat 1910.

Mit einem Glas Aperitif in der Hand tritt der Konsument zum *fin de siècle*, zum Ende des 19. Jahrhunderts, in eine neue Ära: die der Markennamen, in diesem Fall der Markengetränke. Mochten manche auch Jahrzehnte zuvor entstanden sein, zur Marke, die über ihre Heimatregion und dann sogar über ihre Landesgrenzen hinaus Marktbedeutung erlangte, wurden sie erst jetzt, denn dazu hatten verschiedene Faktoren zusammenkommen müssen. Die Grundlage dafür schuf die industrielle Entwicklung und damit verbunden der Ausbau des Verkehrsnetzes, speziell der Eisenbahnlinien und des Schiffsverkehrs. Der Warenaustausch nahm zu, in den Städten wuchsen die Viertel der Arbeiter und Angestellten, eine neue Mittelschicht kristallisierte sich heraus, Leben und Bedürfnisse der Menschen änderten sich. Die Nachfrage nach einer Vielfalt an Produkten entstand und wollte befriedigt werden.

In dieser Stimmung unbegrenzter Möglichkeiten vollzogen viele der etablierten Getränke die Wandlung zu einer neuen, einer industriellen Dimension, zumal solche, deren Hersteller die Bedeutung eines neuen Mediums frühzeitig erkannten und gewinnbringend einsetzten: die Werbung.

Die im 19. Jahrhundert perfektionierte Drucktechnik der Lithografie ermöglichte es Künstlern, farbige Plakate zu entwerfen und zu vervielfältigen. Die Drucke wurden zu einem der Hauptelemente der Werbung, denn sie brachten die Produkte unter ihrer Marke einem großen Publikum nahe. Die Stars dieser Epoche hießen Jules Chéret, Marcello Dudovich und Leonetto Cappiello, doch auch viele andere hatten Anteil daran, obgleich sich die Plakatkunst anfangs auf Paris und Norditalien konzentrierte.

Carpano, Cinzano, Gancia und andere Vermouth-Marken bedienten sich dieses neuen Mediums, doch es waren die Brüder Rossi, die den Wert von Werbung und Marketing am schnellsten durchschauten und beides am intensivsten nutzten. Bald förderten sie Image und Bekanntheitsgrad ihrer Marke nicht mehr nur mit Plakaten, sondern auch durch Sponsoring von Konzerten (u. a. mit Maria Callas), Filmveranstaltungen und Sportereignissen.

Vermouth-›Apotheke‹

Acorus calamus – Indischer Kalmus
Wurzel: aromatisch; angenehm duftend;
feine Bitterstoffe; anregend. Südostasien.

Angelica archangelica – Echter Engelwurz
Samen: ähnlich wie Süßholz, aromatisch;
Magen stärkend, anregend. Mitteleuropa.

Artemisia absinthium – Wermut
Blätter und Blüten: intensiver, markanter
Geruch; appetitanregend. Mitteleuropa.

Chamaemelum nobile – Römische Kamille
Blüten: intensiver fruchtiger Duft; Magen
stärkend, krampflösend. Mitteleuropa.

Cinchona officinalis – Chinarinde
Rinde: markant bitter; appetitanregend,
verdauungsfördernd. Südamerika.

Cinnamomum zeylanicum – Zimt
Rinde: intensiver, süßlich-würziger Duft
und Geschmack. Sri Lanka.

Croton eluteria – Caskarilla
Rinde: leicht bitter, leicht anregend, verdauungsfördernd. Mittelamerika, Karibik.

Dipteryx odorata – Tonkabohne
Samen: intensiver, süßlicher, nussiger Geruch, gegen Neuralgie. Guayana.

Elettaria cardamomum – Kardamom
Samen: intensiver, angenehmer, süßlicher
Duft und Geschmack. Südindien.

Glycyrrhiza glabra – Deutsches Süßholz
Wurzel: ausgeprägte Süße und anisähn-
liche Würze; Magen beruhigend. China.

Hypericum perforatum – Johanniskraut
Blüten: rot färbend; floral; leicht antide-
pressiv und -neuralgisch. Mitteleuropa.

Illicium verum – Sternanis
Balgfrüchte: intensives, süßlich-markantes
Aroma; anregend. China.

Iris germanica 'Florentina' – Schwertlilie
Rhizom: floral, mit ausgeprägtem Veilchen-
aroma; beruhigend. Italien.

Lavandula angustifolia – Lavendel
Blüten: sehr aromatisch, würzig-floral; Herz
und Kreislauf stärkend. Südeuropa.

Origanum dictamnus – Kretischer Dost
Blüten und Blätter: angenehm würziger,
leicht bitterer Duft; anregend. Südeuropa.

Pterocarpus santalinus – Sandelholz
Geraspeltes Holz: rot färbend; angenehmer, dezenter Duft. Südostasien.

Rosa gallica – Gallica-Rose
Blüten: intensiver Rosenduft; adstringierend; wundheilend. Mitteleuropa.

Syzygium aromaticum – Gewürznelke
Blütenknospen: würzig, süßlich, leicht
pfeffrig; appetitanregend. Madagaskar.

Vermouth-›Küche‹

Vermouth ist ein Wein mit pflanzlichen Aromazusätzen, kurz Aromaten. Es kommen Zucker, manchmal auch etwas Traubenmost und Alkohol hinzu. Das ist alles. Doch was heute so unspektakulär klingt, war eine spannende Geschichte, als die Rezepturen entwickelt wurden, als es darum ging, welche Gewürze in welchen Mengen und in welcher Verarbeitungsform am vorteilhaftesten miteinander und mit dem Basiswein harmonieren.

Die erste Etappe im Herstellungsprozess ist die Extraktion der Aromate. Ihnen kommt die wesentlichste Rolle beim Vermouth zu, denn ihre Mischung entscheidet über sein Duft- und Geschmacksprofil. Jede Marke hat ihr eigenes, natürlich geheimes Rezept.

Bei einem Unternehmen wie Martini & Rossi, das Zweigniederlassungen in vielen anderen Ländern unterhält, ist es entscheidend, dass die Aroma-Mischung überall identisch ist. Sie wird deshalb in der Schweiz zentral zubereitet.

Dabei sind neben den hauseigenen Rezepturen auch gesetzliche Vorschriften zu berücksichtigen, so muss etwa mindestens eine Art von *Artemisia* verwendet werden, um den typischen Vermouth-Geschmack zu garantieren. Zum Teil werden Auszüge der Aromate gemacht, die man dafür in Alkohol und Wasser einlegt und eine Zeit lang ziehen lässt, zum Teil werden sie mit Alkohol und Wasser in Brennkolben destilliert. Je nach deren Größe sind bis zu 240 kg getrocknete

Das eigentliche Geheimnis von Vermouth ist das ihm eigene Gemisch an verschiedensten Aromaten, das man bei Martini & Rossi in Pessione in einer großen Brennanlage selbst destilliert.

Aromate für einen Brennvorgang erforderlich. Auch hier hat jeder Fabrikant sein eigenes Rezept, denn wer auf Qualität hält, bereitet seine »natürlichen, Geschmack gebenden Präparationen« selbst zu.

Bitter-süße Balance

Vermouth, das ist gesetzlich vorgeschrieben, muss zu mindestens 75 % aus Wein bestehen. Man benutzt grundsätzlich Weißwein als Basis, einzig beim Vermouth Rosé sorgt etwas Rotwein für Farbe. Und man verwendet heute neutrale, nicht oxidierte Weine, etwa Trebbiano aus der Emilia-Romagna oder auch Weißweine aus Apulien oder Sizilien. Aus den verschiedenen Herkünften wird für jede Marke ein geschmacklich immer gleicher Basiswein gemischt.

Zu diesem Hauptbestandteil des Vermouth kommen die weiteren Zutaten hinzu, zunächst gewöhnlich Zucker, entweder als Mistelle (Traubenmost mit Alkohol) oder als reiner Weißzucker. Süße ist für die Ausgewogenheit wichtig, denn sie nimmt den Bitterstoffen die Aggressivität.

Das Destillat der Aromate wird zugefügt, eventuell noch weitere Gewürze, Kräuter oder Geschmacksstoffe, dann Alkohol, um den Wein auf den gewünschten Alkoholgehalt von 15–16% vol zu verstärken. Manchmal ist etwas Wasser zur Feinabstimmung nötig. Karamell ist die einzige Zutat, die bei rotem Vermouth zur Färbung zugelassen ist. Denn bei Licht besehen, ist Rosso bernsteinfarben. Außerdem gibt Karamell ihm eine besondere Geschmacksnote.

Oft lässt man der Mischung noch einige Wochen Zeit, damit die Ingredienzen sich ›aneinander gewöhnen‹, bevor sie mit Kälte stabilisiert, filtriert und abgefüllt wird.

Bei dem langsamen Brennvorgang erhält man die aromatische Essenz, die anschließend mit Wein, Alkohol und Zucker in großen Tanks assembliert wird, bevor man den Vermouth abfüllt.

Herbe Franzosen

Schon 1896 erwähnte Thomas Stuart in seiner Anleitung »Stuart's Fancy Drinks and How to Mix Them« einen Vorläufer des berühmten Martini Cocktail, zubereitet aus einem Spritzer Orangenbitter, zwei Teilen Plymouth Gin und einem Teil French Vermouth. Dabei handelte es sich um Noilly Prat. Dessen Verkaufszahlen stiegen in den USA mit der Beliebtheit dieses Cocktail und verdreifachten sich im ersten Jahrzehnt des 20. Jahrhunderts auf 75 000 Kisten pro Jahr. Bis heute ist trockener französischer Vermouth die klassische Martini-Zutat geblieben, auch wenn die italienischen Marken längst nachgezogen haben.

Noilly Prat stammt aus Marseillan, einem kleinen Hafenstädtchen am Etang de Thau, dem großen Binnensee an der französischen Mittelmeerküste zwischen Sète und Agde. Dort wird er auch heute noch nach dem ursprünglichen Verfahren über einen Zeitraum von zwei Jahren hergestellt.

Das Grundrezept des ersten französischen Vermouth entwickelte der Lyoner Likörmacher und Weinhändler Joseph Noilly 1813. Die meisten Ingredienzen bezog er aus Marseille, wo seit 1837 Claudius Prat für ihn arbeitete. Sohn Louis Noilly beschloss 1843, die Firma dorthin zu verlegen, und ab 1850 ließ er die Basisweine für den Vermouth im Marseillan reifen. Prat, inzwischen sein Schwiegersohn, stieg 1855 in das Unternehmen ein – und die Marke war geboren.

Weißwein im Rotweinmeer

Marseillan war bestens geeignet für die Vermouth-Produktion, denn es liegt im Anbaugebiet der weißen Rebsorte Picpoul, nahe den bedeutenden Winzerorten Pinet und Pomérols, die eine der seltenen Weißweinregionen im Rotwein dominierten Languedoc darstellen. Auch der zweite Weißwein des Noilly Prat wächst ›vor der Haustür‹: die Clairette du Languedoc. Früher fuhren die Arbeiter mit selbst destilliertem Weinbrand zu den Winzern, verstärkten die ausgesuchten Weine vor Ort, um sie zu stabilisieren, und holten sie dann nach einem Jahr der Fassreife zur Weiterverarbeitung ab. Heute findet dieser Prozess in den eigenen Kellerhallen statt, wo die Weine – nach Sorten getrennt und auf 16 % vol Alkoholgehalt verstärkt – acht Monate lang in bis zu 40 000 Liter fassenden Eichenfudern altern.

Anschließend wird der blasse und fruchtige Wein in alte Halbstückfässer, *demi-muids*, gefüllt und lagert im offenen Innenhof der Kellerei. Dort schwitzt er unter der mediterranen Sonne oder fröstelt, wenn im Winter der kalte Nordwestwind von den Cevennen herabfegt. Temperaturunterschiede und Sauerstoffkontakt lassen ihn maderisieren. Zieht man ihn nach annähernd einem Jahr ab, dann funkelt er golden, duftet nach frischen Nüssen und Geröstetem, erinnert an trockenen Sherry und verrät, wie viel der fertige Noilly Prat dem Wein zu verdanken hat. Ganz im Gegensatz zu den italienischen Cousins mit ihrem neutralen *vino*.

Monsieur Noilly fürchtete um das Geheimnis seines erfolgreichen Aperitif, deshalb hielt er die verschiedenen Herstellungsschritte räumlich getrennt. In Marseillan wurde der Wein nur gealtert. Dabei beließ

Noilly Prat verdankt seine Qualität zum großen Teil seinen Weinen, die in Halbstückfässern unter freiem Himmel maderisieren können.

man es 123 Jahre lang. Erst 1973, als das Familienunternehmen mangels direkter Nachkommen verkauft wurde, zog die gesamte Produktion, mit Ausnahme der Abfüllung, nach Marseillan.

Nach der wunderbaren Wandlung in den Fässern unter freiem Himmel werden die Weine, Mistelle aus Muskat und selbst destillierte Fruchtessenzen von Himbeere und Zitrone gemischt und in 2000-Liter-Fuder gefüllt. In jedes kommen 20 Kilogramm einer Mischung aus getrockneten Pflanzen, die Kamillenblüte, Koriander, Karde, Ägyp-

tische Kornblume, Bitterorange, Chinarinde, Iriswurzel, Muskatnuss und ein Dutzend weitere Zutaten enthält. Drei Wochen lässt man die Aromate ziehen, wobei sie täglich mit einem sensenähnlichen Stab umgerührt werden müssen. Dann wird der Wermut filtriert und ruht weitere sechs Wochen, bevor man ihn mit Kälte stabilisiert. Jetzt hat er sein komplexes Bukett und den kräftigen Geschmack erlangt, die ihn so berühmt gemacht haben. Übrigens verbessert er sich sogar noch in der Flasche – sofern ihm dazu die Zeit bleibt …

In dem Hafenstädtchen Marseillan am Etang de Thau fand Louis Noilly gute lokale Weißweine und ideale Lagerbedingungen für seinen Dry Vermouth.

Cousins in Chambéry

Am Lac du Bourget mit seinem berühmten Kurort Aix-les-Bains fand der Vermout de Chambéry illustre Anhänger.

Bedenkt man, dass Turin (im Piemont), wo der Wermutwein Anfang des 19. Jahrhunderts zum Modegetränk avanciert, seit 1563 die Hauptstadt von Savoyen-Piemont war und aus Sicht etwa der Einwohner von Chambéry (in Savoyen), wo sich ein Schwerpunkt der ›französischen‹ Vermout-Produktion etabliert, über Jahrhunderte kein Ausland darstellt, bekommt Vermouth eine politische Dimension. Ob nun französische Truppen in Savoyen einmarschieren und den nördlichen Teil des Reiches besetzen, ob der Wiener Kongress alte Machtverhältnisse wiederherstellt – die Menschen dies- und jenseits der Alpen pflegen ihre Kontakte möglichst ungerührt davon.

Die florierende Kapitale im Piemont war für aufstrebende Geschäftsleute des Herzogtums Savoyen ein permanentes Reiseziel. So wird sich auch Joseph Chavasse, ein junger Likörmacher, der mit kaum 25 Jahren eine eigene Destillerie in seinem Geburtsort Echelles gegründet hatte, oft auf den Weg nach Turin gemacht haben, um dort seine Crème royale oder sein L'élixir d'amour zu verkaufen. Zweifellos lernte er bei diesen Besuchen auch Carpanos neuen Luxuswein kennen und fasste sofort den Entschluss, seinen eigenen Vermout zu kreieren.

Bei der Zusammenstellung seiner Zutaten griff er auf Heimisches zurück – vielleicht in Anlehnung an ältere lokale Rezepte des allheilenden Wermutweins – und verarbeitete eine Vielzahl von Heilpflanzen und Kräutern aus dem Alpenraum, die er mehrere Monate lang in den trockenen, fruchtigen und herben, aber verstärkten Weißweinen der Region mazerieren ließ. Als er schließlich im Jahr 1821 seinen Vermout façon Chambéry auf den Markt brachte, wurde Joseph Chavasse zum Begründer einer Tradition, die viele Nachfolger fand und dem Vermout de Chambéry 1932 eine Appellation d'Origine Contrôlée einbrachte – als einzigem Vermouth mit Ursprungsgarantie.

Der Segen einer Königin

Chambéry prosperierte unter der piemontesischen Verwaltung. Im Jahr 1830 wurde die große Avenue ausgebaut, die von gediegenen Geschäften gesäumt wurde. Im selben Jahr verwirklichte Joseph Chavasse seinen Traum. Er wurde Bürger der Stadt und errichtete eine neue Brennerei im Faubourg Reclus. Alljährlich wurde sie auf »die gute Führung der Örtlichkeiten und die gute Qualität der Rohstoffe« überprüft, denn die Herzogsstadt hielt viel auf tadelloses Geschäftsgebaren.

Der Schwiegersohn Louis Ferdinand Dolin konzentrierte sich mit Nachdruck auf den Vertrieb des Vermout, dem er seinen Namen gab und mit dem er auf internationa-

len Ausstellungen in Philadelphia und Paris Auszeichnungen errang. Aber nichts und niemand half ihm mehr, seinen Aperitif zu vermarkten, als Königin Victoria.

Das erste Mal kam die Königin 1852 in das nahe Aix-les-Bains am Lac du Bourget. Später – nach der endgültigen Angliederung Savoyens an Frankreich 1860 und nach ihrem Wiedererscheinen in der Öffentlichkeit nach dem Tod ihres Gemahls – besuchte sie den Kurort häufiger, was auf viele ihrer Landsleute eine unwiderstehliche Anziehungskraft ausübte. Nicht nur der Ort profitierte reichlich davon, auch der Vermout de Chambéry. Bis heute ist er in England bekannter als in französischen Regionen.

Zu seiner Blütezeit gab es ein Dutzend Vermouth-Hersteller in Chambéry, darunter die Marke Boissière, die inzwischen von Dolin produziert wird. Seit dem Jahr 2000 erlebt der Vermouth Routin eine verdiente Renaissance, denn er wird wieder nach dem Originalrezept zubereitet, das sein Gründer 1883 zusammenstellte und das auf 35 verschiedenen Aromaten basiert.

Vermout-Spender aus der Zeit, als die englische High Society in den Savoyer Alpen kurte.

In diesen kleinen Brennblasen stellt Dolin die Kräuteressenzen für den Vermouth her, der in Chambéry abgefüllt wird.

Ausgewählter Vermouth

Italien

Carpano Antica Formula

Das erste und (natürlich) geheime Rezept von 1786 wiederbelebend, in dem Antonio Benedetto Carpano 50 verschiedene Kräuter und Gewürze verwendete, und in der ursprünglichen Flaschenform präsentiert, ist dies der Rolls unter den Vermouth-Varianten. Nach dem Erfolg des Punt e Mes hatte Carpano marktgerechteren Rosso, Bianco und dann auch Dry präsentiert. Fratelli Branca, die die alte Firma 1982 übernahmen, besannen sich auf die Wurzeln und brachten den Ur-Carpano für Liebhaber heraus. Bei überraschend wenig Wermut-Charakter fasziniert er mit intensiver, an Lebkuchen erinnernder Würze und sensationeller Länge am Gaumen.

Italien

Punt e Mes

In Turin ließ man sich Vermouth nach persönlichem Geschmack gemischt servieren, etwa mit Vanille oder Bitterlikör. Eines Tages im Jahr 1870 trafen sich einige Börsenmakler bei Carpano zum Aperitif. Sie diskutierten über die Kurse, die um eineinhalb Punkte gestiegen waren, und ganz in diese Debatte verstrickt, bestellte einer von ihnen seinen Lieblingsvermouth mit den Worten »punt e mes«, piemontesisch für ›eins und halb‹, ein Teil Vermouth und einen halben Teil Bitter. Da er nicht der Einzige war, der seinen Wermut so trank, beschloss Carpano diese Mischung fertig abzufüllen und sie Punt e Mes zu nennen: es ist bis heute der erfolgreichste Aperitif der Marke.

Italien

Cinzano Bianco

Obwohl es Cinzano als Rosso, Extra Dry und neuerdings auch als Limeto mit Limettenauszügen sowie als Orancio mit Orange und Vanille gibt, erreichte das berühmte Vermouth-Haus den Durchbruch mit seinem süßen Bianco mit charakteristischen Zimt- und Nelkenaromen, gefolgt von der nachklingenden herben Bitternote. Die Brüder Cinzano brachten nach Carpano als zweite Likörfirma einen Vermouth auf den Markt und wurden in Turin zu Hoflieferanten. Wie ihre Konkurrenten erkannten sie früh die wichtige Funktion der Werbung, mit der es ihnen gelang, ihren Vermouth international bekannt zu machen. Heute gehört er zur Campari-Gruppe.

Italien

Gancia Dry

Die Familie Gancia lancierte 1921 ihren süßen, im Duft sehr intensiven weißen Vermouth, der in dieser Sparte ihr größter Erfolg wurde. Sein Geheimnis beruht auf den Moscato-Weinen aus dem Monferrato und von anderen Piemonteser Anbaugebieten, die als Grundlage schon sehr reizvolle Aromen bieten. Diese Geschmacksrichtung wird mit Pflanzenauszügen weiter ausgebaut. Carlo Gancia, der Gründer des Familienunternehmens, begann seine Karriere 1850 mit Vermouth, doch das Hauptinteresse der Familie lag von Anfang an bei Schaumweinen. Dennoch blieb das Haus bis heute der Vermouth-Produktion treu und hat auch einen überzeugenden Dry im Angebot.

Italien

Gancia Americano

In Turin und Mailand war es Sitte, Vermouth mit einem Schuss Bitterlikör ›aufzupeppen‹, was man als ersten italienischen Cocktail ansieht, dessen Erfindung meist Gaspare Campari zugeschrieben wird. Wirklich bekannt wurde diese Mischung mit Namen Americano erst wärend der Prohibition, als amerikanische Touristen besonderen Gefallen daran gefunden haben sollen. In der Folge gingen viele Hersteller dazu über, eine fertige Mischung in Flaschen anzubieten. Gancias Americano vereint das typische stark bittersüße Aroma mit einem niedrigen Alkoholgehalt von 14,5 % vol und ist daher ausgezeichnet als Grundlage für Longdrinks geeignet.

Italien

Martini Rosso

Einfach unter dem Namen Martini sind die Vermouth-Varianten von Martini & Rossi international zum Begriff geworden, allen voran der Rosso. Dabei ist kein Vermouth rot, sondern jeder Rosso wird mit Karamell bernsteinfarben getönt. Dieser intensiv fruchtig und würzig duftende wie schmeckende Wermut mit seiner perfekten Balance zwischen Süße und Säure hat sich unbeschadet aller Moden, aber mit hohem Einsatz an Werbung und Sponsoring auf Platz Eins unter den Weinaperitifs gehalten – mit großem Abstand. Martini Rosso bewährt sich dank seiner kräftigen Aromatik in vielen Cocktails. 1993 schlossen sich Martini & Rossi mit Bacardi zusammen.

Frankreich

Noilly Prat

Dieser trockene Vermouth aus dem französischen Midi ist ein Außenseiter. Er hat sich als der klassische Bestandteil des Martini Cocktail einen Platz in (fast) jeder Bar erobert. Im Vergleich zu den Extra Drys anderer Häuser besitzt er einen deutlichen geschmacklichen Vorteil, der sich auf die beiden charaktervollen Rebsorten des Rezepts gründet und auf die forcierte Alterung der Weine, die zu einer leichten Maderisierung führt. Sie hält selbst in der Küche stand, weshalb Noilly Prat sich vorzüglich zum Deglacieren und für Saucen eignet. Auch im Besitz der Bacardi-Martini-Gruppe blieben das traditionelle Herstellungsverfahren und die hohe Qualität gewahrt.

Frankreich

Dolin

Der Vermouth de Chambéry erweist sich als der eleganteste Vertreter der Weinaperitifs, was schon seine sehr helle, leicht grün schimmernde Farbe ankündigt. Sein Bukett kehrt deutlich die Aromen von Kräutern, Wurzeln und Wermut hervor, im Charakter eher alpin als mediterran und bereits eindeutig herb. Auch den Geschmack prägen die Kräuter, doch er bewahrt sich eine ansprechende Leichtigkeit, ungeachtet seiner typischen nachklingenden Bitternote. Er eignet sich sehr gut als Aperitif mit Eiswürfeln, pur oder auch mit einem Schuss Fruchtlikör. Dolins Chambéryzette, ein 1904 kreierter fruchtig-süßer Aperitif, bietet ihn mit Erdbeerlikör an.

Frankreich

Routin

Der nach seinem eigenen Rezept hergestellte Vermouth war das erste Erzeugnis, mit dem Philibert Routin seine 1883 gegründete Firma bekannt machte. Nach der Übernahme 1938 erweiterte René Clochet das bestehende Angebot um Sirup, Liköre und Weine. Über die Jahre wurde das Vermouth-Rezept immer ›wirtschaftlicher‹, sodass der Aperitif Charakter einbüßte. Das änderte Georges Clochet im Jahr 2000, als er wieder zu dem ursprünglichen Rezept mit seinen 35 verschiedenen Kräutern und Aromaten zurückkehrte. Seitdem hat Vermouth Routin wieder komplexen Duft und vollen Geschmack hinzugewonnen und an vergangene Erfolge anknüpfen können.

Vereinigte Staaten von Amerika

Vya Extra Dry & Vya Sweet

Die Vereinigten Staaten verdanken ihre große Vermouth-Tradition den italienischen Immigranten. Wichtige Marken sind Gallo, Gambarelli & Davitto, Tribuno und Lejon. Doch Vermouth wird in Cocktails, nicht pur getrunken. Basierend auf trockenen Colombard- und Orange-Muscat-Weinen sowie Lindenblüten, Alfalfa, Elecampane und Rosenblüten schuf Andrew Quady, für Süßweine bekannter Winzer im Central Valley, einen exzellenten Aperitif mit frischem Bukett und leichter Bitternote.

Vya Sweet besteht aus Orange-Muscat- und Tinta-Roriz-Süßwein. Enzian, Benediktenkraut, Muskatnuss, Galangal, Nelken und die Rinde bitterer Sevilla-Orangen prägen die Aromate.

Vermouth in Beziehungen

Vermouth pur ist auf Dauer wenig überzeugend, was sich schon in Carpanos Bar erwies, wo man ihn meist mit einem Schuss Bitter trank. Mit dem anhaltenden Erfolg des Martini Cocktail, der mit der bekannten Vermouth-Marke weder verwandt noch verschwägert ist, hielt Vermouth endgültig Einzug in die Bars der Welt und beflügelte die Keeper. Schon das Basisrezept aus 4 Teilen Gin und 1 Teil Dry Vermouth war die Abwandlung eines mit Orange Bitter aufgepeppten Vorgängers. George J. Kappeler verzeichnete in seinem »Modern American Drinks« schon 1885 eine Version aus 1 Teil süßem rotem Vermouth, 1 Teil Gin und einem Spritzer Orange Bitter. Im Raquet Club in New York griff Barmann Charly 1910 ebenfalls zum roten statt zum trockenen Vermouth, mixte 2 Teile Gin darunter und garnierte mit je einem Streifen Zitronen- und Orangenschale – der Old Army Martini war geboren. Irgendjemand garnierte die pure Version mit einer Olive, was Präsident Roosevelt zum Dirty Martini inspiriert haben soll, in den ein Spritzer Olivenlauge gehört. Dry Vermouth mischte sich dann in Dutzende Cocktails. In der berühmten Bar des Londoner Hotels Claridge nimmt man für den Claridge Cocktail 2 Teile davon, 2 Teile Gin, 1 Teil Triple Sec und 1 Teil Aprikosengeist. Gin und Vermouth ist eine wahrhaft unendliche Geschichte.

In der Hausbar des stattlichen Martini-Sitzes in Pessione versteht man sich auf Dutzende von Cocktails, angefangen mit dem klassischen Martini.

Beim Washington Cocktail kommen 2 Teile Dry Vermouth auf 1 Teil Brandy, 2 Spritzer Angostura Bitters und 2 Spritzer Zuckersirup. Oder wie wäre es mit einem Miami Beach? Dafür nimmt man jeweils die gleiche Menge von Scotch, Vermouth und frisch gepresstem Grapefruitsaft. Dagegen entsteht ein Black Devil aus 4 Teilen Rum, 1 Teil Dry Vermouth und 1 schwarzen Olive.

Trocken, süß, bitter

Der erwähnte Bitter, von dem Campari die berühmteste Marke initiierte, verleitete vor allem Mailänder und Turiner früh zu diversen Mixturen, wobei der Americano, der nur aus Vermouth und Bitter besteht, und der Negroni mit einem zusätzlichen Teil Gin Furore machten. Oft kommt aber nicht nur trockener, sondern auch süßer Vermouth ins Spiel. So beim Cooperstown Cocktail, wo je 1 Teil trockener und süßer Vermouth mit 2 Teilen Gin in den Shaker und dann mit 1 Minzezweig ins Cocktail-Glas fließen. Gin ist auch im Bloodhound Cocktail mit von der Partie, wo man 2 Teile Gin mit jeweils 1 Teil trockenen und süßen Vermouth und 1 Teil Erdbeerlikör in den Shaker gibt und im Glas mit 2 frischen Erdbeeren ziert. Oder im Queen's aus je 1 Teil Gin, Dry Vermouth, weißem Vermouth und Ananassaft.

Wem der Sinn nicht nach Gin steht, probiert den Affinity aus jeweils 1 Teil Scotch, 1 Teil süßem und 1 Teil trockenem Vermouth, die mit 2 Spritzern Angostura Bitter verrührt und dann mit Zitronenschale garniert werden. Manchmal reicht süßer Vermouth allein – nach Geschmack und Optik Rosso oder Bianco – wie beim Metropolitan, wo er mit der gleichen Menge Brandy, 1/2 TL Zuckersirup und einem Spritzer Angostura im Shaker vermischt wird. Wer Rum vorzieht, gießt für eine Little Princess je 1 Teil weißen Rum und Vermouth Bianco mit Eis verrührt in ein gekühltes Cocktail-Glas.

Die Heimat des italienischen Vermouth ist zugleich die Region des Asti Spumante, viele Vermouth-Hersteller sind auch Sekt-Produzenten, einige von ihnen, wie Gancia, sogar hauptberuflich. Was lag da näher, als beides in ein Glas zu schütten? Martini setzt dabei ganz auf Damenwahl: Für die temperamentvolle Silvia gibt man 1 Teil Wodka, 2 Teile Martini Dry und 2 Teile Martini Rosé in ein Cocktail-Glas und füllt mit 5 Teilen Asti auf. Die verführerische Lady Laura besteht aus 4 Teilen Martini Dry, 1 Teil Pfirsich-Wodka und 5 Teilen Asti, die in ein mit viel Eis gefülltes Old-Fashioned-Glas gegossen und mit einer Pfirsichscheibe und einer Kirsche garniert werden.

Die Genese der Vermouth-Flasche: Martini von 1865 bis heute.

Würzig-süße Aperitifs

Mag den jüngeren Barbesuchern Martini noch ein Begriff sein, die Namen Dubonnet oder Saint-Raphaël haben viele von ihnen noch niemals gehört, und sie machen sich auch keine Vorstellung davon, wie ein Apéritif à base de vin schmeckt. Sicher, die Gruppe der Weinaperitifs war international nie so erfolgreich wie etwa die der Whisk(e)ys oder Wodkas, aber in der Geschichte der Spirituosen hatten auch sie ihre gute Zeit, wo Jahr für Jahr Millionen Liter davon mit Bedacht genussvoll getrunken wurden. Sie haben sich ihren Reiz – und ihre Qualität – bewahrt und sind eben im Begriff, wie die nicht aromatisierten Likörweine auch, abermals Interesse zu wecken als Getränke mit eigenem Profil und oft ausgeprägt regionalen Wurzeln.

Es lässt sich nicht leugnen, dass Weinaperitifs schon wesentlich bessere Tage gesehen haben. Trifft dies bereits auf viele der Vermouth-Varianten zu, so gilt es noch stärker für ihre französischen Cousins Dubonnet, Saint-Raphaël oder Byrrh.

Die Gruppe der Weinaperitifs gliedert sich im Wesentlichen in zwei Teile. Vermouth besteht vorwiegend aus durchgegorenem und erst anschließend aromatisiertem Wein. Den sogenannten Apéritifs à base de vin dient dagegen zum überwiegenden Teil Mistelle als Basis, das ist Traubenmost, der durch die Zugabe von ausreichend Alkohol am Gären gehindert wurde. Dieser verstärkte Traubenmost wird dann in den klassischen Fällen aromatisiert, aber in einigen moderneren – und zollmäßig begünstigteren – Varianten als reine Mistelle vermarktet. Diese spezielle Art von Weinaperitif kommt dann den Likörweinen sehr nahe, zum Beispiel dem Pineau des Charentes, bei dem Cognac dem Most zugegeben wird, oder dem Floc de Gascogne, wo Armagnac diese Rolle übernimmt (Likörweine werden am Ende dieses Kapitels vorgestellt).

Im Gegensatz zum Vermouth, von dem es in nahezu allen mediterranen und Wein erzeugenden Ländern Varianten und eigene Marken gibt, sind die eigentlichen Apéritifs à base de vin im Prinzip eine rein französische Angelegenheit geblieben. Wie so viele andere Spirituosen begannen auch sie ihre Karriere als Heilmittel. Sie waren dazu ausersehen, ein fiebersenkendes Mittel zu verabreichen: Chinarinde, auch Cinchona genannt, nach der Gräfin von Cinchón, der Gattin des spanischen Vize-Königs von Peru, die durch die Rinde angeblich geheilt wurde. Ende des 19., Anfang des 20. Jahrhunderts gelang ihnen dann der Sprung zum Markengetränk. Eine der technischen Voraussetzungen waren die inzwischen angelegten Eisenbahnlinien, die die Produktionsgebiete in Südfrankreich mit den potenziellen Verbrauchern in den Industriegebieten des Nordens und der Kapitale verbanden. Eine zweite war – nicht anders als beim Vermouth – die Werbung, vor allem die neue Plakatkunst. Es ist sicher kein Zufall, dass bei allen Marken, die bis heute überlebt haben, die Verantwortlichen frühzeitig begriffen hatten, dass geschäftlicher Erfolg untrennbar mit dem Bekanntheitsgrad des Produkts verknüpft ist. Und genau dort setzt die Werbung an.

Simon Violet, der Besitzer von Byrrh im nordkatalonischen Thuir, war ein solcher Visionär, der seinen Apéritif à base de vin durch Werbung und geschickte Geschäftspolitik in das Bewusstsein der Konsumenten zu bringen wusste, sodass Byrrh zwischen den Weltkriegen, als in Frankreich Absinth verboten war, zum Marktführer aufstieg.

Mit den 1950er Jahren brach dann eine andere Epoche an, das Verhalten der Verbraucher änderte sich. International war der Mode-Drink Scotch, in Frankreich war es Pastis, die entschärfte Wiedergeburt des Absinth, bevor er auch dort vom Whisky verdrängt wurde, zumindest in der Gunst der männlichen Bevölkerung. Gleichzeitig vermochten die Aperitifweine, allen voran Dubonnet, nun im Ausland Fuß zu fassen.

Und heute? Heute zählen Nostalgie und Tourismus. Byrrh in Thuir bei Perpignan ist mit dem größten Fass der Welt zum beliebten Ausflugsziel geworden. Und immer mehr Freunde süßer Getränke interessieren sich für den Pineau des Charentes und den Floc de Gascogne, die zwar weiterhin Geheimtipps sind, aber für manchen Erzeuger schon eine gute zusätzliche Einnahmequelle darstellen. Wer Fruchtigkeit und Süße mag, kommt bei den Likörweinen voll auf seine Kosten.

Bitterlich gesund

Seite 544: Der lustige und vitale Faun des Pariser Plakatmalers René Péan (1875-1955) wirbt für Byrrh.

Gegenüber oben: Apéritifs à base de vin waren früher in ganz Frankreich präsent, wie hier auf einer Scheunenwand im ländlichen Cantal.

Gegenüber unten: Saint-Raphaël pries kokett seine lebensverlängernden Tugenden.

Im Kongo sammelt ein Arbeiter die Chinarinde auf einem Tuch.

Chinarinde galt im 19. Jahrhundert als Wundermittel gegen Malaria und generell als Allheil- und Stärkungsmittel. Den Soldaten der Kolonialmacht Frankreich wurde sie als Prophylaxe verabreicht, was anfangs seitens der Probanden auf Widerstand stieß, denn Chinarinde schmeckt extrem bitter. Likörhersteller Joseph Dubonnet, seit 1846 stolzer Ladenbesitzer im Pariser Opernviertel, sann auf Abhilfe. In seinem Keller rührte er aus Mistelle und Gewürzen ein mit Chinarinde angereichertes, leicht bitteres, aber überaus angenehmes Getränk zusammen. Nicht nur Soldaten mochten sein Heilmittel, immer mehr Pariser fanden Gefallen daran als Aperitif und tauften es schlicht Quinquina Dubonnet. Damit wurde Dubonnet zum Vorreiter einer Mode von auf Wein oder Traubenmost basierenden Aperitifs, die Chinarinde enthielten und so ihre Bekömmlichkeit apostrophierten. Bereits um 1830, vor Dubonnet, hatte der Lyonnaiser Arzt Doktor Juppet ein Tonikum mit Chinarinde entwickelt. Da er zu erblinden drohte, flehte er den Erzengel Raphael um Hilfe an und gelobte, ihm sein Tonikum zu widmen, falls ihm geholfen würde. Ihm wurde reichlich geholfen, denn ab 1897, nun mit Geschäftssitz in Paris, florierte Saint-Raphaël als Apéritif à base de vin. Ebenso wie der Byrrh.

Erfolgreicher Stoff

Die Violets waren ambulante Tuchhändler im Roussillon, bevor sie einen Laden für Stoffe und Kurzwaren in Thuir, nicht weit von Perpignan, eröffneten. Anfangs stellten sie ihr anregendes, auf Wein und Chinarinde basierendes Getränk, dessen Rezept ihnen ein Mönch verraten haben soll, nur für den Hausgebrauch her. Doch da Weinhandel in der zweiten Hälfte des 19. Jahrhunderts zum sehr einträglichen Geschäft geworden war, begannen sie ihr Stärkungsmittel kommerziell einzusetzen. Als der wachsende Erfolg ihres Chinarinden-Tonikums immer heftigere Proteste der Apotheker gegen die unlautere Konkurrenz auslöste, gingen Simon und Pallade Violet 1873 in die Offensive. Sie meldeten die Marke

Zaubermittel Chinarinde

Schon die Indios wussten um die fiebersenkende Wirkung der Rinde dieses in den peruanischen Anden beheimateten Baumes, den sie *kina kina* nannten, Rinde der Rinden. Mit dem botanischen Namen *Cinchona officinalis* verewigte Carl von Linné die Gattin des spanischen Vize-Königs von Peru, die ein Jesuit mit Chinarinde von Fieberanfällen geheilt haben soll – eine schöne Geschichte, aber eine Legende: die vollständig erhaltenen Tagebücher des Vize-Königs berichten nichts von einer Erkrankung. Gleichwohl verbreiteten im 17. Jahrhundert die Jesuiten das Medikament in ganz Europa als Pulver (man nannte es Jesuiten- oder Kardinalsrinde). In Frankreich sind dessen Vorzüge durch Ludwig XIV. bekannt geworden. Der tropische Baum wird heute in Ecuador und Guatemala kultiviert, aber auch auf Java und Sri Lanka, in Indien, Südvietnam, Malaysia, im Kongo und in anderen Teilen Afrikas. Benutzt wird die getrocknete Rinde von mindestens sechs Jahre alten Bäumen. Chinarinde wirkt u. a. gegen Neuralgien, Bronchitis, Grippe, Fieber, Malaria, Gicht, Magen-Galle-Beschwerden und gilt als Kräftigungsmittel, auch für die Potenz. Ihr Wirkstoff, das Chinin, wurde 1820 von den Franzosen Joseph Bienaimé Caventou und Pierre Joseph Pelletier chemisch erkannt. Noch heute ist das Chinin Bestandteil vieler Medikamente.

»Byrrh« – benannt angeblich nach der rein zufälligen Anordnung von Buchstaben auf Stoffballen – als Konsumprodukt an und gründeten eine Fabrik.

Fünfzehn Jahre später standen die Brüder buchstäblich am Scheideweg. Ihr Byrrh war so erfolgreich, dass der Bau einer neuen Fabrik unumgänglich war. Pallade weigerte sich, und Simon Violet übernahm allein den Betrieb, erwarb ein Gelände von 7 Hektar Größe und errichtete 1892 die gigantische, noch heute arbeitende Kellerei in Thuir. Sein Sohn Lambert verstand es, Byrrh in Frankreich zum gängigen Begriff zu machen. Er erkannte die Zeichen der Zeit, setzte auf Werbung und war ein geborenes Talent in Öffentlichkeitsarbeit. Lange bevor andere auf den Gedanken kamen, ließ er Byrrh als Sponsor auftreten, förderte Dorffeste, Wettbewerbe im Fischfang oder Boulespielen, selbstverständlich Rugbyspiele und zahlreiche andere Sportveranstaltungen. Byrrh war überall mit von der Partie, was ihn zwischen den Kriegen zum umsatzstärksten Aperitif Frankreichs machte.

Stumme Trauben

Links: In der Kellerei Byrrh bei Perpignan werden die Aromastoffe für den klassischen Aperitif wie vor 100 Jahren abgewogen.

Rechts: Byrrh wird vor allem mit Chinarinde, getrockneten Orangenschalen sowie mit Kaffee- und Kakaobohnen aromatisiert.

Am besten trinkt man Byrrh pur, ohne Eis, aber leicht gekühlt.

Mit ihrem köstlichen Aroma zählen Trauben zum beliebtesten Tafelobst. Nutzt man Trauben stattdessen für Wein – wobei es sich bis auf wenige Ausnahmen um spezielle Sorten mit in der Regel kleineren Beeren und dickerer Schale handelt –, verlieren sich die fruchtigen Aromen oft während der Gärung oder durchlaufen zumindest einen erheblichen Veränderungsprozess. Schon Ende des 13. Jahrhunderts machte der Arzt, Gelehrte und Tempelritter Arnaldus de Villanova auf dem Templergut Mas Deu bei Perpignan die Entdeckung, dass man die alkoholische Gärung unterbrechen kann, wenn man dem Most eine gewisse Menge Weinbrand hinzufügte. Weitere Versuche hinsichtlich der erforderlichen Menge führten bald zu der Erkenntnis, dass sich die Gärung des Mostes vollständig unterbinden lässt, wenn man ihm so viel Alkohol zusetzt, dass es 17 % vol ergibt.

Dieses Verfahren – auf Französisch *mutage*, Verstummen, genannt – ist die Voraussetzung für die Herstellung von Likörweinen. Es hat zur Folge, dass die attraktiven Aromen des frisch gepressten Traubenmostes erhalten bleiben, ebenso wie der volle Gehalt an natürlichem Traubenzucker. Für saubere, unverfälschte Fruchtaromen müssen die Trauben behutsam, das heißt von Hand, gelesen werden. Sie dürfen unter keinen Umständen platzen, denn dann könnte bereits vor der *mutage* eine teilweise Gärung einsetzen und das Aroma beeinträchtigen. (Heute kann man einwandfreie Resultate auch mit Lesemaschinen erreichen.) Bei den ro-

ten Versionen der Weinaperitifs werden, im Gegensatz zu den Vermouth-Rezepturen, dunkle Traubensorten verwendet, die man sofort abbeert, damit der Most keine ›grünen‹ Tannine von Kamm und Strünken aufnehmen kann. Anschließend wird neutraler 96 %iger Alkohol zugefügt.

Je nach Qualität und Stil der jeweiligen Marke lässt man die zermahlenen roten Trauben bis zu einem Monat mit den Schalen mazerieren, wodurch Farbstoffe, Aromen und feine Tannine optimal gelöst werden. Danach wird gekeltert. Bei Aperitifs, die auf weißen Trauben basieren, presst man sofort und fügt den Alkohol dem Most zu.

Die zweite Stufe des Herstellungsprozesses besteht in der Alterung der Mistelle, des mit Alkohol angereicherten Traubenmostes, damit sich der anfangs spritige Beigeschmack verliert. Beeindruckend ist die Hauptkellerei von Byrrh in Thuir. Siebzig Eichenfuder von jeweils 200 000 l Fassungsvermögen und zwei Giganten, der eine mit einem Volumen von 420 500 l und der andere mit 1 000 200 l das größte Holzfass der Welt, waren einst nur diesem einen Aperitif vorbe-

halten. Heute reifen hier auch Dubonnet, Ambassadeur und in Lizenz Cinzano und andere, dennoch ist ›der Schuh zu groß‹.

Perfekte Perkolation

Wie beim Vermouth sind Pflanzenaromate, etwa Chinarinde, entscheidende Bestandteile dieser Aperitifs. Deshalb legt man großen Wert darauf, dass der Austausch zwischen Mistelle und Aromaten direkt stattfindet. Beim Byrrh und dem französischen (aromatisierten) Dubonnet gleicht dieses Verfahren dem Prinzip einer Kaffeemaschine und heißt Perkolation. Das überwiegend getrocknete Pflanzenmaterial wird in Kessel gefüllt, unter denen sich Behälter mit Mistelle befinden. Fünf bis sechs Stunden lang wird es unter Druck eingeweicht, dann ruht es die gleiche Zeitspanne, um sich zu regenerieren, ehe der Vorgang erneut beginnt. Nach einer Woche haben die Pflanzen alle aromatischen Substanzen an die Mistelle abgegeben. Dieser Extrakt wird mit dem in den Fässern gealterten Basiswein vermischt. Nach mehrfacher Filtrierung und Stabilisierung ist der Aperitif abfüllbereit.

Links: Das größte Holzfass der Welt nimmt 1 Mio. l auf und ist eine bekannte Attraktion im Roussillon.

Rechts: Als Byrrh noch der meistgetrunkene Aperitif Frankreichs war, rollten regelmäßig Tankwagen über den fabrikeigenen Schienenanschluss.

Aperitif südwestlicher Breite

Die Sonderrolle, die der Bordelaiser Aperitif Lillet seit der zweiten Hälfte des letzten Jahrhunderts einnimmt, hat er natürlich seiner abgerundeten Aromatik, aber dann dem New Yorker Weinhändler Michel Dreyfus zu verdanken. Der Importeur von Château Pétrus und Mateus Rosé kam 1946 auf den Geschmack und präsentierte Lillet in den USA. Während Weinaperitifs auf anderen Märkten kaum Anklang fanden, machten sie in Amerika Furore, und in den 1980er Jahren gingen vier Fünftel der Lillet-Produktion über den großen Teich.

Etwas Glück braucht ein Weinaperitif zum Überleben, schließlich pries der 1895 von den Likörmachern Paul und Raymond Lillet kreierte Kina Lillet auch nur die Vorzüge von Chinarinde, als der Bordelaiser Weinhändler Bruno Borie sich 1985 seiner annahm. Borie modernisierte Anlagen und

Produkt, und 1986 zeigte sich Lillet nach önologischem Lifting in neuer Dynamik. Lillet ist eine Assemblage von Weinen und Likören. Zuerst werden Weine der Gironde selektiert und zum Teil selbst vinifiziert, dann erfolgen ein erster Verschnitt und Ausbau. Zur Aromatisierung wählt man unter anderem Schalen von Süßorangen aus Südspanien, Bitterorangen aus Haiti, grünen Orangen aus Marokko und Tunesien sowie natürlich Chinarinde aus Peru. Die Aromate werden mit Alkohol kalt angesetzt und mazerieren 4–6 Monate, bevor man die Infusion abzieht und presst. Nun erfolgt die Assemblage von Weinen und Likören, die gründlich miteinander verrührt werden müssen. Dann reift Lillet 6–14 Monate in Eichenfässern und -tanks, bevor jüngere und ältere Aperitifweine für zusätzliche Komplexität assembliert werden.

Links: Das Museum von Lillet in Podensac bei Bordeaux mit dem alten Destillenmaterial.

Rechts: Der Illustrator G. Dola entwarf dieses Plakat – und schrieb den Namen seines Auftraggebers falsch.

Ausgewählte Aperitifs

Lillet Blanc

Der klassische Aperitif aus Bordeaux gefällt mit seiner goldgelben Farbe und dem intensiven Bukett (die rote Version wurde erst 1962 entwickelt). Klingen darin auch Blüten und Honig an, markanter sind die Aromen kandierter Orangen und Limetten und der frische Hauch von Minze. Im Geschmack ist er fruchtbetont mit deutlicher Süße, rund, anhaltend und erinnert an die Süßweine der Gironde. Seit 1999 tritt er als »le challenger français de l'apéritif« auf sowie als Organisator des Chelsea Feast of the Senses in New York, das Kunst, Kochen und Lillet vereint.

Byrrh Rare Assemblage

Für die Luxusversion des Byrrh wird jahrelang gereifte Mistelle ausgewählt. Generell verwendet man als Rebsorten vor allem Carignan und Grenache Noir, die Struktur, Fülle und Aromen kleiner roter Früchte vermitteln. Sie werden auf die traditionelle Weise aromatisiert, bei der insgesamt 18 Pflanzen mitspielen, vor allem aber Chinarinde, Zimt, die bittere Colombo-Wurzel, getrocknete Orangenschalen, Kakao- und Kaffeebohnen. Während im Bukett kandierte Kirschen und andere Beeren dominieren, zeigen sich im harmonischen und vollen Geschmack feine Noten von Vanille, Zimt, Schokolade und Kaffee.

Dubonnet

Chinarinde ist natürlich einer der Bestandteile dieses Klassikers, schließlich verdankte er ihr seinen Aufstieg, denn Dubonnet machte das bittere Medikament den Soldaten schmackhaft. Ursprünglich geschah dies auf der Basis von Mistelle aus reifen roten Trauben, die jetzt aus dem Roussillon stammen, wo Dubonnet heute von Cusenier in der Kellerei Byrrh hergestellt wird. Im Vergleich zum Byrrh ist Dubonnet leichter und fruchtiger. Er hat sich mit dem Slogan »Dubo, Dubon, Dubonnet« durchgesetzt, und seine Anhänger nehmen ihn auch gern zum Mixen.

Saint-Raphaël

Es gibt diesen vom Lyoner Arzt Juppet um 1830 mit Chinarinde kreierten Aperitif in weiß und in rot. Berühmt sind die Werbeplakate, auf denen ein roter und ein weißer Kellner vor einer blauen Wolke durch den Himmel von Paris eilen. Vor sich her balancieren sie je eine Flasche Quinquina, eine rote und eine weiße. Saint-Raphaël ist ein klassischer Apéritif à base de vin (obwohl nicht Wein seine Basis ist, sondern verstärkter Most) mit den typischen Aromaten Chinarinde, Bitterorangen, Kakaobohnen. Er besitzt gute Fülle und eine Stammkundschaft in Québec.

Ambassadeur

Heute ist der 1936 von Pierre Pourchet in Marseille konzipierte Ambassadeur einer der bekanntesten Weinaperitifs. Er wird wie Byrrh und Dubonnet in Thuir von Cusenier hergestellt und basiert wie diese auf Mistelle, die mindestens zwei Jahre in Fässern reift. Sein besonders fruchtiges Aroma verdankt er vor allem Orangenschalen, wobei man sowohl die Schalen von Süßorangen wie die der bitteren Pomeranzen aus Curaçao verwendet. Zusätzlich spielt Vanille eine wesentliche Rolle in seinem Geschmacksbild.

RinQuinQuin

Im Rhône-Tal ist »Rinquinquin« die Bezeichnung für den heimischen Cartagène oder Ratafia, während man in der Provence darunter seinen Lieblingsaperitif versteht, der nicht selten selbst angesetzt wird, meist auf der Basis von Weißwein statt Most. Für RinQuinQuin wird trockener Weißwein aus dem Lubéron mit Pfirsichen und Pfirsichblättern aromatisiert. Man lässt sie getrennt 6–12 Monate in Alkohol einweichen, zieht dann den flüssigen Teil ab, der mit Zucker direkt zum Wein kommt, während der feste Teil destilliert und dann als Pfirsichgeist zugefügt wird.

Weinbrenners Ehre

Sie ist seit Jahrhunderten in Verruf, denn kaum hatte sich das Handwerk des Weinbrennens etabliert, wurden erste Missgeschicke ruchbar. Jedenfalls datiert man in den Branntweinhochburgen Charente und Gascogne diese ›Pannen‹ ins ausgehende 16. Jahrhundert. Im Cognac-Gebiet hat man mit der Thronbesteigung von Heinrich IV. 1589 sogar ein genaueres Datum dafür. Schuld ist immer die Unachtsamkeit eines Weinmachers oder Brenners, denn alle Geschichten stimmen darin überein, dass er aus Versehen frisch gepressten Most in ein Fass mit Weinbrand geschüttet und dann aus Zorn über seinen Fehler dieses Fass in den letzten Winkel seines Kellers gerollt habe, um es dort zu vergessen. Jahre später hatte sich der Dumme-Winzer-Streich dann auf wundersame Weise in ein süß-fruchtiges, kräftiges Getränk verwandelt.

Zu Zeiten von Heinrich IV. soll der erste Pineau des Charentes entstanden sein. Ein königlicher Genuss ist es sicher.

Warum sollte aber ein Winzer oder Weinbrenner nicht in voller Absicht Traubenmost mit Weinbrand gemischt haben? Schließlich war Letzterer in jenen Tagen rau, hochprozentig und pur kaum genießbar.

Privates Saftvergnügen

Winzer und Weinbrenner müssen schon sehr viel früher mit Wein und Weinbrand experimentiert haben, wie die Geschichte der – nahe verwandten – verstärkten Weine belegt. Fest steht, dass Winzer in vielen Weinregionen, in denen auch destilliert wurde, so in Frankreich, Spanien, Portugal, Italien und Griechenland, zunächst für ihr eigenes Vergnügen und das ihrer Familien ein wunderbar süßes und fruchtiges Getränk aus Most und Branntwein mischten, das sie zu besonderen Anlässen und Festen ausschenkten. Manche fanden Geschmack daran, es mit Kräutern, Obstbaumblättern und Gewürzen zu verfeinern, andere blieben bei der unveränderten Mischung. Derartige Gepflogenheiten haben sich vielerorts bewahrt, doch nur in wenigen Regionen ist daraus ein Produkt entstanden, das in den Verkauf gelangte und weithin Anerkennung fand. Denn all die Vermouth-Varianten und die Aperitifs à base de vin, die ab der Mitte des 19. Jahrhunderts Mode und einer immer breiteren Käuferschicht zugänglich wurden, gehen ebenso wie die verstärkten Weine – sei es Sherry, Malaga, Port, Marsala oder Mavrodaphne – auf diese einfache hausgemachte Mistelle zurück.

Heute haben sich nur in Frankreich Gebiete herauskristallisiert, in denen die Mischung von Most und Weinbrand, die Mistelle, ein eigenes Profil annahm. Der Jura besitzt diesbezüglich sicher eine der ältesten Traditionen, doch sie verzeichnet unterschiedliche Rezepte, deren älteste auf durch Kochen eingedickten Most zurückgehen. Schließlich einigten sich die Erzeuger 1976 auf die Herstellung reiner Mistelle, die 1991 zur Appellation d'Origine Contrôlée Macvin erhoben wurde, womit Bezeichnungen wie

»maquevin« und »marc-vin« nun allesamt der Vergangenheit angehören.

Auch in der Champagne weiß man seit langem, welch glückliche Verbindung Most und Marc oder Fine eingehen, die man dort, wie sonst vor allem im Burgund, Ratafia nennt. Ratafia – in Spanien und Italien ein Name für Kräuter-, Frucht- oder Nussliköre – geht auf die lateinische Formel *rata fiat conventio* zurück, die den Abschluss eines Handels signalisierte. Darauf stieß man gern mit dem Likörwein an und ›ratifizierte‹ auf diese Weise das Geschäft.

Wo immer aus Most und Weinbrand Likörwein hergestellt wurde, verwendete man die lokal angebauten Rebsorten. Das sind im Jura die üblichen Fünf: die drei roten Poulsard, Trousseau und Pinot Noir sowie die beiden weißen Chardonnay und Savagnin. In der Champagne sind es vorwiegend Pinot Noir und Chardonnay. Entsprechend gibt es jeweils rote oder roséfarbene sowie weiße Likörweine.

Auch im Languedoc sind Likörweine als Aperitif beliebt, obwohl sie nur von wenigen Gütern und Händlern vermarktet werden. Sie heißen dort Cartagène und dank der großen Auswahl an Rebsorten, die dafür verwendet werden können, variieren ihre Aromen sehr stark voneinander. Gern kredenzt man sie im Languedoc auch zum Edelschimmelkäse Roquefort.

Die bekanntesten Likörweine kommen aber nach wie vor aus den Ursprungsgebieten des Cognac und Armagnac.

Den Nonnen des Klosters Château-Chalon im französischen Jura wird das Rezept des Vin de Liqueur, eines Vorgängers der Mistelle, zugeschrieben.

Das Haus Moutard Diligent in Buxeuil stellt nicht nur ausgezeichnete Champagner her, sondern auch den typischen Ratafia.

Cognacs Liaison

Besondere Frucht und Finesse verleihen dem Pineau des Charentes die Sorten Sauvignon Blanc (links) und Cabernet Franc (rechts).

Seit rund 400 Jahren wird Pineau des Charentes angeblich hergestellt, doch erst 1945 erhielt er mit der Appellation d'Origine Contrôlée offiziellen Status und konnte offen als Getränk ausgeschenkt werden. Inzwischen werden jährlich mehr als 16 Mio. Flaschen verkauft, davon rund 10 Mio. Pineau Blanc und 6 Mio. Rosé. Tendenz steigend.

Das Gebiet des Pineau ist mit dem des Cognac identisch, denn sein Most muss – überwiegend – aus denselben Weingärten stammen wie der Cognac, mit dem er vermischt wird. Für Pineau, der gewissermaßen ein Seitensprung des Cognac ist, müssen die Trauben mindestens 10 % vol Alkoholgehalt ergeben, also 170 g Traubenzucker pro Liter Most aufweisen, während für Cognac schon 8 % vol ausreichen. Winzer und Gesetzgeber stellen also an die für Pineau bestimmten Trauben höhere Anforderungen. Für guten Pineau müssen sie reif und absolut gesund sein, denn es geht ja um ihre Primäraromen. Daraus resultieren von Lese zu Lese deutliche Mengenschwankungen, zumal die Zugabe von konserviertem, konzentriertem oder chaptalisiertem (nachgezuckertem) Most strikt verboten ist.

In der Grande wie der Petite Champagne bleiben die Trauben der Destillation vorbehalten, deshalb hat sich der Pineau vor allem in den weniger hoch dotierten Cognac-Regionen entwickelt, in den Fins Bois und den Borderies, aber vor allem in den Bons Bois und Bois Ordinaires. Ursprünglich waren dafür nur Reben üblich, die auch für Cognac erlaubt sind, wo Ugni Blanc mit Abstand dominiert, auch wenn gelegentlich Folle Blanche und Colombard verwendet werden. Andere wie Montils, Meslier, Saint-François, Jurançon Blanc und Merlot Blanc existieren zwar als Nebensorten auf dem Papier, de facto gibt es sie kaum noch, weder für Cognac noch für Pineau. Doch die Güter außerhalb der beiden Spitzen-Crus haben oft ein breiteres Sortenspektrum, denn meist erzeugen sie nicht nur Cognac, sondern auch Landweine und setzen auf Direktvermarktung. So kam auch der Pineau des Charentes zu einer reizvollen Palette an Rebsorten, die zusätzlich Sémillon und Sauvignon Blanc sowie Merlot Noir, Cabernet Sauvignon und Cabernet Franc einschließt und es damit ermöglicht, auch einen roten bzw. Pineau Rosé zu erzeugen.

Striktes Prozedere

Sobald die Trauben im Keller eingetroffen sind, werden sie sanft gepresst, und dem Traubenmost wird augenblicklich junger Cognac zugegeben – er muss ein Mindestalter von einem Jahr und mindestens 60 % vol Alkoholgehalt besitzen. Der Cognac garantiert, dass der Most nicht zu gären beginnt, was die frischen Aromen der Trauben zuverlässig bewahrt.

Zu diesem Zeitpunkt hat sich der süße Most noch nicht wirklich mit dem Cognac verbunden, vor allem der Alkohol wirkt aufdringlich und aggressiv. Deshalb benötigt Pineau (mit 125–140 g/l Zucker) eine kurze Reifezeit, die für den sehr fruchtbetonten und in der Regel süßeren Rosé auf acht Monate, beim zurückhaltenden und meist etwas trockeneren Blanc auf 12 Monate festgesetzt wurde, gezählt wird in beiden Fällen ab dem 1. April nach der Lese. Möchte der Erzeuger ihn abfüllen, wird sein Pineau von einer Kommission verkostet, vor der er bestehen muss, bevor er vermarktet werden darf. Was den Alkoholgehalt angeht, haben die Winzer einen gewissen Spielraum. Er reicht von süß-fruchtigen 16 % vol bis 22 % vol, womit der Pineau herber auftritt und deutlich mehr Kraft zeigt.

Einen kleinen Teil der Produktion lässt man in Eichenfässern altern, Pineau Vieux mindestens fünf, Pineau Extra oder Très Vieux wenigstens zehn Jahre. Auch sie müssen vor der Anerkennung ihres Altersstatus durch eine Verkostung bestätigt werden.

Jung setzt sich Pineau Blanc des Charentes mit altgoldenem oder bernsteinfarbenem Ton in Szene und immer mit einem intensiven Bukett, in dem florale Noten wie Lindenblüten, vor allem aber Aromen von Quittenpaste, kandierten Zitrusfrüchten und Melone, von getrockneten Feigen und Honig, aber auch von Backobst, Mandeln und Nüssen mitspielen. Im Geschmack gefällt er mit seiner Milde und Harmonie, wobei Ho-

nig, kandierte und getrocknete Früchte und Gewürze dominieren. Mit den Jahren gewinnen sie an Intensität, bis das typische, von Kennern verehrte Aroma des *rancio* erscheint. Ein Très Vieux Pineau ist ein subtiler Ausdruck der sanften Charente.

Für den Pineau Rosé mit seiner den Fassausbau verratenden schönen Farbe, die zu Kupfer und rötlichem Braun tendiert, finden die roten Bordeaux-Sorten Verwendung. Sie verleihen ihm intensive Beerenaromen wie Cassis oder Brombeere, zu denen sich süße Gewürze, angenehme Röstnoten und Honig gesellen. Am Gaumen tritt die Frucht deutlich hervor und klingt lange nach. Ein 5–10 Jahre alter Pineau Rosé zeigt Noten von Backobst, Kakao und gerösteten Nüssen.

Das ideale Glas für einen Pineau des Charentes ist ein kleines tulpenförmiges Weinglas, das seine Aromen gut konzentriert. Man serviert ihn am besten mit einer Trinktemperatur von 8–10°C, was seine Süße etwas zurücktreten lässt, aber die Frucht betont.

Ein Glas Pineau Blanc und eine Auswahl der Aromen, die ihn charakterisieren.

Haudegen mit Samthandschuhen

Oben: Benoît Hébert mit einem Floc de Gascogne aus eigenen Trauben

Unten: In den Chais von Ryst-Duperon in Condom reift Floc de Gascogne.

Unnötig zu erwähnen, dass auch die Winzer in der Gascogne nicht anstanden, Traubenmost und Armagnac zu vermischen, ob nun aus Versehen oder mit Absicht, war unwichtig, schließlich ging es um das Ergebnis. Und das wollten die Winzer bereits 1954 nicht mehr für sich behalten, sondern frei verkaufen dürfen. Sie hatten sich dafür den Namen »Lou Floc de nouste«, »Eine Blume von uns« ausgedacht, doch diese Blume wollte bei offiziellen Stellen partout nicht blühen. Erst als »Floc de Gascogne« entfaltete sie ihre Blütenblätter, und 1976 gab es endlich die ersehnte Anerkennung.

Heute erzeugen rund 200 Winzer und sechs Genossenschaften im Jahr etwa 1,3 Mio. Flaschen, die fast zu gleichen Teilen von Blanc und Rosé gestellt werden. Der Löwenanteil von vier Fünfteln entfällt auf das Departement Gers, der Rest stammt aus den Landes und aus Lot-et-Garonne. Zwar wird der Floc im Armagnac-Gebiet erzeugt, aber die dafür bestimmten Parzellen müssen jedes Jahr vor der Lese ganz penibel angemeldet werden.

Für den Weißen verwendet man vor allem Colombard, Ugni Blanc und Gros Manseng, auch wenn Folle Blanche, Baroque, Petit Manseng, Mauzac, Sémillon und Sauvignon ebenfalls zugelassen sind. Beim Rosé geben die beiden Cabernets und der Merlot den Ton an, doch Tannat kann gern für zusätzliche Stimmung sorgen ebenso wie Fer Servadou und Malbec.

Der Ertrag im Weinberg darf 60 hl/ha nicht überschreiten, und die Trauben müssen mindestens 170 g Zucker pro Liter aufweisen. Der Armagnac, der nach der sanften Kelter zugesetzt wird, hat ein Mindestalter von einem Jahr und einen Mindestalkoholgehalt von 52 % vol. Die Mischung erhält bis zum nächsten Frühjahr oder länger Zeit, sich zu harmonisieren, bevor der Floc gefiltert und abgefüllt wird. Erst dann überprüft eine Kommission durch Analyse und Verkostung, ob er das Niveau der Appellation wahrt und spricht ihm die Anerkennung aus, ohne die er nicht verkauft werden darf. Im Geflügelparadies des Südwestens serviert man ihn natürlich zur Foie gras.

Ausgewählte Likörweine

Château de Beaulon
Pineau des Charentes
Collection Privée
20 ans d'âge

Auf dem nah der Gironde gelegenen Château pflegt man den Pineau wie den Cognac. Die Nähe zu Bordeaux sorgte dafür, dass in den 90 ha Weinbergen des Gutes nicht nur die für den Cognac typischen Rebsorten stehen, sondern mit Sémillon, Sauvignon, mit Cabernet Sauvignon, Cabernet Franc und Merlot auch die fünf Hauptsorten des Bordelais. Dieser herausragende altgoldene Pineau, der 20 Jahre lang im Fass reifte, vereint den Most von Sémillon und Sauvignon mit Cognac. Sein intensives und komplexes Bukett bietet kandierte Früchte, Nuss und *rancio*, während am Gaumen eine vornehme Süße und feine Säure für große Länge und Eleganz sorgen.

Château de Salles
Floc de Gascogne

Die Weinberge dieses alten Familienguts im Dorf Salle d'Armagnac bestehen vorwiegend aus den berühmten fahlroten Sandböden des Bas Armagnac, deren Weinbrände vorzüglich altern, zumal in dem sehenswerten, jahrhundertealten Chai des Château. Von einem Südhang erntet Benoît Hébert die Trauben für den Floc, da sie dort besser Reife und mehr Zucker entwickeln. Für den Rosé hat er die beiden Cabernets und Merlot angepflanzt. Sofort nach dem Pressen fügt er jungen Armagnac zu, was die intensiven Aromen von Schwarzen Johannisbeeren und roten Kirschen bewahrt. Am besten sollte man ihn jung als Aperitif oder zu frischen, gezuckerten Erdbeeren kosten.

Domaine Baud
Macvin du Jura

Die Brüder Jean-Michel und Alain Baud führen das 17 ha große Weingut im Herzen des Jura in der Gemeinde Le Vernois gemeinsam. Es ist mindestens seit dem 18. Jahrhundert in Familienbesitz, und in den letzten 20 Jahren haben die Bauds es um zusätzliche Rebflächen in Château-Chalon und Etoile erweitert. Bekannt für ihren ausgezeichneten Vin Jaune, bieten sie die ganze Palette der Jura-Weine vom Crémant über trockene Weiß- und Rotweine bis zum Strohwein. Da darf auch der Macvin nicht fehlen, zumal die Brüder auch Marc und andere *eaux-de-vie* destillieren. Mit intensiver Frucht, Süße und dem gut integrierten Marc schmeckt er als Aperitif wie zum Dessert.

René Geoffroy
Ratafia

Winzer seit Anfang des 17. Jahrhunderts in Cumières im Tal der Marne, hat die Familie Geoffroy einen innigen Bezug zu ihren Weinbergen und ihrem Terroir, aber auch zu den Traditionen der Champagne. Dazu zählt Ratafia. Bei ihrer bernsteinfarbenen Version kehrt der frisch gepresste Most des Pinot Noir seinen Charakter hervor, indem er sowohl für die Fülle wie für die dem Klima zu dankende Säure sorgt. Sie ist es, die dem nach eingelegten Wildkirschen duftenden Likörwein bei aller Süße seine Ausgewogenheit und Fruchtigkeit gibt. Die Geoffroys empfehlen ihn gern zu Tiramisu mit roten Beeren, zur Crème brûlée oder zu Schokoladendesserts mit Wildkirschen.

Château Ricardelle
Cartagène

La Clape, die einstige Insel vor Narbonne, ist wilde, mediterrane Natur voll duftender Garrigue. Am Südwestrand erstrecken sich 40 ha Reben des Château Ricardelle, zum größten Teil als Appellation klassiert und meist würzigen, Terroir betonten Rotweinen vorbehalten. Für den Cartagène werden handgelesene, sanft gemahlene Trauben des Grenache Noir verarbeitet. Dann zieht man den Freilaufmost ab, der geklärt und sofort mit hochprozentigem Weingeist auf 16 % vol Alkoholgehalt verstärkt und so am Gären gehindert wird. Nach mindestens drei Jahren Barrique-Reife ein intensiv nach Orangeat und Aprikosen duftender, angenehm süßer, lang anhaltender Genuss.

Liköre

Gesunde Rote Beete stehen für Fernet Brancas wohltuende Wirkung.

Gegenüber: Bei der Mazeration geben in Alkohol eingelegte Früchte Aromen ab.

Seite 558: Aromate für den Bénédictine

Zucker macht den Unterschied

Eier und Sahne, Litschis und Kumquats, Kaffee und Kakao, Chinarinde und Gewürze, Kirschen und Beeren – das alles und noch vieles mehr wird in kundigen Händen zu köstlichen Getränken, die zu probieren Vergnügen bereitet und Wohlbefinden auslöst. Dabei kann der Reiz der Mischung aus Zucker, Wasser, Alkohol und Aromaten sowohl in der verblüffenden Ausgewogenheit einer Vielzahl von Ingredienzen liegen als auch in der klaren Konzentration auf eine Hauptzutat in größtmöglicher geschmacklicher Reinheit. Mit ihrem Reichtum an Farben, Aromen, Düften und Texturen verführen Liköre gleich mehrere unserer Sinne.

Liköre sind im Bereich der Spirituosen etwas ganz Besonderes. Schon ihre Farben lassen eine erste Ahnung davon aufkeimen, die mit dem ersten Schluck zur Gewissheit wird. Von heilkräftigen Kräuterelixieren bis zu verführerischen Kreationen aus exotischen Früchten: Liköre können Träume wachrufen, sie sind so viel mehr als nur eine Kombination aus Duft, Geschmack und Mundgefühl.

Dabei wird behördlicherseits recht prosaisch mit den Zaubertränken umgegangen: um sich »Likör« nennen zu dürfen, braucht ein zum menschlichen Verbrauch bestimmtes alkoholisches Getränk laut der europäischen Spirituosenverordnung nichts weiter als einen Zuckergehalt von mindestens 100 Gramm pro Liter, in Ausnahmefällen auch weniger, und einen Alkoholgehalt von wenigstens 15 Volumenprozent. Diese nüchterne Verfahrensweise mit dem Phänomen Likör erstaunt nur auf den ersten Blick. Wann hätte sich je ein Mysterium in Paragrafen fassen lassen?

Die Beliebtheit von Likören ist nicht verwunderlich, denn bei der heute überreichen Auswahl wird jeder das Richtige finden: die Palette reicht von herb-würzigen Kräuterlikören über spritzige Fruchtspezialitäten bis zu cremig-süßen Verlockungen mit Sahne und Honig. Kaum vorstellbar, dass es Zeiten gab, wo die meisten Menschen ohne diese Genüsse auskommen mussten. Zucker war kostbar, und die Likörherstellung erforderte so viel davon, dass Liköre zu einer für Normalbürger unerschwinglichen Delikatesse wurden (deshalb verwenden viele der alten Rezepturen die natürliche Süße des Bienenhonigs). Die einzige Chance, in der guten alten Zeit unbetucht an den geheimnisvollen Gebräuen nippen zu können, war eine Krankheit, denn die heilkundigen Mönche mischten Liköre als Medizin.

Anfang des 19. Jahrhunderts gab es dann preiswerten Zucker aus den Kolonien und auch von heimischen Feldern, und längst sind Liköre vom Statussymbol zum Gemeingut geworden. Es gibt Liköre für alle Gelegenheiten: den eleganten Bitterlikör als Aperitif, den kräftigen Kräuterlikör als Digestif, den süßen Fruchtcremelikör zum Kaffee und den verführerischen Sahnelikör immer zwischendurch …

Liköre eröffnen außerdem unerschöpfliche Möglichkeiten zum Mixen kreativer Drinks und eignen sich auch zum Süßen und Aromatisieren von Desserts, ja sogar von herzhaften Speisen. Ein Standardsortiment an Likören sollte daher in keiner Hausbar fehlen.

Viele der süßen Spirituosen haben erfolgreich ihr altbackenes Image abgestreift und sich zu beliebten Begleitern junger Partygänger gewandelt. Und natürlich streben immer neue, trendorientierte Produkte auf den Markt und werden schnell zum unverzichtbaren Accessoire einer feierfreudigen Klientel.

Ein Streifzug durch das Reich der Liköre wird dabei unversehens zur Weltreise. In welche Himmelsrichtung man sich auch wendet, überall wird man fündig.

Von Mönchen und Mixturen

Nicht die Suche nach Genuss, sondern nach Genesung ruft den Likör ins Leben. Die ersten, die im Mittelalter mit geheimnisvollen Kräutermixturen aromatische Elixiere ansetzten, werden wohl Mönche gewesen sein, die nicht nur in ihren Klostergärten systematisch Heilkräuter zu ziehen wussten, sie verstanden deren Heilkräfte auch in Alkohol zu konservieren. Mit ihrem heilkundlichen Wissen scheuten sie sich nicht, auch dort lindernd tätig zu werden, wo sich die wenigen Ärzte nie hätten blicken lassen. Um ihren dankbaren Patienten die oftmals arg bittere Kräutermedizin erträglicher zu machen, wurde sie kräftig gesüßt, wodurch sie auch den Geschmack der wieder Genesenen traf. Somit darf das Mittelalter, wenn auch vermutlich völlig unbeabsichtigt, als erster Höhepunkt der Likörkunst gelten. Auch jenseits der Alpen mischte man zu dieser Zeit aus hochwertigen Kräutern und Alkohol *liquidi*, also Flüssigkeiten, mit wohltuender Wirkung. Eine davon, ein Rosenlikör, fand so viel Anklang, dass sich der Name *rosoglio* allgemein als Ausdruck für italienische Liköre durchsetzte.

Im Kloster Leyre auf der spanischen Seite der Pyrenäen werden schon seit dem Mittelalter Liköre zubereitet.

Sie haben es einzig ihrem guten Geschmack zu verdanken, wenn sich Heilmittel auf Kräuter- und Alkoholbasis unter dem Namen *liquore* in Adelskreisen zu beliebten Spirituosen entwickelten. Katharina de' Medici hatte bei ihrer Hochzeit mit dem französischen König Heinrich II. im Jahr 1532 eine ganze Schar von Spezialisten für die Herstellung von Likören im Gefolge, um nur ja nicht auf diesen heimatlichen Genuss verzichten zu müssen.

Somit ist es nicht zuletzt Katharina de' Medici zu verdanken, wenn auch in Frankreich bereits früh eine reiche Likörkunst blühte, und auch hier entfaltete sie sich erst hinter Klostermauern. Besonders die Gemeinschaften der Kartäuser und der Benediktiner taten sich in dieser Hinsicht hervor: Bénédictine und Chartreuse sind noch heute berühmte Liköre aus jener Zeit.

Populäre Sorgentröster

Infolge der sehr hohen Zuckerpreise war der Konsum von Likören zum reinen Genuss zunächst nur den wohlhabenden Schichten der Bevölkerung vorbehalten. Als Zucker dann in der Kolonialzeit erschwinglich und später durch den Rübenzucker verdrängt wurde, entwickelte sich rasch eine Vielzahl populärer Liköre. Nach der Französischen Revolution entdeckte eine ganze Nation die tröstlich süßen Liköre, und bald hatte jedes Städtchen mindestens einen *liquoriste*. Zu den ganz großen ihrer Zunft gehörten neben Edouard Cointreau und Louis-Alexandre Marnier auch Gaëtan Picon, der Vorreiter der Bitterspirituosen, und viele andere.

Auch andere Länder tragen dazu bei, dass die Weltkarte der Liköre kaum weiße Flecken zeigt. Aus Lettland stammt der Kümmellikör Allasch, Slowenien kommt mit seinem Nusslikör Orehovec und dem Kräuterbitter Pelinkovec hinzu, und in Litauen liebt man Traukine, einen typischen Bitterlikör. Fruchtig-herb schmeckt der tschechische Jarcebinka, ein Eberesches- oder Vogelbeerlikör, betörend süß dagegen der polnische Honiglikör Krupnik. Weitere polnische Spezialitäten sind der Frucht-Gewürz-Likör Nalewka und Kontuczowka, ein Anislikör.

Auf eine ganz eigene Likörtradition blicken die Niederlande zurück. Auch hier waren es Mönche, die die ersten Likörvarianten kreierten. Die eigentliche Geburtsstunde des holländischen Likörs schlug dann aber 1575 in Amsterdam. In einem Holzschuppen destillierte Lucas Bols seine ersten Liköre. Amsterdam wurde damals zum globalen Zentrum des Gewürzhandels. Lucas Bols schuf Liköre mit Kümmel, Anis und Orangen oder Pomeranzen, die er von der Karibikinsel Curaçao, Teil der Niederländischen Antillen, per Schiff einführen ließ. 120 Jahre nach Bols richtete Johannes de Kuyper in Rotterdam seine erste Destillerie ein. Während Bols 1816 verkauft wurde und sich heute im Privatbesitz niederländischer Unternehmer befindet, blieb De Kuyper in Familienhand, inzwischen in der elften Generation. Die berühmtesten holländischen Liköre sind wohl Advocaat und Apricot Brandy.

»Wer Sorgen hat, hat auch Likör.« Unter dieses Motto stellt Wilhelm Busch in seiner berühmten Bildergeschichte »Die fromme Helene« (1872) den erfolglosen Kampf seiner sorgenvollen Heldin.

Geheimnis umwittert

Böse Zungen behaupten, Liköre seien dem Unvermögen früher Destillateure zu verdanken: die Brennkunst habe bisweilen so unschöne Ergebnisse hervorgebracht, dass deren Geschmack gnädig hinter allerlei Säften, Kräutern und Honig verborgen werden musste. Man mag das glauben oder nicht, es lässt sich nicht leugnen, dass Liköre wie keine andere Spirituose von den Düften, dem Geschmack und den Farben ihrer Ingredienzen leben. Sind es nicht die tiefen, herzhaften Fruchttöne eines Cherry Brandy, die warmen, runden Nussaromen des Nocino oder die sanft-würzigen Röstnoten des Kaffeelikörs, die man schätzt? Und wer wollte auf sattes Kirschrot, goldenes Orange, leuchtendes Safrangelb verzichten oder auf die appetitlichen Cremetöne eines Sahnelikörs? Man lässt sich verzaubern, ohne zu bedenken, welche Kunst es möglich macht, die Essenz all der Früchte, Kräuter und Gewürze in Flaschen zu bannen. Wohlgemerkt: Es ist eine Kunst – Zauberei ist es keine. So sicher war man sich dessen freilich nicht

immer. Likörherstellung und Alchemie gingen einst Hand in Hand, nur wenige Eingeweihte waren mit den geheimen und geheimnisvollen Rezepturen vertraut. Letzteres gilt zum Teil bis heute.

Des Zaubers Lösung

Um Duft, Geschmack und Farbe in den Likör zu bekommen, muss man sie dort herausholen, wo sie von Natur aus sind. Eine Möglichkeit dazu ist die Mazeration, auch Kaltauszug genannt. Dabei setzt man die Rohstoffe, meist Kräuter und Gewürze, sprich Drogen, oder Früchte, in einem Alkohol-Wasser-Gemisch an. Die Flüssigkeit dringt in die Zellen ein und schwemmt die gewünschten Stoffe aus, vorausgesetzt, sie sind in Alkohol oder Wasser löslich. In Alkohol, aber so gut wie nicht in Wasser löslich sind etwa ätherische Öle (die dank ihrer Flüchtigkeit auch destillierbar sind). Die für manche Liköre unerlässlichen Bitterstoffe sind dagegen besser in Wasser als in Alkohol löslich, weshalb man darauf achtet,

Links: Auf den richtigen Reifegrad kommt es bei der Kirschenernte an.

Rechts: Um ihre Aromen zu bewahren, werden Schwarze Johannisbeeren sofort nach der Ernte schockgefroren.

dass man etwa Enzianwurzel in weniger hochprozentigem Alkohol mazeriert, der mehr Wasser enthält. (Falls man auf die Bitterstoffe keinen Wert legt, kann man destillieren, da Bitterstoffe nicht flüchtig sind und nicht ins Kondensat gelangen.)

Das individuelle Lösungsverhalten der einzelnen Duft-, Geschmacks- und Farbstoffe entscheidet also über die Konzentration des Alkohols, wobei als Faustregel gilt, dass frische Rohstoffe (mit mehr eigenem Wasseranteil) in hochprozentigem Alkohol mazerieren, getrocknete Rohstoffe dagegen in Destillaten mit 40–60 % vol Alkoholgehalt besser aufgehoben sind, weil sich das darin enthaltene Wasser auch der wasserlöslichen Substanzen annimmt.

Neben der Alkoholkonzentration bestimmt das Lösungsverhalten auch die Dauer der Mazeration. Blumige Substanzen und überhaupt die wertvolleren Inhaltsstoffe sind schneller löslich. Frische Kräuter und Zitrusschalen geben ihr volles Aroma bereits nach wenigen Stunden ab. Nach längerer Mazeration lösen sich auch die Bitterstoffe. Manche Drogen bleiben wochenlang in Alkohol, andere mazerieren mehrfach.

Es kann also kein einheitliches Rezept für das perfekte Mazerat geben, jede Zutat erfordert ihre spezielle Behandlung, sogar schon vor dem Einlegen: die einen dürfen nicht zu grob, die anderen nicht zu fein zerkleinert sein. Manche leiden schon unter der Erwärmung beim Mahlen und müssen dabei gekühlt werden. Und so fort.

Wohlige Wärme?

Nicht hitzeempfindliche Substanzen können rascher unter Wärmeeinwirkung extrahiert werden, man spricht von Digestion oder Heißauszug. Sie ist mit dem Teekochen vergleichbar. Die Gefäße sind dazu doppelwandig, um außen mit Heizflüssigkeit umgeben werden zu können. Die Wärme dazu beträgt gewöhnlich 40–60 °C. Ein spezielles Verfahren ist die Digestion mit gleichzeitiger Destillation, wobei das gewonnene Destillat immer wieder auf die Drogen zurückfließt. Auch dafür gibt es spezielle Geräte. Dauer und Temperatur sind entscheidend für die Qualität des Extraktes und werden heute oft automatisch gesteuert. Der bei der Heißextraktion gewonnene Auszug wird als Digerat bezeichnet.

Auch bei Likören spielt die Destillation eine wichtige Rolle, wenn es darum geht, Aromen zu konzentrieren. Das Bullauge (links) gewährt Einblicke in das ›hitzige‹ Geschehen.

Durchsickern und verdampfen

Eine effektivere Art der Mazeration ist die Perkolation, wobei sich die Rohstoffe nicht in ruhender Flüssigkeit, sondern im langsamen Durchfluss ihrer Duft-, Geschmacks- und Farbstoffe entledigen. In speziellen Apparaturen, den Perkolatoren, träufelt ständig Alkohol von meist 40–60% vol auf die getrockneten, aber zuvor mit etwas Alkohol befeuchteten Ingredienzen. Dabei füllen sich die Zellen mit Flüssigkeit, die fortwährend ausgetauscht wird. Abschließend lässt man Wasser diffundieren, um den restlichen Alkohol aus den Zellen zu spülen.

Man kann sich diese Methode wie das Aufbrühen von Filterkaffee vorstellen, mit dem Unterschied, dass die Perkolation bei Zimmertemperatur abläuft. Während bei Mazeration und Digestion der in den Grundstoffen verbliebene Alkohol oft noch durch Auspressen und Destillieren gewonnen wird, ist dies bei der Perkolation nicht nötig.

Gründlich gebrannt

Andere Likörgrundstoffe werden durch Destillation gewonnen, wobei die in heißen Alkohol-Wasser-Dämpfen flüchtigen Stoffe der Kräuter und Pflanzenteile entweichen, um anschließend durch Kühlung wieder zu kondensieren. Statt sie in den Dampf zu hängen, kann man die Kräuter auch direkt in den Alkohol einlegen. Maische und vergorene Früchte können ebenfalls zur Li-

In der niederländischen Destillerie Zuidam versteht man sich nicht nur auf das Brennen von Genever und Malt, sondern ebenso auf das Komponieren von Likören.

körgewinnung destilliert werden. Destillieren lassen sich aber nicht nur die Drogen selbst, sondern auch die zuvor daraus gewonnenen Mazerate, Digerate oder Perkolate. Das kann besonders reine Aromen ergeben. Für noch größere Reinheit wird gelegentlich mehrfach destilliert. Eine spezielle Methode ist die Kombination aus Digestion und Destillation. Dabei läuft das gewonnene Destillat wieder in die Brennblase zurück, ehe endgültig destilliert wird.

Beim Destillieren kommt es darauf an, den guten Mittellauf abzupassen. Denn zu Beginn und gegen Ende zieht die Destillation viele unerwünschte Aromen aus den Ingredienzen, die keinesfalls in den Likör gelangen sollen. Weil aber immer auch schon gute Geschmacks- und Geruchsstoffe enthalten sind, werden Vor- und Nachlauf häufig gereinigt und nochmals destilliert. Kräuterdestillierapparate ähneln meist traditionellen Brennblasen.

Köstlich komponiert

Neben Auszügen und Destillaten – über deren genaues Zustandekommen beharrlich geschwiegen wird – stehen den Likörfabrikanten weitere Grundstoffe zur Verfügung. Besonders Fruchtsäfte oder deren Konzentrate sind gern verwendete Komponenten. Sehen die Rezepturen Sahne vor, entstehen Emulsionsliköre. Dazu kommt noch Alkohol. Dabei dient 96%iger Alkohol lediglich als Geschmacksträger für die sonstigen Ingredienzen, während andere Liköre auch die Aromen feiner Destillate wie Cognac oder Whisky nutzen.

Schließlich kommt kein Likör ohne eine gehörige Portion Zucker aus. Manche Sorten werden auch mit Honig gesüßt, und oft veredelt und festigt eine Fassreife das Aroma. Und immer gibt es da noch ein kleines Geheimnis, ein paar Gewürze vielleicht, ein spezielles Aroma, das gerade diesen Likör so unvergleichlich macht …

Das Zusammenstellen verschiedener Aromate und anderer Zutaten gibt jedem Likör seine Besonderheit wie hier in einem Bergkloster in Navarra.

Nette Verwandtschaft

Kräuter- und Gewürzliköre

Sie stehen am Beginn der Likörmacherkunst. Schon im Mittelalter experimentierten Mönche mit Heilkräutern, um allerlei gesundheitsfördernde Tränke zu komponieren. Oft mundeten sie keineswegs nur den Kranken, und aus bescheidenen Ursprüngen entwickelten sich großartige, teils weltberühmte Spezialitäten. Verwendung für Kräuter- und Gewürzliköre findet eine Vielzahl von Pflanzen, heimische wie exotische, und wenn zum Färben etwa Safran mit seinem zarten Aroma eingesetzt wird, ist auch für eine ansprechende Farbe gesorgt.

Bitterliköre

Eine Zutat haben alle diese Liköre gemeinsam: Chinarinde, ein altes Heilmittel gegen Verdauungsbeschwerden und Fieber, ja selbst gegen Malaria. Auch die Bitterliköre haben ihre Karriere also als Medizin begonnen. Diese Liköre mit ihrem aufregend widersprüchlichen Aroma wurden zum Kultgetränk der aufstrebenden Industriegesellschaften des 19. Jahrhunderts – und nicht zuletzt zur Inspirationsquelle künstlerisch ambitionierter Werbekampagnen, die das entspannte mediterrane Image der Bitterliköre bis heute unterstreichen.

Fruchtsaftliköre

Wenn goldgelber Aprikosensaft, feurig roter Kirschsaft, der samtig violette Saft der Schwarzen Johannisbeere oder andere Säfte bzw. Konzentrate zum Einsatz kommen, handelt es sich um Fruchtsaftliköre. Sie sind herrlich süß, so süß, dass sie oft unter die Kategorie »Crème« fallen, die den höchsten Zuckergehalt aller Liköre aufweisen muss. Besonders die Niederlande entwickelten eine reichhaltige Palette an Fruchtsaftlikören: so exotisch kann gar keine Frucht sein, dass sie nicht in ein langstieliges Likörglas gegossen werden könnte.

Fruchtaromaliköre

Sie verkörpern die Essenz der Früchte. Zu ihrer Herstellung dienen nicht simple Säfte, sondern gekonnt geschaffene Fruchtauszüge. Gewöhnlich bilden Zitrusfrüchte die Grundlage von Fruchtaromalikören, genauer gesagt deren Schalen, die meist getrocknet und dann auf verschiedene Weise ausgelaugt werden. Teils verfeinert man die herb-bitteren Auszüge durch Destillation noch weiter oder gewinnt Destillate direkt aus den Schalen. Die entstandenen Substanzen mischt man mit Alkohol, Wasser, Zucker und dezenten Gewürzen.

Fruchtbrandys

Hier offenbaren die Früchte ihren wahren Geist. Beim Fruchtbrandy wird stets auch ein Brand der betreffenden Obstsorte zugefügt – zusätzlich zu dem Neutralalkohol, der wie in den meisten Likören das Rückgrat bildet. Die typischen Vertreter dieser Gattung sind Apricot Brandy und Cherry Brandy. Dass diese Liköre den Beinamen Brandy führen, sorgt immer wieder für Verwirrung, denn Brandy im Sinn von Weinbrand enthält keiner davon, die Bezeichnung weist auf den Brand der verwendeten Obstsorte hin.

Emulsionsliköre

Man erliegt dem sahnig-süßen Geschmack und dem schmeichelnd-weichen Mundgefühl, noch ehe man das Können würdigen kann, das Gegensätze wie Sahne oder Eier dauerhaft mit dem Alkohol zu verbinden versteht. Diese Liköre gehören oft zu den umsatzstärksten. In ihren Reihen finden sich die ganz großen Namen, und manche sind fast zum Nationalgetränk geworden, man denke an den Eierlikör Advocaat oder den berühmten irischen Whiskey-Sahne-Likör, der als bedeutender Wirtschaftsfaktor der Grünen Insel gelten darf.

Kaffee- und Kakaoliköre

Sie finden nicht nur bei Likörfreunden Gefallen, auch die Liebhaber von Kaffee und Schokolade kommen auf ihre Kosten, spielen doch diese Liköre gekonnt mit den Möglichkeiten der Zutaten. Den Ingredienzen nach finden sich hier auch mit Sahne zubereitete Emulsionsliköre sowie solche, die feine Brände enthalten und damit streng genommen den Destillatlikören zuzurechnen wären. Und weil auch schon mal beide Zutaten gemeinsam vorkommen, sollte man die Zuordnung nicht so eng fassen, sondern einfach nur genießen.

Destillatliköre

Das feine Aroma von Edelspirituosen definiert das Geschmacksbild dieser Liköre. Die warme Intensität guten Cognacs, die knorrige Eleganz alten Whiskys: es sind charakterstarke Zutaten, die unverwechselbare Liköre prägen. Kein Wunder, dass auch der Familie der Destillatliköre weltbekannte Berühmtheiten entstammen. Mehr im Stillen blüht ein weiterer Zweig: die Obstbrand- und Obstgeistliköre. Es sind oft kleine, alteingesessene Destillerien, die aus den Destillaten der regionalen Früchte erlesene Köstlichkeiten komponieren.

Wohl im Abseits: Kräuterliköre

Kräuter-, Kloster- und Abteiliköre gehören wohl zu den ambivalentesten Erscheinungen in der Welt der Spirituosen. Exotische Gewürze, an Orten gewachsen, von denen kaum jemand eine Vorstellung hatte, wurden um heimische Kräuter ergänzt, von denen im Zeitalter des Hexenwahns nicht wenige in zweifelhaftem Ruf standen. Und zu Zeiten ruchloser Giftmorde wird das Verhältnis der Kranken den Heilenden gegenüber sicher geprägt von Dankbarkeit, aber vielleicht auch nicht völlig frei von Misstrauen gewesen sein. Geheime Rezepte zurückgezogener Klosterinsassen – zweifellos wirkt ein Rest des mittelalterlichen Schauders bis heute.

Wie »Der Name der Rose« spannungsreich bewusst machte, denn auch dort spielt die Klosterapotheke, spielen Heilmittel und ein Gift eine Rolle. Mönche, die um die Kraft der Pflanzen wussten, hielten ihr Wissen schriftlich fest, sorgten aber auch dafür, dass nicht jeder Zugang dazu hatte. Mit dem Untergang der Klöster Anfang des 19. Jahrhunderts wird vieles davon verloren gegangen sein: der Wunsch nach Geheimhaltung ist kein guter Nährboden für Sicherungskopien.

Wenn einige der alten Liköre bis heute hergestellt werden, blieb im besten Fall ihre Tradition ungebrochen; oder man hat ihre Rezepturen bewahrt beziehungsweise wiedergefunden. Hat man die Rezepte, muss man sie nur noch verstehen. Nicht selten geben sie jedoch eine Fülle von Rätseln auf: wenn Pflanzennamen nicht mehr zuzuordnen, Mengenverhältnisse undurchschaubar sind. Außerdem müssen die Herstellungstechniken der Gegenwart angepasst werden. Wo man der Versuchung widersteht, aus rein kaufmännischen Gesichtspunkten die aufwändige und damit kostspielige Herstellung zu vereinfachen, geht diese notwendige Modernisierung glimpflich, das heißt ohne Qualitätseinbußen ab.

Die Zahl der Kräuter und Gewürze, die in der Likörherstellung Verwendung finden, ist groß, von Anis bis Zimt ist alles vertreten, mag es auch noch so selten und kostbar sein. Manche Zutaten kommen nur in eng begrenzten Gebieten zum Einsatz und sind mitverantwortlich für die Fülle regionaler Raritäten. Einige davon gerieten in Vergessenheit, wie die Danziger Spezialität Krambambuli, aber viele prägen den kulinarischen Charakter ihrer Heimat bis heute. So schätzt man in der Provence Lavendellikör oder in Polen den dunkelroten Kirschgewürzlikör Nalewka. Typisch italienisch sind Liköre wie Mentuccia, ein Pfefferminzlikör aus den Abruzzen. Kräuterliköre aus Mallorca und Ibiza verbreiten

Ferienlaune, überhaupt bereichert Spanien diese Likörgattung mit diversen Kreationen. Mittlerweile sind viele Liköre weit über die Grenzen ihrer Heimat hinaus bekannt geworden, sodass man nicht mehr auf Reisen gehen muss, um sie zu finden, oft ist die Suche schon am eigenen Wohnort erfolgreich. Von den großen Klosterlikören haben ebenfalls viele die kontemplative Stille hinter Klostermauern mit der Hektik der Welt vertauscht – und schlecht bekommen ist es ihnen nicht.

Die Verwendungsmöglichkeiten dieser Likörgruppe sind außergewöhnlich vielfältig. Zunächst lässt sich jeder einzelne davon pur genießen. Besonders nach dem Essen nimmt man gern einen Schluck der ebenso wohl schmeckenden wie wohl tuenden Getränke. In jüngster Zeit – bezogen auf ihre oft lange Geschichte – sind viele dieser Liköre als reizvolle Zutat in Cocktails und Longdrinks entdeckt worden. Ihren besonderen Charme aber macht die geheimnisvolle Wirkung aus, die man ihren Ingredienzen zuschrieb und bis heute zuschreibt.

Die Chartreuse

Seite 570: Das Palais Bénédictine in der Normandie verdankt seine Existenz dem Likör-Rezept eines Benediktinermönchs.

Seite 571: Der venezianische Mönch Bernardo Vincelli (links) entwickelte in der Abtei von Fécamp das Rezept des Bénédictine.

Die Chartreuse in den französischen Alpen, die geistige Heimat einer Likörlegende

Die Geschichte der Grande Chartreuse begann mit dem heiligen Bruno, der um 1030 in Köln zur Welt kam und später an der Domschule zu Reims unterrichtete. Da ihn die Suche nach dem Ewigen mehr bewegte als irdischer Erfolg, machte er sich 1084 auf zu seinem Freund, dem heiligen Hugo, nach Grenoble. Diesem war im Traum jener unwirtliche Ort erschienen, wo sie nun mit wenigen Mönchen eine Kapelle und hölzerne Zellen errichteten. Diese Bauten wurden 1132 von einer Lawine zerstört, doch das später in der Nähe errichtete neue Kloster avancierte zum Hauptsitz des Ordens. Auch vor weiteren Katastrophen blieb es nicht verschont, und der imposante Bau der Gegenwart stammt aus dem 17. Jahrhundert.

Gut ein halbes Jahrtausend nach der Gründung des Ordens, im Jahr 1605, begann die Geschichte des Likörs, als in einem Kartäuserkloster nahe Paris ein gewisser Marschall d'Estrées den Mönchen die Rezeptur eines Unbekannten für ein Kräuterelixier überließ. Im Hauptsitz der Ordensbrüder begriff offenbar niemand, welchen Schatz man in ihre Hände gelegt hatte, denn die Mönche waren damals mit der Erzgewinnung in den Bergen beschäftigt.

Es sollte bis 1737 dauern, ehe das Manuskript die Neugier Bruder Jérôme Maubecs weckte, der nach der Klosterapotheke sah. Er begann damit, die Rezeptur praktisch umzusetzen. Seit jener Zeit bereitet man das Elixir Végétal de la Grande-Chartreuse zu, eine heilkräftige Medizin mit 71 % vol Alkoholgehalt. Bruder Jérômes Nachfolger Bruder Antoine perfektionierte die Produktion und entwickelte daraus 1764 einen wohlschmeckenden und die Gesundheit fördernden Likör mit 55 % vol Alkoholgehalt, die bekannte Grüne Chartreuse.

Die Irrfahrt des Manuskripts war damit noch nicht zu Ende. In der Französischen Revolution mussten die Mönche ihr Kloster

verlassen. Das Dokument konnte zwar gerettet werden, doch der Mönch, der es schließlich in Händen hielt, glaubte nicht an die Wiedererstehung seines Ordens und übergab das Manuskript dem Apotheker Liotard aus Grenoble. Wie alle medizinischen Rezepturen musste auch diese damals dem Innenministerium vorgelegt werden, das sie jedoch ablehnte. Nach dem Tod des Apothekers wurde sie dann dem Kloster zurückerstattet.

Bruder Bruno Jacquet nutzte ab 1838 das Ur-Elixier zusätzlich dazu, einen süßeren, sanfteren Likör mit 40 % vol Alkoholgehalt herzustellen, den er mit Pflanzen gelb färbte und der besonders bei den Damen Anklang fand. Bis 1869 wurden Elixier, Grüne und Gelbe Chartreuse in der Klosterapotheke gefertigt, doch dann verlagerte man die Produktion in eine Brennerei im tiefer gelegenen Fourvoirie.

Als die Kartäuser 1903 aus Frankreich vertrieben wurden, ließen sich die drei im Besitz des Geheimrezepts befindlichen Brüder im spanischen Tarragona nieder und gründeten eine neue Destillerie. Erst nachdem die Kartäuser 1940 ihr Stammkloster zurückerhielten, ging es auch in Frankreich wieder aufwärts. Damals wurde die weltliche Chartreuse-Gesellschaft in Voiron zum Herstellungsort und ist es bis heute geblieben. Elixiere wie Liköre entstehen unter Aufsicht der Mönche, und der Erlös dient der Finanzierung des Klosters.

Über die genaue Herstellungsweise wahren die Mönche damals wie heute Stillschweigen. Nur so viel ist bekannt: rund 130 verschiedene Pflanzen und Kräuter werden zum Mazerieren in ausgewählten Alkohol eingelegt und mehrfach destilliert. Über acht Jahre lagern sie bis zur vollendeten Reife in Eichenfässern im größten Likörkeller der Welt, dann werden sie mit dem Vermerk V.E.P. für Vieillissement Exceptionnellement Prolongé abgefüllt. Man trinkt die Liköre als Digestif, mit Eiswürfeln pur oder als Longdrink mit Säften oder Tonic auf ganz weltliche Weise. Aber weiterhin hüten nur drei Brüder das Rezept, das längst ein wertvolles Betriebskapital darstellt.

Passion für Kunst und Likör

Im Jahr 1510 gelang dem Benediktinermönch Bernardo Vincelli in der Abtei von Fécamp in der Normandie beim Experimentieren eine besonders wohlschmeckende Komposition: das Ur-Rezept des Bénédictine. Mit der Vertreibung der Mönche aus der Abtei im 18. Jahrhundert ging auch das Rezept in den Wirren der Französischen Revolution verloren. Der Weinhändler Alexandre Le Grand entdeckte es 1863 in den Büchern der ehemaligen Abtei wieder, die seine Familie vor der Zerstörung gerettet hatte. Er verfeinerte die Rezeptur zu einem Likör, benannte ihn als Hommage an den Orden des Erfinders Bénédictine und gab ihm den Beinamen Dom – Deo Optimo Maximo – als Hinweis auf seine klösterliche Herkunft.

Als passionierter Kunstsammler und Mäzen errichtete Le Grand seinen beiden größten Leidenschaften, der Kunst und dem Likör Bénédictine, ein stattliches Schloss: das Palais Bénédictine, das wie die Abtei selbst im normannischen Fécamp liegt. Neben den Produktionsstätten von Bénédictine Dom Liqueur, dessen Herstellung noch heute zum Teil dort erfolgt, befinden sich darin die Ausstellungsräume für Le Grands umfangreiche Sammlung, die Kunst des 15. und 16. Jahrhunderts umfasst. Es blieb genug Raum für eine Galerie mit Wechselausstellungen zeitgenössischer Künstler, darunter Miró, Picasso und Andy Warhol.

Die Leidenschaft des Hauses für die bildende Kunst wurde durch die Künstler erwidert: Maler wie Paul Gauguin, Rousseau, Carl Larsson und Wesley Webber integrierten den Bénédictine, der in der besseren Gesellschaft äußerst beliebt war, in ihre Bilder. Für die Gestaltung von Werbeplakaten konnte der Firmengründer renommierte Plakatkünstler gewinnen: Bénédictine-Plakate von Jugendstilmeister Alfons Maria Mucha, von Lucien Lopes Silva oder Sem zählen zu den Klassikern der Plakatkunst. Heute machen die wechselnden Ausstellungen das Palais Bénédictine zu einem lohnenswerten Ausflugsziel; das bestätigen nicht zuletzt die 155 000 Besucher jährlich.

Palastgeheimnis

Koriander aus Marokko, Tee und Zimt aus Sri Lanka, Thymian aus der Provence, Vanille aus Madagaskar – insgesamt 27 verschiedene Kräuter und orientalische Gewürze liegen der geheimnisvollen Rezeptur des Bénédictine zugrunde. Sie verleihen

Das Werbeplakat illustriert treffend das elegante Umfeld der weltlich orientierten Likörkonsumenten.

dem weltbekannten Likör seinen honigsü-ßen, dabei zugleich würzigen und von einem Hauch Vanille abgerundeten Geschmack. Seit 1863 wird der Klosterlikör nach dem Originalrezept hergestellt.

Das Mengenverhältnis der sorgfältig ausgewählten Kräuter und Gewürze muss genau stimmen. Die exakte Zusammensetzung der Zutaten ist allerdings nur wenigen Eingeweihten bekannt. Der komplette Herstellungsprozess ist langwierig und wird streng überwacht. Um die Aromen der einzelnen Kräuter und Gewürze optimal zu erschließen, müssen die Zutaten unterschiedliche Verarbeitungsprozesse durchlaufen, darunter auch die Mazeration, also das Auslaugen in einer Mischung aus Alkohol und Wasser. Außerdem werden unterschiedliche Destillationsverfahren eingesetzt; das Palais Bénédictine beherbergt einen riesigen Saal voller Brennblasen. Destillate und Mazerate reifen im Anschluss drei Monate lang in Eichenfässern. Danach werden sie zusammengeführt und noch einmal acht Monate gelagert. Seine typische Konsistenz erhält Bénédictine schließlich durch die Zugabe von Wasser, Cognac, Sirup, Honig und Ka-

ramell, wonach der Likör eine weitere dreimonatige Reifephase absolviert.

Bénédictine wird pur auf Eis getrunken und zum Mixen verwendet, beispielsweise mit Sekt, Orangen- oder Grapefruitsaft. Als ein echter Cocktail-Klassiker hat sich dabei der B & B etabliert, eine Mischung aus gleichen Teilen Bénédictine und Cognac. Außerdem ist Bénédictine unerlässlich als eine Komponente des legendären Singapore Sling aus dem Raffles Hotel in Singapur.

Der alte Destillationssaal im Palais Bénédictine in Fécamp

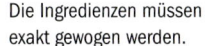
Die Ingredienzen müssen exakt gewogen werden.

Vierhundert Jahre trinkbares Gold

Die Klarglasflasche, in der man das Blattgold so schön tanzen sieht, wurde erst 1996 eingeführt. Bis dahin sollte braunes Glas die medizinische Wirkung vor Lichteinfall schützen.

Gegenüber: In diesem Fasskeller erfährt der Becherovka den letzten Schliff.

Echtes Blattgold ist die Attraktion im Danziger Goldwasser. Früher schrieb man dem Edelmetall heilkräftige Wirkung zu.

Die Geschichte des Danziger Goldwassers lässt sich bis in das Jahr 1606 zurückverfolgen, als Ambrosius Vermöllen, Besitzer einer 1598 gegründeten Danziger Likörfabrik, die Rezeptur für diesen einzigartigen Likör entwickelte und ihn fortan als Arznei vertrieb. Es waren finstere Zeiten, die medizinische Versorgung war denkbar dürftig, und viele Kranke setzten ihre Hoffnung in den neuen Trank. Schließlich hatte auch der große Arzt Paracelsus (1494–1541) dem Gold heilende Kräfte zugeschrieben.

Bei all den Kräuterkräften des Inhalts konnte etwas zusätzliche Magie gewiss nicht schaden, und so prangte auf dem Etikett der dunkelbraunen Vierkantflasche mit dem Siegelverschluss ein Pentagramm, das weithin bekannte Zeichen zur Abwehr des Bösen, das in ganz Europa auch als Amulett getragen wurde und häufig an Gasthäusern als Zeichen für Gesundheit und Wohlbefinden angebracht war.

Bald entdeckte der Adel das neue Getränk für sich (denn es muss ein sehr unbefriedigendes Gefühl sein, das viele Gold, das man hat, nur äußerlich zu besitzen) und half, es über die Grenzen Danzigs hinaus zu verbreiten. Auch viele gekrönte Häupter waren felsenfest davon überzeugt, dass es ihnen vor allen anderen zustehe.

Mit dem Goldwasser beginnt die glorreiche Geschichte Danzigs als europäisches Zentrum der Destillierkunst. Den Namen »Der Lachs« erhielt die Spezialität erst, nachdem die Fabrik 1704 ein neues Quartier bezogen hatte, das statt einer Hausnummer einen in Stein gehauenen Lachs zeigte. Mehr als 300 Jahre lang blieb Danzig danach die Heimat des Likörs. Erst mit der Isolierung der Stadt nach den Versailler Verträgen entstand 1922 eine Dependance in Berlin, die nach dem Zweiten Weltkrieg zur alleinigen Produktionsstätte wurde. Heute wird »Der Lachs« Original Danziger Goldwasser in Nörten-

Hardenberg produziert. Die schwebenden Goldplättchen betonen die Besonderheit dieses Gewürzlikörs, noch ehe man ihn gekostet hat. Der intensiv würzige Likör wird aus 13 verschiedenen Aromaten hergestellt, darunter Anis, Aprikosenkerne, Kardamom, Koriander, Lavendel, Muskatblüte, Nelke Pomeranzenschale, Wacholderbeeren, Zitronenschale und Zimt. Die Ingredienzen werden in einem Alkohol-Wasser-Gemisch mazeriert und anschließend destilliert. Das gewonnene Destillat versetzt man mit Zutaten wie Kirschbrand, Rosenwasser und Invertzucker und bringt es so auf eine Trinkstärke von 40 % vol Alkohokgehalt. Danach wird es gefiltert, ehe mit einer speziellen Dosiervorrichtung die Blattgoldstückchen zugegeben werden, pro Halbliterflasche im Wert von rund 23 Cent. Man schmeckt es nicht, die Heilkräfte sind Illusion, aber es sieht hübsch aus. Die Aromen des Likörs kommen am besten zur Geltung bei 4 °C, wenn nicht modern auf Eis oder mit Sekt.

Englisch Bitter in Beton

Die Erfindung dieses goldgelben Likörs mit Noten von Karamell, Zimt und Nelke geht auf den britischen Arzt Dr. Frobrig zurück, der sich 1805 im österreichisch-ungarischen Karlsbad als Leibarzt des Reichsfürsten zu Plettenberg-Mietingen aufhielt. In seiner Freizeit komponierte er heilende Mischungen aus Kräutern, Ölen und Alkohol im Labor des Apothekers Josef Becher, dem er seine Rezeptur schließlich überließ. Becher verfeinerte sie und bot sie ab 1807 als »Karlsbader Englisch Bitter« an. Mit der Gründung der Tschechoslowakei nach dem Ersten Weltkrieg wurde der Likör in Becherovka umbenannt. Zur Herstellung wird die spezielle Mischung aus 20 Kräutern und Gewürzen, die nur zwei Eingeweihte kennen, in Stoffsäcke aus Naturfasern gefüllt und eine Woche lang in Alkohol getaucht. Der so entstandene Extrakt wird mit Wasser verdünnt und mit Zucker gesüßt, bevor er zwei Monate in Eichenfässern reift. Berühmtester Mix mit *Becherovka* ist Beton, die Kombination mit *Tonic* Water, die anlässlich der Weltausstellung 1967 kreiert wurde.

Ausgewählte Kräuterliköre

Belgien

Elixir d'Anvers

Jahrelang hatte der flämische Mediziner François-Xavier de Beukelaer experimentiert, ehe er 1863 die Rezeptur für Elixir d'Anvers vollendete, eine der berühmtesten belgischen Spirituosen. Der schon bald für seine gesundheitsfördernden Eigenschaften geschätzte Likör entsteht bis heute nach dem unveränderten Originalrezept. Es sieht 32 verschiedene Pflanzen und Kräuter vor, die erst mazeriert und anschließend destilliert werden. Das Destillat wird mit Neutralalkohol, Wasser und Zucker versetzt. Seinen so angenehm milden Geschmack verdankt der Likör der Reife in alten Eichenfässern. Der gesamte Herstellungsprozess dauert rund fünf Monate. Die Destillerie F.X. de Beukelaer zählt zu den ältesten und angesehensten in Belgien und ist natürlich Hoflieferant.

Deutschland

Borgmann Kräuterlikör

Dieser deutsche Premium-Kräuterlikör mit über hundertjähriger Geschichte wird im niedersächsischen Braunschweig von der herzoglich-privilegierten Hofapotheke in traditioneller Handarbeit angesetzt, gefiltert und abgefüllt. Rezeptur und Herstellungsverfahren sind stets mündlich weitergegeben worden. Der Geschmack des Halbbitters wird durch Heil- und Gewürzpflanzen wie Chinarinde, Galgant, Nelken und Zimt abgerundet. Nachdem Borgmann zunächst nur für den Familien- und Freundeskreis bestimmt war, ging der Likör 2006 in größere Produktion. Die typische Aluminiumflasche wird von internationalen Künstlern verziert und in limitierten Editionen angefertigt.

Deutschland

Echter Leipziger Allasch

Diese Leipziger Spezialität, benannt nach dem lettischen Gut Allasch, unweit von Riga, wurde 1830 erstmals durch baltische Kaufleute auf der Leipziger Messe eingeführt. 1917 setzte die Oktoberrevolution der Produktion zunächst ein Ende. Doch schon 1923 gründete der Leipziger Wilhelm Horn eine Branntwein- und Likörfabrik und nahm sich der Spezialität an, für deren harmonisches Aroma ein hochprozentiges Kümmeldestillat und viel Zucker sorgen. Heute hat das Traditionsunternehmen seinen Sitz in der Leipziger Gasthausbrauerei Bayerischer Bahnhof, wo die lokale Bierspezialität Gose gebraut wird. In Leipzig ist es Brauch, dazu Allasch zu trinken, mischt man beides, hat man einen »Regenschirm«.

Deutschland

Ettaler Klosterliqueur

Noch im Mittelalter entwickelte ein Bruder Apotheker der Benediktinerabtei Ettal die Rezepturen, auf deren Basis dieser charakteristisch grüne Klosterlikör mit 42 % vol Alkoholgehalt bis in die Gegenwart erzeugt wird. Mehr als 40 verschiedene Kräuter sind zu seiner Herstellung erforderlich. Die Reife in Eichenfässern rundet das duftig-feine Aroma ab. Daneben wird der Ettaler Klosterliqueur in einer gelben Variante angeboten, die ihre leuchtende Farbe dem Safran verdankt. Sie hat nur 40 % vol Alkoholgehalt, und ihr blumigeres Bouquet passt auch inhaltlich gut zu der angenehmen Honignote, von der die Vielzahl der Kräuter gerahmt wird. Weitere Spezialitäten des bayerischen Klosters sind ein Hopfenlikör und der Ammergauer Heulikör mit Kräutern von geschützten, handgemähten Bergwiesen.

Italien

Galliano

Dieser italienische Kräuterlikör wird aus mehr als 30 Kräutern, Blüten, Wurzeln und Beeren zusammengestellt, von denen einige im Alpenraum, andere in den Tropen beheimatet sind. Der dezent-süße Geschmack wird von einem leichten Anis- und Kräuteraroma durchdrungen und von einer Vanillenote getragen. Das intensive Goldgelb dieses Likörs, durchzogen von einer zartgrünen Schattierung, kommt in der eleganten schmalen Flasche ausgezeichnet zur Geltung. Kreiert im Jahr 1896 von Arturo Vaccari, einem Weinbrenner aus Livorno in der Toskana, war Galliano ursprünglich nur für den Vertrieb in Italien bestimmt, doch Reisende brachten ihn in jeden Winkel der Welt. Ein berühmt gewordener Cocktail mit Galliano ist Harvey Wallbanger mit Wodka und Orangensaft.

Italien

Liquore Strega

Strega, die Hexe, hat es in sich. Im Benevent, einer päpstlichen Enklave zwischen Rom und Neapel, der Legende nach ein Versammlungsort der Hexen, entwickelte Guiseppe Alberti den Kräuterlikör 1860 und vermarktete ihn einfallsreich als Liebeszauber. Bis heute in Händen der Familie Alberti, wird Strega aus rund 70 verschiedenen Kräutern und Gewürzen hergestellt, darunter Zimt, Iris, Wacholder, Pfeffer und wilde Minze. Die Zutaten werden mazeriert und anschließend destilliert. Für die goldgelbe Farbe sorgt Safran, der dem Likör auch seinen speziellen Duft verleiht. Schließlich reift Strega in Eichenfässern. Strega – vielsagendes Requisit in dem Film »Brot und Tulpen« – wird vor allem als Digestif serviert, pur, dann gern auf Eis, sowie in Cocktails und Longdrinks.

Spanien

Hierbas Ibicencas

Man findet diesen aus heimischen Pflanzen und Kräutern hergestellten Likör in allen Restaurants und Bars auf Ibiza. Früher produzierte jede Familie ihn nach ihrem eigenen Rezept, wobei man einfach ein Bund Kräuter direkt in der Flasche in Alkohol einlegte. Vor über hundert Jahren begann die Familie Marí Mayans diese Rezepte zu analysieren und die Wirkungen der verschiedenen Kräuter zu studieren. Das Resultat ist Hierbas Ibicencas. Sein typisches Aroma entstammt einer Mischung aus den Blättern, Früchten und Samen von 18 Pflanzen, die als besonders verdauungsfördernd gelten. Aus jeder Pflanze wird ein hochwertiger Extrakt gewonnen, und all diese Extrakte werden schließlich in einem bestimmten Verhältnis zusammengebracht. Auf 30 % vol Alkoholgehalt Trinkstärke eingestellt, kommt der Likör pur oder auf Eis gut zur Geltung.

Spanien

Licor 43

Ein Hauch von Vanille bestimmt das Aroma von Licor 43 dezent, aber ausdrücklich. Weitere Bestandteile sind spanische Zitrus- und andere Früchte, Extrakte und Essenzen, mediterrane Kräuter und Gewürze. Die Römer sollen den geheimnisvollen Likör als Stärkungsmittel ihrer kämpferischen Gegner kennengelernt haben, als sie 206 v. Chr. das heutige Cartageña unterwarfen, und verboten den ›Zaubertrank‹ prompt. Vergeblich, denn es dauerte nicht lange, und das gesamte Römische Reich labte sich am »Liquor Mirabilis«. Im 20. Jahrhundert übernahm ein junger visionärer Unternehmer aus Cartageña die Produktion. Serviert wird Licor 43 gern pur auf Eis. Auch gemixt bewährt er sich, besonders angesagt in der jungen Szene ist die Verbindung mit Milch.

Schöner Schauder: Bitterliköre

Die erstaunliche, fast widersprüchliche Kombination aus bitteren und süßen Aromen macht den besonderen Reiz der Bitterliköre aus. Kein Wunder, dass sie zu den verschiedensten Anlässen serviert werden. Vom eleganten Aperitif bis zum rustikalen Verdauungstrank reicht die Palette dieser vielseitigen Spirituosen, die gerade darum wohl mehr Klassiker als jede andere Likörgattung hervorgebracht hat. Barkeeper lieben das herbsüße, unvergleichliche Flair, das sie Cocktails und Longdrinks verleihen. Getränke wie Campari Soda fanden weltweit Anerkennung, und nicht zuletzt verleiht der legendäre Angostura zahllosen Rezepten den letzten Schliff.

Das Geheimnis des angenehmen Hauches an Bitterstoffen sind vor allem die Zutaten Chinarinde und Bitterorangenschale, die sich in den meisten Bitterlikören finden. Häufig werden auch Auszüge oder Destillate von Enzianwurzeln verwendet. Zutaten und Herstellung ähneln damit der von Kräuterlikören – und auch die Geheimniskrämerei ist vergleichbar, die zwar lästig ist, aber die Neugier anstachelt und damit das Interesse wach hält. Außerdem assoziiert die italienische oder französische Provenienz der meisten Klassiker dieser Gattung entspanntes *laissez-faire* und *dolce far niente*.

Die Spannweite der Bitterliköre reicht dabei vom süßen Bittermandellikör, dem Amaretto, über Sambuca mit kühlem Anisaroma (vorgestellt im Kapitel »Absinth, Pastis und Anis«) und die elegant-bitteren Aperitifs bis zum herb-bitteren Amaro, den man vor allem als Digestif liebt. Viele Bitterliköre findet man in Italien, auch Frankreich hat eine reiche Kultur an Bitter-Aperitifs zu bieten. Aus Deutschland kommen kernige Magenbitter, die oft in Portionsfläschchen angeboten werden.

Die besondere Lebensart, die zahlreiche Bitterliköre, namentlich die eleganten Aperitifs, zu verströmen scheinen, kommt nicht von ungefähr. Sicher war es das widersprüchliche Aroma, das so gut in eine Gesellschaft im Umbruch passte, die von der heraufziehenden Industrialisierung geprägt wurde. Doch das war es nicht allein. Im ausgehenden 19. Jahrhundert begann man die Kunst der Werbung zu entdecken und hatte schon bald ihre manipulatorische Kraft erkannt. Namhafte Künstler engagierten sich bei der Gestaltung von markigen Firmenlogos und atmosphärischen Jugendstilplakaten. Markennamen gewannen plötzlich an Bedeutung und, so würde man heute sagen, komplette neue Produktwelten wurden darum herum inszeniert.

Pionier der Bitter war der Provenzale Gaëtan Picon, geboren 1809, der in Toulon, Marseille und Aix-en-Provence das Handwerk des Schnapsbrenners erlernte. Mit der französischen Armee, die gerade im Begriff war, Algerien zu erobern, kam er 1837 nach Constantine. Die Gewaltmärsche unter der sengenden Sonne machten Picon und seinen Kameraden schwer zu schaffen. Fieber und faules Wasser verschlimmerten noch die größte Qual: den Durst. Darin erkannte Picon seinen Hauptfeind und bekämpfte fortan den Durst statt die Einheimischen. Noch im selben Jahr errichtete er in einem kleinen Marktflecken, aus dem später Philippeville werden sollte, eine erste Destillerie.

Picon hatte einen Likör mit dreißig Volumenprozent Alkoholanteil entworfen, der Chinarinde und Enzianwurzel enthielt, die für ihre fiebersenkenden und magenfreundlichen Eigenschaften bekannt waren. Das Destillat süßer Orangenschalen sorgte für den angenehmen Geschmack. Erste begeisterte Kunden waren erwartungsgemäß die Kolonialsoldaten. Mit den Heimkehrern überquerte der Amer Picon das Mittelmeer. 1872 ging Gaëtan Picon zurück in seine Heimat, um sich in Marseille niederzulassen. Als er zehn Jahre später starb, stellten bereits drei Werke Amer Picon her. Noch zwischen den Weltkriegen war Picon der Franzosen liebster Aperitif. Doch dann erlitt er das Schicksal vieler Vorkriegsmarken: in den 1950er Jahren war der füllige Stil nicht mehr zeitgemäß. Heute hat nur ein Werk überlebt, das Picon Bière fabriziert, für den Nordfranzosen und Belgier ein gewisses Faible bewahren – als Bierzusatz.

Am besten haben die italienischen Bitter sich den veränderten Zeiten anzupassen vermocht, allen voran der Campari, dessen Erfolg beweist, dass feinbitterer Geschmack durchaus zeitgemäß sein kann.

Erfolgreich karminrot

Mailand, Mitte des 19. Jahrhunderts: In der noblen, 1867 fertiggestellten Galleria Vittorio Emanuele II., der Einkaufspassage am Dom, eröffnet Likörmacher Gaspare Campari ein elegantes Café, das Camparino. Aus diesem Anlass präsentiert er den Gästen eine Neuheit: einen leuchtend roten, eigenartig herben Aperitif, der sofort begeisterten Zuspruch findet. Nur der umständliche Name »Bitter all'uso di Hollanda« schmeckt den Gästen nicht: bald schon nennen sie ihn schlicht Campari Bitter.

Sohn Guido richtet 1892 eine erste kleine Fabrik ein, die dank der Energie des älteren Bruders Davide schnell zu klein ist, ebenso wie die zweite, größere. So wagen sie den Sprung nach vorn und lassen 1903 in Sesto San Giovanni, am Stadtrand von Mailand, ein neues Werk errichten, dessen Konzeption vorausschauend genug ist, um bis 1948 allen Anforderungen gewachsen zu sein. Wenn die Erfindung des Vaters weltbekannt wurde, dann ist das nicht zuletzt der leidenschaftlichen, aber unerwiderten Liebe Davides zu der Opernsängerin Lina Cavalieri zu verdanken. Wohin er der Angebeteten auch immer folgte, überall knüpfte er Handelsbeziehungen, die später die Grundlage für den Export von Campari bildeten. Er baute erste Märkte in Argentinien und der Schweiz auf, dann folgten Frankreich, Russland und Amerika, und bald brachte er die Marke seines Vaters zu Weltrang.

Heute zählt Campari zur Grundausstattung jeder guten Bar. Barkeeper schätzen seine Vielseitigkeit. Sie servieren ihn auf Eis, mixen ihn klassisch mit Orangensaft, als Americano oder Negroni oder komponieren moderne Drinks wie Camparinha, Campari Red Bull oder Maracuja.

Rein auszugsweise

An der ausgefeilten Rezeptur des roten Bitters arbeitete Gaspare Campari von 1862 bis 1867. Bis heute wird der Aperitif nach der Originalrezeptur hergestellt, der ein alkoholischer Auszug von 86 bitteren und aro-

Im Licht des Design

Bereits 1932 beschloss Davide Campari, den beliebten Longdrink Campari Soda fertig gemischt abzufüllen. Das portionierte Getränk mit moderaten 10 % vol Alkoholgehalt gilt damit als das erste seiner Art weltweit. Mit der Gestaltung der 0,1-Liter-Fläschchen wurde Fortunato Depero betraut, einer der berühmtesten futuristischen Künstler seiner Zeit, der zuvor bereits der Werbesprache von Campari neue, vom Futurismus geprägte Impulse verliehen hatte. 75 Jahre später ist die kleine konische Flasche, nahezu unverändert, zu einer Design-Ikone der italienischen Kultur aufgestiegen. Sie inspirierte zahlreiche Kunstwerke, darunter auch Raffaele Celentanos »Campari Light«. Die Flaschen selbst wurden in Italien in die Riege der »1000 zeitlosen Designobjekte« aufgenommen.

Seite 580: Bitter basieren auf einer Vielzahl von Aromaten, die meist in getrocknetem Zustand verarbeitet werden.

Gegenüber oben: Seine Farbe trug zweifellos zum sensationellen Erfolg des Campari bei.

Gegenüber unten: Campari – wie andere Likörmarken der Zeit – zeigte sich in jedem Bereich innovativ, auch in der Logistik.

Das Camparino in der Galleria Vittorio Emanuele II. war die Keimzelle des Campari.

matischen Kräutern, Früchten und Gewürzen zugrunde liegt. Die genaue Rezeptur ist selbstverständlich ein Geheimnis, dennoch sind einige Zutaten bekannt, darunter Chinarinde und bittere Kräuter, Rhabarber, Granatapfel, Ginseng, Zitrusöl und Orangenschale. Eine der Hauptzutaten ist die Rinde des Kaskarillabaums, der auf den Bahamas wächst. Die Mischung wird in heißes, destilliertes Wasser gegeben und mit Neutralalkohol versetzt. In einer mehrtägigen Ruhephase entsteht so ein hochprozentiges, aromatisches, leicht bitteres Mazerat. Dieser Auszug wird in einem aufwändigen Verfahren gefiltert, bis eine klare Flüssigkeit zurückbleibt, die früher mit echtem Karminrot aus Koschenilleläusen gefärbt wurde. Wasser und eine Zuckerlösung bringen das Konzentrat auf Trinkstärke. Der Alkoholgehalt beträgt 25 % vol.
Einst unterhielt Campari allein in Italien 20 Zweigstellen, doch 2005 wurde die Produktion in der hochmodernen Fabrik in Novi Ligure konzentriert. Außerdem wird der Bitter in je einer Filiale in Brasilien und Frankreich hergestellt. Campari wird in mehr als 190 Ländern getrunken und gehört zu den berühmtesten Marken der Welt.

Herber Charakter: Enzian

Enzianwurzeln enthalten extrem starke Bitterstoffe, die nur als Auszug zu bekommen sind, da sie löslich, aber nicht flüchtig sind und deshalb nicht – oder kaum – im Destillat erscheinen. Für die recht herben Liköre, die mindestens 80 g/l Zucker enthalten müssen, werden daher auch kleine Mengen der Mazerate von Enzianwurzeln verarbeitet sowie Blüten und Teile der Blätter.

Enzian, der in Deutschland unter Naturschutz steht, blüht in den verschiedensten Farben. Sowohl der Gelbe Enzian (*Gentiana lutea*), der Rote Enzian (*Gentiana purpurea*), der Punktierte Enzian (*Gentiana punctata*) und als häufigste Variante der Ungarische Enzian (*Gentia pannonica*) können zur Destillation verwendet werden. Im Gegensatz zu dem kleinen blauen stängellosen Enzian, den die meisten Wanderer kennen, handelt es sich hierbei um hoch aufragende Stauden mit einer entsprechend kräftigen Wurzel. Seit der Gelbe Enzian nur noch schwer zu bekommen ist, weicht man in der Enzianbrennerei immer häufiger auf den Ungarischen Enzian aus.

Enzianliköre sind natürlich dort entstanden, wo die seltenen Pflanzen beheimatet sind, und man findet sie heute in den Regionen des französischen Massif Central (wo die Stauden auf den nährstoffreichen Vulkanböden gedeihen) und in der Alpenregion. Im bayerischen Berchtesgaden stellt die Enzianbrennerei Grassl die bekanntesten deutschen Enzianspirituosen her. Neben dem klaren hochprozentigen Brand bieten sie auch einen Enzian-Kräuter-Likör an. Urkunden belegen, dass die Gastwirtsfamilie Grassl schon um 1600 die Brennrechte erhielt. Die Enzianbrennerei war ein mühsames Geschäft. Den Herbst verbrachte der Brenner am Berg, zunächst bei der Ernte von damals noch 50–100 kg Wurzeln täglich, dann, im Oktober, beim Brennen in den Brennhütten in 1000 m Höhe oder höher. Mit dem ersten Schnee wurden die Enzianfässer dann zu Tal gebracht.

Ausgewählte Enzianliköre

Deutschland

Grassl
Enzian Kräuter

Dieser Likör aus der bayerischen Enzianbrennerei Grassl ist eine sorgfältige Komposition aus vielen verschiedenen altbewährten Alpenkräutern. Nach überlieferten Rezepten werden daraus Auszüge hergestellt, die anschließend mit langjährig gelagerten Enziandestillaten verfeinert werden. Mitverwendet werden dabei auch Blüten- und Blattteile der seltenen hochwüchsigen Enzianarten. Dieser sehr milde Likör zeichnet sich durch seinen charakteristischen, duftig-würzigen Eigengeschmack aus. Sein Alkoholgehalt beträgt 35 % vol. Angeboten werden auch weitere klassische Kräuterliköre. Berühmtestes Produkt ist jedoch der Gebirgsenzian, ein fassgereifter Brand, der das extravagante, erdige Aroma der Enzianwurzel hervorragend zur Geltung bringt.

Frankreich

Avèze
Gentiane Fraîche

Der Kaufmann Emile Refouvelet kreierte diesen Enzianlikör 1929 unter dem Namen »Auvergne Gentiane« in Riom-lès-Montagnes, und das würzige Flair verhalf der Spirituose sofort zum Erfolg. Ab 1962 wurde der Likör dann unter dem Namen »Avèze« vermarktet. Für Avèze werden nur Enzianwurzeln aus dem Regionalen Naturpark der Auvergne verwendet, was man auf der Flasche angeben darf und was zugleich eine Anerkennung des *savoir-faire* darstellt und des Engagements für den Umweltschutz. Die etwa 45 Jahre alten Wurzeln werden frisch verarbeitet und mazerieren dann neun Monate lang in Alkohol, bevor man zwei Liköre daraus herstellt: der mit 15 % vol Alkoholgehalt ist sanft und fruchtig, der mit 20 % vol kräftiger und etwas bitter.

Frankreich

Salers
Gentiane d'Auvergne

Die Distillerie de Salers in der Auvergne bereitet ihre Gentiane nach einer Rezeptur aus dem Jahr 1885 zu und gilt damit als älteste Enzianmarke des Massif Central. Basis sind die Wurzeln des Gelben Enzian, die auf den Vulkanböden der Region gut gedeihen. Erst nach bis zu 20 Jahren Wachstum werden sie vorsichtig aus der Erde gelöst, zerkleinert und mehrere Monate lang in Alkohol mazeriert. Anschließend destilliert man das Mazerat sorgfältig gemeinsam mit aromatischen Pflanzen in *alambics*. Die Destillation sorgt für ein komplexes Aroma, aber auch für die Beseitigung allergener Stoffe. Das Destillat reift dann einige Zeit in Fässern aus Limousin-Eiche, ehe es mit Wasser, Neutralalkohol und Zucker angereichert und gefiltert wird.

Frankreich

Suze
Liqueur

Schon seit 1889 wird dieser goldgelbe Enzianlikör hergestellt. Seine aromatische Grundlage besteht zur Hälfte aus eingemaischten Enzianwurzeln, die im Jura und in der Auvergne erst im Alter von rund zehn Jahren ausgegraben werden. Deren Geschmack rundet man mit aromatischen Pflanzen ab, bevor die Destillation der Mischung ein subtiles Aroma verleiht. Neben Enzian zeigen sich auch Noten von Zitrus, Aprikose, Vanille und Karamell sowie erdige Rauchnoten in Duft und Geschmack. Man serviert ihn kalt als Longdrink, als Cocktail oder pur mit Eis, am liebsten als Aperitif. Zur Beliebtheit des Suze tragen die Designerflaschen bei, die zu Weihnachten von berühmten Modeschöpfern wie Jean-Charles de Castelbajac oder Sonia Rykiel kreiert werden.

Die Welt in den Klauen des Adlers

Hält man ein Glas Fernet Branca schräg, kann man deutlich den gelben Rand des Bitters erkennen: Safran, der König seiner Zutaten, wie man im Haus sagt. An die 40 Aromate verlangt das bis heute unveränderte Rezept. Dazu gehören Aloe und Wacholder, Moschus-Schafgarbe und Colombo-Wurzel, Chinesischer Rhabarber und Kaffee. Es werden ausschließlich natürliche Aromen verwendet, die man je nach den Erfordernissen der Rohstoffe mit Mazeration, aber auch im Wasserbad extrahiert. Sind alle Zutaten ordnungsgemäß gemischt, füllt man in den ausgedehnten Kellern des Firmensitzes mitten in der Metropole Mailand den Bitter in große Fuder aus slowenischer Eiche – 550 Stück stehen dafür bereit – und gönnt ihm etwa ein Jahr lang Ruhe. Alle Produktionsphasen werden heute mit modernster Technik kontrolliert, dennoch blieb die langwierige Prozedur unverändert.

Kennt man das aufwändige Herstellungsverfahren, wundert es nicht, dass sich Fernet Branca als ein sehr komplexer und bekömmlicher Likör herausstellt. Gleichwohl kann sich der erste Schluck als Schock erweisen. Vielleicht hat deshalb speziell eine junge Klientel neue Trinksitten eingeführt und findet Gefallen an Fernet als Shot oder Cocktail oder als Longdrink mit Ginger Ale wie in Kalifornien und mit Cola. Gern wählt man dafür auch Brancamenta, die Version mit Pfefferminze. Aber in Italien trinkt man ›zum Sterben gern‹ Fernet im Kaffee, als Caffè coretto e la morte.

»Erneuern, aber bewahren«

Fernet Branca gilt als der bekannteste Bitter der Welt. Bei seiner internationalen Präsenz und seinem modernen Auftritt würde man erwarten, dass er heute aus einer modernen Fabrik stammt wie so viele der großen Marken. Doch Fernet Branca wird noch immer in dem weitläufigen Gebäudekomplex hergestellt, den die Fratelli Branca 1911 in der Via Resegone in Mailand errichteten

Gegenüber: In 550 dieser stattlichen Fuder rundet Fernet Branca ein volles Jahr ab.

Links: Historischer Branca-Schreibtisch im firmeneigenen Museum

Rechts: Trotz Hang zur Tradition wird bei Fernet Branca die Qualität kontinuierlich mit modernen Methoden geprüft.

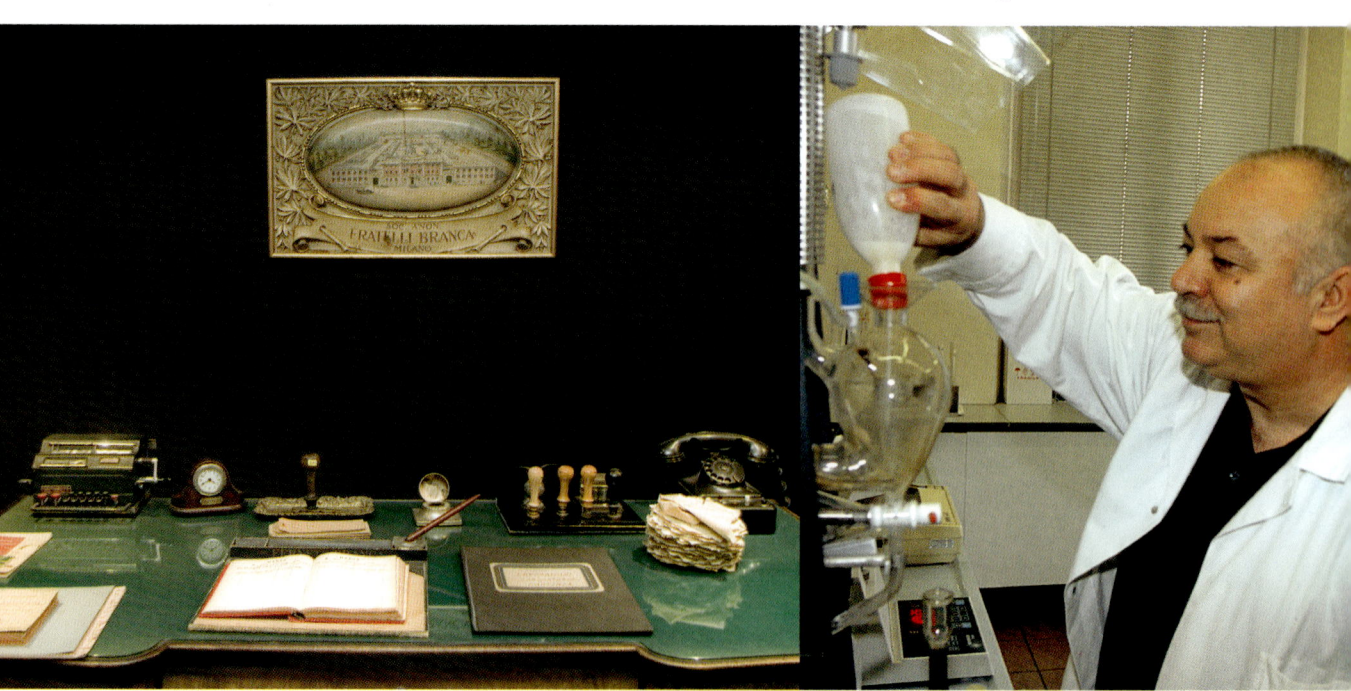

und der sich heute mitten in der stark gewachsenen Metropole befindet.

»Erneuern, aber bewahren« lautet das Motto der Familie, deren fünfte Generation jetzt das Unternehmen leitet. Der Firmengründer Bernadino Branca, ein gutsituierter Bürger, kannte sich mit Kräutern aus und besaß zu Hause ein eigenes Labor, wo er ein Rezept vervollkommnete, das von einem schwedischen Arzt namens Fernet stammte. Testpersonen für seine Versuche rekrutierte er im Familienkreis. Als 1836 eine Cholera-Epidemie ausbrach, stellte er sein Elixier als Heilmittel zur Verfügung. Ab 1845 ging es in den freien Verkauf, doch erst die Söhne Giuseppe, Luigi und Stefano verwandelten es in ein kommerzielles Produkt.

Mailand erlebte Ende des 19. Jahrhunderts eine außerordentliche wirtschaftliche Blüte und demonstrierte seine Industrie in einer internationalen Ausstellung, die Stefano Branca gemeinsam mit Giovanni Pirelli organisierte. Zur Jahrhundertwende öffnete Fernet Branca erste Auslandsmärkte und fand besonderen Anklang in Südamerika, was bis heute anhält. Das einzige Zweitwerk des Bitters steht in Argentinien.

Als Stefano 1891 frühzeitig starb, übernahm seine Witwe Maria Scala die Leitung. Umsichtig und ab 1893 unter dem Zeichen des über der Welt schwebenden Adlers führte sie Fernet Branca weiter zum Erfolg. Nach ihr ist das Maria-Branca-Scala-Forschungszentrum benannt, eine weltweit bedeutende Institution zur Erforschung von Heilpflanzen, wo auch das aktuelle Qualitätskontrollsystem des Fernet Branca entwickelt wurde. Mit Sohn Dino hatte das nächste Kapitel der Firmengeschichte begonnen, denn er machte Fernet international bekannt.

Plakative Bitter

Gegenüber: In der Pariser Agentur Maga entwarf man den – dank Fernet – mit seinem Bauch so sichtbar zufriedenen Alligator.

Links und rechts: Marcello Dudovich war einer der Stars unter den Plakatmalern und berühmt für seine ironische Überzeichnung.

Mitte: Zu Beginn des 19. Jahrhunderts war Leonetto Cappiello der gefragteste Plakatmaler und erhielt von fast allen großen Marken der Zeit Aufträge.

Viele Handelsgüter, darunter auch die Spirituosen, profitieren zu Beginn des 20. Jahrhunderts von der kurz zuvor neu entwickelten Technik der Lithografie, seit man deren Wert für die Werbung erkannt hatte. Die Bitterliköre sind da keine Ausnahme. ›Barba di Rame‹, Kupferbart, wie seine Freunde Davide Campari nannten, hatte dafür ebenso eine besondere Nase wie Maria Branca Scala. Die Plakate beider Firmen haben Geschichte gemacht.

Anfangs priesen Zeitungsanzeigen Fernet Branca als Allheilmittel, nicht zuletzt bei Menstruationsbeschwerden, und zeigten Frauen mit einem Glas in der Hand. Die an Verkäufer verteilten Kalendertafeln – eine sehenswerte Sammlung davon ist im Branca-Museum zu bewundern – blieben trotz exotischer Motive im Stil so konventionell wie das von dem italienischen Illustrator Leopoldo Metlicovitz entworfene Firmenzeichen, der Adler. Dagegen zog Maria Scala für Werbeplakate gefragte Künstler und Agenturen heran wie Maga in Paris, die den euphorischen Alligator als Sinnbild guter Verdauung lieferten, oder den berühmten Leonetto Cappiello, der den amüsant überzeichneten ›König der Bitter‹ entwarf und Fernet als Apéritivo und Digestivo anpries.

Campari engagierte wiederholt Marcello Dudovich. Der 1878 in Triest geborene Plakatmaler war bis zum Ersten Weltkrieg auch als Zeichner für die in München erscheinende satirische Zeitschrift »Simplicissimus« tätig. Seine Ironie blieb selbst in den Werbeplakaten spürbar. Vielleicht lag darin das Geheimnis ihrer Wirkung. Die von Dudovich entworfenen Szenen waren alle eine Spur überzeichnet. Das küssende, ganz in das Campari-Rot getauchte Paar scheint vor lauter Leidenschaft fast das Gleichgewicht zu verlieren, und die flotte, eher leicht bekleidete Charleston-Schönheit an der Art Deco Bar wird von einem völlig vermummten Zylinderträger hofiert. Für falsche Zurückhaltung war nirgends Platz, und Fernet Branca wurde 1922 schlicht als Italiens bestes Produkt angepriesen.

Bitter ohne Angostura

Die Geschichte von Angostura Bitters begann in Venezuela, wo der deutsche Arzt Johann Gottlieb Benjamin Siegert ab 1820 dem südamerikanischen Freiheitskämpfer Simón Bolívar während der Unabhängigkeitskriege gegen die Spanier diente. Bolivar entsandte seinen Militärarzt als Lazarettleiter in die venezolanische Stadt Angostura (heute Ciudad Bolívar). Um den an Tropenkrankheiten leidenden Soldaten Erleichterung zu verschaffen, suchte Dr. Siegert ein fiebersenkendes Tonikum. Vier Jahre erforschte er Tropenkräuter, bevor er den heilsamen Amargo Aromatico herstellen konnte. Auf der Zutatenliste stehen Angelika, Chinarinde, Enzian, Galgant, Ingwer, rotes Sandelholz, Zimt sowie Kardamom, Muskatnuss und -blüte, Nelken, Pomeranzenschalen und Tonkabohnen. Was darauf fehlt, ist Angosturarinde, das sind Stücke der äußeren Rinde eines am Orinoko heimischen Baums, deren fiebersenkende Wirkung die Einheimischen kannten. Das Mazerat ist dunkelrotbraun und sehr bitter.

Warum Dr. Siegerts Angostura ohne Angostura auskommt, ist ungeklärt. Seinen Fieberkranken – und mit der Zeit immer mehr Nicht-Fieberkranken – war das gleichgültig. Der Erfolg sprach sich herum, und die Nähe des Handelshafens Angostura begünstigte den Export so gründlich, dass der Doktor um 1850 seinen Arztkittel gegen den des Bitterlikörherstellers tauschte. Erst zu dem Zeitpunkt benannte er sein Erzeugnis nach der Stadt, in der es entstanden war. Als 1875 die politischen Verhältnisse unsicherer wurden, wanderten der Arzt, seine Söhne und seine Firma nach Trinidad aus.

Als Hausmittel verlor ihr Zugpferd bald an Bedeutung, konnte aber als Geschmacksverstärker zulegen. In Gebäck, Obstsalaten, Suppen, Saucen oder Süßspeisen nicht unbekannt, fühlt sich Angostura Bitters am wohlsten in der Bar, wo er zur Grundausstattung zählt. Viele Rezepte zeugen von seiner Vielseitigkeit, doch am bekanntesten ist sein Einsatz als pfiffiger Spritzer bei Cocktails wie Mojito oder Manhattan.

Zu dem weltberühmten Angostura Bitters gesellte die Trinidader Firma inzwischen weitere Produkte, darunter als Aushängeschild den Rum 1919.

Doppeltes Unicum

Kein Geringerer als der Leibarzt des ungarischen Königs Joseph II., Joseph Zwack, war es, der auf Wunsch des Herrschers einen bitteren Kräuterlikör als Medizin komponierte. »Das ist ein Unicum«, soll der König ausgerufen haben, als er 1790 die außergewöhnliche Kräuterkomposition kostete. So begann die mehr als 200-jährige Erfolgsgeschichte dieses berühmten ungarischen Likörs, der meist als Digestif gereicht wird, aber inzwischen auch als Longdrink auf Eis und als Mixgetränk Anklang findet.

Mehr als 40 handverlesene Kräuter aus allen Erdteilen bilden die Basis dieses Magenbitters. Um ihnen die Wirkstoffe und Aromen zu entziehen, wird ein Teil davon 30 Tage lang mazeriert, während man die anderen Pflanzen destilliert. Auf diese Weise erzielt man in präzisem Mischungsverhältnis den markanten Ausdruck des 42%igen Unicum. Zur geschmacklichen Abrundung reift der Bitter mindestens sechs Monate in Eichenfässern.

Fünfzig Jahre nach der Erfindung dieses Bitters gründeten die Erben des Hofarztes ihre Likörfabrik in Pest. Seit 1840 wurde Unicum dort nach dem Ur-Rezept hergestellt, abgesehen von einem 40-jährigen Intermezzo. Denn als das Unternehmen nach dem Zweiten Weltkrieg verstaatlicht wurde, flohen die Zwacks, das Rezept im Gepäck, nach Italien. Dort setzten sie baldmöglichst die Produktion fort, während man in Budapest einen schwachen Abglanz des Originals zu brauen begann. Nach der Befreiung nahm die vierte Generation der Familie die Chance wahr und erwarb ihre frühere Firma vom Staat zurück. Womit dieser Teil der Welt wieder in Ordnung war.

Unicum kennzeichnet sein runder, angenehm bitterer Geschmack, seine goldbraune Farbe mit leuchtenden Reflexen und seine ölige Konsistenz. Bei der Degustation entfaltet sich zunächst Süße, bei längerem Verweilen im Mund kommt die Vielfalt des Kräuteraromas zur Geltung, durchzogen von einer leichten Orangennote. Nach dem Genuss bleibt noch einige Minuten ein nachhaltig süßer, zugleich kräuterintensiver Bittergeschmack im Mund. Der Duft schafft die Balance zwischen Süß und Bitter. Die Rezeptur des Likörs in der kugeligen Flasche mit dem markanten Stephanskreuz soll, so erfährt man, in vier Teilen in vier verschiedenen Banken auf vier Kontinenten lagern. Wenn das kein Unicum ist.

Unicum im Großformat, vor Ort in Budapest erhältlich. Das von einem unbekannten Zeichner entworfene Plakat hat heute Kultstatus.

Der unaufhaltsame Aufstieg des Hirschen

Gegenüber: Früher zelebrierte Jägermeister Jägerfolklore.

Heute ist Jägermeister ein Kult-Drink, nicht zuletzt in den USA.

Hubertus, Sohn des Frankenkönigs Theoderich, war von der Jagd besessen. An einem Karfreitag hetzte er mit seinen Jagdgesellen einen prächtigen Hirschen, doch als er seinen Speer auf ihn schleuderte, prallte der vom Geweih ab, zwischen dem ein Kreuz erschien. Darauf entsagte Hubertus der Jagd und wurde später Bischof von Lüttich. Das hätte alles überhaupt nichts mit Alkohol zu tun. Wenn nicht Curt Mast, der den Jägermeister 1934 entwickelte, passionierter Jäger gewesen wäre. Wen wundert es da, dass auf dem Etikett ein Hirschkopf mit Strahlenkreuz pragt, der an die Hubertus-Sage und an den Schutzpatron der Jäger erinnert.

56 Kräuter, Blüten, Wurzeln und Früchte aus den verschiedensten Ländern der Erde werden zur Herstellung des Jägermeister-Grundstoffs verwendet, darunter Zimtrinde aus Sri Lanka, Pomeranzenschalen aus Australien, rotes Sandelholz aus Ostindien und Ingwer aus Südostasien. Die Substanzen werden nach dem Geheimrezept ausgewogen, in unterschiedlichen Stärken gemahlen und in Gruppen zusammengestellt. In Großbehältern mazerieren sie rund eine Woche lang in einem Alkohol-Wasser-Gemisch von 70 % vol, wobei nur ein Teil der Inhaltsstoffe entzogen wird. Deshalb wiederholt man die Prozedur mehrmals über fünf

Wochen. Die bei den Mazerationen gewonnenen Auszüge mischt man zum Jägermeister-Grundstoff, der filtriert und dann ein Jahr lang in Eichenfässern gelagert wird. Anschließend wird der Grundstoff so mit Alkohol, Zuckerlösung, Karamell und enthärtetem Wasser versetzt, dass die Trinkstärke von 35 % vol Alkoholgehalt erreicht ist. Jägermeister, der ur-deutsche Kräuterlikör, wandelte sich vom biederen Verdauungsschnaps zum Kult-Drink der jungen Generation, speziell der amerikanischen. Dies gelang nicht zuletzt mit gekonnten Werbestrategien, die gezielt die Szenegastronomie einbeziehen – etwa mit den flotten Jägerettes, einem PR-Team junger Damen, die Jägermeister rasant in Szene setzen. Auch die von Jan Michael seit Ende der 1970er Jahre fotografierten New Yorker Anzeigenmotive beflügelten den Umsatz der Kräuterspirituose, die heute in 80 Ländern getrunken wird. Für nachhaltiges Umsatzplus sorgten schließlich die Tap Machines, mit denen Jägermeister eiskalt wie aus der Tiefkühltruhe serviert werden kann, ohne dass die Flaschen darin verschwinden müssten. Man steckt sie nur kopfüber auf das Kühlgerät und stellt sie damit direkt ins Rampenlicht.

Balsam für den Magen

Boonekamp

Ende des 18. Jahrhunderts entwickelte ein Apotheker namens Kamp im niederländischen Leidschendam den herben Kräutertrunk und vervollkommnete ihn 1805 zur Marktreife, doch eine Marke wurde nicht daraus. Deshalb kann Boonekamp, der mit 40% vol Alkoholgehalt zu den höherprozentigen Likören zählt, von verschiedenen Herstellern angeboten werden, wobei jeder seine eigene Kräutermischung verwendet. Allen Varietäten – auch der Kaiserkrone – gemeinsam ist der deutliche Bitterton, schließlich war auch diese Kräuterspezialität zunächst als Medizin gedacht.

Kuemmerling

Hugo Kümmerling gelang im thüringischen Deesbach 1938, nach mehr als 15 Jahren Tüftelei, die Rezeptur für diesen Kräuterlikör. 1949 wanderte die Produktion von Thüringen ins fränkische Coburg aus. Heute wird der 35%ige Likör im rheinhessischen Bodenheim in einer der modernsten Produktionsanlagen Europas gefertigt; rund 1 Mio. der charakteristischen konischen 0,02-Liter-Fläschchen laufen dort täglich vom Band. Typisch ist der sanfte bittersüße Geschmack. 2004 kam mit Kuemmerling Orange eine fruchtige Variante hinzu.

Underberg

Die mit Strohpapier umwickelte Portionsflasche ist das Markenzeichen des Underberg, dessen Bekömmlichkeit auf Kräutern aus 43 Ländern beruht, die erst kurz vor der Herstellung zerkleinert werden. Es war Hubert Underberg-Albrecht, der 1851 nach langjähriger Entwicklungszeit den Kräuterbitter lancierte. Auch heute ist das Rezept nur drei Familienmitgliedern bekannt, die für Auswahl und Mischung der Kräuter sorgen. In einem Geheimverfahren werden die Zutaten schonend von ihren Wirk- und Aromastoffen befreit, und der junge Underberg, mit frischem Brunnenwasser auf 44 % vol Alkoholgehalt gebracht, reift noch einige Monate in Holzfässern. Underberg wird heute in mehr als 100 Ländern der Welt geschätzt.

Ausgewählte Bitterliköre

Dänemark

Gammel Dansk Bitter Dram
Der ›alte dänische Bittertrunk‹ – so die wörtliche Übersetzung des Namens – ist neben Aquavit das dänische Nationalgetränk. Nach dänischer Tradition kann man ihn schon zum Frühstück trinken, auf jeden Fall aber zum Mittagessen, zum Kaffee, am Abend oder zwischendurch. Hergestellt wird Gammel Dansk in der Nähe von Aalborg. Die Entwicklung dieser Spezialität erstreckte sich über viele Jahre. Als Basis dienen Neutralalkohol und 29 Zutaten wie Kräuter, Gewürze und Früchte von fast allen Kontinenten dieser Welt, zum Beispiel Sternanis, Zimt, Chinarinde, Wermut, Rhabarberwurzeln und Vogelbeeren. Insgesamt 650 t Gewürze werden jährlich verarbeitet. Vom Ansetzen der Mazerate bis zur Abfüllung des fertigen Bitters vergehen fünf Monate.

Frankreich

Cynar
Dieser dezente Amaro wurde vor mehr als 50 Jahren im mittelitalienischen Termoli entwickelt, die erste Flasche davon ging in einer Apotheke über den Ladentisch. Der herbe Geschmack des Bitters ist geprägt vom Aroma der Artischocke. Mittels kaltem Infusionsverfahren werden 13 Kräuter sowie Artischockenextrakte langsam mit Alkohol vermischt. Anschließend kommen Wasser, Zucker und Alkohol hinzu, bis der gewünschte Alkoholgehalt von 16,5 % vol erreicht ist. Für die Bernsteinfarbe sorgt Karamell. Cynar gilt als der einzige Amaro auf Artischockenbasis. Der Name Cynar ist abgeleitet von dem in der Artischocke enthaltenen gesunden Bitterstoff Cynarin. Cynar wird mit Vorliebe pur auf Eis oder mit Orangenscheibe und einem Schuss Soda getrunken.

Italien

Amaro Montenegro
Mit der 1896 in Italien eingeführten Spezialität kommt ein echter Klassiker der Gattung Amaro ins Glas. Diese typischen Bitterliköre repräsentieren einen Teil italienischer Lebensart. Sie umrahmen die Mahlzeiten, werden aber auch zwischendurch getrunken. Amaro Montenegro entsteht aus mehr als 40 Kräutern, die die markante, feinherbe und fruchtige Note dieses mit 23 % vol Alkoholgehalt recht leichten Likörs prägen. Er eignet sich gleichermaßen als Aperitif wie als Digestif. Man genießt ihn pur, auf Eis, mit einer Zitronenscheibe oder als Longdrink. Der Likörname huldigt der Prinzessin Helena von Montenegro, die im Einführungsjahr dieses Bitters mit dem italienischen Kronprinzen und späteren König Vittorio Emanuele III. vermählt wurde.

Italien

Aperol
Anlässlich einer Ausstellung in Padua stellten die Brüder Luigi und Silvio Barbieri diesen Aperitif erstmals vor, als neueste Kreation des 1891 von ihrem Vater gegründeten Unternehmens, das Liköre aller Art fabriziert. Seit damals wird dieser Klassiker nach unverändertem Originalrezept produziert. Seine orangerote Färbung beruht auf einer Mischung aus Rhabarber, Chinarinde, Enzian, Bitterorangen, Kräutern und Alkohol. Das bitter-fruchtige Aroma harmoniert ausgezeichnet mit frisch gepressten Säften und Soda. Aus Italien stammt der Sprizz, jene Mischung aus Aperol, Prosecco und einem Schuss Soda, die unter jungen Italienern sehr beliebt ist und mittlerweile auch in anderen Ländern als moderne Trendspirituose Anklang gefunden hat.

Italien

Averna

Im sizilianischen Caltanissetta produziert die Familie Averna diesen Kräuterlikör bereits seit 1868. Das Rezept soll ein Mönch aus dem Kloster San Spirito an die Familie weitergeben haben. Es blieb bis heute unverändert. Mehr als 60 verschiedene Kräuter, Wurzeln und Fruchtschalen werden verwendet, und traditionell ist bis heute noch viel Handarbeit dabei im Spiel. Der Kräuterlikör konnte schon Ende des 19. Jahrhunderts unzählige internationale Auszeichnungen und Medaillen gewinnen und gilt als Klassiker der Speisegastronomie. In Mode gekommen sind jetzt Longdrinks mit Averna. Besonders aromatisch schmeckt Averna mit Eiswürfeln, in denen mediterrane Kräuter wie Rosmarin, Thymian, Oregano, Lavendel oder Basilikum eingefroren sind.

Italien

Ramazzotti

Ausano Ramazzotti entwickelte diesen italienischen Amaro 1815, im Jahr des Wiener Kongresses. Ramazzotti besaß damals ein Laborgeschäft in der Nähe der Mailänder Arena, wo er seinen Likör aus 33 verschiedenen Kräutern und Wurzeln komponierte. Bis heute wird der Kräuterlikör nach dem Rezept seines Erfinders hergestellt. 1848 eröffnete Ausano Ramazzotti ein Lokal in der Nähe der Mailänder Scala, wo sein Amaro serviert wurde. Klassisch genießt man den Halbbitter pur, auf Eis, mit Zitrone oder Zitronenlimonade. Neben dem Amaro gibt es auch die Variante Ramazzotti Menta mit frischer Minze, die pur mit einem Eiswürfel gereicht wird, aber auch hervorragend zu heißer Schokolade passt. In Italien ist Menta besonders in der Region Venetien beliebt.

Spanien

Palo

Dieser Traditionsaperitif, der zu den charakteristischen Spezialitäten von Mallorca und Ibiza zählt, macht sich die gesundheitsfördernde Wirkung der Chinarinde zunutze. Angeblich ist er aus einem Heilmittel gegen die im 16. Jahrhundert auf Mallorca grassierende Malaria hervorgegangen, das später zur besseren Konservierung mit Alkohol versetzt wurde. Zur Rezeptur gehören Extrakte von Chinarinde und Enzianwurzeln, die leicht dickflüssige Konsistenz und die dunkle Farbe gehen auf Karamellzucker zurück. Der Geschmack ist von Karamellnoten geprägt, manche Sorten zeigen auch Anklänge von Lakritz. Diesen Palo aus der ibizenkischen Destillerie Juan Marí Mayans trinken Kenner mit etwas Zitronensaft und ein paar Tropfen Gin.

Spanien

Túnel de Mallorca

Die Marke, die auf die Eisenbahntunnel Mallorcas anspielt, entstand 1898, als Antonio Nadal Muntaner damit begann, die traditionellen Likörspezialitäten der Insel mit handwerklichen Methoden herzustellen. Zu den erfolgreichsten zählt dieser angenehme Halbbitter, der zurückgehen soll auf ein mittelalterliches Mönchsrezept. Er wird geprägt durch die typischen Aromen der Insel wie Zitronenkraut, Koriander, Minze, Majoran, Kamille, Fenchel, Rosmarin, Wacholder, Orangenblüten sowie Anis. Es gibt ihn als Dulce zum Purtrinken mit 22 % vol Alkoholgehalt sowie als Seco mit herbem Kräutergeschmack und 40 % vol speziell zum Mixen. Mezcladas, der Klassiker mit 30 % vol, ist eine Mischung aus den beiden anderen und wird gern für Longdrinks verwendet.

Sommer im Glas: Fruchtliköre

Es ist eine durchaus ernst zu nehmende Kunst, das Aroma frischer Früchte retten und authentisch in Liköre betten zu können. Und eine nicht zu unterschätzende dazu. Orientieren konnte man sich dabei an den alten Rezepturen der Heilkundigen, die anhand von Kräutern und Gewürzen demonstriert hatten, wie sich die Essenz, das Wesen der Ingredienzen, fassen ließ. Mit der Zeit entwickelten findige Köpfe daraus die verschiedensten Methoden, um Aromen von Apfel bis Zitrone wohlschmeckend und belebend in Flaschen zu bewahren. In Flaschen, die an ungemütlichen grauen Wintertagen eine angenehme Erinnerung an Sommerernten wecken.

Heute bieten Fruchtliköre eine Fülle an Variationen, mit der keine andere Likörgattung aufwarten kann. Kunstvoll spielen die Hersteller mit einer reichen Vielfalt an Komponenten. Manche nutzen frische Säfte, andere die Extrakte aus in Alkohol eingelegten Früchten. Bisweilen destilliert man diese Auszüge anschließend, um nur die feinsten und reinsten Aromen herauszufiltern. Auf der Klaviatur der Fruchtlikör-Kompositeure finden sich zudem Gewürze, verschiedene Zucker und natürlich der Basisalkohol, der neben Neutralalkohol auch Obstbrände enthalten kann.

So überrascht es nicht, wenn jeder Fruchtlikör seine Individualität hervorhebt. Und die Palette reicht vom einfachen Aufgesetzten, den viele Familien noch heute zu Hause zubereiten, bis zur hochkomplizierten Kreation aus in langwierigen Prozessen gewonnenen Fruchtextrakten, geheimnisvollen Gewürzen und sorgsam abgestimmten Alkoholmischungen. Für die vorletzte Ruhe verbringt man diese aufwändig hergestellten Kunstwerke oft sogar noch ins edle Eichenfass.

Über die Schulter schauen lassen sich die Hersteller nur allzu ungern, bergen doch die detailreichen Rezepturen oft genug die Erkenntnisse aus den Erfahrungen vieler Generationen. Ohne Firmengeheimnisse zu lüften, kann man festhalten, dass sich die meisten Fruchtliköre einer von drei großen Gruppen zuordnen lassen.

Da ist zunächst die Gruppe der Fruchtsaftliköre, die ihr fruchtbetontes Aroma aus frischen Säften beziehen. Viele Hersteller verwenden auch ein Konzentrat – und um den Unterschied wirklich herauszuschmecken, muss man schon ein Experte sein. Typische Vertreter dieser Gattung sind Kirschliköre oder die berühmte Crème de Cassis, der Schwarze-Johannisbeer-Likör aus Dijon, den man im Kir genießt. Fruchtsaftliköre fallen mit ihrer betonten Süße häufig unter die Kategorie der Crèmes oder Crème-Liköre, die laut Spirituosenverordnung durch einen Mindestzuckergehalt von 250 Gramm je Liter definiert sind. Und selbst diese Menge muss für Crème de Cassis noch um 150 Gramm Zucker je Liter überschritten werden.

Während Fruchtsaftliköre mit den leuchtenden Farben der Früchte prunken, zeigen sich Fruchtaromaliköre im allgemeinen klar oder allenfalls sanft getönt. Hier sind die durch Mazeration, Digestion oder Perkolation gewonnenen Extrakte der Früchte zugesetzt. Oft sind es die Schalen von Orangen und anderen Zitrusfrüchten, die ihr bittersüßes Aroma für diese Art von Likör spenden. Beliebter Klassiker bei den Fruchtaromalikören ist der tiefblau gefärbte Curaçao, eine jahrhundertealte holländische Erfindung, die heute von zahlreichen Herstellern produziert wird.

Als Liköre mit ganz eigener Ausstrahlung gelten Fruchtbrandys. Sie enthalten neben Neutralalkohol auch echte Obstbrände, die das Aroma der jeweils namengebenden Frucht kraftvoll unterstreichen. Am bekanntesten sind Apricot Brandy und Cherry Brandy. Und außer Konkurrenz die spanische Spezialität Pacharán, ein traditioneller, mit Anisschnaps angesetzter Schlehenlikör aus Navarra, der in keine Kategorie passt.

Gewöhnlich werden Fruchtliköre pur gekühlt oder mit Saft, Soda oder Limonaden als Longdrink serviert. Hat man sie in der Vergangenheit nur mit Sekt und trockenem Weißwein gemischt, ist man sich ihrer Qualitäten in Verbindung mit anderen Spirituosen längst bewusst geworden, verleihen sie doch Cocktails reizvolle Fruchtakzente. Übrigens reagieren Fruchtsaftliköre empfindlich auf Sauerstoff, auch eine lange Lagerung bekommt ihnen nicht. Aber dazu muss es ja nicht kommen …

Beherzte Kirschen

Seite 596: Vollreife Holunderbeeren nehmen Edelbrenner gern als Basis für Brände und Liköre.

Gegenüber oben: Obstbauer Leo Weisrock ist mit der Qualität seiner Kirschen zufrieden.

Gegenüber unten: Eckes Edelkirsch setzt auf reine Fruchtaromen.

Die rechtsseitige Rheinebene zwischen Worms und Mainz beherbergt Deutschlands größtes Kirschenanbaugebiet.

In Deutschland ist Eckes Edelkirsch seit Generationen fast eine Institution. Bereits 1931 entwickelt, wurde er in den 1950er Jahren ein unverzichtbares Requisit des Wirtschaftswunders. Unvergesslich ist der Slogan »Nur Küsse schmecken besser«, der seit 1969 für den Kirschlikör warb.

Dem meistverkauften deutschen Kirschlikör versuchen natürlich viele Konkurrenten Marktanteile abzunehmen, selbst wenn sie nur mit Kirschkonzentrat arbeiten. Daraufhin ging man bei Eckes 2005 in die Offensive und entwickelte ein neues Verfahren, bei dem nur frische Sauerkirschen Verwendung finden. Sauerkirschen besitzen im Vergleich zu Süßkirschen deutlich mehr Aroma, Saft, Säure und Farbe. Das Geheimnis von Eckes liegt in den Kirschsorten, deren Namen man verschweigt: zunächst eine traditionelle Sorte mit ausgeprägtem Aroma und tiefroter Farbe, dann eine Neuzüchtung, die den Geschmack verblüffend verfeinert.

Außerdem entschied man sich für heimische Kirschen, die in Rheinhessen reifen, dem größten deutschen Weingebiet, das zugleich Europas zweitgrößtes Kirschenanbaugebiet ist. Hier, in Sichtweite des Rheins, bieten die fruchtbaren Lößböden beste Voraussetzungen für das gesunde Wachstum der herrlich roten, prallen Früchte.

Entscheidend für die Qualität der Likörs ist vor allem anderen die optimale Reife der Früchte. Dazu braucht es die Erfahrung des Obstbauern und dessen Fingerspitzengefühl. Sobald sich die Kirschen ohne Mühe vom Stiel lösen, ist der richtige Moment gekommen – und gleich Eile geboten.

Heute ist auch in die Obstplantagen moderne Technik eingezogen. Geerntet wird mit der Rüttelmaschine, deren Greifarm den Baumstamm umspannt und drei Sekunden lang schüttelt. Dabei fallen rund 15 kg Früchte auf ausgebreitete Planen, wie man es auch bei Oliven handhabt.

Die frisch geernteten Früchte werden im Betrieb gewogen, behutsam angepresst, bis sich die Fruchthaut öffnet, und mit mehrfach gebranntem Alkohol aus der firmeneigenen Destillerie im thüringischen Nordhausen übergossen. In mehr als 20 m hohen, gekühlten Mischbehältern mazerieren die Kirschen vier Wochen und länger im Alkohol, wobei die Maische gelegentlich von starken Motoren gerührt wird. So extrahiert man die Aroma- und Farbstoffe.

Kirschprobe

Jede Woche überprüft der Herstellungsleiter den Fortschritt der Extraktion. Ein Messgerät zeigt ihm zwar Zuckergehalt und Säuregrad an, aber worauf es wirklich ankommt, ist die Verkostung. Bis zu 50 Mal hat er die Maische probiert, bis ganz genau das erwünschte Kirscharoma mit der feurig-herben Note erreicht ist. Dann wird der alkoholische Saft abgezogen, Fruchtfleisch, Kerne und Schalen werden herausgefiltert und die im Tank abgesetzten Früchte in pneumatischen Pressen schonend gepresst. Nach weiteren Filterungen ist nur noch tiefroter alkoholischer Kirschextrakt übrig, die Basis des Likörs. Diese fertigen Auszüge schmecken angenehm säuerlich, je nach Kirschsorte auch etwas rauchig und würzig oder nach Marzipan.

Die letzte Etappe findet dann in Nordhausen statt, wo der Edelkirsch fertig komponiert wird. Dazu vermischt man die Auszüge beider Kirschsorten miteinander, ähnlich einer Cuvée beim Wein, außerdem fügt man mehr als 10 % Zucker hinzu. Nach dem gut gehüteten Hausrezept runden weitere Zutaten den Geschmack ab. Schließlich ruht die fertige Mischung mit nur 20 % vol Alkoholgehalt noch einmal bis zu einer Woche, damit sich die Aromen aufeinander einstellen. Mitte Oktober – rund 50 Tage nach der Kirschernte – kommen die ersten Flaschen der neuen Produktion in den Handel.

Der berühmte Likör wurde in der Vergangenheit pur getrunken. Heute genießt man ihn ebenso gern auf Eis oder als Mixgetränk, zum Beispiel mit Sekt oder Bitter Lemon zu einer interessanten Erfrischung verrührt.

Beeren und Besatzer

Crème de Cassis, ein Likör aus Schwarzen Johannisbeeren, wäre heute ohne den Domherrn Félix Kir vermutlich kaum bekannt. Der 1878 geborene Pfarrer wurde als Nazi-Gegner berühmt, der Tausenden von Kriegsgefangenen die Flucht ermöglichte. Er war schon über sechzig, als man ihn zum Bürgermeister von Dijon wählte. Und da die ortsansässigen Likörfabriken nach dem Krieg ums Überleben kämpften, schenkte er werbewirksam jedem offiziellen Besucher der burgundischen Hauptstadt Blanc-Cassis ein: einen trockenen Weißwein mit frischer Säure aus der Sorte Aligoté mit einem guten Schuss Crème de Cassis.

Während der vierjährigen Besatzungszeit, als die Cafés, einst zweite Wohnstube der Franzosen, verödeten, weil Zusammensitzen und Reden ein Risiko darstellte, war mancher berühmte Aperitif, darunter auch der Blanc-Cassis, in Vergessenheit geraten. Bürgermeister Kirs erfolgreiche Wiederbelebungsversuche brachten ihm die in Frankreich höchst seltene Ehre ein, dass dieses Getränk seitdem seinen Namen trägt.

Einst hatten zwei Kaufleute den Blanc-Cassis nach Dijon gebracht. Nachdem sie in Neuilly auf den Geschmack gekommen waren, starteten sie 1841 in ihrer Heimatstadt die Produktion von Crème de Cassis. Allerdings gab es kaum jemanden, der die herben Früchte anpflanzte. Doch Crème de Cassis wurde ein Erfolg, bis 1914 entstanden 80 Likörhäuser, und immer mehr Winzergattinnen setzten Johannisbeersträucher an die Ränder der Weinberge, um mit den gefragten Früchten ihr Budget aufzubessern. Inzwischen genießt Crème de Cassis de Dijon das Privileg der geschützten Herkunftsbezeichnung. Sie wird ausschließlich in Dijon und nur mit frischen Früchten aus Frankreich hergestellt.

Bis heute kommen die Schwarzen Johannisbeeren aus dem Burgund, daneben auch

Links: Die aufgetauten Johannisbeeren werden von den Rispen gestreift und schwach gemahlen.

Rechts: Dann kommen sie bei Gabriel Boudier zur Mazeration in diese Rotationstanks.

aus Teilen des Loire- und des Rhône-Tals, doch längst haben sich Bauern auf den Anbau spezialisiert. Der Strauch verlangt im Winter mehrwöchige Minustemperaturen, die den üppigen Knospenansatz auslösen. Die gereiften Beeren besitzen nur einen Tag lang das optimale Aroma, daher ist die rasche maschinelle Ernte so entscheidend.

Cassis unter Schock

Die modernste und effizienteste Methode, die Vielzahl der Aromen, den hohen Vitamin-C-Gehalt und die schwarzviolette Farbe zu erhalten, besteht im Schockgefrieren der Beeren bei -30 °C. So können die Früchte zudem nach Bedarf verarbeitet werden. Dazu erwärmt man sie auf eine Temperatur von -5 °C und besprizt sie mit Alkohol, was die Diffusion und damit das Herauslösen der Aroma- und Farbstoffe in der anschließenden Mazeration erleichtert.

Bis zu fünf Wochen lang mazerieren die Früchte in Rotationstanks in einem Alkohol-Wasser-Gemisch. Handwerkliche Erzeuger legen sie sogar bis zu drei Monate in Weingeist ein. Dann wird zunächst der erste Saft abgezogen, der Spitzenqualitäten vorbehalten bleibt, danach gepresst und anschließend Zucker hinzugefügt.

Fruchtliköre mit der Bezeichnung »Crème« sind auschließlich durch Mazeration gewonnen, nicht gepresst. Damit der Säuregehalt der Beeren im Likör harmonisch wirkt, muss er mit Zucker und Alkohol optimal ausgewogen sein. Bei 20 % vol Alkoholgehalt hat der Likör den maximalen Fruchtanteil aufgenommen, und mit 520 g ist der Zuckergehalt angemessen hoch. So sind die Volumenprozente in diesem Fall ein Indiz für Qualität, denn eine Crème mit 16 % vol enthält nur halb so viel Fruchtextrakte, aber lediglich 60 g Zucker weniger.

Früher stand Crème de Cassis in den Cafés gratis aus, um die Getränke zu aromatisieren. Denn niemand in Frankreich trinkt sie pur. Aber sie passt nicht nur zu Wein, Champagner, Wermut oder Mineralwasser, auch Kuchen oder Eis munden damit noch besser. Selbst Gerichte mit Ente oder Schwein profitieren von dem säuerlichen Likör.

Links: In Mischtanks wird der Beerenauszug mit Zucker und Wasser verrührt.

Rechts: Die hohe Farbintensität der Crème de Cassis ist ein Zeichen ihrer Qualität.

Ausgewählte Fruchtliköre I

Dänemark

Heering
Cherry Liqueur
Die wohl älteste Kirschlikörmarke der Welt stammt aus Dänemark. Angeboten wurde der Likör zunächst im 1818 eröffneten Kaufmannsladen von Peter Heering, der die Rezeptur dafür als Geschenk von seiner Lehrmeisterin erhalten hatte. Basis sind die dunklen »Stevns«-Kirschen, die auf der Insel Seeland rund um den Ort Dalby wachsen. Die charakteristische Mandelnote des Likörs ist darauf zurückzuführen, dass die Kirschen mitsamt den Steinen gepresst werden. Diese Maische wird mit Alkohol angesetzt und durch eine geheime Würzmischung verfeinert. Nach erfolgter Mazeration reift der Likör noch drei Jahre im Eichenfass. Man trinkt ihn als Aperitif, Digestif oder zwischendurch, auf Zimmertemperatur oder nur leicht gekühlt, auf *crushed ice* oder *on the rocks*, in Longdrinks oder Cocktails.

Dänemark

V&S Danmark
Kirsberry
Der leichte Kirschlikör ist ebenfalls eine berühmte Spezialität aus Dänemark. Hergestellt wird er aus frischen Kirschen, nach einem alten Familienrezept aus dem Jahr 1891. Seine Heimat ist Seeland, wo beste Wachstumsbedingungen für Kirschbäume herrschen, die dort in Plantagen stehen. Die Inspiration für Kirsberry ist dem Weinkaufmann Carl Theodor Jespersen zu verdanken. Typisch für diesen Likör sind das deutliche Fruchtaroma und der niedrige Alkoholgehalt von nur 15 % vol. Die besondere Note erhält er durch ein fruchteigenes Destillat. Kirsberry schmeckt am besten gekühlt, ob pur, mit Zitronensaft und Eis oder in Longdrinks mit Cola oder Bitter Lemon auf Eis. Auch auf Desserts setzt dieser Likör raffinierte Akzente.

Deutschland

Semper idem
Xuxu
Überaus frisch und fruchtig präsentiert sich der moderne Erdbeermix aus dem Haus Semper idem Underberg. Ein sehr hoher Anteil an Fruchtfleisch von 66 % und der Verzicht auf zusätzliche Süßung mit Kristallzucker zeichnen die Spirituose aus, die mit hochwertigem Wodka zubereitet ist. Seit der Markteinführung ist der Alkoholgehalt von 10 auf 15 % vol angehoben worden. Zudem wird zur Abrundung jetzt Limette statt Zitrone verwendet, was den ganz besonders spritzigen Geschmack des erdbeerroten Drinks bewirkt. Bei der Herstellung werden keine Konservierungsstoffe eingesetzt. Xuxu trinkt man pur und eisgekühlt. Auch für zahlreiche Mixgetränke eignet er sich hervorragend.

Deutschland

Thienelt
Echte Kroatzbeere
Dieser Fruchtsaftlikör wird aus Brombeeren gewonnen, die regional auch Kroatzbeeren heißen. Heute steht der Ausdruck aber vor allem für den fruchtigherben Likör, der von diversen Herstellern angeboten wird. Ein Klassiker ist jener von Thienelt, der seit rund 100 Jahren produziert wird. Wilde Waldbrombeeren liefern den aromatischen Saft für diese Spezialität, auch die rubinrote Farbe stammt von den Früchten. Thienelts Echte Kroatzbeere wird meist gekühlt pur oder auf Eis getrunken. Aufgegossen mit Sekt, Prosecco oder Champagner, ergibt sich ein angenehmer Aperitif. Die stets in Klarsichtfolie gehüllte Flasche ist das Markenzeichen dieses Likörklassikers.

Frankreich

Gabriel Boudier
Crème de Cassis de Dijon
Zu den bekanntesten Schwarze-Johannisbeer-Likören zählt die Crème de Cassis de Dijon aus dem Haus Gabriel Boudier, das seit 1874 besteht. Das unvergleichlich ausbalancierte Verhältnis von Beeren, Alkohol und Zucker sowie die tiefviolette Farbe machen den Likör zum wahren Klassiker. Noch heute wird Crème de Cassis de Dijon von Gabriel Boudier in der Originalflasche mit dem 1874 entworfenen Etikett angeboten. Ganz traditionsbewusst genießt man sie als Blanc-Cassis oder Kir mit trockenem Weißwein. Boudier empfiehlt ein Fünftel Crème de Cassis und vier Fünftel Bourgogne. Boudier stellt Creme-Liköre auch in den klassischen Geschmacksrichtungen Erdbeer, Waldhimbeer oder Pfirsich her.

Fruchtsaftliköre

Frankreich

Joseph Cartron · Crème de Pêche de Vigne de Bourgogne

Die Traditionsdestillerie Joseph Cartron in Nuits-Saint-Georges, im Burgund, existiert bereits seit 1882. Die Crème wird aus den Pfirsichen zubereitet, die die Winzer früher zwischen die Reben pflanzten und die heute neben den Weinbergen wachsen. Die kleinen Früchte werden im September vollreif geerntet. Ihr helles, zartrosa marmoriertes Fruchtfleisch gibt diesem Likör seine goldgelbe Farbe. Zur Herstellung mazerieren die Früchte 10–12 Wochen in Neutralalkohol. Danach filtert man das Mazerat und süßt es mit Kristallzucker. Mit 18 % vol ist der Alkoholgehalt dieses Likörs recht moderat. Sein angenehm fruchtiges Aroma zeigt den unverwechselbaren Geschmack der Pfirsiche. Mit Champagner oder Crémant schmeckt er sehr erfrischend.

Frankreich

L'Héritier-Guyot Crème de Framboise

Diese Dijoner Likörfirma ist aus der Auberge von Louis L'Héritier und seiner aus Meursault stammenden Gattin Claudine Guyot hervorgegangen, die 1855 heirateten. Schon bald hatten ihre Liköre einen ausgezeichneten Ruf, und 1883 konnte ihr Erbe die erste große Brennerei errichten. Durch die Übernahme mehrerer Konkurrenzbetriebe, von denen der älteste 1845 gegründet worden war, wuchs die Bedeutung der Firma. Heute ist sie der Marktführer im Bereich Crème de Cassis, erzeugt aber ein breites Likörprogramm, das auch die Crème de Framboise umfasst, die aus frischen, in Alkohol mazerierten Früchten hergestellt wird und mit klarem, intensivem Himbeeraroma überzeugt.

Italien

Toschi Fragoli

Schon mit seiner gelungenen Optik stellt dieser italienische Likör aus der Emilia Romagna eine Besonderheit dar. Darüber hinaus werden die schwimmenden Walderdbeeren beim Genuss des Likörs zum Erlebnis. Man serviert auf Zimmertemperatur oder leicht gekühlt, jedoch ohne Eiswürfel. Pur ist dieser Likör ein stimmiger Digestif, mit Prosecco oder Sekt wird er zum attraktiven Aperitif. Toschi Fragoli bereichert diverse Cocktails und schmeckt auch über Obstsalat und Eiscreme. Daneben bietet Toschi noch Mirtilli an, einen Likör mit schwimmenden Heidelbeeren. Beide Kreationen erhielten 2004 beim Internationalen Spirituosenwettbewerb die Große Goldmedaille als die innovativsten Spirituosen des Jahres.

Österreich

Bailoni Wachauer Goldmarillenlikör

Der österreichische Aprikosenlikör firmiert unter der geschützten Herkunftsbezeichnung Wachauer Goldmarillenlikör und darf daher ausschließlich in der niederösterreichischen Donauregion Wachau hergestellt werden. Bereits seit 1872 destilliert das Familienunternehmen Bailoni in seinem Stammhaus in Krems-Stein direkt an der Donau. In den 1930er Jahren hat sich Bailoni auch auf die Herstellung von Wachauer Goldmarillenlikör spezialisiert. Zubereitet wird die Spirituose aus dem Saft vollreifer, frisch geernteter Aprikosen. Farbe wie Aroma entstammen einzig diesem Saft. Edle Marillendestillate sorgen für eine elegante Note. Das genaue Herstellungsverfahren dieses kräftigen Likörs mit einem Alkoholgehalt von 30 % vol ist geheim.

Spanien

Olatz Pacharán

Es sind Schlehen, denen dieser traditionelle spanische Likör aus Navarra sein typisches Aroma verdankt. Ursprünglich war der navarresische Nationallikör nur auf den Bauernhöfen zu finden, wo er gewöhnlich von den Großmüttern angesetzt wurde, in Anisschnaps und mit Zimtstange oder Kaffeebohnen verfeinert. Heute wird er außerdem industriell hergestellt, und es sind diverse Marken im Handel. Daher reichen wild wachsende Schlehen längst nicht mehr aus, um den Bedarf zu decken: seit 1992 gibt es in Navarra spezielle Schwarzdornpflanzungen für die Pacharán-Produktion. Der Likör hat 25–30 % vol Alkoholgehalt. Er harmoniert ausgezeichnet mit Orangen- oder Ananassaft und zur Krönung mit einem Schuss Sherry.

Berühmte Likör-Häuser

Monin

Seit 1912 werden in dem französischen Familienunternehmen in Bourges im Loire-Tal Liköre hergestellt. Zum Sortiment gehören die ganz großen Klassiker: Liqueur Pêche, Liqueur Menthe Verte und Blue Curaçao sowie die Varianten Fraise, Cerise/Cherry und andere. Auch eine Crème de Cassis de Dijon findet sich im Programm. Für die Profis hinter dem Tresen bietet Monin nun ein eigenes Sortiment. Zahlreiche Sorten an Fruchtlikören in gut hantierbaren Flaschen lassen keinerlei Wünsche offen. Ebenso berühmt ist das Haus für seine Sirupe.

Choya

1924 hat dieses japanische Unternehmen aus Osaka als Winzerbetrieb begonnen. Berühmt ist es seit 1959 für seinen Umeshu, den typisch japanischen Likör aus der Ume-Frucht, die gern als Pflaume bezeichnet wird, aber eher einer Aprikose vergleichbar ist. Das traditionsreiche japanische Produkt wird durch das Einlegen grüner Ume-Früchte in Alkohol gewonnen und gehört seit Jahrhunderten zur gastronomischen Kultur. Der alkoholarme Likör ist für die verschiedensten Mixgetränke geeignet, sogar mit Bier oder in heißem Tee.

Marie Brizard

Die Küferstochter Marie Brizard aus Bordeaux erhielt von einem Matrosen, den sie geheilt hatte, 1755 das Rezept eines Anislikörs. Noch im selben Jahr gründete sie mit ihrem Neffen eine Likörfabrik. Neben der legendären Anisette stellt Marie Brizard eine große Auswahl an Likören her, die auch von Profis geschätzt werden. Dazu gehören Klassiker wie Cherry Brandy, Peach, Amaretto, Triple Sec und Curaçao ebenso wie Vanille de Madagascar und ein Kokoslikör. Alle Liköre werden nach traditionellen Methoden mazeriert und destilliert.

Wenneker

Die niederländische Traditionsmarke wurde 1693 vom Firmengründer Hendrick Steemann in Schiedam ins Leben gerufen. 1812 erwarb Joannes Wenneker den Betrieb, und mangels Nachfolger kam er 1903 an die Familie Van der Tuijn. 1967 wurde der Firmenstandort von Schiedam nach Rosendaal zwischen Rotterdam und Antwerpen verlegt. Das auf den professionellen Bedarf zugeschnittene Angebot umfasst erstaunlich viele Sorten, von Amaretto über Kiwi und Marasqin bis zu Vanille und Wassermelone.

Bols

Den Ruf als älteste Destillerie-Marke der Welt beansprucht dieses niederländische Unternehmen für sich. 1575 gründete Familie Bols die Brennerei in Amsterdam. Der 1652 geborene Lucas Bols machte aus der ursprünglichen Holzhütte ein florierendes Unternehmen von internationalem Rang. Bis 1816 blieb die Destillerie im Familienbesitz und ist heute wieder ein eigenständiger niederländischer Betrieb. Neben der umfassenden Likörauswahl produziert das in 110 Ländern vertretene Unternehmen auch Genever, Gin und Wodka.

De Kuyper

1695 wurde dieses Likör-Haus in Schiedam/Rotterdam gegründet. De Kuyper gilt als weltweit führender Likörproduzent. Das Unternehmen befindet sich seit elf Generationen in Familienbesitz und wurde 1995 zu »Royal Distillers« ernannt. Das umfangreiche Sortiment von De Kuyper ist in mehr als 90 Ländern verbreitet. Alle Sorten werden komplett in Schiedam/Rotterdam produziert. Mit seinen Likörspezialitäten deckt De Kuyper die gesamte Bandbreite gängiger Aromen ab. Sogar ein Rhabarberlikör gehört dazu.

Luxardo

Das Unternehmen wurde 1821 im dalmatinischen Küstenort Zara gegründet, der heute zu Kroatien gehört, damals aber die Hauptstadt des Königreichs Dalmatien war, das unter österreichischer Herrschaft stand und nach dem Ersten Weltkrieg italienisch wurde. Der Zweite Weltkrieg zerstörte Fabrik und Familie. Giorgio Luxardo überlebte und baute das Unternehmen in Torreglia bei Padua zu neuer Größe auf. Neben Maraschino produziert es Sambuca, Amaretto, Limoncello, Triple Sec, Minzlikör, Espressolikör und weitere Klassiker.

Toschi

Das milde Klima und die fruchtbaren Böden der Po-Ebene machen die Emilia Romagna zu einem der besten Obstbaugebiete Italiens. 1945 hatten die Brüder Giancarlo und Lanfranco Toschi die Idee, aus den Früchten der Region Liköre herzustellen. Wenig später entstand in Vignola, zwischen Bologna und Modena, die Distilleria Toschi. Heute genießen die Produkte weltweit hohes Ansehen. Das Programm bietet Klassiker: von Lemoncello über Sambuca, Maraschino und Amaretto bis zu Nocello und Likören mit schwimmenden Früchten.

Selige Südfrüchte

Nicht auf den Saft, sondern auf die Schale kommt es bei Likören aus Zitrusfrüchten an.

Ob italienische Zitronen oder Pomeranzen aus der Karibik – so viele verschiedene Zitrusfrüchte es gibt, so viele Likörspezialitäten lassen sich daraus zubereiten. Vor allem die Fruchtschalen liefern mit ihrem bittersüßen Aroma eine reizvolle Geschmacksbasis. Und nicht von ungefähr finden sich einige große Namen unter den Orangen- und Zitruslikören, galten in Zeiten der Überseekolonien Zitrusfrüchte doch als Luxusartikel, bei deren Verzehr es sich so köstlich von wärmeren Gefilden träumen ließ.

Liköre aus Orangen- und Zitrusfrüchten sind daher nicht nur in mediterranen Regionen wie Italien oder Spanien anzutreffen. Im kühlen Holland wurden sie durch geschickt geknüpfte koloniale Handelsbeziehungen zur gesuchten Spezialität, mehr noch, die Holländer wurden mit dem Curaçao zum Vorreiter dieser Likörgattung.

Orangen- und Zitrusliköre gehören zu den Fruchtaromalikören, was bedeutet, dass die säuerlichen Säfte der Früchte gewöhnlich bei der Herstellung keine Rolle spielen. Oft sind diese Liköre klar. Daher kommt auch das zugesetzte Blau so gut zur Geltung, das Kennzeichen des wohl berühmtesten Vertreters dieser Gattung, des Curaçao blue, mit dem das Unternehmen Lucas Bols Weltgeltung erlangte.

Die aromatragenden Schalen stammen von den verschiedensten Früchten, von der mediterranen Zitrone bis zur exotischen Bitterorange, die den Charakter aller Curaçao- oder Triple-Sec-Liköre prägt. Meist trocknet man die Schalen, ehe sie weiterverarbeitet werden. Aber auch frische Schalen dienen als Likörbasis. Um an die gewünschten Geschmacksstoffe zu gelangen, mazeriert man die Schalen in Alkohol. Die Konzentration des Alkohols und die Dauer der Mazeration werden dabei minuziös abgestimmt, um das optimale Aroma zu gewinnen. Immer geht es dabei um das perfekte Gleichgewicht von süßen und bitteren Geschmacksstoffen, das diese Liköre so interessant macht.

Bittere Balance

Frische Schalen werden in konzentrierten Alkohol eingelegt, der die darin enthaltenen ätherischen Öle am besten löst. Getrocknete Schalen mazeriert man in Destillaten mit nur 40–60 % vol Alkoholgehalt oder weniger. Auch die Dauer der Mazeration be-

Um die ätherischen Öle aus den Schalen zu gewinnen, werden diese in Alkohol mazeriert.

einflusst den Geschmack des gewonnenen Auszugs. Schon nach wenigen Stunden lösen sich die leichtlöslichen Substanzen und damit die zarten Aromen. Wie frische Kräuter werden auch frische Zitronenschalen nur kurz mazeriert. Bei längerer Standzeit im Alkohol beginnen sich auch die bitteren Stoffe zu lösen. Je nach Likör können sie erwünscht oder gefürchtet sein.

Viele Likörhersteller geben sich mit dem einmal gewonnenen Mazerat noch nicht zufrieden und destillieren die Auszüge zusätzlich. Auch beim Destillieren verflüchtigen sich nicht alle Substanzen bei der gleichen Temperatur, sie verteilen sich vielmehr über die Dauer des Destillierdurchlaufs, was dem Brennmeister die Möglichkeit gibt, Unerwünschtes auszusortieren. In speziellen Brennblasen kann man Zitrusschalen auch direkt in aufsteigendem Alkoholdampf destillieren. Auch bei dieser Methode lässt sich die Aromastruktur des gewonnenen Destillats sehr genau bestimmen.

Die fertige Likörbasis ist nun bereit zur weiteren Verarbeitung. Dass sie gesüßt und mit Wasser und Alkohol auf die gewünschte Trinkstärke eingestellt wird, geben die Likörmacher gelassener zu als weitere Details, denn zusätzliche Ingredienzen, meist behutsam eingesetzte Gewürze, machen den individuellen Charakter des Likörs aus. Hochwertige Fabrikate bekommen abschließend eine Reifezeit bewilligt, die zur Harmonisierung der zusammengefügten Bestandteile führt und, falls sie im Holzfass stattfindet, nochmals mit einer eigenen Note zur Aromenvielfalt beiträgt. Nicht zuletzt bewirkt sie eine attraktive Färbung.

Bei De Kuyper in Schiedam ist man stolz auf die alten ummauerten Brennblasen, in denen das Mazerat verfeinert wird.

Ausgewählte Fruchtliköre II

Frankreich

Cointreau
L'Esprit d'Orange

Seit mehr als 150 Jahren gibt es diesen weltberühmten kristallklaren Orangenlikör. Kreiert wurde er von Edouard Cointreau in einer Brennerei in Angers, die sein Vaters Edouard-Jean und dessen Bruder Adolphe, beides Konditoren, 1849 gegründet hatten. Aroma und Geschmack des Likörs stammen aus den Schalen bitterer und süßer Orangen. Charakteristisch ist die perfekte Ausgewogenheit komplexer süßer und bitterer Düfte, begleitet von einem leichten Würzton. Die Orangen kultiviert Cointreau auf eigenen Plantagen in Spanien und auf Haiti. Cointreau ist Zutat von Cocktail-Klassikern wie Side Car, The Original Margarita oder Long Island Iced Tea.

Frankreich

Monin
Original

Georges Monin begann 1912 im Herzen Frankreichs einen Limettenlikör zu produzieren, den er speziell als Zutat für Mixgetränke empfahl. Monin hatte in Manhattan die Cocktails kennen- und schätzen gelernt, doch da sie den Franzosen damals gänzlich fremd waren, geriet sein neuer Likör wieder in Vergessenheit. Erst zu Beginn der 1990er Jahre, als Fancy-Drinks und erfrischende Cocktails mit Limettenaroma populär wurden, besann man sich wieder darauf. Da man sich bei der Herstellung weitgehend an die ursprüngliche Rezeptur hielt, wurde der Limettenlikör in der unverwechselbaren Flasche Monin Original genannt. Man genießt ihn am besten pur, mit Eiswürfeln und Limettenschale oder auch mit Champagner.

Italien

Limoncé
Liquore di Limoni

Liquori di Limoni, Zitronenliköre, gehören zu den beliebtesten Spirituosen Italiens. Über die Ursprünge der auch als Limoncello bekannten Liköre kursieren zahlreiche Geschichten. Viele Regionen haben ihre eigenen Spezialitäten, vom Golf von Neapel bis nach Sizilien. Ein Beispiel ist Limoncé. Dieser traditionelle italienische Limoncello wird aus den aromareichen Schalen süditalienischer Zitronen hergestellt, die mehrere Wochen lang in Neutralalkohol ziehen. Anschließend wird das Mazerat mit einem Sud aus Wasser und Zucker aufgegossen und nach einer weiteren Ruhephase gefiltert. Limoncello wird in Italien gern als Digestif nach dem Kaffee serviert. Besonders gut schmeckt er eisgekühlt.

Italien

Villa Massa
Limoncello

Aus Sorrent stammt dieser Limoncello des namhaften kampanesischen Hauses Villa Massa. Verarbeitet werden die großen, aromatischen Zitronen, die auf den nährstoffreichen vulkanischen Böden der kampanischen Küste gedeihen. Der Likör enthält keine Zusatzstoffe, Farbstoffe oder Konservierungsmittel. Man genießt ihn als Aperitif oder Digestif eisgekühlt pur. In Italien serviert man Limoncello sogar in eisgekühlten Gläsern. Auch als Zutat für Cocktails und Longdrinks und für die typisch italienische Granita Limoni wird er verwendet, ebenso zum Verfeinern von Kaffeespezialitäten und Desserts. Echt neapolitanisch ist die Guglhupf-Variante Babà, die gern komplett mit Limoncello getränkt wird.

Fruchtaromaliköre

Niederlande

Bols
Blue · Curaçao

Erfunden hat diesen Klassiker der niederländische Likörbrenner Lucas Bols, der seit 1575 in Amsterdam unverwechselbare Liköre schuf und die wohl älteste Destillerie-Marke der Welt gründete (das erste steinerne Destillationsgebäude, 1612 von Sohn Jacob Bols errichtet, steht noch heute an der Amsterdamer Rozengracht). Für seine Liköre verwendete Lucas Bols auch Pomeranzen aus Curaçao, die im Hafen der Stadt angeliefert wurden. Der angenehm herbe Geschmack von Bols Blue rührt vom Öl der grünen Pomeranze her, das in den Schalen enthalten ist. Im Aroma erinnert der Likör (mit 21 % vol Alkoholgehalt) an Mandarinen. Curaçao wird nicht zuletzt wegen seiner tiefblauen Farbe gern in Mixgetränken eingesetzt, er schmeckt aber auch pur oder auf Eis.

Niederlande

De Kuyper
Triple Sec

Mit diesem feinbitteren Orangenlikör hat man die Urform des Curaçao im Glas. Dieser Triple Sec stammt vom niederländischen Traditionshaus De Kuyper, das bereits 1695 gegründet wurde. Aus dieser klaren Variante wurden alle anderen Mitglieder der Curaçao-Familie entwickelt, von denen sich Triple Sec nicht nur in der Farblosigkeit unterscheidet, sondern auch im deutlich höheren Alkoholgehalt von 40 % vol. Zum Vergleich: De Kuyper Dry Orange, die orangefarbene Curaçao-Variante, hat 30 % vol und der Blue Curaçao kommt lediglich auf 24 % vol. Triple Sec ist mit seinem angenehm herbsüßen Geschmack die klassische Komponente zahlloser Cocktails und gehört zur Grundausstattung jeder Bar.

Spanien

Angel d'Or
Licor de Orange

Dieser fruchtige Likör auf Basis von Orangendestillaten stammt von der Finca Can Posteta in Sóller auf Mallorca. Die Früchte wachsen im Tal von Sóller, einer Hafenstadt zu Füßen des Tramuntana-Gebirges im Nordwesten der Ferieninsel. Schon vor mehr als 600 Jahren wurden sie von maurischen Seefahrern auf die Insel gebracht. Wasserreichtum und günstiges Klima lassen im Tal von Sóller mehr als 120 000 Orangenbäume gedeihen, die besonders aromatische Früchte hervorbringen. Für Angel d'Or werden nur vollreife Orangen verwendet. Der zart orangefarbene Likör mit 31 % vol Alkoholgehalt wird meist pur auf Eis getrunken, aber auch in Mischungen mit Cava oder mit Orangensaft.

Spanien

Ponche Caballero

Ponche heißt so viel wie Punch, worunter man in Andalusien eine würzige Mischung versteht, die vor allem auf Brandy und auf Orangen beruht. Unter allen Vertretern dieser Kategorie darf dieser hier als der beliebteste gelten. Die auffällige silberfarbene Flasche soll in ihrer Gestaltung an die silbernen Punschschalen erinnern, aus denen man früher Ponche getrunken hat. Ponche Caballero kommt aus dem spanischen Spirtuosen- und Weinhaus Luis Caballero und gehört zu den meistverkauften europäischen Likören. Seine Rezeptur beinhaltet neben ausgewählten Brandys und andalusischen Orangen Mazerate von Rosinen und anderen Trockenfrüchten sowie Gewürze, besonders Zimt. Köstlich: Espresso mit einem Schuss Ponche Caballero.

Fernweh in Flaschen

Es erfordert Sachkenntnis und Kreativität, exotischen Früchten mit ihren oft fremdartigen Texturen das volle Aroma zu entlocken. Ob Kokosnuss, Marula oder Litschis – Liköre daraus sorgen für Abwechslung und bereichern Mixgetränke mit ihren ungewöhnlichen Aromen.

Kokosnüsse werden für ihr unverwechselbares, herbsüßes Aroma geschätzt. Was eigentlich keine Nuss, sondern eine einsamige Sternfrucht ist, wächst auf bis zu 30 m hohen Palmen und wird nicht nur von Menschen, sondern auch von eigens dazu abgerichteten Affen geerntet, die so lange an den Früchten drehen, bis sie abfallen.

Grundlage von Kokoslikören ist die Kokosmilch, die man aus geriebenem Kokosfleisch mit Kokoswasser herstellt und anschließend durchseiht. Kokosmilch kann auch durch das Auspressen von frischem Fruchtfleisch gewonnen werden. Das exotische Getränk, das heute auch in Europa in gut sortierten Lebensmittelgeschäften erhältlich ist, eignet sich zudem als perfekte Zutat für alle Kokoslikör-Mischungen.

Als alkoholische Basis der Kokosliköre bietet sich Rum aus der Karibik an oder Cachaça aus Brasilien, denn beide bringen die aparten Kokosaromen gut zur Geltung und werden auch gern für traditionelle Fruchtmixgetränke verwendet.

Auch die Aromen Asiens finden Eingang in exotische Liköre, so zum Beispiel beim japanischen Melonenlikör. Mit der Beliebtheit fernöstlicher Spezialitäten haben auch die markant parfümierten Litschis ihren Platz unter den Likören gefunden. Sie stammen aus China und werden in subtropischen Regionen angebaut. Litschiliköre sind bei jüngeren Verbrauchern beliebt.

In jüngster Zeit ziehen afrikanische Früchte das Interesse auf sich, allen voran die säuerliche, aprikosengroße Frucht des Marulabaums, die mit einem geheimnisvollen Flair vermarktet wird, denn in ihrer Heimat Südafrika schreibt man der Pflanze heilende und magische Kräfte zu. Ihr Duft lockt im Sommer wilde Tiere, ja ganze Elefantenherden an: kein Wunder, dass diese Pflanze einen köstlichen neuen Likör inspirierte.

Das Zuckerrohr aus der Karibik steuert als Rum seinen Teil zu den exotischen Likören bei.

Ausgewählte Fruchtliköre III

Barbados

Malibu

Der Kokoslikör basiert auf weißem Rum der Karibikinsel Barbados. Verwendet werden Rumsorten der West Indies Rum Distillery. Die bei der Verarbeitung des Zuckerrohrs eigener Felder anfallende Melasse wird mit Wasser und Hefe vergoren und anschließend dreifach destilliert. Dieser Rum wird mit Kokosnussaromen und Zucker verfeinert. Der fertige Likör ist im Aroma frisch und süßlich, leicht im Geschmack mit Noten von Rum und Vanille. Malibu wird besonders gern mit Fruchtsäften oder Limonaden gemischt.

Brasilien

Batida de Côco

Dieser Kokoslikör ist fester Bestandteil der brasilianischen Gastronomiekultur. »Batida« ist in Brasilien die Bezeichnung für erfrischende, alkoholarme Mixgetränke, meist aus Cachaça, Zucker und Fruchtsäften. Auch Batida de Côco wird in Brasilien selbst gemixt, aus Kokosmilch, Zucker und Cachaça. Als Basisspirituose kann auch Rum verwendet werden. Es werden fertige Mischungen angeboten, zum Beispiel Mangaroca Batida de Côco, dessen Rezept zusätzlich Milch enthält. Eine neue Variante ist Black Batida, die Komposition aus Batida de Côco, Haselnusscreme und Kakao der Sorte Theobroma. Man genießt ihn pur auf viel Eis.

Frankreich

Soho Lychee

Dieser Litschilikör ist speziell für junge Konsumentinnen entwickelt worden und zeichnet sich durch fruchtigen Geschmack und exotischen Duft aus. Soho Lychee empfiehlt sich vor allem als vielseitige Zutat für Mixgetränke, zum Beispiel als White Pepper mit Wodka, Lime Juice, Zitronensaft, Läuterzucker, Litschisaft und einer Prise Pfeffer. Mittlerweile wurde Sohos Likörangebot um neue Varianten mit asiatischen Früchten erweitert. Soho Guave schmeckt säuerlich und erfrischend, auch Soho Starfruit ist erfrischend und gefällt mit einem weichen Aroma aus Honig, Zitrusfrüchten und Gewürzen. Beide Varianten sind ideal für Mischungen mit Wodka, Rum und Säften.

Japan

Midori Melon

Der berühmte Melonenlikör aus Japan ist von dem Großkonzern Suntory entwickelt worden, der auch für seine Whiskys bekannt ist. Außer in Japan wird Midori heute nur in Mexiko produziert. Unter dem Label Hermes hatte Suntory schon vor einiger Zeit einen kaum beachteten Melonenlikör hergestellt. Erst als er dem US-amerikanischen Geschmack angepasst wurde, begann sein Siegeszug. Auch die große Einführungsparty 1978 im berühmten New Yorker Studio 54 trug dazu bei. Midori errang zahlreiche Preise auf Cocktail-Wettbewerben. Heute gilt er als einer der meistverkauften Liköre der Welt. Klassische Cocktails wie Margaritas, Piña Colada oder Sours bekommen durch Midori einen neuen Charakter. Mit Sekt aufgegossen, ergibt er einen exotischen Aperitif.

Südafrika

Amarula Cream

Basis dieses südafrikanischen Likörs ist ein drei Jahre lang im Eichenfass gereiftes Marula-Destillat, das mit frischer Sahne veredelt wird. Die goldgelbe Marulafrucht wächst wild an Bäumen in den Ebenen Südafrikas. Die mit 17 % vol Alkoholgehalt eher moderate Spirituose trinkt man pur eisgekühlt oder auf Eis, ebenso zum Kaffee, als Digestif oder in Desserts. Beim Internationalen Wein- und Spirituosenwettbewerb IWSC 2007 in London wurde sie mit der Trophäe »Bester Likör der Welt« prämiert. Hervorgehoben wurden dabei die rehbraune Farbe, der tropische Duft, die gelungene Konsistenz und der sanft alkoholische, außergewöhnliche Fruchtgeschmack mit langem Abgang.

Ausgewählte Fruchtliköre IV

Deutschland

Berentzen
Apfel

Seit Jahrzehnten in Deutschland etabliert ist Apfelkorn, ein fruchtbetonter, nur verhalten süßer Likör. 1976 bei Berentzen eingeführt, wurde er rasch zu einem Erfolgsprodukt; er gilt sogar als erfolgreichste Neueinführung einer deutschen Spirituose seit 1945. Der Likör steht am Beginn einer völlig neuen Gattung von Fruchtlikören, die auf Weizenkorn basieren. Der Geschmack wird bestimmt von dem hohen Anteil an Fruchtsaft, sodass der Alkoholgehalt mit 15 % vol, höchstens 20 % vol moderat bleibt. Mittlerweile entstanden weitere Varianten. Neben Apfel gehören zum Spektrum der Berentzen-Fruchtliköre nun auch Saurer Apfel, Roter Apfel, Wildkirsche, Waldfrucht, Grüne Birne, Herber Zwetsch, Hofskirsche, Johannisbeere und Pflaume.

Deutschland

Marder
Holunderblüten Likör

Im südlichen Schwarzwald hat Edmund Marder inzwischen mit seinen Obstdestillaten Kultstatus erlangt. Jederzeit bereit, sich neuen Herausforderungen zu stellen und die reizvollsten Aromen der Natur einzufangen, hat er diesen Blütenlikör kreiert. Dafür werden die Dolden des Holunders gepflückt, wenn sie in voller Blüte sind und intensivst duften. Penibel befreit man die winzigen weißen Blüten von den Strünken und Stielen, die nur unerwünschte Bitterstoffe einbringen würden. Die Blüten werden in Neutralalkohol eingelegt, bis ihr Aroma extrahiert ist. Nach der Pressung auf Trinkstärke eingestellt und gezuckert, ist dieser Likör ein reiner, duftiger Blütentraum.

Frankreich

Gabriel Boudier
Guignolet de Dijon

Im 18. Jahrhundert von den Benediktinerinnen in Angers ausgetüftelt, wurde nach der Französischen Revolution das Anjou zur Heimat dieses Kirschlikörs, der schnell über die Loire hinaus beliebt wurde. Seinen Namen hat er von der *guigne*, einer Sauerkirsche. Als Gabriel Boudier 1874 in Dijon mit der Likörproduktion begann, zählte der Guignolet neben der Crème de Cassis zu seinen ersten Produkten. Dessen Qualität beruht auf der Kombination von vier Kirschsorten, zwei sauren wie zwei süßen, die in Alkohol mazeriert werden. Das ausgeprägte Kirscharoma mit dezenter Süße kennzeichnet diesen Likör, der gekühlt pur, mit ein wenig Kirsch oder mit Gin serviert wird.

Frankreich

Rémy Cointreau
Passoã

Name und Geschmack dieses bekannten Exoten kommen von der Passionsfrucht, der Begriff »Passoã« spricht aber auch von Leidenschaft. Eingeführt wurde dieser Likör 1986 in den Beneluxländern, seit 1994 ist er auch international erhältlich und wird mittlerweile in mehr als 40 Ländern konsumiert. Doch nirgendwo errang Passoã die Gunst der Likörliebhaber so wie in Puerto Rico, wo er die wichtigste Likörmarke überhaupt ist. Besonders geschätzt ist er auch in den Niederlanden und in Belgien. Der mit 20 % vol leichte Likör harmoniert perfekt mit Apfel- und Orangensaft. Inzwischen ist Passoã auch in den Varianten Mango, Ananas und Coco auf dem Markt.

Italien

Luxardo
Maraschino

Maraschino ist ursprünglich eine Spezialität aus Dalmatien. Damit repräsentiert dieser Likör die dalmatischen Wurzeln der italienischen Likörfirma Luxardo. Die fruchtig-sauren Marasca-Kirschen für den Maraschino, der durch Destillation gewonnen wird, kultiviert Luxardo selbst. Die Kirschdestillate reifen anschließend zwei Jahre in finnischen Eschenfässern, die selbst nach Jahren keine Farbe an den Fassinhalt geben. Nach der Lagerung werden die Destillate auf Trinkstärke eingestellt und mit Zucker versetzt. Der klare Likör hat das typisch intensive, dabei feine Aroma von Maraschino. Erstaunlich ist der Geschmack, der bei all seiner Süße dank des Kirschdestillats von markantem und pikantem Ausdruck ist und lange nachklingt.

Klassiker & Außenseiter

Kroatien

Nim
Julischka

Die Verbindung des Pflaumenbrands Slivovic mit dem Birnenlikör Kruskovac ist eine traditionelle kroatische Spezialität. Die kroatischen Birnen sind ebenso wie die Pflaumen für ihr besonderes Aroma bekannt. Zur Herstellung dieses goldfarbenen Likörs werden nur voll ausgereifte Früchte gewählt. Den Genuss von Julischka dominiert erst ein mildes, leicht süßes Aroma, das langsam eine angenehme Wärme auslöst. Der Likör schmeckt am besten pur oder auf Eis. An kalten Tagen trinkt man ihn gern als »heiße Julischka«, auch im Kaffee ist er zu empfehlen.

Niederlande

Bols
Apricot Brandy

Er darf selbstverständlich in keiner Bar fehlen, ist er doch ein echter Klassiker und gilt als perfekte Mischungszutat schlechthin. Die Bezeichnung »Brandy« ist irreführend, wird doch in dieser Likörgattung gewöhnlich keinerlei Brandy, Weinbrand oder Cognac verwendet. Der Apricot Brandy von Bols stellt allerdings eine Ausnahme dar, denn er ist mit altem Weinbrand und Aprikosengeist verfeinert. Der bernsteinfarbene Likör verbreitet das milde Aroma saftiger Aprikosen. Geschmacklich treten die Aprikosen hervor, dicht gefolgt von Weinbrandnoten. Zum Charakter dieses Likörs tragen auch die Mandeln bei, die man ganz dezent herausschmeckt.

Niederlande

De Kuyper
Bessen

Aufgesetzte sind Liköre mit ganz besonderer Geschichte. Seit je werden sie zu Hause zubereitet. In vielen Ländern werden in den Familien ganz private Likörrezepte gehütet, die aus nichts anderem bestehen als aus Alkohol, Zucker und allen frischen Früchten, die Garten und Natur hergeben. Eine Spielart der Aufgesetzten ist Bessen-Jenever. Dieser Schwarze-Johannisbeer-Likör mit Jenever gehört zu den beliebtesten Spirituosen Hollands. In seiner Heimat wird er in vielen Varianten angeboten, auch in Belgien trinkt man ihn gern. Dieser hier kommt von De Kuyper, dem berühmten niederländischen Likör-Haus, das bereits 1695 in Rotterdam gegründet wurde und sich bis heute in Familienbesitz befindet.

Niederlande

De Kuyper
Crème de Menthe

Die Bezeichnung »Crème« dürfen laut Spirituosenverordnung nur besonders süße Liköre mit mindestens 250 g/l Zucker tragen. Crème de Menthe gibt es in grün und in weiß, die De Kuyper ausnahmslos aus selbst erzeugten Destillaten von Pfefferminzöl und Limonen herstellt. Rohstoff sind nur frische Minzblätter, was für einen sehr klaren Geschmack sorgt. Crème de Menthe wird vorwiegend zum Mixen verwendet, besonders mit geschmacksneutralen Basisspirituosen wie weißem Rum oder Gin. Die weiße Variante von Crème de Menthe wird auf dieselbe Weise hergestellt und enthält lediglich noch etwas mehr Zucker. Man wählt sie in Drinks, die nicht farblich beeinflusst werden sollen.

Vereinigte Staaten von Amerika

Heaven Hill
Pama

Zahlreiche Mythen und Legenden ranken sich um den Granatapfel, der vermutlich aus Persien stammt. Kalifornische Granatäpfel sind die Basis dieses ungewöhnlichen, rubinroten Likörs. Die reifen Früchte werden mit feinem Tequila und Wodka destilliert und verleihen diesem mit 17 % vol Alkoholgehalt recht leichten Likör den frisch-fruchtigen Geschmack mit einer Spur von roten Beeren. Man genießt ihn pur, gut gekühlt auf Eis oder in Cocktails und Longdrinks. Pama stammt aus Kentucky, aus den Heaven Hill Distilleries Inc., die 1934, kurz nach dem Ende der Prohibition, gegründet wurden und heute als letzte unabhängige Brennereien in Kentucky gelten.

Drinks mit Orangen- und Bitterlikören

Erst mit Curaçao und Triple Sec traten Liköre allgemein in das Bewusstsein der Barmixer. Ihr intensives und reizvolles Aroma verdanken die Orangenliköre zum großen Teil den Bitterorangen von Curaçao. Diese Pomeranzenart ist aus Süßorangenbäumen hervorgegangen, die von den Spaniern dort angesiedelt worden waren. Die Schalen sind reich an aromatischen ätherischen Ölen, und der daraus zubereitete Likör ist wasserklar (sofern er nicht mit Lebensmittelfarbe blau, grün oder orange gefärbt wurde). Haben die Liköre mindestens 38 % vol Alkoholgehalt, dann dürfen sie sich Triple Sec nennen, obwohl sie alles andere als »dreifach trocken« sind.

Frozen Cointreaurita

4 cl Tequila	
2 cl Toschi Fragoli	
2 cl Zitronensaft	
2 cl Cointreau	
3 Erdbeeren	mit viel *crushed ice* im Aufsatzmixer schlagen, bis die Konsistenz sämig ist. Nach Geschmack mit
frischen Erdbeeren	und
1 Scheibe Sternfrucht	garnieren.

Cointreauversial

4 cl Cointreau	
2 cl Lime Juice	
1 cl Cranberrysaft	in ein zur Hälfte mit Eis gefülltes Rührglas geben und verrühren, dann in einen mit Eis gefüllten Tumbler abseihen und
1/4 Limette	zugeben.

Erst Anfang des 20. Jahrhunderts entpuppten sie sich als geniale Cocktail-Zutat, und heute sind sie aus Dutzenden von Rezepten gar nicht mehr wegzudenken, angefangen vom legendären Margarita bis zum Between the Sheets. Und Cointreau, einer der berühmtesten Triple-Sec-Marken, gelang 2000 mit der Kampagne »Be Cointreauversial« ein sehr erfolgreicher Image-Wandel. Gegenwärtig stehen bei Barmixern Liköre allgemein und ganz besonders die Fruchtliköre (wie auch Sirupe) im Mittelpunkt ihrer Kreationen, sind deren ausgeprägte Aromen doch hervorragend geeignet für attraktive und leichte Drinks. Sobald es jedoch um Erfrischendes mit einem herben Kick geht, bieten sich die Bitter- und Kräuterliköre geradezu an. Campari ist für Longdrinks so gefragt wie eh und je, aber daneben zieht eine andere traditionsreiche Spirituose immer mehr Aufmerksamkeit auf sich: der Enzianbitter, dessen markante Bitternoten Säfte und Limonaden ›frisieren‹.

Suze Couture

10 cl Suze	
10 cl Mineralwasser	
2 Spritzer Veilchensirup	in ein Longdrink-Glas füllen, dessen Rand in mit Sirup gefärbten Zucker gestoßen wurde, gut umrühren,
2–3 Eiswürfel	zugeben und mit
1/2 Zitronenscheibe	garnieren.

Suze Caliente

5 cl Suze	
5 cl Bananennektar	
1 Spritzer Grenadine	
1 Spritzer Zitronensaft	in ein Longdrink-Glas füllen, umrühren,
2–3 Eiswürfel	zugeben und mit
1/4 Limettenscheibe	garnieren.

Kostbares Feuer: Destillatliköre

Als Geschmacksträger spielt Alkohol in den meisten Likören eine dienende Rolle. Er unterstreicht die Aromen der Ingredienzen, bettet sie ein, stimmt sie aufeinander ab, während er selbst im Hintergrund bleibt. Nicht so bei den Destillatlikören. Hier sehen die Rezepte edlen Cognac, alten Whisky, feinste Obstbrände, Wodka oder Grappa als selbstbewusste und aromastarke Basis vor. Diese Spirituosen sind Charaktere für sich. Nur dem Fingerspitzengefühl begabter Liquoristen ist es zu verdanken, dass sie dennoch harmonisch mit allen anderen Zutaten auskommen. Aber wenn sie es tun, dann überflügeln sie die meisten anderen Liköre an Stil und Klasse.

Nicht von ungefähr werden diese Liköre zum Edelsten gerechnet, was die Likörkunst hervorzubringen vermag. Wer schmeckt, wie herbe Orangennoten weichen Cognac akzentuieren, wie der süße Schmelz von Honig dem Whisky die Spitzen nimmt, der wird intuitiv begreifen, dass das Ganze tatsächlich mehr ist als die Summe seiner Teile.

Diese Spezialitäten stellen im großen Angebot der Liköre Ausnahmen dar, ist ihre Herstellung doch erheblich kostspieliger als die der üblichen Liköre, und wer sie kosten möchte, muss sie sich leisten wollen. Und da alles, was sich zum Statussymbol stilisieren lässt, auf gewisse Szenen einen unwiderstehlichen Reiz ausübt, begegnet man den Edellikören überall dort, wo sie als perfekte Accessoires die feine Lebensart zahlloser Stars und Sternchen dokumentieren können – und wo sie sich dann auch in der guten Gesellschaft ihrer Basisspirituosen wiederfinden, denn Cognac, Whisky und Wodka haben schon seit Langem einen festen Platz in den Szenebars erobert. Wohlklingende Namen und mondän gestylte Flaschen tun das Ihre, den Kultcharakter dieser ›hilflosen‹ Liköre auch nach außen eindrucksvoll zur Schau zu stellen.

Wie auch immer Liköre aus edlen Destillaten heute in Szene gesetzt werden – die Inhalte der Flaschen sind maßgeblich, und die sind oft meisterhaft. Bei der Herstellung mussten ihre Schöpfer Charakter und Eigenarten der jeweiligen Spirituose erspüren, um sie dann mit einer gezielten Auswahl natürlicher Aromen, ob von Früchten, Kräutern, Gewürzen oder Honig, zu verbinden. Hier werden die Grenzen zu den Cocktails fließend, insbesondere wenn sich bereits zwei unterschiedliche Spirituosen in der Flasche treffen und mit Säften und anderen Ingredienzen eine Balance bilden.

Der berühmteste Destillatlikör ist zweifellos der Grand Marnier, jene geniale Kombination aus feinstem Cognac und herbsüßer Orange, die so perfekt dem Zeitgeist ihrer Epoche entsprach, dass sie bis heute einen Ehrenplatz in der Likörgeschichte einnimmt und Generationen von Likörmachern inspirierte.

Wer eine Vorstellung bekommen möchte von der Ausdrucksstärke der Destillatliköre, sollte die Gruppe der Whisky-Liköre kennenlernen, die trotz der oft internationalen Berühmtheit ihren regionalen Charakter bewahrt haben. Kaum eine Spirituose ist geschmacklich so stark von ihrer jeweiligen Heimatregion geprägt wie Whisk(e)y, der in Schottland völlig anders schmeckt als in Irland oder in den USA. Diese Andersartigkeit bleibt bis in die Likörzubereitungen gewahrt und ist bei jedem Schluck präsent. Weil jedoch die herben Aromen des Whisky so behutsam in Honig und Kräuter gebettet sind, schätzen auch jene diese Liköre, die puren Whisky-Genuss (noch) nicht für sich entdeckt haben.

Ebenfalls eine ganz eigene Kategorie bilden die Obstbrand- und Obstgeistliköre. Sie entstehen in kleinen, hochwertigen Brennereien und spiegeln die Individualität ihrer Schöpfer wie die der jeweiligen Region und ihrer Obstsorten. Diese feinen Kostbarkeiten bergen den gesamten Reichtum der Früchte – ihre unverfälschte Frische ebenso wie ihre fein herausdestillierte Essenz – und beweisen, dass sich die natürlichen Aromen von Birnen, Kirschen oder Pflaumen auf diese handwerklich aufwändige Weise vervielfachen.

Wie alle Liköre eignen sich natürlich auch solche mit edlen Destillaten für Mixgetränke aller Art und geben so manchem Dessert den letzten Schliff. Doch wer diese Liköre niemals pur probiert, wird mit Sicherheit das Beste versäumen.

Versiegelte Größe

Seite 616: Manche Destillatliköre profitieren vom Ausbau ihres Basisbrands in getoasteten Eichenfässern.

Schon früh setzte Grand Marnier auf den Export, und heute werden neun Zehntel des Umsatzes im Ausland erwirtschaftet.

Louis-Alexandre Marnier entwickelte den fruchtigwürzigen Cognac-Likör, der seinen Namen trägt.

Die meisten Geschichten enden mit der Hochzeit, diese beginnt damit. 1876 heiratete die Enkelin des Fruchtlikörfabrikanten Jean-Batiste Lapostolle den Winzersohn Louis-Alexandre Marnier. Lapostolle hatte 1827 eine Destillerie in Neauphle-le-Château, unweit von Versailles, eingerichtet. Und hier entwickelte Marnier 1880 den berühmten Cognac-Likör, denn mit Cognac kannte er sich aus. Louis-Alexandres Komposition aus weichem Cognac und exotischfruchtigem Orangendestillat traf den Geschmack der Zeit perfekt. Als er den Likör seinem Freund César Ritz als »Curaçao Marnier« vorstellte, kritisierte dieser, für ein so großartiges Getränk sei der Name nicht groß genug und schlug »Grand Marnier« vor. Kaiser Franz Joseph I. soll gleich zwölf Kisten bestellt haben, als er ihn probierte, und Georges-Auguste Escoffier, der Vater der modernen französischen Küche, schuf das wohl berühmteste Grand-Marnier-Rezept: die Crêpe Suzette.

Bis heute ist die Herstellung des Grand Marnier Familiensache. Dazu werden jährlich beste Cognacs ausgewählt und reifen bis zu fünf Jahre in eigenen Kellern des Château de Bourg-Charente. Der Kellermeister kreiert daraus einen Blend, der harmonisch auf den Geschmack der tropischen Bitterorange *Citrus aurantium* abgestimmt ist.

Diese Orangen stammen von einer Plantage in der Karibik. Sie sind noch grün, wenn sie sorgsam von Hand gepflückt werden, denn dann bieten sie das beste Aroma. Die Früchte werden geviertelt und vom Fruchtfleisch befreit, die Schalen reifen dann mehrere Wochen in der Sonne, bis sie ihre Reise nach Frankreich antreten.

In Neauphle-le-Château lässt man die Schalen in Neutralalkohol mazerieren, bevor man den Auszug destilliert. Die gewonnene Essenz wird mit dem Cognac-Blend vermischt und reift danach in Fässern aus französischer Eiche, was dem Geschmack die angenehme Milde verleiht. Abgefüllt wird

Grand Marnier in Aubevoye in der Normandie. Etiketten, Siegel und das rote Band werden noch heute von Hand auf den charakteristischen braunen Flaschen befestigt, die anschließend in 150 Länder exportiert werden. Täglich verlassen mehr als 100 000 Flaschen die Fabrik.

Grand Marnier Cordon Rouge bietet ein reiches Aroma von Orangenblüten mit Noten von Orangeat und Karamell. Im Geschmack finden sich neben Orangen auch Orangenmarmelade und Haselnuss. Der Likör wird zu Desserts wie Zitronensabayon und Crème Caramel gereicht, aber auch zu Roquefort und anderen Blauschimmelkäsen.

Wenn Grand Marnier auch als unnachahmlich gilt, einmalig ist er nicht. Neben dem berühmten Cordon Rouge bietet das Likörhaus drei weitere hervorragende Qualitäten, die dem großen Namen alle Ehre machen: Grand Marnier Louis Alexandre ist eine Referenz an den Schöpfer des Likörs und an seine Gewohnheit, Grand Marnier mit einem extra Schuss Cognac zu verfeinern. Im Geschmack ist er intensiv und weniger süß, mit Anklängen von Pinien, Sandelholz und Earl Grey.

Grand Marnier Cuvée de Cent Cinquantenaire entstand 1977 anlässlich des 150. Jubiläums des Hauses Grand Marnier. Er enthält sehr alte Cognac-Qualitäten aus den besten Anbauregionen Cognacs. Blickfang ist die Flasche mit dem lebhaften Jugendstildekor. Im Aroma finden sich Noten von Kakao, Zimt und weiteren Gewürzen, der Geschmack der Bitterorangen wird kunstvoll ergänzt durch Noten von Kaffee, Honig und Bittermandeln serviert. Man genießt diesen Likör auch gern zu Hartkäse wie Comté oder altem Gouda.

Bereits seit 1927 erinnert Grand Marnier Cuvée du Centenaire an das hundertjährige Bestehen des Traditionshauses. Der Likör kombiniert die Orangenessenz mit seltenen Cognac-Qualitäten der Petite und Grande Champagne. Er bietet eine ideale Balance zwischen Orangen und Cognac, im Geschmack finden sich Aromen von Nüssen, Trockenfrüchten, Pfefferkuchen und Muskatnuss.

Getrocknete Bitterorangenschalen stiften neben dem hauseigenen Cognac das Grundaroma des Grand Marnier.

Links: Der fertig komponierte Likör wird durch Lagerung im *barrique* verfeinert.

Rechts: Über die definitive Assemblage des Grand Marnier entscheidet allein die Verkostung.

Extravaganzen

Ugni Blanc, die Haupt-
rebsorte des Cognac

Links: Im Keller des
Cognac Marnier entnimmt
der Kellermeister eine
Probe.

Rechts: Neue Fässer für
den jungen Cognac

Cognac statt Neutralalkohol moduliert gewissermaßen die Tonlage eines Likörs. Lange vor Louis-Alexandre Marnier hatte dies
schon Antoine-François de Fourcroy, Com-
te d'Empire erkannt, der als Apotheker im
Dienst Napoleons I. stand. Aus den Anfang
des 18. Jahrhunderts erstmals nach Europa
importierten Mandarinen hatte er seinem
Kaiser einen schmackhaften Verdauungstrank zubereitet, indem er die Früchte mit
Kräutern in Cognac einlegte. Fourcroys
Nachkommen ließen sich mit dem Rezept
in Belgien als Händler nieder und produzierten Mandarine Napoléon für jedermann
– mit bis heute anhaltendem Erfolg.
Hinsichtlich des Erfolgs sind die Fourcroys
von den Marnier-Lapostolles überflügelt
worden, deren Bitterorangen-Cognac-Likö-
re nicht nur die Bars, sondern auch die Küchen der gehobenen Restaurants eroberten.
Ihre Jubiläumscuvées behaupten sich unangefochten als Höhepunkte der Likör-

kunst, sieht man einmal von den in jüngster
Vergangenheit in kleinen ›Auflagen‹ erschienenen Likörkreationen einiger Edelobstbrenner ab.
Mit der gediegenen Ruhe im Segment der
Edelliköre war es schlagartig vorbei, als Cognac in den USA in der Hip-Hop-Szene ein-
schlug. Denn auf dieser Welle wurden auch
die (zum Teil) auf Cognac basierenden Liköre Alizé und Hpnotiq zu ungeahnten Erfolgen getragen und haben seither in zahlreichen Cocktails die Rolle des prägenden
Aroma-Elements übernommen.
Dahinter aber steht der Weinbrand aus der
Charente, dessen Qualität wie eh und je auf
der Pflege der Weinberge, auf dem richtigen
Terroir, auf sorgsamer chargenweiser Destillation und langjährigem Ausbau in Fässern
aus Limousin-Eiche beruht. Nur dadurch
erhalten diese Liköre eine Dimension, die
ihre im Preis günstigeren Konkurrenten nie
erreichen können.

Ausgewählte Cognac-Liköre

Belgien

Mandarine Napoléon Grand Liqueur Impériale

Napoléon Bonaparte soll den Cognac mit eingelegten Mandarinen des Apothekers Antoine-François de Fourcroy überaus geschätzt haben. Dessen belgische Nachkommen, heute bedeutende Wein- und Spirituosenhändler, produzieren nach dem Rezept einen Likör, den sie seit 1862 und mittlerweile weltweit vertreiben. Für die Zubereitung werden getrocknete Mandarinenschalen mazeriert und anschließend destilliert. Außerdem brennt man eine Mischung von 27 Kräutern und Gewürzen dreifach. Dann werden die Destillate getrennt in Fässern zwei Jahre gealtert, bevor der Kellermeister aus beiden Partien den endgültigen Likör zusammenfügt und mindestens sechs Jahre alten Cognac Napoléon, Wasser und Zucker hinzugibt.

Frankreich

Alizé

Diese jungen und modernen Cognac-Liköre sind in der Hip-Hop-Szene und in der Welt des Glamour erfolgreich, seitdem Tupac Shakur sie in einem Song verewigte. 1984 entwickelte das französische Cognac-Haus L & L Lafragette im französischen Boé diesen Likör zur besseren Vermarktung des stagnierenden Cognac-Segments. Alizé gibt es mittlerweile in zahlreichen attraktiven Versionen. Alizé Bleu ist eine Mischung aus Cognac und französischem Premium-Wodka mit Passionsfrucht, Kirsche, Ingwer und weiteren exotischen Früchten. Alizé Gold Passion verbindet Cognac mit Passionsfruchtsaft. Die neueste Kreation ist Alizé Rose, bestehend aus Wodka, Cognac, Passionsfrüchten, Erdbeersaft, Litschi und Rosenblüten.

Frankreich

Navan

Cognac ist angesagt. Längst ist der goldene Brand vom Altherrengetränk zum Inbegriff modernen Lebensstils geworden. Davon profitiert auch Navan, die jüngste Kreation des ehrwürdigen Hauses Marnier-Lapostolle, das mit seinem Cognac-Likör Grand Marnier Weltgeltung erlangt hat. Navan ist eine harmonische Mischung aus bestem Cognac und natürlicher Vanille aus Madagaskar, die sich mit ihrem weichen Aroma hervorragend in die Komplexität des Cognac einfügt. Mit einem Alkoholgehalt von 40 % vol gehört er zu den Hochprozentern. Navan genießt man pur, auf Eis und in Cocktails. Er ist benannt nach dem Dorf Navana auf Madagaskar, einer bekannten Anbauregion für Vanille. Navan ist nur in Nordamerika erhältlich.

Frankreich

Orange Boudier

Aus der 1874 gegründeten Destillerie Gabriel Boudier in Dijon kommt diese Kreation aus der exklusiven Reihe Paradoxales. Sie wird hergestellt aus einer harmonischen Mischung von Zitrusfrüchten mit Fine Champagne, einer der edelsten Cognac-Herkünfte. Der anspruchsvolle Likör trägt der steigenden Nachfrage nach Superpremium-Spirituosen Rechnung. Er gefällt schon durch seinen intensiven Duft nach saftigen Orangen und Orangenzeste und zeigt ein fein abgestimmtes Orangenaroma, das sich mit dem Cognac sehr harmonisch verbindet und lange nachklingt. In der Reihe Paradoxales bietet Gabriel Boudier bislang vier einzigartige Liköre an, die in den allerbesten Restaurants Frankreichs serviert werden.

Vereinigte Staaten von Amerika

Hpnotiq

Premium-Wodka, Cognac und exotische Fruchtsäfte sind die Basis des blauen Destillatlikörs, der besonders in den USA zum festen Inventar in der Trendsetter-Szene gehört. Auch in Kanada, Japan und England sowie in Lateinamerika feiert er Erfolge. Innerhalb von nur zwei Jahren stieg er in die begehrte Gruppe der 100 meistverkauften Spirituosen der Welt auf. Er verströmt einen intensiven Duft nach exotischen Früchten. Im Mund entfalten sich Aromen von Zitrusfrüchten, Ananas und Passionsfrucht, harmonisch vom Alkohol umrahmt. Süße und saure Aromen sind perfekt ausbalanciert. Hergestellt wird dieser Likör (mit 17 % vol Alkoholgehalt) bei Heaven Hill Distilleries in Kentucky. Zum Erfolg beigetragen hat auch das attraktive Flaschendesign.

Ausgewählte Whisk(e)y-Liköre

Irland

Celtic Crossing

Diese extravagante Kombination aus irischem Whiskey, französischem Cognac und einem Hauch Honig ist allen irischen Auswanderern gewidmet. So nimmt es auch nicht Wunder, dass dieser Likör, obwohl in Irland hergestellt, von einer New Yorker Firma vertrieben wird und sogar in Australien erhältlich ist. Der bernsteinfarbene Likör zeigt eine feine Süße und eine samtige Struktur. Im Aroma finden sich Noten von Honig, Vanille und geräucherter Eiche, der Geschmack wird von Honig, Gewürzen und Whiskey dominiert und hat einen langen, warmen und kräftigen Abgang. Mit seinen 30 % vol Alkoholgehalt ergibt Celtic Crossing – sofern man ihn nicht pur oder auf Eis trinkt – zusammen mit Wodka einen extravaganten Martini. Auch mit Zitronenlimonade oder Kaffee harmoniert er gut.

Irland

Irish Mist

Mit seinem weichen Aroma gibt dieser Likör vor, nach einem mehr als 1000 Jahre alten Rezept, dem *heather wine,* hergestellt zu werden, und zwar aus altem irischem Whiskey, exotischen Kräutern und etwas Honig. Das Rezept ist 1947 wieder entdeckt worden, weshalb Irish Mist als der älteste kommerzielle irische Likör gilt. Er wurde zuerst von der Destillerie in Tullamore lanciert. Die Karaffenflasche ist dem kostbaren irischen Waterford-Kristall nachempfunden, das Etikett zeigt das Design der königlichen Tara-Brosche. Der bernsteinfarbene Likör mit 35 % vol wird als Digestif getrunken. Man genießt ihn pur, auf Eis oder mit Soda. Auch im Irish Coffee oder zur Verfeinerung von Desserts wird er gern genutzt.

Niederlande

Zuidam Honey Whisky Liqueur

Spätestens seit die Destillerie Zuidam ihren Dutch Single Malt Whisky Millstone entwickelte, zählen auch die Niederlande zu den Whisky-Nationen. In der nun schon seit mehr als 50 Jahren bestehenden Familien-Destillerie entsteht dieser Whisky in kleinen, kupfernen, handgefertigten Brennblasen aus Gerste, die in traditionellen Windmühlen gemahlen wurde, was nicht nur zum Erhalt der historischen Mühlen beiträgt, sondern auch eine das Aroma beeinträchtigende Erwärmung der Gerste vermeidet. Auf der Basis dieses hochwertigen, fruchtigen Whisky, der in neuen Fässern aus amerikanischer Weißeiche gereift ist, entsteht ein Honig-Whisky-Likör mit ausbalancierter Süße.

Schottland

Bruadar

Mit dieser erstaunlich jungen Kreation stellt das Scottish Liqueur Centre in Bankfoot, Perthshire, einmal mehr seine Whisky-Likör-Kompetenz unter Beweis. Nach dem Erfolg des Columba Cream Liqueur entwickelte das Familienunternehmen einen leichten und nur dezent süßen Likör namens Bruadar – das gälische Wort für Traum. Sein Charakter wird von Schlehen bestimmt, somit ähnelt Bruadar dem traditionellen Sloe Gin, wird aber mit Malt Whisky hergestellt. Gesüßt ist er mit Honig, wobei die herben Schlehen dessen Süße gekonnt ausbalancieren, ohne jedoch selbst bitter zu erscheinen. Im Geschmack setzen sie sich angenehm fruchtig durch.

Schottland

Drambuie

»Ein Trank, der zufrieden macht« – so lautet die Übersetzung von »Drambuie«, abgeleitet vom keltischen *an dram buidheach*. Dieser schottische Likör soll der Stärkungstrunk von Bonnie Prince Charlie, Prinz Charles Edward Stuart, gewesen sein, Schottlands personifizierter Hoffnung auf Unabhängigkeit im 18. Jahrhundert. Diese harmonische Komposition aus bis zu 17 Jahre alten Single Malts berühmter Destillerien, schottischem Heidehonig, Kräutern und Gewürzen schmeckt pur, vor allem auf Eis, ebenso wie in Cocktails und Mixgetränken, zu deren bekanntesten sicher der Rusty Nail gehört: Drambuie und Scotch zu gleichen Teilen auf Eis serviert. Drambuie schätzt man in mehr als 200 Ländern – und im Buckingham Palace.

Schottland

Glayva

Gle mhath heißt auf Gälisch sehr gut und ist daher der ideale Name für diesen schottischen Whisky-Likör. Die Geschichte seiner Entstehung reicht bis in die Mitte des 19. Jahrhunderts zurück. Damals besaß ein gewisser Ronald Morrison im östlich von Edinburgh gelegenen Hafen von Leith eine Destillerie. Die exotischen Schiffslieferungen inspirierten ihn, aus einem alten Whisky-Rezept mit Früchten, Kräutern und Gewürzen einen reichhaltigen Likör zu komponieren. Diese rotgoldene Spirituose mit 35 % vol Alkoholgehalt ist in der Nase erst süß, mit Noten von Kräutern und Zitrus, ehe der Whisky in Erscheinung tritt. Im Mund entwickeln sich Aromen von süßen Mandarinen und Honig, er schmeckt würzig und entfaltet eine bemerkenswerte Komplexität.

Schottland

S Bramble Liqueur

Die schottische Region Perthshire ist für ihre wohlschmeckenden Beeren bekannt. Dieser natürliche Reichtum inspirierte das Scottish Liqueur Centre zu drei überaus fruchtigen Likören mit schottischem Malt Whisky unter der Marke S: Brombeer, Cranberry & Himbeere und Heidelbeere. Jede dieser Varianten zeigt einen eigenständigen, ausgeprägten Fruchtgeschmack, der besonders hervortritt, wenn die Flasche einmal geöffnet und eine Zeitlang stehen gelassen worden ist. Für den Brombeerlikör wird eine reichliche Menge Brombeeren sorgfältig in Malt Whisky und Honig mazeriert, wodurch sich das charakteristische Aroma der Beeren sehr intensiv bemerkbar macht.

Vereinigte Staaten von Amerika

Southern Comfort

Whisky-Likör muss nicht irisch oder schottisch sein, wie Southern Comfort, die Spezialität aus New Orleans, demonstriert. Hergestellt mit Frucht- und Kräuteressenzen und mit amerikanischem Whiskey abgestimmt, ist der bernsteinfarbene, süße Likör trotz seiner 35% vol Alkoholgehalt weich und mild im Geschmack. Erfunden hat ihn ein Barkeeper aus New Orleans: M. W. Heron arbeitete in der berühmten Bourbon Street und kreierte 1874 einen neuen Cocktail, den er später kommerziell abfüllen ließ und vermarktete. Southern Comfort wird pur oder auf Eis getrunken und ist eine beliebte Komponente in zahlreichen Cocktails und Longdrinks. Als seltene Rarität wird auch ein sechsjähriger Southern Comfort Reserve angeboten.

Frucht so und so

Weinbergpfirsiche mit ihrem ausgeprägten Aroma eignen sich besonders für Edelliköre.

Aus der Clear Creek Distillery in Portland stammen nicht nur hocharomatische Obstbrände, sondern auch feinste Liköre.

Wenn sich edle Brände oder aromatische Obstgeist-Spezialitäten mit den frischen Säften der gleichen Früchte treffen, tritt deren köstliches Aroma simultan in verschiedenen Erscheinungsformen auf. Da nähren würzig-frische Kirschnoten das sanfte Feuer des Kirschbrandes, da trägt zartes, aber ausdauerndes Birnenaroma den warmen Williamsgeschmack.

Die Grundlage solcher Liköre bildet nicht, wie sonst üblich, hochprozentiger Neutralalkohol, es sind vielmehr allerfeinste Brände und Geiste, wie man sie bei den regionalen Edelbrennern finden kann. Hier weiß man noch genau, wo die Früchte für die feinen Destillate herkommen, oft wachsen sie unmittelbar vor der Haustür und spiegeln immer auch die Eigenheiten der Region: zunächst einmal das Klima, dann die Beschaffenheit der Böden und schließlich die ganze Landschaft. So finden sich in dieser Kategorie weniger die international bekannten Größen als vielmehr die Individualisten unter den Likören, die bewusst eigenwillig und immer wieder überraschend sind.

Dabei bereitet die Mehrzahl der Edelbrenner Liköre nur dann zu, wenn sie von dem Zusammenspiel von Saft und Destillat wirklich überzeugt sind, und das heißt in Ausnahmefällen. Achten sie schon bei ihren Destillaten auf hochwertiges Obst, ist der Anspruch an den verwendeten Saft noch höher. Keine falsche Note darf sich einmischen, denn sonst wäre das kostbare Destillat vergeudet. Man achtet auch sehr sorgfältig darauf, dass der Edelbrand die frische Frucht nicht dominiert oder seine feurige Seite die Harmonie stört und lässt ihn lieber ausreichend lange reifen, damit nur sanfte Wärme die Mischung bereichert. Und da es sich um besondere Kreationen handelt, sind sie für besondere Anlässe prädestiniert, ob pur, mit Champagner oder – und hier entfalten sie ihre Qualitäten am überraschendsten – als Begleiter zu feinen Gerichten, vor allem zu Wild und Geflügel.

Liköre von Obstbrennern

Deutschland

Lantenhammer
Williamsfruchtbrand-Liqueur

Auf mittlerweile fast 80 Jahre Erfahrung in der Herstellung feiner Obstgeist- und Obstbrandliköre kann die oberbayerische Brennerei Lantenhammer am Schliersee zurückblicken. Ihre Kollektion hochwertiger Fruchtliköre umfasst neben Waldhimbeergeist, Schlehengeist, Sauerkirschbrand, Mirabellenbrand und Quittenbrand auch den Williamsbrandlikör. Alle Liköre haben mit 25 % vol einen moderaten Alkoholgehalt, schmecken äußerst fruchtig und nur dezent süß. Der Brenner Florian Stetter setzt diesen Likören keinerlei Neutralalkohol zu, der gesamte Alkohol stammt vom jeweiligen Geist oder Brand. Bis zur Likörherstellung lagern die Destillate in alten Steingutbehältern, je nach Jahrgang, Qualität und Sorte unterschiedlich lange.

Deutschland

Schladerer
Himbeerlikör

Die Alte Schwarzwälder Hausbrennerei Alfred Schladerer ist für ihre hochwertigen Obstbrände bekannt. Dieser aromatische Likör wurde aus bestem Fruchtsaft, feinem Kristallzucker und edlem Himbeergeist zubereitet, wobei der Einsatz von Farb- und Konservierungsstoffen verpönt ist, ebenso wie bei den anderen Obstbrand-Likören des Hauses: Kirsche und Williams. Die Liköre kennzeichnet eine angenehme Konsistenz, verbunden mit einer eher zurückhaltenden Süße. Zugleich kommt bei einem Alkoholgehalt von 28 % vol die Intensität des Aromas besonders deutlich zur Geltung, weshalb man diese Liköre zunächst pur kosten sollte, ehe man moderne Cocktails damit komponiert, für die Schladerer mit kreativen Rezepturen aufwartet.

Deutschland

Vallendar
Roter Weinbergpfirsichlikör

»Das Original« nennt die Brennerei Hubertus Vallendar diese Kreation. Basis ist ein hocharomatisches Fruchtkonzentrat aus vorsichtig entkernten Pfirsichen. Ein Brand vom roten Weinbergpfirsich wird mit dem Extrakt der Frucht und einer speziellen Zuckermischung komponiert. Im Alkoholgehalt von 25 % vol können sich die vollen Aromen optimal entfalten. Man trinkt diesen Likör pur gekühlt oder mit ein wenig trockenem Riesling-Sekt. Die Jury des World Spirits Award 2007 verlieh ihm eine Goldmedaille und hob den exotischen, leicht pflaumigen Duft mit Mango, Papaya und frischen Pfirsichkomponenten hervor sowie den Geschmack nach süßlichem Pfirsichsaft, marmeladig, säuerlich und mit leichter Mandelnote.

Österreich

Guglhof
Weichsellikör

Im Familienbetrieb Guglhof in der alten Salinenstadt Hallein südlich von Salzburg entstehen schon seit Generationen Edelbrände. Daneben widmet sich Brenner Anton Vogl der Herstellung hochwertiger Likörspezialitäten. Vor allem Fruchtliköre, aber auch ein Magenbitter und ein Likör aus grünen Walnüssen kommen von dem historischen Anwesen. Der Weichsellikör von Guglhof ist dunkelfruchtig in der Nase, mit einem Hauch Schokolade. Am Gaumen erscheint er ausdrucksvoll und füllig, neben der Frucht zeigen sich Anklänge von Marzipan. Der Likör zeigt angenehme Säure und im Abgang eine gut ausbalancierte Süße. Weitere Fruchtliköre fertigt Guglhof aus Waldhimbeeren, Johannisbeeren, Marillen, Zwetschken und Sauerkirschen.

Vereinigte Staaten von Amerika

Clear Creek Distillery
Loganberry Liqueur

Auch die Neue Welt bietet edle Liköre. Seit mehr als 20 Jahren stellt die Clear Creek Distillery in Portland, Oregon, Spirituosen auf handwerkliche Weise her. Höhepunkt der Fruchtliköre dieser Destillerie ist ein Likör aus Loganberrys, einer Kreuzung aus Him- und Brombeeren, die nach ihrem Schöpfer, dem amerikanischen Rechtsanwalt und Gartenkünstler James Harvey Logan benannt ist. Für diesen Likör werden sie in klarem Obstbrand aus eigener Herstellung mazeriert. Im Duft dominiert das Aroma der reifen Beeren, der Geschmack zeigt eine dezente fruchtige Süße, während im Abgang die angenehme Herbheit der Beeren stärker hervortritt. Loganberry-Likör schmeckt gut über Vanilleeis oder mit Champagner, aber natürlich auch pur.

Glatt rührend: Emulsionsliköre

Sämig, süß und sättigend ersetzen Emulsionsliköre gut und gern ein vollständiges Dessert. Andere besonders süße Likörspezialitäten eignen sich ebenfalls dazu, ein gutes Mahl angemessen abzurunden, ohne dabei klassischen Digestif-Charakter zu verbreiten. Weil Zucker und Fett als Geschmacksverstärker wirken, besitzen solche Liköre ein ausgeprägtes Aroma, das selbst nach einem opulenten Festessen noch zu beeindrucken vermag. Liköre wie diese sind auch häufig im Gefolge von Kaffee und Kuchen anzutreffen, wenn sie beides nicht sogar ersetzen. Gerade die Kaffee- und Kakaoliköre haben schon so manche nachmittägliche Plauderei versüßt.

Emulsionsliköre demonstrieren die Kunst der Likörmacher in Vollendung. Vor allem Sahne und Eier erweisen sich als schwer zu behandelnde Bestandteile in einer Verbindung, und bis es gelingt, alle Ingredienzen dauerhaft zu vereinen, sind nicht selten langwierige Untersuchungen vorausgegangen und unzählige Versuche gescheitert. Wenn all die aufgewandte Mühe letztlich doch erfolgreich war, hütet jeder Hersteller seine so schwer errungenen Methoden, besonders dann, wenn sie ohne die Hilfe künstlicher Zusätze funktionieren. Ein ganz typischer Vertreter dieser Gattung ist der Eierlikör oder Advocaat, der weitaus weniger mit der Juristerei zu tun hat, als sein Name vermuten lässt.

Eine Klasse für sich stellen die verführerischen Sahneliköre dar. Und nicht nur aus dem kühlen Norden kommen köstliche Kreationen dieser Art, auch in südlichen Ländern begeistert man sich für die cremigen Delikatessen. So bereichern gerade Spanien und Kuba die Palette der Sahneliköre um unvergessliche Geschmackserlebnisse. Und ganz gleich, ob die Rezepturen von den Spitzenprodukten der Gattung oder von lokalen Traditionen inspiriert wurden – Sahne passt perfekt zu einer großen Auswahl an Zutaten, deren Aromen sie hervorzuheben und deren Kanten sie zu glätten vermag.

Niemand, der sich für Liköre interessiert, kommt an den Emulsionslikören vorbei, im Gegenteil, meist begegnet er ihnen wiederholt. Denn häufig waren sie es, die dem Neuling den Zugang zum Reichtum der Likörwelt erschlossen, weil sie mit ihrer Süße und Cremigkeit an bereits Vertrautes wie Naschwerk oder Desserts erinnern. Sie weckten erst sanft das Interesse, dann die Lust auf weitere Entdeckungen. Mit zunehmender Erfahrung weiß man die cremigen Meisterwerke dann ganz anders zu schätzen und entdeckt sie erneut.

Doch die Verführungskünste dieser Spirituosenfamilie sind mit den Emulsionslikören längst nicht erschöpft. Auch mit Nüssen, Mandeln und Fruchtkernen werden Köstlichkeiten zubereitet, die von Genießern für die reizvolle Balance zwischen Süße und Bitternoten geliebt werden. Letztere rühren von den Mandel- oder Pfirsichkernextrakten her, die als Würze dienen, wodurch diese Liköre wie geschaffen sind zur Begleitung oder Aromatisierung einer starken Tasse Kaffee.

Neben Sahne, Eiern und Nüssen kommt einer weiteren Zutat Solistenstatus zu: dem Honig. Am Beginn steht der klassische Met, der als legendärer Krafttrunk der Germanen in die Geschichte einging. Sehr viel später gehören die würzigen Honig-Wodka-Liköre zur reichen Tradition osteuropäischer Länder. Dass gerade der Honig so inspirierend auf Likörmacher wirkt, liegt nicht allein an seiner so vielfältigen Süße, sondern auch daran, dass er traditionell – und notgedrungen – in Europa lange Zeit die erste, weil einzige Wahl war. Zucker war eine noch unbekannte Errungenschaft ferner Länder, die sich erst mit der Kolonialisierung nach Europa verbreitete und auch dann noch lange ein Luxusgut blieb. Heute, wo Industriezucker tonnenweise verfügbar ist, schätzen Feinschmecker die Delikatesse der Honigaromen umso höher, die den Charakter ganz besonderer Liköre definieren.

Sonderstatus als größte Berühmtheit auf dem Gebiet der Sahneliköre kommt unangefochten dem irischen Whiskey-Sahne-Likör Baileys zu. Die verführerische Köstlichkeit von der Grünen Insel ist rund um den Globus zum unverzichtbaren Bestandteil von professionellen wie privaten Bars avanciert und fördert den Wohlstand ihrer Heimat, wie es wohl kaum einem zweiten Likör jemals gelungen ist.

Allererste Sahne

Seite 626: Baileys Original Irish Cream ergibt einen reizvollen Martini mit Wodka und Eis aus dem Shaker.

Mr. Baileys? Auf Peter O'Connors Gesicht erscheint ein breites Lachen. »Wenn Sie so wollen …« Seit 1980 sorgt der joviale Ire unermüdlich dafür, dass Baileys Original Irish Cream Liqueur einen Rekord nach dem anderen bricht. Baileys ist der meistverkaufte Likör weltweit und die Nummer Sieben in der Welt-Hit-Liste der Spirituosen. Heute sind im Jahr 275 Mio. l Milch nötig, um Baileys herzustellen. Sie kommt von 1500 Bauernhöfen auf der Grünen Insel, die 45 000 Milchkühe halten. Denn Baileys ist und bleibt ein rein irisches Erzeugnis, das ausschließlich in den beiden Werken in Dublin und Belfast produziert wird.

Die Geschichte dieses Welterfolgs beginnt 1971, als in dem altehrwürdigen Dubliner Gin- und Weinunternehmen Gilbey's die führenden Herren ihre Köpfe zusammenstecken, um ein typisch irisches Produkt zu kreieren. »Was wäre, wenn man die beiden irischsten Sachen schlechthin zusammenbrächte, Milch und Whiskey?« überlegte Direktor David I. Dand. Von der Idee begeistert, wirkt der erste Versuch ernüchternd, denn Sahne und Whiskey wollen sich nicht mischen. Doch die Herren lassen sich so schnell nicht entmutigen. Matt Gluckman und Matt McPherson entwickeln die größte technische Innovation in der Spirituosengeschichte der vergangenen Jahrzehnte. »Wenn man Sahne aus Milch macht, dann nimmt man das Milchprotein weg, doch wir geben das Protein zurück in die Sahne«, erklärt Baileys' Direktor Peter O'Connor den technischen Clou. »Es gibt keinen zweiten Cream-Likör, der so hergestellt wird.«

Damit zieht sich das, was sich zuvor abstieß, nun an: die Mischung aus dreifach destilliertem Irish Whiskey, Neutralalkohol und Sahne haftet, und das sogar nachhaltig. Denn das *shelf-life*, die Haltbarkeit im Regal, beträgt garantierte 24, in Wirklichkeit mindestens 30 Monate, auch einmal geöff-

Links: Irish Whiskey ist eine der beiden charakteristischen Zutaten.

Mitte: Hightech ist erforderlich, um Sahne und Whiskey dauerhaft zu vereinen.

net. Und das ist das A und O aller Sahneliköre. Obendrein konserviert der Alkohol die Sahne, sodass Baileys völlig ohne Konservierungsstoffe auskommt. Als weitere Zutaten kommen Kakao, Vanille, Zucker und Karamell hinzu.

»Whiskey-milk-shake, how funny.«

Mit dem feinen Sahne-Toffee-Geschmack hatte das Baileys-Team einen Volltreffer gelandet. Der Rest war Marketing. Von der Skepsis der Branche beim Debüt 1974 ließ David I. Dand sich nicht irritieren und bescherte Irland (nach Guinness) die erste internationale Marke. Fünf Jahre später hatte der Absatz 12 Mio. Flaschen erreicht.

Zu Hause in Dublin sollte das weitreichende Folgen haben, denn man musste den Nachschub an Sahne organisieren. In Partnerschaft mit einer Genossenschaft begannen sich die Milchbauern auf Cream zu spezialisieren, züchteten Holstein-Friesen, säten vier nahrhafte Grassorten aus, bauten stressfreie Ställe und stellten sich mit ihrer Molkerei darauf ein, das ganze Jahr hindurch nur erstklassige Sahne zu liefern.

»Die Entwicklung neuer Verfahrenstechniken war spannend«, erinnert sich O'Connor. »Wenn man eine Suppe für zehn Leute kocht, ist das eine Sache. Sie für 10 Mio. Leute zu kochen, ist eine andere. Wir konnten die Zutaten beibehalten, mussten aber die Methode ändern.«

Der nächste große Schub ereilte die Firma, als eine Werbekampagne »Baileys over ice« propagierte, denn daran fanden plötzlich auch junge Verbraucher Gefallen. Inzwischen gibt es Baileys auch in den Varianten Mint Chocolate mit einem Hauch dunkler Schokolade und frischer Minze und Crème Caramel mit angenehmer Karamellnote. Frische Sahne und irischer Whiskey bestimmen gleichwohl das Geschmackserlebnis.

Gewöhnlich trinkt man Baileys pur auf Eis. Er harmoniert auch mit Kaffee, Latte Macchiato oder heißer Schokolade. An heißen Tagen empfiehlt sich Frozen Baileys: drei Eiswürfel und 4 cl Baileys 30 Sekunden im Mixer schlagen, abseihen und garnieren.

Peter O'Connor hat gut Lachen: Baileys ist der meistverkaufte Likör der Welt.

Ausgewählte Sahneliköre

Barbados

Ponche Kuba

In Lateinamerika und in der Karibik liebt man selbst gemischte Sahneliköre namens Ponche, und jede Familie hat ihr eigenes Rezept. Im Jahr 1942 kam Don Jaime Sprock, ein karibischer Händler, nach Kuba und begann dort die verschiedensten Ponche-Rezepte zu probieren und zu studieren. Schließlich entwickelte er daraus als Quintessenz eine neue Rezeptur, die er Ponche Kuba nannte. Der cremige Drink, der mit nur 9 % vol Alkoholgehalt genau genommen gar kein Likör ist, wird auf Barbados aus Milch, Zucker, Alkohol, und Eiern hergestellt und mit Rum und leichten Gewürznoten aromatisiert. Man trinkt ihn gekühlt, pur oder auf Eis. Er harmoniert besonders gut mit Cognac, Brandy oder Rum.

Deutschland

Behn
Dooley's Toffee & Vodka

Mit diesem Sahnelikör ist der mittelständischen Destillerie Behn aus Eckernförde an der Ostsee ein internationaler Erfolg gelungen. Dooley's Original Toffee & Vodka erringt regelmäßig Trophäen auf internationalen Wettbewerben und wird in mehr als 60 Ländern verkauft. Der für einen Sahnelikör leichte Geschmack ist auf den vergleichsweise niedrigen Fettgehalt wie auf den moderaten Alkoholgehalt von nur 17 % vol zurückzuführen. Eine Besonderheit ist auch die Alkoholbasis Wodka, der den Likör dezent aromatisiert und den Sahne- und Toffeekomponenten den Vorrang lässt. Dooley's eignet sich hervorragend zum Mixen, weil er nicht ausflockt. Er schmeckt in Cocktails ebenso wie in Heißgetränken oder in Desserts.

Deutschland

Dirker
Sahnelikör von der Haselnuss

Von dem Ideenreichtum des fränkischen Brenners Arno Josef Dirker zeugt dieser samtige Likör. Basis ist ein hochwertiger Nussgeist, der mit frisch gerösteten Haselnüssen, Kakao und Vanilleschoten hergestellt wird und zu den Spezialitäten der Edeldestillerie Dirker gehört. Diesem Destillat werden nicht nur Sahne und Zucker zugesetzt, sondern zusätzlich drei weitere Nussdestillate. So erhält der Likör den ungewöhnlich intensiven nussigen Geschmack. Man kann ihn pur trinken, sowohl warm als auch gekühlt. Der Likör mit 20 % vol Alkoholgehalt schmeckt auch über Vanilleeis und im Cappuccino. Die Haltbarkeit ist durch die Sahne begrenzt. Eine geöffnete Flasche sollte im Kühlschrank aufbewahrt und bald verbraucht werden.

Deutschland

Vallendar
Orange Cremelikör

Destillate von Bio-Orangen und Sahne aus Hochlandmilch bilden die Grundlage dieses Likörs aus der Brennerei von Hubertus Vallendar oberhalb der Mosel, die als eine der besten Destillerien Deutschlands gilt. Der Orange Cremelikör errang bereits beim World Spirits Award 2006 eine Goldmedaille. Die Tester lobten damals den fruchtig-frischen Duft mit pikanter Schalenaromatik und Anklängen von Orangen-Jogurt-Eis. Im intensiven, lang anhaltenden Geschmack finden sich die Aromen ätherischer Orangenöle, dezent herber Schale, cremiger Süße und elegantem Schmelz. Ebenfalls aus dem Haus Vallendar stammt ein Haselnuss Cremelikör mit Sahne und Haselnussgeist.

Deutschland

Wilthener
Di Crema Choco Latte

Diese Neuheit entwickelte das niedersächsische Familienunternehmen Hardenberg-Wilthen, das heute unter anderem das berühmte Danziger Goldwasser der Marke »Der Lachs« herstellt. Das Geschlecht der Hardenbergs reicht bis ins Jahr 1100 zurück, der bekannte Keiler ist Wappentier seit 1330. Der moderne, cremige Likör der Marke Wilthener mit einem moderaten Alkoholgehalt hat ein volles Schokoladenaroma und ist dabei nur wenig süß. Konzipiert wurde der leichte Likör mit dem italienischen Namen speziell für eine weibliche Zielgruppe, die auch durch die plastisch gestaltete Konturflasche angesprochen werden soll. Di Crema Choco Latte schmeckt am besten gut gekühlt und kann auch auf Eis serviert werden.

Irland

Carolans
Irish Cream

Frische irische Sahne und irischer Honig verleihen dem 1978 entwickelten Irish-Cream-Likör seine ansprechend cremige Konsistenz. Er wird in Clonmel hergestellt, dem »Tal des Honigs« im irischen County Tipperary. Wie der Honig kommt auch die Sahne aus dem Umland. Zur Herstellung werden irischer Whiskey und Neutralalkohol zu einem Blend komponiert und mit Sahne gemischt. Dann wird die Mischung erhitzt und danach mit einer speziellen Technik homogenisiert sowie mit Klee- und Heidehonig und anderen Aromen verfeinert. Der Name dieses Likörs ehrt Turlough O'Carolans, den größten irischen Komponisten, der im 17. Jahrhundert als blinder Barde durch das Land zog.

Niederlande

Zuidam
Caramel Dream

Die niederländische Destillerie Zuidam, die sich noch heute in Familienbesitz befindet, stellt diesen cremigen Sahnelikör mit niedrigem Alkoholgehalt auf traditionelle Weise und aus natürlichen Zutaten her. Der volle Karamellgeschmack dieser Spezialität zeigt Bitternoten des karamellisierten Zuckers, der zusammen mit frischer Sahne die Basis des Likörs bildet. Dazu kommen diverse Gewürze, darunter auch Bourbonvanille, die den Karamellgeschmack gekonnt unterstreichen. Trotz seines vollen Geschmacks ist dieser Likör nicht schwer, was an dem relativ niedrigen Zuckergehalt, aber auch daran liegt, dass die Sahne nicht sehr fett ist. Beim Verkosten entdeckt man auch Noten von Vanille, Kaffee und Schokolade.

Spanien

Gran Duque d'Alba
Crema de Alba

Als weltweit einziger Sahnelikör wird Crema de Alba aus spanischem Brandy Solera Gran Reserva hergestellt. Er stammt aus dem 1877 gegründeten Sherry- und Brandy-Haus Williams & Humbert in Jerez de la Frontera. Man lässt dort den Brandy Gran Duque D'Alba Solera Gran Reserva rund 12 Jahre im Solera-System altern, in dessen Fässern zuvor mindestens drei Jahre lang Sherry reifte und das Eichenholz durchtränkte. Nach Abschluss der Reifezeit werden dem Brandy Sahne, Milch, Kakao, Vanille und viel Zucker zugesetzt. Sehr hell in der Farbe und von cremiger, samtweicher Konsistenz, gefällt er mit feiner Schokonote und dezenten Aromen von Rosinen und südlichen Trockenfrüchten.

Aus dem Ei gepellt

Es ist eigentlich reiner Zufall, dass Eierlikör aus Eiern besteht. Ursprünglich sah dessen Rezeptur andere Zutaten vor. Die Geschichte dieses Likörs beginnt 1624, als die Holländer Bahia eroberten, die Hauptstadt der damaligen portugiesischen Kolonie Brasilien. Dort entdeckten sie ein alkoholisches Getränk, das die indianischen Ureinwohner aus dem weichen Fruchtfleisch der Avocado zubereiteten und das die Portugiesen mit Rohrzucker und Zuckerrohrschnaps verfeinert hatten. Die Holländer fanden Gefallen daran, und als man sie ihrerseits 1654 aus der Kolonie vertrieb, nahmen sie nicht nur die Rezeptur, sondern auch junge Avocadopflanzen mit in ihre anderen Besitzungen, um künftig nicht auf ihr neues Lieblingsgetränk verzichten zu müssen. Doch die Avocadobäume gingen nicht an, und die Rechnung ging nicht auf.

Die Durststrecke währte indes nur kurz, denn es gelang einem engagierten Likörliebhaber, das cremige Getränk mit Eiern nachzuempfinden. Er mischte Eidotter, Branntwein und Zucker so zusammen, dass das Ergebnis dem brasilianischen Avocadogetränk an Aussehen und Geschmack nicht nachstand. Der Advocaat war geboren.

»Advocaat« ist kein geschützter Name, es bezeichnet auch keine Qualitätsstufe, es ist einfach ein Synonym für »Eierlikör«. Die europäische Spirituosenverordnung verlangt bei Eierlikör einen Gehalt an reinem Eigelb von mindestens 140 g/l Fertigerzeugnis. Auch Eiweiß kann enthalten sein. Bei einem geringeren Eigelbgehalt muss die Spirituose als »Likör mit Eizusatz« ausgewiesen werden.

Der genialen Erfindung des Advocaat zum Trotz sind Liköre mit Ei keine rein niederländische Errungenschaft. Auch anderswo versteht man es, Eidotter unter Alkohol zu setzen. Genießer in lateinamerikanischen Ländern und auf Karibik-Inseln trinken gern ein Glas Ponche Crema, einen Eierlikör auf Rumbasis, oder ein Glas Rompompe, das mexikanische Pendant. In Puerto Rico schwärmt man für Coquito, ein Eier-Rum-Getränk mit Kokosmilch, in den USA und anderswo bereitet man Eggnogs zu. Gerade zur Weihnachtszeit sind diese Eier-Köstlichkeiten besonders geschätzt.

Natürlich spielen Eier beim Eierlikör die Hauptrolle. Bei Verpoorten werden sie maschinell perfekt aufgeschlagen.

Ausgewählte Eierliköre

Deutschland

Behn Spiegelei

»Ohne Worte« ist das Motto des Premium-Eierlikörs. Schließlich ist die unverwechselbare Flasche mit dem plastisch hervorgehobenen Spiegelei und dem lustigen Eierschalendeckel beredt genug und macht Appetit auf den wohlschmeckenden Inhalt, der neben Hühnerei auch Zuckersirup, Alkohol, Wasser und Vanille ausweist. Mit diesem Erzeugnis erschließt sich die Gattung Eierlikör auch den jungen Genießern, die traditionell weniger für solche sämigsüßen Spezialitäten zu haben sind. Spiegelei ist nur ein Beispiel für den Ideenreichtum des norddeutschen Familienunternehmens Behn aus Eckernförde, das bereits 1892 gegründet wurde und mit seinem Sahnelikör Dooley's Weltgeltung erlangt hat.

Deutschland

Verpoorten Original

Dieser Eierlikör nennt sich bewusst nicht Advocaat, um sich von den Produkten anderer Anbieter abzuheben. Das Rezept erfand Firmengründer Eugen Verpoorten 1876. Mit zehn Eidottern pro Flasche und dem Alkoholgehalt von 20 % vol übersteigt Verpoorten Original die europäischen Mindestanforderungen für Eierlikör beträchtlich. Was jedoch außer frischen Eidottern und feinen Destillaten noch enthalten ist, behält das Unternehmen diskret für sich. Emulgiert werden die Zutaten durch dosierte Erwärmung in speziellen Pasteurisierungsanlagen. Einmal angebrochene Flaschen gehören in den Kühlschrank und sollten nach maximal sechs Monaten verbraucht sein. So lange dürfte dieser Eierlikör bei den meisten Genießern ohnehin nicht überdauern.

Deutschland

Weis Advocaat

Mit Schwarzwälder Kirschwasser ist dieser Eierlikör zubereitet. Er wird in der Elztalbrennerei Georg Weis in Gutach (Breisgau) hergestellt, inmitten des Schwarzwaldes, wo die Obstbrennerei auf eine lange Tradition zurückblicken kann. Schon seit 1786 brannte die Familie auf ihrem Bauernhof das Obst der Region. 1924 gründete Georg Weis dann ein eigenes Unternehmen zur Produktion feiner Brände und Likör. Die Spezialitäten der Brennerei werden sogar in Übersee geschätzt. Ein besonderer Wurf ist der Elztalbrennerei mit dem handwerklich gefertigten Advocaat (20 % vol Alkoholgehalt) gelungen, der gekonnt die Aromen frischer Eier mit jenen des edlen Schwarzwälder Kirschwassers kombiniert.

Niederlande

Bols Advocaat

Dieser Advocaat steht ganz in der niederländischen Tradition des ursprünglichen Avocado-Getränks aus Südamerika. Hergestellt wird er bei Lucas Bols, einem der berühmtesten und ältesten Likör-Häuser der Welt. Bols Advocaat entsteht nach einem seit Jahrhunderten streng gehüteten Rezept unter Verwendung von frischem Eigelb, Zucker und Alkohol. Man trinkt ihn pur, mixt ihn in Cocktails, gießt ihn über Speiseeis und Kuchen oder rundet Desserts damit ab. Als extravaganten Genuss empfiehlt Bols die Mischung mit Triple Sec, Gin, Orangensaft und Mineralwasser. Wer es klassischer mag, mixt den Eierlikör mit Kirschlikör und gießt das Ganze mit Orangensaft auf.

Schweiz

Eiercognac Emile E.

Aus französischem Cognac und Eiern entsteht diese Schweizer Edelversion des Eierlikörs. Hergestellt wird sie von der Appenzeller Alpenbitter AG, die großen Wert darauf legt, dass für ihren Eiercognac ausschließlich Eier aus Schweizer Bodenhaltung verarbeitet werden. Der Name des Likörs erinnert an den Firmengründer Emile Ebneter, der 1902 als 20-Jähriger eine Spirituosenhandlung eröffnete und bald darauf mit einem selbstentworfenen Bittergetränk wirtschaftlich erfolgreich war: bis in die Gegenwart ist der beliebte Appenzeller Alpenbitter das Flaggschiff des Unternehmens geblieben. Erst 2006 ist die Firma von Emil Ebneter & Co. AG in Appenzeller Alpenbitter AG umbenannt worden.

Romanze in Mandel

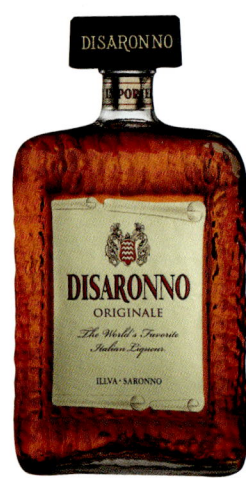

Die Mandelblüte ist der erste Frühlingsbote in Italien; die Kerne geben den meisten Amaretti das feine Aroma.

Viele regionale Likörspezialitäten sind in Italien beheimatet. Berühmt ist der süße Amaretto, der aus Mandeln und Bittermandeln, verschiedenen Kräutern und Gewürzen hergestellt und von diversen Häusern angeboten wird. Seine Entstehung reicht in die Renaissance zurück, so will es zumindest die Geschichte, die sich um den wohl bekanntesten Amaretto, den Disaronno, rankt. Damals betrieb eine junge Frau im Wallfahrtsort Saronno bei Mailand eine Gaststube, in der Pilger übernachteten. Einer ihrer Gäste, Bernardino Luini, schmückte die Mailänder Kirche Santa Maria delle Grazie mit Fresken. Die junge Wirtin stand ihm Modell, und sie verliebten sich ineinander. Um ihn zu betören, bereitete sie einen reinen, wohlschmeckenden Likör aus Weinbrand, Aprikosenkernen und einer geheimen Würzmischung zu, den sie Disaronno nannte. Schließlich schenkte sie dem Maler die Rezeptur dieses original Amaretto.

Das Rezept von 1525 wurde in dessen Familie bewahrt. Erst im 18. Jahrhundert entschlossen sich die Erben, die Familie Reina, die Herstellung professionell zu betreiben, und bis heute liegt die Produktion in den Händen dieser Familie aus Saronno. Die 17 verschiedenen Gewürze, Kräuter und Früchte, von denen in speziellen Verfahren Essenzen gewonnen werden, wachsen an der italienischen Adriaküste. Die Auszüge werden mit Neutralalkohol verbunden und mit Karamell gesüßt. Für den weichen Mandel-Aprikosen-Geschmack sorgt Aprikosenkernöl, was Disaronno von den meisten Mitbewerbern unterscheidet. Man trinkt ihn pur, auf Eis, auch mit etwas Zitronensaft, im Kaffee, im Kakao oder mit Orangensaft. Er ist Bestandteil berühmter Cocktails wie Almond Kiss, Amaretto Sour oder Mai Tai. Disaronno gehört zu den bedeutendsten Likörmarken der Welt und wird in mehr als 150 Ländern vertrieben.

Ausgewählte Mandelliköre

Deutschland

TABU
Volume 33 rpm Persico

Das Pfirsichkerndestillat hat in den letzten Jahren eine Renaissance erlebt. Dabei liegt ein Teil seines Reizes auch darin, dass es wegen seines Blausäuregehalts zwischenzeitlich verboten war. Heute kann man sich dem Genuss dieser alten Spezialität unbesorgt widmen, die moderne Version kommt ganz ohne Blausäure daher – und ist völlig legal zu haben. Ein altes Originalrezept aus dem 19. Jahrhundert förderte vor einigen Jahren die deutsche Destillerie Felix Rauter zutage. Die Spirituose mit 33 % vol Alkoholgehalt beinhaltet neben Pfirsichkern-, Bittermandel- und Pfirsichblütendestillat auch Auszüge aus Sandelholz und Rosen-, Nelkensowie weitere ätherische Öle. »Sauern mit Persico« ist eine Mischung des Likörs mit Kirschsaft.

Frankreich

Gabriel Boudier · Prunelle
Liqueur de Bourgogne

Diese burgundische Spezialität basiert auf Schlehenkernen. Nach dem ersten Frost werden die Früchte von den Bäumen geschüttelt. Dann lässt sich das Fruchtfleisch leicht ablösen; die Kerne werden gewaschen und getrocknet, bevor man sie in Alkohol mehrere Wochen mazeriert. Dabei ist entscheidend, dass die Kerne unversehrt bleiben, damit sich einzig die feinen Aromastoffe lösen, die groben dagegen das Innere des Kerns nicht verlassen können. Mit einer ausgewogenen Portion Zucker vermischt und auf Trinkstärke eingestellt, gefällt der Likör mit dem feinen, an Mandeln erinnernden Aroma. Man trinkt ihn pur oder verwendet ihn für feines Gebäck.

Italien

Barbero
Frangelico

Eine Piemonteser Spezialität ist Frangelico, ein Likör aus wilden Haselnüssen, Beeren und weiteren Früchten. Das Rezept soll von einem Mönch namens Frangelico stammen, der vor etwa 300 Jahren im Piemont lebte. Die Ingredienzen werden destilliert und zu einem Likör zusammengestellt, der anschließend in Eichenfässern reift. Man trinkt Frangelico pur, zum Kaffee oder Espresso, aber auch auf Eis. Als Longdrink serviert man ihn gern mit Orangensaft. Eine Besonderheit ist Frangelico Barbero mit Butterscotchlikör, Grapefruit- und Orangensaft. Die originelle Flasche in Form einer Mönchskutte erinnert an den Urheber dieser Spezialität.

Italien

Toschi
Nocello

Es ist die lieblichere, mit 24 % vol Alkoholgehalt leichtere Version des berühmten Nusslikörs Nocino. Während Letzterer sein volles Aroma überwiegend grünen Walnüssen verdankt, sind in der Rezeptur des Nocello zusätzlich Haselnüsse vorgesehen, womit das Resultat gut zu Desserts, aber auch im Kaffee schmeckt. Die unreifen Walnüsse werden für die Zubereitung entweder gleich vergoren und destilliert oder zunächst mazeriert, wobei die Auszüge danach ebenfalls destilliert werden können. Die Destillerie Toschi in der Emilia Romagna bevorzugt die Mazeration und rundet das Aroma ihres Likörs mit Karamell und Vanille ab.

Niederlande

Wenneker
Amaretto

Der beliebte Mandellikör Amaretto ist längst keine rein italienische Spezialität mehr. Auch in den Niederlanden versteht man sich auf die Herstellung, so bei Wenneker, einem der größten holländischen Likörfabrikanten, der eine reiche Auswahl der unterschiedlichsten Likörklassiker anbietet. Wennekers Amaretto basiert auf einem alten Familienrezept, das ins 16. Jahrhundert zurückreicht und aus Italien stammt. Hergestellt wird er aus Mandeln, karamellisiertem Zucker und 17 verschiedenen Kräutern und Früchten, die mit Aprikosenöl versetzt werden. Er bietet ein gefälliges Mandelaroma mit viel Frucht und einem feinen bitter-süßen Ton im Nachklang.

Mit Honig fängt man Bären

Seite 638: Zu einem Brandy Alexander, der wunderbar zum Espresso schmeckt, gehört unweigerlich Kakaolikör.

Met ist eines der ältesten alkoholischen Getränke der Menschheit, denn Honig fängt leicht an zu gären, vorausgesetzt er ist ausreichend mit Wasser verdünnt. Die Germanen, so behauptet man, sprachen ihm reichlich zu, denn zum einen hatten sie dank des vielen Honigs in den ausgedehnten Wäldern Nordeuropas genug davon, und zum anderen waren sie klug genug, ihn als Geschenk der Götter zu begreifen, mithin ließen sich ausgedehnte Trinkgelage als Opferrituale in göttlichen Diensten rechtfertigen. Vielleicht tranken sie ihn aber auch einfach deshalb, weil es ein gesunder, hygienischer und wohlschmeckender Durstlöscher war, der erst mit der Fertigkeit des Bierbrauens in Vergessenheit geriet.

Mit der Verbreitung alkoholischer Destillate wird die Verbindung von Alkohol und Honig einhergehen, denn nichts ist naheliegender. So datiert man den Ursprung des Bärenfangs, wie man Honiglikör in Ostpreußen nennt, ins 15. Jahrhundert, als die Kunst des Brennens dort vermutlich gerade erst eingeführt wurde. In einigen Gebieten Ost-

preußens, Masurens und Litauens nannte man den hausgemachten Likör Meschkinnes nach dem litauischen Wort *meska* für Bär, während er in Russland, wo ihn heute Stolichnaya anbietet, als Okhotnichya, Jäger-Wodka, bezeichnet wird.

Bis heute ist Bärenfang nach Hausrezept verbreitet, denn er ist einfach herzustellen, das meiste, was man dazu braucht, ist Geduld. Am besten verwendet man milden Blütenhonig, den man in einer Alkohol-Wasser-Mischung auflöst, die man dazu leicht erwärmen kann. Der Ansatz wird luftdicht verschlossen, und nun dauert es einige Monate, bis die Bestandteile eine geschmacklich harmonische Verbindung eingehen. Schon früh verfeinerte man den Likör durch die Zugabe allerlei Kräuter und Gewürze, wobei Zimt, Nelken, Vanille und Zitronenschale heute die beliebtesten sind.

Erst 1945 erschien der erste kommerzielle Honiglikör, hergestellt von der Königsberger Firma Teucke & König. Ihr »Bärenjäger« wurde zum Exportschlager, nicht zuletzt dank der Flasche im Bienenkorb-Design.

Heute werden als Bienenstöcke Kästen verwendet, in die man Rahmen einsetzt. Die füllen die Bienen mit ihren Waben aus, in denen sie den Honig ablegen.

Honigliköre & Schwedenpunsch

Deutschland

Dirker
Tannenspitzenhoniglikör
Aus der fränkischen Edelbrennerei Dirker kommt dieser einzigartige Likör. Arno Josef Dirker, mit seinen unkonventionellen Bränden einer der erfolgreichsten deutschen Brenner, wollte eigentlich Tannenhoniglikör herstellen, was sich wegen des teuren Grundstoffs als nicht praktikabel erwies. So sammelt der Brenner im Frühjahr die frischen Triebspitzen nordischer Küstentannen und mazeriert sie in Alkohol. Dieser Auszug wird anschließend destilliert und bei einer bestimmten Temperatur mit ausgesuchtem Honig gemischt. Abschließend folgt eine Reifezeit. Neben dem puren Genuss eignet sich der Likör auch zum Verfeinern außergewöhnlicher Desserts.

Deutschland

Teucke & König
Bärenjäger
Der Honiglikör mit 35 % vol Alkoholgehalt wird bis heute nach dem überlieferten ostpreußischen Rezept hergestellt. Lediglich der Honig ist ein anderer: inzwischen verwendet man reinen Hochlandhonig aus dem mexikanischen Yucatán, der für sein kräftiges Aroma bekannt ist. Bärenjäger, der nur natürliche Zutaten enthält, wird mit Neutralalkohol vermischt und zur Klärung wie zur Aromaverstärkung mehrere Monate in Tanks gelagert. Man trinkt ihn pur oder in heißem Tee, als Honiggrog oder mit Milch. Auch über Eiscreme serviert man ihn häufig. Hergestellt wird die Marke Teucke & Koenig im westfälischen Steinhagen.

Polen

Destylarnia Sobieski S. A.
Krupnik
An dem süßen Wodka-Honig-Likör tat sich schon im Mittelalter der polnische Adel gütlich. Nach dem heute verwendeten Rezept aus dem 18. Jahrhundert werden ausgewählte Bienenhonige sowie Wurzel- und Blattextrakte von Kräutern verarbeitet. Krupnik wird zwar als Likör bezeichnet, manche betrachten ihn jedoch als einen Wodka, wenn nicht gar als eigenständige Spirituosengattung. Man trinkt ihn kalt, warm und auch im Bier. Der Likör mit den 38 % vol Alkoholgehalt wird in der traditionsreichen Destylarnia Sobieski S. A. in Starogard Gdanski hergestellt, die heute zu Belvedere gehört.

Polen

Miodula
Presidential Blend
Der fassgereifte polnische Honig-Wodka-Likör basiert auf einer Rezeptur aus dem 18. Jahrhundert. Miodula gehört zu den wichtigsten polnischen Spirituosen und wurde über Generationen im polnischen Königshaus geschätzt. Heute serviert man Miodula Presidential Blend ausländischen Staatsgästen bei offiziellen Anlässen. Jede Flasche der limitierten Produktion ist handsigniert und nummeriert. Der Likör mit 40 % vol Alkoholgehalt wird bei Toorak Polska hergestellt. Neben polnischem Premium-Wodka zählen Wildbienenhonig, Quellwasser aus den Wisla-Bergen sowie eine geheime Mischung aus Kräutern und Gewürzen zu den Zutaten. Man serviert ihn pur auf Eis, trinkt ihn aber auch heiß.

Schweden

Carlshamns
Flaggpunsch Original
Der Punsch enthält zwar keinen Honig, gehört aber in den gleichen Kulturraum wie die Honigliköre. Daneben ist er untrennbar mit der schwedischen Kultur verbunden. Die Mischung, die traditionell aus Arrak, Neutralalkohol, Zucker, Wasser und Wein besteht, wird in Schweden hergestellt, seit dort 1773 der erste Arrak anlandete. Die älteste Punschmarke Schwedens, registriert bereits 1885, kam zunächst aus der Destillerie Karlshamns Bryggerie und wird heute vom Konzern V & S angeboten. Der Likör mit 26 % vol Alkoholgehalt zeichnet sich durch frische Arraknoten und ausbalancierte Süße aus. Man trinkt ihn gekühlt aus gläsernen Punschtassen, in Schweden aber auch heiß zur Erbsensuppe.

Likör-Putsch-Mittel

Es ist kein Zufall, wenn würzige Kaffeearomen und Likör eine besonders glückliche Verbindung eingehen. Nicht von ungefähr ähnelt eine der Methoden zur Kaffeelikörherstellung einer klassischen Variante des Kaffeekochens. Gemeint ist die Perkolation, das unablässige Beträufeln des Grundstoffes mit Alkohol, der die Aromastoffe sanft herausschwemmt und sammelt.

Entsprechend trägt ein traditionelles Gerät zur Kaffeebereitung den Namen Perkolator. Darin wird Wasser erhitzt, das durch ein Röhrchen aufsteigt und von oben über das Kaffeepulver rinnt, das sich auf einem Sieb befindet. Je nach Fabrikat verbleibt die Flüssigkeit in einem Kreislauf, bis der Kaffee die gewünschte Stärke erreicht hat, oder der Kaffee ist schon beim einmaligen Durchlaufen des Prozesses fertig.

Gerade die Kaffeeliköre sind durch eine besonders subtile Sortenwahl gekennzeichnet, basiert doch einer auf Arabica-Bohnen aus mexikanischen Vorgebirgen, während der andere auf den berühmten jamaikanischen Blue-Mountain-Bohnen beruht oder aber ein dritter aus ganz traditionell gebrühtem Espresso hergestellt wird.

Wenn diese Liköre oft zu einer Gruppe zusammengefasst werden, bezieht sich das auf die Verwandtschaft zwischen Kaffee- und Kakaobohnen und auf ihr prägnantes Aroma, nicht aber auf einen Likörtypus. Denn je nach Herstellungsverfahren und Zutaten kann es sich dabei um Sahne- oder Gewürzliköre handeln.

Auch in ihrer Verwendung unterscheiden sie sich. Kaffeeliköre schmecken im, zum und natürlich auch statt Kaffee. Während man sie durch einen braunen Kakaolikör ersetzen kann, werden wasserklare Kakaoliköre, die in der Regel durch Destillation gewonnen werden und meist einen höheren Zuckergehalt besitzen, nur zum Mixen eingesetzt und gehören zum Standardsortiment jeder Cocktail-Bar. Doch auch Kaffeeliköre haben sich dort bewährt, man denke nur an den Black oder White Russian.

Kaffee- & Kakaoliköre

Irland

Sheridan's

Schon die Flasche dieses Kaffee-Sahne-Likörs zieht die Blicke auf sich. Zweigeteilt, bietet sie zu einem Drittel einen hellen Likör aus frischer irischer Sahne und Vanillin mit moderatem Alkoholgehalt von 15,5 % vol. Der zweite Flaschenteil enthält zwei Drittel tiefdunklen Kaffeelikör mit Schokoladenaromen, der stolze 37,6 % vol Alkoholgehalt aufweist. Wer diesen außergewöhnlichen Likör mit ruhiger Hand aus beiden Flaschenöffnungen zugleich ins Glas fließen lassen kann, erhält einen attraktiv geschichteten Drink: unten liegt der Kaffeelikör, darüber verteilt sich die Vanille-Cream. Sheridan's genießt man stets gekühlt auf Eis. Der Likör stammt von demselben Dubliner Unternehmen wie der weltberühmte Whiskey-Sahne-Likör Baileys.

Italien

Borghetti

Seit nunmehr 1860 dient Espresso als Grundlage für diesen tiefdunklen Likör. Ugo Borghetti aus Ancona, der die heute in Mailand von Fratelli Branca hergestellte Spezialität einst kreierte, schrieb dafür eine Mischung aus Arabica- und Robusta-Bohnen vor, die frisch geröstet und gemahlen werden. Kennzeichnend für den Likör sind deshalb der authentische Espressogeschmack in Verbindung mit dezenter Süße. Borghetti (25 % vol Alkoholgehalt) trinkt man pur bei Zimmertemperatur oder gekühlt, gern auch auf Eis. Besonders beliebt ist er in heißen Getränken wie Espresso oder Kaffee, auch mit Cola und einem Spritzer Limettensaft schmeckt er hervorragend.

Jamaika

Tia Maria

Angeblich war es die treue Zofe Tante Maria – Tia Maria –, die auf Jamaika Mitte des 18. Jahrhunderts auf der Flucht vor aufständischen Sklaven geistesgegenwärtig ein altes Familienrezept ihrer Herrin rettete, das zusammen mit einem Paar schwarze Perlenohrringe in einer Schatulle verborgen lag. Bis heute wird der Likör aus edlem jamaikanischem Blue-Mountain-Kaffee hergestellt. Die gereinigten und getrockneten Bohnen werden leicht geröstet, grob gemahlen und mit weiteren Zutaten vermischt, bevor die Aromen mittels doppelter Perkolation extrahiert werden. Der Likör mit 20 % vol Alkoholgehalt zeigt dezentsüßes Aroma von geröstetem Kaffee mit Anklängen an Schokolade und Karamell. Man serviert ihn pur auf Eis oder mit Cola und Eis.

Mexiko

Kahlúa

Dieser mexikanische Likör mit 20 % vol Alkoholgehalt wird seit 1936 hergestellt. Kahlúa gilt als der meistgetrunkene Kaffeelikör der Welt und wird heute in mehr als 120 Länder exportiert. Grundlage ist frisch gerösteter, grob gemahlener Arabica-Kaffee aus den mexikanischen Vorgebirgen. Die gemahlenen Bohnen werden mit Wasser bis fast an den Siedepunkt erhitzt, und der fertige Kaffee muss erst abkühlen, bevor Rum, Vanille und Karamell zugefügt werden können. Kahlúa schmeckt pur auf Eis, mit Milch oder heißen und eisgekühlten Kaffeespezialitäten. Berühmt sind die Wodka-Cocktails White und Black Russian – mit und ohne Sahne. Besonders Mutige probieren den brennenden Kahlúa B52.

Niederlande

Wenneker
Crème de Cacao Brown

Der intensive Schokoladenlikör wird aus dem Extrakt von ausgewählten Kakaobohnen zubereitet. Mit herb-süßem Geschmack bietet er reines, dunkles Schokoladenaroma mit einer Spur Vanille. Wenneker Crème de Cacao Brown schmeckt im Kaffee und in Cocktails, aber natürlich auch pur oder auf Eis. Auch über Eiscreme ist er ein Genuss. Sein Alkoholgehalt beträgt 27 % vol. Wie alle Liköre des Hauses Wenneker enthält er ausschließlich natürliche Geschmacks- und Farbstoffe. Neben dem Kakaolikör hat Wenneker noch einen weißen Schokoladenlikör und einen Schoko-Mint-Likör im Angebot.

Außergewöhnliche Liköre

Deutschland

Asbach
A&A · Asbach und Auslese

Mit dem interessanten Riesling-Likör gelang dem Haus Asbach in Rüdesheim am Rhein die harmonische Verbindung aus Riesling-Auslese und dem Original Asbach Uralt, der Rüdesheimer Weinbrand-Spezialität, die nach doppelter Destillation wenigstens zwei Jahre in kleinen Fässern aus Limousin-Eiche reift. Der herb-süße Geschmack des goldenen Riesling-Likörs erinnert an Honig und frische Trauben. Als Alternative zur üblichen Aperitifauswahl mundet er pur oder auf Eis. Besonders festlich wirkt der Likör in Kombination mit trockenem Sekt. Als Longdrink passt er zu Ginger Ale, Soda oder Tonic. Er schmeckt über Eis, Früchten und Kuchen, aber auch in Saucen und Marinaden.

Deutschland

Dirker
Apfelstrudellikör

Am Destillieren eines Apfelstrudels hinderten den fränkischen Brenner Arno Josef Dirker lediglich zolltechnische Probleme. Also kreierte er einen Apfelstrudellikör. Basis ist frisch gepresster Apfelsaft mit Apfelbrand und Zucker. Die charakteristischen Apfelstrudelnoten erreicht Dirker mit Haselnussgeist, Rum, Zimt, Rosinen, Mandeln, Hefe und noch einigem mehr. Insgesamt fast 20 Zutaten enthält die Rezeptur, die nach sorgfältigem Experimentieren entstand. Der Apfelstrudellikör schmeckt pur und in Desserts. Ein weihnachtlicher Aperitif entsteht durch das Aufgießen mit Cidre, eine besondere Variante des Kir. Dirker bietet seinen Apfelstrudellikör nur in den Wintermonaten an.

England

Pimm's
No 1

Mit diesem erfrischenden Drink fließt ein echtes Stück britischer Lebensart ins Glas. Pimm's wird auf der Grundlage von London Dry Gin hergestellt und mit Vorliebe für Mixgetränke verwendet. Seinen erfrischend-fruchtigen Geschmack verdankt er einer ausgewogenen Mischung von Likören, Fruchtnektaren und Kräutern. Als Erfinder dieses rötlich-braun schimmernden Getränks gilt James Pimm, der im 19. Jahrhundert die Londoner Oyster Bar betrieb. Unter den unzähligen Cocktails und Longdrinks, denen Pimm's besonderen Charakter verleiht, ragt die Kreation Pimm's No 1 mit Ginger-Ale oder Zitronenlimonade als die berühmteste Variante heraus.

Finnland

Altia
Koskenkorva Salmiakki

Dieser typisch finnische Likör mit einem Alkoholgehalt von 32 % vol wird – aus gesalzenem Lakritz hergestellt. Er wird nicht nur in Liter- und Halbliter-Glasflaschen angeboten, sondern auch in Halbliter-Kunststoffflaschen, die den modernen, jungen Charakter dieses Likörs unterstreichen sollen. Koskenkorva Salmiakki wird am liebsten pur getrunken. Koskenkorva ist eine finnische Spirituosenmarke des Konzerns Altia. In Finnland wie in ganz Skandinavien stellt Salzlakritz eine ebenso traditionelle wie eigenwillige Süßigkeit dar.

Frankreich

Boudier
Liqueur de Roses

Wenn es heute auch sehr exotisch anmutet, aus Rosen einen Likör herzustellen, so wird doch Rosenaroma seit ältesten Zeiten für kulinarische Zubereitungen geschätzt. Zuerst nutzten die Chinesen Rosen in der Küche, eine Vorliebe, die über die Seidenstraße Persien erreichte, wo man bis heute Süßigkeiten damit parfümiert. Auch im Westen schätzt man Rosenaroma in der Patisserie. Gabriel Boudier in Dijon hat diesen Likör hergestellt, für den Blütenblätter von besonders stark duftenden Rosen in Zucker und Alkohol mazeriert werden. Man kann ihn pur mit Eiswürfeln trinken, was seine starke Süße mildert, und dann den parfümierten Nachgeschmack genießen oder einen Schuss zum Champagner geben, Cocktails damit bereichern und ihn für orientalische Gerichte verwenden.

Frankreich

Daucourt
X-Rated Fusion Liqueur

Als die exotische Mischung aus bestem französischem Wodka, provenzalischen Blutorangen, Mango und Passionsfrucht präsentiert sich dieser Trendlikör. Die reinen Bio-Säfte weden mit dem Wodka in einem geheim gehaltenen Verfahren verbunden. Eingeführt wurde der Likör 2004 von Jean-Marc Daucourt, preisgekrönter Spirituosen-Entwickler, und Todd Martin, dem ehemaligen Präsidenten von Allied Domecq Nord Amerika. Ziel war die Schaffung eines rosafarbenen Nobellikörs. X-Rated Fusion Liqueur erlebt in den USA eine der höchsten Wachstumsraten aller Spirituosen. X-Rated Fusion Liqueur genießt man auf Eis, der pinkfarbene Likör eignet sich aber auch für ungewöhnliche Cocktails.

Italien

Franciacorta
Eclisse · Liquore di Liquirizia

Der Lakritzlikör Liquirizia gehört zu den weniger bekannten Spirituosenspezialitäten des Mittelmeerraumes. Eclisse stammt aus Kalabrien. Hergestellt wird der würzige Likör nach einer innovativen Methode aus Süßholz (*Glycyrrhiza glabra*), das für seine verdauungsfördernden und entgiftenden Eigenschaften geschätzt wird. Der tiefdunkle Likör zeigt unverkennbar den Duft und Geschmack von Lakritz, verbunden mit dezenter Süße. Man trinkt ihn vorwiegend pur und gut gekühlt als Digestif. Einen Versuch wert ist er zudem über Eiscreme und in Longdrinks. Eine besondere Spezialität ist heißer Lakritzlikör mit Sahnehäubchen. Angeboten wird er von der Destillerie Franciacorta unweit von Brescia.

Niederlande

De Kuyper
Parfait Amour

Zu den bedeutendsten Fruchtspirituosenherstellern zählt De Kuyper in Schiedam bei Rotterdam. Sein Parfait Amour wird aus Veilchen und einer Komposition aus fernöstlichen Blütenextrakten hergestellt. Verfeinert wurde dieser Likör mit Destillaten von Zitrone, Koriander und Apfelsinen, die man auch heute noch in den Brennblasen von 1695 gewinnt. Sein ungewöhnliches und geheimnisvolles Aroma trägt zu seiner Beliebtheit ebenso bei wie die extravagante violette Färbung, die in vielen Cocktails hervorragend zur Geltung kommt.

Niederlande

Zuidam · Oud-Hollands
Speculaas Liqueur

Die Destillerie Zuidam ist eine der letzten selbstständigen Destillerien der Niederlande, die noch alle Destillate und Extrakte auf traditionelle Weise im eigenen Familienbetrieb herstellen und verarbeiten. Dieser alt-holländische Spekulatiuslikör wird aus vielen verschiedenen orientalischen Kräutern und Gewürzen komponiert, die in Holland bekannt sind, seit niederländische Kaufleute sie von den weiten Handelsreisen mitbrachten. Gewürze wie Zimt, Kardamom, Muskatnuss, Ingwerwurzel, weißer Pfeffer, Nelken und Bourbonvanille werden vermischt und mit Alkohol angesetzt. Auf dieser Basis entsteht ein angenehmer, süß-würziger Likör.

Vereinigte Staaten von Amerika

Bacmar International
Voyant Chai

Extravagant präsentiert sich der Teelikör in einer roten Designerflasche. Dieser Sahnelikör mit seinen 12,5 % vol Alkoholgehalt wird in den Niederlanden aus vierjährigem Virgin-Island-Rum, Premium-Wodka, frischer holländischer Sahne, Schwarztee und typischen Chai-Gewürzen hergestellt, darunter Zimt, Anis, Nelken und Vanille. Es werden ausschließlich echte Gewürze verwendet, auch die Färbung des modernen Likörs rührt von Gewürzen und Tee her. Voyant Chai schmeckt gekühlt auf Eis, in Tee oder in Kaffee. In den USA wurde diese extravagante Kreation zum absoluten Verkaufsschlager, denn »Chai« liegt dort als Geschmacksrichtung voll im Trend. Durch den niedrigen Alkoholgehalt treten die feinen Tee- und Gewürzaromen sehr deutlich hervor.

Süße Träume

Liköre sind ein faszinierendes und buntes Kapitel, sowohl was ihre Arten, ihre Ingredienzen, ihre Farben, aber auch ihre Verwendung angeht. Längst sind die Zeiten vorbei, wo Likör etwas Altbackenes hatte, wo man an Damenkränzchen dachte, deren Mitglieder mit spitzen Mündchen verschämt an kleinen Kristallgläsern nippten.

Noch immer halten sich Klassiker, die man nicht nur für den Genuss, sondern auch für die Gesundheit trinkt, wie die grüne Chartreuse oder Bénédictine, Ettaler Klosterliqueur, Becherovka oder Elixir d'Anvers. Andere empfehlen sich dank ihrer geschmacklichen Kompetenz zu purem Genuss, vor allem Destillatliköre wie Grand Marnier, Whisk(e)y-Liköre oder die süßen Kreationen der Edelbrenner.

Dies bedeutet nicht, dass man sie nicht auch auf Eis trinken oder für Cocktails verwenden könnte. Einige klassische Mixgetränke konnten sich gerade deshalb durchsetzen, weil hervorragende Liköre ihnen das besondere Etwas verliehen wie Bénédictine dem Singapore Sling, Grand Marnier dem Red Lion, Drambuie dem Rusty Nail oder ganz aktuell Alizé dem Thug Passion und Hpnotiq seiner eigenen Martini-Version mit Coconut Rum und Ananassaft.

Zu den Solisten zählen natürlich auch die Magenbitter, wenn sie ihren Auftritt als Digestif haben. Inzwischen drängen sie jedoch mit Nachdruck in die Sparte der Longdrinks und scheinen mit verschiedenen Zutaten wie Cola oder Tonic den Geschmack der Jugend genau zu treffen.

Links oben:
Tequila Smash

Rechts oben:
Starfish Cooler

Links unten:
Beach at Night

Rechts unten:
Nine Mile

Die Sitte, nach dem Essen ein Glas Likör zimmerwarm zu schlürfen, gehört der Vergangenheit an. Auf Eis erleben viele Liköre einen spektakulären Auftritt, man denke nur an den zweiten internationalen Durchbruch von Baileys *over ice*. Denn Eis im Glas mäßigt die Süße und verleiht den Aromen einen frischen Start, bevor sie sich im Mund mit nachhaltiger Wärme entfalten.

Doch die wahre Stärke der Liköre liegt heute woanders. Sie haben eine vorher nie erreichte Bedeutung erlangt, seit die Cocktail-Kultur in den 1990er Jahren eine ganz neue Dynamik gewann. Sie sind zu Salz und Pfeffer, Chili und Curry, Essig und Öl der Bar geworden. Noch nie war das Angebot der Liköre so weit gefächert wie heute, und noch nie fanden sie eine so breite und vielfältige Verwendung. Davon haben auch die Klassiker unter ihnen profitiert wie die Orangen- und Bitterliköre, einige Marken, um die es

still geworden war, schafften sogar einen völlig verblüffenden Neuanfang, allen voran der Jägermeister. Zugleich hat es eine Fülle an neuen Likör-Kreationen gegeben, die es professionellen und privaten Barmixern ermöglicht, immer neue Cocktails mit immer neuen Aromen zu lancieren.

Die Cocktails auf dieser Doppelseite (alle Rezepte dazu stehen im Cocktail-Teil) spiegeln diese faszinierende Vielfalt wider, wo Maraschino dem Tequila Smash, Limoncello dem Starfish Cooler und Blue Curaçao dem Beach at Night den Pfiff verleiht. Nine Mile lebt vom Bananenlikör, der Midnight Moon von Amaretto, der gemeinsam mit Kakaolikör auch dem Kahlúa Frappé Profil verleiht. Crème de Cassis ergibt die ganz besondere Cassis Margarita und Apricot Brandy eine köstliche Apricot Colada – um nur einige wenige Beispiele für das reizvolle Wirkungsfeld der Liköre zu geben.

Links oben:
Kahlúa Frappé

Rechts oben:
Apricot Colada

Links unten:
Midnight Moon

Rechts unten:
Cassis Margarita

Verstärkte Weine

Die Quinta do Castro liegt am rechten Douro-Ufer zwischen Régua und Pinhão, wo die Trauben für beste Portweine wachsen.

Seite 644: Eine Sherry-Probe mit *flor,* den Hefezellen, die auf dem Wein im Fass eine Schutzschicht bilden.

Stilvolle Sonderlinge

Sherry und Port dürfen in keiner Bar fehlen, denn sie sind nicht nur Bestandteile diverser Cocktails, sie werden auch als Aperitif serviert, etwa ein trockener, gut gekühlter Fino oder ein weißer Port mit Tonic. Ist die Bar mit einem guten Restaurant verbunden, wird die Auswahl an verstärkten Weinen umfangreicher sein, denn als Aperitif haben sie den Vorzug, den Geschmack für den anschließenden Genuss feiner Weine nicht zu beeinträchtigen. Auch als Digestif sind oxidativ ausgebaute Sherrys, Ports oder Banyuls hervorragend geeignet, da sie mit ihren komplexen Aromen ein gutes Essen oder einen langen Abend angenehm ausklingen lassen.

Von ihrer Herkunft her Weine, ist ihre Qualität untrennbar mit der ihrer Trauben und ihres Terroir verbunden. Mehr noch, ob Banyuls oder Samos, Sherry oder Port, Madeira oder Marsala – sie zählen zu den großartigsten Weinen der Welt. Was nicht bedeuten muss, dass jede Flasche, die einen dieser berühmten Namen auf dem Etikett trägt, diesem Ruf gerecht wird. Ganz und gar nicht. All diese Weine waren in der Vergangenheit dem Wahnsinn der Massenproduktion und des Massenabsatzes ausgesetzt. Nach dem Zweiten Weltkrieg trafen sie zunächst auf ein wachsendes Interesse. Ihre Süße gefiel, auf Kalorien zu achten, hatte niemand nötig. Hochwertige verstärkte Weine existierten damals nur in kleinsten Mengen und wurden – wie zum Beispiel in Jerez de la Frontera – kaum je abgefüllt, weil es dafür keinen Markt gab.

Sherry zeigt das krasseste Beispiel dieser Entwicklung. 1940 belief sich der Export auf 240 000 Hektoliter, um 30 Jahre später 725 000 und 1979 den Höhepunkt mit 1 500 000 Hektolitern oder 200 Millionen Flaschen zu erreichen (weitere 160 000 Hektoliter wurden in Spanien konsumiert). Hauptmärkte waren und sind England, Holland und Deutschland, wo man vorwiegend nachgesüßte Medium oder Sweet Sherrys absetzte. Wenig vorausschauend hatte man nur auf Quantität gesetzt und unablässig weitere Flächen bestockt, auch als die wertvollen kreidehaltigen Albariza-Böden längst belegt waren.

Es kam, wie es kommen musste: die Nachfrage brach ein, andere Getränke wurden modern, Süße geriet in Misskredit, denn das Schönheitsideal war plötzlich deutlich schlanker als zuvor. Damit stand Sherry, aber auch anderen Süßweinen, nicht zuletzt den französischen Vins Doux naturels, eine drastische Abmagerungskur in

die Häuser. Von rund 18 000 Hektar Rebfläche ist die Anbaufläche im Sherry-Gebiet heute auf 10 000 geschrumpft, die Produktion ist auf 563 000 Hektoliter gefallen. Gleichzeitig setzte ein Umdenken ein. Wurden noch 1980 mehr als 60 Prozent des Sherry als Tankware verschifft, vermarktet man heute fast ausschließlich Flaschen. Dahinter steht in Weinbergen und Kellern eine radikale Rückbesinnung auf Qualität, und das gegenwärtige Angebot ist mit dem von vor 30 Jahren nicht zu vergleichen. Die Einführung einer Alterszertifikation für länger als 20 beziehungsweise 30 Jahre in *soleras* gereifte Sherrys setzte 2000 ein unmissverständliches Signal. Diese Weine sind gefragte Raritäten, die hervorragende Digestifs abgeben und zum erneut wachsenden Renommee des Sherry entscheidend beitragen.

Auch wenn die Preisschere heute weit geöffnet ist, sodass zwischen Flaschen zum Einstiegspreis und den Prestige-Weinen aller Erzeugerregionen Welten liegen: bei allen verstärkten Weinen gibt es inzwischen ein Mittelsegment, das mit hervorragendem Preis-Leistungs-Verhältnis überzeugt. Ob es sich dabei um Finos oder trockene Amontillados, um Late Bottled Vintage Ports oder Reserve Rubys, um 10 Years Old Madeiras, Mavrodaphnes oder Maurys handelt.

Die Weine aus Andalusien und dem Douro-Tal haben dabei den Vorteil, dass sie gewöhnlich von großen Handelshäusern mit besten Exportbeziehungen vertrieben werden, sodass sie leicht zugänglich sind. Dagegen muss man verstärkte Weine aus anderen Regionen Spaniens und Portugals, aber auch aus Frankreich und Italien hierzulande suchen. Es handelt sich dabei nicht selten um echte Spezialitäten, die man am ehesten in engagierten Weinläden findet – sofern man sich nicht aufmacht und ihre Herkunftsregionen besucht.

Süß, stark und haltbar

Die süßen Weine des Mittelmeers erfreuten sich schon früh großer Beliebtheit. Die reichliche Sonne machte die Trauben süß, und die Winzer halfen nach, indem sie die Trauben rosinieren ließen, entweder noch am Stock oder auf Strohmatten ausgebreitet. Bei den hochkonzentrierten Zuckerwerten sind Hefen überfordert: wenn sie rund 285 g Zucker pro Liter Most in Alkohol umgewandelt haben, sind das etwa 17 Volumenprozent Alkoholgehalt, jene Menge, bei der Hefen inaktiv werden. Oft blieb in den Weinen immer noch ein beachtlicher Restzucker erhalten. Süß und aromatisch standen sie in hoher Gunst bei allen, die sich ihren Genuss leisten konnten.

Händler aus Genua und Venedig kümmerten sich um den lukrativen Vertrieb dieser Luxusgüter. Vorwiegend handelte es sich um Süßweine aus Malvasie und Muskateller. Chios und Santorin, Zypern und Candia, wie Kreta damals hieß, Korfu und Kefalonia waren gefragte Herkünfte. Aber auch in Süditalien und Südspanien sowie im Gebiet von Setúbal kelterte man solche Weine, die rar und teuer blieben, gleichgültig, welche Qualitätsschwankungen sie aufwiesen.

Die Entdeckung, die später zum Herstellungsprinzip von Sherry, Port, Madeira, Marsala und allen verstärkten Weinen führte, gelang im 13. Jahrhundert Arnaldus de Villanova, Alchemist und Mediziner, Leibarzt von Königen und Päpsten, später auch Rektor der Universität von Montpellier. Bei seinen Experimenten mit selbstdestilliertem Weingeist fand er 1285 auf dem Mas Deu, der Komturei der Tempelritter bei Perpignan, heraus, dass er die Mostgärung beenden konnte, indem er Alkohol zusetzte. Damit war der zeitraubende Prozess des Rosinierens nicht mehr notwendig, um Wein süß und noch dazu haltbar zu machen.

Die im Königreich von Mallorca, das auch das Roussillon, Montpellier und die Balearen umfasste, nach Arnaldus' Verfahren vinifizierten Weine waren dank werbender Unterstützung der Tempelritter bald berühmt. Bereits 1299 schützte König Jakob I. von Mallorca diese Vorfahren der Vins Doux Naturels durch Zölle. Johanna von Evreux, Gattin Peters IV. von Aragon, verschmähte jeden andere Wein. Jacques Cœur, der französische Fugger, exportierte diese edlen Tropfen nach Flandern und England. Ludwig XIV., der das Roussillon 1659 endgültig

Der Alcázar von Jerez de la Frontera, dessen Weinhandel im 16. Jahrhundert eine erste Blüte erlebte.

für Frankreich eroberte, kredenzte sie in Versailles. Voltaire schwärmte besonders für den Muscat de Rivesaltes, dem auch der Feinschmecker Grimod de la Reynière den Vorzug gab.

Erstarkte Verstärkte

Nachdem die Katholischen Könige Ferdinand und Isabella Ende des 15. Jahrhunderts nicht nur die Mauren, sondern auch die Juden aus Spanien vertrieben hatten, wurden die Karten für den Handel neu verteilt. In Andalusien ergriff der Herzog von Medina-Sidonia die Chance, seine Provinz als Quelle der gefragten Süßweine, damals *romania* genannt, zu profilieren und schaffte 1491 die Steuern auf Wein ab. 1517 ging sein Nachfolger in Sanlúcar de Barrameda, an der Mündung des Guadalquivir, einen Schritt weiter und gestattete »allen Personen, ob Spaniern oder Fremden, in der Stadt Ansässigen oder Nicht-Ansässigen, ihre Romania-Weine [...] steuerfrei zu verschiffen...« Als einzige Bedingung verlangte er die Kennzeichnung der Waren als Produkte aus Jerez. Englische Händler nahmen das Angebot gern an, ersparte es ihren Schiffen doch die Reise ins Mittelmeer. Trotz unübersichtlicher politischer Verhältnisse hatte der

Weinhandel 50 Jahre später ein Volumen von 40000 Fässern jährlich erreicht.

Portwein entstand erst im 17. Jahrhundert, als England den Portugiesen half, die spanische Herrschaft abzuschütteln. Erfahren mit Sherry, verstärkten die Händler die Weine des Douro-Tals und brachten sie auf dem Fluss bis nach Oporto mit seinem guten Hafen. Als Lord Methwen 1703 einen Vertrag mit Portugal über Weinlieferungen und Rohstoffe abschloss und die in England beliebten Bordeaux-Weine mit einer fünfmal höheren Steuer belegte, erlebte Portwein seine erste große Blüte.

Auf den *azulejos* am Bahnhofsgebäude von Pinhão sind die berühmten Portweinlagen des Douro dargestellt.

Madeiras können Ewigkeiten altern, wie der grandiose Terrantes 1795 von Barbeito.

Verstummen aus Prinzip

Verstärkte Weine stammen überwiegend aus Weingebieten mit mediterranem Klima. Nur dort ist die Sonnenbestrahlung intensiv genug, um den Trauben Zuckerwerte von 250 g und mehr pro Liter Most zu bescheren. Bei der Bereitung solcher Weine geht es dann meist darum, einen Teil dieses natürlichen Traubenzuckers zu erhalten, indem man die Gärung vorzeitig beendet. Während man dafür bei edelsüßen Weinen wie zum Beispiel Sauternes, Tokaji, österreichischem Ausbruch oder den deutschen Beerenauslesen Schwefeldioxid nimmt, erfolgt es bei den verstärkten Weinen durch die Zugabe von Weingeist. Bei etwa 17 % vol Alkoholgehalt sterben die Hefen im Wein ab, wodurch der Wein haltbar wird. Diese Technik wird auf Französisch *mutage*, auf Deutsch entsprechend Stummmachen oder weniger lyrisch Aufspriten genannt. International spricht man von *fortified wines*.

Gewöhnlich verwendet man für die *mutage* 96 %igen, geschmacksneutralen, aus Wein destillierten Alkohol, beim Portwein kommt stattdessen junger Brandy mit 77 % vol Alkoholgehalt zum Einsatz.

Jede Region, die verstärkte Weine hervorbringt, hat eigene Besonderheiten in ihrer Zubereitung entwickelt und individuelle Stile hervorgebracht, die hier im Einzelnen vorgestellt werden. Sie reichen von trocken, das heißt mit keinem oder nur geringem Restzucker bis zu Weinen, die 125 g oder mehr Restzucker pro Liter besitzen. Im ersten Fall lässt der Winzer oder Kellermeister den Wein durchgären und fügt den Weingeist nur hinzu, um den Wein zu stabilisieren, wie es zum Beispiel beim Fino oder Amontillado geschieht.

Süße, die sich rechnet

Soll Restzucker im Wein erhalten bleiben, dann liegt es in der Hand des Weinmachers, wie hoch der Gehalt – in Übereinstimmung mit den gesetzlichen Vorschriften – bleiben wird. Er beobachtet dazu den Gärverlauf

Links: Ein altes Foto bei Graham's zeigt, wie früher die Lese eingebracht wurde.

Rechts: Auf der Quinta Santa Eufemia, berühmt für weiße Ports, wird der Tresterhut von Hand in den Most gestoßen.

genau, und wenn das spezifische Gewicht das gewünschte Niveau erreicht hat, fügt er den Weingeist hinzu, der vorsichtig – durch Umpumpen oder Aufwallen mit Stickstoff – untergerührt wird. Die Menge richtet sich nach dem bereits vergorenen Zucker und damit nach dem schon erreichten Alkoholgehalt: je mehr Restzucker im Wein verbleiben soll, umso mehr Weingeist muss zugefügt werden. Bei einem Muscat mit 125 g Restzucker ließ der Weinmacher die Gärung bis etwa 7 % vol Alkoholgehalt fortschreiten, bevor er 8 % vol Weingeist zufügte. Ein Manzanilla wird dagegen durchgegoren, dann verstärkt man seine natürlichen 13 % vol Alkoholgehalt um 2 % vol.

Während die meisten Süßweine aus weißen Traubensorten bestehen, spielen beim Port, aber auch bei einigen Vins Doux Naturels des Roussillon rote Trauben die Hauptrolle. Bei den besten Qualitäten geht es dann um eine optimale Extraktion von Farbe und Aromen. Wie beim Rotwein kommt es auf das Einmaischen an, wobei sich zwei unterschiedliche Techniken herausgebildet haben. Am Douro werden die gemahlenen Trauben zwei bis drei Tage im Most bewegt, sei es mit Muskel- oder Maschinenkraft. Im Roussillon gibt man den Weingeist dagegen an die Maische und lässt Schalen, Saft und Alkohol drei, vier, fünf Wochen lang mazerieren, *mutage sur grains* oder *marc* genannt. Meist sind die Portweine stärker gefärbt, was aber auch von den Trauben abhängt.

Grundsätzlich unterscheidet man zwei Kategorien verstärkter Weine: nicht-oxidative und oxidative. Bei der ersten versucht man den Kontakt mit Luftsauerstoff zu unterbinden oder möglichst gering zu halten, bei der zweiten ist er erwünscht. Hält man für Erstere die Weine gewöhnlich im vollen Tank oder Fass, ist es bei den Sherry-Typen Fino und Manzanilla der berühmte *flor,* der als Oxidationsschutz wirkt. Um das Gegenteil zu erreichen und Weine zu oxidieren, lässt man sie in nicht ganz gefüllten Fässern in nicht klimatisierten Kellern altern, erhitzt sie in *estufas* wie beim Madeira oder reift sie – im Extremfall – in gläsernen *demijohns* unter freiem Himmel, eine Prozedur, die allein verstärkte Weine zu überstehen vermögen, und das auch noch zu ihrem Vorteil.

Malvasia, Madeiras süßeste Traubensorte

Links: Bei der *mutage* wird die Gärung durch Zugabe von Weingeist unterbrochen.

Rechts: Verstärkte Madeiras reifen in alten Holztanks.

Süße des Roussillon

Die Vins Doux Naturels haben es verdient, wieder entdeckt zu werden. Im Mittelalter zählten sie noch zu den begehrtesten und teuersten Weinen, in den 1950er Jahren profitierten sie mit verblüffend ähnlichen Etiketten vom Erfolg der Vermouths und überlebten als Aperitif der kleinen Leute – bis sie in den 1980er Jahren kein Interesse mehr fanden. Seither erfinden engagierte Winzer diese Schätze neu: als verstärkte Weine, die entweder ihre hinreißende junge Frucht hervorkehren oder sich nach Jahren oxidativer Reife mit alten Olorosos oder Tawnys messen können.

Der majestätische Canigou und sein Eisenerz lockten schon im Altertum Ligurer, Iberer, Griechen und Römer ins Roussillon. Die Griechen, die um 600 v. Chr. an seinen Küsten landeten, führten den Weinbau ein. Die Schieferhänge der Côte Vermeille eigneten sich dafür hervorragend und ergaben starke, zuckerreiche Weine, die auch von den Römern geschätzt wurden. In seiner »Naturalis historia« lobte Plinius d. Ä. im 1. Jahrhundert n. Chr. die feurigen Tropfen des Roussillon.

Die faszinierende Geschichte dieser Weine nutzte der im Roussillon geborene Wissenschaftler und Politiker François Arago, um 1872 ein Gesetz einzubringen, das die Besonderheit der Vins Doux Naturels schützte. 1936 wurde die Methode ihrer Vinifikation ebenso festgelegt wie Anbauparzellen, Rebsorten, Lese und Alterung, womit sie nach dem Champagner die umfassendst reglementierte Appellation d'Origine Contrôlée wurden.

Die reizvollsten verstärkten Weine des Roussillon basieren auf der Rebsorte Grenache Noir. Sie stammt aus Spanien, wo sie die meistangebaute rote Sorte ist, aber hauptsächlich im Verschnitt oder für junge Rot- und Rosé-Weine verwendet wird. Klasse zeigt der Grenache Noir als trockener Wein im Priorat sowie in Châteauneuf-du-Pape oder anderen Appellationen der südlichen Rhône, wo er wunderbar samtige und volle Rotweine ergibt. Hitze und Trockenheit machen ihm kaum zu schaffen, ebenso wenig karge Böden. Deshalb wächst er gut auf den Schieferhängen von Banyuls und Maury, entwickelt viel Süße und erreicht spielend die vorgeschriebenen 252 g Zucker pro Liter Most, das sind 14,4 Volumenprozent potenzieller Alkohol. Vorsichtig werden die reifen Trauben von Hand gelesen, entrappt und in den Maischtank gefüllt. Winzer oder Kellermeister verfolgen dann die Umwandlung des Zuckers in Alkohol genau, um zum gewünschten Zeitpunkt den Weingeist zuzufügen. Ein Restzuckerwert zwischen 50 und 125 g pro Liter ist vorgeschrieben sowie ein Gesamtalkohol (Alkohol und Restzucker) im fertigen Wein von 21,5 Volumenprozent. Die Menge des zugesetzten Weingeists variiert daher zwischen fünf und zehn, der Alkoholgehalt zwischen 16 und 18,5 Volumenprozent. ›Verstummen‹ einfache Qualitäten, indem der Weingeist dem Most zugefügt wird, gießt man ihn bei den besten Weinen über die gemaischten Trauben. Bei der *mutage sur grains* oder *marc* lässt man dem Alkohol zwei bis fünf Wochen Zeit, Farb-, Aroma- und Gerbstoffe aus den Beerenschalen zu lösen, und erhält dunklere, komplexere Weine.

Traditionelle Banyuls, Maury und Rivesaltes altern in Holzfudern, absichtlich der Oxidation ausgesetzt. Um die Entwicklung zu beschleunigen, werden die Weine zum Teil in *demi-muids,* Halbstückfässern oder sogar in gläsernen *demijohns* bis zu einem Jahr draußen gelagert, Wind und Wetter, Hitze und Kälte ausgesetzt, um anschließend im Keller weiter ausgebaut zu werden.

Seit 1975 gibt es den vom portugiesischen Vintage inspirierten Stil, bei dem man die Weine vor Oxidation schützt und frühzeitig abfüllt, damit sie ihre jugendliche Frucht bewahren. Sie heißen Rimage, Vendange oder Grenat und verzeichnen stets den Jahrgang auf dem Etikett.

Banyuls, Maury, Rivesaltes

Domaine Puig-Parahy ist für uralte Vins Doux Naturels berühmt.

Seite 652: Die alten Grenache-Rebstöcke auf Schieferböden schenken dem Maury seine Klasse.

Seite 653: Auf dem Mas Amiel reifen Weine in gläsernen *demijohns*, Wind und Wetter ausgesetzt.

Rivesaltes und Maury wurden bereits 1936, mit der Einrichtung der gesetzlich geschützten geografischen Herkünfte, als Appellation d'Origine Contrôlée anerkannt, Banyuls und Banyuls Grand Cru folgten drei Jahre später und Muscat de Rivesaltes, von dem noch zu sprechen sein wird, kam dann 1956 hinzu.

Rivesaltes umfasst dabei das größte Gebiet, zu dem Flächen in 86 Gemeinden des Roussillon gehören. Ihnen allen gemeinsam ist das heiße, trockene, windige Klima und die verwendeten Rebsorten, wohingegen die Böden sehr heterogen sind. Nur niedrige Lagen, in denen die Trauben voll ausreifen können, sind einbezogen worden.

Maury besitzt dagegen ein homogenes, aus Schiefer bestehendes Terroir und erstreckt sich auf Höhen von 150–200 m, überragt von der Katharerburg Queribus. Der Boden, der sich während des Tages aufheizt, gibt seine Wärme nachts an die Trauben ab und begünstigt so deren Reifung. Obwohl die Winzer zusätzlich auch andere Rebsorten nutzen dürfen, und zwar bis zu 50 %, basieren die meisten Maurys ausschließlich auf Grenache Noir.

Banyuls gehört zu den wohl spektakulärsten Weingebieten der Welt, denn seine mühevoll angelegten Rebterrassen ziehen sich die letzten Ausläufer der Pyrenäen entlang, die hier ins Mittelmeer abfallen. Die Felsen aus braunem Schiefer färben sich in der Mor-

gen- und Abendsonne karminrot, weshalb man diese Küste die Côte Vermeille nennt. Die vom Meer aufsteigende Feuchtigkeit reicht den Reben, um ihre Trauben voll ausreifen zu lassen. Auch hier ist der Grenache Noir König, der im Banyuls die Hälfte, im Banyuls Grand Cru drei Viertel stellen muss.

Vorzüglich mediterran

Für Vins Doux Naturels kommen nur traditionelle mediterrane Rebsorten in Frage. Abgesehen vom Muscat, der eine Sonderrolle einnimmt und vorwiegend getrennt vinifiziert wird, prägt Grenache Noir die besten Banyuls und Maurys, bisweilen ergänzt durch seine weiße und/oder rosé Variante Grenache Blanc bzw. Grenache Gris sowie durch die weißen Sorten Macabeu und die seltene Malvoisie. Zugelassen sind bis zu 10 % der roten Sorten Carignan, Syrah und Mourvèdre. In jedem Fall muss Grenache Noir den Hauptanteil ausmachen, mindestens aber die Hälfte im Verschnitt stellen, abgesehen von ihren später eingeführten seltenen weißen Versionen.

Beim Rivesaltes beschränken die Winzer sich auf die sechs Hauptsorten Grenache Noir, Blanc, Gris, Macabeu, Malvasie und Muscat, bieten aber eine breitere Palette an Stilen, und oft geben die weißen Sorten den Ton an. Werden die Weine wahlweise aus Grenache Blanc, Grenache Gris, Macabeu, Malvoisie und Muscat komponiert und dann oxidativ ausgebaut, bezeichnet man sie aufgrund ihrer bernsteingoldenen Farbe als Ambré. Die besten Cuvées lässt man heute in *barriques* altern. Typische Aromen des Ambré sind Quittenpaste, kandierte Orangen, getrocknete Aprikosen, helle Rosinen, dann auch Nüsse – oft geröstete. Mit zunehmendem Alter kommen Kakao und Karamell sowie vom Ausbau im *barrique* Vanille und Zimt hinzu.

Basieren die Weine auf Grenache Noir und sind oxidativ gereift, heißen sie Tuilé, denn ihre Farbe erinnert an Backsteine. Meist prägen ihre Aromen die Noten roter Beeren,

Vins Doux Naturels (VDNs) des Roussillon

- 🟦 Maury
- 🟩 Rivesaltes
- 🟩 Banyuls
- 🟧 VDN-Zentren

Kirschen, Feigen oder Pflaumen, gekocht, kandiert oder in Alkohol eingelegt.

Ein ähnliches aromatisches Spektrum zeigen auch Banyuls, Banyuls Grand Cru und Maury. Mit zunehmendem Alter entwickeln die traditionell oxidativ ausgebauten Weine intensivere Aromen getrockneter oder kandierter Früchte, dann von gerösteten Nüssen und Mandeln, Kakao, Kaffee, später auch Tabak, bis sich nach 15 oder 20 Jahren die von Kennern geschätzte Note des *rancio* einstellt, der an das Aroma grüner Walnussschalen erinnert, wie es auch in alten Cognacs und Armagnacs erscheint. Weine, die länger als fünf Jahre alterten, dürfen das Prädikat »Hors d'Age« tragen.

Besonders in Maury, aber auch in Banyuls oder beim Rivesaltes, wo man dann von Grenat spricht, werden Weine aus Grenache Noir gern auch jung abgefüllt, meist nachdem sie die ausgiebige *mutage sur grains* oder *marc* vollzogen haben. Sie faszinieren dann mit besonders tiefem Farbton, sehr intensiver, frischer reifer Kirsch- oder Beerenfrucht und einer fruchtigen Süße, die zunächst ihre oft geballte Tanninstruktur überdeckt, die diesen Weinen aber ihr überdurchschnittliches Alterungspotenzial verleiht.

Collioure in der Appellation Banyuls

In traditionellen Vins-Doux-Kellern reifen die Weine oxidativ in Fudern.

Süßweine im Roussillon

Diese Auswahl an Vins Doux Naturels des Roussillon bietet die ganze Bandbreite seiner faszinierenden verstärkten Weine, für die man geschmacksneutralen Alkohol zur *mutage* verwendet, sodass die erstaunliche Vielfalt der Aromen einzig von Rebsorten, Terroir und Ausbauweise stammt. Den Auftakt (von links) macht die Domaine des Schistes mit ihrem Rivesaltes aus der Rebe Grenache Gris. Der Wein altert in 500-Liter-Fässern, aus denen nach Solera-Methode immer nur wenig abgezogen wird, was Jacques und Mickaël Sire durch neuen Wein ergänzen. Voll und rund, mit angenehmer Süße, prägen Backobst, Nüsse und Karamell diesen Dessertwein.

Die Cuvée Aimé Cazes der Domaine Cazes genießt zu Recht legendären Ruf. Aus vier Fünftel Grenache Blanc und einem Fünftel Grenache Noir reift sie mindestens 20 Jahre in alten, seit Jahrzehnten von Süßwein imprägnierten Fudern. Eleganz und Länge mit Noten kandierter Orange, einem Hauch Pinienharz und Honig zeichnen sie aus.

Kein zweites Winzerpaar hat sich mit solchem Engagement den aus weißen Sorten vinifizierten Rivesaltes verschrieben wie Brigitte und Jean-Hubert Verdaguer der Domaine de Rancy, in deren an Ali Babas Höhle erinnerndem Keller wahre Schätze lagern wie dieser äußerst intensive, süße und komplexe 1982er mit feiner Rancio-Note. Diese drei Weine eignen sich wunderbar zum genüsslichen Sinnieren nach einem Essen oder lassen Nuss-Desserts zu einem unvergesslichen Erlebnis werden.

Ob fruchtbetont und kraftvoll oder komplex und raffiniert, die Vins Doux Naturels bieten eine reizvolle Auswahl an Stilen.

Die Spitzenwinzer Gérard und Lionel Gauby haben nach langer Pause 2005 einen neuen Rivesaltes aus Grenache Noir gekeltert, der reife dunkle Beerenfrucht mit rassiger Struktur vereint.

Er hat viel gemeinsam mit den folgenden vier Weinen, die illustrieren, dass die Maury-Winzer mit dem nicht-oxidierten Grenache Noir zu brillieren wissen, sei es die Domaine du Dernier Bastion mit dem köstlichen Premier Printemps, reich an feinstem Beerenkonfitüre-Aroma, oder die Preceptorie de Centernach, deren Cuvée neben intensiven süßen Beeren auch Röstnoten und Gewürze vorweist. Die Cuvée Charles Dupuy des Mas Amiel zeigt, wie problemlos ein konzentrierter Maury neues Eichenholz mit großer Finesse integriert, während Robert Pouderoux' jung gefüllter Wein ein Paradebeispiel für konzentrierte Frucht und großartige Tannine ist. All diese fünf jungen, auf Grenache Noir basierenden Weine lassen sich als Aperitif genießen, passen aber auch vorzüglich zu dunkler Schokolade und daraus bereiteten Desserts.

Ein Monument ist die Cuvée Henri Vidal des Celliers des Templiers mit viel Restzucker, aber intensiven Noten von kandierten Kirschen und Feigen, Kakao und Kaffee. Ebenso monumental ist der Extra Vieux der Cooperative L'Etoile, die für ihren unbeirrt traditionellen Stil berühmt ist, der getrocknete Früchte, Nüsse und *rancio* entwickelt. Ganz Harmonie, mit Konfitüre roter Beeren, Orangenschale und Kakao ist der nach kurzer Alterung abgefüllte Banyuls der Domaine La Tour Vieille.

Dagegen ist Al Tracou von Bernard Saperas der charaktervollste alte Banyuls auf dem Markt und verdient, dass man sich ihm mit Muße hingibt, um die Vielfalt seiner Aromen auszukosten.

Voltaires Muscat

Kleinbeeriger Muskateller gibt den Muscats des Midi ihre Finesse.

Gegenüber: In Rasteau liefern Grenache-Reben den Süßwein.

Beispielhafte Muscats zwischen Pyrenäen und Dentelles de Montmirail

Wer kennt nicht den Muskateller, jene köstliche Tafeltraube mit den großen Beeren und dem charakteristischen süßwürzigen Geschmack? Es handelt sich dabei um Muscat d'Alexandrie, eine der ältesten Kulturpflanzen der Welt, die die Römer im Roussillon eingeführt haben sollen. Dort darf man ihn für den Muscat de Rivesaltes verwenden, während alle anderen fünf verstärkten Muscat-Weine Südfrankreichs ausschließlich aus Muscat blanc à petits grains, genannt Muscat de Frontignan, gekeltert werden dürfen und mindestens einen Restzuckergehalt von 125 g/l aufweisen müssen. Er gilt als die qualitativ höherwertige Variante, seine Beeren sind etwas kleiner und rund, und bei von Natur aus niedrigeren Erträgen liefert er süßere und noch stärker aromatische Weine.

Fast überall auf der Welt findet man Weine aus Muscat-Trauben, und im Mittelmeerraum machte man schon im Altertum daraus süße Kostbarkeiten durch Überreife und Rosinierung der Beeren. Vom 17. bis 19. Jahrhundert zählten süße Muscat-Weine zu den wertvollsten Weinen überhaupt. In Südfrankreich erzeugte man sie als verstärkten Wein, dessen berühmtester der Muscat de Frontignan wurde, den der englische Philosoph John Locke schon 1676 pries, wohingegen Voltaire Jahrzehnte später vom Muscat de Rivesaltes schwärmte.

Während Muscat-Weine, die hervorragend altern können, früher oft oxidativ ausgebaut wurden und eine braune Farbe sowie schwere Aromen von eingekochtem Obst und Karamell aufwiesen, hat sich in den 1980er Jahren, mit dem Einzug moderner Kellertechnik, der Stil verändert. Heute vinifiziert man sie wie Weißweine auf niedriger Temperatur und bewahrt auf diese Weise ihre hinreißende Frucht, bei der sich Muskatnoten mit denen von Zitrusfrüchten und Blüten verbinden und am Gaumen trotz der Süße eine Frische erhalten bleibt. Heute genießt man sie als Aperitif, zu Desserts und Sorbets aus hellen und Zitrusfrüchten, aber auch zu Blauschimmelkäse.

Hochburgen des Muscat

In Südfrankreich gibt es sechs Anbaugebiete für Muscat-Trauben. Im Languedoc erhielt Muscat de Frontignan dank seiner Berühmtheit schon 1936 die begehrte Appellation d'Origine Contrôlée. Er gedeiht auf kalkreichen, tonkalkhaltigen Böden der Gemeinden Frontignan und Vic-la-Gardiole in Meernähe. Er zeichnet sich durch die Intensität und Komplexität seiner Aromen aus. Empfehlung: Château Stony.

Muscat de Lunel, 1943 anerkannt, stammt von kiesigen und kieselhaltigen tiefgründigen Böden der vier Gemeinden Lunel, Lunel-Vieil, Vérargues und Saturargues. Der Muscat entwickelt hier besonders intensive überreife Frucht und Eleganz. Empfehlung: Grès Saint Paul Rosanna.

Die kleinste Muscat-Appellation ist die von Saint-Jean de Minervois, 1949 anerkannt, die sich über 100 ha im Süden der Winzergemeinde erstreckt. Das Terroir ist einzig-

artig: eine Hochebene auf 200 m, übersät mit weißen Kalksteinen über tonkalkhaltiger Erde. Hier entwickelt der Muscat oft ein Aprikosenaroma und große Finesse. Empfehlung: Domaine de Barroubio.

Muscat de Mireval, angrenzend an Frontignan, wurde 1959 anerkannt und verfügt über die gleichen natürlichen Bedingungen wie der bekanntere Nachbar. Empfehlung: Château d'Exindre Cuvée Vent d'Anges.

Weiter im Süden bedeckt die 1956 erteilte Appellation Muscat de Rivesaltes weit verstreute Flächen in der Ebene des Roussillon. Hier ist der fruchtigere Muscat d'Alexandrie neben dem von Frontignan erlaubt, und der Restzuckergehalt darf nur 100 g/l betragen. Das machen sich die meisten Winzer für einen sehr frischen, zitronigen Stil zunutze. Empfehlung: Domaine Boudau.

Zum Schluss kommt noch der berühmte Muscat de Beaume-de-Vénise, anerkannt 1943, der auf den Südhängen der Dentelles de Montmirail reift, nicht mehr als 110 g/l Restzucker aufweisen darf und je nach Lesezeit exotische oder kandierte Frucht in den Vordergrund stellt. Empfehlung: Vignerons de Beaumes-de-Vénise Carte d'Or.

Rasteau

In diesem bekannten Winzerort der Côtes-du-Rhône Villages wird aus Grenache Noir der einzige Vin Doux Naturel nördlich der AOC Rivesaltes gewonnen, der nicht auf Muscat basiert. Dabei war es ein Winzer aus Frontignan, im Dienst der Cave Coopérative de Rasteau, der ihn um 1935 zum ersten Mal vinifizierte. Nachdem die Produktion ihren Zenit in den 1950er Jahren erreichte, behauptet sich der AOC Rasteau als eine Spezialität der Gemeinde. Es gibt ihn zwar als Doré, wenn er als Weißwein vinifiziert wird, doch seinen reizvollsten Ausdruck erfährt er als Rouge, wenn Kirscharomen und eine Kakaonote ihn charakterisieren. Man trinkt ihn als Aperitif, zu Desserts aus roten Früchten oder zu Schokolade, zu der sich die Signature der Cave de Rasteau besonders empfiehlt.

Sherry und andere Spanier

Wenn zwei Genießer von Sherry schwärmen, ist keineswegs gesagt, dass sie denselben meinen, denn gerade in der Vielfalt seiner Facetten liegt eine der Stärken des Sherry, was seinen Reiz für Kenner nur erhöht. Das gilt auch für seine Cousins aus Málaga, Montilla-Moriles und Condado de Huelva, nur dass deren Vielfalt selbst Spaniern rätselhaft ist. Bei der unglaublichen Fülle grandioser Geschmackserlebnisse, mit der diese verstärkten Weine aufwarten, gibt es eine Gelegenheit, bei der selbst sie sich noch übertreffen: bei den Tapas.

Jeder kennt Tapas. Was als Deckelchen über einem Glas Sherry begann, um den Inhalt vor selbstmordgefährdeten Fliegen zu schützen, hat sich international zur kulinarischen Kunst entwickelt. Die Andalusier bleiben darin Meister, sowohl hinsichtlich der Zutaten – ihre Meeresfrüchte sind unerreicht – wie der Zubereitung, die traditionell, modern oder avantgardistisch sein kann.

Es verblüfft immer wieder, wie sich die leichten Finos und die noch leichteren Manzanillas bei diesen wechselhaften Herausforderungen an die Geschmacksnerven bewähren. Und für trockene Amontillados, Palo Cortados oder Olorosos stehen deftigere Tapas bereit.

Die trockenen Sherrys, Málagas, Montilla-Moriles und Condados de Huelva sind unerreichte Aperitifgetränke, wobei die im Alkohol gemäßigteren Finos oder Manzanillas die bekömmlicheren sind, einfach weil man viel zu leicht verführt wird, mehr als ein oder zwei Gläschen davon zu trinken. In Andalusien werden sie in halben Flaschen serviert, und man misst einen Abend unter Freunden an deren (geleerter) Zahl. Erstaunlich, wie wenig Nebenwirkungen solche Abende haben, ein bislang noch unerforschtes Phänomen …

Die verstärkten Weine Andalusiens haben unvergleichliche Blütezeiten erlebt. Millionen und Abermillionen von Litern wurden nach Nordeuropa verschifft, wobei man Sir Francis Drake für das Marketing verantwortlich macht. Als der katholische Philipp II. und die anglikanische Elisabeth I. sich kriegerisch gegenüberstanden, besorgte der zum Vize-Admiral aufgestiegene Ex-Freibeuter den einzigen Sherry-Import der Epoche. Mit 24 Schiffen überfiel er 1587 Cádiz und brannte es nieder, nicht ohne vorher alle auffindbaren Sherry-Fässer – es waren an die 3000 – zu ›retten‹. Was für die Spanier zunächst ein Fiasko schien, entpuppte sich als wirkungsvolle Werbeaktion. Dank dieser flüssigen Beute kamen die Engländer, die Sherry seit fast einem Jahrhundert kannten, erst richtig auf den Geschmack, wurden in der Folge die besten Sherry-Kunden – und sind es bis heute geblieben.

Obwohl Sherry seit Ende des 15. Jahrhunderts exportiert wurde – mit Unterbrechungen –, begann sich der Handel erst im 18. Jahrhundert zu strukturieren. Zum Teil waren es Spanier, im Fall von Pedro Domecq war es ein Franzose, vor allem aber waren es Iren, Schotten und Engländer, die *bodegas* gründeten. Den Auftakt unter den Fremden machte 1724 der Ire Timothy O'Neale, dessen Firma bis Anfang der 1980er Jahre existierte. Viele große Namen wie Delgado Zuleta (1719), Juan Haurie, später Pedro Domecq (1730), Garvey (1780), Sanchez Romate (1781), Osborne (1781) und Hidalgo (1792) gehen auf diese Epoche zurück.

Die erste Hälfte des 19. Jahrhunderts bescherte den Sherry-Häusern einen unglaublichen Aufschwung, wobei neun von zehn Fässern den Briten vorbehalten waren. Doch dann folgte ein herber Niedergang, der nicht nur der Reblaus-Katastrophe zuzuschreiben ist, die Málaga 1875 und Jerez 1894 erreichte. Auch die schlechtere Qualität, zahlreiche Sherry-Imitationen aus anderen Ländern und ein gewisser Überdruss in Großbritannien bremsten den Absatz radikal. Erst in den 1920er Jahren stieg er wieder an, um nach einem neuen Höhepunkt 1979 abermals dramatisch zu fallen.

Wenn Sherry heute seine Position konsolidiert, dann aufgrund der Qualität und der Eigenständigkeit seiner Weine. Dabei kommt ihm zugute, dass er im Gegensatz zu anderen verstärkten Weinen mit Manzanilla und Fino trockene Stile vorweisen, gleichzeitig aber auch mit den Cream Sherrys die ›Süßigkeiten‹ anbieten und mittlerweile mit seinen jahrzehntealten Qualitäten das Super-Premium-Segment bedienen kann.

Andalusische Spezialitäten

Andalusien ist eine der ältesten Weinbauregionen der Welt. Vor 3000 Jahren landeten die Phönizier im heutigen Cádiz und gründeten 30 km davon entfernt Xera, das heutige Jerez. Kaum 200 Jahre später bauten sie Málaga zu einem weiteren ihrer Stützpunkte aus, und an beiden Orten führten sie Reben ein. Während sich später der Weinbau auch in den Gebieten von Montilla-Moriles bei Córdoba und Condado de Huelva im Hinterland der Costa de la Luz entwickelte, blieben Jerez und Málaga die beiden treibenden Kräfte im Weinhandel. Vor allem die Sherry-Häuser vermarkteten in früheren Zeiten hoher Nachfrage die Produktion der beiden unbekannten Regionen gern auch unter dem eigenen Namen, was mit der Schaffung des Consejo Regulador 1933 ein Ende fand.

Alle vier Regionen hatten sich auf die Erzeugung von verstärkten Süßweinen ausgerichtet. Málaga, das schon im 13. Jahrhundert mit seinen dunklen, öligen und süßen Weinen nahezu legendären Ruhm erlangt hatte, erlebte sein Goldenes Zeitalter dann im 19. Jahrhundert. Damals erstreckten sich die Rebflächen insgesamt über 100 000 ha! Von der Reblaus-Katastrophe schwer getroffen, konnte es nie wieder an einstige Erfolge anknüpfen, verspielte mit Billigweinen sein Renommee und verlor weite Flächen an Bauspekulanten. Große Málagas sind heute eine absolute Rarität.

Mit dem dramatisch zurückgegangenen Interesse an verstärkten Süßweinen haben alle vier als Denominación de Origen anerkannten Regionen erhebliche Einbußen hinnehmen müssen.

Jerez-Xérèz-Sherry & Manzanilla de Sanlúcar de Barrameda

Im Sherry-Gebiet zwischen den Städten Sanlúcar de Barrameda, Jerez de la Frontera und Puerto de Santa Maria gibt es die besten Lagen mit den weißen Kreideböden, den *albarizas*. Heute beträgt die Rebfläche noch knapp über 10 000 ha, wobei die Sorte Palomino Fino 95 % stellt, während sich der Rest auf Pedro Ximénez und Moscatel verteilt, die für süße Qualitäten eingesetzt werden. Drei Viertel der Produktion (früher waren es bis zu 90 %) gehen in den Export.

Málaga

Das D.O.-Gebiet des berühmten Süßweins im Hinterland der Costa del Sol ist heute auf weniger als 900 ha geschrumpft. Als Hauptrebsorten sind nur Pero Ximén (Pedro Ximénez) und Moscatel zugelassen. Abhängig von der Vinifikation variieren die vielen Stile und Bezeichnungen sehr stark, das Spektrum reicht dabei von trocken bis außerordentlich süß, von 15 % vol bis 22 % vol Alkoholgehalt. Doch die großen alten Weine der Region besitzen hohe Restzuckerwerte.

Perez Barquero und Alvéar führen in Montilla-Moriles

Seite 660: Weinbergarbeit im Sherry-Gebiet

Gegenüber oben: Die besten Lagen in Jerez bestehen aus *albarizas*.

Unten: Aus Ton geformte *tinajas* sind die üblichen Weintanks in andalusischen *bodegas*.

Andalusiens Weinregionen

- Condado de Huelva
- Jerez-Xérèz-Sherry & Manzanilla de Sanlúcar de Barrameda
- Montilla-Moriles
- Málaga
- Weinzentren

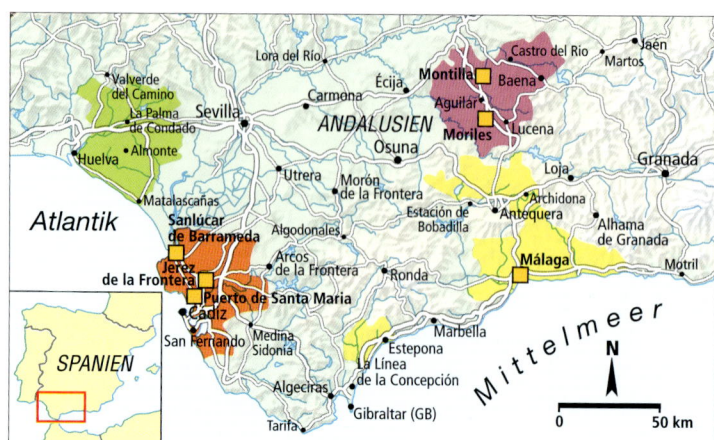

Montilla-Moriles

Die nach zwei Städten der Provinz Córdoba benannte D.O. erstreckt sich über 10 000 ha, auf denen überwiegend Pedro Ximénez angebaut wird. Daraus gewinnt man Finos, Amontillados, Olorosos und Palo Cortados, die im Solera-Verfahren reifen. Die Trauben sind so süß, dass man die Weine nicht zusätzlich verstärken muss. Dieses Verfahren wendet man nur bei den zuckerreichen Dessertweinen an oder bisweilen zur Stabilisierung für den Export. Perez Barquero und Alvéar sind die führenden Häuser mit herausragenden Weinen und berühmten *soleras*.

Condado de Huelva

Die unbekannteste der vier Regionen liegt westlich vom Guadalquivir, grenzt an den Atlantik und nähert sich im Westen der portugiesischen Grenze. Bei relativ hohen Niederschlagsmengen ergeben die Reben vorwiegend trockene Weißweine. Doch aus der Sorte Zalema erzeugt man wie in der Vergangenheit verstärkte Weine, die in *soleras* reifen, bis sie den Olorosos gleichen. Aber auch Palomino, Pedro Ximénez (PX) und Moscatel wurden gepflanzt, wenngleich die Rebfläche auf etwa 6000 ha zurückgegangen ist.

Alicante und Katalonien

Mistela oder Likörweine, bei denen man Weingeist dem Most zusetzt, blicken an der Levante und in Katalonien auf eine lange Tradition zurück, ebenso wie der *vino generoso,* bei dem der zum Teil vergorene Wein verstärkt wird. Bisweilen, wie beim grandiosen Fondillón aus Alicante, erübrigt sich die Verstärkung, er ist von Natur aus alkoholhaltig genug. Berühmt für die als trockene *rancios* oder *dulces* angebotenen verstärkten Weine ist das Haus De Muller in Tarragona, dessen beste alte *soleras* mit Weinen aus dem Priorat gefüllt sind.

Magie der Blume

Verglichen mit den Schieferterrassen von Banyuls oder denen des Douro wirkt das Anbaugebiet des Sherry mit seinen flachen, sanft geschwungenen Hügeln wenig spektakulär. Nur wer es schon im Sommer bereist hat, kennt seine ganze Kraft, wenn auch vom Wegsehen: die *albarizas,* die blendend weißen Kreideböden, reflektieren das strahlende Sonnenlicht in mehr als 3000 Sonnenstunden jährlich, sodass man angesichts der schmerzenden Helligkeit immer wieder die Augen schließen muss. Die Böden sind ein Wunderwerk der Natur, speichern sie doch den in kälteren Jahreszeiten fallenden Regen, um ihn in den langen, heißen, trockenen Sommern an die Reben abzugeben.

95 % der Reben, die davon profitieren, sind heute Palomino Fino, und die *albarizas* sind fast die einzigen Böden weltweit, wo diese Rebsorte interessante, ja große Weine hervorzubringen vermag. Man erzieht die Stöcke niedrig, um die Trauben gegen Wind und Hitze zu schützen. Wind weht fast unablässig, entweder der trockenheiße, bis-

weilen heftige Levante oder der vom Atlantik kommende, frischfeuchte Westwind Poniente. Durch die Nähe des Atlantiks ist das Klima relativ gemäßigt, und nur selten klettert das Thermometer über 35 °C, im Schatten wohlgemerkt.

Im September findet die Weinlese statt, doch zuvor feiert man eine Woche lang die große Fiesta. Dann geht es los. In Andalusien, das für seine fleißigen Lesehelfer bekannt ist, liest man von Hand. Die Trauben werden in Plastikkisten zu den *bodegas* gefahren und sofort gekeltert, dann unter kontrolliert niedrigen Temperaturen vergoren. Längst hat auch in die andalusischen Kellereien moderne Technik Einzug gehalten. So ergibt der Palomino einen sauberen, eher neutralen, immer aber trockenen Weißwein. Den Höchstertrag hat der Consejo Regulador mit 80 hl/ha festgeschrieben.

Nach der alkoholischen Gärung, die höchstens sieben Tage dauert, folgt die zweite, die malolaktische Gärung, der biologische Säureabbau, und zwar dank des Klimas von ganz

Links: Palomino Fino ist die absolut dominierende Rebsorte für Sherry.

Rechts: Alte hölzerne Gärtröge, die längst durch Edelstahltanks ersetzt wurden.

allein. Obwohl dabei die Säure vermindert wird, gewinnen die Weine an Stabilität. Danach werden sie abgezogen und in *botas* gefüllt, alte Fässer mit einem Fassungsvermögen von 500 l.

Sherry-Strich-Code

Für den *capataz,* den Kellermeister, wird es ernst, denn jetzt muss er alle Weine verkosten und bewerten. Die von den besten *albarizas* hat man schon vorab selektiert, denn sie sind für Manzanilla und Fino, die feinsten Sherry-Arten, bestimmt. Diese Fässer erhalten einen Strich. Haben die Weine mehr Struktur, weil sie vielleicht von den etwas schwereren Böden stammen, kennzeichnet er die Fässer mit einem Strich und einem Punkt: daraus werden Olorosos. Bei manchen Weinen ist es zu diesem Zeitpunkt noch ungewiss, zu welchem Typus sie sich entwickeln werden. Sie erhalten zwei Striche auf den Fassdeckel. Missfällt dem Kellermeister die Qualität, macht er drei Striche aufs Holz, und die Weine werden destilliert. Je nach den Markierungen auf den Fassdeckeln werden die Weine nun verstärkt. Manzanillas und Finos auf 15 % vol

Alkoholgehalt, Olorosos auf etwa 17,5 % vol. Damit verläuft ihr weiterer Weg getrennt. Bei Manzanillas und Finos kommt es zu einem Phänomen, das für Entwicklung, Qualität und Charakter der Weine von entscheidender Bedeutung ist und das man biologische Reifung nennt.

An der Weinoberfläche, sofern die Fässer nicht ganz voll sind, entsteht der *flor,* wörtlich die Blume. Dies ist das Werk einheimischer Hefen, die auf dem Wein eine watteähnliche Schicht bilden. Für eine optimale Entfaltung benötigen sie dreierlei: Luft, eine ihnen genehme alkoholische Stärke und ein spezielles feuchtwarmes Klima, das nur der Poniente garantiert. Deshalb gedeiht der *flor* besonders gut in den *bodegas* von Sanlúcar de Barrameda am Guadalquivir und in Atlantiknähe. Dort bildet er eine dichte, geschlossene Schicht auf dem Wein, schützt ihn wirkungsvoll vor Oxidation und führt zum Manzanilla, dem leichtesten, frischesten aller Sherrys mit typischer Hefe- und Jodnote. In Jerez de la Frontera oder Puerto de Santa Maria sind die Bedingungen für den *flor* oft weniger ideal, weshalb dort die Finos etwas kräftiger ausfallen.

Links: Im Fass bildet der *flor* eine dichte, vor Oxidation schützende Schicht.

Rechts: Nur noch selten gibt man heute den Fässern mit Kannen Weingeist zu oder füllt so die *soleras* auf; auch in Jerez haben sich inzwischen Pumpen durchgesetzt.

Reife Leistung

In den alten Vierteln der drei Sherry-Städte Andalusiens sind die Gassen gesäumt von gekalkten, weitgehend fensterlosen Mauern und wirken öde und abweisend. Hinter diesen Mauern öffnen sich hohe, weite Räume. Im Halbdunkel erkennt man Hunderte, wenn nicht Tausende Fässer, in endlos scheinenden Reihen aufeinandergestapelt. »Bodegas«, wie die Weinfirmen, heißen in Jerez diese eigentümlichen Bauwerke. Die meisten wurden um 1900 aus Sandstein errichtet, ihr Boden besteht aus gelbem Sand. Die hohen Mauern sind geschlossen, nur ganz oben, kurz unter dem Dach, befinden sich Öffnungen, häufig mit Bastmatten verhängt, um den Lichteinfall zu mindern. Dort kann die aufgestiegene wärmste Luft entweichen, während der Poniente, der feuchte Wind vom Atlantik, hereinströmt. Die gestampften Sandböden werden regelmäßig mit Wasser besprüht, um die Temperatur auf durchschnittlich 18 °C und die Luftfeuchtigkeit hoch zu halten. Dieses gemäßigte Treibhausklima ist ideal für die Bildung und das Wachstum des wertvollen *flor*.

Sherry wird grundsätzlich in Fässern ausgebaut, doch je nach Typus in einer eigenen *solera*. Nach der untersten, ursprünglich auf dem Boden – spanisch *suelo* – ruhenden Fassreihe benannt, muss man sich dieses Ausbausystem als mehrere Reihen übereinander ruhender 500-Liter-Fässer, *criaderas*, vorstellen. Die *solera* enthält den ältesten Wein, und nur sie bedient die Abfüllungen, mit maximal einem Drittel ihres Inhalts. Die fehlende Menge wird aus der nächsthöheren *criadera* ergänzt, die man aus der darüberliegenden auffüllt. In die oberste Reihe pumpt man – je nach Weintyp – Finos bzw. Manzanillas eines Jahrgangs (meist 8–16 Monate alt) oder Olorosos bzw. Amontillados, die als Jahrgangsweine bereits ein Jahrzehnt gealtert sein können.

Der Sinn dieser im 19. Jahrhundert eingeführten Alterungsweise besteht darin, die jüngeren Weine so zu ›erziehen‹, dass sie bei der Passage durch die einzelnen *criaderas* nach und nach den Charakter der *solera* annehmen, sodass sich die abgefüllten Weine völlig gleichen. Die Sherrys werden nach

Überraschend hell und licht: die Bodega Las Copas bei Gonzalez Byass, wo die Weine vinifiziert werden.

den *soleras* benannt. Darunter gibt es auch solche, die vor 100 Jahren oder früher begonnen wurden und deren Namen das Herz jedes Genießers höher schlagen lassen.

Oloroso und Cream Sherry

Neben der biologischen Reifung der Manzanillas und Finos gibt es die oxidative der Olorosos und Amontillados.

Amontillados beginnen ihre Karriere als Manzanillas oder Finos, doch wenn sie kräftigere Aromen entwickeln, fügt ihnen der *capataz* nach zwei oder drei Jahren zusätzlichen Weingeist zu, was den *flor* abtötet, und baut sie danach oxidativ aus.

Olorosos folgen ihrer Bestimmung von dem Moment, wo sie so verstärkt werden (auf 17,5 % vol Alkoholgehalt), dass die Hefen des *flor* absterben. Bei ihrer Fasslagerung bleibt die Oberfläche stets in Kontakt mit Luft, der Wein oxidiert, seine Farbe wird dunkel und reicht von Bernstein bis Mahagoni. Immer voll, aber trocken, werden Olorosos – mit Moscatel oder Pedro Ximénez gesüßt – zu Medium oder Cream Sherrys.

Moscatel und Pedro Ximénez, die anderen beiden Rebsorten des Sherry-Gebiets, machen gemeinsam nur 5 % der Fläche aus. Sie werden getrennt vinifiziert und den Olorosos oder Amontillados später zugefügt. Berühmt ist Pedro Ximénez, kurz PX, eine traditionsreiche, doch anfällige und deshalb in der Jerez-Region immer seltenere Sorte, die für die besten Cream Sherrys Verwendung findet. Dazu wird er nach der Lese noch einige Tage auf Strohmatten in der Sonne ausgebreitet und getrocknet, um seinen Zuckergehalt weiter zu konzentrieren. Gesüßt wird auch mit Moscatel, doch das Aroma der Muskattraube ist viel zu eigenwillig, um für Sherry wirklich geeignet zu sein. Eine Rarität ist der sortenrein ausgebaute PX.

In Pedro Domecqs maurisch anmutender Bodega La Mezquita reift der Fino La Ina.

Sherry-Typen

Manzanilla

Begünstigt durch die Lage am Guadalquivir und nah am Atlantik bildet sich nirgendwo ein so konstanter und dichter *flor* wie in Sanlúcar de Barrameda. Das ergibt einen besonders leichten, hellen Fino, der stolz seine eigene Identität hervorkehrt. Häufig zeichnen ihn intensive pfeffrige Hefe-, Jod- und Salznoten aus, nicht selten in Verbindung mit einem mineralischen Unterton. Gekühlt getrunken, ist er ein idealer Aperitif und Begleiter von Tapas, speziell von Meeresfrüchten. Ein Manzanilla Pasada nähert sich schon dem Amontillado.

Fino

Als trockener Sherry schlechthin bewahrt Fino seine Frische unter dem *flor,* der sich in Jerez de la Frontera und Puerto de Santa Maria in den Fässern bildet. Frische Mandeln und Hefe sind seine charakteristischen Aromen, bisweilen auch Nuss, Pfeffer und Jod, stets gefolgt von einem eindeutig trockenen, oft pikanten Abgang. Gut gekühlt serviert, ist er ein klassischer Aperitif und schmeckt ausgezeichnet zu Tapas. Einmal geöffnet, sollte er kühl aufbewahrt und bald getrunken werden. Fino wird mit 15–15,5 % vol Alkoholgehalt angeboten.

Amontillado

Bleibt ein Fino länger im Fass oder erhält er weiteren Weingeist, wird er zum Amontillado, denn so oder so vergeht der *flor,* und der Wein reift fortan mit Luftkontakt. Dabei entwickelt er einen leuchtenden Bernsteinton und Aromen von getrockneten Früchten wie Aprikose und Feige sowie Nuss und Tabak. Kräftig und trocken im Geschmack (Mediums sind ein Zugeständnis an den durchschnittlichen Kundengeschmack), mit 18–22% vol Alkoholgehalt passt er zu deftigen Tapas, aber auch zu reifen Käsen wie altem Manchego.

Oloroso

Auch der ›Wohlriechende‹ ist in seiner ursprünglichen Form immer ein trockener Sherry, der in der Regel dunkler auftritt als ein Amontillado. Von Anfang an und über viele Jahre mit Luftkontakt gereift, entwickelt er jedoch ein vielschichtiges Bukett mit süßen Aromen von Rosinen, getrockneten Feigen und Datteln sowie Nuss, altem Holz und Tabak. Oft ähnlich komplex am Gaumen, doch mit Kraft, ›Biss‹, trockenem Finale und 17–20 % vol Alkoholgehalt passt er selbst zu Stierragout und ist ein angenehmer Digestif.

Palo Cortado

Selten und besonders, strebte dieser trockene Sherry zunächst danach, ein Amontillado zu werden, bis er sich auf einmal und ganz von Natur aus entschloss, doch lieber als Oloroso aufzutreten. So vereint er schließlich die besten Eigenschaften beider Typen und erweist sich fast immer als ein sehr komplexer und vor allem äußerst eleganter Wein, der am Gaumen oft eine sehr dezente, feine Süße und große Länge besitzt. Man sollte ihn auf 16 °C temperieren, dann kommt seine ganze Vielfalt optimal zur Geltung.

Cream

Der samtweiche, vollmundige, süße und dunkel rubinrote Cream Sherry hat Furore gemacht, denn er nutzt die komplexen Aromen eines Oloroso, aber überdeckt dessen forderndes trockenes Finale mit einem Zusatz von Süße. Sie stammt bei den höherwertigen Qualitäten von dem getrennt vergorenen Pedro Ximénez, sonst von konzentriertem Traubenmost. Fast schon selbst ein Dessert, kann er spielend Nachtische begleiten, wenn nicht gekonnt verfeinern, und sollte leicht gekühlt eingeschenkt werden.

PX

PX oder Pedro Ximénez, der Außenseiter unter den Sherrys, basiert nicht auf Palomino und wird nur als Süßwein vinifiziert, indem man die Trauben auf Strohmatten zwei Wochen lang in der Sonne trocknen lässt, sodass der Zuckergehalt pro Liter Most auf 400 g ansteigt. Verstärkt auf 15 % vol Alkoholgehalt, wird der dickflüssige Wein oxidativ ausgebaut. Lässt man ihm 15, 20 und mehr Jahre Zeit, nimmt er eine schwarzgrüne Farbe an und zeigt schwere, süße Aromen von Rosinen, Datteln, Kakao. Ein Traum über hochwertigem Vanille-Eis.

VOS und VORS

Eine offizielle Garantie bieten diese beiden Rücketiketten, die vom Consejo Regulador erst nach eingehender Prüfung zuerkannt werden. VOS (Very Old Sherry) erhalten Sherrys, die mindestens 20 Jahre, VORS (Very Old Rare Sherry) solche, die 30 und mehr Jahre gealtert sind. Überwiegend weisen diese Veteranen von Amontillados, Olorosos, Palo Cortados und PX viel Kraft, meist eine festere Textur sowie eine große aromatische Vielfalt auf und klingen sehr lange nach. Es sind Weine zum Meditieren.

Sherry vom Feinsten

Sherry präsentiert sich in einer Vielzahl von Stilen und Qualitäten. Da ist zunächst der frische, trockene, verstärkte Wein, der Fino oder Manzanilla. Im Sherry-Dreieck haben die Anwohner ihre angestammte Marke und schwören darauf, was oft weniger von Geschmack und Qualität als von sentimentalen Bindungen diktiert wird. Schließlich hat fast jeder Verwandte oder Freunde, die für eins der Sherry-Häuser arbeiten. Die Größe einer Marke besagt nichts über ihre Qualität, kleine Häuser sind nicht grundsätzlich besser als weltweit vertriebene oder umgekehrt. Doch Osbornes Fino Quinta, Domecqs La Ina und Gonzalez Byass' Tio Pepe, drei der bekanntesten und erfolgreichsten Marken, zählen zu den verlässlichsten. Der Puerto Fino von Lustau ist einer der komplexesten, mit intensivem Duft nach Mandeln und Hefe sowie mit nussigem und mineralischem Geschmack.

Manzanillas sind im Ausland weniger bekannt, was nicht zuletzt daran liegt, dass sie der Haupt-Aperitif der Sevillaner sind. Zu seinen Klassikern zählen La Goya und Las Medallas de Argüeso, beide mit Hefenote und dem pfeffrigen ›Biss‹, den man erwartet. En Rama von Barbadillo ist ein mit Jahrgang versehener, kräftigerer Wein mit viel Volumen. Der von nur einem Weinberg stammende Pastrana, ein Pasada, überzeugt mit viel Nussaroma und großer Länge.

Finos und Manzanillas, die leichtesten trockenen Sherrys, sind als Aperitifs und ideale Tapas-Weine in Andalusien so beliebt wie im Ausland.

Lange gereifte Amontillados, Palo Cortados und Olorosos wenden sich an Kenner, weil man sich für die Welt ihrer Aromen und ihrer Struktur Zeit nehmen muss, um sie wirklich schätzen zu können. Die hier vorgestellte Auswahl zeigt einige der faszinierendsten Weine, die heute in Jerez, Puerto und Sanlúcar abgefüllt werden, nachdem sie Jahre und Jahrzehnte in *soleras* zubrachten, die selbst oft vor 100 und mehr Jahren angelegt wurden.

Der Antique von Fernando de Castilla vermittelt die trockene Finesse eines gepflegten alten Amontillado. Bei dem 30 Años der Bodegas Tradición, die ausschließlich auf VOS und VORS spezialisiert sind, überzeugt neben Komplexität und Volumen die sensationelle Länge. Der Palo Cortado Viejo des 1792 gegründeten Familienbetriebs Vinícola Hidalgo in Sanlúcar ist ein Monument an Eleganz mit feiner Süße, Kakao- und Tabaknoten, während Privilegio des Namensvetters aus Jerez dicht und samtig wirkt, mit runden Aromen von kandierten Mandeln und Rosinen.

Oft wird sehr alten Weinen etwas alter süßer Oloroso zugefügt, um die sonst sehr trockenen Tannine abzurunden. So hat auch der Capuchino von Domecq seine zauberhafte Harmonie bekommen. Große Kraft, Struktur und Länge besitzt der Oloroso 1730 von Alvaro Domecq, dagegen gefallen am Sacristia de Romate die feinen Aromen von *rancio,* Nuss und blondem Tabak. Matusalem von Gonzalez Byass bekennt sich zu seiner Süße, die sich mit Trockenfrüchten, feinem altem Holz und Finesse zu einem besonderen Erlebnis vereint.

Jahrelang gereiften Amontillados, Palo Cortados und Olorosos wird heute verdiente Aufmerksamkeit von Weinkennern und Sammlern zuteil.

Port: Ritual und Sakrileg

Die Engländer haben nachhaltig Einfluss auf den Weinhandel genommen und damit zugleich auf die Entwicklung verschiedener Weinregionen: erst auf Bordeaux, dann auf Jerez, später auf das Douro-Gebiet. Wenn dem Port etwas unverkennbar Britisches anhaftet, liegt es nicht nur daran, dass sie ihn ›erfanden‹ und dass die bedeutendsten Port-Häuser britische Gründungen sind, sie waren lange Zeit auch des Ports eifrigste Konsumenten. Und noch immer beherrscht man nirgends auf der Welt das damit verbundene Ritual so perfekt. Doch die Hauptkunden des Port sind längst andere, zu den wichtigsten Abnehmern zählen die Portugiesen inzwischen selbst.

Hochburg des Port waren und sind die englischen Clubs, wo er zum Pflichtprogramm der Gentlemen gehört. Das Ritual beginnt mit dem Dekantieren, denn hochwertiger Vintage Port setzt im Lauf der Zeit beachtlichen Bodensatz ab. Stilgerecht wird es über einer brennenden Kerze vollzogen, um beim langsamen Entleeren der Flasche in die Kristallkaraffe erkennen zu können, wann das Depot – englisch *crust* – beginnt.

Der Gastgeber schenkt ein erstes Glas ein und reicht es seinem rechten Tischnachbarn. Dann gibt er die Karaffe an die Person zu seiner Linken weiter, die auf gleiche Weise verfährt, und so macht der Port die Runde um den Tisch. Hat jemand Lust auf ein zweites Glas, gilt es als unschicklich, direkt nach der Karaffe zu verlangen, sondern man fragt denjenigen, der sie zuletzt in der Hand hatte: »Kennen Sie den Bischof von Norwich?« Der hörte sich so gern reden, dass er vergaß, die Karaffe weiterzureichen. Ein schier unverzeihlicher Fehler. Es versteht sich, dass die Karaffe geleert werden muss, bevor jemand den Tisch verlässt. So klingt der Abend aus: mit Port pur und vielleicht mit einer wirklich guten Zigarre. Vintage Port genießt das höchste Prestige und wurde früher nur in den besten Jahrgängen abgefüllt. Nach der Lese herrschte immer eine gewisse Spannung, welches Port-Haus als erstes den Vintage deklarieren würde, vor allem dann, wenn die Qualität des Jahrgangs zweifelhaft war, denn einen unwürdigen Jahrgang zu deklarieren konnte dem Renommee schwer schaden.

Das Prinzip gilt noch immer, doch die Wirklichkeit sieht heute etwas anders aus, denn die Klimaerwärmung sorgt dafür, dass sich die für Vintage geeigneten Jahrgänge häufen. Gleichzeitig wächst die Nachfrage nach diesen Prestige-Weinen, besonders seit die Amerikaner das Sakrileg begangen haben, Vintages sofort zu entkorken und dabei entdeckten, dass diese Weine auch jung absolut einzigartig sind. Mit intensiver Frucht, massiven Tanninen und alkoholischem ›Biss‹ zwar noch rau und ungeschliffen, aber kernig und faszinierend.

Der reduktive Stil der Portweine mit der attraktiven frisch-süßen Kirsch- und Beerenfrucht hat immer mehr Anhänger gefunden, die Ruby Reserve, Late Bottled Vintage, Single Quinta Vintage und natürlich den Vintage schätzen, wobei die beiden ersten den Vorzug haben, günstiger und jung zugänglicher zu sein, nicht dekantiert werden zu müssen und mittlerweile in den meisten Bars angeboten zu werden.

Doch die Tawnys, die in alten Fässern, den *pipes,* oxidativ ausgebauten Weine, sind keineswegs abgemeldet. Im Gegenteil. Die einfachen, weichen, noch beerenfruchtigen Abfüllungen erfreuen sich großer Beliebtheit in Frankreich, dem Hauptmarkt für preiswerte Ports – im Grunde ein Paradox, denn die eigenen französischen Vins Doux Naturels, die keineswegs schlechter sind, werden verschmäht. Auch in Holland und Belgien mag man die günstigen und starken Portweine. Dabei sind die Tawnys äußerst reizvolle Weine, die mit zunehmendem Alter eine faszinierende Aromenvielfalt entwickeln, die jene der Vintages oft noch übertrifft. Vor allem die 30 und 40 Years Old verführen mit einer Eleganz und Raffinesse, die man nur sehr selten in anderen Weinen und Spirituosen findet.

Port ist auch heute noch vor allem ein Exportprodukt. In der Vergangenheit konnten die Portugiesen ihn sich gar nicht leisten, ganz abgesehen davon, dass er nicht für sie bestimmt war. Das hat sich zum Glück geändert, denn inzwischen sind die Portugiesen selbst zu den bedeutendsten Port-Erzeugern geworden und längst auf den Geschmack gekommen.

Das Douro-Tal

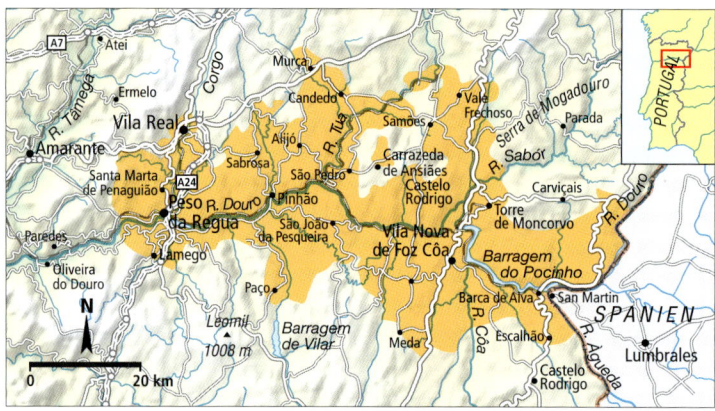

Das Weinbaugebiet des Douro-Tals

Seite 672: Typische Rebterrassen bei Regua

Niepoorts Weinberge im Herbst

Portwein oder Vinho do Porto trägt den Namen des Hafens, von dem aus er verschifft wurde. Der Wein stammt aus dem Douro-Tal und wurde auf Barken den Fluss hinab bis nach Porto gebracht. Die ersten Reben wachsen etwa 100 km flussaufwärts. Von dort aus erstreckt sich das Weinbaugebiet zu beiden Seiten des Flusses bis zur spanischen

Grenze über rund 150 km. An seiner weitesten Stelle misst es nur etwa 25 km. Es umfasst insgesamt gegen 250 000 ha, von denen nur etwa ein Fünftel mit Reben bestockt ist. Es ist in drei Regionen gegliedert: Baixo (unteres) Corgo, Cima (oberes) Corgo und Douro Superior.

Die westlichste Region, das Untere Corgo, ist die kleinste, hat aber die fruchtbarsten Böden und die meisten Rebflächen. Annähernd die Hälfte aller Portweine stammt von hier, wenn auch vorwiegend die einfacheren Qualitäten. Das Gebiet reicht bis zum Städtchen Régua, wo der Corgo und der Ribeiro de Temilobis in den Douro münden.

Dort schließt sich das Obere Corgo an, das bis zur Schlucht des Cachão de Valeira reicht und sehr viel ausgedehnter ist. Es ist die eigentliche Heimat der Vintages, und um den Ort Pinhão liegen viele der berühmtesten *quintas* mit ihren steilen Rebhängen. In den letzten Jahren wurden umfangreiche Neupflanzungen vorgenommen.

Die dritte Region, das Douro Superior, besitzt die größte Fläche, ist aber am heißesten und trockensten und steuert kaum mehr als ein Zehntel zur Port-Produktion bei.

Terrassen-Wirtschaft

Man muss das Douro-Tal gesehen haben, um seine Besonderheit zu verstehen. Vor allem im Oberen Corvo wurden über Jahrhunderte die steilen Berghänge terrassiert und urbar gemacht. Der große Reichtum des Douro-Tals ist der karge Schiefer, der den Weinen ihre Struktur, ihr Alterungspotenzial und ihre Finesse verleiht. Die Bauern früherer Zeiten brachen die Schieferhänge auf, errichteten aus den größeren Brocken Natursteinmauern, hinter denen sie das zerbröselte Gestein aufschichteten. Über Generationen bearbeitet und gedüngt, entstand daraus der Kulturboden, dem die Weine heute ihre Qualität verdanken. Es ist ein einmaliges Terroir, bei dem Klima, Topografie, Boden und Bearbeitung zusammenwirken. Auch wenn neue Güter gegründet und be-

stehende erweitert wurden, bearbeiten noch immer etwa 30 000 Weinbauern den größten Teil der Rebterrassen, wobei jedem im Schnitt etwa 1 ha gehört.

Noch in den 1980er Jahren war der Anblick des Douro-Tals atemberaubend, war das Monumentalwerk der Weinbauern unberührt. Inzwischen hat sich das Tal völlig verändert, denn die Zwänge moderner Wirtschaftlichkeit, verbunden mit dem Mangel an Arbeitskräften, diktierten neuangelegte, maschinell zu bearbeitende Terrassen.

Der Aufschwung der letzten Jahre, der mit dem EU-Beitritt Portugals und den anschließend erfolgten Subventionen einsetzte, brachte weitere radikale Veränderungen mit sich. Es erwies sich, dass das Tal nicht nur für Port, sondern auch für hervorragende Rotweine geeignet ist, woraufhin sich ein Heer von Investoren über jeden möglichen Quadratmeter Rebfläche hermachte. Noch heute sind die Rebanlagen des Douro-Tals spektakulär, aber sie sind nicht mehr das Weltkulturerbe, das die UNESCO 2001 eigentlich würdigen wollte.

Inzwischen hat man in den drei Talregionen zu unterscheiden begonnen, welche Lagen besser für Port oder für den trockenen roten und auch weißen Douro geeignet sind. Die beiden so unterschiedlichen Weinstile stellen ganz andere Anforderungen, daher konnte man für trockene Weine die Hänge weiter hinaufgehen, um mehr Säure und Eleganz zu erreichen. Wusste man früher, dass die besten Weine in Hörweite des Flusses entstehen, zwingt das wärmere Klima zum Umdenken. Denn auch beim Port zählt neben der Kraft die Ausgewogenheit.

Die traumhafte Quinta do Vesuvio direkt am Douro

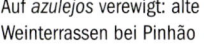

Auf *azulejos* verewigt: alte Weinterrassen bei Pinhão

Besser zu Fuß

Ende des 17. Jahrhunderts wuchs das Interesse der Engländer am Wein aus dem Douro-Tal, denn als Folge ihrer Querelen mit Frankreich gab es Probleme mit dem Claret-Nachschub aus Bordeaux. Doch der dunkle Rotwein, damals noch trocken vergoren und erst im Anschluss daran mit einem Schuss Brandy stabilisiert, war längst nicht so wohlschmeckend wie der spätere Port und sah sich mit starker Konkurrenz konfrontiert. Zur Sorge der Douro-Winzer schwankte die Nachfrage erheblich.

Diesen nicht unbegründeten Sorgen begegnete der Premierminister und spätere Marquês do Pombal 1756 mit der Gründung der Companhia Geral da Agricultura das Vinhas do Alto Douro, von den Engländern knapp »Old Wine Company« genannt. Ihr ist die erste »Begrenzung der Berge« zu verdanken, die nur die besten Lagen für die Port-Erzeugung anerkannte. Darüber hinaus war es Aufgabe der Kompagnie, die Qualität zu sichern, Betrug zu unterbinden, Angebot und Nachfrage zu regeln und auf diese Weise die Preise zu stabilisieren.

Nirgendwo sonst auf der Welt hat man ein so ausgeklügeltes System zur Klassifizierung von Weinbergen und Traubenqualität entwickelt. Man ordnet sie Kategorien zu von A bis F, wobei nicht nur Lagen, Böden und Rebsorten, sondern auch Pflanzabstände, Alter der Reben, Ertrag und sechs weitere Parameter berücksichtigt werden. Danach werden Punkte verteilt, und nach deren Summe richtet sich die Menge Portwein, die erzeugt werden darf. Sind es bei A 600 l auf 1000 Rebstöcke, ist F meist nur für trockenen Tischwein zugelassen.

Portugal besitzt einen großen Reichtum an interessanten, zum Teil endemischen, das heißt nur hier heimischen Rebsorten. Davon sind 90 im Douro-Tal zugelassen, tatsächlich angepflanzt werden aber nur etwa 30. Als die besten für roten Portwein gelten Touriga Nacional, Touriga Francesa, Tinta Roriz (Tempranillo), Tinta Barroca und die seltene Tinta Cão. Für weißen Port verwendet man vorwiegend Viozinho, Rabigato, Arinto, Cedega, Gouveio (Verdelho) und gern auch Malvasia Fina.

Links: Auch im Douro-Tal selektiert man inzwischen die Trauben für Spitzenqualitäten.

Rechts: Noch immer werden die offenen steinernen *lagares* für eine kurze, aber bewegte Maischegärung bevorzugt.

Es werde Port!

Die Trauben werden von Hand gelesen, zu den Kellern gebracht, dort entrappt und gemahlen. Bei der traditionellen Vinifikation kommen sie in *lagares*, große rechteckige Steintröge von maximal 60 cm Höhe, die bei der großen Oberfläche einen guten Kontakt zwischen Schalen und Saft gewährleisten. Tagsüber werden die Tröge mit Trauben gefüllt, die abends mit Füßen getreten werden. Da kann man nicht laufen, wie man will, das raue »Links, rechts, links, rechts« des Vormanns gibt den Gleichschritt an. In den *lagares* stehen die Auserwählten bis über die Knie im rotvioletten Most, in größeren Kellern in zwei Reihen einander gegenüber. Junge und Alte, Männer und Frauen, die tagsüber bei der Lese waren. Knie tauchen aus dem Saft auf und versinken. Schrittweise kommen die Reihen aufeinander zu, weichen bis zum Beckenrand zurück. Durch das Walken brechen die Beeren auf, trennen sich Fruchtfleisch und Schale auf sanfte Weise zur perfekten Extraktion. Stundenlang wird getreten, später entspannter, mit Musik und *aguardente*.

Längst haben sich pfiffige Weinmacher im Tal Roboter einfallen lassen, die diese penible Arbeit übernehmen, und die modernsten stehen dem menschlichen Einsatz an Qualität nicht mehr nach. Dennoch hält man bei den besten Vintages an der traditionellen Tretweise fest. Bereits nach 24–36 Stunden ist die Extraktion beendet, der Wein halb durchgegoren. Jetzt wird er abgezogen, setzt die Gärung fort, bis der gewünschte Restzuckergehalt erreicht ist und er mit 77 %igem Brandy zum Verstummen gebracht wird. Dabei legt man speziell für die großen Ports Wert auf erstklassige Brandy-Qualität. Das Gros der Weine wird heute jedoch in modernen Kellereien in Edelstahltanks unter Temperaturkontrolle vinifiziert.

Nach dem ersten Abstich im Winter, der der Lese folgt, werden die Weine probiert, beurteilt, und die Port-Häuser bringen ihre Weine zum weiteren Ausbau in die Lodges nach Vila Nova de Gaia. In einem guten Jahr hält man die besten Weine gesondert, um sie eventuell zum Vintage zu deklarieren. Die anderen beginnen der Kategorie entsprechend, zu der sie bestimmt wurden, den Ausbau in großen Bottichen oder Tanks oder in den traditionellen, 550 l fassenden *pipes*, meist aus portugiesischer Eiche geküfert und seit Jahren und Jahrzehnten im Dienst.

Links: Für viele große Portweine hält man am traditionellen Fußtreten fest.

Rechts: Vintages reifen in großen Fudern mit geringem Luftkontakt, um ihre jugendliche Frucht zu bewahren.

Port-Typen

White Port

Weißer Port wird als Dry oder Extra Dry mit weniger Restzucker auf Eis als Aperitif getrunken. Gute Rebsorten sind Viozinho für Körper und Aroma, Rabigato für Frische und Arinto für Eleganz, doch meist ist der weiße Port eher neutral im Geschmack, die besten überzeugen mit kandierter Zitrusfrucht, sie zeigen sich am Gaumen nussig und kräftig. Nennt er sich Lágrima, ist er der süßeste aller Ports. Raritäten sind lange im Fass gereifte Qualitäten, die große Komplexität und feine Rancio-Noten entwickeln können.

Pink

Dieses Novum von Croft beweist einmal mehr die Kreativität von The Fladgate Partnership, auch Besitzer von Taylors, die in der Vergangenheit wiederholt neue Port-Stile lancierten: Dry White Port 1934, den zweiten Anlauf des Late Bottled Vintage 1970 und Organic Port 2006. Die roten Port-Trauben wurden nach nur kurzem Maischekontakt gepresst und dann auf niedriger Temperatur vergoren. Von hellem Kirschton, gefallen seine angenehm frischen Aromen roter Beeren, deren Süße am Gaumen vom Alkohol gut ausbalanciert wird.

Ruby

Selbst ein einfacher Ruby fasziniert mit einer deutlich dunkleren Farbe als Rubinrot. Er ist der empfohlene Einstieg in das Reich der roten Portweine, bei denen es darum geht, die intensive Frucht der Trauben und die tiefe Farbe zu bewahren. Er sollte sich saftig zeigen, mit süßen, kandierten oder Aromen von Kirschkonfitüre sowie von roten und schwarzen Beeren. Meist wird er zwei bis drei Jahre im Tank ausgebaut, er ist gefällig, ohne spürbare Tannine. Vielfalt und Länge sollte man nicht erwarten.

Reserve

Es gibt Reserve Ports zweier Stile: Ruby Reserve und Tawny Reserve. Leider werden die erklärenden Kategorien oft nicht genannt. Ruby Reserves sind ein nächster Schritt Richtung Vintage wie der Six Grapes mit ausgeprägter frischer süßer Beerenfrucht, bisweilen einer zusätzlichen würzigen Note am Gaumen, mit bereits präsenten Tanninen. Tawny Reserves sind mindestens sieben Jahre im Fass ausgebaut, eher blass, noch mit frischer Frucht, aber bereits mit Aromen von getrockneten Früchten und Röstnoten.

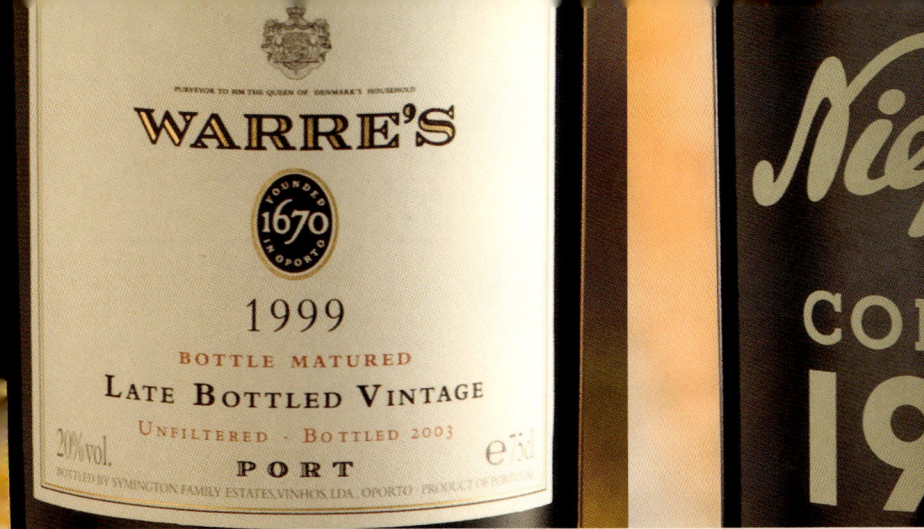

Late Bottled Vintage (LBV)

Vier bis sechs Jahre lang reift dieser höherwertige Jahr-gangswein im Tank oder Fass, bevor er abgefüllt wird. Er braucht deshalb nicht dekantiert zu werden und hat eine erste Trinkreife erlangt. Obwohl er weniger kon-zentriert ist als ein Vintage, besitzt er doch in der Regel – und abhängig vom Jahrgang – volle, ausgewogene Fruchtaromen und eine harmonische, wenn auch fes-tere Tanninstruktur. Je nach Hausstil kann er mehr jun-ge Frucht oder bereits auch Noten von Entwicklung und Holzwürze zeigen.

Vintage

Diese tiefdunklen Weine von herausragender Qualität aus einem einzigen Jahrgang werden reduktiv ausge-baut und im zweiten, spätestens dritten Jahr nach der Lese abgefüllt. In großen Jahren ist ihre Haltbarkeit le-gendär, sie werden dann immer harmonischer, bewah-ren verblüffend lange ihre Frucht und entwickeln reiz-volle Altersaromen mit komplexen Röst- und Gewürz-noten, aber auch viel Bodensatz, sodass sie dekantiert werden müssen. Single Quinta Vintages stammen – wie der Name sagt – von einzelnen Gütern.

Colheita

Im Gegensatz zum Vintage wird der Colheita, ebenfalls ein Jahrgangs-Port, im Fass, also oxidativ als Tawny aus-gebaut. Er darf frühestens nach sieben Jahren abgefüllt werden, doch in vielen Fällen gibt man ihm wesentlich länger Zeit, seine komplexen Aromen zu entwickeln, die dann an Backobst, Nüsse, Kakao, feines altes Holz und Gewürze erinnern und von Jahr zu Jahr immer grö-ßere Eleganz zeigen. Übrigens ließ man im 19. Jahrhun-dert große Vintages über Jahre im Holz reifen, bevor man sie abfüllte.

Tawny

Zwei Dinge sind für diese Kategorie typisch: der oxida-tive Ausbau in Holzfässern und der Verschnitt von Wei-nen unterschiedlichen Alters, um den jeweiligen Stil zu erhalten. Die einfachsten Tawnys altern in etwa drei Jah-ren zu weichen, harmonischen, fahlroten Weinen. Im-mer trinkreif angeboten, garantieren erst die Reserves oder Tawnys mit dem Zusatz einer Altersstufe – 10, 20, 30 und 40 Years Old – mehr aromatische Vielfalt. Je äl-ter ein Tawny wird, umso raffinierter ist sein Ausdruck, umso anhaltender und vielschichtiger sein Geschmack.

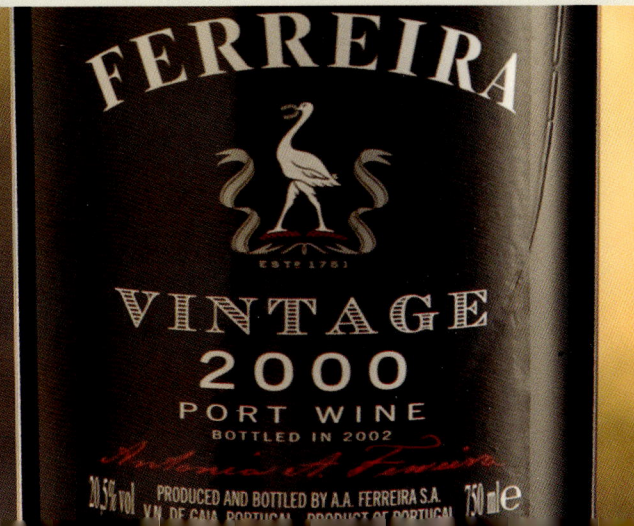

Große Vintages

Einen Vintage Port zu trinken ist immer ein Erlebnis. Man entkorkt nicht einfach eine Flasche und schenkt das Glas voll. Ein Vintage Port wird immer zelebriert. Da er ungefiltert abgefüllt wird, um seinen gesamten geschmacklichen Reichtum und sein Alterungspotenzial voll auszuschöpfen, muss er dekantiert werden, was allein schon ein Ritual ist. Einmal geöffnet, sollte ein Vintage am besten an einem Abend getrunken werden. Da es aber ein ebenso starker wie intensiver, süßer und zugleich raffinierter Wein ist, braucht es schon ein paar Gleichgesinnte, wenn man ihn geöffnet hat. Ein Vintage ist also kein Drink für alle Tage. Zum Glück. Denn jede Flasche Vintage ist das Resultat der Arbeit vieler Menschen, die alles darangesetzt haben, von den ältesten Rebstöcken der erstklassigsten Schieferterrassen des Douro-Tals den besten Wein zu gewinnen. Das gelingt nicht in jedem Jahr und immer nur in sehr begrenzter Menge. Die Qualität und die Seltenheit eines Vintage wollen gewürdigt sein, wenn man ihn trinkt. Und bevor man ihn trinkt, sollte man ihm selbst noch einige Jahre Zeit lassen, in denen er seine jugendliche Ungeschliffenheit überwinden kann.

Der sehr entwickelte Ferreira 1978 stammt zwar aus keinem großen Jahrgang, zeigt aber sehr gut, welche Finesse und Vielfalt auch ein solcher Vintage erreichen kann; doch seine Zeit ist jetzt gekommen. Dagegen fasziniert Sandeman 1980, aus einem großen Jahr, mit seinem hinreißend jugendlichen Bukett und viel Harmonie im Geschmack. Beide demonstrieren, wie unterschiedlich Vintages je nach Jahrgang reifen.

Vintages werden nicht in jedem Jahr deklariert. Gut zwei Jahre nach der Lese angeboten, erscheinen bisweilen auch Partien gereifter Weine auf dem Markt.

Ein großer Jahrgang ist 2000 und Graham's ein herausragender Erfolg mit reizvoller komplexer reifer Frucht und Röstnoten, exzellenter Konzentration und Tanninen, vielschichtig, elegant, mit großem Potenzial. Fonseca steht ihm kaum nach, voluminös, samtig, mit überbordender Beerenfrucht, Lakritznote und schon erstaunlich zugänglich. Welche Qualität der Jahrgang 2000 besitzt, belegen auch Ferreira und Offley, beide Marken der portugiesischen Gruppe Sogrape. Bei Ferreira gefallen die süße rote Frucht, der Hauch von Kakao, die Länge und Ausgewogenheit, bei Offley, deren Vintage immer nur vom Spitzengut Boa Vista stammt, florale Noten, dunkle Beeren und markante Tannine mit guter Fülle.

Hitze und Trockenheit bestimmten auch im Douro-Tal den Jahrgang 2003 und brachten hohe Reife, viel Zucker und wenig Säure. Sehr gut damit umgehen konnte Taylor's, wo sich reife Beeren und viel Konzentration mit feiner Säure zu großer Eleganz und Nachhaltigkeit verbinden. Bei Quinta do Noval überfällt die köstliche dunkle Frucht, bevor sich Fülle und reife Tannine entfalten; sehr lang und harmonisch. Croft hatte 2003 seinen Auftritt als neuer Teil der Fladgate Partnership mit sensationeller Qualität, sehr intensiver schwarzer Beerenfrucht, großer Samtigkeit, Fülle, Struktur und Zukunft. Ebenfalls Bestandteil der Taylor's Gruppe, kommt Romariz mit etwas weniger Opulenz und Struktur, aber mit angenehmen süßen Kirsch- und Brombeeraromen daher.

Ramos Pinto vertritt den Jahrgang 2004 mit Bravour, mit ausgeprägter dunkler, süßer Frucht und Würze, ausgezeichneter Tanninstruktur, feiner Säure und sehr gutem Alterungspotenzial. Niepoorts Vintage 2005 steht dem nicht nach, er kehrt eine raffinierte Mischung von Blüten, Beeren und Mineralität hervor und zeigt trotz seiner stabilen Struktur eine begeisternde Eleganz.

Vintages besitzen auch jung durchaus ihren Reiz, doch sie sind darauf angelegt, Jahrzehnte zu altern, und nichts geht über die Finesse, die sie im Alter entwickeln.

Ausgewählte Single Quintas

Quinta de Ervamoira
Ramos Pinto

Noch heute besitzt das Gut im Valle do Côa avantgardistisches Flair, umso mehr, seit José Antonio Ramos Pinto Rosas, dessen Vorfahr 1880 das Port-Haus gegründet hat, und sein Neffe João Nicolau de Almeida es ab 1976 neu konzipierten. Sie brachen damals mit nahezu allen Traditionen des Douro-Tals, bestockten 150 ha im Douro Superior vertikal auf flachen Hängen maschinengerecht sowie große Parzellen nach Sorten getrennt, für Port- und Rotweine. Das Hochplateau, das sie wählten, erwies sich als bestens geeignet, es schenkt sehr fruchtbetonte Weine mit würzigen Tanninen und klarem Ausdruck, wie der Vintage 2004 deutlich zeigt. Seit 1990 im Besitz des Champagner-Hauses Roederer.

Quinta dos Malvedos
Graham's

Das Gut am Ufer des Douro bei Tua liefert in deklarierten Jahren das Rückgrat von Graham's Vintage Port. Die 68 ha Reben, heute 25–50 Jahre alt, wurden getrennt nach Sorten gepflanzt. Die schottischen Grahams sind seit 1820 in Oporto erfolgreiche Kaufleute, sie erwarben das Gut 1890. Im Jahr 1970 wurde Graham's von den Symingtons übernommen, einer seit 350 Jahren im Port-Geschäft aktiven Familie. Seit 2000 ist die Kellerei von Malvedos neben drei traditionellen Steintrögen mit automatischen *lagares* ausgestattet. Der Vintage 1998 mit sehr geringer Ernte gefällt mit süßer roter Pflaume sowie mit Noten von kandierter Orange und Bitterschokolade. Mittlere Struktur, rundum ausgewogen und harmonisch.

Quinta do Panascal
Fonseca

Im Tal des Tavora gelegen, lieferte das angesehene Gut bereits in den 1950er Jahren Weine, die Bestandteil von Fonsecas Vintage Blend waren. 1978 hatte sich die Gelegenheit geboten, es zu erwerben, seitdem erneuerte und erweiterte Fonseca durch Zukauf der Quinta do Val dos Muros die Rebanlagen auf 44 ha. Vinifiziert werden die Weine, deren Trauben mit Füßen gewalkt werden, von David Guimaraens, Nachfolger des Firmengründers und in der 6. Generation Weinmacher der Familie, unabhängig davon, dass die Firma 1948 mit Taylor's zusammenging. Vintage 2004 zeigt saftige Cassisfrucht und Lakritzaroma, mit guter Fülle, feiner Tanninstruktur und einem langen, süß-fruchtigen Abgang. Gutes Potenzial.

Quinta de Vargellas
Taylor's

Das traumhaft abgelegene Gut im oberen Douro-Tal pflegt von allen *quintas* den größten Bestand an alten Reben, 60 % sind älter als 75 Jahre. Es liefert in deklarierten Jahren das Fundament für Taylor's berühmten Vintage Port. Dabei wurde sein Wein seit 1820 auch unter eigenem Namen versteigert. Taylor's, ein Familienunternehmen, das seit mehr als 300 Jahren im Port-Handel etabliert ist und inzwischen als The Fladgate Partnership firmiert, erwarb das Gut 1893–1896. Die Trauben werden weiterhin mit Füßen bearbeitet. Vintage 2005, der vom Wetter verwöhnt wurde, gefällt mit Aromen reifer schwarzer Kirschen und Pflaumen, einer Note von Lakritz, ausgewogener Süße, feinen Tanninen und elegantem Abgang.

Quinta do Vesuvio
Symington's

Mit dem mächtigen Herrenhaus direkt am Fluss und 100 ha steilen Rebterrassen ist Vesuvio eines der beeindruckendsten Güter des Douro. Unter der legendären Dona Antónia Adelaide Ferreira ab 1845 zu einer ersten Blüte gebracht, büßte es immer weiter an Bedeutung ein und wurde schließlich 1989 von Symington's erworben. Seither hat es an den frühen Ruhm wieder anknüpfen können, indem es eigenständig geführt wird und unter seinem Namen nur Vintages abgefüllt werden, jeweils nur maximal ein Viertel der Produktion. Noch immer in *lagares* mit Füßen gewalkt, beeindruckt Vintage 2003 mit sehr intensiver, ausdrucksstarker Frucht, großer Fülle, festen Tanninen und sehr langem, klarem Abgang. Viel Zukunft.

Ausgewählte Tawnys

Ferreira
Tawny 20 Years

Dieses 1751 gegründete Port-Haus geht zurück auf eine Weinbauernfamilie aus dem Douro-Tal. Im 19. Jahrhundert erweiterten José und Antonio Ferreira den Grundbesitz wie den Handel beträchtlich, der von Dona Antonia Adelaide Ferreira, die ihren Cousin heiratete, konsolidiert und vergrößert wurde. Sie muss eine charismatische Persönlichkeit gewesen sein und trieb die Modernisierung des Tals und die Erhöhung der Weinqualität mit Engagement voran. 1987 von Sogrape Vinhos, Portugals führendem Weinunternehmen, erworben, bietet Ferreira heute ein breites Port-Programm, darunter auch diesen überzeugenden, sehr komplexen Tawny, der viel Frucht mit Holz-, Kakao- und Tabaknoten vereint.

Niepoort
30 Years Old Tawny

Fünf Generationen der Van der Niepoorts, ganz besonders aber der fünften, ist es zu verdanken, dass dieses kleine Port- und Weinhaus heute über einen so ausgezeichneten Ruf verfügt. Denn mit Dirk van der Niepoort ist es in neue Dimensionen vorgestoßen. Nach dessen Einstieg 1987 wurde mit dem Ankauf eigener Weinberge im Oberen Corgo, in der besten Douro-Region, dafür die Grundlage geschaffen. Heute für seine trockenen Weine nicht weniger als für die Ports berühmt, setzen Letztere mit hohem Anspruch die Familientradition fort, vor allem die Garrafeira, Colheitas und Tawnys, wie dieser herausragende 30-jährige mit herrlicher Komplexität, Trockenfrüchten, gerösteten Nüssen, Bitterschokolade, *rancio* und Tabak und einem kernigen trockenen Finale.

Quinta do Noval
Colheita Tawny 1995

Seit 1715 als Gut verzeichnet, wurde die *quinta* nach der Reblaus-Katastrophe von Antonio José da Silva erworben und restauriert. Sein Schwiegersohn Luiz Vasconcelos Porto führte Noval in England wie in den USA zu Ruhm, nachdem er als Erster den legendären Vintage 1931 deklariert hatte. Noval bot als Erste alte Tawnys mit Altersangaben. Nach einem verheerenden Brand in ihren Lodges in Vila Nova de Gaia verlagerte sie als erste größere Firma 1982 ihre Lodges ins Douro-Tal. Die Erben Van Zeller verkauften die *quinta* dann 1993 an die Versicherungsgruppe AXA. Seitdem wurden große Investitionen getätigt. Der – wie es sich für einen großen Vintage gehört – mit Fußtreten bereitete Colheita zeigt sich süß, nussig, mit Backobst, dabei elegant und lang.

Sandeman
40 Years Old Tawny

Wer kennt sie nicht, die schwarze Silhouette des Don mit dem spanischem Caballero-Hut und dem portugiesischen Studentenumhang? Die international bekannteste Marke für Sherry und Port wurde 1790 von dem jungen Schotten George Sandeman in London gegründet, und noch immer arbeiten Familienmitglieder in diesem Unternehmen, auch wenn es seit 2002 zu Sogrape gehört. In den letzten Jahren mit überzeugender Qualität beim Vintage und Vau Vintage, genießen die alten Tawnys des House of Sandeman einen ausgezeichneten Ruf. Dieser ist einer der großartigsten alten Ports, die auf dem Markt sind, mit großem Nachdruck und ebensolcher Länge, wobei sich eine ganze Palette an Aromen von getrocknetem Obst, Nüssen, Kakao, Gewürzen und *rancio* entfaltet.

Warre's
Otima 10

Das älteste britische Port-Haus wurde von Clarke und Thornton um 1670 zuerst im Minho-Gebiet gegründet. William Warre trat 1729 in die Firma ein und kaufte als erster Brite Land in Vila Nova de Gaia. Um 1892 kam der Schotte Andrew James Symington als neuer Partner dazu. Bis 1959 arbeiteten die Warres und Symingtons gemeinsam, schließlich übernahmen Letztere allein das Unternehmen. Abgesehen von Vintages und dem Single Quinta da Cavadinha ist Warre's ungefiltert abgefüllter, fünf Jahre in der Flasche gereifter Late Bottled Vintage bemerkenswert, ebenso wie der innovative Otima, ein weicher, zehn Jahre alter und im Stil leichter, beerenfruchtiger, lang anhaltender Tawny mit fruchtiger Süße sowie Rosinen- und Nussnoten.

Madeira auf ewig

Wer bei Madeira an Saucen denkt, sollte sich eines Besseren besinnen. Denn der edle echte Madeira – heute in gediegenen englischen und amerikanischen Hotelbars zu finden – ist ein legendärer verstärkter Wein von unglaublicher Haltbarkeit. Noch immer kann man einzelne Flaschen von Jahrgängen aus dem 19. Jahrhundert aufstöbern und wird verblüfft feststellen, dass ihr Inhalt 100 oder 150 Jahre nicht nur überstanden hat, sondern oft sogar eine unglaubliche Frische zeigt: ein Phänomen, das Beachtung verdient. Und da Madeira noch viel mehr Außergewöhnliches zu bieten hat, lohnt ein Abstecher auf die Atlantikinsel.

João Gonçalves Zarco, portugiesischer Kapitän in Diensten Heinrichs des Seefahrers, landete 1420 auf der wolkenverhangenen Insel, 600 Kilometer von der marokkanischen und 900 von der portugiesischen Küste entfernt. Er ließ weite Teile roden und Zuckerrohr, aber auch Malvasia anbauen, die süße kretische Rebsorte.
Nach der Entdeckung Amerikas gewann Madeira als Proviantstation auf dem Seeweg über den Atlantik Bedeutung. Englische Schiffe durften sich nur dort versorgen, und sie taten es nicht nur mit Wasser. Als das Zuckerrohr aus den neuen Kolonien dem der Insel gegen 1570 Konkurrenz machte, konzentrierte man sich mehr auf den Weinbau, und Wein stieg zum Exportschlager auf. Madeiras günstige Lage als Relaisstation auf den wichtigen Seewegen nach Nordamerika, Brasilien, Afrika und Indien vereinfachte den Handel mit inseleigenen Produkten. Angeblich wird seit der ersten Feier des Independence Day bis heute an jedem 4. Juli im Weißen Haus mit Madeira angestoßen.
Als interessanter Handelsknotenpunkt wurde die Inselhauptstadt Funchal Sitz von immer mehr britischen Händlern, die Wein in die fernen Kolonien entsandten. Man verstaute die Fässer unter Deck, wo der Wein bei der zweifachen Äquatorkreuzung auf dem Weg nach Indien nicht nur ständig in Bewegung blieb, sondern auch extreme Temperaturen auszuhalten hatte. Seltsamerweise gab es niemals Beschwerden von unzufriedenen Kunden. Als 1722 erste Fässer nach Madeira zurückkehrten, weil sie nicht zugestellt werden konnten, wusste man endlich, warum. Der Wein hatte sich unterwegs vollkommen verändert, er war dichter und voller in der Struktur, zudem vielfältiger und intensiver in Bukett und Geschmack; so glich er den *vinhos de canteiro*, die man auf der Insel jahrelang auf Dachböden alterte.

Mitte des 18. Jahrhunderts begannen Händler gezielt, Fässer als Ballast nach Indien zu verladen, um sie nach der Rückkehr in England oder Amerika abzusetzen, allerdings nicht, ohne vorher den Wein mit Brandy verstärkt zu haben. Der *vinho de volta* oder *vinho de roda da India*, kurz *vinho de roda*, der zurückgekehrte oder Wein der Route, wurde berühmt und erzielte Höchstpreise. Etwa 70 Jahre lang.
Es gab Märkte mit steigender Nachfrage, es gab hohe, stabile Preise, was es nicht gab, war ausreichend Wein. Folglich wurden die Erträge gesteigert und die Weine nachlässig vinifiziert. In politisch unsicheren Zeiten, als Madeira zu den wenigen verfügbaren Alkoholika zählte, nahmen die Kunden den Qualitätsverfall bei konstant hohem Preis zähneknirschend in Kauf. Doch als Friedensschlüsse den Handel erneut belebten, orientierten sich viele Abnehmer anderweitig.
Hinzu kamen die beiden Katastrophen, die in der zweiten Hälfte des 19. Jahrhunderts den europäischen Weinbau trafen: Echter Mehltau und Rebläuse. Von den 2500 Hektar Weingärten der Insel blieb gerade ein Fünftel übrig. Vor allem aber hatte die Reblaus die vier Rebsorten der edlen Weine, Malvasia, Boal, Sercial und Verdelho, nahezu ausgerottet.
Der Neubeginn Anfang des 20. Jahrhunderts stand unter keinem guten Stern. Froh, überhaupt Trauben ernten zu können, pflanzten die Bauern, was höchste und sicherste Erträge versprach: Hybriden und Negra Mole, die als »Hure von Madeira« zweifelhaften Ruhm erlangte. Daraus wurde billiger, im Schnellverfahren maderisierter Kochwein. Gute Qualitäten gab es kaum. Doch inzwischen – nicht zuletzt dank des EU-Beitritts Portugals und dem 1996 erlassenen Verbot der Hybrid-Reben – hat eine Renaissance des Madeira eingesetzt.

Mitten im Atlantik

Seite 684: Über dem malerischen Fischerstädtchen Câmara de Lobos ziehen sich einige der besten Reblagen Madeiras den Hang hinauf.

Links: Bei der Pergola-Erziehung müssen die Trauben über Kopf gelesen werden.

Rechts: Inzwischen haben sich die Kellereien mit modernen Pressen ausgerüstet.

Die Böden Madeiras, jenes Berges im östlichen Atlantik, sind größtenteils vulkanischen Ursprungs, wobei Basalt dominiert. Die Siedler, die im 15. Jahrhundert die Insel urbar machten, hatten Mühe, an den oft steilen Hängen Platz zu schaffen, um Gemüse und Obst, vor allem aber Zuckerrohr und Reben anpflanzen zu können. Sie errichteten aus den Basaltsteinen Terrassenmauern und füllten dahinter mit Erde aus tieferen Regionen auf. Sie konstruierten eine verzahnte Struktur von Bergterrassen, *poios,* und legten rund 2000 km Bewässerungskanäle, *levadas,* an. Dabei modellierten sie die Insel neu und prägten deren Gesicht.

Die Kleinbauern wurden mit der Fruchtbarkeit der vulkanischen Böden belohnt und mit reichlich Wasser bei subtropischem Klima, in dem früher Zuckerrohr gedieh, heute wohlschmeckende kleine Bananen wachsen. Weil Boden so kostbar war und ist, werden die Reben nicht niedrig, sondern hoch

an Pergolen erzogen, um darunter Platz für andere Kulturen zu schaffen. Bis heute nutzen viele der 4000 Kleinbauern die 1800 ha Weinbergfläche auf diese Weise doppelt. Gelesen wird stehend, mit erhobenen Armen, oft muss jeder Traubenkorb 200 bis 300 m zur Straße hinaufgetragen werden. Die Südseite der Insel wird bevorzugt, denn dort erreichen die Trauben leichter ihre optimale Reife, sogar die anspruchsvolle Malvasia und der Boal. Ihre Nordseite ist feuchter und kühler, doch Verdelho und Sercial geben sich mit dieser Lage zufrieden, solange die Weinbauern ihre Parzellen mit Hecken aus Heide und Farn vor dem feuchtsalzigen Meerwind schützen.

Die Edelsorten des Madeira sind weiße Trauben. Nur noch jeweils 5 % stellen heute Malvasia und Boal, während Sercial und Verdelho es gemeinsam gerade auf 2 % bringen, doch die Tendenz ist steigend. Zum Glück für die Insel engagieren sich große

Port-Firmen für eine Rückbesinnung und fördern einen auf Qualität ausgerichteten Weinbau, legen moderne Rebgärten an und pflanzen die berühmten Sorten nach. Zusätzlich kümmern sich die Weinmacher um die Ehrenrettung der Negra Mole, die man jetzt Tinta Negra nennt und die 85 % aller Reben stellt. Mit gewissenhafter Arbeit im Weinberg und moderner Vinifikation gewinnen sie daraus ordentliche Basisweine, die sich zu guten Madeiras ausbauen lassen.

Wein und Wärme

Eine sorgfältige Weinbereitung sei nicht das Wichtigste, verkündeten vor nicht allzu langer Zeit die Madeira-Erzeuger, was allein zähle, sei der lange Ausbau. Inzwischen wollen sie davon nichts mehr wissen. Die führenden Firmen haben eine önologische Revolution durchgesetzt und vertrauen wie ihre Kollegen auf dem Festland auf präzise, hygienische Kellerarbeit mit Temperaturkontrolle. Die besten an der Kellerei angelieferten Trauben werden entrappt, gepresst oder eingemaischt, ihre Gärung wird ge-

nauestens überwacht. Zum gewünschten Zeitpunkt, der abhängig ist vom angestrebten Restzuckergehalt, wird 96 %iger Weingeist zugefügt, um die Gärung zu stoppen. Der Ausbau kann beginnen.

Dazu hat sich eine Besonderheit erhalten, die der Weinhändler Pantaleão Fernandes 1794 ersann. Über den positiven Effekt der tropischen Seereisen auf die Weine nachgrübelnd, kam ihm der Gedanke, seinen Weinkeller zu erhitzen, eine Methode, die bald auch seine Kollegen überzeugte. Daraus entwickelten sich die *estufas*, Tanks und Keller, die mit Heizrohren auf 45–50 °C gebracht werden können, in denen die Weine drei, besser fünf Monate ›schmoren‹, was ihren Alterungsprozess beschleunigt. Heute hat man diese Methode önologisch perfektioniert und setzt auch dabei Temperaturkontrolle ein. Dann kommen die Weine zur Alterung in Fässer unterschiedlicher Größe und beginnen ihren zum Teil langen Ausbau. Wurden sie nicht erhitzt und stattdessen langwierig in Fässern ›maderisiert‹, spricht man von *canteiro*.

Links: Edelstahltanks mit Temperaturkontrolle sorgen heute für die einwandfreie Vinifikation.

Rechts: Nicht klimatisierte Räume und Dachböden dienen zum Ausbau der Canteiro-Weine.

Originelle Madeiras

Grundlegend

Die edelsten aller Madeiras stammen aus den fünf weißen historischen Rebsorten und stellen nach Jahrzehnten der Alterung einmalige Spezialitäten dar:

Sercial bevorzugt die kühlere Nordseite der Insel und liefert den trockensten, sehr seltenen Madeira, der nach zehn Jahren ein komplexes, elegantes Bukett zeigt.

Verdelho ist auch gut an die Nordseite angepasst; er reift früh und ergibt halbtrockene Madeiras mit feiner Säure; nach langer Alterung entwickeln sich eigenwillige Jod- und Röstnoten.

Boal benötigt mehr Wärme und gedeiht besser auf der Südseite; er entwickelt früh interessante Aromen, darunter Dörrobst, Rosinen, Nuss, Karamell und später rancio; halbsüß.

Malvasia verlangt die Wärme der Südseite; der süßeste Madeira besitzt eine hohe ausgleichende Säure, große Fülle und Länge und zeigt im Alter feine Noten von Kakao und Schokolade.

Terrantez, die seltenste Sorte, altert ausgezeichnet und nahezu ewig und ergibt sehr ausdrucksvolle, halbtrockene Weine von unbeschreiblicher Eleganz.

Doch die meisten Madeiras basieren heute auf Tinta Negra, auch als Negra Mole bekannt, aus der man alle Stile herstellen kann, von trocken bis süß.

Nach Alter und Art werden Madeiras folgendermaßen bezeichnet:

Seleccionado oder Finest ist die unterste Stufe der trinkbaren, 3 Jahre alten Madeiras. Reserva bezeichnet die 5 Jahre alten Weine, Reserva Especial oder Velha sind mindestens 10 Jahre ausgebaut. Außerdem gibt es die Altersstufen 5, 10, 15, 20, 30 und »over 40 years old«. Frasqueira oder Garrafeira bilden die Spitze der Qualitätspyramide mit Jahrgangsweinen, die wenigstens 20 Jahre lang gealtert sind.

Barbeito
Boal 1982 Frasqueira

»Frasqueira« bezeichnet heute die Vintages auf Madeira. Damit ist die Auflage verbunden, dass sie ausschließlich aus einer der edlen Rebsorten gekeltert und mindestens 20 Jahre lang ausgebaut werden müssen. Ricardo Freitas bei Barbeito verwendet dafür nur gebrauchte französische Eichenfässer. Mit dem japanischen Partner, der Familie Kinoshita, konzentriert man sich auf hochwertige Weine. Dieser bernsteinfarbene Boal zeigt die verblüffende Vielschichtigkeit der Sorte. Seine Aromen reichen von getrockneten Feigen und Aprikosen über gekochte Bananen und kandierte Orangen zu gerösteten Nüssen und Bitterschokolade. Dabei besitzt er großen Nachdruck und die für Barbeito so typische Frische, außerdem viel Länge. Ein wirklich großer Madeira.

Barbeito
Malvasia 30 Anos

Mário Barbeito de Vasconcelos begann Vinhos Barbeito 1946, indem er alte Madeiras erwarb, sie abfüllte und Beziehungen zu Kunden in aller Welt aufbaute. Nach seinem Tod 1985 trat seine Tochter Manuela die Leitung an und übergab das Ruder in den 1990er Jahren dann an ihren Sohn Ricardo Freitas, der seit 1993 Barbeitos Weine vinifiziert und ein neues Weinprogramm aufbaute. Berühmt ist Barbeito nicht zuletzt für seine großen alten Weine. Für diesen hervorragenden, mahagonifarbenen Blend (1550 Flaschen) wurden kleine Mengen aus den besten Malvasia-Fässern der Firma abgezogen. Er gefällt mit öliger Textur, Aromen von Nuss, Schokolade und rancio und einer feinen Säure, die die Süße bestens ausbalancieren kann. Außerordentlich lang.

Justino's
Colheita 1998

Juan Teixeira, Justino's engagierter Weinmacher, gehört zu den Verteidigern der Tinta Negra und beweist mit diesem Wein, dass sie keinswegs so schlecht sein muss wie ihr Ruf. Dafür wird aber auch völlig anders damit umgegangen als in der Massenweinproduktion. Mit den sorgfältig entrappten und gemahlenen Trauben erfolgt eine Maischegärung in Edelstahltanks, wobei wiederholt umgepumpt wird, um so viel Farbe und Aromen wie möglich zu extrahieren, bevor die Zugabe von Alkohol die Gärung abbricht. Nach mindestens fünf Jahren in Eichenfässern besitzt der Wein intensive Fruchtaromen von Dörrobst und Mandarine, Nuss und Holzwürze. Als Colheita stammt er aus einem einzigen Jahrgang, den er auf dem Etikett der Flasche nennen darf.

Justino's
Malvasia 10 Years Old

Zurückgehend auf eine bereits 1870 gegründete Familienfirma, übernahm Vinhos Justino Henriques, Filhos, Lda. ab 1953 mehrere alte Abfüller, bevor das Unternehmen 1981 schließlich von Sigfredo Costa Campos erworben wurde und 1993 Gran Cruz Porto und La Martiniquaise als Teilhaber aufnahm. Die Kellerei in Cancela hat sich zu einem der führenden Madeira-Erzeuger entwickelt. Dieser süße Malvasia wurde sofort nach dem Verstärken in Eichenfässer gefüllt und alterte ein Jahrzehnt nach dem Canteiro-System in einem warmen Gebäudeteil. Mit dem Bukett von Rosinen, Schokolade und Karamell sowie mit dem Geschmack von kandierten Zitrusfrüchten und Schokolade, mit feiner Säure und guter Länge passt er zu Desserts wie Tiramisu oder Fruchtpuddings.

Setúbals Moscatel

Der dritte im Bunde der großen verstärkten Weine Portugals ist der Setúbal, ein süßer Muscat-Wein von der gleichnamigen Halbinsel im Süden Lissabons. Lange als Moscatel de Setúbal bekannt, wird damit jetzt nur seine Hauptrebsorte, Muscat d'Alexandrie, bezeichnet, während Setúbal zur Weinregion Terras do Sado gehört.

José Maria da Fonseca gründete 1834 das heute zweitgrößte Weinunternehmen Portugals und optimierte die Herstellung des schon im 17. Jahrhundert berühmten Moscatel, bis ihm Spitzenqualitäten gelangen. Der Wein muss mindestens 70 % Muscat-Trauben enthalten, meist Muscat d'Alexandrie, seltener Moscatel do Douro oder Roxo. Hinzu kommen die weißen Sorten Arinto, Boais und Malvasia. Ein Übriges tun die leichten, steinigen Kalkböden der Serra da Arrábida und die Feuchtigkeit vom Atlantik.

Die Gärung wird durch Zugabe von Brandy gestoppt, dennoch verbleibt der Wein – und dies ist der Unterschied zum Moscatel do Douro – weitere fünf Monate auf den Schalen. Der oxidative Ausbau geschieht in gebrauchten Eichenfässern, wobei im heißen Klima der Halbinsel eine besonders markante Verdunstung den Wein konzentriert. Mit mindestens 90 g/l Zucker verstummt, können alte Moscatels bis zu 200 g/l erreichen; der Alkoholgehalt beträgt um 18 % vol. Für alte Qualitäten werden verschiedene Jahrgänge verschnitten, sodass sich etwa in Fonsecas grandiosem Alambre 20 Years auch bis zu 40 Jahre alte Weine finden.

In der Jugend von fruchtig-süßen Aromen bestimmt, entwickelt der Setúbal mit zunehmendem Alter Noten von Dörrobst und Nüssen, Schokolade und Honig, immer aber eine unvergleichliche Intensität.

Aus dem Portweingebiet kommt der meist jünger angebotene, häufig etwas leichtere, dafür aber auch weniger komplexe Moscatel do Douro.

Alambre zeigt, wie komplex und raffiniert Muscat-Wein aus Setúbal sein kann.

Neben Setúbal ist vor allem das Douro-Tal als Herkunft guter Muscat-Weine bekannt.

Süßweine weltweit

Viel Sonne macht die Trauben süß – und leichter verderblich. Deshalb gehören in den Mittelmeerländern, aber auch in den Weinregionen Südafrikas und Australiens verstärkte Weine zur Tradition, und zwar zunächst aus dem rein pragmatischen Grund der Haltbarkeit. Den nicht-vergorenen Zucker als ›Nebenwirkung‹ nahm man gern in Kauf. Die Vorliebe für Süßes währte bis in die 1960er Jahre: die Nachfrage stieg und die Qualität blieb angesichts einer astronomischen Zahl von Flaschen, gefüllt mit mittelmäßigen Ports, Sherrys, Marsalas, Muscats und Mavrodaphnes, auf der Strecke. Doch dank moderner önologischer Kunst kehrt sie wieder zurück.

Süßweine waren schon seit der Antike immer wieder in Mode, und es hatten sich in den warmen Weinregionen verschiedene Herstellungsverfahren entwickelt, um die ohnehin süßen Trauben in noch süßere Weine zu verwandeln. So ließ man etwa die Beeren absichtlich lange am Stock hängen und dort rosinieren. Oder man breitete sie nach der Lese auf Strohmatten in der Sonne aus und ließ überflüssiges Wasser verdunsten. All diese Verfahren hatten eins gemeinsam: sie waren aufwändig, zeitintensiv und kaum ertragreich. Sobald es möglich war, Weingeist in größeren Mengen zu destillieren, erwies sich die Verstärkung der Weine als der günstigere, schnellere und produktivere Weg, ganz abgesehen davon, dass die Weine haltbarer waren.

Daran waren in erster Linie die Händler interessiert, denn das Produktionsgebiet der Süßweine war begrenzt, der Absatzmarkt für die gefragten Luxusartikel demnach groß und der Transport entsprechend lang. So wundert es nicht, dass die Entwicklung verstärkter Weine meist von Händlern ausging, denn kein noch so guter Süßwein war sein nicht weniges Geld wert, wenn er sich schon auf dem Transport in Essig verwandelt hatte. Da gab es nur eins: Brandy angießen.

Das galt auch für den Mavrodaphne vom Peloponnes. Hier war es ein Deutscher, der Bayer Gustav Clauss, der sich 1854 in Patras niederließ, angezogen von den Weingärten auf den Hügeln der Region. Der erste Wein, den er 1860 erzeugte, bestand aus der gleichnamigen Rebsorte. Mit Anlehnung an Sherry hatte er ihn verstärkt und nach dem Solera-System in Fässern ausgebaut. Neun Jahre später begann er diesen Wein mit großem Erfolg zu exportieren. Damit schuf er nicht nur die Basis der heutigen Appellation, sondern den Grundstock zu einer der größten Weinkellereien Griechenlands.

Auch in Südafrika und Australien verlegte man sich im 19. Jahrhundert auf die Verstärkung der Weine, in beiden Ländern meist im Sherry- wie im Port-Stil – was nicht heißen soll, dass man nicht auch einige erstaunliche Muscat-Weine erzeugte –, und exportierte eifrig. Dann, in den 1960er Jahren, vollzog sich ein Wandel, die Luxusweine von gestern waren heute klebrig-süße Kalorienbomben. Gleichzeitig war die Önologie so weit, dass man sauberere, trockene Weine problemlos lagern und verschicken konnte. Nur wenige Regionen waren weiterhin mit verstärkten Weinen erfolgreich – eine davon war Samos –, die meisten stellten fast ganz auf trockene Weine um. Wo Süßweine im Programm blieben, hatten sie sich als regionale Spezialitäten etabliert.

Heute finden verstärkte Weine erneut Aufmerksamkeit, weil sie, sofern sie mit Sorgfalt erzeugt wurden, außerordentlich intensive und komplexe Aromen entfalten. Um sie voll auszukosten, trinkt man diese Weine gern als Aperitif oder Digestif, findet aber auch wieder Gefallen daran, sie zu Speisen und Desserts zu servieren, was zu wirklich hinreißenden Geschmackserlebnissen führen kann. Zum Aperitif kann man dann gern Nüsse und getrocknete Früchte reichen, deren Aromen auch in den Weinen präsent sind, aber auch Salziges wie Oliven, Salzmandeln oder Salami ist möglich. Überhaupt passt Salziges und Fetthaltiges unerwartet gut zu diesen stark aromatischen Weinen, wie die berühmt gewordenen Kombinationen Portwein und Stilton oder Muscat und Roquefort beweisen. Trockenere verstärkte Weine wie ein Marsala Vergine harmonieren sogar mit Sardellen, während ein Tawny vorzüglich zu Wildgerichten schmeckt. Mit Desserts ergeben sich viele geglückte Verbindungen, doch ein besonderes Erlebnis bleibt die Begegnung von Vintage und bester Bitterschokolade.

Marsala bei schwerer See

Seite 690: Yalumba im Barossa Valley in Südaustralien ist eine Hochburg des verstärkten Weins.

Das Mittelmeer kennt keine Gezeiten, dafür heftige Stürme. Es muss schon sehr aufgebracht gewesen sein, als 1773 der englische Weinhändler John Woodhouse unfreiwillig den Hafen von Marsala ansteuern musste. Marsah-el-Allah: das Tor Gottes. In einer Taverne suchte er sich von den Schrecken der Reise bei einem Glas Wein zu erholen. Schon beim ersten Schluck *perpetuo* wird er alle Strapazen vergessen haben, denn seine Reise war beendet: er hatte die Alternative zu Sherry und Portwein gefunden, die er suchte. Dieser bernsteinfarbene Wein reift und maderisiert jahrelang im selben Fass; was man daraus abzieht, wird nach der nächsten Lese mit jungem Wein aufgefüllt. Diese einfachste Form eines Solera-Systems ist rund ums Mittelmeer verbreitet, sie erfüllt ihren Zweck, bringt aber nicht jene Finesse hervor, die in Jerez ausgebaute Finos, Amontillados und Olorosos auszeichnet.

In der Cantina Garibaldi, Florios ältester Kellerhalle, nur einen Steinwurf vom Meer entfernt, reifen auch heute noch seine besten Marsalas.

Woodhouse deckte sich unverzüglich mit dem Wein ein, mischte unter jedes 105-Gallonen-Fass (476,5 l) 8,5 Gallonen (38,6 l) jungen Weinbrand zur Konservierung und verschiffte eine erste Ladung nach England, wo sein Marsala begeisterte Aufnahme fand. Drei Jahre später eröffnete er eine eigene Kellerei in Marsala und konnte nun die Weine besser auf die britischen Vorlieben abstimmen: entweder sehr trocken oder mit gekochtem Most zusätzlich gesüßt.

Werbeträger für den Marsala des Mr. Woodhouse war kein Geringerer als Admiral Horace Nelson, der den Wein »würdig für die Tafel jedes Gentleman« befand und gleich reichlich für die Königliche Marine orderte. Auch in der berühmten Nilschlacht 1798 war Nelson mit genügend Marsala ausgerüstet, sodass er nach dem großen Sieg über die Franzosen gebührend mit dem neugetauften *victory wine* anstoßen konnte.

Angetrieben von solchem Marketing, segelte der Marsala selbst von Sieg zu Sieg und eroberte sich in kürzester Zeit einen Platz neben Sherry, Port, Madeira und Malaga, den anderen großen verstärkten Weinen. Das inspirierte 1812 zwei weitere Engländer, sich in dem Hafen am westlichsten Zipfel Siziliens niederzulassen: Benjamin Ingham und seinen Neffen Joseph Whitacker. Die Konkurrenz belebte nicht nur das Geschäft, sie steigerte auch die Weinqualität, denn die beiden Kellereien wetteiferten fortan mit Bravour um den vornehmlich britischen Kundenkreis.

Die Zeiten des entspannten ›Heimspiels‹ waren 1832 vorüber, als der erste Italiener in das lukrative Geschäft einstieg. Vincenzo Florio war ein erfolgreicher, in erster Linie auf den Gewürzhandel spezialisierter Kaufmann aus Kalabrien, der in Palermo zu Reichtum gekommen war. Er erwarb unmittelbar neben den beiden englischen Kellereien einen Landstrich direkt am Meer, wo er sein Unternehmen errichtete.

Florio machte Marsala in Italien und international bekannt. Der Erfolg der Familie Florio wuchs kontinuierlich, und Anfang des 20. Jahrhunderts übernahm sie die beiden Kellereien der Briten. Inzwischen waren weitere Betriebe hinzugekommen, die Marsala erzeugten, darunter Rallo und Pellegrino als die beiden größten. Doch der Marsala hatte seinen Zenit bereits überschritten, noch nicht geschäftlich, aber qualitativ.

Zum Verhängnis wurde ihm seine ausgezeichnete Eignung für Küche, Kuchen und Desserts. Je beliebter Rezepte mit Marsala wurden, desto schneller lief die Produktion, desto kürzer wurden die Reifezeiten, desto schlechter die Qualität der Weine. Obendrein nahm die Experimentierfreude beunruhigende Formen an, denn man setzte dem Wein heftig zu: Kokos, Mandeln, Erdbeeren, Bananen, Kaffee, Sahne, ja sogar Eier. Damit war es um seinen guten Ruf endgültig geschehen. Marsala verschwand aus den Weinregalen und behauptete sich fortan nur noch im Gewürzsortiment: Zabaglione hatte gesiegt. Jedenfalls vorerst.

Auch Florio setzte schon früh auf Werbung und beschäftigte zeitweise den berühmten Plakatmaler Giorgio Muggiani.

In der Kellerei in Marsala besitzt man eine beeindruckende Sammlung von 40 000 alten Flaschen.

Italiens versteckte Stärke

Querköpfe gibt es überall, doch selten ist ihr Engagement so positiv wie in Marsala, wo sie eine Radikalkur für ihre Weine durchsetzten. Die lockeren Bestimmungen ihrer Denominazione di Origine Controllata wurden 1984 neu und entschieden strikter gefasst. Heute basiert Marsala ausschließlich auf Weintrauben, vor allem auf Grillo, aber zugelassen sind auch Inzolia, Cataratto und Damaschino sowie für die seltene rote Version Calabrese (Nero d'Avola), Nerello und Perricone.

Der Grillo aus der Ebene am Meer ergibt ohne Zweifel die größten Marsalas. Marco de Bartoli hat sich dieser Rebsorte verschrieben. Der Sproß der Familie Pellegrino, die einfachen Marsala in großem Stil vermarktete, ist mit dem festen Vorsatz angetreten, dem einst größten Wein Siziliens seine Ehre zurückzuerobern. Er tut dies mit seinen Kindern auf dem 20 ha großen Gut Samperi an einer Nebenstrecke nach Mazara del Vallo und demonstriert, was diese alte Sorte alles kann. Im trockenen, frischen Grappoli de Grillo sorgt sie für Lebendigkeit und große Mineralität. Mit dem Vecchio Samperi hat er 1980 den *perpetuo* ›zurückgeholt‹, den hochprozentigen, aber nicht verstärkten Wein, mit dem alles begann. Und schließlich ist da der volle, 19,5 % vol starke Marsala Superiore 1986 mit Noten von Balsamico, Mandeln, Tabak, *rancio*, am Gaumen mit dezenter Süße, getrockneten Aprikosen, Datteln und Biss. Alle zeigen sich eigenständig, mit markantem Charakter.

Bei Florio, Pellegrino und Rallo knüpft man ebenfalls an die großen Weine der Blütezeit an, auch wenn man weiterhin Marsala zum Kochen und Backen liefert. Florio hat ein Programm hochwertiger Weine selektiert, die durchaus geeignet sind, den alten Ruhm neu zu beleben. Zum Beispiel der Vergine als historisch bedeutsamster Stil, der auf das Rezept des John Woodhouse zurückgeht: gereifter Wein plus Weingeist. Für den Baglio Florio Vergine Riserva gären die Ende September gelesenen Grillo-Trauben mit den Schalen fast durch, dann wird Weingeist zugefügt und der Wein in 1800-Liter-Fudern mindestens zehn Jahre gealtert. Das

Anbauregionen für verstärkte Weine in Italien

- 🟥 Lombardei
- 🟩 Apulien
- 🟦 Sizilien
- 🟩 Sardinien

- 🟧 Weinzentren

Marsala-Vokabular

Die Farben

Oro: (Gold) aus weißen Reben

Ambra: (Bernstein) aus weißen Reben

Rubino: (Rubinrot) aus roten Reben

Die Zuckergrade

Secco: weniger als 40 g/l Restzucker

Semisecco oder Abboccato: 40–100 g/l

Dolce: mehr als 100 g/l

Die Alterungsstufen

Fine: weniger als 1 Jahr

Superiore: 2 Jahre im Fass

Superiore Riserva: 4 Jahre im Fass

Vergine oder Solera: 5 Jahre im Fass
    (maximal 4 g/l Restzucker)

Vergine stravecchio: mindestens 10 Jahre
    im Fass

Ergebnis ist ein bernsteingoldener Wein mit reizvollen Nuss-, Gewürz- und Tabaknoten, einem Hauch von Süße und ganz beachtlicher Länge, der ideal als Aperitif geeignet ist. Marsala Superiore Riserva Donna Franca wird mit Most und Mistelle angereichert, bevor er 15 Jahre reift, bis er schließlich Zigarren- wie Dessertfreunde gleichermaßen begeistert mit gerösteten Nüssen, Rosinen, Datteln, Kastanienhonig, aber auch einem Hauch von Jod.

Noch mehr im Stiefel

Ist es schon nicht leicht, heutzutage guten Marsala zu finden, so sind die *liquorosi,* die anderen verstärkten Weine Italiens, jenseits der Landesgrenzen kaum je anzutreffen. Dabei gibt es eine erfreuliche Vielzahl davon, und im Inland sind sie durchaus geschätzt. Hier sind einige Beispiele von *liquorosi,* wobei es immer auch nicht-verstärkte Versionen gibt. Auf Sizilien und Sardinien sind dies vor allem Weine auf der Basis von Moscato oder Malvasia wie Pantelleria Moscato und Moscato di Noto, Moscato di Cagliari und Moscato di Sorso-Sennori, Malvasia di Cagliari und Malvasia di Bosa; von den beiden letzten gibt es auch eine Secco-Version.

Wie Sardinien besitzt auch Apulien eine Tradition an verstärkten Weinen. Man kennt Primitivo di Mandaria und Moscato di Trani, Salice Salentino (aus Aleatico und Malvasia) und Goia di Colle (aus Aleatico) als *liquorosi.* In Kampanien wird in Irpinia der Aglianico verstärkt, in Latium in Gradoli der Aleatico. Der auf Tocai Friulano basierende San Martino della Battaglia vom Gardasee ist selten, während man in Oltrepo Pavese Moscato und Malvasia als *liquorosi* genießt.

In der Cantina de Bartoli kann man die Wandlungsfähigkeit der Rebsorte Grillo entdecken.

Apulien, dessen Weinlandschaft von den Trulli gekennzeichnet wird, ist für seine *liquorosi* bekannt.

Samos und Mavrodaphne

Hauptanbauregionen für verstärkte Weine in Griechenland

- ▨ Kefalonia
- ▨ Patras
- ▨ Limnos
- ▨ Samos
- ▨ Rhodos
- ▨ Santorin
- ▨ Kreta

▨ Süßweinzentren

Typisch für Samos sind terrassierte Weinhänge.

Samos, heute der bekannteste verstärkte Wein Griechenlands, ist eher ein Nachzügler. Ankaios, Argonaut und der erste König der Insel, soll zwar 1000 Jahre vor unserer Zeitrechnung schon den ersten Rebstock dort gesetzt haben, doch die Bewohner fühlten sich zum Weinbau wohl nicht berufen. Während die antiken Autoren die Weine der Nachbarinseln Lesbos, Chios und Kos, aber auch Rhodos und Naxos nicht genug rühmen konnten, schwiegen sie sich über Samos in diesem Punkt aus. Dort konzentrierte man sich auf Olivenöl, Wolle und Tuche.

Sicher wird es auch Weinbau gegeben haben, doch der süße Wein von Samos ist erst einem Mönch des 12. Jahrhunderts eine Erwähnung wert. Mitte des 18. Jahrhunderts nennt ein Gelehrter den Muscat von Samos schon in einem Atemzug mit dem zypriotischen Commandaria.

In der zweiten Hälfte des 19. Jahrhunderts waren es die Verwüstungen der Reblaus in Frankreich, die französische Winzer auf der Suche nach Ersatz für ihre verlorenen Weinberge auf die Insel führten, wo sie verstärkten Muscat erzeugten – nicht lange, denn 1892 erreichten die Rebläuse Samos und bescherten der Produktion ein entschiedenes Aus. Erst nach 1934, als die Genossenschaften entstanden, der alle Weinbauern angehören müssen, erlangten Muscat-Weine wieder Bedeutung. Eine geschickte und vorausschauende Führung hat den Muscat von Samos international bekannt und die Weinbauern der Insel zu den bestbezahlten Winzergenossen Griechenlands gemacht.

Wie die meisten griechischen Muscats gibt es Samos in unterschiedlichen Versionen: als Mistelle, schon vor dem Einsatz der Gärung mit Weingeist verstärkt, als Vin Doux Naturel, dessen Gärung durch Weingeist beendet wird, als Nectar aus sonnengetrockneten Trauben und als Spätlese.

Weitere angesehene Muscat-Weine kommen von Rhodos und Limnos, aber auch aus Patras und von Kefalonia. Die berühmten Malvasia und Muscat von Kreta haben ihren Ruhm eingebüßt, nur die Region Daphne erzeugt noch verstärkte Weine.

Neben dem weitverbreiteten Muscat behauptet sich der Mavrodaphne als Spezialität von Patras auf dem Peloponnes und der ionischen Insel Kefalonia. Diese dunkle Sorte ergibt einen dem Tawny ähnlichen Süßwein, zu dessen Ausbau man sich auch der Solera-Methode bedient. Typisch für den Wein sind ein Backstein- bzw. Mahagoniton, intensive fruchtig-süße Aromen von Pflaumen, Feigen, Karamell sowie am Gaumen viel Süße, Frucht, Würze und Schokolade.

Ausgewählte Weine

EOSS
Samos Grand Cru
Muscat Vin Doux Naturel

Die heute berühmteste Appellation Griechenlands wird allein von der Union der Winzergenossenschaften der Insel Samos erzeugt, die 25 kleinere Kooperativen mit 4000 Mitgliedern zusammenfasst. Jährlich werden 9000 t Trauben in ihren beiden Kellereien verarbeitet. Die in höheren Lagen meist terrassierten Weinberge reichen bis zu 800 m hoch hinauf. Mit strikter Auslese ist es der Union gelungen, ihren Weinen einen ausgezeichneten Ruf zu schaffen. Für den Grand Cru werden Trauben aus Höhenlagen mit bewusst niedrigen Erträgen bevorzugt. Sie verleihen dem sehr hellen, grünlichen Muscat eine wundervolle Frische und Eleganz, außerdem intensive Zitrusaromen, zu denen sich Noten von Pfirsich, Anis und Honig gesellen.

Tsantali
Moscato of Lemnos

Die Insel, nach der Sage Sitz von Hephaistos, dem Gott des Feuers und der Schmiede, den die Römer als Vulcanus kannten, ist in der Ägäis für ihren Muscat berühmt. Die Rebe Muscat d'Alexandrie wächst auf den charakteristischen Vulkanböden und wird Ende August gelesen. Für seinen modernen weißgoldenen Wein lässt das Weinunternehmen Tsantali die Schalen im gekühlten Most mazerieren, bis das Optimum an Aromen extrahiert ist, erst danach wird bei niedriger Temperatur die Gärung durchgeführt bis zum Verstummen. Der Wein zeigt ein klares Muscat-Bukett, dann auch Noten von gelber Pflaume, Birne und Orangenblüten. Am Gaumen gibt er sich sehr süß und intensiv mit Muskat, Zitrone und nachklingendem Honig.

Nyx
Mavrodaphne of Patras

»The aftersunset wine«, wie ihn sein Hersteller preist, zeigt sich in eleganter Aufmachung und überzeugt mit einem intensiven Bukett, in dem sich süße Fruchtaromen von Pflaume, Orangenschale, Feige und Korinthe mit Gewürzen, Karamell und Röstnoten mischen. Am Gaumen tritt die Süße hervor, verbunden mit Beerenkonfitüre, Dörrobst, Kakao, sehr intensiver Würze, großer Länge und der Kraft des zugesetzten Weingeists. Im Hintergrund dieses stilvollen Auftritts steht BG Spiliopoulos SA in Patras, die über eine der modernsten Destillerien des Landes und eine Großkellerei verfügt. Dennoch fühlt man sich der eigenen Region verbunden und baut die 600 000 l Mavrodaphne in Eichenfässern aus, von denen die besten für Nyx bereitstehen.

Tsantali
Cellar Reserve
Mavrodaphne of Patras

Die rote Rebe Mavrodaphne sowie der daraus gewonnene verstärkte Wein sind eine Spezialität der Weinregion von Patras, wo sie bis 200 m hoch angebaut wird. Für die Cellar Reserve ist sie mit 30 % der Rosinensorte Korinthiaki verschnitten, die man schon Anfang September liest und vergärt, während der Mavrodaphne drei Wochen später folgt. Man gesteht dem mit Weingeist verstärkten und assemblierten Wein dann fünf Jahre Reifezeit in Eichenfässern zu, wobei er die Kastanienfarbe und Aromen von Rosinen, getrockneten Feigen und Pflaumen sowie die balsamische Note entwickelt. Im Geschmack folgen auf die Süße eingedickte Trauben- und Pflaumenfrucht, Dörrobst, Röstnoten und ein trockenes Finale von altem Holz.

Verstärkung in Südafrika

Philip Jonker auf Weltvrede in Robertson ehrt seine Großmutter mit einem ausgezeichneten Muscat-Wein.

Am 2. Februar 1659 wurden die Trauben der ersten drei in Südafrika gepflanzten Rebstöcke gepresst. Dabei handelte es sich um je einen Stock Palomino, Muscat de Frontignan und Hanepoot, wie man den Muscat d'Alexandrie am Kap nennt – drei Sorten also, die für verstärkte Weine berühmt sind. Bereits gegen Ende des 17. Jahrhunderts erregte der Vin de Constance in Europa Aufsehen, ein Muscat-Wein, der aus überreifen und rosinierten Beeren gekeltert wurde, ohne verstärkt worden zu sein. Da man etwa zeitgleich in Südafrika auch Brandy zu destillieren begann, liegt es auf der Hand, den Produktionbeginn von verstärkten Weinen ebenfalls in dieser Zeit anzusiedeln. Die durchgegorenen Weine waren speziell in den heißeren Weinregionen wie Worcester, Paarl, Robertson, Olifants River oder Klein Karoo nur bedingt haltbar, und die Händler werden die Abhilfe begrüßt haben. Hanepoot und Muscadel, aber auch Jerepiko, eine Mistelle, sowie Sherry und Port wurden zu anhaltenden Verkaufsschlagern, und noch in den 1970er Jahren exportierte man große Mengen süßer Billig-Sherrys.

Während südafrikanischer Sherry völlig an Bedeutung verloren hat, konnten sich weißer und roter Muscadel, aber auch Hanepoot als sehr süße Dessertweine erhalten. Sie sind lokale Spezialitäten, insbesondere in Robertson und Klein Karoo. Doch die Produktion verstärkter Weine ist in Südafrika allgemein rückläufig und hat zwischen 2000 und 2006 mit 1,2 Mio. l rund ein Drittel ihres Umfangs eingebüßt, wobei weiße Sorten besonders stark betroffen waren. Nur Port segelt im Aufwind.

Cape Vintage & Cape Tawny

Noch spricht man am Kap von Port, ist aber mit der EU übereingekommen, ab 2007 die Bezeichnung nicht mehr im Export und nur noch bis 2014 im eigenen Land zu führen. Port ist der einzige verstärkte Wein Südafrikas, der weiterhin Umsatzzuwachs verzeichnet. Nachdem die Kapregion 1814 britische Kronkolonie geworden war, dauerte es nicht lange, bis die ersten Winzer mit verstärkten Weinen im Port- und Sherry-Stil aufwarteten. Dank der englischen Nachfrage verkauften sich die Ports und Sherrys vom Kap

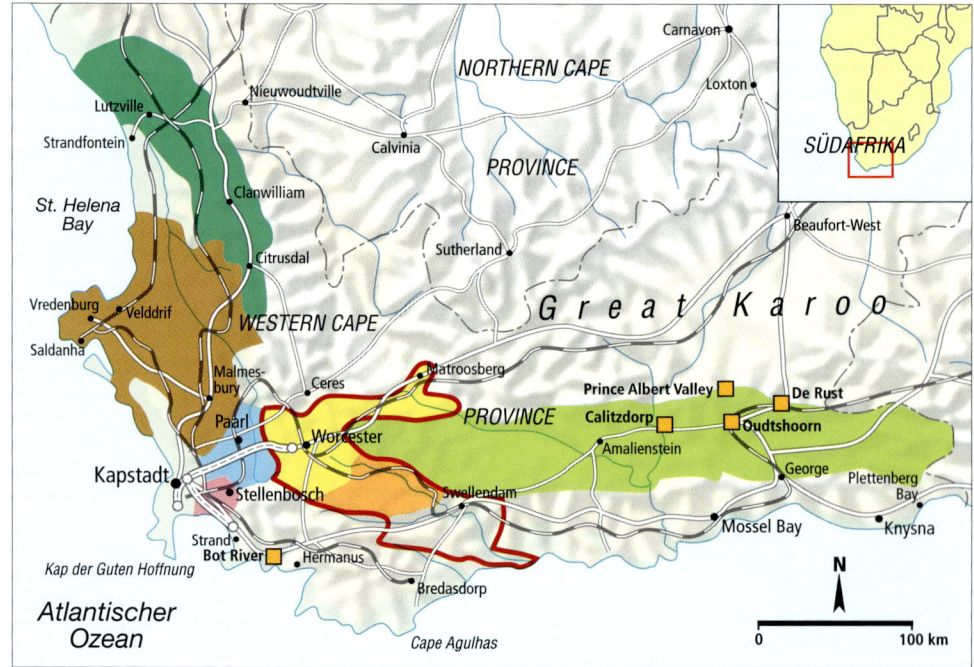

Regionen für Fortified Wines in Südafrika

- Olifants River
- Swartland
- Stellenbosch
- Paarl
- Worcester
- Robertson
- Klein Karoo
- Breede River Valley

- Cape-Vintage-Zentren

in der ersten Hälfte des 20. Jahrhunderts sehr gut, doch der betont süße Stil, in dem sie angeboten wurden, fand seit den 1960er Jahren immer weniger Interesse.

Seine heutige Qualität verdankt südafrikanischer Port Abraham Izak Perold, dem Pionier der südafrikanischen Weinwirtschaft und Vater des Pinotage, der 1942 auf der Helderzicht-Farm in Stellenbosch mit Portweinsorten zu experimentieren begann und bei dem Tinta Barocca (portugiesisch Tinta Barroca), Tinta Roriz und Souzão erstmals vielversprechende Ergebnisse zeigten. Helderzicht wurde 1965 von der Familie Bredell übernommen, die drei Jahrzehnte die Genossenschaft KWV mit losen Portweinen belieferte, bevor Anton Bredell die erste eigene Abfüllung vorstellte.

Das Zentrum des südafrikanischen Port ist Calitzdorp in Klein Karoo. Das trockene, heiße Klima mit sommerlichen Temperaturen von bis zu 40 °C wurde schon früh für Muscadel genutzt, doch erst in den 1970er Jahren machte man dort den ersten Port. Der eigentliche Aufstieg setzte mit den Cousins Carel, Boets und Stroebel Nel ein, wobei der erste Boplaas leitet, die anderen zwei De Krans. Sie teilen die Passion für Port und begannen sich 1982 gezielt auf hochwertige Qualität auszurichten, indem sie zuerst Tinta Barocca anpflanzten. Wenige Jahre später heimsten ihre Vintages schon Preise ein. Dadurch ermutigt, setzten sie in den 1990er Jahren Touriga Nacional, Tinta Roriz und Souzão gezielt auf karge, trockene Lagen, weit entfernt vom Gamka River, dessen Flussbett noch ihre Vorfahren für den Rebanbau vorgezogen hatten. Und die ärmeren Böden brachten bessere Qualitäten.

Mittlerweile hat die 31 Mitglieder zählende South African Port Producers' Association die Port-Stile Südafrikas definiert. An der Spitze steht der Cape Vintage Reserve, der nur in den ganz großen Jahren deklariert wird, aber auch beim Vintage achten die Erzeuger auf hohe Qualität. Der Late Bottled Vintage, der drei bis sechs Jahre in Fässern reift, ist trinkreif, wenn er erscheint. Ruby ist der einfachste, beliebteste und ein angenehm fruchtbetonter Stil. Tawny wurde lange oxidativ ausgebaut und darf auf dem Etikett mit dem Jahrgang versehen werden. Außenseiter ist der White Port, für den Muscat-Trauben untersagt sind und wo vor allem der Chenin Blanc einen neuen, reizvollen Ausdruck findet.

In Südafrika macht man verstärkte Weine auch aus Pinotage, doch für Cape Vintages verwendet man portugiesische Sorten.

Vintages vom Kap

Die Auswahl beginnt mit einer Ausnahme: Der Pineau de Laborie von dem Spitzengut der KWV in Paarl besteht ausschließlich aus Pinotage, was sogar den daraus destillierten zweijährigen Brandy einschließt, der zur Verstärkung dient. Er zeigt sich sanfter als Port, aber mit intensiver Pflaumen- und Beerenfrucht sowie präsenten Tanninen.

Vergenoegd, das 1773 in Stellenbosch gegründete Familiengut, liefert mit Old Cape Colony einen Port mit kernigem Biss, mächtigen Tanninen und ausgewogener Süße, der zu zwei Dritteln auf Tinta Barocca, zu einem auf Touriga Nacional basiert.

Das von dem verstorbenen Cape Wine Master und Weinautor Tony Mossop und seiner Frau Lyn in Calitzdorp ins Leben gerufene Minigut Axe Hill stellt immer einen der besten Vintages Südafrikas. Traditionell vinifiziert und aus Touriga Nacional, Tinta Barocca und Souzão assembliert, zeigt er sich komplex mit reifer Holunderfrucht, Rauch- und Nussnoten sowie großer Eleganz.

J. P. Bredell betrat die Weinszene erst 1995, doch dann mit Bravour: der Vintage Reserve 1993 erreichte als erster Wein in Südafrikas »Wine Magazine« fünf Sterne. Anton Bredell vinifiziert am Helderberg in Stellenbosch alle vier Rebsorten – Barocca, Souzão, Touriga Nacional und Francesa – zunächst getrennt, verstärkt sie mit 80%igem Weingeist und assembliert erst nach dem 18-monatigen Ausbau. Der 1998er knüpft nahtlos an den Anfangserfolg an. Er gefällt mit hoher Dichte, Konzentration und Textur, mit Dörrobst, Minze, Mokka, noch immer großer Frische und Potenzial. Weitere grandiose Jahrgänge sind 2001, 1997 und 1991.

Eine Auswahl der besten Cape Vintages und verstärkten Weine vor der Kulisse des Tafelbergs.

Calitzdorp ist zur Kapitale des südafrikanischen Port aufgestiegen. Carel Nel von Boplaas rühmt »das phantastische trockene Klima, die richtigen Rebsorten Touriga Nacional und Tinta Barocca sowie die Hingabe des *winemaker*, Weltklasseweine zu machen.« Er hält sich dabei an die traditionellen portugiesischen Methoden, vergärt die Trauben vier Tage in offenen Becken, bevor er sie in alten importierten *pipes* ausbaut. Das Resultat, der Boplaas Vintage Reserve, ist ein tiefdunkler Port mit Aromen von frischen und getrockneten schwarzen Beeren und Kirschen, Kakao und Gewürzen, voll, tanninreich und sehr lang.

»Für Vintage müssen die Trauben voll ausgereift und prall sein, sie dürfen noch nicht anfangen zu trocknen«, erklärt Boets Nel von De Krans. Die Beeren werden entrappt, gemahlen, und die Maische mazeriert bei niedriger Temperatur bis zu 48 Stunden. Für den Vintage nutzt er den ganzen Presssaft.

Zum Verstärken nimmt er eine Mischung von Pot-Still-Brandy und Neutralalkohol, ausgebaut wird in großen alten Fudern, nur der Tawny kommt in gebrauchte 500-Liter-Fässer aus französischer Eiche. Vor Ablauf des zweiten Jahrs wird der Vintage abgefüllt, in großen Jahren wird es ein Vintage Reserve Port, der mit schwarzer Beerenfrucht, Bitterschokolade, dichten, pfeffrigen Tanninen und viel Potenzial begeistert.

Auf ihrem Gut Bergsig im Breede River Valley verstärken die Lantegans den aus Tinta Barocca gekelterten Cape Vintage mit einem Pot-Still-Brandy von 67 % vol Alkoholgehalt. Das Ergebnis besitzt gute Fülle und Länge, angenehme Süße, Aromen von roter Beerenkonfitüre, Rosinen und Kakao.

Allesverloren, wo seit 200 Jahren Wein gemacht wird, liegt im Swartland bei Riebeek. Seit Langem machen die Malans Port, der mit dichter Frucht, Kakao-, Nuss- und Pfeffernoten sowie mit großer Fülle überzeugt.

Stickies aus Down Under

Die Australier lieben es, Spitznamen zu verteilen. Dabei beschränken sie sich nicht nur auf Personen, auch Weine nehmen sie aufs Korn. Alles, was weiß und süß ist, nennen sie zum Beispiel *stickies*. Dieses Wort, womit man unangenehme Klebrigkeit assoziiert, ist für sie eher ein Kosename für jene Weine, die sie besonders gern mögen. Auch wenn sich in den letzten drei Jahrzehnten so manche Spätlese mit und ohne Edelfäule dazugesellt hat, es waren ursprünglich nur verstärkte Muscats und Tokays aus Rutherglen und Glenrowan, von denen man als *stickies* schwärmte.

Im Nordosten des Bundesstaats Victoria, wo der Weinbau dem Goldrausch von 1850 folgte, pflanzte man Muscat blanc à petits grains und Muscadelle, die seltene Sauternes-Sorte (hier Tokay genannt), und macht daraus seither einzigartige verstärkte Weine. Man lässt dazu die Trauben am Stock rosinieren, was Zucker, aber auch Säure konzentriert, bevor man sie liest und presst. Während manche Erzeuger dem Most sofort Brandy zufügen und damit eine Mistelle herstellen, warten andere das Einsetzen der Gärung ab, verstärken aber früh, um hohe Restzuckerwerte zu erhalten. Die Weine werden in kleinen Eichenfässern oft jahrelang gealtert, wobei sie sich durch Verdunstung konzentrieren, eine braune Farbe annehmen und ihren einmaligen Charakter entwickeln. Während Muscat auch dann noch sein typisches, nun an Rosinen erinnerndes Aroma behält, entfaltet der einzigartige Tokay Noten von Tee, Toffee und Malz. Die bekannten Erzeuger stammen alle aus der zweiten Hälfte des 19. Jahrhunderts, so wie Cham-

Das Barossa Valley in Südaustralien war und ist die Hochburg von *liquid sunshine,* der australischen Version des Port.

bers Rosewood 1858, Morris 1859, Mount Prior 1860, All Saints 1864, Campbells and Baileys 1870, Stanton & Killeen 1875. Nur Bullers Calliope folgte 1921 nach, Chris Pfeiffer knüpfte in einer historischen *winery* in Glenrowan sogar erst ab 1984 an die Tradition der verstärkten Weine an.

Fortified History

Als sich um die Mitte des 19. Jahrhunderts Weinbau in Australien zu einem vielversprechenden Wirtschaftszweig entwickelte, ging man dazu über, die Weine mit Weingeist zu verstärken, um sie damit sowohl für die Verschiffung nach England und in andere Länder des Commonwealth, aber auch im eigenen heißen Klima haltbar zu machen. Die besten Ergebnisse erzielte man mit den Rebsorten Shiraz, Grenache und Mataro (Mourvèdre) sowie in Südaustralien, das zum führenden Weinstaat aufstieg. Im Barossa Valley, von schlesischen Einwanderern zum Weinzentrum ausgebaut, entwickelten die Seppelts seit 1851 mit als die Ersten Weine im Port-Stil, von denen der 1878 für ein Jahrhundert ins Fass gefüllte Para Liqueur Port zur Legende wurde.

Noch bis Mitte der 1960er Jahre stand *liquid sunshine,* wie man die Tawnys und Sherrys nannte, hoch in der Gunst des australischen Publikums und floss aus sechs von zehn geleerten Flaschen. In den 1970er Jahren verlagerte sich das Interesse hin zu trockenen Weinen, deren Absatz sprunghaft stieg, während die *fortified wines* aus der Mode kamen, besonders der australische Sherry.

Viele *wineries* produzieren heute *fortified wines* für den inländischen Markt, darunter sehr fruchtbetonte junge Weißweine und unterschiedlich lange gealterte Tawnys, aber auch Vintages, für die man heute meist reinen Shiraz verwendet. Wie die *Aussies* ihren Teil dazu beigetragen haben, dass Riesling wieder die ihm gebührende Achtung erfuhr, so engagieren sich einige Betriebe intensiv dafür, nun auch den verstärkten Weinen die wohlverdiente Aufmerksamkeit zurückzugewinnen.

Zu diesen Betrieben gehört d'Arenberg, im McLaren Vale, der bis in die 1950er Jahre

aus dem inzwischen für trockene Rotweine hoch gelobten Shiraz ausschließlich verstärkte Weine kelterte. Heute wählt Chester d'Arenberg Osborn in den ältesten Rebanlagen die Trauben mit den kleinsten Beeren aus, die er in offenen Gärtanks erst treten und zwei Wochen lang einmaischen lässt, dann presst und mit Weingeist versetzt. Der außerordentlich fruchtbetonte Vintage wird dann unmittelbar, ohne Holzausbau, abgefüllt. Jung riecht und schmeckt er nach Brombeeren, Maulbeeren, Lakritz und Anis und bringt viel Potenzial mit.

Auch Grant Burge im Barossa Valley fühlt sich den verstärkten Weinen verpflichtet, die bereits sein Großvater und sein Vater erzeugten. Er liest dafür Grenache, Shiraz und Mataro von Hand, baut die Weine oxidativ in einem modifizierten Solera-System aus und verschneidet sie nuancenreich mit bis zu 40 Jahre alten Weinen zu einem 20-Years-Old-Tawny, der von der Fachzeitschrift »Decanter« bereits zweimal zum besten *fortified wine* der Welt gekürt wurde.

Die Brown Brothers in Milawa, Victoria, machen eine Vielzahl unterschiedlicher Weine, darunter auch *stickies* und andere verstärkte Weine.

Cocktails und andere Drinks

- Keine (Hahnen) Federn lassen!
- Vom Highball zum Pick Me Up
- Anregendes
- Klassisches
- Erfrischendes
- Fruchtiges
- Tropisches
- Ausgefallenes
- Erhebendes
- Bekömmliches
- Hitziges
- Alkoholfreies

Maße, Abkürzungen und
Symbole in den Rezepten

1 cl	=	1 Zentiliter	=	10 ml
BL	=	Barlöffel	=	0,5 cl
EL	=	Esslöffel	=	1,5 cl
1 Spritzer	=	2–3 Tropfen		

◄◄   gegenüber links

◄   gegenüber rechts

▯   oberes Bild

▮   unteres Bild

Champagner Cocktail French 75

Gegenüber: Fancy Vanilla Sky

Seite 704: Rum Sour

Keine (Hahnen)Federn lassen!

Cocktails gibt es nicht erst, seit die erste American Bar in Manhattan eröffnete. Auch in früheren Kulturen hat man schon alkoholische Getränke gemischt. Die eigentliche Cocktail-Kultur entstand aber in der zweiten Hälfte des 19. Jahrhunderts in den USA. Der amerikanische *melting pot* der vielen Immigranten, zunehmender Wohlstand und die Verfügbarkeit von Erzeugnissen aus aller Welt machten dies möglich. Spätestens in den 1920er Jahren wurden Cocktail-Bars zu einer amerikanischen Institution, die bald Nachahmer in Europa und überall auf der Welt fand.

»Trank ein Glas Cocktail – gut für den Kopf«, stellte ein Autor im »Farmer's Cabinet« am 28. April 1803 erfreut fest. Die Stelle gilt als die erste schriftliche Erwähnung des Namens Cocktail. Schon drei Jahre später bestätigte »The Balance and Columbian Repository« aus Hudson, New York, dass Cocktails sich auch hervorragend für den Wahlkampf eignen: »Jemand, der ein Glas davon geschluckt hat, schluckt auch alles andere.«

Die Herkunft des Wortes Cocktail verliert sich aber im Halbdunkel der Bargeschichte. Federn von einem Hahnenschwanz (*cock's tail*) als Rührlöffel oder Warnung vor dem Alkohol im Glas werden angeführt. Bei der Selbstverständlichkeit, mit der Spirituosen in jener Zeit Bestandteil des Alltags waren, ein eher unwahrscheinliches Szenario. Sprachhistoriker haben den Cocktail als eine Verballhornung des lateinischen *decoctus*, wässrig, ausgemacht. Und aus der Beobachtung, dass im ursprünglich französischen New Orleans schon früh Cocktails getrunken wurden, wahrscheinlich aus recht kleinen Gläsern, ist schon geschlossen worden, dass *coquetier*, das französische Wort für Eierbecher, der Namensgeber sei. Eine zumindest linguistisch einleuchtende Erklärung ist die Geschichte der Kneipenwirte, die zu Kolonialzeiten die Reste ihrer Rum- und Brandy-Fässer gern zusammenmischten. Weil die Alkoholika dann schon Gehalt und Geschmack eingebüßt hatten, wurden sie preiswerter verkauft. Preisbewusste Stammtrinker fragten ganz gezielt nach einem Drink aus jenem Hahn (*stop cock*), aus dem die Reste (*tailings*) liefen.

1862 veröffentlichte Professor Jerry Thomas mit seinem legendären »Bartender's Guide or How To Mix Drinks«, das erste Cocktail-Buch. Darin tauchen schon Sours, Slings, Flips und andere Gruppen von *mixed drinks* auf. Immer mehr Amerikaner fanden Gefallen an den bunten Mischungen in den Bars.

Die Prohibition 1920–33 verbot jeglichen Besitz von Alkohol. Deshalb mischten Keeper der Flüsterkneipen, wonach ihnen der Geist stand, um ihn zu kaschieren, aber auch um die wenigen verfügbaren Spirituosen optimal zu nutzen. So erfuhren die Cocktail-Bars durch das Verbot erst recht einen Aufschwung.

Spätestens nach dem Zweiten Weltkrieg kamen Cocktails in Europa und Deutschland auf die Theke. Erst war es in den Bars der Grand Hotels, später brauchte schon jede Kleinstadt, die etwas auf sich hielt, eine Adresse für Cocktails. Ende der 1980er Jahre waren die nicht selten übertrieben mondän gestylten Bars überholt.

Umso lebhafter fiel die Wiedergeburt aus. Das ideale Mischungsverhältnis von tropischen Säften, Spirituosen und Sirups bietet beinah unbegrenzte Möglichkeiten. Längst haben das auch Cocktail-Fans erkannt und mixen oft einfallsreich für sich und ihr privates Publikum. Ein Ende der bunten Federn ist nicht abzusehen.

Vom Highball zum Pick Me Up

Obwohl Cocktails und Mixgetränke eigentlich (mehr oder weniger) purer Genuss sind und vor allem Spaß machen sollen, nehmen gute Barkeeper die Sache äußerst ernst, in diesem Fall: genau. Rezepte werden auf Mengen und Zutaten hin exakt fixiert, denn Barkeeper lieben die leuchtenden Augen ihrer Gäste angesichts eines genialen Drinks und wollen sie so oft wie möglich wiedersehen. So wird ein Erfolgs-Rezept schnell zum bestgehüteten Schatz einer Bar.

Man gliedert Drinks in Gruppen, deren Mitglieder bestimmte Eigenschaften miteinander teilen. So zählt man den einen zu den Coladas, weil er von Kokos und Ananassaft dominiert wird. Der andere ist ein Fizz, weil er

immer mit Soda oder Limonade aufgegossen wird. Auch die Basisspirituose kann gruppenbildend sein.

Einzelne dieser Gruppen kann man wiederum in Klassen zusammenfassen. Ein einfaches, aber hilfreiches Kriterium ist die Menge. Drinks, die wenig Flüssigkeit zusammenbringen und in ein kleines Glas wie die Martini-Schale passen, heißen sinnvollerweise Shortdrinks. Entsprechend nennt man Longdrinks jene Mischungen mit Säften oder Limonaden, die ein voluminöses Glas zu füllen vermögen. Auch die Anlässe bestimmen die Einordnung. So können sich verschiedene Gruppen unter der Bezeichnung »Aperitif« oder »After Dinner Drink« wiederfinden. Dabei passen natürlich manche

Cocktails und ihre ›Originalrezepte‹

Die ersten – und nicht die schlechtesten – *mixed drinks* wurden schon vor mehr als 100 Jahren serviert. Solche durch ihre Geschichte geadelten Drinks bieten historisch interessierte Keeper mit Stolz an. Vorlage dieser Rezepte ist fast immer die älteste bekannte Erwähnung. Aber das muss nicht zwingend das Original sein. Außerdem wurden damals fast alle Spirituosen mit wesentlich geringeren technischen Möglichkeiten produziert und waren stärker verunreinigt als die heutigen Erzeugnisse. Wer also einen Klassiker nach ›Originalrezept‹ anbietet, kann nie sicher sein, dieses Versprechen auch halten zu können.

Drinks in mehrere Gruppen. Und es kommen immer neue dazu. Was vor fünf Jahren in einer Karibik-Bar der letzte Schrei war, ist in einem Großstadt-Club von heute längst Geschichte. Gut so, jeder neue Mix macht das Thema interessanter, auch wenn so manches, was plötzlich auftaucht, bei näherem Hinsehen so oder ähnlich doch schon einmal da gewesen ist.

Deshalb ist es sinnvoll, ein paar Gruppen zu kennen. In diesem Buch sind die Drinks einerseits von klassisch bis trendig unterschieden, gleichzeitig von herben Before Dinner Drinks bis zu süßen Mischungen, die man nach dem Essen bestellt oder in der Bar, in die man nach der Mahlzeit geht. Zu jeder Gruppe gibt es einige Rezepte, typische Beispiele, aber auch und vor allem Anregungen, Drinks dieser Art auszuprobieren und nach eigenem Geschmack weiterzuentwickeln.

Anregendes ☂ Bitter Aperitifs

Die Rede von der ›bitteren Medizin‹ trifft bei den Rohstoffen für Bitter Aperitifs den Nagel auf den Kopf. Ursprünglich wurden die meisten dieser Kräuter-, Wurzel-Beeren- und Schalenauszüge als Medikamente entwickelt. Schiffsärzte versuchten mit Chinin von tropischen Infektionen geplagte Seeleute wieder auf Vordermann zu bringen. 1824 gab Dr. Johann Gottlieb Benjamin Siegert, Militärarzt in der Armee des Freiheitskämpfers Simón de Bolívar in Venezuela, erstmals seine Bitterkomposition aus 40 Kräuterextrakten an Soldaten mit Fieber und Magenerkrankungen aus. Benannt wurde die als Cocktail-Zutat berühmt gewordene Arznei nach der Stadt Angostura, in der Siegert stationiert war, und nicht nach der Angosturarinde, die das Originalrezept auch nicht vorsieht.

Die Matrosen merkten schnell, dass sich die bitteren Heilmittel mit etwas Zucker und Wasser viel angenehmer tranken und man auch gleich einen alkoholischen Drink zur Hand hatte. Die meisten Bitters waren äußerst hochprozentig. Doch ein Drink wie Pink Gin (Gin in einem Glas, das vorher mit wenigen Tropfen Angostura ausgeschwenkt wurde) erhielt in der British Navy einen offiziellen Status. Heute ist der trockene Geschmack des Bitter Aperitif ein Klassiker vor dem Essen und zeitloser Appetitanreger, der sich mitunter selbst neu erfindet. So erlebt die mit Försterromantik und Altherrengemütlichkeit behaftete Marke Jägermeister in jüngster Zeit in Heavy-Metal-Kreisen eine Wiedergeburt. Zuerst entdeckten amerikanische Szene-Stars wie Metallica und Slayer den Kräuterlikör als passende Partydroge. Das Wolfenbütteler Familienunternehmen, das das Magenbitter-Rezept ursprünglich zu medizinischen Zwecken entwickelt hatte, plagte keine Berührungsängste. Die zweijährliche Jägermeister Music Tour präsentiert harte Underground Metal Bands und sorgt dafür, dass *ice-cold Jaeger* mittlerweile eine oft zu hörende Bestellung in amerikanischen Bars geworden ist.

Viel häufiger aber tauchen Bitters in Mixgetränken auf. Der intensive Bittergeschmack ist wie geschaffen für die Kombination mit süßen Geschmacksanteilen und sauren Zitrusaromen. Schon ein einfacher Campari mit Orangensaft gilt als gekonnter Aperitif oder Start in einen Abend. Viele Bitters sind seit ihrer Erfindung im 19. und frühen 20. Jahrhundert zu legendären Marken geworden. Fernet Branca, Suze oder Becherovka, Campari, Cynar und Angostura kennt man in vielen Ländern.

Negroni

3 cl Vermouth rosso
3 cl Campari
2–3 cl Gin — in einem Aperitif-Glas auf Eiswürfeln verrühren. Mit 1 Stück unbehandelter

Zitronenschale — abspritzen, mit
1 Streifen Zitronen-
oder Orangenschale — garnieren.

Variationen: Negroni sbagliato (falscher Negroni) mit Spumante statt Gin; Negroski mit Wodka statt Gin; Straight up ohne Eis, wahlweise mit Zitronensaft und Soda, mit Cola auffüllen.

Columbo

3 cl Campari
2 cl Limettensirup
2 cl Zitronensaft
5 cl Orangensaft — im Shaker kaltschütteln, in ein Long-drink-Glas über Eiswürfel abseihen, mit
Tonic — auffüllen.

Woher dieser Drink seinen Namen hat? Der gleichnamige Inspektor aus der amerikanischen TV-Serie mit dem verknitterten Trenchcoat würde es vielleicht herausbekommen. Er selbst trank nur höchst selten.

◄◄ Buñueloni

3 cl Punt e Mes
3 cl Vermouth bianco
2 cl Gin — in einem kleinen Glas verrühren. Mit
je 1 Stück unbehan-
delter Zitronen- und
Orangenschale — abspritzen, mit
Zesten — garnieren.

Der spanische Regisseur Luis Buñuel schwor, dass er keinen Tag ohne diesen Aperitif verbracht habe.

◄ American Beauty

2 cl Vermouth dry
2 cl Vermouth rosso
4 cl Brandy
1 Spritzer Grenadine
4 cl Orangensaft — im Rührbecher verrühren, in eine vor-gekühlte Cocktail-Schale gießen, etwas
Tawny Port — darübergießen.

Wenn man die Cocktail-Schale in ein mit *crushed ice* gefülltes bauchiges Glas stellt, bleibt der Drink lange kalt.

Anregendes ⸸ Champagner Cocktails

Champagner Cocktail

1 Stück Würfelzucker	oder 1 TL Kristallzucker in ein Champagner-Glas geben und mit ein paar Spritzern
Angostura	tränken. Mit eisgekühltem
Champagner	aufgießen.

Es gibt Kombinationen, die müssen im Himmel erfunden worden sein. Ein Champagner Cocktail ist eine davon.

Kir Royal

| 1 cl Crème de Cassis | in ein Champagner-Glas gießen und mit eisgekühltem |
| Champagner | auffüllen. |

Als Bürgermeister von Dijon war Felix Kir nach dem Ersten Weltkrieg ein Vorreiter der Städtepartnerschaften. Neben den gesellschaftlichen Scherben, die er damit kittete, wusste er so gleichzeitig noch ein lokales Produkt überregional zu vermarkten.

Bellini

weiße Pfirsiche	abziehen, entsteinen, pürieren und nach Geschmack mit ein paar Spritzern
Zitronensaft	und
Pêche Mignon	in einem vorgekühlten Champagner-Glas verrühren. Mit eisgekühltem
Prosecco	aufgießen.

In den 1940er Jahren war dies der Haus-Drink der legendären Harry's Bar in Venedig. Giuseppe Cipriani, Chef-Barmann des Hauses, zöge wohl die Brauen hoch: auch mit Champagner schmeckt ein Bellini hervorragend.

French 75

2 cl Gin	
1 cl Zitronensaft	
1 Spritzer Grenadine	und bei Bedarf noch
1 Spritzer Zuckersirup	im Shaker mit Eiswürfeln schütteln und in ein Champagner-Glas abseihen, mit
Champagner	auffüllen. Nach Belieben mit
1 Kapstachelbeere	garnieren.

Der Name French 75 bezieht sich mit einiger Sicherheit nicht auf eine Jahreszahl, sondern auf eine französische Kanone, deren Feuerkraft in der Ausone-Offensive des Ersten Weltkriegs 1918 eine wichtige Rolle spielte. Ein paar Monate danach war das Wilhelminische Kaiserreich Geschichte.

Anregendes ⚲ Manhattan

Auf der Karte einer klassischen Cocktail-Bar belegt der Manhattan immer einen der oberen Plätze. Ein Solitär, trocken, herb, puristisch, zeitlos. Mit einiger Wahrscheinlichkeit waren die meisten Gäste, die je danach fragten, Männer. Mit der zunehmenden Popularität von *tropical drinks* sind die Bestellungen seltener geworden. Zuletzt brachte es der Manhattan noch zu neuem Ruhm in der Fernsehserie »Sex And The City« als einer der Lieblingsdrinks der Hauptfigur Carrie Bradshaw (Sarah Jessica Parker), der ihre Liebe zum Leben in Manhattan symbolisiert. Drinks mit den typischen Zutaten sind bereits in der zweiten Hälfte des 19. Jahrhunderts in New York überliefert, wo die Zeitung »The Democrat« am 5. September 1882 feststellt, dass jeder Barkeeper in der Stadt das Rezept kennen muss. Wo genau er zum ersten Mal gemixt wurde, darüber grübeln Cocktail-Historiker immer noch. Vielleicht war es 1874 im Manhattan Club in New York, bei einem Bankett, an dem auch Jennie Churchill, die spätere Mutter Winston Churchills, teilnahm. Das damalige Party-Girl soll bereits schwanger gewesen sein. Ob das Sir Winstons Vorliebe für gute Drinks erklärt?

Auf jeden Fall tauchen Drinks mit den Zutaten des Manhattan zuerst in New York City auf und kamen folglich später zu dem Namen Manhattan.

Auch viele andere Whisky-Mischungen datieren in die frühen Tage der Cocktails. Gemäß dem Charakter des Whisky sind sie oft recht herb, was gern mit süßen Komponenten ausgeglichen wird. Das entspricht schon längere Zeit nicht mehr dem gängigen Geschmackstrend. Viele der großen alten Namen schlummern deshalb in den Klassiker-Kapiteln der Cocktail-Bücher und warten auf ihre Renaissance.

Wenn es um das einzig wahre Rezept geht, kann man mit Puristen schnell aneinandergeraten. Tatsächlich existiert weit mehr als ein ›Originalrezept‹, und mit großer Wahrscheinlichkeit ist keins davon das historisch korrekte. Bis heute gibt es aber etliche trockenere (mit weniger oder trockenem Vermouth) und süßere Varianten. Außerdem hat der Manhattan zu vielen neuen Drinks inspiriert. Dazu gehören: Rob Roy mit Scotch; Cuban Manhattan mit braunem Rum; Florida Manhattan mit Limette statt Angostura; Latin Manhattan mit weißem Rum und Maraschino; Sake Manhattan mit Sake statt Vermouth.

New Orleans Sazerac

1 BL Kristallzucker	in einen Tumbler geben und mit ein paar Spritzern
Angostura	tränken, Eiswürfel darübergeben.
6 cl Bourbon	
1 cl Pastis	darübergießen, mit unbehandelter
Zitronenschale	abspritzen, gut umrühren und mit einem Schuss eisgekühltem Wasser auffüllen.

Sazeracs gehören zu den ältesten Cocktails. Den ersten gab es 1859 zur Eröffnung des Sazerac Coffee House in New Orleans.

Old Fashioned

1 BL Kristallzucker	ein paar Spritzer
Angostura	
3 Zitronenviertel	
3 Orangenschnitze	in einen großen Tumbler, das Old-Fashioned-Glas, geben und mit einem Stößel zerdrücken. Mit
6 cl Bourbon	aufgießen, verrühren, Eiswürfel dazugeben, mit Wasser auffüllen und mit
1 Cocktail-Kirsche	garnieren.

Manhattan

5 cl Canadian Whisky	
2,5 cl Vermouth rosso	
	ein paar Spritzer
Angostura	im Rührglas auf reichlich Eiswürfeln verrühren. In eine vorgekühlte Cocktail-Schale gießen und rühren. Mit
1 Cocktail-Kirsche	garnieren.

Dies ist der Favorit der International Barmixers Association (IBA).

Whiskey Sangaree

1 cl Kristallzucker	in einem Tumbler in Wasser auflösen,
6 cl Rye od. Bourbon	und Eiswürfel dazugeben, umrühren und mit
Soda	auffüllen, mit
1,5 cl Port	floaten und mit
1 Prise Muskat	garnieren.

Klassisches 🍸 Sours

Auf die Frage nach der Auswahl reicht der Barkeeper nicht selten eine Liste über die Theke, die den Umfang eines kleinstädtischen Telefonbuches hat. Wer nicht genau weiß, was er will, hat die Qual. Eine gute Lösung ist daher in der Regel ein Klassiker, also ein Drink mit einem bekannten Namen, den man schon irgendwo einmal gehört oder gelesen hat. So kann man auch leicht feststellen, ob der Keeper etwas kann, denn ein Klassiker, der aus wenigen Zutaten besteht, muss auf den Milliliter genau komponiert und gemixt sein. Am Anfang des Abends oder vor dem Essen passen leichte trockene Drinks meist besser. Später kommen die üppigen Süßen zum Einsatz. Mit den Drinks in diesem Kapitel liegt man jedenfalls immer richtig.

Gin Sour

4 cl Gin
2 cl Zitronensaft
1,5 cl Zuckersirup

1 Cocktail-Kirsche

im Shaker schütteln und in ein kleines Kelchglas mit Eiswürfeln abseihen, mit garnieren.

Whiskey Sour

4 cl Bourbon
2 cl Zitronensaft
1,5 cl Zuckersirup

2 Cocktail-Kirschen

im Shaker schütteln und in ein kleines Kelchglas mit Eiswürfeln abseihen, mit garnieren.

Rum Sour

4 cl brauner Rum
2 cl Zitronensaft
2 cl Curaçao   im Shaker schütteln und in ein kleines
                Kelchglas mit Eiswürfeln abseihen, mit
1 Cocktail-Kirsche   garnieren.

Pisco Sour

4 cl Pisco
2 cl Zitronensaft
1–2 Tropfen Angostura   nach Geschmack
1,5 cl Zuckersirup   im Shaker schütteln und in ein kleines
                Kelchglas mit Eiswürfeln abseihen, mit
1 Cocktail-Kirsche   garnieren.

Ein Sour ist so etwas wie der Urahn vieler heute bekannter Mixgetränke. Spirituose, Zucker, Säure – das war's. Berühmte Drinks wie Margarita, White Lady, Daiquiri und Sidecar sind in ihrer Grundrezeptur Sours, und abgesehen davon, dass später noch Eiswürfel hinzukamen, die sie das Frösteln lehrten, sind die Zutaten bis heute die gleichen geblieben.

Der süße Anteil kann von einem Sirup stammen wie Grenadine oder von einem Likör wie Triple Sec. Was den ›harten‹ Partner betrifft, gibt es kaum eine hochprozentige Spirituose, die sich nicht zum Sour eignet. Entsprechend lang ist die Liste der Rezepte. Ungefähr 6 cl der Basisspirituose werden mit 3 cl süßem Anteil und 1,5 cl Zitronen- oder Limettensaft gemischt. In jedem

Drink variiert das Verhältnis. Ein Gin reagiert anders als ein Rum, ein amerikanischer Whiskey verhält sich anders als ein Scotch. Deshalb tariert man die Mengenverhältnisse nach dem Mischen am besten aus, indem man kurz abschmeckt.

Trotz der endlosen Variationen haben es einige Sours zu bleibender Prominenz gebracht. Allen voran der Sour aus Pisco, der besonders mit dem frischen Zitronensaft und ein paar Tropfen Bitter harmoniert. Brandy wie Brandy Daisy wird wegen seiner weichen Art genommen. In tropischen Gegenden wird er gern mit Curaçao gesüßt. Der Whiskey Sour ist ein traditioneller Südstaaten-Drink in den USA, weil sich der kraftvolle Tennessee Whiskey mit seiner leichten Süße besonders gut eignet.

Klassisches 🍸 Martini und Gin Drinks

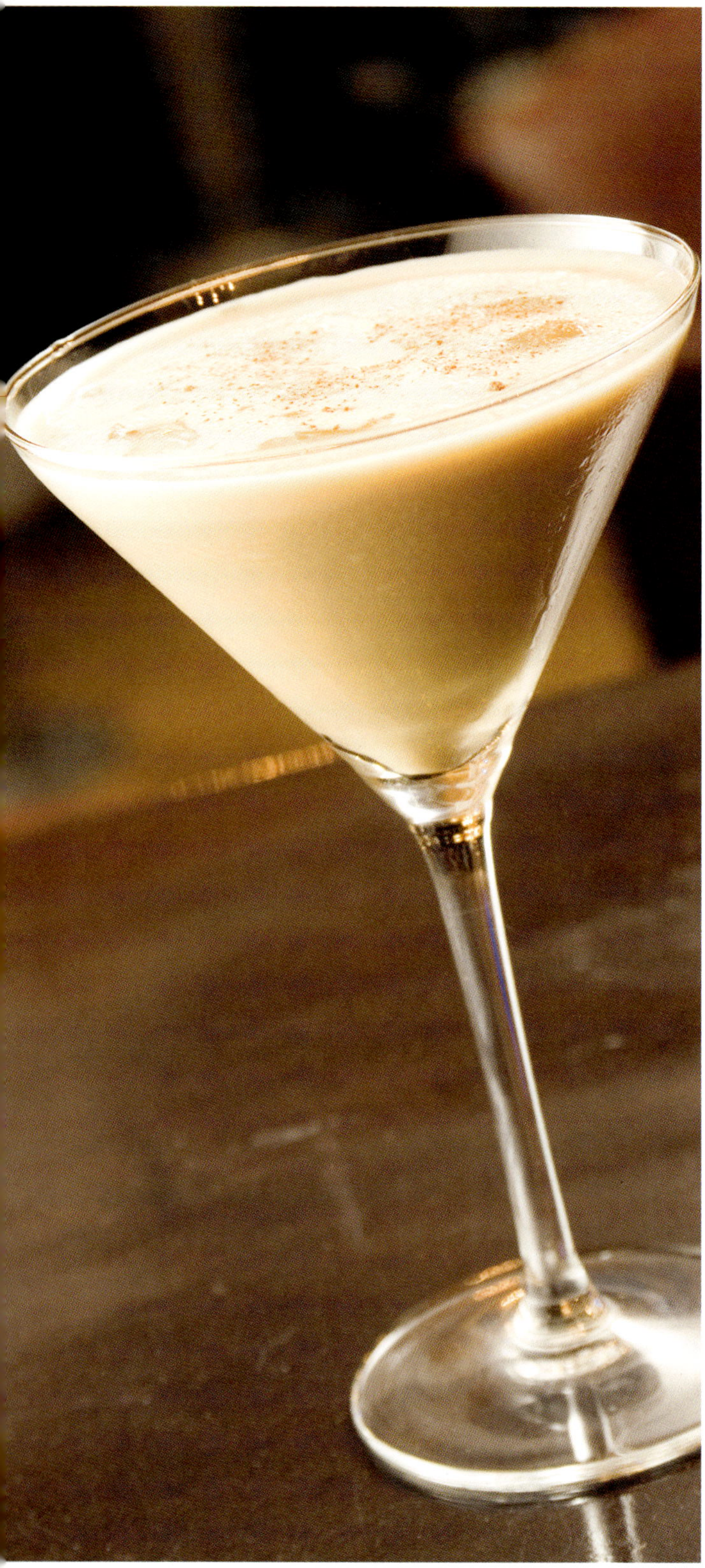

Gin, von dem die Londoner schon im 17. und 18. Jahrhundert Millionen von Litern konsumierten, war nicht immer die wacholderduftende, saubere Spirituose, die wir heute kennen. Durch Verunreinigungen und mangelhafte Trennung der reinen von den ungenießbaren Teilen des Destillats war es ein rauer, harter Schnaps. Da kamen etwas Süße und Fruchtzusätze gerade recht, um ihn trinkbarer zu machen. So gab es schon frühzeitig Mischungen, die später in klassische Cocktail-Rezepte mündeten.

Von allen ist der Martini der berühmteste. Kaum ein Name assoziiert die mondäne Welt der Bars und Luxushotels so deutlich wie Martini. Die Herkunft liegt wie so oft im Dunkeln. Aber die Theorie, dass der Drink, damals noch in süßerer Form, im Städtchen Martinez entstanden ist, hat etwas für sich. Zumindest für die Bürger des kalifornischen Örtchens, die sich selbst eine Gedenktafel für den Martini aufgestellt haben.

Schon 1862 taucht der Martini in einem Cocktail-Buch auf. Seine Beliebtheit erwarb sich der Cocktail aber in der amerikanischen Prohibition. In dieser Krisenzeit war Whisky, der jahrelange Lagerung braucht, deutlich schwieriger zu beschaffen als Gin, den man mit primitiven Mitteln, sogenannter Badewannenausrüstung, herstellen konnte. Amerikanische Filmstars, aber auch Literaten und Politiker haben die Gin-Wodka-Mixtur immer wieder zu ihrem Lieblingsdrink erklärt. Die Liste reicht von Franklin D. Roosevelt bis Truman Capote und von Cary Grant bis Robert Oppenheimer.

Der Martini ist so sehr synonym mit dem Wort, dass das konische Stielglas für Cocktails oft genug einfach Martini-Glas genannt wird. Der Gesellschaftskritiker Henry Louis Mencken nannte den Martini einmal »die einzige amerikanische Erfindung, die in ihrer Perfektion mit einem Sonett vergleichbar wäre.«

Alexander

4 cl Sahne	
3 cl Gin	
2 cl Crème de Cacao	im Shaker lange und kräftig schütteln, in eine Cocktail-Schale abseihen und mit
1 Prise Muskat	garnieren.

Martini Cocktail

8 cl Gin	
2 cl Vermouth dry	im Rührglas so lange auf
Eiswürfeln	verrühren, bis es von außen beschlagen
	ist. Puristen stellen das Cocktail-Glas
	vorher in den Kühlschrank. Mit
Oliven mit Stein	garnieren.
	Exzentriker erlauben sich mit
	Mandeln gefüllte Oliven.

Parisienne

2 cl Noilly Prat	
2 cl Gin	und einige Spritzer
Crème de Cassis	auf Eis verrühren, in eine Cocktail-Scha-
	le abseihen. Mit einer
Olive	garnieren.

Als Edelvariante zuerst Crème de Cassis in das Cocktail-Glas gießen und die klaren Zutaten darübergeben. Der Gast kann so die
zwei Schichten mit dem Cocktail-Picker selbst mischen.

Einen nicht unbedeutenden Beitrag zu dem Thema lieferte auch der Brite James Bond, der den Martini immer
»shaken, not stirred« verlangte. Nach Ansicht professioneller Barkeeper ist genau das falsch. Zwei klare Spirituosen werden grundsätzlich gerührt. Schütteln verwässert und trübt den Drink unschön.
Immerhin hat die fiktive Figur eine reale Diskussion um
Mischungsverhältnisse und Techniken in Gang gehalten, die vor einiger Zeit sogar die wissenschaftliche Forschung erreicht hat. Biochemiker der University of Western Ontario wollen ermittelt haben, dass ein geschüt-
telter Martini deutlich mehr Antioxidantien enthält. Mit
dem Ergebnis konnten sie zugleich noch eine Erklärung
für James Bonds bemerkenswert robuste gesundheitliche Verfassung liefern.
Über das korrekte Verhältnis von Vermouth und Gin gibt
es endlose Kontroversen. Der Vermouth-Anteil wurde
darin immer kleiner. Winston Churchill genoss seinen
eisgekühlten Gin und warf während des Trinkens bestenfalls einen Blick auf eine Flasche Vermouth. Unsere
Version ist mitteltrocken, durch Abwandlung kann sich
jeder an sein eigenes Rezept herantasten.

Klassisches 🍸 *Multitalente*

Earthquake

1 Teil Absinth
1 Teil Brandy

in einem Rührglas kaltrühren. In einem großen Kelchglas mit Eiswürfeln servieren. Der Drink macht seinem Namen Ehre. Es empfiehlt sich, ihn mit etwas Wasser und Zucker zu mildern.

Strawberry Margarita

5 cl Tequila
2,5 cl Triple Sec
2,5 cl Limettensaft
50 g Erdbeeren

frisch oder tiefgefroren im Aufsatzmixer mit Eis pürieren. Je nach Reife der Erdbeeren mit Puderzucker oder Erdbeersirup nachsüßen. In eine Cocktail-Schale gießen. Mit

1 Erdbeere

garnieren.

Bahía

3 cl weißer Rum
4 cl Ananassaft
1 cl Kokossirup
3 cl Coconut Cream
3 cl Sahne · im Shaker lange und kräftig schütteln.
In einen Tumbler mit *crushed ice*
abseihen, mit

Ananas · und
Cocktail-Kirschen · garnieren.

Nichts ist cremiger.

Thug Passion

6 cl Alizé · im Rührbecher kaltrühren, in ein schlankes Sekt-Glas
abseihen und mit
6 cl Champagner · aufgießen.

Dieser Mischung fühlte sich der Rapper Tupac (2Pac) Shakur verbunden genug, um ihr einen Song zu widmen. Darin kapriziert er
sich auf Roederer Crystal, wovon er angeblich stets ein paar
Flaschen im Haus hatte. Wer die bis zu 250 € Ladenpreis dafür
gerade mal nicht passend hat, der kann sich ausnahmsweise
auch mit einem anderen Schaumwein behelfen…

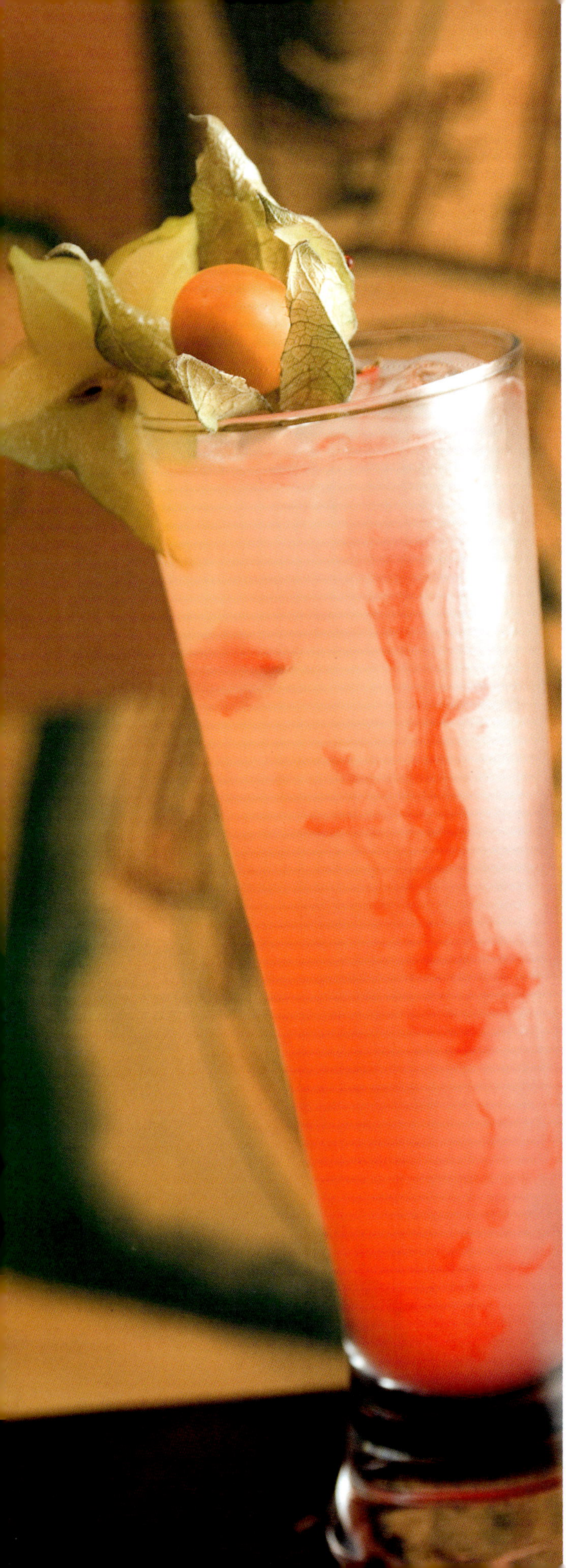

Klassisches Wodka

Als *mixed drinks* Mitte des 19. Jahrhunderts in den USA und England aufkamen, entstanden zahlreiche Rezepte mit Gin, Rum, Whisky. Bitter und Vermouth, die aus Italien und Frankreich importiert wurden, waren die Trendgetränke ihrer Zeit und mitunter seltene Köstlichkeiten. Wodka blieb zunächst der Außenseiter. Erst im 20. Jahrhundert konnte sich der Kartoffel- und Getreideschnaps durchsetzen, dann aber umso dominanter. Der neutrale Geschmack prädestinierte ihn für jeden Fruchtsaft, ebenso für Bitters, Liköre, Limonaden. Wodka, der durch Aktivkohle besonders rein und mild ist, passt als Spirituose zu fast allem, was in der Bar Verwendung findet. In den meisten Drinks, in denen Früchte und Säfte tonangebend sind, ist Wodka nicht weit. Sein Siegeszug war so rasant, dass er nach dem Zweiten Weltkrieg irgendwann alle anderen Spirituosen auf dem amerikanischen Markt überholt hatte. Bis heute sind die Vereinigten Staaten der größte Wodka-Abnehmer der Welt. Nicht einmal zur Zeit des Kalten Krieges hat es Wodka etwas anhaben können, dass er im kommunistischen Russland so beliebt war. Um ganz klar zu machen, dass es sich um ein US-Produkt – aus amerikanischem Getreide – handelte, nannte sich der spätere Marktführer Smirnov kurzerhand in Smirnoff um und warb mit dem Slogan: »Smirnoff White Whiskey. No Taste. No Smell.«

Trotz seines Spätstarts schaffte es Wodka, weltweit noch einige Klassiker auf die Karten der Bars zu platzieren. Nicht selten hat er dabei seinen älteren Konkurrenten sogar Boden abgenommen. Drinks, die ursprünglich mit Gin gemacht wurden, werden seitdem auch gern mit Wodka bestellt. Cocktails mit Namen wie Wodkatini, Negroski, Caipirovka, Wodka Gimlet sprechen Bände.

Sea Breeze

6 cl Wodka	
4 cl Cranberrysaft	
6 cl Grapefruitsaft	auf Eis kräftig schütteln, in ein Longdrink-Glas auf Eis abseihen, mit
1 Kapstachelbeere	und
1 Scheibe Sternfrucht	garnieren und etwas
Cranberrysaft	darübergeben.

Gibson Wodka

5 cl Wodka	
1 Spritzer	
Vermouth dry	in einem Rührglas auf reichlich Eis verrühren, in eine vorgekühlte Cocktail-Schale abseihen.
Perlzwiebeln	im Glas sind das Markenzeichen dieses Drinks.

White Russian

4 cl Wodka	
2,5 cl Kahlúa	oder einen anderen Kaffeelikör im Rührglas mit Eiswürfeln gut verrühren. In eine Cocktail-Schale abseihen und
leicht geschlagene Sahne	darübergeben. Nach Belieben mit
1 Prise Kaffee oder Kakao	garnieren.

White Russian

Seinen Namen verdankt der White Russian allein dem Wodka-Anteil. Dennoch ist er ein sehr populärer Drink in den USA und mit der Popkultur untrennbar verknüpft. Die von Jeff Bridges gespielte Hauptfigur The Dude zum Beispiel ›schwimmt‹ darauf durch den Kultfilm »The Big Lebowski«. Die britische Band Marillion widmete dem Drink 1987 einen Song. White-Russian-Trinker sind so experimentier- wie risikofreudig.

Hier nur einige der real existierenden Variationen:

Colorado Bulldog	mit Vanille Wodka und Cola
White Trash	mit Whisky statt Wodka
Gay Russian	mit Cherry Brandy statt Kahlúa
KGB	mit hochprozentigem Wodka
Anna Kournikova	mit entrahmter Milch
Blonde Russian	mit Irish Cream statt Sahne
Cocaine Lady	mit Pfefferminzlikör und Milch
Colin Powell	mit Kakao
Van Halen Special	mit Amaretto und Rum

Pimm's No 19

2 cl Wodka	
2 cl Pimm's	
2 cl Galliano	in einen Tumbler auf Eiswürfel gießen, umrühren und mit
Ginger Ale	auffüllen. Mit
Gurke	garnieren.

Klassisches ♼ Shooters und Shortdrinks

Ob konservativer Club oder quirlige Techno-Location: Auch wenn die servierten Drinks sich unterscheiden, an jeder Bar wird früher oder später ein Kurzer getrunken. Der schnelle Kick gehört nun mal dazu. Shooters werden gern von Gruppen bestellt und stiften in kurzer Zeit Party-Atmosphäre. Die Namen der Shooters illustrieren Zweck und Wirkung gern in plastischen Bildern: Aftershock, Kamikaze, Gorilla Fart, Four Horsemen. Aber so verschieden wie die Gäste sind auch die Bestellungen. Und manche sind ziemlich gewitzt.

Ein Kurzer und ein Bier zum Nachspülen sind eine gängige Bestellung unter der Bezeichnung Boilermaker oder Carbomb. Je nach Spirituose kann die explosive Mischung auch mal eine Irish Carbomb sein. Und zwar dann, wenn im Schnapsglas Irish Whiskey ist. Die möglichen Spielarten haben ganz Experimentierfreudige dazu gebracht, gleich beides auf einmal zu trinken. Die Tradition, die in vielen Ländern gewahrt wird, nennt sich oft U-Boot (Foto linke Seite). In einem großen Bier wird ein Schnaps versenkt. Echte Liebhaber leeren das Glas in einem Zug und sehen so, was auf sie zukommt. Je nach Lokalität kommen verschiedene Spirituosen zum Einsatz. Populär ist der Jägermeister (engl. Jägerbomb), klassischer und angeblich aus Polen ein Wodka. Für moderne Versionen wird der Kurze in einen Red Bull getaucht (Fliegender Hirsch). Die stärkste Waffe erhält, wer die Mengenverhältnisse umkehrt und ein kleines Bier in einem großen Schnaps versenkt: das Atom-U-Boot.

Tequila Slammer

1 Teil Tequila
1 Teil Tonic

mit oder einer anderen Limonade (Seven Up, Ginger Ale) aufgießen. Mit einem Bierdeckel abdecken und alles kräftig auf den Tisch schlagen.

Einfach, aber genial.

Lemon Drop

Den Rand eines Shot-Glases zuerst in Zitronensaft, dann in Zucker tunken. Das Glas mit

1,5 cl Wodka Citron
1,5 cl Zitronensaft

füllen.

In diesem gemischten *shot* ist wie in so vielen der Alkohol durch Süße oder Fruchtsäure etwas gezähmt.

Gold Rush

1,5 cl brauner Tequila
1,5 cl Danziger Goldwasser

veredeln den Schnellschuss mit einem Hauch von Glamour.

Nur ein Kurzer, aber mit Stil.

Klassisches ♼ Legenden

Pimm's No 1

Einen großen Tumbler mit *crushed ice* füllen.

5 cl Pimm's	hineingießen, mit
Seven Up	auffüllen und mit
Gurke	garnieren.

Ritz

2 cl Orangensaft	
2 cl Cognac	
1,5 cl Cointreau	im Shaker schütteln, in ein Champagner-Glas abseihen und mit
Champagner	auffüllen, mit
Traube und Orange	garnieren.

Sidecar

4 cl Cognac
2 cl Cointreau
2 cl Zitronensaft   im Shaker gut schütteln und in ein
   kleines Kelchglas mit Eiswürfeln
   abseihen, mit
1 Orangenspalte   und
1 Zitronenspalte   garnieren.

Tipperary

4,5 cl Irish Whiskey
3 cl Vermouth bianco
1,5 cl Chartreuse
grün   auf Eiswürfeln gut verrühren und in ein
   Cocktail-Glas abseihen. Mit
1 Cocktail-Kirsche   garnieren.

Erfrischendes ♼ Classic Longdrinks

Ein Longdrink bietet zwei natürliche Vorteile, die das Risiko, abends an der Bar zu früh zu viel Alkohol zu trinken, merklich verringern. Er enthält im Verhältnis zu vielen Shortdrinks weniger Alkohol und besteht aus einer verhältnismäßig großen Menge Wasser oder Saft. Verständlicherweise stiegen die Highballs damit früh zu den meistgeorderten Drinks auf. Einen Highball selbst zu kreieren ist ein Kinderspiel, funktionieren die einfachsten Mischungen doch schon mit einem Teil Basisspirituose und drei bis fünf Teilen Limonade oder Saft. Mit diesem simplen Rezept haben es Cuba Libre, Screwdriver & Co. zu schnellem Ruhm gebracht.

Am 24. Oktober 1949 machte ein Reporter des »Time Magazine« in der Bar des New Yorker Parkhotels eine ineressante Beobachtung. Er sah Balkanflüchtlinge, amerikanische Ingenieure und türkische Geheimagenten bei einem Longdrink friedlich miteinander umgehen und die Orangensaft-Wodka-Mischung diskret mit dem Schraubenzieher verrühren. In den 1970er Jahren galt der Screwdriver dank des hohen Gehalts an Vitamin C als gesündester alkoholischer Drink. Die Verantwortlichen der britischen East India Company lobten die Mischung aus Gin und Tonic wegen des medizinischen Nutzen für die Belegschaft. Bis heute haben Longdrinks in fast allen menschlich besiedelten Gebieten Karriere gemacht, inklusive noch zu erkundender, etwa in »Per Anhalter durch die Galaxis«, wo Gin Tonic unendlich variabel auftritt. Zu den Klassikern dieser Kategorie zählen die folgenden vier Longdrinks.

Long Island Ice Tea

2 cl weißer Rum	
2 cl Wodka	
2 cl Tequila	
2 cl Gin	
2 cl Triple Sec	
2 Spritzer Limettensaft	im Shaker gut schütteln. In ein Longdrink-Glas mit viel Eis abseihen und mit
Cola	auffüllen. (Die Zutaten sind variabel, in den USA kommt oft *Sweet,* anderswo *Sour Mix* dazu. Mit
1 Zitronenscheibe	am Glas garnieren (sie spielt auf den Tee an).

Prince of Wales

	In einem großen Glas
1 Stück Würfelzucker	(oder 1 BL Kristallzucker) mit
1 Spritzer Angostura	tränken
2,5 cl Cognac	
1 cl Bénédictine	dazugeben, mit *crushed ice* auffüllen,
2 Orangenviertel	
1 Cocktail-Kirsche	dazugeben, mit
Champagner	oder Sekt aufgießen.

Der Prince of Wales ist eines der seltenen Beispiele, in denen ein *mixed drink* die perfekte Balance von bitter, süß und sauer findet und dabei noch sehr edel nach seinen hochwertigen Zutaten schmeckt.

Hurricane

2 cl weißer Rum	
3 cl brauner Rum	
1 cl Ananassaft	
1 cl Zitronensaft	
6 cl Maracujasaft	
2 BL Zuckerrohrsirup	im Shaker gut durchschütteln und in ein Hurricane-Glas mit *crushed ice* abseihen, mit
Zitrusschalen	garnieren.

Die Matrosen im French Quarter von New Orleans wussten mit tropischen Wirbelstürmen umzugehen. Stammgäste schlossen den Hurricane so fest ins Herz, dass es heute sogar ein Instantpulver dafür gibt.

Singapore Sling

4 cl Gin	
1,5 cl Cherry Heering	
1 cl Bénédictine	
2 cl Limettensaft	
1,5 cl Zuckersirup	im Mixglas kaltrühren. In ein Longdrink-Glas mit *crushed ice* abseihen, mit Soda aufgießen, mit
Cocktail-Kirschen	garnieren.

Seit 1915 war man ohne einen Singapore Sling an der Long Bar im Raffles Hotel nicht wirklich in Singapur gewesen.

Erfrischendes ♟ Highballs

Horse's Neck

4 cl Brandy	in ein Old-Fashioned-Glas mit Eis-
	würfeln geben, umrühren, mit
11 cl Ginger Ale	aufgießen und
1 Spritzer Angostura	nach Geschmack
	dazugeben. Nach Belieben mit
Zitronenschale	garnieren.

Ein Drink, dessen Name ebenso ungewöhnlich ist wie seine Geschichte. In den 1890er Jahren tauchte er zunächst als Softdrink auf. 1910 gab es bereits Versionen mit Brandy, manchmal auch Bourbon und Rye, die die alkoholfreie Variante schließlich verdrängten.

▼

Harvey Wallbanger

5 cl Wodka	
12 cl Orangensaft	in einem Longdrink-Glas auf Eis
	verrühren und
1 Schuss Galliano	dazugeben, kurz umrühren.

Der Legende nach war Harvey ein kalifornischer Surfer. Nach einem verlorenen Wettbewerb tröstete er sich in Duke's Blackwatch Bar in Hollywood mit diesem verfeinerten Screwdriver (Wodka mit Orangensaft). Natürlich blieb es nicht bei einem, und beim Rausgehen eckte Harvey an den Wänden an. Der Rest ist Bar-Geschichte. Bei amerikanischen Wahlen entfallen mitunter durchaus zählbare Anteile ungültiger Stimmen auf einen gewissen Harvey Wallbanger.

Cuba Libre

5 cl weißer Rum	
10 cl Cola	in einem Longdrink-Glas auf Eis
	gießen. Kurz umrühren und
1 Spritzer Limettensaft	dazugeben.
Limettenstücke	ins Glas geben – fertig ist der
	berühmteste Drink der Welt.

Der Name geht aber nicht auf die sozialistische Revolution von 1959 zurück. Nach einer Überlieferung erfanden Soldaten zur Zeit des Spanisch-Amerikanischen Kriegs um 1900 den Drink in einer Bar in Havanna, während sie auf die ›Befreiung‹ Kubas anstießen. Da es damals und auch später noch auf Kuba keine originale Coca Cola gab, wird ursprünglich eine Limonade Bestandteil gewesen sein.

▼

Sex on the Beach

4 cl Wodka	
2 cl Pêche Mignon	
4 cl Orangensaft	in einem Highball-Glas auf Eis
	verrühren.
4 cl Cranberrysaft	aufgießen, mit
Früchten	garnieren.

Wer hier zuerst da war, der Drink oder der Name, ist wohl keine Frage. Aber ob er nach der bekannten Filmszene aus »From Here To Eternity« (Verdammt in alle Ewigkeit, USA 1953), nach dem gleichnamigen Sommerhit der Pop-Formation T-Spoon oder nach einer Freizeitbeschäftigung, die in vielen Ländern illegal ist, benannt ist, muss wohl offenbleiben.

▲

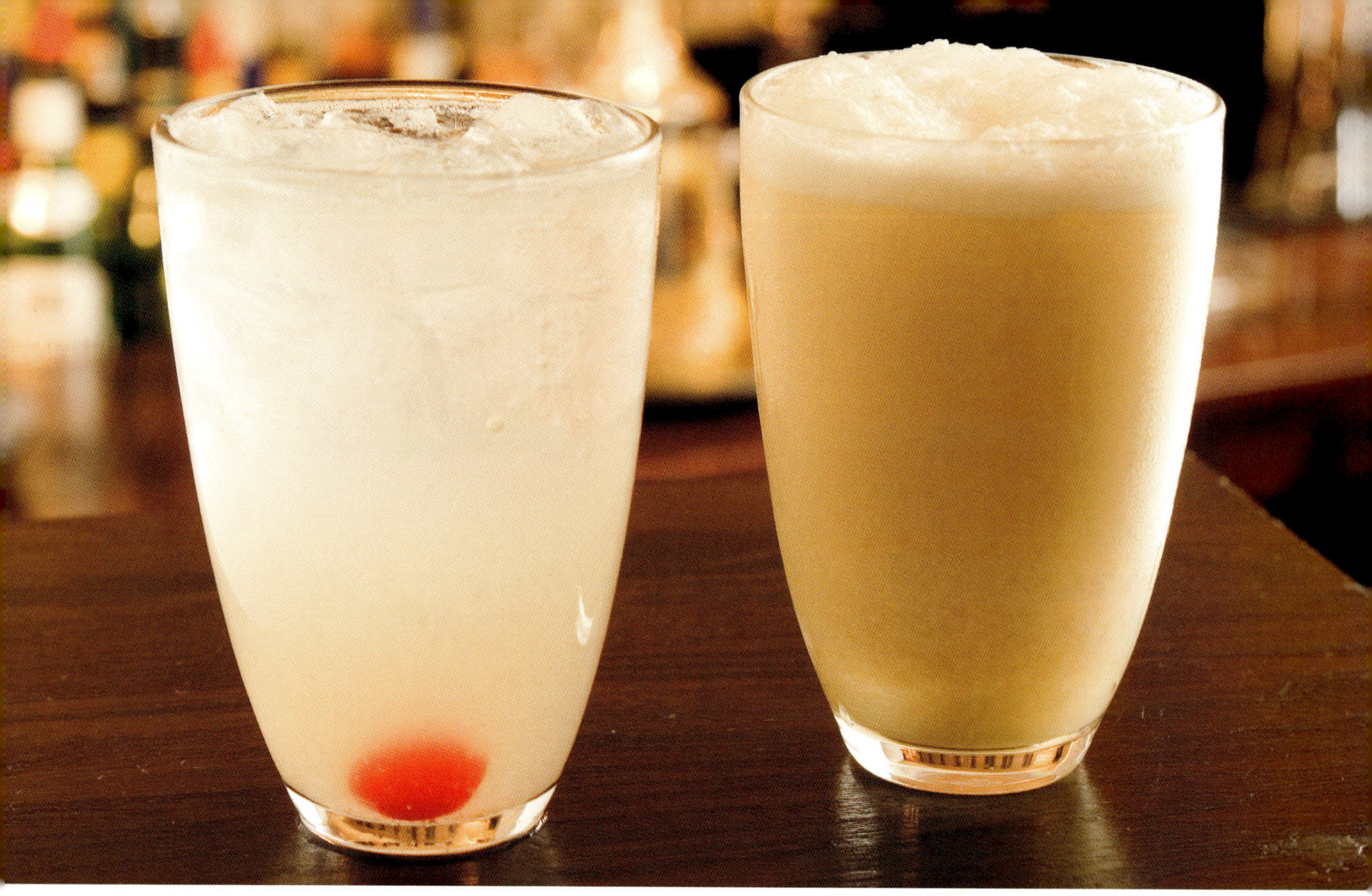

Erfrischendes Fizzes & Collinses

Ein Fizz hat dem Sour einen Anteil Soda voraus und wird in Bars nicht selten mit Zitronen- oder Limettensaft zubereitet. Er ist sozusagen eine etwas aufgepeppte Version des Sour. Die Bezeichnung »Fizz« taucht zum ersten Mal Ende des 19. Jahrhunderts auf, als mit Kohlensäure versetztes Wasser immer beliebter wurde. Das sprudelnde *(fizzing)* Element macht den Drink lebendiger und weicher. Auch hier sind die Zutaten leicht zu handhaben, es kommt nur auf das Mischungsverhältnis an. Ein Fizz geht auch tagsüber als Erfrischungsgetränk durch. Wie die Sours bestechen Fizzes durch die Klarheit ihrer Zutaten. Statt einer endlosen Reihung gleichwertiger Alkoholika steht eine Spirituose im Vordergrund, die mit den klassischen Zutaten Zucker, Zitrusfrucht und Wasser kombiniert wird. Hier kann man nichts durch eine andere dominante Zutat verbergen. Ein Fizz mit billigem Gin schmeckt auch billig.

Der Gin Fizz ist der bekannteste seiner Familie. Das mag auch daran liegen, dass ihm die Kombination mit Zitrone und Soda hervorragend bekommt. Viele Variationen beweisen das, wie etwa der Silver Fizz mit Eiweiß, Golden Fizz mit Eigelb oder Diamond Fizz mit Schaumwein statt Soda.

Gin Fizz

5 cl Gin	
3 cl Zitronensaft	
2 cl Zuckersirup	im Shaker auf Eis schütteln, in ein halb mit *crushed ice* gefülltes Longdrink-Glas abseihen und mit
Soda	auffüllen.

Ramos Gin Fizz

4 cl Gin	
1,5 cl Zuckersirup	
1 Eiweiß	
2 cl Sahne	mit
1 Spritzer Fleur d'orange	im Shaker kräftig schütteln, in ein Longdrink-Glas mit Eiswürfeln abseihen, mit
Soda	auffüllen.

Die Collinses (engl. Schuhflicker) sind nahe Verwandte der Fizzes. Ihre Zutaten werden nicht geschüttelt, sondern im Glas verrührt und danach meist mit noch etwas mehr Soda aufgegossen, was sie für heiße Sommernachmittage prädestiniert. In keiner Drink-Familie drückt sich die weitläufige Verwandtschaft so deutlich aus wie beim Collins.

Hier eine kleine Familiensaga:

Jack Collins	mit Calvados
Tom Collins	mit Gin
Sandy / Jock Collins	mit Scotch
John Collins	mit Rye Whiskey
Captain Collins	mit Canadian Whisky

Mike Collins	mit Irish Whiskey; benannt nach dem irischen Revolutionsführer und späteren Finanzminister Michael Collins
Colonel Collins	mit Bourbon
Pedro Collins	mit weißem Rum
Ron Collins	mit braunem Rum
Pisco Collins	mit Pisco
José Collins	mit Tequila
Comrade Collins	mit Wodka
Brandy Collins	mit Brandy
Pierre Collins	mit Cognac
Phil Collins	mit Tequila, Irish Whiskey, Wodka, Rum und Bier.

Jack Collins

4 cl Calvados	
2 cl Zitronensaft	
2 cl Zuckersirup	im Longdrink-Glas auf Eiswürfeln verrühren und mit
Soda	aufgießen. Mit
Zitronenschale	und nach Belieben mit
1 Cocktail-Kirsche	garnieren.

Tom Collins

4 cl Gin	
2 cl Zitronensaft	
1,5 cl Zuckersirup	im Longdrink-Glas auf Eiswürfeln verrühren und mit
Soda	aufgießen. Mit
Zitronenschale	und nach Belieben mit
1 Cocktail-Kirsche	garnieren.

Erfrischendes 🍸 *Fizzes*

Morning Glory Fizz

◀

5 cl Scotch
2,5 cl Zitronensaft
2 cl Zuckersirup
1 Eiweiß
1 Schuss Pastis   im Shaker auf Eis kräftig und lange schütteln.
In ein Longdrink-Glas auf Eiswürfel abseihen und mit
Soda   aufgießen. Mit
Zitrone u. Beeren   garnieren.

Chicago Fizz

3 cl weißer Rum
3 cl Port
2 cl Zitronensaft
1 cl Zuckersirup   im Shaker auf Eis schütteln, in ein Longdrink-Glas auf
Eiswürfel abseihen und mit
Soda   aufgießen. Mit
Zitrone u. Beeren   garnieren.

Sloe Gin Fizz

4 cl Sloe Gin
2 cl Zitronensaft
1,5 cl Zuckersirup   im Shaker kräftig und lange schütteln.
In ein Becherglas auf Eiswürfel abseihen und mit
Soda   aufgießen. Mit
Zitrone u. Beeren   garnieren.

Sloe Gin ist ein Ginlikör mit Schlehen.

Green Fizz

4 cl Gin
1 Schuss
Crème de Menthe
2 cl Zitronensaft
2 cl Zuckersirup   im Shaker auf Eis schütteln. In ein Longdrink-Glas auf
Eiswürfel abseihen und mit
Soda   aufgießen.

Der Minzlikör bringt eine zusätzliche Kühle in den Drink.

Erfrischendes ♼ Daisies und Crustas

Daisies und Crustas sind Drinks im XXXL-Format. Sie verlangen nach großen Gläsern mit viel Eis, viel Flüssigkeit und viel Alkohol. Deshalb sollte man diese Erfrischungen nicht unterschätzen. Ihre Rezeptur ist traditionell, meist mit Gin oder Brandy plus Zitrussaft und Zucker. Der Crusta bekommt dazu einen Zuckerrand.

Gin Daisy

6 cl Gin	
2 cl Zitronensaft	
2 cl Grenadine	im Shaker schütteln und in ein großes Glas mit *crushed ice* abseihen. Mit
Soda	aufgießen und mit eingelegten
Schattenmorellen	garnieren.

Applejack Daisy

4,5 cl Calvados	
3 cl Brandy	
4,5 cl Zitronensaft	
1 cl Zuckersirup	
1,5 cl Grenadine	im Shaker kräftig schütteln und über gestoßene Eiswürfel in ein Old-Fashioned-Glas geben, mit
Cocktail-Kirschen	garnieren.

Gin Crusta

Den Rand eines großen Tumblers mit anfeuchten und danach in tauchen. Lose Zuckerkrümel vorsichtig abklopfen. Das Glas zu zwei Dritteln mit *crushed ice* füllen.

Zitronensaft
Kristallzucker

6 cl Gin
2 cl Zitronensaft
2 cl Triple Sec
1 cl Maraschino   im Shaker auf Eis kräftig schütteln. Vorsichtig ins Glas gießen, mit

1 Streifen
Zitronenschale   und Trinkhalm garniert servieren.

Whiskey Crusta

Ein großes Becherglas mit dem Rand in und danach in tauchen.

Limettensaft
braunen Zucker
1 Cocktail-Kirsche   ins Glas geben und das Glas zu zwei Dritteln mit *crushed ice* füllen.

6 cl Bourbon
2 cl Limettensaft
2 cl Zuckerrohrsirup   im Shaker mit Eis schütteln. Vorsichtig eingießen und mit Trinkhalm servieren.

Bourbon passt zu diesem Drink vielleicht am besten, auch weil die ersten Crustas sicher in den Südstaaten gerührt wurden.

Erfrischendes 🍸 Juleps und Smashes

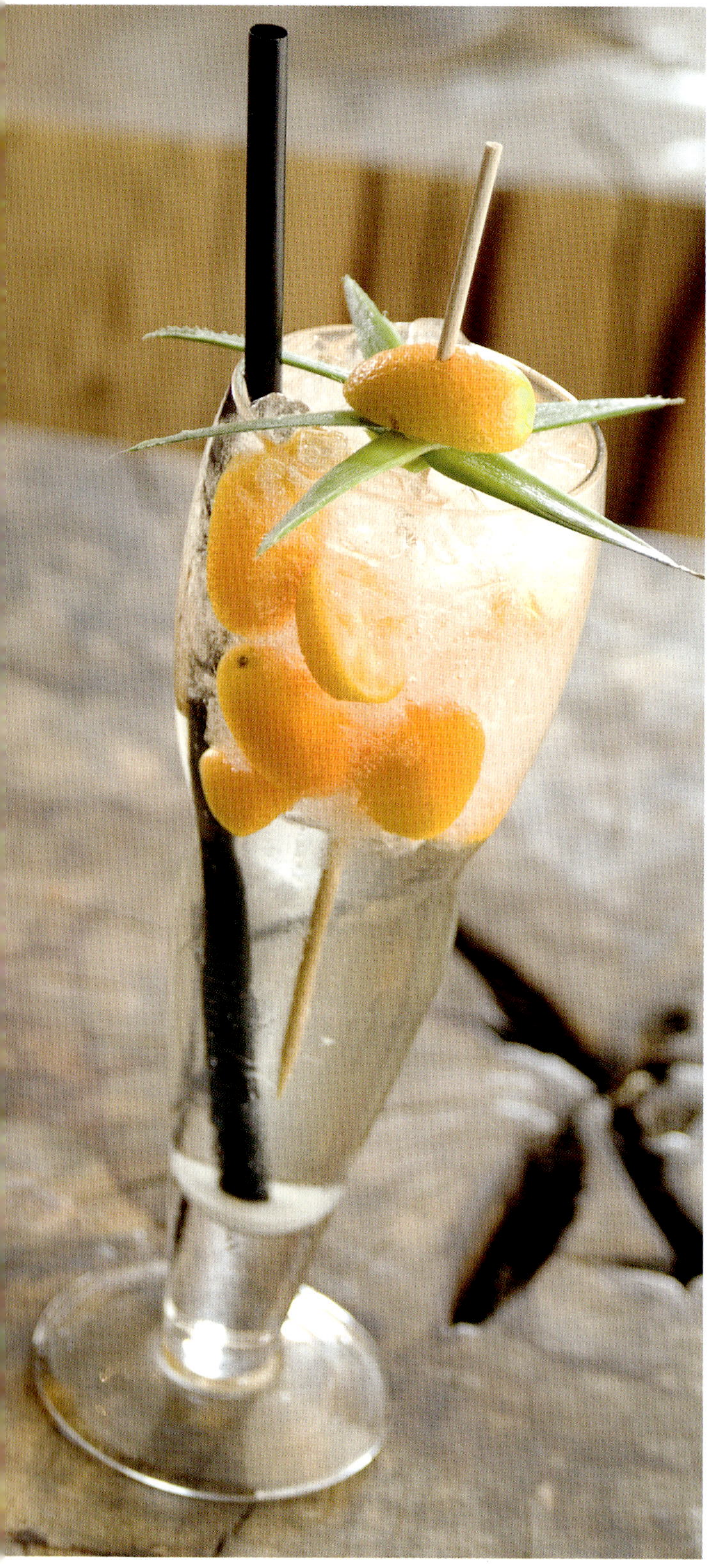

Wer auf einer Party ein Tablett Juleps serviert, braucht sich um die Atmosphäre nicht zu sorgen. Frische Minze und die exotisch-rauchige Süße des Bourbon geben jedem Sommerfest einen Hauch von ›Gone With The Wind‹ und Südstaaten-Romantik. Mit einiger Wahrscheinlichkeit wurde er schon im 18. Jahrhundert in Virginia gerührt und so sehr zum Kulturgut, dass ihn ein Senator namens Henry Clay in den 1850er Jahren stolz in Washington präsentierte.

Die Bezeichnung »Julep« stammt angeblich vom arabischen *julap* oder persischen *gulap* und bedeutet Rosenwasser. Wie das Wort seinen Weg vom Morgenland in die amerikanische Barkultur fand, bleibt unklar.

Bis heute zählt der Mint Julep zum festen Inventar der Südstaaten-Kultur, so ist er unter anderem offizieller Drink des mondänen Kentucky Derby, wo 2007 unvorstellbare 120 000 Gläser davon geordert wurden. Dazu wurde über eine Tonne frische Minze gestampft. Im Jahr davor kostete die Luxus-Version 1000 Dollar. Dafür bekam der Gast Minze, die aus Irland importiert war, australischen Zucker, Eis aus den Bayerischen Alpen und einen guten Schuss Woodford Reserve Bourbon. Mit dem Erlös wurde die Altersversorgung ausgemusterter Rennpferde unterstützt.

Der Mint Julep hat seinen festen Platz in »The Great Gatsby«, dem gesellschaftskritischen Roman von Francis Scott Fitzgerald aus dem Jahr 1925, der Zeit der amerikanischen Prohibition. Ray Charles, Homer Simpson, Bob Dylan und die Beastie Boys verfassten Hommagen darauf. Goldfinger pries ihn James Bond gegenüber als »sehr wohlschmeckend«. Der Südstaatler Dr. Leonard Horatio McCoy, Arzt an Bord des Raumschiffs Enterprise (gespielt von DeForest Kelly), rührte sich seinen Lieblingsdrink sogar im Weltraum, ungeachtet der voller Befremden hochgezogenen beweglichen Braue des Mister Spock.

Julep wird immer mit frischen gestoßenen Minzblättern zubereitet und dann mit *crushed ice* im Glas gerührt, dazu kommt in den meisten Fällen Bourbon und Rohrzucker. Die Garnitur sind natürlich keine Früchte, sondern man nimmt einen Zweig Minze.

Ein Smash ist dem Julep sehr ähnlich, nur dass er im Shaker zubereitet wird. Dafür darf man ihn mit viel Frucht dekorieren. Außerdem kommt am Ende ein Schuss Soda dazu, der ihn noch erfrischender macht, was sich bei sommerlichen Temperaturen natürlich besonders tagsüber auszahlt.

Champagne Julep

4 cl Brandy
1 BL Zucker
Minzeblätter

in einen Tumbler geben und
leicht zerstoßen; die Minze soll hier nur
die Frische des Champagners unterstützen. *Crushed ice* zugeben, mit
Champagner   auffüllen, kurz umrühren und mit
1 Minzezweig   garnieren.

Mint Julep

Frische Blätter von

1 Zweig Minze
1 BL brauner Zucker
etwas Wasser   oder braunen Zuckersirup in einen
Tumbler geben. Die Minze leicht zerdrücken, mit
6 cl Bourbon   und *crushed ice* auffüllen, umrühren
und mit ein paar
Minzeblättern   garnieren.

Tequila Smash

3 Kumquats   halbieren und in einem Longdrink-Glas
mit einem Stößel leicht zerdrücken. Das
Glas mit *crushed ice* halb füllen.

5 cl Tequila
1,5 cl Limettensaft
1,5 cl Maraschino
Soda   im Shaker schütteln und dazugeben, mit
auffüllen. Variante: zu den Kumquats
ein paar Blaubeeren ins Glas geben.

Ein Smash besteht grundsätzlich aus einer Spirituose, Zucker,
Soda und einem geschmacksgebenden Anteil, der bei seiner
Verwandtschaft zum Julep meist Minze ist. Statt Zucker kann man
süße Liköre und statt Minze Früchte verwenden.

Mojito

Saft von $^1/_2$ Limette
1 BL Zucker
einige Minzeblätter   (nach Geschmack auch brauner Zucker)
in einen Tumbler geben. Mit einem Stößel
die Minze zerdrücken. Die ausgedrückte
Limette geviertelt dazugeben. Mit
6 cl weißem Rum   und *crushed ice* auffüllen. Umrühren,
mit
1 Schuss Soda   floaten und mit
1 Minzezweig   garnieren.

Der Mojito wurde wohl auf Kuba erfunden. Vielleicht ist er sogar
nur eine Abwandlung der Mint Juleps, die US-amerikanische Pro-
hibitionsflüchtlinge auf ihren Ausflügen nach Havanna verlangten.

Fruchtiges ♟ Bowlen

Normalerweise sind Früchte bei Cocktails Garnitur. Möglichst ästhetisch, aber nicht zu aufdringlich, etwas schick, aber doch meist Nebensache. Bei den Drinks dieses Kapitels gehören sie allerdings zu den Hauptdarstellern. Sie sind daher jahreszeitlich bedingt ideal für Sommerfeste, auch schon am Nachmittag.

Das Wort Bowle wurde im 18. Jahrhundert dem englischen *bowl* (Schüssel, Schale) entlehnt. Und doch ist die Bowle typisch für die deutsche Trinkkultur. Neben dem preiswerten Perlwein wird meist Weißwein, am liebsten Riesling mit viel Säure verwendet. Das federt die Fruchtsüße ab. Die Früchte werden am Vortag in Weißwein ein-

Balaclava

75 cl roter Bordeaux	mit den feinen Scheiben
1 Salatgurke	dem Saft von
2 Zitronen	und
5 BL Zuckersirup	in einem Bowlegefäß verrühren.
1/2 Bio-Zitrone	dünn abschälen, mit einigen Blättern
Zitronenmelisse	in einem Sieb in das Gefäß hängen und 1 Std. im Kühlschrank ziehen lassen. Das Sieb herausnehmen.
1 Eisblock	von ca. 1 l Wasser zum Kühlen,
75 cl Mineralwasser	und
75 cl Sekt	zugeben.

Ananas Cooler

75 cl Sauternes	oder einen vergleichbaren weißen Süßwein mit dem Saft von
1 Zitrone	
25 cl Ananassaft	
3 cl Zuckersirup	
250 g Ananasstücken	verrühren. Im Kühlschrank über Nacht durchziehen lassen. Am nächsten Tag gut gekühlten
trockenen Sekt	angießen.

gelegt und nehmen tüchtig Alkohol auf. Eine spezielle Variante ist die Maibowle, die auch Waldmeisterbowle, Maiwein oder Maitrank heißt und von dem intensiven Aroma des Waldmeister dominiert wird. Eine halbe Stunde Einweichzeit reicht, um den Geschmack der Blätter zu extrahieren. Das für das harmlose Aroma verantwortliche Cumarin hat es jedoch in sich. Schon 3 g Blätter reichen auf 1 l, sonst kann der verhalten giftige Stoff für Kopfschmerzen sorgen. Die häufigste Art der Bowle ist die mit Weißwein. Die Qualität schwankt zwischen billigem Perlwein mit Dosenfrüchten bis zu frischen Waldbeeren und feinstem Sekt oder Champagner. Alles wird gut gekühlt in einem bauchigen Gefäß, der Bowle, serviert. Damit die Bowle schön kalt bleibt, wird sie mitsamt Behälter ins Eis gestellt, oder man hängt einen mit Eiswürfeln gefüllten Glaszylinder in das Gefäß und serviert die kühle Köstlichkeit an einem Sommernachmittag auf der Terrasse.

Rosenbowle

5 duftenden Rosen	Die unbehandelten Blütenblätter von abzupfen, in einem Bowlegefäß mit
Zucker	bestreuen, leicht zerdrücken und mit
75 cl trockenem Riesling	aufgießen. Bei Zimmertemperatur 2 Std. ziehen lassen, mit
1 Eisblock	von ca. 1 l Wasser kühlen und
75 cl gut gekühlten trockenen Sekt	angießen.

Waldfrucht-Bowle

1 kg Waldfrüchte	(Walderdbeeren, Brombeeren, Himbeeren, Blaubeeren, Johannisbeeren), kleine einschneiden, große halbieren;
2 weiße Pfirsiche	enthäuten, entsteinen und fein würfeln. Alles lagenweise in ein Bowlegefäß geben. Jede Lage mit
Zucker	bestreuen.
75 cl trock. Riesling	zugeben und über Nacht im Kühlschrank ziehen lassen. Die Bowle mit
1 Eisblock	von ca. 1 l Wasser kühlen, weitere
75 cl trock. Riesling	und
75 cl Sekt	angießen.

Fruchtiges ♆ Sangría und kalte Punsche

An Sangría kommt kein Spanienurlauber vorbei. Doch was an balearischen Betonstränden hochprozentig fließt, ist oft seinen Namen nicht wert. Eine Sangría in Spanien ist so etwas wie die Feuerzangenbowle in Deutschland. Die macht man selbst oder gar nicht. Ein Spanier würde sich nie ein Glas Sangría in einer Bar bestellen. Das erlauben sich nur Touristen.

Ursprünglich war Sangría ein leichter Drink. Wein, den es in Spanien immer reichlich gibt, war in der Tageshitze etwas stark, und Fruchtnektare sind wenig beliebt in Spanien. So boten sich Mischungen geradezu an, und heute gibt es sie unter vielen Namen. *Calimocho* oder *pitilingorri* oder *caliguay* oder *rebujito* – sie alle sind Weinmischungen mit Cola, Saft und anderen Limonaden.

Übrigens bedeutet *sangría* auf Deutsch Aderlass oder auch Ruin. Eine gute Sangría ist aber kein Grund, den Untergang des Abendlands heraufzubeschwören. Vielmehr ist es eine angenehme Art, einen heißen Sommertag mit einem leichten Drink ausklingen zu lassen. Limonaden, Zucker und Spirituosen, von Urlaubern als Wirkungsbeschleuniger geschätzt, gehören nicht zu den Originalzutaten, können aber – vorsichtig dosiert – das gewisse Etwas verleihen.

Ob die Spanier ihre Sangría schon mit ins Kolonialzeitalter verschifft haben, ist sehr fraglich. Dennoch gibt es vergleichbare Mischungen in Südamerika, aber auch in vielen anderen Ländern, je nach Versorgungslage mit Bier oder eher Likör.

Sangría

75 cl Rotwein	zum Beispiel Rioja Crianza, mit
50 cl Orangensaft	
50 cl rotem	
Traubensaft	mischen,
1–2 EL Honig	nach Geschmack darin auflösen,
3 cl Licor 43	oder spanischen Brandy hinzufügen.
$1/2$ Orange	
$1/2$ Zitrone	
$1/2$ Apfel	(alle unbehandelt) in dünnen Scheiben zuge-
	ben; 24 Std. kalt stellen; vor dem Servieren mit
500 g Eiswürfeln	auffüllen.

Sangría Blanca

75 cl trockener	
Weißwein	
25 cl Bananensaft	
25 cl Pfirsichsaft	
50 cl weißer	
Traubensaft	
5 cl Cointreau	mischen. Als
Fruchteinlage	Pfirsichschnitze, Bananen-, Zitronen- und Kum-
	quatscheiben dazugeben. 24 Std. im Kühl-
	schrank durchziehen lassen. Mindestens
500 g Eiswürfel	bereithalten. Vor dem Servieren in einem großen
	Bowlegefäß das Eis zugeben.

Afrococo Punch

	Die unbehandelte Schale von
1 Bio-Limette	mit dem Zestenschneider abschaben, mit
6 cl Vermouth rosso	
50 cl Sahne	
2 Dosen Kokosmilch	geriebene
Muskatnuss und Zimt	in einer Casserole mischen, langsam aufkochen,
	10 Min. ziehen und abkühlen lassen. Mit
100 cl weißem Rum	aufgießen, abschmecken, 2 Tage kalt stellen. In
	Ballongläsern mit etwas Zimt bestreut servieren.

Angeblich wird dieses Rezept in Zentralafrika nur mündlich überliefert, entsprechend viele Variationen können einem begegnen.

Bierpunsch

100 cl helles Bier	
3 cl Sherry	
3 cl Weinbrand	
2 EL Puderzucker	Saft und abgeriebene Schale von
1 Zitrone	und geriebene
Muskatnuss	in einem Bowlegefäß mischen.
Eiswürfel	hinzugeben. Im Glas mit
1 Prise Muskat	und abgeriebener
Zitronenschale	garnieren.

Fruchtiges ⚲ Coolers und Cobblers

Viele, besonders viele klassische Drinks, werden nach festen Regeln gemixt. Manche sogar mit einer fast liturgischen Strenge. Das ist sicher angemessen, um den Stil eines inzwischen zeitlosen Drinks unverändert zu bewahren. Andererseits sind bunte Mischungen und ein Korb voller Früchte Anlass genug, neue Ideen zu verwirklichen. Wer dem Spieltrieb freien Lauf lassen will, ist bei Coolers und Cobblers gut aufgehoben. Beide

Starfish Cooler

3 Schnitze Orange	und
12 Minzeblätter	in einem Old-Fashioned-Glas leicht zerdrücken.
2 cl Limoncello	
2 cl Grenadine	
2 cl Eistee	(ohne Zucker)
1 cl Zuckersirup	angießen, mit *crushed ice* auffüllen, umrühren und mit
1 guten Schuss Champagner	floaten.

2007 gewann Stacy Smith mit diesem Drink den jährlichen Barkeeper-Wettbewerb »Tales Of The Cocktail« in New Orleans.

Springtime Cooler

4 cl Wodka	
2 cl Triple Sec	
6 cl Orangensaft	
3 cl Zitronensaft	
1 cl Zuckersirup	mit Eiswürfeln im Shaker gut schütteln und in ein Longdrink-Glas mit *crushed ice* abseihen. Mit Früchten wie
Sternfrucht	
Kapstachelbeere	und
Cocktail-Kirschen	garnieren.

kommen in großen Gläsern mit viel Flüssigkeit daher, verlockend geschmückt mit üppigen Garnituren. Coolers gehören zu den größten bekannten Cocktails. Ins Longdrink- oder Highball-Glas kommen eine Basisspirituose und/oder ein weinhaltiges Getränk in Verbindung mit Ginger Ale – so will es das Original –, Wasser oder Limonade.

Auch der Cobbler ist ein üppiger Drink auf *crushed ice*, wird aber mit Wein, Likör, Früchten, Saft oder Sirup im Highball-Glas gerührt. Cobblers sind berühmt für schöne, ausladende Garnituren. Lose Zungen sagen, Cobblers sind wie Obstsalat, nur mit etwas Alkohol und zum Trinken. Der Cobbler hat durchaus etwas von einer Bowle und kann ein Hochgenuss sein.

Coco Cobbler

Ein großes Longdrink-Glas mit *shaved ice* füllen.

4 cl brauner Rum	
1 cl brauner Tequila	
3 cl Batida de Côco	
1 cl Amaretto	
6 cl Orangensaft	
3 cl Limettensaft	
4 cl Apfelsaft	im Shaker kräftig schütteln.

In das Longdrink-Glas abseihen, umrühren, mit passenden Früchten am Glasrand großzügig garnieren.

Rum Cobbler

Gemischte Früchte, zum Beispiel:

Ananas	
weiße Trauben	
Erdbeeren	
Kiwi	
Mango	
Orange	etc. Die Früchte filetieren und in kleine Stücke schneiden. Ein großes Longdrink-Glas mit *crushed ice* auffüllen.
6 cl Rum	und
2 cl Zuckersirup	darübergießen. Die Früchte hinzufügen.

Einige Früchte vorsichtig in die oberen Eisschichten mischen. Mit Trinkhalm und Teelöffel servieren.

Tropisches ♟ Daiquiris

In einer durchschnittlichen Bar sind vier von fünf der *mixed drinks*, die über den Tresen gehen, *tropicals*. Das war nicht immer so. Gewöhnlich waren die georderten Getränke trocken und deutlich alkoholisch. Erst die Renaissance der Bars in den 1990er Jahren ebnete den tropischen Drinks den Weg nach oben auf die Karte. Sie sind das genaue Gegenteil ihrer Vorgänger. Tropische Früchte decken ein breites Geschmacksspektrum ab. Man kann sie mit vielen Likören und anderen *modifiers*, sogar mit Sahne (Piña Colada) kombinieren. Und fast

Daiquiri Floridita

4 cl weißer Rum
2 cl Limettensaft
2 cl Maraschino
1 BL Zuckersirup   im Shaker kräftig kaltschütteln und in ein Cocktail-Glas abseihen.

Ernest Hemingways Lieblings-Keeper in Havanna, Constante, hat diesen Drink für den Literaten in der Bar El Floridita gemixt. Leicht abgewandelt mit einem zusätzlichen Schuss Grapefruitsaft wird ein Hemingway Special daraus.

Illusion

4 cl Rum
2 cl Melonenlikör
2 cl Orangenlikör
2 cl Zitronensaft
4 cl Maracujasaft   im Shaker kräftig schütteln und in ein Cocktail-Glas abseihen, mit einem Fruchtpicker servieren. Wer handwerklich geschickt ist, kann hier einen gekonnten Akzent setzen.

Mango Daiquiri

4 cl Mangopüree
2 cl Limettensaft
2 cl Zuckersirup
5 cl weißen Rum   zusammen mit Eiswürfeln in den
                   Aufsatzmixer geben. Alles pürieren, in
                   ein Cocktail-Glas geben und mit

Mangoschnitzen   garnieren.

Strawberry Daiquiri

1 Handvoll Erdbeeren   mit ebenso viel Eiswürfeln in den
                        Aufsatzmixer geben. Den Saft von

$1/4$ Limette
1 BL Zuckersirup
5 cl weißen Rum
1 cl Erdbeersirup   dazugeben. Im Aufsatzmixer zu einer
                     homogenen Konsistenz mixen und in
                     einem großen Cocktail-Glas servieren.
                     Mit
$1/2$ Erdbeere   garnieren.

alle eignen sich bestens, um den Geschmack von hochprozentigem Alkohol geschickt zu mildern. Nicht zuletzt harmonieren sie auch mit den temperamentvollen örtlichen Spirituosen wie Rum, Cachaça, Tequila. *Tropical drinks* schmecken intensiv, aber selten nach Alkohol. Das ist ihr Erfolgsrezept. Und wer Alkohol nicht nur nicht schmecken, sondern auch nicht trinken will, der lässt sie sich alkoholfrei als Mocktail servieren.

Einer der beliebtesten *tropical drinks* ist der Daiquiri, angeblich eine Erfindung des amerikanischen Ingenieurs Jennings Cox. Vor einem Empfang war ihm an seinem kubanischen Arbeitsplatz, der Mine von Daiquirí, in der Nähe von Santiago de Cuba, der Gin ausgegangen. In seiner Not nahm er weißen Rum und Limetten.

Zu Weltruhm gelangte der Daiquiri durch Ernest Hemingway, der Unmengen davon trank und gelegentlich Variationen probierte. Einige davon leben weiter, zum Beispiel als Hemingway Special, Daiquiri Floridita oder Papas Daiquiri mit der doppelten Menge Rum für den trinkfesten Macho. So wurde der karibische Drink ein waschechter Amerikaner. John F. Kennedy erklärte ihn zu seinem Lieblings-Aperitif. Marlene Dietrich bestellte ihn auf Europatouren, und John Cazale alias Fredo Corleone orderte ihn in »Der Pate«.

Apple Sunrise

2 cl Cassis	
8 cl Orangensaft	einzeln im Mixglas auf Eiswürfeln kalt-rühren und schichtweise in ein Long-drink-Glas geben. Vorsichtig mit der Zange Eiswürfel zugeben. Mit
4 cl Calvados	
1 cl Zitronensaft	aufgießen. Am Glasrand mit
Apfelscheibe	und Schwarzen
Johannisbeeren	garnieren.

Tropisches ✦ Sunrises

Wie der Himmel beim Sonnenaufgang, so changiert auch die Farbe des Tequila Sunrise. Und nicht nur die. Wer an der Bar einen Sunrise bestellt, bekommt heute eine Mischung aus Tequila, Orangensaft und Grenadine. Fast jeder kennt den orangefarbenen Longdrink mit den roten Schlieren. Die erste Version soll aber um 1940 im Arizona Biltmore aus Tequila, Cassis, Limettensaft und Soda gemischt worden sein. Später kam dann noch eine Variante mit Ananassaft dazu.

Die endgültige emotionale Aufladung erfuhr der Drink 1973 mit dem gleichnamigen Song der Country-Rock-band Eagles und dann im ebenfalls gleichnamigen Film, in dem der glücklose Drogen-Dealer Dale ›Mac‹ Mckus-sic der flotten Gastronomin Jo Ann Vallenari in Gestalt von Michelle Pfeiffer verfällt.

Tequila Sunrise

Ein Longdrink-Glas zu zwei Dritteln mit *crushed ice* füllen. Den Saft

1/2 Limette	
5 cl Tequila	
10 cl Orangensaft	dazugießen, verrühren; zum Schluss mit
1 Schuss Grenadine	floaten.

Die Mutter aller Sonnenaufgänge hat den Vorteil, dass sie im Handumdrehen im Glas ist. Hauptsache, die Grenadine zieht ein paar sattrote Streifen durch den Orangensaft.

Barbados Sunrise

6 cl brauner Rum	natürlich aus Barbados
6 cl Orangensaft	
5 cl Maracujasaft	
3 cl Limettensaft	im Shaker mit Eis kräftig schütteln und
	in ein Glas auf frische Eiswürfel
	abseihen. Vorsichtig
2 cl Grenadine	hinzugeben. Mit
Ananas	und
Minze	garnieren.

Brazilian Sunrise

4 cl Cachaça	
1 cl Zitronensaft	
10 cl Orangensaft	im Shaker mit Eiswürfeln schütteln und
	in ein Longdrink-Glas auf *crushed ice*
	abseihen.
2 cl Grenadine	in einem feinen Strahl hinzugeben.
	Im Idealfall mischt sich der Sirup mit
	der oberen Hälfte des Drinks und bildet
	einen weichen Farbverlauf:
	Sonnenaufgang an der Copacabana.

Tropisches ♈ Margaritas

Salz, Zitrusfrucht und bittersüßes Orangenaroma, aber immer nur ein bisschen und alles eiskalt! Wie kaum ein anderer Cocktail verkörpert die Margarita den subtilen Zauber, den ein *mixed drink* entfalten kann. Vielschichtig, aber doch harmonisch, kühl und heiß zugleich. Margarita ist einer der besten Drinks der Welt. Und einer der bekanntesten. Kein Wunder, dass sich eine Liste selbsternannter Urheber lesen würde wie das Telefonbuch einer Kleinstadt. Es gibt so viele Stiftermythen wie Trinker an den Theken von Tijuana. Aber immerhin sind einige davon Stammgäste bei der Autorensuche.

Der bekannteste dürfte der Deutsche Danny Negrete sein, der 1936–1944 als Gastronom durch Mexiko tingelte und sich dabei in eine Señorita namens Margarita verliebte. Die Mexikanerin hatte eine Vorliebe für gesalzene Drinks, deshalb erfand er nur für sie die Margarita. Eine schöne Idee und eine schöne Geschichte, die oft erzählt wird, sich aber kaum beweisen lässt.

Etwas weiter südwestlich von Tijuana liegt Rosario, wo Carlos ›Danny‹ Herrera die Erfinderehre für sich beanspruchte. Auch wenn er nie genau wusste, ob ihm die Margarita 1947 oder 1948 eingefallen war. Aber an seinen damaligen Stammgast Marjorie King erinnerte er sich: für das Showgirl, das angeblich nur Tequila vertrug, will er die Margarita kreiert haben.

Aus Ciudad Juarez, der Grenzstadt gegenüber dem texanischen El Paso, meldete sich Francisco ›Pancho‹

Margarita

Den Rand eines Margarita-Glases mit

1 Stück Zitrone	anfeuchten und durch
feines Salz	ziehen. Lose Salzkörner vorsichtig abklopfen.
6 cl Tequila Reposado	
4 cl Triple Sec	
2 cl Zitronensaft	im Shaker mit *crushed ice* kräftig schütteln. Vorsichtig abseihen.

Der Salzrand ist das Markenzeichen der Margarita, doch er ist umstritten. Viele Barkeeper verraten hinter vorgehaltener Hand, dass man damit auch minderwertige Tequila-Qualitäten kaschieren kann.

Cassis Margarita

Blue Curaçao
Kristallzucker
6 cl Tequila
3–4 cl Cassis
2 cl Zitronensaft

Den Rand eines Margarita-Glases in einer Untertasse mit und danach in drehen.

im Shaker mit Eis schütteln und vorsichtig in das Glas abseihen. Mit einem Picker voller frischer Früchte garnieren.

Der Zuckerrand ist in erster Linie Garnitur, weshalb man auch darauf verzichten kann.

Frozen Mango Margarita

6 cl Mangosaft
6 cl Tequila
2 cl Limettensaft
1 cl Mangosirup

in einen Aufsatzmixer geben. Bis zur Hälfte mit Eiswürfeln auffüllen und zu einer sorbetartigen Konsistenz schlagen. In ein Margarita-Glas füllen, mit und garnieren.

Sternfrucht
Johannisbeeren

Banana Margarita

1 reife Banane
6 cl Tequila
3 cl Galliano
2 cl Limettensaft

schälen, mit

in den Aufsatzmixer geben. Bis zur Hälfte mit Eiswürfeln auffüllen und mixen, bis eine homogene Flüssigkeit entstanden ist. In ein Margarita-Glas abseihen und zum Beispiel mit Scheiben von garnieren.

Zitrusfrüchten

Morales, der den Margarita-Geburtstag auf den 4. Juli 1942 verlegt. Pech, dass er vergaß, sich die Mischung patentieren zu lassen, und so verbrachte er 25 Jahre seines Berufslebens als Milchmann, worauf er viel stolzer war als auf die Margarita.

Erfolgreicher mit seiner Geschichte war Enrique Bastante Gutierez, der behauptete, die Margarita für die Schauspielerin Margarita Carmen Cansino erfunden zu haben. Um zu verstehen, was diese Version so interessant macht, muss man wissen, dass der Künstlername des Filmstars Rita Hayworth lautete.

Margaret Sames, amerikanische Lebedame und Nachbarin von John Wayne, wollte den Agavenschnaps-Mix auf einer ihrer legendären Weihnachtsfeiern in Acapulco erfunden haben. Der neue Drink kam dabei so gut an, dass die Feier ganze zwei Wochen dauerte. Aus demselben Grund sind wohl auch niemals glaubwürdige Zeugenaussagen aufgetaucht, die der Lebedame Legende hätten legitimieren können.

Tropisches ⏀ Coladas

Colada ist geradezu zum Synonym geworden für Drinks aus der Karibik. Kokos, Ananassaft und Sahne sind die typischen Bestandteile, können aber variieren. Denn zur Colada passt fast alles, von Himbeere bis Ananas und von Kaffee bis Schokolade.

Kokos-›Sahne‹ (*coconut cream*) wird durch die erste Pressung der frischen Kokosraspel gewonnen und bringt es auf 35 % Fettgehalt. Nur 10–20 % Fettgehalt hat die *coconut milk*, eine Mischung aus *coconut cream* und dem Resultat einer zweiten Pressung der gleichen Ko-

Apricot Colada

5 cl weißer Rum	
1 cl Apricot Brandy	
6 cl Aprikosensaft	
2 cl Ananassaft	
4 cl Coconut Cream	
1 cl Crème de Cacao	im Shaker gut schütteln und in ein großes Becherglas auf *crushed ice* abseihen und mit
Aprikose und Ananas	garnieren.

Choco Colada

2 cl brauner Rum	
2 cl weißer Rum	
1,5 cl Tia Maria	
2 cl Crème de Cacao	
1 cl Coconut Cream	
5 cl Sahne	im Shaker lange und kräftig schütteln. In einen großen Tumbler auf *crushed ice* abseihen.
Bitterschokolade	darüberraspeln und mit
Bananenscheiben	garnieren.

kosraspel, das mit ein wenig Wasser gestreckt wird. Entscheidend ist tatsächlich der Fettgehalt.

Schon 1906 erwähnt die »Washington Post« ein erfrischendes Ananasgetränk namens Piña Fría. Erst später kamen Rum und dann Kokosnuss hinzu. Weil der Erfolg viele Väter hat, ist seit den 1950er Jahren die Zahl der die Colada erfunden habenden Barkeeper auf den Inseln der Karibik stetig gewachsen. Wer wird da so pingelig sein und ein Speiseeis mit Ananas und Kokosnuss namens Pina Colada Ice Cream anführen, das in amerikanischen Zeitungen schon in den 1930er Jahren angepriesen wurde.

Der mäßig erfolgreiche Komponist Rupert Holmes landete mit »Escape«, besser bekannt als der »Piña Colada Song«, einen Evergreen, der es bei seinem Erscheinen 1980 immerhin an die Spitze der Charts schaffte.

French Colada

2 cl weißer Rum	
1 cl Cognac	
1 cl Cassis	
3 cl Ananassaft	
1 cl Coconut Cream	
2 cl Sahne	im Shaker beharrlich schütteln. In eine große Schale auf *crushed ice* abseihen und zum Beispiel mit
1 Kapstachelbeere	garnieren.

Piña Colada

4 cl Coconut Cream	
6 cl frischer Ananassaft	
3 cl brauner Rum	
3 cl weißer Rum	im Aufsatzmixer mit Eis zu einer homogenen Masse rühren. In ein weites Longdrink-Glas füllen, mit
1 Ananasschnitz	
1 Stück Kokos	sowie
1 Cocktail-Kirsche	garnieren.

Tropisches ♼ Caribbean Punches & Swizzles

Ein *punch* ist im englischen Sprachgebrauch nicht unbedingt ein Heißgetränk, sondern oft ein tropischer Drink mit reichlich Früchten. Das Wort kommt von *panch* aus dem Hindi und bedeutet fünf. Das spielt auf die ursprünglichen Zutaten an: Arrak, Zucker, Zitrone, Wasser und Tee. Seeleute der britischen East India Company brachten Wort und Rezept nach Europa. In britischen Dokumenten erscheint es ab 1632. Zunächst waren es überwiegend heiße Winter-Punsche, aber schon 1655 wurde der erste Jamaica Punch populär. Keine 20 Jahre später gab es bereits *punch houses*.

Eine Unterart der *punches* sind *cups*. Mit etwas weniger Alkohol wurden sie in England traditionell vor der Jagd gereicht. Heute darf es auch ein Picknick sein. Ein bekanntes und sehr englisches *cup* ist das Pimm's No 1 mit Pimm's und Gurken- oder Borretschblättern.

Der berühmteste Punch ist sicher der Planter's Punch, wenn er auch keine bestimmte Mischung bezeichnet. Gemeint ist ein Mixgetränk auf Rumbasis mit diversen tropischen Fruchtsäften und Früchten.

Ähnlich prominent ist der Mai Tai, um dessen Erfindung sich die amerikanischen Gastro-Legenden Trader Vic's und Donn Beach streiten. Seinen Namen verdankt der Punch thailändischen Gästen, denen er kredenzt wurde, und die zufrieden kommentierten *mai tai* – schmeckt gut. Der Mai Tai und die Pazifik-Bar-Kultur, die amerikanische GIs von ihrem Einsatz im Zweiten Weltkrieg mit nach Hause brachten, hinterließen Spuren im amerikanischen Zeitgeist. Als Millionenerbin Patty Hearst nach einem Zwischenspiel als Stadt-Guerillera 1976 auf Bewährung aus dem Gefängnis entlassen wurde, war das erste, was sie verlangte, ein Mai Tai.

Der Swizzle hat einen Namensvetter im *swizzle stick*, dem kleinen Rührstäbchen für Mixgetränke, das bisweilen noch zwei Zinken hat. Seine Geschichte begann 1934. Kurz nach dem Ende der Prohibition saß Jack Sindler im Bostoner Ritz Carlton Hotel und versuchte erfolglos die Olive aus seinem Martini zu fischen. Dem Erfinder kam sofort die Idee, die Jagd mit einer kleinen Harpune zu perfektionieren, und er ließ sich den *swizzle stick* patentieren.

Einige Rum Drinks hießen allerdings schon im 19. Jahrhundert Swizzles. In englischer Umgangssprache ist ein *swizzler* ein Schwindler. Das Swizzle Inn auf den Bermudas ist bekannt für seine Swizzles und wirbt mit dem griffigen Slogan »Swizzle inn, swagger out! – »Reinschwindeln, rausstolzieren«.

Zombie

3 cl weißer Rum
6 cl brauner Rum
1 BL Zuckersirup
2 cl Lime Juice
3 cl Ananassaft
1 BL Apricot Brandy
1 Spritzer Pastis
1 Spritzer Angostura

im Shaker kaltschütteln und in ein großes Glas auf *crushed ice* abseihen. Mit

Minze und Früchten

garnieren.

Rum Punch

5 cl weißer Rum
1 cl Curaçao Orange
4 cl Maracujasaft
1 cl Amaretto
2 cl Zitronensaft
1 BL Zuckersirup

im Shaker kräftig schütteln. In ein Becherglas auf *crushed ice* abseihen. Man kann den Rum Punch mit

$^1/_2$ Passionsfrucht

garnieren: die ausgehöhlte Schale mit hochprozentigem Rum füllen und den Drink brennend servieren.

Mai Tai

5 cl brauner Rum
3 cl weißer Rum
Saft 1 Limette
3 cl Grapefruitsaft
1 cl Vanillesirup
1 cl Curaçao Orange
1 cl Zuckerrohrsirup
2 Spritzer Angostura

im Shaker kräftig schütteln und in ein Becherglas auf *shaved ice* abseihen, mit

Minze und Ananas

garnieren.
Vom Mai Tai gibt es Rezepte wie Sand am Pazifik.

Ti' Punch

$^1/_2$ Zitrone

ausdrücken und die Schalen in ein Becherglas geben. Mit

1 cl Zuckerrohrsirup
6 cl Rum

auffüllen und verrühren.

Der Ti' Punch (kurz für Petit Punch) wird auf den französischsprachigen Inseln der Karibik als Aperitif getrunken. Ins Originalgetränk darf nur *rhum agricole,* dessen Aroma den Reiz dieses Drinks ausmacht.

Batida de Côco

1 reife kleine Banane
5 cl Ananassaft
2 cl Sahne
2 cl Coconut Cream
5 cl Cachaça im Aufsatzmixer rühren, bis die Banane püriert ist. Ein Longdrink-Glas mit *crushed ice* zu drei Viertel füllen, die Batida darübergießen und verrühren. Mit
Ananas garnieren.

Tropisches ♟ Cachaça Drinks

Das Ausgangsmaterial für das Nationalgetränk der Brasilianer ist Zuckerrohr. Anders als bei manchen Rums, die aus Melasse, dem Rückstandsmaterial bei der Zuckeraffinade, destilliert werden, kommt für den Cachaça nur frischer und dann vergorener Zuckerrohrsaft in den Brennkessel. In Brasilien werden heute gereifte Cachaças von beachtlicher Qualität hergestellt. Sie gelten aber nicht in erster Linie als Zutat für Caipirinha, für die fast immer junge Brände verwendet werden, deren ebenfalls hohe Qualität den Mixgetränken zugute kommt. Der exotisch-salzige Geschmack des Cachaça passt perfekt zu tropischen Säften.

Copacabana at Dawn

6 cl Cachaça
5 cl Maracujasaft
2 cl Schokosirup
3 cl Sahne im Shaker gut schütteln, in ein Longdrink-Glas auf Eiswürfel abseihen und mit
1 Scheibe Sternfrucht garnieren.

Schokolade und Maracuja sind ideale Partner. Gut abgeschmeckt, entwickeln sie ein feines bitter-exotisches Aroma.

Brazilian Crush

4–5 Kumquats	halbieren und in einem Tumbler mit dem Stößel leicht zerdrücken. *Crushed ice* dazugeben und mit den Kumquats mischen, sodass sie sich gut verteilen.
6 cl Cachaça	
1,5 cl Grenadine	
1 cl Limettensaft	im Shaker schütteln, ins Glas seihen, kurz umrühren, mit
Minzezweig	und Trinkhalm garnieren.

Caipirinha

Stücke von

1 unbehandelten Limette	mit
2 BL Rohrzucker	in einen Tumbler mit dickem Boden geben. Mit einem Stößel den Saft aus den Limettenstücken drücken.
6 cl Cachaça	zugeben, umrühren und mit
crushed ice	auffüllen. Abermals kurz umrühren.

Als Variation kann man den Drink mit ungespritzten Mandarinen, Maracuja-, Mango- oder Feigenpüree zubereiten.
Weitere Varianten: mit Rum als Caipirissima oder mit Sake, dann unter dem Namen Caipisake.

Tropisches ♼ Mocktails mit Schuss

Aperol Starter

4 cl Aperol
3 cl Orangensaft
1 cl Zuckerrohrsirup
2 cl Limettensaft
1 cl Lime Juice   im Shaker schütteln und in ein schlankes Kelchglas auf Eiswürfel abseihen, mit
1 Cocktail-Kirsche   garnieren.

Ein schöner, geradliniger und leichter Bitter Aperitif.

Golden Cadillac Convertible

2 cl weiße
Crème de Cacao
1 cl Vanillesirup
4 cl Orangensaft
2 cl Sahne   im Shaker gut durchschütteln. In ein Cocktail-Glas abseihen und mit
1 Kumquat   garnieren.

Dieser Mocktail ist eine gelungene Abwandlung des Golden Cadillac, dessen Galliano durch Vanillesirup ersetzt wird.

Mojito Mocktail

Minzeblätter	von 1 Zweig Minze abstreifen und mit
1–2 BL braunem	
Zucker	und
2 Tropfen Angostura	in einen Tumbler geben. Mit dem Stößel die Minzeblätter leicht zerdrücken. Das Glas mit *crushed ice* füllen, mit
Soda	aufgießen, kurz verrühren und mit
1 Minzezweig	garnieren.

Colada Linda

3 cl Batida de Côco	
3 cl Coconut Cream	
6 cl Ananassaft	
2 cl Sahne	
1 cl Zuckerrohrsirup	mit einer Handvoll Eiswürfel in den Aufsatzmixer geben, mixen bis eine fast homogene Masse entstanden ist, und in ein Longdrink-Glas füllen. Mit Trinkhalm und
Ananasstück	am Glasrand garnieren.

Ausgefallenes 🍸 *Spicy Drinks*

Es gibt Cocktails, deren Geschichte klingt wie die Familiensaga einer amerikanischen Öl-Dynastie. Der Stammbaum reicht 100, 200 Jahre zurück. Manche haben offensichtlich schon mit einem der ersten englischen Schiffe in Amerika angelegt. Viele, die danach kamen, waren doch nur Abwandlungen der alten. Wirklich neu ist wenig. Und dazu gehören Spicy Drinks. Die haben nichts mit den üblichen Mutproben à la Sangri-

ta, Tabasco & Co. zu tun. In Spicy Drinks treffen typische Cocktail-Zutaten wie Spirituosen, Früchte und Liköre auf aromatische Gewürze wie Basilikum, schwarzen Pfeffer und Ingwer. Deren exotische Schärfe geht eine überraschende Verbindung mit den klassischen Partnern ein. Spicy Drinks gehören zum Interessantesten, was die Barkultur in diesem Jahrtausend hervorgebracht hat.

Basil Crush

1 Zweig Basilikum	abstreifen und die Blätter vorsichtig mit einem Stößel auf dem Boden eines Tumblers zerdrücken.
3 cl Limettensaft	
5 cl Gin	
1,5 cl Zuckerrohrsirup	mit
3 cl trüben Apfelsaft	im Shaker gut schütteln. In den Tumbler auf *crushed ice* abseihen, umrühren und mit
Basilikumblättern	und
Limettenschale	garnieren; mit Trinkhalm servieren.

Pepper Martini

4 cl Pfeffer Wodka	
1 cl Noilly Prat	
1,5 cl Mangalore Chili Likör	im Rührglas auf Eiswürfeln verrühren, bis es von außen beschlagen ist. In ein Martini-Glas abseihen und mit den Spitzen von
2 roten Peperoni	garnieren.

Green Cucumber

1 Stück Gurke	
1 Stück Chili	im Glas des Shaker mit einem Stößel zerkleinern.
3 cl Gin	
1,5 cl Melonenlikör	
1,5 cl Limettensaft	
1,5 cl Zuckerrohrsaft	dazugeben, im Shaker kräftig schütteln und in eine Cocktail-Schale abseihen. Mit frischer
Gurke	und
Chili	garnieren.

Ginger Cosmopolitan

3 cl Wodka	
1 cl Cointreau	
1,5 cl Limettensaft	
4 cl Cranberrysaft	
1 cl Ingwerlikör oder -sirup	und etwas frisch
geriebenen Ingwer	im Shaker kräftig schütteln, in eine Cocktail-Schale abseihen, mit
Limette, Cocktail-Kirsche und Minze	garnieren.

Ausgefallenes Fancies

Kein festes Rezept, keine Regeln, viel Fruchtsaft und Phantasie, fertig ist der Fancy Drink. Hier ist nichts verboten. Fancy ist alles, was nicht in eine Schublade passt, aber möglichst bunt aussieht. Er kann zwischen Longdrink und *milk shake,* zwischen *tropical cooler* und Fruchtsalat schwanken. Anything goes, sogar bunte Gläser und dicht bepackte Fruchtspieße. Deshalb fehlen die Favoriten der Barkeeper auch auf kaum einer guten Karte.

Vanilla Sky

4 cl Vanilla Sky Wodka	
2 cl Strawberry Likör	
1 cl Vanillesirup	
2 cl Limettensaft	
5 cl Cranberrynektar	
3 cl Maracujanektar	
1 Prise Muskat	im Shaker kräftig schütteln, in ein Old-Fashioned-Glas auf *crushed ice* abseihen. Üppig mit
Früchten, Zitrusschale Vanilleschote	und
1 Minzezweig	garnieren.

Pink Elephant

3 cl Baileys
3 cl Erdbeersirup
4 cl Ananassaft
4 cl Maracujanektar
4 cl Sahne

im Shaker mit
Eiswürfeln
schütteln. In
ein Fancy-Glas
auf Eiswürfel
abseihen. Mit
Erdbeeren und anderen
Früchten garnieren.

Pepper-mint Patty

3 cl Captain Morgan
Spiced Rum
2 cl Licor 43
8 cl Stracciatella
Joghurt
4 cl Coconut Cream
3 cl Maracujanektar

im Shaker lange
und kräftig
schütteln. In
ein großes Be-
cherglas füllen.
Mit
Minze und
Früchten garnieren.

Passione

3 cl Malibu
3 cl Passoa
1/2 Limette
6 cl Ananassaft
8 cl Maracujanektar

Saft von

im Shaker mit
Eiswürfeln
schütteln.
In ein großes
Ballonglas auf
crushed ice
abseihen. Groß-
zügig mit Strei-
fen von
Orangenschalen und mit
1/2 Passionsfrucht garnieren.

Ausgefallenes ♼ Molekular Drinks

Ein bisschen Kreativität bei der Kombination aus Aromen und Früchten sollte eigentlich in jeden Drink investiert werden. Die Cocktails auf den folgenden Seiten sind für Experimentierfreudige, die intelligent komponierte Drinks mit überraschenden Zutaten verkraften können.

Mokkaschäume und verkapselte Pulpoperlen haben auch in der Haute Cuisine einiges bewegt. Ferran Adrià, dem spanischen Protagonisten der Molekularküche, ist es gelungen, Lebensmittel mit dem Zusatz neutraler Chemikalien so zu verändern, dass sie eine völlig neue Konsistenz entwickeln. Algen werden zu Lollies und Hummer zu Schaum (*espuma*).

Findige Barmixer haben Molekular-Cocktails schon in ihrem Repertoire. Whiskey Sour mit *espuma de maracuya* und Bloody Mary mit ›Sellerieperlen‹ sind geeignet, abends die Gäste zu verdutzen. Cocktails werden in Gels und Kugeln zerlegt, die erst im Mund des Gastes platzen und dabei für überraschte Reaktionen sorgen.

Wer selbst Molekular-Drinks mixen will, muss sich zunächst ein Sortiment Chemikalien zulegen. Vor allem Gelier- und Verdickungsmittel aus Algen, Seegräsern, Pflanzenfasern oder Samen sind erforderlich. Das zur Herstellung von Gelkapseln benötigte Calcium-Laktat ist eine organische Mineralstoff-Verbindung. Es sind also natürliche Produkte, geschmacksneutral und farblos. Derzeit gibt es in Europa dafür vor allem zwei Lieferanten: ›Texturas‹ von Ferran Adrià und die ›texture‹-Produkte der Firma Biozoon, die vom Technologie Transfer Zentrum (TTZ) entwickelt wurden. Das eine oder andere mag recht kostspielig sein, generell sind die Mittelchen aber erschwinglich.

Das gilt auch für den Hardware-Bedarf. Schüsseln und ein hochtouriger Mixer, vielleicht eine Präzisionswaage, die 0,1 Gramm-Schritte anzeigt, und noch ein paar Gerätschaften. Ohne Vorwissen sollte man sich auf längere Testreihen einstellen. Alles ist eine Sache der exakten Mischung und des Timings. Kein Produkt ist wie das andere. Selbst für einen Sirup von zwei verschiedenen Herstellern fallen andere Mengen an.

Kleine Erfolge wie Kaviarkugeln aus Campari stellen sich schnell ein. Bevor man aber seine Gäste mit stickstoffvereisten Kreationen beeindrucken kann, wird einige Zeit vergehen. Die Rezepte verstehen sich als Einsteigerübungen, die man mit etwas Erfahrung beliebig erweitern kann. Die Mengenangaben sind allerdings nur bei exakt den gleichen Produkten verlässlich.

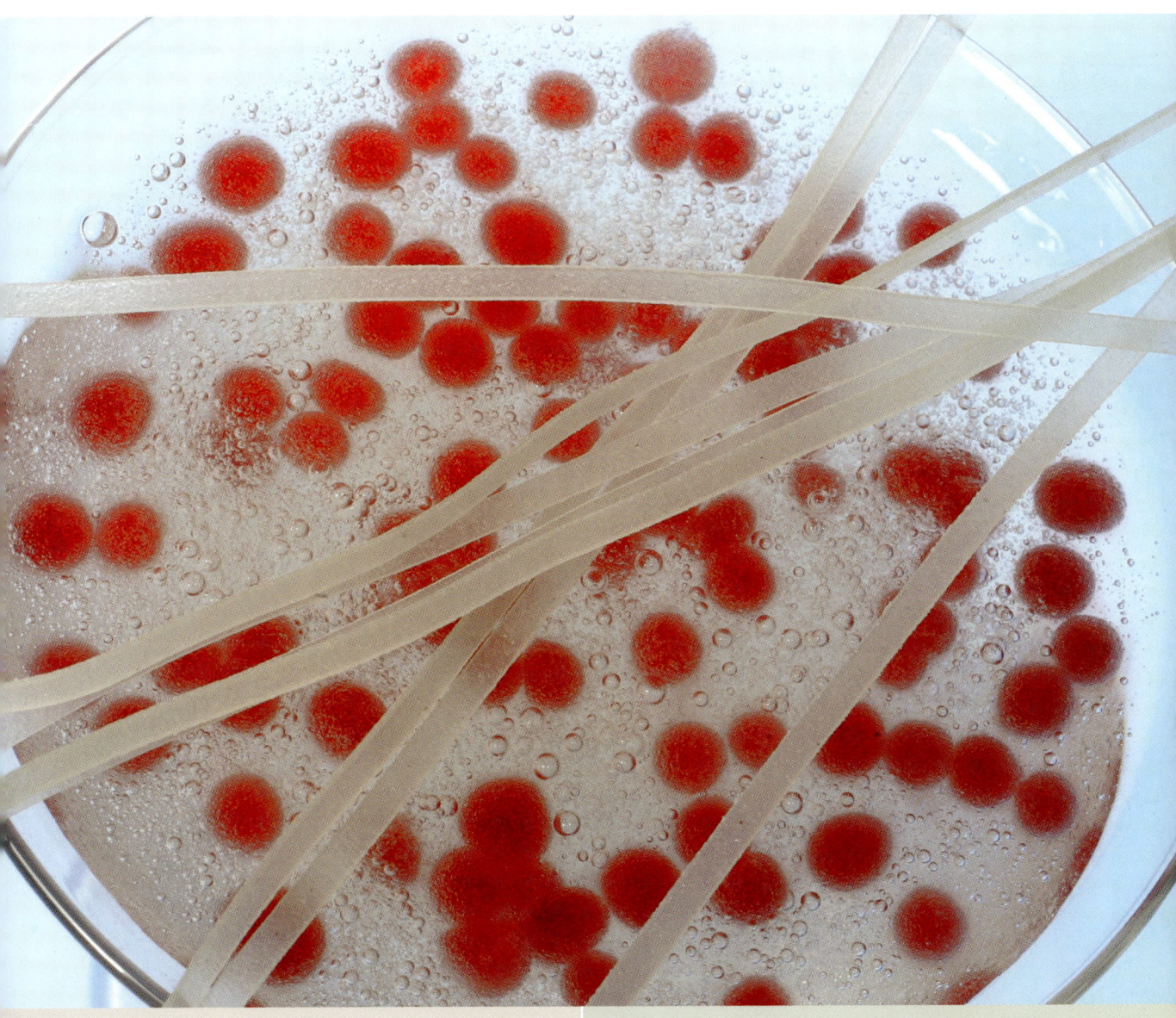

Falscher Cappuccino

3 gestrichene Löffel Xanthazoon bzw. 0,4 g Xantana in 50 cl Cream-
likör Dooley's auflösen (Xantana mit dem Likör im Mixer mischen),
in einen kleinen Sahnebereiter (iSi Whip) füllen und zwei Sahne-
kapseln aufschrauben. Im Kühlschrank ein paar Stunden kaltstellen. Vor dem Servieren 4 cl Kahlúa mit 4 cl Brandy auf Eis im Shaker schütteln, ins Glas abseihen und die Creamlikör-Espuma
daraufspritzen. Möglichst ausgefallen mit Schokolade garnieren.

Kir Moleculaire

80 cl Saft von Schwarzen Johannisbeeren, 2 cl Crème de Cassis und 2 cl Limettensirup verrühren. 1 g Alginat einrieseln lassen und glattrühren. Dabei sollen möglichst wenig Bläschen
entstehen. Am besten über Nacht stehen lassen. 5 gestrichene BL Calazoon und 13 cl (2,5 g) Calcic in 50 cl kaltem Wasser auflösen. Mit einer Spritze die Saft-Alginatlösung in die Cal-
cium-Laktat-Lösung tröpfeln lassen, sodass kaviarähnliche
Kügelchen entstehen. Mindestens 30 Sekunden warten, bis die
Gel-Ummantelung aufgebaut ist. Die Kugeln mit dem Schaum-
löffel entnehmen und in einem kalten Wasserbad kurz neutralisieren. Den Cassis-Kaviar in ein Glas mit Champagner geben.

Molekulare Bloody Mary

3 gestrichene BL Guarzoon in 20 cl Tomatensaft vollständig auflösen, ebenso 3 gestrichene BL Guarzoon in 20 cl Wodka. Selleriegrün oder andere Küchenkräuter entsaften und 10 cl Saft gewinnen. Den Saft mit 1 BL Algizoon verrühren, leicht salzen und darauf achten, dass keine Bläschen entstehen. Am besten am Vortag herstellen. Zum Servieren ein großes Cocktail-Glas zur Hälfte mit der Tomatenlösung füllen und fest werden lassen. Die Wodkamischung daraufgeben und ebenfalls fest werden lassen. 5 gestrichene BL Calazoon in kaltem Wasser vollständig auflösen und in einer Schüssel bereitstellen. Ein weiteres Wasserbad bereitstellen. Den Kräutersaft in eine Spritze füllen und in die Calazoonlösung tropfen oder langsam einspritzen, sodass lange Nudeln oder Linsen entstehen. Nach 1 Minute herausfischen und in kaltem Wasser nachspülen. Die Sellerie- oder Kräuterlinsen bzw. -nudeln auf den Drink geben. Wenn der Gast mit dem Trinkhalm umrührt, verflüssigen sich Tomatensaft und Wodka und verbinden sich. Die Linsen oder Nudeln zerplatzen im Mund und geben die Würze frei.

Piña Colada Espuma

6 Blatt Gelatine (à 1,7 g; oder 1 g Xantana) in kaltem Wasser einweichen, etwas von insgesamt 60 cl Ananassaft erwärmen und die ausgedrückte Gelatine darin auflösen. Anschließend mit dem restlichen Ananassaft, 35 cl Kokosmilch und 5 cl braunem Rum (35 % vol Alkoholgehalt) verrühren. Dann füllt man die Flüssigkeit in einen Sahnebereiter (iSi Whip) und schraubt nacheinander zwei iSi-Sahnekapseln auf. Im Kühlschrank für mehrere Stunden kaltstellen. Vor der Entnahme nochmals kräftig mit dem Gerätekopf nach unten schütteln. In ein Kelchglas sprühen und nach Geschmack mit Stücken von kandierten Früchten garnieren und mit einem dicken Trinkhalm und einem Löffel servieren.

Erhebendes 🍸 *Flips*

Wer tagsüber einen Cocktail trinkt, hat meist einen triftigen Grund: vielleicht einen Geburtstag, eine Beförderung oder einen Brummschädel vom Abend davor. Jeder dieser Anlässe hat seine Berechtigung, deshalb gibt es auch für alle die passenden Drinks. Die meisten haben einen eher gemäßigten Alkoholgehalt. Und Zutaten wie Sahne oder Gewürze sind zarte Annäherungsversuche an die Kategorie Lebensmittel. Der Grund ist einleuchtend: nicht jeder will schon am Vormittag über seine Blutalkoholwerte nachdenken. Flips und Eggnogs enthalten Eigelb, oft Sahne, dazu winterliche Zutaten wie Mandeln, Sherry, Muskat. In den USA und in einigen anderen Ländern sind sie längst traditionelle Drinks für die Winter- und Weihnachtszeit geworden, viele da-

Brandy Flip

1 Eigelb	
5 cl Brandy	
2,5 cl Sahne	
1 cl Zuckersirup	im Shaker kräftig schütteln und in einem Cocktail-Glas mit
1 Prise Muskat	garnieren.

Broker's Flip

5 cl weißer Port	
1,5 cl Gin	
1 cl Vermouth bianco	
1 Ei	
1–2 Spritzer Anisette	im Shaker kräftig schütteln und in einem Cocktail-Glas mit
1 Prise Muskat	garnieren.

von so harmlos, dass man sie in großen Mengen vorbereitet und mit der ganzen Familie trinkt. Die Pick Me Ups enthalten dagegen selbst Alkohol und stützen sich auf die Hair-Of-The-Dog-Theorie, nach der eine kleine Menge Alkohol gegen den Kater hilft.

Ei gehört in einen Flip, so viel ist sicher. Dazu kommen die Basisspirituose und Zucker, eventuell auch Liköre.

Alles wird ordentlich geschüttelt, damit sich die etwas dickflüssigen Zutaten gut untereinander, aber auch mit den verstärkten Weinen wie Sherry und Port vermischen. Außerdem dauert es länger, alles zu kühlen. Zu den meisten passt Muskat als Garnitur. Viele Flips enthalten auch Milch und Sahne, heißen dann Eggnogs und fallen noch ein bisschen nahrhafter aus.

Chocolate Flip

5 cl Port	
0,5 cl Chartreuse	(gelb)
1 cl weiße Crème de Cacao	
1 Ei	
0,5 cl Zuckersirup	im Shaker kräftig schütteln. In eine Cocktail-Schale abseihen und etwas
Bitterschokolade	darüberreiben.

Sherry Flip

1 Eigelb	
4 cl Sherry Oloroso	(abhängig davon, wie süß der Sherry selbst ist, kann man bis zu)
2 cl Zuckersirup	hinzufügen und dann mit
2 cl Sahne	im Shaker kräftig schütteln. In eine Cocktail-Schale abseihen und mit
1 Prise Muskat	garnieren.

Erhebendes ℸ Eggnogs

Mit einem Eggnog hat man schon das halbe Frühstück: Eigelb, Zucker, Sahne und eine oder mehrere Spirituosen. Amerikaner trinken Eggnogs zu Weihnachten, zum Katerfrühstück oder zum Brunch, auf Wunsch auch ohne Alkohol. George Washington, der erste Präsident der Vereinigten Staaten, war ein erklärter Fan und verwöhnte seine Gäste mit Eggnogs nach eigenen Rezepten. Dazu gehörten Rye Whiskey, Rum und Sherry. Angeblich war die Mischung so steif, dass nur die mutigsten Patrioten das Angebot wirklich zu schätzen wussten.

Brandy Eggnog

1 Eigelb	
1 BL Zucker	im Glas des Shakers mit einem Quirl verschlagen, bis die Masse weißlich wird, mit
3 cl Brandy	
1,5 cl weißem Rum	
5 cl Sahne	und viel Eis im Shaker lange und kräftig schütteln. In ein Kelchglas auf einige Eiswürfel abseihen, mit
1 Prise Muskat	und nach Geschmack mit
1 Prise Zimt	garnieren.

Breakfast Eggnog

1 Eigelb	
6 cl Weinbrand	
1,5 cl Curaçao Orange	
5 cl Milch	
4 cl Sahne	im Shaker mit Eis lange und kräftig schütteln. In einen großen Tumbler auf *crushed ice* abseihen.

Ein milder und trotzdem aromatischer Drink. Ob er frühstückstauglich ist, bleibt Ansichtssache.

Advocaat's Eggnog

1 Eigelb	
3 cl Advocaat	
6 cl Tawny Port	
4 cl Milch	
2 cl Sahne	mit reichlich Eiswürfeln im Shaker schütteln, in eine Cocktail-Schale abseihen und mit
1 Prise Muskat	garnieren.

Ein Rezept von Charles Schumann's Bar in München.

Mexican Eggnog

15 cl Milch	
25 g Zucker	
25 g gem. Mandeln	aufkochen. Etwa 15 Minuten simmern lassen, dabei rühren, bis die Flüssigkeit fast homogen ist. Abgekühlt mit
1 Eigelb	
4 cl braunem Rum	
2 cl braunem Tequila	und viel Eis in den Shaker geben. Gut schütteln und in eine vorgekühlte Cocktail-Schale abseihen. Mit
Mandelblättern	garnieren.

Sprachwissenschaftler haben seine ersten Vorformen schon in East Anglia, einer Halbinsel im Osten Großbritanniens, ausgemacht. Im 17. Jahrhundert soll sich der Wortteil *nog* von *noggin* abgespalten haben, ein starkes Ale, das oft mit Ei gemixt wurde. Noch heute wird in Schottland die *old mans milk,* wie man Eggnogs hier nennt, zu Weihnachts- und Neujahrsfeiern serviert. Amerikaner pochen darauf, dass die Verschmelzung von *egg* und *grog,* einer früher gebräuchlichen Bezeichnung für eine Mischung aus Rum, Wasser, Zitronensaft und Zucker, zum umgangssprachlichen *eggnog* selbigen als genuin amerikanische Erfindung ausweise. Der Eggnog reiste um die Welt, er wurde in den Südstaaten der USA mit Bourbon modern, in Puerto Rico als *coquito* getrunken, als *rompope* in Mexiko, und Franzosen gönnen sich eine *lait de poule.* In jedem Land wurde er ein bisschen abgewandelt. Die Peruaner feiern mit *biblia con pisco* den Ferienbeginn. Auf deutschen Tischen landete vor einigen Jahrzehnten eine Biersuppe, die im besten Fall mit Eigelb und Sahne ›verfeinert‹ war.

Heute ist der Eggnog ziemlich unmodern geworden. Das ist bedauerlich, denn er hat einen sehr eigenen Stil und ist genau der richtige Drink in angenehmer Gesellschaft an kalten Wintertagen.

Bloody Mary

5 cl Wodka
15 cl Tomatensaft
1 Spritzer Zitronensaft
1 Spritzer Worcester
Sauce
1 Spritzer Tabasco
schwarzen Pfeffer
Salz

im Shaker gut schütteln
und in ein großes Long-
drink-Glas auf zwei Eiswürfel abseihen. Gemüse-Fans
garnieren das Glas mit
einem Stück Stangen-
sellerie.

Bull Shot

5 cl Wodka
10 cl Rinderbouillon

möglichst frisch gekocht,
aber abgekühlt, im Rühr-
becher verrühren. Gut ab-
schmecken. In ein Long-
drink-Glas auf Eiswürfel
abseihen und umrühren.
Wem noch zu helfen ist,
dem wird eine kräftige
Rinderbouillon wieder
auf die Beine helfen.

Erhebendes 🍸 *Pick Me Ups*

Pick Me Ups sollen den ernüchterten Zecher am nächsten Morgen wieder aufrichten, wenn der Kopf dröhnt
und die Zunge schwer ist. Denn mit seinem Kater ist er
ganz auf sich gestellt. Selbst die Wissenschaft weiß nicht
genau, was sich in seinem Kopf abspielt und welches
Kraut gegen das ›alkoholische Post-Intoxikations-Syn-
drom‹ gewachsen ist. Bis jetzt haben es die Forscher
nicht für nötig erachtet, einem der häufigsten, allerdings
auch selbstverschuldeten aller Kopfschmerzen mit kli-
nischer Forschung nachzugehen.

Der Alkohol selbst macht allerdings keinen Kater. Es
sind Begleitstoffe. Unter schwerem Verdacht stehen
Acetaldehyd, das im Wortsinn an den Nerven zerrt, und
Fuselöle, eine ungeliebte Begleiterscheinung des Des-
tillierens, die sich besonders in braunen Destillaten wie
Brandy und Whisky findet. Oft genug zusammen mit
Farbstoffen und Schwefel, die die Sache nicht besser ma-
chen. Sich daraufhin bei unmäßigem Genuss klarer
Brände katermäßig auf der sicheren Seite zu wähnen
kann nach hinten losgehen. Die Regel kennt jedenfalls

Fallen Angel ▶▶

4 cl Gin
1 Spritzer
Crème de Menthe
1 Spritzer Angostura
1 Spritzer Zitronensaft

im Shaker auf *crushed ice* schütteln und in ein Cocktail-Glas abseihen.

Wer am Abend zuvor mit zu viel Gin abgeschlossen hat, findet im Fallen Angel *the hair of the dog that bit you.* Auch zu Shakespeares Zeiten wusste man, ganz in der Tradition des Hippokrates, dass man Ähnliches nur mit Ähnlichem heilen kann: *Similia similibus curantur.*

Prairie Oyster ▶

Olivenöl
1–2 EL Ketchup
1 Eigelb setzen
Salz
schwarzem Pfeffer
1 Tropfen Tabasco
1–2 Spritzern
Worcester Sauce
1–2 Spritzern
Balsamico
1 Tropfen Angostura
1–2 cl Cognac

Ein Margarita-Glas mit ausschwenken, hineingeben, darauf Das Ganze mit frisch gemahlenem

oder Zitronensaft würzen. Nach Bedarf gibt man noch und/oder dazu.

populäre Ausnahmen. Zigarren-Kettenraucher Winston Churchill pflegte große Mengen französischen Cognacs katerfrei zu konsumieren. Aber einmal an Queen Mums kristallklarem Gin genippt, und der Premier blickte am nächsten Tag kläglich drein. Auch schlechte Obstbrände wirken sich ›katerstrophal‹ aus – obwohl sie transparent sind.

Ähnlich verdächtig wie Fuselöle sind sogenannte Congemere, die ebenfalls häufiger in dunklen als in hellen Alkoholika anzutreffen sind. Im Körper lösen sie Brechreiz und Kopfschmerz aus. Hinterhältigster aller Begleitstoffe aber ist Methanol oder Spiritus. Im Gegensatz zum Ethanol, dem Trinkalkohol, wird der giftigere Bruder langsamer abgebaut, und zwar zu Formaldehyd und Ameisensäure, die zu unerträglichen Kopfschmerzen – in hoher Dosierung sogar zu Blindheit – führen. Seine größte Wirkung entfaltet das Methanol daher im Körper, wenn der Alkohol schon fast abgebaut ist. Und hier liegt die Chance, den Organismus zu überlisten. Der Abbau von Ethanol hat in der Leber Priorität. Wer also den Tag danach mit einer Bloody Mary begrüßt, dessen Leber stoppt nach dieser Theorie erst mal den Methanolabbau und damit den Kater – vorläufig. Wer dieser Theorie misstraut, der kann den Alkoholanteil gern weglassen. Denn von den verbleibenden Zutaten sollen die meisten ebenfalls gegen den Katzenjammer helfen.

Bekömmliches ♆ After Dinner Drinks

Einst war ein gutes Essen ohne einen Digestif gar nicht denkbar. Niemand wäre vom Tisch aufgestanden, ohne mit einem guten Cognac, einem süßen Cocktail oder einem edlen französischen Kräuterlikör abzuschließen. Jeder dieser Drinks hat nach einer ausgiebigen Mahlzeit seinen besonderen Reiz. Zum Kaffee der Cognac, der zum entspannten Nachdenken anregt. Eine eiskalte grüne Chartreuse, die beruhigend auf den Magen wirkt. Oder einfach ein sahnig-süßer Cocktail, dem so manches Dessert nicht das Wasser reichen kann.

Leider sind viele dieser Kostbarkeiten immer weiter in Vergessenheit geraten. Gut gemeintes, aber übertriebenes Gesundheitsbewusstsein führt immer häufiger dazu, köstliche Mahlzeiten mit Wasser zu begleiten und abzuschließen. Aber glücklicherweise gibt es sie noch, fest wie die Felsen in der Brandung, die angenehmen After Dinner Drinks, die man übrigens auch ohne Essen genießen kann.

BBC

4 cl Weinbrand
2 cl Bénédictine
4 cl Sahne · im Shaker kräftig schütteln und in einen Tumbler auf Eiswürfel abseihen.

Einen besonderen Nachrichtenwert, wie sein Name vermuten lässt, hat der Drink nicht. Er heißt nur so, weil er im angelsächsischen Sprachraum aus Brandy, Bénédictine und *cream* gemixt wird.

Brandy Alexander

3 cl Cognac
2 cl Crème de Cacao
3 cl Sahne · im Shaker kraftvoll schütteln. In eine Cocktail-Schale abseihen und mit
1 Prise Muskat · garnieren.

Brandy Alexander ist ein Klassiker mit großer Verwandtschaft, zum Beispiel Alexander, Alexandra (mit Gin und Sahne) und Alexander's Sister (mit Crème de Menthe statt Crème de Cacao).

Alaska

4 cl Gin
2 cl Chartreuse
einige Spritzer
Orange Bitter · im Rührglas lange verrühren und in ein kleines Kelchglas abseihen.

Alaska ist ein gutes Beispiel für die fast vergessene positive Wirkung von Kräuterlikören nach dem Essen.

Angel's Delight

2 cl Gin
2 cl Grand Marnier
2 Spritzer Grenadine
4 cl Sahne · im Shaker gut schütteln, in eine Cocktail-Schale abgießen.

An der Farbe werden Engel ihre Freude haben.

Bekömmliches ♸ *Sweet Drinks*

Beach at Night

4 cl Rum

1 cl Mandelsirup

4 cl Orangensaft

2 cl Zitronensaft

6 cl Mangonektar

2 cl Sahne   im Shaker mit Eis schütteln. In ein Longdrink-Glas auf Eiswürfel abseihen,

2 cl Blue Curaçao   darübergießen, mit

Sternfrucht und

Zitronenschale   garnieren.

Nine Mile

5 cl brauner Rum

2 cl Bananenlikör

1 cl Vanillesirup

1 cl Cassis

1 cl Limettensaft

7 cl Ananassaft

6 cl Cranberrysaft   im Shaker gut schütteln und in ein
Longdrink-Glas abseihen, das halb mit
crushed ice gefüllt ist. Mit

Früchten   garnieren.

El Presidente

4 cl weißer Rum
1 cl Triple Sec
1 cl Vermouth dry
1 cl Grenadine
1 cl Limettensaft   im Rührbecher auf Eiswürfeln verrühren
und in eine vorgekühlte Cocktail-Schale
abseihen.

El Presidente ist ein kubanischer Klassiker und kommt ohne jede
Garnitur aus.

Midnight Moon

1 cl Cognac
1 cl Amaretto
1 cl Cacao Pico   im Rührglas mit Eiswürfeln eiskalt
rühren. In eine gefrostete Cocktail-
Schale abseihen und mit eisgekühltem
Champagner   aufgießen.

Ein Cocktail, der ebenfalls ohne jede Garnitur überzeugt.

Bekömmliches ♼ Cold Coffee Drinks

Blackjack

◄

1 cl Weinbrand
3 cl Kirschwasser
3 cl kalter Espresso
2 cl Zuckersirup   im Shaker mit Eis schütteln. In ein Cocktail-Glas auf *crushed ice* abseihen, mit Trinkhalm servieren.

Black Prince

2 cl weißer Rum
1 cl Kokosnusssirup
3 cl Sahne
6 cl kalter Espresso
1,5 cl Orgeat   im Shaker mit Eis gut schütteln. In ein gefrostetes Kelchglas auf *shaved ice* abseihen. Mit

geraspelter
Bitterschokolade   garnieren.

Kahlúa Frappé

2 cl Kahlúa
2 cl weiße Crème de Cacao
1 cl Amaretto
2 cl Kokosnusssirup   im Shaker kräftig schütteln. In ein hohes Kelchglas auf *shaved ice* abseihen. Etwa 2 cm hoch mit leicht

geschlagener Sahne   auffüllen und mit
1 Prise Kakao   garnieren.

Cappuccino Freddo

8 cl kalter Espresso
3 cl Kahlúa
3 cl Weinbrand   in ein Glas mit *shaved ice* geben und verrühren. Erhitzte

Milch   aufschlagen und darübergeben, mit
1 Prise Kakao   und
1 Prise Zimt   garnieren.

Bekömmliches ♼ Pousse-Cafés

Pousse-Cafés heißen auch Regenbogen-Drinks oder Scaffa. Ein Pousse-Café ist arbeitsintensiv, denn er ist technisch sehr kompliziert. Dafür ist seine optische Erscheinung unschlagbar. Die Zutaten müssen sich in der Farbe unterscheiden und dürfen sich beim Einfüllen ins Glas nicht vermischen, sondern sollen in klar getrennten Schichten übereinanderliegen. Dazu macht man sich die physikalische Dichte der Ingredienzen zunutze. Man beginnt mit einem gezuckerten Sirup, und jede weitere Schicht muss weniger Zucker, aber mehr Alkohol enthalten als die darunterliegenden Schichten. Meist lassen Barkeeper die Zutaten vorsichtig über den Rücken des Barlöffels ins Glas laufen. Noch besser, man lässt die Zutaten durch einen feinen Ausgießer am gedrehten Stiel eines Barlöffels mit einer Scheibe am oberen Ende ins Glas laufen.

Die Mengen dosiert man so, dass gleiche oder gleichmäßig ab- beziehungsweise zunehmende Schichten entstehen. Am Ende schließt man mit einer möglichst hochprozentigen Spirituose ab. Falls die so stark ist, dass man sie seinen Gästen nicht als Getränk zumuten möchte, kann man einen Pousse-Café auch brennend servieren: etwas Alkohol verfliegt, und man erzielt einen spektakulären Effekt.

Rainbow Warrior

Grenadine
Blue Curaçao
Crème de Banane
Maraschino
Chartreuse (gelb)
Weinbrand

Ein Trank für tapfere Krieger. Mit einem silbernen Trinkhalm lassen sich die Schichten einzeln wegschlürfen. So weiß man zumindest, was einen erwartet.

4th of July

Grenadine
Blue Curaçao
Batida de Côco

Damit macht man wahrscheinlich jedem guten Amerikaner eine Freude. Ob ihm die Freude auch schmeckt, ist eine andere Frage.

Flatliner

Sambuca
Tabasco
Tequila

Auch dieser Drink ist nichts für zarte Gemüter, hat aber als deftiger Digestif seinen Reiz.

B-52

Tia Maria
Baileys
Grand Marnier

Der B-52 ist einer der wenigen Pousse-Cafés, die relativ häufig bestellt werden. Kenner verlangen Bifi.

Hitziges ♈ *Heiße Punsche*

Alkohol zu erhitzen ist eine heikle Angelegenheit. Schon bei rund 70 °C beginnt er zu verdunsten, und wer einen Topf Glühwein ordentlich durchkocht, dem bleibt nur ein fades, klebrig-süßes Gemisch. Andererseits geht der erhitzte Alkohol schneller ins Blut, was jeder bestätigen kann, der nach ein paar Skiabfahrten einen heißen Punsch trinkt oder an der Waterkant mit einem heißen Grog die erstarrten Lebensgeister reanimiert.

Heiße Punsche kennt man nicht nur in kalten Regionen, auch wenn sie im Winter am häufigsten getrunken werden. Und natürlich hat jedes Land seinen eigenen Punsch. Seit sich Heinz Rühmann in der gleichnamigen Verfilmung des Romans »Die Feuerzangenbowle« von Heinrich Spoerl als Pennäler durchs Gymnasiastenleben ulkte, ist sie aus dem deutschen Kulturgut nicht mehr wegzudenken. Im Gegensatz zu ihren küh-

len sommerlichen Weißwein-Verwandten wird für die Feuerzangenbowle Rotwein mit Gewürzen wie Nelken, Zimt, Zitronen- und Orangenschalen aufgeheizt. Sobald der Zucker durch die Hitze schmilzt, entsteht eine anheimelnde Winteratmosphäre.

Die weltweit größte Feuerzangenbowle wurde im Dezember 2005 in München am Isartor angesetzt. Dazu wurden 9000 Liter Bowle in einem drei Meter hohen Kupferkessel mit 2,5 Metern Durchmesser gemischt und beheizt. Natürlich tut es für den Hausgebrauch ein kleinerer Punsch. Aber fast immer werden die Heißgeliebten für die ganze Familie zubereitet, weil sie am liebsten in Gesellschaft getrunken werden. Die hier angegebenen Mengen für die Feuerzangenbowle reichen für etwa sechs Personen. Die anderen Rezepte beziehen sich auf vier große Portionen.

Jean Gabin

24 cl brauner Rum	
12 cl Calvados	
6 EL Ahornsirup	mit
Milch	in einen Topf etwa bis zur 1-Liter-Marke auffüllen und erhitzen. In feuerfesten Gläsern mit
1 Prise Muskat	und mit Apfelschnitzen garnieren.

Rum Orange Punch

16 cl Orangensaft	
4 cl Southern Comfort	
20 cl brauner Rum	
8 cl Zitronensaft	
8 cl Lime Juice	
2 cl Zuckersirup	in einem Topf erhitzen, nicht kochen. In feuerfeste Gläser füllen, mit den Schalen von
1 Zitrone	(unbehandelt) und
1 Orange	(unbehandelt) abspritzen und servieren.

Amsterdamer Punsch

16 cl brauner Rum	
80 cl schwarzer Tee	
2 cl Zuckersirup	
1 Prise Muskat	
1 Prise Zimt	
1 Gewürznelke	vorsichtig erhitzen, ziehen lassen und in feuerfeste Gläser füllen. Wer möchte, kann heiße Milch in den Punsch rühren.

Feuerzangenbowle

	Die unbehandelte Schale von
1 Bio-Orange	und
1 Bio-Zitrone	so dünn abschälen, dass möglichst nichts von den weißen Teilen daran bleibt. Die Früchte anschließend auspressen und den Saft der Orange und
1 Schuss Zitronensaft	mit
150 cl Rotwein	und
10 cl Orangensaft	langsam erhitzen. Die Schalen in den Topf geben. Mit
1 Stange Zimt	
2 Gewürznelken	und nach Geschmack einer halbierten
Vanilleschote	sowie
etwas Sternanis	würzen.

Die Mischung nur heiß werden lassen, nicht kochen und für gut 15 Minuten auf dem Herd ziehen lassen. Kurz vor dem Servieren füllt man die Bowle in einen Feuerzangentopf um, ein feuerfestes Gefäß auf einem Rechaud. Spezielle Bowlengefäße haben zudem ein passendes Lochblech, auf das man

1 Zuckerhut	legen kann. Andernfalls nimmt man eine lange Zange. Man tränkt den Zuckerhut mittels einer kleinen Kelle mit
braunem Rum	der mindestens 54 % vol Alkoholgehalt haben sollte, und zündet ihn an.

Durch die Hitze schmilzt und karamellisiert der Zucker derart, dass er in das Gefäß tropft und kleine, auf der Flüssigkeit treibende Flammeninseln bildet. Die fertige Feuerzangenbowle kann dann auf Bowletassen verteilt werden.

Hitziges ♼ Slings und Toddies

Ein Toddy war früher eine Art Grog, erhitzter Alkohol mit Gewürzen und heißem Wasser, oft auch Tee. Schottland gilt auch aufgrund der klimatischen Be-

Apple Toddy

0,5 cl Zuckerrohrsirup	
5 cl Calvados	verrühren, mit heißem
Cidre	auffüllen.

Hot Dram

5 cl Drambuie	
1,5 cl Zitronensaft	in einem feuerfesten Glas verrühren.
	Ein paar
Spritzer Orangensaft	dazugeben, mit heißem Wasser auffüllen
	und mit einer
Zimtstange	umrühren.

dingungen als Heimatland der Hot Toddies. Slings haben ähnliche Grundzutaten, wurden aber zuerst auf der anderen Seite des Atlantiks gemischt. Heute heißen auch kalte Drinks mit den gleichen Grundzutaten Sling oder Toddy. Aber die alten Rezepte haben ihren Reiz. Grundsätzlich wird eine Basisspirituose mit einer heißen Flüssigkeit wie Tee sowie einer aromatischen Zutat kombiniert. Honig oder Zuckerrohrsirup übernehmen den süßen Part.

Hot Toddy

1 EL Honig	
2 cl Zitronensaft	in einem feuerfesten Glasbecher mit
heißem Wasser	aufgießen und verrühren,
3 cl Whisky	dazugeben.

Wodka Sling

6 cl Wodka	
2 BL Waldhonig	
2 cl Orangensaft	verrühren, mit
heißem Wasser	auffüllen.

Hitziges ♈ Hot Coffee Drinks

Irish Coffee

Einen Löffel in ein Irish-Coffee-Glas stellen, damit das Glas nicht springt. (etwa 7 cl starker schwarzer Kaffee)

1 doppelter Espresso
3 cl Irish Whiskey
2 BL Zucker

in dem Glas verrühren. Das obere Viertel des Glases vorsichtig mit leicht geschlagener Sahne bis zum Rand auffüllen. Das geht leichter, je mehr Zucker im Kaffee gelöst ist. Es sollte aussehen wie ein frisch gezapftes Guinness.

Wie so viele geniale Drinks hat der Irish Coffee Nachahmer in vielen Ländern gefunden: Scotch Coffee (mit Scotch Whisky), French Coffee (mit Cognac), Spanish Coffee (Sherry), Russian Coffee (Wodka), Jamaican Coffee (brauner Rum), Mexican Coffee (Tia Maria). Ganz ähnlich auch der Kaffee Advocaat mit Eierlikör.

Russian Nuts

1,5 cl Wodka
2 cl Kahlúa
1 cl Macadamiasirup

am besten in der Mikrowelle erhitzen. Einen Barlöffel in ein Shot-Glas stellen, damit es nicht springt. Die Mischung eingießen, mit

1 doppelten Espresso
geschlagener Sahne

verrühren und mit leicht bis zum Rand auffüllen.

Banana Coffee

2 cl Cognac
2 cl Baileys
1 cl Kahlúa
1 cl Crème
de Bananes
1 Espresso
1 Prise Zimt

mit

mischen. Mit

garnieren. Wichtig ist, dass alle Flüssigkeiten heiß sind.

Alkoholfreies 🍸 Sherbets und Freezes

Alkohol, sein Missbrauch, seine bewusstseinsverändernden Wirkungen und seine Einflüsse auf soziale Bindungen sind ein wesentlicher Teil der Bargeschichte. Daneben hat es immer auch Gäste gegeben, die aus den verschiedensten Gründen Alkohol ablehnten. Nur Wasser oder Saft verliert auf die Dauer an Reiz, und da bieten gekonnte alkoholfreie Drinks eine willkommene Abwechslung. Manche ersetzen den Alkohol mit üppigen Zutaten und Garnituren. In Sherbets schwimmt oft eine Kugel Halbgefrorenes. Limonaden glänzen mit exotischen Zutaten wie Ingwer und Basilikum. Sahne und Eiscreme peppen Milchmixgetränke auf.

Der Überlieferung nach hatten schon die Oberschichten des alten Griechenland und des antiken Rom Eis für ihre Gelage entdeckt, um ihr Gemisch aus Wein und Honig damit zu kühlen. Läufer schafften den Schnee aus den Bergen herbei, indem sie sich wie Staffelläufer die gefüllten Gefäße weiterreichten.

Auch aus China kommen Berichte über frühen Eiskonsum, später auch aus Frankreich. Die in der Toskana gebürtige Katharina de' Medici soll Eisrezepte aus ihrer Heimat mit nach Paris gebracht haben, so wie einiges andere auch, das in die französische Küchenkultur einfloss. Von dort verbreiteten sich die Rezepte in Westeuropa. Bei den Türken war eine eisige Mischung aus Rosenblättern, Kornelkirschen und verschiedenen Gewürzen längst ein Verkaufsschlager. In den Gärten des Osmanischen Reiches war man sogar sicher, dass ein *sorbet* ziemlich gesund sei. Pharmazeuten und Mediziner wachten über die Qualität der Pflanzen. Noch heute wird ein Sherbet zu Geburten serviert, denn es gilt als Mittel zur Milchbildung.

An der Bar sind Sherbets Drinks, die zum Teil aus Sorbet bestehen. Man kauft es entweder fertig oder nimmt die Mühe auf sich, es selbst – und dabei vielleicht wesentlich raffinierter – herzustellen.

Raspberry Grape Sherbet

7 cl weißer Traubensaft	
1 cl Zuckersirup	
1 Spritzer Limettensaft	im Shaker gut schütteln. In eine große Cocktail-Schale abseihen und
1 Kugel Himbeer-Sorbet	dazugeben, mit
Indian Tonic	aufgießen und mit
1 Streifen Limettenschale	garnieren.

Peach Freeze

1 reifen Pfirsich	halbieren, entsteinen und die Haut abziehen. Das Fruchtfleisch zusammen mit
2 cl Sahne	
1 cl Zuckersirup	
2 cl Coconut Cream	
1 Kugel Vanille-Eis	und
1 Glas Eiswürfeln	im Aufsatzmixer pürieren.
2 cl Johannisbeerlikör	in ein großes Kelchglas füllen. Die Mischung aus dem Mixer darübergeben, kurz aufrühren, sodass sich beide Flüssigkeiten leicht vermischen, und mit
frischen Himbeeren	garnieren.

Coco Yoghurt Sherbet

12 cl Bio-Joghurt	
5 cl Coconut Cream	
3 cl Akazienhonig	
1 cl Vanillesirup	im elektrischen Shaker einige Minuten mit Eis verrühren, bis sich eine schaumig-cremige Textur einstellt. In einen großen Tumbler abseihen und
1 Kugel Blue-Curaçao-Sorbet	ins Glas geben.

Strawberry Choc Freeze

3 cl Erdbeersirup	
2 cl Schokoladen-sirup	
6 cl Cranberrysaft	
1 BL Himbeer-marmelade	mit viel *crushed ice* im Aufsatzmixer verschlagen, bis ›ein Löffel darin steht‹. Die kristalline Konsistenz ist das Geheimnis dieses Drinks. Mit
geraspelter Bitterschokolade und Früchten	am Glasrand garnieren.

Alkoholfreies Mocktails

Mocktails, eine Wortverschmelzung aus Cocktail und *to mock*, sich lustig machen, wurden trotz der abschätzigen Bezeichnung zum Barstandard. Anfänglich waren es bestehende Drinks, in denen man die alkoholische Komponente wegließ und geschickt durch

Hurricane Mocktail

6 cl Orangensaft	
6 cl Cranberrysaft	
3 cl Grapefruitsaft	
3 cl Apfelsaft	im Shaker gut schütteln. In ein Hurricane-Glas mit gestoßenem Eis absei hen, mit
Kumquat	
Limette	und
Sternfrucht	garnieren und mit Trinkhalm servieren.

Mai Tai Mocktail

2 cl Orangensaft	
2 cl Mandelsirup	
2 cl Limettensaft	
1 cl Lime Juice	
1 cl Zuckerrohrsirup	
3 Tropfen Angostura	(optional) im Shaker schütteln. In ein großes Cocktail-Glas auf *crushed ice* abseihen, den Glasrand mit einer
Limettenscheibe	garnieren und mit Trinkhalm servieren.

andere Aromen ersetzte. Längst sind die falschen Cocktails zu einer eigenen Gattung geworden, für die unter Barkeepern eigene Wettbewerbe ausgerufen werden. Sie lassen sich nicht lange bitten und erschaffen eine exotische Kreation nach der anderen. Alkoholfreie Drinks sind eine sehr dynamische Gruppe innerhalb der Bardrinks geworden. Und für die, die es nicht ganz lassen wollen, gibt es immer noch Mocktails mit einem Spritzer. Nicht wirklich ein alkoholischer Drink, aber auch kein Spaßverderber.

Shirley Temple

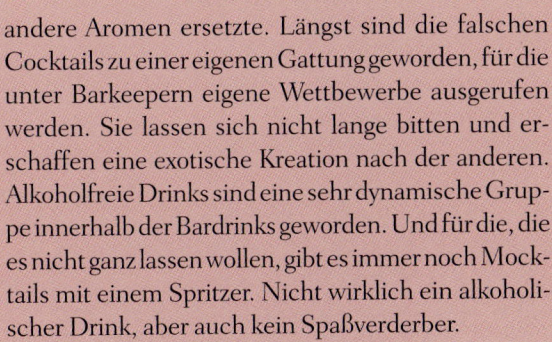

3 cl Grenadine	in ein großes Kelchglas geben. Das Glas mit *crushed ice* auffüllen. Vorsichtig
6 cl Orangensaft	angießen und mit
Ginger Ale	oder einer anderen Limonade bis zum Rand auffüllen. Üppig, zum Beispiel mit
Sternfrucht, Orange	und Kiwi garnieren.

Ursprünglich ein Drink, den man Kindern reichte, damit sie an feierlichen Toasts teilnehmen konnten. Mittlerweile gehört er zum Standard einer klassischen Bar.

Champagne faut

10 cl weißen Traubensaft	mit
1 cl Chaï Sirup	(Konzentrat von Grünem Tee und Gewürzen) kräftig schütteln, in ein Champagner-Glas abseihen, mit
Tonic	aufgießen und mit hauchdünnen
Weintraubenscheiben	garnieren.

Alkoholfreies ♟
Exotische Limonaden

Cranberry Lemonade

3 cl Zitronensaft	
2 cl Zuckerrohrsirup	
4 cl Cranberrynektar	im Shaker schütteln. In ein Old-Fashioned-Glas mit Eiswürfeln abseihen. Mit
10 cl Soda	aufgießen, mit
Zitrone	und
Erdbeere	garnieren.

Ginger & Mint Lemonade

3 feine Scheiben Ingwer	von einer frischen, geschälten Wurzel abschneiden und mit den Blättern von
1 Zweig Minze	in ein Old-Fashioned-Glas geben. Mit dem Stößel leicht zerdrücken.
3 cl Zitronensaft	
2 cl Zuckerrohrsirup	im Shaker schütteln und in das Glas mit Eiswürfeln abseihen.
12 cl Soda	aufgießen. Mit
1 Zweig Minze	garnieren.

Grapefruit Lemonade

3 cl Zitronensaft	
2 cl Zuckerrohrsirup	
4 cl Pink-Grapefruit-Saft	im Shaker schütteln. In ein Old-Fashioned-Glas auf Eiswürfel abseihen. Mit
12 cl Soda	aufgießen, mit
Grapefruitschale	garnieren.

Ein Rezept, das einfacher kaum sein könnte. Geradezu die klassische Idee einer Limonade: Zitrussaft, Zucker, Soda. Und doch einfach genial.

Basil and Grape Lemonade

Basilikumblätter	
3 cl Zitronensaft	
2 cl Zuckerrohrsirup	in ein großes Old-Fashioned-Glas geben und mit dem Stößel leicht zerdrücken.
4 cl weißen Traubensaft	
3 blaue Trauben	und Eiswürfel zugeben, mit
12 cl Soda	aufgießen. Kurz verrühren und mit
2 Blättern Basilikum	garnieren. Mit einem Trinkhalm servieren.

Alkoholfreies 🍸 Smoothies

Frische, reife Früchte schmecken besser als fertig gekaufter Saft. Eine Selbstverständlichkeit, die lange in Vergessenheit geriet, denn das Angebot an immer neuen Säften bot bequemen Ersatz. Doch das intensive Aroma und die samtige Konsistenz des pürierten Fruchtfleisches eines Smoothie sind schwer zu schlagen.

Wichtigste Zutat sind natürlich pürierte Früchte. Bei Smoothies aus dem Supermarkt gilt: hier ist doch nicht alles Frucht, was drin ist. Viele der industriellen ›Ganzfruchtsaftgetränke‹ enthalten Zucker (manche mehr als Cola), sind teuer, pasteurisiert, aber wegen ihres Ballaststoffgehalts immer noch besser als die meisten Säfte. Nur nicht so gut wie selbst gemachte. Früchte zu pürieren ist gar nicht schwer. Man befreit sie von allem, was später nicht ins Glas soll: Steine und Kerne nimmt man heraus. Die Haut wird geschält oder die Frucht kurz in kochendes Wasser getaucht und die Haut danach abgezogen. Früchte, die kaum geputzt werden müssen, wie Erdbeeren und Himbeeren, kann man gut tiefgefroren verwenden. Das spart beim Mixen die Eiswürfel. Das Fruchtfleisch muss dann im Aufsatzmixer püriert werden. Dazu braucht man meist etwas Flüssigkeit, am besten ist fertiger Saft der entsprechenden Frucht oder ein anderer flüssiger Teil des zukünftigen Drinks. Eventuelle Rückstände von Schalen und Kernen kann man jetzt noch abseihen.

Jede Frucht lässt sich mit einer zweiten mischen. Drei gehen fast immer, bei mehr Früchten wird der Geschmack zunehmend gleichförmig. Als Zutaten eignen sich Milch, Sahne, Joghurt, Eiscreme, aber auch Sojamilch und Grüner Tee. Die einzelnen Mengen muss man nicht akribisch einhalten. Wichtig ist, dass sich der Drink am Ende weich und cremig – *smooth* – auf der Zunge anfühlt.

Banana Berry Mix

1 Banane	
2 EL Brombeeren	
3 Aprikosen	alle von ihren nicht essbaren Teilen befreit, mit
2 cl Sahne	
1 cl Zuckersirup	
1 cl Coconut Cream	
3 cl Milch	im Mixer pürieren. *Crushed ice* zuge ben, noch mal kurz ›laufen lassen‹.

Für Farbeffekte mixt man die Früchte getrennt. Alles in ein Long-drink-Glas abseihen und mit Früchten garnieren.

Kiwi Cranberry Smoothie

2 geschälte Kiwis	
2 cl Milch	
2 cl Sahne	
2 BL Akazienhonig	
etwa 3 EL Cranberries	im Aufsatzmixer pürieren. Bei laufendem Motor durch die Öffnung im Deckel
Cranberrysaft	zugeben, bis der Drink eine schöne Konsistenz hat. Etwas gestoßenes Eis einfüllen, um den Drink zu kühlen.

Direkt in ein hohes schlankes Glas abseihen (damit man die Kiwi-kerne gut sieht) und mit Kiwi und Kapstachelbeere garnieren.

◀◀ Black Currant Smoothie

2 EL Ananaspüree	
2 EL Maracujapüree	
1 cl Zuckersirup	und
2 cl Ananassaft	im Shaker schütteln und in ein Hurricane-Glas geben. Jetzt
3 EL Schwarze Johannisbeeren	mit
1 cl Zuckersirup	im Shaker schütteln.
3 cl Sahnejoghurt	auf die Ananas-Maracuja-Mischung im Glas geben und darauf das Johannis-beerpüree. Die Flüssigkeiten vorsichtig verrühren, damit es einen interessanten Farbverlauf gibt, mit
1 BL Maracujapüree	krönen und mit
Fruchtstücken	garnieren.

◀ Mango Smoothie

1/2 Mango	schälen und das Fleisch vom Kern trennen. Das Fruchtfleisch ge-gen die Faser in kurze Stücke schnei-den. Sonst behindern die langen Fäden den Aufsatzmixer. Zusammen mit
4 gelben Pflaumen	reif, entkernt und geschält, in den Mixer geben. Mit
6 Erdbeeren	
4 cl Sahne	
3 EL Joghurt	
4 cl grünem Tee	mixen, wenn nötig mit
Maracujasaft	bis zur richtigen Konsistenz aufgießen. Etwas gestoßenes Eis zugeben. Den Mixer ›laufen lassen‹, bis es völlig ver-schlagen ist. In einem Ballonglas mit
Fruchtschnitz	und Minzezweig garnieren.

Alkoholfreies 🍸 Milchmixgetränke

Es gab Zeiten, da gehörten Milchbars zum Trendigsten, was die Szene zu bieten hatte. In den 1950er Jahren war kaum etwas angesagter als ein pastellfarbener *milk sha-*ke am Nierentisch. Ein Mix mit frischer Bio-Milch ist aber auch heute ein gesunder Genuss und zusammen mit Früchten erst recht eine Vitaminbombe.

Strawberry Dream

150 g Joghurt
2 cl Erdbeersirup
2 cl Zitronensaft
6 cl Maracujanektar

crushed ice
Erdbeere und Minze

im Aufsatzmixer mit etwas *crushed ice* kaltrühren. Ein Fancy-Glas mit füllen und die Flüssigkeit aufgießen, mit garnieren. Trinkhalm nicht vergessen.

Virgin Swimming Pool

5 cl Coconut Cream
10 cl Ananassaft
1 BL Blue
Curaçao Sirup

Ananas

im Aufsatzmixer mit *crushed ice* kaltrühren, bis die Masse homogen wird. In ein Fancy-Glas geben, mit garnieren und mit einem Trinkhalm servieren.

Pink Peach Smoothie

8 cl weißes Pfirsichpüree	
150 g Joghurt	
1 EL weißen Rohrzucker	
1 BL Zitronensaft	im Aufsatzmixer rühren, bis die Masse homogen wird (der Zucker muss sich auflösen). Durch die Öffnung im Deckel *crushed ice* zugeben und den Motor weiterlaufen lassen, bis der Drink kalt ist. In ein Old-Fashioned-Glas geben, mit
1 Cocktail-Kirsche	garnieren, mit Trinkhalm servieren.

Vanilla Passion

150 g Joghurt	
2 cl Vanillesirup	
2 cl Zitronensaft	
6 cl Maracujanektar	im Aufsatzmixer mit etwas gestoßenem Eis kaltrühren. Ein Fancy-Glas mit
1 Barschaufel *crushed ice*	füllen und die Flüssigkeit aufgießen, mit
Minze	und
1 Stück Vanilleschote	garnieren.

Joghurt ist der Milchanteil in vielen *milk shakes*. Er ist weniger fett, aber cremig. Umso mehr kommt es auf die Qualität an. Ein billiger Becher vom Discounter wird auch immer so schmecken.

Glossar

Abfindungsbrennerei   Spirituosenherstellung in Brenngeräten, die nicht zollamtlich verschlossen sind (→ Verschlussbrennerei); die zugelassene Menge ist begrenzt.

aficionado   span.: Kenner und Liebhaber des Stierkampfes; hier von Spirituosen.

alambic   In zahlreiche Sprachen eingegangenes arabisches Lehnwort für Brennblase.

Amontillado   Bernsteinfarbener trockener Sherry-Typ, Abkömmling des → Fino.

AOC   Appellation d'Origine Contrôlée; Herkunftsbezeichnung bei französischen Spirituosen, Weinen etc.

Aperitif   Anregendes Getränk vor dem Essen; zugleich Bezeichnung für den Anlass (vor dem Mittag- oder Abendessen).

Aromate   Bezeichnung für Pflanzen und Pflanzenteile, deren Duft- und Geschmacksstoffe extrahiert werden.

Assemblage   Verschnitt; das Mischen verschiedener Tank- oder Fassinhalte.

Ätherische Öle   Extrakte aus Pflanzen oder Pflanzenteilen, die einen ausgeprägten Duft aufweisen.

Aufspriten   Verstärken des Mosts mit Alkohol, um die Gärung zu stoppen und den Alkoholgehalt der Weine zu erhöhen, vor allem bei Portwein, Sherry, Madeira (→ *mutage*).

Ausbauen   Reifen bzw. Altern von Weinen und Destillaten.

Barmaß   Kleiner Becher mit Eichstrichen als Flüssigkeitsmaß für Cocktailzutaten. In der angelsächsischen Welt auf → *fluid ounces* angelegt, auf dem europäischen Festland auf → Zentiliter.

Blend, blended   Verschnitt, verschnitten; Bezeichnung für Whisky, der aus mehreren Komponenten gemischt wird.

bodega   span.: Kellerei

Boston Shaker   Zweiteiliger Shaker aus Rührglas und Stahlbecher; abgegossen wird durch ein separates Sieb.

bottled in bond   Heute ein amerikanischer Whiskey einer einzigen Brennperiode, der mindestens vier Jahre gealtert wurde.

Brennblase   Bestandteil der Destillieranlage, in dem Maische oder Wein erhitzt wird; als Bezeichnung des traditionellen Geräts zur chargenweisen Destillation eingebürgert.

Brennwein   Fachbegriff für durchgegorenen, verstärkten Wein, der zu (Massen)Branntwein destilliert wird.

Brucheis   Gebrochenes Eis, kleiner als Eiswürfel.

built in glass   Einen Drink in dem Glas mixen, in dem er serviert wird.

canteiro   Ursprünglich der Balken, auf dem man Madeira-Fässer auf Dachböden altern ließ; heute ein warmer Lagerraum; der → *estufa* vorzuziehen; auch ein Weintyp.

Cask Strength   Whisk(e)ys und andere in Holzfässern gereifte Spirituosen, deren Alkoholgehalt nicht durch Zugabe von Wasser auf → Trinkstärke eingestellt wird, sondern die mit dem natürlichen Alkoholgehalt abgefüllt werden, der nicht selten um 60 % vol beträgt.

Chai   In Südwestfrankreich die Bezeichnung für (oberirdische) Reife-Keller.

Charge   Füllung der → Brennblase.

chill-filtering   Bei den meisten Whisk(e)ys vollzogene Kühlfilterung, die klärt, aber auch Aromen reduziert; Whisk(e)ys mit 46 % vol Alkoholgehalt und mehr werden der Prozedur in der Regel nicht unterzogen.

Cocktail   Kleines Mixgetränk, das (fast immer) hochprozentige Zutaten enthält und in ein Kelchglas passt.

Coffey Still   Kolonnenapparat zur kontinuierlichen Destillation; von dem Iren Aeneas Coffey (1780–1852) perfektioniert.

Colheita   Port oder Madeira, der mindestens 7 Jahre in Fässern reift und mit Jahrgangsangabe abgefüllt wird.

crushed ice   engl.: gestoßenes Eis

Curaçao   Mit Bitterorangen der gleichnamigen Insel der Niederländischen Antillen erzeugter Likör, der – blau gefärbt – Berühmtheit erlangte.

Dekantieren   Umfüllen aus einer Flasche in eine Karaffe; notwendig beim Vintage Port, der viel Bodensatz entwickelt.

Dephlegmator   Aufsatz auf der Destillierkolonne; sorgt für zusätzliche Konzentration.

Destillat   Hochprozentiges Resultat der Destillation.

Digestif   Hochprozentige Spirituose, oft mit Kräuterauszügen, von der man eine die Verdauung fördernde Wirkung erwartet.

double chauffe   franz.: doppelt gebrannt

eau-de-vie   franz.: (Lebenswasser) Brand, → Destillat

Eggnog   Punch-Drink, immer mit Eiern, oft auch mit Sahne.

estufa   Heiztank für Madeira-Weine.

Ethanol   Wissenschaftliche Bezeichnung für Trinkalkohol.

Fassreife   Alterung von Weinen und Bränden in (Eichen)Fässern, bei der Geschmacksstoffe aus dem Holz in das → Destillat übergehen und Alkohol verdunstet.

Feinbrand   Zweiter Brenndurchlauf, wobei aus dem → Raubrand das eigentliche → Destillat gewonnen wird.

fillers   Fruchtsäfte und Limonaden, die in Mixgetränken oft den mengenmäßig größten Anteil stellen.

Fine   franz.: Weinbrand

Fino   Leichter, unter Hefeflor ausgebauter, nicht-oxidierter Sherry-Stil.

flavo(u)ring parts   Zutat in Mixgetränken, die den Geschmack des fertigen Produkts deutlich beeinflusst; z. B. Angostura, Grenadine.

Flip   Mixgetränk mit Ei; bekannteste Flips sind → Eggnogs.

flor   Hefeschicht, die für den Ausbau von → Manzanilla und → Fino im Sherry-Gebiet von entscheidender Bedeutung ist.

fluid ounce (fl oz)   In vielen englischsprachigen Ländern Maßeinheit für Cocktailzutaten; als Bruch angegeben, etwa $1/2$ fl oz, $3/4$ fl oz; 1 fl oz = 2,93 cl.

Fruchtnektar   Der Fruchtanteil beträgt 25–50 %.

Fruchtsaftgetränk   Der Fruchtanteil beträgt 6–30 % (je nach Fruchtart).

Fruchtsaftkonzentrat   Durch Eindampfung im Volumen reduzierter Fruchtsaft.

Fuselöle   Mehr oder weniger erwünschte Substanzen, die als Gärungsnebenprodukte entstehen, z. B. Glycerin, Bernsteinsäure, höhere Alkohole; sie werden im → Vorlauf und im → Nachlauf abgeschieden. Diejenigen F., die genießbar sind, können vom Brennmeister eingesetzt werden, um einer Spirituose Charakter zu verleihen.

Garrafeira   portug.: Flaschenlager; beim Port Bezeichnung für zunächst im Fass, später jahrelang in der Flasche gereifte Weine.

Geistrohr   Bestandteil der Destillieranlage: Kupferrohr, durch das aufsteigender Alkoholdampf von der → Brennblase zur → Kühlschlange (bzw. Kondensator) geleitet wird.

Glockenboden   Bestandteil der Destillieranlage; horizontales Lochblech im → Kolonnenapparat; die Löcher sind durch Röhren nach oben verlängert, die mit aufsitzenden glockenförmigen Hauben versehen sind. Der Glockenboden dient im Gegenstrom-Verfahren der Kontaktflächenvergrößerung von Gasgemisch und Flüssigkeit.

Grain Whisky   Im Gegensatz zum → Malt aus beliebigem Getreide destilliert.

Herz   Bei der Destillation der Mittellauf, den man im Gegensatz zu → Vorlauf und → Nachlauf (Kopf und Schwanz) auffängt.

Highball   Longdrink aus Basisspirituose, Saft oder Limonade und oft einer dritten Zutat; eine der ältesten Arten von Drink.

Hybride   Kreuzung von europäischen und reblausresistenten amerikanischen Reben.

Invertzucker   Sirup aus Zucker, Wasser und einem Säureanteil (z. B. Zitronen- oder Ascorbinsäure). Die Säure bewirkt beim Erhitzen der Mischung, dass sich der Zucker (Saccharose) in Einfachzucker spalten, die beim Erkalten nicht so leicht auskristallisieren. Der Sirup kann daher sehr viel süßer sein und bleibt dennoch flüssig.

Kältestabilisierung   Kühlen von Spirituosen und Wein auf Minustemperaturen, zum Ausfällen von Partikeln, um Trübungen vorzubeugen; vermindert die aromatische Intensität.

Kolonnenapparat   Destillieranlage, in der kontinuierlich gebrannt wird (Gegenstrom-Verfahren); im Gegensatz zum chargenweisen Brennen (Gleichstrom-Verfahren), bei dem der Alkohol in einzelnen Durchläufen konzentriert wird.

Kühlschlange   Bestandteil der Destillieranlage; Alkoholdämpfe werden darin durch kalte Flüssigkeit geleitet und kondensieren.

Late Bottled Vintage   Port aus einem Jahrgang, der 4–6 Jahre vor der Abfüllung in Fässern reift; wird er gefiltert, ist er sofort trinkreif; ungefiltert kann er nachreifen; nicht überall ein gesetzlich definierter Begriff.

Läuterzucker   Aus Zucker und Wasser durch Erhitzen zubereiteter Sirup (→ Invertzucker).

Likör   Spirituose mit mindestens 15 % vol Alkoholgehalt und einem Mindestzuckergehalt von 100 g/l (Ausnahme: 80g/l bei Enzianlikör; 70g/l bei Kirschlikör).

liquoroso   Verstärkter Wein in Italien.

Lutter   → Raubrand

Maderisieren   Ausprägen von oxidativen (in Verbindung mit Sauerstoff entstehenden) Aromen bei Wein.

Maische   Gemahlene (leicht gequetschte) Früchte, die mit dem Most vergoren werden.

maître de chai   franz.: Kellermeister

Malt oder Malt Whisky   Whisky, der aus gemälzter Gerste destilliert wird.

Malz   Zum Keimen gebrachtes Getreide, meist Gerste, dessen spezielle Enzyme man sich zunutze macht, um die Stärke des Korns in Zucker zu spalten, denn nur der kann vergoren werden.

Manzanilla   Leichtester Sherry-Typ aus Sanlúcar de Barrameda.

Maraschino, Maraschinokirsche   Kirschlikör aus Norditalien, Zutat in älteren Rezepten (Singapore Sling, Sidecar); auch sehr süße kandierte Kirschen.

Marc   franz.: Trester, Tresterbrand

Martini-Glas   Klassisches Cocktail-Glas mit langem Stiel und Kelch in der Form eines flachen Kegels; oft für den Martini Cocktail verwendet.

Mazerieren   Ziehenlassen von Früchten in Alkohol oder Wein, um deren Geschmack- und Aromastoffe herauszulösen.

Methanol   auch: Methylalkohol; in Spirituosen nicht erwünschter Alkohol, dessen Stoffwechselprodukte Formaldehyd und Ameisensäure giftig sind.

millésime   franz.: Jahrgang

Mindestalkoholgehalt   Gesetzlich festgelegter Alkoholgehalt einer gehandelten Spirituose; in der → »Spirituosenverordnung« auch ein Kriterium bei der Definition der einzelnen Arten von Spirituosen.

mise-en-place   Arbeitsvorbereitung für Barkeeper und Köche: alles muss am richtigen Ort griffbereit sein.

Mistelle   Durch Alkohol am Gären gehinderter Traubenmost; dient als Zutat oder wird als Likörwein vermarktet.

modifier   Zutat in Mixgetränken, die die Basisspirituose geschmacklich variiert; typisches Beispiel: Vermouth im Martini.

mutage   Franz.: Stummmachen, Verstummen, auch → Aufspriten; Abbruch der alkoholischen Gärung durch Zugabe von → Neutralalkohol oder Brand; bei 17,5 % vol Alkoholgehalt der → Maische sterben Hefen, die für die Gärung verantwortlich sind, ab.

Nachlauf   Letzter Teil des Brenndurchlaufs, in dem schwer flüchtige, unerwünschte, teils schädliche Stoffe kondensieren und abgeschieden werden.

Neutralalkohol   Ethylalkohol landwirtschaftlichen Ursprungs, ohne feststellbaren Fremdgeschmack, mit einem → Mindestalkoholgehalt von 96 % vol.

new spirit, new make   Farbloses, junges Whisky-Destillat vor der Reife.

nosing   Qualitätsprüfung eines Whisky anhand seines Dufts; für Profis die einzige sensorische Prüfung eines Malt oder Blend.

Obstbrand, Obstwasser   → Destillat, das aus den vergorenen Früchten gewonnen wird, die das Etikett verzeichnet.

Obstgeist   → Destillat in → Neutralalkohol → mazerierter Früchte.

Old-Fashioned-Glas   Großes weites Becherglas.

Oloroso   Gleich nach der Gärung auf etwa 17,5 % vol Alkoholgehalt verstärkter, dann in alten Fässern oxidativ ausgebauter trockener Sherry-Typ.

Orgeat   Sirup aus Mandeln u. a. Zutaten.

Palo Cortado   Seltener Sherry-Typ, von Charakter und Aromen zwischen → Amontillado und → Oloroso angesiedelt.

Pedro Ximénez (PX)   Rebsorte für süßen Sherry; auch daraus gekelterte Süßweine.

perpetuo   Traditioneller Marsala-Typ, bei dem aus einem Fass jährlich nur eine begrenzte Menge Wein abgezogen und nach der Lese durch jungen Wein ersetzt wird.

petites eaux   Mischung aus destilliertem Wasser und Cognac, Armagnac oder anderen Destilaten; zur Einstellung des Alkoholgehalts auf → Trinkstärke.

Perkolation   (lat. percolare = durchseihen), Methode zum Auszug der aromatischen Substanzen von Pflanzen.

pot still   Traditionelle → Brennblase, in der chargenweise, d. h. nacheinander destilliert wird (Gleichstrom-Verfahren).

Prohibition   Verbot des Verkaufs, der Herstellung und des Transports von Alkohol in den USA, ratifiziert am 29.1.1919, in Kraft getreten am 29. 1.1920; gesetzkräftig aufgehoben am 5.12.1933.

Pure Pot Still   Whisky, der ausschließlich in → pot stills gebrannt wird.

rancio   An Walnussschale erinnerndes Altersaroma bei Weinbränden und verstärkten Weinen; zugleich Gattungsbezeichnung für stark oxidative Weine.

Raubrand   Ergebnis des ersten Brenndurchlaufs, das den gesamten Alkohol und zusätzlich die meisten der flüchtigen Stoffe enthält. Das schwachprozentige → Destillat wird dann im → Feinbrand konzentriert, die unerwünschten Bestandteile (→ Fuselöle) werden als → Vorlauf und → Nachlauf abgeschieden.

Reblaus-Katastrophe   Verwüstung europäischer Weinberge (2. Hälfte 19. Jh.).

Rektifizieren   Alkohol durch wiederholte Destillation reiner, d. h. hochprozentiger und geschmacksneutraler machen.

Restzucker   Bei der Gärung nicht in Alkohol umgewandelter Zucker, ergibt die natürliche Süße eines Weins.

Ruby   Fruchtbetonter junger trinkreifer Port oder portähnlicher Wein von intensiver roter Färbung.

Rye Whiskey   Amerikanischer Whiskey, zu mindestens 51% aus Roggen gebrannt.

Schlempe   Rückstände der vergorenen → Maische nach der Destillation; dient als hochwertiges Viehfutter.

Schwanenhals   → Geistrohr

secondes   franz.: → Nachlauf

shaved ice   geschabtes Eis

Single Cask   Abfüllung eines einzelnen Fasses Whisk(e)y, vorwiegend Malt; hat sich bisher kaum bei anderen Spirituosen eingebürgert.

Single Grain   Überwiegend nicht gemälzter, aus einer nicht vorgeschriebenen Getreideart gebrannter Whisky aus einer einzigen Brennerei.

Single Malt   Gemälzter Whisky aus einer einzigen Brennerei.

Snifter   Gut geeignetes Glas für Whisky und andere fassgereifte Brände.

solera   System zur Herstellung vor allem von Sherry, um jedes Jahr den gleichen Qualitätsstandard zu erreichen.

»Spirituosenverordnung«   Verordnung (EG) Nr. 110/2008 des Europäischen Parlaments und des Rates vom 15. Januar 2008 zur Begriffsbestimmung, Bezeichnung, Aufmachung und Etikettierung von Spirituosen sowie zum Schutz geografischer Angaben für Spirituosen und zur Aufhebung der Verordnung (EWG) Nr. 1576/89; veröffentlicht im »Amtsblatt der Europäischen Union« vom 13.2.2008.

Straight Whiskey   Amerikanische Whiskeys, die nicht mit einem anderen Destillat verschnitten wurden.

Stummmachen   → mutage

Tawny   Portweinstil, bei dem der Port in Fässern mit Luftkontakt oxidativ altert.

Trester   Nach dem Pressen der Trauben zurückbleibende feste Bestandteile; synonym für Tresterbrand.

Trinkstärke   Alkoholgehalt, mit dem Spirituosen in den Handel kommen; → Feinbrand bzw. Brände nach der → Fassreife enthalten zu viel Alkohol und müssen daher mit (Quell)Wasser oder mit → petites eaux verdünnt werden; zu hastiges Vorgehen führt zu Trübungen.

Triple Sec   Farbloser Orangenlikör mit mehr als 25 % vol Alkoholgehalt.

Tumbler   Kleines Zylinderglas, traditionell für Whisky pur und auf Eis, auch geeignet für Shortdrinks mit Eis.

Vatted Malt   → Blend von → Malts aus mehr als einer Destillerie.

Verschlussbrennerei   Gewerbliche Brennerei, deren erzeugter Alkohol der Branntweinsteuer unterliegt; die Brenngeräte sind daher zollamtlich verschlossen.

Verstummen   → mutage

Vintage   engl.: Jahrgang; auch Port-Typ mit Jahrgangsangabe.

Vintage Malt oder Bourbon   Whisk(e)ys aus einem bestimmten Jahr.

Volumenprozent (% vol)   Raumhundertteil; nur in Verbindung mit einer zugehörigen Temperatur eindeutig.

Vorlauf   Beim Brenndurchlauf die Kondensierung leicht flüchtiger Stoffe; enthält unerwünschte Stoffe und wird abgeschieden.

V.S.   Very Special; Altersbezeichnung für Cognac, mindestens 2 Jahre alt.

V.S.O.P.   Very Superior Old Pale; Altersbezeichnung für Brände, besonders Cognac, mindestens 4 Jahre alt.

wash   7–9 % vol alkoholhaltiges ›Bier‹, Ausgangsstoff der Whisky-Herstellung, in Schottland oft auch »ale« genannt.

wash back   Gärtank bei der Whisky-Herstellung.

wash still   Destilliergerät für den ersten Brenndurchlauf beim Malt Whisky.

Weingeist   Synonym für Alkohol, → Neutralalkohol; besagt nicht, dass zu seiner Herstellung Trauben verwendet werden.

Weinvorwärmer   Zusätzlicher Tank einer Destillieranlage, in dem Wein als Kühlmittel für das → Destillat dient und sich dabei erwärmt, bevor er in den Brennkolben fließt; senkt den Energieverbrauch der Anlage.

X.O.   Extra Old; Altersbezeichnung für Brände, besonders Cognac; mindestens 6 Jahre alt, meist sehr viel älter.

Zentiliter (cl)   Ein hundertstel Liter; gängige Maßeinheit für Cocktailzutaten, wo sie nicht in → fluid ounce abgemessen werden (1 cl = 0,34 fl oz).

Bars der Welt

Bars, die abgebildet sind

Absolut Icebar, Tokio, Japan

B018, Beirut, Libanon

Campbell Apartment, New York, USA

Club Camellia, Hiroshima, Japan

Club Embryo, RO-Bukarest, www.embryo.ro

Green Door Bar, Berlin

Harry's New-York Bar im Esplanade
D-Berlin, www.esplanade.de

Harry's Bar, I-Venedig, www.cipriani.com

King Kamehameha Club, D-Frankfurt
www.king-kamehameha.de

La Floridita, Havanna, Kuba
www.floridita-cuba.com

LAN Club Oyster Bar, Peking, China
www.lanbeijing.com

Loos Bar, A-1010 Wien, www.loosbar.at

Morimoto, New York, USA

NASA, DK-Kopenhagen, www.nasa.dk

Pat Club, RO-Bukarest, www.inpat.ro

Peninsula Hotel Oyster Bar, Hongkong, China

Raffles Hotel, Dubai, www.raffles.com

Raffles Hotel, Long Bar, Singapur
www.raffles.com

S Bar, Los Angeles, USA

Supperclub, Bangkok, Thailand
www.bedsupperclub.com

Taj Tashi, Thimphu, Buthan, www.tajhotels.com

The Berkeley, UK-London
www.the-berkeley.co.uk

The Cuckoo Club, UK-London
www.thecuckooclub.com

T-o12, D-Stuttgart, www.t-o12.com

Volar, Shanghai, China

Außerdem empfehlenswert

Antidote, Hongkong, China

Apartment, Belfast, Nordirland
www.apartmentbelfast.com

Aqua, Hongkong, China, www.aqua.com.hk

Bamboo Bar, Bangkok, Thailand
www.mandarinoriental.com/bangkok

Bar Bacca, Belfast, Nordirland
www.barbacca.com

Bar im Orient Express
www.orient-express.com

Boadas, ES-Barcelona,
www.afuegolento.com/secciones/boadas

Bond Lounge Bar, Melbourne, Australien
www.bondlounge.com.au

Carpe Diem, ES-Barcelona

Cloud 9, Shanghai, China
www.shanghai.grand.hyatt.com

Crow Bar, Auckland, Neuseeland
www.crowbar.co.nz

Crystal, Beirut, Libanon

Delano, Miami, USA
www.morganshotelgroup.com

Eight Lounge, Dallas, USA
www.eightlounge.com

Harry's New York Bar, F-Paris, www.harrysbar.fr

Hudson Bar, New York, USA
www.hudsonhotel.com

Mo Bar, Hongkong, China

New Asia Bar, Singapur
www.swissotel.com/singapore-stamford

Orbit, Sydney, Australien
www.summitrestaurant.com.au

Planet Bar, Mount Nelson Hotel
Kapstadt, Südafrika
www.mountnelson.co.za

Purdy Lounge, Miami, USA
www.purdylounge.com

Purple Bar im Sanderson, UK-London

Rain In The Desert, Las Vegas, USA

Rainbow Room, New York, USA
www.cipriani.com

Schumann's Bar, D-München

Sketch, UK-London, www.sketch.uk.com

Sky Bar, Los Angeles, USA

Solar, D-Berlin, www.solarberlin.com

St Pancras Champagne Bar, UK-London
www.searcystpancras.co.uk

Star Lounge, New York, USA

Teatriz, ES-Madrid

The Dome, Bangkok, Thailand
www.thedomebkk.com

The Dorchester, UK-London
www.thedorchester.com

The Bar Hemingway
im Hotel Ritz
F-Paris, www.ritzparis.com

The Loft, Sydney, Australien
www.theloftsydney.com

Tou Ming Si Kao (TMSK)
Shanghai, China
www.tmsk.com

Vertigo 42, UK-London
www.vertigo42.co.uk

Vertigo, Bangkok, Thailand

Vu's Bar, Dubai
www.jumeirahemiratestowers.com/
dining/vus_bar/

Bars, die uns unterstützt haben

Bar Alexander, D-Düsseldorf
www.bar-alexander.com

Bogletti, D-Düsseldorf, www.bogletti.com

Meerbar, D-Düsseldorf, www.meerbar.de

Mojito's, D-Düsseldorf, www.mojitos.net

Bibliografie

Armogathe, Daniel: La légende dorée du Pastis, Genf 2005

Arntz, Helmut: Weinbrenner · Die Geschichte vom Geist des Weins, Stuttgart 1975

Arthur, Helen: The Single Malt Whisky Companion, London 2005

Barnaby, Conrad III.: Absinthe · History in a Bottle, San Francisco 1977

Bathon, Roland: Russischer Wodka, Norderstedt 2007

Behrendt, Bibiana: Grappa: Der Guide für Kenner und Genießer, München 2003

Behrendt, Bibiana: Grappa-Lexikon, Weil der Stadt, 2004

Behrendt, Bibiana & Axel: Trester, München 1997

Behrendt, Bibiana & Axel: Sherry, München 1997

Bohrmann, Peter: Falken Mixbuch, Niederhausen/Ts. 1993

Bolsmann, Eric H.: Lexikon der Bar, Stuttgart 2003

Brandl, Franz: Liköre der Welt, München 2000

Brandl, Franz: Mix Guide, München 2006

Brennereizeitung: Geschichte der deutschen Kornbrennerei, Erfurt 1936

Broom, Dave: Spirits & Cocktails, o.O. 1998

Broom, Dave: Whisk(e)y: Das Handbuch zum Verkosten, Einkaufen und Reisen, München 2005

Camard-Hayot, Florette; de Laguarigue, Jean-Luc: Martinique · Terre de Rhum, o.O. 1997

Clade, Jean-Louis; Jollès, Charles: La Gentiane · L'aventure de la fée jaune, Yves sur Morges 2006

Cousteaux, Fernand; Casamayor, Pierre: Le Guide de l'amateur d'Armagnac, Toulouse 1985

Cowdery, Charles K.: Bourbon Straight · The Uncut and Unfiltered Story of American Whiskey, Chicago 2004

Curtis, Wayne: And a Bottle of Rum, New York 2006

Deibel, Jürgen; Obalski, Werner: Sherry: Kultur und Genuss, Weil der Stadt 2008

Dominé, André: Die Kunst des Aperitif, Weingarten 1989

Dominé, André (Hg.): Culinaria Frankreich, Königswinter 2007

Dominé, André (Hg.): Wein, Königswinter 2008

Euler, Barbara E.: Whisky: Kleines Lexikon von A–Z, München 1999

Faith, Nicholas: Cognac, London 2004

Fernandez de Bobadilla, Vicente: Brandy de Jerez, Madrid 1990

Fielden, Christopher; WSET (Hg.): Alles über Wein und Spirituosen, London 2005

Foley, Ray: Das Bar Handbuch, München 2000

Gabányi, Stefan: Schumann's Whisk(e)y Lexikon, München 2007

Gage, Allan: Around the World in 80 Bars, London 2004

Gatti, Florisa (Hg.): Mondo Martini · A Journey Through a Unique Style, Piobesi d'Alba 2006

Gergely, Anikó: Culinaria Ungarn, Königswinter 2007

Givens, Ron: Bourbon at Its Best · The Lore and Allure of America's Finest Spirit, Cincinnati 2008

Glüsing, Jutta/Flensburger Schiffahrtsmuseum: Das Flensburger Rum-Museum · Eine kleine Flensburger Rum-Fibel, Flensburg o.J.

Gölles, Alois: Edelbrände, Graz 2000

Göock, Roland: Hochprozentiges aus aller Welt, Gütersloh 1963

Goodwin, Donald W.: Alkohol & Autor, Frankfurt/M. 2000

Hamilton, Edward: Das Rum-Buch, München 1998

Hartmann, G.: Cognac, Armagnac, Weinbrand (Weindestillat – Weinbrand-Verschnitt), Berlin 1955

Havana Club: Heart & Soul Book, Ciudad de La Habana o.J.

Hills, Phillip: Appreciating Whisky: The Connoisseur's Guide to Nosing, Tasting and Enjoying Scotch, Glasgow 2002

Hofer, Andreas: Schottland für Whiskyfreunde, München 2005

Huetz de Lemps, Alain: Histoire du Rhum, Paris 1997

Hume, John R.; Moss, Michael S.: The Making of Scotch Whisky, Edinburgh 2000

Italienisches Institut für Außenhandel (Hg.): Grappa aus Italien, Düsseldorf 1988

Jackson, Michael: Malt Whisky Companion, London 2004

Jackson, Michael: Whiskey · The Definitive World Guide, London 2006

Jarrard, Kyle: Cognac · The Seductive Saga of the World's Most Coveted Spirit, Hoboken 2005

Jeffers, H. Paul: High Spirits · A Celebration of Scotch, Bourbon, Cognac and More, New York 1997

Jeffs, Julian: Sherry, London 2004

Joseph, Robert; Protz, Roger; Broom, Dave: The Complete Encyclopedia of Wine, Beer and Spirits, o.O. 2000

Koch, Patrick; Meyer, Fabien: Des Alambics et des Hommes, Hayange 2005

Kolb, Erich (Hg.): Spirituosen-Technologie, Hamburg 2002

Kreipe, Heinrich: Getreide- und Kartoffelbrennerei, Stuttgart 1981

Kruck, Peter: Alcohol · Alles, was Sie darüber wissen sollten, München 2006

Lamond, John D.; Tucek, Robert: The Malt Whisky File, London 2007

Le Paulmier, Julien: Le premier traité du sidre 1589, Bricqueboscq 2003

Límon, Enrique Martínez: Tequila!, München o.J.

Lucas, E.: Auswahl werthvoller Obstsorten nebst kurzer Angabe ihrer Merkmale und Cultur, Ravensburg 1871/72

MacLean, Charles; Lowe, Jason: Malt Whisky, London 2006

MacLean, Charles: Scotch Whisky: A Liquid History, London 2005

Maier, Vene: Große Schnäpse · Ein Guide zu den besten Obstbränden und den besten Schnapsbrennern in Österreich, Italien, Deutschland und der Schweiz, Wien 2004

Mattson, Henrik: Calvados · The World's Premier Apple Brandy, o.O. 2004

Mayson, Richard: Port and the Douro, London 2005

McCreary, Alf: Spirit of the Age · The Story of Old Bushmills, Belfast 1983

Milona, Marianthi: Culinaria Griechenland, Königswinter 2007

Milroy, Wallace: Malt Whisky Almanac · A Taster's Guide, Glasgow 1992

Mulryan, Peter: The Whiskeys of Ireland, Dublin 2002

Murray, Jim: Die großen Whiskys der Welt, München 1998

Murray, Jim: Whisky Bible, o.O. 2006

Museums- und Heimatverein Hilden e.V. (Hg.): Die historische Kornbrennerei, Hilden 1995

Nouet, Martine; Muriot, Alain: Saveurs du terroir · Le Calvados, Paris 2002

Ortner, Wolfram: World Spirits Guide 2006 · Die neue Welt der Edelbrände & traditionellen Spirituosen, Bad Kleinkirchheim 2006

Paczensky, Gert v.: Cognac, Weil der Stadt 1984

Parker, Suzi: 1000 Best Bartender's Recipes, Naperville 2005

Pessey, Christian: L'ABCdaire du Cognac, Paris 2002

Piras, Claudio; Medagliani, Eugenio (Hg.): Culinaria Italia, Königswinter 2004

Pischl, Josef: Schnapsbrennen, Graz, Stuttgart 2004

Quidnovi: Cellars of Gold: The Port Wine Heritage, o.O. 2007

Read, Jan: Sherry and the Sherry Bodegas, London 1988

Regan, Gary; Regan, Mardee Haidin: The Book of Bourbon and Other Fine American Whiskeys, Shelburne 1995

Russell, Inge; Banford, Charles; Stewart, Graham (Hg.): Whisky · Technology, Production and Marketing, London, San Diego 2003

Ruy Sanchez, Alberto; de Orellana, Margarita: Tequila, Washington 2004

Ryan, John Clement: Irish Whiskey, Dublin 1992

Samalens, Jean & Georges; Scharfenberg, Horst: Armagnac, Weil der Stadt o.J.

Schobert, Walter: Das Whiskylexikon, Frankfurt/M. 2007

Schobert, Walter: Scotch Whisky · Wasser des Lebens, Weil der Stadt 2006

Schumann, Charles: American Bar, München 2004

Schumann's Barbuch · Drinks & Storys, München 2002

Schumann's Tropical Barbuch · Drinks & Storys, München 2000

Siegel, Simon u.a.: Handlexikon der Getränke, 3 Bde., Linz 2003

Smith, Frederic H.: Carribbean Rum · A Social and Economic History, Gainesville 2005

Sora, Joseph W.: International Bartender's Guide, New York 2002

Spirituosen-Jahrbuch, Berlin 1957ff.

Steed, Tobias; Reed, Ben: Hollywood Cocktails, München 2005

Tanner, Hans; Brunner, Hans Rudolf: Obstbrennerei heute, Schwäbisch Hall 1998

The Scotch Whisky Association: Scotch Whisky · Questions and Answers, Edinburgh 1992

Tikos, Bill: Signature Cocktails, London 2005

Trutter, Marion (Hg.): Culinaria España, Königswinter 2004

Trutter, Marion (Hg.): Culinaria Russia, Königswinter 2007

Valenzuela-Zapata, Ana G.; Nabhan, Gary Paul: Tequila · A Natural and Cultural History, Tucson 2004

»Wem der geprant wein nutz sey oder schad...«, Zur Kulturgeschichte des Branntweins, Wilhelm-Fabry-Museum, Historische Kornbrennerei, Hilden 1989

Wilfert, Adolf: Die Kartoffel- und Getreidebrennerei, Wien, Pest, Leipzig o.J.

Willems, Marlous (Hg.): Behind Bars, Berlin 2008

Wilson, Anne C.: Water of Life · A History of Wine-Distilling and Spirits 500 BC to AD 2000, Totnes 2006

Wilson, Neil: The Island Whisky Trail · An Illustrated Guide to the Hebredian Distilleries, Glasgow 2003

Wüstenfeld, Hermann; Haeseler, Georg: Trinkbranntweine und Liköre, Berlin und Hamburg 1964

Register

Personenregister

Sachregister

Register der Spirituosen und Hersteller

Register der Cocktails

Abbildungsnachweis

Herausgeber und Verlag haben sich bis Produktionsschluss intensiv bemüht, alle Inhaber von Abbildungsrechten ausfindig zu machen. Personen und Institutionen, die möglicherweise nicht erreicht wurden und Rechte an den verwendeten Abbildungen beanspruchen, werden gebeten, sich nachträglich mit dem Verlag in Verbindung zu setzen.

Abkürzungen: o. = oben; u. = unten; li. = links; re. = rechts; m. = Mitte

Alle Aufnahmen von Armin Faber und Thomas Pothmann.

Mit Ausnahme von:

© Absolut/MaxXium (101 o.) © Agroindustria Colonia Nova mit freundlicher Genehmigung Pithoi Weinimporteur (466, 469 u.) © akg images, Berlin (12, 17 o., 17 u., 21, 35, 42, 43, 50/51, 51, 306 u.re., 308 o., 354 li., 389 u., 438, 439 u., 440, 526 o.; Bianconero 45 o., 50; British Library 306 o., 439 o.; Hervé Champollion 547 o.; Erich Lessing 44, 494; Joseph Martin 22; Nimatallah 552; Sotheby's 354 re.) © Artemisia Claude-Alain Bugnon (496, 497, 498, 499) © Bacardi GmbH (34, 100 re., 366 o., 367, 414, 417, 443, 448, 449 li., 570, 571, 574, 575) © Baileys (626) © Berentzen-Gruppe AG (386, 387, 424, 425, 441 o., 462) © The Berkeley, London (52) © Beylerbye (509 li.) © BNIA (106/107, 139; Images Michel Carossio/Michel Fainsilber 137, 138 u.li.) © BNIC (26; Stéphane Charbeau 119; Gérard Martron 180, 181) © BO18/Beirut, Libanon/www.b018.com/Bernard Koury/Photos by Bernard Koury, mit freundlicher Genehmigung von Joachim Fischer (55) © Gabriel Boudier (564 re., 600/601) © Campari (531, 582, 583, 588 li., 588 re.) © Camus (130 u.re.) © Chartreuse Diffusion (572/573) © Château de Beaulon (117 o.) © Club Camellia/Hiroshima, Japan/Suppose Design Office/Photos by Nacása & Partners Inc., mit freundlicher Genehmigung von Joachim Fischer (57 u.) © Club Embryo/RO-Bukarest/www.embryo.ro/Square One/Photos by Nicu Ilfoveanu, mit freundlicher Genehmigung von Joachim Fischer (39) © Comercial, München/www.barcomercial.de/Architekten Stadler + Partner/Photos by Andreas Pohlmann, mit freundlicher Genehmigung von Joachim Fischer (14) © Comité Interprofessionnel des Vins du Roussillon (651 u.li., 655 u.) © Comité National du Pineau des Charentes (555) © Consejo Regulador del Brandy de Jerez (152, 153; Carajillo 153 u.m.; Cepa 153 u.li.; José A. Glez 152 u.; Vincente Moltó 153 o.m.; Outumuro 153 m.re.; Leche de Pantera 153 o.re.; Keka Raffo 152 u.; Gonzalo Tomé 153 m.m.) © Courvoisier (129 u.re.) © Cusenier – Caves Byrrh (32, 544) © De Kuyper (606 u., 607) © Diageo (100 li., 101; Bushmills GBT/Yves Coentino 355) © Distilleries et Domaines de Provence (505) © Domäne Wachau (178 li.) © André Dominé (204/205, 337 o.re., 342 o., 345) © Efe Alkollu Icecekler Ticaret A.S. (508, 509 re.) © Engenho Terra Vermelha mit freundlicher Genehmigung Pithoi Weinimporteur (467 li., 468) © EOSS (696 u.) © Ets Lemercier Frères (493) © Mit freundlicher Genehmigung des Fabry-Museums, Hilden (25 u., 394 re.) © Pierre Ferrand (131 u.li.) © Manfred Fischer, Dresden (232, 273, 290 re.) © Flensburger Schiffahrtsmuseum (441 u., 463 o.) © Florio/Duca di Salaparuta (33 u., 693 o.) © Fratelli Branca Distillerie (560, 588 m., 589) © Getty Images (476 u., 477 li., 479 re.; AFP 475, 479 li., 485 o.; Art Montes De Oca 481 li.; Warner Bros. 488) © Gölles (298 re.) © Léopold Gourmel (131 u.re.) © Grand Hotel Esplanade Berlin (45 u.) © Grassl (584) © Ian Gray (364, 365, 368 u.li., 368 u.re., 369, 370) © Hardenberg-Wilthen AG (576 u.) © Havana Club (444, 445) © Herzog August Bibliothek Wolfenbüttel (25 o., 104) © Arnold Holstein Destillationstechnik (29) © Hospitality Holdings, Inc., New York (53) © Lorenz Humbel, Stetten (272 re., 278 li., 291 o.) © Informationsbüro Sherry/ICEX (664 li., 665 li.) © Jameson Archive Tony Hurst (308 u., 309, 356, 357) © Jenever Museum Hasselt (408, 409, 410 u.li., 410 u.re., 411) © Clem Johnson (449 li., 457 o.) © kamps markenberatung – Ice Bar (57 o.) © King Kamehameha Club/D-Frankfurt a. M./www.king-kamehameha.de/Mack+Co/Photos courtesy of King Kamehameha PR, mit freundlicher Genehmigung von Joachim Fischer (38) © Kittling Ridge Distillery (376) © Krombacher (83 o.) © laif (Gonzalez 486, 487 o.; Heeb 472; Hemis 249; Hemisphères 483 m.o.; Heuer 480 re.; IML 461 o.m.; Meyer 477 re., 478, 480 li., 481 re., 483 o., 483 m.u., 483 u.; Modrow 517; Anna Neumann 278 m.; Raach 270; REA 558; Schliack 516; Ulutuntcok 546; Wernet 292 u.) © Magyar Távirati Iroda Fotóarchivuma (591 re.) © Marie Brizard (520 li.) © Marnier-Lapostolle (618, 619, 620) © Martini & Rossi Historical Archives/Bacardi GmbH (33 u., 522, 528, 529, 530) © Mast-Jägermeister AG (592 u., 593 o.li.) © Ingo Maurer GmbH/Foto: Tom Vack, München (583 o.) © Steve McCarthy, Clear Creek Distillery, USA (266 re.) © Ditta Silvio Meletti srl (492, 520 re.) © G. Miclo (201) © Morimoto/New York, USA/www.morimotonyc.com/Tadao Ando, Ross Lovegrove/Photos courtesy of Morimoto, mit freundlicher Genehmigung von Joachim Fischer (54) © H. Mounier (131 o.re.) © NASA/DK-Kopenhagen/www.nasa.dk/Johannes Torpe Studios ApS/Photos by Jens Stoltze, mit freundlicher Genehmigung von Joachim Fischer (58 u.; Marc Torres/L'Oeil du Sud 524, 536) © Nonino (196 o., 228) © Noilly Prat/Treehouse Marketing (537; Marc Torres/L'Oeil du Sud 524, 536) © Nonino (196 o., 228) © Pat Club/RO-Bukarest/Square One/Photos by Fred Valesi, mit freundlicher Genehmigung von Joachim Fischer (58 u.) © Pernod Ricard Studio Photo (495) © Pernod-Ricard-Suisse (615) © Pithoi Weinimporteur (95, 467 m., 467 re., 469 o.) © Michael Quack (764, 765, 766, 767) © Raffles, Singapore (46, 47 u.) © Remi Cointreau/MaxXium (614) © Rotkäppchen-Mumm Sektkellereien GmbH (561, 564 li., 598, 599) © Martin Rutkiewicz/Eastway Pictures (400) © David Saradjishvili & Eniseli JSC (167 u.) © Gregor M. Schmid (166 u., 398) © Sketch, London/www.sketch.uk.com/Mourad Mazouz, Gabban O'Keefe, Noe Duchaufour Lawrance, Marc Newson, Chris Levine & Vincent Le Roy/Photos courtesy of Sketch, photocase, mit freundlicher Genehmigung von Joachim Fischer (37) © Société Hennessy Collection Historique (111, 112, 113 u., 114, 115, 116) © Société Libanaise pour les Métaux Building, Bernard Khoury (54) © Société Ricard (502 re., 503) © St. George Spirits (226 u.) © St. Raphaël/Boisset (547 u.) © Starck Network (60; Patricia Bailer 61) © Matthias Stelzig (166 o., 167 o.) © Suntory/Schlumberger GmbH (378, 379 o.) © Suppe Club/Bangkok, Thailand/www.bedsupperclub.com/Orbit Design Studio/Photos by Marcus Gortz, mit freundlicher Genehmigung von Joachim Fischer (56) © T-012/D-Stuttgart/www.t-012.com/ippolito fleitz group/Photos by Zooey Braun, mit freundlicher Genehmigung von Joachim Fischer (59) © Taj Hotels (47 o.) © Tandem Verlag GmbH (Günter Beer 122 [kl. Abb.], 123, 186, 221 o., 274 o., 399, 406, 420, 504, 518/519, 525, 562, 567; Christoph Büschel/Ruprecht Stempell 279, 285, 591 li.; Saša Fuis 298 m.; Werner Stapelfeldt 164, 294 li., 512, 513; Ruprecht Stempell 295 re.) © Juan Teixeira (651 u.re., 686, 687) © Tequila Cuervo La Rojeña, S.A. (476 u.) © The Cuckoo Club/UK-London/www.thecuckooclub.com/Blacksheep/Photos by Edmund Sumner, mit freundlicher Genehmigung von Joachim Fischer (40) © Miguel Torres SA (158) © Verpoorten GmbH & Co. KG, Bonn (632) © Walkerville Times (374, 375) © Weutz (384) © Zuidam (566)

Danksagung

Unzählige Personen, Firmen und Institutionen haben mitgeholfen, dass dieses Buch entstehen konnte. Ihnen sei sehr herzlich dafür gedankt. Leider können wir nicht alle aufführen, aber wir haben uns bemüht, diejenigen namentlich zu erfassen, die uns mit Informationen, Bildmaterial und Proben versorgt haben. Besonderer Dank gebührt:

Petra und Jürgen Dietrich, Kölner Rum Kontor, Köln, www.koelnerrumkontor.de
Ian Gray, Düsseldorf, www.iangray.de
Eric Martin, Vinça, www.ecommercephotos.com
Julia Mundt, Borco-Marken-Import, Hamburg, www.borco.com
Werner Obalski, München
Ricardo Rebuelta, Consejo Regulador de Brandy de Jerez, Jerez de la Frontera, www.brandydejerez.es
Marlene Elvira Seitz, Pithoi Import, Bindlach, www.pithoi.com
Dora Simões, Vini Portugal, Torres Vedras, www.viniportugal.pt
Juan Teixeira, Justino's, Madeira, www.justinosmadeira.com
Agata Andrzejczak, IWSR, London, www.iswr.co.uk
Eric Aracil, Comité Interprofessionnel des Vins du Roussillon, Perpignan, www.vins-du-roussillon.com
Stefanie Arntz, Zuidam Distillers, Baarle Nassau, Niederlande
Yvan Auban, Les Alambics du Bas-Armagnac, Estang
Séverin Barioz und Augustin Chazal, Fédération Française des Spiritueux, Paris, www.spiritueux.fr
Oliver Bartelt, Berentzen-Gruppe AG, Haselünne, www.berentzen-gruppe.de
Marlies Baum, Schwarze & Schlichte, Oelde
Andrea Baumgartner, Dettling, Brunnen, Schweiz
Jean und Claire Battault, Gabriel Boudier, Dijon, www.boudier.com
Michael Ben-Joseph, Tel Aviv
Nathalie Bergès-Boisset und Mélina Condi, Boisset, Nuits-Saint-Georges, www.boisset.fr
Familie Berta, Distillerie Berta, Casalotto di Mombaruzzo, www.distillerieberta.it
Su Birch und Andre Morgenthal, Wines of South Africa, www.wosa.co.za
Josephine Blad, Cusenier - Caves Byrrh, Thuir
Olivier Blanc, Cognac Léopold Gourmel, Genté, www.leopold.gourmel.com
BNIA: Marie-Claude Segur, Christophe Logeais, Sébastien Lacroix, Eauze, www.armagnac.fr
BNICPE - Bureau National Interprofessionnel du Calvados, du Pommeau et des Eaux-de-Vie de Cidre et de Poiré, Caen
Stella Bouchette, Drinks & Food, Zahna
Frédérique Brion, Distilleries & Domaines de Provence, Forcalquier, www.distilleries-provence.com
Günter Brunner, Freihof, Lustenau, Österreich
BSI - Bundesverband der Deutschen Spirituosen-Industrie und -Importeure e. V., Bonn, www.bsi-bonn.de
Claude-Alain Bugnon, Artemisia Distillerie Artisanale, Couvet, www.absinthe-suisse.com
Xavier Cartron, Joseph Cartron, Nuits-Saint-Georges, www.cartron.fr
Alberto Casas und Luis Trillo, Bodegas González Byass, Jerez de la Frontera
Celtic Whiskey Shop, Dublin, www.celticwhiskeyshop.com

Laurence Chesneau-Dupin, Musées de Cognac, Cognac, www.musees-cognac.fr
Apostolos Chorinopoulos, Evangelos Tsantalis AG, Thessaloniki, www.tsantali.gr
Claire Coates, BNIC, Cognac, www.bnic.fr
Max Cointreau, Olivier Paultes, Cognac Frapin, Segonzac, www.frapin.com
Emilie Dieudonné, Distillerie Paul Devoille, Fougerolles
Arno-Josef Dirker, Mömbris
Beltrán Domecq, Bodega Pedro Domecq, Jerez de la Frontera, www.domecq.es
Sébastien Dormoy, Martinique
Guillaume Drouin, Calvados Christian Drouin, Coudray-Rabut; www.coeur-de-lion.com
Hubert Duchamp de Chastaigne, Rhum JM, Martinique
David Ecobichon, Alain Fion Gmbh, Reutlingen, www.fion.de
Chris Edwards und Elaine Weeks, Walkerville Publishing, Walkerville
Graham Eunston, Glenmorangie, Tain
Marco N. Faes, Diageo Deutschland, Wiesbaden
Cristiana Fanciotto, Martini & Rossi S.p.A., Pessione, www.martini.com
Pascal et Monique Fillioux, Cognac Jean Fillioux, Julliac-le-Coq
Nadine Fischer, Meike Frers, Informationsbüro Sherry, Integra Communication Gmbh, Hamburg
Flensburger Schiffahrtsmuseum
Claire Floch, Comité National du Pineau des Charentes, Cognac, www.pineau.fr
Ulrich Frohns, Uelzen
Bernadette Galliker, Schweizerischer Obstverband, Zug, Schweiz
Sarah Miriam Gässler, Moët-Hennessy, München
Alois Gölles, Riegersburg, Steiermark, Österreich
Jean-Pierre Groult, Calvados Roger Groult, Saint-Cyr du Ronceray
Lothar Hausstein, Rosenhut, Rimpar
Hubert Heydt, Haselünne
Markus Holstein, Innovative Destillationstechnik, Markdorf, www.a-holstein.de
Karl Holzapfel, Joching, Wachau, Österreich
Lorenz Humbel, Humbel Spezialitätenbrennerei, Stetten, www.humbel.ch
Amra Husejnovic, Haromex Development GmbH, Brüggen
Marie Geneviève Jouannet und Tatiana Troubetzkoy, Hennessy, Cognac, www.hennessy-cognac.com
Ruedi Käser, Elfinge, Schweiz
Meike Kent, Türkischer Weinversand, Bochum
Christoph Kössler, Landeck, Tirol, Österreich
Nikos Kokozis, Coracas Importe, Wiesbaden
Shefali Kotnala, United Spirits Limited, Bangalore, www.clubmcdowell.com
KWV, House of Brandy, Worcester
Pierre Laberdolive, Armagnac Laberdolive, Labastide-d'Armagnac
Martine Lafitte, Domaine de Boignères, Le Frèche
Marcello La Monica, Duca di Salaparuta SpA, Florio, Marsala, www.cantineflorio.it
Jürgen Langerfeld, WortFreunde GmbH, Stuttgart
Tim Lockwood, Australian Wine and Brandy Corporation, Den Haag, www.wineaustralia.com
Ian Logan, Chivas Brothers, Keith
Brigitte Lucas, Centre de Documentation et d'Information, BNIC, Cognac
The Machrie Hotel & Golf Links, Port Ellen, Isle of Islay

Daniel de Manuel; Grupo Matarromera, S.L., Valbuena de Duero, www.matarromera.es
Edmund Marder, Albbruck-Unteralpfen
Nora Carrión Martinez, Rhum Dillon, Fort-de-France
Petra Mayer, PM-Kommunikation, Südafrika-Weininformation, www.suedafrika-wein.de
Stephen McCarthy, Clear Creek Distillery, Portland, www.clearcreekdistillery.com
Robin Mouatt, Blackwood Distillers, Schottland
Familie Moutard, Champagne Moutard und Distillerie, Buxeuil, www.champagne-moutard.fr
Yasunori Nakai, Suntory Limited, London, www.suntory.com
Nationales Genevermuseum, Hasselt, www.hasselt.be
Claudine Neisson-Vernant, Rhum Neisson, Martinique
Birgit Nummer, Bernard-Massard Sektkellerei GmbH, Trier
Verena Oberwieser, Martin Beierl, Enzianbrennerei Grassl, Berchtesgaden
Peter O'Connor, Baileys, Diageo, Dublin
Andrea Ostheer, Mast-Jägermeister AG, Wolfenbüttel
Mark Palacio, Miguel Torres S.A., Villafranca del Pendés; www.torres.es
Yiannis Parassiris, EOSS, Samos
Patrick Peyrelongue, Cognac Delamain, Jarnac, www.le-cognac.com/delamain/
Marco Ponzano, Centra Servizi Maria Branca, Mailand
Michel Poulain, Calvados Père Magloire, Pont-l'Evêque, www.pere-magloire.com
David Quinn, Irish Distillers, Cork
Francois Rebel, Cognac Guy Lheraud, Angéac-Charente, www.cognaclheraud.com
Hans Reisetbauer, Thening, Linzland, Österreich
Pietman Retief, SA Brand Foundation, Stellenbosch, www.sabrandy.co.za
Cécile Richards-Luisoni, Zürich
Jacques Rivière, Cognac A.E.Dor, Jarnac, www.aedor.com
Michaela Robinson, Moët Hennessy Deutschland, München
Günther Rochelt, Fritzens, Tirol, Österreich
Adela Córdoba Ruz, Perez Barquero, Montilla, www.perezbarquero.com
John Clement Ryan, Dublin
Tonnellerie Sansaud, Segonzac, www.sansaud-france.fr
Marc Sassier, Rhum Saint-James, Martinique
Syndicat de Défense de l'Appellation d'Origine ›Rhum Agricole Martinique‹, Fort-de-France
Kieran Tobin, Irish Distillers, Dublin
Philippe Traber, Distillerie Metté, Ribeauvillé
Treehouse Marketing & PR
Kostas Tsililis, Trikala, Griechenland
Christos Tziolis, Cava, Berlin
Hubertus & Aurelie Vallendar, Pommern/Mosel
Benoît Vettorel, Tariquet, Eauze, www.tariquet.com
Jean-Pierre Vidal und Renaud de Gironde, Hennessy, Cognac
Jean-Paul Vuilmet, Clos d'Orval, Amaye-sur-Seulles
Beth Warner, Kittling Ridge Estate Wines & Spirits, www.FortyCreekWhisky.com
Brigitte Weutz, St. Nikolai, Steiermark, Österreich
Ielanda Willemse, The South African Brandy Foundation, Stellenbosch, www.sabrandy.co.za
Ulrike Zölzer, MaxXium Deutschland Pressestelle, Schöneck
Patrick Zuidam, Zuidam Distillers, Baarle Nassau, NL